Frank J. Robertz & Alexandra Thomas (Hrsg.)
unter Mitarbeit von Wolf-R. Kemper und Sebastian Scheerer

Serienmord.

Kriminologische und kulturwissenschaftliche Skizzierungen

eines ungeheuerlichen Phänomens

belleville

Kontaktmöglichkeit per e-mail:
Frank_Robertz@bigfoot.de
a_thomas@freenet.de

Vorsatzblätter
Die Hände von Karl Großmann (1863–1922)

Otto Dix (1), George Grosz (5) und René Magritte (1) © VG Bild-Kunst, Bonn 2004

Alle Rechte vorbehalten
© 2004 belleville Verlag Michael Farin
Hormayrstraße 15 • 80997 München
Layout: Heidi Sorg & Christof Leistl, München
Druck & Bindung: Druckhaus Köthen
ISBN 3-936298-09-2

Cover-Fotografie: Jörn Gnaß, Institut für
Rechtsmedizin der Universität Hamburg

Inhalt

Michael Farin
    Vorwort   9

Kriminologie I – Der Riss im Spiegel:
Der Versuch einer Rekonstruktion und Verortung

Frank J. Robertz
    Serienmord als Gegenstand der Kriminologie
    Grundlagen einer Spurensuche auf den Wegen mörderischer Phantasien   15

Al Carlisle
    Zur Entstehung der dunklen Seite des Serienmörders   51

Stephan Harbort
    Zur Vorstellungs- und Erlebniswelt sadistischer Serienmörder
    Phänomenologische, fallanalytische und ätiologische Bemerkungen
    zu bewusstseinsdominanten Gewalt- und Tötungsphantasien   61

Brin Hodgskiss/Micki Pistorius/Mark Welman
    Eine psychodynamische Erklärung von Serienmord   78

Alexandra Wenig
    Serienmord in Deutschland 1900–1945
    Eine historische Betrachtung des Phänomens serieller Tötungen   91

Ronald M. Holmes/Angela West/Stephen T. Holmes
    Briefe von verurteilten und mutmaßlichen Serienmördern
    Eine Analyse ihrer formalen Merkmale   110

Dita Simon-Peters
    Prognose, Behandlung und Unterbringungsmöglichkeiten von
    Serienmördern   131

Kriminologie II – Das fehlende Glied:
Auf der Suche nach den konstituierenden Merkmalen der Täterpersönlichkeit

Kai Bammann
    Zwischen Realität, Fiktion und Konstruktion:
    Auf der Suche nach dem weiblichen Serienkiller   143

Gerd F. Kirchhoff
    Viktimologische Aspekte zum Thema ‹Serienmord›   156

Hans-Joachim Gerst
    Die rechtliche Bedeutung von Interviews mit inhaftierten
    Serienmördern für Deutschland   166

David Canter
    Täterprofiling und differenzielle Täteranalyse   186

Harald Dern
    Serienmord und Polizeiarbeit   214
Frank J. Robertz
    ‹Die Entwicklung zu einem Serienmörder
    ist keine einfache Angelegenheit.›
    Ein Interview mit zwei Legenden der Serienmord-Forschung:
    Ann Wolbert Burgess und Robert Roy Hazelwood   230

Zwischen-Reflexion

Frank J. Robertz
    Warum Serienmord fasziniert
    Ein kriminologisch-kulturwissenschaftliches Essay   243

Kulturwissenschaften I – Die kalte Muse:
Serielles Töten als soziokulturelles Phänomen der Moderne

Alexandra Thomas
    Serienmord als Gegenstand der Kulturwissenschaften.
    Ein Streifzug durch das Reich der Zeichen, Mythen und Diskurse   253
Kathrin Hoffmann-Curtius:
    Frauenmord als künstlerisches Thema der Moderne   282
Claudia Müller-Ebeling
    Das Böse in der Kunst
    – oder der Serienmörder im Dienste der Kunst   301
Stefan Andriopoulos
    Ungeheuer, Vampire, Werwölfe: Fiktionale Strategien der
    Horrorliteratur in kriminologischen Darstellungen von Serienmördern   314
Kai Bammann
    Vom Werwolf zum Serienmörder:
    Über den Versuch, das Unfassbare zu verstehen   330
Michael Schetsche
    Der Wille, der Trieb und das Deutungsmuster vom Lustmord   346
Michael Fischer
    Haarmann: no-fault-responsibility als Selbstkonzept   365
Beate Kramer
    Serienmörder als autonome Einzige   386

Kulturwissenschaften II – Der schaurige Schein:
Serienmord als massenmediales Ereignis

Manuel Nüsser
 ... und das Gute ist zu langweilig.
 Über die Wahrnehmung der Gewalt in den Medien — 405

Wolf-R. Kemper
 Discographie des Grauens – Über Popmusik & Serienmörder — 408

Klaus Bartels
 Semiotik des Serienmords — 420

Susanne Regener
 Mediale Codierung: Die Figur des Serienmörders Bruno Lüdke — 442

Joachim Linder
 Der Serienkiller als Kunstproduzent.
 Zu den populären Repräsentationen multipler Tötungen — 461

Franz Liebl
 Gunholder Value:
 Serienmord als Baustein des wertorientierten Managements — 489

Alexandra Thomas
 Memento mori – Serienmord als Akt der «Selbstbewerkstelligung»
 und Kommunikation — 500

Ausblick & Anhang

Sebastian Scheerer
 Haben Serienkiller eine Zukunft? — 517

Alexandra Thomas
 Zehn Mythen über Serienmord — 527

Frank J. Robertz/Alexandra Thomas/Wolf-R. Kemper/Sebastian Scheerer
 Frequently Asked Questions (FAQ)
 Dreizehn Fragen zu Serienmord ... und einige Antworten — 529

Zu den Autoren — 543

Mitten ins pulsierende Herz des Todes

Michael Farin

There is no word, antwortete, in einem Interview kurz vor seiner Hinrichtung, Ted Bundy, vielfacher amerikanischer Frauenmörder, befragt nach dem *movens*, dem Antrieb zur, seinen Gefühlen vor, während und nach der Tat.

Möglicherweise wäre es also besser zu schweigen: Grenzenlos aber ist die Neugier des Menschen – und Mörder, Serienmörder zumal, haben zur Zeit Hochkonjunktur. In ungekannter Weise beherrschen sie die Kulturindustrie, die Medienwelt – als Kristallisationspunkte, in denen sich sensationelle Nachricht, Schock und Grusel publikumswirksam verquicken lassen. Denn nichts, so die immer wieder aufs Neue lautstark verkündete Botschaft, schreit mehr nach Licht als die dunklen Seiten der menschlichen Existenz. Das Böse, überall lauernd, will sichtbar werden, der Teufel in uns – er will zu Bewußtsein kommen.

Der Mann aus der Hölle (so der Titel eines Buches über den russischen Serienmörder Andrej Tschikatilo) – noch nie war er uns so nah. *Crime* und *True Crime* sind nun einmal, im Zeitalter des Infotainment, allerorten auf dem Vormarsch. Die Vorreiterrolle übernommen, kapitalistisches Menetekel, haben, wie so oft, die USA: Ob der sympathische Kannibale Hannibal Lecter aus *Das Schweigen der Lämmer*, ob Brad Pitt in *California* oder die *Natural Born Killers* des Oliver Stone, es gibt kein Entkommen mehr.

Mord/Serienmord ist zu einem entscheidenden Faktor in der Produktion kultureller Güter geworden. Selbst der Wissenschaftsverlag Garland Publishing, New York/London, ist seit langem mit von der Partie, er veröffentlichte Michael Newtons *annotated bibliography* zum Thema *Mass Murder*. Und in den zahlreichen, ausschließlich Mördern gewidmeten Lexika, etwa der *Encyclopedia of Murder* von Colin Wilson und Patricia Pitman (1984), Jay Robert Nashs *World Encyclopedia of 20th Century Murder* (1992) oder dem *New Murderers Who's Who* (1989) des Autorenteams Gaute/Odell[1] erfahren wir (fast) alles über sie, ihre klangvollen Namen (*Jack the Ripper, Vampir von Düsseldorf, Green River Killer, Boston Strangler* etc.) und, natürlich, wie sie sich diese erwarben – ihre Lebensläufe, ihre Taten. Wir können verfolgen, wie sie zu Medienstars avancierten, zu Kultfiguren wurden, zu «Helden».

Das Geschäft mit dem Grauen also: Einer, der diesen Mechanismus schon früh durchschaute, war im Übrigen der Kaufmann Friedrich Heinrich Karl Haarmann, für seine Freunde Fritz, für die schockierte Öffentlichkeit in den Zwanziger Jahren des 20. Jahrhunderts der *Werwolf von Hannover*. Wie kaum ein Täter seiner Zeit war er sich seines Wertes, seiner Vermarktbarkeit, bewußt. Und, irgendwie jedenfalls, war er stolz auf

---

[1] Von den diversen Veröffentlichungen in deutscher Sprache seien stellvertretend Peter & Julia Murakamis «Lexikon der Serienmörder» (2000) und Michael Newtons «große Enzyklopädie der Serienmörder» (2002) genannt.

sich: «Wenn ich so gestorben wäre, dann wäre ich beerdigt worden und keiner hätte mich gekannt, so aber – Amerika, China, Japan und die Türkei, alles kennt mich.» Er wollte denn auch öffentlich hingerichtet werden, «auf dem Klages-Markt, solange es noch warm ist», vor laufenden Kameras, «dann sehen doch alle Leute, dass ich tot bin – in Amerika – da bin ich auch im Kino – ich bin jetzt doch ganz berühmt.»

In diesem Buch nun wird beidem nachgegangen: dem Serienmord als einer Extremform menschlicher Grausamkeit auf der einen sowie der Transformation realen Entsetzens Weniger in Unterhaltung für Viele auf der anderen Seite. Es forscht nach Taten, Motiven und Fahndungsmethoden – ebenso wie nach Orten, Inhalten und sozialen Bedingungen der kulturellen Repräsentation von Serienmord.

Ein solches Vorgehen impliziert nicht, dass man beide Phänomene in ihrer Ungeheuerlichkeit tatsächlich vergleichen könnte. Das radikal Böse des realen Serienmordes ist und bleibt (natürlich) ein Gegenstand für sich. Es impliziert aber sehr wohl eine gewisse Kritik an der gängigen Praxis, Veröffentlichungen entweder zu dem einen oder zu dem anderen Aspekt zu tätigen, sie also entweder auf den Realien-Diskurs oder auf den Symbol-Diskurs zu beschränken – gar eine Tugend daraus zu machen, beide Welten auseinanderzuhalten.

Das nämlich ist ebenso falsch: Denn selbst die größten Unterschiede zwischen der Realität, so wie sie ist, und der Illusionswelt der Hollywood-Maschinerie machen aus der einen gesellschaftlichen Realität, die all dies generiert – die Handlungen der Täter etc. wie die Erfolge der Filme etc. – nicht zwei. Es handelt sich allenfalls um zwei Sphären derselben Welt.

So wahr es nämlich ist, dass zwischen der Realität der Delikte und deren Darstellung in den Medien eine oft bizarr anmutende Nicht-Identität besteht, so wahr ist es auch, dass man die Welt der Bilder ohne Wissen um die materiellen Verhältnisse ebenso wenig verstehen wird, wie die Welt der Verbrechen ohne Wissen um die Bedeutung von Phantasien, Symbolen und Bezeichnungen.

Denn in der Welt der Fakten spielen Phantasien und Emotionen, Symbole und Bezeichnungen eine zentrale Rolle. Die Tatphantasien der Mörder etwa haben eine reale Vorgeschichte in früh erlittenen emotionalen Verletzungen – ihre Morde sind nicht selten eine Nachgeschichte von Bildern, die sie nicht vergessen konnten.

Auch gibt es Besonderheiten im Tat- oder Nachtatverhalten, die als verschlüsselte Botschaften nur dann verstanden werden, wenn man sich in der Welt der Bilder und Symbole auskennt. Und schließlich gibt es keinen Begriff, in den nicht auch Elemente symbolisch-mythologischer Art eingingen – die ihrerseits dann auch wieder die Wahrnehmung und Handlungen beeinflussen. Und natürlich ist nicht nur ein symbolischer Anteil in jeder materiellen Realität, sondern auch ein materieller Anteil in jeder scheinbar nur fiktiven «Medienwirklichkeit», die sich mitunter sogar als eine besonders verdichtete Form der Realität entpuppt. Deren bekannteste Figuren und Serien sind ja gerade solche Schemata (post-)moderner Mythen, die auf verschlüsselte Art reale Lebensbedingungen und kollektive Bewusstseinsinhalte ausdrücken.

Die Verquickungen von Handlung und Symbol, Verbrechen und Film, Realität und Mythos lassen sich denn auch oft nur noch schwer trennen, die Ambivalenzen, Widersprüche und Rätsel, die sie aufgeben, werden immer verzwickter. Maßgebliches Kriterium der Herausgeber dieses Bandes war es daher, eine fundierte und interdisziplinär angelegte Veröffentlichung zu schaffen, die das Thema unter kriminologischen und kulturwissenschaftlichen Aspekten beleuchtet und beide Forschungsbereiche zueinander in Beziehung setzt. So ist das Buch auch ein Beitrag zur Überbrückung der zwischen Kriminologie und Kulturwissenschaften bestehenden Kluft.

Die Autoren und Autorinnen dieses Bandes entstammen den verschiedensten wissenschaftlichen Disziplinen (Soziologie, Psychologie, Kunstgeschichte, Literaturwissenschaft, Rechtswissenschaft, Kriminologie und Viktimologie – um nur einige zu nennen) – und dementsprechend bedienen sie sich unterschiedlicher Methoden und Theorien. Dem Thema ist das angemessen, denn Serienmord ist kein Phänomen, das in klar trennbare Kategorien eingeteilt werden kann. Es lässt sich eher als ein Netzwerk aus verschiedenen kulturellen, psychischen, rechtsstaatlichen und sozialen Mechanismen und Systemen betrachten, die zueinander in Wechselwirkung stehen. Eine solch differenzierte und differenzierende Gesamtschau erleichtert denn auch die Annäherung an dieses komplexe Forschungsfeld. Gleichzeitig erschließt sich dem Leser auf diese Weise ein Panoptikum an aktuellen wissenschaftlichen Tendenzen im Bereich serieller Tötungen.

Kriminologie I

Der Riss im Spiegel:

Der Versuch einer Rekonstruktion und Verortung

Serienmord als Gegenstand der Kriminologie
Grundlagen einer Spurensuche auf den Wegen mörderischer Phantasien

Frank J. Robertz

> ‹Oh, Officer Starling, sind Sie der Ansicht,
> Sie können mich mit diesem kleinen stumpfen Werkzeug sezieren?›
> ‹Nein. Ich bin der Meinung, Sie können eine gewisse Einsicht beitragen und diese Studie voranbringen.›
> Harris: ‹Das Schweigen der Lämmer› 1991, 27

Gewöhnlich findet die Thematisierung des Phänomens «Serienmord» in der Populärkultur statt. Serienmörder erscheinen nahezu allabendlich von unerschrockenen Polizisten verfolgt oder gar als blutrünstige Protagonisten im Fernsehen. Sie sind im Bereich der Belletristik und des Sachbuchs präsent, im Horror- und Polizeifilm sowie in den Spielzeug- und Sammelkartenläden. Überall gelten sie als potentielle Käufermagneten.

Obwohl es durchaus recht gut recherchierte Fiktionen (wie etwa das Kultbuch ‹Das Schweigen der Lämmer›) gibt, die mitunter gekonnt mit Klischees und Problematiken der Forschung kokettieren, geht eine Vermarktung in der Regel nicht mit einer fundierten Recherche einher. Dem Liverpooler Psychologen David Canter zufolge hat sich daraus ein Phänomen entwickelt, das er als «Hollywood Effect» bezeichnet: Menschen nehmen Darstellungen über Serienmord für bare Münze, die ohne Bezug zum Thema – aus dramaturgischen Gründen – schlecht oder falsch recherchiert wurden. Dieser Glaube entsteht, weil angenommen wird, dass es aufgrund der oft weltweiten Verbreitung der Filme eine reale Basis der dargestellten Fiktionen geben müsse (pers. Mitt. Canters 10/1998). Die Konsequenz ist die Subsumtion teilweise absurder Vorstellungen unter den Begriff ‹Serienmord›[1].

Es ist zu prüfen, ob mit der vehementen multimedialen Vermarktung des Serienmordes und der Ikonisierung von Serienmördern zumindest zusätzlich auch eine valide wissenschaftliche Analyse einhergeht. Und welche Wissenschaft wäre für eine solche Analyse besser geeignet als die Kriminologie? Praktiziert sie doch die «vielfältige wissenschaftliche Auseinandersetzung mit Kriminalität als einer Form abweichenden Verhaltens sowie der Kontrolle von Kriminalität» (Albrecht 1993, 308). Eine erste Sichtung kriminologischer Standardlehrbücher enttäuscht jedoch den hoffnungsfroh Suchenden, denn Serienmord wird in der traditionellen kriminologischen Lehre nicht thematisiert. Allenfalls Untersuchungen zur allgemeinen Tötungskriminalität werden in den Lehrbüchern beschrieben, doch Serienmord gilt als zu speziell, als zu extrem, oder er ist durch die Grundannahmen der jeweiligen Denkrichtung nicht erklärbar.

Glücklicherweise ist das theoretische Feld dieser Wissenschaft aber durch seine inhärente Interdisziplinarität sehr viel weitläufiger, als es zunächst den Anschein hat. Jede wissenschaftliche Beschäftigung einer angrenzenden Disziplin mit kriminellen Verhal-

---

[1] Junkelmann spricht in Bezug auf die analoge Verfälschung des Wissens über historische Epochen durch Massenmedien, insbesondere Spielfilme, sehr anschaulich von «Faktoiden»: «Hat sich einmal eine (durch suggestive Bilder und Geräusche vermittelte) Vorstellung festgesetzt, wird sie zur allgemein akzeptierten, kaum auszurottenden Pseudotatsache, zum Faktoid.» (Junkelmann 2000, 7)

tensweisen, deren Bewertung, den jeweiligen Tätern und Opfern sowie den Versuchen ihrer Kontrolle und Prävention führt bei einer Rezeption derselben zwangsläufig zu einer Erweiterung des kriminologischen Wissenstandes. So finden sich insbesondere in den letzten 25 Jahren in den Bereichen ‹Psychologie›, ‹Psychiatrie›, ‹Strafverfolgung› usw. zahlreiche Fachbücher und Aufsätze, die zum Großteil direkt auf Serienmord rekurrieren und eine intensive Beschäftigung mit diesem Thema offenbaren.

Damit die Beiträge der verschiedenen Disziplinen zu den kriminologischen Teilen dieses Bandes im Kontext des Forschungsfeldes erfasst werden können, ist es notwendig, einen Eindruck vom Stand der Serienmordforschung zu gewinnen. Aus diesem Grund werden im Folgenden grundlegende Ansichten und Ansätze skizziert, die sich dem Phänomen Serienmord mit wissenschaftlichen Methoden annähern.[2] Ein Fallbeispiel wird die Theorien im weiteren Verlauf illustrieren und ein Ausblick auf die praktische Bedeutung des Wissensstandes verweisen.

1. Grundlegende Konzepte

> ‹ ... vergessen Sie bloß nicht, was er ist.›
> ‹Und das wäre? Wissen Sie es?›
> ‹Ich weiß, dass er ein Monster ist. Darüber hinaus
> kann niemand etwas mit Gewissheit sagen.›
> Harris: ‹Das Schweigen der Lämmer› 1991, 12

Betrachtet man die weite Verbreitung des Terminus, so könnte man den Eindruck bekommen, dass es sich um einen präzise definierten Forschungsgegenstand handelt. Obwohl jedoch einzelne Wissenschaftler alleine schon durch die Menge der von ihnen ausgestoßenen Publikationen bestimmte Definitionen forcieren, zeigt ein Blick auf die internationale Fachliteratur erhebliche Unterschiede in der Sichtweise und Definierung des Phänomens «Serienmord» (vgl. auch Hickey 1997, 12). So zeigt etwa Steven Egger zahlreiche Definitionsversuche auf (1990, 3–8), zu denen sich in nahezu jedem neu erscheinenden Fachbuch unterschiedlich präzisierte oder innovative Beschreibungen gesellen. Nicht zuletzt vor dem Hintergrund, dass die jeweiligen Autoren den von ihnen untersuchten Forschungsgegenstand in eine zu ihrem Ansatz passende Begrifflichkeit pressen wollen.

Begriff

Die Entstehung des Begriffs «Serienmörder» geht, einer weit verbreiteten Ansicht zufolge[3], auf den US-amerikanischen FBI-Agenten Robert K. Ressler zurück, der den vor-

---

[2] Da dieser Artikel auf die Darstellung des Forschungsstandes abzielt, wird weitgehend auf Diskussionsstränge der letzten zwei Dekaden zurückgegriffen. Für die Diskussion zu historischen Vorläufern, etwa «Lustmord» u.ä., vgl. die Artikel von Wenig, ebenso Hoffmann-Curtius und Schetsche in diesem Band.

[3] Tatsächlich hat den Begriff bereits fast 60 Jahre zuvor Russel Wakefield verwendet, um den französischen Mehrfachmörder Landru zu charakterisieren (Wakefield 1936, 17–19 zit. n. Leyton 2000, XVI). Roden-

mals allgemeineren Sprachgebrauch der «Morde an Unbekannten» als unzureichend betrachtete und daraufhin begann, in seinen Seminaren und auf Konferenzen den Terminus «Serienmörder» zu verwenden. Dieser erlaubt seiner Ansicht nach einerseits Abgrenzungen zu anderen Mehrfachmorden und bildet andererseits eine Analogie zu TV- und Kinoserien (vgl. Bartels und Thomas in diesem Buch sowie Ressler/Shachtman 1994, 45/46 und Norris 1990, 56–58).

Abgrenzung
Abgegrenzt werden soll mit diesem Begriff zunächst von «normalen» (da sehr viel häufiger vorkommenden) Einzelmorden. Während es sich bei Morden in der Regel um «Beziehungsdelikte» handelt (d.h. Täter und Opfer gehören meist demselben sozialen Nahraum an, und die Tat stellt einen tödlich endenden Konflikt dar – vgl. Sessar 1993, 549–555) und das Tatmotiv zumeist nachvollziehbar zugeschrieben werden kann, so existiert bei Serienmorden in der Regel vor der Tat keine Beziehung zwischen Täter und Opfer. Ebenso geht der Tat kein offenkundiger Konflikt zwischen Täter und Opfer voraus. Das Schicksal, Opfer eines solchen Serienmordes zu werden, hängt oft lediglich damit zusammen, zur falschen Zeit am falschen Ort gewesen zu sein. Jeder[4] könnte ohne objektiv ersichtlichen Grund Opfer eines Serienmörders werden (vgl. Holmes/Holmes 1994, 93).

Gängigen Unterscheidungskriterien zufolge ist die Anzahl der Morde alleine jedoch kein hinreichendes Merkmal, um einen Mehrfachmörder als Serienmörder zu bezeichnen. Vielmehr wird zusätzlich – je nach Verfasser – die zugeschriebene Motivation, Methode der Opferwahl, Tötungsart usw. unterschieden, um verschiedene Arten von Mehrfachmördern (Massenmörder, Spree-Killer und Serienmörder) zu differenzieren (vgl. Holmes/Holmes 1994, 71).

In diesem Überblick soll es genügen, das wohl derzeit gängigste Beispiel einer solchen Unterscheidung zu nennen, welches vom Analysezentrum für Gewaltverbrechen im FBI (NCAVC) benutzt und durch die hohe Definitionsmacht des FBI in der Literatur weitgehend unterstützt wird. Demzufolge töten Massenmörder «vier oder mehr Opfer am selben Ort und im Laufe ein und desselben Geschehens», Spree-Killer «in kurzem Zeitraum mehrere Opfer an verschiedenen Orten» infolge eines einzigen Geschehens und begehen Serienmörder drei oder mehr Morde[5] «an unterschiedlichen Orten und mit zeitlichen Abständen, die jeden der Morde zu einem Einzelfall machen»[6] (Bourgoin 1995, 14).

kirchen fand zudem mehrere Belege, dass der Terminus schon um das Jahr 1930 durch die Berliner «Mordinspektion» benutzt wurde (vgl. Rodenkirchen 1998, 18), und Wenig beschreibt in diesem Band den Umgang mit seriellen Tötungen bereits für Deutschland zu Beginn des 20. Jahrhunderts, wenn auch zu diesem Zeitpunkt noch unter abweichender Begrifflichkeit.

[4] Natürlich ist dies aufgrund der sehr geringen tatsächlichen Anzahl von Serienmorden extrem unwahrscheinlich. Die diesbezügliche Kriminalitätsfurcht ist, durch Sensationsjournalismus und starke Vermarktung in Film, Literatur etc. geschürt, unproportional hoch.

[5] Dern zufolge wird die Zahl «drei» neuerdings vom NCAVC sogar durch «zwei» ersetzt (Dern in diesem Band). Diese Neuerung hat sich in der internationalen Literatur jedoch bisher nicht durchgesetzt, weshalb sie hier noch ignoriert werden soll.

[6] Hinzuzufügen ist eine Abgrenzung zu dem hierzulande neuerdings inflationär gebrauchten Terminus «Amoklauf». Obwohl Paulus «gewisse Ähnlichkeiten zwischen Amokläufern und Serienmördern» koinzidiert, stellt er klar heraus, dass es gravierende Unterschiede gibt. Hierzu zählen vor allem der beim Amoklauf

Im Gegensatz zum Massenmord und Spree-Mord werden die Tötungen des Serienmörders darüber hinaus von einer Phase unterbrochen, in der sich ein für diesen Typus des Mehrfachmörders charakteristischer Tötungsdrang erst wieder langsam aufbaut und in der ein Serienmörder für ihn relevante Verhaltensweisen ausführt wie z.B. die Rückkehr zum Ablageort der Leiche, die Beobachtung der Entdeckung der Leiche, das Agieren an von der Leiche abgetrennten Gegenständen oder Körperteilen oder auch den Eingriff in die Ermittlungen der Polizei und Medien (vgl. Ressler et al. 1996, 61–65). Diese Phase wird zumeist als «Abkühlphase» (*cooling off period*) bezeichnet und hilft, Serienmörder noch stärker von Auftragsmorden, politischem Terrorismus usw. abzugrenzen.

Als charakteristisch für Serienmörder gilt weiterhin in der Regel ein intrinsisches «Bedürfnis zu töten» (Degen 1990, 48) bzw. der fast zwanghafte Wunsch, immer neue Morde zu begehen, welcher nach Ansicht mehrerer Autoren durch eine spezifische Ausprägung der Phantasie hervorgerufen wird (vgl. etwa Pistorius 2000, 231 oder Norris 1990, 36/43ff.).

Ausmaß

*‹Einmal hat mich ein Meinungsforscher quantitativ zu bestimmen versucht.
Ich habe seine Leber mit ein paar Favabohnen und einer großen Amarone verspeist.›*
Harris: ‹Das Schweigen der Lämmer› 1991, 30

In der wissenschaftlichen Praxis erschwert die definitorische Begriffsvielfalt eine präzise Analyse des Phänomens «Serienmord» ganz erheblich und resultiert mitunter sogar in gegensätzlichen Aussagen, die beide unter der Prämisse bzw. Definition des jeweiligen Verfassers als «wahr» angesehen werden können. In diesem Kontext fällt notwendigerweise auch der Versuch einer quantitativen Umschreibung dieses erst seit jüngerer Zeit international bearbeiteten Themas eher vage aus.

Obwohl Serienmord erst in den letzten Jahrzehnten eine enorme Publikumswirkung erfahren hat, gibt es Grund zu der Vermutung, dass schon vor den ersten aufsehenerregenden Berichten über die Morde von «Jack the Ripper»[7], Verbrechen begangen wurden, die den Taten eines Serienmörders gleichen (vgl. Jenkins 1994, 21 und Norris 1990, 72). So sind neben den Legenden über reale historische Gestalten wie Caligula, Vlad Tepes und Gilles de Rais (vgl. Norris 1990, 72 und Leyton 2000, xvii) möglicherweise auch Geschichten über Hexen, Werwölfe und Vampire die zeitgenössische

---

sehr kurze zeitliche Abstand zwischen den Morden und ein geistiger Ausnahmezustand während der Tatdurchführung, in deren Folge Amokläufer sich häufig nicht mehr an diese erinnern können. Serienmörder hingegen begehen ihre Taten i.d.R. sehr bewusst, um sie im Nachhinein in der Phantasie erneut zu durchleben (vgl. Paulus 1998, 3). Einen ausführlichen wissenschaftlich fundierten Überblick zu Abgrenzung und Phänomenologie des Amoklaufs liefert Lothar Adler (vgl. Adler 2000, 9–28).

[7] «Jack the Ripper» ermordete im Londoner Stadtteil Whitechapel 1888 mindestens fünf Prostituierte und verstümmelte ihre Genitalien und Eingeweide zunehmend grausamer. Seine Taten wurden erstmals durch die zunehmend strukturierten und verbreiteten Printmedien verfolgt, was zusätzlich durch verhöhnende Bekennerbriefe von ihm forciert wurde (Bourgoin 1995, 251 und Harrison 1996, 36).

Ausdrucksweise dafür gewesen, dass Untaten begangen wurden, die so extrem waren, dass sie nicht mehr Menschen, sondern nur noch übernatürlichen, metaphysischen Wesen zugeschrieben werden konnten (vgl. Douglas/Olshaker 1996, 32/33 – ausführlich auch Bammann in Teil III dieses Bandes). Nachprüfbare Zahlen lassen sich diesbezüglich verständlicherweise nicht aus der Geschichtsschreibung gewinnen.

Selbst heute bleibt die tatsächliche Häufigkeit von Serienmördern sowie der von ihnen begangenen Taten weitgehend der Spekulation vorbehalten. Je nach Intention einer Veröffentlichung (verkaufsorientierte Presseberichte, Beruhigung der Bevölkerung etc.) schwanken die darin angegebenen Zahlen beträchtlich. Ähnliches gilt auch für Vermutungen eines erhöhten Serienmörderaufkommens in spezifischen Ländern. Tatsächlich ist etwa in den USA über eine größere Anzahl an Fällen *berichtet* worden[8], als in einigen anderen Ländern, doch ist keineswegs klar, ob dort auch faktisch mehr Serienmörder pro Bevölkerungsanteil auftreten als anderswo. So könnte die Fallzahl statistisch durchaus eine Funktion der viel höheren allgemeinen Mordrate bzw. der sehr großen Bevölkerungspopulation sein, oder auch mit der Existenz einer sensationslüsternen Journalismusindustrie zusammenhängen, die ein großes Interesse daran hat, derartige Morde zu publizieren (vgl. Leyton 2000, xix). Natürlich ist auch der seit geraumer Zeit sehr viel höhere Standard der Strafverfolgungsmethoden zu berücksichtigen, der es erst ermögliche, Morde einander zuzuordnen und als Serienmorde zu erkennen. Wenn dies nicht gewährleistet ist, können zahlreiche Serienmorde gar nicht erst statistisch erfasst werden.

Effektive Zahlen finden sich vor allem für das Gebiet der USA. Darf man Forschungspublikationen des FBIs glauben, so waren in den USA zwischen 1977 und 1991 eine Anzahl von 331 *entdeckten* Serienmördern aktiv, die 1.964 bewiesene und 1.285 weitere mutmaßliche Morde begangen haben (U.S. Justice Department nach Jenkins 1994, 28)[9]. Einen Eindruck der auch bei Wissenschaftlern herrschenden Uneinigkeit liefert die Schätzung der *derzeit* in den USA aktiven Serienmörder. Sie rangiert nach eher konservativen Schätzungen zwischen 35 und 100 Tätern (vgl. Kiger 1990, 37), während Ronald Holmes, nicht zuletzt aufgrund seiner Informationen aus Interviews mit Serienmördern und Gesprächen mit Strafverfolgungsbehörden in ganz Nordamerika, die Anzahl auf 200–300 derzeit aktive Serienmörder in den USA schätzt (vgl. Holmes/Holmes 1994, 103/104) und Norris sogar von 500 aktiven Serienmördern ausgeht (vgl. Norris 1990, 38). Holmes und DeBurger halten darüber hinaus eine jährliche (!) Tötungsrate von 3.500 bis 5.000 Opfern durch Serienmörder für möglich[10] (vgl. Holmes/DeBurger 1988, 19), während bspw. Philip Jenkins sich auf die Zahlen der bewiesenen Taten beruft und von «nur» 70–200 Opfern pro Jahr ausgeht (Jenkins 1994, 28).

[8] Canter et al. gelang es etwa (nicht zuletzt aus Presseberichten), 3.532 Serienmörder im Zeitraum von 1860–1996 in 30 Ländern zu identifizieren, davon 2617 in den USA und 164 bzw. 165 in Großbritannien und in Deutschland (Canter et al. 1996, 2–3).

[9] Allerdings ergab eine Neueinschätzung der Daten anlässlich einer CNN Dokumentation im Jahre 1993 aus vermuteten definitions-, duplikations- und fehlerbedingten Gründen Angaben von «lediglich» 191 Serienmördern mit 1.007 bestätigten Morden für den selben Zeitraum (vgl. Jenkins 1994, 28).

[10] Hierbei gehen sie von der Zahl der bekannten Opfer von Serienmördern aus und addieren einen Anteil der ungefähr 5.000 jährlich in den USA aufgefundenen Mordopfer, deren Täter unbekannt bleibt sowie einen weiteren Anteil der jährlich verschwundenen Kinder.

Speziell für Deutschland gelang es Harbort für den Untersuchungszeitraum von 1945 bis 1995 insgesamt 54 Männer und 7 Frauen als abgeurteilte Serienmörder und weitere 21 unentdeckte Mordserien aus 79 Einzeltaten zu identifizieren. Diesen «mindestens 82 Tätern» konnten 453 Tötungsdelikte polizeilich zugeordnet werden. Von Anfang 1996 bis Mai 1999 wurden weitere 6 Tatverdächtige mit mindestens 24 Taten erkannt; weitere 19 Männer standen unter dringendem Tatverdacht, mindestens drei Opfer getötet zu haben, konnten jedoch nur für die Ermordung von zwei Opfern abgeurteilt werden und 79 Täter wurden wegen zweifachen Sexual- und/oder Raubmordes und weiterer versuchter Tötungsdelikte verurteilt. Nicht einbegriffen sind hier selbstverständlich die Täter, welche verhaftet wurden, bevor sie die zur Erfassung notwendige Opferzahl erreichen konnten. In Bezug auf die in Deutschland aktiven Serienmörder nannte Harbort 1999 die Anzahl von «mindestens acht ... denen bisher 31 Tötungsdelikte zugeschrieben werden» (vgl. Harbort 1999a, 645).

Sämtliche Schätzungen variieren in großem Maße in Hinsicht auf den Umfang der Stichprobe, die Art und Weise der Datenerhebung und vor allem die Definition von Serienmord. Dennoch kommt man derzeit nicht umhin festzuhalten, dass es keine validen Beweise gibt, die extreme Schätzungen stützen würden, wenngleich diese von den befragten Experten aus Gründen der Sensationsgier wieder und wieder in den Medien genannt werden, was ihnen jedoch nicht notwendigerweise eine zusätzliche Glaubwürdigkeit verleihen sollte. Gleichzeitig ist auch im Blick zu behalten, dass aufgrund einer hohen Anzahl von Unsicherheitsfaktoren (unentdeckte Morde, Morde mit unbekanntem Täter, vermisste Personen ...) deutlich höhere Zahlen durchaus möglich sind.

Nachdem Serienmord nun innerhalb der notwendigen Abstrahierungen ein- und abgegrenzt ist, erscheint es sinnvoll, sein Auftreten näher zu differenzieren. Hierzu werden in der Literatur in der Regel Unterscheidungen und Typologien benutzt, von denen die Wesentlichsten im Folgenden skizziert werden sollen.

Methodisch vs. Planlos

> ‹Sie teilen die Leute, die Mordserien verüben, in zwei Gruppen
> – organisierte und desorganisierte. Was halten Sie davon?› (...)
> ‹Stark vereinfachend ist der Begriff, den Sie suchen. (...) – das zeugt nur so von Inkompetenz.›
> Harris: ‹Das Schweigen der Lämmer› 1991, 26

Ausgehend von der Überlegung, dass eine Unterscheidung der Vorgehensweisen von Serienmördern Rückschlüsse auf ihre allgemeineren Verhaltensmerkmale zulässt und somit die Ermittlung unbekannter Täter erheblich erleichtert, entwickelten Hazelwood und Douglas (1980, 18ff.) das zunächst dichotomisch angelegte Konzept des «organisierten» und «desorganisierten» Täters («organized – disorganized»). In der deutschen Rezeption wird im Zusammenhang mit diesem Ansatz zumeist von «methodisch» und «planlos» vorgehenden Tätern gesprochen[11] (vgl. Hoffmann 1994, 72 und Ressler et al. 1996, IV).

[11] Andere Autoren benutzen mitunter Begriffe wie etwa systematisch/planend – chaotisch in synonymer

Grundsätzlich unterscheidet das Konzept *methodisch* operierende Serienmörder, die ihre Morde bewusst planen und vorbereiten und beständig Kontrolle über ihre Tatvorgehensweise und ihre Opfer ausüben, während *planlose* Serienmörder ihre Taten eher spontan bzw. rauschhaft begehen und den Tatort sowie die meist verstümmelten Opfer achtlos zurücklassen (vgl. Ressler et al. 1996, IV und Michaud/Hazelwood 1999, 66).

So spiegeln Tatorte methodisch vorgehender Serienmörder dann auch eine logisch geplante Vorgehensweise wider. Wehrlose und vom Täter aufgrund spezifischer Merkmale ausgewählte Opfer sowie die Benutzung von Fesselungswerkzeug sichern die fortwährende Kontrolle während des Tatvorgangs. Tatwerkzeuge werden mitgebracht und nach der Tat wieder entfernt, die Leichen der Opfer werden an einen anderen, meist vorher erkundeten Ort transportiert und versteckt. Die Tötungsart lässt oft sadistische, langsame Foltermethoden erkennen.

Tatorte planloser Serienmörder hingegen spiegeln dieser Ansicht zufolge eine spontane, explosive Gewalttat wider. Wahllos ausgesuchte Opfer werden meist schnell und brutal getötet, um die Situation überhaupt kontrollieren zu können, wobei anschließend sexuelle Handlungen und Verstümmelungen an den bereits toten Opfern durchgeführt werden. Als Tatwerkzeuge dienen in der Regel zufällig vorhandene Gegenstände, die nach der Tat liegengelassen werden, und auch deutliche, am Tatort hinterlassene Spuren ignoriert ein planloser Serienmörder völlig. Die Opfer werden körperlich im Tatverlauf extrem entstellt, oft durch Zerstörung oder Verdeckung des Gesichtes der Persönlichkeit beraubt und offen sichtbar am Tatort hinterlassen.

Diesen unterschiedlichen Verhaltensweisen liegen, nach Annahmen der Autoren, meist ebenso gegensätzlich ausgeprägte Persönlichkeits-Charakteristika zugrunde. Der methodische Serienmörder hat demnach typischerweise einen durchschnittlichen oder überdurchschnittlichen Intelligenzquotienten und verhält sich sozial, sexuell und in beruflichen Zusammenhängen kompetent. In der Regel geht seinen Taten ein situativer Stressauslöser und Alkoholkonsum voraus, obwohl sein Tatverhalten kontrollierte und durchdachte Züge trägt. Oftmals lebt er mit wechselnden Partnern zusammen, ist aggressiv sowie überheblich und durchlebt seine Morde nach den Taten immer wieder neu, indem er vom Tatort mitgebrachte Gegenstände oder Körperteile seiner Opfer in seine Phantasievorstellungen einbaut und Medienberichterstattungen sowie Polizeiermittlungen seiner Taten verfolgt.

Der planlose Serienmörder auf der anderen Seite ist in der Regel unterdurchschnittlich intelligent und verhält sich auf sozialer, sexueller und beruflicher Ebene unsicher und inadäquat. Oft lebt er alleine oder mit einer Person, die für ihn elterliche Funktionen erfüllt, zusammen und hat noch keinerlei sexuelle Kontakte gehabt. Besondere Stressauslöser und Alkoholgenuss spielen bei seinen Taten keine Rolle, doch ist seine Tatdurchführung gekennzeichnet durch geistige Verwirrung und wahnhafte Vorstellungen. Er hält sich, oftmals aufgrund körperlicher Merkmale, für unzulänglich und leidet unter seinem gesellschaftlich niedrigen Status (vgl. sämtlich Ressler et al. 1996, 122–131 und Ressler/Shachtman 1994, 154–164).

Weise. Zu unterscheiden ist jedoch das Konzept psychopathischer – psychotischer Täter von Michel Benezech, das nicht vollständig deckungsgleich mit der vom FBI benutzten Unterteilung ist (vgl. Bourgoin 1995, 38–40).

Zu Recht stellen Hoffmann und Musolff heraus, dass das doch recht grobe Modell in der Praxis meist nur als erster Anhaltspunkt für eine detaillierte psychologische Analyse dienen kann. Gleichzeitig sei es aber auch von großer Bedeutung, da zum einen in der Fachliteratur immer wieder Bezug auf dieses Klassifikationssystem genommen werde und es zum anderen auch heute noch in vielen Ländern für die Analyse von Sexualverbrechen genutzt werde (vgl. Hoffmann/Musolff 2000, 126).

Die methodische Erschließung und die faktische Präzision der Dichotomie werden jedoch mitunter heftig kritisiert (siehe hierzu auch a.a.O., 135ff.) Tatsächlich handelt es sich wohl um eine idealtypische Unterscheidung. In der Praxis mischen sich bei einzelnen Tätern durchaus die Merkmale methodischen und planlosen Vorgehens. Ein eher methodisch handelnder Täter bedient sich möglicherweise plötzlich einzelner Elemente, die typisch für planlos agierende Täter sind oder ein Serienmörder hat sowohl systematische als auch planlose Anteile.[12]

So verwiesen dann Canter, Alison und Alison die Unterscheidung auf einer Tagung an der Universität Liverpool im Januar 2001 sogar in das Reich der Mythen. Sie untersuchten die Grundzüge der Typologie anhand einer Reihe von Morden, die von diversen Serienmördern an verschiedenen Orten begangen worden waren und kamen zu dem Ergebnis, dass es nicht möglich ist, Serienmorde verlässlich und systematisch in methodische oder planlose Taten zu differenzieren (Canter et al. 2001).

Signature vs. Modus operandi

In den letzten Jahren hat ein weiteres Konzept an Bedeutung gewonnen, mit dessen Hilfe Tatortspuren einer Tatserie zugeschrieben werden können. So grenzt man die *Signature* (dt. «Handschrift» – vgl. Müller 1998) eines Täters von seinem *Modus operandi* (die Vorgehensweise bei einer Tat) ab.

Der Modus operandi umfasst alle Handlungen, die notwendig sind, um ein Verbrechen zu begehen. Er beruht auf gelerntem Verhalten, das sich mit der wachsenden Erfahrung eines Täters verändern kann. Die Handschrift hingegen bezeichnet nur die Aspekte der Tatbegehung, welche nicht zwingend für die Begehung eines Mordes notwendig gewesen wären. Hierzu zählen etwa rituelle, post mortem zugefügte, Verstümmelungen oder das Plazieren von Leichen in sexuell erniedrigenden Haltungen (pers. Mitt. Keppel 10/1998). Da die Handschrift auf den subjektiven Vorstellungen des Täters basiert, geht man davon aus, dass sie täterspezifisch ist. Somit lassen sich ver-

---

[12] Das FBI nahm demzufolge einige Jahre später in seinem Standard-System für die Verfolgung und Klassifizierung von Gewaltverbrechen (Crime Classification Manual) auch eine Mischform organisierten und desorganisierten Tatverhaltens als eigenständige Klasse auf und versuchte dort, Erklärungsmuster für ihr Auftreten anzubieten (Douglas et al. 1997, 133ff.).
Eine Analogie, die das Verhältnis der Mischformen veranschaulicht, benutzte der Wiener Kriminalpsychologe Thomas Müller während eines Vortrages in Hamburg (10. 06. 1997). Ihm zufolge gleicht die Verteilung der methodischen und planlosen Anteile eines Serienmörders einer normalverteilten Population (glockenförmig). Die vom Mittelwert abweichenden Extreme bilden die Reinformen methodischer bzw. planloser Serienmörder, während der große Bereich plus/minus der Standardabweichung vom Mittelwert Mischformen symbolisiert. Zu beachten ist hierbei allerdings, dass die Anzahl der «rein» planlos vorgehenden Serienmörder viel niedriger als die der «rein» methodischen Täter ist (vgl. Ressler/Shachtman 1994, 176), sodass die Verteilung tatsächlich keineswegs symmetrisch sein kann.

schiedene Tatorte mit der gleichen Handschrift einem einzelnen Täter zuordnen (vgl. Mott 1999, 242–244).

Typologien
Der amerikanische Profiler und Professor für Strafrechtspflege Ronald Holmes, der über seine jüngste Analyse der Briefe von verurteilten und mutmaßlichen Serienmördern einen faszinierenden Beitrag für diesen Band verfasst hat, unterscheidet Serienmörder zusätzlich nach ihren Motiven. Diese ergeben sich, seiner Ansicht nach, aus den spezifischen Phantasievorstellungen der Täter und verdeutlichen den subjektiven Sinn ihrer Tatausführungen. Sein vielfach rezipiertes Konzept hat Holmes erstmals 1988 gemeinsam mit De Burger publiziert. Es beruht weitgehend auf der Einteilung männlicher Serienmörder in vier Gruppen und stützt sich auf die Analyse von über 400 Fällen. Im Laufe der Jahre hat er gemeinsam mit Stephen Holmes leicht variierende Versionen dieser Typologie veröffentlicht und sogar eine Typologie weiblicher Serienmörder hinzugefügt (vgl. etwa Holmes/DeBurger 1998, 10–14 und Holmes/Holmes 1994, 109–128).

Letzteres ist vor allem deshalb bemerkenswert, weil Autoren, die in der Tradition der FBI-Forschung stehen, immer noch behaupten, dass es keine weiblichen Serienmörderinnen gebe.[13] Eine These im Übrigen, die Bammann in diesem Band widerlegen bzw. in den jeweiligen Argumentationszusammenhang verweisen kann. Die aktuellste Variante von Holmes' Typologie soll im Folgenden kurz dargestellt werden:

Holmes schreibt männlichen Serienmördern vier mögliche Typen von Handlungsorientierungen zu. Der *visionäre* Typus erlebt einen schwerwiegenden Bruch der Realität, in dem ihm Stimmen oder Visionen aus meist religiösen Vorstellungswelten (Engel, Dämonen, Geister von Verstorbenen etc.) befehlen, eine bestimmte Personengruppe oder einzelne Personen zu töten. Im Gegensatz zu diesem subjektiv von außen kommenden Befehl will der *missionarische* Typus aufgrund einer bewussten Zielvorstellung eine bestimmte Kategorie von Personen vernichten bzw. bestrafen, die er als «lebensunwürdig» wahrnimmt. Der *hedonistische* Serienmörder hingegen tötet seine Opfer einfach aus Freude an Nervenkitzel, Leid und Tötungshandlung[14], während der *machtorientierte* Typus eine Befriedigung und Erregung erfährt, die nicht in erster Linie den erzwungenen Sexualhandlungen oder Tötungen selbst, sondern der erlebten Kontrolle und Macht über die Opfer entspringt (vgl. Holmes/Holmes 1998, 61–155).

---

[13] Abgesehen von den definitorischen Problematiken schreiben einige Autoren das zumindest geringere Auftreten von Frauen als Serienmörderinnen dem Umstand zu, dass traditionell eine Abneigung gegen den Gedanken bestehe, dass Frauen zu solchen Gewalttaten fähig seien, bzw. Morde aus sexuell orientiertem Anreiz oder als Reaktion auf visionäre Stimmen verüben würden (vgl. Holmes/Holmes 1994, 115/116 und Hale/Bolin 1998, 56). Cluff et al. gehen davon aus, dass die geringe Beachtung weiblicher Serienmörderinnen auch auf die geschlechtsspezifische Tötungsweise zurückzuführen sei. So würden Männer eher auf gewalttätige und Frauen eher auf unauffällige Tötungsformen wie Vergiften oder Ersticken zurückgreifen. Serienmordende Frauen seien daher schwerer zu überführen (vgl. Cluff et al. 1997, 295–296).
[14] Neuerdings unterscheiden Holmes und Holmes den hedonistischen Serienmörder zusätzlich in drei Untertypen: Den *Lust Killer*, den *Thrill Killer* und den *Comfort Killer* (vgl. Holmes/Holmes 1998, 90–128 für Einzelheiten dieser Differenzierung).

Serienmörderinnen weist Holmes hingegen eine abweichende Typologie zu. Während die Motivation der *visionären* Serienmörderin als einziger Typus analog zur gleichnamigen Kategorie männlicher Serienmörder zu sehen ist, sucht die *Komfort*mörderin rein materielle Ziele zu erreichen. Sie ermordet in der Regel Menschen ihres sozialen Umfeldes, um an Geld aus Versicherungen oder Erbschaften zu gelangen. Die *hedonistische* Serienmörderin handelt aus reinem Lustgewinn durch die Verbindung zwischen tödlicher Gewalt und sexuellem Genuss und zieht lediglich psychologischen Gewinn aus ihren Tötungen. Im Unterschied dazu erlangt die *machtsuchende* Serienmörderin Befriedigung aus der sozialen Reaktion auf ihre Handlungen. Einige wollen einfach eine besonders hohe Anzahl meist hilfloser Opfer töten, andere Mörderinnen retten etwa Menschen aus lebensgefährlichen Situationen, die sie selbst absichtlich herbeigeführt haben. Nach einer Weile töten sie dann oft den zuvor (oft mehrfach) Erretteten und suchen weitere Opfer. Die *Jüngerin* (disciple killer) letztlich steht unter dem Einfluss einer charismatischen Führungspersönlichkeit und tötet auf deren Befehl hin. Während der Tötungsanlass von jener Führungspersönlichkeit ausgeht, besteht ihr Motiv darin, diesem Führer zu gefallen (Holmes/Holmes 1998, 147–155).

Aus jedem dieser männlichen und weiblichen Typen lassen sich für Forschung und Strafverfolgung bestimmte Implikationen bezüglich Auswahl der Opfer, Vorgehensweise und räumlicher Orientierung gewinnen. Eine genaue Darstellung würde den Rahmen dieses Aufsatzes sprengen, doch mag beispielhaft erwähnt werden, dass der missionarische männliche Serienmörder nach Ronald und Stephen Holmes eher spezifische, nicht-zufällige und fremde Opfer wählt (da er bewusst eine bestimmte Kategorie Menschen ermorden will, zu denen er im Einzelnen keine persönliche Beziehung hat). Seine Tatmethode ist ergebnisbezogen, geplant und methodisch (sein Ziel ist keine auf langes Foltern ausgelegte, spontane oder explosive Handlung, sondern die gezielte Auslöschung bestimmter Menschen), und er bewegt sich räumlich in einem begrenzten Umfeld.

In Bezug auf die Unterscheidung zwischen methodischen und planlosen Serienmördern gehören im Übrigen lediglich die visionären Serienmörder und Serienmörderinnen zu der planlosen Kategorie. Alle anderen Typen handeln eher methodisch (vgl. Holmes/Holmes 1994, 112–113).

Obwohl die vorgestellte Typologie durchaus einige geläufige Motive veranschaulicht, die Serienmörder bei ihren Taten bewegen können, erweist sich eine Zuordnung der Täter in spezifische Typen aufgrund der nicht immer trennscharfen Definitionen doch als problematisch. Zudem ist die Auswahl der Typen nicht immer konsequent. Auftragsmörder werden nicht berücksichtigt, da ihre Motivation finanzieller Natur sei und daher als «extrinsisch» gewertet wird, während objektiv nicht weniger extrinsische Tötungen (etwa zum Zwecke der Zeugenbeseitigung bei Sexualverbrechen oder zum Erhalt von Versicherungsprämien) einbezogen werden. Letztlich können auch Motivationswechsel, wie sie durchaus aus Fallstudien bekannt sind, mangels Flexibilität der Typologie nicht beachtet werden (vgl. Gresswell/Hollin 1994, 5). Demzufolge ist es auch kein Zufall, dass in einer kleinen Pilotstudie, bei der der Verfasser im Rahmen eines Rating-Verfahrens mithalf, einige interviewte Serienmörder zu klassifizieren, keiner der interviewten Täter eindeutig einem spezifischen Typus zugeordnet werden konnte.

Dennoch weisen auch die anderen in der Literatur verfügbaren Typologien (wesentliche Beispiele sind Douglas et al 1997, Harbort 1999a und Keppel/Walter 1999) zum Teil erheblich zu kritisierende Aspekte auf (inklusive jener Schwachpunkte, die Typologien prinzipiell inhärent sind). Ihr Wert ist oft weitgehend deskriptiver statt erkenntnistheoretischer Natur.

Tötungszyklus
Es lassen sich in der Fachliteratur nicht nur Serienmörder von Nicht-Serienmördern oder verschiedene Serienmörder-Typen voneinander unterscheiden. Auch für den (idealtypischen) Verlauf ihrer Handlungen lassen sich Unterscheidungen in Form von Handlungsphasen konstruieren, die zwar z.T. unzulässig vereinfachen und verallgemeinern, aber andererseits auch das Verständnis für die Vorgehensweise und subjektiven Handlungsbedeutungen des Gros der Serienmörder erleichtern.

Je nach wissenschaftlichem Hintergrund der Verfasser finden sich leicht unterschiedliche Phasenmodelle (vgl. etwa Ressler et al. 1996, 45–67; Holmes/Holmes 1994, 106–109 und Norris 1990, 42–58). Nicht jede einzelne Phase dieser Modelle wird dabei von jedem Täter durchlaufen und individuelle Täter absolvieren nicht unbedingt bei jedem ihrer Morde die gleiche Anzahl dieser Phasen. Die Art und Weise, wie ein Serienmörder sich in den einzelnen Phasen verhält, erlaubt jedoch, nach Ansicht einiger Forscher, sogar Rückschlüsse auf seinen Tätertypus. Demzufolge handelt ein Serienmörder desto organisierter, je mehr Phasen eines Modells er durchläuft. Und somit treffen auch umso eher entsprechende Persönlichkeitsmerkmale eines organisierten Serienmörders auf ihn zu (vgl. Holmes/Holmes 1994, 106/109).

Ein besonders differenziertes Beispiel dieser Phasenmodelle zeigt Joel Norris auf. Demnach beginnt ein Tötungszyklus zunächst mit der sogenannte *Auraphase*, in der sich die Realität für einen Serienmörder verfremdet und seine Phantasievorstellungen zunehmend an subjektiver Qualität gewinnen. Konventionelle Werte verlieren ihre Bedeutung und nur noch der Wunsch, die eigenen Vorstellungen auszuleben, dominiert sein eigenes Erleben. Mitunter versuchen Serienmörder in dieser Phase verzweifelt ihre Realität beherrschbar zu machen. Sie betäuben sich mit großen Mengen an Alkohol oder Drogen bzw. versuchen auf andere Weise ihren inneren Tötungsdrang, den sie selbst als ihre «dunkle Seite», «Biest», «Entität» o.ä. externalisiert betrachten, zu kontrollieren (vgl. Norris 1990, 42–44). Henry Lee Lucas etwa, der zahlreiche Menschen in verschiedenen Staaten der USA umbrachte, berichtete in einem Interview: «I tried marriage, and that didn't work. I tried religion, and that didn't work. I tried to make friends, and I tried to reunite myself with my sisters, and none of that worked» (Lucas nach Norris 1990, 307).

Bobby Joe Long, der in Florida mehr als 50 Frauen vergewaltigte und neun ermordete, unternahm mehrere Versuche, sich einem Psychiater zu offenbaren, hielt jedoch letztlich aus Angst vor der Strafverfolgung keinen der Termine ein (vgl. Norris 1990, 307).

Abgelöst wird diese Phase von der *Auswahlphase*[15], in der der Täter aktiv beginnt, an speziell ausgewählten Orten nach seinem nächsten Opfer zu suchen. Hat er sich sein

---

15 Wörtlich: «trolling phase», also etwa ‹mit einer Schleppangel (nach Opfern) fischen›.

Opfer ausgesucht[16], so beobachtet er es und stellt ihm eine Weile nach, um die beste Tatsituation auszuwählen (vgl. Norris 1990, 44–48), woraufhin er in der *Umwerbungsphase* damit anfängt, das Vertrauen des Opfers zu gewinnen, um eventueller Gegenwehr vorzubeugen. Er lockt es, z.B. mit finanziellen oder sexuellen Anreizen, an einen abgelegenen Ort oder bringt das Opfer durch vorgespielte Hilflosigkeit in Situationen, in denen es ihm leicht fällt, das Opfer zu überwältigen (vgl. Norris 1990, 49/50).

Je nach beabsichtigter Wirkung auf das Opfer verhalten sich Serienmörder in der *Phase der Gefangennahme* unterschiedlich. So machen einige ihr Opfer möglicherweise mit einer blitzschnellen Attacke handlungsunfähig, während andere ihnen langsam Angst einflößen oder beginnen, Details dessen zu schildern, was sie ihnen im Folgenden antun werden (vgl. Norris 1990, 50/51).

Die eigentliche *Phase des Mordes* ist für Norris eine rituelle Reaktion auf die schrecklichen Erfahrungen der Kindheit. Nun allerdings sind die Rollen umgekehrt verteilt: der missbrauchte/misshandelte Täter versucht durch die Wiederholung der Qualen, die ihm angetan wurden, seine Macht und Identität zurückzugewinnen. Der Moment des Mordes selbst bildet den emotionalen Höhepunkt für die meisten der bekannten Serienmörder und geht für sie oft mit einem Orgasmus oder einem Gefühl der triumphalen Befreiung einher (vgl. Norris 1990, 51–55).

Um dieses schnell verebbende Gefühl auch nach dem Tod des Opfers erneut durchleben zu können, versuchen einige Täter in der *Totemphase*, z.B. durch Aufzeichnungen der Tat oder rituelle Verstümmelung des Leichnams und Abtrennung von Körperteilen oder persönlichen Gegenständen des Toten, sich die Möglichkeit zu schaffen, die Erinnerung an die Tat zu einem späteren Zeitpunkt wieder aufzufrischen. Die so erhaltenen symbolischen Trophäen werden meist sorgsam aufbewahrt, gesammelt oder gegessen (vgl. Norris 1990, 55/56).

Letztlich ist jedoch die immanente Phantasie des Serienmörders zu mächtig, als dass die Realität mit ihr konkurrieren könnte. Die Qualität der Phantasie wird durch die Tat nie erreicht, sodass unweigerlich eine *Phase der Niedergeschlagenheit* folgt. Der für die Heilung der erlittenen Qualen getötete Mensch verliert die Identität, die er in der Phantasie seines Mörders besaß, während die Ursache der Qualen in lebhafter Erinnerung bleibt. Das erlebte Machtgefühl schwindet und hinterlässt eine enttäuschende Leere, woraufhin ihn nach einer Weile erneut der Drang zu Töten überkommt (vgl. Norris 1990, 56–58).[17]

2. Ursachenmodelle

Nach dieser grundlegenden Beschreibung von Definitionen, Unterscheidungs- bzw. Einordnungskriterien und Handlungsabläufen ist es nun sinnvoll, einen Blick auf Ansätze zu werfen, die versuchen, Serienmord zu erklären.

---

[16] Vergleiche bzgl. der Auswahl von Opfern auch die Ausführungen Kirchhoffs in diesem Band.
[17] Die beiden letztgenannten Phasen wurden zwecks einer Vereinfachung der Definition als ‹Abkühlphase› bezeichnet.

Psychosoziale Sichtweisen

Den wohl nachhaltigsten Einfluss auf den aktuellen Forschungsstand zur Entwicklung von Serienmördern hatte das Crime Personality Research Project des FBI unter Leitung von Robert K. Ressler[18], dessen Erkenntnisse 1988 unter dem Titel «Sexual Homicide» veröffentlicht wurden. In dieser Studie schildern die beteiligten Autoren ihre Forschungsergebnisse zu Interviews mit 36 inhaftierten Sexual- und Mehrfachmördern in den Vereinigten Staaten und legten damit einen Grundstein, der alle späteren Veröffentlichungen nachhaltig beeinflusst hat (vgl. Ressler/Shachtman 1994, 101).

Kernstück der Studie ist die Entwicklung eines Verlaufsmodells, welches die spezifischen psychosozialen Bedingungen und Einflüsse auf dem Weg zur Entwicklung eines Serienmörders beschreibt. Als Basis des Modells gehen die Autoren dabei von einem in der Kindheit vorherrschenden *ineffektiven sozialen Umfeld* aus. Hierbei sind die sozialen Beziehungen innerhalb der Familie dermaßen gestört, dass die primären Bezugspersonen keine Stütze und keinen Schutz für das Kind bieten können oder wollen.

Hinzu kommen einerseits bestimmte *prägende Ereignisse* wie erlittene und miterlebte Traumata und andererseits das Versagen der Elternfiguren, solche Erlebnisse mit dem Kind aufzuarbeiten und eine gesunde psychisch-emotionale Entwicklung und Rollenidentität des Kindes zu fördern (vgl. Ressler et al. 1996, 69–72).

Typischerweise finden sich in den Familienbiographien oft erheblich deviante Elemente wie psychische Erkrankungen, Alkohol- und Drogenmissbrauch, Kriminalität, institutionelle Fremdunterbringungen und problematische Sexualverhaltensweisen, die signalisieren, dass die jeweiligen Eltern wahrscheinlich oft nicht in ausreichendem Maße gesamtgesellschaftlich getragene Normorientierungen anbieten und konventionelle Vorbildfunktionen übernehmen konnten (vgl. McKenzie 1995, 7 und Ressler et al. 1996, 16–20). Statt emotionaler Geborgenheit prägen das Miterleben verstörender Erfahrungen im gewalttätigen und sexuellen Bereich sowie eigene Erfahrungen von Vernachlässigung, fortgesetzter körperlicher und psychischer Misshandlung sowie sexuellem Missbrauch die Kindheit der Täter (vgl. Bourgoin 1995, 25/27 und Ressler et al. 1996, 22–24/102).

Als wohl relevantester Schritt in der Entwicklung zu einem Serienmörder vollzieht sich nun auf der Grundlage der viel zu schwachen affektiven Bindungen und der für die kindliche Psyche aus eigener Kraft kaum zu bewältigenden indirekten und direkten Erfahrungen bei den Kindern eine «Amalgamierung sexueller Energien mit Gewaltmustern» (Sollberger 1995, 55; vgl. auch Ressler/Shachtman 1997, 52). Sexualität und Gewalt werden im kindlichen Bewusstsein aneinander gekoppelt und bestimmen fortan die Wahrnehmung.

Die hierauf folgenden *Reaktionsmuster* eines Kindes erläutern Ressler et al. mittels zweier sich gegenseitig verstärkender Aspekte, die letztlich das Entstehen einer extremen Ausformung der Phantasie hervorrufen. Auf der einen Seite bilden sich sogenannte ‹problematische Charakterzüge›, die etwa als Aggressivität, chronisches Lügen und Einzelgängertum umschrieben werden. Diese Charakterzüge wirken einer gesellschaftlichen Beziehungsaufnahme und der Entwicklung einer emotionalen Kompetenz ent-

---

[18] Vergleiche zu den wissenschaftlichen Grundlagen dieser Studie auch die Ausführungen von Burgess im Rahmen eines Interviews in diesem Band.

gegen und verstärken die subjektive Isolation noch weiter. Demgegenüber erscheint ein Rückzug in das eigene, nach Wunsch selbst steuerbare, Phantasieerleben zunächst als Rettungsanker für die kindliche Seele – als ein Ersatz für die vermissten zwischenmenschlichen Kontakte. Jedoch können bestehende gesellschaftliche Normen, die bislang schon nicht in ausreichendem Maße vermittelt worden sind, aus dieser introspektiven Warte nur umso schlechter reflektiert und internalisiert werden.

Auf der anderen Seite werden ‹kognitive Aufzeichnungs- und Verarbeitungsprozesse›, welche normalerweise die Kontrolle und Entwicklung der Psyche sowie die Verbindung des Individuums zum sozialen Umfeld gewährleisten, erheblich gestört. Sie entwickeln sich starr, negativ und repetitiv, was zu einer antisozialen, generalisierenden Sichtweise führt. Anstatt in einer positiven Weise mit dem sozialen Umfeld zu interagieren, helfen diese Denkprozesse dem späteren Mörder nur, sich selbst zu stimulieren und seine innere Spannung abzubauen. Allerdings verstärken sie erneut die Entfremdung. Dieser Prozess nimmt eine immer zentralere Stellung im Leben des Betroffenen ein. Themen wie Kontrolle, Dominanz, Rache, Gewalt usw. gewinnen die Überhand, beeinflussen die Motivationen und Zielausrichtungen und manifestieren sich in Tagträumen, Alpträumen und Phantasien (vgl. Ressler et al. 1996, 72–74).

Die Phantasien[19] kreisen dabei rund um die Bereiche ‹Gewalt› und ‹Sexualität›, welche das Kind selbst in seinem Umfeld erfahren hat. In seiner Phantasie kann es dem, von ihm real nicht zu kontrollierenden, Leben entfliehen und selbst Macht und Kontrolle ausüben. Dieser lustvoll erlebte Zustand hilft zunächst, auch die eigenen unterdrückten Ängste und Aggressionen zu kontrollieren. Mit der Zeit entwickelt sich jedoch eine pathologische Abhängigkeit von dieser Phantasiewelt, die als einziger Fluchtweg vor der trostlosen Realität fungiert, und die Phantasie wird zur einzigen Quelle emotionaler Anregung (vgl. Anderson 1996, 14).

Jene inneren Prozesse schlagen sich nach Ressler et al. auch auf die konkrete *Handlungsweise* des Kindes nieder und äußern sich zunächst bspw. in Formen von Tierquälerei, Brandstiftung, Vandalismus und destruktiven Spielmustern. Dieses Verhalten wird im Verlauf der Entwicklung zunehmend gewalttätiger und grausamer, bevor es letztlich in Vergewaltigung, Folter, Verstümmelung und Mord seinen Höhepunkt finden wird (vgl. Ressler et al. 1996, 74). Aufgrund der Isolation und des dysfunktionalen sozialen Umfelds bleibt eine negative Rückmeldung weitgehend aus und verleiht den extremen Taten subjektiv einen Charakter von Normalität.

Insofern das Umfeld dennoch mit Unbehagen auf solche Handlungen reagiert, kann das als ein innerer *Rückkopplungsfilter* wirken. Das Kind lernt dadurch mit der Zeit, den möglichen Konsequenzen seiner Handlungen auszuweichen. Zudem erfährt es, dass

---

[19] Ressler, Burgess und Douglas definieren ihre Auffassung von Phantasie als einen sorgsam ausgearbeiteten Gedankengang, der in der Emotion verankert ist, den Denker besonders in Anspruch nimmt und seinen Ursprung in Tagträumen hat. Tagträume werden dabei als kognitive Aktivitäten angesehen, die eine Ablenkung der Aufmerksamkeit von der jeweils gerade ausgeführten Tätigkeit verursachen. Solch eine Phantasie wird vom Betreffenden meist als Gedanke wahrgenommen, doch kann er sich alternativ oder zusätzlich auch Bildern, Gefühlen und inneren Dialogen bewusst sein (vgl. Ressler et al. 1996, 34).

«Motivationsmodell» nach Ressler et al.

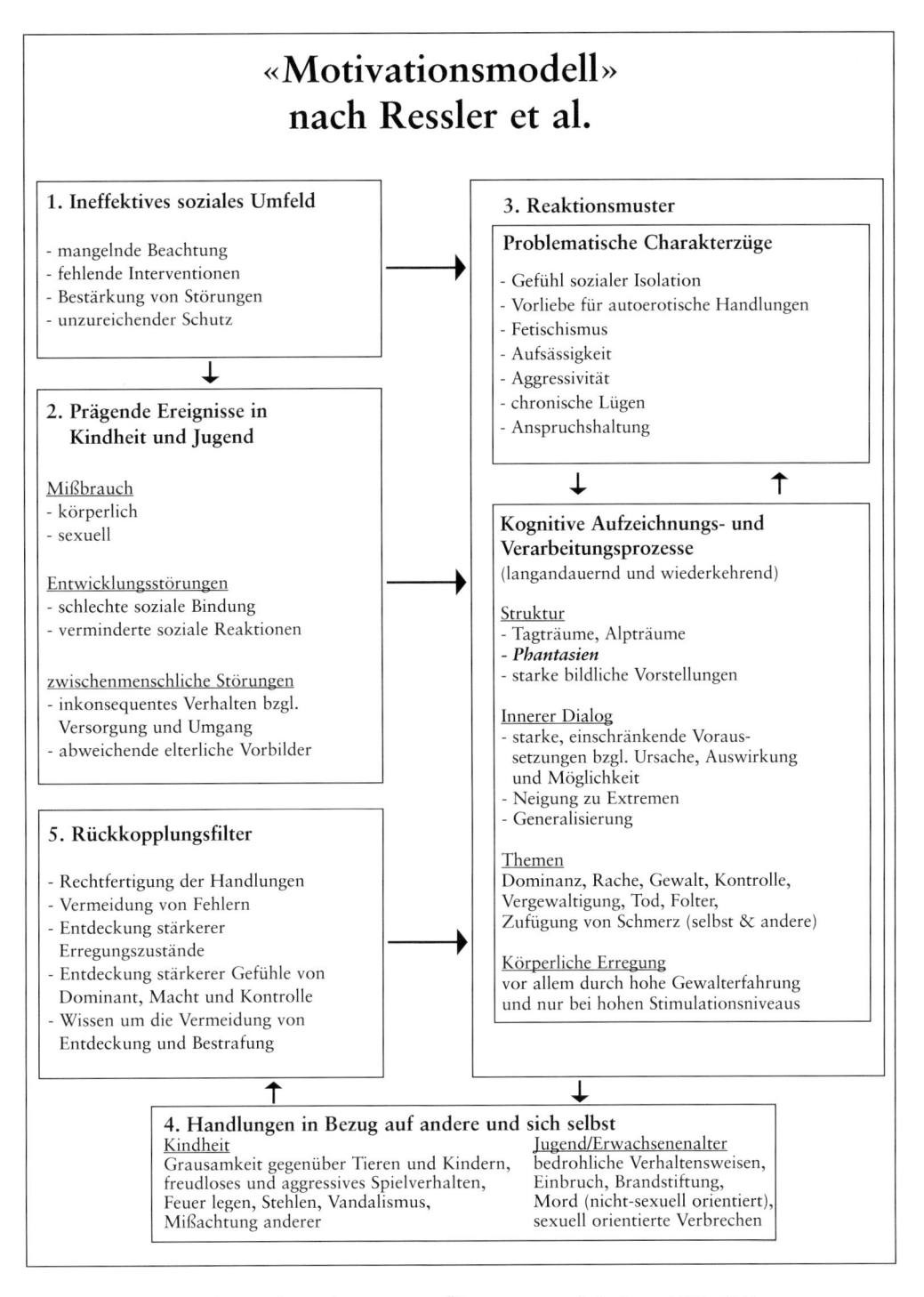

1. Ineffektives soziales Umfeld
- mangelnde Beachtung
- fehlende Interventionen
- Bestärkung von Störungen
- unzureichender Schutz

2. Prägende Ereignisse in Kindheit und Jugend

<u>Mißbrauch</u>
- körperlich
- sexuell

<u>Entwicklungsstörungen</u>
- schlechte soziale Bindung
- verminderte soziale Reaktionen

<u>zwischenmenschliche Störungen</u>
- inkonsequentes Verhalten bzgl. Versorgung und Umgang
- abweichende elterliche Vorbilder

5. Rückkopplungsfilter
- Rechtfertigung der Handlungen
- Vermeidung von Fehlern
- Entdeckung stärkerer Erregungszustände
- Entdeckung stärkerer Gefühle von Dominant, Macht und Kontrolle
- Wissen um die Vermeidung von Entdeckung und Bestrafung

3. Reaktionsmuster

Problematische Charakterzüge
- Gefühl sozialer Isolation
- Vorliebe für autoerotische Handlungen
- Fetischismus
- Aufsässigkeit
- Aggressivität
- chronische Lügen
- Anspruchshaltung

Kognitive Aufzeichnungs- und Verarbeitungsprozesse
(langandauernd und wiederkehrend)

<u>Struktur</u>
- Tagträume, Alpträume
- *Phantasien*
- starke bildliche Vorstellungen

<u>Innerer Dialog</u>
- starke, einschränkende Voraussetzungen bzgl. Ursache, Auswirkung und Möglichkeit
- Neigung zu Extremen
- Generalisierung

<u>Themen</u>
Dominanz, Rache, Gewalt, Kontrolle, Vergewaltigung, Tod, Folter, Zufügung von Schmerz (selbst & andere)

<u>Körperliche Erregung</u>
vor allem durch hohe Gewalterfahrung und nur bei hohen Stimulationsniveaus

4. Handlungen in Bezug auf andere und sich selbst

<u>Kindheit</u>
Grausamkeit gegenüber Tieren und Kindern, freudloses und aggressives Spielverhalten, Feuer legen, Stehlen, Vandalismus, Mißachtung anderer

<u>Jugend/Erwachsenenalter</u>
bedrohliche Verhaltensweisen, Einbruch, Brandstiftung, Mord (nicht-sexuell orientiert), sexuell orientierte Verbrechen

(Quelle: Ressler et al. 1996, 70 – Übersetzung nach Robertz 1999, 121)

gewalttätige Variationen seiner Phantasien die erlebte Erregung und die Gefühle von Dominanz, Macht und Kontrolle erhöhen (vgl. Ressler et al. 1996, 74–75).

Der Betroffene wird zunehmend abhängig von seiner Phantasiewelt und versucht, seine Vorstellungen zum Erhöhen der eigenen Stimulation verstärkt in der Realität auszuleben. Dabei schiebt er die Grenzen von Gewalt und Sexualität weiter hinaus und benutzt die Sexualität, ebenso wie in seiner Phantasie, nahezu ausschließlich, um Macht und Selbststimulation zu erreichen (vgl. Anderson 1996, 15). Schließlich überschreitet er die Grenze zum Mord. Die Tötung wird, ebenso wie vorangegangene Versuche, die eigene Phantasie auszuleben, in die eigene Vorstellungswelt eingebaut (vgl. Ressler/Shachtman 1994, 120–124). Sie ist wichtiger geworden als die reale Welt, und das Streben des Serienmörders ist von nun an darauf ausgerichtet, mit seinen realen Handlungen möglichst nahe an seine phantasierten Gewalttaten heranzureichen. Trophäen und Erinnerungen an seine Morde erleichtern ihm dabei das Wechseln zwischen Realität und Phantasie (vgl. Keppel/Birnes 1997, 289/331). In diesem Stadium wird er in der Regel so lange weiter töten, bis er überführt und inhaftiert worden ist.[20]

Wie bei einem derart intensiv rezipierten Modell nicht anders zu erwarten, finden sich in der Literatur auch eine Reihe von Kritikpunkten. Diese beziehen sich vor allem auf die dem Modell zugrunde liegende Untersuchung. So widmet sich Gerst in seinem Beitrag für diesen Band der Problematik dieser Studie und diskutiert u.a. ihre Übertragbarkeit sowie die rechtlichen Voraussetzungen für eine analoge bundesdeutsche Untersuchung. Degen bemängelt derweil, dass bei der Befragung der Serienmörder keine Kontrollgruppen hinzugezogen worden sind und verweist auf die Untersuchungen Langevins. Diese haben ergeben, dass «Misshandlungen» in der Kindheit zur Biographie «normaler Einfachmörder» gehören und kein signifikantes Charakteristikum von *Serien*mördern bilden. Zudem stellt er die retrospektiven Selbstaussagen von Serienmördern generell als glaubwürdige Methode in Frage (vgl. Degen 1990, 53). Ähnlich argumentiert Muller und hebt zusätzlich hervor, dass die Studie nur inhaftierte Serienmörder thematisiert, die ihre Bereitschaft zur Mitarbeit erklärt hatten. Naturgemäß würden die Erkenntnisse der Studie möglicherweise auch nur für diese Subgruppe zutreffen (vgl. Muller 2000, 254).

Samenow befürchtet zudem, dass die von Serienmördern berichteten Kindheitstraumata oft als gezielte Beeinflussung anzusehen sind, um eine schreckliche Kindheit vorzutäuschen[21] (Samenow nach Bourgoin 1995, 232), was zumindest für Einzelfälle wie Arthur Shawcross[22] offenbar zutrifft. Somit liegt der Verdacht nahe, dass mögli-

---

[20] Eine faszinierende Beschreibung der subjektiv erlebten Entwicklung jener Phantasie zeigt der Bericht eines unbenannten Serienmörders unter Anonymus 1998, 128ff. auf. Darüber hinaus stellt Harbort in diesem Band einige sehr anschauliche Erläuterungen und Beispiele zu sadistischen Gewaltphantasien von Serienmördern dar.
[21] Interessanterweise beklagt der langjährige BSU-Leiter John Douglas in seiner Biographie, dass Psychiater sich der beschränkten Brauchbarkeit von Selbstberichten von Serienmördern oder -vergewaltigern, die von Natur aus manipulierten, sowie narzisstisch und absolut egozentrisch seien, nicht bewusst wären (vgl. Douglas/Olshaker 1996, 165). Er selbst stützt jedoch sein ganzes Lebenswerk auf eben solche Berichte und geht offenbar davon aus, dass er im Gegensatz zu den berufsbedingt sogar speziell ausgebildeten Psychiatern stets die «Wahrheit» in den Gesprächen herausfindet.
[22] Shawcross, der in New York von 1988 bis 1990 mindestens zehn Frauen ermordete, nachdem er gerade

cherweise von einer falschen Grundannahme ausgegangen wurde und unbewusst Ereignisse aus der Vergangenheit der Serienmörder im Nachhinein zugespitzt betrachtet und falsch interpretiert wurden.

Obwohl diese Möglichkeit durchaus in Betracht gezogen werden sollte, lassen sich einige Kritikpunkte teilweise entkräften. Einerseits fanden die Interviews statt, *nachdem* die Serienmörder verurteilt worden waren, sodass diese keine direkten juristischen Vorteile durch etwaige Lügen zu erwarten hatten und andererseits verursacht nach dem Motivationsmodell nicht alleine eine Misshandlung die mögliche Entwicklung zu einem Serienmörder, sondern die unglückliche Verquickung einer Vielzahl spezifischer Faktoren.

Viel entscheidender erscheint die Frage, warum andere Kinder, die den genannten Bedingungen ausgesetzt waren, ihren Phantasien nicht ausgeliefert sind. Warum können also einige Betroffene ihre Phantasien offensichtlich kontrollieren und andere nicht? Das Modell selbst gibt hierauf keine schlüssigen Antworten, jedoch lässt sich über verschiedene Möglichkeiten spekulieren. Holmes und Holmes denken an die unterschiedliche Auffassung und Verarbeitung von Situationen, an unterschiedliche Möglichkeiten des Stressabbaus und der Bewältigung von Traumata, aber auch an vielfältige soziale und biologische Bedingungen (vgl. Holmes/Holmes 1998, 53/58/59). Keppel vertritt demgegenüber die Ansicht, dass möglicherweise eine erstaunlich große Anzahl von Menschen voll ausgebildete sadistisch-sexuelle Mordphantasien haben, sich jedoch durch bestimmte kompensatorische Handlungen selbst davor bewahren, diese Phantasien in der Realität auszuleben. Als Nischen, in denen die Phantasie ohne gravierende Konsequenzen ausgelebt werden kann, bezeichnet er unter anderem die Ausbeutung weiblicher Angestellter bei Tag und gewalttätig-sexuelle Handlungen an Prostituierten bei Nacht sowie die Betäubung des eigenen Verlangens durch Drogen (vgl. Keppel/Birnes 1997, 332–336). Zudem ist natürlich zu berücksichtigen, dass zwar der Anteil misshandelter, missbrauchter und vernachlässigter Kinder relativ hoch ist, dass jedoch die frühzeitige Vermischung von sexuellen und gewalttätigen Erfahrungen in einer solch extremen Ausprägung, wie sie die Biographien von Serienmördern aufzeigen, glücklicherweise sehr selten ist. Letztlich differiert auch die subjektiv wahrgenommene Schwere objektiv erlittener Faktoren.[23]

---

eine lange Haftstrafe wegen Mordes an zwei Kindern abgesessen hatte, erfand in seinem neuerlichen Gerichtsverfahren unglaubliche Lügen, um als verrückt und unzurechnungsfähig eingestuft zu werden – u.a. schwere Fälle von Missbrauch und Misshandlung (vgl. Bourgoin 1995, 109–142 und Murakami/Murakami 2000, 440–442).

[23] Bei dem Verlaufsmodell von Ressler et al. ist weiterhin problematisch, dass es in erster Linie für eine spezifische Art von Serienmördern, nämlich für eher organisiert handelnde Täter, erstellt worden ist (eher desorganisiert handelnde Täter zeigen demgegenüber Anzeichen, die typisch für das Vorliegen einer Psychose sind) und dass die Autoren von einer ausschließlich sexuell orientierten Ausprägung der Phantasie ausgehen. Die Ansichten von Ressler et al. gelten demnach möglicherweise nicht, wie von den Autoren behauptet, generell für Serienmörder, sondern insbesondere für einen spezifischen, von ihnen untersuchten, Typus.

Biologische Sichtweisen

Einen anderen Blickwinkel erlauben einige biologischen Ansätze. Zu unterscheiden sind dabei Versuche von Verhaltensgenetikern, Biochemikern, Tierverhaltensforschern und Neurobiologen/-psychologen.

Ansätze von Verhaltensgenetikern, Gene zu finden, die für extreme Aggressionsbereitschaft verantwortlich sind, scheiterten bislang. Weder konnte die xyy-Chromosom-Anomalie als Verursacher hoher Gewaltausübung bewiesen werden[24], noch beinhaltet das x-Chromosom nachweisbar einen Abschnitt, der ein ‹Aggressionsgen› enthält.[25]

Eine Theorie von Biochemikern, die besagt dass eine abnorm *hohe* Konzentration von Neurotransmittern wie Dopamin, Adrenalin und Serotonin eine besonders hohe Aggressionsbereitschaft fördert, konnte zumindest an Tieren nachgewiesen werden. Jedoch fand eine Arbeitsgruppe der Universität Chicago im Gegensatz dazu abnorm *niedrige* Serotoninwerte bei destruktiv agierenden Kindern (vgl. Csípek 1994, 40). Auffälligkeiten finden sich auch bei hormonellen Faktoren. In einer Vergleichsuntersuchung zwischen gewalttätigen und «nicht-gewalttätigen» Serienvergewaltigern haben sich bei ersteren erstaunlich hohe Mengen des männlichen Hormons Testosteron gefunden (vgl. Rada et al. 1983). Diese haben einen direkten Einfluss auf physiologische Mechanismen und können das Verhalten beeinflussen, doch liegen auch hier keinerlei spezielle Untersuchungen zu Serienmördern vor. Bislang ist der Forschungsstand noch zu vage, um hinsichtlich serieller Tötungen spezifische Schlüsse ziehen zu können, jedoch scheinen abnorme Neurotransmitter- und Hormonverteilungen zumindest eine bestimmte Rolle in der Entstehung von aggressivem Verhalten und geistigen Störungen zu spielen – auch wenn die Ausrichtung und Ausgestaltung der Kausalität noch ungeklärt ist.

Generell umstritten ist die Übertragbarkeit jeglicher Erkenntnisse von Tierverhaltensforschern auf den Menschen.[26] Dies soll keineswegs bedeuten, dass es keine Beziehung zwischen menschlichem und tierischem Verhalten gibt (vgl. hierzu auch de Waal 1989, 11). Aber es ist extrem zweifelhaft, ob valide Parallelen zu einer so seltenen und speziellen Form der Aggression wie Serienmord gezogen werden können, wenn dies bislang nicht einmal in Bezug auf allgemeines aggressives Verhalten eindeutig gelingt. So

---

[24] Besonderes Interesse erweckte in diesem Zusammenhang der Fall des Massenmörders Richard Speck (er ermordete acht Schwesternschülerinnen in Chicago), welcher an jener Anomalie leiden sollte. Diese Annahme wurde jedoch mittlerweile in einer neuerlichen Untersuchung widerlegt. Zudem ist die Anomalie einerseits bei anderen Mehrfachmördern nicht bekannt geworden und andererseits haben Forschungen belegt, dass viele Männer diese genetische Konstellation aufweisen und weder besonders aggressive noch besonders asoziale Verhaltensweisen zeigen (vgl. Douglas/Olshaker 1996, 148/149 und Csípek 1994, 38).

[25] Der in diesem Rahmen untersuchte Genabschnitt ist für die Produktion des Enzyms Monoaminoxidase (MAO) zuständig, welches wiederum die Neurotransmitterausschüttung reguliert. Innerhalb einer Familie konnte Han Brunner nachweisen, dass besonders aggressive Männer in diesem Bereich einen Defekt hatten, doch zeigten andere sozial stabile Menschen, die ebenfalls dieses Genmerkmal trugen, eine weitaus geringere Aggressionsbereitschaft, sodass Extremformen der Aggression zumindest nicht einzig einem «Aggressionsgen» zugeschrieben werden können (Siefer nach Csípek 1994, 39).

[26] Als Beispiel mag die Erkenntnis angeführt werden, dass Mäuse, die Kämpfe gegen Artgenossen gewonnen haben, weitere Kämpfe geradezu suchen, während Mäuse, die Kämpfe verloren haben, weitere Kämpfe eher vermeiden. Mitchell spekuliert diesbezüglich, dass hier eine (auch von ihm selbst als zu waghalsig wahrgenommene) Analogie gezogen werden könnte, dass Mörder, deren erste Tötungshandlung subjektiv befriedigend verlaufen ist, weiter morden werden, und Mörder, die ihre erste Tötung eher negativ wahrgenommen haben, keine Serienmörder werden (vgl. Mitchell 1997, 26).

wird Serienmord ja, wie bereits herausgestellt, auch erheblich von sozialen Faktoren beeinflusst, die man bei Menschenaffen oder anderen Tieren in dieser Form nicht findet.

Die vielversprechendsten Erkenntnisse innerhalb der biologischen Sichtweisen haben <u>Neurobiologen/-psychologen</u>, oft in Zusammenarbeit mit Psychiatern, gewonnen. So berichtet etwa Joel Norris von mehreren Forschern, die bei Serienmördern signifikante medizinisch-psychologische Belege von organischen Hirnschädigungen durch Unfälle und andere physische Traumata gefunden haben, die z.B. mit schweren chemischen Unausgeglichenheiten durch chronische Unterernährung, Vergiftung oder Drogenmissbrauch, mit ererbten neurologischen Störungen (bestimmte Epilepsieformen und Gehirndysfunktionen) und mit erworbenen psychischen Schäden durch eine dysfunktionale Erziehung synergetisch zusammenwirken und den Betroffenen episodisch die Kontrolle über ihre Gewaltausübung entziehen (vgl. Norris 1990, 60/63/67 und 233–257). Konsequenterweise sieht Norris Serienmord dann auch als ein medizinisches Syndrom. Eine Krankheit, deren einzelne Symptome entdeckt, behandelt und denen präventiv entgegengewirkt werden kann (vgl. Norris 1990, 39/64/263).

Besonders interessante Forschungen innerhalb dieser von Norris beschriebenen Ausrichtung führt die forensische Psychiaterin Dorothy Lewis gemeinsam mit dem Neurologen Jonathan Pincus durch. Anhand von Untersuchungen an jugendlichen Tötungsdelinquenten fand sie heraus, dass bei sieben von acht untersuchten Jugendlichen extrem starke neurologische Auffälligkeiten vorlagen.[27] Sechs dieser Jugendlichen hatten in der Kindheit schwere Schädelverletzungen erlitten (vgl. Lewis et al. 1985, 1165). In einer Studie an 14 zum Tode verurteilten jugendlichen Mördern diagnostizierte sie sogar bei allen eine Krankheitsgeschichte oder Symptome, die auf Gehirnschädigungen schließen ließen. So hatten acht der Jugendlichen schwere Kopfverletzungen erlitten und neun schwere dokumentierte neurologische Abnormalitäten, wie etwa von der Norm abweichende Elektroenzephalogramm-Befunde, Hirnverletzungen oder abnorme Kopfumfänge und Reflexe (vgl. Lewis et al. 1988, 586).

Weitere Studien stützten die hohen Werte neurologischer Auffälligkeiten, fanden jedoch auch sehr hohe neurologische Auffälligkeiten bei gewalttätigen inhaftierten Jugendlichen, welche nicht gemordet hatten (vgl. Lewis 1988, 584/585) und höhere neurologische Auffälligkeit bei stärker gewalttätigen Jugendlichen (vgl. Lewis et al. 1979, 314). Geht man von der Richtigkeit ihrer Ergebnisse aus, so lässt sich schließen, dass neurobiologische Auffälligkeiten, und mithin vermutete Gehirnschädigungen, offenbar in erster Linie die Gewaltbereitschaft erhöhen können.

Die Folgen dieser neurologischen Auffälligkeiten gehen jedoch weit über die in diesen Studien dokumentierten Beobachtungen hinaus: «(...) *the mind and the brain are inextricably connected. When the brain is out of the whack, thinking goes awry; when thinking goes awry, feeling goes awry; when thinking and feeling go awry, behavior goes awry. That's the way it is.*» (Lewis 1998, 49)

Organische, psychiatrische und soziale Symptome stehen, ihren Erkenntnissen zufolge, eng zueinander in Beziehung und bedingen sich wechselseitig. Eine genaue Analyse der

---

[27] Ein ähnliches Ergebnis nennt Harbort auch für deutsche Serienmörder. So fand er bei sieben von acht neurologisch untersuchten sadistischen Serienmördern Hirnschädigungen (vgl. Harbort 1999b, 716).

möglichen gegenseitigen Beeinflussung dieser Faktoren sowie der Auswirkungen ihrer Synergie ist im Rahmen dieses Artikels nicht durchführbar, doch sei zumindest beispielhaft erwähnt, dass etwa Missbrauch, Misshandlung und Vernachlässigung besonders bei jüngeren Kindern neurologische und psychopathologische Folgeschäden erzeugen können. So kann etwa eine durch Schläge oder sonstige Gewalteinwirkungen entstandene Verletzung der vorderen Stirnlappen Lernstörungen zur Folge haben, die wiederum die Einsichts-, Empathie-, Einschätzungs- und Planungsfähigkeit beeinträchtigen (vgl. Barnet/Barnet 1998, 203), während derart hervorgerufene Schädigungen anderer Gehirnregionen die Reizbarkeit und Impulsivität derart erhöhen können, dass eine Selbstkontrolle erheblich erschwert wird (vgl. Lewis 1998, 288/289).

Weiterhin scheinen Misshandlung und Missbrauch den Kontakt zwischen der linken und der rechten Hemisphäre des Gehirns einzuschränken und eine gleichmäßige Entwicklung des Verhältnisses von Logik/Sprache zu Kreativität/Depression zu verhindern und so langfristig ein Ungleichgewicht herzustellen, das die Betroffenen psychiatrisch auffällig werden lässt, da sie starke Stimmungsschwankungen erleben (vgl. Gladwell 1997, 140/141).

Insbesondere bei einem Vorliegen mehrerer Faktoren entwickeln diese ein komplexes und gefährliches Wechselspiel. So schreibt Lewis: «*Given certain kinds of neurologic and psychiatric problems, and being raised by violent, abusive parents, just about any of us could be turned into a killer.*» (Lewis 1998, 287)

In Verbindung mit Kindheitstraumata und psychotischen Symptomen macht Lewis vor allem Schäden an der Großhirnrinde (cortex) und hier insbesondere an den Stirnlappen (frontal lobes)[28] für die extremen Gewalttaten der von ihr untersuchten Serienmörder verantwortlich (vgl. Gladwell 1997, 135/136).

Sicherlich resultieren die Folgen von Vernachlässigung, Misshandlung und Missbrauch ebenso wie eine neurologische oder psychische Schädigung nicht notwendigerweise in Gewalt oder gar Serienmord, doch das Zusammenwirken dieser Faktoren ergibt nach Lewis' Meinung eben jene explosive Mischung, die letztlich für die Entwicklung zu einem Serienmörder verantwortlich sein kann (vgl. Gladwell 1997, 142/143).

Andere Sichtweisen
– Serienmord im Focus von Soziologie, Psychologie und Psychiatrie
Es sind im Theoriengebäude der Wissenschaft etliche andere Ansätze denkbar, die in der fachspezifischen Literatur bislang entweder kaum thematisiert werden oder wenig zur Erklärung von Serienmord beitragen.

Am Auffälligsten ist hierbei wohl das nahezu völlige Fehlen *soziologischer Ansätze* zur Erklärung von Serienmord. Möglicherweise bringt dies die Unsicherheit zum Ausdruck, ein solch extremes Verhalten könnte quasi ein Abfallprodukt unserer gemeinsamen Gesellschaft sein. Eine Überlegung, die das Ausgrenzen von Serienmördern als ‹unmenschliche Bestien› erschweren und unsere eigene Verantwortung für das Entstehen dieser Handlungsweisen hervorheben würde.

---

[28] Deren Aufgabe ist es normalerweise, Impulse des Gehirns zu modifizieren, um Einschätzungen vorzunehmen, Verhalten und Entscheidungsfindung zu organisieren sowie Regeln zu lernen und zu beachten.

Bei jener Abwesenheit spezieller soziologischer Erklärungsansätze haben dann auch die traditionellen allgemeinen Theorien, wie strukturelle, differenzielle, subkulturelle, Bindungstheorien usw. Schwierigkeiten damit, dieses Phänomen zu fassen und beschränken sich darauf, Begründungen für das generelle Abweichen oder Festhalten an sozialen Normen anzubieten (zur Übersicht etwa Lamnek 1994 & 1996). Mit der Erklärung eines so spezifischen und extremen Verhaltens wie Serienmord sind sie überfordert.

Als sehr viel ergiebiger erweisen sich auf den ersten Blick *psychiatrische Ansätze*. Gerade entgegengesetzt zu den soziologischen Ansätzen erscheint es verlockend, die Täter aufgrund ihrer extremen Handlungen mit dem Etikett «psychisch krank» zu versehen. Praktisch wirft dies im bestehenden System psychiatrischer Klassifizierungen einige Probleme auf. So konstatiert etwa Simon-Peters in diesem Band, dass es bei der Klassifikation und Prognose von Serienmördern einige Fallstricke und Probleme gibt (gleiches gilt für die Behandlung und Unterbringung dieser Täter).

Die teilweise im Widerspruch stehenden psychiatrischen Schemata ICD-10 und DSM-IV tragen hier zur Verwirrung der psychiatrischen Laien bei, da sie respektive im deutschen bzw. angloamerikanischen Sprachraum als jeweilige Konvention genutzt werden, um psychiatrisch relevante Störungen zu definieren. Zudem nutzen verschiedene Forscher zum Teil spezifische Begriffe auf unterschiedliche Art und Weise, was zu einem terminologischen Durcheinander von ähnlichen Begriffen mit verschiedenen Bedeutungen führt (etwa Eysenck und Hare in Bezug auf ‹Psychopathie›). Weiterhin müssen sie sich mitunter dem Vorwurf stellen, Listen von Zuschreibungen unter bestimmte Begrifflichkeiten zu fassen, ohne eine Erklärung dafür zu liefern, warum nur einige der Merkmalsträger Serienmorde begehen (vgl. Leyton 2000, xxff.).

Da diese Diskussion von den im vorliegenden Band vertretenen Autoren nicht explizit aufgegriffen wird, mag es genügen, herauszustellen, dass dem Querschnitt der Literatur zufolge nur bei wenigen Serienmördern tatsächlich eine psychische Erkrankung vom Schweregrad einer Psychose diagnostiziert wird. Zwar stellte Lunde noch 1975 in einer klassischen Studie heraus, dass ‹solche Mörder fast immer geisteskrank sind›. Jedoch fasste er unter diese Umschreibung sowohl paranoid-halluzinatorische Schizophrenien (deren Vorliegen bei Serienmördern nach heutigen Erkenntnissen weit überschätzt worden ist) als auch sexuellen Sadismus (vgl. Leyton 2000, xx–xxii). Letzterer zählt jedoch zu den Paraphilien (also bestimmten Arten der sexuellen Abweichung, wie Fetischismus, Voyeurismus, Pädophilie usw.) und nicht zu den als sehr viel gravierender bewerteten Psychosen.[29] Häufiger findet sich bei Serienmördern die Diagnose von antisozialen oder/und narzisstischen Persönlichkeitsstörungen. Vielversprechend erscheinen auch neueste Überlegungen zu Multiplen Persönlichkeitsstörungen und Dissoziativen Zuständen in Verbindung mit den bereits geschilderten psychosozialen Theorien zur Phantasie. Hier leistet Carlisle Pionierarbeit. Sein Artikel in diesem Band gibt einen bemerkenswerten Einblick in seine Überlegungen, die er in einer Monographie veröffentlichen wird.

---

[29] Zur Bedeutung und Ausprägung des sexuellen Sadismus nimmt Hazelwood im Rahmen eines Interviews in diesem Band Stellung.

Eine Sonderstellung unter den psychiatrischen Ansätzen nimmt die Psychoanalyse ein. Auf den Grundlagen psychoanalytischer Lehren ist das Tatverhalten zu wesentlichen Teilen «ein chiffrierter Ausdruck der Persönlichkeit, der Biographie und der Psychopathologie des Täters, in der Faktoren wie Abwehrmechanismen, Regression oder Symbolhandlungen wirksam sind» (Hoffmann 2001a, 116). Demzufolge kann im Idealfall durch die psychoanalytische Dechiffrierung der Tatgeschehnisse auf die psychische Tiefenstruktur eines Serienmörders geschlossen werden, was wiederum Erkenntnisse über Motive und Charakteristika des Täters zulässt. Unglücklicherweise werden tiefenpsychologische Annahmen bislang in der kriminologischen Praxis kaum überprüft, wohl auch, weil die dafür notwendigen «harten Fakten» nur extrem schwer gewonnen werden könnten. Wertvolle Perspektiven und Hypothesen zur Rekonstruktion eines Tatgeschehens lassen sich jedoch allemal durch ihre Anwendung gewinnen (vgl. a.a.O. und Hoffmann/Musolff 2000, 105f.). Hodgskiss et al. gelingt es in diesem Band, die psychodynamische Perspektive und ihre Anwendbarkeit auf die Erklärung von Serienmord durch eine Analyse der psychosexuellen Entwicklung zweier südafrikanischer Serienmörder anschaulich zu erläutern.

Abschließend muss festgehalten werden, dass keine psychischen Krankheiten oder Störungen für Serienmörder spezifisch sind und sie klar von anderen Tätergruppen/Patienten unterscheiden (vgl. Köhler 2001), ebenso wie nicht alle Serienmörder, selbst im weiteren Sinne, als psychisch krank eingestuft werden können.

3. Ein Fallbeispiel: Edmund Emil Kemper

Bei jeder zivilisierten Zusammenkunft folgte auf den Namen eine kurze Stille.
Harris: ‹Das Schweigen der Lämmer› 1991, 10

Die bislang referierte Masse an theoretischem Material soll im Folgenden an einem Fallbeispiel veranschaulicht werden. Hierbei ist erneut zu berücksichtigen, dass einige Theorien aus heutiger Perspektive durchaus kritisch zu sehen sind.[30]

Wie die meisten der bekannten Serienmörder entstammt auch Edmund Kemper einer dysfunktionalen Familie. Nach der frühen Scheidung von Kempers Vater bevorzugte die alkoholabhängige und sehr dominante Mutter als Bezugspersonen eindeutig seine zwei Schwestern, da sie offenbar durch Edmunds Aussehen und seine ungewöhnliche Größe an seinen Vater erinnert wurde. Diese Ablehnung ging so weit, dass sie Edmunds Habe, als dieser gerade 10 Jahre alt geworden war, in ein Kellerzimmer neben dem Heizkessel schleppte und erklärte, es sei für seine Schwestern nicht zumutbar, dass er in ihrer unmittelbaren Nähe lebe. Diese fühlten sich, ihr zufolge, von Edmund sexuell bedroht.

---

[30] Das folgende Fallbeispiel ist in der Literatur vielfach dokumentiert, sodass spezifische Angaben zumindest dahingehend zu überprüfen sind, dass sie von verschiedenen renommierten Autoren analog wiedergegeben werden und eine Verfälschung des Falles so zumindest eingeschränkt sein sollte. Der leichteren Lesbarkeit wegen wurde auf die Wiedergabe einzelner Literaturangaben verzichtet. Die Falldarstellung basiert weitgehend auf Bourgoin 1995 (S.148–182), Ressler/Shachtman 1994 (S.118/278–289) und Douglas/Ohlshaker 1996 (S.128–135) sowie 1998 (S.38–40).

Von nun an wurde er jeden Abend in diesem fensterlosen Raum neben einem für ihn unheimlich erscheinenden Ofen eingesperrt, während seine Mutter und die Schwestern im ersten Stock schliefen. Seine damaligen Gefühle umschrieb er in einem Interview später als «Ich fahre zur Hölle, während sie in den Himmel kommen».

Weder von seiner Mutter, noch von seinen Schwestern fühlte sich Kemper geliebt, sein Vater stand als Identifikationsfigur nicht zur Verfügung, und es gelang Edmund nicht, Anschluss an Gleichaltrige zu finden. Die Großmutter, zu der er aufs Land geschickt wurde, wenn die Mutter einen neuen Mann kennenlernte oder eine ihrer späteren Ehen zerbrach, machte ihn für die familiären Probleme der Kempers verantwortlich.

Bereits im Alter von 8 Jahren finden sich frühe Belege für Phantasien, die sich um den (zunächst eigenen) Tod ranken. So spielte er mit seiner Schwester «Todesstrafe» und ließ sich an einem Stuhl festbinden, während sie den Strom-/Gas-Hebel betätigte. Mit der Zeit wurden diese Phantasien immer brutaler und verquickten sich immer mehr mit einem verzerrten Bild von Sexualität. Hieran knüpften auch Aussagen seiner Mutter an, er werde «niemals eins von diesen Collegemädchen kennen lernen oder heiraten».

Während ihm nach eigenen Aussagen Phantasien über einen Mord an seiner Mutter und später an jungen Frauen aus der Nachbarschaft durch den Kopf gingen, begann er, diese ansatzweise in der Realität auszuleben. So verstümmelte er nach einem Streit die Barbiepuppe seiner Schwester, indem er sie enthauptete und ihr die Hände abschnitt (was er später auch mit seinen menschlichen Opfern tun sollte). Ein anderes Mal beerdigte er die Hauskatze bei lebendigem Leib und schnitt ihr nach deren Tod den Kopf ab. Weiterhin brachte er im Alter von 13 Jahren eine andere Katze mit einer Machete um, wobei er ihr die Schädeldecke aufschnitt und ihr unzählige Stiche versetzte, während er sie an den Pfoten festhielt. Die verwesenden Gliedmaßen der Katze verstaute er schließlich in seinem Schrank.

Als er 14 Jahre alt war und seine Phantasien übermächtig wurden, lief Kemper von zu Hause weg, um seinen Vater wiederzusehen, und verlebte dort einen Monat, in dem er sich wohl fühlte und zu erkennen glaubte, welche «glückliche Kindheit» er bei ihm hätte haben können. Kaum war er aber wieder zu seiner Mutter zurückgekehrt, geriet er erneut in den Kreislauf seiner tödlichen Phantasien.

Als Fünfzehnjähriger wurde Edmund Kemper ein weiteres Mal zu seinen Großeltern geschickt, nachdem ein Besuch bei dem mittlerweile neuverheirateten Vater emotional enttäuschend für ihn verlief. Dort erschoss er kurz darauf seine Großmutter, die er als «drangsalierend» erlebte. Anschließend stach er mit dem Messer auf sie ein und entkleidete sie. Auch den Großvater erschoss er nach dessen Heimkehr von der Arbeit, um ihm «den grässlichen Anblick zu ersparen».

Nach diesem Vorfall verbrachte Edmund Kemper einige Jahre in einer psychiatrischen Anstalt und anschließend in einem Jugendlager, bevor er auf Betreiben seiner Mutter (und entgegen der Widersprüche von Jugendbehörde und Psychiatern) erneut in ihre Obhut entlassen wurde. Diese hielt ihm nun unter anderem vor, dass er daran schuld sei, dass «seit fünf Jahren kein Mann mehr aus Angst vor dir mit mir schlafen will».

Er selbst hatte natürlich in der Isolation staatlicher Obhut keine Gelegenheit, ein seiner Altersgruppe entsprechendes Verhältnis zur Sexualität oder jugendkulturelle Normen zu entwickeln, und fixierte sich statt dessen erneut um so mehr auf seine Phantasievorstellungen.

Die Beziehung zu seiner Mutter entspannte sich auch in der Folgezeit nicht, und schließlich begann Kemper gezielt, junge Frauen als seine zukünftigen Opfer auszusuchen. Er nahm Tramperinnen in seinem Auto mit und stellte ihnen während der Fahrt eine Anzahl von Fragen, um herauszufinden, ob sie seinem Bild junger Studentinnen aus gutem Hause entsprachen. Eben jene jungen Frauen, die zu treffen ihm seine Mutter verboten hatte und für die sie, seiner Meinung nach, in ihrer Funktion als Universitätssekretärin so viel mehr Zeit aufgebracht hatte, als für Kemper selbst.

Seine minutiöse Tatvorbereitung ging sogar so weit, dass er eine Vorrichtung in seinem Wagen installierte, mit der er über einen Hebel unter seinem Sitz die Beifahrertüre blockieren konnte. Außerdem benutzte er körpersprachliche Tricks, um seine Opfer zum Einstieg zu bewegen, indem er etwa auf die Uhr blickte, als wolle er prüfen, ob seine Zeit überhaupt ausreiche, um an den von den Tramperinnen gewünschten Ort zu fahren.

Seine ersten beiden nachgewiesenen Opfer fuhr er mit vorgehaltener Pistole zu einem abgelegenen Waldweg, wo er eine der beiden jungen Frauen in den Kofferraum sperrte und die andere fesselte. Er beabsichtigte, sie zu erwürgen, doch als ihm das nicht gelang, stach er auf die schreiende junge Frau ein, bis sie sich nicht mehr bewegte, holte anschließend seine andere Gefangene aus dem Kofferraum und erstach auch diese. Beide Leichen nahm er mit in seine Wohnung. Dort fotografierte und sezierte er sie und kam dabei zum Orgasmus. Anschließend trennte er ihre Köpfe ab und nahm sie mit in sein Bett, bevor er am nächsten Tag die Torsos, Köpfe und Hände an verschiedenen Stellen vergrub und die Kleider seiner Opfer in eine Schlucht warf.

Als ihm die Photos nicht mehr zur Befriedigung seiner Phantasie genügten, erwürgte er eine weitere junge Tramperin und verging sich an der Leiche. Er fuhr mit der Toten im Kofferraum zu seiner Mutter und daraufhin zu sich nach Hause, wo er sich abermals an ihr verging. Auch diese Leiche zerstückelte er und legte sie in den Kofferraum. Die Leichenteile vergrub er wiederum an verschiedenen Stellen, behielt jedoch vorläufig den Kopf und fuhr damit zunächst zu seinen beiden Psychologen. Diese bescheinigten ihm später seine Ungefährlichkeit, woraufhin seine Jugendstrafe aufgrund des Mordes an seinen Großeltern aus den Akten gelöscht wurde.

Bei späteren Morden spielte die Mutter Edmund Kempers eine immer deutlichere Rolle in seinen Vorstellungen. So verstaute er unter anderem eine Leiche in ihrer Wohnung und begrub dann den Schädel unter ihrem Fenster. Er enthauptete Leichen im Kofferraum, während der Wagen vor ihrem Haus parkte, und verging sich an den Körpern in ihrer Küche und seinem alten Zimmer in ihrem Haus.

Mit großen Mengen an Alkohol und Barbituraten versuchte Kemper sich selbst in dieser Zeit von weiteren Morden abzuhalten, doch wurde ihm zunehmend klarer, dass er seinen Tötungsdrang nie würde kontrollieren können. An einem Ostersamstag ermordete er schließlich seine schlafende Mutter, indem er sie mit einem Hammer erschlug und köpfte. Ihren Körper vergewaltigte er, den Kehlkopf warf er in den Müllschlucker und den Kopf benutzte er als Zielscheibe für seine Wurfpfeile, während er sie beschimpfte. Als ihm daraufhin einfiel, dass eine enge Freundin seiner Mutter sicherlich über Ostern zu Besuch kommen würde, lockte er diese ins Haus, brach ihr das Genick und verbrachte die Nacht im Schlafzimmer seiner Mutter, bevor er eine Weile durch die Gegend fuhr und sich schließlich der Polizei stellte.

Vor seinem Prozess beging er zwei Selbstmordversuche und wurde 1973 wegen Mordes in sieben Fällen zum Tode verurteilt. Da die Todesstrafe jedoch in Kalifornien nicht mehr vollstreckt wird, wird er den Rest seines Lebens im Gefängnis von Vacaville verbringen.

Edmund Kemper hat in Übereinstimmung mit der Definition des NCAVC aufgrund spezifischer Phantasievorstellungen mehr als drei Morde an unterschiedlichen Orten begangen, während er zwischen diesen Morden bestimmte Phasen durchlebte, welche die einzelnen Morde als Einzelfälle erscheinen lassen.

Seine Vorgehensweise war dabei stark methodisch geprägt. Sorgfältig ausgesuchte Opfer, die bei Doppelmorden zur besseren Kontrolle durch mitgebrachtes Tatwerkzeug gefesselt worden waren, wurden von Kemper nach ihrer Ermordung an andere Orte transportiert und versteckt. Da seine Vorstellungen offenbar vor allem nekrophiler Art waren, hatte er jedoch kein Interesse an sadistischen Quälereien. Er ermordete seine Opfer statt dessen umgehend in zunehmend effektiverer Art und Weise und benutzte die Leichen zur Befriedigung seiner Vorstellungen. Einzig dieser letztere Aspekt wird in der Regel eher als charakteristisch für planlos agierende Täter angesehen.

Auch Kempers Persönlichkeitscharakteristika entsprechen weitgehend denen typischer methodisch vorgehender Serienmörder. Zwar zeigte er offenbar kein auffällig aggressives und überhebliches Verhalten, doch schreiben die Gefängnisakten Kemper einen IQ von über 140 zu (vgl. Bourgoin 1995, 148), was einer sehr überdurchschnittlichen Intelligenz entspricht und sein soziales und berufliches Verhalten kann als kompetent angesehen werden, da er zumindest alleine wohnte und einem Beruf beim Tiefbauamt des Staates Kalifornien nachging. Auch situativen Stressauslösern war er durch die gestörte Beziehung zu seiner Mutter häufig ausgesetzt und nahm des Weiteren, ebenso wie andere methodisch vorgehende Serienmörder, Körperteile seiner Opfer vom Tatort mit, die er in seine Phantasievorstellungen einbaute. Weitere Belege für seine Einordnung als methodischer Serienmörder kann man darin sehen, dass er bei regelmäßigen Besuchen in einer Wirtschaft, die vor allem von Polizeibeamten frequentiert wurde, die Ermittlungen zu seinen Morden verfolgte (vgl. Douglas/Olshaker 1996, 130) und dass er sein Verhalten zumindest so weit unter Kontrolle hatte, dass er seinen Trieb zum Töten unterdrücken konnte, wenn es situativ notwendig war.[31]

Die Zuschreibung einer Signatur anhand der Sekundärliteratur erscheint hingegen schwieriger. Einerseits können das Abtrennen von Kopf und Händen sowie die wiederholten nekrophilen und kannibalistischen Handlungen als täterspezifische Handschrift vom Modus operandi abgegrenzt werden, da sie für die Durchführung und Verdeckung des Morde grundsätzlich nicht notwendig waren und wiederholt durchgeführt wurden («In meiner Wahnvorstellung sind die abgeschnittenen Köpfe wie eine Trophäe» – Bourgoin 1995, 165). Andererseits beschreibt Kemper das Vergraben von Kopf, Händen und Torso an verschiedenen Stellen als Versuch, die Strafverfolgung durch eine

---

[31] Ein Beispiel für diese Fähigkeit stellte u.a. eine Situation dar, in der Kemper auffiel, dass ein Mann seine Autonummer notierte, woraufhin er ein potentielles Opfer am gewünschten Ort aussteigen ließ, statt es umzubringen (vgl. Ressler/Shachtman 1994, 283 und Douglas/Olshaker 1996, 131).

mangelnde Verbindung zwischen Todesursache und Person zu behindern. Ob es sich hierbei um eine eventuelle Rationalisierung handelt, ist im Nachhinein nicht nachprüfbar.

Ebenso kann auch das Durchschneiden der Kehle durchaus tatimmanente statt phantasieimmanente Gründe gehabt haben und müsste so dem veränderlichen Modus operandi zugerechnet werden («*Ich will sie erwürgen, aber es klappt nicht. (...) Ich nehme mein Messer und steche auf sie ein. Sie stirbt nicht. (...) In einem bestimmten Moment habe ich ihr Mund und Nase zugehalten, aber sie stöhnte trotzdem weiter. Das lässt mich völlig ausflippen, ich ertrage es nicht. (...) Und da habe ich Ihr die Kehle durchgeschnitten.*» – Bourgoin 1995, 163/4).

Wie leicht hier Fehler begangen werden, zeigt auch folgende Äußerung Resslers zu Kemper: «Immer wieder belustigte ihn die Auffassung mancher Mediziner, die Tatsache, dass er den Opfern die Achillessehne durchgeschnitten hatte, sei wohl Teil eines sonderbaren Rituals gewesen. Tatsächlich habe er damit nur das Eintreten der Totenstarre hinausschieben wollen, weil er die Leichen für seine Sexspiele brauchte.» (vgl. Ressler/Shachtman 1994, 289)

Nach Holmes Typologie entspricht Kemper wohl am Ehesten einer Mischung aus hedonistischem und machtorientiertem Typus. So äußerte er beispielsweise in seinem Geständnis: «*Lebend waren sie distanziert, teilten nichts mit mir. (...) Wenn sie starben habe ich an nichts anderes denken können, als dass sie mir gehören würden*» (zit.n. Douglas/Olshaker 1996, 132/133) und an einer anderer Stelle: «*Ich will über mein Opfer triumphieren. Den Tod besiegen. Sie sind tot, ich aber lebe. Das ist ein persönlicher Sieg*» (zit.n. Bourgoin 1995, 174), während Verstümmelung und Nekrophilie eigentlich kennzeichnend für den hedonistischen Typus sind (vgl. Holmes/Holmes 1994, 110). Eine eindeutige Zuordnung lässt sich hier nicht treffen, sodass auch Folgerungen bezüglich Opferauswahl, Vorgehensweisen und räumlicher Orientierung nicht klar zu ziehen sind.

Betrachtet man das Phasenmodell von Norris im Hinblick auf Kemper genauer, so können offenbar sämtliche sieben Phasen zugeordnet werden, was ebenfalls für eine streng methodische Vorgehensweise spricht: Die Auraphase mit ihren immer mächtiger werdenden Phantasien versuchte Kemper durch Alkohol und Barbiturate zu beherrschen. So äußerte er etwa Bourgoin gegenüber: «*Deshalb trinke ich beständig: Ich will mit diesem Wahnsinn aufhören. Aber es ist schwierig, ständig betrunken zu bleiben.*» (zit.n. Bourgoin 1995, 170)

In der Auswahlphase fuhr er umher und nahm Tramperinnen mit, die er ausfragte, um seine idealen Opfer auszusuchen. Hatte er sie in der Umwerbungsphase an einen abgelegenen Ort gelockt, machte er sie in der Phase der Gefangennahme handlungsunfähig und brachte sie anschließend um. Dann trennte er in der Totemphase Körperteile ab, machte Photos und bewahrte symbolische Trophäen auf, um die Erinnerung zu einem späteren Zeitpunkt wieder aufzufrischen. Wenn schließlich das erlebte Machtgefühl schwand und eine Leere hinterließ, folgte eine neue Auraphase.

Eine direkte psychiatrische Diagnose Kempers liegt den benutzten Quellen zufolge nicht vor. Jedoch nennt ihn einer seiner gutachtenden Psychiater Dr. Donald P. Lunde zumindest «nichtpsychotisch» (vgl. Bourgoin 1995, 182) und in seiner Aburteilung wird er als «zum Zeitpunkt der Verbrechen geistig zurechnungsfähig» angesehen (vgl. Ressler/Shachtman 1994, 288). Zwei Gutachten zur Zeit seiner Morde mit dem Ziel einer Tilgung seiner Jugendstrafakte zeigen darüber hinaus eklatante Fehleinschätzungen auf: «Aus Sicht des Psychiaters besteht kein Grund mehr, eine Gefährdung für den Patienten selbst oder die Gesellschaft anzunehmen.» Und: «Die Gefahr eines neurotischen Gefühlsstaus ist (...) nicht mehr gegeben. (...) hat er nach seinem Unfall das Motorrad aus seinem Wunschdenken ‹getilgt›. Hoffentlich verzichtet er fortan permanent auf solche Maschinen, denn ich halte sie für gefährlicher als diesen jungen Mann.» (a.a.O., 284/5)

Unübersehbar ist jedoch die analytisch interessante Verbindung seiner Taten zur Person seiner Mutter. Er ermordete Frauen, die er mit seiner Mutter in Verbindung brachte, und stellt sich erst der Polizei, nachdem er seine Mutter getötet, erniedrigt und sprichwörtlich durch das Heraustrennen des Kehlkopfes ‹zum Schweigen gebracht› hatte (vgl. Lunde nach Bourgoin 1995, 180f.).

In Bezug auf biologisch orientierte Erklärungsansätze sind bei Kemper keine organischen Hirnschädigungen durch Unfälle oder andere physische Traumata, schwere chemische Unausgeglichenheiten oder ererbte neurologische Störungen bekannt bzw. nachgewiesen, doch kann man zumindest psychische Schäden durch eine dysfunktionale Erziehung voraussetzen.

Das psychosozial-kognitive Modell von Ressler, Burgess und Douglas greift bei Kemper sehr deutlich. Die ineffektive soziale Umgebung mit ihren gestörten Interaktionen und Beziehungen in der zerrütteten Kernfamilie bot keine Stütze für die kindliche Psyche, und auch spätere soziale Kontakte (Mitschüler etc.) verliefen negativ oder konnten die Defizite nicht mehr ausgleichen («befreundete» Polizisten, Arbeitskollegen etc.).

Prägende Erlebnisse bzw. Traumata, die aufgrund fehlender Unterstützung seiner Umwelt unbearbeitet blieben, verhinderten darüber hinaus die Übernahme der normgerechten männlichen Rollenidentität und die psychisch-emotionale Entwicklung verlief zutiefst gestört. Dies resultierte in einer Vereinsamung Kempers und rief Reaktionsformen hervor, welche zusätzlich eine Aufnahme gesunder sozialer Beziehungen und realitätsnaher Einstellungen behinderten.

Es bildeten sich nun die kognitiven Aufzeichnungs- und Verarbeitungsprozesse in einer so negativen Art und Weise aus, dass repetitive Phantasien um Thematiken wie Kontrolle, Rache, Verstümmelung und Tod entstanden. Kemper berichtet in diesem Zusammenhang etwa von seinen Gedanken im Alter von vierzehn Jahren: *«Ich träume und phantasiere ständig von Mord, ich denke an nichts anderes mehr. Es gelingt mir nicht an etwas anderes zu denken.»* (zit.n. Bourgoin 1995, 155)

So kam es zu auffälligen, zunehmend destruktiven Verhaltensweisen (z.B. Verstümmelung der Puppe, Tierquälerei etc.), welche die Vereinsamung verstärkten. Beispielsweise verschlechterte sich die Beziehung zu Kempers Klassenkameraden noch weiter, als er im Alter von dreizehn Jahren im Verdacht stand, einen Hund aus der Nachbarschaft umgebracht zu haben (vgl. Bourgoin 1995, 154/155).

Zudem wurden Rückkopplungsfilter wirksam, indem Edmund Kemper einerseits lernte, seine Handlungen und Phantasien geheim zu halten, und andererseits durch seine Phantasien eine Erregung erlebte, die diese für ihn erstrebenswert erscheinen ließen. Es war ein Teufelskreis entstanden, dem er ohne fremde Hilfe nicht mehr entrinnen konnte. *«Schon lange vor meinem ersten Verbrechen wusste ich, dass ich töten würde, dass es so enden würde. Die Wahnvorstellungen sind zu stark, zu heftig. Ich weiß, dass ich nicht in der Lage sein werde, etwas dagegen zu tun.»* (zit.n. Bourgoin 1995, 152)

4. Vom praktischen Nutzen der Erkenntnisse: Profiling und Prävention

> ‹Sie denken eingehend über ihn nach, Sie schauen sich an, wo er gewesen ist.
> Sie bekommen ein Gespür für ihn. (...)
> *Sie müssen die ganze Zeit noch nicht einmal eine Abneigung gegen ihn haben,*
> *so schwer das auch zu glauben ist. Wenn Sie dann Glück haben, zupft etwas von all dem,*
> *was Sie wissen, am Ärmel und versucht Ihre Aufmerksamkeit zu erlangen.*
> *Geben Sie mir Bescheid, wenn es zupft, Starling.›*
> Harris: ‹Das Schweigen der Lämmer› 1991, 82

Profiling

Das Gegenstück zum Serienmörder bildet der in Fiktion und faktischer Arbeit für Außenstehende oft nicht minder mystisch wirkende ‹Profiler›. Populäre TV-Serien wie ‹Millenium› und ‹Profiler› haben zu diesem verklärten Flair beigetragen, indem sie der Berufsgruppe übersinnliche Fähigkeiten andichteten. Den Ursprung mögen FBI-Profiler der ersten Stunde, wie John E. Douglas oder Robert K. Ressler durch ihre Art der Selbstinszenierung[32] jedoch eigenhändig gelegt haben. In zahlreichen eingängig geschriebenen Büchern über ihre Erfahrungen haben sie zwar die damals neue Methode erfolgreich propagiert, damit jedoch auch an ihrer eigenen Mystifizierung geschrieben. Faszinierenderweise verschmelzen in den letzten Jahren zudem immer mehr die Grenzen zwischen Realität und medial-filmischer Inszenierung. So wird Douglas wohl aus Marketinggründen als das Vorbild der Figur ‹Jack Crawford› in ‹Das Schweigen der Lämmer› bezeichnet, seit er bei der Erstellung von Buch- und Filmversion beratend mitgewirkt hat (Douglas/Ohlshaker 1996 & 1998, Covereinband), Sachbücher der ersten Profiler werden von Autoren und Regisseuren fiktionaler Geschichten wie etwa Dean Koontz (Douglas/Ohlshaker 1997), Chris Charter (Michaud/Hazelwood 1999) oder Joseph Wambaugh (Ressler/Shachtman 1997) beworben, und mittlerweile hat Douglas konsequenterweise den letzten Schritt vollzogen und einen fiktionalen Roman über die Figur eines Profilers geschrieben (Douglas/Ohlshaker 2000).[33]

---

[32] Kenntnisreich durchleuchtet bei Reichertz 2001, 37–43.
[33] Andere bekannte ‹Profiler› haben nachgezogen und eigene populärwissenschaftliche Bücher veröffentlicht. So etwa der englische Kriminalpsychologe Paul Britton (2000 & 2001), der amerikanische FBI-Mitarbeiter Russ Vorpagel (2001) und die südafrikanische Polizeipsychologin Micki Pistorius (2000), die kürzlich zudem an einem Theaterstück zum Thema Serienmord mitgewirkt hat. Auch Polizisten und Wissenschaftler, die Ein-, Mehrfach- und Serienmörder interviewt haben, erweisen sich diesbezüglich als mitteilsam (Harbort 2001, Ross 1998, Lewis 1998). Den Verfasser lässt dies vermuten, dass es sich bei der diesbezüglichen Schreibmotivation nicht schlicht um die Suche nach Geld oder Ruhm handelt (die man zumindest im wissenschaftlichen Publizistikbereich ohnehin weitgehend vernachlässigen kann), sondern dass die tagtägliche Beschäftigung mit dem Phänomen Serienmord wie vielfach berichtet (vgl. etwa Ressler/Shachtman 1994, 74/302/303) langfristig zu psychischen Folgeschäden führen kann, die sich die Autoren derart «von der Seele schreiben».

Das Profiling hat seine Wurzeln hauptsächlich in der Kriminalistik und den forensischen Wissenschaften (Forensische Psychologie etc.). So ist es auch kein Zufall, dass Howard Teten und Pat Mullany, die Anfang der 70er Jahre das Profiling-Programm des FBIs ins Leben riefen, von eben jenen Wissenschaften in ihren Überlegungen beeinflusst worden sind (vgl. Turvey 1999, 2ff.). Ende der 70er Jahre kam es dann zu einem Generationswechsel innerhalb der *Behavioral Science Unit* (BSU) des FBI. Mit Douglas, Ressler und Hazelwood übernahmen jüngere Beamte die Abteilung für Verhaltensforschung, unter deren Leitung die ersten psychologischen Modelle und Tätertypologien entwickelt wurden und die auch begannen, mit Hilfe der Wissenschaftlerin Ann W. Burgess erste empirische Studien durchzuführen. Eine dieser Studien war das «*Criminal Personality Research Project*» (CPRP), das den Grundstein für die moderne Serienmordforschung legen sollte (vgl. Hoffmann/Musolff, 2000, 38/39).

Der Begriff ‹Profiling› selbst ist dabei heute eher als Relikt anzusehen. Die FBI-Beamten nannten ihre Technik zunächst «*psychological profiling*», änderten den Terminus jedoch schnell in «*criminal personality profiling*», nachdem psychologische und psychiatrische Experten sich über die Nutzung des Terminus von nicht psychologisch ausgebildeten Beamten beschwert hatten. Erneut brandete allerdings Ärger auf, da die FBI-Beamten auch nicht spezifisch in der Analyse der menschlichen Persönlichkeit ausgebildet waren. Somit wurde der Begriff wiederum geändert – diesmal in «*criminal profiling*». Heute spricht man jedoch in der Regel von «*criminal investigative analysis*» (CIA) und umschreibt damit nicht nur die traditionelle Profilerstellung, sondern auch andere operative Verfahrensweisen[34], die von der BSU durchgeführt werden (vgl. Hazelwood/Michaud 2001, 131–132 und Turvey 1999, 1). Auch in Deutschland wird aktuell die Begrifflichkeit ‹Operativen Fallanalyse› (OFA) verwendet. Diese geht in Bezug auf Bandbreite und auch Tiefe weit über die traditionelle Methodik einer Profilerstellung hinaus. Dern erläutert in seinem Beitrag für diesen Band die aktuelle bundesdeutsche Vorgehensweise, ihre theoretische Unterfütterung, sowie praktische Herausforderungen für die polizeiliche Arbeit, die sich aus der OFA ergeben. Der somit eigentlich als veraltet anzusehende Begriff «Profiling» hat sich jedoch durch die massenmedialen Darstellungen so sehr eingebürgert, dass er aus der Diskussion kaum mehr wegzudenken ist und daher auch in dieser Anthologie benutzt wird.

Die Erstellung eines Profils bedeutet nach Hazelwood, eine detaillierte Analyse durchzuführen, die signifikante Elemente eines Verbrechens enthüllt und interpretiert, welche zuvor nicht aufgefallen bzw. nicht verstanden worden sind. Diese Analyse beschränkt sich seiner Auslegung zufolge auf deduktive Methoden und hat nichts mit übersinnlicher Wahrnehmung, welcher Art auch immer, zu tun. Das Ergebnis des Prozesses ist eine Liste von vermuteten Charakteristika und Merkmalen eines noch unbekannten Täters (Hazelwood/Michaud 2001, 123/131/133).

Obgleich es heute verschiedene Formen der Profilerstellung gibt (vgl. etwa Hoffmann 2001a, 90f.), beinhalten diese im Kern doch immer das Ziehen von Schlussfolgerungen aus der Tatbegehung zwecks Benennung von ermittlungstechnisch und gerichtlich ver-

---

[34] Im Einzelnen sind dies außer dem «*criminal profiling*» noch die Dienstleistungen «*indirect personality assessment*», «*equivocal death analysis*» und «*trial strategy*». Für eine Erläuterung siehe Hazelwood/Michaud 2001 oder Turvey 1999.

wertbaren Tätercharakteristika (vgl. Turvey 1999, 2). Zu Recht weisen Holmes und Holmes darauf hin, dass die Profilerstellung je nach Ausbildung und persönlicher Präferenz als Kunst oder als Wissenschaft betrachtet wird (vgl. Holmes/Holmes 1996, 6/7). Allerdings lässt sich ein Trend zu einer wissenschaftlich fundierten und interdisziplinären Profilerstellung beobachten. Beispielhaft zeigt Canter in diesem Band die Problematiken einer eher traditionellen Profilerstellung auf und spricht sich deutlich für eine wissenschaftlich belegbare Vorgehensweise aus, um beweisbare Aussagen generieren zu können. Gleichzeitig legt er ein komplexes Modell zur Unterscheidung von Tätern vor, das für die kriminalistische Praxis valide täterbezogene Schlussfolgerungen erlaubt.

Die ehemalige FBI-Profiling-Einheit ist heute unter dem Dach des *National Center for the Analysis of Violent Crime* (NCAVC) an der FBI Academy in Quantico, Virginia angesiedelt, die ursprünglich als Forschungsabteilung konzipiert worden war (vgl. Turvey 1999, 10). Der Großteil der Serienmordforschung wird jedoch mittlerweile außerhalb des FBI geleistet und auch das Profiling selbst wird nicht mehr nur von der BSU durchgeführt, sondern von einer Vielzahl von Strafverfolgungsbehörden und privaten Organisationen innerhalb der Vereinigten Staaten, aber auch in Australien, Kanada, England, Südafrika, den Niederlanden und Deutschland. Dies bedeutet allerdings ebenso, dass durch den rechtlich ungeschützten Begriff nicht mehr für alle «Profiler» eine gemeinsame Ausbildung vorausgesetzt werden kann. So formuliert Turvey: *«Some criminal profilers are very qualified. Some are very qualified, but not to be criminal profilers. And some are not very qualified at all.»* (a.a.O., 226)

Selbst die erfolgreiche Arbeit eines gut ausgebildeten Profilers ersetzt jedoch nie die normale Ermittlungsarbeit. Statt dessen verstehen sich die meisten fallanalytischen Einheiten als Dienstleister, die erst auf Ersuchen von Polizeidienststellen ergänzend und unterstützend tätig werden. Bei den Ergebnissen dieser Analysen handelt es sich naturgemäß um Wahrscheinlichkeitsaussagen, die auf den jeweils vorliegenden Erkenntnissen des Falles beruhen – mit der Gewinnung neuer objektiver Falldaten kann sich dann auch die Einschätzung zu einem bestimmten Täter verändern (vgl. Musolff 2001, 7ff.).

Als hilfreich für die Profilerstellung haben sich einige computergestützte Verfahren erwiesen, die beständig durch aktualisierte Versionen verbessert werden. So nutzt das FBI bei der Fahndung schon seit 1985 eine Datenbank namens VICAP[35], um Aspekte verschiedener Tötungsdelikte miteinander zu vergleichen und so räumlich und zeitlich weit auseinanderliegende Taten im Idealfall einem spezifischen Serientäter zuordnen zu können. Auf diesen Erkenntnissen aufbauend schuf die kanadische Polizei zehn Jahre später die benutzerfreundlichere Datenbank VICLAS[36], welche seither auch in zahlreichen europäischen Ländern übernommen worden ist – seit 2000 auch flächendeckend in Deutschland. Neben zahlreichen weiteren Datenbanken mit stärker lokalem Charakter (HITS[37] in Washington State/USA, HOLMES[38] in Großbritannien usw.) haben Canter

---

[35] «Violent Criminal Apprehension Programme», nähere Informationen: Ressler et al. 1996.
[36] «Violent Crime Linkage Analysis System», nähere Informationen: Nagel/Horn 1998 und Nagel 2001.
[37] «Homicide Investigation and Tracking System», nähere Informationen: Keppel/Weis 1993.
[38] «Home Office Large Major Enquiry System», nähere Informationen: Metropolitan Police 1998.

mit seinem DRAGNET[39] Programm in Großbritannien und Rossmo mit CGT[40] in Kanada das Verfahren des «geographical profiling» weiterentwickelt. Hinweise über Spuren eines Täters an verschiedenen Orten sollen hierbei Wahrscheinlichkeitsaussagen über seinen spezifischen Lebensort zulassen (ausführlich bei Mokros 2001, 204–207). Hoffmann betont den großen Nutzwert dieser Verfahren für die praktische Ermittlungsarbeit und spricht sich idealtypisch für eine Kombination von geographischen Fallanalysen mit einem Datenbanksystem aus (Hoffmann 2001b, 319).

Mit einer zunehmend flächendeckend verfügbaren, gruppenorientierten und wissenschaftlich begleiteten fallanalytischen Arbeit geht allerdings auch die Kritik des damit verbundenen zeitintensiven personellen Aufwandes einher (vgl. Musolff 2001, 30). Dennoch erweist sich die Arbeit eines routinierten fallanalytischen Teams dem BKA zufolge letztlich als vergleichsweise ökonomischer Weg mit zusätzlichen strukturierenden, motivationalen und ermittlungstaktischen Nutzeffekten (Dern nach Musolff 2001, 30).

Prävention

Der praktische Nutzen der in der Serienmordforschung gesammelten Erkenntnisse darf sich jedoch nicht alleine auf den ursprünglich vom FBI zugedachten Zweck einer verbesserten Strafverfolgung reduzieren. Statt dessen besteht geradezu eine Verantwortung der mit diesem Thema beschäftigten Kriminologen, präventive Maßnahmen zu entwickeln und zu propagieren, um Viktimisationen zu verhindern.

Sicherlich mag dem entgegengehalten werden, dass ja auch alleine durch die Verfolgung und Inhaftierung von Serienmördern weitere potentielle Opfer geschützt werden. Dennoch erscheint es unlogisch, mit sinnvollen Interventionen zu warten, bis Täter mit dem Morden beginnen. Vielmehr sollte der vehemente Versuch unternommen werden, gerade die Lebensbedingungen und Ursachen zu verbessern, die nachweislich einen großen Einfluss auf das Entstehen eines Serienmörders ausüben.

Auch hier sind kritische Einwürfe berechtigt. So ist zu hinterfragen, ob dies denn auf dem gegenwärtigen Stand des Wissens überhaupt sinnvoll sein kann, ob das Thema bereits hinreichend eingegrenzt, erfasst und analysiert ist, und ob sich eine derartige Prävention gar generell realisieren lässt.

Aus wissenschaftstheoretischer Sichtweise ist es diesbezüglich für die Zukunft unverzichtbar, disziplinäre Schranken zu überwinden und gemeinsam an einem umfassenden Verständnis des Phänomens zu arbeiten. Viel zu viel Energie wird damit vergeudet, dass verschiedene Wissenssysteme inkompatible Begriffe und Modelle einander gegenüberstellen, anstatt ihr Wissen wechselseitig zu verknüpfen.

Auch mitunter recht eingeschränkte Interessensschwerpunkte stehen einer solchen Synergie gegenüber. So beklagen einige Polizisten, dass theoretische Konstrukte mitunter wenig fahndungs- und ermittlungstechnische Relevanz haben, und vernachlässigen diese deshalb völlig (noch dazu oft mit demonstrativer Entrüstung), während Wissen-

---

[39] «Geographical Decision Support Package», nähere Informationen: Canter 1998.
[40] «Criminal Geographic Targeting», nähere Informationen: Rossmo 2000.

schaftler umgekehrt oft ausschließlich an einer kausalen Zuschreibung interessiert sind oder Erkenntnisse anderer Wissensgebiete ignorieren. Vielleicht ist mit der Herstellung dieses Bandes ja zumindest ein erster Schritt hin zu einer multidisziplinären Wahrnehmung geglückt.

Vermutlich wird es auch neuer Ansätze bedürfen (oder der Überarbeitung alter), um bestehende Erkenntnisse zu verifizieren und neue Einsichten zu gewinnen. Vielversprechend erscheint etwa Skrapecs Plädoyer, analog zur Sichtweise von Jack Katz (1988, 274ff.), die subjektive Bedeutung der Handlungen für Serienmörder selbst, genauer und methodischer als bislang, zu erforschen.

Hier sollten die Mängel einer frühen FBI-Studie nicht davon abschrecken, es (noch) besser zu machen. Objektiv beobachtete Umstände und Verhaltensweisen könnten nach Scrapec möglicherweise viel signifikantere subjektive Realitäten der Täter verschleiern, denn Verhalten ist immer ein Produkt der eigenen Realitätssicht (vgl. Scrapec 2001, 46ff.). Eine entsprechende Forschung kann völlig neue Wege zur Prävention aufzeigen.

Doch obwohl es sicherlich falsch wäre, vorschnell und ohne valide Erkenntnisse kriminalpolitisch-präventiv tätig zu werden, lassen sich bereits heute erste Implikationen in Bezug auf präventive Mittel zur Verhinderung von Ersttötungen durch Serienmörder finden: Bereits 1988 forderten Ressler et al., neben der Fortführung der Forschung und dem Einsatz ihrer Erkenntnisse für die Strafverfolgung, eine frühzeitige Identifikation von und Intervention bei traumatischen Kindheitserlebnissen. Dies sollte den in ihrem Motivationsmodell aufgezeigten Teufelskreis unterbrechen bzw. gar nicht erst entstehen lassen (vgl. Ressler et al. 1996, 213–216).

Ihre Forderung verhallte offenbar zumindest nicht völlig ungehört. Ein Beispiel hierfür ist das ‹National Committee to Prevent Child Abuse›, welches seit 1992 ein aggressives Präventionsprogramm zur Verhinderung von Kindesmisshandlung/-missbrauch in Chicago durchführt. Mütter in stressbelasteten und potentiell misshandlungs-/missbrauchsgefährdeten Situationen werden dort bereits bei der Geburt ihrer Kinder im Krankenhaus ausfindig gemacht und durch wöchentliche Hausbesuche beratend und unterstützend über fünf Jahre hinweg begleitet (vgl. Gladwell 1997, 12).

Ein weiteres Anliegen der Autoren forderte die verstärkte Aufmerksamkeit professioneller Helfer, ob spezifische gewaltsam-sadistische Phantasievorstellungen bei Patienten vorliegen. Die Struktur derartiger Vorstellungen sollte in diesen Fällen möglichst in gewaltlose Bahnen gelenkt werden (vgl. Ressler et al. 1996, 213–216).

Eben das versucht der russische Psychiater Alexander Bukhanovsky durch sein ‹Projekt Phönix› in Rostov. Im Schutze der ärztlichen Schweigepflicht therapiert er in einem privaten Institut mit angeschlossener Klinik mit seinem Team seit 1991 Sexualstraftäter und Serienmörder, die sich in seine Behandlung begeben haben, und Kinder, die bereits von Mordphantasien heimgesucht werden (pers. Mitt. Bukhanovsky 12/2001). Berichtet wird beispielsweise von einem neunjährigen Waisenjungen, der innerhalb von sechs Tagen 50 Küken die Kehle durchgeschnitten und ihr Blut ausgesaugt hat. Ebenso von einem vierzehnjährigen Jungen, der Katzen und Hunde tötete, während er dabei masturbierte, der Häuser anzündete und frische Gräber junger Frauen öffnete (vgl. Meierding 1993, 61 und Krug/Mathes 1996, 24/26).[41]

Zweifellos sind solche Modelle sehr kostenintensiv, was ihre weitere Verbreitung bislang unterbindet, doch weist Norris zu recht darauf hin, dass amerikanische Behörden bereits mehrstellige Millionenbeträge für die Ergreifung und Aburteilung von Serienmördern ausgeben, während präventive Maßnahmen leer ausgehen und von privaten Trägern finanziert werden müssen (vgl. Norris 1990, 328).

Special Agent Bill Tafoga, der sich beim FBI mit Zukunftsfragen beschäftigt, riet der amerikanischen Regierung sogar, «mindestens zehn Jahre lang Geld und Arbeitskräfte in der Größenordnung dessen (zur Vorbeugung) einzusetzen, was wir in den Golf-Krieg gesteckt haben» (Douglas/Olshaker 1996, 421), und forderte eine «Armee von Sozialarbeitern», um misshandelten Frauen und obdachlosen Familien mit Kindern usw. zu helfen (vgl. a.a.O.).

Sein Kollege John Douglas schließlich, der bis 1993 die BSU geleitet hat, geht noch einen Schritt weiter, indem er die Situation anprangert, die der Entstehung von Serienmördern zugrunde liegt und gleichzeitig die Essenz der Problematik formuliert:

«Aber fünfundzwanzig Jahre der Beobachtung haben mich (...) gelehrt, dass Kriminelle eher ‹gemacht› als ‹geboren› werden. Das bedeutet, dass irgendwo auf ihrem Weg jemand, der einen zutiefst negativen Einfluss auf sie gehabt hat, sie stattdessen auch zutiefst positiv beeinflussen hätte können. Somit glaube ich also von ganzem Herzen daran, dass wir neben mehr Geld und Polizei und Gefängnissen in erster Linie mehr Liebe brauchen. Das ist nicht simplifizierend gemeint. Es ist der Kern der Frage.» (Douglas/Olshaker 1996, 442f.)

Literaturangaben

Adler, Lothar (2000): «Amok. Eine Studie», München (belleville).
Albrecht, Hans-Jörg (1993): «Kriminologie», Kaiser/Kerner/Sack/Schellhoss (Hrsg.): ‹Kleines Kriminologisches Wörterbuch›, 3. neub.u.erw. Auflage, Heidelberg, 308–312.
Anderson, Jeremy D. (1996): «Genesis of a Serial Killer: Fantasy's Integral Role in the Creation of a Monster», unveröffentlichte Abschlussarbeit, Decorah (Luther College).
Anonymus (1998): «A Serial Killer's Perspective», Holmes/Holmes (eds.) ‹Contemporary Perspectives on Serial Murder›, London (Sage Publications), 123–131.
Barnet, Ann B./Barnet, Richard J. (1998): «The Youngest Minds. Parenting and Genes in the Development of Intellect and Emotions», New York (Simon and Schuster).
Bourgoin, Stéphane (1995): «Serienmörder. Pathologie und Soziologie einer Tötungsart», Reinbek (Rowohlt).
Britton, Paul (2000): «Das Profil der Mörder. Die spektakuläre Erfolgsmethode des britischen Kriminalpsychologen», München (Econ).
Britton, Paul (2001): «Picking Up the Pieces», UK (Corgi).
Canter, David/Missen, C./Hodge, S. (1996): «Are Serial Killers Special?», Policing Today, 2, 1, 1–12.

---

[41] Präventive Möglichkeiten beschränken sich jedoch nicht grundsätzlich auf die hervorgehobenen psychosozialen Beispiele. So forschen auch Biochemiker mittlerweile nach Möglichkeiten, um die von Neurobiologen/-psychologen typischerweise bei Serienmördern entdeckten Schäden bestmöglich zu neutralisieren. Es existieren bereits erste Medikamente, die kortikale Funktionen so modifizieren können, dass gewalttätiges Verhalten gemäßigt wird (vgl. Gladwell 1997, 12).

Canter, David (1998): «Dragnet. A Geographical Offender Location System», unveröffentlichte Handreichung anlässlich der internationalen Tagung «Serial Killers» des CISCP im Oktober 1998 (Paris).

Canter, David/Alison, Emily/Alison, Laurence (2001): «An Empirical Test of the Organized/Disorganized Typology of Serial Killers», Abstract zum Vortrag anläßlich einer Tagung im Centre for Investigative Psychology an der Universität Liverpool.

Cluff, Julie/Hunter, Allison/Hinch, Ronald (1997): «Feminist Perspectives on Serial Murder: A Critical Analysis», Homicide Studies 1, 291–308.

Csípek, Kirsten (1994): «Serienmörder», unveröffentlichte Diplomarbeit (Universität Hamburg).

Degen, Rolf (1990): «Serien-Killer. Mord als Mission?», Psychologie Heute 17, August 1990, 46–53.

Douglas, John/Olshaker, Mark (1996): «Die Seele des Mörders. 25 Jahre in der FBI-Spezialeinheit für Serienverbrechen», Hamburg (Spiegel Buchverlag).

Douglas, John/Olshaker, Mark (1997): «Journey into Darkness», New York (Lisa Drew Book/Scribner).

Douglas, John E./Burgess, Ann W./Burgess Allen G./Ressler, Robert K. (1997): «Crime Classification Manual. A Standard System for Investigating and Classifying Violent Crimes», San Francisco (Jossey-B.).

Douglas, John/Olshaker, Mark (1998): «Obsession», London (Pocket Books/Simon & Schuster).

Douglas, John/Olshaker, Mark (2000): «Broken Wings», UK (G.K. Hall & Company).

Egger, Steven A. (1990): «Serial Murder: A Synthesis of Literature and Research», Egger (ed.) ‹Serial Murder. An Elusive Phenomenon›, 3–34.

Gladwell, Malcolm (1997): «Damaged», The New Yorker, 24.02. & 03.03. 1997, 132–147.

Gresswell, David/Hollin, Clive (1994): «Multiple Murder. A Review», The British Journal of Criminology, 34, 1, 1–14.

Hale, Robert/Bolin, Andrew (1998): «The Female Serial Killer», Holmes/Holmes (eds.) ‹Contemporary Perspectives on Serial Murder›, London (Sage Publications), 33–58.

Harbort, Stephan (1999a): «Kriminologie des Serienmörders – Teil 1», Kriminalistik 10/99, 642–650.

Harbort, Stephan (1999b): «Kriminologie des Serienmörders – Teil 2», Kriminalistik 11/99, 713–721.

Harbort, Stephan (2001): «Das Hannibal-Syndrom», Leipzig (Militzke).

Harris, Thomas (1991): «Das Schweigen der Lämmer» – Roman, München (Heyne).

Harrison, Shirley (1996): «Das Tagebuch von Jack the Ripper», Bergisch Gladbach.

Hazelwood, Robert R./Douglas, John E. (1980): «The Lust Murderer», FBI Law Enforcement Bulletin 49, 18–22.

Hazelwood, Robert R./Michaud, Stephen G. (2001): «Dark Dreams. Sexual Violence, Homicide, and the Criminal Mind», New York (St. Martin's Press).

Hickey, Eric W. (1997): «Serial Murderers and their Victims. Second Edition», Belmont (Wadsworth Publishing).

Hoffmann, Jens (1994): «Profiling. Die Psycho-Fahndung nach Serienkillern», Psychologie Heute, 21, Dezember 1994, 70–75.

Hoffmann, Jens/Musolff, Cornelia (2000): «Fallanalyse und Täterprofil» Wiesbaden (BKA Forschungsreihe Band 52).

Hoffmann, Jens (2001a): «Auf der Suche nach der Struktur des Verbrechens. Theorien des Profilings», Musolff/Hoffmann ‹Täterprofile bei Gewaltverbrechen›, Berlin, 89–125.

Hoffmann, Jens (2001b): «Fallanalyse im Einsatz», Musolff/Hoffmann ‹Täterprofile bei Gewaltverbrechen›, Berlin, 305–330.

Holmes, Ronald M./DeBurger, James E. (1988): «Serial Murder», Thousand Oaks (Sage Publications).

Holmes, Ronald M./Holmes, Stephen T. (1994): «Murder in America», Thousand Oaks (Sage Publications).

Holmes, Ronald M./Holmes, Stephen T. (1996): «Profiling Violent Crimes. An Investigative Tool. Second Edition», Thousand Oaks (Sage Publications).

Holmes, Ronald M./Holmes, Stephen T. (1998): «Serial Murder. Second Edition», Thousand Oaks (Sage Publications).

Holmes, Ronald M./DeBurger, James E. (1998): «Profiles in Terror. The Serial Murderer», Holmes/Holmes (eds.) ‹Contemporary Perspectives on Serial Murder›, London (Sage Publications), 5–16.

Holmes, Stephen/Hickey, Eric/Holmes, Ronald (1998): «Female Serial Murderesses. The Unnoticed Terror», Holmes/Holmes (eds.) ‹Contemporary Perspectives on Serial Murder›, London (Sage Publications), 59–70.

Jenkins, Philip (1994): «The Reality of Serial Murder», Jenkins: ‹Using Murder›, New York (De Gruyter), 21–47.
Junkelmann, Marcus (2000): «Das Spiel mit dem Tod», Mainz am Rhein (Philipp von Zabern).
Katz, Jack (1988): «Seductions of Crime. Moral and Sensual Attractions in Doing Evil», USA (Basic Books).
Keppel, Robert D./Weis, Joseph G. (1993): «Improving the Investigation of Violent Crime: The Homicide Investigation and Tracking System», National Institute of Justice – Research in Brief NCJ 141761.
Keppel, Robert D./Birnes, William J. (1997): «Signature Killers. Interpreting the Calling Cards of the Serial Murderer», New York (Pocket Books).
Keppel, Robert D./Walter, Richard (1999): «Profiling Killers: A Revised Classification Model for Understanding Sexual Murder», International Journal for Offender Therapy and Comparative Criminology, 43, 4, 417–437.
Kiger, Kenna (1990): «The Darker Figure of Crime: The Serial Murder Enigma», Egger (ed): ‹Serial Murder. An Elusive Phenomenon›, 35–52.
Köhler, Denis (2001): «Psychische Störungen bei Serienmördern – unter besonderer Betrachtung der Persönlichkeit», unveröffentlichtes Manuskript.
Krug, Christian & Mathes, Werner (1996): «Faszination Serienkiller», Stern 6/96, 14–26.
Lamnek, Siegfried (1994): «Neue Theorien abweichenden Verhaltens», München (Fink).
Lamnek, Siegfried (1996): «Theorien abweichenden Verhaltens», 6. Auflage, München (Fink).
Lewis, Dorothy O./Shanok, Sh./Pinkus, J./Glaser, G. (1979): «Violent Juvenile Delinquents: Psychiatric, Neurological, Psychological and Abuse Factors», Journal of the American Academy of Child Psychiatry 18, 307–319.
Lewis, Dorothy O./Moy, E./Jackson, L. et al. (1985): «Biopsychosocial Charakteristics of Children who Later Murder: A Prospective Study», American Journal of Psychiatry 142, 1161–1167.
Lewis, Dorothy O. (1988): «Intrinsic and Environmental Characteristics of Juvenile Murderers», Journal of the American Academy of Child and Adolescent Psychiatry 27, 582–587.
Lewis, Dorothy O./Pincus, J./Bard, B. et al. (1988): «Neuropsychiatric, Psychoeducational and Family Characteristics of 14 Juveniles Condemned to Death in the United States», American Journal of Psychiatry 146, 584–589.
Lewis, Dorothy Otnow (1998): «Guilty by Reason of Insanity. A Psychiatrist Explores the Minds of Killers» New York (Fawcett Columbine).
Leyton, Elliott H. (2000): «Serial Murder. Modern Scientific Perspectives», Aldershot (Ashgate).
Lunde, Donald T. (1975): «Murder and Madness», New York (Norton).
McKenzie, Constance (1995): «A Study of Serial Murder», International Journal of Offender Therapy and Comparative Criminology 39, 3–10.
Meierding, Gabriele (1993): «Psychokiller. Massenmedien, Massenmörder und alltägliche Gewalt», Reinbek (Rowohlt).
Metropolitan Police (1998): «The British HOLMES & Colin Ireland Serial Murder Case Study», während der Tagung «Serial Killers» des CISCP im Oktober 1998 (Paris) verteiltes Manuskript.
Michaud, Stephen/Hazelwood, Roy (1999): «The Evil That Men Do», New York (St. Martin's Press).
Mitchell, Edward W. (1997): «The Aetiology of Serial Murder: Towards an Integrated Model», M.Phil. thesis in Criminology at the University of Cambridge.
Mokros, Andreas (2001): «Facetten des Verbrechens. Entwicklungen in der akademischen Täterprofilforschung», Musolff/Hoffmann ‹Täterprofile bei Gewaltverbrechen›, Berlin, 181–211.
Mott, Nicole L. (1999): «Serial Murder. Patterns in Unsolved Cases», Homicide Studies 3, 3, 241–255.
Müller, Thomas (1998): «IMAGO 300. Forschungsansätze – Definitionen – Ergebnisse», Bundeskriminalamt (Hg.) ‹Methoden der Fallanalyse›, Wiesbaden, 229–269.
Muller, Damon A. (2000): «Criminal Profiling: Real Science or Just Wishful Thinking?», Homicide Studies 4, 3, 234–264.
Murakami, Peter/Murakami, Julia (2000): «Lexikon der Serienmörder. 450 Fallstudien einer pathologischen Tötungsart», München (Ullstein).
Musolff, Conny (2001): «Täterprofile und Fallanalyse. Eine Bestandsaufnahme», Musolff/Hoffmann ‹Täterprofile bei Gewaltverbrechen›, Berlin, 1–33.

Nagel, Udo/Horn, Alexander(1998): «ViCLAS – Ein Expertensystem als Ermittlungshilfe», Kriminalistik 1/98, 54–58.
Nagel, Udo (2001): «Neue Wege in der Ermittlungspraxis», Musolff/Hoffmann ‹Täterprofile bei Gewaltverbrechen›, Berlin, 331–353.
Norris, Joel (1990): «Serial Killers. A Controversial Look at a Horrifying Trend», London (Arrow Books) – erste Auflage 1988.
Paulus, Christoph (1998): «Das Erstellen von Täterprofilen bei Serienmorden», Universität des Saarlandes veröffentlicht im Internet unter http://www.uni-saarland.de/fak5/ezw/abteil/motiv/paper/profil.htm.
Pistorius, Micki (2000): «Catch Me a Killer», London (Penguin).
Rada, R.T./Laws/Kellner/Stivastave/Peak (1983): «Plasma Androgens in Violent and Non-Violent Sex-Offenders», American Academy of Psychiatry and Law, 11(2), 149–153.
Reichertz, Jo (2001): «Meine Mutter war eine Holmes. Über Mythenbildung und die alltägliche Arbeit der Crime-Profiler», Musolff/Hoffmann ‹Täterprofile bei Gewaltverbrechen›, Berlin, 37–69.
Ressler, Robert K./Shachtman, Tom (1994): «Ich jagte Hannibal Lecter», München (Heyne).
Ressler, Robert K./Burgess, Ann W. & Douglas, John E. (1996): «Sexual Homicide. Patterns and Motives», New York (The Free Press) – erste Auflage 1988.
Ressler, Robert K./Shachtman, Tom (1997): «I Have Lived in the Monster. On the Trail of the World's Deadliest Serial Killers», London (Simon & Schuster).
Robertz, Frank (1999): «Wenn Jugendliche morden. Forschungsstand, Erklärungsmodell und präventive Möglichkeiten», Hamburg.
Rodenkirchen, Franz (1998): «Serienmörder – Vom Nutzen und Nachteil eines Begriffes», unveröffentlichtes Manuskript.
Ross, Drew (1998): «Looking Into the Eyes of a Killer. A Psychiatrist's Journey through the Murderer's World», New York (Plenum).
Rossmo, Kim (2000): «Geographic Profiling», Boca Raton/Fl. (CRC).
Scrapec, Candice A. (2001): «Phenomenology and Serial Murder: Asking Different Questions», Homicide Studies 5, 1, 46–63.
Sessar, Klaus (1993): «Tötungskriminalität», Kaiser/Kerner/Sack/Schellhoss (Hrsg.): ‹Kleines Kriminologisches Wörterbuch›, 3. neub.u.erw. Auflage Heidelberg, 549–555.
Sollberger, Adi (1995): «Er bildete sich ein, sein Blut verwandle sich in Pulver», Die Weltwoche, Nummer 13 vom 30. März 1995, 55.
Turvey, Brent E. (1999): «Criminal Profiling. An Introduction to Behavioral Evidence Analysis», San Diego (Academic Press).
de Waal, Frans (1991): «Wilde Primaten. Versöhnung und Entspannungspolitik bei Affen und Menschen», München/Wien (Hanser).
Vorpagel, Russell (2001): «Profiles in Murder: An FBI Legend Dissects Killers and Their Crimes», (Dell Publishing).
Wakefield, H. Russell (1936): «Landru: A Real Life Bluebeard», Parrish/Crossland (eds.) ‹The Fifty Most Amazing Crimes of the Last 100 Years›, London (Odhams).

Zur Entstehung der dunklen Seite des Serienmörders

Al Carlisle

> *I knew myself, at the first breath of this new life,*
> *to be more wicked, sold a slave to my original evil;*
> *and the thought, in that moment, braced and delighted me like wine.*
> Robert Lewis Stevenson: ‹The Strange Case of Dr. Jekyll and Mr. Hyde›

In Robert Lewis Stevensons Erzählung «Dr. Jekyll und Mr. Hyde» geht es bekanntlich um einen Arzt – den hilfsbereiten und hochgeachteten Dr. Jekyll – der sich mittels chemischer Experimente ungewollt eine völlig andere Zweitnatur zulegt, eben jenen Mr. Hyde, der sich von nun an mit Dr. Jekyll in der Beherrschung des einen Körpers abwechseln wird. Im weiteren Verlauf der Geschichte verliert der von Reue und Sorge umgetriebene Dr. Jekyll die Kontrolle über das fahrlässig zum Leben erweckte Alter Ego. Das Besondere der Geschichte ist jedoch gerade, dass es schwerfällt, die beiden Identitäten als nur zwei Seiten einer Persönlichkeit zu verstehen. Sehr viel eher erscheinen beide als sich gegenseitig durchaus feindlich gesonnene eigenständige Wesen, die zu ihrem Unglück lediglich in eine Körperhülle zusammengezwungen sind.

Nun handelt es sich bei der Erzählung von Dr. Jekyll und Mr. Hyde um erfundene Unterhaltungsliteratur. Andererseits ähneln die Selbstdarstellungen von Serienmördern der in dieser Geschichte dargestellten Antinomie häufig auf verblüffende Weise. Immer wieder versuchen sie auszudrücken, wie etwas Anderes zeitweise die Kontrolle über sie übernahm und zu Tötungen ohne vorherige Skrupel oder spätere Reue bewegte. Die Namen Ted Bundy, Christopher Wilder und John Wayne Gacy stehen einerseits für eine Vielzahl von Folterungen und Tötungen grausamster Art. Andererseits waren alle drei auch anerkannte Mitbürger und keine verachteten oder ignorierten Außenseiter.

Bundy hatte ein Grundstudium abgeschlossen und nicht nur ein prestigeträchtiges Jurastudium aufgenommen, sondern gleichfalls soziales Engagement gezeigt (Mitarbeit in einem psychosozialen Krisentelefon-Projekt und in politischen Kampagnen). Während er seine grausamen Taten beging – allgemein wird von mehr als 30 Tötungsdelikten ausgegangen – bereitete er sich offenbar gut konzentriert und jedenfalls erfolgreich auf seine juristischen Prüfungen vor.

Wilder war als Miteigentümer einer Baufirma und als Besitzer von Haus- und Grundbesitz in Florida nicht nur wohlhabend, sondern auch ständig von Freundinnen umringt und in seinem Kreis ausgesprochen beliebt. Dennoch sollte er acht Menschen – zum Teil nach Folterungen – umbringen.

Gacy, der mindestens 30 Menschen nach zum Teil schrecklichsten Quälereien tötete, wurde als erfolgreicher und sozial engagierter Geschäftsmann, der nicht nur jedes Jahr ein großes Fest für 400 Personen organisierte, sondern der sich auch nicht für Auftritte als Clown oder als Schnee-Räumer bei seinen Nachbarn zu schade war, sogar einmal zum «Mann des Jahres» gewählt.

Wie in Stevensons Erzählung führten diese drei Serienmörder gleichzeitig zwei diametral entgegengesetzte Leben – und dies jeweils so, dass, wer die eine Seite des jeweiligen Menschen kannte, sich schlichtweg nicht vorzustellen vermochte, dass dieser auch und gleichzeitig «so ganz anders» sein konnte.

Die Koexistenz zweier eigentlich unvereinbarer Persönlichkeiten in einem Körper ist nach wie vor eines der spannendsten Probleme der Psychopathologie. In diesem Beitrag geht es darum zu verstehen, wie in einer «normalen» Person diese «dunkle Seite» mittels bekannter seelischer Vorgänge entflammt und genährt werden kann.

Sind Serienmörder geisteskrank?
Obwohl es verlockend wäre, Serienmörder als psychotisch oder sonstwie geisteskrank abzustempeln, zeigten sich die Menschen, von denen hier die Rede ist, als durchaus fit: immerhin bewältigten sie ihren Alltag nicht nur einigermaßen, sondern in einer ganz besonders hervorragenden und von der Umwelt explizit gewürdigten Weise (und dies während ihrer Mordserien). Während sie in der Lage gewesen sein müssen, zum Zeitpunkt ihrer Taten Recht von Unrecht zu unterscheiden, so sagen die Gerichte, müssen wohl auch höchst seltsame Prozesse in ihnen abgelaufen sein, ohne deren Kenntnis man nie verstehen wird, wie sie derlei Grausamkeiten begehen konnten.

Psychopathie
‹Psychopathie› ist ein häufig kritisierter Begriff, auf den die Psychiatrie zugleich aber auch ungern (und sei es in Tarnformen) verzichten möchte – kennzeichnet er doch Menschen, die zwar die Realität wahrnehmen, die aber Böses begehen, ohne Schuldgefühle zu entwickeln. Wie auch immer man es mit diesem Begriff halten mag: Er trägt leider nichts zur Erklärung der seelischen Abläufe bei, die in dem Menschen vorgehen und dazu führen, dass er «zum Vergnügen» tötet. Er beantwortet auch nicht die Frage, ob dieser Gewissensdefekt zuerst zur Unterdrückung moralischer Bedenken und dann auf womöglich komplexe Weise zum Töten führt. Es gibt ja immerhin Anzeichen dafür, dass einige Serienmörder (zumindest anfangs) Reue empfinden – auch wenn sie trotz der Gewissensbisse weiter töten. Selbst wenn man sich dazu entschließt, Serienmörder als «Monster» oder «psychopathische Mörder» zu bezeichnen, dürfte freilich weder der eine noch der andere Begriff bei genauerem Hinsehen irgend etwas zum Verstehen ihrer Handlungen und zur Erklärung des Phänomens beitragen.

Gespaltenes Selbst
In diesem Beitrag möchte ich nun die Aufmerksamkeit auf den wenig erforschten Bereich der Phantasie, der Dissoziation und der Spaltung lenken – auf ein Syndrom, das sehr wohl dafür zuständig sein kann, dass viele Täter von einem dunklen, unheimlichen und irgendwie verdrehten Selbst sprechen, das ihnen fremd erscheint, von dem sie aber erfahren haben, wie sehr es nach (verderbten) Erfahrungen hungert, von denen sie und andere eher ahnen als wissen, dass womöglich starke Gefühle des Ekels im früheren Leben sie erzeugt hatten.

Das Konzept eines anderen Selbst geht bekanntlich auf Sigmund Freud, Carl Jung, Pierre Janet und Josef Breuer zurück (vgl. Ellenberger 1970), die auf je verschiedene Weise zeigten, dass frühe Traumatisierungen zwar dem Bewusstsein nicht zugänglich gemacht werden, gleichwohl aber im späteren Leben einen starken Einfluss auf das emotionale Leben und Verhalten haben können. Breuer & Freud (1957) erklärten bestimmte Verbindungen zwischen Verhaltensmerkmalen und unterbewussten Erinnerungen mittels der «Aufspaltung des Bewusstseins» oder «dualer Bewusstseinsprozesse» (die Idee der Existenz verschiedener Persönlichkeiten in einer Person liegt auch den «Games People Play» von Eric Berne zugrunde: es ist eine Grundannahme seiner Transaktionsanalyse, dass in jedem von uns «Kind», «Erwachsener» und «Eltern» interagieren).

In einem noch tieferen Bereich lokalisiert Ernest Hilgard (1977) jenen offenbar zu Planungen und Handlungssequenzen fähigen Teil eines Menschen, der dessen eigenem Bewusstsein nicht geläufig ist und von Hilgard als «versteckter Beobachter» bezeichnet wird: als Agens zielgerichteter Vorausplanung ohne Wissen der Person, «das deshalb mit gutem Grund als vom Bewusstsein der Person abgespalten beschrieben wird» (1977, 2).

John und Helen Watkins (1978) dokumentieren ihrerseits «Ich-Persönlichkeiten» in Parallele zu Hilgards «Verstecktem Beobachter» – und postulieren unter Bezug auf Paul Federn die Existenz eines zweiten, von der Hauptpersönlichkeit abgespaltenen Persönlichkeitssystems, das gar nicht einmal so selten vorkomme. Mit anderen Worten: es kann verschiedene Stufen von Bewusstsein geben, welche bis zu einem gewissen Grade einen kontrollierenden Einfluss auf eine Person haben.

Während die Person spürt, dass «etwas» in ihr zu einer Handlung drängt, ist sie zugleich unfähig, die Quelle dieses «etwas» auszumachen. Diese Konfiguration muss nicht unbedingt eine Tendenz zu Sadismus und Mord beinhalten. In seltenen und spezifischen Kombinationen (im Fall des «knospenden» Serienmörders) kann sie aber zu einer der Doppelexistenzen von Dr. Jekyll und Mr. Hyde führen: beginnend mit merkwürdigen Tagträumen, die immer wichtiger werden, bis sie die Person gefangen nehmen und von ihr die Realisierung der Phantasien verlangen, während sie zugleich eine sonst nicht erreichbare Befriedigung versprechen. Schließlich lernt die Person, sich in einen veränderten Bewusstseinszustand zu versetzen *(Spacing Out, Selbsthypnose)*.

Dissoziation

Ursprünglich bezieht sich Dissoziation auf die Abspaltung von schmerzhaften, traumatischen Erinnerungen, die der Geist nicht in das größere Konzept der Persönlichkeit integrieren kann. Die traumatischen Erinnerungen sind in diskreten Persönlichkeitszuständen gespeichert, die bei spezifischen Anlässen wiederkehren – als Erinnerungen, Alpträume oder Rückblenden (Krieg, Missbrauch, Flammen, Fluten, Autounfälle usw.). Je größer die Verdrängungsmühen, desto geringer die Widerstandsfähigkeit gegen Dissoziationen und desto größer die Gehemmtheit, Selbstbezüglichkeit und Überängstlichkeit – und die Schwierigkeiten, das Leben in seiner Fülle zu genießen.

Ob wohl jemals ein Mensch zum Serienmörder werden kann, ohne eine Serie von traumatisierenden Ereignissen erlebt zu haben, ohne irgendwie unter emotionalen Hemmungen zu leiden und zumindest subjektiv mehr als üblich auf sich selbst und auf denkbare existenzielle Risiken fokussiert zu sein? Ohne jenen Versuch, einen Ausweg zu finden aus den endlosen inneren Kämpfen und Krämpfen, die durch eine chronische und gar nicht zu bewältigende Hilflosigkeit, Einsamkeit und Unzulänglichkeit gekennzeichnet sind? Wie anders kann man sich erklären, dass ein äußerlich zufriedener Mensch sich gezwungen sieht, eine Kompensationspersönlichkeit aufzubauen?

Die Verdrängung ist ein Schutz, aber um das Trauma auszugleichen, bedarf es einer Gegengestalt, die das, was die Person, die es nicht erlitten haben will, zumindest in gleicher Münze auszuteilen vermag. Missbrauchte Kinder verbannen ihre schmerzhaften Erfahrungen hinter geschlossene Türen, welche nie zu öffnen sie geschworen haben. Das besiegte und gedemütigte Kind verbannt seine Erinnerungen hingegen zusammen mit der rachsüchtigen Ausgleichspersönlichkeit in einen Raum, zu dem es Zugang behält und in welchem zu agieren sein Schicksal wird.

Die Rolle der Phantasie

Die Phantasie ist Antizipation von Handlung, Realisierung und Befriedigung. Sie ist aber auch Kompensation: eine Welt, in der sich die Befriedigung auch ohne Kosten einstellt. Ein Schlaraffenland, das kein Versagen kennt und jeden Wunsch erfüllt.

Phantasieren ist harmlos, aber für ein einsames Kind kann es eine immer häufigere Rückzugsmöglichkeit werden: Es träumt von Heldentaten, wenn es leidet, und es sieht sich als Sieger, wenn es verliert. Wahrscheinlich durchleben das alle Kinder. Aber manche leiden besonders unter Einsamkeit, Zurückweisung und Ablehnung – und haben wenig, womit sie diese Niederlagen kompensieren können.

Betrachten wir die Phantasien, die ‹Bill› als Kind nach eigenen Angaben gehabt hat, bevor er zum Serienkiller wurde:

«*Ohne diese (Heldenphantasie) hätte ich mit mir selber leben müssen. Und was hätte das bedeutet? – Ich gehe in die Garage, lese ein Buch oder Readers' Digest, einen Artikel nach dem anderen. Wenn nicht, dann bleibe ich im Haus. Da bin ich ein Niemand. Wenn ich das nicht will, dann geh ich auf den Schulhof. Da würde ich vielleicht Ball spielen. Aber ich wäre immer noch ein Niemand*» (aus persönlicher Korrespondenz).

Phantasien können Hass und Bitterkeit verdrängen, sie können aber auch die Intensität besonders schmerzhafter Erinnerungen und abgründiger Leere dadurch relativieren, dass sie selbst für die Person im Laufe der Zeit immer realer wirken. Wenn eine Person vollkommen in einer Phantasie aufgeht, dann verdrängt sie, wie vielleicht auch Bill in dieser Passage, alles um sich herum:

«*Ich denke, dass jeder mittelbar das lebt, was er liest. Der Unterschied ist, dass die meisten Menschen, wenn sie ihr Buch weglegen, wieder in der wirklichen Welt sind, und dass sie wissen, dass sie nicht die Helden in diesem Buch sind ... Wenn man bedenkt, dass manche Leser sich «wirklich in die Geschichte hineinversetzen», dann würde ich tippen, dass die Leute, die mich analysieren, schon nach einer Stunde sagen würden, dass ich mich allzu sehr in die Geschichte hineinversetzt habe. Dass ich wirklich da war. Ich konnte fast die Gerüche riechen, die Dinge sehen. Ich war wirklich weg. Ich war in einer anderen Welt.*»

Wut und Leere werden so zu Energie. In der Phantasie erlebt die Person ein Gefühl der Aufregung und Erleichterung. Danach: ein Gefühl der Leere. Für die Person jedoch ist damit eine Scheinwelt geschaffen, in der im Prinzip alles erreichbar ist. Ihr wird sie sich immer eher und immer schneller zuwenden, je mehr sie in der wirklichen Realität des Alltags unter Stress gerät. Sie verliert die Sorge und das Mitgefühl für andere, und durch ihren Ärger wird sie immer mehr auf sich selbst bezogen. Bill sagt:

«*An dem Punkt angelangt, wo ich mich wie eine Insel fühlte, gaben mir die Familientreffen zu Weihnachten nichts mehr. Alles, was mich interessierte, war, dass das, was unter dem Baum war, mir gehörte – im Gegensatz zu der Freude, die andere im Geben und Erhalten empfinden. Ich fühlte mich nicht als Teil des Ganzen oder eines anderen oder einer Gruppe, die Familie eingeschlossen.»*

Der zunächst uneingestandene Schmerz führt freilich zu enormen Auswirkungen: «*Damals fing ich an, dieses sehr überhöhte Selbstbild aufzubauen. Der Grund, dass ich mich nicht als abnorm empfand, war, dass ich kompensierte: Ich bin besser als die anderen. Was ist bloß mit diesen Leuten los, dass sie das nicht checken?»*

Bills Verwunderung über die Differenz zwischen sich selbst und seiner Wahrnehmung durch andere wurde durch sexuelle Selbstbefriedigung einerseits verringert (»*Es war, als ob mir die Last der Welt von den Schultern genommen wurde. Zum ersten Mal in meinem Leben war da Glückseligkeit. Ich fühlte keinen Stress mehr. Ich fühlte zuvor, dass mein ganzer Körper vor Anspannung geladen war, und wusste nicht, dass man sich auch anders fühlen kann. Und dann war es weg. Ich war von diesem Moment an abhängig. Ich war abhängig»*), andererseits aber auch reorganisiert, begann er doch, sich zunehmend auf seine sexuellen Phantasien zu verlassen und darauf zu vertrauen, dass die Wirklichkeit – wenn schon seine Phantasie so wundervoll war – umso erfüllender sein müsse.

Während sich Bill jahrelang auf seine Phantasie verließ, spürte er doch immer stärker das Ausbleiben einer Erfüllung sowie zunehmende Bitterkeit und Rachephantasien.

Ted Bundy versuchte, sich als Betroffener durch die Einnahme einer Beobachterperspektive zu schützen, indem er dieses Dilemma folgendermaßen beschrieb:

«*...da wir die Entwicklung der dunklen Seite des Lebens dieses Menschen als Zeugen verfolgt haben, erwarten wir zu sehen, wie sehr dieser Teil von ihm kontrolliert und abgespalten wurde und wie es ihm mehr oder weniger möglich war, ihn von denen, welche, äh, um ihn herum waren und von ihm annahmen, dass er normal sei, zu verbergen. Und weil diese Trennung so scharf war und so gut aufrecht erhalten wurde, finden wir es unwahrscheinlich, dass diese Rollen miteinander vertauscht werden könnten»* (Michaud/Aynesworth 1989).

Je größer die Spannung zwischen Normalität und Anderem, desto höher die Wahrscheinlichkeit einer Spaltung, in welcher der Mensch zum einen «vollständig» zur täglichen Realität von Schule, Gleichaltrigen und Familie gehört (Carl Jungs Persona), zum anderen aber auch nicht minder vollkommen seine Befriedigung in der Realisierung von Phantasien betreibt (Carl Jungs Schatten). So wird man zu einem, der zwar auf der einen Seite sozial gesonnen ist und niemandem weh tun würde, der aber auf der anderen Seite nicht nur dazu in der Lage ist, darüber nachzudenken, wie er denn vorgehen würde – gesetzt den Fall, dass er Grund und Gelegenheit hätte, jemanden leiden zu lassen und eventuell sogar zu töten –, sondern die Nähe und Gegebenheit einer solchen Situation sogar sucht.

Die Schöpfung des Schattens
Vielleicht ist es Selbsthypnose, die ein Verlangen weckt, das außer Kontrolle gerät und das Ted Bundy (Michaud/Aynesworth 1989) mit den Worten zu erklären versucht, dass es eine Schwäche für Sex-Gewalt-Komplexe gäbe, die die Phantasie mancher Menschen

zu beherrschen und sich immer weiter zu radikalisieren vermöchten. Auf seine eigenartige Weise berichtet Ted Bundy:

«*Indem ich durch Fenster lugte, so wie ich sie vorfand, und einer Frau dabei zuschaute, wie sie sich entkleidete oder was auch immer, sie wissen schon, im Laufe des Abends zu sehen war, und das ganze beinahe wie ein Projekt anging, sich selbst hineinsteigernd, ähm, buchstäblich über Jahre.... Er gewann, so würde man sagen, ein hohes Maß an ... manchmal ... ein hohes Maß an Befriedigung, und er wurde zunehmend abhängig davon, so wie jeder von etwas abhängig wird, dass er wieder und wieder tut ... während dieser Zustand sich entwickelt und seine Ziele und Charakteristika sich stärker herausbilden, fängt es an, mehr Aufmerksamkeit und Zeit des Einzelnen zu beanspruchen ... da ist ein gewisses Maß an Spannung, mh, des Kampfes zwischen der normalen Persönlichkeit und dieser, dieser, mh, psychopathologischen, mh, Einheit.*»

Der «Würger von Boston» beschreibt, wie dieser Prozess der Kontrolle entgleitet:
«*Ich konnte nicht mit dem, was ich tat, aufhören. Diese Sache, die sich in mir aufbaute – die ganze Zeit über – ich wusste, dass ich außer Kontrolle geriet.*» (Frank 1966, 326)

Nach endlosen Imaginationen kann ein Mensch, der sich das Töten immer und immer wieder vorgestellt hat, eine mit seinen Phantasien vereinbare Gelegenheit finden. Er wird sich dann, sich quasi als Automat verhaltend, dabei wieder finden, wie er einen Akt ausführt oder gerade ausgeführt hat, den er unzählige Male in seiner Vorstellung bereits geplant, implementiert, variiert und perfektioniert hat. Endlich ist es vollbracht. Bundy kommentiert das so: «*Das Verlangen, dieser Person (einer Frau, die er sah) etwas anzutun, suchte ihn heim – in einer Art und Weise, in der er nie zuvor ergriffen wurde. Und dies in einer sehr mächtigen Art und Weise. Und an diesem Punkt, hm, ohne lange darüber nachzudenken, suchte er nach einem Werkzeug um, hm, hm diese Frau damit anzugreifen ... an jener Stelle gab es keinerlei Kontrolle mehr ...*»

Danach tritt der Täter wieder in die wirkliche Welt. Er empfindet (so Bundy) «*reines Entsetzen ... Reue ... und, sie wissen schon, er wurde schnell ernüchtert ... und schwor sich selbst, dass er nie wieder so etwas tun würde ... oder auch nur irgendwas, das dazu führen konnte ... Im Laufe der Monate verlor der Effekt dieses Geschehens, langsam aber sicher, seine abschreckende Wirkung. Und innerhalb von Monaten war er zurück, mh, mh, er schaute wieder durch Fenster und fiel allmählich in die alte Routine ...* – Letztlich wird die «dunkle Seite» oder «der Schatten» mehr und mehr ständiger Bestandteil der Persönlichkeit. Bundy fährt fort: «*Nun, wir, wir... äh, wir beschreiben diese Persönlichkeit und finden heraus, dass dieses Verhalten, das sich nach und nach häuft, dass es auch zur ständigen Begleiterscheinung wurde ... mehr und mehr den Geist und die intellektuellen Energien beschäftigt. So steht er einer größeren, äh, häufigeren Herausforderung dieser dunklen Seite seiner Selbst gegenüber im Gegensatz zu seinem normalen Leben.*»

Der Täter empfindet also eine Abscheu gegenüber seiner Tat, aber auch Erregung, Befriedigung und Frieden, und je deutlicher er die Tat auch als Entlastung empfindet, desto wahrscheinlicher ist seine Karriere als Serienmörder. Zwar bäumen sich Gefühle und Überlegungen gegen diesen Verlauf auf. Doch sie werden immer rabiater beiseite geschoben. Der Täter fängt an, das Schicksal ein wenig herauszufordern, indem er sich selbst gestattet, einige der seinen früheren Taten vorausgehenden Phantasien auszuagieren – immer noch sich selbst versprechend, diesmal nicht so weit zu gehen wie beim letzten Mal ... doch dann wird er sogar darüber hinaus gehen. Er wird sich schuldig fühlen und sich erneut versprechen, nie wieder zu quälen und zu töten. Aber seine Schwüre verlieren an Wert, seine Identität hat sich verändert.

Besessenheit

Die Person ist zu dem Wesen geworden, das sie nie werden wollte. Sie hat eine Grenze überschritten und kann nicht zurück. Es bleibt nur die Abspaltung und damit die Vermeidung der bewussten Empfindung. Die Schuld verschwindet nicht. Sie bleibt unter der Oberfläche versteckt. Sie quält den Täter und provoziert einen weiteren Verfall von dessen Persönlichkeit.

Die Person ergibt sich immer leichter der Suche nach der ultimativen sinnlichen Befriedigung. Zwar ahnt sie gewöhnlich den Antrieb aus einer bösen anderen Kraft, die sie kontrolliert und demütigt, doch sie verlangt von dieser Kraft auch eine sonst nicht zu erreichende Befriedigung. So aalt sie sich denn auch in ihrer Unterlegenheit und genießt höchst heimlich die Früchte ihrer stillschweigenden Identifikation mit dem Aggressor.

Um einen unerträglichen Selbsthass zu vermeiden, beginnt der Täter, seine Krankheit zu idealisieren. Sein «Schatten» ist jetzt die dominante Kraft in seinem Leben. Weder kann der Täter seine Taten ungeschehen machen – noch kann er sich der Schuld stellen oder die Verantwortung für sein Handeln übernehmen. Es bleibt nur ein Ausweg: er muss die Krankheit zu seinem Idol machen und sich selbst über alle anderen erheben. – Für Bill waren die zwei häufigsten Charakteristika, die er im Moment des Tötens empfand, das Gefühl, «perfekt» und «fast wie Gott» zu sein. Die ultimative Sünde verschaffte ihm das Erlebnis ultimativer Unschuld und Allmacht.

In diesem Stadium beginnen Täter häufig, ihre Überlegenheit zur Schau zu stellen. Sie spielen mit der Polizei und genießen das Wissen, andere Menschen töten zu können, ohne selbst gefasst zu werden. Sie beobachten und gehen Risiken ein, fühlen sich gelegentlich auch unverwundbar. Der Serienkiller Edmund Kemper führte dazu aus:

«Es wurde leichter, es zu tun. Ich wurde darin besser ... Ich fing an, die Unsichtbarkeit zu genießen, einen menschlichen Schädel abzutrennen, zwei von ihnen, in der Nacht, vor dem Haus meiner Mutter, mit ihr im Haus, meine Nachbarn zu Hause, ihre Fenster offen, die Vorhänge offen, 11 Uhr abends, alle Lichter an. Alles, was sie zu tun hatten, war vorbeizugehen, hinauszuschauen, und das war's. Einige Leute werden an diesem Punkt verrückt. Ich fühlte es. Es war eine verdammte Woche.» (Home Box Office 1984)

Die unkontrollierbare Natur dieses Verlangens macht Charles Hatcher deutlich, ein Serienmörder, der in den frühen Sechzigern begann und 13 Erwachsene sowie drei Kinder umgebracht hatte, bevor er sich – am Tag nach der Ermordung eines 11-jährigen Mädchens – selbst in eine Anstalt einwies: *«Ich tötete aus einem Impuls heraus. Es ist ein unkontrollierbares Verlangen, dass sich über einen Zeitraum von Wochen aufbaut, bis ich zu töten habe. Es ist egal, ob die Opfer Männer, Frauen oder Kinder sind. Jeder, der in der Nähe ist, ist in Gefahr»* (Ganey 1989).

Ähnlich Bill: «*Wenn der Zwang einmal da ist, geht es nicht um die Frage, ob ich soll oder nicht soll. An diesem Punkt ist es zu spät. Es ist eine psychologische Unmöglichkeit, dass ich in meinem Tun innehalte.»*

Der Zwang ist eine Kombination aus der Planung, der Jagd, dem Einfangen, der Macht und Kontrolle über das Opfer, das Entsetzen, das es zeigt, und das Besitzen der Person, oft beides vor und nach dem Tod. Es wird häufig ausgelöst durch einen Rückschlag. Der Mörder richtet sich wieder auf und schwingt sich auf seinen Sockel durch die totale Dominanz und Erniedrigung des Opfers.

Ein Teil dieses gewaltigen Verlangens kann das Bedürfnis nach Partnerschaft und Besitz sein. Dies wird deutlich anhand der Fälle von Dennis Andrew Nilsen und Jeffrey Dahmer. Nilsen, ein 37 Jahre alter Verwaltungsbeamter, tätig im Arbeitsamt von Kentish Town, London, tötete 16 junge Männer, 3 in Cranley Gardens und 13 in seiner Wohnung in der Melrose Avenue. Er lud sein Opfer abends zu einem Beisammensein in sein Appartement ein und brachte es dann um. Er berichtet:

«*Es war intensiv und alles verzehrend ... Ich musste tun, was ich zu diesem Zeitpunkt tat. Ich hatte damals darüber keine Kontrolle. Es war ein Pulverfass, das auf ein Streichholz wartete. Ich war das Streichholz. Das Töten war nur ein Teil des Ganzen. Das ganze Experiment, das mich unheimlich faszinierte, war das Trinken, die Jagd, die soziale Verführung, das Gewinnen des ‹Freundes› (das bedeutet, dass die Essenz des ‹Freundes› noch da wäre), die Entscheidung zu töten, der Körper und das Verschwindenlassen der Leiche».*

«*Der Druck verlangte nach Erleichterung. Ich fand diese durch Alkohol und Musik. Während dieses Hochs mangelte es mir an Moral und dem Gefühl für die Gefahr ... wenn die Bedingungen stimmten, würde ich dem ganz nachgehen bis zum Tod ... Ich wünschte, daß ich hätte aufhören können, aber ich konnte nicht. Ich hatte weder einen anderen Nervenkitzel, noch eine andere Art von Glück.»* (Maser 1985).

Da mag die Verdrängung während des Akts stattfinden (Albert DeSalvo sieht im Spiegel, wie er selbst eine Frau tötet – eine Woche nur, bevor er Anna Slesers umbrachte): «*Ich blickte in den Spiegel im Schlafzimmer, und da war ich – wie ich jemanden würgte. Ich fiel auf meine Knie, bekreuzigte mich und betete ‹O mein Gott, was tue ich? Ich bin ein verheirateter Mann; ich bin der Vater zweier Kinder. Oh Gott, hilf mir!›... Oh, ich bin dort schnell abgehauen. Es war fast, als ob das nicht ich wäre, Mr. Bottomly – es war, als habe ich jemand anders betrachtet.»* (Frank 1966, 313).

Oder die Abspaltung des Ereignisses mag auf das Verbrechen folgen, wie in einem anderen Fall des «Würgers von Boston»: «*Man (sich selbst meinend) war dort; diese Dinge passierten, und das Gefühl, das ich hatte, als ich aus der Wohnung herauskam, war, als hätte es nie stattgefunden. Ich ging heraus und die Treppe herunter, und Du hättest sagen können, dass Du mich oben gesehen hattest, und so weit es mich anging, war das nicht ich. Ich kann es Dir nicht anders erklären. Es war so unrealistisch. Ich war dort, es war getan und doch, wenn Du eine Stunde später mit mir gesprochen hättest, oder eine halbe Stunde später, hat es nichts bedeutet; es hat einfach nichts bedeutet.»*

Gewohnheit, Niedergang und Fall

Die Gewöhnung tritt ein, und die Tat führt nicht zur erwarteten Befriedigung. In einem verzweifelten Versuch, das Maß an Befriedigung und Erfüllung zu bewahren, steigert der Mörder seine Aktivitäten. Gleichzeitig verliert sein Selbstbild an Glanz. Der Täter fühlt sich durch seine Taten abgestoßen und fängt an, sich zu hassen. Er fühlt sich durch seine «Dunkle Seite» in Schach gehalten. Der moralische Teil von ihm kämpft gegen den Mörder in ihm.

Nach der Tötung seines 8. Opfers schrieb etwa der «Zodiac Mörder»:

«Lieber Melvin, dies ist der Zodiac, der zu Dir spricht.
Ich wünsche Dir ein frohes Weihnachtsfest. Das eine
was ich von Dir verlange, ist dies,
bitte hilf mir. Ich kann nicht
nach Hilfe greifen,
wegen dieses Dinges in mir, welches mich nicht lässt.
Ich finde es extrem schwer, es in Schach zu halten, und ich habe Angst,
dass ich wieder die Kontrolle verliere,
und dass es mein neuntes & möglicherweise zehntes Opfer das Leben kostet.
Bitte hilf mir; ich ertrinke...»
(Graysmith 1978)

Der Zodiac-Mörder machte allerdings weiter und tötete noch mindestens 49 Menschen. – In einem anderen Fall schrieb Bill Heirens eine Bitte um Hilfe in rotem Lippenstift auf eine Wand in der Wohnung seines Opfers, bevor er es tötete:

«Um Gottes
Willen fangt mich
Bevor ich noch mehr töte
Ich kann mich nicht kontrollieren»
(Freeman 1956)

Der Täter selbst erklärte: *«Wenn Du erst einmal das Einsetzen des psychologischen Verfalls gespürt hast, dann war's das, dann gibt es nichts, was den Kreislauf stoppen kann. Das ist der Zustand, auf den ich mich beziehe, wenn ich sage, dass man keine Kontrolle mehr hat. Du fühlst Dich nicht einmal mehr wie dieselbe Person an, es ist, als würde ein Monster in Dich hineinspringen. Es hat dich im Griff, solange der Kreislauf funktioniert. Es fühlt sich an, als sei es eine lebendige Kraft. Yeah, ich habe mich sehr oft dabei ertappt, wie ich zu ihm gesprochen habe, als sei es eine Person.»*

In dieser Situation wird es schwieriger, mit dem Morden aufzuhören, als damit fortzufahren. Der Täter wird schlampiger. Fast könnte es scheinen, er versuchte, gefasst zu werden. Die Chi Omega Morde beispielsweise, unterschieden sich ganz auffällig von den früheren Morden Bundy's. Arthur Bishop, der fünf Jungen sexuell missbraucht und getötet hatte, sprach von der Erleichterung, die er empfunden hatte, nachdem er, der nach dem vierten Mord alles getan hatte, um gefasst zu werden, endlich erwischt worden war (ähnlich Charles Hatcher). Nach der Ermordung seiner drei ersten Opfer hatte Wesley Dodd zwar versucht, ein viertes Opfer aus einem Kino zu entführen; der Junge konnte ihn jedoch abwehren, und als Dodd in der darauffolgenden Woche das Gleiche versuchte, wurde er gefasst. – Übrigens hatten selbst zwei Auftragsmörder, mit denen ich nach ihrer Inhaftierung arbeitete, vor ihrer Festnahme einen solchen Grad des Selbsthasses erreicht, dass sie einfach aufhörten, sich darum zu kümmern, ob sie erwischt würden oder nicht.

Einmal gefasst, nehmen zwanghafte Täter häufig psychologische Hilfe in Anspruch, um herauszubekommen, wie und warum sie zu Menschen geworden waren, die das tun konnten, was sie getan hatten.

Während sich nicht jeder Serienmörder in das hier vorgeschlagene Modell einfügen lässt, so passen doch viele hinein. Der Umstand, dass ein Mörder ein sogenanntes inneres Wesen hat, das zu einer überwältigenden Kraft in seinem Leben wird und ihn dazu zwingt, wieder und wieder zu töten, entschuldigt oder rechtfertigt die Taten nicht. Es gibt keine Möglichkeit, die Verantwortung des Mörders «wegzurationalisieren». Es mag ein oder mehrere Ereignisse gegeben haben, welche den Prozess in Gang setzten, aber die Person selbst hat ihn genährt und ihm erlaubt, sich zu entfalten und außer Kontrolle zu geraten. So hat dieser Mensch ein ihm eigenes Monster geschaffen, das ihn schließlich kontrollierte, ihn dazu brachte, die Dinge zu tun, die er eigentlich gewollt, aber sich zuvor nicht zu tun getraut hatte. Das Verstehen des psychologischen Prozesses hinsichtlich des Aufsplitterns und des Verdrängens kann helfen, den Prozess insgesamt zu erhellen.

Literaturangaben
Breuer, J./Freud, S. (1957): «Studies on Hysteria.» New York: Basic Books.
Ellenberger, H. (1970): «The Discovery of the Unconscious.» New York: Basic Books.
Frank, G. (1966): «The Boston Strangler» New York: Signet.
Freeman, L. (1956): «Before I Kill More.» New York: Kangaroo Book.
Ganey, T. (1989): «Innocent Blood.» New York: St. Martins.
Graysmith, R. (1987): «Zodiac.» New York: Berkley Books.
Hilgard, E. (1977): «Divided Consciousness: Multiple Controls in Human Thought and Action.» New York: John Wiley & Sons.
Home Box Office, American Undercover Series: «Murder, No Apparent Motive» 1984.
Jung, C. (1983): «Psychiatric Studies. The Collected Works of C.G. Jung.» Vol. 1. New York: Bollingen Series XX Princeton University Press.
Masters, B. (1985): «Killing For Company: The Case of Dennis Nilsen.» New York: Stein and Day.
Michaud, S./Aynesworth, H. (1989): «Ted Bundy: Conversations with a Killer.» New York: Signet.
Stevenson, R.L. (1963): «Dr. Jekyll and Mr. Hyde.» New York: Scholastic Book Service.
Time-Life Books: Serial Killers. (1992).
Watkins, J. (1978): «The Therapeutic Self.» New York: Human Sciences.

Zur Vorstellungs- und Erlebniswelt sadistischer Serienmörder
Phänomenologische, fallanalytische und ätiologische Bemerkungen zu bewusstseinsdominanten Gewalt- und Tötungsphantasien

Stephan Harbort

I. Einführung

Psychologisch betrachtet, bedeutet Phantasie soviel wie Vorstellungskraft, ebenso die Vorstellungen, die neu in das menschliche Bewusstsein treten und sich mit den vorhandenen Bewusstseinsinhalten verbinden. Entscheidend ist das Neuartige und Nicht-erlebthaben der Phantasiekombination. Sie enthält meist weder Erinnerung noch Wiedererkennen, wenn sie auch die Neuorganisation von Erfahrenem sein kann (Dorsch et al. 1994, 567). Aus psychoanalytischer Sicht erblickt man in der Phantasie ein imaginäres Szenarium, in dem das Subjekt anwesend ist und das in einer durch die Abwehrvorgänge mehr oder weniger entstellten Form die Erfüllung eines Wunschtraumes darstellt (Laplanche und Pontalis 1996, 388). Ungeachtet der variierenden psychoanalytisch determinierten Begriffsbestimmungsversuche (Brühmann 1996, 49ff.) darf grundsätzlich in zwei Erscheinungsformen unterschieden werden: bewusste (Tagträume) und unbewusste (so genannte Urphantasien) Vorstellungen. Letztere sollen in dem hier behandelten Kontext nicht diskutiert werden.

Phantasien ermöglichen ein introspektives Erleben, sie sind das innere Drehbuch, nach dem der Film im Kopf abläuft. Menschen gestalten und instrumentalisieren solche Vorstellungen, nutzen sie als Spielwiese bzw. Surrogat für ihre unerfüllten oder unerfüllbaren Bedürfnisse und Leidenschaften. Manchmal dient die Imagination aber auch als Generalprobe für die Realität. Kriminogene Szenarien entstehen immer dann, wenn extrem gewaltbesetzte Visionen und Obsessionen das Bewusstsein überlagern, auf Verwirklichung drängen und sich schließlich in realen Handlungen entladen. Insbesondere solche Serienmörder, die eine sadistisch perverse Entwicklung durchlaufen, deren Taten also nicht im Sinne von Impulshandlungen als Durchbruch einer destruktiven Dynamik zu interpretieren sind (Schorsch und Pfäfflin 1994, 323ff.), werden im Regelfall von bewusstseinsdominanten Gewalt- und Tötungsphantasien angetrieben (Brittain 1970, 199ff.; Hazelwood und Douglas 1980, 21ff.; MacCulloch et al. 1983, 23ff.; Prentky et al. 1989, 891; Hazelwood et al. 1992, 13; Drukteinis 1992, 533; Gresswell und Hollin 1994, 9; Hickey 1997, 91ff.). Das deviante Thema: Vorstellungen von Überwältigen, Schlagen, Foltern, Quälen, Töten, Verstümmeln (Schorsch und Becker 2000, 221). Die sadistischen Absichten in der Phantasie gehen über Aggressivität und über Grausamkeit hinaus: Sie zielen auf die Beherrschung des anderen, fokussieren ein totales Verfügen über ihn, suggerieren die Aufgabe seiner Eigenständigkeit (Nedopil 1996, 141; Marneros 1997, 40; Rasch 1999, 278; Schorsch und Becker 2000, 41).

II. Erscheinungs- und Verlaufsformen sadistisch devianter Gewaltphantasien

Die angehenden Täter delirieren in einer pathologischen Vorstellungswelt: Gewaltexzesse werden zelebriert, der Tötungsakt detailversessen arrangiert. Jürgen Bartsch, der von 1962 bis 1966 in einem Luftschutzstollen in Langenberg vier Knaben zu Tode gefoltert hatte, beschrieb in einem seiner zahlreichen Selbstbekenntnisse seine morbiden Wunschträume (Bauer 1969, 80): «(...) *Ich will immer Kerzen mitnehmen, z. B. keine Taschenlampe. Das ist bei mir wie bei manchen Eheleuten, die brauchen rotes Licht, das gibt es. (...) Außerdem sieht jemand, der ausgezogen ist, bei Taschenlampenlicht verhältnismäßig unappetitlicher aus als bei Kerzen. Ich würde das Kind ausziehen, mit Gewalt wieder. (...) Wenn ich es dann geschlagen hätte, würde ich es hinlegen, schon eher hinschmeißen. Es müsste schon schreien. (...) Es wäre mir lieb, wenn das Kind noch nicht so weit entwickelt ist. (...) Ich würde auch mal brutal sein, bis es wimmert. Das gehört dazu. (...) Dann möchte ich, dass das Kind zappelt. Dann würde ich anfangen zu schneiden ... .*»

Grundsätzlich erscheinen prädeliktische Tötungsphantasien fokussiert auf den Akt der Dehumanisierung, der Pönalisierung, der Vernichtung. Dabei werden die imaginären Opfer zu bloßen Objekten degradiert: Sie haben keine Namen, kein Gesicht, keine Identität. Nur die Anonymität ermöglicht narzisstische Allmachtsphantasien. Der Berufsfachschüler Hans Dieter S. tötete in den Sommermonaten des Jahres 1985 in Bonn und Bochum drei junge Frauen. Seine Vorstellungen von Opfer-Beherrschung und eigener Omnipotenz beschrieb er so: «*Ein alleinstehendes Haus und ein im Keller gefangengehaltenes Objekt. Das Besitzen eines Objektes steigert die sexuelle Lust. Ich stoße dem Objekt das Messer ins Herz und zerschneide es mit Rasierklingen. Dann das endgültige Besitzen, der Tod.*» Auch der Industrietischler Gerhard S., der von Dezember 1987 bis Januar 1989 in Bremen drei Prostituierte durch multiple Stichverletzungen tötete, berauschte sich an solchen, das menschliche Vorstellungsvermögen übersteigenden, Visionen: *Ich habe mir vorgestellt, eine Schwangere zu töten und ihr den Bauch aufzuschlitzen.*»

Aber auch fetischistisch, nekrophil oder kannibalistisch eingefärbte Gewaltphantasien haben bei unterschiedlicher Konstellation und Gewichtung ein sadistisches Gepräge. Sie ersetzen zunehmend die reale Welt und die reale Konfrontation (Marneros 1997, 76; Schorsch und Becker 2000, 125). Insbesondere dann, wenn sexuelle Beziehungen aufgrund vorheriger Mißerfolge, Zurückweisungen oder Versagenserlebnisse konfliktbesetzt erscheinen, nicht mehr ausagiert werden können. So gewann auch der achtmalige Kinder- und Frauenmörder Joachim Kroll aus Duisburg allmählich die Vorstellung, «*mit Mädchen und Frauen klappt das einfach nicht.*» Die Konsequenz: Er flüchtete sich in eine bizarre Phantasie- und Erlebniswelt – dorthin, wo «*nicht gehänselt*» wurde, wo er seine Insuffizienzgefühle kompensieren, es «*den Frauen heimzahlen*» konnte. In seinen Vernehmungen bei der Kriminalpolizei beschrieb er eines seiner bizarren Masturbationsrituale:

Frage: «*Hast du denn nie einen Steifen gekriegt, wenn du dir die Puppe genommen hast?*»

Antwort: *«Manchmal hab' ich der ein Kabel um den Hals gemacht und die Puppe an dem Kabel aufgehängt. Das Kabel hab' ich am Koffer festgemacht. Wenn die Puppe da so hing, hab' ich einen Steifen gekriegt.»*
Frage: *«Warum?»*
Antwort: *«Da hab' ich mir vorgestellt, dass ich ein Mädchen jetzt aufgehängt hätte und die kaputtging.»*

Grundsätzlich sind solche Bemächtigungs- und Tötungswünsche ritualisiert, nur das detailgetreue Durchfiebern der Imagination ermöglicht die angestrebte emotionale und sexuelle Befriedigung. Gleichwohl werden häufig zusätzlich reale Rahmenhandlungen durchgespielt, um die Vorstellungswelt möglichst wirklichkeitsgetreu zu simulieren. Ein solches Verhaltensmuster pflegte auch der Industriekaufmann Peter H., der zwischen 1956 und 1983 dreimal (!) wegen Mordes verurteilt wurde. Im Zuge der 1961 durchgeführten kriminalpolizeilichen Vernehmungen schilderte er sein Ritual: *«Ich hatte auch das Verlangen, mich mit der Waffe im Spiegel zu sehen. Zu diesem Zweck habe ich mich in meinem Zimmer eingeschlossen, habe das Licht angedreht, habe mich umgezogen. Ich legte meine Blue Jeans an und stellte mich mit Hemd und Hose bekleidet vor den Spiegel. Ich hatte dabei bereits eine geschlechtliche Erregung und zielte mit dem Gewehr auf mein Spiegelbild. Ich habe dann mehrmals durchgeladen und mich auch von der Seite im Spiegel betrachtet. Nebenbei habe ich bis zum Samenerguss onaniert. Als ich auf mein Spiegelbild zielte, erweckte ich in mir die Vorstellung, dass ich auf jemand schieße.»*

Sexualität ist infolge der Fixierung auf die stereotypen Phantasien und Begleithandlungen nicht mehr erlebbar oder führt nicht zu der sonst üblichen Gratifikation (Marneros 1997, 37). Die Wunschvorstellungen werden jedoch nicht nur von endogenen Impulsen gespeist und unterhalten; auch gewaltbesetzte bzw. –verherrlichende oder pornographische Darstellungen in Wort und Bild können die Phantasie beflügeln und zu einer neuen perversen Ausprägung führen (Egger 1984, 349; Holmes und DeBurger 1985, 33; Dietz et al. 1986, 197ff.; Nedopil 1996, 141; Leach und Meloy 1999, 1076). So berichtete beispielsweise der dreifache Knabenmörder Erwin Hagedorn, der Kriminalfilm *Es geschah am hellichten Tag* habe ihn dazu angeregt, seine Opfer durch Halsschnitt zu töten (Wirth et al. 1996, 731). Auch der in der Boulevardpresse als «Rhein-Ruhr-Ripper» (Engler und Ensink 2000, 491ff.) verunglimpfte Dachdecker Frank G. will im Alter von acht Jahren durch Szenen des Gewaltvideos *New York Ripper* inspiriert worden sein. Dem psychiatrischen Gutachter berichtete er, bestimmte Filmsequenzen hätten ihn *«fasziniert»*.

Sadistische Gewalt- und Vernichtungsphantasien haben per se eine lediglich temporäre Konstanz: Sie sind dynamisch, formbar. Charakteristisch sind progrediente Entwicklungs- und Verlaufsformen (Ressler et al. 1988, 42). Die perversen Symptome ermöglichen nur bis zu einem gewissen Grad lustbetontes Erleben und emotionale Stabilität. Um die angestrebte Stimulanz herbeizuführen, werden die Phantasien erweitert, sie ufern aus, Inhaltsreichtum und Intensität nehmen zu (Hickey 1997, 93ff.; Marneros 1997, 31; Rasch 1999, 279). Häufig werden auch Tiere gequält, getötet und verstümmelt

(Berg 1931, 310; Krumbiegel 1967, 24ff.; 1971, 41ff.; Brittain 1970, 202; Ressler et al. 1988, 38; Johnson und Becker 1997, 341). Es hat den Anschein, als wollten sich die Täter auf diese Weise dem erklärten Ziel, einen Menschen zu töten, experimentell annähern.

Das zwanghaft-ritualisierte Phantasieren stabilisiert aber auch die abnorme Persönlichkeit: In der Deviation werden die aggressiven und destruktiven Impulse gebunden und weitgehend durch die Verlagerung in die Fiktion entschärft, partiell befriedigt und entladen (Schorsch und Becker 2000, 221). Aus diesem Grund vergehen durchschnittlich zehn Jahre, bis diese Phantasien bewusstseinsdominant werden, schließlich zu einem vollständigen Zusammenbruch der im Regelfall vorhandenen psychischen Abwehrkräfte führen und in reale Verbrechen münden (Harbort 1999b, 717). Diesen langwierigen Prozess bedingen allerdings auch durchaus zwiespältige Einschätzungen der eigenen Abnormität und die Angst vor drohenden Perversionsdurchbrüchen in der Realität. Die Phantasie- und Erlebniswelt wird einerseits als belebend, stimulierend und lustvoll erlebt, andererseits erscheint sie bedrohlich, persönlichkeitsfremd und abgründig. Sie hat einen ambivalenten Charakter: drängend-verlockend – abstoßend-schockierend. In diesem Kontext heißt es im Urteil des Duisburger Landgerichts zu Joachim Kroll: «*Der Angeklagte masturbierte dann, wobei er sich jeweils vorstellte, ein Mensch, insbesondere eine Frau, werde getötet, aufgemacht und ausgenommen. Als besondere Erleichterung empfand er es, wenn nach dem Samenerguss das ‹komische Gefühl› wieder wich. Bei derartigen Phantasien empfand der allmählich heranwachsende Angeklagte doch hin und wieder Skrupel. Nach eigenen Angaben will er über seine Vorstellung vom Töten, Aufschneiden und Ausnehmen eines Menschen erschrocken gewesen sein und insbesondere befürchtet haben, dass er später dies einmal in die Tat umsetzen könne.*» Ähnlich empfand der vierfache Mörder Peter H.: «*Wenn der Erguss vorbei war, sah ich alles wie umgewandelt. Ich habe mich vor mir selbst geschämt.*» Einen gleichartigen Tenor haben die Selbsteinschätzungen des Serientäters Frank G.: «*Seit meinem zehnten Lebensjahr ist mir bewusst, dass meine Wünsche nicht normal sind. Mit 15 oder 16 war mir klar, wo das enden wird. Ich hatte eine Wahnsinnsangst davor.*»

Eine Zäsur erfolgt nach dem ersten versuchten oder vollendeten Tötungsdelikt. Die Täter zeigen sich durchweg «*erleichtert*», «*froh*» oder «*befreit*», in gleichem Maße aber auch «*schockiert*», «*betroffen*» oder «*verängstigt*» (Harbort 1999b, 718). Diese Empfindungen werden wiederum getragen von der zugleich erotisierenden und grüblerischen Bewertung eigener Abnormität und Gefährlichkeit. Hinzu tritt die Angst vor einem drohenden Freiheitsentzug. In aller Regel aber werden schon nach kurzer Zeit – häufig noch am Tag der Tatausführung – einzelne Sequenzen oder die Tat insgesamt lustvoll nacherlebt. So heißt es beispielsweise im Urteil des Militärobergerichts Berlin zu dem Berufssoldaten Mirko S., der Mitte der achtziger Jahre in der Umgebung von Neubrandenburg fünf Knaben zu Tode folterte: «*In seiner Unterkunft durchdachte er noch einmal die Tat und war voll befriedigt.*» Auch der multiple Sexualmörder Peter Kürten berichtete einem der psychiatrischen Gutachter von seinen träumerischen Nachempfindungen (Berg 1931, 318): «*(...) Ihre Frage, ob mir das Nacherleben meiner Taten jetzt unangenehm ist, will ich Ihnen beantworten. Wenn ich mich jetzt so zurückdenke in die Einzelheiten, ist mir das nicht unangenehm, sondern ein Genuss. Ich bedaure die Opfer gewiss, aber beim Nacherleben in der Phantasie gelingt mir auch jetzt noch die Befriedigung.»*

Zum zentralen Thema der perversen Vorstellungen werden nunmehr die Erinnerungen an die reale Tat (Berg 1963, 217ff.; Wirth et al. 1996, 730). Das imaginäre Nachstellen und -erleben erstreckt sich über einen längeren Zeitraum, wobei die repetitiven Gedanken ausreichende emotionale und sexuelle Befriedigung ermöglichen und garantieren. Zu Gerhard S. heißt es in diesem Zusammenhang im Urteil des Landgerichts Bremen: «*Er konnte sich auch erinnern, dass in dieser Zeit bei der Selbstbefriedigung die Erinnerung an die Tötung seine Erregung gesteigert hätte.*» Um die phantasierte Tat möglichst realitätsnah erinnern und durchspielen zu können, nehmen manche Täter Gegenstände als «Trophäen» vom Tatort mit: unter anderem die Tatwaffe, Bekleidungsstücke, Schmuck oder Haare des Opfers (Weimann 1922, 192; Hazelwood und Douglas 1980, 20; Jackman und Cole 1992, 97; Giannangelo 1996, 41ff.; Füllgrabe 1997, 294). Auch der Brandenburger Serientäter Mirko S. folgte diesem Verhaltensmuster: Er verhörte seine Opfer förmlich, machte sich akribisch Notizen, fotografierte sie anschließend. Alle diese Utensilien wurden später zum festen Bestandteil seiner Masturbationsrituale. Gelegentlich kehren die Täter auch an den Ort des Verbrechens zurück, halten sich in dessen Nähe auf oder besuchen die Grabstätten der Opfer (Berg 1931, 309; Füllgrabe 1997, 293; Harbort 1999b, 713). Die begangene Tat kann somit wesentlich intensiver und realitätsnah nachempfunden werden – ein zusätzlicher «Kick».

Das Wiederaufflammen der an das Verlangen nach realen Taten gekoppelten Tötungswünsche markiert den Ausgangspunkt der Wiederholungsphase. Die Gründe: Das gedankliche Nacherleben der Tat genügt nicht mehr, um sexuelle Befriedigung und seelische Entspannung zu erfahren – es hat sich verbraucht, die Faszination stumpft ab, der Genuss ist nicht von Dauer, lässt sich nicht länger konservieren (Harbort 1999b, 718). Begünstigt wird der neuerliche Tatentschluss jedoch auch durch die Erfahrung, ungeschoren davongekommen zu sein. Joachim Kroll erklärte hierzu: «*Später hatte ich keine Angst mehr, wenn ich jemand umgebracht hatte.*» Auch Jürgen Bartsch bekundete (Bauer 1969, 83): «*Nach dem ersten Mal sind es schon weniger Gewissensbisse und der Preis sinkt.*»

Während die meisten prädeliktischen Gewaltvorstellungen auf den Tötungsakt zugeschnitten erscheinen, beinhalten und favorisieren postdeliktische imaginäre Szenarien das Perfektionieren verschiedener Tatphasen und werden gekennzeichnet durch ein höheres Maß an Gewaltanwendung und Grausamkeit (Ressler et al. 1988, 33). So erklärte Frank G. vor Gericht: «*Das Vergewaltigen und Ausweiden wollte ich noch steigern. Ich wollte eine Frau bei vollem Bewusstsein in die Luft sprengen.*» Schließlich tötete er auf diese Weise ein Schaf: «*Ich habe mir vorgestellt, es sei eine Frau.*» Nach Verübung der zweiten Tat wiederholen sich die beschriebenen kognitiven und emotionalen Reflexionen, wobei die Tötungshemmung sukzessive durch fortschreitende Tatgewöhnung und eine sich schneller verbrauchende Phantasie überlagert und schließlich vollständig ausgeblendet wird. Die Spirale der Gewalt vollzieht sich dann oftmals in immer kürzer werdenden Abständen (Jenkins 1988, 10; Füllgrabe 1997, 291; Harbort 1999a, 647; Harbort und Mokros 2001).

III. Tötungsphantasien und ihre deliktische Ausprägung

Die Taten sadistisch devianter Serienmörder kennzeichnet vielfach ein rituelles Gepräge (Bauer 1969, 67ff.; Hinrichs 1968, 117ff.; Haglund et al. 1987, 1666ff.; Gee 1988, 62; Bennett 1993, 1227ff.; Kolodkin 1994, 471ff.; Keppel 1995, 670ff.; 2000, 508ff.; Cox und Bell 1999, 945ff.). Dabei dient die Phantasie als Skript, als inneres Drehbuch (Warren et al. 1996, 972). Die bewusstseinsdominanten Wunschträume drängen, wollen ausagiert werden: ungebremst, hautnah, real. Ohnmacht des Opfers gleich Allmacht des Täters. Das ist der «Kick», der «Thrill» – darum geht es. Nur das detailgetreue Imitieren und Ausleben der Phantasie ermöglicht und garantiert die angestrebte sexuelle und/oder emotionale Gratifikation. Die morbide Vorstellung wird gegen das Ritual eingetauscht, verschmilzt mit ihm, ermöglicht das narzisstisch-autarke Selbsterleben: Ich töte, also bin ich. Das Ritual ist eingebettet in regelgebundene, den Täter verpflichtende Handlungsabläufe. Diese pathologische Fixierung bedingt häufig ein zumindest partiell identisches Verhaltensmuster (Douglas und Munn 1992, 261; Harbort 1999b, 715; Harbort und Mokros 2001).

In diesem Kontext propagieren einige Autoren, dass die sogenannte *Signatur* bzw. *Handschrift* (im angloamerikanischen Sprachraum bezeichnet als: *personation* [im Einzelfall], *signature* [als Bestandteil einer Tatserie], *calling card* oder *trademark*) des Sexualmörders konstant und veränderungsresistent sei (Douglas und Munn 1992, 261ff.; Homant 1998, 507ff.; Rossmo 2000, 58). Unter *Personifizierung* bzw. *Signatur* sollten unverwechselbare Handlungssequenzen verstanden werden, die keinen strategischen oder rationalen Charakter aufweisen (Holmes und Holmes 1996, 42ff.; Hickey 1997, 98; Harbort 1999b, 715ff.). Douglas und Munn (1992, 3) definieren den *Verhaltens-Fingerabdruck* wie folgt: «Die Visitenkarte ist das, was über das zur Begehung des Mordes Notwendige hinausgeht. Die Personifizierung bzw. Handschrift ist sehr häufig phantasiegebunden. Sie mag sich entwickeln, was jedoch nicht heißt, daß sie sich im landläufigen Sinne verändert. Vielmehr ist dies ein Prozess des sich nach und nach ausprägenden Themas. Die Handschrift bleibt im Kern – im Gegensatz zum Modus operandi – unverwechselbar erhalten.» Keppel und Birnes (1997, 5) beschreiben die *psychologische Visitenkarte* als «persönlichen Ausdruck, den unverwechselbaren Stempel, den er der Tat aufdrückt als Ergebnis eines psychologischen Zwangs, sich auf diese Weise sexuell zu befriedigen.» Zu einer ähnlichen Einschätzung gelangt Turvey (1999, 159): «Eine Täter-Handschrift ist das Muster eines unverwechselbaren Verhaltens, das charakteristisch ist für emotionale und psychologische Bedürfnisse.»

Tatsächlich hat es auch in Deutschland immer wieder multiple – im Regelfall sadistisch deviante – Sexualmörder gegeben, die insbesondere den Tötungsakt, aber auch sonstige Tathandlungen überwiegend oder durchgängig ritualisierten und anhand ihrer *Signatur* als Serientäter stigmatisiert werden konnten. Der Aufläder Johann Möckel tötete von 1915 bis 1920 in Waldgebieten in der Nähe von Plauen, Greiz und Leipzig fünf Opfer.

Stets stieß er ihnen unterhalb des Kehlkopfes ein Messer in den Hals (so genannter Drosselgrubenstich), ließ sie förmlich ausbluten, um sich an dem allmählichen Sterben und den damit verbundenen Qualen zu berauschen (Schütz und Zetzsche 1924, 209; Remy 1933, 82ff.). Peter Kürten fügte seinen Opfern durchgängig Stich- oder Schlagverletzungen im Brust-, Hals- und/oder Kopfbereich zu. Seine Begründung (Berg 1931, 309): «*Erst beim Stechen steigerte sich die Erregung, dabei kam der Samen. (...) Ich gab ihm noch einen kräftigen Stich, da hörte ich deutlich das Blut hervorrauschen. Das war der Höhepunkt.*» Der Rangierer Johann Eichhorn erschoß von 1934 bis 1939 in Waldgebieten in der Nähe von München vier Frauen. Seine *Handschrift*: Er schnitt seinen Opfern die Vagina heraus, kaute darauf herum (Ernst 1942, 10ff.).

Der selbsternannte «Totmacher a. D.» Rudolf Pleil tötete von 1946 bis 1947 zehn Frauen (Ullrich 1959, 36ff.; Wehner-Davin 1985, 339ff.). Seine pathologische Fixierung äußerte sich in dem Verlangen, die Opfer «*umhauen*» und anschließend «*bearbeiten*» (heftiges Kneten der Brüste) zu können. In seinen autobiographischen Aufzeichnungen («*Mein Kampf*»), die er während der Haft verfasste, schilderte er, warum nicht nur in dem beschriebenen Fall gelegentlich eine Tötungshandlung unterblieben war: «*Anschließend bin ich wieder zurück nach Zorge auf den Bahnhof in Benneckenstein hap ich auch noch ein Mädchen troffen die über die Grenze wollte, daß wahr so richtig mein Fall ein fetten Arsch, unt bar gute Titten hat sie auch gehapt. Aber zu meinen Bedauern hape ich keinen Apparat gehapt womit ich ihr den Ballong einballern konnte, hap mir auch die größte Mühe gegeben hap aber kein gefunden, unt deßhalp lebt nun auch heute das Luder noch.*» Pleil verschonte die junge Frau also nur deshalb, weil eine andere Tötungsart nicht seinem perversen Drang entsprochen hätte.

Auch der Münchener Serientäter Peter H. hatte seine «*Morde im Kopf*», tötete seine Opfer jeweils durch mehrere Schüsse in Unterleib oder Oberkörper, bevor er einen finalen Kopfschuss aus Nahdistanz setzte (Herrmann 1963, 174ff.; Berg 1963, 214ff.). Im Jahre 1960 erklärte er einem forensischen Gutachter den Grund für sein Beharren auf dieser Tatbegehungsweise:

Frage: «*Wohin ging der erste Schuss bei Z.?*»
Antwort: «*Er ging in den Unterleib.*»
Frage: «*Warum in den Unterleib, warum nicht in den Kopf?*»
Antwort: «*Wie ich die Spiegelszenen hatte, oder wenn ich mit der Waffe vorher onaniert habe, da hat ich's immer in Hüfthöhe gehabt, so habe ich's da auch gehalten, deshalb ist es so gewesen.*»
Frage: «*War die Geste des Sich-an-den-Bauch-fassens des Getroffenen für Sie von Bedeutung?*»
Antwort: «*Ja. Das habe ich mir in der Onaniephantasie so vorgestellt.*»

Von 1974 bis 1984 fielen dem Gelegenheitsarbeiter Kurt Friedhelm S. ein 13jähriger, ein Jugendlicher und vier erwachsene Männer zum Opfer. Unter anderem trennte er fünf seiner Opfer das Geschlechtsteil ab, zerschnitt es. Seine Erklärung: «*Ich habe denen den elften Finger abgeschnitten, weil ich wissen wollte, wie das Ding funktioniert, wie das*

Pipi da rauskommt.» Bei seiner ersten Tat, als er einen Mann erschlug, verzichtete er auf sein bizarres Ritual. *«Ich bin doch gestört worden»*, ließ er die Vernehmungsbeamten wissen, *«leider ist es dann dazu nicht mehr gekommen.»*

Neben der Verwendung von bestimmten Tatmitteln, dem Beibringen gleichartiger Verletzungen (Bauer 1972, 16; Kolodkin 1994, 471; Poszár und Farin 1996, 507; Wirth et al. 1996, 730) oder dem tatbegleitenden bzw. -unterstützenden Gebrauch von Fetischen (z. B. opferfremde Kleidungsstücke) weisen gelegentlich auch spezielle phänotypische Opferdispositionen auf ein höchstpersönliches Bedürfnis des Serientäters hin (Bennett 1993, 1227ff.; Kolodkin 1994, 473). So schrieb Jürgen Bartsch einem Gutachter (Bauer 1969, 80): *«(...) Es gab für mich überhaupt kein Halten mehr, wenn ich einen Jungen sah, auf den meine Neigung ansprach. Wobei es mir bei dem Äußeren ankam? Ich will es Ihnen kurz sagen: Ungefähr 8–13 oder 14 Jahre, schlank, möglichst dunkle Hautfarbe, dunkle Haare und, was ja in dem Alter immer zutrifft, vor allem: die Haut. Die zarte, weiche Haut!»* Es war also kein Zufall, dass sämtliche Opfer diesem Profil entsprochen hatten. Ähnliches gilt für den Bonner Serientäter Hans Dieter S. *«Sie mussten lange, blonde Haare haben»*, erklärte er, *«dann haben die mich wie magnetisch angezogen.»* Tatsächlich fand man in seiner Wohnung auch ein ganzes Adressenarsenal junger Frauen. Haarfarbe und -länge: blond, bis zu den Schultern oder länger.

Gleichwohl sind derartige Opferpräferenzen selten zu beobachten. Im Regelfall lassen sich die Täter bei der Auswahl der Opfer von strategisch-pragmatischen Überlegungen leiten. So antwortete Joachim Kroll auf die Frage, warum er insbesondere Kinder getötet habe: *«(...) Ich wollte nicht die großen Mädchen ansprechen. Die haben mich doch ausgelacht, wenn ich die gefragt habe, ob die mitgehen und poppen wollen. Das hätte bei mir doch nicht geklappt. Ich meine, dass die kleinen Mädchen sich auch schneller was gefallen lassen als die großen.»* Auch Mirko S. richtete seine Opferauswahl erfolgsorientiert aus, nachdem er einen 19jährigen erstochen hatte. Im Urteil des Militärobergerichts Berlin heißt es hierzu: *«Der Angeklagte war nach dieser Tötung über den Handlungsablauf enttäuscht. Sein Ziel, mit dem Opfer in körperlichen Kontakt zu kommen und sich dadurch sexuell zu befriedigen, hatte er nicht erreicht. Hinzu kam, dass er die Gegenwehr des Jörg D. verspürt hatte. Er entschloss sich deshalb, künftig Knaben für seine sexuellen Handlungen zu missbrauchen, da sie körperlich unterlegen sind.»* Gelegentlich erscheinen den Tätern Opfermerkmale sogar unbeachtlich (Krafft-Ebing 1997, 81). Peter H. erklärte in diesem Kontext: *«Ich habe die Opfer wahllos, so wie sie daherkamen, beschossen. Es hätte ebenso eine Frau unter den Opfern sein können. Ich habe bei meinen Opfern nicht auf Alter oder Geschlecht geachtet.»*

Signifikant hingegen ist der Umstand, dass im Regelfall zwischen Täter und Opfer keine vordeliktische Beziehung besteht (Egger 1984, 351; Ressler et al. 1986, 301; Skrapec 1996, 174; Warren et al. 1996, 973; Harbort 1999b, 714). Es sind zwei Gründe, die den Tätern ein solches Verhalten aufzwingen: Einerseits soll verhindert werden, dass der Täter als Bezugsperson des Opfers ins Visier der Ermittlungsbehörden gerät, andererseits scheint es vornehmlich bei sadistischen Deviationen, bei denen rituelle Handlungen in der Phantasie immer wieder vorerlebt werden, essentiell zu sein, dass das reale Verhalten der Opfer (z. B. ängstlich-zurückhaltend) und deren Anonymität den Vorstellungen entsprechen, damit diese Umsetzung auch gelingt (Taroni 1994, 35; Schorsch und Becker 2000, 138).

Die beliebig erweiterbare Darstellung repetitiver, hochsignifikanter Tathandlungssequenzen und mitunter gleichartiger Opferdispositionen bei sadistisch devianten Serienmördern belegt, dass das Signatur-Konzept als Instrumentarium zur Verifizierung von Tat-Tat- bzw. Tat-Täter-Zusammenhängen in vielen Fällen durchgreift. Aber: Eigene Untersuchungen (Harbort und Mokros 2001) an 76 Probanden, die in Deutschland (einschließlich der ehemaligen DDR) von 1915 bis 2000 wegen mindestens zwei Sexualmorden abgeurteilt wurden, haben ergeben, dass lediglich 48 Probanden (= 63,2 %) vereinzelt Tathandlungen im Sinne einer *Personifizierung* erkennen ließen, und für nur 30 Probanden (= 39,5 %) das zunächst phantasierte Ritual überwiegend oder durchgängig Ausgangs- und Endpunkt ihrer realen Verbrechen war. Diese Erkenntnisse belegen: Personifizierungsaspekte findet man kaum bei solchen Sexualmördern, die aus Verdeckungsabsicht töten und als asoziale Notzüchter einzuordnen sind (Rußler 1949, 174ff.; Zizmann und Gut 1961, 56ff.; Bauer 1972, 15ff.; Krieg 1996, 147ff.; Schorsch und Becker 2000, 195ff.). Der Taterfolg ist nicht an das Ausleben vorphantasierter, sexualisierter Destruktivität gekoppelt, so dass eine persönliche, auf denselben Täter hinweisende Ausprägung unterbleibt. Hingegen lassen sich im Einzelfall – selten jedoch durchgängig – bei aggressionsgeleiteten Impulstätern, die töten, um Gefühle wie Verzweiflung, Angst, Wut oder Haß zu entladen, Handlungssequenzen beobachten, die als *Personifizierung* bzw. *Handschrift* zu deuten sind. Ein Beispiel: Der Schlachthofarbeiter Alwin N. erwürgte oder erdrosselte von 1983 bis 1987 in Kiel drei Prostituierte und eine Anhalterin. In zwei Fällen brachte er den Opfern genitale Verletzungen bei, führte darüber hinaus Gegenstände in die Vagina ein. In einem weiteren Fall setzte er einen Brustbiss. Den Vernehmungsbeamten gegenüber äußerte er sich zu seinem Motiv: «*Die Frauen tun lieb und schön zu einem, wenn sie von einem Geld erwarten können, hinter dem Rücken wird man dann von ihnen betrogen. (...) Deswegen habe ich oft eine Hasskappe geschoben. (...) Und wenn dann wieder so eine Situation kam, habe ich die Beherrschung verloren und bin ihnen an den Hals gegangen.*»

Charakteristisch bei solchen Delikten ist eine fehlende Tatplanung, der Täter glaubt sich vielmehr durch das Opfer provoziert oder erniedrigt. Die Tötung ist kein lustvoller Akt, sondern unmittelbare Folge ungebremster, aggressiver Impulse (Schorsch und Pfäfflin 1994, 323ff.; Nedopil 1996, 171; Schorsch und Becker 2000, 233ff.). Dieser Umstand bedingt, dass die Täter keinem inneren Handlungsmuster folgen und im Regelfall nur vereinzelt Tatmerkmale erkennen lassen, die ein persönliches, hochsignifikantes Bedürfnis abbilden. Ein weiteres Beispiel soll diese Hypothese belegen: Der ungelernte Maschinenschlosser Gerhard B. tötete 1971 binnen fünf Wochen in Frankfurt/M. und Umgebung vier Frauen und beging während eines Hafturlaubs im Jahre 1988 ein weiteres versuchtes Tötungsdelikt (Polläbne 1990, 81ff.; Schorsch und Becker 2000, 154ff.). Sein Motiv: «*Hass auf Frauen.*» Lediglich in einem Fall tat er mehr, als zur Tötung des Opfers notwendig gewesen wäre: Er biss einer jungen Frau in die Brust und fügte ihr mit einer Zigarette Brandwunden zu.

Es wird demnach davon auszugehen sein, dass das *Signatur*-Konzept lediglich auf bestimmte Tätertypen anwendbar ist. Und: Die Hypothese, die *Handschrift* des Serientäters sei konstant und veränderungsresistent, wird sich nicht mit der so formulierten Stringenz und Ausschließlichkeit aufrechterhalten lassen. Denn: Signifikante Handlungsmuster können sich partiell verändern, wenn entsprechende Phantasien elaborierter werden (Brückner 1961, 200ff.; Wittmann 1985, 108ff.; Schorsch und Becker 2000, 128ff.), oder der Täter im Zuge seines delinquenten Handelns abnorme Sexualpräferenzen entwickelt, die andere Perversionen überlagern oder verdrängen. Während bei dem progredienten Verlauf einer sexuellen Deviation sich lediglich das die *Signatur* abbildende Verhalten verändert (z. B. extremere Formen der Gewalt), hat die deviante Neuorientierung zwangsläufig eine nicht nur partiell, sondern auch thematisch divergierende *Personifizierung* bzw. *Handschrift* zur Folge. Ein Beispiel aus der Literatur (Bauer 1972, 16): «Der Hilfsweichenwärter Paul Ogorzow sprach zunächst in den Berliner Laubenkolonien von der Arbeit zurückkehrende Frauen an, schließlich erschreckte er sie durch Anblenden mit einer Taschenlampe. Bald genügte ihm diese Freude am Erschrecken seiner Opfer nicht mehr, es kam zu grobsexuellen verbalen Beleidigungen, schließlich zu Handgreiflichkeiten. Es folgten eine Reihe von Notzuchtsverbrechen. Dann nahm er auf seinen Gängen ein Messer mit, um seinen Opfern Messerstiche zu versetzen oder sie auch durch Schläge zu betäuben. Bei dieser Gelegenheit tötete er in einer Wohnlaube eines seiner Opfer, um sodann sein Tätigkeitsfeld in die S-Bahnzüge zu verlegen – er war bei einem seiner Streifzüge von einem ihm folgenden Mann kräftig verprügelt worden. Als sich hier das erste Notzuchtsopfer heftig wehrte, so dass es nicht zum beabsichtigten Geschlechtsverkehr kam, und er in heftiger Gegenwehr im brausenden Fahrtwind mit einem Kabelstück auf sein Opfer einschlug, um den dann erschlaffenden Frauenkörper in die Dunkelheit zu werfen, erlebte er einen Rauschzustand, der ihn so befriedigte, dass er von nun an nicht mehr vergewaltigte, sondern nur noch töten will. Auf diese Art mordet er aus Lust an der Tötungshandlung fünf Frauen und versucht es auf gleiche Weise bei zwei weiteren Opfern.» Beachtlich erscheint die Tatsache, dass Ogorzow nach einiger Zeit von seinem hochsignifikanten Tatmuster abwich und vor seiner Festnahme in einer Gartenkolonie ein weiteres Tötungsdelikt verübte. Als Grund nannte das Landgericht Berlin: «*Der Angeklagte, der inzwischen Kenntnis erhalten hatte, dass die Polizei umfangreiche Maßnahmen getroffen hatte, um den Täter, der die Frauen aus den fahrenden S-Bahnzügen hinauswarf, zu ermitteln, beschloss nunmehr, von weiteren Taten in der S-Bahn abzulassen. Er wollte weitere Taten nur noch in der Siedlung oder auf der Straße ausführen.*»

Auch der Kinder- und Frauenmörder Joachim Kroll ließ erst nach einer Reihe von Tötungsdelikten eine Handschrift erkennen. Das Landgericht Duisburg stellte – bezugnehmend auf das erste Tötungsdelikt im Februar 1955 – hierzu fest: «*(...) Er hatte bis dahin noch keinen Menschen zu Tode gebracht und wusste infolgedessen noch nicht, dass ihm die Tötung durch Erwürgen in Verbindung mit der bewussten Beobachtung des Todeskampfes seines Opfers zur äußersten Steigerung seiner Geschlechtslust und zur höchsten Befriedigung führen werde, eine Erfahrung, die er erst in späteren Fällen machte. Demgemäss erwürgte der Angeklagte Irmgard S. nicht, sondern...*» Gleichwohl ließ Kroll schon bei dieser Tat Personifizierungsaspekte erkennen, die wohl als Probierverhalten zu deuten sind. Im Urteil heißt es weiter: «*Mit dem Tatmesser brachte der Angeklagte sodann seinem toten Opfer mindestens weitere vier Schnitt-/Stichverletzungen bei. (...) Alle diese postmortalen Verletzungen fügte der Angeklagte seinem Opfer zu, weil er immer noch hochgradig sexuell erregt war und eine weitere Luststeigerung und Lustbefriedigung erstrebte.*» Bezeichnenderweise realisierte Kroll erst 21 (!) Jahre später eine weitere perverse Vorstellung – «*einen Menschen aufmachen und hineinsehen*» –, die 1976 einem vierjährigen Mädchen zum Verhängnis wurde. Ähnlich gelagerte Fälle sind im Schrifttum bereits beschrieben worden (Glatzel 1987, 131ff.; Krafft-Ebing 1997, 80ff.; Leach und Meloy 1999, 1074; Schorsch und Becker 2000, 212). Dennoch: Das Signatur-Konzept dürfte – insbesondere unter Zuhilfenahme des Datenbanksystems ViCLAS (Violent Crime Linkage Analysis System) – sich auch hierzulande als probates Hilfsmittel erweisen, um Serienstraftaten zusammenführen zu können (Nagel und Horn 1998, 54ff.; Baurmann 1999, 824ff.; Erpenbach 2000, 501) – sofern die beschriebenen Einschränkungen Beachtung finden.

IV. Hirnanomalien und Schlüsselerlebnisse als Ausgangspunkt sadistischer Gewaltvorstellungen?

Der Bitumenmischer Manfred W. folterte und erstach in den Jahren 1968/69 drei junge Mädchen, nachdem er bereits 1959 ein versuchtes Tötungsdelikt begangen hatte (Schorsch und Becker 2000, 121ff.). Zum Ursprung seiner sadistischen Phantasien gelangte das Landgericht Coburg zu folgender Einschätzung: «*Im Alter von etwa 6 bis 7 Jahren erlebte er erstmals bewusst eine Hausschlachtung, wie sie auch heute noch in seiner Heimat verhältnismäßig häufig ist. Er erschrak zunächst über dieses Erlebnis, fand jedoch später Freude daran, auch wenn er sich selbst niemals aktiv beteiligte, sondern nur zusah. Das Abstechen der Schweine erregte ihn innerlich. Ab dem Eintritt der Pubertät, etwa von seinem 15. Lebensjahr an, stellte er sich bei derartigen Schlachtungen vor, junge Mädchen würden abgestochen. In seiner Phantasie malte er sich aus, dass er es selbst sei, der Mädchen auf diese Weise tötete.*»

Ähnlicher Auffassung war das Landgericht Duisburg im Fall Joachim Kroll: «*Im Alter von 14 oder 15 Jahren war der Angeklagte mehrfach zugegen, wenn auf den Bauernhöfen Tiere geschlachtet wurden. Beim Entdärmen der Kadaver half er gelegentlich. Joachim Kroll verspürte alsbald, wie ihn das Töten und Ausnehmen der Tiere – vor allem von Schweinen – faszinierte. Er bekam Schweißausbrüche und empfand ein ihm bis dahin fremdes eigenartiges Kribbeln im Magen und auf der Brust, das mit einer anfangs schwächeren, später jedoch immer stärkeren sexuellen Erregung mit Gliedversteifung verbunden war. Nach einiger Zeit hatte er die Vorstellung, dass man auf diese Weise auch einen Menschen öffnen und hineinsehen könne. Wenn er allein war, stellte er sich den gesamten Schlachtvorgang noch einmal vor und onanierte in der Erinnerung daran bis zum Samenerguss. Die geschlechtliche Erregung war am größten und die Erleichterung nach der Ejakulation am stärksten bei dem Gedanken, dass an Stelle des Tieres ein Mensch getötet – «kaputtgemacht» –, geöffnet und ausgenommen werde.*»

Derartige Zusammenhänge sind – bezeichnenderweise ausnahmslos bei sadistisch devianten Tötungsdelinquenten – bereits mehrfach in der Literatur beschrieben worden. Marneros (1997, 187) berichtet: «Einige seiner sexuellen Präferenzen entdeckte er [anonym] nach seinen Angaben zufällig: Als er seine Oma beim Hühnerschlachten beobachtete, wurde er so heftig sexuell erregt, dass er schnell ins Bad laufen musste, um sich zu befriedigen. Die hohe sexuelle Erregung wurde durch das aus dem Hals der Hühner spritzende Blut erzeugt. Bei der Selbstbefriedigung stellte er sich allerdings Kinderhälse vor.» Bei Berg (1931, 321) heißt es zum Ursprung der sadistischen Devianz: «Kürtens Sadismus ist frühzeitig in seiner Kindheit an seiner Freude an Tierschlachtungen zu bemerken. Wenigstens gibt Kürten an, hierbei Lusterregung erstmalig empfunden zu haben.» Schütz und Zetzsche (1924, 208) stellen im Fall Johann Möckel einen gleichartigen Zusammenhang her: «Aber schon vor der Militärzeit bestanden derartige Erscheinungen. Wenn Schlachtungen von Vieh vorgenommen wurden, beim Schlachten von Schweinen, von Federvieh, insbesondere Hühnern, bekam M. geschlechtliche Erregungen. Das Federvieh, das seine Mutter in der Weise schlachtete, daß sie ihm mit dem Beile auf dem Hackestock den Kopf abhackte, hat er gewöhnlich mit den Händen festgehalten. Wenn die Tiere zappelten und ausbluteten, wurde er regelmäßig geschlechtlich erregt. So darf man wohl mit Recht den Zeitpunkt, in dem diese sadistische Neigung M.s offenbar wurde, in die Pubertätszeit verlegen.» Krafft-Ebing (1997, 82) berichtet über den mehrfachen Frauenmörder Vinzenz Verzeni: «V. war ganz von selbst auf seine perversen Akte gekommen, nachdem er, 12 Jahre alt, bemerkt hatte, dass ihn ein seltsames Lustgefühl überkomme, wenn er Hühner zu erwürgen hatte. Deshalb habe er auch öfters Massen davon getötet und dann vorgegeben, ein Wiesel sei in den Hühnerstall eingedrungen.» Auch Rudolf Pleil schilderte ein gleichartiges Kindheitserlebnis: *«Ich hatte Freude daran, wenn das Ferkel gequält wird, und besonders dann, wenn das Gefühl, das ich gar nicht so recht beschreiben kann, über mich kam. Dann krallten sich meine Finger ganz fest in die Hinterbeine, als wollte ich dieselben zerbrechen. Nicht nur das ich das Schreien hörte, ich konnte ja auch sehen, wie es geschnitten wurde und wie etwas Blut geflossen ist. (...) Ich habe heute das Gefühl, als ob da irgendwelche Zusammenhänge mit meinen sexuellen Rauschzuständen vorhanden sind.»* Neben den beschriebenen sind weitere Fälle mit ähnlichen Konstellationen in der Literatur dokumentiert worden (Krumbiegel 1967, 24ff.; Wirth et al. 1996, 731; Johnson und Becker 1997, 337; Schorsch und Becker 2000, 245).

Charakteristische Merkmale dieser Schlüsselreize sind deren Zufälligkeit, dass sie also von den bis dato sexuell unreifen und unerfahrenen Kindern und Jugendlichen nicht bewusst herbeigeführt wurden, und die Tatsache, dass diese Beobachtungen die sadistische Deviation anstießen und belebten. Die sexuell abnormen Präferenzen wurden – unterstellt man die Validität der Selbstaussagen – sämtlich erst nach der Konfrontation mit derartigen Ereignissen dargeboten, so dass von einem Einschnitt in der Gesamtentwicklung ausgegangen werden darf. Zudem gibt es zwei Komponenten, die alle Schlüsselreize verbinden: Tieren wird Gewalt angetan, es fließt Blut. Und: Die Schlüsselerlebnisse wurden nach gedanklichem Ausbau und der Assoziation mit der Tötung eines Menschen in der Realität imitiert. So spiegelten die späteren Tötungsakte exakt das wesentliche Element dieser Ereignisse wider: Die Hälse der Opfer wurden wie beim

Schlachten von Hühnern geöffnet, ihre Gliedmaßen wie beim Zerteilen von Rindern abgetrennt, Leichen wie beim Entdärmen von Schweinen ausgeweidet.

Dennoch erscheint es nicht angemessen, diese Konstellation zu einer zwingenden, ausschließlichen Bedingung zu verformeln. Eine Reihe sadistisch devianter Serienmörder konnte derartige Zusammenhänge nicht herstellen (Harbort 1999b, 717). Allerdings lehren die Erfahrungen psychiatrischer Gutachter, dass es hiervon betroffenen Tätern nur selten gelingt, ein solches Schlüsselerlebnis zu erinnern oder deren Ursächlichkeit zu erkennen (Marneros 1997, 29). Auch muss darauf hingewiesen werden, dass es sich bei der Koppelung der Schlüsselreize und der Tötungsdelikte eventuell um eine falsche Rückdatierung oder nachgeschobene Konstruktion der befragten Täter gehandelt haben könnte. Doch erscheint diese Annahme angesichts der frappierenden Übereinstimmungen und der Spezifität der geschilderten Ereignisse eher zweifelhaft. Denkbar erscheint auch, dass entsprechende Schlüsselreize zu einer speziellen Erscheinungsform innerhalb der sexuellen Abweichung geführt, ätiologisch aber keine eigenständige Bedeutung erlangt haben.

Darüber hinaus bedarf es einer Erklärung, warum das Beobachten einer Tierschlachtung zu einer emotionalen und/oder sexuellen Erregung geführt hat. Beachtlich erscheint in diesem Zusammenhang das Ergebnis eigener Untersuchungen (Harbort 1999b, 716): Bei sieben von acht sadistisch devianten Serienmördern – in einem Fall waren keine Befunde erhoben worden – wurden in neurologischen Gutachten größtenteils gleichartige hirnregressive Anomalien diagnostiziert. Festgestellt wurde eine abnorme Kleinheit oder Erweiterung der inneren Hirnhohlräume (so genannte Seitenventrikel), die auf frühkindlich – also vom sechsten Schwangerschaftsmonat bis zum ersten Lebensjahr – erworbene Hirnschädigungen hinwiesen. Als Symptome für derartige cerebrale Dysfunktionen werden in der neurologischen Fachliteratur unter anderem periodische Affektstörungen genannt (Tölle und Lempp 1991, 53ff.; Frank 1992, 318; Huber 1994, 148; Hinterhuber und Fleischhacker 1997, 166ff.). Hierunter versteht man allgemein, daß es zu von der Norm abweichenden Veränderungen in der Ansprechbarkeit und Äußerung emotionaler Empfindungen kommt. Eben diese abweichende Empfänglichkeit, also die abnorme gefühlshafte Interpretation eines speziellen Erlebnisses, könnte in den beschriebenen Fällen vorgelegen haben, als Tierschlachtungen mit diffuser emotionaler oder tatsächlich erlebter sexueller Stimulanz assoziiert wurden. Denn: Die Beobachtungen der Tierschlachtungen gingen auch einher mit einer abnormen und für frühkindliche hirnorganische Erkrankungen typischen affektiven Erregung, die mit durchweg nicht beherrschbaren körperlich-vegetativen Begleiterscheinungen (z. B. Herzrasen, Schwitzen, Kribbeln auf der Brust oder Atemnot) verbunden war. Dies legt die Vermutung nahe, dass die abnorme affektive Ansprechbarkeit hirnorganisch-dysfunktionalen Ursprungs gewesen sein könnte. Gestützt wird diese Hypothese auch durch neurologische Untersuchungen an sadistisch devianten Serienmördern, die ebenfalls vergleichbare Ergebnisse erbrachten (Lewis et al. 1986, 838ff.; Langevin 1987, 77ff.; Hucker et al. 1988, 33ff.).

Auch Schorsch und Becker (2000, 131) weisen darauf hin, daß «die psychodynamische Interpretation das Vorhandensein konstitutionell-biologischer Faktoren nicht ausschließt, sondern sie im Gegenteil häufig ergänzend postuliert.» Zudem würde durch das Zusammenwirken der beschriebenen biologisch-psychopathologischen Bedingungsfaktoren zwanglos erklärbar, warum sadistisch ausgerichtete Tötungsdelikte im allgemeinen und Serientötungen im besonderen so selten zu beobachten sind. Aber: Die fragmentarisch und deskriptiv diskutierten Zusammenhänge haben lediglich hypothetischen Charakter, es mangelt an der notwendigen empirischen Absicherung. Und: Es empfiehlt sich, die Genese sadistischer Gewaltphantasien multifaktoriell zu betrachten, so dass andere im Schrifttum vorgebrachte Erklärungsansätze zweifellos beachtenswert erscheinen (Brittain 1970, 202; Schorsch 1976, 56ff.; MacCulloch et al. 1983, 25ff.; Burgess et al. 1986, 261ff.; Warren et al. 1986, 257; Leyton 1986, 331; Brown 1987, 117; Ressler et al. 1988, 34; Prentky et al. 1989, 888ff.; Dietz et al. 1990, 173ff.; Gresswell und Hollin 1994, 8ff.; Haller 1995, 21; Schorsch et al. 1996, 11ff.; Pfäfflin 1997, 64; Marneros 1997, 41; Füllgrabe 1997, 299ff.; Brunner et al. 1999, 307ff.; Rasch 1999, 278ff.; Schorsch und Becker 2000, 218ff.). Darüber hinaus gilt es näher zu untersuchen, welche endogenen und exogenen Faktoren die Realisierung sadistischer Gewaltphantasien fördern bzw. bedingen. Derart ausgerichtete, interdisziplinär zu führende Forschungsprojekte dürften dazu beitragen, diesem Gewaltphänomen insbesondere aus präventiver Sicht rechtzeitig begegnen zu können.

Literaturangaben

Bauer, Günther (1969): Jürgen Bartsch. Ein Bericht über den vierfachen Knabenmörder. Archiv für Kriminologie 144: 61–91.

Bauer, Günther (1972): Die Problematik der Triebverbrechen aus kriminalistischer Sicht. Der Kriminalist 4 (8): 15–20.

Baurmann, Michael C. (1999): ViCLAS – Ein neues kriminalpolizeiliches Recherchewerkzeug. Datenbank als Hilfsmittel zur Bekämpfung der schweren Gewaltkriminalität im System der «Operativen Fallanalyse (OFA)». Kriminalistik 53: 824–826.

Bennett, Kenneth A. (1993): Victim selection in the Jeffrey Dahmer slayings: An example of repetition in the paraphilias? Journal of Forensic Sciences 38: 1227–1232.

Berg, Karl (1931): Der Sadist. Gerichtsärztliches und Kriminalpsychologisches zu den Taten des Düsseldorfer Mörders. Zeitschrift für die gesamte gerichtliche Medizin 17: 247–347.

Berg, Steffen (1963): Das Sexualverbrechen. Hamburg: Kriminalistik.

Brittain, Robert P. (1970): The sadistic murderer. Medicine Science and the Law 10: 198–207.

Brown, R. I. F. (1987): Classical and operant paradigms in the management of gambling addictions. Behavioural Psychotherapy 15: 111–122.

Brückner, Günther (1961): Zur Kriminologie des Mordes. Hamburg: Kriminalistik.

Brühmann, Horst (1996): Metapsychologie und Standespolitik. Die Freud/Klein-Kontroverse. Zeitschrift zur Geschichte der Psychoanalyse 9: 49–112.

Brunner, Romuald /Parzer, Peter /Richter-Appelt, Hertha /Meyer, Ernst-Adolf / Resch, Franz (1999): Sexuelle Phantasien, Gewaltphantasien und Übertragungsphänomene bei Patienten mit sexuellen Missbrauchserfahrungen. Psychotherapeut 44: 307–312.

Burgess, Ann W. /Hartman, Carol R. /Ressler, Robert K. /Douglas, John E. /McCormack, Arlene (1986): Sexual homicide: A motivational model. Journal of Interpersonal Violence 1: 251–272.

Cox, Margaret /Bell, Lynne (1999): Recovery of human skeletal elements from a recent UK murder inquiry: Preservational signatures. Journal of Forensic Sciences 44: 945–950.

Dietz, Park Elliott /Harry, Bruce /Hazelwood, Robert R. (1986): Detective magazines: Pornography for the sexual sadist? Journal of Forensic Sciences 31: 197–211.

Dietz, Park Elliott /Hazelwood, Robert R. /Warren, Janet (1990): The sexually sadistic criminal and his offenses. Bulletin of the American Academy of Psychiatry and the Law 18: 163–178.

Dorsch, Friedrich /Häcker, Hartmut /Stapf, Kurt H. (1994): Psychologisches Wörterbuch (12. Aufl.). Bern – Göttingen – Toronto – Seattle: Hans Huber.

Douglas, John E. /Munn, Corinne M. (1992a): Violent crime scene analysis: Modus operandi, signature, and staging. FBI Law Enforcement Bulletin 61 (2): 1–10.

Douglas, John E. /Munn, Corinne M. (1992b): Modus operandi and the signature aspects of violent crime. In Douglas, John E. /Burgess, Ann W. /Ressler, Robert K.: Crime classification manual. A standard system for investigating and classifying violent crimes (259–268). New York: Lexington books.

Drukteinis, Albert M. (1992): Serial murder – The heart of darkness. Psychiatric Annals 22: 532–538.

Egger, Steven A. (1984): A working definition of serial murder and the reduction of linkage blindness. Journal of Police Science and Administration 12: 348–357.

Engler, Klaus /Ensink, Hubert (2000): Der «Rhein-Ruhr-Ripper». Bericht über Highlights, Frust, Zufälle und erzwungenes Glück in 17 Monaten Ermittlungsarbeit bis zur Überführung des Serientäters Frank Gust. Der Kriminalist 32: 491–498.

Ernst, Georg (1942): Der Fall Eichhorn. Ein weiterer Beitrag zur Kenntnis des Doppellebens schwerster Sittlichkeitsverbrecher. Inaugural-Dissertation. Ludwig-Maximilians-Universität München.

Erpenbach, Heinz (2000): ViCLAS. Der Kriminalist 32: 499–501.

Frank, Wolfgang (1992): Psychiatrie: Kurzlehrbuch zum Gegenstandskatalog mit Hervorhebung und Einarbeitung aller wichtigen Prüfungsfakten (10. Aufl.). Stuttgart: Jungjohann.

Füllgrabe, Uwe (1997): Kriminalpsychologie. Täter und Opfer im Spiel des Lebens. Frankfurt am Main: Ed. Wötzel.

Gee, David John (1988): A pathologist's view of multiple murder. Forensic Science International 38: 53–65.

Giannangelo, Stephen J. (1996): The psychopathology of serial murder. Westport, CT: Praeger.

Glatzel, Johann (1987): Mord und Totschlag. Tötungshandlungen als Beziehungsdelikte – Eine Auswertung psychiatrischer Gutachten. Heidelberg: Kriminalistik.

Gresswell, David M. /Hollin, Clive R. (1994): Multiple murder. The British Journal of Criminology 34 (1): 1–14.

Haglund, William D. /Reay, Donald T. /Snow, Clyde C. (1987): Identification of serial homicide victims in the «Green river murder» investigation. Journal of Forensic Sciences 32: 1666–1675.

Haller, Reinhard (1995): Forensisch-psychiatrische Aspekte des Falls Jack Unterweger. Forensische Psychiatrie und Psychotherapie 2 (2): 7–26.

Harbort, Stephan (1999a): Kriminologie des Serienmörders. Forschungsergebnis einer empirischen Analyse serieller Tötungsdelikte in der Bundesrepublik Deutschland – Teil 1. Kriminalistik 53: 642–650.

Harbort, Stephan (1999b): Kriminologie des Serienmörders. Forschungsergebnis einer empirischen Analyse serieller Tötungsdelikte in der Bundesrepublik Deutschland – Teil 2. Kriminalistik 53: 713–721.

Harbort, Stephan /Mokros, Andreas (2001): Signaturen des Sexualmörders. Forschungsergebnis einer empirischen Studie zu Epidemiologie, Phänomenologie, Perseveranz und tatbezogenen Hintergrundeigenschaften repetitiver Tathandlungssequenzen. Kriminalistik 57: im Druck.

Hazelwood, Robert R. /Douglas, John E. (1980): The lust murderer. FBI Law Enforcement Bulletin 49 (4): 18–22.

Hazelwood, Robert R. /Dietz, Park Elliott /Warren, Janet (1992): The criminal sexual sadist. FBI Law Enforcement Bulletin 61 (2): 12–20.

Herrmann, Hans (1963): Die Beweggründe des Mörders Hößl. Kriminalistik 17: 174–178.

Hickey, Eric W. (1997): Serial murderers and their victims (2. Aufl.). Belmont, CA: Wadsworth.

Hinrichs, Heinz (1968): Die Verbrechen des Jürgen Bartsch. Kriminalistik 22: 116–120.

Hinterhuber, Hartmann /Fleischhacker, W. Wolfgang (1997): Lehrbuch der Psychiatrie. Stuttgart – New York: Thieme.

Holmes, Ronald M. /DeBurger, James E. (1985): Profiles in terror: The serial murderer. Federal Probation 49 (9): 29–34.

Holmes, Ronald M. /Holmes, Stephen T. (1996): Profiling violent crimes: An investigative tool. Thousand Oaks, CA: Sage.

Homant, R.J. (1998): Review of Offender profiling: Theory, research and practice. Criminal Justice and Behavior 25: 507–510.
Huber, Gerd (1994): Psychiatrie: Lehrbuch für Studierende und Ärzte (5. Aufl.). Stuttgart: F. K. Schattauer.
Hucker, S.J. /Langevin, R. /Dickey, R. /Handy, L. /Chambers, J. /Wright, S. (1988): Cerebral damage and dysfunction in sexually aggressive men. Annals of Sex Research 1: 33–47.
Jackman, T. /Cole, T. (1992): Rites of burial. New York: Windsor.
Jenkins, Philip (1988): Serial murder in England 1940-1985. Journal of Criminal Justice 16: 1–15.
Johnson, Bradley R. /Becker, Judith V. (1997): Natural born killers?: The development of the sexually sadistic serial killer. Journal of the American Academy of Psychiatry and the Law 25: 335–348.
Keppel, Robert D. (1995): Signature murders: A report of several related cases. Journal of Forensic Sciences 40: 670–674.
Keppel, Robert D. /Birnes, William J. (1997): Signature killers. Interpreting the calling cards of the serial murderer. New York: Simon & Schuster.
Keppel, Robert D. (2000): Signature murders: A report of the 1984 Cranbrook, British Columbia cases. Journal of Forensic Sciences 45: 508–511.
Kolodkin, Leonard (1994): Fehler im Ermittlungsverfahren. Schwierigkeiten bei der Überführung eines Massenmörders. Kriminalistik 48: 471–473.
Krafft-Ebing, Richard von (1997): Psychopathia sexualis (Neuauflage). München: Matthes & Seitz.
Krieg, Berthold (1996): Kriminologie des Triebmörders. Phänomenologie – Motivationspsychologie – ätiologische Forschungsmodelle. Frankfurt am Main: Peter Lang.
Krumbiegel, Ingo (1967): Tierquälerei als Vorstufe sadistischer Gewaltverbrechen. Archiv für Kriminologie 140: 22–27.
Krumbiegel, Ingo (1971): Tierquälerei als Vorstufe sadistischer Gewaltverbrechen – zweite Folge. Archiv für Kriminologie 148: 41–45.
Langevin, R./Ben-Aron, M. H./Wortzman, G./Dickey, R./Handy, L. (1987): Brain damage, diagnosis, and substance abuse among violent offenders. Behavioral Sciences and the Law 5: 77–94.
Laplanche, J. /Pontalis, J.-B. (1996): Das Vokabular der Psychoanalyse (13. Aufl.). Frankfurt am Main: Suhrkamp.
Leach, Gordon/Meloy, J. Reid (1999): Serial murder of six victims by an African-American male. Journal of Forensic Sciences 44: 1073–1078.
Lewis, Dorothy Otnow/Pincus, Jonathan H./Feldman, Marilyn/Jackson, Lori/Bard, Barbara (1986): Psychiatric, neurological, and psychoeducational characteristics of 15 death row inmates in the United States. American Journal of Psychiatry 143: 838–845.
Leyton, Elliott (1986): Hunting humans: The rise of the modern multiple murder. New York: Penguin.
MacCulloch, M. J./Snowden, P. R./Wood, P. J. W./Mills, H. E. (1983): Sadistic fantasy, sadistic behaviour and offending. British Journal of Psychiatry 143: 20–29.
Marneros, Andreas (1997): Sexualmörder: eine erklärende Erzählung. Bonn: Ed. Das Narrenschiff.
Nagel, Udo/Horn, Alexander (1998): ViCLAS – Ein Expertensystem als Ermittlungshilfe. Zum Thema Tatortanalyse, Täterprofiling und computerunterstützte kriminalpolizeiliche Auswertung. Kriminalistik 52: 54–58.
Nedopil, Norbert (1996): Forensische Psychiatrie: Klinik, Begutachtung und Behandlung zwischen Psychiatrie und Recht. Stuttgart: Thieme.
Pfäfflin, Friedemann (1997): Angst und Lust. Zur Diskussion über gefährliche Sexualtäter. Recht und Psychiatrie 15: 59–67.
Polläbne, Helmut (1990): Der Fall Gerhard M. Börner. Lebenslange Freiheitsstrafe nach 17 Jahren Maßregelvollzug? Recht und Psychiatrie 8: 81–87.
Poszár, Christine /Farin, Michael (1996): Die Haarmann-Protokolle. Reinbek: Rowohlt.
Prentky, Robert Alan/Burgess, Ann Wolbert/Rokous, Frances/Lee, Austin/Hartman, Carol/Ressler, Robert K./Douglas, John E. (1989): The presumptive role of fantasy in serial sexual homicide. American Journal of Psychiatry 146: 887–891.
Rasch, Wilfried (1999): Forensische Psychiatrie (2. Aufl.). Stuttgart – Berlin – Köln: Kohlhammer.
Remy, Karl-Heinz (1933): Der Lustmörder Tripp. Archiv für Kriminologie 92: 78–83.

Ressler, Robert K./Burgess, Ann W./Douglas, John E./Hartman, Carol R./D'Agostino, Ralph B. (1986): Sexual killers and their victims. Identifying patterns through crime scene analysis. Journal of Interpersonal Violence 1: 289–308.

Ressler, Robert K./Burgess, Ann W./Douglas, John E. (1988): Sexual homicide: Patterns and motives. Lexington, MA: Lexington books.

Rossmo, Kim D. (2000): Geographic profiling. Boca Raton, FL: CRC Press.

Rußler, Hans (1949): Sittlichkeitsverbrecher Dittrich. Kriminalistik 3: 174–180.

Schorsch, Eberhard (1976): Sexuelle Deviationen: Ideologie, Klinik, Kritik. In Schorsch, Eberhard/Schmidt, Gunter (Hrsg.): Ergebnisse zur Sexualforschung. Arbeiten aus dem Hamburger Institut für Sexualforschung (48–92). Frankfurt am Main – Berlin – Wien: Ullstein.

Schorsch, Eberhard /Pfäfflin, Friedemann (1994): Die sexuellen Deviationen und sexuell motivierte Straftaten. In Venzlaff, Ulrich /Foerster, Klaus (Hrsg.): Psychiatrische Begutachtung (323–368). Stuttgart – Jena – New York: Gustav Fischer.

Schorsch, Eberhard/Galedary, Gerlinde/Haag, Antje/Hauch, Margret/Lohse, Hartwig (1996): Perversion als Straftat. Dynamik und Psychotherapie (2. Aufl.). Stuttgart: Enke.

Schorsch, Eberhard/Becker, Nikolaus (2000): Angst, Lust, Zerstörung: Sadismus als soziales und kriminelles Handeln (Neuausgabe der 1. Aufl.). Gießen: Psychosozial.

Schütz/Zetzsche (1924): Ein vielfacher Lustmörder und seine Entlarvung durch medizinische Indizienbeweise. Archiv für Kriminologie 74: 201–210.

Skrapec, Candice (1996): The sexual component of serial murder. In O'Reilly-Fleming, Thomas (Hrsg.): Serial and mass murder: Theory, research and police (155–179). Toronto: Canadian Scholars' Press.

Taroni, Franco (1994): Serial crime: A consideration of investigative problems. Forensic Science International 65: 33–45.

Tölle, Rainer/Lempp, Reinhart (1991): Psychiatrie (9. Aufl.). Berlin – Heidelberg – New York: Springer.

Turvey, Brent E. (1999): Criminal profiling: An introduction to behavioural evidence analysis. San Diego: Academic press.

Ullrich, Wolfgang (1959): Der Fall Rudolf Pleil und Genossen. Ermordung von «Grenzgängern». Archiv für Kriminologie 123: 36–44, 101–110.

Warren, Janet I./Hazelwood, Robert R./Dietz, Park Elliott (1996): The sexually sadistic serial killer. Journal of Forensic Sciences 41: 970–974.

Wehner-Davin, Wiltrud (1985): Rudolf Pleil, Totmacher a. D. Kriminalistik 39: 339–341.

Weimann, W. (1922): Zur Psychologie des Lustmordes. Ärztliche Sachverständigen-Zeitung 17: 191–194.

Wirth, Ingo/Strauch, Hansjürg/Gebhardt, Ralf (1996): Ein sadistischer Knabenmörder. Oder: Grenzen und Erfolge kriminalistischer Ermittlungen. Kriminalistik 50: 726–731.

Wittmann, Dietmar (1985): Protokoll des Grauens. Der Baumhausmörder von Nürnberg. Polizei-Digest 9 (2): 108–110.

Zizmann, Otto/Gut, Rudolf (1961): Der Triebverbrecher und Raubmörder Pommerenke. Kriminalistik 15: 56–58, 89–92, 150–153, 185–189.

Eine psychodynamische Erklärung von Serienmord

Brin Hodgskiss/Micki Pistorius/Mark Welman

1. Einleitung

In der Fachliteratur wird das Fehlen klarer extrinsischer Motive (wie z.B. Bereicherung, Rache etc.) als charakteristisch für *serial killers* angesehen. In erster Linie scheint es den Tätern darum zu gehen, aus der Tatausführung als solcher Befriedigung zu schöpfen, wobei Aspekte der absoluten Beherrschung des Opfers und der sexuellen Erregung eine erhebliche, wenn auch im Einzelnen in der Literatur stark umstrittene Rolle spielen.[1] Angesichts dieser intrinsischen Motivation kann die zentrale Bedeutung der Fantasien von Serienkillern im Hinblick auf die Planung, Durchführung und Fortsetzung der Geschehensabläufe kaum verwundern (vgl. Geberth 1996; Holmes & De Burger 1988; Ressler & Shachtman 1993). Gewalttätige Fantasien sind im Täter manifestiert und werden dann im Begehen des Verbrechens umgesetzt (Achenbach 1991; MacCulloch u.a. 1983; Prentky u.a. 1989; Ressler, Burgess & Douglas 1988). So ist denn auch anzunehmen, dass sich aus der Analyse dieser Fantasien entscheidende Aufschlüsse über das Wesen des von den Tätern erwarteten psychischen Gewinns und über ihre Handlungsmotive gewinnen lassen (vgl. Pistorius 2000, 231). Dennoch lässt die Beachtung dieser Aspekte der Psychodynamik innerhalb der bisherigen (vor allem soziogenetischen und psychiatrischen) Erklärungsversuche zu wünschen übrig.

(1) *Soziokulturelle Theorien*, die auf «soziogenetische Kräfte», also Faktoren und Einflüsse innerhalb des familiären und weiteren gesellschaftlichen Kontextes einschließlich der «Kultur der Gewalt» abstellen (vgl. Holmes & Holmes 1998), gewinnen ihre Plausibilität durch den Nachweis erheblicher familiärer und sozialer Störungen in frühen Lebensphasen späterer Serienmörder (vgl. Ressler & Shachtman 1993). So sollen die ersten Lebensjahre späterer Täter laut Leibmann (1989) u.a. durch folgende Merkmale gekennzeichnet sein:

- Zurückweisung durch die Eltern
- grausame/harte und gewalttätige (Erziehungs-)Muster in der Kindheit
- Ablehnung des Erwachsenen durch eine gegengeschlechtliche Person
- Konflikte mit dem Gesetz in Jugend- und/oder Erwachsenenalter
- Einweisung in psychiatrische Anstalten.

Allerdings werden bekanntlich nicht alle Menschen mit entsprechenden Merkmalen und Erlebnissen zu Serienmördern: «Soziogenetische Kräfte, insbesondere in der Form gewaltassoziierten Lernens, sind zweifellos im kulturellen und verhaltensrelevanten Hintergrund der Serienkiller vorhanden. Allerdings sind die entsprechenden soziogene-

---

[1] Zu letzterem Aspekt vgl. etwa Cameron & Frazer 1987 einerseits, die im *serial killer* einen reinen Sexualtätertypus, und Levin & Fox 1991 andererseits, die ihn als bloße Variation des Massenmörders sehen; vgl. auch Holmes & Holmes 1998; Holmes, Hickey & Holmes 1991, 61, Pistorius 1996, 6; in seltenen Fällen fühlen sich die Täter von fremden Stimmen oder Mächten zur Tat getrieben; vgl. Holmes 1997, Hickey 1991.

tischen Theorien nicht in der Lage, das Auftreten serieller Morde direkt zu erklären»
(Holmes & De Burger, 1988, 48). – Einen Schritt weiter geht das von Ressler, Burgess
& Douglas (1988, 67) entwickelte Modell, das fünf Dimensionen sozialer Umgebung,
der Entwicklung und der zwischenmenschlichen Interaktionen benennt:

- ein ineffektives soziales Umfeld
- prägende Ereignisse in Kindheit und Jugend
- Reaktionsmuster
- Handlungen gegen andere und sich selbst
- Rückkopplungsfilter

Konkret gesagt, handelt es sich um chaotische und missbräuchliche familiäre Hintergründe, die mit schwachen psychosozialen Regulierungen und gewalttätigem Verhalten gekoppelt sind (Myers, Burgess & Nelson 1998). Diese dysfunktionalen Faktoren führen zu schwachen, nicht tragfähigen und oberflächlichen Beziehungen zu anderen und zu deutlichen emotionalen Störungen (Ressler & Schachtman 1993). In den Reaktionsmustern wiederum bilden sich die traumatischen Erlebnisse eines Kindes ab, welche die Entwicklung bestimmen und die kognitiven Muster formen (Ressler, Burgess & Douglas 1988). Diese Muster – auch «kognitive Landkarten» (cognitive maps) genannt – unterstützen die Ausbildung von Tagträumen und Fantasien, die ihrerseits, worauf Leibenberg & Henning (1995) hinwiesen, durchaus direkten Einfluss auf das Verhalten haben können. Hochgradig aggressives und häufig mit sexuellen Elementen verknüpftes Fantasiematerial findet sich gerade bei Serienmördern besonders oft (Prentky u.a. 1989); ein Umstand, der sich mit dem Konzept des Sadismus und sadistischem Agieren im Verhalten des Serienkillers gut verbinden lässt (MacCulloch u.a. 1983). Insgesamt (vgl. Fedora u.a. 1992; Prentky u.a. 1989; Ressler, Burgess & Douglas 1988) sind die Denkmuster von Serienmördern gekennzeichnet von:

- zwanghaftem Fantasieleben (mit vorherrschenden sexuellen und gewalttätigen Themen zu Dominanz, Vergewaltigung, Gewalt, Rache, Belästigung, Macht, Kontrolle, Verstümmelung, Leidzufügung gegenüber anderen, und Tod)
- gewalttätigen Denkmustern in Verbindung mit einem hohen Mass an kinästhetischer (bewegungsempfindlicher) Erregung
- inneren Dialogen, in denen die eigene Aggression rationalisiert wird
- Tag- und Alpträumen sowie Fantasien mit starken visuellen Elementen.

Diese negativen und fixierten kognitiven Landkarten finden in Verhalten und Aktionen gegen andere und in den späteren Verbrechen ihren spezifischen Ausdruck (vgl. u.a. Ressler & Shachtman 1993). Die selbstkonstruierte Welt des Serienkillers wird in dem Moment gespalten, in dem er in kriminelles Handeln übergeht. Er lebt seine Fantasien in der Realität aus; er errichtet einen «Feedback-Filter», wobei er in seinen Aktionen und Morden aktiv und bewusst auf die Erfüllung seiner «perfekten Fantasie» hinarbeitet (Achenbach 1991; Ressler, Burgess & Douglas 1988). Dies erklärt die Dauer und die Entwicklung der Verbrechen von Serienkillern. Es kann allerdings auch sein, dass Serienkiller sich ihrer Motive *nicht* bewusst sind. Dies wird vor allem durch die dissoziative

Abwehr einiger Täter und die Häufigkeit von Täteraussagen, dass sie aus einem ihnen selbst unerklärlichen Drang oder Impuls mordeten, nahe gelegt (Carlisle 1993; Pistorius 1996). Dennoch lässt sich festhalten, dass das Ressler'sche Modell einen wertvollen Beitrag zur Erklärung des Phänomens liefert, indem es zeigt, wie soziale und psychische Ebenen verknüpft sind und die Entwicklung des Täters beeinflussen.

(2) *Medizinische und psychiatrische Theorien*, die auf biologische, neurologische und genetische Störungen abheben (z.B. Jeffers 1993; Money 1990), haben sich als weniger zielführend erwiesen (so auch Holmes & De Burger 1988). Ist die Diagnose der antisozialen oder psychopathischen Persönlichkeit oftmals mit der diagnostischen Kategorie des Sadismus verknüpft (Geberth & Turco 1997), so wurde jedoch weder bei allen Serienkillern eine Diagnose der Persönlichkeitsstörung gestellt, noch begehen alle persönlichkeitsgestörten Menschen Morde (Carlisle 1993).[2] Dass das psychische und soziale Funktionieren von Individuen durch extrem ausgeprägte Fantasien und Drangzustände erheblich in Mitleidenschaft gezogen wird, findet sich bereits im oben erwähnten Motivationsmodell von Ressler, Burgess & Douglas (1988). Allerdings bezieht sich «Sadismus» nur auf sexuell orientierte und sexuell motivierte Verbrechen; und laut Pistorius (1996) sind nicht alle Serienmörder auf Sex fokussiert – weder in ihrem Lebensstil noch in ihren Taten. – Obwohl diese Erklärungsansätze zwar insgesamt auf die Bedeutung der Fantasietätigkeit hinweisen und damit das Verständnis für die hier in Rede stehenden Fragen erleichtern können, versagen die medizinisch-psychiatrischen Ansätze bei dem Versuch, folgende untereinander zusammenhängende Fragen angemessen zu beantworten:

- Was verursacht diese einzelnen abnormen Fantasien (und zwar vor dem Hintergrund, dass von zwei Individuen, welche ähnlichen genetischen und sozialen Faktoren ausgesetzt sind, einer zum Killer werden kann, der andere allerdings nicht)?
- Warum haben Serienkiller keinen inneren Hemmungsfaktor wie das Gewissen, der sie vor dem Ausagieren ihrer Fantasien in der Realität schützt?
- Warum begehen diese Täter eine «Serie» von Verbrechen?
- Warum werden diese Verbrechen in einer abnormen Art und Weise und voller Symbole begangen; wie kann dies interpretiert werden?

---

[2] Sexueller Sadismus wird diagnostiziert bei «wiederkehrenden, intensiven, sexuell erregenden Fantasien, sexuell-triebhaften Impulsen oder Verhaltensweisen, welche (reale, nicht vorgetäuschte) Handlungen beinhalten, in denen das psychische oder physische Leiden des Opfers für die ausübende Person sexuell erregend ist» (APA 1994, 530). Sadismus wiederum kann eine nahe ätiologische Beziehung mit antisozialen (oder psychopathischen) gewalttätigen Persönlichkeiten haben. Wenn Sadismus und antisoziale Persönlichkeit miteinander gekoppelt sind, erhöht sich die Wahrscheinlichkeit, dass Opfer ernsthaft verletzt oder getötet werden (DSM-IV 1994). Auch zeigen sadistische Mörder ausgeprägte szenische Verbrechensmuster – sog. «crime scene patterns» (Warren, Hazelwood & Dietz 1992) – die oft einen hohen Grad von Gewalt und Aggression beinhalten (Fedora u.a. 1992). Eine Erklärung für die Wiederholungsnatur des Serienmordens liefern auch der Sadismus und das sexuelle Vergnügen, das aus den aggressiven Akten gewonnen wird.

2. Psychodynamik

Hier kann die Analyse der psychosexuellen Entwicklung auf der Grundlage der Arbeiten Sigmund Freuds (1915, 1933; auch Klein 1959, Ogden 1990) von Nutzen sein. Dann läge nämlich die Annahme nahe, dass das ES bei Serienkillern ungewöhnlich mächtig ist (Pistorius 1996, 2000). Man könnte diesen Sachverhalt auch so formulieren, dass sich das ICH bei Serientätern mit seiner Aufgabe der Ausbildung von Abwehrmechanismen gegenüber den Ängsten (welche von den Forderungen des ES ausgelöst werden) überfordert sieht. Auch bei sogenannten normalen Persönlichkeiten verbraucht die Unterdrückung dieser Impulse oder Fantasien, die vom ES kommen, ja schon erhebliche psychische Energie. Denn es ist ja nicht nur so, dass die Impulse weiterhin darum kämpfen, ausgelebt zu werden (was bereits die Angst im ICH verstärkt), sondern es kommt noch eine besondere weitere Belastung hinzu – und zwar der (bei Serienkillern vermutlich besonders prominente) Abwehrmechanismus des sogenannten «Wiederholungszwangs». In ihm durchlebt das ICH den traumatischen Reiz in abgewandelter Form, in der Absicht, diesen bewältigen zu können. «Wenn etwas Erlebtes nicht in gewünschter Weise geschehen ist, so wird es vernichtet, indem es auf andere Art wiederholt wird» (Freud 1926). Es kommt zur Umkehrung der passiven in eine aktiv-aggressive Rolle zum Zwecke der Angstreduktion. Dies kann den Drang der Serienkiller zur Wiederholung ihrer Verbrechen und die Auswahl ihrer Opfer erklären. Der Serienkiller wiederholt direkt oder symbolisch das, was ihm angetan wurde, und versucht so, seine inneren Ängste zu bewältigen. Der Wiederholungszwang zeigt sich auch in seinen Fantasien, die solange ausgearbeitet werden, bis sie «perfekt» sind (Prentky et al. 1989). Selbstverständlich sind weder solche Fantasien noch die Wiederholung des Missbrauchs adäquate Möglichkeiten, die Angst wirklich zu überwinden (Ressler & Shachman 1993). Folglich werden sich die Wiederholungsmuster oder die Morde fortsetzen.

Das ÜBER-ICH als «Gewissen» des Individuums ist entwicklungsgemäß gesehen die letzte der drei intrapsychischen Instanzen. Es bildet sich in der phallischen Phase und in der Latenzphase aus. Eine externe Autorität (wie die des Vaters) wird in die Psyche des Individuums integriert und schafft die Grundlage für das «Ideale Selbst», an dem das ÜBER-ICH das ICH misst. Wenn das Ich die moralischen und ethischen Standards nicht zu erfüllen vermag, die durch das ÜBER-ICH gesetzt sind, oder wenn es die durch das ‹Ideale Selbst› gesetzten Standards nicht erreicht, dann wird das ICH durch Schuldgefühle und Angst, die das ÜBER-ICH dem ICH auferlegt, bestraft.

Bezogen auf den Serienkiller bedeutet dies, dass sein ÜBER-ICH unzureichend ausgebildet wurde. Bei Serienkillern wird das ICH durch das ES dominiert, während das ÜBER-ICH zu schwach ist, das ICH zu zensieren. Dies ermöglicht den Ausdruck instinktiver Impulse und Fantasien in Form von Morden.

Fragen, die von Pistorius (2000) in Bezug auf frühere Theorien über Serienkiller gestellt worden waren, nämlich:
1. Warum haben die Serienkiller keine inneren Hemmungsfaktoren (wie das Gewissen), die sie davon abhalten, ihre Fantasien in der Realität umzusetzen?
2. Warum begehen diese Mörder eine *Serie* von Verbrechen? (Diese Frage bezieht sich auf die Rolle des Wiederholungszwanges als Abwehrmechanismus)
3. Was verursacht die sonderbaren, krankhaften Fantasien, die in diesen Verbrechen

> vorkommen? Wie kommt es, dass diese Morde in abnorm-symbolischer Art und Weise begangen werden?

lassen sich nunmehr auf der Grundlage der skizzierten Theorie der psychosexuellen Entwicklung einer Antwort näher bringen. Versteht man die Freudsche Theorie der psychosexuellen Entwicklung und ihrer Phasen einerseits und die o.g. Instanzenlehre andererseits als Ganzes, dann zeigt sich, dass sich die verschiedenen Instinkte (einschließlich der Reproduktions- und Lustfunktion) zunächst auf eine erogene Zone und ein äußeres Sexualobjekt, einen erwachsenen Partner, konzentrieren (Freud 1905, Pistorius 1996). Dieser Entwicklung gehen sogenannte «prägenitale Phasen» voraus, die unterschiedliche erogene Zonen haben. Durch Fehlentwicklungen in den prägenitalen Phasen jedoch können verschiedene Pathologien entstehen und zu Fixierungen auf die entsprechende Phase führen. Eine Fixierung entsteht durch die exzessive Befriedigung infantiler sexueller Instinkte. Diese Befriedigung ist ausgesprochen angenehm. Es existiert eine minimale Spannung in der infantilen Instinktbefriedigung, weil das ÜBER-ICH noch nicht voll ausgebildet ist. In der Folge mangelt es dem Individuum an der Motivation zu einer weitergehenden sexuellen Entwicklung. Eine der erogenen Zonen kann so wichtig werden, dass eine Fixierung entstehen kann. In verschiedenen Phasen der psychosexuellen Entwicklung sind verschiedene Formen der Fixierungen möglich, die sich als charakteristisches Muster einer nachfolgenden Pathologie des Individuums ausdrücken:

Die erste prägenitale Phase ist die orale oder kannibalistische Phase (Freud 1905), die in den ersten zwei Lebensjahren durchlebt wird. Die erogene Zone ist der Mund; die sexuellen Impulse unterscheiden sich nicht von der Nahrungsaufnahme. Das sexuelle Ziel des Babys ist hier die Einverleibung des Objekts – speziell der Mutter – durch das Saugen an der Brust. Diese Phase ist eine Vorstufe im Prozess der Identifikation und spielt insbesondere in der Entwicklung des ÜBER-ICHs eine wichtige Rolle. Die orale Phase wird in eine oral-sadistische Stufe (durch Beißen in die Brustwarze der Mutter) und die oral-erotische Stufe (durch Lutschen an der Brustwarze) unterteilt. Fixierungen können in beiden Stadien vorkommen und sind abhängig davon, ob das Kind zu wenig («sadistische Stufe») oder zuviel Nahrung («erotische Stufe») bekommen hat. Sie sind auf die Mutterbrust fokussiert.

In der zweiten Entwicklungsphase, im Alter zwischen 2 und 4 Jahren, ist der Anus die erogene Zone, der das «sadistisch-anale» System begründet. Durch das Zurückhalten oder Ausscheiden der Fäkalien wird sexuelles Vergnügen gewonnen. Das Kind lernt, seinen Körper vom Objekt zu unterscheiden. «Aktivität» und «Passivität» als zwei zentrale Bestandteile der späteren Sexualität sind in dieser Phase bereits vorhanden. Die Aktivität drückt sich in der Muskelkontrolle aus, die in der Ausscheidung der Fäkalien aktiviert wird, während der Agent für die Passivität der Schließmuskel ist. Fixierungen in dieser Phase sind das Resultat des Erfahrens und Festhaltens von Macht und Kontrolle, welche durch das Ausscheiden der Fäkalien gewonnen wird. Diese Fixierungen können in Merkmalen und Pathologien wie Perfektionismus, Sadismus und Zwanghaftigkeit ausgedrückt werden.

In der phallischen Phase zwischen 4 und 6 Jahren wird der Penis des Jungen (die Klitoris bei Mädchen) zur erogenen Zone. Auch der Ödipus-Komplex entwickelt sich in dieser Phase. Dieser ist das Ergebnis einer unbewussten sexuellen (inzestuösen) Anziehung zum gegengeschlechtlichen Elternteil. Die inzestuösen Wünsche und die Konkurrenz um die Liebe der Mutter veranlassen den Jungen zu aggressiven Fantasien gegenüber der Vaterfigur. Sowohl diese Wünsche wie die Rachefantasien machen Angst, die sich sowohl auf den Vater wie auf die Mutter bezieht. Diese Ängste unterdrückt das Ich; diese lebenswichtige Unterdrückung des Ödipus-Komplexes führt zur Identifikation des Kindes mit einem oder beiden Elternteilen und zur Ausbildung des ÜBER-ICHs (Freud 1933). Fixierungen in der phallischen Phase kreisen sich um den ungelösten Ödipus-Konflikt und führen zur Bildung von Neurosen. Im Falle von Serienkillern wird eine ödipale Fixierung durch die Entwicklung von Perversionen ausgedrückt (Pistorius 1996). Der ungelöste Ödipus-Konflikt und die fehlende Internalisierung der Vaterfigur können zu beeinträchtigten ÜBER-ICH-Strukturen und zum Fehlen einer angemessenen Gewissensbildung führen. Freud meint, dass bei männlichen Individuen die Fixierung in der phallischen Phase zu Homosexualität führen kann (was auf die Überidentifikation mit der Mutter zurückzuführen sei).

In der sog. Latenzphase – zwischen 6 und 12 Jahren – werden sexuelle Gedanken und mehr oder weniger bewusste Fantasien (die auch in den nachfolgenden Phasen vorhanden sind) unterdrückt. Die psychische Energie wird in die Sozialisation mit anderen, in die Entwicklung von Empathie und in die Internalisierung von moralischen und ethischen Werten investiert (Pistorius 2000), was die weitere Stärkung des ÜBER-ICH's unterstützt. Für eine gesunde Entwicklung des Individuums ist die Stärkung des ÜBER-ICH's notwendig (während in dieser Phase ein schwächeres sexuellen Verlangen besteht). Dennoch kann eine sexuelle Perversion entstehen, wenn die Latenzphase durch frühzeitige sexuelle Aktivität unterbrochen wird (Freud 1905). Diese Aktivität kann der sexuelle Missbrauch, die Vergewaltigung oder die Einführung in die Sexualität durch eine ältere Person sein (Pistorius 1996). Diese Unterbrechung der Latenzphase kann zu einer beeinträchtigten ÜBER-ICH-Funktion führen. Das Erlebte und die dahinter stehenden Personen bleiben Objekte für die narzisstische Befriedigung (Freud 1905). Solche Probleme werden zu größeren Störungen in späteren Entwicklungsstadien führen.

In der genitalen Phase tritt das Individuum in die Pubertät ein und gewinnt erneut die sexuelle Orientierung, die in der Latenzphase unterdrückt wurde. Das sexuelle Interesse wird auf ein sexuelles Objekt fokussiert (gewöhnlicherweise auf eine andere Person), während es davor autoerotisch war. Alle erogenen Zonen beziehen sich auf den Genitalbereich. Alle Fixierungen, die in früheren psychosexuellen Phasen entstanden sind, kommen in diesem Stadium wieder an die Oberfläche. Das Individuum ist nun gezwungen, diese Probleme mit Hilfe eines reiferen ICHs zu lösen. Doch wenn diese Fixierungen zu stark sind, oder das ICH ungenügend entwickelt ist, können diese ungelösten Probleme pathologisch werden.

Insgesamt bieten die o.g. Ausführungen über die mögliche Fixierung innerhalb der psychosexuellen Entwicklung von Serienkillern also Antwortmöglichkeiten in Bezug auf die Ursache der Fantasien und die Hintergründe der abnormen Art und Weise des Mordens.

2. Zwei Fälle und ihre Analyse
Die beiden folgenden Fallstudien sollen einen Eindruck davon vermitteln, auf welche Weise der dargestellte psychodynamische Ansatz zur Erklärung der Phantasien und damit der spezifischen Motivation von Serienmördern beitragen und insbesondere

- die Gründe für das Fehlen des Gewissens einerseits und der Unterdrückungsmechanismen andererseits, die ihnen «erlauben», deviante Fantasien auszuleben,
- die Abnormität, in denen die Serienkiller ihre Verbrechen begehen, und
- die Hintergründe für den «Zwang zur Wiederholung» der Straftaten erklären kann.

Die Namen, Orte und Daten in diesem Abschnitt wurden aus Gründen des Persönlichkeitsschutzes geändert. Die Informationen stammen aus Polizeiakten und Nachrichtenberichten, sowie aus Interviews, die von Ermittlern und Psychologen sowohl mit dem jeweiligen Täter, als auch seiner engeren Familie geführt wurden. Zudem haben die Autoren ebenfalls die Täter befragt.

(1) Stuart ist weißer Abstammung und wurde 1964 in einem Armenviertel von Kapstadt geboren. Seine leibliche Mutter verließ ihn, als er drei Monate alt war. Ein ortsansässiger Mann nahm den Jungen zu sich. In stark erniedrigender Weise misshandelte er Stuart körperlich und sexuell. Schließlich nahm die Wohlfahrtsbehörde Stuart aus der Obhut dieses Mannes. In den Berichten des Sozialdienstes wurde Stuart, der nun drei Jahre alt war, als ernsthaft unterernährt beschrieben; er wies Brandwunden und Narben auf seinem Körper und seinen Genitalen auf. Er wurde in die Obhut einer Frau F. gegeben, die die Erziehung übernahm und Stuart adoptierte. Stuart wurde damit das jüngste Kind in einer Familie mit fünf Kindern.

Frau F. beschreibt Stuart als extrem aggressiven Jungen, der andere oft biss, wenn er frustriert wurde. Stuart selbst erinnert sich, dass er in der Schule wie zu Hause oft drangsaliert und von Frau F. und ihren Söhnen regelmäßig geschlagen wurde. Andererseits berichten Mrs. F. und Stuart, dass er ein extrem sauberes Kind gewesen sei, das Unordnung hasste. – In der Schule kam es unaufhörlich zu Kämpfen mit anderen Kindern. Dies führte wiederholt zu Schulwechseln. Stuart hatte Lernstörungen und zeigte sehr wechselhafte schulische Leistungen.

Im Alter von acht Jahren wurde er von einem Diakon am Ort sexuell missbraucht. Etwa zwei Jahre später musste er erneut sexuelle Ausbeutungshandlungen durch (nicht näher benannte) Leute an der Schule über sich ergehen lassen. Der sexuelle Missbrauch war ein fortwährendes Element in seinen Entwicklungsjahren. Zudem war er selbst schon sehr früh sexuell aktiv und hatte vor seinem 15. Lebensjahr bereits eine Reihe von sexuellen Beziehungen zu Frauen. Mit 18 verließ er die Schule und ging zur Armee. Zwei Monate später wurde er ausgemustert, weil er an Depressionen litt und suizidgefährdet war. Bald danach heiratete er seine erste Frau, Marie, mit der er zwei Kinder bekam. Diese Ehe wurde als stürmisch beschrieben, charakterisiert von Konflikten und gegenseitigen Beschuldigungen des Fremdgehens. Marie berichtet, dass Stuart darauf bestanden habe, schmerzhaften Analverkehr mit ihr durchzuführen, und gedroht hätte, sie zu töten. – Nach einer kurzen Zeit der Hospitalisierung wegen geistiger und seelischer Erregungszustände – Stuart wurde als «psychopathische Persönlichkeit» diagnostiziert – ließen sich Marie und Stuart scheiden. Stuart hatte danach eine Reihe wechselhafter Beziehungen. Er heiratete eine andere Frau, kurz bevor er gefangen genommen und inhaftiert wurde.

In der Zeit von 1990 bis 1997 tötete Stuart zwölf Menschen – Prostituierte und junge männliche Kinder. Sein zweitletztes Opfer war seine Tochter aus erster Ehe. In allen Fällen wurden die Opfer missbraucht und erwürgt. Eine getötete Prostituierte wies mehrfache Stichverletzungen auf, ihre Vagina war aufgeschnitten, und ihre Brustwarzen waren entfernt und von Stuart gegessen worden. Bei einigen seiner Opfer hatte er an den Brüsten herumgebissen. Im Falle der jungen männlichen Opfer hatte Stuart die Leichen versteckt, um später zu ihnen zurückzukehren und nekrophile Akte an ihnen auszuüben. – Stuart gab an, dass er die Jungen getötet habe, um sie vor dem selben Schicksal zu bewahren, das er gehabt habe, nachdem er seinerzeit sexuell missbraucht worden war. Umgekehrt berichtete er davon, dass er die weiblichen Prostituierten tötete, weil er «alle Frauen hasse, die sich für Geld verkaufen»; sie hätten ihn an seine erste Frau und seine leibliche Mutter erinnert, die ihn verlassen hatte. Er hätte den weiblichen Opfern «nicht erlaubt» zu leben, und er würde «sie alle töten». Er berichtete später, er habe getötet, «um zu kontrollieren … Ich wollte zeigen: ‹Ich bin der, der kontrolliert, Du wirst jetzt nach meiner Geige tanzen› … » Seine Tötungen hätten auch den Zweck gehabt, «das Zeug von mir rauszubekommen, es von mir wegzuschieben.» Gefragt, warum er seine Opfer sexuell misshandelte, erwiderte er: «Ich wollte sie schreien hören, so wie ich geschrieen habe, als das mit mir passierte» (aus Unterlagen der Autoren). In Bezug auf seine Verbrechen zeigte Stuart sehr wenig Reue oder Schuld.

(2) <u>Norman</u> ist Mischling und wurde 1967 in einem Armenviertel von Port Elizabeth geboren. Er hat seinen leiblichen Vater nie gesehen und wenig Kontakt mit seinem Stiefvater. Sein familiärer Hintergrund erscheint chaotisch, gekennzeichnet von Alkoholmissbrauch, Promiskuität und Gewalt. Er verbrachte die ersten zwei Lebensjahre bei seiner leiblichen Mutter, bis er zu verschiedenen Angehörigen in anderen Städten geschickt wurde. Zwischen fünf und vierzehn Jahren pflegte er einen traditionellen afrikanischen Lebensstil. Zwischen acht und fünfzehn wurde Norman von seinem älteren Bruder wiederholt sexuell missbraucht. Sein Bruder starb später, während Norman in dieser Zeit in einer anderen Stadt erzogen wurde.

Im Alter von fünfzehn Jahren kehrte Norman zu seiner Mutter zurück und lebte bei ihr. Nachdem er im Jahre 1986 die Schulexamina nicht bestanden hatte, beging Norman seinen ersten Mord. Kurz darauf hatte er die Schule abgeschlossen und wurde mit Lehrtätigkeiten betraut. Er wurde ein respektierter Lehrer und anerkanntes Mitglied in der örtlichen Gemeinde. Er war stets elegant gekleidet und hatte den Ruf eines Perfektionisten. Während er zwischen 1988 und 1992 seine offizielle Lehrbefähigung erwarb, beging er keine Morde. Im Jahre 1991 erfolgten seine ersten Selbsteinweisungen in diverse psychiatrische Krankenhäuser, wobei verschiedene depressive Störungen und Persönlichkeitsstörungen diagnostiziert wurden.

Seine Morde jedoch fanden eine Fortsetzung; in einem Fall wurde statt eines Kindes ein 30jähriger Mann umgebracht. Norman lockte seine Opfer mit Geldangeboten, oder er verführte sie durch seinen Charme. Danach missbrauchte und erdrosselte er seine Opfer in den Sanddünen nahe seines Wohngebietes. Die Leichen wurden meist in einem fortgeschrittenen Stadium der Verwesung aufgefunden. Ihre Hände waren auf den Rücken gefesselt, die Opfer waren feinsäuberlich niedergelegt und wieder angezogen worden.

Norman wurde schließlich im Jahre 1994 überführt. – Die Gemeinde reagierte mit Unglauben, als sie hörte, dass Norman für jene Kinder-Morde verantwortlich sei, die die

Region in Angst und Schrecken versetzt hatten. In einem späteren Verhör bei der Polizei gestand Norman, dass er homosexuell sei. Er behauptete, dass dranghafte Zustände, Stimmen und Geister ihn über viele Jahre hinweg gequält und ihn zum Morden getrieben hätten. Norman schrieb, dass «die Geister und Personen in mir dermaßen stark sind, dass ich diese Taten begehen musste. Sie sind übermächtig und ernst.» Norman erläuterte, dass – nach dem damaligen Missbrauch durch seinen Bruder – dessen «teuflischer Geist» kam und in ihn Einzug hielt: «Von dem Tag an, als er mich missbrauchte, lebte sein Geist in mir ... In der Gegenwart seines Geistes, und nachdem er starb, hörte ich die Stimmen; ich hörte: Töte! Von da an begannen die Kindermorde.»

Norman drückte zur Zeit seiner Einvernahme tiefes Bedauern für seine Verbrechen aus. Allerdings gab er nie direkt zu, die Morde begangen zu haben. Statt dessen beschuldigte er seinen «Bruder», dass dieser verantwortlich sei. Inzwischen leugnet Norman jegliche Beteiligung an den Morden.

Der psychodynamische Ansatz wird nun zunächst sein Augenmerk auf die Wirkungskraft des ES richten. Pistorius (2000) bemerkte: «Der Serienkiller hat ein eigentümlich ausgeprägtes und dominierendes ES und folglich sehr heftige und aggressive Impulse» (S. 240). Stuart und Norman wiesen extrem starke instinktive («ES») Impulse auf. Im Falle von Stuart fand dieser starke Trieb seinen Ausdruck in wiederholten Konflikten, Kämpfen und Prügeleien in seiner Jugend. Norman erlebte diese Impulse des ES als destruktive innere Stimmen und dranghafte Zustände, die ihm befahlen, zu töten.

Bei der Frage nach den Gründen, warum sich beide Menschen letzten Endes zu Serienkillern entwickelten, könnte man zu einer vereinfachenden Erklärung verleitet werden: Ursache dieser Entwicklung sei die Stärke der ES-Impulse, welche Befriedigung verlangten und so groß waren, dass ihnen einfach nicht zu widerstehen war. In der Konsequenz würde dies bedeuten, dass die ES-Impulse allein das ICH und die ÜBER-ICH-Strukturen dieser Mörder überwältigten und entsprechend zum Ausbruch gelangten. Diese Sichtweise würde beinhalten, dass Stuart und Norman «geborene Killer» wären. Doch wäre diese Sicht der Dinge eine stark vereinfachende, die Komplexität von intrapsychischen und externen Faktoren ignorierende Erklärung derartiger Verbrechen. Obgleich die Ausprägung der ES-Impulse eine Rolle spielt, muss das komplexe Wechselspiel mit anderen Faktoren beachtet werden. Insbesondere bedarf es einer *Analyse der psychosexuellen Entwicklung und Fixierungen*.

Die in diesen Fallbeispielen aufgezeigten psychosexuellen Fixierungen zeigen eine Reihe von untereinander zusammenhängenden Faktoren:
1) Sie zeigen die Gründe für das Ungleichgewicht auf, welches in den Strukturen der Psyche von Serienkillern zu finden ist (das ES, das ICH und das ÜBER-ICH).
2) Sie bringen die Ursprünge von Fantasien an den Tag, welche die Verbrechen des Serienkillers anregen.
3) Sie veranschaulichen die hinter der Vorgehensweise der Täter liegenden Motive (einschließlich ihrer Opferauswahl).

Norman und Stuart weisen Anzeichen von Fixierungen in den zumeist frühen oralen und analen Stadien ihrer Entwicklung auf. Im Falle von Stuart entstanden die oralsadistischen Fixierungen als Resultat schlimmer Deprivation, die er in den ersten drei Lebensjahren erlitt – also in den oralen und analen Stadien seiner psychosexuellen

Entwicklung. Diese Fixierungen wurden während seiner ersten Lebensjahre in seiner Neigung zum Beißen jener Personen ausgedrückt, mit denen er in Konflikt kam. Im Zuge seiner Verbrechen trat dieser orale Sadismus später im Beißen seiner Opfer zu Tage. Wie erwähnt drücken sich orale Fixierungen im Fokussiertsein auf die Mutterbrust und auch in kannibalistischen Impulsen aus (Freud 1905). Beide Faktoren waren in symbolischer Weise in Stuarts Mord an einer Prostituierten repräsentiert, der er die Brustwarzen wegschnitt und diese dann aß. Beim Vollzug dieser Handlungen wiederholt Stuart symbolisch das, was er an eigenem Entsetzen erlitten hat.

Gleichermaßen kann sexueller Missbrauch infolge der Qual, die er verursachen kann, als ein sadistischer Akt gesehen werden (Hazelwood, in Pistorius 2000). Diese Interpretation wird durch Stuarts Stellungnahme gestützt, wonach er wollte, dass seine Opfer in ihrem Leid schreien. Es ist, ausgehend von diesen sadistischen Zwängen, bedeutsam, festzustellen, dass Stuart in seinem analen Entwicklungsstadium fixiert ist. Dabei kann diese Fixierung mit dem leidvollen Erleben von Misshandlung und Missbrauch während seiner oralen und analen Lebensphase erklärt werden. Anale Fixierungen können sich auch im Sadismus zeigen (Freud 1905). Neben offenkundigem Sadismus bestätigt sich die anale Fixierung auch in den Berichten über Stuarts Sauberkeit und seinem Ordnungszwang. Ebenso wies auch Norman Fixierungen im analen Entwicklungsstadium auf, was sich in seinem persönlichen Perfektionismus und seiner Sauberkeit niederschlug. Mehr noch offenbart sich dies in der «Ordnung» seines Verbrechensszenarios, wonach die Opfer säuberlich niedergelegt wurden und bei diesen «gereinigten» Szenen sehr wenig Beweismaterial gefunden wurde (Pistorius 2000).

Bedeutungsvoller noch ist, dass beide Killer das überwältigende Bedürfnis nach Macht und Kontrolle über andere aufwiesen, das mit einer analen Fixierung gekoppelt ist. Im Falle Stuarts wurde dieses Bedürfnis direkt verbalisiert. Zudem wurde es in der Tötung seiner Tochter ausgedrückt, die ihm nach der Scheidung weggenommen worden war. Er behielt die Kontrolle über sie bei, indem er sie tötete. Im Falle Normans zeigte sich die Fixierung auf Kontrolle im Binden der Hände der Opfer. Dadurch, dass es sich um junge Buben handelte, die zudem deutlich schwächer als Norman waren, war die Fesselung nicht deshalb notwendig, um sie in Schach zu halten. Vielmehr zeigte sich im Fesseln Normans zwanghaftes Bedürfnis, andere zu kontrollieren.

Bei beiden Killern fehlt eine Auflösung ödipaler Konflikte, wie sie sonst während der phallischen Entwicklungsphase eingeleitet wird. In beiden Fällen ist dieses Versäumnis (und die spätere Fixierung) das Resultat des Fehlens einer Identifikation mit einer Vaterfigur und deren psychische Einverleibung. Die Abwesenheit eines positiven männlichen Rollenmodells gilt sowohl für Stuarts wie für Normans Fall. Die Nichtintegration einer Vaterfigur führt zu einer defizitären ÜBER-ICH-Ausbildung (Freud 1905). Dies zeigt sich auch im Fall von Stuart und Norman.

Das in beiden Fällen feststellbare Vorkommen von Perversion (wie die Nekrophilie im Falle von Stuart) unterstützt Pistorius' (1966) Behauptung, dass die ödipale Fixierung als Ergebnis nicht nur die Neurose kennt. Hier bestätigt sich Freuds (1905) Standpunkt, dass Homosexualität auch das Ergebnis einer ungelösten ödipalen Fixierung sein könne. Norman war homosexuell, während Stuarts Opferwahl klare homosexuelle Tendenzen aufwies. Freud (1905) hatte den Eindruck, dass Homosexualität das Ergebnis der Überidentifikation des Individuums mit der Mutterfigur sei. Diese Identifikation könnte, so Freud, auch zu einem ICH führen, das eine nährende Haltung gegenüber dem ES einnimmt.

Die Abwehrmechanismen des Egos – das versucht, instinktive bzw. ES-Triebe zu kontrollieren – tragen hier zu unserem Verständnis der Handlungen von Norman und Stuart bei. Der Hauptabwehrmechanismus, der in den oben geschilderten Fällen angewandt wurde, ist der «Wiederholungszwang» (Freud, 1926). In ihm wiederholt das ICH einen traumatischen Reiz in veränderter Form und versucht, diesem Herr zu werden. In den genannten Fällen war der traumatische Stimulus der sexuelle Missbrauch, den Stuart und Norman erlebten. Bei beiden bedrohte die sexuelle Gewalt das ICH und rief heftige instinktive Impulse mit entsprechenden Abwehrmechanismen hervor. In beiden Fällen wiederholt der Serienkiller (direkt oder symbolisch) das, was ihm angetan wurde, gleichsam als Versuch, die Angst zu bewältigen. Der «Zwang zur Wiederholung» besteht aus dem Wiedererleben der eigenen sexuellen Ausbeutung durch das Missbrauchen anderer. Dies bezieht auch die Umkehrung von aktiven und passiven Rollenschemata ein, wobei der Killer die Rolle des Aggressors übernimmt, wie es auch im Phänomen der Wiederholungszwänge vorkommt (Pistorius 2000). In der nahezu zwanghaften Wiederholung ihrer verbrecherischen Taten zeigt sich das Versagen dieses Mechanismus', die früher erfahrene Bedrohung erfolgreich zu eliminieren.

Doch zurück zur psychosexuellen Entwicklung beider Täter: Wir finden bei ihnen deutliche Anzeichen einer sehr zerrissenen Latenzphase. Diese ist – wie erwähnt – jene Entwicklungsphase, in der das ÜBER-ICH infolge der Sozialisierung einen großen Entwicklungsschritt macht (Pistorius 1996). Das Fehlen einer adäquaten Ausbildung des ÜBER-ICH kann als Ausdruck der Störungen gesehen werden. Diese Unterbrechung nahm in beiden Fällen die Form sexueller Frühreife an, der die Vergewaltigungen durch andere Personen während der Latenzphase vorangingen. Abgesehen von den beeinträchtigten ÜBER-ICH-Strukturen hat die sexuelle Ausbeutung von Norman und Stuart noch andere Konsequenzen. Erstens – so behauptete auch Freud (1905) – führten diese Erfahrungen zur Entwicklung von Perversionen, welche in den jeweiligen Verbrechen ihren Ausdruck fanden. Zweitens war aufgrund der Vergewaltigungen das jeweilige ICH dermaßen bedroht, dass der Abwehrmechanismus des Wiederholungszwanges mobilisiert wurde. Dieser wiederum erklärt in beiden Fällen die Auswahl der Opfer und die Serialität der Verbrechen.

Die Fixierungen und sexuellen Instinkte in der psychosexuellen Entwicklung beider Männer waren während der Latenzphase nicht «im Zaum gehalten» worden. Ihre ICHs waren deshalb nicht fähig, genügend Kontrolle gegenüber den mächtigen inneren sexuellen Trieben (und zurückbleibenden Fixierungen) aufzubauen, wie man sie in der genitalen Phase sehen würde (Pistorius 1996). Gepaart mit dem Mangel, ein ausreichendes ÜBER-ICH zu entwickeln, führte dies zu einem ICH, das vom ES überwältigt wurde. Die ungezügelten ES-Triebe und die Fantasien wurden von Stuart und Norman dann im Erwachsenenalter in ihren Morden ausgelebt. Die Art und Weise, wie bei beiden Tätern ihre Triebe sowohl in den Fantasien und in den Morden Ausdruck fanden, wurde von den entwicklungsbedingten Fixierungen diktiert. Insgesamt führte die psychosexuelle Fixierung in beiden Fällen zu Ungleichgewichten in ihrer psychischen Struktur. «Diese Fixierung ist der Samen, aus dem des Killers Fantasie im Unterbewusstsein sprießt.» (Pistorius 2000) Das oben erwähnte ICH-ÜBER-ICH Ungleichgewicht erlaubt es der Fantasie schließlich, bewusst realisiert und im Akt des Serienmordes ausgedrückt zu werden.

3. Diskussion und Empfehlungen

Die vorstehenden Ausführungen konnten und sollten nicht mehr darstellen als eine kleine Einführung in die psychodynamische Perspektive. Um Missverständnissen vorzubeugen, sei noch betont: Erstens ist eine psychoanalytische Erklärung nicht auf jene Täter begrenzt, die Angehörige des gleichen Geschlechts töten, und zweitens stellt die psychoanalytische Erklärung keine Vermutungen über den Modus operandi eines Täters auf (selbst wenn in den genannten Fällen Missbrauchs- und Würge-«Signaturen» vorkommen). Drittens sei gesagt, dass eine psychoanalytische Theorie auch auf Fälle angewandt werden könnte, in denen die Opfer und Modus operandi sich deutlich von den oben präsentierten Fallstudien unterscheiden. Diese träfe z.B. auf einen Serienmörder zu, der erwachsene Frauen vergewaltigte und erschoss (vgl. hierzu Pistorius 1996, 2000).

Psychoanalytische Erklärungen hängen allerdings, auch auf ihre Mängel sei an dieser Stelle hingewiesen, in hohem Masse von der Annahme innerer Triebe in einem Individuum ab. Die Stärke der Triebe wird als hauptsächlicher Einflussfaktor auf die weitere Entwicklung des Individuums gesehen (was inzwischen häufig als Vereinfachung kritisiert wird). Insofern die Psychoanalyse implizit auch von Annahmen über die «angeborene» oder genetische Natur des Menschen abhängt, kann sie in Schwierigkeiten geraten, wenn es darum geht, das volle Ausmaß der Einflüsse und die Umgebungsfaktoren zu klären, die in der psycho-sexuellen Entwicklung zusammenspielen und möglicherweise einen Serienkiller hervorbringen. Deshalb darf die beitragende Rolle systemischer und soziokultureller Faktoren in der Ätiologie von Serienmördern nicht ignoriert werden (Pistorius 1996). Psychoanalytische Theorien sind wirksame Erklärungsmöglichkeiten. Allerdings ist ihre Anwendung zur Untersuchung von Serienmorden oder Konstruktion von Täterprofilen noch schwierig, weil dem Forscher für genaue psychoanalytische Interpretationen Informationen über den Hintergrund und die Erziehung des Individuums vorliegen müssen. Dies ist in laufenden Untersuchungen mit einem *noch unbekannten* Täter natürlich unmöglich. Schwierig und fehlerhaft bliebe es auch, auf der Basis von oft unvollständigen und mehrdeutigen Informationen psychoanalytische Interpretationen zur Tat und deren Verlauf zu machen. Zwar wurde die psychoanalytische Perspektive zur Erstellung von Profilen über Serienkiller und in deren Vernehmungen bereits erfolgreich eingesetzt, doch bedarf es einer noch weiter gehenden Einbeziehung dieser theoretischen Konstrukte in Fällen von Serienmorden, um den potentiellen Nutzen dieser Theorie umfassend klären zu können. Außerdem wäre dies ein Beitrag zu einer weiteren Verfeinerung psychoanalytischer Erklärungen über Serienmorde. Auch gilt es, die Beziehung zwischen psychoanalytischen und anderen Erklärungsansätzen zu Serienmorden differenzierter zu untersuchen, um umfassendere Modelle zu entwickeln.

Literaturangaben

Achenbach, J. (1991, April 14). Serial killers: shattering the myth. Washington Post, A 9.
American Psychiatric Association (1994). Diagnostic and statistical manual of mental disorders (fourth edition). Washington: American Psychiatric Association.

Cameron, D. & Fraser, E. (1987). The lust to kill. Cambridge: Polity Press.
Carlisle, A.C. (1993). The divided self: toward an understanding of the dark side of the serial killer. In R.M. Holmes & S.T. Holmes (Eds.) Contemporary perspectives on serial murder (85–100). Thousand Oaks: SAGE Publications.
Fedora, O., Reddon, J. R., Morrison, J.W., Fedora, S.K., Pascoe, H. & Yeudall, L.T. (1992). Sadism and other paraphilias in normal controls and aggressive and non-aggressive sex offenders. Archive of Sexual Behaviour, 21 (1), 1–15.
Freud, S. (1901–1905). The complete works of Sigmund Freud. Vol. VIII. A case of hysteria, three essays on the theory of sexuality and other works. London: The Hogarth Press.
Freud, S. (1914–1916). The complete works of Sigmund Freud. Vol. VIX. On the history of the psycho-analytic movement papers on metapsychology and other works. London: The Hogarth Press.
Freud, S. (1925–1926). The complete works of Sigmund Freud. Vol. XX. An autobiographical study inhibitions, symptoms and anxiety. The questions of lay analysis and other works. London: The Hogarth Press.
Freud, S. (1932–1936). The complete works of Sigmund Freud. Vol. XXII. New introductory lectures on psycho-analysis and other works. London: The Hogarth Press.
Geberth, V. J. (1996). Practical homicide investigation: tactics, procedures, and forensic techniques. (3rd edition) New York: CRC Press.
Geberth, V.J. & Turco, R.N. (1997). Anti-social personality disorders, sexual sadism, malignant narcissism and serial murder. Journal of Forensic Science, 42 (1), 49–60.
Hickey, E.W. (1991). Serial murderers and their victims. Monterey, CA.: Brooks-Cole/Wadsworth.
Holmes, R.M. (1997). Sequential predation: elements of serial fatal victimization. In R.M. Holmes & S.T. Holmes (Eds.) Contemporary perspectives on serial murder (101–112). Thousand Oaks: SAGE Publications.
Holmes, R.M., & De Burger, J. (1988). Serial murder. Newbury Park: SAGE Publications.
Holmes, S.T., Hickey, E., & Holmes, R.M. (1991). Female serial murderesses: the unnoticed terror. In R.M. Holmes & S.T. Holmes (Eds.) Contemporary perspectives on serial murder (59–74). Thousand Oaks: SAGE Publications.
Holmes, R.M & Holmes, S.T. (1998). What is serial murder? The character and extent. In R.M. Holmes & S.T. Holmes (Eds.) Contemporary perspectives on serial murder (1–4). Thousand Oaks: SAGE Publications.
Jeffers, H.P. (1993). Profiles in evil. London: Warner Books.
Klein, M (1975). Envy and gratitude and other works, 1946–1965 USA: Delacorte press.
Leibenberg, H. & Henning, K. (1995). Sexual fantasy. Psychology Bulletin, 117(3), 469–496.
Leibman, F.H. (1989). Serial murderers: four case histories. Federal Probation, 53, 41–45.
Levin, J. & Fox, A.J. (1991). America's growing menace – mass murder. New York: Berkley Books.
MacCulloch, M.J, Snowden, P.R., Wood, P.J. & Mills, H.E. (1983). Sadistic fantasy, sadistic behaviour, and offending. British Journal of Psychiatry, 143, 20–29.
Money, J. (1990). Forensic sexology: paraphiliac serial rape (biastophilia) and lust murder (erotophonophilia). American Journal of Psychotherapy, XLIV, (1), 26–36.
Myers, W.C., Burgess, A.W., & Nelson, J.A. (1998). Criminal and behavioural aspects of juvenile sexual homicide. Journal of Forensic Science, 43(2), 340–347.
Ogden, T.H. (1990). The matrix of the mind. Northvale: Jason Aronson.
Pistorius, M. (2000). Catch me a killer. London: Penguin Books.
Pistorius, M. (1996). Psychoanalytic approaches to serial killers. Unpublished DPhil thesis. University of Pretoria, Pretoria.
Prentky, R.A., Burgess, A.W., Rokous, F., Lee, A., Hartman, C., Ressler, R., & Douglas, D. (1989). The presumptive role of fantasy in serial sexual homicide. American Journal of Psychiatry, 146(7), 887–891.
Ressler, R.K,, Burgess, A.W. & Douglas, J.E. (1988). Sexual homicide, patterns and motives. Lexington: Heath & Company.
Ressler, R. K. & Shachtman, T. (1993). Whoever fights monsters. London: Simon & Schuster.
Warren, J.L., Hazelwood, R.R., & Dietz, P.E. (1996). The sexually sadistic serial killer. Journal of Forensic Science, 41(6), 970–974.

Serienmord in Deutschland 1900–1945
Eine historische Betrachtung des Phänomens serieller Tötungen

Alexandra Wenig

Einleitung

Serienmörder gab es vermutlich schon immer. Wie sehr wir auch denken, dass sie eine Abart der menschlichen Spezies sind und ihre Handlungen gegen jede menschliche Moral verstoßen – Serienmörder sind ein Bestandteil jeder Gesellschaft und Epoche.

Die Forschung zum Thema Serienmord ist hingegen ein relativ junger Bereich.

Die meisten Publikationen, die in den letzten Jahren international zu diesem Thema erschienen sind, beziehen sich auf die seit den 1970er Jahren bekannten Täter. Das ist auch verständlich, wenn man bedenkt, dass die Beschäftigung in erster Linie aus der angenommenen Notwendigkeit der Bekämpfung eines aktuellen Problems heraus entstand und dass das Konzept des Serienmords vor allem durch die ehemaligen FBI-Beamten Ressler et al. propagiert wurde, deren Untersuchungen auf Interviews mit Tätern basieren, die in den 70er Jahren getötet haben. Nachfolgende Veröffentlichungen basieren bis heute auf diesen Studien (vgl. Ressler et al. 1988). Die bisherige Forschung ist primär psychologisch ausgerichtet. Von diesem Standpunkt aus betrachtet ist es sinnvoller auf Interviews mit lebenden Tätern zurückzugreifen, als Unterlagen und Protokolle heranzuziehen, die bereits vor mehreren Jahrhunderten angefertigt wurden.

Da die Forschung durch angloamerikanische Beiträge dominiert wird, verwundert es nicht, dass das Hauptaugenmerk auf US-amerikanischen Tätern liegt und die meisten, seit den 1980er Jahren erschienenen, Veröffentlichungen vor allem zwei gemeinsame Aussagen zu enthalten scheinen:

- Das Phänomen Serienmord ist ein fast ausschließlich US-amerikanisches.
- Serienmord ist eine Form devianten Verhaltens, das sich erst in der Neuzeit ausgebildet hat und seit den 1960er Jahren zum Problem geworden ist.

Die Dominanz und Beharrlichkeit dieser beiden Hypothesen lässt sich unter anderem dadurch erklären, dass bei der Auflistung von Fällen aus dem nicht-englischen Sprachraum vor allem auf englischsprachige Veröffentlichungen und Datenmaterialien zurückgegriffen wird. Keiner der Forscher dürfte Zugang zu deutschem, französischem, chinesischem oder russischem Material gesucht oder gefunden haben. Eine Stütze für diese These kann ein Vergleich zwischen den Falldarstellungen in heutigen US-amerikanischen Publikationen und originalsprachigen zeitgenössischen sein. Als Beispiel dafür soll der Fall des Karl Großmann dienen.

Der 1863 geborene Großmann wurde 1921 von der Polizei festgenommen, nachdem diese, alarmiert durch einen Nachbarn, dem lautes Schreien aufgefallen war, in die Wohnung des Mannes eindrang und dort auf einem Bett eine nackte, sterbende Frau fand. Sie war schwerst misshandelt worden und starb kurze Zeit darauf. Die Hausdurchsuchung förderte mehrere Leichenteile zu Tage, die drei Frauen zugeordnet werden konnten. Großmann hatte bereits eine lange Karriere an schweren Straftaten hinter sich: 1887 bis 1899 mehrere Sexualdelikte an Kindern, von denen eines an den schweren

Der Serienmörder Karl Großmann (Quelle: Robert Heindl «Der Berufsverbrecher»)

Misshandlungen starb (vgl. Heindl 1926, 205 und Hirschfeld 1931, 210). Nach seiner Entlassung aus dem Zuchthaus, in dem er wegen des letzten Deliktes eine 15jährige Strafe verbüßt hatte, zog er 1913 nach Berlin und beging dort bis zu seiner Verhaftung 1921 vermutlich mehrere Morde. Großmann gestand nach seiner Verhaftung drei Morde, begangen aus sexueller Motivation. Einige Tage nach Beginn der Hauptverhandlung im Jahre 1922 erhängte er sich (vgl. dazu Leppmann 1925, 376f.).

Der Fall wird in den verschiedensten Publikationen aufgeführt, doch zeigen sich teilweise so starke Abweichungen von den Darstellungen aus den 1920er Jahren, dass die Vermutung auftauchen könnte, es handele sich um mehrere Täter. Zum einen scheinen sich die Chronisten nicht auf einen einheitlichen Namen einigen zu können: Da sind von «Georg Karl» (Newton 1990, 138; Jenkins 1994, 43) bis «Wilhelm» (Tatar, 1995, 42) die verschiedensten Versionen im Umlauf. Zum anderen unterscheiden sich auch die Angaben über die Opferzahlen: von vier (Newton 1990, 138), über 14 (Tatar 1995, 42) bis hin zu 50 (Jenkins 1994, 43). Eine Überprüfung der originalsprachigen Quellen hätte sicher solche Verwechselungen vermieden. Ähnliches gilt für den bei Newton (1990, 289) aufgeführten Schultz. Dieser soll 1920 wegen des Verdachtes auf insgesamt 11 Morde festgenommen worden sein, begangen zwischen ca. 1890 und 1920. Der Fall findet sich außer bei Newton weder in einer zeitgenössischen noch heutigen deutschsprachigen Veröffentlichung, so dass gewisse Zweifel an der Echtheit des Falles nicht von der Hand zu weisen sind.

Im Folgenden soll am Beispiel Deutschlands in der ersten Hälfte des 20. Jahrhunderts illustriert werden, dass Serienmorde keineswegs ein völlig neues oder gar rein US-amerikanisches Problem sind. Es soll vor allem der Frage nachgegangen werden, wie man während der Weimarer Republik mit diesem Phänomen umging.

Serienmörder im Deutschland des frühen 20. Jahrhundert
Das Thema Serienmord wird in Deutschland erst seit kürzester Zeit auch in der Forschung beachtet. Die bisher erschienenen Publikationen konzentrieren sich in erster Linie auf die Bundesrepublik Deutschland (Harbort 2001), sind hauptsächlich Übersetzungen US-amerikanischer Veröffentlichungen (Ressler/Shachtman 1993, Douglas/Ohlshaker 1998 usw.) oder stellen Überblicke zu bisherigen Forschungsansätzen dar (Fink 2000). Daneben finden sich noch diverse deskriptive Fallsammlungen (Murakami, Murakami 2000; Haberland 1999) oder Darstellungen einzelner Fälle (Olsen 1994; Lessing 1999; Lenk, Kaever 1974 u.a.).

Analysierende Veröffentlichungen zum Zeitraum zwischen 1900 und 1945 sind bisher nicht erschienen. Es musste daher in erster Linie auf Originalmaterialien aus dem betreffenden Zeitraum zurückgegriffen werden.

Im englischsprachigen Raum finden sich solche Ansätze vor allem in Büchern des US-amerikanischen Geschichtsprofessors Philip Jenkins. Er verweist mehrfach darauf, dass der mutmaßliche Anstieg aktueller Serienmord-Fälle in den Vereinigten Staaten in Relation zu den Fallzahlen aus anderen Ländern und Epochen zu sehen sei, wobei er ausdrücklich Deutschland im frühen 20. Jahrhundert als Beispiel heranzieht. (Jenkins 1989; 1994). Besonders auffallend ist, dass aus der Zeit zwischen 1900 und 1940 ungewöhnlich viele Fälle mit einer hohen Anzahl an Opfern überliefert und in die gegenwärtige Literatur eingegangen sind: Haarmann, Denke, Kürten, – diese Namen verbinden sich alle mit Mordserien, die sich durch viele Opfer und grausame Details in der Tatausführung auszeichnen. Anthropophagie (Kannibalismus) und Nekrophilie traten bei fast jedem dieser Fälle auf. Laut Jenkins lässt sich nicht sagen, ob diese Fälle noch mit einer unbekannten Anzahl an Fällen mit geringeren Opferzahlen einhergingen. Er stellt jedoch in seinen Untersuchungen zu US-amerikanischen Tätern dieses Zeitraumes fest, dass ein wesentlicher Teil dieser Fälle aufgrund mangelhafter Quellenauswertung und fehlender Forschung heute scheinbar in Vergessenheit geraten ist, wodurch der Eindruck entsteht, dass Serienmord ein Phänomen des späten 20. Jahrhunderts sei (Jenkins 1989, 378). Dieser Argumentation folgend, lässt sich mutmaßen, dass auch aus dem deutschsprachigen Raum nicht alle Fälle bekannt sind (vgl. Jenkins 1994, 43).

Falldarstellungen
Bekannte Täter wie Karl Denke, Fritz Haarmann und Karl Großmann werden in praktisch jeder Publikation aufgeführt – oftmals sogar mit Fotos (Institut für Sexualforschung 1929, 48f., 506ff.; Institut für Sexualforschung 1932, 386ff.; Heindl 1926, 134f., 201ff., 176ff.). Haarmann schien bei den Herausgebern des *«Bilder-Lexikons der Erotik»* sogar so großen Eindruck hinterlassen zu haben, dass ihm ein eigener Eintrag gewidmet wurde (Institut für Sexualforschung 1932, 265f.).

Neben diesen Fällen, die heute in jeder Fallsammlung enthalten sind, gibt es zahlreiche, die in den letzten 10 Jahren entweder gar nicht veröffentlicht wurden oder deren Darstellungen von den historischen Berichten abweichen.

Berthold Schidloff (1930) nennt den Fall eines gewissen Hennig, dem 1929 ein Sexualmord an einem jungen Gesellen nachgewiesen werden konnte. Die Vernehmungen des Tatverdächtigen zeigten, dass er bereits im Alter von 16 Jahren seinen ersten Mord begangen hatte. Zwei Jahre später folgte der nächste, für den Hennig zu mehreren Jahren Zuchthaus verurteilt wurde. Nach seiner Freilassung beging er 1929 den bereits erwähnten Mord. Allerdings schreibt der Autor, dass Hennig zum Zeitpunkt der Fertigstellung des Buches dringend tatverdächtig war, einen weiteren Sexualmord an einem jungen Mann verübt zu haben, dessen Leiche zwei Wochen vor der des Gesellen im selben Waldstück entdeckt wurde.

Robert Heindl führt in seinem Werk *«Der Berufsverbrecher»* von 1926 neben Fritz Haarmann, Karl Großmann und Karl Denke noch andere Täter auf, die er als Massenmörder klassifiziert. Da wäre zum Beispiel ein gewisser Scheibner, über den Heindl allerdings nur schreibt, dass er *«gleich Denke [...] vor kurzem als Massenmörder ermittelt und überführt»* (Heindl 1926, 135) wurde oder eine ungenannt gebliebene Frau, die bis zu ihrer Verhaftung und Verurteilung 1924 drei Ehemänner getötet hatte (Heindl 1926, 172). Nähere Angaben zu ihnen fehlen leider, so dass diese Fälle noch einer genaueren Überprüfung bedürfen. Etwas ausführlicher wird der Fall Hering dargestellt – für Heindl ein Beispiel für einen echten «Berufsverbrecher», der tötete, um sich des Vermögens seiner Opfer zu bemächtigen. Hering stand 1913 in Deutschland vor Gericht, weil er zwischen 1880 und 1913 5 seine 6 Ehefrauen getötet haben soll. Da niemals irgendwelche Leichen gefunden worden waren – die Frauen galten alle als verschollen, basierte die gesamte Anklage auf Indizien. Hering reiste mit den Frauen nach Amerika, kam aber ohne sie nach Deutschland zurück. Auf Nachfragen von Angehörigen und Bekannten der Frauen erklärte Hering jedes Mal, sie seien Opfer großer Massenunglücke wie Schiffskatastrophen, Eisenbahnunglücke und Ähnlichem geworden. Zu einer Verurteilung in dem Fall kam es nicht mehr, da Hering während der Verhandlung an einem Schlaganfall verstarb (Heindl 1926, 118ff.).

Leppmann bietet neben Haarmann und Großmann noch eine Analyse des Falles Friedrich Schumann (Leppmann 1925, 348ff.). Der 1893 geborene Schlosser aus Spandau wurde am 13.07.1920 in Berlin wegen sechsfachen Mordes, eines Mordversuches, vier versuchten Vergewaltigungen, Brandstiftung, Diebstahl und Unterschlagung verurteilt. Seinen ersten Mord beging Schumann vermutlich 1911, als er in einem Wald bei Berlin eine Frau erschoss. Verurteilt wurde er damals allerdings lediglich wegen fahrlässiger Tötung, da er sich, laut Heindl, mit *«unvorsichtigem Manipulieren mit der Waffe»* (Heindl 1926, 135) herausreden konnte. 1917 und 1918 folgten während seiner Militärzeit mehrere versuchte Vergewaltigungen, wegen einer wurde sogar ein kriegsgerichtliches Verfahren angestrengt. Zurück in Berlin begann schließlich 1919 eine Serie von Morden und Mordversuchen. Die ersten Opfer waren das obdachlose Paar Kiewill-Reich, das Anfang des Jahres erschossen wurde. Die Leichen waren vergraben, die Frau teilweise entkleidet und einige Wertsachen gestohlen worden. Pfingsten 1919 überfiel Schumann einen Schlosser Rietdorf und dessen Freundin Biedermann auf einem Ausflug. Auch sie erschoss er – die Frau ließ er, zum Teil entkleidet, zurück. Wenig später wurde zunächst auf einen Forsthüter geschossen, der den Anschlag überlebte. Zwei Gendarmen hatten nicht so viel Glück. Sie starben an den Schussverletzungen, die ihnen Schumann aus dem Hinterhalt beigebracht hatte. Sein letztes Opfer war ein Lehrer. Schumann setzte dessen Laube in Brand, woraufhin der Mann und seine Familie aufwachten und das Feuer bemerkten. Als der Lehrer sich daraufhin der Tür näherte, schoss Schumann durch diese auf ihn. Frau und Tochter verschonte er. Gefasst wurde er schließlich, nachdem er durch den Forsthüter Nielbock selbst angeschossen wurde und ihn der behandelnde Arzt der Polizei meldete. Schumann scheint dem von Leppmann beschriebenen Gutachten zufolge zu einem Tätertypus zu gehören, der in der Tötung anderer eine Möglichkeit sieht, sein Ego und seine Persönlichkeit aufzuwerten.[1]

Zusammenfassung des Gesamtzeitraumes

Für den hier gewählten Zeitraum von 1900 bis 1945 wurden in der wissenschaftlichen Fachliteratur Berichte zu insgesamt 50 verschiedenen Fällen gefunden (Täterschaft: 41 Männer, 9 Frauen). Von dieser Gesamtzahl lassen sich 25 Täter als Serienmörder[2] definieren, die zusammen mindestens 176 Menschen getötet haben. Dazu kommen sieben Täter, die wegen zwei Morden verurteilt wurden, bei denen aber entweder der Verdacht auf weitere Morde bestand oder bei denen die Tatausführung bzw. die Tatumstände darauf schließen lassen, dass sie durch die Festnahme von weiteren Morden abgehalten wurden. Bei 12 Tätern würde eine Einstufung als Massenmörder erfolgen, bei zwei Tätern als Amokläufer. Bei fünf Fällen ist eine Einordnung aufgrund der Tatumstände oder der mangelnden Informationen aus der Literatur nicht möglich.

---

[1] Dieser Fall findet sich auch in dem kürzlich erschienenen «Lexikon der Serienmörder» (Murakami/Murakami 2000, 165f.), doch weicht die Fallschilderung von den Darstellungen Heindls und Leppmanns ab.
[2] Ausgehend von der Definition Holmes/Holmes 1998.

Mit 25 Fällen zwischen 1900 und 1945 liegt Deutschland im Vergleich zu den Vereinigten Staaten etwa gleich (Hickey kam in seiner Untersuchung auf 27 US-amerikanische Serienmord-Fälle zwischen 1900 und 1949 – siehe Hickey 1990, 59). Angesichts der höheren Einwohnerzahlen in den USA lässt sich vermuten, dass der Anteil der Serienmörder im Verhältnis zur Gesamtbevölkerung in Deutschland sogar höher war als im US-amerikanischen Raum.

Das Auftreten des Phänomens «Serienmord» ist während dieser Zeit nicht kontinuierlich. Bis 1918 schien die Tötung vieler Menschen durch einen einzelnen Täter über einen längeren Zeitraum eine relative Randerscheinung zu sein. Die Zahl der Opfer der bis dahin berichteten Fälle liegt durchschnittlich bei etwa 3 Opfern pro Täter. Bei diesen Mehrfachmorden handelt es sich überwiegend scheinbar um erweiterte Selbstmorde innerhalb des Familienkreises. Ausnahmen stellen die Sexualmorde des für geisteskrank erklärten Max Dittrich (Nerlich 1907) und die Raubmorde und Brandstiftungen des August Sternickel (Jacta 2001, Heindl 1926) dar.

Nach dem Ersten Weltkrieg stieg die Zahl der Fälle sprunghaft an. Zwischen 1919 und 1925 erschütterten vor allem die Morde von Schumann, Großmann, Haarmann und Denke die Gesellschaft der Weimarer Republik. Auffällig sind die überwiegend sexuellen Motivationen, die hohen Opferzahlen und die bereits erwähnten extremen Begleiterscheinungen der Fälle wie Verstümmelungen der Opfer oder Kannibalismus. Bis zum Ende der 1930er Jahre sanken die Zahlen dann wieder. Bekanntester Fall aus dieser Zeit ist der des Peter Kürten. Von Beginn der Machtübernahme des nationalsozialistischen Regimes 1933 bis zum Ende des Zweiten Weltkrieges 1945 finden sich im Vergleich zum vorigen Jahrzehnt nur relativ wenige Fälle, bei denen scheinbar ausschließlich aus sexuellen Motivationen getötet wurde.

Es muss noch einmal darauf hingewiesen werden, dass es sich hier nur um die Ergebnisse einer Auswertung der Fachliteratur des betreffenden Zeitraumes handelt. Es muss weiteren Untersuchungen vorbehalten bleiben, der Frage nachzugehen, inwieweit sich dieses Zahlenverhältnis mit einer Analyse der noch verfügbaren Quellen (Polizei- und Gerichtsakten sowie Zeitungsartikel) ändern würde. Vor allem die hier aufgezeigte Anzahl der Fälle aus der Zeit des Nationalsozialismus erscheint nicht realistisch. Es ist wahrscheinlich, dass die starke Abnahme von Serienmordfällen nach 1933 unter anderem auf eine veränderte Informationspolitik zurückzuführen ist und nicht auf tatsächliche Begebenheiten.

Dasselbe gilt für die Tatsache, dass nach den Schilderungen in der Fachliteratur die sexuell motivierten Tötungen überwiegen. Auch diese Schwerpunktverlagerung muss nicht zwangsläufig damaligen Realitäten entsprechen. Eine mögliche Ursache hierfür könnte die in den 1920er Jahren verstärkte Forschung im Bereich der Psychologie und Psychiatrie und der Sexualwissenschaft sein.

Innerhalb des hier fokussierten Gesamtzeitraums lässt sich beobachten, dass die Mehrzahl der Morde von Männern begangen wurden. Es findet sich unter den 25 Serienmördern nur eine einzige Frau (Heindl 1926, 172). Bei den meisten Fällen handelt es sich um klassische «Stranger-to-stranger»-Morde. Nur in drei Fällen wurde innerhalb des Familien- und Bekanntenkreises getötet.

Rezeption
Die Häufung von Fällen Anfang der 1920er Jahre brachte in der Gesellschaft der Weimarer Republik eine Fülle von Rezeptionen hervor. In vielen Bereichen fand eine Auseinandersetzung mit diesem Typus des Mehrfachmörders statt.

In diesem Rahmen kann aufgrund der Materialfülle, die vor allem die Veröffentlichungen der 1920er Jahre zu bieten haben, keine vollständige oder gar abschließende Rezeption des Phänomens oder der bedeutendsten Einzelfälle stattfinden.

Der folgende Abschnitt soll lediglich einen Eindruck vermitteln, inwieweit vor allem in den 1920er Jahren in verschiedenen Bereichen mit dem Thema «Serienmord» umgegangen wurde und welche Konsequenzen sich aus bestimmten Fällen ergaben.

Wissenschaftliche Rezeption
Bis zum Ende des Kaiserreiches gab es in Deutschland keine wissenschaftliche Auseinandersetzung mit dem Konzept des Massenmörders. Sofern Fälle besonders interessant erschienen, wurden sie als Beispiele für bestimmte Deliktgruppen (Walter 1910), neue wissenschaftliche Erkenntnisse (Gaupp 1914) oder als Einzelveröffentlichungen (Türkel 1913) herangezogen.

1920 erschien die erste Monographie zum Thema. Albrecht Wetzel stellt in *«Über Massenmörder»* aus der wissenschaftlichen Literatur eine Kasuistik für den Zeitraum zwischen 1800 und 1914 zusammen, wobei er sich primär auf den Bereich der sogenannten Familienmorde stützt – Fälle, die denen von Haarmann, Großmann oder Schumann vergleichbar wären, finden sich hier nicht (abgesehen von dem kurz erwähnten Ludwig Tessnow).

Wetzel blieb allerdings die Ausnahme. Bis Mitte der 1920er Jahre wurden Fälle von Massen- und Serienmord von Autoren zur Untermauerung eigener Theoriekonzepte genutzt, eine eigenständige Analyse erfolgte nicht (vgl. dazu bspw. Wulffen 1921 und 1923 im Zusammenhang mit Giftmörderinnen).

Das änderte sich jedoch innerhalb weniger Jahre, als Mordserien gehäuft auftraten. Extreme Fälle, oftmals begleitet durch Elemente wie Nekrophilie oder Anthropophagie, wurden in einem vergleichsweise kurzen Zeitraum so oft verzeichnet, dass ein Autor im Zusammenhang mit dem Fall Haarmann resigniert bemerkt, dass Täter wie Haarmann, *«wenn man die Kriminalstatistik aller Länder heranzieht, eine fast alltägliche Erscheinung [bilden]. Passiert ein Massenmord nicht in Deutschland, dann ereignet sich ein Fall in Frankreich, in England, in Amerika oder sonstwo.»* (Schidlof 1930, 166).

Die Häufung von spektakulären, medienwirksamen Fällen wie denen von Großmann, Haarmann, Angerstein und Denke bewirkte in der wissenschaftlichen Literatur eine verstärkte Beschäftigung mit dem «Massenmord» und – zumindest in Ansätzen – eine Analyse des Phänomens als eigene Deliktform.

Beispiele dafür sind Erich Wulffens *«Kriminalpsychologie»* (1926), Robert Heindls *«Der Berufsverbrecher»* (1926) oder auch Friedrich Leppmanns *Psychologie des Massenmörders»* (1925). Alle diese Veröffentlichungen, die sich eingehend mit dem Massenmord bzw. Massenmördern beschäftigen, entstanden unter dem Eindruck der sich zu Beginn der 1920er Jahre ereignenden Fälle. Die Rezeptionen dieses Delikttypus unterscheiden sich allerdings grundlegend voneinander.

So beschränken sich Heindl und Wulffen (1921) leider zum größten Teil darauf, einzelne Fallbeispiele in ihre allgemeinen Theorieansätze einzupassen. Für Heindl ist der Massenmörder (egal ob historische Täter wie Burke und Hare oder aktuelle wie Denke oder Haarmann) ein Beispiel für einen «Berufsverbrecher» im Bereich der Gewaltdelikte: Er unterliegt denselben Motivationen wie jemand, der seriell Einbrüche oder Heiratsschwindel begeht. Aus heutiger Sicht ist eine solche Einordnung von Gewalttätern problematisch und spekulativ. So etwa, wenn Heindl bei Haarmann sexuelle Motivationen anzweifelt und den wirklichen Grund für die Morde darin sieht, dass Haarmann auf diese Art versuchte, Nachschub für seinen Altkleiderhandel zu besorgen (Heindl 1926, 134), oder wenn er analog dazu bei Denke vermutet, dass dieser nur getötet habe, um seinen schwunghaften Fleischhandel aufrecht zu erhalten (Heindl 1926, 135). Heindl geht generell bei den meisten Mehrfachtätern von extrinsischen, logisch nachvollziehbaren Motiven aus (Habsucht als Hauptmotiv). Hingegen spielen bei Wulffen, der sich an der Lehre Freuds orientiert, intrinsische Motivationen bei Gewaltdelikten eine entscheidende Rolle (vor allem sexuelle oder pseudosexuelle Motivationen). Sieht Heindl etwa bei der Giftmörderin Helene Jegado wie auch bei anderen «Berufsverbrechern» *«die Sucht nach Geld»* als entscheidende Motivation an (Heindl 1926, 224), stehen bei Wulffen im selben Fall *«geschlechtlich-sadistische Momente»* im Vordergrund (Wulffen 1921, 490). Auch in seinem Buch *«Das Weib als Sexualverbrecherin»* von 1923 werden von Frauen begangene Tötungsdelikte als sexuell motiviert definiert (Wulffen 1923, zitiert nach Marneros 1997, 267).

Eine etwas weitergehende Analyse bietet Wulffen in seinem Werk *«Kriminalpsychologie»* (1926). Es enthält einen eigenen Abschnitt über Massenmörder. Grund hierfür wiederum die Fälle von Haarmann, Denke und Angerstein. Wulffen setzt sich mit dem Begriff «Massenmord» auseinander und kritisiert ihn als für Täter wie Haarmann oder Denke nicht zutreffend: *«Massenmörder im eigentlichen Sinne [sind] nur jene zu nennen, die durch ein und dieselbe Handlung oder doch nahezu gleichzeitig einige oder gar viele Menschen töten.»* (Wulffen 1926, 401). Leider führt er diese Kritik nicht weiter aus, versucht allerdings, die Unterschiede zwischen verschiedenen Fällen durch Gruppierungen deutlich zu machen (Wulffen 1926, 401ff.).

Während Heindl also die Ursachen für serielle Straftaten aus seinem Konzept des materiell orientierten Berufsverbrechers ableitet, und Wulffen die meisten seriellen Tötungsdelikte in erster Linie auf sexuelle Motivationen zurückführt, findet einzig bei Leppmann eine wirkliche Analyse der Fälle statt.

In seinem Artikel versucht der Autor der Psychologie des Massenmörders anhand ausgewählter, zeitgenössischer Fallbeispiele nachzugehen. Zum ersten Mal wird hier der Massenmord als eigenständige Deliktform behandelt. Leppmann kritisiert, wie auch Wulffen, den Begriff «Massenmord» als zu allgemein, geht allerdings einen Schritt weiter. Er bietet eine Unterteilung des Begriffes an, die sich nicht nur auf die Darstellung und Gruppierung bestimmter Fälle beschränkt, sondern auch Definitionen der heute gültigen Klassifizierungen (Massen-, Serienmord, Amok etc.) liefert, ohne jedoch die entsprechenden Begriffe zu verwenden:

«Der Ausdruck umfasst schon äußerlich sehr verschiedene Straftaten. Bald solche, die einander Schlag auf Schlag binnen weniger Stunden oder Tagen folgen und zu der übrigen Lebensweise des Täters einen schroffen Gegensatz bilden, bald wieder eine Art Gewohnheit des Tötens, die sich im Laufe von Jahren in aller Stille auswirkt, und bald eine Mehrheit von Tötungshandlungen, zu denen sich eine Absonderlichkeit der Lebensführung hier und da steigert.» (Leppmann 1925, 347)

Neuartig bei dieser Kategorisierung ist die Einführung der Variablen «Zeit» und «Ort». Gewöhnlich reduzierte sich die kriminologische Systematisierung von Tötungsdelikten auf z.T. willkürlich anmutende Mischungen aus Motivation, Opferstruktur und Tatumständen.

Leppmann konstatiert die Existenz eines «neuzeitlichen» Massenmörders und unterstreicht, dass dieser spezifische Tätertypus besondere Aufmerksamkeit verdiene.

Des Weiteren widmet er sich der Frage, mit welcher Methodik an die Untersuchung des Phänomens ‹Massenmord› heranzugehen sei. Ähnlich wie Robert Ressler sieht auch Leppmann – knapp 50 Jahre früher – eine Chance in der Durchführung von Täterinterviews, um die möglichen Motivationen dieser Mörder zu ermitteln. Allerdings betont er nicht nur die Möglichkeiten, die sich aus solchen Gesprächen für eine Erforschung der Täter und ihrer Taten ergeben, sondern weist auch mehrfach auf Schwierigkeiten hin, die der untersuchende Psychiater dabei zu berücksichtigen habe. Die Täter dürften vielfach Persönlichkeiten sein, die *«auch dem geübten Untersucher innerlich zu fern stehen, um eine volle Einfühlung in ihr Denken und Trachten zu ermöglichen»* (Leppmann 1925, 347).

Dass das Konzept der Serialität damaligen Autoren im Kontext von Tötungsverbrechen durchaus präsent war, zeigt Heindls Kommentar zu dem dreifachen Mörder August Sternickel, der, nachdem er bis 1905 wegen eines anderen Deliktes eine mehrjährige Haftstrafe verbüßt hatte, sofort nach der Haftentlassung *«die Serie der Morde»* (Heindl 1926, 173) begann, die bis zu seiner erneuten Verhaftung 1913 andauerte.

Darüber hinaus wird deutlich, dass Forschung und Justiz bereits damals recht hilflos waren, was die Bestrafung solcher Täter betrifft. Die früheren Diskussionen ähneln auf verblüffende Weise denen, die heute in Fachliteratur und Massenmedien geführt werden. Es wird diskutiert, ob es sinnvoll ist, den Täter in die Psychiatrie einzuweisen, ihn zu Gefängnisstrafen zu verurteilen, eine Kastration zur Minderung seines Geschlechtstriebes durchzuführen oder ihn zum Tode zu verurteilen, um weitere Tötungsdelikte zu verhindern (Schidlof 1930, 162f.).

Ebenso interessant ist in diesem Zusammenhang, dass schon damals über die Rolle und Verantwortung der Medien nachgedacht wurde. Vor dem Hintergrund einer Reihe ungelöster Sexualmorde in Düsseldorf merkt Schidlof an, dass *«eine amtliche Stelle [...] Presse und Film verantwortlich machen will»* (Schidlof 1930, 170).[3] Dem setzt der Autor entgegen, dass aus vergangenen Jahrhunderten genügend Beispiele vorhanden seien, in denen ein bestimmter Fall als Auslöser für folgende Morde fungierte – zu einer Zeit, in der es weder Presse noch Kino gegeben habe (vgl. Schidlof 1930, 170). So werden das Rom der Cäsaren und die *«infektiöse mania homicidia»*, die sogenannte *«epi-*

---

[3] Für diese Taten konnte später Peter Kürten als Verantwortlicher ermittelt werden.

Der mehrfache Mörder und Brandstifter August Sternickel
(Quelle: Robert Heindl «Der Berufsverbrecher»)

demie des piqueurs» im Paris des 19. Jahrhunderts oder auch die Morde, die im Anschluss an die Taten des geisteskranken Nordlund[4] in Schweden 1912 verübt wurden, angeführt (vgl. Schidloff ebd.).

Strafverfolgungsbehörden
Auch für die Strafverfolgungsbehörden brachten die Fälle des Jahres 1924 Veränderungen in der Ermittlungsarbeit und ein gesteigertes Bewusstsein für Täter, die über einen langen Zeitraum töteten, mit sich. Es wurde die Frage gestellt: *«Wie hätten diese Taten, oder zumindest einzelne von ihnen verhindert werden können?»* (Gennat 1936, 31). Vor allem der Fall Haarmann hatte verdeutlicht, dass es notwendig war, ein besseres Informationssystem aufzubauen, um Serien, das heißt, zusammenhängende Straftaten besser erkennen und so die Täter schneller ermitteln zu können.

Vorreiterrolle hatte hier die preußische Polizei, primär die Berliner Mordkommission unter der Leitung des legendären «Kommissars vom Alexanderplatz», Ernst Gennat (1880–1939). Dessen ermittlungstechnischen Überlegungen zur Bewältigung von Fällen wie denen von Haarmann oder Denke lassen sich mit denen der US-amerikanischen Polizei der 1980er Jahre vergleichen.

Als erste Großstadt Deutschlands hatte Berlin 1902 mit der Mordkommission eine Spezialeinheit für Tötungsdelikte geschaffen. Es zeigte sich, dass speziell ausgebildete Kriminalisten Kapitalverbrechen besser aufklären konnten. Nachdem sich herausstellte, dass auch dieser Einrichtung erhebliche organisatorische Mängel anhafteten, die ein effizientes Arbeiten erschwerten, wurde 1926 die Mordinspektion geschaffen. Zweck dieser Einrichtung war es, die Effizienz der Ermittlungsarbeit zu steigern, Einzelfälle zu Lehrzwecken auszuwerten und die kriminalistischen Arbeitsmethoden zur Aufklärung von Tötungsdelikten zu perfektionieren (vgl. Gennat 1936, 31). Um diese Ziele zu erreichen, wurde als zentrale Sammelstelle für Kapitalverbrechen die «Zentraldatei für Mord-(Todesermittlungs-)-Sachen» errichtet, deren Leitung Gennat inne hatte. In ihr wurden seit 1926 Fälle nicht natürlichen Todes (Selbstmord, tödlicher Unfall, Tötung durch fremde Hand) aus dem Großraum Berlin, aus Deutschland und aus dem Ausland gesammelt, welche die Mitarbeiter Gennats in erster Linie den amtlichen Fahndungsblättern entnahmen. Bis 1936 wuchs die Datei auf ca. 3000 Einzelfälle an, darunter etwa 300 aus dem Ausland (Wirth/Strauch 1999, 528). Laut Gennat sollten mit Hilfe der Datei Fälle nach dem Gesichtspunkt geprüft werden, *«ob Straftaten gleicher oder ähnlicher Art registriert sind, die auf denselben Täter hindeuten»* (Gennat 1936, 33). Die Zentraldatei lässt sich von Ziel und Anlage her durchaus als Vorläufer des kriminalpolizeilichen Meldedienstes oder auch der in den USA und Kanada entwickelten Systeme ViCAP und ViCLas betrachten, mit denen mögliche Verbindungen zwischen ungelösten Mordfällen gesucht und einzelne Tötungen daraufhin geprüft werden, ob sie Bestandteil einer eventuellen Serie sind.

Die Zentralstelle in Berlin war zwar ein positiver Ansatz, an dem sich auch die anderen Länder des Reiches ein Beispiel hätten nehmen sollen, aber leider waren die Befugnisse der Mitarbeiter extrem eingeschränkt. Die Berliner Kriminalisten konnten,

[4] Nordlund war 1912 auf ein im Hafen von Göteborg liegendes Schiff eingedrungen, um in den Kabinen nach Wertsachen zu suchen. Als er von einem Mannschaftsmitglied dabei ertappt wurde, eröffnete er das Feuer. Er tötete 7 Menschen und verwundete 5 weitere (vgl. Wulffen 1926, 402).

ähnlich wie heutzutage die Beamten vom BKA oder FBI, bei Mordfällen als Berater hinzugezogen werden. Waren sie dann am Tatort, hatten sie allerdings keine eigenen Ermittlungsrechte und unterstanden den örtlichen Behörden. Diese sahen die Berliner in der Regel als «Besserwisser», als Eindringlinge in ihren eigenen Kompetenzbereich an, was eine wirkungsvolle Zusammenarbeit erschwerte. Misserfolge seitens der Berliner Ermittler wurden mit einer gewissen Schadenfreude gesehen (vgl. Hyan 1931, 616). Ein Beispiel dafür waren die Ermittlungen im Fall der Düsseldorfer Sexualverbrechen. Zwischen Februar und November 1929 wurde die Stadt von anscheinend mehreren Tätern terrorisiert. Scheinbar wahllos fielen den Morden Männer, Frauen und Kinder zum Opfer. Im April des Jahres wurde der geisteskranke Stausberg als Tatverdächtiger festgenommen. Ihm wurden fünf Morde zur Last gelegt. Nach seiner Verhaftung hörten die Morde plötzlich auf, und es kehrte Ruhe ein. Diese wurde jedoch im August jäh durch eine neue Serie unterbrochen. Die Bevölkerung war in Panik.

Bei Polizei und Presse kamen Zweifel an der alleinigen Täterschaft Stausbergs auf. Schließlich reiste Gennat im Sommer 1929 nach Düsseldorf, um die Ermittlungsakten auf zusammengehörige Fälle hin zu überprüfen und Aussagen darüber zu treffen, wie viele Täter in der Stadt aktiv waren (vgl. dazu Pfeiffer 1997, 165). Das den Düsseldorfer Behörden vorgelegte Gutachten wurde aufbereitet und 1930 in der Zeitschrift «Kriminalistische Monatshefte» veröffentlicht (Gennat 1930). Dieses Gutachten ist auch aus heutiger Sicht noch interessant. Auf der Basis eines *Modus-Operandi*-Vergleiches klassifizierte er die Fälle als Erstes in Gruppen mit analogen Merkmalen, um die Anzahl der an den aktuellen Morden beteiligten Täter zu bestimmen (Gennat 1930, 30). Einschließlich Stausberg ging er von 4 Tätern aus. Dann entwickelte er ein Persönlichkeitsprofil des von ihm so bezeichneten «Serienmörders» (Gennat 1930, 30), der – seiner Ansicht nach – für insgesamt vier Morde und einen Mordversuch verantwortlich war. Es beinhaltete Aussagen über den mutmaßlichen Wohnort, seine soziale Stellung, über seine Tötungsmotivationen und seinen bisherigen Lebenslauf (Gennat 1930).

Zwar wirken einige Hypothesen Gennats im Kontext neuerer psychologischer Erkenntnisse etwas seltsam, doch lässt sich insgesamt bereits eine verblüffende Ähnlichkeit zu heutigen Täterprofilen beobachten (vgl. Hoffmann/Musolff 2000, 35f.) Zusätzlich wurde das Profil zu Fahndungszwecken im «Deutschen Kriminalpolizei-Blatt» (Landeskriminalpolizeiamt 1930) veröffentlicht, um allen deutschen Behörden und vor allem der Bevölkerung die Möglichkeit zu geben, an den Ermittlungen teilzuhaben. Es begann eine in der Polizeigeschichte einmalige Großfahndungsaktion. Mehr als 12.000 Menschen gerieten unter Tatverdacht, mehr als 200 bezichtigten sich selbst der Morde (Gay/Steiner 1957, 31).

Kurze Zeit später wurde (eher durch Zufall als durch gezielte Ermittlungsarbeit) Peter Kürten verhaftet. Bei seinen Vernehmungen gestand er auch die Überfälle auf die Opfer Kühn, Ohliger und Scheer im Februar 1929 – Verbrechen, wegen denen Stausberg verurteilt worden war.

Die Polizei wurde nach Kürtens Verhaftung von der Presse heftig angegriffen. Insbesondere wurde Gennats Mehrtätertheorie als falsch und ermittlungsbehindernd bezeichnet (Gennat 1931, 132). Die Großfahndung, die auf der Grundlage von Gennats Ausführungen eingeleitet wurde, sei kläglich gescheitert (vgl. dazu Lenk/Kaever 1974; Gay/Steiner 1957).

Gesellschaftliche Rezeption
Die Gesellschaft der Weimarer Republik schien fasziniert von den oftmals mit sexuellen Perversionen verbundenen Fällen. Die vergleichsweise hohe Anzahl an aufsehenerregenden und schlagzeilenträchtigen Fällen führte, wie bereits aufgezeigt, zu einer verstärkten Aufmerksamkeit gegenüber dem Phänomen «Massenmord» in der Wissenschaft und den Strafverfolgungsbehörden. Doch auch im gesellschaftlichen und medialen Bereich wurden die Tötungen von Großmann, Haarmann oder Kürten aufgegriffen und rezipiert.

Die bis 1924 hauptsächlich über politische Auseinandersetzungen, wirtschaftliche Krisen, Aufstände und Putschversuche berichtenden Printmedien nahmen sich der spektakulären Fälle an. Täglich gab es Schlagzeilen über neue Knochenfunde in der Leine, die Morde von Karl Denke in der Nähe Breslaus oder die ungeheuren Ereignisse im Zusammenhang mit Fritz Angerstein. Haarmanns Prozess wurde als auflagensteigerndes Ereignis im In- und Ausland ausgeschlachtet. Noch extremer wurde der Fall der Düsseldorfer Sexualverbrechen medial vermarktet, der international ebenfalls für großes Aufsehen sorgte. Die Presse verbalisierte und schürte die Ängste der Menschen – sei es, wie im Falle Haarmanns, die Furcht, die eigenen Angehörigen unter den Opfern erkennen zu müssen (vgl. z.B. Rieseberg 1924; Schomburg 1924); oder die Befürchtung, in Düsseldorf zum nächsten Opfer des unvermutet zuschlagenden Mörders zu werden. Das gipfelte darin, dass ausländische Pressevertreter bei der Polizei anfragten, wann denn das nächste Opfer zu erwarten sei (Gennat 1930, 82). Auch der Prozess Kürtens wurde zum Medienereignis. Aufgrund des öffentlichen Interesses musste für den Prozess eine Turnhalle der Düsseldorfer Schutzpolizei als Verhandlungssaal (Gennat 1930, 110) umfunktioniert werden – neben Angehörigen der Opfer, Fachleuten aus Medizin und Justiz mussten auch mehrere Hundert in- und ausländischer Journalisten untergebracht werden, für die extra Telefonzellen installiert wurden (vgl. Tatar 1996, 43).

Die massive und detaillierte Berichterstattung in der Presse hatte allerdings auch ihre Schattenseiten. So löste 1924 die Behauptung, Haarmann und Denke hätten angeblich Fleischhandel betrieben (was beiden nie bewiesen werden konnte) eine Art ‹Menschenfleisch›-Hysterie aus: In Hannover und Breslau wurden Fleischer und Metzger von ängstlichen Kunden bedrängt, Auskunft über die Herkunft des angebotenen Fleisches zu geben (vgl. Pfeiffer 1997, 130f.).

In diesem Zusammenhang scheinen auch folgende Liedzeilen entstanden zu sein:

«Warte, warte nur ein Weilchen
Bald kommt Haarmann auch zu dir
Mit dem kleinen Hackebeilchen
Macht er Leberwurst aus dir»
(siehe Döblin 1996, 282).

In der Literatur finden sich verschiedene Versionen dieses Verses – mal auf Denke (Pfeiffer 1997, 130), mal auf Haarmann (Wulffen 1966, 482) bezogen. Welcher Fall nun die ursprüngliche Quelle für dieses Lied ist, lässt sich heute nicht mehr eruieren.

Was Kürten innerhalb der Gesellschaft der Weimarer Republik zu einem Novum machte, war die vermeintliche Wahllosigkeit seiner Opfer. Hatten sich Haarmann und Denke auf relative Randgruppen der Bevölkerung beschränkt – Haarmann auf obdachlose Jungen, die sich am Bahnhof Hannovers oftmals als Prostituierte durchschlugen; Denke auf wandernde Handwerksburschen oder Bettler – so zeigte Kürten keinerlei Präferenzen in der Auswahl seiner Opfer. Er tötete Männer, Frauen, Kinder; Geschäftsleute, Arbeiter, Hausangestellte. Es konnte jeden treffen, der zufällig zur falschen Zeit am falschen Ort war. Die Angst, zum nächsten Opfer zu werden, fand 1929 seitens der Düsseldorfer Bevölkerung Ausdruck in diversen «Erregungszuständen» (Gennat 1930, 81). Gennat spricht in diesem Zusammenhang sogar von einer Art Kriegszustand, in der sich Düsseldorf befunden habe (Gennat 1930, 81). So gab es zum Beispiel die «Überfall-Psychose», die sich in der gehäuften Anzeige von (meist frei erfundenen) Überfällen direkt im Anschluss an die Presseberichterstattung eines tatsächlichen Falles zeigte. Eine weitere Erscheinungsform war die «Vermissten-Psychose»: Eltern, deren Kinder sich geringfügig verspäteten, gerieten schon nach Minuten in Panik, ihre Angehörigen könnten Opfer des Massenmörders geworden sein – ein Verdacht, der sich in der Regel nicht bestätigte. Und schließlich die «Brief-Psychose»: Kürten hatte die Presse in zwei Briefen über Fundorte seiner Opfer unterrichtet. Nach der Veröffentlichung dieser zweifellos echten Briefe wurden die Tageszeitungen und auch die Polizei mit einer Unmenge falscher Briefe überhäuft, in denen sich Personen der Täterschaft bezichtigten (Gennat 1930, 81).[5]

Auch die Literatur, Malerei und Kinematographie der 1920er Jahre setzten sich mit dem sexuell motivierten Tötungsdelikt auseinander. Darstellungen von Sexualität und Gewalt finden sich überall in der Kultur der Weimarer Republik.

An dieser Stelle seien exemplarisch Frank Wedekinds *«Die Büchse der Pandora»*, die Werke der Maler George Grosz und Otto Dix (siehe die Beiträge von Müller-Ebeling und Hoffmann-Curtius in diesem Band) oder die Filme «M» von Fritz Lang (1930) und *«Das Cabinet des Dr. Caligari»* (1920) von Robert Wiene genannt. Sie alle thematisieren das Motiv des Sexual- bzw. «Lustmordes», stellen Parallelen zwischen diesen Tötungsdelikten und der gesellschaftlichen Situation im Europa der 1920er Jahre her. So zieht Siegfried Kracauer, ein Philosoph und Soziologe, 1947 die Schlussfolgerung, dass der Jahrmarkt aus dem Film «Das Cabinet des Dr. Caligari» die chaotische Situation des Deutschland nach dem Ersten Weltkrieg mit seinen komplexen Problemen reflektiere (Kracauer 1947, 74); und Hirschfeld sieht in den in Blaise Cendrars Roman «Moravagine» beschriebenen Handlungen *«sexuell bedingter Zerstörungswut den Zustand der Menschheit in Europa»* (Institut für Sexualforschung 1932, 424) dargestellt.

Fazit und Ausblick

Deviantes Verhalten wie das des Serienmörders ist auch immer ein Spiegel der jeweiligen Gesellschaft, in der Täter und Opfer leben. So lassen sich Änderungen im Auftreten bestimmter Verhaltensweisen nicht nur individualpsychologisch interpretieren, sie sind gleichfalls ein Anzeichen für sich wandelnde gesellschaftliche Prozesse. Während Aktienkurse als wirtschaftlicher Indikator fungieren, werden Kriminalitätsraten als Gradmesser für den Zustand einer Gesellschaft gesehen (vgl. Schwerhoff 1999, 9).

Die Auswertung der für den hier untersuchten Zeitraum (1900 – 1945) relevanten Fachliteratur führt vordergründig zur Annahme einer erhöhten Serienmordrate (ins-

---

[5] Einige dieser Briefe finden sich ausschnittsweise bei Lenk, Kaever 1974, 326ff.

besondere zu Beginn der 1920er Jahre). Allerdings lässt sich diese Behauptung nicht stichhaltig belegen. Die Tatsache, dass Massen- bzw. Serienmorde im wissenschaftlichen Diskurs vermehrt fokussiert werden, ist noch kein Beweis für deren Zuwachs. Eine mögliche Ursache für diese Konzentrierung ist in der im späten 18. Jahrhundert einsetzenden Institutionalisierung und Systematisierung des kriminalistischen, kriminologischen, medizinischen und psychologischen Bereiches zu sehen, die die Wahrnehmung, Bearbeitung und Aufzeichnung von (Tötungs-)Delikten erheblich forcierten. Hypothesen zur Häufigkeit von Mehrfachmorden bleiben angesichts dieser einschneidenden Entwicklung in der Entdeckung, Ermittlung und Analyse von Straftaten weitgehend spekulativ. Gleichzeitig lassen sich solche Vermutungen nicht definitiv ausschliessen. Fakt ist, dass vor allem während der Zeit der Weimarer Republik eine besondere soziale, politische und ökonomische Situation vorherrschte. Dieser spezifische historische Kontext wirft die Frage auf, inwieweit extrinsische Faktoren (materielle Ressourcenlage, Migration etc.) das Feld multipler bzw. serieller Tötungen beeinflussen können. Eine Antwort hierauf kann im Rahmen dieses Artikels nicht gegeben werden. Dazu bedürfte es ausführlicher, theoretisch und methodologisch fundierter Untersuchungen. Im Folgenden sollen jedoch einige Aspekte vorgestellt werden, die weitere Beachtung verdient haben.

(1) Ein zentraler Gesichtspunkt ist der mögliche Einfluss, den gewalttätige Konflikte wie der Erste Weltkrieg oder nationale Revolten auf das Phänomen «Serienmord» haben könnten. Dan Archer, ein amerikanischer Soziologe, hat in einer über 10 Jahre angelegten Studie herausgefunden, dass es, unabhängig vom jeweiligen Kulturkreis, nach bewaffneten Auseinandersetzungen zu einem Anstieg der Gewaltdelikte kommt (Archer/ Gartner 1984). Und Wulffen schreibt: «*Ein Zusammenhang mit der im Weltkriege und danach in der modernen Kultur hervorgetretenen Entwertung des Menschenlebens wird wohl kaum von der Hand zu weisen sein.*» (Wulffen 1926, 401) Solche Aussagen gehen einher mit der Frage, in welcher Form Kriege Auswirkungen haben auf die menschliche Psyche. In dem ihm gegebenen machtpolitischen Kontext ist Krieg ein dynamischer Prozess der Entgrenzung und Enthemmung, in dem das Töten des Gegners erlaubt, ja erwünscht und gefordert ist. Lässt sich diese als rechtens definierte Übertretung des Tötungstabus in Friedenszeiten einfach wieder aufheben, oder kann sich mit ihr dauerhaft die Einstellung gegenüber dem Töten ändern? Und: Inwieweit ist es einem Individuum, das aus dem Krieg in einen Zustand der Instabilität zurückkehrt, möglich, wieder an alte Rechtsnormen und Moralvorstellungen anzuknüpfen? Animieren chaotische Verhältnisse und polizeiliche Funktionsunfähigkeit dazu, nach dem Krieg weiterzumorden? Sind Ergreifung und Bestrafung weniger zu fürchten als in einem geordneten und einsatzfähigen Rechtsstaat? Ähnliches gilt für nationale Unruhen, welche die Rechtsordnung und staatliche Souveränität grundsätzlich erschüttern, so dass ihre Beilegung seitens der Justiz und Polizei Priorität hat. In den frühen 1920er Jahren kam es zu zahlreichen politischen Unruhen (kommunistische Aufstände, politische Morde, Putschversuche etc.). Es ist fraglich, ob in Vermisstenfällen, die als unpolitisch eingestuft wurden, mit der gleichen Vehemenz ermittelt wurde, wie in Fällen mit politischem Hintergrund. Ein Beispiel dafür könnte der Fall Haarmann sein. Dieser war Informant der Hannoveraner Polizei. Lange Zeit hielten sich damals die Gerüchte, dass mögliche Verbindungen zu ungeklär-

ten Vermisstenfällen oder Tötungsdelikten von der Polizei im Sinne des Informationsflusses wohlweislich ignoriert wurden, auf die die Polizei dann allerdings mit heftiger Gegenwehr reagierte (vgl. Weiss 1924; Brauner 1924).

(2) Ein weiterer Aspekt, der eine Folge internationaler, bewaffneter Auseinandersetzungen sein kann, ist die Migration.

Nach dem Ersten Weltkrieg veränderte sich die Bevölkerungsstruktur in Deutschland maßgeblich. Nach 1918 flüchteten über 1 Million Menschen aus den ehemaligen deutschen Kolonien, aus Nordschleswig, aus Elsaß Lothringen sowie aus den Polen zugesprochenen Teilen Posens, Westpreußens, Pommerns und Ost- wie Niederschlesiens nach Deutschland (vgl. Hilgemann 1986, 66ff.).

Diese soziale Umbruchsituation und die umfassende Marginalisierung von Migrantengruppen auf kulturellem, politischem, sozialem und wirtschaftlichem Sektor ermöglicht seriell operierenden Tätern einen neuen Kreis von Opfern, der über eine hohe Fluktuation, geringe informelle Kontrolle und kaum politische oder rechtliche Lobby verfügt (vgl. u.a. Jenkins 1989, 390). Es ist daher denkbar, dass das Verschwinden eines Menschen erst nach längerer Zeit für Aufmerksamkeit sorgt. Haarmann, Denke und Großmann suchten sich ihre Opfer beispielsweise in heterogenen und marginalisierten sozialen Gruppen: Haarmann tötete Kriegswaisen, Denke Bettler und Wanderburschen und Großmann Prostituierte.

Eine Pressemitteilung der Hannoveraner Polizei zum Fall Haarmann zeigt exemplarisch, dass Tötungen an Mitgliedern sozialer Randgruppen sekundäre Bedeutung beigemessen wurde. In der Verlautbarung wird der Umstand, dass nicht schon eher gegen den polizeibekannten Haarmann ermittelt wurde, damit begründet, dass «*[...] die furchtbaren Vorgänge sich in dem ältesten und engsten Stadtteil in einer Umgebung abgespielt haben, in der das verdorbenste Proletariat der Großstadt haust. Alle dabei beteiligten Personen, auch die meisten der unglücklichen Opfer sind mehr oder weniger verwahrlost und moralisch minderwertig [...]*» (zitiert nach Kütemeyer 1924, 6).

(3) Es ist auffallend, dass die Täter der prominenten Fälle zu Beginn der Weimarer Republik zum grössten Teil nicht durch systematische Ermittlungsarbeit gefasst wurden, sondern durch Zufall. Das ist ein tragisches Moment, dass aufgrund der scheinbaren Motivlosigkeit dieses Delikttypus häufig im Kontext serieller Tötungen erwähnt wird. Im Falle der hier erörterten historischen Mordserien könnte zudem die instabile und unübersichtliche ökonomische, politische und soziale Situation in der Weimarer Republik relevant sein, die alle Bereiche des privaten und öffentlichen Lebens durchdrang und sich somit auch negativ auf die Arbeit der Strafverfolgungsbehörden auswirkte – sei es, dass diese nicht über die nötigen finanziellen und personellen Ressourcen verfügten oder ihre Tätigkeiten auf ein breites Spektrum an Delikten und politischen Unruhen konzentrieren mussten. So kommentiert Gast, «*dass der Staat in dieser Zeit den vielen gegen ihn einstürmenden Gewalten nicht Herr werden konnte, und dass deshalb ein großer Teil von Kapitalverbrechen ungesühnt blieb oder doch erst später, als die Staatsgewalt einigermaßen erholt war, verfolgt werden konnte*» (Gast 1930, 13f.).

(4) Insbesondere hinsichtlich der ökonomischen Lage in Deutschland ergibt sich eine neue und bizarre Perspektive: Anfang der 1920er Jahre lassen sich gleich mehrere Fälle verzeichnen, in denen Kannibalismus eine zentrale Rolle spielte bzw. der Verdacht bestanden hat, dass die Täter das Fleisch ihrer Opfer verkauft hätten (vgl. etwa die Fälle Haarmann, Großmann oder Denke). Unabhängig davon, ob dies zutrifft oder nicht, welche Motive diesen Handlungen im Einzelnen zugrunde liegen, wird mittels dieses Tatmerkmals die Problematik fehlender Nahrungsressourcen thematisiert. Zumindest offenbart sich hier eine neue Art der Leichenentsorgung, der in wirtschaftlich stabilen Zeiten eine geringere Gewichtung zuerkannt wird.

Ausgerechnet Wulffen, der ansonsten psychologisch und nicht ökonomisch argumentiert, versucht die scheinbare Häufung von Kannibalismus mittels der desolaten Wirtschaftssituation zu erklären und schreibt: *«Der Grund aber für den Handel mit Menschenfleisch wird vielleicht zu einem gewissen Teil in der großen Nahrungs- und Fleischnot liegen.»* (Wulffen 1926, 415) Dabei bezieht er sich auf die Veröffentlichungen und Untersuchungen des französischen Anthropophagie-Forschers André und des deutschen Seuchenforschers Abel, die das Phänomen «Kannibalismus» in verschiedenen Kulturen und während zahlreicher Hungersnöte beobachtet haben (Wulffen, ebd.). Laut Wulffen war der Mangel an Fleisch die ideale Grundlage dafür, *«dass in den kranken Hirnen einiger entartete[r] Menschen der Gedanke auftauchen konnte, mit Menschenfleisch zu handeln und auch selbst ihren Fleischhunger an ihm zu stillen.»* (415)

All diese Überlegungen können, wie gesagt, keine Erklärungen für das Phänomen «Serienmord» liefern, sondern nur eine mögliche Orientierung auf dem Wege einer weiterführenden historischen Auseinandersetzung mit diesem komplexen Thema sein.

Die Parallelen zwischen dem Konzept des Lustmords und dem der sexuell motivierten Mehrfachtötung sind bemerkenswert. Damals wie heute war die Forschung darum bemüht, das Phänomen «Mehrfachmord» wissenschaftlich zu erschließen. So enthalten einige der Publikationen große Ähnlichkeiten zu den seit den 1980er Jahren in den USA erschienenen Beiträgen. Teilweise wird der Eindruck erweckt, als sei das sprichwörtliche Rad unnötigerweise neu erfunden worden. Ein genauerer Blick auf bereits vor 60 und mehr Jahren publizierte Veröffentlichungen kann sicherlich auch hilfreich für heutige Wissenschaftler und Wissenschaftlerinnen sein und hinsichtlich bereits gewonnener Erkenntnisse eventuelle Vergleichsmöglichkeiten eröffnen. Eine intensive und differenzierte Aufarbeitung dieses Forschungsgegenstandes erscheint angebracht. Deutschland bietet aufgrund seiner wechselvollen Geschichte im 20. Jahrhundert die Chance, durch vergleichende Analysen verschiedener Zeitperioden und Gesellschaftsformen innerhalb eines Kulturkreises, Aussagen darüber treffen zu können, ob und inwieweit extrinsische Faktoren wie der soziale, politische und ökonomische Kontext eines gesellschaftlichen und staatlichen Verbandes eine Rolle beim Auftreten serieller Tötungen spielen können.

Literaturangaben

Archer, Dan/Gartner, Rosemary (1984): Violence and crime in cross-national perspective. New Haven: Yale University Press.
Brauner, Peter (1924): Die sexuelle Aufklärung des Falles Haarmann. Hannover: Verlag Freyholdt & Hammer.
Döblin, Alfred (1996): Berlin Alexanderplatz. Die Geschichte vom Franz Biederkopf. Zürich, Düsseldorf: Walter.
Douglas, John/Olshaker, Mark (1998): Die Seele des Mörders. München: Wilhelm Goldmann.
Egger, Steven A. (1990): Serial Murder. An elusive Phenomenon. New York, Westport, London: Prager Publishers.
Exner, Franz (Hrsg.) (1930–1940): Kriminalistische Abhandlungen. Leipzig: Wiegand.
Fink, Peter (2000): Immer wieder töten. Serienmörder und das Erstellen von Täterprofilen. Hilden: Verlag Deutsche Polizeiliteratur.
Gast, Peter (1930): Die Mörder. Exner, Franz (Hrsg.) (1930–1940): Kriminalistische Abhandlungen. Band 11. Leipzig: Wiegand.
Gaupp, R. (1914): Die wissenschaftliche Bedeutung des Falles Wagner, Münchner Medizinische Wochenschrift, 61: 633–637.
Gay, Willy/Steiner, Otto (1957): Der Fall Kürten. Hamburg: Verlag Kriminalistik.
Gennat, Ernst (1930): Die Düsseldorfer Sexualverbrechen. Kriminalistische Monatshefte 6: 2–7, 27–32, 49–54, 79–82.
Gennat, Ernst (1931): Der Kürten-Prozess. Kriminalistische Monatshefte 7: 108–111, 130–133.
Gennat, Ernst (1936): Bearbeitung von Mord-(Todesermittlungs)-Sachen. Kriminalistische Monatshefte, 10: 6–9; 30–34; 75–76; 130–145; 179–193.
Haberland, Jens (1999): Serienmörder im Europa des 20. Jahrhunderts. Berlin: Eisbär Verlag GmbH.
Harbort, Stephan (2001): Das Hannibal-Syndrom. Phänomen Serienmord. Leipzig: Militzke Verlag.
Heindl, Robert (1926): Der Berufsverbrecher. Ein Beitrag zur Strafrechtsreform. Berlin: Pan-Verlag Rolf Heise.
Hickey, Eric W. (1990): The Etiology of Victimization in Serial Murder. An historical and demographic Analysis. In: Egger (1990): 53–72.
Hilgemann, Werner (1986): Atlas zur deutschen Zeitgeschichte 1918–1968. München: R. Piper GmbH und Co. KG.
Hirschfeld, Magnus (1931): Geschlecht und Verbrechen. Leipzig: Verlag für Sexualwissenschaft Schneider & Co.
Hoffmann, Jens/Musolff, Cornelia (2000): Fallanalyse und Täterprofil. Geschichte, Methoden und Erkenntnisse einer jungen Disziplin. BKA-Forschungsreihe, Bd. 52. Wiesbaden: Bundeskriminalamt.
Holmes, Ronald M./Holmes, Stephen T. (1998): Serial Murder. Second Edition. Thousand Oaks, London: Sage Publications.
Hyan, Hans (1931): Der Düsseldorfer Polizeiskandal, Die Weltbühne 27: 613–617.
Institut für Sexualforschung (1928–32): Bilder-Lexikon der Erotik. 4 Bände. Wien und Leipzig: Verlag für Kulturforschung.
Institut für Sexualforschung (1929): Bilder-Lexikon der Erotik. Band 2: Sexualitätsgeschichte. Wien und Leipzig: Verlag für Kulturforschung.
Institut für Sexualforschung in Wien (1932): Bilder-Lexikon der Erotik. Band 4: Ergänzungsband. Wien und Leipzig: Verlag für Kulturforschung.
Jacta, Maximilian (2001): Ein gerissener Kapitalverbrecher. Der Fall August Sternickel. Jacta (2001): 62–76
Jenkins, Philip (1989): Serial Murder in the United States 1900–1940. A historical Perspective, Journal of Criminal Justice 17: 377–392.
Jenkins, Philip (1994): Using Murder. The social Construction of Serial Murder. New York u.a.: De Gruyter.
Kracauer, Siegfried (1947): From Caligari to Hitler: A Psychological History of the German Film. Princeton: Princeton University Press.
Landeskriminalpolizeiamt Berlin (1930): Die Düsseldorfer Sexualverbrechen von 1929, Deutsches Kriminalpolizeiblatt, Sondernummer vom 08.04.1930.

Lenk, Elisabeth/Kaever, Roswitha (Hrsg.) (1974): Leben und Wirken des Peter Kürten, genannt der Vampir von Düsseldorf. München: Rogner & Bernhard.
Leppmann, Friedrich (1925): Psychologie des Massenmörders. Zeitschrift für ärztliche Fortbildung 22: 346–350, 376–379.
Lessing, Theodor (2000): Haarmann. München: dtv.
Marneros, Andreas (1997): Sexualmörder. Eine erklärende Erzählung. Bonn: Edition Das Narrenschiff.
Murakami, Peter/Murakami, Julia (2000): Lexikon der Serienmörder. München: Ullstein.
Nerlich (1907): Der Lustmörder Max Dittrich, Archiv für Kriminal-Anthropologie und Kriminalistik 26: 11–26.
Newton, Michael (1990): Hunting Humans. Port Townsend: Loompanics.
Olsen, Jack (1994): Der missratene Sohn. Ein Serienkiller und seine Opfer. Bergisch-Gladbach: Bastei-Verlag Gustav H. Lübbe.
Pfeiffer, Hans (1997): Der Zwang zur Serie. Leipzig: Militzke Verlag.
Ressler, Robert et. al. (1988): Sexual Homicide. Pattern and Motives. New York u.a.: Lexington Books.
Ressler, Robert /Shachtman, Tom (1993): Ich jagte Hannibal Lecter. München: Heyne.
Rieseberg (1924): «Was man sich in Hannover erzählt». Hannovers letzte Ereignisse. Hannover: Rieseberg.
Schidloff, Berthold (1930): Studien zur Geschichte der sexuellen Verirrungen. Band I: Grausamkeit und Sexualität. Eine zeitgeschichtliche Untersuchung. Berlin: Verlag H. Barsdorf.
Schomburg, Carl (1924): Aufklärung über den Massenmörder Haarmann in Hannover. Hannover: Schomburg.
Schwerhoff, Gerd (1999): Aktenkundig und gerichtsnotorisch, Einführung in die Historische Kriminalitätsforschung. Tübingen: Ed. Diskord.
Tatar, Maria (1995): Lustmord. Sexual Murder in Weimar Germany. Princeton: Princeton University Press.
Türkel, Siegfried (1913): Der Lustmörder Christian Voigt, Archiv für Kriminal-Anthropologie und Kriminalistik 55: 47–97.
Walter, E. (1910): Über den Lustmord insbesondere an Kindern vom gerichtsärztlichen Standpunkte, Monatsschrift für Kriminologie und Strafrechtsreform 6: 691–718.
Weiss (1924): Der Fall Haarmann, Archiv für Kriminologie 76: 161–174.
Wetzel, Albrecht (1920): Über Massenmörder. Ein Beitrag zu den persönlichen Verbrechensarten und zu den Methoden ihrer Erforschung. Berlin: Verlag Julius Springer.
Wirth, Ingo /Strauch, Hansjürg (1999): Ernst Gennat (1880–1939) und die moderne Kriminalistik. Der legendäre «Kommissar vom Alexanderplatz», Kriminalistik 53: 525–531.
Wulffen, Erich (1921): Der Sexualverbrecher. Berlin. Langenscheidt.
Wulffen, Erich (1923): Das Weib als Sexualverbrecherin. Ein Handbuch für Juristen, Polizei- und Strafvollzugsbeamte, Ärzte und Laienrichter. Berlin: Langenscheidt.
Wulffen, Erich (1926): Kriminalpsychologie. Psychologie des Täters. Berlin: Dr. P.

Briefe von verurteilten und mutmaßlichen Serienmördern
Eine Analyse ihrer formalen Merkmale

Ronald M. Holmes/Angela West/Stephen T. Holmes

Einleitung

Serienkiller sind populärkulturelle Ikonen. Viele von ihnen sind nicht weniger bekannt als Politiker, Show-Stars und berühmte Sportler. Ihre Namen kommen vielen von den Lippen wie eine Litanei unseliger Heiliger. Ted Bundy, Douglas Clark, Richard Sutcliffe und viele andere haben sich – nicht zuletzt über die Skandalisierung ihrer Taten und der Taten anderer in allen möglichen anderen Gesellschaften in das Bewusstsein der Weltbevölkerung eingebrannt.

Das Stereotyp porträtiert den Serienkiller als Person ohne Gewissen, die unfähig ist, die Konsequenzen ihres Handelns zu bedenken; als «Opfer» von übermächtigen Impulsen zur Gewalt. Über seine Persönlichkeit weiß man schon deshalb wenig, weil viele von ihnen für immer unentdeckt bleiben. Wie viele genau? Darauf wissen wir keine genaue Antwort. Das FBI schätzt die Anzahl der gegenwärtig aktiven unerkannten Serienmörder in den USA auf 35. Was ließe sich daraus für die ganze Welt folgern? Auch das ist eine unbeantwortbare Frage. Erstens kennen wir nur diejenigen, die letztlich nicht erfolgreich waren, weil sie festgenommen werden konnten – ob die anderen ihnen ähnlich sind, können wir nicht wissen. Alles, was wir wissen und vermuten, haben wir von denjenigen, die der Polizei ins Netz gingen. Wenn wir über Serienmörder im Allgemeinen sprechen, sind unsere Aussagen Extrapolationen dieses (restringierten) Wissens. Manche von ihnen haben viele Aussagen gemacht. Doch wie verlässlich sind diese? Nehmen wir den Fall von Henry Lee Lucas in den USA. Zu einer gewissen Zeit gaben er und sein Komplize Otis Toole mehr als 300 Morde zu. Überall im Lande schloss die Polizei daraufhin die Akten vieler bis dato ungelöster Mordfälle – ausschließlich aufgrund der Aussagen von Lucas, der erst jüngst in seiner Zelle in einem texanischen Gefängnis eines natürlichen Todes starb.

In diesem Beitrag geht es um die Briefe von vier Personen: von Ted Bundy, einem verurteilten Serienmörder; von Randy W., inhaftiert wegen eines Mordes, aber verschiedener weiterer Taten verdächtigt (Rule 1988); von Gerard Schaefer, einem verurteilten Mörder zweier Frauen, der zudem mehr als 30 weiterer Morde verdächtigt wird, und von Manny C., der nachweislich zwei Morde begangen hat, aber ebenfalls mehr als 20 weiterer Mordtaten verdächtigt wird. Strenggenommen war nur Bundy ein verurteilter Serienkiller. Viele sind überzeugt, dass es sich auch bei den anderen um Serienmörder handelt. Da sie aber nicht wegen aller Taten, derer man sie verdächtigt, angeklagt wurden, lassen sie sich dieser Kategorie nur mit Vorbehalt zuordnen (Holmes und Holmes 1996). An die Analyse der Schreiben sind wir ohne vorbestimmtes Raster herangegangen. Erst in dem Maße, in dem wir uns mit ihnen befassten, kristallisierten sich Besonderheiten heraus, denen wir dann systematischer nachgingen. Ob irgend etwas an den Resultaten für Serienmörder insgesamt repräsentativ ist, wissen wir nicht.

Erklärungsversuche

Es gibt mehrere Versuche zur Erklärung von Serienmorden (Egger, 1998; Fisher, 1997; Fox and Levin, 2001; Lester, 1995; Hickey, 1997; Holmes and Holmes, 1998; Jenkins, 1994; Holmes, Tewsbury & Holmes, 1999; Norris, 1988). Diese Theorien bieten Ansätze für Diskussionen und Überprüfungen. Auch verfügen sie über einige Gemeinsamkeiten.

Wir wollen kurz auf einige von ihnen eingehen. Holmes und DeBurger (1985) sehen Serienmörder als Resultate einer einzigartigen Kombination biologischer, psychischer und sozialer Prozesse. Die von ihnen durch die Tat erhofften Vorteile und die *loci of motivation* unterscheiden sie von anderen Mördern. Dass sich die ganze Frage nicht auf eine solche der Vererbung reduzieren lässt, wird weithin akzeptiert (z.B. Egger 1998, Lester 1995 u.a.). Hickey (1997) weist darauf hin, dass Serienmörder nicht nur durch spezielle Ereignisse in ihrem Leben, sondern auch durch die jeweilige Sozialstruktur ihrer Gesellschaft geprägt werden. Holmes, Tewsbury und Holmes (1999) behaupten in ihrer Theorie der fragmentierten Identität (*Fractured Identity Theory*), dass Serienmörder früh in ihrem Leben ein so starkes Trauma erlebten, dass man von einem nicht geheilten (und nicht heilbaren) «Bruch» in ihrer Psyche und ihrem ganzen weiteren Leben sprechen kann. Die offene Wunde der selbst erfahrenen hilflosen Qual wird gewissermaßen durch einen radikalen Rollentausch gestillt: Das Opfer genießt die Täterrolle. Diese Art Selbstheilungsversuch bringt aber nur vorläufige Beruhigung, und bald ruft der alte Schmerz nach neuen Taten. Viele Arten des Mordes – und auch der Serienmord – werden in der Literatur mit Identitätsstörungen zusammengebracht. Serienmörder wurden vielfach als psychopathisch, psychotisch und paraphil beschrieben. Manche Täter praktizierten bekanntlich auch Kannibalismus (Bundy, Gein, Dahmer und andere) und/oder sonstige sexuelle Perversionen (vgl. dazu Fox und Levin 2001, Hickey 1997, Holmes und Holmes 1998 u.a.). Andere Erklärungsversuche überlappen sich teilweise mit den hier kurz erwähnten. An dieser Stelle muss es genügen aufzuzeigen, dass niemand genau zu sagen weiß, wer wann warum zum Serienmörder wird – genau, wie man auch nicht genau zu sagen weiß, was aus einem Individuum einen Präsidenten, den Papst oder einen Obdachlosen macht. Wir sind noch am Anfang des Versuchs, die Kräfte zu verstehen, die diese oder jene Persönlichkeit hervorbringen. Die folgende Analyse ist ein bescheidener Beitrag zu diesem Versuch.

Ziel der Studie

Diese Studie unterscheidet sich von anderen Schriftanalysen in mehrfacher Hinsicht. Im Allgemeinen wird Handschriftenanalyse (Graphologie) benutzt, um aus der Schrift Aufschluss über die Eigenschaften und Besonderheiten der Schreiber zu gewinnen und bei der Suche nach einem unbekannten Täter zu helfen. Wir hingegen gehen induktiv vor. In unserer Studie sind die Täter zudem bereits bekannt, und ihre Schreiben werden benutzt, um Auskunft darüber zu erteilen, inwiefern sie ähnlich oder verschieden schreiben – und ob sich Strukturähnlichkeiten zwischen ihrem Schreibstil und ihrem Stil bei der Tatausführung erkennen lassen (allgemein zu Nutzen und Grenzen von Schriftanalysen vgl. McLaughlin und Sarkisian 1983 und Armistead 1983; zu Schriftanalyse und Traumatisierung durch Kindesmisshandlung sowie Symptomen dissoziativer Identitätsstörungen vgl. Lewis u.a. 1997). Die Ergebnisse, zu denen wir gelangen, können – wie so häufig bei qualitativen Untersuchungsmethoden – nicht ohne weiteres verallgemeinert werden. Andererseits weiß man inzwischen, dass Serienkiller über zahlreiche gemeinsame Merkmale verfügen (etwa im Hinblick auf Alter, Geschlecht, Ethnie, Bildungsniveau, Beruf, Mobilität usw.), und es ist zumindest naheliegend, dass solche Serienmörder, die ähnliche Techniken, wie die von uns untersuchten, anwenden, auch ähnliche Ergebnisse in dieser Hinsicht aufweisen könnten. Noch einmal sei gesagt: Als wir die Analyse begannen, wussten wir bereits, was die Täter getan und welche Methoden sie bei ihrer Tat angewandt hatten. Wir benutzen ihre Schreiben nicht, um ihre Identität festzustellen, sondern um ihre Persönlichkeitszüge, Gewohnheiten und Tatmethoden womöglich in den Zügen, Gewohnheiten und Charakteristika ihres Schreibstils wiederzufinden. Eines Tages könnte eine Datenbank mit solchen Informationen bei der Erstellung von Täterprofilen von Nutzen sein.

Methoden

Die über eine Zeitspanne von mehr als 13 Jahren gesammelten Briefe wurden zunächst auf ihr Erscheinungsbild hin angesehen (Sauberkeit, Konsistenz, Anreden, Schlussformeln usw.). Danach befassten wir uns mit ihrer Struktur hinsichtlich der Buchstaben- und Wortgestaltung, Grammatik, Rechtschreibung, Interpunktion, Sprachstil und textlichen Organisation. Zusätzlich interessierte uns der angeschlagene Ton, das Thema, der Zweck des Schreibens, sein Schwerpunkt und die angesprochenen Details.

Vier Mörder korrespondierten mit einem der Autoren dieser Studie während verschiedener Zeitabschnitte. Ted Bundy schrieb sieben Briefe zwischen Januar 1985 und März 1986. Manny C. schrieb 58 zwischen Juli 1986 und Oktober 1998. Randy W. 18 zwischen dem 31. Juli 1986 und April 1993. Gerard Schaefer schrieb fünf Briefe an seine damalige Freundin Sondra London, mehrere an seinen Anwalt und korrespondierte zwischen Januar 1991 und Juli 1994 mit einem der Autoren dieser Studie. Die Studie untersuchte mehr als 90 Briefe nach Struktur und Inhalt. Briefe von Schaefer an seine Freundin und an seinen Anwalt wurden zugänglich, weil sie als Beweismittel in ein Verleumdungsverfahren eingeführt worden waren, das man gegen einen der Autoren dieser Studie (RMH) angestrengt hatte (welches dann aber wenige Tage vor der Verfahrenseröffnung vom klagenden Mörder zurückgezogen worden war).

Erscheinungsbild

Es fanden sich offensichtliche Schreibmuster und eine generell hohe Konsistenz. Während die «Sauberkeit» der Schreiben unterschiedlich war – Mannys Briefe waren fast zwanghaft ordentlich, während Randys ohne ersichtliche Sorgfalt verfasst worden waren – zeigten alle eine relativ hohe Konsistenz in Bezug auf Formatierung, ungewöhnliche Merkmale und generelle Anordnung (vgl. Anhang B für Beispiele).

Bundys Briefe waren insofern interessant, als seine Schrift den Eindruck eines Umherschweifens auf der Seite erweckte. Seine Briefe waren durchschnittlich viereinhalb Seiten lang. Die einzelnen Buchstaben schrieb er konsistent gleich. Rundungen ersetzte er häufig durch spitzere Formen; die Unterlängen bei Buchstaben wie g oder y waren recht ausgeprägt. Einzigartig war seine Gewohnheit, Buchstaben mit Unterlängen (ausgenommen g, o, p, manchmal y und a) in jeder Zeile am linken Seitenrand beginnen zu lassen, so dass eine lange Vorlauflinie zum Beginn des Buchstabens führte.

Mannys Schreibweise war so konsistent, dass man den Eindruck einer Schreibmaschine gewinnen konnte. Pro Zeile brachte er erheblich mehr Wörter unter als jeder andere. Sein kompakter Schreibstil erlaubte ihm, auf wenig Platz mehr zu schreiben. Während seine Briefe durchschnittlich wenig mehr als zwei Seiten aufwiesen, äußerte er häufig mehr als andere Mörder auf einer sehr viel größeren Anzahl von Seiten.

Randy schrieb Briefe von durchschnittlich 1,31 Seiten. Wie erwähnt, machten seine Briefe einen ausgesprochen nachlässigen Eindruck. Dabei waren sie beim zweiten Hinsehen gar nicht einmal so unordentlich; was den chaotischen Eindruck entstehen ließ, war seine Gewohnheit, Buchstaben in einer Mischung von kursiver Schreibweise und Druckbuchstaben gleichsam aneinanderzukleben.

Schaefers Briefe waren nicht übermäßig ordentlich, wenngleich recht konsistent. Seine Briefe hatten den quantitativ geringsten Anteil an dem Sample. Er war andererseits der Schreiber mit der meisten Übung im Schreiben und erreichte im Durchschnitt mehr als acht Seiten.

Unterschiede in der Länge können zum Teil durch die Verschiedenheit der Adressaten und des Inhalts erklärt werden. Während Schaefer meistens seiner Freundin schrieb, richteten sich die Schreiben der anderen an weniger intime Adressaten. So erzählte denn Schaefer sehr viel mehr Geschichten in seinen Briefen und malte Ereignisse weitaus detailfreudiger aus als die anderen.

Seitenzahlen
Verschiedene Autoren hatten unterschiedliche Methoden der Markierung von Seitenzahlen. Bundy nummerierte die Seiten (ab Seite 2) oben in der Mitte (mit waagrechten Strichen rechts und links von der Zahl). Manny nummerierte inkonsistent. Wo er Seitenzahlen vermerkte, tat er dies ebenfalls zentriert am Seitenanfang, wobei er allerdings die Zahlen statt mit Strichen mit Kringeln versah. Randy war ebenfalls inkonsistent, was die Nummerierung von Seitenzahlen anging; wo er sie benutzte, tat er dies oben links ohne irgendwelche Zusätze.

Schaefers Briefe waren in dieser Hinsicht am uneinheitlichsten. Zwar nummerierte er die Seiten aller seiner Briefe, aber manchmal standen die Zahlen am Seitenende rechts und waren von Quadraten umgeben; dann wieder standen die Zahlen am Seitenende in der Mitte; in einem Brief benutzte er eine Mischung von eingekastelten und frei in der Mitte stehenden Seitenzahlen.

Schreibstil und Konsistenz
In dieser Kategorie ging es um die Gestaltung von Buchstaben und Wörtern, das Ausmaß an Kontrolle, das sich aus dieser Gestaltung herleiten lässt, und die Konsistenz zwischen verschiedenen Briefen derselben Autoren.

Wie schon erwähnt, benutzte Bundy zugespitzte Buchstaben mit großen Schleifen und einem unterschiedlich stark ausgeprägten Zug nach rechts. Seine Briefe erweckten zunächst den Eindruck, ungeplant und impulsiv verfasst worden zu sein. Andererseits kann man den präzise und vorbedacht angebrachten waagrechten Strich durch das «t» als Anzeichen für ein erhebliches Ausmaß an Kontrolle werten. Auch ließ er die von ihm gerne benutzten großen Schleifen nie so groß werden, dass sie die Buchstaben etwa überwältigen und damit einen Eindruck von Kontrollverlust hätten erwecken können. Die durchgehende Positionierung des ersten Wortes einer jeden Zeile deutete ebenfalls eher auf ein überdurchschnittliches Maß an Kontrolle hin. Selten markierte Bundy einzelne Wörter, um sie besonders hervorzuheben – wo er es tat, benutzte er dicke geschnörkelte Unterstreichungen.

Einige Uneinheitlichkeiten in Bundys Briefen sind der Erwähnung wert. Drei seiner Briefe unterschieden sich erheblich von den anderen. Der vierte zeigt einen erheblich geringeren Druck auf dem Stift (wodurch die Schrift sehr viel heller wurde). Auch ist seine Schrift verschlungener und inkonsistenter in der Buchstabengestaltung. In diesem Brief ist seine Schrift weniger kontrolliert als in den ersten drei. Im fünften erlangt er eine gewisse Kontrolle zurück, drückt den Stift aber immer noch sehr viel leichter auf das Papier als sonst. Der sechste Brief unterscheidet sich von allen anderen. Fehlende Kontrolle über die Schrift zeigt sich in der Größe und Gestaltung der Buchstaben und in der Größe der Schlaufen. Die Buchstaben scheinen mit großen, unkontrollierbaren Schlingen geradezu umzufallen und dabei andere Buchstaben zu erdrücken. Der letzte Brief von Ted Bundy ist das Schreiben, mit dem er seine Beziehung mit seinem Briefpartner beendet. Jetzt ist er wieder völlig beherrscht. Die Buchstaben sind präzise geschrieben, die Schrift ist dunkler, und die Schlaufen sind kleiner. Es ist interessant, dass seine Buchstaben ihr Erscheinungsbild änderten, als sich das Hinrichtungsdatum näherte und Bundy einen Aufschub beantragt hatte.

Mannys normalerweise kontrollierter Stil bestand ebenfalls aus einer Mischung aus kleinen kursiv geschriebenen Buchstaben und Druckbuchstaben mit einem Zug nach rechts. Während manche Briefe ausschließlich aus Druckbuchstaben bestanden, zeigten beide Stile eine auffällige Konsistenz mit ihren kleinen Buchstaben und Schleifen. Auch die Zeichen wurden sorgfältig, präzise und konsistent gesetzt. Interessanterweise waren die Druckbuchstaben gerade – sie beugten sich weder nach rechts noch nach links. Merkwürdigerweise ließ er alle Wörter, die mit «f» begannen, mit einem Großbuchstaben beginnen. Um Wörter zu betonen, benutzte er ebenfalls die Großschreibung, manchmal aber auch die Unterstreichung.

Während Randy der Briefeschreiber mit der geringsten Ordnungsstruktur war, zeigte seine Schreibweise doch insofern eine Konsistenz, als er ebenfalls durchgehend eine

Hybridform von Großbuchstaben, Druckbuchstaben und kursiver Schriftweise benutzte. Seine Buchstaben sind ausgesprochen ausgedehnt und entweder gerade oder leicht nach links gebogen. Die Kombination von Großbuchstaben und räumlicher Ausdehnung der Buchstaben erweckt den Eindruck, dass der Schreiber schon durch seine Schrift Aufmerksamkeit erregen will – fast ist es, als schrieen sie den Leser an. Andere Charakteristika von Randys Briefen verstärken diesen Eindruck – etwa seine Tendenz, Wörter häufig durch Unterstreichungen, Großbuchstaben und/oder multiple Ausrufezeichen zu betonen.

Schaefer schrieb einen kompakten Stil mit einem gemäßigten Zug nach rechts. Bemerkenswert ist, dass er fast ausschließlich Druckbuchstaben benutzte – ausgenommen einige wenige Stellen, an denen er eine Mischung aus kursiver Schrift und Druckschrift verwendete. Wo er dies tat, drückte die Druckschrift Betonung aus. Andere Mittel der Betonung von Wörtern und Sätzen waren die Unterstreichung und das Schreiben in Großbuchstaben. Derartige Betonungen, speziell durch das Setzen ganzer Wörter in große Druckbuchstaben, fanden sich durchweg häufig in seinen Schreiben.

Außerschriftsprachliche Zeichen
Wir suchten auch nach Zusätzen zu den geschriebenen Wörtern in den Briefen, zum Beispiel Zeichnungen oder Kritzeleien. Zwei der vier Autoren benutzten keinerlei Zusätze (Bundy und Manny). Die beiden anderen (Randy und Schaefer) benutzten stilisierte *smiley faces*, Ellipsen und Kommentare in Klammern. Letztere spielten speziell in den Schreiben von Randy eine große Rolle – vornehmlich in den Ausprägungen *smile*/lächle, *wink*/blinzle und Ha!) während Schaefer seine Seiten fast ohne Unterlass mit *smiley faces* zu versehen pflegte. Randy benutzte dieselbe Art eines stilisierten lächelnden Gesichts an verschiedenen Stellen, blieb aber, was die Häufigkeit und Einheitlichkeit der Verwendung angeht, weit hinter Schaefer zurück. Wenn Tonfall und Inhalt des Schreibens eine Verärgerung des Autors erkennen ließen, blieben auch die *smiley faces* weg.

Anreden, Grußformeln und Beendigungen
Die Art, wie der Verfasser einen Brief beginnt und beendet, kann auch etwas über seine Persönlichkeit verraten. Briefköpfe enthalten normalerweise das Datum, an dem der Brief verfasst wurde und Informationen über die Absenderadresse. Anrede- und Abschlussformeln folgen differenzierten Schemata kultureller Symboliken.

Alle Autoren mit Ausnahme von Randy benutzten durchgängig irgendeine Form von Briefkopf, dessen Ausgestaltung allerdings häufigen Veränderungen unterlag. Die Briefe von Bundy waren insofern am einheitlichsten, gaben sie doch jedes Mal Monat, Tag und Jahr des Schreibens an. Oft versah er den Briefkopf auch mit seiner Adresse. Manny war ähnlich einheitlich, obwohl er bei der Datumsangabe häufig zwischen numerischen Angaben und ausgeschriebenen Zahlen hin- und herwechselte. Randy gab zwar oft den Monat und den Tag, aber nicht immer das Jahr an. Schaefer mischte ebenfalls numerische und ausgeschriebene Formate. Anders als Randy gab er oft auch den Wochentag und die Uhrzeit an.

Es ist besonders interessant, die Grüße vom Anfang bis zum Ende der Korrespondenz zu verfolgen. Alle vier Mörder fingen ihre Briefe, wie zu erwarten war, in einer formaleren Weise an (mit «Lieber Dr.» oder «Lieber Herr»), um dann schnell zu persönlicheren Anreden («Lieber Ron») überzugehen. Zwei der vier, Bundy und Manny, behielten diese letzte Anrede bis zum Ende der Korrespondenz bei. Selbst als Bundy die Korrespondenz beendete, blieb er bei diesem informellen Tonfall und gab in seiner Anrede keine Anzeichen irgendeiner Störung im Verhältnis zum Adressaten.

Schaefer unterscheidet sich insofern, als es ihm bei der Aufnahme der Korrespondenz darum ging, den Adressaten von einer möglichen Klage seinerseits zu unterrichten. Das erforderte mehr Formalitäten und verhinderte einen schnellen Übergang zur Informalität. Schaefers Briefe an London (seine Freundin) begannen selbstverständlich weniger förmlich («Liebe Sandi»), wurden dann aber immer förmlicher, als die vertrauensvolle Intimität beendet wurde und einer Atmosphäre des Misstrauens – geprägt von Schaefers Drohungen gegenüber ihrer Tochter – wich («Liebe Sondra»). Merkwürdigerweise scheint er ihren Namen beim zweiten Brief falsch geschrieben zu haben («Liebe Sandy»).

Randys Briefe zeigen eine klare Entwicklung von Formalität zur Informalität und zurück («Lieber Dr.», «Lieber Herr ...», «Lieber Ron», «Seien Sie gegrüßte, Professor», «Hallo, Dr. Holmes,» «Lieber Herr», «Herr Holmes»...). Ton und Inhalt dieser Briefe ändern sich entsprechend. Zu Beginn der Beziehung ist Randy optimistisch bezüglich der neuen Korrespondenz. Schnell wird er vertrauensvoller und immer informeller. Als ihm klar wird, dass er aus der Beziehung nicht das herausholen kann, was er will, wird er wieder distanzierter und verzichtet schließlich auf das «Lieber ...» als Anrede, um seinen Leser fortan schlicht als «Herrn Holmes» anzusprechen.

Die Schlussformeln waren bei zwei der Autoren (Bundy und Manny) jeweils recht vorhersehbar. Bundy schloss seine Briefe entweder mit «*peace*» oder «besten Grüßen». Das Wort «*peace*» war immer kleingeschrieben, und völlig ungewöhnlicherweise signierte Bundy mit einem ebenfalls kleingeschriebenen «ted».

Mannys Formulierungen waren konventioneller. Er grüßte mit «*Sincerely*», «*Sincerely yours*», «*Respectfully*», «*Respectfully yours*» und als «*Your friend*». Seine Unterschriften variierten. Manchmal unterzeichnete er mit ausgeschriebenem Vornamen, erstem Buchstaben des Mittelnamens und ausgeschriebenem Familiennamen – auf der anderen Seite des Kontinuums zwischen Formalität und Informalität nur mit «Manuel» oder «Manny». Obwohl er normalerweise keine zusätzlichen Kritzeleien benutzte, schrieb er seinen Vornamen bei der Unterschrift oft mit einem hochgradig stilisierten «y».

Sowohl Randy als auch Schaefer benutzten verschiedene Abschlußformeln. Randy begann förmlich («*Sincerely yours*», «*Sincerely*» und «*Yours truly*»), wurde dann erst lockerer («*Keep in touch*» und «*Take care*») und wieder förmlich («*Very truly yours*») und schließlich sarkastisch in seinem letzten Brief («*Have a nice day [Ha]*»). Seine Unterschrift wechselte zwischen formell («*Randy Woodfield*», «*Randall Woodfield*»), informell («*Randy*», «*Randy W.*») und extrem formell («*Randall B. Woodfield*») bzw. unhöflich («*RW*»).

Schaefer variierte seine Briefendungen in jedem Schreiben. Sie reichten von generell optimistisch («*Stay well & happy*», «*Your friend*» und «*Your reformed warrior*») über unterstützend («*You can lean on me*», «*Your faithful partner & friend*»), bis zu nörgelnd und unaufrichtig («*Ever accommodating*» und «*I wish you happiness and success*»). Seine Unterschrift war durchgängig unleserlich und schien aus einem großen G oder J und den folgenden Kleinbuchstaben «er» zu bestehen.[1]

Umgang mit Fehlern
Wir glauben, dass es auch aufschlussreich sein könne, herauszufinden, wie die Briefschreiber mit Rechtschreibfehlern umgingen.

Trotz des Eindrucks von Sorgfalt und Kontrolliertheit, den er immer nach außen zu vermitteln suchte, machte Ted Bundy in seinen Schreiben viele Fehler, mit denen er auf verschiedene Weise umzugehen pflegte. Einige kratzte er unsauber heraus, andere überschrieb er mit dunklen, schweren Druckbuchstaben. Normalerweise verwies er mit Pfeilen auf die Stelle, wo Wörter, die er vergessen hatte, einzufügen waren. Mehrere Seitenränder waren voller Zusätze und/oder Verbesserungen zum Haupttext. Dies trägt zu dem allgemeinen Eindruck bei, seine Briefe seien in aller Eile und ohne viel Überlegung geschrieben worden – deutet aber andererseits darauf hin, dass er seine Briefe offenbar nach der Fertigstellung noch einmal Korrektur zu lesen pflegte.

Manny machte nur wenige Fehler. Wo es erforderlich war, verbesserte er mittels präzise platzierter Einfügungen oder dunkler, schwerer und sorgfältiger Durchstreichungen. Angesichts seiner sorgfältigen Vorüberlegungen waren Fehler selten – und wenn sie vorkamen, rückte er ihnen ordentlich und genau zu Leibe. Korrektur zu lesen, war übrigens auch für Manny typisch. Angesichts der Genauigkeit seiner Schreibweise liegt der Gedanke nahe, dass diese Briefe mit größter Sorgfalt verfasst und währenddessen auch zugleich auf Fehler hin überprüft und gegebenenfalls verbessert wurden.

Randy ging mit Fehlern folgendermaßen um: Er übertünchte sie weiß, schmierte darüber – oder er benutzte Pfeile oder Linien, um Einfügungen kenntlich zu machen. Es scheint, als hätte er seine Fehler unmittelbar nach deren Niederschrift bemerkt und sofort darauf reagiert (anstatt den Brief erst zu Ende zu schreiben und die Fehler dann beim erneuten Durchlesen zu bemerken).

Schaefers Schreiben erbrachten hinsichtlich dieser Frage keine Aufschlüsse. Sie enthielten keine Einfügungen, Zusätze oder Veränderungen, keine Kratzer oder Überschreibungen. Entweder war er ein sehr sorgfältiger Schreiber – oder er radierte Fehler sehr sorgfältig aus. Vielleicht besaß er auch ein natürliches Talent für das Geschichten-Erzählen, entwickeln sich seine Briefe doch immer wieder zu Formen der Narration, die der Form des «stream of consciousness» nahekommen.

[1] Anmerkung des Übersetzers: Da die unterschiedlichen Bedeutungsnuancen in der deutschen Übersetzung verloren gehen würden, werden die Grußformeln weitgehend im Original wiedergegeben. «*Sincerely*» und «*Respectfully*» werden beispielsweise beide mit «Hochachtungsvoll» übersetzt.

Struktur

Struktur beinhaltet die Form von Briefen, einschließlich deren Organisationsschemata, die Verwendung der Grammatik, der Rechtschreibung und der Interpunktion. Grundsätzlich zeigten die Briefe eine geringe strukturelle Variation. Jeder der von uns untersuchten Serienkiller wusste, wie man Sätze und Absätze bildet. Jeder vermochte seine Schreiben auch recht gut thematisch zu organisieren. Ein Merkmal, das sie alle zu teilen schienen, war die Tendenz, so zu schreiben, wie sie sonst wohl gesprochen hätten. Das verlieh ihren Briefen den Ton einer Unterhaltung – womit auch schon die Tendenz zu Endlossätzen in den Briefen erklärt wäre.

Grammatikregeln wurden grundsätzlich beachtet; die Auswahl von Wörtern und deren Gebrauch blieb durchweg konstant.

Manny formte vollständige Sätze von rhythmischer Qualität. Sie waren auch durch eine geradezu besessene Aufmerksamkeit geprägt, die er Einzelheiten – einschließlich der Auswahl der richtigen Wörter – widmete. Schaefer schien seine Worte ebenfalls sorgfältig – und häufig im Hinblick auf ihre größtmögliche Wirkung auf den Leser – zu wählen.

Randy kümmerte sich weniger als die anderen Autoren um die Auswahl der Wörter oder die Gestaltung der Satzstruktur. Öfter als die anderen benutzte er rhetorische Fragen (Schaefer und Bundy benutzten ebenfalls die Figur rhetorischer Fragen; sie taten dies seltener – tendierten dann aber dazu, sie auch gleich selbst zu beantworten).

Schaefer benutzte nahezu zwanghaft Abkürzungen und Initialen. Mehrere Personen und Sätze in seinen Schreiben wären ohne die Hilfe einer von Sondra London erstellten Liste nicht zu entschlüsseln (sogar auf sich selbst bezog er sich nicht mit dem Personalpronomen «ich», sondern mittels seiner Initialen «GS» oder «GJS».

Aufmerksamkeit verdient sicherlich auch die Nutzung von Slang-Ausdrücken. Bundy benutzte allerdings keinen Slang. Nur zwei Flüche finden sich in seinen Schreiben («*hell*» und «*damn*»). Auch Manny war in dieser Hinsicht sparsam und nutzte derlei Mittel anscheinend nur zur Erheiterung oder Betonung. Woodfield bediente sich kaum irgendwelcher Slangs und niemals irgendwelcher Flüche – selbst dann nicht, übrigens, wenn aus dem Kontext ersichtlich war, dass er über den Adressaten ausgesprochen verärgert war. Schaefer hingegen benutzte Slang und Flüche. Häufig kappte er bei bestimmten negativ aufgeladenen Wörtern das «g» am Ende («*lyin'*», «*cheatin'*»); andere schrieb er bewusst falsch, um sie zu betonen («*e'nuff*», «*gonna*»). Er bediente sich oft einer verletzenden Sprache, die zudem sehr häufig Frauen – welche er nach früheren Freundinnen meist als «*Kates*» oder «*Sandies*», nicht selten aber auch als «*prosties*» zu bezeichnen pflegte – abwerten sollte («*cunt*», «*whore*», «*bitch*»).

Alle Mörder schienen eine natürliche Begabung für das geschriebene Wort zu haben, welches sie nutzen konnten, um einen gefälligen und charmanten Eindruck zu machen. Man kann sich die Autoren als freundliche, lächelnde, sehr persönliche Individuen mit einem natürlichen Ausdrucksvermögen vorstellen.

Rechtschreibfehler und der fehlerhafte Gebrauch von Wörtern waren selten. Bundy schrieb nie ein Wort falsch. Alles, was ihm passieren konnte, war das Weglassen eines «s» in einem Plural oder eines unbestimmten Artikels («a»). Auch Manny machte in der Regel keine Rechtschreibfehler, selbst wenn er ebenfalls einzelne Buchstaben manchmal wegließ. Randy war in Rechtschreibung nicht so gut, machte aber trotzdem nicht sehr viele Fehler. Schaefer machte Rechtschreibfehler bei den schwierigsten Wörtern, hatte aber ansonsten – wie alle in dieser Gruppe – eine ausgezeichnete Fähigkeit, sich schriftlich auszudrücken.

Die Frage, wie die Autoren von sich selbst sprachen, haben wir bereits berührt. Bundy bezog sich auf sich selbst als «Theodore Bundy», obwohl er sich in seiner Unterschrift als «ted» zu bezeichnen pflegte. Schaefer benutzte ebenfalls die dritte Person Singular («GS» oder «GJS»). Während Manny dies gelegentlich auch tat, indem er seinen vollen Namen benutzte, sprach Randy von sich ausschließlich in der ersten Person Singular («Ich», «mein», etc.).

Vom Durchschnitt hoben sich die Mörder hinsichtlich ihres Vokabulars eher positiv ab. Dies gilt jedenfalls für Bundy, Manny und Schaefer. Randy scheint noch den schwächsten Wortschatz gehabt zu haben – aber immer noch einen recht guten im Vergleich zum Durchschnitt der Bevölkerung. Es spricht insofern einiges dafür, dass alle vier zu den intelligenteren Männern in unserer Gesellschaft gehörten.

Zweck, Inhalt, Ton

Der Inhalt der Briefe variierte mit dem Zweck der Schreiben. Schaefer war ein besonderer Fall, da er an eine Person schrieb, die er für eine intime Freundin hielt. Die anderen drei gingen nicht von Intimität aus, obwohl sie ein gewisses Maß an Vertrauen in ihre Korrespondenzpartner investierten. Die Briefe zeigen, dass der Inhalt den Ton diktiert. Wenn Sorgen oder Beschwerden ausgedrückt werden, dann haben diese Inhalte logischerweise auch Auswirkungen auf den Tonfall, in dem das Schreiben abgefasst ist.

Bundy schrieb seine Briefe in gewisser Weise für die Verbesserung seines eigenen Images. Sein offizielles Interesse war es, einem unwissenden, aber «lernbereiten» Wissenschaftler dabei zu helfen, eine Erklärung für den Mythos der Serienkiller zu finden. Er behauptete, er könne alle Fragen beantworten – wenn nur jemand bereit sei, offen zu sein für seine Erklärungen und sein Bewusstsein dafür zu erweitern. Während er häufig Informationen, Bücher und Materialien über andere Serienmörder (z.B. Edmund Kemper) erbat, wertete er entsprechende Forschungsbemühungen ansonsten regelmäßig ab.

Bundys Briefinhalte sollten informativ sein und bestimmte Themen, die in persönlichen Gesprächen aufgekommen waren, vertiefen. Anfangs waren diese Briefe ausgesprochen zurückhaltend und vorsichtig. Später zeigte Bundy immer stärkeres Interesse und wurde gegenüber dem Forscher immer zuvorkommender. Als sich mit dem nahenden Hinrichtungstermin sein Stil veränderte, wurde der Ton depressiv: Bundy beklagte sich über sein «lethargisches» Gefühl und seine Unfähigkeit zu schreiben. In seinem letzten Brief, mit dem er die Korrespondenz beendete, wurde der Ton selbstgerecht. Bundy sah sich als jemanden, der in der Lage war, eine einzigartige Perspektive deutlich zu machen – und der zu Recht ärgerlich sein durfte, dass der Leser seine Sichtweise nicht teilte:

«Ich glaube nicht, dass es irgendeinen vernünftigen Zweck geben könnte, der unsere weitere Kommunikation rechtfertigen würde. Ich bedaure es, zu dieser Entscheidung gekommen zu sein, aber Sie haben mir im vergangenen Monat Material zukommen lassen, aus dem hervorgeht, dass ich mich geirrt hatte, als ich zu der Einschätzung gekommen war, dass Sie in der Lage wären, die Informationen, die ich Ihnen gäbe, auf nützliche Weise zu verwenden.»

Manny schrieb ebenfalls aus einem eigenen Interesse – um seine Geschichte zu erzählen und irgendwie mit seinen bösen Taten ins Reine zu kommen. Seine Briefe sind beschreibend genau und fast bekennend. Er war es übrigens auch, der den Kontakt zu einem der Autoren aufnahm, nachdem Randy (der in derselben Anstalt saß) einen Brief erhalten hatte, in welchem die Bitte um einen Briefwechsel enthalten war. Manny galt nach Anklagen oder Verurteilungen zwar nicht als «Serienkiller» (drei oder mehr Morde mit einer «Abkühlungsperiode» dazwischen; vgl. Holmes und Holmes 1999), äußerte aber hinsichtlich seiner Taten das Bedürfnis, durch eine solche Korrespondenz auch «seine Seele zu reinigen». In diesem Zusammenhang ist sicherlich zu berücksichtigen, dass Täter häufig die Urheberschaft von Taten behaupten, die sie gar nicht begangen haben, um in den Augen der anderen «böser» zu erscheinen (Holmes und Holmes 1999). Manny selbst – der dann auch «nur» wegen zweier Morde verurteilt wurde, obwohl er behauptet hatte, sehr viel mehr begangen zu haben – erwähnt übrigens auch, dass seine eigenen Geschichten Brüche aufweisen. In diesem Zusammenhang ist vielleicht interessant, dass Manny in seinen Briefen häufig auf Bundy und andere Mörder Bezug nahm.

Randys Briefe waren aus der Not geboren. Jeder Brief enthielt eine Bitte an den Adressaten, etwas Bestimmtes zu tun. Randy wollte aus seinen Beziehungen so viel wie möglich herausholen. In jedem Brief bat er um einen Gefallen, entweder in Form von Informationen oder praktischer Hilfe. Der Ton des 17. Briefs – mit dem Inhalt, dass er beabsichtige, den Empfänger zu verklagen – war höchst formell und bedrohlich. Der letzte Brief war fast jubilierend, auch ein wenig schnippisch, aber dann doch triumphierend, nachdem er den Eindruck hatte, dass der Empfänger durch eine Zeit des Leidens ginge. Seine Klageankündigung hatte er eine Woche vor dem Beginn der Weihnachtsferien abgeschickt.

Schaefers Briefe waren insofern ähnlich, als auch sie die Leserin um irgendeine Art von Unterstützung baten. Typisch war eine genaue Beschreibung der Lage, um die Leserin (London) davon zu überzeugen, dass er der «#1 SK» (Serienkiller Nr. 1) gewesen sei. Bundy (mit dem er zusammen in einem Gefängnis saß) beschrieb er als «einen Amateur».

Für Schaefer waren die Briefe eine Möglichkeit, um seine Geschichte zu erzählen. Jede Zeile barst geradezu von heroisierenden Darstellungen seiner selbst, seiner Vergangenheit und Leistungen. Obwohl er nur wegen zweier Morde verurteilt worden war («Polizei hatte mir eine Falle gestellt»), lag ihm sehr daran, seiner Freundin seine wahre Genialität durch die genaue Darstellung der wahren Geschichte («*TS*» – die «*true story*») zu beweisen – zumal die Freundin plante, diese zu vermarkten.

Die Rolle der Phantasie

Die Phantasie spielte in den vier Korrespondenzen in sehr unterschiedlichem Ausmaß eine Rolle. Bundy, zum Beispiel, erwähnte in seinen Schreiben keine Phantasien (obwohl er in anderen Medien seine aktive Teilnahme an pornographischen Imaginationen zugegeben hatte – in Schrift und Bild; vgl. Holmes und Holmes 1996). Manny betonte die Bedeutung pornographischer Phantasie. Er gab an, dass seine sadistischen Sexualphantasien in der Adoleszenz mit der Entdeckung der gewaltbetonten Pornomagazine seines Onkels begannen. Randys Briefe berührten diesen Bereich nicht. Schaefer hingegen bezog sich häufig auf die Erfüllung von Gewaltphantasien, und Zeitungsartikel über ihn bezeugen eine lange Geschichte der Befassung mit Gewalt-Pornos.

Andere häufig erwähnte Phantasien beziehen sich auf eine Welt der Geister und Dämonen. Viele erwähnen satanische und ähnliche Einflüsse. Schaefer erwähnte seine Vertrautheit mit Satanskulten und deutete an, dass er diese benutzen würde, um London und ihrer Tochter Schaden zuzufügen. Der alles andere überragende Inhalt dieser Phantasien war die Ausübung von Kontrolle über verschiedene Personengruppen (hier: vor allem über hilflose Frauen).

Kontrolle

Jeder Autor demonstrierte das Bedürfnis nach Kontrolle über das Gegenüber. Bundys Briefe waren eindeutig manipulativ. Er bestand darauf, die Forschungsrichtung, die «Korrektheit» der Schlussfolgerungen und die Verwendung der Ergebnisse kontrollieren zu können. Manny sah das Verhältnis zwischen ihm und dem Leser und zwischen ihm und seiner Freundin Marlene ähnlich. Aber auch Randy und Schaefer insistierten darauf, die Richtung der Untersuchung zu kontrollieren.

Schaefer machte seine eigene Kontrolle zur Voraussetzung dafür, seiner Freundin/seinem Verleger die gesamte «TS» (*true story*) zu erzählen. Kontrolle war darüber hinaus aber auch ein prominentes Thema in der Rekapitulation seiner früheren Handlungen. Seile, Handschellen und Nylonstrümpfe kamen in seinen «fiktiven» Darstellungen immer wieder vor. Dazu kam die Betonung der Kontrolle über Zeit, Ort, Methode und Opfer. Offenbar war er stolz darauf, dass er seine Opfer über mindestens sechs Monate und manchmal sogar von einem Bundesstaat (Florida) bis in einen anderen hinein (Georgia) verfolgt hatte.

Schaefer war auch bemüht, die Fähigkeit seiner Adressatin (London) zu kontrollieren, gegen ihn auszusagen (er machte ihr einen Heiratsantrag – wohl nicht zuletzt deshalb, weil sie dann ein Zeugnisverweigerungsrecht gehabt hätte). Seine Andeutungen über einen Ausbruchsversuch (über Pläne, «die davon abhängen, dass ich herauskomme», und «Du und ich, wir müssen eine Strategie entwickeln») gehören in diesen Kontext.

Was London anging, so bestand Schaefer darauf, hinsichtlich einer Publikation das letzte Wort zu haben. Darüber hinaus betonte er seine Kontrolle über seine Freundin London und ihre Tochter, indem er unterschwellig einfließen ließ, dass er die Möglichkeit hätte, das Leben der Tochter zu jedem beliebigen Zeitpunkt durch ein bloßes Wort auszulöschen.

Schaefer gab zu, dass seine Handlungen nicht der sexuellen Befriedigung als solcher dienten, sondern von seinem Bedürfnis angetrieben waren, über Leben und Tod entscheiden zu können. So erklärte er rundheraus, dass das Töten «*not a sex thing, but a death thing*» sei. Manny äußerte sich ähnlich, als er seine Taten als Versuch beschrieb, die Kontrolle über Leben und Tod von jungen attraktiven Frauen zu gewinnen.

Rationalisierungen
Bundy rationalisierte seine Handlungen, indem er die Aufmerksamkeit von seinen Taten weg und zu der Medienhysterie und dem Versagen der Polizei hin lenkte («kann man es wirklich noch als Strafverfolgung bezeichnen, wenn sie jemanden erst nach 50 oder 100 Morden ergreifen?»). Manny hingegen rationalisierte sein Vorgehen, indem er die Schuld auf die Gewaltpornographie abwälzte, die ein Onkel, der zu Besuch kam, als er zehn Jahre alt gewesen ist, in seinem Zimmer gelassen hatte. Er sah seine Empfindlichkeit für derlei als Folge einer Beziehung mit seinem eigenen Vater, in welcher dieser ihn missbraucht hatte, bzw. als Teil seines Glaubens, dass er irgendwie «anders», «überlegen» und ein «Freak», bzw. irgendwie von einer spirituellen Kraft («sie») auserwählt worden sei.

Während Randy durchweg jede Beteiligung an irgendeinem der Morde, die man ihm anlastete, abstritt, sah Schaefer sich als moralischen Rächer, der «moralische Entrüstung» über Prostituierte verkörperte. Seine Briefe enthalten religiöse Belegstellen, die seine Einschätzungen stützen, und drücken die feste Überzeugung aus, dass er in den Augen Gottes wirklich gebessert war.

Leugnung der Verantwortung
Randy war der größte Leugner eigener Verantwortung. Sogar Briefe von Manny erwähnen die Intensität, mit der Randy jegliche Involviertheit in irgendwelche der ihm zur Last gelegten Akte abstritt. Randy verlangte wiederholt vom Leser seiner Briefe eine gründliche Untersuchung der Angelegenheit. Er forderte, dass man den Aussagen eines «Larry» nachginge, dass man Blutgruppenuntersuchungen mache, und vieles andere. Als man die «Larry»-Fährte nicht weiter verfolgte, entwickelte er eine Verschwörungstheorie. Eine andere von Randy ins Spiel gebrachte Person namens Moore gewinnt in seinen Schreiben dann eine immer größere Bedeutung und seine Briefe konzentrieren sich immer mehr auf die Frage, ob bezüglich Moore irgendwelche Fortschritte erzielt worden seien ...

Bundy stritt in seinen Briefen nie seine Verantwortung ab. Angesichts seiner einmaligen Situation schien er im Gegenteil eher die Rolle des «Experten» zu genießen. Das einzige Mal, dass er über das Etikett des «Serienkillers» nicht ganz glücklich war, war wohl, als man ihm eine Liste von Opfern zuschrieb, die sowohl solche Opfer enthielt, für deren Ermordung er verurteilt worden war, als auch solche, bei denen dies nicht der Fall war. Er protestierte allerdings nicht allzu stark und gab gegenüber einem der Autoren dieses Beitrags zu, dass seine offizielle Opferliste unangemessen kurz sei (Persönliche Mitteilung in der Anstalt von Starke, Fl., 1986).

Mannys Leugnungen involvierten seinen ihn missbrauchenden Vater, seinen Gewaltpornos ansehenden (und sie ihm zugänglich machenden) Onkel, die geisterhaften «Sie» und die voreingenommene und verdammende gesellschaftliche Reaktion. Obwohl er die letztliche Verantwortung zu akzeptieren und nach Vergebung zu suchen schien, attribuierte er die Schuld für seine Taten durchgängig anderen.

Während Schaefer einerseits lebhafte Beschreibungen seiner grässlichen Taten lieferte, behauptete er andererseits durchgängig, von Behörden «gelinkt worden» zu sein, und als einer der Autoren dieser Studie in einer Veröffentlichung einmal auf Schaefer als «Serienkiller» Bezug nahm, strengte er sogar eine Klage an, in welcher er darlegte, dass er vielmehr ein Opfer und nicht ein Täter sei. Den Brief, in dem er das mitteilte, unterschrieb er dann auch entsprechend («Gerard Schaefer, Opfer»).

Beendigung von Beziehungen
Jeder Killer schien seine eigene Art zu haben, Beziehungen zu beenden. Bundy machte noch einmal klar, dass er die Kontrolle über die Konfiguration hatte, in dem er sich selbst als verraten und verkauft darstellte, um sodann durch die von ihm ausgehende Beendigung der Beziehung die ultimative Kontrolle zu erlangen.

Randy und Schaefer schienen es zu mögen, Beziehungen im Streit zu beenden, indem sie ihre Adressaten verklagten. Im Falle Schaefers war diese Tendenz von Drohungen gegenüber einer der Töchter der Adressatin begleitet. Die briefliche Kommunikation mit Manny dauert gegenwärtig noch an.

Psychologische Faktoren
Der «zwanghafte» Charakter der Tötungen wird gelegentlich in der Literatur dokumentiert. Aber auch die Mörder selbst erwähnen diesen Umstand in ihrer Korrespondenz. Bundy bezieht sich durchgehend darauf, wie sehr sich die Medien für «Theodore Bundy» interessieren – und grenzt sich selbst («ted») damit von diesem «Theodore» ab. Manny beschreibt das vage Gefühl des Andersseins, der Zugehörigkeit zu einer eher spirituellen Welt, wo «sie» das Verhalten bestimmen.

Während Randy jede Tötung rundweg abstreitet, spricht Schaefer von seinen *«postkill depressions»*, die in gewisser Weise dem entsprechen könnten, was die Forschung als «*cooling-off period*» beschreibt (Holmes und Holmes, 1996, 1999). In Schaefers Fall mag diese Depression dazu beigetragen haben, dass er die Leichen schnell verschwinden ließ. Vielleicht kann man darin ein Anzeichen dafür sehen, wie groß das Unbehagen für den Täter angesichts der Leiche ist, wenn seine Phantasie erst einmal vorüber ist und er mit der Leiche allein dasteht. Schaefer sah seine eigenen Handlungen auch auf eine militarisierte Art. Seine Morde waren «Exekutionen», «Schlachtungen», und «Treffer». Wie die Mehrheit der Serienkiller, die durchaus ihre zwanghaften Faktoren zu identifizieren und zu benennen weiß, so tat dies auch Schaefer. Er sprach durchgängig von der «bösen Entität», dem «mörderischen Dämon», dem «Ghoul» und dem «Mord-Kanal», wenn er seine fatalen Zwangshandlungen zu beschreiben suchte.

Zusammenfassung nach Autoren

Bundy
Bundy schrieb ordentliche und freundliche Briefe in einem zuvorkommenden Ton. Er grantelte nicht über Fehler des Systems und nörgelte nicht über die Behandlung, die ihm zuteil wurde, und er schien nichts von seinem Adressaten zu wollen, sondern ausschließlich Gelegenheit zu suchen, diesem zu helfen und ihn aufzuklären. Er drückte allerdings sehr klar sein Unbehagen über den Stand der Serienmörder-Forschung aus, in dem er nichts weiter als aufgewärmte Psychophrasen sah, die herkömmliche Vorurteile perpetuierten und nichts zur Prävention künftiger Taten beitragen könnten.

Bundys Briefe waren in einer freundlichen, aber förmlichen und oberflächlichen Sprache abgefasst. Wer die Briefe liest, gewinnt den Eindruck, dass Bundy allenfalls kurze Blicke, aber keinen tieferen Einblick in seine Persönlichkeit gewährt. Die Briefe scheinen völlig identitätslos. Am lebhaftesten wird Bundy in seinen Briefen, wenn er den Eindruck hat, dass der Leser seinen Vorschlägen folgt (also z.B. das Serienkillerphänomen nach seinen Ratschlägen und Perspektiven untersuchen will). Dann wird seine Schreibweise markanter, schneller und fehleranfälliger.

Mehrere interessante Merkmale tauchen in Bundys Briefen auf. Zunächst seine durchgängige Bezugnahme auf «diese Person, die Theodore Bundy heißt». Dazu seine Gewohnheit, seine Briefe mit «ted» zu unterschreiben. Als legte er Wert darauf, sich von der Person Theodore Bundy zu unterscheiden und sich selbst als «ted» zu sehen. Theodore Bundy, der berüchtigte, bekannte und bedeutende Mann. Auf der anderen Seite «ted», ein Nobody, dessen Vornamen man nicht einmal mit einem großen «T» schreiben muss.

Er begann jede Zeile mit einem Strich, der zu nahezu allen seinen kleingeschriebenen Buchstaben in dieser Zeile führte. Uns erschien es wie ein Versuch, seine Worte gleichsam zu «erden», ihnen ein stabiles Fundament zu verschaffen – obwohl wir keine Anzeichen dafür fanden, dass dies auch seine bewusste Absicht war. Es gibt keine Anzeichen dafür, dass er jemals zu einem Buchstaben zurückging und dann erst einen solchen schwanzähnlichen Strich anfügte. Nie schloss er die Bögen über Buchstaben wie o, g, a, d und p. Je schneller er zu schreiben scheint, desto weniger einheitlich wird diese Praxis.

Während es alles in allem klar wird, dass er ein Mann von erheblicher Intelligenz war, wird ebenso deutlich, dass er immer in Eile schien und nicht auf jedes Detail achtete – also Buchstaben vergaß oder mit den Zeiten der Verben durcheinanderkam. Andererseits war er deswegen nicht unbedingt desorganisiert. Seine Briefe folgen einer logischen Struktur. Auch nahm er sich die Zeit, seine Briefe noch einmal durchzugehen, selbst wenn dieses Korrekturlesen nicht sehr sorgfältig geschah. Aus seinen Briefen gewinnt man den Eindruck, dass seine Gedanken schneller waren als seine Handschrift, so dass es unweigerlich zu Fehlern, Auslassungen und späteren Einfügungen kommen musste.

Manny
Mannys Briefe kamen, so scheint es angesichts ihrer zwanghaften Einheitlichkeit in der Form, im Stil, in der Länge und im Inhalt, unter erheblichen Mühen zustande. Alles zeigt den Willen zur Kontrolle. Auch die Größe der Buchstaben, der Abstand zwischen ihnen und zwischen den einzelnen Worten. Selbst dann, wenn Manny sichtlich verärgert oder sonst emotional engagiert ist, bleibt seine Schreibweise kontrolliert und einheitlich. Besondere stilistische Anstrengungen zeigen sich sowohl in der Gestaltung der einzelnen Buchstaben als auch in der Gestaltung seiner Unterschrift. Die Form seiner Schrift ist eine interessante Verquickung von kursiver Schreibweise und Druckbuchstaben.

Wie Bundy, so war auch Manny in seinen Briefen recht direkt und machte nicht viele Umstände. Wie Schaefer war er ein detailfreudiger Geschichtenerzähler, der es vermochte, seinem Adressaten lebhafte Vorstellungen zu vermitteln.

Während Manny häufig ein Forum zu erhoffen scheint, vor welchem er «alles rauslassen» kann, bleibt dem Leser seiner Briefe häufig der Eindruck, dass der Autor des Briefes ihm nur die üblichen psychologischen Rationalisierungen über die Motivationen von Serienkillern auftischen wollte (Missbrauch durch den Vater, Gewaltpornos, Ablehnung und soziale Isolation). Erneut zeigt sich allerdings ein recht hoher Intelligenzgrad, wenn man an das komplexe Vokabular, den exzellenten Gebrauch formaler Logik und die hochentwickelten Fähigkeiten, Probleme zu lösen, denkt.

Wenn man Mannys Briefe liest, entfaltet sich ein klares Bild von psychischer Organisation und Sorgfalt. Eines der interessantesten Merkmale in seiner Schreibweise war seine Gewohnheit, das «F» immer als Großbuchstaben zu schreiben – ob am Anfang oder mitten in einem Wort. Von Manny stammte denn auch der am auffälligsten strukturierte Brief. In einem seiner Briefe erwähnt er sogar seine zwanghafte Beschäftigung mit der Gestaltung der Briefe – und erklärt, dass er immer schon eine ordentliche Handschrift hatte haben wollen. Anders als Bundy schloss Manny immer die Schleifen seiner Buchstaben (o, a, g, p).

Randy
Randy schrieb in der Absicht, die Unterstützung einer der Autoren dieser Untersuchung zu gewinnen. Briefe begannen immer in einem freundlichen Ton, mit einem Dank für den erhaltenen Brief oder mit der Erkundigung nach dem Wohlergehen des Adressaten und seiner Familie. Später kommt ein jammernder Ton von Beschwerden über das System, den Polizeistaat und den Verrat ehemaliger Vertrauter hinzu. Er sagt, dass der Zweck seines Schreibens darin besteht, «jenen, die ich am meisten geliebt habe, zu beweisen, dass ich als ‹Sündenbock› benutzt worden bin, und dass unser System Fehler hat.»

Als Randy von einem Buch Kenntnis erhält, in welchem er von einem der Autoren dieser Studie erwähnt wird, schickt er seinen Brief Nummer 17 mit der Benachrichtigung, dass er nunmehr klagen werde. Obwohl seine Tonart sich von früheren Briefen unterscheidet, ist sie nicht extrem harsch. Das Schlimmste, was er seinem Adressaten antut, ist, ihn als «Heuchler» und «Lügner» zu beschimpfen. Der letzte Brief (Nummer 18, fast drei Jahre später) ist da schon stärker, insofern er Freude darüber ausdrückt, was er als eine Phase des Leidens im Leben seines Adressaten interpretiert.

Obwohl Randys Ausdrucksweise nicht unbedingt die Aufmerksamkeit auf sich zieht, ist seine Schreibweise durchaus dazu angetan. Er schreibt alles in Großbuchstaben und benutzt häufig Unterstreichungen und Ausrufezeichen, um seinen Worten Nachdruck zu verleihen. Wiederholt benutzt er auch Klammerzusätze, um Nebenbemerkungen einzuflechten.

Wie Manny und Schaefer, so porträtiert sich auch Randy oft als Verschwörungsopfer, das man hereingelegt und dann für Taten zur Rechenschaft gezogen hat, die er gar nicht begangen hatte. Und während Randy von geringerer intellektueller Kapazität als die anderen zu sein scheint (Vokabular, Schreibstil …), kann man ihn wohl getrost noch über dem Durchschnitt ansiedeln.

Schaefer
Schaefer war der einerseits faszinierendste, andererseits aber auch abstoßendste Autor, der um seine Handlungen herum komplexe Geschichten in einer hochemotionalen Sprache zu weben verstand. Der Leser seiner Briefe wird auf eine geradezu morbide Weise in seine Geschichten hineingezogen, bis er sich darin vollkommen auszukennen scheint. Schaefer beschreibt etwa seine Vergangenheit in so vollständiger Detailliertheit – bis hin zu Gerüchen, Ausdrücken und Gefühlen – und er präsentiert die Chronologie seiner Gefühle von Hass, Wut, Ärger, sexueller Gewalt, Macht, Kontrolle und Befriedigung auf eine so überzeugende Weise, dass man unwillkürlich dazuzugehören scheint. In einer ganz besonders anschaulich obszönen Geschichte beschreibt Schaefer den Mord an einer «Hure» mittels einer Straßenmarkierungslampe. Er berichtet, wie er ein «hochklassiges Call Girl» in eine abgelegene Sumpfgegend in Florida verbrachte und ihr dann eröffnete, wie er sie töten würde. Während sie versucht habe, sich durch sexuelle Angebote freizukaufen, bemerkte Schaefer – so sein Bericht – den «Geruch des Schreckens»

an ihr, gemischt mit ihrem sauren Schweiß. Er ließ sie mit ihren Handgelenken von einem Baumast baumeln, folterte sie und schob ihr dann eine angezündete Straßenmarkierungslampe in die Vagina. Er beschrieb ihren Gesichtsausdruck und die Zerstörungen, von denen er annahm, dass sie sich in ihrem Innern abspielen müssten. Es ist offensichtlich, dass er «die Dynamik der Reduzierung eines selbstbewussten, haschischrauchenden Call Girls auf einen schluchzenden Haufen jämmerlich zugerichteten Fleisches, das sich nach dem Tod sehnt», verstanden hatte.

In anderen Geschichten erfreut er sich an den Wohlgerüchen von Urin und Exkrementen sowie dem «kupferigen Geruch von Blut». Auch versah er diese Geschichten mit Dialogfetzen zwischen Täter und Opfer. Vielleicht war das notwendig für die Erfüllung seiner Phantasie. Wie dem auch sei: Diese Abschnitte sind angefüllt mit Beschreibungen nicht nur seines Sadismus, sondern auch der Gefühle, welche die raubtierartige Vernichtung hilfloser und – ebenso wichtig – unschuldiger Opfer in ihm auslösten.

Schaefer sah sich selbst als erfahrenen und effizienten Liebhaber und Mörder, dessen Methoden und Intelligenz denen anderer Serienkiller (z.B. Bundy, Green River Killer, Toole und Lucas) weit überlegen seien. Er erwies sich als Angeber. So erklärte er zum Beispiel: «Wenn ich ‹Kates› aufhing, dann tat ich das mit EFFIZIENZ.» Oder: «Ich bin zweifellos der VERSIERTESTE Killer.»

Er machte sich auch gerne über Profiler lustig. Obwohl er ja nur zweier Morde beschuldigt worden war (die er zudem als falsche Anschuldigungen zurückzuweisen pflegte), gab er andererseits damit an, dass er mit seinen mehr als 80 «Erfolgen» zwischen 1965 und 1972 ein ausgesprochen produktiver Killer sei. Diese Aussage sollte gegen ihn verwandt werden, als er einen der Autoren dieser Untersuchung wegen Verleumdung auf 10 Millionen US-Dollar verklagte. In dieser Klage hatte er behauptet, dass er keineswegs ein Serienmörder sei (während er in diesem Brief die Autorenschaft von 86 Morden beansprucht hatte). Unmittelbar, bevor es ernst wurde (und die Klage zu einem Bundesgericht gehen sollte), zog er sie zurück.

Vielleicht zeigt sich die Wahrheit in seinem letzten Brief an London, in dem er deren Tochter Unheil androhte, indem er schrieb:

«Ich warne Dich jetzt zum letzten Mal. Wenn Du das nächste Mal irgend etwas tust oder sagst, was mir Probleme macht – und dazu gehört auch, dass Du mir etwas darüber vorweinst, was Du so bedenkenlos weggeworfen hast – werde ich meine alten satanistischen Drogen-Kumpel in Georgia auffordern, sich mal Deine negerfotzige Tochter zu greifen und ihr ein bisschen Sexualkundeunterricht zu erteilen.
Ja, es gibt tatsächlich einen satanischen Untergrund ... und diese Leute lieben ganz einfach junge Mädchen. Mein Angebot ist einfach: Du fickst mich nicht; ich werde mit Deinem Kind nicht rumficken. Ich mag keine Huren, und ich mag keine halbgaren Teenager Niggerfotzen; ich weiß genau, was man mit denen machen muss.»

Ergebnis

Diese vier Männer haben in ihrem Leben unaussprechliche Taten begangen. Zwei von ihnen leben nicht mehr. Bundy wurde 1989 im Starke Prison, Florida, hingerichtet, und Gerard Schaefer wurde von einem Mitgefangenen in derselben Anstalt zu Tode gehackt. Manny und Randy sind inhaftiert.

Wir wissen nicht genau, wie viele Menschenleben diese Killer vernichteten. Schätzungen rangieren von acht bis 50, und vielleicht waren es insgesamt sogar 504. Einer der Killer erzählte einem der Autoren dieser Untersuchung, dass er «*ten score plus two*» (also 202) Menschen getötet habe. Bundy meinte, dass der «ted killer» bis zu 200 Menschen getötet haben könnte. Schaefer schrieb in einem seiner Briefe, dass er 86 Frauen getötet hat. Von Randy glauben viele, dass er mindestens 16 Morde begangen habe (Rule 1995).

Obwohl Mehrfachmörder nur einen kleinen Teil aller Mörder ausmachen – nämlich wahrscheinlich weniger als 2% (Holmes und Holmes 1999) – kosten ihre Handlungen vergleichsweise viele Menschenleben. Sie suchen sich ihre Opfer vor allem unter den schwächeren und unterprivilegierten Gruppen der Bevölkerung, bei den Ausreißern, den Prostituierten, den Obdachlosen und Drogenabhängigen (Egger 1998; Hickey 1997, Holmes und Holmes 1998).

Während wir einerseits einige Einblicke in das Phänomen der Serienkiller gewonnen haben, ist noch viel zu erforschen. Diese kleine Forschung war ein Versuch, mittels einer Analyse des Erscheinungsbildes, der Struktur und des Inhalts ihrer Briefe ein wenig mehr Einblick in diese vier speziellen Persönlichkeiten zu gewinnen.

Wir haben versucht, etwas über die verschiedenen Mittel geschriebener Kommunikation zu erfahren, die von diesen gewalttätigen Personen eingesetzt wurden. Während nur einer der vier ein verurteilter Serienkiller ist (Ted Bundy), glauben wir aufgrund unserer Forschungen, dass auch die anderen drei mindestens drei Menschen ermordet haben und damit die Kriterien für diese Untersuchung erfüllen.

Jeder Briefschreiber hat eine besondere Persönlichkeit und spezielle Wege und Methoden der Kommunikation. Jeder einzelne hatte ein Ziel und antizipierte einen Nutzen aus der Kommunikation. Nach dieser Analyse sind wir der Überzeugung, dass wir erneut eine winzige Wegstrecke weitergekommen sind bei unserer Aufgabe, Serienkiller zu verstehen und ihre Handlungen zu erklären. Gewiss: Serienkiller sind eine kulturelle Ikone. Aber eben auch eine reale Gefahr.

Literaturangaben

Armistead, T. (1983): A critique and blind experiment in the criminological utility of handwriting analysis. American Journal of Police, 2(2), 167–191.
Egger, S. (1998): The killers among us: An examination of serial murder and its investigation. Upper Sadle River, NJ: Prentice Hall.
Fisher, J. (1997): Killer among us: Public reactions to serial murder. New York: Praeger.
Fox, J. and Levin, J. (2001): The will to kill. Boston: Allyn and Bacon.

Hickey, E. (1997): Serial murderers and their victims. Pacific Grove, CA: Wadsworth Publishing Co.
Holmes, R., and Holmes, S. (1996): Profiling violent crimes: An investigative tool. Thousand Oaks, CA: Sage Publications.
Holmes, R., and Holmes, S. (1998): Serial murder. 2nd edition. Thousand Oaks, CA: Sage Publications.
Holmes, R., Tewksbury, R., and Holmes, S. (1999): Fractured identity syndrome: A new theory of serial murder. Journal of Contemporary Criminal Justice, 15(3), 262–272.
Jenkins, P. (1994): Using murder: The social construction of serial homicide. New York: Aldine De Gruyter.
Lester, D. (1995): Serial killers: The insatiable passion. Philadelphia: The Charles Press.
Lewis, D.O., Yeager, C.A., and Swica, Y. (1997): Objective documentation of child abuse and dissociation in 12 murderers with dissociative identity disorder. American Journal of Psychiatry, 154 (12), 1703 – 1710.
McLaughlin, C.G., and Sarkisian, B.A. (1983): Graphoanalysis. Security Management, 27 (10), 40–41.
Norris, J. (1988): Serial killers: The growing Menace. New York: Double Day.
Rule, A. (1988): The I-5 killer. New York: Signet Books.

Appendix A

Evaluationskriterien

Erscheinungsbild

Genereller Überblick
Seitenzahlen
Schreibstil und Konsistenz
Außerschriftsprachliche Zeichen
Anreden, Grußformeln und Beendigungen
Umgang mit Fehlern

Struktur

Organisation
Grammatik, Rechtschreibung & Interpunktion

Zweck, Inhalt, Ton

Die Rolle der Phantasie
Kontrolle
Rationalisierungen
Leugnung der Verantwortung
Beendigung von Beziehungen
Psychologische Faktoren

Appendix B

Schriftproben der Briefe

Bundy

[handwritten sample]
least, giving you a point of view you ... could not ... develop on your own. peace, ted

Manny

[handwritten sample]
As for my own views on stalking, we can discuss these at length when we meet in the Fall. For the moment, however, I would like to share something somewhat

Regarding your comments on the traditional school of thought on victim selectivity, I'd like to respond. I really don't know much about what is "traditional" and what isn't.

Randy

[handwritten sample]
Also I'm sending some material to show how my case has been handled, the corrupt authorities that lied and changed their case to fit a confused victim and "LINE-UP". (I.D.) of me!!!

Schaefer

[handwritten sample]
READERS WHO WANT TO KNOW DDK SECRETS ABOUT WHY I PICKED OR SHOULD SEND IN $10. plus SASE FOR ARTICULATE FACTUAL ANSWERS. THAT WHY WE HAVE A GJS READER INTERACTION FAN CLUB. NO? ☺

your female sisters ... Still, I think the story has merit IF we do it together. ☺
More tomorrow. I'm glad you are not suicidal this week. Things will surely get more interesting! ☺
Yor Friend,

Prognose, Behandlung und Unterbringungsmöglichkeiten von Serienmördern

Dita Simon-Peters

Ein kleiner schmächtiger Mann, etwa 35 – 40 Jahre alt, betritt das Zimmer, in dem das Behandlungsteam seine Patienten zur wöchentlichen Visite erwartet. Auf die Frage des Stationsarztes, wie es ihm zur Zeit gehe, antwortet er mit leicht eingezogenem Kopf und etwas nach vorn gekrümmter Haltung vor seinen Therapeuten sitzend, dass es ihm gut gehe. Nur mit zwei Mitpatienten, mit denen er ein Zimmer teilt, sei es nicht gerade einfach. Er schildert sachlich und nachvollziehbar, ohne Vorwürfe, eine problematische Alltagssituation, die in jedem Studentenwohnheim genauso hätte vorkommen können, blickt mit großen Augen und immer noch zusammengeduckt in die Runde und bemerkt abschließend mit einem schüchternen Lächeln selbstkritisch: «Na ja, ich weiß, ich bin ja auch ein kleines Sensibelchen.» Die Begebenheit fand nicht in einem Studentenwohnheim statt und auch auf keiner Station einer Allgemeinpsychiatrie. Sie ereignete sich auf einer Hochsicherheitsstation im sogenannten Maßregelvollzug. Dort werden psychisch kranke Rechtsbrecher untergebracht, die für die Allgemeinheit gefährlich sind. Um hierher zu kommen, bedarf es der Unterbringungsentscheidung eines deutschen Gerichtes nach § 63 oder § 64 unseres Strafgesetzbuches. Bei § 63 handelt es sich um eine *unbefristet freiheitsentziehende Maßnahme*, das heißt, ein solcher Patient verlässt nicht automatisch nach Ablauf einer verhängten Freiheitsstrafe den Hochsicherheitstrakt, sondern möglicherweise nie mehr. Bei dem eingangs geschilderten Patienten, der sich selbst als «kleines Sensibelchen» bezeichnete, handelt es sich um einen Serienmörder, der mehrere Frauen getötet, zerstückelt, vergraben und mehrfach wieder ausgegraben hat, um nekrophile Handlungen vorzunehmen.

Bei weitem die meisten Tötungsdelikte (ca. 95 %) sind Beziehungstaten. Oft kommt es zur Tötung, wenn die Frau Trennungsabsichten äußert oder verwirklicht. Ein Familienvater z.B., vielleicht arbeitslos geworden, inzwischen tief verschuldet, und im familiären Dickicht von Streit und Vorwürfen an sich selbst und andere, bringt seine Familie und dann sich selbst um. Das ist kein Serienmord. Beim Serienmord hat ein Täter mehrere Menschen zu unterschiedlichen Zeitpunkten getötet. Handelt es sich dabei um sexuell motivierte Morde, ist die Rückfallgefahr extrem hoch, da sich solche eingeschliffenen, sexuell verknüpften psycho-physiologischen Muster als weitgehend resistent gegenüber Veränderungen zeigen. Im Vergleich dazu kann bei einer Serie von Tötungen, die von Pflegekräften in Situationen dauerhafter psychischer und physischer Überforderungen begangen wurden – und zwar insofern diese Taten keine sexuellen Komponenten aufweisen und aufgeklärt wurden – davon ausgegangen werden, dass die Resozialisierung eines Täters oder einer Täterin eher möglich erscheint. Dies hängt jedoch von den jeweiligen Umständen des Einzelfalls ab. Im Unterschied dazu richten sich die Angriffe bei sexuell motivierten Tötungen unter anderem gegen Sexualorgane der Opfer oder beinhalten in irgendeiner Art sexuelle Handlungen oder sexuelle Ersatzhandlungen (z.B. Einführung von Gegenständen in Körperöffnungen).

Ein Serienmörder wird – nach Thomas Müller von Europol in Wien – nicht plötzlich eines Morgens aufwachen und sagen: Ah, heut scheint die Sonne so schön, deshalb begehe ich einen Mord. – Bis zum ersten Mord in einer Serie gibt es eine Entwicklung, in der verschiedene Hinweise auf eine Steigerung von Gewaltphantasien und tatsächlicher Ausübung von Gewalt hindeuten. Sie wird leider oft erst im Rückblick bemerkt. Hier muss eine Prognose durch Sachverständige ansetzen, die sich mit den Anzeichen von schweren Gewaltentwicklungen besonders gut auskennen. Das können Psychologen, Psychiater sowie Kriminologen sein. Wie weit sie sich auskennen, hängt individuell davon ab, wie sehr sie sich außerhalb ihres allgemeinen Fachwissens speziell mit der Begutachtung von schweren Gewalttaten beschäftigt und weitergebildet haben.

Ein vom Gericht rechtzeitig in Auftrag gegebenes Gutachten, das zu einer sachgerechten Prognose führt, kann unter Umständen den ersten Mord einer potentiellen Serie verhindern oder zur Prävention weiterer Morde eines Serientäters führen. Im schlechtesten Fall bewirkt eine falsche Prognose die Katastrophe. Was für den Laien, der keinen Kontakt zu Serienmördern hat, schwer vorstellbar erscheint, ist, dass man diesen Menschen das Böse nicht ansieht oder unbedingt gleich anmerkt. Menschen, die professionell mit Kriminellen zu tun haben, können sich ebenfalls in ihrem Eindruck täuschen. Mir berichtete ein Justizbeamter, der einen Serienmörder 10 Jahre vor dessen ersten Mord in der Haft kennen lernte, dass er selbst und keiner seiner Kollegen glauben mochte, dass der Verurteilte tatsächlich seine jüngere Schwester und zuvor schon deren Freundin vergewaltigt hatte. Ein so freundlicher, höflicher «großer Junge», der sich von den übrigen Kriminellen distanzierte und ein Einzelgängerdasein führte. Er war gewissenhaft und ordentlich in den ihm übertragenen Hausarbeiten innerhalb der Haftanstalt: ein Vorzeige-Gefangener. Als der gleiche Justizbeamte den «netten Häftling von damals» wiedersah, war dieser vom Schwurgericht wegen mehrerer Sexualmorde zu lebenslanger Haft mit einer Feststellung der besonderen Schwere der Schuld verurteilt worden. Das bedeutet, dass eine vorzeitige Entlassung nach 15 Jahren Haft ausgeschlossen wird und der Verurteilte mit einer tatsächlich sein Leben lang dauernden Inhaftierung rechnen muss. Nach diesem Urteil zurück in seiner Zelle, bot der Beamte dem Mörder Schlaftabletten an, da er aus Erfahrung wusste, dass ein solches Urteil «normalerweise» zu einer schrecklichen Nacht führt. Der Betreffende lehnte jedoch dankend ab und schlief, wie der Beamte feststellte, der nachts durch das Zellentürfenster kontrollieren musste, tief und gut. Zu erklären ist ein solches Verhalten anhand der erstaunlichen Fähigkeit mancher Serienmörder, ihnen Unangenehmes zu verdrängen oder sogar gänzlich abzuspalten. Es sind ganz individuell spezifische Situationen und Auslöser, die das Abgespaltene, auch ihre abgespaltene Mordwut heraufbefördern. Bei der Tatausführung gelangt das abgespaltene Böse klar erkennbar im individuellen Verhalten des Täters zu Tage.

Angepasstes Verhalten eines Menschen, dies muss leider immer wieder betont werden, bietet keinerlei Indiz dafür, ob ein Mensch gefährlich ist oder nicht. Es gibt Serienmörder, wie z.B. John Wayne Gacy, der ein gepflegtes Haus und einen gepflegten Garten vorzeigen konnte und beruflich sehr erfolgreich war. Auch Anpassung und Wohlverhalten innerhalb einer Haftanstalt oder Forensik ist kein Anhaltspunkt für Ungefährlichkeit. Charmantes und eloquentes Verhalten, vorgespielte Reue und manipulatives

Verhalten, wie es der Prostituierten-Serienmörder Jack Unterweger in Wien zeigte, führte zu einer Täuschung der Verantwortlichen, die ihn nach einigen Jahren Haft als resozialisiert wieder freiließen. Daraufhin setzte Unterweger seine Mordserie in den USA fort.

Allgemeines Verhalten eines Täters darf nicht als alleiniger Maßstab in einer Begutachtung dienen. Vor allem das Tatverhalten ist ein hartes Faktum für die Prognoseerstellung. Gutachter, die sich nicht intensiv mit dem Tatverhalten des Untersuchten beschäftigen und den Täter damit nicht konfrontieren, können zu keiner angemessenen Prognose kommen. Die zugrundeliegenden Fakten, sogenannte Anknüpfungstatsachen, werden dem Gutachter vom Gericht vorgegeben. Das Gericht stützt sich dabei u.a. auf die Ermittler. Dem Gutachter stehen in der Regel alle vorhandenen Unterlagen zur Verfügung, oder er kann sie über das Gericht anfordern. Damit sind ihm relevante Einschätzungsmöglichkeiten gegeben.

Wesentlich zur Einschätzung, ob bei einem Begutachteten sexuelle Tatmotive vorlagen oder nicht, ist die Beantwortung der Frage, ob ein sexuelles Bedürfnis durch eine sexuelle Handlung befriedigt wurde. Bei kriminell ausgelebter Sexualität ist dies nicht der Fall. Das heißt nicht, dass der Täter zusätzlich nicht auch «normalen» sexuellen Verkehr gehabt haben kann, wie dies z.B. bei Jack Unterweger der Fall war. Die Tat selbst, und das ist entscheidend, erfolgt immer aus anderer Interessenlage: Der Täter versucht mittels sexuellem Handeln das Opfer zu schädigen, zu entwürdigen, indem er es z.B. wie ein Objekt behandelt. Sein Ziel ist es, seine schon lange existierenden Gewaltphantasien in die Realität umzusetzen, z.B., indem er sich durch den Schmerz eines Opfers sexuell erregen will. Es geht dabei nicht um ein einwilligungsbereites oder einwilligungsfähiges Opfer, das sich zu bestimmten sado-masochistischen Handlungen bereit erklärt hat. Die sexuelle Erregung des Täters funktioniert gerade im Rahmen der Nichteinwilligung seines Opfers. Wohl kann es dabei sein, dass er zusätzlich das Opfer zwingt, ihm gegenüber Einwilligung oder gar Aufforderung zur Gewalt zu äußern. Das ist dann Teil eines entwürdigenden Machtspiels, mit dem der Täter sich an der Hilflosigkeit des Opfers erbaut und sich selbst besser vorspielen kann, er habe für das Geschehene keine Schuld auf sich geladen. Tätern ist es meist wichtig, sich im Recht zu fühlen, auch beim Mord. Sie entwickeln verschrobene Gedanken zur Rechtfertigung ihres Tuns, um die Gedanken der Schuld von sich zu wälzen. Ihre eigene fehlende Würde, die sich in ihren Taten zeigt, versuchen sie auf ihre Opfer zu projizieren, indem sie deren Leichen z.B. in schockierender Darbietung präsentieren.

Bei der Klassifizierung von sexuellen Delikten werden von Gutachtern immer noch folgenschwere Fehler gemacht. Viele Gutachter beurteilen einen Täter einzig und allein nach internationalen Manualen psychischer Störungen (ICD und DSM). Sie beurteilen die begangene Tat oft rein psychiatrisch bzw. psychologisch, denn ihr vom Gericht erteilter Auftrag lautet, festzustellen, ob der Beschuldigte oder Angeklagte zum Tatzeitpunkt in einem Zustand der Schuldunfähigkeit (§ 20 StGB) oder verminderter Schuldfähigkeit (§ 21 StGB) gehandelt hat, so dass er entweder nicht in der Lage war, das Unrecht der Tat einzusehen (z.B. bei einer tiefgreifenden Bewusstseinsstörung zum

Tatzeitpunkt, bei schwerem Schwachsinn oder im Zustand einer akuten Psychose, die krankheitsbedingt zu einer gravierenden Realitätsverkennung führte) oder es ihm aus schwerwiegenden anderen Gründen, die man als krankhaft ansehen muss (z.B. bei einer schweren Persönlichkeitsstörung oder einem progredienten sexuellen Sadismus), zum Tatzeitpunkt nicht möglich war, nach dieser Einsicht zu handeln. Schuldunfähigkeit nach § 20 StGB wird nur in sehr seltenen Fällen und nach Zugrundelegung besonders strenger Kriterien festgestellt. Diese Kriterien, sogenannte Eingangsmerkmale, sind normative Festlegungen, die für die Rechtsprechung von Bedeutung sind, die sich auf psychologische und psychiatrische Gutachten stützt. Die Feststellung eines Gutachters, der sich zur Schuldfähigkeit eines Täters äußern soll, bezieht sich ganz individuell auf den Untersuchten und dessen Gesamtpersönlichkeit. Wesentliche biographische Ereignisse werden dabei bewertet und vor allem seine subjektive Verarbeitung von Lebensereignissen berücksichtigt. Der Bundesgerichtshof (BGH St 2, 194 (2000)) geht davon aus, dass ein Täter individuelles Verhalten zeigt und aufgrund eigener Entscheidungen auch anders hätte handeln können, als er es tat (vgl. Witter 1990; Nedopil 2000). Ebenso spielt die vorhergehende Delinquenzentwicklung in Verbindung mit der aktuellen Tat eine gewichtige Rolle. Die wissenschaftliche Forschung (vgl. Ressler et al. 1995; Douglas et al. 1997) zeigt, dass es bei Serienmördern viele gravierende Auffälligkeiten bereits vor der ersten Mordtat gab. Diese Auffälligkeiten waren von den befassten staatlichen Stellen jedoch nicht als gravierend erkannt worden, da es sich zum Teil um Auffälligkeiten handelt, die gleichfalls in weniger gewalttätigen Kontexten vorkommen. Der Kontext des Geschehens sowie seine Dynamik sind von entscheidender Bedeutung. Nur daraus lassen sich Gefährlichkeitsprognosen ableiten, nie von einzelnen Faktoren allein.

Bevor eine Klassifizierung nach Manualen für psychische Störungen erfolgt, erscheint es mir unbedingt erforderlich, zuallererst das Verhalten des Täters klar zu erkennen und einzuordnen. Eine wichtige Grundlage hierfür bieten die beiden Bücher «Sexual Homicide» (Ressler et al. 1995) und «Crime Classification Manual» (Douglas et al. 1997). Wie das kriminologische Manual angemessen zu verwenden ist, muss innerhalb eines professionalisierten Rahmens von Experten an Experten weitergegeben werden, ebenso wie eine Diagnose psychischer Störungen gelernt werden muss und nicht einfach aus dem Nachlesen in einem Manual zu treffen ist.

In Deutschland stehen psychiatrische und psychologische Gutachter bei der Klassifizierung von Delikten noch ganz am Anfang. Manche Gutachter verlassen sich lieber auf das, was ihnen der Täter über die Tat mitteilt und überprüfen es nicht weiter. Nicht jeder Gutachter ist bereit, sich eingehend mit der Tat zu beschäftigen und auf neuere Forschungsergebnisse aus dem Bereich der Kriminologie zurückzugreifen. Manche Gutachter meinen, sie wüssten schon genug. Dabei zeigt die traurige Erfahrung, dass es hochmanipulative Täter gibt, die reihenweise Gutachter genarrt haben. Denjenigen Ermittlern und Kriminologen, die ein Tatgeschehen zu analysieren gelernt haben, fehlt hingegen zur Zeit meist das dazugehörige psychologische bzw. psychiatrische Wissen, um eine Einordnung der Tat in die Gesamtpersönlichkeit des Täters vorzunehmen. Um zutreffende Prognosen zu erstellen, brauchen wir eine interdisziplinäre Zusammenarbeit. Einen guten Anfang innerhalb der Gutachterausbildung stellt die Zusammenarbeit zwischen Juristen auf der einen Seite und Psychologen und Psychiatern auf der anderen Seite dar. In gleicher Weise müsste meines Erachtens der Aufbau einer interdisziplinären Zusammenarbeit mit den kriminologischen und kriminalpsychologischen Berufsfeldern angestrebt werden. Dies ist derzeit nicht einfach und wird von mehreren Seiten eher behindert als gefördert. Aus der Befürchtung heraus, Psychiater und Psychologen könnten versuchen, in der Ermittlungsarbeit als «Profiler» tätig zu werden, verhält sich das Bundeskriminalamt mit seinem Wissen derzeit völlig restriktiv. Dabei haben Psychiater und Psychologen nur insoweit Interesse an der Tatortanalyse, wie diese ihnen harte Fakten zur verbesserten prognostischen Beurteilung innerhalb des psychiatrischen und psychologischen Gutachtens bieten kann. Außerdem bietet eine Tatortanalyse in bestimmten Fällen die Möglichkeit, einen adäquateren Therapieansatz zu finden, was in Bezug auf Serienmörder meist sehr eingeschränkt nur bedeutet, sie soweit zu behandeln, dass ihre Gefährlichkeit innerhalb einer hochgesicherten Unterbringung wenigstens teilweise vermindert werden kann. Zur Ermittlungstätigkeit exekutiver Stellen gehört im Gegensatz zur psychiatrischen und psychologischen Arbeit fundierte kriminalistische Erfahrung (z.B. Spurensicherung), die in dafür langfristig ausgebildete polizeiliche Hände gehört. Juristen sind souverän genug, Gutachtern Wissen an den Schnittstellen ihrer Profession zu gewähren. Alle Seiten profitieren davon. Dass Psychiater oder Psychologen Rechtswissenschaften studieren, ist zwar möglich, aber eher selten und führt bei Juristen nicht zu Ängsten vor unfachlicher Einmischung. Es ist zu hoffen, dass sich andere an diesem positiven Beispiel orientieren werden. Es geht schließlich nicht um die Pflege von Eifersüchteleien, sondern um die Sicherheit der Allgemeinheit. Dieses wichtige Ziel können wir nur interdisziplinär und in enger Kooperation erreichen.

Wenn ein Gutachten zur Überzeugung des Gerichtes führte, einen Serienmörder in den Maßregelvollzug einzuweisen, werden dem Untergebrachten *Maßregeln der Besserung und Sicherung* zuteil. Er erhält ein therapeutisches Angebot in einem hochgesicherten stationären Rahmen. Der gesetzliche Auftrag zur Therapie der Täter erfolgt im Hinblick darauf, den Täter im Laufe der Zeit zu befähigen, ein straffreies Leben außerhalb des Maßregelvollzugs zu führen. Das erscheint vielen Menschen unvorstellbar. Und dennoch zeigen einzelne Beispiele, dass es unter bestimmten Umständen möglich ist. Der Serienmörder Honka, ein Nachtwächter aus Hamburg, der vor Jahrzehnten mehrere Frauen aus sexuellen Motiven tötete und die Leichen in den Abseiten seiner Dachgeschosswohnung lagerte, ist nach vielen Jahren hochgesicherter Unterbringung in eine betreute Wohneinrichtung verlegt worden. Dort hat er unter sehr enger Führungsaufsicht bis zu seinem Tode im Jahr 2001 gelebt, ohne wieder straffällig geworden zu sein.

Die Verlegung von Gewalttätern aus dem Maßregelvollzug in betreute Wohneinrichtungen ist indes problematisch, da solche Wohneinrichtungen in der Regel nicht genügend darauf ausgerichtet sind, Gewalt zu unterbinden bzw. ihr in ausreichendem Maße präventiv entgegenzuwirken. Das Personal solcher Einrichtungen ist meist nicht genügend auf forensische Fälle und die damit verbundenen schweren Probleme und Erfordernisse eingestellt und ausgebildet.

Gute Verläufe sind bei Serienmördern in der Regel nicht zu erwarten. Es werden dennoch in Zeitabständen immer wieder gutachterliche Stellungnahmen erforderlich, um gemäß

§ 67 StGB abzuschätzen, ob der «*...Untergebrachte infolge seines Hanges erhebliche Straftaten begehen wird, durch welche die Opfer seelisch oder körperlich schwer geschädigt werden.*» Nicht nur im Maßregelvollzug, sondern auch dann, wenn eine Sicherungsverwahrung (§ 66 StGB) in einer Haftanstalt gerichtlich angeordnet wurde, erfolgt nach dem Gesetz eine regelmäßige Überprüfung, ob der Freiheitsentzug noch immer gerechtfertigt ist.

Kann man davon ausgehen, dass Therapie bei Serienmördern erfolgreich verläuft? – Die Behandlung, die in einem Maßregelvollzug im Behandlungsplan festgelegt und durch Verlaufsberichte dokumentiert und kontrolliert wird, ist immer vom jeweiligen Fall abhängig. Je mehr schwere psychische Störungen zusammentreffen, desto schwieriger ist eine Behandlung. Lassen sich Wahnvorstellungen innerhalb einer Psychose meist recht gut medikamentös sowie begleitend psychotherapeutisch in einem nicht sehr langen Zeitrahmen behandeln, so sieht die Prognose wesentlich schlechter aus, wenn zudem eine Alkoholabhängigkeit besteht.[1] Noch schwieriger wird es, wenn zusätzlich eine schwere Persönlichkeitsstörung behandelt werden muss.[2] Zur Zeit als aussichtslos wird die Behandlung einer Dissozialen Persönlichkeitsstörung mit Malignem Narzissmus[3] angesehen. Beim Malignen Narzissmus behauptet der Täter z.B., er habe ein Recht gehabt, sein Opfer so zu behandeln, wie er es tat, und brüstet sich mit seinen Taten vor anderen. Entsprechend sieht so ein Täter keinen Grund, sich zu ändern. Es gibt deutliche Grenzen der Behandlungsmöglichkeiten. Diese Grenzen können sich im Laufe der Entwicklung verbesserter Therapieverfahren verschieben. Vor 15 Jahren galten schwere Persönlichkeitsstörungen als nicht therapierbar. Das hat sich zwar geändert: Man hat neue psychotherapeutische Ansatzpunkte gefunden, die als erfolgreich gelten, aber auch mit diesen Methoden kann man heutzutage bestimmte schwere Persönlichkeitsstörungen nicht behandeln, und zwar solche, die durch mutwillige Schädigung anderer bei völlig fehlendem Mitgefühl für das oder die Opfer gekennzeichnet sind. Dies ist bei Serienmördern mit sexueller Tötungsmotivation der Fall. Dabei spielt es keine Rolle, ob sich solche Täter ihrer sexuellen Motivation bewusst sind oder sie vor sich und anderen leugnen. Im Gespräch mit einem Serienmörder, der aufgrund einer schweren Persönlichkeitsstörung seit etwa 10 Jahren im Maßregelvollzug therapeutische Angebote erhält, er sei hier Gero genannt, gab dieser an, keine sexuellen Handlungen an seinen Opfern vorgenommen zu haben. Auf meine Frage, wie er sich dann erklären könne, dass sein Sperma am Muttermund des Opfers nachgewiesen wurde, antwortete er «charmant ahnungslos» lächelnd, als sei das Thema unseres Gesprächs erfreulicher Art: «Das weiß ich auch nicht. Es ist doch Ihre Aufgabe, mir das zu erklären. Deshalb bin ich hier.» Bei Tätern wie Gero wird Therapie zur Farce.

---

[1] Vgl. Mullen 2001.
[2] Vgl. Wallace et al. (1998), der in einer australischen Studie bei über 4.000 straffälligen Männern und Frauen signifikant erhöhte Raten im Bereich von Tötungsdelikten bei Probanden mit der Doppeldiagnose Persönlichkeitsstörung und Schizophrenie, und im vergleichbar hohen Maße bei Schizophrenie und gleichzeitigem Substanzmissbrauch feststellte. Siehe Mullen 2001.
[3] Hier ist das Konzept des Malignen Narzissmus nach Kernberg gemeint (vgl. Kernberg 1996 und 1988).

Ein echtes therapeutisches Arbeitsbündnis zu einem Serienmörder aufzubauen, ist sehr schwierig. Serienmörder sind schwer gestört in ihrer Fähigkeit, positive zwischenmenschliche Beziehungen einzugehen und zu erhalten. Familiäre Beziehungen, die bei Serienmördern auch während der Haftzeit und Unterbringung fortbestehen, sind schon vor den Taten hochbelastet. Bereits vor und auch nach den Morden fällt eine immense Leugnung auf, die innerhalb dieser Familien- und Partnersysteme praktiziert wird: Ehefrauen und Mütter der Täter z.B., die das Urteil nicht lesen und nicht wirklich wissen wollen, was passiert ist, um ihr idealisiertes Bild vom Sohn bzw. treusorgenden Familienvater vor sich und dem Täter weiter aufrechterhalten zu können. Die extreme Beziehungsgestörtheit von Serienmördern steht dem Aufbau eines echten therapeutischen Arbeitsbündnisses entgegen. Gleichzeitig ist die Beseitigung der Beziehungsstörung, die Bestandteil schwerer Persönlichkeitsstörungen ist, Ziel der Therapie. Oft sind Serienmörder extrem manipulativ, versuchen im Maßregelvollzug Behandlungsteams zu spalten und zeigen hinter einer oberflächlich freundlichen und angepassten Fassade ein auf tiefem Misstrauen basierendes Einzelgängertum. Viele von ihnen überschütten die Einrichtungen, in der sie untergebracht sind und sämtliche ministeriale Stellen mit Beschwerdebriefen, in denen sie schildern, wie schlecht und ungerecht man sie behandeln würde. Sie lassen niemanden wirklich an sich heran. Sie «prüfen» den Therapeuten so lange und so unerbittlich, bis er irgendwann froh ist, wenn ein Kollege ihn ablöst. Therapie mit Tätern ist generell ein hartes Brot und wird von der Öffentlichkeit oft missverstanden. Das Missverständnis beruht darauf, dass in der Therapie nicht die Erfüllung eines gesetzlichen Auftragesgesehen wird. Fälschlicherweise werden Therapeuten als Helfer der Täter verstanden, die sie entschuldigen und ihnen unangemessene Zuwendung gewähren.

Einige bedauerliche Vorkommnisse in der Vergangenheit haben zu diesem falschen und verallgemeinernden Eindruck geführt: Die Psychologin des Serienmörders Thomas Holst verhalf ihm in Hamburg zur Flucht aus dem Maßregelvollzug und heiratete ihn nach seiner erneuten Festnahme. Sie wahrte die notwendige professionelle Distanz nicht, ließ sich von Holst ausnutzen und stellte durch ihr unverantwortliches Verhalten selbst eine Gefahr für die Allgemeinheit dar, anstatt die Allgemeinheit vor dem Serienmörder zu schützen. Auch der Serienmörder Bartsch hat während seiner Unterbringung im Maßregelvollzug geheiratet: eine Krankenschwester. Frauen, die sozialromantischen Vorstellungen anhängen, sind für die Arbeit mit solchen Tätern nicht geeignet. Hier gilt es, eine sorgfältige Personalauswahl zu treffen, um die Sicherheit der Unterbringung zu gewährleisten. Es gibt Fälle, in denen ein Scheitern der Therapie von vornherein absehbar ist. Wenn der Täter sich nicht ernsthaft auf eine Behandlung einlässt, wäre es besser, man könnte ihn vom Maßregelvollzug in eine Haftanstalt überführen. Bei unseren niederländischen Nachbarn ist das gesetzlich möglich, nicht aber in Deutschland. Einerseits ist die unbegrenzte freiheitsentziehende Maßnahme, wie sie der Maßregelvollzug darstellt, eine der sichersten Möglichkeiten, Serienmörder unbefristet und unter hochgesicherten Bedingungen aus dem Verkehr zu ziehen. Andererseits ist mit dem Maßregelvollzug die Bereitstellung eines therapeutischen Angebots verbunden, was im Vergleich zu einer Unterbringung in einer Haftanstalt derzeit mit mehr als einem doppelten Kostenaufwand verbunden ist.

In den Niederlanden gibt es sogenannte Longstay Units (vgl. Perik 2000). Das sind Abteilungen für nicht therapierbare Täter, bei denen jahrelange Therapiebemühungen nicht zu einer wesentlichen Verbesserung geführt haben. In Hessen gibt es seit 2001 im Maßregelvollzug in Haina ebenfalls eine Longstay-Abteilung. Solche Abteilungen entlasten nicht nur den Steuerzahler, sondern auch Therapeuten, schließlich sogar die Täter selbst. In solchen Abteilungen sind manche Restriktionen, die aus therapeutischen Gründen in anderen Abteilungen gelten, aufgehoben. Pornofilme, die Sex und Gewalt mischen, stehen aus therapeutischen Gründen auf dem Index, denn die Täter sollen lernen, sich von ihrer bisherigen Phantasiegestaltung zu lösen, da diese erheblichen Anteil am Tatgeschehen hat. Bei Tätern, die als untherapierbar gelten, ist es unwesentlich, welche Filme sie konsumieren und ob sie sich in sadistische Phantasien hineinsteigern. Sie werden den Weg nicht wieder außerhalb der Hochsicherheitsmauern finden. Die bisherigen Erfahrungen in den Niederlanden zeigen, dass manche Täter in Longstay Units durch diese Therapiepause neue Ansatzpunkte für eine wirkliche Therapiebereitschaft entwickeln. In den Niederlanden haben sie dann die Chance, wieder in den therapeutischen Bereich zurückverlegt zu werden. Therapie ist nicht nur für Therapeuten anstrengend. Ein Täter, der sich wirklich darauf einlässt, wird in der Therapie dosiert mit all dem wieder konfrontiert, was er verdrängt und abgespalten hat. Es tut ihm weh, sich sein verkorkstes Leben bewusst anzuschauen, seine bislang abgewehrte Verantwortung für sein Handeln zu erkennen und sich um Mitgefühl für seine Opfer bemühen zu müssen. Er hat sie klein gemacht, um sich groß zu fühlen. Wenn das in einer ernsthaften Therapie nicht mehr geht, sein extremes Machoverhalten nicht mehr funktioniert, weil der Therapeut ihn unerbittlich darauf hinweist, wozu es ihm diente, dann ist er selbst wieder so erbärmlich klein wie vor seinen Morden: klein, mordswütend und hat entsetzliche Angst, die sich oftmals aus zugrundeliegenden Kindheitstraumata erklären lässt. Das führt unter Umständen zu Suizidgedanken, die therapeutisch stützend so gut wie möglich aufzufangen sind. Es gibt Serientäter, die in ihrer Persönlichkeit so schwach sind, dass sie niemals zu einer Therapie bereit wären, wie z.B. der sadistische Serientäter, der als der Säuremörder schaurige Bekanntheit erlangte und der seit Jahren in einer Haftanstalt vor Mitgefangenen den großen Zampano spielt. Es ist unter heutigen Voraussetzungen nicht vorstellbar, dass er irgendwann entlassen werden kann.

Thomas Müller hat einmal gesagt, dass jeder Tag, den ein Täter länger als nötig Freiheitsentzug erleidet, schrecklich ist. Aber eine Katastrophe sei es, wenn ein Täter nur einen Tag zu früh entlassen wird. Dem schließe ich mich voll und ganz an. Bei sexuell motivierten Morden heißt dies beim jetzigen Stand der therapeutischen Möglichkeiten: Es besteht keine Chance einer echten Resozialisierung, bei der ein Täter befähigt wird, ein Leben ohne schwere Straftaten zu führen. Daraus folgt als Konsequenz, dass Serienmörder mit sexuell motivierten Tötungsdelikten besser von vornherein in speziell für Serienmörder konzipierten hochgesicherten Langzeiteinrichtungen untergebracht wären, in denen sie nicht notwendigerweise therapiert werden müssen.

Literaturangaben

American Psychiatric Association (APA) (1996): Diagnostisches und statistisches Manual psychischer Störungen. DSM-IV, Washington D.C.: Hogrefe.

Douglas, J.E./Burgess, A.W./Burgess, A.G./Ressler, R.K. (Ed.) (1997): Crime Classification Manual, San Francisco: Jossey-Bass Inc.

Kernberg, O.F. (1988): Schwere Persönlichkeitsstörungen, Theorie, Diagnose, Behandlungsstrategien, Stuttgart.

Kernberg, O.F. (Hrsg.) (1996): Narzißtische Persönlichkeitsstörungen, Hartmann, H.P., Narzißtische Persönlichkeitsstörungen, Psychotherapeut 1997, Nr. 42, 69–84, Aufstellung nach Kernberg 76, Stuttgart u.a.: Schattauer.

Mullen, P.E. (2001): Vortrag und unveröffentlichte Kongressunterlagen über internationale Studien auf dem «*International Congress Antisocial and violent behaviour among persons with major mental disorders: implications for forensic and general psychiatry*», Klinik für forensische Psychiatrie Haina, Außenstelle Gießen, 2001.

Nedopil, N. (2000): Forensische Psychiatrie: Klinik, Begutachtung und Behandlung zwischen Psychiatrie und Recht, 2. Aktualisierte und erweiterte Auflage, Stuttgart u.a.: Thieme.

Perik, J. (2000): «Longstay»-Abteilung in Veldzicht, Dunker et al. (Hrsg.), Forensische Psychiatrie und Psychotherapie. Werkstattschriften, 7. Jahrgang 2000, Heft 2, Berlin u.a.: Pabsts Science Publishers Lengerich.

Ressler, R.K./Burgess, A.W./Douglas, J.E. (1995): Sexual Homicide, New York: The Free Press, Simon & Schuster.

Wallace et al. (1998): Mullen (2001), siehe oben.

Weltgesundheitsorganisation WHO. Dilling, H. Mombour, W.; Schmidt, M.H. (Ed) (1991): Internationale Klassifikation psychischer Störungen ICD-10, Bern u.a.: Huber.

Witter, H. (2000): Unterschiedliche Perspektiven in der allgemeinen und in der forensischen Psychiatrie, Nedopil, N., Forensische Psychiatrie: Klinik, Begutachtung und Behandlung zwischen Psychiatrie und Recht. 2. Aktualisierte und erweiterte Auflage, Stuttgart u.a.: Thieme.

Kriminologie II

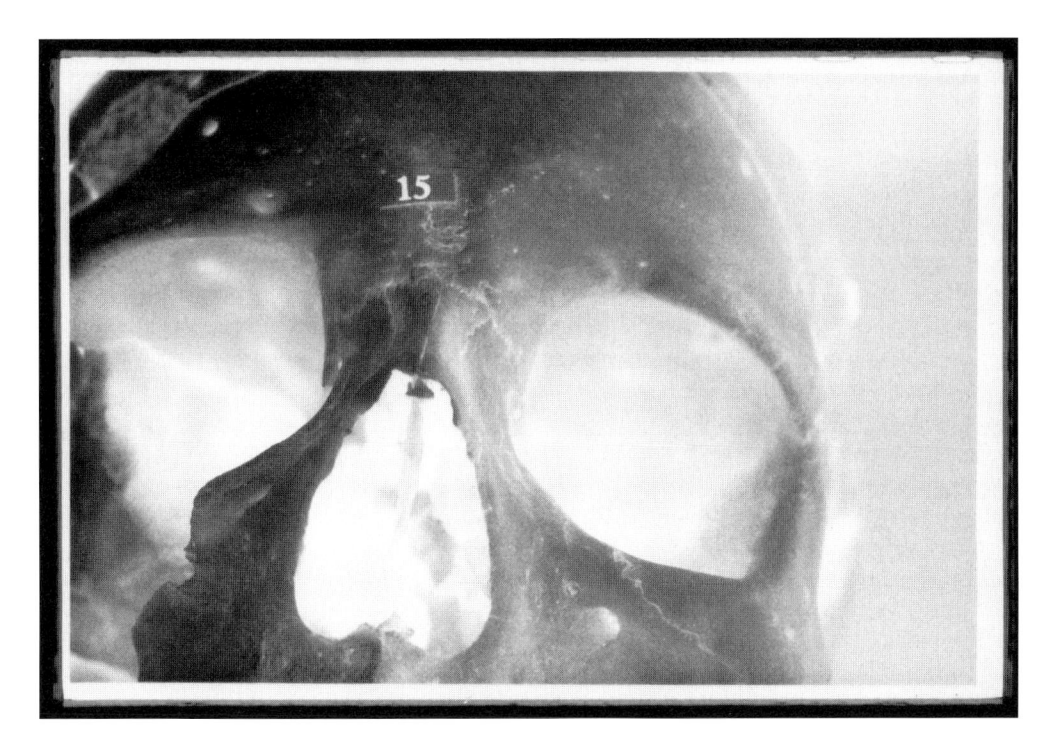

Das fehlende Glied:

Auf der Suche nach den konstituierenden
Merkmalen der Täterpersönlichkeit

Zwischen Realität, Fiktion und Konstruktion:
Auf der Suche nach dem weiblichen Serienkiller

Kai Bammann

> «Die Krönung all der Hässlichkeiten dieses Universums und der unbekannten Universen
> ist jedoch mit ziemlicher Sicherheit der Mensch. Die Menschen, sie sind so ...
> Sie sind böse, gemein, verschlagen, selbstsüchtig, habgierig, grausam, wahnsinnig,
> sadistisch, opportunistisch, blutdürstig, schadenfroh, treulos, heuchlerisch, neidisch und –
> ja, das vor allem – strohdumm! Die Menschen, so sind die Menschen.»
>
> Pirincci: «Felidae» 1989, 266

Mörderinnen zwischen Wahrheit und Legende

Eine Geschichte des Mordes ist auch eine Geschichte der Mörderinnen (siehe nur Bolte/Dimmler 2000). Gleichwohl wurde weibliche Tötungskriminalität von der kriminologischen Forschung lange Zeit nicht problematisiert. Erst in den letzten Jahren sind eine Reihe von Untersuchungen entstanden, die sich mit männlicher und weiblicher Tötungskriminalität aus feministischer Sicht (Cameron/Frazer 1990), einzelnen Tötungssituationen (Wiese 1996; Maisch 1997) oder auch mit der unterschiedlichen Sanktionspraxis von Tötungsdelikten bei Männern und Frauen befassen (Oberlies 1995; Legnaro/Aengenheister 1999).

Unbestreitbar sind Männer in jeder Gesellschaft und in allen bekannten Geschichtsepochen bei Gewalt- und Tötungsdelikten deutlich überrepräsentiert. Dies lässt sich für die heutige Zeit nicht zuletzt durch die alljährlichen Strafverfolgungsstatistiken nachweisen. Gleichwohl hat es immer Frauen gegeben, die töten. Da diese Fälle jedoch relativ selten sind, erregen sie besonderes Aufsehen.

Mord als Tabubruch

Mord ist eine der wenigen Taten, die zu allen Zeiten und von jeder Gesellschaft als Verbrechen verurteilt wurde. Ausnahmen – dies ist letztlich aber eine Frage der Definition – bilden nur kulturell geforderte Tötungshandlungen (wie archaische Menschenopfer oder das Töten im Krieg) oder gerechtfertigte Taten (wie Notwehr oder Todesstrafe). Vom heutigen Standpunkt aus ist die Tötung (Mord) ein «ungeheuerliches» Verbrechen, das an archaische Sitten erinnert und weder in diese Zeit noch in die zivilisierte Gesellschaft passen will. Tötung ist ein Tabubruch. Das lässt sich in noch stärkerem Maße für Tötungshandlungen konstatieren, die von Frauen begangen werden. Denn die Tat verstößt nicht nur gegen den moralischen Kodex der Gesellschaft, sondern auch gegen die traditionellen weiblichen Rollenbilder («Ehefrau», «Mutter» etc.). Möglicherweise ist dieser doppelte Tabubruch ein Grund dafür, warum Öffentlichkeit und Institutionen massiv versuchen, von Frauen verübte Tötungen zu erklären und zu verstehen.

Wirken schon einzelne Morde weiblicher Täter erschreckend und rätselhaft, so gilt dies umso mehr für serielle Tötungen, denen auch bei männlichen Tätern scheinbar kein Motiv zugrunde liegt.

Serienmord – Ein männliches Delikt?

Frauen spielten in der kriminologischen Literatur zum Thema «Serienmord» lange Zeit keine Rolle oder bildeten allenfalls eine makabere «Fußnote». So schildert Ressler in seinem zum Bestseller avancierten Buch *«Whoever Fights Monsters»*, dass Täterinnen in seiner fast 20jährigen Arbeit als Ermittler beim FBI eher von marginaler Bedeutung waren.

Diese Einschätzung deckt sich mit dem Bild, dass die breite Masse und das Gros der Wissenschaftler/-innen vom Serienmörder haben. Demnach ist ein Serientäter – statistisch betrachtet – ein männlicher Weißer, der zum Zeitpunkt seines ersten Verbrechens ca. Mitte zwanzig ist (Bourgoin 1995, 19; vgl. auch Hale/Bolin 1998, 33).

Das Problem ist aber, dass es sich bei dieser Angabe quasi nur um den statistischen «Durchschnittsserienmörder» handelt. Von einem statistischen Mittel kann jedoch – dies lehren Forschung wie praktische Erfahrung – keineswegs auf alle Täter geschlossen werden. Die Aussage, es sei in der Regel der junge weiße Täter hilft bei der Lösung eines konkret vorliegenden Einzelfalles nicht weiter, da jeder Fall eine Ausnahme oder eine Modifizierung von dieser Regel sein kann.

In Anlehnung an die Forschungsergebnisse des FBI stellt Bourgoin fest: *«Im Gegensatz zur Gesamtheit aller Mörder ist er [der Serienmörder, K.B.] eher ein Mann weißer Hautfarbe (zu 83 %) und greift, sofern er heterosexuell ist, vorwiegend Frauen an. In 63 % aller Fälle (bei den Frauen unter den Serienmördern sind es 51 %) tötet er seine Opfer in den Grenzen eines fest umrissenen Gebietes, einer Stadt oder eines Staates, in der Nähe seines Wohnorts; in 29 % (bei Frauen in 20 %) aller Fälle ist er nicht sesshaft und mordet überall, quer durch die Vereinigten Staaten. Und schließlich: In 8 % aller Fälle mordet er bei sich zu Hause oder an seinem Arbeitsplatz.»* (Bourgoin 1995, 19)

Tatsächlich gibt es auch männliche Afro-Amerikaner oder Asiaten[1], die als Serienmörder zu bezeichnen sind.

Warum sollte für Frauen etwas anderes gelten? Die historischen Fälle einer Erszébet Báthory oder einer Gesche Gottfried lassen sich ebenso wenig leugnen wie die moderner Mörderinnen (Myra Hindley, Aileen Wuornos usw.). Sie alle erfüllen weit über Gebühr die Anforderung, in Serie eine Vielzahl von Menschen getötet zu haben.

Realitäten weiblicher Serienkiller

Eine der wenigen umfassenden, statistisch fundierten Analysen von Serienmördern ist die Studie von Hickey (1997).[2] Hickey hat sich nicht nur mit männlichen, sondern auch mit weiblichen Serienmördern befasst. In dem Kapitel *«The female serial murderer»* (1997, 204ff.) untersucht er die Fälle von 62 Frauen (16 % aller in seiner Studie

---

[1] Murakami/Murakami zählen in ihrem *«Lexikon der Serienmörder»* (2000) eine Reihe von afrikanischen (S. 482–523) und asiatischen (S. 524–571) Serienmördern auf, was zugleich belegt, dass Serienmord weder ein «weißes» noch ein rein westliches Problem ist.
[2] Vgl. außerdem Hale/Bolin 1998.

behandelten Serienkiller). 68 % der Frauen handelten allein, der Rest (32 %) zusammen mit Partnern. Die Zahl der Opfer beläuft sich auf insgesamt 400 bis 600. Fast alle Opfer waren Weiße (93 %), die verbliebenen 7 % waren Afroamerikaner.

Auch wenn das Auftreten weiblicher Serienkiller keine neue Erscheinung ist, so ist doch in den letzten Jahren/Jahrzehnten eine sehr starke Zunahme zu verzeichnen. Nur 10 % der von Hickey ermittelten Täterinnen begannen ihre Mordtaten zwischen 1826 und 1899[3]; die restlichen 90 % traten nach 1900 auf, wobei der eigentliche Anstieg erst für die 70er Jahre des 20. Jahrhunderts zu verzeichnen ist: Waren es in den Jahren 1900–1924 8 Fälle und 1925–1949 7 Fälle, so stiegen die Fallzahlen in den Jahren 1950–1975 auf 12 und zwischen 1975 und 1995 auf sogar 26 Fälle an. Seit den 70er Jahren läßt sich demnach ein merklicher Anstieg verzeichnen, was im übrigen auch für männliche Serienmörder gilt.[4]

Diese Entwicklung ist ein Grund für das seit Beginn der 90er Jahre stetig zunehmende Interesse der Wissenschaft am Phänomen weiblicher Serienmörder. Zwar sind Beiträge und Studien, die sich ausschließlich mit Täterinnen befassen, noch die Ausnahme, doch jede Fachpublikation, die Serienmörder thematisiert, behandelt heute auch die Problematik weiblicher Serientäter.

Einzelne Aspekte des Serienmordes

Serienmorde weisen eine Reihe von Eigenheiten auf: Serientäter/-innen töten immer wieder – in der Regel bis sie durch die Polizei gestoppt werden. Dass Mordserien einmal enden, ohne dass der Täter oder die Täterin gefasst wird (oder zumindest ein Verdächtiger ermittelt und ausgeschaltet worden wäre), ist selten. Die wenigen Fälle, in denen die Person des Täters/der Täterin im Dunkeln bleibt, regen dementsprechend auch zur Legendenbildung an: Man denke an Jack the Ripper (vgl. hierzu Bammann 2001, in diesem Band) oder den Zodiac-Killer (vgl. Murakami/Murakami 2000, 477), der zwischen 1968 und 1969 in Kalifornien fünf Menschen tötete und 2 schwer verletzte.[5]

---

[3] Diese Zahlen sind gewiss nicht sehr zuverlässig. Zum einen ist die Kriminaltechnik weitgehend eine Errungenschaft des 19. Jahrhunderts, so dass zu befürchten ist, dass viele Morde unerkannt geblieben sind (dass selbst der heutige technische Standard in der Ermittlungsarbeit nicht vor unentdeckten Morden schützt, hat zuletzt Rückert (2000) dargestellt). Zum anderen gab es kein hinreichendes Informations- oder gar Mediensystem, das Mordfälle aufgegriffen, dokumentiert und archiviert hätte. Regionale Mordserien mögen daher, selbst wenn sie entdeckt worden sind, verloren gegangen sein.

[4] Bedauerlicherweise greift Hickey nur auf die absoluten Zahlen zurück, anstatt diese in Relation zur Bevölkerungsentwicklung in den USA zu setzen. Der auf den ersten Blick dramatische Anstieg könnte rechnerisch sehr wohl ein bloß relativer sein. Seit 1900 hat sich viel verändert: die Menschen werden mobiler, das Leben verlagert sich vom Land fort in die Städte, die Bevölkerung hat insgesamt deutlich zugenommen, nicht nur durch das normale Bevölkerungswachstum, sondern in den USA insbesondere auch durch die zahllosen Einwanderer zu Beginn des Jahrhunderts.

[5] Erwies sich die Polizei im realen Leben als unfähig, den Zodiac-Killer zu fassen, so gelang dies einige Jahre später einem Kino-Helden auf der großen Leinwand: der Zodiac-Killer war das Vorbild für den im Film von Det. Harry Calahan zur Strecke gebrachten geisteskranken Mörder in dem Clint-Eastwood-Film «Dirty Harry 1», der den Auftakt zu einer ganzen Reihe von «Dirty Harry»-Filmen bildete.

Serienmörder/-innen töten eine Vielzahl von Opfern, und sie töten in der Regel scheinbar wahllos (auch wenn sie ihre Opfer wie z.B. Bundy aus einer bestimmten Gesellschaftsschicht oder sozialen Gruppe aussuchen). Dies macht sie gefährlich und lässt sie für die breite Masse der Bevölkerung als ebenso reale wie surreale Bedrohung erscheinen.

Auch ihre Taten – oftmals mediengerecht aufgearbeitet und vor allem in den USA nicht selten durch ein entsprechendes «True-Crime-Buch» begleitet – grenzen sich von «normalen» Mordtaten ab. Die Opfer werden häufig misshandelt und missbraucht, zuweilen gar langsam zu Tode gequält. Vielfach vergehen sich die Täter(-innen?) an den Leichen, nicht selten werden sie zerstückelt und immer wieder begehen (einzelne) Serienmörder/-innen Kannibalismus.

Aus diesen Szenarien entwickeln sich jedoch nur allzu leicht falsche Vorstellungen. Nicht alle Serienmörder/-innen quälen ihre Opfer, nicht alle zerstückeln sie, und eher wenige essen sie. Es gilt daher, mit einigen Missverständnissen aufzuräumen:

Der Aspekt der Grausamkeit bei Serienmorden

Grausamkeit ist keine Voraussetzung für Serienmorde, wenngleich die Taten vieler Serienmörder sich nicht zuletzt auch durch die Art der Tatbegehung von anderen Morden deutlich absetzen. Das Kriterium der Grausamkeit unterscheidet auch nicht männliche von weiblichen Serienmördern, gibt es doch eine Reihe von mordenden Frauen, die ihre Taten mit ebenso erschreckender Grausamkeit begangen haben.[6]

Der Aspekt des Sexuellen bei männlichen Tätern

Eine weitere Frage ist, welche Bedeutung der Aspekt des Sexuellen bei der Einordnung eines Verbrechens als Serienmord hat. Cameron/Frazer (1990, 23) führen hierzu an: *«Einen weiblichen Peter Suthcliffe hat es nie gegeben. Frauen haben sehr brutale Morde begangen; sie haben wiederholt getötet, sie haben willkürlich getötet. Aber in sämtlichen Aufzeichnungen und Berichten von Verbrechen hat keine Frau getan, was Peter Suthcliffe (oder Jack the Ripper, Christie oder der Würger von Boston) getan haben. Nur Männer, so scheint es, sind zwanghafte Einzeljäger, getrieben von der Lust am Töten – einem sexuellen Begehren, das sich in Mord entlädt.»*

Betrachtet man die große Zahl männlicher Serienkiller, so fällt eines sofort ins Auge: fast jedes dieser Verbrechen hat (auch) einen sexuellen Aspekt. Einige Beispiele aus einer sich nahezu beliebig fortsetzbaren Reihe seien hier genannt:

Gilles de Rais (vgl. Reliquet 1984; Bataille 2000; siehe auch Bammann 2002, in diesem Band), Marschall von Frankreich und Feldherr an der Seite von Jeanne d'Arc in der entscheidenden Schlacht, tötete – entweder allein oder durch seine Diener – mindestens 140 Kinder, vornehmlich Knaben. Er suchte seinen «Lustgewinn» schon in der eigentlichen Tötungshandlung oder verging sich anschließend an den Leichen.

[6] Vgl. im Übrigen zur Erklärung eines gender-spezifischen Aggressionsverhaltens die Modelle bei Hale/Bolin 1998, 34ff.

Fritz Haarmann (vgl. Pozsár/Farin 1995; Lessing 1995) wurde 1924 wegen Mordes an 24 Jungen und jungen Männer zum Tode verurteilt. Er hatte seine Opfer über Nacht mit in seine Wohnung genommen und nach sexuellen Handlungen in der Regel mit einem Biß in die Kehle getötet. Mit einer Reihe weiterer Morde wurde er in Verbindung gebracht; diese konnten ihm aber nicht mit letzter Sicherheit nachgewiesen werden.
Theodore (Ted) Bundy (siehe Hickey 1997, 162ff.) soll im Zeitraum von 1973 bis 1978 bis zu 53 Mädchen und junge Frauen entführt und ermordet haben (wenigstens 30 konnten ihm eindeutig zugeordnet werden). Er hat die meisten seiner Opfer vergewaltigt und vor ihrer Ermordung misshandelt.
Jeffrey Dahmer (Dvorchak 1991; Davis 1991) wurde, nachdem er die Morde an 15–17 jungen Männern gestanden hatte, zu insgesamt 15 lebenslangen Haftstrafen verurteilt. Seine Opfer hat er, bevor er sie getötet hat, misshandelt und missbraucht. Anschließend hat er die Leichen zerstückelt, Schädel und Knochen zu Trophäen verarbeitet.

Der Aspekt des Sexuellen bei weiblichen Täter
Der weibliche Lustmord, wie er z.B. in dem Film «*Basic Instinct*» thematisiert wird, ist hingegen in der Realität eine Ausnahme. Lustmord ist, darin ist Cameron/Frazer (1990, 47ff.) zuzustimmen, eine typisch männliche Tötungssituation.[7] Die Autorinnen weisen in ihrer Darstellung nur eine Frau nach, die in diese Kategorie passen könnte: Myra Hindley (vgl. auch Murakami/Murakami 2000, 45ff.). Da sie ihre Taten nicht alleine, sondern gemeinsam mit einem Mann – Ian Brady – begangen hat, relativieren Cameron/Frazer diesen Fall und verzeichnen ihn als Ausnahme.[8] Diese Herangehensweise lässt sich den Autorinnen mit guten Gründen entgegenhalten: Auch wenn Frauen wie Myra Hindley oder Rosemary West (die im Übrigen die treibende Kraft des Duos war!) gemeinsam mit Männern gehandelt haben, so waren ihre Taten gleichwohl Lustmorde im Sinne der von Cameron/Frazer vorgeschlagenen Definition.

Der für die vorliegende Betrachtung entscheidende Punkt ist aber ein anderer: Die Autorinnen stellen auf den «Lustmord» als solchen ab, nicht auf den Serienmord in der Definition eines Robert Ressler. Der Begriff des Serienmörders wird von Cameron/Frazer nicht verwendet; faktisch greifen die Autorinnen also nur einen möglichen Aspekt des Serienmordes auf und schließen daraus, dass Frauen (lediglich?) diese Variante nicht erfüllen.

Anders Wilson/Seaman, die tatsächlich eine grundlegend andere Definition des Serienmörder-Begriffs anlegen. Sie definieren Serienmörder als «*an obsessive ‹repeat killer› driven by sex*» (1996, 319). Hierbei stellen sie insbesondere den Fall Aileen Wuornos

---

[7] Aus dieser Umkehrung (dem Spiel mit dem Bild der gefährlichen Frau) bezieht der genannte Film gerade seine Spannungselemente. Dabei bleibt es bis zum Schluss der Phantasie des Zuschauers überlassen, ob die von Sharon Stone gespielte Hauptfigur oder deren im Laufe des Films ums Leben kommende (bisexuelle!) Freundin die Mörderin ist.
[8] Heute müsste man diese Ausführungen noch um den 1994 aufgedeckten Fall des Ehepaares Rosemary und Frederick West ergänzen, vgl. dazu Wilson/Seaman 1996, 322ff. Beide haben nicht nur gemeinsam getötet, sondern ihre weiblichen Opfer zuvor auch sexuell missbraucht.

heraus und begründen detailliert, warum diese ansonsten oft als «einzige weibliche Serienmörderin» betrachtete Frau gerade das nicht sein soll: Sie habe nicht aus sexuellen Motiven gehandelt, sondern allein deshalb, um ihre männlichen Opfer zu berauben.[9]

Schon die zugrundegelegte Definition ist jedoch falsch. Richtig ist: Weibliche Lustmörder sind selten, falls es sie per definitionem überhaupt geben kann. Zumindest als Einzeltäterinnen – hier ist Cameron/Frazer vorbehaltlos zuzustimmen – werden sie nicht vorkommen.

Serienmörder sind nicht mit Lustmördern gleichzusetzen (ebensowenig mit Sexualmördern; vgl. zur Abgrenzung dieser und anderer Begriffe Füllgrabe 1997, 296; zum Begriff des Lustmordes siehe auch Schetsche 2001, in diesem Band). Weder ist jeder Lustmord ein Serienmord, noch ist jeder Serienmord zugleich ein Lustmord. Genausowenig, wie Grausamkeit ein notwendiges Element der Taten eines Serienmörders ist, ist dies der sexuelle Aspekt. Serienmörder werden von *irgendetwas* getrieben.[10] Dies kann die Suche nach Macht oder nach Anerkennung sein oder die Suche nach einer sexuellen Befriedigung, die auf anderem Wege nicht (mehr) erreicht werden kann.

Kritik am feministischen Ansatz

Folgerichtig kritisiert Jenkins (1994, 152) in seiner Studie die – seiner Ansicht nach – in der (feministischen) Literatur vorherrschende Ablehnung der Existenz weiblicher Serienkiller. Nach Jenkins sind in der feministischen Argumentation folgende Punkte verbreitet, die einzeln, aber auch in Verbindung miteinander angeführt werden:

- Es gibt keine weiblichen mehrfachen Mörderinnen.
- Weibliche Mehrfachmörderinnen werden durch Männer manipuliert.
- Weibliche Mehrfachmörderinnen werden nicht durch sexuelle Motive getrieben.
- Weibliche Mehrfachmörderinnen handeln aus rationalen/politischen oder ökonomischen Motiven.

Jenkins zeigt in seiner Kritik – mit oftmals durchaus nachvollziehbarer Argumentation – auf welche Weise das Offensichtliche, nämlich die Existenz weiblicher Mehrfachmörderinnen wegdefiniert werden kann. Zugleich legt er dar, dass dies eine in erster Linie politisch motivierte Konstruktion ist, die an den Realitäten vorbeigeht. Nicht das tatsächliche Ereignis wird in Frage gestellt, sondern schlicht die entsprechende Definition geändert. Am Beispiel von Wilson/Seaman wurde schon gezeigt, dass eine andere Definition des Serienmörders dazu führen kann, die Existenz weiblicher Serienmörder zu verneinen – ohne aber an den Fakten etwas ändern zu können.

---

[9] Geht man davon aus, dass der Lustmord-Aspekt bei Frauen keine (oder nur eine sehr untergeordnete) Rolle spielt, müsste dies nach der Definition von Wilson/Seaman in letzter Konsequenz bedeuten, daß es gar keine weiblichen Serienkiller gibt. So weit gehen die Autoren dann jedoch nicht. Als frühe weibliche Serienkiller nennen sie an eben jener Stelle ausdrücklich Anna Zwanziger, Jeanne Weber und Belle Gunness (1996, 319; s. a. Murakami/Murakami 2000). In die Definition von Wilson/Seaman passt jedoch keiner dieser drei Fälle: Auch diese Frauen haben nicht aus Gründen sexueller Befriedigung getötet.

[10] Was dieses «Etwas» genau ist, ist von Fall zu Fall verschieden und muß am konkreten Einzelfall von Psychologen und/oder gerichtlich bestellten Gutachtern herausgearbeitet werden.

Da sich die Fälle weiblicher Mehrfachmörderinnen nicht einfach wegdiskutieren lassen, hilft auch keine eingrenzende Definition weiter. Vielmehr muss ein Weg gefunden werden, auch die Taten weiblicher Serienmörder in die Diskussion einzubeziehen:

- Es gibt Frauen, die an verschiedenen Orten und zu verschiedenen Zeitpunkten mehrere Menschen töten (Beispiel: Aileen Wuornos).
- Viele Frauen töten als Einzeltäterinnen. Selbst wenn sie gemeinsam mit einem Mann töten, sind sie keineswegs immer schuldlose «Mitläuferinnen», sondern zuweilen sehr wohl die treibende Kraft (Beispiele: Einzeltäterin: Gesche Gottfried; Haupttäterin: Rosemary West).
- Sexuelle Motive sind nicht die entscheidende Qualifikation, die einen Serienmord ausmacht. Es gibt gleichwohl Frauen, die (auch) aus sexuellen Motiven töten – selbst wenn diese Ausnahmen sind (Beispiel: Myra Hindley).
- Nicht alle Mehrfachmörderinnen töten aus finanziellen Motiven. Häufig spielen auch hier irrationale Motive wie Hass, Wut oder (im Fall der Patiententötungen) falsch verstandenes Mitleid hinein (Beispiel: Cecilie Bombeek).

Folgerichtig legt Hickey den Begriff des Serienmörders so weit an, dass er im Ergebnis alle einschlägigen Fälle umfasst. In seine Analyse weiblicher Serientäterinnen bezieht er die sogenannten «black widows» ebenso mit ein wie die (verhältnismäßig häufigen) Fälle von Patiententötungen. Tatsächlich lassen sich bei einer nicht einengenden Auslegung des Serienmörderbegriffs (und in Anlehnung an die Kategorien von Holmes/De Burger) für Täterinnen drei Tötungssituationen herausarbeiten, die sich (zumindest teilweise) von den Taten männlicher Mörder unterscheiden.

Patiententötungen
Die Tötung von Patienten durch Pflegepersonal ist eine der häufigsten Varianten von Frauen begangener Mehrfachmorde. In jüngster Zeit wurden solche Mordserien immer wieder mit einer zuweilen erschreckend hohen Zahl vermuteter Mordopfer aufgedeckt. Im Gegensatz zu anderen, sehr viel spektakuläreren Taten bleiben die Namen der Täterinnen und die Fälle selbst sehr viel seltener im Bewusstsein der Öffentlichkeit haften. Als Beispiele aus unterschiedlichen Epochen können in diesem Zusammenhang genannt werden:

Marie Jeanneret (Murakami/Murakami 2000, 105), die zwischen 1866 und 1867 als Krankenschwester in verschiedenen Schweizer Städten bis zu 30 Menschen vergiftet und 8 davon getötet haben soll;
Schwester Cecilie Bombeek (Murakami/Murakami 2000, 43), die zwischen 1976 und 1978 in einer belgischen Kleinstadt bis zu 30 Patienten getötet haben soll;
Genene Jones (Hickey 1997, 223), die als Kinderkrankenschwester in Texas für den Mord an einem 15 Monate alten Mädchen zu einer Freiheitsstrafe von 99 Jahren verurteilt wurde und die von den Ermittlern verdächtigt wurde, etwas mit insgesamt 46 Todesfällen zu tun gehabt zu haben, die sich während ihrer Dienstzeit ereignet haben.

Die Patiententötung (vgl. Maisch 1997; Eisenberg 1997) darf nicht mit sonstiger Gewalt gegen alte oder pflegebedürftige Menschen verwechselt werden.[11] Der Patienten*tötung* gehen in der Regel keine Mißhandlungen voraus, sondern das Opfer wird «ohne Vorwarnung» getötet. Vielfach geschieht dies aus vorgeschobenem Mitleid (siehe Eisenberg 1997, 242ff.), oft aber, weil die Pflegerin/der Pfleger überfordert ist (vgl. Eisenberg 1997, 245ff.).

Vielfach werden solche Taten gar nicht, oder erst, nachdem sich Todesfälle in einer Klinik während bestimmter Schichten über alle Maße häufen, als Morde registriert. Die Gründe hierfür sind vielfältiger Natur:

- Die Patienten werden unauffällig getötet, z.B. durch Luftinjektionen oder tödliche Medikamentendosen.
- Pflegepersonal, dass sich aufopferungsvoll um Patienten gekümmert hat, gerät nicht in den Verdacht, diese getötet zu haben.
- Auf Stationen mit einer hohen Mortalitätsrate fällt es nicht auf, dass mehr Menschen als normal sterben.
(Weitere Beispiele bei Rückert 2000, 88f.)

Hinzu kommt, dass die Grenzen zur sogenannten «Sterbehilfe»[12] fließend sind. Mitunter kommt bei den mordenden Pflegerinnen und Pflegern kein Schuldbewusstsein auf, da diese Grenze zwischen (legitimer) Sterbehilfe und Mord nicht mehr erkannt wird.

Bei Patiententötungen stellt sich die Situation in Abgrenzung zu Fällen, in denen tatsächlich an «Sterbehilfe» zu denken wäre, jedoch eindeutig anders dar: der Patient ist in der Regel alt und/oder schwach, aber nicht sterbenskrank; ein Einverständnis für die Tötung liegt gerade nicht vor. Die tötende Krankenschwester oder Pflegerin handelt eigenmächtig – ohne Absprache mit Patient und behandelndem Arzt.

---

[11] Gewalt gegen (vornehmlich alte) Menschen in Pflegeheimen und Krankenhäusern ist erst in den letzten Jahren verstärkt in das Blickfeld der kriminologischen Forschung gerückt.
  Die Misshandlung von Schutzbefohlenen (hierum handelt es sich bei nicht-tödlichen Gewalttaten rechtlich in erster Linie, wenn auch nicht ausschließlich) ist immer noch ein Tabuthema (vgl. für Deutschland: Dießenbacher/Schüller 1993; für England: Eastman 1991). Die Opfer schweigen häufig aus Angst, man würde ihnen nicht glauben, und/oder die so Beschuldigten würden sich an ihnen rächen. Angehörige, aber auch Kollegen der TäterInnen sehen weg, weil sie es nicht sehen oder nicht glauben wollen oder ignorieren die entsprechenden Hinweise.
  Die Misshandlung von Schutzbefohlenen führt nicht notwendig zu deren Tod. Auch bedeutet diese keinen notwendigen «Einstieg» auf dem Weg zu einer Serienkiller-«Karriere».
[12] In der deutschen Rechtsordnung wird zwischen aktiver und passiver Sterbehilfe unterschieden. Aktive Sterbehilfe, also das Töten eines Patienten durch aktives Handeln des Arztes, wird rechtlich nicht geduldet. Etwas anderes gilt nur für die passive Sterbehilfe bei todkranken Menschen. Obwohl moralisch umstritten, wird es nicht bestraft, wenn (auf Wunsch des Patienten) lebenserhaltende Maßnahmen eingestellt oder gar nicht erst ergriffen werden. Das Gleiche gilt, wenn ein Arzt bei einer tödlich verlaufenden, schmerzhaften (Krebs-)Erkrankung die Schmerzmitteldosis heraufsetzt, dadurch aber nicht nur die Schmerzen lindert, sondern auch die Lebenszeit verkürzt (vgl. zur Problematik der Sterbehilfe Hoerster 1998; umstritten und zu lebhaften Diskussionen geführt haben die Thesen des Engländers Singer 1994).

Tötung von Familienangehörigen oder im näheren Umfeld

Hier ist genauer zu differenzieren. Die sogenannten «Familienattentäter»[13] sind schon der Definition nach keine Serienmörder. Sie töten nicht «in Serie», sondern innerhalb einer kurzfristigen Zeitperiode mehrere Familienangehörige. Auch hier sind männliche Täter deutlich überrepräsentiert. Die Tötung der Angehörigen kann seitens der männlichen und weiblichen Täter gezielt oder (scheinbar) wahllos erfolgen und erstreckt sich häufig auf Kinder und (Ehe-)Partner/-in.

Für männliche Serienmörder ist es eher charakteristisch, dass sie ihre Opfer weder in ihrer Familie, noch in ihrem sozialen Umfeld suchen. Anders stellt es sich bei weiblichen Serienmördern dar. Diese suchen (und finden) ihre Opfer ungleich häufiger in ihrem sozialen Nahraum.

Ein Beispiel ist der in der Literatur sehr oft zitierte Fall der Bremerin **Gesche Gottfried**.[14] Sie hat zwischen 1813 und 1827 insgesamt 15 Menschen entweder durch Arsenik oder durch Gift getötet, das «Mäusebutter» genannt wurde. Eine Vielzahl weiterer Menschen hat sie mit nicht-tödlichen Dosen vergiftet. Unter den Todesopfern waren u.a. ihre Eltern, ihr Bruder und ihre Kinder. Alle Opfer waren enger mit Gesche Gottfried bekannt, lebten in ihrem Haushalt oder kamen regelmäßig zu Besuch.

Gesche Gottfried erfüllt – wie im übrigen eine Reihe anderer weiblicher Mehrfachmörder – zugleich auch die klassische Klischeevorstellung des Mordes durch Frauen: den Giftmord[15] (vgl. Weiler 1998).

Neben Gottfried ist aus neuester Zeit die Österreicherin Elfriede Blauensteiner (Bolte/Dimmler 2000, 68ff.) in die Kategorie der Tötung im sozialen Nahraum einzubeziehen. Blauensteiner, die im März 1997 wegen Mordes an einem Mann, den sie über eine Heiratsanzeige kennengelernt hatte, zu lebenslanger Haft verurteilt wurde, soll von August 1992 bis Januar 1996 wenigstens fünf Morde begangen haben, darunter auch den Mord an ihrem Ehemann. Als Motiv gilt Geldgier: Elfriede Blauensteiner galt als leidenschaftliche Glückspielerin, die tötete, um diese Leidenschaft zu finanzieren.

Auch sie erfüllt ein bekanntes Klischee: Neben dem Bild der Giftmörderin zählt das der schwarzen Witwe zu den häufigsten Vorstellungen von der mordenden Frau.

Tötung zufälliger Opfer

Obwohl es für Frauen eher typisch ist, ihre Opfer in ihrem direkten Umfeld zu suchen, so ist dies dennoch nicht immer die Regel. Das Schreckensbild des Serienmörders ist eher von Tätern geprägt, die sich zufällig und scheinbar willkürlich ihre Opfer suchen. Gerade das macht ihre Unberechenbarkeit, die Ungeheuerlichkeit ihrer Taten aus. Folgerichtig gehören auch die spektakulärsten Fälle weiblicher Mehrfachmörder in diese Kategorie.

---

[13] *«Family annihilator»*, siehe Holmes/Holmes 2001, 48ff.
[14] Vgl. Meter 1995 sowie die Beiträge bei Feest/Mahrzahn 1988. Die Darstellung bei Murakami/Murakami (2000, 83ff.) weist eine Reihe von inhaltlichen Fehlern auf.
[15] Dass Klischees mitunter auch eine Teilwahrheit beinhalten, zeigt die von Hale/Bolin aufgestellte Tabelle zu den von weiblichen Serienmördern bevorzugten Tötungsmethoden: In 59 Fällen fand «Gift» den Vorzug (das schließt allerdings auch die Vergiftung durch Medikamente ein, also die große Gruppe der Patiententötungen) vor Schusswaffen (in 24 Fällen) und dem Messer in 11 Fällen (Hale/Bolin 1998, 38).

Zu nennen ist in dieser Gruppe zunächst **Erzsébet Báthory** (Bolte/Dimmler 2000, 225ff.), der später der Beiname *«die blutige Gräfin»* verliehen wurde. Báthory, geboren 1560, entstammte einem alten transsylvanischen (!) Adelsgeschlecht. Fünfzehnjährig heiratete sie 1575 einen wohlhabenden Grafen, einen Nachfahren von Vlad Tepes, der im 15. Jahrhundert über die Walachei geherrscht hatte. Der Legende nach saß sie eines Tages im Bad, als eine Zofe ihr unachtsam die Haare kämmte. Sie schlug das Mädchen blutig, und ein wenig von dessen Blut spritzte auf die Haut der Báthory. Die Gräfin glaubte nun, ihre Haut sei dort, wo das Blut sie berührt hatte, spürbar jünger geworden. Sie ließ die Zofe töten, um in ihrem Blut zu baden.[16] Später wiederholte sie dieses Ritual immer wieder in der Hoffnung, dadurch auf ewig jung zu bleiben. Erst als ein anderes Mädchen im Jahre 1610 aus dem Schloß der Gräfin entkommen und von den Geschehnissen berichten konnte, wurde man auf Erzsébet Báthory aufmerksam. Zeitgenössische Berichte erzählen von bis zu 80 getöteten Jungfrauen. (Bolte/Dimmler 2000, 232: *«Sicher ist, dass sie Hunderte zu Tode gefoltert hat und einen regelrechten Leichenberg junger Mädchen hinterließ.»*)

Auch der in der wissenschaftlichen Literatur umstrittene Fall von **Aileen Wuornos** (dokumentiert von Reynolds 1995) gehört in diese Kategorie. Sie arbeitete 20 Jahre lang als Prostituierte auf der Straße, bevor sie ihre Mordserie begann. Die Morde – insgesamt wurden ihr sieben Taten nachgewiesen – wurden immer mit einer Schusswaffe verübt. Die Leichen ihrer männlichen Opfer ließ sie in der Regel unbekleidet in Wäldern oder an abgelegenen Orten zurück, was die Entdeckung verzögerte und die Ermittlungen zunächst nachhaltig behinderte.

Wuornos wurde selbst in ihrer Kindheit mißbraucht und hat daraus einen erklärten Haß auf alle Männer entwickelt. Zu ihrer Verteidigung hat sie immer angeführt, sie habe aus Notwehr gehandelt, da die Männer, die sie getötet hat, versucht hätten, sie zu vergewaltigen. Auch wenn ihr dies vor Gericht nicht geglaubt wurde, wird diese Behauptung in der Literatur immer wieder ins Feld geführt, um zu erklären, dass Aileen Wuornos keine typische *Serien*killerin ist (vgl. hierzu eingehend die kritische Analyse von Jenkins 1994, 153ff.).

Schlußbemerkungen

Weibliche Serienmörder sind Realität, auch wenn sie gegenüber männlichen Tätern deutlich in der Minderheit sind.

Aus den bekannt gewordenen Fällen weiblicher Mehrfachmörder wird eines deutlich: Die Morde sind sehr viel stärker situationsabhängig: Die Täterinnen begeben sich in der

---

[16] Das «Blutbad» kann gewiss metaphorisch gemeint sein. Bemerkenswert ist ohnehin die Nähe zu einem anderen blutigen Herrscher, dem Grafen Vlad Tepes (genannt Dracul, was so viel heißt wie «Sohn des Drachen»), der Vorbild für die Figur des (ewig jungen!) blutsaugenden Vampirs Dracula war (vgl. auch McNally/Florescu 1996 und Borrmann 2000, 80ff., 322ff.). Hier liegen Fakt und Fiktion so eng beieinander, dass man aus heutiger Sicht nur noch über die wahren Umstände spekulieren kann. Sicher ist, dass die «blutige Gräfin» in ihrer Grausamkeit in nichts einem Gilles de Rais nachstand. Und wie de Rais tötete auch sie nicht allein, sondern band ihre Dienerschaft in die Mordtaten mit ein.

Regel nicht auf eine rastlose Suche (Ausnahme möglicherweise Wuornos[17]), sondern töten Opfer, die ihnen in ihrem eigenen sozialen Nahraum begegnen. Beispiele hierfür sind die Patiententötungen, aber auch die Fälle der «Schwarzen Witwen» oder die Taten einer Gesche Gottfried.

Begehen Frauen *brutale* Morde, so geschieht dies vielfach (wenn auch nicht ausschließlich) gemeinsam mit männlichen Tätern. In dieser Situation sind auch Fälle nachweisbar, in denen Frauen Taten verüben, die man als «Lustmorde» bezeichnen kann. Ob sie dies aus eigenem Antrieb oder nur aufgrund der gemeinsamen Tatbegehung mit einem Mann machen, ist spekulativ, im Ergebnis aber auch nicht entscheidend, solange ein entsprechender eigener Tatbeitrag vorhanden ist.

Sicher ist: Der weibliche Lustmord stellt ein doppeltes «Aus-der-Rolle-Fallen» dar. Gilt schon gewalttätiges Handeln als untypisch für Frauen, so trifft dies auf den Mord aus «Lust» umso mehr zu. Doch die Zeiten ändern sich. Hale/Bolin schreiben hierzu in ihrer Schlussbemerkung (1998, 57): «*Female serial killers are a curious group. Many operated before the turn of the 20th century, murdering the very people they should be closest to: family members. [...] it is obvious that these women lacked the bond of familial attachment. Recently, the female serial killer has developed a different look. She now kills strangers and uses more violent methods to murder. Whether or not the number of female serial killers has increased in the past years is debatable. But one thing is without doubt: The final result is as deadly as any act committed by her male counterpart.*»

Bleiben Frauen als Täterinnen statistisch gesehen auch die Ausnahme, so gleicht sich die Art der Tatbegehung zunehmend an.

Weibliche Serienmörder lassen sich nicht leugnen. Im Gegenteil: Noch bevor Männer wie Jack the Ripper die Menschen in Furcht und Schrecken versetzten, gab es eine Reihe von weiblichen Vielfachmörderinnen, die ungleich mehr Opfer gefunden haben als viele der männlichen Mörder der Gegenwart. Es hilft auch nicht zu versuchen, die Existenz von Serienmörderinnen wegzudiskutieren, indem der Begriff des Serienmörders anders definiert wird. Dies hat allenfalls einen «kosmetischen» Effekt: Die Taten werden dadurch weder harmloser noch können sie verschwinden.

Die Wahrheit ist: Auch sie sind real.

---

[17] Pfeiffer führt an, daß Aileen Wuornos die 35. in den USA bekannt gewordene Serienmörderin sei und gleichwohl die erste, die fremde Opfer gesucht und nicht innerhalb der Familie oder des eigenen sozialen Umfelds getötet hat (1996, 114).

Literaturangaben

Bammann, Kai (2001): Vom Werwolf zum Serienmörder: Über den Versuch, das Unfassbare zu verstehen, in diesem Band.

Bataille, Georges (2000): Gilles de Rais. Leben und Prozess eines Kindermörders, 7. Aufl., Gifkendorf: Merlin.

Bolte, Christian/Dimmler, Klaus (2000): Schwarze Witwen und eiserne Jungfrauen. Geschichte der Mörderinnen, Berlin: Aufbau.

Borrmann, Norbert (2000): Lexikon der Monster, Geister und Dämonen. Die Geschöpfe der Nacht aus Mythos, Sage, Literatur und Film, Berlin: Lexikon Imprint Verlag.

Bourgoin, Stephane (1995): Serienmörder. Pathologie und Soziologie einer Tötungsart, Reinbek b. Hamburg: Rowohlt.

Cameron, Deborah/Frazer, Elizabeth (1990): The lust to kill: A feminist investigation of sexual murder

Davis, Don (1991): Jeffrey Dahmer, München: Heyne.

Dießenbacher, H./Schüller, K. (1993): Gewalt im Altenheim. Eine Analyse von Gerichtsakten, Freiburg i. Brs.: Lambertus.

Dvorchak, Robert J./Holewa, Lisa (1991): Wer war Jeffrey Dahmer? Bergisch-Gladbach: Bastei.

Eastman, Mervyn (1991): Gewalt gegen alte Menschen, 2. Aufl., Freiburg i. Brs.: Lambertus.

Eisenberg, Ulrich (1997): Serientötungen alter Patienten auf der Intensiv- oder Pflegestation durch Krankenschwestern bzw. –pflegerinnen, Monatsschrift für Kriminologie und Strafrechtsreform, 239–254.

Feest, Johannes/Mahrzahn, Christian (Red.) (1988): Criminalia. Bremer Strafjustiz 1810–1850. Beiträge zur Sozialgeschichte Bremens, Heft 11, Bremen: Eigenverlag.

Füllgrabe, Uwe (1997): Kriminalpsychologie. Täter und Opfer im Spiel des Lebens, 2. Aufl. Frankfurt a.M.: Edition Wötzel.

Gransee, Carmen/Stammermann, Ulla (1992): Kriminalität als Konstruktion und die Kategorie Geschlecht. Versuch einer feministischen Perspektive, Pfaffenweiler: Centaurus.

Hale, Robert/Bolin, Andrew (1998): The female serial killer, Holmes, Ronald M./ Holmes, Stephen T. (Ed.) (1998): Contemporary perspectives on serial murder, London: Sage, 33–58.

Hickey, Eric W. (1997): Serial murderers and their victims, 2nd edition, Belmont CA: Wadsworth.

Hoerster, Norbert (1998): Sterbehilfe im säkularen Staat, Frankfurt a. M.: Suhrkamp.

Holmes, Ronald M./de Burger, James (1988): Serial murder, London: Sage.

Holmes, Ronald M./Holmes, Stephen T. (1998): Serial murder, 2nd edition, London: Sage.

Holmes, Ronald M./Holmes, Stephen T. (2001): Mass murder in the United States, Upper Saddle River: Prentice Hall.

Jenkins, Philip (1994): Using murder. The social construction of serial homicide, New York: Aldine de Gruyter.

Legnaro, Aldo/Aengenheister, Astrid (1999): Schuld und Strafe. Das soziale Geschlecht von Angeklagten und die Aburteilung von Tötungsdelikten, Pfaffenweiler: Centaurus.

Lessing, Theodor (1995): Haarmann. Die Geschichte eines Werwolfs, München: dtv.

Maisch, Herbert (1997): Patiententötungen., München: Kindler.

McNally, Raymond T./Florescu, Radu (1996): Auf Draculas Spuren. Die Geschichte des Fürsten und der Vampire, Berlin und Frankfurt a.M.: Ullstein.

Meter, Peer (1995): Gesche Gottfried. Ein langes Warten auf den Tod. Die drei Jahre ihrer Gefangenschaft, 2. Aufl. Lilienthal: Gosia.

Murakami, Peter/Murakami, Julia (2000): Lexikon der Serienmörder. 450 Fallstudien einer pathologischen Tötungsart, München: Ullstein.

Oberlies, Dagmar (1995): Tötungsdelikte zwischen Männern und Frauen. Eine Untersuchung geschlechtsspezifischer Unterschiede aus dem Blickwinkel gerichtlicher Rekonstruktionen, Pfaffenweiler: Centaurus.

Pfeiffer, Hans (1996): Der Zwang zur Serie. Serienmörder ohne Maske, Leipzig: Militzke.

Pirincci, Akif (1989): Felidae, München: Goldmann

Poszar, Christine/Farin, Michael (Hrsg.) (1995): Die Haarmann-Protokolle, Reinbek bei Hamburg: Rowohlt.

Reliquet, Phillipe (1984): Ritter, Tod und Teufel. Gilles de Rais oder die Magie des Bösen, München: Artemis.

Ressler, Robert K./Burgess, Ann W./Douglas, John E. (1988): Sexual homicide. Patterns and Motives, New York: Lexington books.

Ressler, Robert K./Shachtman, Tom (1993): Ich jagte Hannibal Lecter. Die Geschichte des Agenten, der 20 Jahre lang Serienmörder zur Strecke brachte, München: Heyne.

Reynolds, Michael (1995): «Ich hasse alle Männer». Die unfassbare Geschichte einer Serienmörderin, München: Heyne.

Rückert, Sabine (2000): Tote haben keine Lobby. Die Dunkelziffer der vertuschten Morde, Hamburg: Hoffmann & Campe.

Schetsche, Michael (2002): Der Wille, der Trieb und das Deutungsmuster vom Lustmord, in diesem Band.

Singer, Peter (1994): Praktische Ethik, 2. Aufl., Stuttgart: Reclam.

Weiler, Inge (1998): Giftmischerinnen, Henschel, Petra/Klein, Ute (Hrsg.): Hexenjagd. Weibliche Kriminalität in den Medien, Frankfurt a.M.: Suhrkamp, 90–108.

Wiese, Annegret (1996): Mütter, die töten. Psychoanalytische Erkenntnis und forensische Wahrheit, 2. Aufl. München: Fink.

Wilson, Colin/Seaman, Donald (1996): The serial killers. A study in the psychology of violence, revised edition, London: Virgin.

Viktimologische Aspekte zum Thema ‹Serienmord›

Gerd F. Kirchhoff

In der Düsseldorfer Ausgabe des ‹Express› vom 6.1. 2001 lesen wir diese kleine Meldung: «Der britische Hausarzt Harold Shipman (55) – er ist der schlimmste Massenmörder Europas. Erst 1998 hatte er gestanden, 15 Frauen mit Gift getötet zu haben. Er bekam dafür lebenslänglich. Jetzt hat ein Regierungs-Arzt herausgefunden: Er hat 297 Patienten auf dem Gewissen. Die Opfer waren alle alt und kerngesund – bis sie beim Horror-Arzt in Behandlung gingen.»

Sicher, diese Meldung stellt den Täter in den Vordergrund und berichtet nur wenig über die Opfer. Gerade soviel, wie zur Kurzinformation des Lesers nötig ist, um die Tatserie zu beschreiben. Offenbar handelt es sich um die Tötungsserie eines Arztes, der ältere Patienten zu Tode brachte.

Serienmörder sind die, die drei oder mehr Opfer über einen Zeitraum von mehr als 30 Tagen töten, wobei eine kennzeichnende Abkühlungsperiode zwischen den Viktimisationen liegt. Dadurch unterscheiden sie sich von Massenmördern, die gewöhnlich mehr als drei Opfer finden an ein und derselben Stelle und in ein und derselben Zeit (vgl. Holmes/Holmes 1998, 13).

Wenn man die wenige Literatur, die sich über Serienmörder finden lässt, nach Informationen über deren Opfer durchsucht, stellt man bald fest, dass man in erster Linie viele spannende Informationen über Helden findet. Über heldenhafte Detektive, die Serienmördern das Leben schwer machen und sie schließlich doch überführen; über engagierte Sachverständige, die sich um die Kriminalisten scharen und die notwendigen Beweise liefern; über tatkräftige Richter oder mutige Staatsanwälte, die der Gerechtigkeit zum Sieg verhalfen .... ganz wenig findet man jedoch über Opfer.

In John Douglas' und Mark Olshakers Buch «Mind Hunter», einem der populärsten Werke, findet man zumindest ein Kapitel: «Everyone can be a victim». Hier geht es also um Opfer. Was wird berichtet?

Im Zentrum dieses Kapitels steht die Art und Weise, wie Serienmörder ihre Opfer auswählen: nämlich, dass sie sie ziemlich willkürlich aussuchen, dass es wenig Charakteristika gibt, die einen Menschen zum Opfer eines Serientäters «prädestinieren». Damit dieses Kapitel überhaupt mit Inhalt gefüllt werden kann, berichten die Autoren zudem über höchst untypische Opfer: Sie beschreiben das Paar, das den Serienmörder Wayne Nance in Notwehr tötete. Wieder werden Helden beschrieben, eben nicht typische Opfer.

Dass man wenig über die Opfer und viel über die Täter erfährt, ist kein Zufall. Opfer wurden in der gesamten Kriminologie verschwiegen, und gerade aus diesem Verschweigen speiste sich ja die junge Disziplin der Viktimologie, die das Opfer in den Mittelpunkt der Betrachtungen stellt, um dessen Ausblendung in der Kriminologie aufzubrechen (vgl. Jenkins 1993, 461–478). Was einen Viktimologen interessiert, soll kurz und impressionistisch im Folgenden beschrieben werden.

Viktimologie ist eine Sozialwissenschaft, die sich mit den Opfern von Menschenrechtsverletzungen beschäftigt – einschließlich Straftaten. Es ist keine juristische normative Wissenschaft. Sie trifft in einem wissenschaftlichen Rahmen theoretische Aussagen

1. über Opfer,
2. über Viktimisationen[1] und
3. über Reaktionen[2] auf Opfer[3] und Viktimisationen.

Letztlich will diese Wissenschaft dazu beitragen, Viktimisationen zu verhindern oder, falls das nicht möglich ist, wenigstens das Leiden der Opfer zu beenden bzw. zu lindern. Viktimologen definieren zuerst ihren Untersuchungsgegenstand.[4] Sie fragen dann nach der Häufigkeit des Vorkommens in Zeit und Raum, sowie nach dem Risiko für die einzelnen Menschen.[5] Sie interessieren sich dafür, welche Aspekte mit Viktimisationen «Hand in Hand» gehen[6], sie analysieren und interpretieren die von ihnen gefundenen Regelmäßigkeiten und Grundmuster und versuchen, diese in überprüfbare Hypothesen zu fassen, um anschließend abstrakte theoretische Aussagen abzuleiten.

---

[1] Unter «Viktimisationen» versteht man zweierlei: einerseits die Beeinträchtigungen und die Schäden, die Opfer erleiden, (psychische, physische und materielle Schäden) und andererseits die sozialen Prozesse, die zum Opferwerden führen: Überfallähnliche Viktimisationen; solche mit und ohne körperlichen Kontakt mit dem Angreifer; schleichende, schrittweise vorbereitete Übergriffe (Salami-Taktik) bei der Invasion in das Selbst des Opfers.

[2] Reaktionen können informell sein (Reaktionen vom Opfer selbst, Krisen und Krisenreaktionen = primäre Viktimisation; sekundäre durch das soziale Auditorium), oder sie können formell sein (organisierte Opferhilfe, das gesamte Strafrechtssystem – deswegen handelt ein großes Kapitel der Viktimologie vom Opfer und seiner Rolle im Strafverfahren), vgl. Kirchhoff 1995, 1ff.

[3] Wie reagiert das Opfer auf die erlittene Invasion in das Selbst? – Krisenreaktionen, Coping-Strategien, Psychotraumatologische Ansätze (vgl. Fischer/Riedesser 1999). Wie reagiert das soziale Auditorium? Vermeidung von sekundären Viktimisationen ist eines der zentralen Reformanliegen, das Viktimologen von Gesellschaft und z.B. Strafprozess einfordern.

[4] Und das ist gar nicht so einfach: Sollen sie sich nur um Opfer von Straftaten kümmern? Das ist zumindest die weitverbreitete Meinung einer Kriminologie, die sich Viktimologie nennt, wenn sie ihr Probleme unter Zuhilfenahme von Opfervariablen untersucht und Viktimologie sozusagen als Methode in der Kriminologie begreift. Als Gründer dieser Richtung wird oft Hans von Hentig angeführt (1948). Oder soll sie sich um alle möglichen Opfer kümmern (so Benjamin Mendelsohn, Nachweise in G.F. Kirchhoff 2001, WSVBIB unter http://www.world-society-victimology.de)? Oder soll sie sich um *victims of crime and abuse of power* kümmern, so die wohl heute herrschende Meinung, vgl. *UN Declaration of Basic Principles of Justice for Victims of Crime and Abuse of Power*, beschlossen von der Generalversammlung der UN am 29. November 1985 (z.B. in Fattah 1989, 358–363 und Bassiouni 1988, 9).

[5] Hier sind die großen Opferbefragungen wie z.B. die *International Victim Survey* zu nennen, auch die Angaben in der Polizeilichen Kriminalstatistik. Hierher gehören auch die theoretisch wichtigen Unterscheidungen von primärer und sekundärer Viktimisation (durch Reaktionen des sozialen Umfeldes).

[6] Nach den sozialen Korrelaten der Viktimisation ist das Risiko gleich oder unterschiedlich nach Geschlecht, Alter, Beruf, Wohnort, persönlicher Beziehung zum Angreifer etc.

Das, was Wissenschaftler und schreibende Praktiker an Wissen über den Serienmörder zusammengetragen haben, ist in der Regel ein Beitrag zur Kriminologie[7] – es geht darum, den Täter und seine Vorgehensweise besser zu erklären und besser zu verstehen. Dabei ist es notwendigerweise so, dass der Täter im Zentrum der Betrachtung steht und Opfervariablen nur insofern zur Gewinnung von Erkenntnissen herangezogen werden, als sie kriminologisch interessant sind. Bestenfalls haben wir hier also die Art von Viktimologie zu erwarten, die eine Kriminologie ist und sich Viktimologie nennt, wenn sie ihren Gegenstandsbereich unter Zuhilfenahme von Opfervariablen behandelt.

Holmes and Holmes beschreiben in ihrem Kapitel «The Victims of Serial Killers», dass die ganze Gesellschaft Opfer von Serienmördern sei, da die Strafverfolgung sehr viel Geld kosten würde. Das ist kein Ausnahmefall, der besonders unter dem Thema «Opfer von Serienkillern» beschrieben werden sollte.

Im Unterabschnitt «Opfer-Auswahl» beschreiben die Autoren, was Täter zur Auswahltechnik sagen. Während einzelne Täter selbst wohl ein bestimmtes «Lieblings-Opfer» beschreiben, ergibt eine Analyse der Opfer doch sehr eindeutig: Sie mögen Vorlieben haben, töten aber den, der erreichbar ist. Insofern kann schlecht von Opfer-Selektion gesprochen werden, denn Selektion unterstellt eine bewusste, gezielte Auswahl. Egger (1985, 161) und Levin & Fox (1985) bestätigen, dass Serienmörder diejenigen töten, die gerade verfügbar sind. Das legt nahe zu vermuten, dass Opfereigenschaften doch eher eine untergeordnete Rolle spielen.

Beachtung viktimologischer Gesichtspunkte fordert Philip Jenkins, der sich viel genauer als der Kriminalist John Douglas und sein Co-Autor Mark Olshaker mit den soziologischen Hintergründen von Serienmorden befasst. Zwar sei es, seiner Ansicht nach, ohne Frage richtig, dass Prostituierte oft als die bevorzugten Ziele von Serienmördern erscheinen, doch es sei sehr zweifelhaft, ob dies seitens der Täter eine kontinuierliche und bewusste Wahl sei.

Bestimmte Typen von Opfern ziehen fast automatisch eine sofortige und intensivere Aufmerksamkeit der Polizei auf sich – erfolgreiche Serienmörder sind diejenigen, die weniger sichtbare und auffällige Ziele verfolgen. Es ist bemerkenswert, wie wenig Aufsehen bestimmte Opfer nach ihrem Verschwinden erregt haben. Jenkins verdeutlicht das am Beispiel von Robert Hansen, der in Alaska zwischen 1971 und 1983 20 Frauen tötete und der mit großem Leichtsinn nicht nur die Grabstellen seiner Opfer aufgeschrieben hatte, sondern auch die Mordwaffe aufbewahrte (vgl. Linedecker 1988). So fragt Jenkins, warum man die Opfer nicht vermisst hat? Er beschreibt die siebziger Jahre in Alaska als eine Zeit wirtschaftlichen schnellen Aufstiegs, mit einer blühenden

---

[7] Wenn die Darstellungen normativen Prinzipien folgen, die wissenschaftliches Arbeiten definieren – ansonsten handelt es sich um Rohmaterial, was Kriminologen erst noch analysieren müssen. Bei den meisten Werken, die sich Serienmorden widmen, handelt es sich nicht strikt um wissenschaftliche Beiträge. Manchmal scheinen die Grenzen fließend und nicht genau. So etwa, wenn Wissenschaftler versuchen, sich als Profiler in den Dienst praktischer Ermittlungen zu stellen. Beispiele von gezieltem Profiling finden sich im Buch von Holmes and Holmes zu jedem der dort vorgestellten ‹Serienmörder–Typen›, oder besser: ‹Profilen›.

Sexindustrie-Kultur voll von Prostituierten und Nackttänzerinnen – ein attraktives Betätigungsfeld für Newcomer und Durchreisende, für Menschen, die zwar schnellen Kontakt, aber eben keine Bindungen anstrebten. Die meisten dieser jungen Frauen kamen von anderen Staaten, von weither – und Alaska bot ein soziales Umfeld, in der keiner sie kannte. Viele hatten ganz bewusste Anstrengungen unternommen, ihre frühere Identität zu verschleiern. Auch hatten sie wenige Freunde in der Umgebung von Anchorage. Von 1971 an, verschwanden jährlich etwa zwei von ihnen. Zwar wurden Vermisstenanzeigen zu den Akten genommen, aber was war naheliegender, als anzunehmen, dass einige dieser Frauen (jene, die Hansen ermordet hatte) Alaska bereits wieder so schnell verlassen hatten, wie sie gekommen waren – aus dem Nichts in das Nichts und aus freien Stücken.

Hansen konnte nur so lange seine Serie fortsetzen, weil er seine Opfer in einem bestimmten sozialen Setting suchte. Bei den Opfern von Serienmördern gibt es oft Prostituierte, besonders Straßenmädchen. In den achtziger Jahren sollen in England 1/3 der Serienmörder ihre Opfer aus dieser Gruppe gesucht haben, und auch die Daten in den USA entsprechen diesem Muster. Aber warum ist das so? Sicher gibt es viele Studien über sexuellen Sadismus. Ohne Frage greifen manche Menschen, wie Hansen, Prostituierte aus Furcht oder Hass auf Frauen an (das gilt besonders für solche, die sie für «schlecht» und «verworfen» halten), während andere sich wegen realer oder eingebildeter Verletzungen oder Beleidigungen an solchen Frauen rächen wollen. Dieser psychopathologische Hass macht aber allein noch keinen erfolgreichen Serienmörder aus. Angenommen, ein derartiger Hass richte sich gegen Polizisten, so würde der Mörder wohl kaum in der Lage sein, mehrere Polizisten zu töten, ohne vorher überführt zu werden. Ganz anders verhält es sich, wenn der Täter eine bestimmte Gruppe von Menschen zum Opfer wählt, die sozial entweder gar nicht oder nur schwach integriert ist.

Opfer stammen oft aus städtischen Subkulturen, die gekennzeichnet sind durch ungehemmten Zugriff auf potentielle Opfer, wie beispielsweise dem Rotlichtmilieu, Wohngemeinschaften, aus Obdachlosenunterkünften und aus Gebieten mit hoher Konzentration von Alten und Alleinstehenden. Diese Gebiete zeichnen sich durch ein Fehlen sozialer Netzwerke (Verwandtschaft, Freundeskreis u.ä.) aus. Verschwindet ein Bewohner, so fällt dies eine gewisse Zeit überhaupt nicht auf, und wenn doch, so erregt sein Fehlen keinen Verdacht, weil es für normal gehalten wird. In diesen Gegenden sind Serienmörder Fremde unter Fremden, sie stechen nicht aus der anonymen Menge heraus und können sich in den privaten, intimen und abgeschiedenen Settings besonders leicht an Bewohner heranmachen. Im Fall von Hansen reichte es, dass er großzügige Bezahlung für sexuelle Dienste bot, und schon konnte er seine Opfer aus dem öffentlichen Raum der Strassen und Bars, die zumindest einen geringen Schutz boten, in die Einöde locken. Folgende Elemente dieser Environments sind als kritisch zu bezeichnen: die Diskontinuität der Aufenthalte, die leichte Opferzugänglichkeit und die Anonymität, die ein Verschwinden von Menschen ermöglicht, ohne Aufsehen zu erwecken. Deswegen finden Serienmörder ihre Opfer unter Obdachlosen, bei umherziehenden Landarbeitern, Straßenkindern und Ausreißern. Ronald M. und Stephen T. Holmes bestätigen das: Opfer von Serienmördern sind oft Angehörige der Unterschicht. Sie sind machtlos, verletzlich und leicht unter Kontrolle zu bringen (vgl. Holmes/Holmes 1998, 161).

Jenkins weist darauf hin, dass Serienmörder in Deutschland zwischen den Weltkriegen besonders häufig auftraten[8], des Weiteren in den großen Flüchtlingsströmen und bei den Umsiedlungen von Ost nach West nach dem Zweiten Weltkrieg. So erklärt sich auch, dass in Pflegeheimen oder in Gegenden, in denen viele Alte isoliert und ohne Familien wohnen, bzw. in denen Flüchtlinge, Ausländer, Obdachlose, Trinker und Stadtstreicher unterkommen, unnatürliche Todesfälle (wenn sie nicht mit absonderlichen Verstümmelungen einhergehen) oft den in der Gegend «üblichen» und alltäglichen Risiken zugeschrieben werden. In dieser «Normalität» verliert sich eine mögliche Verbindung zum Serienmord. Ein Serientäter kann in einem solchen Milieu oft jahrelang tätig sein. Die Berichte über Serienmorde, die in Arztpraxen, Altenheimen, Krankenhäusern und Pflegeheimen begangen werden, sind eventuell nur eine Minderheit.

Eine der wenigen Studien, die sich auch explizit und im Titel erkennbar mit den Opfern von Serienmördern befasst, wurde von Eric W. Hickey durchgeführt und ist recht aktuell in zweiter Auflage erschienen (vgl. Hickey 1997).

Hickey untersuchte US-amerikanische Serienmörder im Zeitraum von 1800 bis 1995: insgesamt 62 Frauen und 337 Männer. Sie sind seinen Angaben zufolge für mindestens 2 526 Morde oder ein Maximum von 3 860 Morden verantwortlich. Diese Studie ist dabei eine der wenigen Untersuchungen, die sich systematisch Serienmördern widmet und eine erstaunliche Anzahl von Informationen und Versuchen, kriminologische Theorien auf Serienmörder anzuwenden, enthält. Dies rechtfertigt für diesen Artikel eine genauere Betrachtung der themenspezifischen Aspekte in Hickeys Werk und ihre Einbettung in den viktimologischen Gesamtzusammenhang.

Zunächst versucht Hickey mit seinem Trauma–Kontroll–Modell, einen Rahmen für die theoretische Analyse von Serienmördern aufzustellen. Dabei steht allerdings das Opfer auch hier im Interesse, das Verhalten des Täters zu erklären.

Hickey findet bei allen Serienmördern in der frühen Kindheit traumatisierende Erlebnisse. Allerdings reichen diese nicht aus, um die Taten zu erklären. Vielmehr müssen auslösende Faktoren hinzukommen. Solche auslösenden Faktoren sind beispielsweise der Genuss von Alkohol, Drogen, der Konsum von Pornographie und das Lesen von Büchern über Okkultes. Diese Faktoren führen in der Folge zu völlig abnormalen Reaktionen des Täters: In seiner Fantasie spielen sexuelle Gewalt und die dadurch erreichte, genussvoll erstrebte Kontrolle über das Opfer eine entscheidende Rolle. Das Ausleben dieser Kontrollfantasie wird zum Höhepunkt der mörderischen Attacke. Das Sexualverbrechen ist ein Vehikel, mit dem der Täter versucht, totale Kontrolle über das Opfer zu bekommen. Sexuelle Folter wird das Werkzeug, mit dem das Opfer degradiert, in den Schmutz gezogen und unterworfen wird. Mittels dieser Methode soll das Opfer von allem weggezerrt werden, was persönlich, privat oder heilig sein könnte. Der Täter

---

[8] Von 1913 bis 1930 fand der Deutsche Peter Kürten mindestens fünfzehn Opfer; und von 1913 bis 1920 tötete der Serienmörder Karl Großmann über fünfzig Menschen; in diese Zeit fallen auch die Serien von Karl Denke (1924) und Fritz Haarmann (1918–1922) – die Angaben zu den Tatorten (in Hickey 1997, 248/249) sind oft unzutreffend. So wird Haarmann nach England und Denke nach Polen lokalisiert.

beherrscht sein Opfer körperlich und mental bis zu einem Punkt, an dem er oder sie fantasiert, totale Kontrolle über ein anderes menschliches Leben zu haben. Ist einmal dieses Gefühl der totalen Kontrolle erreicht, verliert das Opfer seinen Zweck für den Täter und wird getötet. Sobald die totale Beherrschung und die Zerstörung des Opfers erreicht ist, fühlt der Serienmörder ein Gefühl von Gleichgewicht – allerdings nur für diesen einen Moment. Er fühlt sich wiederhergestellt. Die Traumata der Kindheit werden für einen Moment neutralisiert. Indem er das Opfer völlig unterwirft, erlebt er einmalige Macht. Allerdings überlebt das Opfer diese vollkommene Kontrolle nicht. Deswegen kann es sich auch nie um einen andauernden Wiederherstellungszustand handeln, sondern nur um einen temporären Zustand des Restorationsgefühls. Dieser Zustand ist sozusagen auf Frustration angelegt. Er kann nicht lange andauern.

In diesem Zusammenhang berichtete ein Täter dem Autor, dass die Frequenz, mit der er seine Opfer getötet habe, eine direkte Funktion des Grades sei, in dem diese Wiederherstellung erlebt wird. In anderen Worten, wenn dieses Gefühl irgendwie gestört ist oder wenn der Täter den ritualisierten Tötungsakt als frustrierend erlebt, weil die Realität nicht an die Fantasie heranreicht, dann muss ein neues Opfer gesucht und gefunden werden.

Hier gilt offenbar ein viktimologisches Gesetz: Bereits in «Other People's Money» hatte Cressey (1950 und 1953) den Definitionsprozess beschrieben, in dem der Täter durch die Unterschlagung von Geld den Eigentümer zu einer Person herabdefiniert, die die Viktimisation eigentlich verdient hat. Degradierungsprozesse beschreibt auch Sarah Ben David (1982) in ihrer klassischen Studie zum Opferbild von Vergewaltigern: Erst wenn die Täter ihre Opfer entmenschlicht und auf den Status eines Objekts reduziert haben, sind sie in der Lage, «unmenschliche» Handlungen an ihnen zu vollziehen: Hans Joachim Schneider (1982) hat das überzeugend in seiner Arbeit über die Opfer von Völkermord beschrieben – auch die nationalsozialistischen Massenmörder konnten nicht unvorbereitet ihre multiplen Tötungen ausführen, vielmehr haben sie ganz gezielt und bewusst einen gesellschaftlichen Definitionsprozess vorangetrieben, der Juden und andere Menschen als «volksschädlich» und «nicht lebenswert» definierte – erst dann passten die Opfer in ihr Konzept. Hinzu kommt, dass man anonyme Opfer immer eher und leichter schädigt als Bekannte – deswegen verhalten sich viele Menschen beim Finanzamt anders als bei finanziellen Transaktionen mit Bekannten und Geschäftspartnern. Diese Definitionsprozesse werden von Serienmördern klar beschrieben: Ted Bundy berichtete dem Serienmord-Spezialisten Ronald Holmes in einem Interview über seine dreißig Opfer: «Sicher, die Frauen, die dieser Mann tötete, waren menschliche Wesen. Aber wenn er die Verfolgung und das Töten einmal aufgenommen habe, dann seien diese nur noch Objekte gewesen.» (Holmes/Holmes 1998, 57) «Natürlich, wenn Du durstig nach Mord bist, dann achtest Du überhaupt nicht darauf, wie das Opfer aussieht. Wenn das Gefühl so stark wird, tut es jede Frau … Hast Du einmal angefangen, nach einem Opfer zu suchen, dann hört diese Person auf, ein Opfer zu sein …» und Holmes kommentiert: «Er verleugnete schließlich völlig die Personeneigenschaft von den Frauen, die er getötet hatte. Indem er ‹überzeugt› war, seine Opfer wären keine menschlichen Wesen, wären ohne Mutter, ohne Vater, ohne Schwestern oder Brüder, kein Ehemann, keine Kinder, hatte er seine Gewalttaten neutralisiert.» (a.a.O., 58) Das ist genau der Definitionsprozess, der schließlich die Tat ermöglicht.

In Bezug auf die statistische Wahrscheinlichkeit, Opfer eines Serienmörders zu werden, schildert Hickey zunächst, dass ein sehr geringes Risiko für den einzelnen Menschen bestehe. Verteilt man die Opfer aus den zwanzig Jahren von 1975 bis 1995 in den USA gleichmäßig über die Jahre, dann kamen in den USA pro Jahr 0.02 Opfer auf je 100 000 Menschen in der Bevölkerung. Selbst wenn man annähme, diese Morde seien alle in einem Jahr passiert (und nicht in zwanzig Jahren), errechnet sich ein Risiko von .04 pro 100 000 Einwohnern. Anders ausgedrückt: Statistisch gesehen, wurde in den besagten zwanzig Jahren ein Mensch von 5 Millionen Menschen Opfer eines Serienmörders. Wären diese Opfer in einem Jahr getötet worden (und nicht in zwanzig Jahren), würde das einem aus 2.5 Millionen Menschen entsprechen.

Diese Zahlen werden weniger abstrakt, wenn man sie mit anderen Risiken vergleicht. Die Bedrohung, von einem Serienkiller getötet zu werden, kann man dann besser abschätzen, wenn man diese Viktimisationsrate mit Unfallraten oder Krankheitsraten vergleicht. Das hat Andrew Karmen überzeugend vorgeführt. Mit solchen Studien über Risikovergleiche kann man darstellen, welche Bedrohungen denn eigentlich mehr Beachtung verdienen, wenn es beispielsweise um den Sinn und Nutzen von Präventionskampagnen geht (vgl. Karmen 1990, 69f.). Nach Karmens Daten kann man das Risiko für einen Erwachsenen, in einem Autounfall getötet zu werden, in den USA mit 20 pro 100 000 angeben.

Das Risiko, an Lungenentzündung zu sterben, wird mit 30 pro 100 000 angegeben. Daraus ergibt sich, dass das Risiko, Opfer eines Serienmörders zu werden, wesentlich kleiner ist.

Nähere Einzelanalysen bestätigen, was man generell über Opfer von Gewalttaten weiß: Die Menschen in den großen Metropolen leben gefährlicher. Plausibel wird diese These durch die Anonymität und Häufung von potentiellen Opfern. Dadurch können Täter besser anonym bleiben. Außerdem steht ihnen ein größerer Pool von Opfern zur Verfügung.

Hickey prüft auch die verbreitete Meinung, Serienmörder seien reisende Täter, die durch die USA zögen und unterwegs ihre Opfer finden würden. Sicher, diese Täter gibt es, und sie machen es sich bewusst zu Nutze, dass in den USA selbst benachbarte Polizeibehörden ihre Informationen nicht untereinander austauschen (vgl. Holmes/ Holmes 1998, 109). Bedenkenswert ist aber, dass eine kleine Gruppe der Serienmörder, nämlich 14%, ihre Opfer in spezifischen Orten fand und hier pro Fall die größte Anzahl von Opfern produzierte. Da die Bevölkerung immer älter wird, sollte man auf Serienmörder, die in Altersheimen, in Pflegeheimen und in Privatwohnungen ihre Opfer finden, besonders achten – und hier wären denn wohl auch die Opfer des englischen Arztes aus der einleitenden Zeitungsmeldung zu finden. Auch aus der Bundesrepublik sind wiederholt Fälle von seriellen Viktimisationen aus Pflegeheimen oder Krankenhäusern berichtet worden.

Aus den klassischen Tötungsstudien wissen wir, dass Mord eigentlich das Beziehungsdelikt schlechthin ist. Häufig kennt der Täter sein Opfer, ja, häufig ist es so, dass Täter und Opfer miteinander in einer emotionalen Beziehung leben, die der Täter als unlösbar eng und belastend empfindet – bis er sie schließlich durch den Mord auflöst. Auf diese Art bereinigt er sozusagen sein Problem. Die Polizei ist bei der Aufklärung von Mordfällen nicht zuletzt deshalb so erfolgreich, weil der Täter aus dem unmittelbaren Umfeld des Opfers kommt.

Während sich Morde häufig durch die besondere Beziehung zwischen Täter und Opfer auszeichnen, lässt sich bei Serienmorden ein markanter Anstieg von Fällen verzeichnen, bei denen Opfer von fremden Tätern getötet wurden. Eine solche Entwicklung konstatiert Hickey für die Jahre von 1950 bis 1975. Weiterhin hat seine Untersuchung ergeben, dass seit 1975 nur sehr wenige Serienmörder ihre Opfer in der Familie suchen. Im Gegensatz dazu stieg der Anteil derjenigen, die nur und ausschließlich Fremde ermordeten, steil an.

Das kann mehrere Gründe haben: Wahrscheinlich meinen viele Täter, es sei erheblich weniger risikoreich, Fremde zu ermorden – verglichen mit Familienangehörigen. Auch lassen sich Fremde viel eher durch die geschilderten Degradierungsprozesse als Objekte hinstellen. Fremde, zu denen man keine Bindungen und keine Beziehungen hat, lassen sich viel eher dehumanisieren. Fremde Opfer werden viel eher als Objekte betrachtet und lassen sich in der Welt des Täters eher entmenschlichen.

Hickey charakterisiert in diesem Zusammenhang die Menschen, die fremden Serienmördern zum Opfer fallen. Überwiegend sind es junge Frauen, die allein leben, darunter College-Studentinnen und Prostituierte, Kinder (Jungen und Mädchen), Anhalter und Anhalterinnen, Leute in ihren Häusern, oft ganze Familien, Patienten in Hospitälern, Behinderte. Junge Frauen und Kinder tragen das größte Risiko, besonders diejenigen, die allein sind oder leicht isoliert werden können. Männer kommen zwar ebenfalls häufig vor, sind aber vergleichsweise seltener Opfer. Jungerwachsene scheinen öfter Opfer zu sein, aber es gibt einen Trend dazu, dass die Opfer älter werden.

Während Kinder besonders leicht kontrolliert und manipuliert werden können, scheinen Prostituierte die erreichbarste Gruppe zu sein, deren man sich auch am leichtesten entledigen kann. Anhalterinnen, allein zu Fuß gehende Studentinnen, allein lebende Frauen oder arbeitssuchende Frauen, Frauen, die in Berufen wie Krankenschwestern, Models und Serviererinnen arbeiten, haben oft ein höheres Risiko, mit völlig Fremden zusammen zu sein. Das erhöht auch ihr Risiko, Opfer eines Serienmörders zu werden. Die Viktimologie hat hierzu generell eine Lebensstil-Hypothese aufgestellt, die zur Deutung herangezogen werden kann. Demnach haben Prostituierte und Anhalterinnen das höchste Risiko. Allerdings bedeutet das nicht, dass diese Frauen auch für ihren Tod selbst mitverantwortlich seien. Diese Frauen trifft keine Verantwortung.[9] Sie sind lediglich in

---

[9] Viktimologen sind Sozialwissenschaftler – nicht normativ juristisch denkende Beurteiler. Das führt oft zu Verwirrungen. Vgl. Kirchhoff 2000, 220–239, wo die unterschiedliche Position des viktimologischen Sachverständigen von der des Juristen zu «Verantwortlichkeit» und «Mitverschulden» analysiert wird.

den meisten Fällen viel verletzlicher Männern gegenüber als umgekehrt Männer gegenüber Frauen. Im Gegenteil, während wir bei anderen Morden einen gewissen Anteil an tätlichem Opferbeitrag, der von Marvin Wolfgang in seiner klassischen Mordstudie mit «Victim Precipitation» gekennzeichnet wurde, antreffen, finden wir diese Konstellation nicht bei den Opfern von Serienmördern.

Dennoch betont Hickey ausdrücklich, dass die meisten Opfer von Serienmördern ihren Tod nicht durch einen bestimmten Lebensstil provoziert oder heraufbeschworen haben. Die Gruppe, die durch Lebensstil, Art ihrer Berufstätigkeit, oder durch ihren Aufenthaltsort zur Zeit ihrer Entführung und/oder Tötung eine Teilbedingung für ihre Viktimisation setzten, machte nur 11–13% aller Opfer in seiner Untersuchung aus. Einige waren als Anhalter unterwegs, andere arbeiteten als Prostituierte, und wieder andere platzierten sich in dieser oder jener Weise selbst in die Hand von Fremden. Über zwei Drittel der Opfer waren, aus Sicht der Täter, gerade am richtigen Ort zur falschen Zeit.

Hickey hat denn auch wenig an Schlussfolgerungen aus diesen Betrachtungen über Opfer zu ziehen. Zwar werden wenige Menschen Opfer von Serienmördern, ob es aber in neuester Zeit tatsächlich einen dramatischen Anstieg an solchen Taten gibt oder ob das nicht doch eine Konsequenz daraus ist, dass dieser Mördertypus in letzter Zeit erst erfunden worden ist und deshalb immer mehr Vorfälle als Serientaten erscheinen, ist unentschieden. Es kann auch sein, dass unklare Definitionen, Unterschiede in der schriftlichen Bearbeitung oder die allgegenwärtigen Hightech-Medien zu einem solchen Eindruck führen. Größere Sorge als das Ausmaß des Risikos macht nach Hickey die Realität von Serienmorden. Was beunruhigt, ist, dass wir es mit einem Phänomen zu tun haben, für das es sehr wenige theoretische Erklärungsmöglichkeiten gibt und somit auch kaum eine Handhabe zur Abschreckung und Prävention. Das Risiko der Viktimisation in der Bevölkerung scheint extrem klein zu sein. Dennoch gibt es Menschen, die auf Grund ihres Lebensstils, Alters, Geschlechts, Wohn- und Aufenthaltsortes ein größeres Risiko tragen.

Obwohl Eric W. Hickeys Studie Opfer explizit in seinem Titel «Serial Murders and Their Victims» führt, ist seine Publikation doch eher ein kriminologisches Buch. Es ist geschrieben, um die Täter besser kennen zu lernen und die Dynamik der Serienmorde besser zu erklären. Wie auch alle Beiträge, die in diesem Aufsatz referiert werden, gehört es zu der Viktimologie, die sich im Sinne Hans von Hentigs mit Opfern beschäftigt, um den Täter und die Straftat besser zu verstehen.

Jenkins drückt eine gewisse Unzufriedenheit mit dem Stand dieses viktimologischen Wissens aus (vgl. Jenkins 1993, 472) und merkt an, dass sich Serienmorde eventuell verringern oder kontrollieren ließen, wenn potentiell gefährliche Täter frühzeitig identifiziert werden könnten (mit allen technischen und moralischen Problemen, die mit solchen Versuchen, künftige Gefährlichkeit zu prognostizieren, einhergehen). Es sollte aber auch gesagt werden, dass Interventionen weit effektiver wären, wenn sie sich auf die Identifizierung und den möglichen Schutz von Hochrisikogruppen und Regionen beziehen würden, und wenn man alle nötigen Maßnahmen ergreifen könnte, um deren

Verletzlichkeit zu reduzieren. Aber diese und andere proaktiven Interventionsformen werden ein Ding der Unmöglichkeit bleiben, solange wir nicht über viktimologische Forschungsergebnisse verfügen, die es uns erlauben, mögliche Opfergruppen zu identifizieren und zu analysieren. Solche Untersuchungen, die von den Bedürfnissen der potentiellen Opfer ausgehen, fehlen bislang, wenn auch Jenkins Erkenntnisse die Richtung anzeigen, in der sie zu betreiben wären.

Literaturangaben

Bassiouni, M. Cherif (1988): ‹Preface›; M. Cherif Bassiouni (ed.): ‹International Protection of Victims', Nouvelles Etudes Penales Pau. France (Erès).

Ben David, Sarah (1982): «Rapist-Victim Interaction during Rape», Hans Joachim Schneider (ed.): ‹The Victim in International Perspective. Papers and Essays given at the 3rd International Symposium on Victimology 1979 in Münster, Westfalia›, Berlin, New York (Walter de Gruyter), 237–246.

Cressey, Donald R. (1950): «The Criminal Violation of Financial Trust», American Sociological Review 15, 738–743.

Cressey, Donald R. (1953): «Other People's Money. A Study in the Social Psychology of Embezzlement», Glencoe/Ill. (Free Press).

Egger, S. (1985): «Serial murderers and the law enforcement response», unpublished doctoral dissertation of Sam Houston, State University, Huntsville/Texas.

Fattah, Ezzat A. (ed. 1989): «The Plight of Crime Victims in Modern Society», *Houndmills, Basingstoke and London (Macmillan).*

Fischer, Gottfried/Riedesser, Peter (1999): «Lehrbuch der Psychotraumatologie», München, Basel (Reinhardt UTB Wissenschaft) 2. Aufl..

Hentig, Hans von (1948/1979): «The Criminal and his Victim, Studies in the Sociobiology of Crime», (Reprint With a New Preface by Marvin Wolfgang) New York (Schocken Books).

Hickey, Eric W. (1997): «Serial Murderers and Their Victims», Belmont (Wadsworth Publishing) 2. edition.

Holmes, Ronald M. und Holmes, Steven T. (1998): «Serial Murder», Thousand Oaks, London, New Delhi (Sage) 2nd edition.

Jenkins, Phillip (1993): «Chance or Choice? The Selection of Serial Murder Victims», Anna Victoria Wilson: ‹The Victim/Offender Connection›, Cincinnati/Ohio (Andersen Publishing Co.).

Karmen, Andrew (1990): «Crime Victims. An Introduction to Victimology», Pacific Grove, California (Brooks/Cole Publishing Company) 2nd edition.

Kirchhoff, Gerd Ferdinand (1995): «Das Opfer und die Kriminalpolizei», Baurmann, Michael u.a. (eds.): ‹Arbeitstagung des BKA›.

Kirchhoff, Gerd Ferdinand (2000): «Why do they stay? Why don't they run away?», Jan van Dijk, Ron van Kaam and Joanne Wemmers (eds.): ‹Caring for Crime Victims. Selected Proceedings of the 9th International Symposium on Victimology›, Monsey, New York (Criminal Justice Press), 220–239.

Linedecker, C. (1988): «Thrill Killers», Toronto (Paper Jacks).

Levin, J. und Fox, J. (1985): «Mass Murder. America's Growing Menace», New York (Plenum).

Schneider, Hans Joachim (1982): «Victims of Genocide», Hans Joachim Schneider (ed.): ‹The Victim in International Perspective. Papers and Essays given at the 3rd International Symposium on Victimology 1979 in Münster, Westfalia›, Berlin, New York (Walter de Gruyter), 305–319.

Die rechtliche Bedeutung von Interviews mit inhaftierten Serienmördern für Deutschland[1]

Hans-Joachim Gerst

Sind US-amerikanische Methoden der Erstellung vom Täterprofilen und Ergebnisse der Serienmord-Forschung auf hiesige Verhältnisse übertragbar?

1. Vorstellung der Ausgangsstudie

Vor den Überlegungen zur Übertragbarkeit der spezifischen amerikanischen Forschungsergebnisse auf deutsche Gegebenheiten hier zunächst eine Definition des Forschungsgegenstandes und die Vorstellung einer Ausgangsstudie.

Definition

Serienmörder ist, bei Übertragung der herrschenden Meinung innerhalb der amerikanischen Fachliteratur auf die deutsche Gesetzgebung, wer in allein oder mittäterschaftlicher Tatbegehung i.S. des § 25 I, II StGB aus anderen als politischen (z.B. links- oder rechtsgerichteter Terrorismus), finanziellen (z.B. Auftragskiller) oder religiösen Motiven wenigstens drei vollendete Tötungsdelikte i.S. der §§ 211, 212, 213 StGB begangen hat, zwischen denen wenigstens zwei in emotionaler Hinsicht signifikante Erregungstäler, deren Dauer von der individuellen Täterdisposition abhängig sind und genauso gut Stunden wie Jahre dauern können, gelegen haben, an deren Ende unter sich erhöhendem Tatausführungsdruck jeweils ein neuerlicher Tatentschluss gefasst worden ist.

Diese Definition, wie sie sich zumindest im fraglichen Studienzeitraum weitgehend mit der des FBI deckte, liegt den weiteren Ausführungen zugrunde.

Ausgangsstudie

Ende der 70er Jahre wollte sich Robert K. Ressler, Profiler und Ausbilder der ersten Stunde in den Reihen der damals zuständigen Abteilung für Verhaltensforschung («Behavioral Science Unit» – BSU) des FBI, nicht mehr mit der Tatsache abfinden, dass die große Mehrheit des Fallmaterials, dessen er sich bei Seminaren zur «Angewandten Kriminologie» («Applied Criminology») in der FBI Akademie bediente, aus Presseberichten oder Büchern über einzelne Fälle stammte.

Die auf Grundlage dieses Materials angebotenen Kurse verschafften den Teilnehmern keine neuen Einsichten oder Erkenntnisse, welche diese sich nicht durch eigene Presselektüre über den jeweils behandelten Fall hätten aneignen können (Ressler/Shachtman 1992, 37; Douglas/Olshaker 1996, 121), sondern stellten im Grunde eine Zusammenfassung aller bisher darüber bekannt gewordenen Fakten dar.

---

[1] Dieser erheblich überarbeitete und erweiterte Beitrag basiert auf meinem Aufsatz «Zur Erstellung von Täter-Profilen», in: «Kriminalistik», Heft 5/2000, 315–321.

Noch schwerer als diese offenkundig defizitäre Schulung wog jedoch die Tatsache, dass sich Ressler und andere Beamte der BSU bei Täterprofilerstellungen in Ermangelung praxisbezogener Forschungsbemühungen auf diesem Gebiet, unbefriedigender Weise auf eine Kombination von Erfahrung und Intuition verlassen musste (Ressler/Burgess/Douglas 1988, ix).

Vor diesem Hintergrund begann Ressler im Frühjahr 1978 zunächst inoffiziell damit, in den gesamten USA Gefängnisinsassen aufzusuchen und mit ihnen Interviews zu führen (Ressler/Shachtman 1992, 41). Zwischen 1979 und 1983 wurde dann ein offizielles Projekt ins Leben gerufen. Im Rahmen der ersten Phase des sogenannten «Criminal Personality Research Projekts» (CPRP) wurden zunächst 36[2] verurteilte und inhaftierte Straftäter, von denen 25 als Serienmörder, und 11 als Einfach- oder Doppelmörder eingestuft wurden (Ressler/Burgess/Douglas 1988, xf.; Godwin 2000, 16), durch Ressler und andere FBI-Agenten aufgesucht und interviewt, um auf eigens erhobene – ermittlungsrelevante – Täterdaten zurückgreifen zu können.

Diese Interviews komplettierten jeweils das Bild, welches sich die Agenten mit Hilfe der Daten aus anderen dem FBI zugänglichen Quellen, wie Ermittlungsakten, psychiatrischen Gutachten, Vorstrafenregistern, Gerichtsprotokollen, Gesprächen mit Strafvollzugsbeamten und/oder Aufzeichnungen über die Führung im Strafvollzug von dem Täter und seinen Beweggründen im Vorhinein gemacht hatten (Ressler/Burgess/Douglas, xi).

In den von Ressler und Kollegen geführten Gespräche gab es eine Reihe wiederkehrender, für das Forschungsvorhaben essentiell-sinngebender Themen.[3]

Meist wurden im Laufe der Interviews die Kindheit und Jugend des Täters, wenn vorhanden, frühere partnerschaftliche Beziehungen, die Familienverhältnisse generell und die Beziehung zu Mutter und/oder Vater im Speziellen thematisiert.[4]

Die Interviewer waren dabei nicht an einer Aneinanderreihung von Lebensdaten interessiert, sondern an der von den Fakten losgelösten Erlebnis- und Phantasiewelt der Täter – also daran, wie diese ihre kindliche und jugendliche Entwicklung verinnerlicht und verarbeitet hatten.

Unverzichtbarer Inhalt der Gespräche waren die Taten und deren Beweggründe, soweit der Täter eine vermittelbare Vorstellung von diesen hatte, die Empfindungen vor, während und nach den Taten, sowie die Art und der Umfang der Interaktion mit den Opfern.

---

2 Später folgten weitere gleichartige Studien, in deren Rahmen ähnliche Gespräche u.a. mit 41 einsitzenden Serienvergewaltigern geführt wurden, die für insgesamt mindestens 837 vollendete, sowie mindestens 400 versuchte Vergewaltigungen verantwortlich waren (vgl. überblicksartig zu dieser Studie Michaud/Hazelwood 1998, 122ff. und sehr detailliert Hazelwood/Warren 1999, 337–359).
3 Für eine in Teilen wörtliche Wiedergabe solcher Interviews siehe Ressler/Shachtman, 1998, 68–90, 99–139.
4 Um Wiederholungen zu vermeiden, sei global darauf hingewiesen, dass alle hier angesprochenen Abläufe, die mit den Interviews in Zusammenhang stehen, sowie die durch sie gewonnenen Erkenntnisse in Ressler/Burgess/Douglas 1988 abgedruckt sind.

Bei der Behandlung dieser Themen wurde versucht, hinter die schlichten Fakten zu blicken, und einen tieferen Einblick in die Beziehung zwischen dem aktenkundigen Tathergang einerseits und der tatauslösenden Trieb- und Phantasiewelt des Täters andererseits zu gewinnen.

Zur Erreichung dieses Ziels führte man Gesprächssituationen herbei, in denen die Täter ihre Handlungen in z.T. höchst grausamen und menschenverachtenden Einzelheiten erneut durchleben sollten – eben um bezüglich der subjektiven Tatseite authentische Aussagen für ein empirisches Datenfundament sammeln zu können.[5] Die Täterschilderungen umfassten ihre jeweiligen spezifischen aggressions- oder triebauslösenden Schlüsselreize (z.B. Frauen eines ganz bestimmten Phänotyps oder mit einzelnen optischen Einzelspezifika) sowie die Befriedigung, welche sie aus ihren Taten als solchen, und der Art und Weise der konkreten Tatausführungshandlungen gezogen hatten.

Das CPRP wurde unter Berücksichtigung der Folgestudien bis Anfang der 90er Jahre verfolgt und stellt mit seiner Tätertypusdichotomie «organized» und «disorganized» (näher zu dieser Unterscheidung Ressler/Burgess/Douglas 1988, 121ff.) eine Pionierarbeit auf dem Gebiet des Profilings dar, welche die Forschung weltweit beeinflusst hat.[6]

2. Replikationsmöglichkeit und -würdigkeit
Basierend auf dieser Ausgangsstudie soll im Folgenden der Frage nachgegangen werden, inwieweit eine ähnlich angelegte – interviewgestützte – Untersuchung in der Bundesrepublik Deutschland durchgeführt werden kann.

a) Die Herstellbarkeit einer vergleichbaren Datengrundlage
Der erste Untersuchungsschritt bei der Frage nach einer bundesdeutschen Umsetzung der US-amerikanischen Interviews ist norm-unabhängig und betrifft die Frage der Aussagefähigkeit bzw. des möglichen Ertrags und Nutzen einer solchen Umsetzung.

Empirische Datengrundlage der Vergleichsstudie
Das ursprüngliche CPRP des FBI umfasste, wie oben bereits erwähnt, eine Zahl von 36 zu dieser Zeit inhaftierten (und gesprächsbereiten[7]) Straftätern.

---

[5] Manchem mag eine ausreichende Vorstellung davon fehlen, was Menschen einander antun können. Hier ist jedoch eine zumindest grobe Vorstellung von der Qualität der Verbrechen, wegen derer die Gesprächspartner verurteilt worden waren (und über welche sie dementsprechend Auskunft erteilt hatten) unabdingbare Voraussetzung für das Verständnis der Untersuchung im weiteren Verlauf. Eine Idee des Ausmaßes ist für das Problemverständnis hinsichtlich der Übertragbarkeit solcher Gespräche und den möglichen Gegenargumenten unerlässlich. Daher sei hier z.B. auf das bisweilen nur schwer verkraftbare Material bei Geberth, 1996, 401–450 hingewiesen, welches diese Art von Tötungsdelikten mit Fotografien der Auffindungssituationen dokumentiert.

[6] Für eine diesbezügliche Übersicht siehe die Gesamtheit der Beiträge in Band 38.1 der BKA-Forschungsreihe 1998.

[7] Eine repräsentative Erhebungsgrundlage konnte wegen der Einverständniserfordernis nicht gewährleistet werden, da einige in Frage kommende Straftäter den Interviews nicht zustimmten (vgl. Ressler/Burgess/Douglas, 1988, xi). Zu den grundsätzlichen Bedenken einer derartigen «Gefangenenstichprobe» Bennet/

Der im CPRP umgesetzte Forschungsansatz des FBI wird in der Retrospektive überwiegend als richtungsweisend[8] eingestuft, als zu gering wird vereinzelt in der Durchführung die Zahl der Probanden als Grundlage für eine empirisch angelegte Studie gewertet (Jackson/Bekerian 1997, 6).

Die Größe der Forschungspopulation zum ausschlaggebenden Gütekriterium für die Untersuchung zu erheben, liegt bei qualitativen Untersuchungen wie dem CPRP freilich neben der Sache, da es hier nur um die Signifikanz der Ergebnisse[9], aber nicht um eine absolute Probandenzahl gehen kann.

Gleichwohl sind Zweifel ab einer bestimmten Größenordnung nicht allzu fernliegend. So kritisieren Jackson/Bekerian (a.a.O.) auf Grundlage allzu weniger Einzelfälle getroffene Generalisierungen. Die Befragung von 36 inhaftierten Straftätern, von denen genau genommen wiederum nur 25 das eigentliche Studienkriterium des «Serienmörders» erfüllten, ist deshalb geeignet, einen näheren Blick auf die methodologische Vorgehensweise und Ergebnissignifikanz auszulösen. Dieser soll sich an einen kurzen Überblick zur Zahl der möglichen Probanden in der Bundesrepublik anschließen.

Empirische Datengrundlage einer möglichen bundesdeutschen Studie
Bei einer Umsetzung in der Bundesrepublik wäre von vornherein zu beachten, dass selbst eine solch limitierte Zahl von Gesprächspartnern wie jene des CPRP, nicht zur Verfügung stünde. Die Größenordnung der für eine vergleichbare Studie in Betracht kommenden Erhebungsgruppe stellt sich nämlich wie folgt dar:

Im Zeitraum von 1945 bis Jahresende 1995 wurden auf dem Gebiet der alten Bundesländer 54 Männer und sieben Frauen mit der Etikettierung als Serienmörder abgeurteilt, von denen lediglich 22 Männer, die für insgesamt mindestens 137 Taten verantwortlich waren, als sexuell motivierte Serienmörder einzustufen sind.[10]

Von Anfang 1996 bis Mai 1999 wurden weitere sechs Tatverdächtige identifiziert, die für mindestens 24 weitere Taten verantwortlich gemacht werden (Harbort 1999, 645), unter denen ein weiterer Serientäter als sexuell motiviert einzustufen ist.[11]

Die Gruppe dieser 23 seit 1945 abgeurteilten bzw. identifizierten sexuell motivierten Serienmörder ist selbstredend längst nicht mehr geschlossen als Interviewgruppe verfügbar, da ein Gutteil dieser 23 Personen in den vergangenen 54 Jahren entweder verstorben oder aus der im weitesten Sinne freiheitsentziehenden Maßnahme entlassen worden ist.

Und dennoch ist allgemein mit einer Entkräftung des Größenordnungsargumentes festzuhalten, dass es bei qualitativen Untersuchungen nicht primär auf die Zahl der Proban-

---

Wright 1990, 144ff., explizit bezogen auf die Aussagekraft der «FBI-Studie zu Sexualmördern» jetzt auch Hoffmann/Musolff 2000, 136.
[8] Dern (2000, 535) spricht trotz der «gebotenen Einschränkungen» von einem «bahnbrechenden Projekt»; vgl. auch Dolan, 1997, 26: «groundbreaking study».
[9] Diese für die FBI-Studie anzweifelnd Hoffmann/Musolff, 2000, 135.
[10] Harbort 1997, 569, ders. 1999, 646 (für neue Bundesländer keine Angaben).
[11] Harbort in telefonischer Mitteilung am 22.12.1999.

den, sondern auf eine methodologisch-statistisch saubere Verarbeitung der erlangten Datensätze, sowie entscheidend auf deren erkenntnisfördernde Kontrastierung mit mindestens einer Vergleichsgruppe ankommt. Ist diese Erfordernis erfüllt, sind auch auf Grundlage kleiner Ausgangszahlen signifikante Untersuchungsergebnisse denkbar.

Das Heranziehen einer solchen Vergleichsgruppe wurde bei der Durchführung der FBI-Studie versäumt. So wurden im Rahmen des CPRP neben der eigentlichen qualitativen Analyse zusätzlich auch einige Eckdaten quantitativ erhoben. Bei einer Aufstellung zur Häufigkeit des Auftretens einzelner Verhaltensindikatoren («Frequency of Reported Behavior Indicators in Childhood, Adolescence, and Adulthood for Sexual Murderers»)[12] in Kindheit (= 0–12 Jahre), Jugend (=13–17 Jahre) und Erwachsenenalter (ab 18 Jahre) der interviewten sexuell motivierten (Serien-)Mörder wurde etwa festgestellt, dass bei 82% der darüber Auskunft gebenden Täter (n=28) zwanghafte Masturbation im Kindesalter, ebenso bei 82% (n=28) im Jugendalter, und bei 81% (n=27) im Erwachsenenalter vorgelegen habe.

Selbstverstümmelung habe es im Kindesalter bei 19% (n=26), im Jugendalter bei 21% (n=24), und im Erwachsenenalter bei 32% (n=25) der Täter gegeben. Insgesamt wurden 24 Indikatoren in deren prozentualen Häufigkeiten angegeben.

Diese Prozentzahlen stellen natürlich für sich genommen interessante Informationen dar, sie geben aber isoliert wenig Aufschluss über die untersuchte Gruppe, wenn dagegen nicht die entsprechenden Häufigkeitsziffern in mindestens einer Vergleichsgruppe gestellt werden. Nur so hätten sich methodologisch signifikante Unterschiede zu anderen Bevölkerungsgruppen etablieren lassen, die zum Verständnis der Genese von Serienmörder hätten beitragen können.

Eine solche wünschenswerte Vorgehensweise zeigt exemplarisch – bei ähnlichen Ausgangszahlen – die Untersuchung von Steck et al. (1997, 404ff.), die im Rahmen einer Replikationsstudie zu einer Untersuchung Burgheims (1994, 215ff.) bzgl. tödlich endender Partnerkonflikte 32 Männer, welche wegen Tötung ihrer Intimpartner verurteilt worden waren, «zum Verlauf des tödlich endenden Partnerkonflikts und zu ihrer Biographie» in Strafvollzugsanstalten befragt haben. Die Grundlage für statistische Gruppenvergleiche bildeten die Antworten auf 86 Standardfragen, wobei die hohe Bedeutung und Validität der Untersuchung, wie jene Burgheims, aus der Kontrastierung der befragten Tätergruppe mit Vergleichsgruppen (bei Steck et al. 1997, die Gruppen «Straffällige» und «Unauffällige») resultiert.[13] Mittels dieses Vorgehens war es möglich, in Beziehung zu der/den Vergleichsgruppe/n signifikante Unterschiede bzgl. einzelner abgefragter Items festzustellen, bzw. auszuschließen.

Ergebnis zur Herstellbarkeit einer vergleichbaren Datengrundlage
Als Ergebnis für die Herstellbarkeit einer vergleichbaren Datengrundlage kann konstatiert werden, dass bei einem entsprechend aussagekräftigen und abgewandelten Unter-

---

[12] Siehe Ressler/Burgess/Douglas, 29, Table 2–5.
[13] Ausführlich zur «Datenerhebung und Datenverarbeitung»: Steck et al. 1997, 405f.

suchungsaufbau auch die kleine Zahl der möglichen Probanden in Deutschland ausreichen könnte, um signifikante Untersuchungsergebnisse zu erlangen.

Ausschlaggebend wäre insofern die Güte des Untersuchungsdesigns. Schlagwortartig gilt also: Eine Studie wie in den USA wäre in der BRD trotz der wenigen Probanden denkbar, wenn die hiesige Studie im Ablauf wissenschaftlich einwandfrei, und in der Ergebnisformulierung transparenter gestaltet würde.[14]

Die Übertragbarkeit der Ergebnisse des CPRP auf die Bundesrepublik Deutschland
Neben der Frage, ob es in der Bundesrepublik eine ausreichende Datengrundlage für eine eigene Studie gäbe, ist auch in Anbetracht der Tatsache, dass die Probandenzahl noch geringer einzustufen ist als in den USA, die Frage aufzuwerfen, ob die Erkenntnisse der US-Studie nicht einfach auf die hiesigen Verhältnisse übertragen werden könnten. Dies ließe eine solche interviewgestütze Vergleichsstudie zumindest für den Teilbereich der unmittelbar täterorientierten Datenerhebung, für deutsche Täterprofilersteller obsolet werden.

Die Ausgangsproblematik
Eine Übertragbarkeit der im Rahmen des CPRP in den USA gefundenen Erkenntnisse wäre im Kern nur dann zu bejahen, wenn man zulässigerweise davon ausgehen könnte, dass sich, kulturell unabhängige Grundspezifika bestimmter Tätertypen feststellen ließen (zu diesem Themenkomplex auch Bekerian/Jackson 1997, 213).

Obwohl sich die USA und die BRD dem westlichen, industriellen Kulturkreis zurechnen lassen, sind durchaus soziokulturelle Unterschiede vorhanden, so dass eine unkritische Übertragung des FBI-Forschungsdesigns problematisch wäre.

Den Aspekt der heterogenen soziokulturellen Verhältnisse ernstzunehmen, ist schon deshalb angezeigt, weil «Erfahrungen bei anderen sozialwissenschaftlichen und kriminologischen Fragestellungen» gezeigt haben, «dass es massive Probleme gab, in anderen Kulturkreisen entwickelte Programme unreflektiert und ohne sorgfältige Überprüfung in den eigenen zu überführen» (Vick 1998).

b) Die Gefangeneninterviews und das Strafvollzugsgesetz
Der zweite Schritt der Untersuchung ist nunmehr direkt normbezogen. Die Tatsache, dass jede Übertragbarkeitsprüfung unter sorgfältiger Ausleuchtung des normativen Kontexts, in den der jeweils gegebene Sachverhalt übertragen werden soll, zu erfolgen hat, ist eine Selbstverständlichkeit.
    Bei solchen Hintergrunderhellungen trifft man jedoch nicht immer auf ein sich für die Frage des Maßstabs der Übertragbarkeitsprüfung so offensichtlich aufdrängendes Normensystem wie das Strafvollzugsgesetz (StVollzG).

---

[14] Vgl. nur Vick, a.a.O.: «Bei der Frage nach den Forschungsmethoden wurde meist auf eine Reihe von Täterinterviews verwiesen, die offensichtlich als Datenbasis fungierten. Wie die Daten danach weiterverarbeitet wurden, ist weitgehend unklar.», oder Goodwin, 2000, 12: «However, no detailed analysis of this material has ever been presented.»

Da die mit der Durchführung der Gespräche betrauten Beamten in Gestalt der Gefangenen mit Personen in Kontakt treten würden, die dem Normensystem des StVollzG in Verbindung mit den jeweilgen Anstaltsordnungen unterworfen sind, stellt sich die Frage, ob das StVollzG nicht der Durchführung solcher Interviews entgegenstehen, oder wenigstens eine bestimmte Art und Weise der Gesprächsgestaltung vorgeben könnte.

Vereinbarkeit mit den Vollzugszielen der §§ 2 S.1, 129, 136 S.2 StVollzG
Fraglich erscheint insbesondere, ob vorgenannte Interviews mit den verschieden in Betracht kommenden Vollzugszielen, wie sie das StVollzG vorsieht, in Einklang zu bringen wären.

Was mögliche räumliche Gesprächsszenarien angeht, ist festzustellen, dass bundesdeutsche Beamte während der Durchführung einer Interviewstudie mit sexuell motivierten Serienmördern die hierfür heranzuziehende Gefangenenpopulation in unterschiedlichen Anstalten bzw. Einrichtungen aufzusuchen hätten.

So kämen als potentielle Gesprächspartner erstens diejenigen Straftäter in Betracht, die mit der Tötung von drei oder mehr Menschen zur Befriedigung des Geschlechtstriebs Morde im Sinne des § 211 Abs.2 1.Gruppe 2.Alt. StGB verübt hatten, ohne jedoch bei Begehung der Tat schuldunfähig oder vermindert schuldfähig im Sinne des §§ 20, 21 StGB gewesen zu sein, und daraufhin zu Haftstrafen im Regelvollzug verurteilt worden sind.

Zweitens könnten solche Straftäter für künftige Ermittlungsarbeiten wertvolle Erkenntnisse liefern, die bei Begehung der Sexualmorde schuldunfähig oder vermindert schuldfähig i.S.d. §§ 20, 21 StGB waren[15] und aufgrund des Vorliegens der weiteren Voraussetzungen des § 63 StGB in einem psychiatrischen Krankenhaus untergebracht worden sind.

Schließlich wären drittens Gespräche mit nach § 66 StGB in Sicherungsverwahrung genommenen, die geforderten Spezifika aufweisenden Tätern denkbar, welche in den gem. § 140 StVollzG vom Regelvollzug getrennt zu haltenden Sicherungsverwahrabteilungen stattfinden hätten.[16]

---

[15] Das Tatbestandsmerkmal der «anderen schweren seelischen Abartigkeit» des § 20 StGB umfasst die in diesem Zusammenhang bedeutungsvollen Trieb-, also auch Sexualtriebstörungen (vgl. Lackner/Kühl 1999, § 20 Rn. 11). Selten jedoch schließen solche Störungen die Schuldfähigkeit ganz aus; meist werden sie nur im Rahmen des § 21 bedeutsam (ebenda; Sch/Sch-Lenckner 1997, § 20 Rn. 21 mit weiteren Nachweisen.), was im Übrigen den Streit um das Kriterium der zumindest verminderten Schuldfähigkeit für die Kategorisierung als Serienmörder in der Praxisumsetzung entschärft.

[16] Was die Möglichkeit der zusätzlichen Anordnung von Sicherungsverwahrung bei (Serien-)Sexualmördern angeht, ist Folgendes festzustellen: Da § 66 I S.1 StGB in Bezug auf die Anlasstat das Erfordernis der Verurteilung zu einer zeitigen Freiheitsstrafe aufstellt, kann der im Regelfall zu lebenslanger Haft zu verurteilende Sexualmörder eigentlich dieser Maßregel nicht unterworfen werden. Wird neben einer lebenslangen Freiheitsstrafe jedoch wegen weiterer vorsätzlich begangener Taten auf zeitige Strafe erkannt, so bleibt § 66 StGB nach herrschender Meinung selbst dann anwendbar, wenn nach § 54 I S.1 allein auf eine lebenslange Freiheitsstrafe als Gesamtstrafe erkannt wird, da sich die Zulässigkeit der Sicherungsverwahrung nach der Einzeltat richtet (vgl. BGHSt 34, 138,145 = StrVert. 1986, S. 477 m. Anm. Schüler-Springorum; LK-Hanack 1992, § 66 Rn. 44; Sch/Sch-Stree 1997, § 66 Rn. 16; Tröndle/Fischer 1999, § 66 Rn. 5).

In Ansehung dieser divergierenden möglichen Gesprächsumgebungen ist unumgänglich, die entsprechenden im StVollzG – welches gem. § 1 StVollzG für alle angesprochenen Vollzugsformen Geltung hat – für die einzelnen Vollzugsformen normierten Vollzugsziele gesondert zu betrachten, um mögliche Gegenindikationen ausmachen zu können.

Der Regelvollzug, § 2 S.1 StVollzG
Gemäß § 2 S.1 StVollzG soll der Gefangene im Vollzug der Freiheitsstrafe fähig werden, künftig in sozialer Verantwortung ein Leben ohne Straftaten zu führen.[17] Obwohl mit dem Schutz der Allgemeinheit in § 2 S.2 StVollzG eine weitere Aufgabe des Strafvollzugs genannt wird, stellt Satz 1 das alleinige Ziel und die ranghöchste Aufgabe beim Vollzug der Freiheitsstrafe dar.[18]

Die Resozialisierung als verfassungsrechtlich gebotenes Vollzugsziel (OLG Nürnberg ZfStrVo 1989, 374) ist oberste Richtschnur für die Gestaltung des Vollzugs im Allgemeinen und Einzelnen (OLG Hamm NStZ 1984, 141).

Um eine größtmögliche Wahrscheinlichkeit für eine erfolgreiche Resozialisierung[19] zu schaffen, sind die Lebensbedingungen im Strafvollzug und die Einwirkungen auf den Gefangenen so zu gestalten, dass «sie die Chancen einer sozialen Wiedereingliederung verbessern und zur Verwirklichung einer künftigen Lebensführung ohne weitere Straftaten geeignet erscheinen» (Laubenthal 1998, Rn. 127).

Die Unterbringung in einem psychiatrischen Krankenhaus, § 136 StVollzG
Für die Unterbringung in einem psychiatrischen Krankenhaus gem. § 63 StGB normiert § 136 StVollzG als Vollzugsziel, dass der Untergebrachte soweit möglich geheilt, oder sein Zustand soweit gebessert werden soll, dass er nicht mehr gefährlich ist (Satz 2). Die dem Untergebrachten zur Erreichung dieses Zieles zuteil werdende Behandlung richtet sich nach ärztlichen Gesichtspunkten (Satz 1).

Zweck der Unterbringung ist die Wahrung der öffentlichen Sicherheit[20], denn dieser Belang allein vermag es zu rechtfertigen, einen Menschen wegen seines abnormalen

---

[17] AK/StVollzG-Feest 1990, § 2 Rn. 8, will die im Vollzugsziel enthaltende Absicht der Rückfallverhütung nicht absolut, sondern relativ verstehen, so dass sie auch in der Minderung der Rückfallgeschwindigkeit oder im Übergehen zu weniger gravierenden Delikten gesehen werden könne, da die gesetzliche Formulierung «eine unrealistische, unverhältnismäßige Erwartung» impliziere. Dass ein in Freiheit gekommener Strafgefangener, gerade wenn dessen Freiheitsentzug auf die Verübung schwerer Delikte zurückzuführen war, seltener oder weniger gravierende Straftaten als vor der Haftstrafe begeht, mag man als lobenswerten Abschnittserfolg auf dem Weg zum Vollzugsziel werten, einen solchen jedoch als eine im Vollzugsziel enthaltene Absicht zu deklarieren, erscheint auch und gerade in Ansehung der Realitäten zu kurz und unambitioniert: Vollzugsziel – und dementsprechend Absicht der Rückfallverhütung – hat in der Tat dem Wortlaut des § 2 S.1 StVollzG entsprechend ein Leben in sozialer Verantwortung ohne jegliche Straftaten zu sein, auch wenn selbst Menschen, die nie mit der Strafjustiz in Berührung kommen, zumeist kein Leben ohne Straftaten führen.
[18] Eingehend hierzu z.B. Laubenthal 1998, Rn. 130ff.; Calliess/Müller-Dietz 2000, § 2 Rn.1 mit weiteren Nachweisen.
[19] Häufiger gestaltet sich das Ziel des Vollzugs der Freiheitsstrafe als das Bemühen um ein Nachholen der Sozialisation im Sinne einer «(Ersatz-)Sozialisation» (z.B. Laubenthal 1998, Rn. 123).
[20] Ganz h. M, vgl. BGH bei Holtz, MDR 1978, 110 mit Nachweisen der Gegenauffassung.

geistig-seelischen Zustands auf unbestimmte Zeit einer Freiheitsentziehung zu unterwerfen (LK-Hanack 1992, § 63 Rn. 1).

Während dieser aus Gemeinwohlüberlegungen heraus angeordneten unbefristeten Unterbringung hat jedoch das vorrangige Ziel die Besserung des Täters zu sein, da ein «rechtsstaatliches Strafrecht» (a.a.O., Rn. 2) nicht umhin kommt, alles für eine möglichst baldige Beendigung einer unbefristeten freiheitsentziehenden Maßname zu tun, wobei eine ausreichend profunde Besserung Entlassungsvoraussetzung im Sinne des § 136 StVollzG ist und auf diese daher mit Kräften hinzusteuern ist.

Die Unterbringung in der Sicherungsverwahrung, § 129 StVollzG
Zweck der Sicherungsverwahrung «ist der Schutz vor dem aufgrund seines Hangs chronisch kriminellen, für die Allgemeinheit gefährlichen Täter im Bereich der schweren Kriminalität, dem mit anderen strafrechtlichen Mitteln nicht mehr beizukommen ist» (LK-Hanack 1992, § 66 Rn. 1 mit weiteren Nachweisen).

Über eine bloße Verwahrung hinaus wird die Vollzugsbehörde jedoch auch im Rahmen der Sicherungsverwahrung aufgrund der grundsätzlich in jedem Fall existierenden Möglichkeit, dass der Straftäter wieder in die Freiheit gelangt, aus einem rechtsstaatlich-humanistisch geprägten Strafrechtsverständnis heraus zur Eingliederungshilfe verpflichtet (Laubenthal 1998, Rn. 762).

Ziel der Sicherungsverwahrung ist daher, dem Untergebrachten zu helfen, sich in das Leben in Freiheit einzugliedern (§ 129 S. 2 StVollzG).

Gemeinsamkeit der genannten Vollzugsziele
Allen Vollzugszielen des StVollzG ist inhärent, dass sie auf den sich der Strafverbüßung, dem Behandlungserfolg oder dem Wegfall des Sicherungsverwahrungsgrundes anschließenden, gewünschten weiteren Verlauf der Legalbewährung Bezug nehmen.

Der ehemals im Regelvollzug, in einer psychiatrischen Anstalt oder in Sicherungsverwahrung Untergebrachte, soll in Zukunft ein Leben ohne bzw. mit weniger gravierenden oder zumindest zeitlich weiter auseinander liegenden Straftaten führen und sich wieder, bzw. erstmals in die Gesellschaft eingliedern.

Trotz der konzeptionellen Verschiedenartigkeit der vorgenannten Vollzugsziele, die aus dem dualistischen System – d.h. dem Schuldprinzip unterworfenen Strafen einerseits und den dem zuvörderst dem Schutz der Allgemeinheit vor gefährlichen Tätern dienenden Maßregeln andererseits – resultieren, liegt ihnen in variierender Intensität die verbindende Bestrebung zugrunde, den Täter per Saldo nach einem Freiheitsentzug u.a. als integrationswilligeren und integrationsfähigeren, sich und anderen gegenüber respektvoller handelnden, normkonformeren, lebenstüchtigeren und letztlich auch für andere ungefährlicheren Menschen, ganz allgemein gewendet zum positiven verändert, gleich aus welcher Vollzugsform, in die Gesellschaft zurückkehren zu lassen.[21]

[21] Vgl. für die Ziele im Rahmen des therapeutischen Arbeitens in psychiatrischen Anstalten i.d.S. auch Eickmann 1984, 65: «Allgemein formuliert ist letztlich aber der ganze Mensch und seine Entwicklung zur

Die Beurteilung der Interviews in diesem Zusammenhang
Bevor die Zulässigkeit der Interviews vor dem Hintergrund der Strafvollzugsziele erörtert wird, ist in gebotener Kürze eine Bemerkung darüber vorauszuschicken, welche Möglichkeiten es in Bezug auf verschiedene Phantasie-Prädispositionen von Sexualstraftätern im Freiheitsentzug, egal ob im Regelvollzug, einem psychiatrischen Krankenhaus oder der Sicherheitsverwahrung untergebracht, gibt.

Denkbar sind grundsätzlich drei Varianten. Entweder, der Täter[22] lebt (auch) während seines Freiheitsentzugs permanent mit jenen Phantasien, wie sie schon in Freiheit für seine Lebensführung elementar waren und schließlich zu den verübten Taten geführt haben. Oder es gelingt ihm, ob aus eigenem Antrieb (im therapeutisch weitgehend unbegleitetem Regelvollzug nur ausnahmsweise zu erwarten) oder unter Anleitung von entsprechend geschultem Vollzugspersonal (meist in sozialtherapeutischen Anstalten), seinen Phantasien ihren alltagsbestimmenden Charakter zu nehmen, sie also hinsichtlich Frequenz und/oder Intensität zu verdrängen. Als dritte Variante kommt zumindest theoretisch in Betracht, dass der Täter während des Freiheitsentzuges nicht nur eine mehr oder weniger umfassende Verdrängung, sondern eine echte (Ursachen-)Verarbeitung hat leisten können und nunmehr frei von seinen ehemaligen Phantasien ist. Welche dieser drei grundsätzlichen Möglichkeiten die tatsächliche psychosexuelle Phantasiewelt des Täters im Freiheitsentzug am genauesten beschreibt, hängt von der jeweiligen Täterpersönlichkeit, genauso wie von der Vollzugsform mit ihren speziellen Einwirkungsmöglichkeiten ab, welcher der Täter jeweils unterworfen ist.

Fraglich könnte nun sein, ob für die hier zu treffende Entscheidung bzgl. der Zulässigkeit der fraglichen Interviews, zwischen den jeweilig bei einzelnen Tätern denkbaren Phantasie-Prädispositionen differenziert werden muss. Dies ist nach hier vertretener Auffassung nicht der Fall. Eine unveränderte Umsetzung der US-amerikanischen Interviews muss daher – unter Berücksichtigung der herausgestellten Gemeinsamkeiten der Strafvollzugsziele – als systemwidrig angesehen werden.

So konterkarierte es z.B. die oben ausgeführten Grundbestrebungen aller Vollzugsziele, einem Pädophilen, der wegen entsprechender Delikte an Kindern mehrere Haftstrafen verbüßt hat, und letztlich gem. § 66 StGB in Sicherungsverwahrung genommen worden ist, Gelegenheit zu geben, sich außerhalb eines therapeutischen Rahmens in allen Einzelheiten zu seiner sexuellen Neigung gegenüber Kindern, möglicherweise der Art, wie er ihnen aufgelauert hatte, und der daraus und aus den Taten und den verschiedenen Tatausführungshandlungen selbst gewonnenen Befriedigung, umfänglich zu äußern.

Im Hinblick auf das in § 129 S.2 StVollzG normierte Ziel, dem Pädophilen zu helfen, sich in das Leben in Freiheit einzugliedern, und einen in Zukunft für Kinder völlig ungefährlichen Menschen in die Gesellschaft zurückkehren zu lassen (wenn man denn eine einmal verfestigte sexuelle Orientierung überhaupt für im Nachhinein dauerhaft und

---

Reife, Geschlossenheit und gesellschaftlicher Verantwortung Ziel therapeutischer Intervention.» (mit anschliessender Relativierung der Erfolgsaussichten).
[22] Also der sexuell motivierte Serienmörder als möglicher Proband.

grundlegend reversibel hält[23]), ist diese Art von Gesprächen mit dem Täter als kontraproduktiv und somit rechtswidrig anzusehen. Diese Einschätzung gilt unabhängig davon, ob der Pädophile vor den fraglichen Interviews während der Inhaftierung, bzw. Behandlung oder Sicherungsverwahrung, ohnehin pausenlos über sexuelle Handlungen an Kindern phantasiert hat, diese Phantasien nur gelegentlich oder in niederer Intensität auftraten oder gänzlich verschwunden waren. Im ersten und zweiten Fall ist in solchen Interviews (ohne gleichzeitigen therapeutischen Ansatz) eine schädliche Konsolidierung bereits existenter Phantasien, im dritten die (wohl nur schwerlich mit therapeutischen Argumenten zu rechtfertigende, da es keiner Therapie mehr bedürfte) Revitalisierung schon einmal gänzlich verarbeiteter Phantasien zu sehen.

Eine durch Fragen von Polizeibeamten unreflektierte und unkommentierte, lediglich zum Zwecke der Schaffung einer empirischen Datengrundlage provozierte Konsolidierung und (Re-)Vitalisierung von Phantasien und psychosexuellen Denk- und Triebprozessen, welche den Täter gerade zu einem solchen haben werden lassen, kann, gleich auf Grundlage welcher Phantasie-Prädisposition, im Hinblick auf dessen späteres Leben in Freiheit, in dem solcherlei Gedanken idealerweise keine Rolle mehr spielen sollen, nicht hingenommen werden. Eine tatsächliche Beeinträchtigung der Vollzugsziele müsste nicht einmal nachgewiesen werden, es genügt insofern eine schlüssige Gefährdungslage.

Zweifelsohne ist eine gesprächsgestützte Motivationsexploration in einigen Fällen als eine Komponente der vielgestaltigen therapieorientierten Bemühungen diesbezüglich ausgebildeter Strafvollzugsstäbe und Behandlungsteams, gegebenenfalls in Kombination mit weiteren Ansätzen, ein wichtiger Schritt auf dem Weg in ein zum positiven gewendeten Leben einzelner Täter.

Dem interviewten Gefangenen den Anlass dafür zu geben, seine deviante Phantasiewelt bis in das kleinste Detail zum Leben zu erwecken, diesen im Anschluss daran aber sich selbst zu überlassen und in seinen wie auch immer gearteten Freiheitsentzug zurückzuschicken, stellt eine Gefährdung der bundesdeutschen Strafvollzugsziele dar und ist mit dem Strafvollzugsgesetz nicht zu vereinbaren.

Hilfreich für die Untermauerung dieser hypothetischen Argumentation wäre fraglos die Heranziehung stützender empirischer Erkenntnisse auf dem Gebiet der Verfestigung, bzw. Verhinderung oder Erschwerung, der Auflösung delinquenten Verhaltens von Straftätern durch Interviews des vorbezeichneten Ablaufs während eines Freiheitsentzuges – gleich welcher Art. Solche direkten Bezugsgrößen sind bedauerlicherweise jedoch nicht verfügbar.

Aus den USA berichtet nur Hickey (1997, 269) in diesem Zusammenhang über einen Brief, den er von einem Gefängnisleiter auf das Ersuchen hin erhalten habe, einen Serienmörder, der für zehn bis zwölf Morde an Kindern und Jugendlichen verantwortlich war,

---

[23] Mit einem anschaulichen Beispiel illustriert Douglas in Douglas/Olshaker 1997, 206ff., seine Auffassung, dass dies seiner langjährigen Erfahrung mit sexuell Devianten nach nicht möglich ist. Zurückhaltend haben sich, speziell bzgl. der Orientierung Pädosexueller, gegenüber dem Verfasser auch Behandlungsteamleiter aus verschiedenen sozialtherapeutischen Anstalten geäußert.

für seine Studie über Serienmörder interviewen zu dürfen. In Auszügen habe dieser Brief gelautet:

«Die Erlaubnis eines solchen Besuchs würde den schlechten Ruf des Gefangenen bekräftigen. Er würde ihm weder helfen, noch ihn ermutigen, ein gesetzestreuer Mensch zu werden, und unterwanderte unser Bestreben, ihn letztendlich in eine offene Population innerhalb unserer Institution zu integrieren.» (Übersetzung durch Verfasser)

Hickey (a.a.O.) führt weiter aus, diese Aussage impliziere, dass der Serienmörder als «Kandidat für irgendeine Form der Rehabilitation» (Übersetzung durch Verfasser) gesehen werden könne. Genau diese Annahme ist nun aber Kern des bundesdeutschen Strafvollzugssystems, was der Erwähnung dieses Einwands als Untermauerung der hier ausgeführten Überlegungen seine Berechtigung gibt.

Von diesem Bericht Hickeys abgesehen, muss es bei der Feststellung bleiben, dass sich aus dem Wesen der gesetzlich niedergelegten Vollzugsziele in Kontrast zu den ausgeführten Gesprächsinhalten hypothetisch – wenn auch mangels Vergleichsgrößen nicht empirisch belegbar – grundlegende Zweifel an der Zulässigkeit solcher Interviews am Maßstab des Strafvollzugsgesetzes herleiten lassen.

Ergebnis zur Vereinbarkeit mit den Vollzugszielen, §§ 2 S.1, 129, 136 S.2 StVollzG
Nach alledem ist festzustellen, dass die Interviews, wie sie von den US-amerikanischen Profilern durchgeführt wurden, für sich genommen in der Bundesrepublik aufgrund der Unvereinbarkeit mit den im StVollzG normierten Vollzugszielen unzulässig wären. Nur das Hinzutreten weiterer, solcherlei Interviews therapeutisch begleitender Resozialisierungs- bzw. Behandlungsansätze könnte diese als Bestandteil eines an den Vollzugszielen ausgerichteten Gesamtkonzepts zulässig machen und ihnen eine Berechtigung geben.

Wie genau ein solches ganzheitliches Konzept in der Umsetzung aussehen könnte, haben die potentiellen Interviewer auf Grundlage ihres Fragekataloges in Zusammenarbeit mit den jeweiligen Strafvollzugsstäben und/oder Ärzten für jeden Gefangenen individuell zu erörtern.

Zu einer Vereinbarkeit mit dem StVollzG wäre nur dann zu kommen, wenn nach dieser behandlungsorientierten Vorgabe eine vollzugszielbezogene Ausarbeitung der Interviews inkl. adäquater Nach- bzw. Weiterbetreuung des Gefangenen erfolgen würde. So könnte nicht nur den potentiell schädlichen Wirkungen der Interviews entgegengewirkt, sondern vielleicht im Gegenteil ein positiver Beitrag zur Erreichung des jeweiligen Vollzugsziels geleistet werden. Auf diesem Wege käme quasi als Reflex jene Arbeit auch den Gefangenen zugute, welche im Kern eigentlich eine effizientere Täterprofilerstellung ermöglichen soll.

c) *Die Gefangeneninterviews und Art. 1 GG*
Nachfolgend soll die Frage erörtert werden, ob einer Durchführung der in Rede stehenden Gefangeneninterviews auch Art. 1 GG, namentlich das Gebot der Achtung der Menschenwürde des Gefangenen seitens des Staates gem. Absatz 1 Satz 2, unter beson-

derer Berücksichtigung von Einwilligungsgesichtspunkten, entgegenstehen könnte. Zuvor jedoch sind noch einige Ausführungen zu Träger und Begriff der Menschenwürde angezeigt.

Träger der «Menschenwürde»
Straftäter, die in der Bundesrepublik für eine dem CPRP vergleichbare Studie in Frage kämen, haben sich der Delinquenzstruktur ihrer US-amerikanischen Pendants entsprechend, allesamt schwerer Verbrechen schuldig gemacht. Durch diese haben sie nach außen dokumentiert, wie gering sie die (sexuelle) Eigenbestimmtheit, körperliche sowie seelische Unversehrtheit und das Leben der misshandelten und getöteten Menschen im Vergleich zu ihren eigenen Bedürfnissen der Verwirklichung devianter und z.T. höchst destruktiver Phantasien eingeschätzt haben.

Vor dem Hintergrund derartigen Verhaltens könnte man in Versuchung geraten, solchen Straftätern die Trägerschaft jener Menschenwürde abzusprechen, deren Achtung sie selbst durch ihr Verhalten in so gröblicher und folgenschwerer Weise haben vermissen lassen, wodurch ein Verstoß gegen Art 1 Abs.1 S.2 GG durch die Interviews von vornherein ausschiede.

Allgemeine Auffassung ist jedoch mit Recht, dass auch die Menschen Würde haben, «die die Würde des anderen Menschen aufs schwerste verletzt haben (Gewaltverbrecher).» (v. Mangoldt/Klein/Stark-Stark 1999, Art. 1 Abs. 1 Rn. 19; v. Münch/Kunig-Kunig et al. 2000, Art. 1 Rn. 12)

So gebührt «selbst dem total schlechten, dem Verbrecher [...] noch Achtung auf Grund der ihm anhaftenden Menschenwürde.» (Hubmann 1953, 65). Diese Ansicht teilt auch das BVerfG, welches mehrmals deutlich gemacht hat, dass das Recht auf Achtung seiner Würde auch dem Straftäter nicht abgesprochen werden kann, «mag er sich in noch so schwerer und unerträglicher Weise gegen alles vergangen haben, was die Wertordnung der Verfassung unter ihren Schutz stellt.» (BVerfGE 64, 261, 284; 72, 105, 115) [24]

Die Interviewkandidaten in den Strafvollzugsanstalten oder psychiatrischen Krankenhäusern sind also wie jeder andere Mensch auch als Träger der Menschenwürde zu betrachten, so dass ein Verstoß gegen Art. 1 Abs. 1 S.1 GG nicht schon aufgrund deren mangelnder Würdeträgerschaft ausschiede.

---

[24] In gleichem Sinne auch BVerfGE 87, 209, 228: «Selbst durch ‹unwürdiges› Verhalten geht sie (die Menschenwürde, d. Verf.) nicht verloren.» Die Trägerschaft von Würde kann insbesondere im Gegensatz zur Auffassung Luhmanns (1974, 69ff.) und dessen Leistungstheorie (diese aber positiv würdigend AK/GG-Podlech 1989, Art. 1 Abs.1 Rn. 11; ähnlich auch Krawitz 1977, 245ff.) nicht auf denjenigen beschränkt werden, der sie selbst «konstituiert», und erst als Ergebnis verschiedener «Darstellungsleistungen» erwirbt (68). Dies bedeutete, dass durch die Unsicherheiten, welche ein Zuschreibungserfordernis als Zwischenschritt mit sich brächte (bei dem im Übrigen die Frage zu klären wäre, wer über das Kriterium der ausreichenden bzw. nicht ausreichenden «Darstellungsleistungen» zur Würdeerlangung im Einzelfall befinden soll), gerade besonders schutzbedürftige Menschen potentiell schutzlos gestellt würden (vgl. Benda 1974, 15f., unter besonderem Hinweis auf «Triebtäter» als «Zerrbild des zu freier sittlicher Entscheidung fähigen Menschen»). Auch das BVerfG, a.a.O., schließt ein Leistungskriterium mit der Feststellung aus, dass jeder Würde besitze, «ohne Rücksicht auf seine Eigenschaften, seine Leistungen und seinen sozialen Status».

Begriff der «Menschenwürde»
In der verfassungsrechtlichen Literatur ist eine enorme Vielzahl von Definitionen und Theorien auszumachen, denen als Ziel gemein ist, dem schwerlich fassbaren Begriff der Menschenwürde eine für die Rechtsanwendung im Einzelfall handhabsichere Kontur zu geben. Diese Reichhaltigkeit der Vorstellungen über Würde in der Vergangenheit und Gegenwart schließen es aus, dem unbestimmten Rechtsbegriff «Würde» (v. Münch/Kunig-Kunig 2000, Art. 1 Rn. 18) eine «Definition solcher Trennschärfe zu geben, die einen schlichten Subsumtionsvorgang ermöglichen könnte» (a.a.O., Rn. 22).

Um für vorliegende Zwecke aber dennoch einen genügend präzisen Zugang zu diesem bisweilen unübersichtlichen, da sehr umfangreichen, und in Teilen auf dessen philosophische Ätiologie bezugnehmenden Gedankenüberbau bewerkstelligen zu können, ist eine plastische Vergegenwärtigung des Untersuchungsgegenstandes in seinen Interessen- und Problembezügen angezeigt.

Denn in diesem Kontext hat die Frage, was genau sich der Staat durch seine die Interviews durchführenden Beamten als dessen Erfüllungsgehilfen von den Gefangenen erhofft, mit welchem Ziel also der Kontakt aufgenommen würde, in gleicher Weise für die Begriffs- wie für die Ergebnisfrage leitenden Charakter.

Gesprächsintention aus kritisch-verfassungsrechtlicher Perspektive
In kritischer Würdigung der bereits geschilderten Intention zur Aufnahme der Gespräche seitens der US-amerikanischen Profiler ist zu konstatieren, dass der Gefangene als Informationsquelle, als Vehikel zur Erkenntniserlangung über den durch ihn repräsentierten Menschen- bzw. Verbrechertypus von Interesse ist.

So betrachtet, ist der Gefangene nichts anderes als Mittel zum Zweck, nichts anderes als eine notwendigerweise in Ermangelung anderer authentischer Datenquellen gleichsam notgedrungen zu befragende Auskunftsperson, mittels derer unter Hinzufügung weiterer auf gleiche Weise explorierter Datensätze, ein empirisches Datenfundament gelegt werden soll.

Der Maßstab der «Objektformel»
Diese nüchterne utilitaristische Perspektive weist auf jenes Menschenwürdeverständnis, welches der durch Dürig geprägten, an einem der Zentralbegriffe der Ethik Kants[25] angelehnten, sogenannten «Objektformel» zugrundeliegt.

Nach ihr ist die Menschenwürde betroffen, «wenn der konkrete Mensch zum Objekt, zu einem bloßen Mittel, zur vertretbaren Größe herabgewürdigt wird» (Maunz/Dürig-*Dürig* 1999, Art 1 Abs.1 Rn. 28, 34). Dieses Verständnis wird durchgängig anlässlich der Prüfung von Verstößen gegen Art. 1 GG vom Bundesverfassungsgericht in Deckung mit der Grundannahme vorausgesetzt[26], dass sich die «Würde» einer positi-

---

[25] 1954, § 38: «... der Mensch kann von keinem Menschen (weder von anderen noch sogar von sich selbst) bloß als Mittel, sondern muß jederzeit zugleich als Zweck gebraucht werden, und darin besteht eben seine Würde (die Persönlichkeit).»

[26] Der vom Bundesverfassungsgericht immer wieder verwandte Kernterminus ist der «soziale Wert- und Achtungsanspruch des Menschen», der mit dem Begriff der Menschenwürde verbunden sei, und es verbiete, «den Menschen zum bloßen Objekt des Staates zu machen oder ihn einer Behandlung auszusetzen, die seine Sub-

ven Umschreibung ihres Gegenstandes entzieht und eine mögliche Verletzung «immer nur in Ansehung des konkreten Falles» (BVerfGE 30, 1, 25) unter Betrachtung des Verletzungsvorgangs festgestellt werden kann (Maunz/Dürig-*Dürig* 1999, Art. 1 Abs. 1 Rn. 28).

Freilich ist der «Objektformel» vorderhand mit der Feststellung etwas an Schärfe zu nehmen, dass ganz unvermeidlich jeder Mensch auch als Mittel und nicht nur als Zweck von anderen wie auch der staatlichen Gewalt in vielen Situationen des Lebens behandelt wird (Dreier-*Dreier* 1996, Art. 1 I, Rn. 39 mit weiteren Nachweise), so dass ein wortwörtliches Verständnis zu weit gehen muss.

Diese Einschränkung ist mitursächlich für die Tatsache, dass sich die Objektformel, was den im Vergleich zu den wirklich gravierenden und evidenten Verstößen gegen Art. 1 GG hierzulande weitaus größeren Graubereich der umstrittenen Problemfälle angeht, zuweilen als vage und wenig praxistauglich herausstellt (Hoerster 1983, 94).

Was die vorliegende Konstellation angeht, ist jedoch offensichtlich, dass die oben gezeichnete Problematik des Gefangenen als Mittel zur staatlichen Informationsverschaffung, von anderer, ernstzunehmenderer Qualität ist, als eine Vielzahl der erwähnten Graubereichsfälle, in denen eine Verletzung der Menschenwürde z.T. unsinnigerweise diskutiert wird (vgl. nur die Beispiele bei Wetz 1998, 82f.).

Aufgrund dieser den möglichen Verletzungsschweregrad angehenden Tatsache und nicht zuletzt wegen des ihre Handhabung betreffenden Umstands, dass die «Objektformel» in ihrer Wortwahl geradezu auf die zu behandelnde Problematik zugeschnitten scheint, macht eine Orientierung an ihr als Maßstab im vorliegend einzuhaltenden Rahmen der Arbeit, trotz zugegebener Bestimmtheitsdefizite Sinn.[27]

Beurteilung an diesem Maßstab
Wie bereits oben ausgeführt, dienen die Gefangenen den Interviewern als Informationsquelle, indem sie über spezifische für zukünftige Ermittlungsarbeit interessante Komponenten ihrer Trieb-, Phantasie- und Erlebniswelt Auskunft geben.

Wollte man nun an dieser partiellen Persönlichkeitsexploration an sich bereits eine Menschenwürdeverletzung festmachen – etwa im Sinne einer in psychologischer Hinsicht totalen Kategorisierung und Katalogisierung des Täters, oder in Dürigs (AöR 1981, 127) Worten, einer möglichen Degradierung des Menschen zum Ding, das total «erfaßt» und «registriert» wird – also die Erschöpflichkeit der Datenerfassung an sich in Frage stellen, müsste man auch in vielen anderen Bereichen einen Verstoß gegen Art. 1 GG annehmen, so z.B. wenn es um die Straftäterbehandlung in psychiatrischen Krankenhäusern geht.

---

jektqualität prinzipiell in Frage stellt» (z.B. BVerfGE 28, 386, 391; 50, 166, 175; 87, 209, 228; zusammenfassend BVerfGE 50, 166, 175. Im verfahrensrechtlichen Zusammenhang BVerfGE 9, 89, 95).
[27] Dies umso mehr in Ansehung der Feststellung Hoersters 1983, 93f., dass «die übliche Verfassungsinterpretation des Menschenwürdeprinzips sich mit der Kantischen Konzeption, was seine Begründung wie seine Bedeutung angeht, ziemlich nahtlos deckt.»

Auch dort wird aus therapeutischen Gründen durch das entsprechend ausgebildete Personal (vgl. § 136 S.1 StVollzG: «Die Behandlung ... richtet sich nach ärztlichen Gesichtspunkten») zuweilen tiefer Einblick in intimste Trieb- und Phantasieprozesse des Täters genommen. Warum indes darin kein Verstoß gegen die Menschenwürde erblickt werden kann, liegt auf der Hand: Die durch das Untersuchungsobjekt, also den Untergebrachten, gewonnenen Erkenntnisse, dienen seiner eigenen Heilung bzw. der Besserung seiner ganz persönlichen Lage, sie werden neben der Motivation, die Allgemeinheit vor erneuten Taten desselben Täters zu schützen, zumindest zu einem Großteil auch um seiner selbst willen erhoben und kommen ihm durch die aufgrund der Untersuchung nunmehr ermöglichte, auf seine speziellen therapeutischen Bedürfnisse zugeschnittene Behandlung unmittelbar zugute.

Anders im Fall der Gefangeneninterviews: Dort werden ganz ähnliche höchstpersönliche Daten erhoben, anschließend jedoch nicht mit unmittelbarem Nutzen auf die jeweiligen Auskunftspersonen mit der Absicht zurück projiziert, diese für deren höchstpersönliche Entwicklung fruchtbar zu machen.

Vielmehr werden sie in mit dem einzelnen Täter in keinerlei Bezug stehende Statistiken und Ermittlungsstrategien verarbeitet, welche zum Ziel haben, zukünftig straffällig werdende Täter gleichen Typusses (also hier sexuell motivierte Serienmörder) schneller und effizienter ermitteln und ergreifen zu können. Nach der Gewinnung der anvisierten Daten ist der einzelne Gefangene für die interviewenden Täterprofilersteller von keinerlei weiterem Interesse.

Dieser Vorgang ist per se am Maßstab der «Objektformel» als Verstoß gegen Art. 1 Absatz 1 Satz 1 GG zu bewerten. Die Täterprofilersteller gebrauchen die Gefangenen einzig und allein – nicht etwa «auch» oder «unter anderem» – im Rahmen ihrer Forschungsarbeit als bloßes Mittel zum Zweck. Der Gefangene ist nicht als multidimensionales und ganzheitliches Subjekt von Interesse, sondern dient vor dem skizzierten Hintergrund eines partiellen Informationsdefizites lediglich als geeignetes Auskunftsobjekt und Datenlieferant. Er wird zum bloßen Auskunftsobjekt herabgewürdigt und ausschließlich als solches gebraucht.

In den bisherigen Ausführungen zur Vereinbarkeitsproblematik mit Art. 1 Absatz 1 Satz 2 GG hat aber die ebenfalls auf eventuelle Gespräche in der Bundesrepublik zu übertragende Prämisse noch keine Würdigung gefunden, dass die Gefangenen, welche im Zuge des CPRP in den USA interviewt worden sind, zur Durchführung der Interviews nicht gezwungen oder gedrängt worden waren, sondern vielmehr freiwillig an dieser Studie teilnahmen.

Fraglich ist nun in einem letzten Beurteilungsgang, ob die Einwilligung der Gefangenen eine Verletzung der Menschenwürde entfallen ließe und man über diese Konstruktion zu einer Zulässigkeit solcher Interviews gelangen könnte.

Jene Frage fällt in die besonders problematischen Sachverhalte im Bereich des Art.1 GG, «in denen das fragliche Handeln mit Einwilligung der betroffenen Personen geschieht oder nur sie selbst betrifft, da sich hier der Schutz der Menschenwürde tendenziell gegen die personalen Träger der Menschenwürde kehrt und diese so ihrer individuellen Autonomie beraubt, die Art. 1 I GG gerade garantieren will» (Dreier-*Dreier* 1996, Art. 1 I, Rn. 90).

Die Menschenwürde ist in großem Maße durch den Autonomiegedanken bestimmt. Es geht insofern bei dem Einverständnis zur Führung der besagten Interviews auch nicht «um einen ‹Verzicht› auf den Anspruch auf Achtung und Schutz der Würde, sondern um die Grenzen des Rechts selbst zu bestimmen, was der eigenen Würde entspricht» (Geddert-Steinacker 1990, 86f.).

Diesem Autonomiegedanken ist das Bundesverwaltungsgericht mit seiner vielkritisierten[28] ersten «Peep-Show»-Entscheidung entgegengetreten, in dem es objektive Kriterien in den Würde-Begriff einführte und es für unbeachtlich hielt, dass die Mitwirkung der Frauen freiwillig geschah und diese sich offenbar nicht in ihrer Menschenwürde verletzt sahen (BVerwGE 64, 274, 278).[29]

Obwohl sich das Bundesverfassungsgericht noch nicht ausdrücklich zu der Frage geäußert hat, in welchem Umfang der einzelne bzgl. seiner eigenen Würde dispositionsbefugt ist, deutet das (erste) Transsexuellen-Urteil (BVerfGE 49, 296, 298)[30] im Gegensatz zum Bundesverwaltungsgericht auf ein am jeweilig betroffenen Menschen und seinem individuellen, subjektiven Würdeempfinden orientiertes Verständnis hin (vgl. Geddert-Steinacker 1990, 91).

Tatsächlich kann dem verobjektivierten Würdeverständnis des Bundesverwaltungsgerichts in entscheidender Hervorhebung der vom Einzelnen abhängigen subjektiv-autonomen Komponente nicht gefolgt werden. Auch und gerade in der Entscheidung, inwieweit das Individuum in seinem Verhalten und seinen Entscheidungen dem allgemein konsentierten Würdeverständnis folgen will oder nicht, kommt dessen Selbstbestimmtheit, wie sie durch Art. 1 Abs. 1 S.1 unter Schutz gestellt wird, zum Ausdruck (vgl. BK-*Zippelius* 1999, Art. 1 Abs. 1 u. 2, Rn. 81 mit weiteren Nachweisen).

«Menschenwürde» kann auf Grundlage dieses Verständnisses kein verordnetes Attribut sein, das der Einzelne gegen seine eigene Überzeugung in den Augen einer sich der Objektivität verpflichtet fühlenden Instanz lediglich mit einem bestimmten Verhalten zu erlangen oder zu wahren imstande ist. Hoerster (1983, 95) hat anhand des ersten «Peep-Show»-Urteils diesbezüglich richtig festgestellt, «wie sehr sich das Menschenwürde-

---

[28] Eine ausführliche Darstellung der kritischen Urteilsbesprechungen findet sich bei Geddert-Steinacker 1990, 89 FN. 316.
[29] Dort heißt es: «Diese Verletzung der Menschenwürde wird nicht dadurch ausgeräumt, daß die in der Peepshow auftretende Frau freiwillig handelt. Die Würde des Menschen ist ein objektiver unverfügbarer Wert (BVerfGE 45, 187, 229), auf dessen Beachtung der einzelne nicht wirksam verzichten kann.» Allerdings hat das BVerwG mit dem Hinweis auf den gewerberechtlichen Erlaubnisvorbehalt, der insofern entscheidend sei, eine nähere Auseinandersetzung mit dieser Thematik vermieden.
[30] Danach schützt Art. 1 Absatz 1 GG die Würde des Menschen, «wie er sich in seiner Individualität selbst begreift und seiner selbst bewußt wird».

prinzip [...] dazu anbietet, individuellen, oft sehr persönlich geprägten Wertungen eine pseudoobjektive Scheinlegitimation zu geben».

Dieser Gefahr im Gewand vermeintlicher Objektivität daherkommender Wertungen, kann in den Einverständnis-Konstellationen wirksam nur mit einer völligen Ausklammerung «objektiver» Kriterien und der ausschließlichen Orientierung am Würdeverständnis des Einzelnen begegnet werden.[31]

Ergebnis zur Vereinbarkeit mit Art. 1 GG
Somit ist festzustellen, dass die in Rede stehenden Interviews, unter der Voraussetzung der Einwilligung der betroffenen Personen zur Befragung, mit Art. 1 Abs. 1 S.2 GG vereinbar wären.[32]

Zusammenfassung und Ausblick
Art. 1 GG steht den Interviews nicht grundsätzlich entgegen. Stimmt der Gefangene – im geforderten Sinne freiwillig – zu, sind sie mit dem Gebot der Achtung der Menschenwürde vereinbar. Die im StVollzG niedergelegten Vollzugsziele allerdings sind mit einer unveränderten Übertragung der Interviews in der Bundesrepublik unvereinbar. Hier wäre eine Modifikation nach den angerissenen Grundsätzen notwendig.

Dieser Beitrag konnte nur eine Komponente der Täterprofilerstellung, nämlich die in den USA geleistete Basisarbeit, welche im Hinblick auf die mögliche Verletzung von Rechten von Beschuldigten oder Dritten bei weitem nicht als die Sensibelste einzustufen ist, auf ihre Implementierbarkeit hin untersuchen. Eine ganze Reihe weiterer Tätigkeiten auf diesem Gebiet sind bis heute von den Juristen gänzlich unbeleuchtet geblieben. Vorliegend sollte neben der singulären sachlichen Klärung des Untersuchungsgegenstandes versucht werden, grundsätzliche juristische Themensensibilität zu wecken und hierüber auf längere Sicht den Weg für eine lebhafte Diskussion zu bereiten.

---

[31] Der nach diesen Ausführungen aufkommenden Frage, warum es allein auf das subjektive Empfinden denn nicht umgekehrt auch bei der Beurteilung behaupteter Verletzungen der Menschenwürde ankommen soll (hierzu auch BK-Zippelius 1999, Art. 1 Abs. 1 u. 2, Rn. 82), ist Geddert-Steinacker 1990, 91f. mit überzeugender Auflösung nachgegangen: Nach ihr kommt dem subjektiven Element dogmatisch die Korrektivfunktion eines negativen Tatbestandsmerkmals zu. «Der Schutz der Menschenwürde, deren prägendes Moment im Autonomiegedanken, d.h. auch in der Selbstbestimmung des einzelnen liegt, soll nicht gegen den Betroffenen selbst durchgesetzt und damit im Sinne eines bestimmten ideologischen Würdekonzepts instrumentalisiert werden. Andererseits ist das Bewußtsein der Verletzung nicht im Sinne eines positiven Tatbestandsmerkmals zu bewerten.» (ebd.)
[32] Teller 1996, 57f., hat diejenigen interessanten Fälle am Maßstab der Menschenwürde thematisiert, in denen sich im Maßregelvollzug befindende Täter einer Behandlung (z.B. der Kastration bei Sexualdelinquenten) «freiwillig» zustimmen, weil sie aufgrund dieser mit Vollzugslockerungen (bzw. Entlassung) rechnen können, und kommt zu dem Ergebnis, dass sich die Betroffenen in solchen Fällen «bei der Wahl zwischen zwei Übeln für eines» entscheiden und vor diesem Hintergrund eben nicht freiwillig im geforderten Sinne handelten. Diese Argumentation überzeugt. Daher wären hier genauso solche Fälle zu bewerten, in denen mit der Zustimmung der Gefangenen zu den Interviews Vollzugslockerungen, sonstige Erleichterungen oder Vorteile verbunden wären. Die Freiwilligkeit im dogmatisch zu fordernden Sinne wäre in der Bestimmung der eigenen Würde nicht mehr gegeben, ein Verstoß gegen Art. 1 Abs. 1 S.2 GG läge dann vor.

Literaturangaben

Alternativkommentar Grundgesetz (1989): Kommentar zum Grundgesetz für die Bundesrepublik Deutschland in zwei Bänden, Band 1 Art. 1–37, 2. Aufl., Gesamtherausgeber Rudolf Wassermann, Neuwied u.a.: Luchterhand (zitiert: AK/GG-Bearb.).

Alternativkommentar Strafvollzugsgesetz (1990): Kommentar zum Strafvollzugsgesetz, Gesamtherausgeber Rudolf Wassermann, 3. Aufl., Neuwied: Luchterhand (zitiert: AK/StVollzG-Bearb.).

Bekerian, Debra A./Jackson, Janet L. (1997): Critical Issues in Offender Profiling, Offender Profiling – Theory, Research and Practice, West Sussex, Englang: Wiley, 209–220.

Benda, Ernst (1975): Gefährdungen der Menschenwürde, Opladen: Westdeutscher Verlag.

Bennet, Trevor /Wright, Richard (1990): Exploring the Offender's Perspective: Observing and Interviewing Criminals, Measurement Issues in Criminology, New York: Springer-Verlag, 138–150.

Bonner Kommentar (1999): Bonner Kommentar zum Grundgesetz, Hrsg.: Rudolf Dolzer, Klaus Vogel, Loseblattsammlung, Heidelberg: C.F. Müller (zitiert: BK-Bearb.).

Burgheim, Joachim (1994): Tötungsdelikte bei Partnertrennungen – Ergebnisse einer vergleichenden Studie, Monatsschrift für Kriminologie und Strafrechtsreform 1994, Heft 4, 215–231.

Calliess, Rolf-Peter/Müller-Dietz, Heinz (2000): Strafvollzugsgesetz, 8. Aufl., München: C.H. Beck.

Dern, Harald (2000): Operative Fallanalysen bei Tötungsdelikten. Oder: Eine notwendige Abgrenzung zum «Täter-Profiling», Kriminalistik, Heft 8, 533–541.

Dolan, Robert. W. (1997): Serial Murder, Crime, Justice and Punishment series, Chelsea House Publishers, Philadelphia.

Douglas, John, E./Burgess, Ann W./Burgess, Allen G./Ressler, Robert K. (1997): Crime Classification Manual – A Standart System for Investigating and Classifying Violent Crime, San Francisco: Jossey-Bass.

Douglas, John E./Olshaker, Mark (1996): Die Seele des Mörders, Hamburg: Hoffmann und Campe mit Spiegel-Buchverlag (Originalausgabe unter dem Titel Mindhunter erschienen bei Scribner, New York).

Douglas, John E./Olshaker, Mark (1997): Jäger in der Finsternis, Hamburg: Hoffmann und Campe mit Spiegel-Buchverlag (Originalausgabe unter dem Titel Journey into Darkness erschienen bei Scribner, New York).

Dreier, Horst (1996): Grundgesetz Kommentar Band I, Artikel 1–19, Tübingen, Mohr (Paul Siebeck) (zitiert: Dreier-Bearb.).

Dürig, Günter (1956): Der Grundrechtssatz von der Menschenwürde, Archiv des öffentlichen Rechts, 81. Band, Tübingen: Mohr (Paul Siebeck), 117–157 (zitiert: Dürig, AöR 81).

Eickmann, Friedhelm (1984): Psychologisch-pädagogische Behandlungskonzepte bei psychisch kranken Straftätern in der Psychiatrie – Situationen und Tendenzen des Maßregelvollzuges, Stuttgart: Ferdinand Enke Verlag, 5 –76.

Geberth, Vernon J. (1996): Practical Homicide Investigation – Tactics, Procedures, and Forensic Techniques, 3.Aufl., Boca Raton, Fl, CRC Press.

Geddert-Steinacker, Tatjana (1990): Menschenwürde als Verfassungsbegriff – Aspekte der Rechtsprechung des Bundesverfassungsgerichts zu Art. 1 Abs. 1 Grundgesetz, Berlin: Duncker u. Humblot.

Godwin, Grover Maurice (2000): Hunting Serial Predators – A Multivariate Classification Approach to Profiling Violent Behavior, Boca Raton, Fl., CRC Press.

Harbort, Stephan (1997): Empirische Täterprofile – Ein Raster für die Ermittlung sexuell motivierter Mehrfach- und Serienmörder, Kriminalistik, Heft 8–9, 569–572.

Harbort, Stephan (1999): Kriminologie des Serienmörders – Teil 1, Kriminalistik, Heft 10, 642–650.

Harbort, Stephan (1999): Pressemitteilung vom 04.10.1999 zur «Podiumsdiskussion FHÖV Köln «Profiling – operative Fallanalyse» (zitiert: Harbort 1999, Pressemitteilung).

Hazelwood, Robert R./Warren, Janet I. (1999): The Serial Rapist, Practical Aspects of Rape Investigation – A Multidisciplinary Approach, 2. Aufl., Boca Raton, Fl: CRC Press, 337–359.

Hickey, Eric W. (1997): Serial Murderers and Their Victims, 2. Aufl., Belmont, Ca: Wadsworth Publishing Company.

Hoerster, Norbert (1983): Zur Bedeutung des Prinzips der Menschenwürde, Juristische Schulung, 93–96.

Hoffmann, Jens (1994): Profiling: Die Psychofahndung nach Serienkillern, Psychologie Heute, Heft 12, 70–75.

Hoffmann, Jens/Musolff, Cornelia (2000): Fallanalyse und Täterprofil (BKA-Forschungsreihe, Band 52), Wiesbaden.

Hubmann, Heinrich (1953): Das Persönlichkeitsrecht, Münster u.a.: Böhlau Verlag.

Jackson, Janet L./Bekerian, Debra A. (1997): Preface, Offender Profiling – Theory, Research and Practice, West Sussex, England: Wiley (zitiert: Jackson/Bekerian, Preface).

Jackson, Janet L./Bekerian, Debra A. (1997): Does Offender Profiling Have a Role to Play?, Offender Profiling – Theory, Research and Practice, 1–7, West Sussex, England: Wiley (zitiert: Jackson/ Bekerian).

Kant, Immanuel (1954): Metaphysik der Sitten, Erster Teil: Anfangsgründe der Rechtslehre, Zweiter Teil: Metaphysische Anfangsgründe der Tugendlehre, hrsg. v. Karl Vorländer, Hamburg: Verlag von Felix Meiner.

Krawitz, Werner (1977): Gewährt Art. 1 Abs. 1 GG dem Menschen ein Grundrecht auf Achtung und Schutz seiner Würde?, Gedächtnisschrift für Friedrich Klein, München: Verlag Franz Vahlen, 245–287.

Lackner, Karl /Kühl, Kristian (1999): Strafgesetzbuch mit Erläuterungen, 23. Aufl., München: C.H. Beck (zitiert: LK).

Laubenthal, Klaus (1998): Strafvollzug, 2. Aufl., Berlin; Heidelberg; New York: Springer-Verlag.

Luhmann, Niklas (1974): Grundrechte als Institution – Ein Beitrag zur politischen Soziologie», 2. Aufl., Berlin: Duncker u. Humblot.

Leipziger Kommentar (1992): Großkommentar zum Strafgesetzbuch, 11. Aufl., 2. Lieferung, Vor § 61; §§ 61–67, Berlin u.a.: Walter de Gruyter.

Mangoldt, Hermann von /Klein, Friedrich/Stark, Christian (1999): Das Bonner Grundgesetz – Kommentar, Band 1: Präambel, Artikel 1 bis 19, 4. Aufl., München: C.H. Beck.

Maunz-Dürig (1999): Grundgesetz Kommentar, Band I Art. –11, Loseblattsammlung, München: C.H. Beck.

Michaud, Stephen G./Hazelwood, Robert R.(1998): The Evil That Men Do, New York: St. Martin's Press.

Münch, Ingo von/Kunig, Philip (2000): Grundgesetz-Kommentar», Band 1 (Präambel bis Art. 20), 5. Aufl., München: C.H. Beck.

Ressler, Robert K./Burgess, Ann Wolbert/Douglas, John E. (1988): Sexual Homicide – Patterns and Motives, Lexington, Ma: Lexington Books.

Ressler, Robert K./Shachtman, Tom (1992): Whoever Fights Monsters, New York: St. Martin's Press.

Ressler, Robert K./Shachtman, Tom (1998): I Have Lived In The Monster, London: Simon & Schuster/ Pocketbooks.

Schönke/Schröder (1997): Strafgesetzbuch, 25. Aufl., München: C.H. Beck (zitiert: Sch/Sch-Bearb.).

Schwind, Hans-Dieter/Böhm, Alexander (1999): Strafvollzugsgesetz (StVollzG), 3. Aufl., Berlin u.a.: Walter de Gruyter

Steck, Peter/Matthes, Barbara/Wenger de Chavez, Claudia/Sauter, Kerstin (1997): Tödlich endende Partnerkonflikte, Monatsschrift für Kriminologie und Strafrechtsreform, Heft 6, 404–417.

Teller, Marc (1996): Behandlungszwang im Maßregelvollzug, München: VVF (Zugleich München, Univ., Diss. 1996).

Tröndle, Herbert/Fischer Thomas (1999): Strafgesetzbuch und Nebengesetze, 49. Aufl., München:
C.H. Beck.

Vick, Jens (1998): Vorbemerkung, Methoden der Fallanalyse – Ein internationales Symposium (BKA-Forschungsreihe Band 38.1), Wiesbaden: Bundeskriminalamt.

Wetz, Franz Josef (1998): Die Würde des Menschen ist antastbar – Eine Provokation, Stuttgart: Klett-Cotta.

Täterprofiling und differenzielle Täteranalyse[1]

David Canter

Täterprofile basieren auf psychologischen Hypothesen, die zunächst identifiziert und dann mit einschlägigen Forschungsergebnissen zu den sie konstituierenden Elementen in Beziehung gesetzt werden. Ziel des Beitrags ist es, die bisher auf eher anekdotischem Wissen beruhende Erstellung von Täterprofilen auf eine wissenschaftliche Grundlage zu stellen. Zu diesem Zweck werden zunächst die impliziten psychologischen Hypothesen herauspräpariert, die Täterprofilen zugrunde liegen, und dann mit entsprechenden Forschungsergebnissen verglichen. Es wird sodann in nachvollziehbaren Schritten gezeigt, dass sich kriminelle Handlungen für unsere Zwecke sinnvoll in einem (in Anlehnung an den als Radix bekannten Farbenkreis so genannten) Radix-Modell zirkulär darstellen lassen. Die Überprüfung des Radix-Modells mittels Multidimensionaler Skalierung (MDS) bestätigt seine Eignung zur Bestimmung spezifischer Faktoren im Rahmen der differenziellen Täteranalyse.

Im Einzelnen kann gezeigt werden, dass die unterschiedliche Häufigkeit krimineller Handlungen auf unterschiedliche Bedeutungen dieser Handlungen hinweisen kann. Weitreichende und differenzierte Aufschlüsse erlauben auch das Täterverhalten gegenüber den Opfern und die Klassifizierung der jeweiligen (räumlichen) Handlungsmuster der Täter. Unter fest definierten Bedingungen ist daher die Entdeckung von Zusammenhängen zwischen Tätercharakteristiken und den thematischen Schwerpunkten ihrer Delikte möglich. Die Arbeit an weiteren Modellen, die sich mit thematischen Übereinstimmungen zwischen Delikten und Täterverhalten befassen, dürfte daher sinnvoll sein.

Fragestellung

Vieles, was in Praxis und fiktionalen und nichtfiktionalen Medienberichten als «Täterprofiling» bezeichnet wird, entbehrt jeglicher empirischer und wissenschaftlicher Grundlage. Doch in einigen Forschungsbereichen gibt es vielversprechende Ergebnisse. Diese sind am Effektivsten und Wertvollsten für die polizeiliche Ermittlungsarbeit, wenn sie in eine systematische Strukturierung von Entscheidungsprozessen sowie in die Schulung von Polizeibeamten integriert werden. Überdies vermitteln sie neue Einsichten in die Psychologie des Verbrechens.

Wird ein Kriminalbeamter mit einer Straftat konfrontiert, so verfügt er über bestimmte Ausgangsinformationen, mittels derer er sich für die effektivste Strategie entscheidet. Die Aufgabe des Ermittlers besteht darin, aus den verfügbaren Informationen zum Tathergang Schlüsse zu ziehen, die die Ermittlungen vereinfachen. Der Kriminalist könnte entscheiden, dass mehr Informationen nötig sind, bevor er irgendwelche Schlussfolgerungen treffen kann. Aber er wird schließlich an einen Punkt gelangen, an dem er Rück-

---

[1] David Canter (2000): «Offender profiling and criminal differentiation», in: Legal and Criminological Psychology 5, 23–46.

schlüsse ziehen muss. Durch sie können Zusammenhänge zwischen Täter und Delikt aufgezeigt werden. Oft sind diese Schlussfolgerungen direkter Art: Ein Fingerabdruck, der am Tatort sichergestellt wird, kann mit dem eines polizeilich registrierten Individuums in Verbindung gebracht werden, oder ein Augenzeuge erkennt eine Person und schaltet die Polizei ein. Doch es gibt viele Fälle, in denen es an Ansatzpunkten mangelt und sich die Gruppe der Verdächtigen nicht eingrenzen lässt.

Die Herausforderung, ein Verbrechen zu lösen, das keine direkten Anhaltspunkte bezüglich des Täters enthält, steht seit ca. 200 Jahren im Mittelpunkt der Kriminalliteratur. Die Methode, mit der sich diese Herausforderung bewältigen lässt, findet ihre archetypische Entsprechung in der Figur des Sherlock Holmes und den nachvollziehbaren Deduktionen, mittels derer dieser ebenso fachkundige wie brillante Kopf zu seinen Schlüssen gelangte. Holmes' Ansatz, Zusammenhänge zwischen bestimmten Spuren und spezifischen Merkmalen des Verbrechers zu sehen, wurde zum Synonym für das wissenschaftliche Deduktionsmodell. Und tatsächlich wird uns in der Figur dieses Meisterdetektivs ja das vorgestellt – wenn auch in einer spektakulären Version –, was Kriminalbeamte im Alltag tun.

In diesem Kontext erweist sich die Deduktion als eine Form der indirekten Schlussfolgerung[2], bei der, unabhängig von den Erfahrungen und dem logischen Vermögen des Denkenden, von den Tatmerkmalen auf den Schuldigen geschlossen wird. Eine Illustration: Das Opfer eines unbekannten Angreifers hat lediglich wahrgenommen, dass der Täter an seiner rechten Hand kurze und an der anderen lange Fingernägel hatte. Jemand mit speziellem Hintergrundwissen vermutete, dass dies charakteristisch sei für Leute, die ernsthaft Gitarre spielen. Es bestand deshalb die begründete Annahme, dass der Angreifer ein Gitarrenspieler war. Dieses Beispiel zeigt die fundamentale Schwäche des Deduktionsmodells. Wenn keine verwertbaren empirischen Erkenntnisse vorliegen, wie häufig diese unterschiedliche Nagellänge auftritt, ist es schwierig zu eruieren, ob sie ein typisches Kennzeichen von Gitarrenspielern ist. Möglicherweise trifft diese Behauptung nur auf wenige Gitarristen, aber auf zahlreiche andere Individuen zu. Im besagten Fall hatte der schließlich ermittelte Täter keinerlei Beziehung zu Gitarren. Bei ihm ließ sich die unterschiedliche Nagellänge darauf zurückführen, dass er alte Reifen reparierte.

Kern der induktiven, wissenschaftlichen Methode ist es, empirische Beweise zusammenzutragen, um die Schlussfolgerungen zu stützen, die sich auf die zwischen Täter und Straftat bestehenden Korrespondenzen beziehen. Es lässt sich mit Fug und Recht behaupten, dass die Entwicklung der Psychologie als wissenschaftliche Disziplin im Wesentlichen beeinflusst ist durch die Einführung eines empirischen und induktiven Ansatzes, der sich mit den gleichen Fragen beschäftigt, die der gesunde Menschenverstand vorher allein in Form von Schlussfolgerungen und anderen deduktiven Formen der Meinungsbildung erörtert hat. Daraus folgt, dass viele ermittlungsrelevante Überlegungen in psychologische Fragestellungen transferiert und in empirische Studien integriert werden können.

2 Im englischen Original wird hierfür der Begriff «reasoning» verwendet (S. 24).

Der Psychologe als Prototyp des «Profilers»[3]

Die Faszination der Massenmedien gegenüber gewalttätigen und sexuell konnotierten Straftaten hat den Eindruck gefördert, dass die Erforschung der Unterschiede zwischen Tätern und das Schlussfolgern ihrer Persönlichkeitsmerkmale ein Fachgebiet sei, dass völlig losgelöst ist von den Hauptströmungen der gegenwärtigen Psychologie. Der Mythos, dass diese Verfahren einzig auf den Mutmaßungen von Beamten des US-amerikanischen Federal Bureau of Investigation fußten (Ressler, Burgess & Douglas 1988), ist sehr verbreitet. Diese Spekulationen wurden als «Profiling» oder umfassender als «Täterprofiling», «psychologische Profilerstellung» oder «Profiling von Täterpersönlichkeiten» bezeichnet. Dem Profiling wird eine quasi-mystische Bedeutung zugeschrieben, wobei selbst gelehrte Autoren sich dazu veranlasst sehen, ihre Diskussionsbeiträge zum Thema «Profiling» mit fiktionalen Beispielen zu illustrieren (z.B. Grubin 1995; Ormerod 1996).

Möglicherweise lässt sich der Einfluss des Begriffs «Profiling» darauf zurückführen, dass er assoziiert wird mit einem vollständigen und abgerundeten Bild des unbekannten Individuums. Im journalistischen Bereich wird der Terminus zunehmend gebraucht, wobei die Vorstellung vermittelt wird, dass eine Person mittels des «Profilings» in ihrer Gesamtheit erfasst werden kann. Aber nur ein fiktionales Produkt vermag dies zu leisten. Jede wissenschaftliche Analyse erfordert eine umfassende Betrachtung der zentralen Elemente und ihrer Darstellung in der verfügbaren Forschungsliteratur. Einige Aspekte der Darstellung sind besser untersucht als andere, so dass es in die Irre führen würde, ihnen jeweils den gleichen Stellenwert zuzubilligen. Der Mechanismus, aus einer begrenzten Anzahl von Informationen auf die allgemeinen Charakteristika einer Person zu schließen, hat seine wissenschaftlichen Wurzeln jedoch in der Psychometrie. Dieser Zweig der Psychologie existierte lange, bevor das FBI gegründet wurde.

Außerdem haben Psychologen örtliche Polizeibehörden bereits in Fragen zu den Merkmalen von Tätern unterstützt, als die «Behavioral Science Unit» des FBI noch nicht eingerichtet war, wie Delprinos und Bahns Untersuchung der Psychologischen Dienste in US-amerikanischen Polizeidistrikten (1988) belegen. Diese Tätigkeit hat sich folgerichtig aus ihrer Beteiligung an der Entwicklung von prognostischen Verfahren ergeben, die der Beurteilung von Polizeianwärtern dienen sollten. Sowohl dieser Bereich als auch die Begutachtung des psychischen Zustandes von Verdächtigen bilden seit geraumer Zeit einen Beitrag zur Arbeit von Polizei und Justiz.

Die Erforschung von inter-individuellen Differenzen und den damit zusammenhängenden Untersuchungen zur Persönlichkeit beinhalten im Kern die Frage, welche Art von Handlungen ein spezifischer Personentyp begeht. Das ist das zentrale Interesse des «Profilings». Studien zur persönlichen Entwicklung und zu Lernstrategien befassen sich im Grunde ebenfalls mit der Problematik, inwiefern Personen, die beispielsweise in ihrer Entwicklung und in ihren Erfahrungen divergieren, sich auch in ihren Handlungen und in der Art ihrer Ausführung unterscheiden. Von diesem Standpunkt aus betrachtet,

---

[3] Die Markierung bestimmter Fachtermini ist mit der im Original identisch. Der Begriff des Profilings ist bei Canter teilweise gekennzeichnet. Das richtet sich nach dem jeweiligen Kontext, in dem der Terminus gebraucht wird.

lassen sich zahlreiche Versuche, bei denen von der Art der Tatausführung auf die Persönlichkeitsmerkmale des Täters geschlossen wird, als Teil eines Problemfeldes verstehen, das im übergeordneten Kontext der allgemeinen Psychologie steht.

Unglücklicherweise ist sich eine Anzahl von populären Verfassern des Zusammenhangs zwischen Detektion und empirischer, induktiver Psychologie nicht bewusst. Sie haben den Gebrauch des Begriffs «Täterprofiling» forciert, wobei implizit und manchmal explizit intendiert ist, dass «Profiling» über eine reine, problemorientierte Anwendung der Psychologie hinausgeht. Primär wurde diese Verwirrung durch die Publikationen hervorgerufen, in denen das «Profiling» als eine Kunst dargestellt wird, die abhängig ist von den fachlichen Fähigkeiten der Personen, die sie verkaufen (Ressler et al. 1988). Dies wird dadurch verschärft, dass oftmals das immense Potential des «Profilings» betont wird, obwohl die Studien, die sich mit der Frage beschäftigen, inwieweit von einer Straftat auf den Täter oder die Täterin geschlossen werden kann, rar gesät sind. Die häufig gestellte Frage nach der Zuverlässigkeit und dem Nutzen von «Täterprofilen» (vgl. Copson 1995) ist verfrüht, so lange für dieses Verfahren kein psychologisch fundiertes und exaktes Messinstrument existiert.

Eine Ursache für die Diffusität des Terminus «Profiling» und die unwissenschaftliche Eile, mit der er forciert wird, besteht im populären und literarischen Ursprung der detektivischen Detektion. Dadurch vermischt sich die Methode der psychologischen Profilerstellung mit den Vorgehensweisen des Detektivs. Dieses Durcheinander ist verständlich, denn im Anfangsstadium waren es vor allem Beamte der Exekutive, die das Konzept des Täterprofilings propagierten. Diese FBI-Beamten, die als Ausbilder an der FBI-Akademie in Quantico arbeiteten, präsentierten ‹Profiling›-Modelle, die überwiegend auf ihrer speziellen, persönlichen Perspektive und ihrer Sachkenntnis als Profiler beruhten (Ressler et al. 1998).

Dieser Vergleich zwischen dem deduktiven Ansatz des ‹fiktionalen Helden› und dem des empirischen Psychologen ist innerhalb der Psychologie nicht neu. Er ist ein weiteres Beispiel für die Unterscheidung zwischen klinischen und versicherungsstatistischen Beurteilungen, die von Meehl (1996) untersucht worden sind. Der klinisch tätige Arzt nutzt seine Urteile und Erfahrungen, um sich über den anwesenden Patienten eine Meinung zu bilden. Im Gegensatz dazu basieren versicherungsstatistische Beurteilungen auf sorgfältigen Messungen und den daraus resultierenden statistischen Beziehungen. In einer Serie von Studien, die ab 1954 jeweils in Intervallen von zehn Jahren publiziert wurden, wurde herausgefunden, dass die versicherungsstatistischen Entscheidungsprozesse wesentlich genauer und valider waren als jene, die allein auf der klinischen Beurteilung fußten. Es ist nicht überraschend, dass sich der systematische und wissenschaftliche Ansatz als sehr viel effektiver erwiesen hat als derjenige, der auf einer persönlichen Meinungs- und Urteilsbildung beruht.

Hinsichtlich des psychologischen Täterprofilings wirft dieser Sachverhalt fundamentale Fragen auf. Ist es möglich, psychologische Maßstäbe für die Aspekte des kriminellen Handelns zu entwerfen, die den polizeilichen Ermittlern zur Verfügung stehen? Oder für die Charakteristika des Täters, die zu seiner Identifizierung und strafrechtlichen Verfolgung beitragen? Lassen sich die zwischen diesen Maßstäben wirkenden Beziehungen aufzeigen?

Grenzen des Quellenzugangs und Typen der Information
Die Erschließung von Tätermerkmalen aus der Tathandlung birgt eine Problematik, mit der Psychologen auch in vielen anderen Bereichen konfrontiert werden. Dennoch weist dieses Verfahren spezifische Anforderungen und Grenzen auf.

Die zentrale Begrenzung im Zugang liegt darin, dass die Schlussfolgerungen nur auf den Informationen gründen können, die während einer Ermittlung verfügbar sind. Sie können sehr umfangreich und detailliert sein und entscheidende Angaben wie Zeit, Ort und Opfertypus umfassen – oder, beispielsweise, Aussagen zum sexuellen Verhalten eines Vergewaltigers mit einschließen. Regulär arbeiten Psychologen jedoch mit anderem Material, etwa, wenn sie Fragebögen bezüglich der psychischen Prozesse und Charakteristika einer Person auswerten oder Daten aufgrund eines unter kontrollierten Laborbedingungen durchgeführten Versuchs erheben. Das Material einer polizeilichen Ermittlung ist stattdessen oft unvollständig, widersprüchlich und unzuverlässig.

Gleichzeitig müssen sie sich, damit die psychologischen Schlussfolgerungen von ermittlerischem Wert sind, mit Sachverhalten auseinandersetzen, an die der Kriminalbeamte in seiner praktischen Arbeit anknüpfen kann. Der mögliche Aufenthaltsort eines Täters ist ein gutes Beispiel für eine Information, die der Kriminalist unmittelbar verwerten kann. Aber weniger spektakuläre Erkenntnisse können ebenfalls hilfreich sein. Nichtsdestotrotz sind intensive, psychodynamische Interpretationen zur Motivation des Täters oder anderes Material, das nur im Verlauf von intensiven therapeutischen Gesprächen gesammelt werden kann, für die Polizei von eher sekundärer Bedeutung. Auch wenn in vielen Kriminalromanen die Motive bzw. genauer, die Gründe, warum ein Täter eine Straftat begangen hat, von allgemeinem Interesse sind, sind sie nur dann dienlich, wenn sie Schlussfolgerungen erlauben, die den kriminalistischen Entscheidungsprozess vereinfachen.

Jede Suche nach der Motivation oder dem Motiv lässt sich bestenfalls als Versuch interpretieren, ein Erklärungsmodell zu entwickeln, das es ermöglicht, das kriminelle Verhalten in Relation zum Täter zu setzen. Wird zum Beispiel vermutet, dass das Motiv finanzieller Natur ist, so gilt jemand mit einem entsprechenden Geldbedarf oder -gewinn als verdächtig. Ohne den empirischen Beweis, dass diese spezifischen Verhaltensweisen nur im Kontext von finanziell motivierten Straftaten auftreten und dieses Delikt nur von Leuten verübt wird, die sich finanziell bereichern wollen, bleiben diese Interpretationen sowie die daraus resultierenden Schlussfolgerungen aber reine Spekulation. Wie haltlos solche Vermutungen sein können, verdeutlicht ein Untersuchungsergebnis, laut dem Personen, die Versicherungsbetrug begehen, in keinen besonders beschränkten finanziellen Umständen leben. In seiner Studie (1998) veranschaulicht Dodd beispielsweise, dass sich nur 13% der 209 Versicherten, die in betrügerischer Absicht gehandelt haben, in finanziellen Schwierigkeiten befanden, während 57% ein regelmäßiges Einkommen besaßen.

Für eine wissenschaftliche Herangehensweise ist es essenziell, einen erklärenden Rahmen zu konstituieren, in dem Tätermerkmale konzipiert werden können, die sich zu bestimmten Verhaltensaspekten der Tat in Verbindung setzen lassen. Gegenwärtig gibt es nur wenige Studien, die solche Parallelen aufzeigen. Noch seltener sind Modelle, die eine theoretisch präzise Anleitung offerieren, wo diese Parallelen zu suchen sind. Es ist nunmehr der Punkt erreicht, an dem die verschiedenen Komponenten solcher Modelle ausgewertet und die Tests der variierenden Elemente in Generalmodellen veröffentlicht sind. Im weiteren Verlauf des Beitrags sollen deshalb detailliertere, empirische Fragen erörtert werden, wobei zu überlegen ist, in welche Richtungen produktive Modelle zukünftig gehen könnten.

Zur Problematik von Ermittlungen

Die wissenschaftlichen Fragestellungen, die sich unmittelbar mit den Erkenntnisprozessen in polizeilichen Ermittlungen beschäftigen, korrelieren mit einer Reihe von Problemen, mit denen Kriminalisten konfrontiert werden:
(1) *Verhaltenscharakteristiken.* Welche entscheidenden Merkmale einer Straftat verweisen auf die Identität des Täters?
(2) *Differenzierung von Tätern.* Wie lassen sich am Besten die Unterschiede zwischen Delikten und Tätern aufzeigen?
(3) *Ableitung charakteristischer Merkmale.* Welche Erkenntnisse können über die Eigenschaften des Täters gewonnen werden, die zu seiner oder ihrer Identifizierung beitragen?
(4) *Verknüpfung von Straftaten.* Sind weitere Taten bekannt, die von dem selben Täter begangen worden sein könnten?

Alle vier Fragen korrespondieren mit psychologisch verbreiteten Problemstellungen. Sie sind gekoppelt an individualpsychologische Konzepte, die sich mit den Unterschieden zwischen Personen und der Konstanz ihrer jeweiligen Verhaltensweisen befassen. Es ist daher nicht überraschend, dass viele Konzepte und Methoden, die von Psychologen innerhalb des letzten Jahrhunderts entworfen wurden, relevant sind für die Erforschung von Kriminalität. Diese Aussage lässt sich insbesondere für den Bereich der Persönlichkeits- und Individualpsychologie konstatieren.

Themengebiete

Psychologisches Wissen kann bei der Ermittlung von verschiedenen Delikten von Nutzen sein, nicht nur bei spektakulären wie Serienmord (Canter, Missen & Hodge 1996). Je größer der wissenschaftliche Fortschritt ist, desto vielfältiger werden die Anwendungsgebiete. Ursprünglich geht das Bedürfnis nach psychologischer und verhaltenswissenschaftlicher Unterstützung auf die besonderen Schwierigkeiten kriminalistischer Ermittlungsarbeit zurück. Die zentrale Problematik bestand darin, dass eine Straftat mitunter kein direktes «Motiv» erkennen ließ. Diese «motivlosen» Verbrechen wurden scheinbar durch subtile psychische Prozesse gesteuert, deren Analyse ein spezielles Fachwissen erforderte. Diese Überlegungen und das Fehlen einer unmittelbaren Täter-Opfer-Beziehung stellen spezielle Anforderungen an die Ermittler. Obwohl sich auch Delikte wie Gelegenheitsvandalismus (Canter 1984) als motivlose Straftaten an Fremden auffassen lassen, wurde das «Profiling» erst im Kontext von seriellen Tötungen eingeführt. Die Gründe hierfür lassen sich überwiegend auf das massive öffentliche Interesse zurückführen, das Serienmorde auslösen und auf den Druck, dem sich die Polizei in solchen Fällen ausgesetzt sieht. Aufgrund dieser Umstände wird bei den Ermittlungen auf jede verfügbare Ressource zurückgegriffen, auch auf psychologische bzw. behavioristische Theorien und Methoden.

Aus vergleichbaren Gründen werden Psychologen weltweit nicht nur bei schweren Straftaten wie Vergewaltigung und Mord konsultiert, sondern auch bei anderen Delikten. Wenn psychologisches Fachwissen bei kapitalen Gewaltverbrechen von Vorteil ist, warum sollte es dann nicht ebenfalls bei den sogenannten «Massendelikten» Einbruch und Diebstahl von Interesse sein? Bei diesen Tattypen müssen die polizeilichen Ermittler die Tathandlungen oftmals gewöhnlichen Straftätern zuordnen, ohne forensische Beweise vorliegen zu haben. Sie müssen Rückschlüsse hinsichtlich der Tätercharakteristika ziehen. Dieser Prozess sollte unabhängig von der Anzahl und dem Grad der verübten Taten sein. Der Rat von Psychologen ist sowohl bei einmaligen als auch bei seriellen Straftaten von Bedeutung, gleichgültig, welche Aufmerksamkeit ihnen jeweils in den Massenmedien beigemessen wird. Es ist zunehmend offensichtlich, dass die Problematik der Erkenntnisgewinnung in einer Vielzahl von unterschiedlichen kriminalistischen Ermittlungen und Aktivitäten relevant ist. So kann die Detektion, beispielsweise bei ungeklärten Todesfällen, verdächtig erscheinenden Suiziden (Canter 1999) und zweifelhaften Vermisstenfällen von psychologischen Erkenntnissen profitieren. Ereignisse, die mit diffizilen Verhaltenskomponenten einhergehen, wie Geiselnahme und Verschanzung, sind auch geeignet für psychologische Untersuchungen (Wilson & Smith 1999). Anonyme Drohungen und andere Problemkonstellationen, die sich mit der Autorschaft beschäftigen, sind aus psychologischer Perspektive gleichfalls bedeutend (Aked, Canter, Sanford & Smith 1999), auch wenn das kriminelle Szenario in schriftlichem Material besteht und nicht im physikalischen Raum stattfindet.

Organisierte Kriminalität und kriminelle Netzwerke transferieren diese psychologischen Fragestellungen in einen sozialpsychologischen Kontext. Die Schlussfolgerungen und Differenzierungen sind hier an Teams, Gruppen und Netzwerke geknüpft und nicht an die Individuen, die diese Verbände jeweils gestalten (Canter & Alison 1999). Die sozialpsychologische Forschung untersucht die Rollen in diesen Gruppierungen (Wilson & Donald 1999), die Verknüpfungen innerhalb der Netzwerke (McAndrew 1999) sowie die Charakteristiken, die mit diesen Rollen assoziiert werden (Johnston 1999).

Ein hierarchisches Modell des kriminellen Handelns

Soll Profiling als ein wissenschaftlich fundiertes System installiert werden, muss beobachtet werden, ob zwischen den einzelnen Delikten psychologisch bedeutende Unterschiede existieren, die mit den zwischen den Tätern vorhandenen Differenzen korrelieren. Diese Distinktionen lassen sich in Form einer vorläufigen Hierarchie konfigurieren. Auf einer allgemeinen Ebene ist die Problematik anzusiedeln, inwieweit sich straffällige Individuen von jenen unterscheiden lassen, die keine Straftaten begehen. Dieser Forschungsbereich hat in der Geschichte der Psychologie eine lange Tradition, wie Farringtons Sammlung von Veröffentlichungen (1998) verdeutlicht. Fragestellungen, die sich mit den unterschiedlichen Elementen von Tathandlungen auseinandersetzen, lassen sich im Gegensatz dazu einer spezielleren Ebene zuordnen (vgl. z.B. zum divergierenden Gebrauch von Waffen: Lobato, im Druck). Zwischen den generellen und den besonderen Aspekten lässt sich ein breites Spektrum von zu untersuchenden Varianten feststellen. Das schließt beispielsweise Überlegungen zu den unterschiedlichen Teilaspekten von Delikten mit ein, wie Farringtons und Lamberts Vergleich von gewalttätigen Tätern und Einbrechern (1994) belegt. Die Erforschung von bestimmten kriminellen Verhaltensmustern ist ebenso einer spezifischeren Ebene zuzurechnen, wie etwa die Gegenüberstellung von planenden und nichtplanenden bzw. impulsiven Tätern.

Schaubild 1 zeigt die möglichen Ebenen einer solchen Hierarchie, wobei die lineare Anordnung eine Vereinfachung darstellt. Täter sind nicht zwangsläufig auf einen einzigen Delikttypus spezialisiert (Klein 1984). Das kann zum Beispiel bedeuten, dass es sinnvoller ist zu überprüfen, ob ein Täter seine Straftaten vorbereitet oder nicht, als zu untersuchen, ob es sich um Raub oder Einbruch handelt. Dies führt zu einer multidimensionalen Beschreibung von Verbrechen. Die vorläufige Hierarchie kann als eine Kette von zueinander in Beziehung stehenden deskriptiven Dimensionen betrachtet werden.

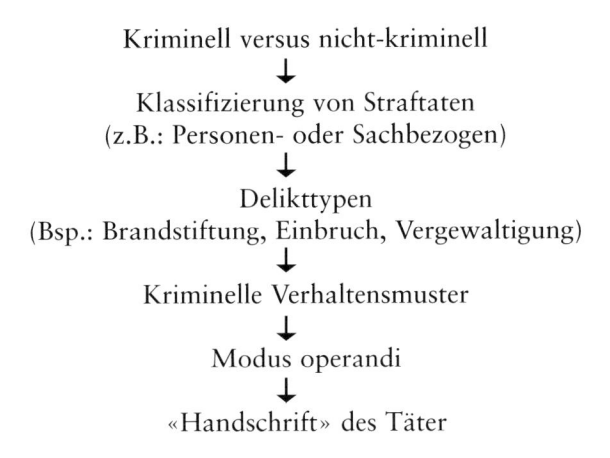

Kriminell versus nicht-kriminell
↓
Klassifizierung von Straftaten
(z.B.: Personen- oder Sachbezogen)
↓
Delikttypen
(Bsp.: Brandstiftung, Einbruch, Vergewaltigung)
↓
Kriminelle Verhaltensmuster
↓
Modus operandi
↓
«Handschrift» des Täter

Schaubild 1. Eine Hierarchie zur Differenzierung von Tätern.

Solch eine komplexe Struktur ist in ihrer Gesamtheit schwierig zu untersuchen. Deshalb haben sich Forscher bisher nur auf einzelne Ebenen dieser Hierarchie beschränkt. So gibt es eine Reihe von Studien, die sich mit den Unterschieden zwischen Tätern und Nicht-Tätern beschäftigen. Wenige vergleichen die Differenzen zwischen Personen, die wegen unterschiedlicher Straftaten verurteilt wurden, und noch seltener werden die divergierenden Merkmale von Personen erörtert, die ein und dasselbe Delikt unterschiedlich ausgeführt haben (z.B.: Vergewaltigung). Die Ergebnisse dieser Arbeiten sind relevant für das «Profiling», obwohl Studien, die das erklärte Ziel haben, einen Beitrag zum «Profiling» zu leisten, zur Reduktion auf die verhaltenswissenschaftliche Ebene neigen. Bisher konnte jedoch keine Untersuchung klären, ob Schlussfolgerungen, die nicht auf dieser verhaltenswissenschaftlichen Grundlage basieren, zuverlässiger und effektiver sind oder nicht.

Die Tatsache, dass Verhaltensmuster sowohl in den populären, anekdotischen Kriminalerzählungen als auch in der begrenzten Fachliteratur fokussiert werden, lässt sich teilweise definitorischen und theoretischen Problemen zuschreiben. Einige dieser Schwierigkeiten lassen sich auf die Flexibilität von Tätern zurückführen. Dieser Aspekt wirft die Frage auf, was überhaupt als charakteristisch für einen Täter angesehen werden kann und was nicht. Genauso problematisch ist die Definition der Unterkategorien, denen die einzelnen Straftaten zugerechnet werden können. Ein Beispiel: Angenommen, ein Haus wird ausgeraubt und gleichzeitig angezündet, was den Tod eines Bewohners zur Folge hat. Handelt es sich bei dieser Tat dann um Einbruch, Brandstiftung oder Mord? Die Anklage, die gegen den Beschuldigten erhoben wird, hat in der Regel den schwerwiegendsten Tatbestand zum Inhalt, aber aus psychologischer Perspektive muss dies nicht unbedingt der signifikanteste Handlungsaspekt des Täters sein.

Ein zentrales Anliegen ist es, die elementaren Verhaltensmerkmale der Tat zu identifizieren, denn sie erlauben es, Rückschlüsse auf jene psychologischen Prozesse zu ziehen, die der Tathandlung inhärent sind. Bezüglich der Beantwortung von ermittlerischen Fragen enthalten sie ein großes Potenzial.

Das Radix-Modell – Die Überwindung «typologisierter» Strukturen
Dieses Modell der multivariablen Hierarchie von strafbaren Handlungen birgt einen besonderen Reiz bei der Entwicklung von «Tätertypen». Es gibt täterbezogene Handlungsaspekte, die unter vielen Tätern zu finden sind. Diese lassen sich am Ende der «Hierarchie» auf allgemeiner Ebene platzieren. Sie umschließen Handlungen, durch die sich ein Individuum als straffällig definieren lässt. Andere Aktivitäten des Täters indizieren eine spezifische Straftat. Sie lassen sich am anderen Ende des Spektrums lokalisieren. Dabei ist zu bedenken, dass sich einige Handlungen mit denen anderer Täter überschneiden, zum Beispiel bei der Frage, ob eine Straftat impulsiv oder geplant ausgeführt wurde. In der Tat treffen, falls überhaupt, nur relativ wenige Tatmerkmale auf einen einzigen Täter zu (diese werden, etwas irreführend, oft als «Handschrift» bezeichnet). Selbst diese Merkmale müssen nicht in allen Straftaten präsent sein, die von ein und derselben Person begangen werden.

Die Handlungen eines beliebigen Täters lassen sich als eine Teilmenge aller potenziellen Täteraktivitäten betrachten, wobei die jeweiligen Elemente eine unterschiedliche Kongruenz zu denen anderer Straftäter aufweisen können. Daraus folgert, dass eine in ihren Aspekten begrenzte «Typisierung» von Tätern oder Delikten stets eine grobe Vereinfachung des Sachverhaltes ist. Auch ist es äußerst problematisch zu bestimmen, welchem «Typus» Taten und Täter jeweils angehören sollen. Die Mehrzahl der Täter wäre kaum voneinander unterscheidbar, wenn die allgemeinen Tätercharakteristiken für eine solche «Typisierung» benutzt würden. Dafür gäbe es jedoch eine sehr beschränkte Auswahl von «Typen». Würden hingegen die spezifischeren Merkmale als Kriterien herangezogen, wäre das Resultat wesentlich differenzierter.

Mit dieser Problematik setzt sich die Persönlichkeitspsychologie bereits seit einem Jahrhundert auseinander. Im Zentrum jener psychologischen Teildisziplin steht die Erforschung von tieferliegenden Persönlichkeitsfaktoren. Dieses «Faktorenmodell» beruht auf der Annahme, dass verschiedene, voneinander relativ unabhängige Persönlichkeitsaspekte existieren, die sich jeweils spezifizieren lassen. In den letzten Jahren sind komplexere Theorien entstanden, die nicht mehr auf die Vorstellung von linearen, in sich abgeschlossenen Faktoren rekurrieren (Plutchik & Conte 1997).

Um diese Diskussion besser zu verstehen, soll analog auf die der Klassifizierung von Farben innewohnende Problematik eingegangen werden. Farben gibt es quasi in einer unbegrenzten Vielfalt. Um sie zu beschreiben, bedarf es einiger Bezugspunkte. Diese müssen das gesamte Farbspektrum abdecken, und sie müssen kontrastierend genug sein, um in ihrer Referenzialität nachvollziehbar zu sein. Es ist wenig hilfreich, eine Farbe lediglich danach einzuordnen, wieviel Grau und Türkis sie enthält. Viele Farbunterschiede können in dieses Schema nicht integriert werden, und für viele Menschen ist nach wie vor unklar, welche Farbe Grau oder Türkis ist.

Ein anderer Ansatz könnte darin bestehen, die Farben in die Faktoren «Blau», «Rot» und «Grün» zu unterteilen. Zahlreiche computerisierte Farbbearbeitungssysteme sind derart strukturiert. Die drei genannten Farben gelten für das gesamte Spektrum. Für Menschen, die nicht farbenblind sind, sind sie verhältnismäßig klar konnotiert. Die psychologische Parallele hierzu bilden Persönlichkeitsfaktoren wie Extrovertiertheit und Neurotizismus oder räumliche Intelligenz sowie rechnerische und verbale Fähigkeiten. Sie fungieren ebenfalls als Klassifizierungsmaßstab, um Menschen in ihrer komplexen psychischen Struktur zu beschreiben. Ähnlich wie bei der Gliederung der Farben, wird auch in der Psychologie ein Großteil der Forschung darauf verwandt, die zentralen Faktoren der Persönlichkeit oder Intelligenz herauszuarbeiten und diese möglichst exakt zu messen.

Obgleich das auf Faktoren gestützte Klassifizierungsschema produktiv sein kann, weist es Grenzen auf. Beim oben genannten Beispiel lässt sich das anhand der Farbe Gelb veranschaulichen. Die meisten Menschen nehmen Gelb als eine Farbe wahr, die sich deutlich von Rot, Blau und Grün unterscheidet. Der Computer zeigt jedoch an, dass nur einer dieser drei Farbfaktoren benutzt werden kann. Wie lässt sich Gelb dann herstellen? Es erfordert spezielle Fachkenntnisse des Systems und der Mischtechniken, um zu wissen, dass Gelb durch die Kombination von Rot und Grün produziert werden kann. Das Problem liegt darin begründet, dass sich die Farben nicht in klar abgrenzbare Ebenen transferieren lassen, sondern sich miteinander vermischen. Die verschiedenen Orangetöne sind zwischen Rot und Gelb anzusiedeln, die braunen Nuancen zwischen Gelb und Grün, Türkis zwischen Grün und Blau, Lila zwischen Blau und Rot usw. In einigen Bereichen, wie beim Drucken, ist es sinnvoller, in «Zwischenfarben» oder «Sekundärfarben» zu denken, als in fest definierten Kategorien (z.B.: Cyanblau, Magenta und Gelb). Dieser Achsenwechsel ist durchführbar, weil die Farben innerhalb eines Farbkreises alle kontinuierlich ineinander fließen (vgl. hierzu die Ausführungen des Künstlers Albert Munsell 1960).

Die Existenz eines solchen Farbkreises negiert nicht die Notwendigkeit, die zentralen Bezugspunkte dieses Kreises zu definieren. Aber statt sie als unabhängige Faktoren zu behandeln, sollten sie als Hervorhebungen betrachtet werden, von denen andere Kombinationen nach Belieben abgeleitet werden können. Die Parallelität zu kriminellen Handlungen ist immens. Um diese Handlungen beschreiben zu können, müssen deren Hauptthemen ermittelt werden. Diese Themen als autarke Faktoren einzustufen, wäre allerdings uneffektiv. Sie als reine Typen zu begreifen, würde noch stärker in die Irre führen. Genauso missverständlich wäre es, anzunehmen, dass es ein reines Rot, Grün oder Blau gibt.

Ähnlich wie beim Farbkreis, lässt sich das hierarchische Modell des kriminellen Handelns zirkulär anordnen. Im Zentrum des Farbkreises befinden sich jene Schattierungen, die allen Farben gemeinsam sind, nämlich die unterschiedlichen Grauabstufungen. Das hängt davon ab, ob Licht oder Pigmente analysiert werden. Der Einfachheit halber sei lediglich daran erinnert, dass Isaac Newton aufgezeigt hat, dass weißes Licht alle Farben enthält. Wenn das Licht in seinen gesamten Farbspektren gebündelt wird, so entsteht Weiß, welches den Kern des Farbkreises bildet. Je weiter sich die Farben von der Mitte entfernen, desto weiter differenzieren sie sich aus. Für strafbare Verhaltensweisen lässt sich hypothetisch der gleiche mathematische Prozess figurieren. In der Mitte lassen sich die Handlungen platzieren, die für alle Straftäter typisch sind. Das sind die verallgemeinerbaren Tataspekte, die speziell im Blickpunkt des Interesses stehen. Je charakteristischer die Handlungen für bestimmte Arten der Tatausführung werden, desto weiter bewegen sie sich vom Zentrum der «allgemeinen» Kriminalität weg – hin zu einer größeren Differenzialität zwischen den Tätern.

Darüber hinaus lässt sich postulieren, dass dieses theoretische Modell der Täterdifferenzierung zwei Facetten hat. Zum einen ist es gekennzeichnet durch Spezifizierung. Das heißt, die allgemeinen Aspekte von Straftaten befinden sich in der Mitte des Kreises und die besonderen an der Peripherie. Zum anderen zeichnet sich das Modell durch seine thematische Akzentuierung aus, durch die strukturelle Unterscheidung der verschiedenen Straftaten, die sich innerhalb des Kreiskonzeptes strahlenförmig vom Kern zum Rand hin bewegen. Dieses Modell wurde von Guttman (1954) beobachtet und «Radix» genannt. Es ist eine wirkungsvolle Zusammenfassung von verschiedenen differenzialpsychologischen Ansätzen. Derzeit testet eine Anzahl von Forschern dieses theoretische Modell, indem sie versuchen, die eingangs erwähnten psychologischen und ermittlungstechnischen Fragen zu beantworten.

Die entscheidende Entdeckung bei der Überprüfung einer solchen Theorie ist die Identifizierung der Hauptthemen, die zur Klassifizierung der Deliktgruppen eingesetzt werden können. Innerhalb dieses Prozesses ist es oft möglich, der Bedeutung spezifischer Unterschiedlichkeiten in kriminologischen Kontexten mehr Raum zu geben. Das heißt, die Forschung erlaubt eventuell eine Bestimmung der Kriminalitätsaspekte, die die inhaltlichen Bedeutungsdifferenzen aufdecken. Sind es zum Beispiel der Grad der Planung; die Form des Kontakts, den der Täter zum Opfer hat; die strafrechtliche Relevanz der Handlungen oder andere, tieferliegende Tataspekte, die dazu führen, dass sich die sichtbaren Unterschiede zwischen den Straftaten vermischen?

Eine Reihe von Wissenschaftlern ist diesen Möglichkeiten in verschiedenen Untersuchungen nachgegangen. Nicht alle folgen detailgetreu den Vorgaben der Radix-Theorie. Das liegt nicht zuletzt an der Ungenauigkeit der verfügbaren Daten und dem dürftigen Standard bei der Konzeptionalisierung von Tathandlungen. Aber eine wachsende Anzahl von Studien verdeutlicht, dass das Radix-Modell ein effektives wissenschaftliches Instrument ist, um Täter voneinander zu unterscheiden (Canter & Alison 2000).

Die Überprüfung von Aspekten des Radix-Modells anhand des MDS-Analyseverfahrens

Die Suche nach den grundlegenden Themen, die bei der Detektion und der Tätermerkmalsbestimmung am Hilfreichsten sind, kann auf unterschiedliche Art durchgeführt werden. Viele Wissenschaftler finden es sinnvoll, sich eines Ansatzes zu bedienen, der auf der sogenannten nicht-metrischen Multidimensionalen Skalierungmethode (MDS) fußt (Canter 1983; Shye & Elizur 1994). Es ist wichtig, hervorzuheben, dass dies nicht die einzige verfügbare Methode ist, und dass jedes Verfahren seine eigenen Stärken und Schwächen hat. Zweifellos wird die Forschung auf diesem Gebiet weitere Methoden und Ansätze sondieren und sich die Debatte über die Effektivität unterschiedlicher Verfahren fortsetzen. MDS und insbesondere seine nicht-metrischen Formen haben in jedem Fall viel zu dieser Entwicklung beigetragen.

MDS-Verfahren haben generell und im speziellen Kontext des Profilings eine lange Tradition in der Psychologie, in den hiermit verwandten Sozialwissenschaften und in der Biologie (Borg & Shye 1995). Sie werden in allen möglichen Bereichen herangezogen, sei es für die Klassifizierung von *cetacea* (Wale), für die Untersuchung von angeborenen Herzfehlern, für die Erforschung der genetischen Grundlage von Verhaltensunterschieden bei Mäusen oder für die Ergründung von Faktoren, die das Durchhalten einer Diät begünstigen; bis hin zu den Auswirkungen elterlichen Drogenkonsums auf die Kinder und der Entwicklung architektonischer Stilkonzepte. (Ein vollständiger Überblick zum Ansatz und detaillierte Darstellung der Studien sind enthalten in Canter (1985) und Levy (1995).)

Im Kern bestehen die Verfahren darin, die Korrelationen zwischen einer Gruppe von Variablen zu errechnen und diese Korrelationen dann als Ähnlichkeiten in einer Matrix wiederzugeben *[notional space]*. Das hat den großen Vorteil, dass innerhalb eines visuell komplexen Musters alle Variablen einzeln zueinander in Relation gesetzt werden können. Die Faktoren, anhand derer sich Täterhandlungen differenzieren lassen (sie wurden oben in der Analogie zum Farbkreis genannt), erfordern eine Untersuchung der Wechselbeziehungen, die innerhalb der Matrix zwischen den Handlungen bestehen. MDS-Verfahren erlauben eine direkte Überprüfung und Vereinfachung der Radix-Theorie.

Diese Tests werden durchgeführt, indem die Korrelationen zwischen den einzelnen Handlungen gebildet werden. Angesichts des ungenauen Datenmaterials ist es oftmals das Beste, zu hoffen, dass ähnliche Handlungen quer durch ein Spektrum von Straftaten nachgewiesen werden können. Diese Koexistenzen dienen als Basis für die Messung von Wechselbeziehungen zwischen den Variablen, wobei oft Korrelationskoeffizienten benutzt werden, die ausschließlich ein Vorkommen registrieren und ein Nichtvorkommen ignorieren (Jaccard 1908).

Es ist ebenfalls zu betonen, dass die den Variablen inhärenten dominanten Themen von ausschlaggebender Wichtigkeit sind. Es sind die zueinander in Beziehung stehenden Unterschiede zwischen zwei verschiedenen Gruppen von Handlungen, die von Interesse sind. Die Frage, inwieweit diese in Gestalt von absoluten Werten eine Abweichung vom eigentlichen Verlauf darstellen, spielt hingegen eine untergeordnete Rolle. Stattdessen repräsentieren sie die Korrelationen zwischen den Handlungen. Um das zu illustrieren, sei nochmals das Beispiel des Farbkreises aufgegriffen: Angenommen, alle Farben würden aufgrund eines Reproduktionsfehlers einen Blaustich aufweisen, so wäre eine Technik, mit deren Hilfe sich der Farbkreis herstellen ließe, hilfreich. Eine, die voreingenommen ist und als Ergebnis lediglich verschiedene Schattierungen von Blau zeigen will, wäre hingegen von wenig Nutzen. Die hier bevorzugten MDS-Verfahren sind solche, die die Rangfolge der Korrelationen innerhalb der Matrix als eine Rangfolge von Ähnlichkeiten darstellen. Dieser, in sich abgestuften, Wiedergabe der unterschiedlichen Korrelationsgrade, haben die Prozeduren das Attribut der «nicht-metrischen» MDS zu verdanken und nicht den absoluten oder «metrischen» Werten. Das ist eine elementare Technik. Es vereinfacht die Interpretation dessen, was oftmals alles andere als gesichertes Datenmaterial ist.

Zur Auffälligkeit von Verhalten *[Behavioural salience]*

Ein Bereich, in dem sich MDS-Analysen bewährt haben, ist die Erforschung von Besonderheiten in kriminellen Verhaltensmustern. Es gibt eine Bandbreite von Dingen, die sich während einer Straftat ereignen können. Sowohl für den Kriminalisten als auch für den Wissenschaftler besteht die Aufgabe darin, die Merkmale herauszukristallisieren, die für täterbezogene Schlussfolgerungen am meisten relevant sind. Das Herausfiltern von Verhaltensauffälligkeiten ist ein empirisches Problem. Bevor die Merkmale, die eine einzelne Straftat kennzeichnen, rezipiert werden können, muss bekannt sein, welche Grundrate Verhaltensweisen in bestimmten Tatklassifizierungen immanent ist.

Durch den Einsatz von MDS lässt sich die These aufstellen, dass die Hierarchie der Täterdifferenzierung (siehe Schaubild 1) eine empirische Korrespondenz zur Struktur des Radix-Modells aufweist (Schaubild 2). Die allgemeinen Aspekte einer Straftat, die für alle Täter charakteristisch sind, lassen sich im Zentrum des Radix ansiedln, während die Handschriften an der Peripherie zu lokalisieren sind (vgl. Schaubild 3).

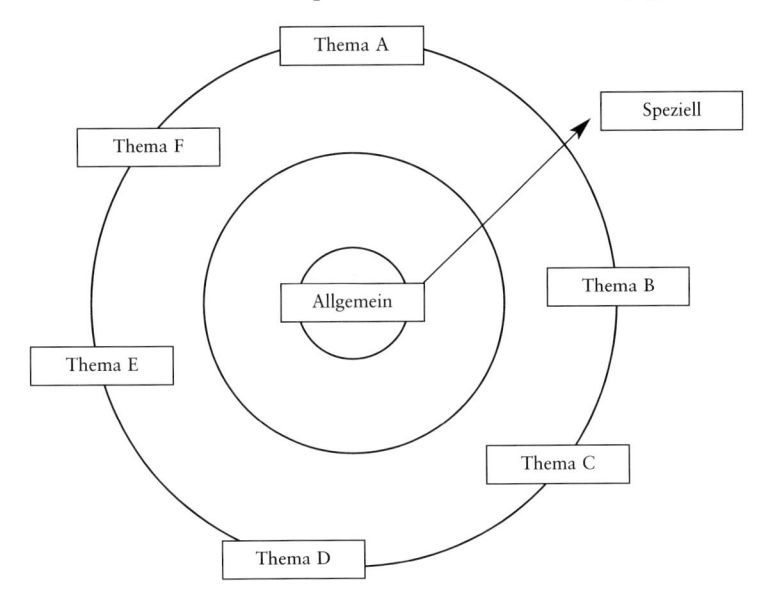

Schaubild 2. Ein allgemeines Radix-Modell zur Darstellung von Tathandlungen.

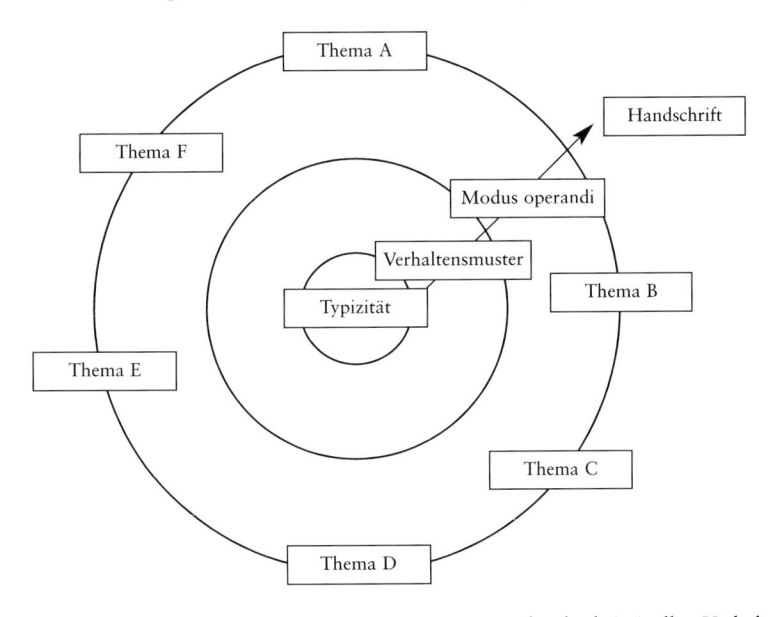

Schaubild 3. Darstellung von Verhaltensauffälligkeiten in einer Radix des kriminellen Verhaltens.

Dieses auf Verhaltensauffälligkeit gründende Modell ist eine widerlegbare Hypothese. So ist es möglich, dass verschiedene Unterkategorien von Handlungen mit jenen Klassifizierungen von Straftaten assoziiert werden, die gewöhnlich im Kontext von selten auftretenden Handlungsweisen stehen. In einem solchen Fall lassen sich die konzentrischen Kreise der Radix nicht figurieren.

In diesem Modell ist der Grad der Verhaltensauffälligkeit durch die Position in der Radix gekennzeichnet. Er wird angezeigt durch seine Entfernung zum Zentrum, in dem die Handlungsweisen eingetragen sind, die im Zuge der MDS-Analyse eruiert wurden.

Die erste Untersuchung, die sich mit dem Nachweis einer derartigen radialen Struktur beschäftigt hat, ist die von Canter und Heritage verfasste Studie über Vergewaltigung (1990). Eine jüngere Publikation, die Canter, Hughes und Kirby zur Pädophilie veröffentlicht haben (1998), demonstriert ebenfalls die Effizienz des Radix-Modells beim Aufzeigen von auffälligen Tatmerkmalen. Obwohl sie sich in ihrer Untersuchung auf drei verschiedene Handlungsmodi beschränken («Initiale Gewalt seitens des Täters», «Singuläre Ausführung einer Straftat seitens eines Täters» sowie «Beschwichtigung des Opfers seitens des Täters»), die in 40% der 97 Fälle beobachtet werden konnten, zeigt die Verteilung in der MDS-Graphik, dass diese Modi bei sehr verschiedenen Straftaten relevant sind. Darüber hinaus treten sie zusammen mit anderen Handlungsweisen in Erscheinung. Initiale Gewalt wurde beispielsweise im Kontext von anderen, weniger häufigen, gewalttätigen Akten registriert, während Beschwichtigungsstrategien die Tendenz aufweisen, in Kombination mit selteneren Handlungen aufzutreten, die sich als Versuch interpretieren lassen, eine intime Beziehung zum kindlichen Opfer aufzubauen.

In zahlreichen Studien zur Tatstruktur ist Auffälligkeit eher sozialpsychologisch konnotiert und nicht im Kontext der tatkonstituierenden Handlungen. Canter und Heritage berichten in ihrer Studie (1990), dass «die Behandlung der Frau als Sexualobjekt im Mittelpunkt von sexuellen Übergriffen steht» (S. 198). Demnach lassen sich Unterschiede als hervorstechend bezeichnen, wenn sie vermitteln, wie die Kernhandlung in einem speziellen Tathergang direkt umgesetzt wird. In ihrer Untersuchung zur Brandstiftung benutzen Canter und Fritzon (1998) Shyes Modell der Handlungssysteme (1985), um die Variablen in den Handlungsmodi von Tätern präziser zu bestimmen, denn durch letztere werden die Unterscheidungen erst verständlich. Die beiden Autoren belegen «die Vereinbarkeit der Differenzen mit der Handlungsursache und dem Ort ihrer erwünschten Wirkungen» *[locus of the desired effects]* (S. 80).

Die Erörterung der beiden zuletzt genannten Aspekte schließt an die Diskussion an, welche Rolle Emotionen bei der Ausführung von Straftaten spielen. Diese Debatte kann zurückverfolgt werden bis zur Überlegung, inwieweit Aggression bei Gewaltverbrechen als Instrument fungiert (z.B. Buss 1961; Fesbach 1964). Canter und Fritzon (1998) widmen sich verallgemeinernd der Frage, inwieweit instrumentalisierte oder expressive Gewaltdelikte zur Verdeckung von anderen Delikten dienen. Das gilt vor allem für Brandstiftung. Die Grundthese der Verfasser lautet, dass sich Straftaten auf ein breites Spektrum von Zielen zurückführen lassen können. Handelt es sich bei dem Ziel um eine

Modifizierung von Gefühlen des Täters, lässt sich die Tat als expressiv charakterisieren. Steht jedoch die Suche nach einem bestimmten, unmittelbaren Vorteil oder Gewinn im Vordergrund, weist sie Züge der Instrumentalisierung auf. Es ist diese Überdeckung bzw. Ausgestaltung der primären kriminellen Akte, die diesen Tathandlungen einen besonderen Ermittlungsstatus verleiht. Die Arrangierung wird am deutlichsten, wenn diese Akte im allgemeinen Kontext von anderen Handlungen gesehen werden können, die im Verlauf von vergleichbaren Straftaten begangen werden. Werden diese Akte in Relation gesetzt zur generellen Häufigkeit von Handlungen, die innerhalb einer Klassifizierung von Straftaten auftreten können, so lassen sich ihre Besonderheiten begründet und präzise definieren.

Differenzielle Modelle
Die Untersuchung der Besonderheiten von Tathandlungen impliziert, dass die isolierte Betrachtung einer einzelnen Handlung, die mit anderen Vorgehensweisen einhergehen kann, zu einem verfälschten Ergebnis führt. Eine singuläre Handlung kann ein allgemeines Merkmal von verschiedenen Straftaten sein oder eine ambivalente Bedeutung aufweisen. Wird sie bei der Ermittlung als Grundlage für Schlussfolgerungen herangezogen, suggeriert sie möglicherweise Unterschiede zwischen Tätern, die sekundärer Natur sind. Differenzierung setzt ein Verständnis für die Kausalität von koexistierenden Tathandlungsmustern voraus. In dem Radix-Modell erhalten Auffälligkeiten ihre spezifischen Konnotationen durch die psychologischen Themen, die sie implizieren. Eine Reihe von Wissenschaftlern hat sich dieser Problematik angenommen, indem sie überprüft, inwieweit diese Themen den Modus von interpersonalen Transaktionen widerspiegeln, die von den Tätern bei der jeweiligen Tatausführung herangezogen werden.

Canter (1995a) propagiert eine Variante dieses interpersonalen Handlungsmodus. Gegenüber dem, was Canter und Fritzon (1998) als «Ort der erwünschten Wirkungen» bezeichnet haben, nimmt er eine stärker sozialpsychologisch gewichtete Perspektive ein. Der exakte Punkt ist hier die Rolle, die der Täter dem Opfer zuschreibt. Bei diesem Modell handelt es sich um eine Präzisierung der von Canter und Heritage (1990) dargestellten Resultate. In Anlehnung an das von ihnen verwendete «Fünf-Ebenen-Modell», schreibt Canter (1995a), dass dieses im allgemeinen Kontext der Täter-Opfer-Interaktion auf drei Rollenfunktionen reduziert werden kann. So kann der Täter das Opfer wie folgt attribuieren: (1) kann er das Opfer als ein Objekt behandeln (als einen Gegenstand, der mittels Einschüchterung und Restriktion benutzt und kontrolliert wird, wobei oftmals weitere Delikte involviert sind, wie z.B. Diebstahl, die einem anderen Zweck unterstellt sind); (2) kann der Täter das Opfer als eine Plattform für seinen eigenen emotionalen Zustand betrachten (Bsp.: Ärger und Frustration – das Opfer wird extremer Gewalt und Misshandlung ausgesetzt); und (3) kann er das Opfer als eine Person wahrnehmen (Aufbau einer graduell divergierenden Pseudo-Intimität; Versuch, eine Art von Verhältnis oder Beziehung zu installieren). Canter (1995a) veranschaulicht, dass dieses Modell eine geeignete Basis für die Unterscheidung von Vergewaltigern bildet. Zudem wird es durch eine neuere Studie von Canter et al. (1998) gestützt, bei der die Daten von 97 Pädophilen gesichtet wurden. Salfati und Canter (1999) gebrauchen in ihrer Untersuchung von 82 Tötungen an Fremden zwar eine variierende Terminologie, aber sie bedienen sich gleichfalls des dreigliedrigen Modells – ebenso wie Hodge (im Druck), deren Analyse von 88 US-amerikanischen Serienmördern hinsichtlich der Argumentation und der in ihr präsentierten MDS-Resultate ein besonders detailliertes und klares Beispiel dieses Ansatzes liefert.

Laut Hodge reflektieren die Verhaltensmerkmale an Tatorten von sexuell orientierten Serienmorden, bei denen das Opfer als Objekt fungiert, eine geringe Emotionalität, was auf eine sehr begrenzte zwischenmenschliche Interaktion schließen lässt. Der Täter lässt sich vermutlich kaum durch die Antworten des Opfers beeinflussen. Vielmehr agiert er nach einem persönlichen, ritualisierten Drehbuch, in dem das Opfer entpersonifiziert wird. Des Weiteren nimmt Hodge an, dass diese Indikatoren mit postmortalen Verletzungen, Sexualakten und exzessiver Gewalt sowie Zerstückelung einhergehen können.

In Fällen, in denen dem Opfer die Rolle eines Ausdrucksmittels zukommt, konstatiert die Verfasserin eine massive Präsenz emotionaler Reaktionen. Obwohl das Opfer, ähnlich wie bei der Entpersonifizierung, einer extremen Gewalt ausgesetzt wird, kommt ihm hier eine divergente Bedeutung zu. Danach steht es stellvertretend für Menschen aus dem persönlichen Umfeld des Serienmörders. Solche Taten beinhalten ein erhebliches Maß an interpersonaler Interaktion zwischen Täter und Opfer. Die am Tatort beobachtbaren Verhaltensmerkmale können den Einsatz von Fesselwerkzeug u.ä. einschließen oder ein Indiz dafür liefern, dass das Opfer für eine bestimmte Zeitdauer am Leben gehalten wurde.

Wird dem Opfer die Rolle einer Person zugeschrieben, so mutmaßt Hodge, dass das Verhalten am Tatort den Stellenwert reflektiert, den das Opfer aus der Sicht des Täters als Individuum einnimmt. Gemäß der Autorin offenbart sich dies in der Koexistenz von Variablen, die den Grad und die Art der Interaktion zwischen beiden anzeigen. Von exzessiver Gewalt wird eher selten Gebrauch gemacht, und die sexuellen Handlungen lassen sich annähernd als «normal» bezeichnen. So kann zum Beispiel vor der eigentlichen Tötung Geschlechtsverkehr vollzogen worden sein. Wird Gewalt angewendet, richtet sie sich primär gegen spezielle Körperregionen, besonders gegen den Gesichtsbereich.

Wie die vorhergehende Erörterung des Radix-Modells verdeutlicht, ist diese Dreifachgliederung nicht zu verstehen als eine Unterscheidung verschiedener Tätertypen, sondern als eine Darstellung von Themen, die in unterschiedlicher Ausprägung in allen Taten präsent sind. Die zwischen Tätern vorhandenen Differenzen manifestieren sich in den Hervorhebungen, die jedem einzelnen Täter zu eigen sind.

Hodge hat diese Hypothesen getestet, indem sie mittels einer MDS-Analyse die 39 Tatmerkmale von 88 Serienmördern untersucht hat. Die daraus resultierende zweidimensionale Graphik ist in Schaubild 4 zu sehen. Details sind der Originalstudie zu entnehmen. In diesem MDS-Diagramm lassen sich unterschiedlich konnotierte Bereiche differenzieren, die sich mit Hilfe des dreigliedrigen interpersonalen Modells voraussagen lassen. Auf der rechten Seite der Graphik sind jene Variablen zu finden, die eine Ent-

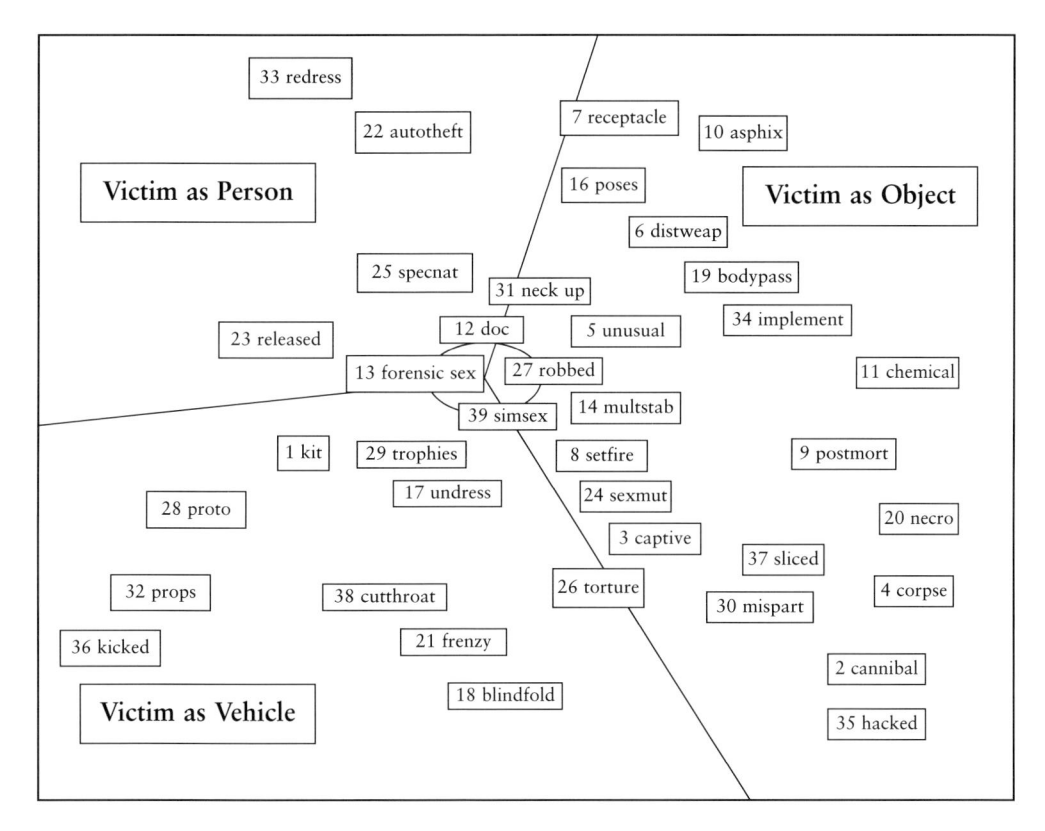

Schaubild 4. MDS-Analyse (dimensionreduzierende Analyse) der Handlungen, die unter den 88 Serienmördern beobachtet wurden (aus Hodge, 2001). Die Nummerierung der Variablen ist der Originalstudie entlehnt. Die Kurztitel der Variablen sind im Schaubild angegeben; der Kodierungsschlüssel ist im Original enthalten. (Anm. der Übersetzerin: Aufschlüsselung und Übersetzung der Kurztitel im Appendix.)

personifizierung des Opfers nahe legen. Die Handlungen weisen Ähnlichkeiten zu denen auf, die mit sadistischen Tätern und Lustmördern assoziiert werden (Becker & Abel 1978). Nekrophilie, Kannibalismus, Verstümmelung des Körpers, Hinterlassen der Leiche in einer arrangierten Position und andere postmortale Handlungen sind ein Indikator für den Objektcharakter des Opfers. Es gibt keinen Hinweis darauf, dass das Opfer für den Täter irgendeine emotionale Signifikanz hat.

Auf der unteren linken Seite des Schaubilds sind die Variablen angesiedelt, die darauf hindeuten, dass das Opfer dem Täter als Ausdrucksmedium dient. Die Gefangenhaltung des Opfers und seine Einbeziehung in das Skript des Täters vermitteln die eigentliche Brutalität der Tat. Wie Hodge anmerkt, drückt sich die Bedeutung, die das Opfer für den Täter hat, in einer exzessiven Gewaltanwendung aus. Diese wird vor allem auf Körperpartien ausgeübt, die für den Täter eine besondere Wichtigkeit haben. Ausgewählt wird jeweils ein bestimmter Opfertypus. In einigen Fällen wird das Opfer durch den Gebrauch von selbstgefertigtem Tat- und Fesselwerkzeug [restraints] kontrolliert.

Links oben im Diagramm sind die Verhaltensweisen platziert, die darauf hinweisen, dass der Täter das Opfer als eine Person wahrnimmt, durch die sein Bedürfnis nach zwischenmenschlicher Interaktion erfüllt wird. Laut Groth, Burgess und Holmstrom (1977) ist dieses Thema kennzeichnend für Vergewaltigungen, die mit dem Tatbestand der Tötung einhergehen. In solchen Fällen ist es wahrscheinlich, dass die Antworten des Opfers das Täterverhalten beeinflussen. Das heißt, die Interaktion erfolgt in beide Richtungen und nicht ausschließlich vom Täter zum Opfer. In diesem Fall erhält das Opfer einen «sprechenden Part» im Drehbuch des Täters. Zwei Variablen, die die emotionale Relevanz anzeigen, die das Opfer für den Täter hat, sind zum einen die ausgeführten sexuellen Handlungen (vollzogener Geschlechtsverkehr) und zum anderen das Wiederankleiden des Opfers nach dem sexuellen Gewaltakt. Die Mitnahme von persönlichen Dokumenten und Besitztümern des Opfers offenbart ebenfalls ein stärkeres Interesse an seiner Person als an seinem Körper.

Diese Studie über Serienmörder illustriert, dass die Unterscheidung von tatbezogenen Handlungen ein erster Schritt ist, um Modelle zu entwickeln, die die dominanten Themen kriminellen Verhaltens erfassen. Die Arbeit ist nicht zuletzt deshalb ein wichtiger Beitrag, weil sie bisherige Forschungsergebnisse zum Täterverhalten wiedergibt und die These stützt, dass sich Straftaten ebenfalls durch solche Kernthemen voneinander unterscheiden lassen.

Übereinstimmungen zwischen Straftaten und nicht-kriminellen Handlungen
Die Möglichkeit, dass es kongruente Handlungsweisen gibt, hat Wissenschaftler dazu veranlasst, nach Generalmodellen kriminellen Verhaltens zu suchen, um die Differenzen erklären und voraussagen zu können. Ein entsprechender Ansatz liegt mit Canters und Fritzons Anwendung der Handlungssystemtheorie vor (1998). Eine direktere psychologische Herangehensweise wird von Bennell, Alison, Stein, Alison und Canter proklamiert (1999). Sie haben Canters These einer täterbezogenen Kongruenz weiterentwickelt (1995a), die besagt, dass Straftaten eine extreme Ausformung von nicht-kriminellen Akten sind. Sie markieren somit Varianten von gewöhnlichen und alltäglichen zwischenmenschlichen Handlungen. Die Verfasser untersuchen Kindesmissbrauch und argumentieren, dass die beim Missbrauch auftretenden Varianten mit denen korrespondieren, die konventionellen Interaktionen zwischen Erwachsenen und Kindern immanent sind. Sie konstatieren weiterhin, dass MDS-Analysen zum Delikt des Kindesmissbrauchs eine Struktur aufweisen, die eine Variante des komplexen Modells darstellt, das Schaefer in seiner Studie zur Variabilität von elterlichen Verhaltensweisen präsentiert (1997). Die Ergebnisse ihrer Untersuchung belegen, dass die restriktive Ausrichtung des Kindesmissbrauchs Mechanismen der Kontrollierung und Ausnutzung von Vertrauen widerspiegelt, die ein normatives Element von Beziehungen zwischen Erwachsenen und Kindern sind.

Diese Publikationen befassen sich nicht als einzige damit, Klassifizierungsschemata zur Täteranalyse zu erstellen. So wurden einige nützliche klinischen Studien veröffentlicht, zum Beispiel zur Problematik von Sexualstraftätern (Grubin & Kennedy 1991; Prentky, Cohen & Seghorn 1985). Allerdings kombinieren diese Untersuchungen die Täter- und

Tatcharakteristiken oftmals derart, dass wechselseitige Schlussfolgerungen nur in einem eingeschränkten Maße vollzogen werden können. Die Forschung muss künftig eine stärkere Verbindung schaffen zwischen diesen klinischen Studien und denen, die im Kontext des Täterprofilings herausgebracht werden.

Zur Übereinstimmung von Verhaltensmustern

Wenn ein Straftäter eine Serie von Verbrechen begeht, so wirft das die Frage auf, inwiefern diese Handlungen gleichbleibende Merkmale haben, die dazu beitragen, den Täter zu verstehen. Diese Fragestellung ist eng an das Problem gekoppelt, ob psychologische Messungen valide sind. Sie ist ebenfalls ein zentraler Aspekt polizeilicher Ermittlungen, wo versucht wird, nachzuweisen, wie viele Straftaten von einer Person begangen wurden. Canter (1995b) berichtet, dass es erfolgreich gelungen ist, die Verhaltensmuster unterschiedlicher Straftaten zu vergleichen – unter Verwendung des Jaccardschen Koeffizienten (Jaccard 1908). In einer detaillierteren Studie untersuchen Grubin, Kelly und Ayis 470 Fälle von Notzucht, die von 210 Tätern begangen wurden (1997). Um zu zeigen, dass sich die Täter einer ähnlichen Art der Tatausführung bedient haben, benutzen die Verfasser eine Cluster-Analyse. Zu diesem Zweck unterteilen sie die Straftaten in unterschiedliche Primärkomponenten: Form der Kontrolle, Art der sexuellen Handlungen, Modus der Flucht und Gesamtkontext der Straftat. Anschließend wird untersucht, inwieweit die einzelnen Punkte jeweils ein beständiges Merkmal der Täter sind.

Die Übereinstimmungen, die Grubin et al. (1997) gefunden haben, sind von Bedeutung für unser Verständnis des strafbaren Verhaltens. Aber wie das Radix-Modell illustriert, besteht die Gefahr, dass die Resultate durch die Korrelationen verfälscht werden, die zwischen den unterschiedlichen Tatkomponenten existieren. Des Weiteren birgt das Radix-Modell das Risiko, dass die Kongruenz aus der Häufigkeit der Tathandlungen abgeleitet wird und nicht aus den zwischen den Tätern vorhandenen Parallelen.

Um solche Probleme zu minimieren, betrachtet Mokros (1999) mittels einer MDS-Analyse, welche Positionen sich für die Handlungen von Vergewaltigern konfigurieren lassen. Mokros benutzt eine kleinere Stichprobe als Grubin et al., seine Untersuchung rekurriert auf 126 sexuelle Straftaten, die von 42 Tätern verübt wurden. Nichtsdestotrotz konnte er demonstrieren, dass Handlungen, die sich unterschiedlichen Tatbeständen, aber ein und demselben Täter zurechnen lassen, graphisch eine größere Nähe zueinander aufweisen als Handlungen, die von verschiedenen Tätern begangen wurden.

Zusammenfassend lässt sich sagen, dass die verschiedenen Studien zum Verhalten von Vergewaltigern eine begrenztes Maß an Übereinstimmungen feststellen. Zu anderen Delikten gibt es nur wenige Untersuchungen. Eine erwähnenswerte Ausnahme ist die Pionierarbeit von Green, Booth und Biderman (1976), die die Cluster-Analyse mit einem MDS-Verfahren kombiniert haben, um zu zeigen, dass der Modus operandi von Einbrechern statistisch nachweisbar ist.

Zur räumlichen Kongruenz
Diese Studien veranschaulichen, dass die individuellen Handlungen eines Täters nicht von einer Straftat zur nächsten identisch bleiben müssen. Aber die Themen, die diesen Taten inhärent sind, können über eine gewisse Beständigkeit verfügen. Theoretisch betrachtet, operieren Täter innerhalb eines konzipierten und limitierten Raumes, der durch den Abschnitt eines MDS-Schaubildes sichtbar gemacht werden kann. Konkretere räumliche Übereinstimmungen haben sich unter Serientätern finden lassen.

Brantingham und Brantingham (1981) beschäftigen sich mit der vielfach behandelten These, dass ein Gros der Täter in einem begrenzten Gebiet operiert. Seitdem haben Wissenschaftler den praktischen Nutzen von Modellen vorexerziert, die sich mit der räumlichen Kongruenz von Tätern auseinandersetzen (Godwin & Canter 1997; Kind, 1987; LeBeau 1987; Rossmo 1997). Gemäß Canter und Gregory (1994) besteht der Sinn dieser Modelle darin, zu eruieren, ob es sich bei dem Täter um einen «Pendler» («commuter») oder einen «Räuber» («marauder») handelt. Letzterer tendiert dazu, von einem fixen Punkt aus zu agieren, bei dem es sich oftmals um sein Zuhause handelt. Das bedeutet, es können Gravitationsmodelle entwickelt werden, die, ausgehend von den Tatorten, eventuell Aufschluss über seinen Wohnort geben können. Die Wohnstätte des «Pendlers» zu skizzieren, ist wesentlich schwieriger, da er größere Distanzen zurücklegt, um seine Straftaten zu begehen.

Es gibt interessante Ähnlichkeiten zwischen der Rolle, die alltägliche Handlungen im räumlichen Verhalten von «Räubern» einnehmen, und der These, dass Kriminalität ein Spiegelbild der nicht-kriminellen Aktivitäten eines Täters ist. Diese Beobachtung korrespondiert mit der Routinehandlungstheorie (Clarke & Felson 1985), die gewöhnlich auf zweckorientierte Delikte wie Einbruch angewendet wird. Generell thematisieren die Studien zum räumlichen Täterverhalten vor allem die Problematik von Serienvergewaltigern und -mördern, wobei die Wahl des Tatorts in einen logischen Bezug zu den täglichen Routinehandlungen der Täter gestellt wird.

Schlussfolgerung
Die vorangehenden Darlegungen zeigen eine wachsende Durchdringung der verschiedenen Unterscheidungsformen und ihre Legitimität bei der Differenzierung von Straftätern. Diese Unterscheidungen sind dann von Relevanz, wenn es darum geht, biographische Aspekte des Täters zu analysieren, die nicht in unmittelbarem Zusammenhang mit der von ihm begangenen Straftat stehen. Das bietet eine solide Basis für die hypothetische Verknüpfung von tatspezifischen Handlungen und anderen Tätermerkmalen. Canter (1995b) definiert diesen Schlussfolgerungsprozess als eine «Gleichung des Profilings», was nahe legt, dass dieser, zumindest potenziell, über die umfassende Komplexität etablierter Regressionsmodelle verfügt. Allerdings hat bis heute kein Wissenschaftler diese Gleichungen in ihrer Gesamtheit untersucht. Stattdessen werden bevorzugt Modelle verwendet, die einzelne Elemente fokussieren.

Wie bereits erwähnt wurde, lässt sich dieser Ansatz als eine Anwendung der Routinehandlungstheorie begreifen, gemäß der sowohl die begangenen Straftaten als auch die alltäglichen Handlungen des Täters gewisse strukturelle Übereinstimmungen aufweisen. Diese Herangehensweise divergiert erheblich von den vielen psychologischen Modellen, die versuchen, Kriminalität als ein Produkt psychischer Defizite zu erklären (Farrington 1998). Die Schlussfolgerungsmodelle, die zur Erstellung von «Profilen» benutzt werden, eignen sich weniger zur Voraussage von Kriminalität, als zur Aufschlüsselung der Tatstrukturen und ihrer Korrespondenzen zu den ermittlungsrelevanten Tätermerkmalen.

Diese Modelle stützen sich auf die oben skizzierte Themenanalyse. Sie verdeutlichen, wie wenig der hier dargestellte Ansatz mit den in der Detektivliteratur präsentierten «Schlüssen» gemein hat. So kann eine einzelne kriminelle Handlung unzutreffend erfasst oder aufgrund situationsbedingter Faktoren nicht vollzogen worden sein. Markiert jedoch eine Gruppe von Handlungen ein dominantes Merkmal der Tatausführung, so besteht eher die Möglichkeit, dass sie mit einem wichtigen Charakteristikum des Täters korrelieren. Davies, Wittebrod und Jackson (1997) belegen die Stichhaltigkeit dieses thematischen Zugangs. Sie untersuchen 210 Vergewaltigungen und kommen zu dem folgenden Resultat: Trifft der Täter Vorkehrungen, um keine Fingerabdrücke zu hinterlassen; entwendet er Gegenstände des Opfers; verschafft er sich gewaltsam Eintritt und hat er zur Tatzeit Alkohol konsumiert, liegt die Wahrscheinlichkeit, dass er wegen Einbruchs vorbestraft ist, bei über 90 %.

Bedauerlicherweise liefern Davies et al. (1997) keine detaillierte und strukturierte Analyse der Beziehungen, die zwischen den von ihnen herausgearbeiteten Handlungen bestehen. Sie verwenden ein logistisches Regressionsverfahren, mit dem das Datenmaterial nach signifikanten Übereinstimmungen durchsucht werden kann. Das hat den Nachteil, dass schwächer ausgeprägte Zusammenhänge, die das Gesamtbild ergänzen könnten, ignoriert werden. Jedenfalls lässt die vorliegende Studie auf Täter schließen, die vorsätzlich handeln, das Ziel haben zu entkommen und ihre Opfer als Ressource oder «Objekt» betrachten und nicht als eigenständige Person.

Salfati und Canter (1999) untersuchen 82 Tötungen, bei denen keine direkte Verbindung zwischen Täter und Opfer existiert. Dabei werden alle Handlungen und Charakteristiken zueinander in Relation gesetzt. Als Resultat lässt sich beobachten, dass thematische Übereinstimmungen zwischen beiden Bereichen bestehen. Die Autoren zeigen, ähnlich wie Davies et al. (1997), dass die Beziehungen zwischen Tathandlungen und früheren Verurteilungen bzw. Verfahren die größte Transparenz aufweisen. Mörder, die nichtidentifizierbare Gegenstände des Opfers stehlen; keine forensisch verwertbaren Spuren hinterlassen und den Körper ihres Opfers verstecken oder transportieren, wurden eventuell schon einmal zu einer Gefängnisstrafe verurteilt – oder sie haben in der Armee gedient.

Canters und Fritzons Studie zur Brandstiftung (1998) ist der wohl beste Beitrag zur Erforschung thematischer Schlussfolgerungsprozesse. Auf der Grundlage ihres Handlungssystemmodells filtern sie aus den Handlungen der Brandstifter vier Themen heraus, die sie mit Hilfe einer eigens entwickelten Skalierung erfassen. Weitere vier Skalen ziehen sie hinzu, um die Themen der im Hintergrund liegenden Charakteristiken zu eruieren. Die Basis für die Analyse bilden 175 aufgeklärte Brandstiftungsfälle. Wie vorhersehbar, demonstriert das Schaubild, dass sich statistisch signifikante Korrelationen zwischen Handlungen und Charakteristiken konstatieren lassen, die ähnliche Themen aufweisen. Ist dies nicht der Fall, sind die Wechselbeziehungen schwächer.

Diese Studien ebnen allmählich den Weg für eine allgemeinere Theorie zur Kongruenz von Tätermerkmalen. Beeinträchtigt werden ihre Ergebnisse dadurch, dass der Straftäter als ein Individuum definiert wird, das unabhängig von dem sozialen und institutionellen Kontext betrachtet wird, in dem es operiert. Laut Canter und Alison (1999) können die sozialen Prozesse, denen kriminelle Gruppen, Teams und Netzwerke unterliegen, viel über die Parallelen im Verhalten der Täter verraten und die Themen, die diesen zugrunde liegen. Ein gutes Beispiel dafür ist die Untersuchung von Wilson und Donald (1999), die die unterschiedliche Rollenverteilung in Teams von «Blitzeinbrechern» [«*Hit and Run*» *burglars*]. Die Studie offenbart, dass der Fahrer des Fluchtwagens oftmals wegen Kfz-Delikten vorbestraft ist. Derjenige hingegen, der den Tatort vor potenziellen Zeugen abzusichern hat, ist in der Regel bereits wegen Gewaltdelikten verurteilt worden.

Bei einer Straftat sind die Übereinstimmungen zwischen sozialer Rolle und anderen Aspekten des kriminellen Handelns verknüpft mit dem durch die Tathandlung vorgegebenen thematischen Rahmen. Sie unterstützen ein Generalmodell krimineller Aktivitäten, das den besonderen Stellenwert mit einbezieht, den die Kriminalität im Leben des Täters einnimmt. Im Kontext der hier zitierten Studien unterstreichen sie des Weiteren, dass die Art der Tatausführung ein integraler Bestandteil des allgemeinen Lebensstils der untersuchten Täter ist und nicht ein atypischer oder spezieller.

Folgerungen

Weltweit konsultieren Polizeibehörden regelmäßig Psychologen und Kriminologen, um sich bei unbekannter Täterschaft eine Beschreibung möglicher Persönlichkeitscharakteristika geben zu lassen. Dem Experten ihrer Wahl präsentieren sie die Details der Tat und bitten ihn, aus diesen Informationen Rückschlüsse auf die potenziellen Tätercharakteristika zu ziehen. Bis vor kurzem haben aber nur wenige Forschungsarbeiten die Frage erörtert, welche Grundlagen für solche Schlussfolgerungen erforderlich sind. Eine Konsequenz ist, dass die Erstellung von «Profilen» oft nicht mehr ist als ein auf Hintergrundwissen basierendes Spekulieren. Das ändert jedoch nichts daran, dass der polizeiliche Bedarf an solchen Informationen unverändert groß ist. Die Auswirkungen, die diese «Expertisen» nach sich ziehen, stellen einen wichtigen Forschungsbereich dar.

Studien, die sich mit den Parallelen zwischen Astrologie und psychologischer Detektion befassen, bieten einen brauchbaren Ansatz, um die Attraktivität solcher Orientierungshilfen zu erklären. Gemäß einer Studie von O'Keefe und Alison (im Druck) gelingt es psychologisch geschulten Ermittlern mittels rhetorischer Kunstgriffe, glaubwürdig zu wirken. Das erreichen sie über die Konstruktion von Mehrdeutigkeit und Selbstreferenzialität, die eine beliebige Interpretation des Gesagten erlauben. Genau wie Horoskope derart offen angelegt sind, dass sich selbst der ungläubige Leser in ihnen wiederfinden kann, sind auch die Deutungen von psychologisch gebildeten Ermittlern mehrfach konnotierbar. Das gilt auch dann, wenn sie als eine direkte und unmissverständliche Empfehlung interpretiert werden. Die Forschung vermutet, dass viele Täterprofile eine solche Anziehungskraft auf Polizeibeamte ausüben, weil sie multifunktional ausgerichtet sind (Copson 1995). Nach Copson tragen Profiler in nur 3 % der Fälle dazu bei, den Täter zu ermitteln. Der gegenwärtige Brauch, ein Täterprofil anfertigen zu lassen, dient demnach eher der eigenen Versicherung und Bestärkung, als der unmittelbaren Ergreifung des Täters.

Diese Praktik birgt Risiken. Zum Beispiel können Kriminalisten und Psychologen im Zuge der Ermittlungen in eine «Folie à deux» hineingezogen werden, bei der sich beide Seiten so lange durch ihre persönlichen Ansichten beeinflussen lassen, bis sie von einer bestimmten Ermittlungsrichtung überzeugt sind (Canter und Alison 1999). Der einzige Ausweg besteht darin, Meehls (1996) Rat zu folgen und die «klinische» Perspektive aufzugeben, um stattdessen die des «Versicherungsstatistikers» einzunehmen.

Die zunehmende Zahl an empirisch gestützten Modellen legt die Vermutung nahe, dass die Tage des Profilers als eines «Helden» gezählt sind. In einigen Fällen lassen sich die wissenschaftlichen Erkenntnisse direkt in die polizeiliche Ausbildung integrieren. Das ist der Verdienst von Theorien, mit denen sich stichhaltig eine Fülle von Informationen zusammenfassen läßt. Einst kompliziert, sind die Modelle zur thematischen Kongruenz nunmehr für die meisten Polizisten nachvollziehbar.

Überdies untersucht die Forschung das Potenzial bestehender Datenbanken (Davies 1997) oder anderer Register, die Angaben zu möglichen Verdächtigen enthalten, um die Daten schließlich mit denen der in Frage kommenden Täter abzugleichen. Bei der Einrichtung eines solchen Systems gibt es eine Reihe von Schwierigkeiten (Ratledge & Jacoby 1989). Werden diese Probleme aber überwunden, überwiegen die Vorteile. Einer der größten Vorteile ist möglicherweise die Wahrung von Bürgerrechten. So kann die persönliche Meinung von «Experten» dazu führen, eine Person als Hauptverdächtigen einzustufen, obwohl für diese Einschätzung kein ersichtlicher Grund vorliegt. Ein computergestützter Prozess, der auf empirischen, psychologischen Modellen basiert, bietet die Chance, Entscheidungen auf ihre Zuverlässigkeit und Validität hin zu testen.

Die allmähliche Aneignung wissenschaftlicher Beweise, die Entwicklung und Überprüfung von Theorien sowie das Überführen von Ergebnissen in computerisierte Systeme, die die Entscheidungsfindung unterstützen sollen, verfügen nicht über den gleichen dramatischen Effekt oder Reiz wie der einsam agierende Privatdetektiv, der auf den Plan tritt, wenn die Polizei nicht weiter weiß. Doch die systematische Ermittlung der Methode, die am besten zur Unterscheidung von Tätern geeignet ist, garantiert eine solide Basis für eine professionelle Ableitung von täterbezogenen Schlussfolgerungen. Sie ist ebenfalls die Grundlage für neue wichtige Einsichten in die Struktur von Straftaten und das Wesen ihrer Urheber.

Appendix

Verhaltensweisen am Tatort (nach Hodge 2001)

1. Kit – Mordwerkzeug/-ausrüstung
2. Cannibal – Kannibalismus/Vampirismus
3. Capture – Freiheitsberaubung (1+/4h +)[4]
4. Corpse – Aufbewahren der Leiche(n) (1+/12h)
5. Unusual – Ungewöhnlicher, unverwechselbarer Gebrauch von Mordwaffen
6. Distweap – Einsatz ungewöhnlicher Mordwaffen
7. Recepvic – Zurücklassen der Opfer in Behältnissen (2+)
8. Setfire – Verbrennen der Leichen (2+)
9. Pminvolv – Postmortale Handlungen
10. Asphix – Ersticken (1+)
11. Chemical – Einsatz von Betäubungsmitteln (1+)
12. Document – Entwendung von persönlichen Dokumenten/Unterlagen/Kreditkarten (1+)
13. Sex – Mord geht einher mit vollzogenem Geschlechtsverkehr (alle)
14. Multstab – Multiple Stichverletzungen (1+)
15. Foraware – Ergreifung von Maßnahmen zur Spurenvermeidung
16. Poses – Arrangierung/Zurschaustellung der Leiche
17. Undress – Zurücklassen des Opfers in unbekleidetem Zustand (3+)
18. Blindfold – Gebrauch von Augenbinden u.ä. (1+)
19. Bodypass – Platzierung fremder Gegenstände in Körperöffnungen (1+)
20. Necro – Nekrophilie (1+)
21. Frenzy – Raserei
22. Autothef – Autodiebstahl
23. Released – Freilassung eines oder mehrer Opfer (1+)
24. Sexmut – Verstümmelung der Geschlechtsorgane (1+)
25. Spectnat – Unnötige Gewaltanwendung in speziellen Körperregionen (3+)
26. Torture – Folterung des Opfers (1+)
27. Robbed – Raub (alle)
28. Proto – Konstantes Tatbegehungsmuster (alle)
29. Trophies – Mitnahme von Trophäen (1+)
30. Misspart – Fehlende Körperglieder (1+)
31. Neckup – Läsionen im Halsbereich (alle)
32. Props – Gebrauch der Kleidung des Opfers als Tatutensilie (3+)
33. Redress – Partielles oder vollständiges Wiederankleiden des Opfers (1+)
34. Implemen – Verwendung von Haushalts- und Gartengeräten als Waffe (mehrere)
35. Hacked – Einsatz halbscharfer Gegenstände als Tatwaffe (Axt u.ä.) (1+)
36. Kicked – Trittverletzungen (1+)

[4] Anmerkung der Übersetzerin: Hodge unterscheidet die Relevanz der hier aufgeführten Verhaltensweisen oftmals nach ihrer Häufigkeit innerhalb einer bestehenden Tötungsserie. Die unter (3) genannte Freiheitsberaubung wird bspw. dann zu einem konstituierenden Verhaltensmerkmal, wenn sie in einem Fall oder öfter auftritt und mindestens vier Stunden oder länger andauert.

37. Sliced – Partielle oder vollständige Zerstückelung/Ausweidung usw.
38. Cutthroat – Durchschneiden der Kehle (1+)
39. Simsex – Wiederholtes Auftreten ähnlicher Sexualpraktiken

Literaturangaben

Aked, J.P., Canter, D., Sanford, A.J., & Smith, N. (1999): Approach to the scientific attribution of authorship. In D. V. Canter & L.J. Alison (Eds.), Profiling in policy and practice (Offender Profiling Series, Vol. II, pp. 157–188). Aldershot: Dartmouth.

Becker, J.V., & Abel, G.G. (1978): Men and the victimisation of women. In J.R. Chapman & M.R. Gates (Eds.), The victimisation of women (pp. 87–101). Beverly Hills, CA: Sage.

Bennell, C., Alison, A., Stein, K.L., Alison, E., & Canter, D.V. (1999): Sexual offences against children as the abusive exploitation of conventional adult-child relationships. Manuscript under review.

Borg, I., & Shye, S. (1995): Facet theory: Form and content. Newbury Park, CA: Sage.

Brantingham, P.I., & Brantingham, P.L. (1981): Environmental criminology. Beverly Hills, CA: Sage.

Buss, A.H. (1961): The psychology of aggression. New York: Wiley.

Canter, D.V. (1983): The potential of facet theory for applied social psychology. Quality and Quantity, 17, 35–67.

Canter, D.V. (1984): Vandalism: Overview and prospect. In C. Levy-Leboyer (Ed.), Vandalism: Behaviour and modifications (pp. 345–356). Amsterdam: New Holland.

Canter, D.V. (Ed.) (1985): Facet theory. New York: Springer-Verlag.

Canter, D.V. (1995a): Criminal shadows. London: Harper Collins.

Canter, D.V. (1995b): The psychology of offender profiling. In R. Bull & D. Carson (Eds.), Handbook of psychology in legal contexts (pp. 343–355). Chichester: Wiley.

Canter, D.V. (1999): Equivocal death. In D.V. Canter & L.J. Alison (Eds.), Profiling in policy and practice (Offender Profiling Series, Vol. II, pp. 123–156). Aldershot: Dartmouth.

Canter, D.V., & Alison, L.J. (1999): The social psychology of crime. In D.V. Canter & L.J. Alison (Eds.), The social psychology of crime: Teams, groups, networks (Offender Profiling Series, Vol. III, pp. 1–20). Aldershot: Dartmouth.

Canter, D.V., & Alison, L.J. (2000): Profiling rape and murder (Offender Profiling Series, Vol. V). Aldershot: Dartmouth.

Canter, D., & Fritzon, K. (1998): Differentiating arsonists: A model of firesetting actions and characteristics. Journal of Criminal and Legal Psychology, 3, 73–96.

Canter, D.V., & Gregory, A. (1994): Identifying the residential location of rapists. Journal of the Forensic Science Society, 34, 169–175.

Canter, D.V., & Heritage, R. (1990): A multivariate model of sexual offences behaviour: Developments in ‹offender profiling› I. Journal of Forensic Psychiatry, 1, 185–212.

Canter, D., Hughes, D., & Kirby, S. (1998): Paedophilia: Pathology, criminality, or both? The development of a multivariate model of offence behaviour in child sexual abuse. Journal of Forensic Psychiatry, 9, 532–555.

Canter, D., Missen, C., & Hodge, S. (1996): A case for special agents. Policing Today, 2, 3–8.

Clarke, R.V., & Felson, M. (1985): Routine activity and rational choice. In Advances in criminological theory (Vol. 5). New Brunswick, NJ: Transaction Books.

Coffey, T., & Canter, D. (in press): Development and test of behaviourally based suspect prioritisation system. In D.V. Canter & L. J. Alison (Eds.), Profiling rape and murder (Offender Profiling Series, Vol. V). Aldershot: Dartmouth.

Copson, G. (1995): Coals to Newcastle? Part 1: A study of offender profiling (paper 7). London: Police Research Group Special Interest Series, Home Office.

Davies, A. (1997): Specific profile analysis: A data-based approach to offender profiling. In J.L. Jackson & D.A. Bekerian (Eds.), Offender profiling: Theory, research and practice (pp. 191–208). Chichester: Wiley.

Davies, A., Wittebrod, K., & Jackson, J.L. (1997): Predicting the antecedents of a stranger rapist from his offence behaviour. Science and Justice, 37, 161–170.

Delprino, R.P., & Bahn, C. (1988): National survey of the extent and nature of psychological services in police departments. Professional Psychology: Research and Practice, 19, 421–425.

Dodd, N.J. (1998): Applying psychology to the reduction of insurance claim fraud. Insurance Trends, 18, 11–16.

Farrington, D.P. (Ed.) (1998): Psychological explanations of crime. Aldershot: Ashgate.

Farrington, D.P., & Lambert, S. (1994): Differences between burglars and violent offenders. Psychology, Crime and Law, 1, 107–116.

Fesbach, S. (1964): The function of aggression and the regulation of aggression drive. Psychological Review, 71, 257–272.

Greene, J., Booth, C.E., & Biderman, M.D. (1976): Cluster analysis of burglary M/Os. Journal of Police Science and Administration, 4, 32–38.

Godwin, G.M., & Canter, D.V. (1997): Encounter and death: The spatial behaviour of US serial killers. Policing: An International Journal of Police Strategy and Management, 20, 24–38.

Groth, A.N., Burgess, A.W., & Holmstron, L.L. (1977): Rape: Power, anger and sexuality. American Journal of Psychiatry, 134, 1239–1243.

Grubin, D. (1995): Offender profiling. Journal of Forensic Psychiatry, 6, 259–263.

Grubin, D., Kelly, P., & Ayis, A. (1997): Linking serious sexual assaults. London: Home Office Police Department, Police Research Group.

Grubin, D.H., & Kennedy, H.G. (1991): The classification of sexual offenders. Criminal Behaviour and Mental Health, 1, 123–129.

Guttman, L. (1954): A new approach to factor analysis: The radex. In P. F. Lazarsfeld (Ed.), Mathematical thinking in the social sciences (pp. 258–348). Glencoe, IL: Free Press.

Hodge, S.A. (2001): Multivariate model of serial sexual murder. In D.V. Canter & L.J. Alison (Eds.), Profiling rape and murder (Offender Profiling Series, Vol. V). Aldershot: Dartmouth.

Jaccard, P. (1908): Nouvelles recherches sur la distribution florale. Bull. Soc. haud. Sci. Nat., 44, 223–271.

Johnston, L. (1999): Riot by appointment: An examination of the nature and structure of seven hard-core football hooligan groups. In D.V. Canter & L.J. Alison (Eds.), The social psychology of crime: Teams, groups, networks (Offender Profiling Series, Vol. III, pp. 153–188). Aldershot: Dartmouth.

Kind, S.S. (1987): Navigational ideas about the Yorkshire Ripper investigation. Journal of Navigation, 40, 385–393.

Klein, M.W. (1984): Offence specialisation and versatility among juveniles. British Journal of Criminology, 24, 112–127.

LeBeau, J.L. (1987): The journey to rape: Geographic distance and the rapist's method of approaching the victim. Journal of Police Science and Administration, 15, 129–136.

Levy, S. (Ed.) (1995): Louis Guttman on theory and methodology: Selected writing. Aldershot: Dartmouth.

Lobato, A. (in press): Criminal weapon use in Brazil: A psychological analysis. In D.V. Canter & L.J. Alison (Eds.), Profiling property crimes (Offender Profiling Series, Vol. IV). Aldershot: Dartmouth.

McAndrew, D. (1999): The structural analysis of criminal networks. In D.V. Canter & L.J. Alison (Eds.), The social psychology of crime: Teams, groups, networks (Offender Profiling Series, Vol. III, pp. 51–94). Aldershot: Dartmouth.

Meehl, P.E. (1996): Clinical versus statistical prediction: A theoretical analysis and a look at the evidence. Minneapolis: University of Minnesota Press.

Mokros, A. (1999): The centroid as a grouping variable for offences. A cluster-analytical approach. University of Liverpool, Centre for Investigative Psychology.

Munsell Color Company Inc. (1960): Munsell book of colour. Baltimore: Munsell Color Co. Inc.

O'Keefe, C., & Alison, L. (in press): Psychic rhetoric in psychic detection. Journal for the Society for Psychical Research.

Ormerod, D.C. (1996): The evidential implications of psychological profiling. Criminal Law Review, 863.

Pinizzotto, A.J., & Finkel, N.J. (1990): Criminal personality profiling: An outcome and process study. Law and Human Behaviour, 14, 215–233.

Plutchik, R., & Conte, H.R. (Eds.) (1997): Circumplex models of personality and emotions. Washington, DC: American Psychological Association.

Prentky, R., Cohen, M., & Seghorn, T. (1985): Development of a rational taxonomy for the classification of rapists: The Massachusetts Treatment Center System. Bulletin of the American Academy of Psychiatry and Law, 13, 39–70.

Ratledge, E.C., & Jacoby, J.E. (1989): Expert systems and artificial intelligence in law enforcement. New York: Greenwood.

Ressler, R.K., Burgess, A.W., & Douglas, J.E. (1988): Sexual homicide: Patterns and motives. Lexington, MA: Lexington Books.

Rossmo, D.K. (1997): Geographic profiling. In J.L. Jackson & D.A. Bekerian (Eds.), Offender profiling: Theory, research and practice (pp. 159–176). Chichester: Wiley.

Salfati, C.G., & Canter, D. (1999): Differentiating stranger murders: Profiling offender characteristics from behavioral styles. Journal of Behavioural Sciences and the Law, 17, 391–406.

Schaefer, E. (1997): Integration of configurational and factorial models for family relationships and child behavior. In R. Plutchik & H.R. Conte (Eds.), Circumplex models of personality and emotions (pp. 133–154). Washington, DC: American Psychological Association.

Selkin, J. (1994): Psychological autopsy: Scientific psychohistory or clinical intuition. American Psychologist, 49, 64–75.

Shye, S. (1985): Non-metric multivariate models for behavioural action systems. In D. Canter (Ed.), Facet theory: Approaches to social research. New York: Springer Verlag.

Shye, S., & Elizur, D. (1994): An introduction to facet theory. Newbury Park, CA: Sage.

Wilson, A., & Donald, J. (1999): Ram raiding: Criminals working in groups. In D.V. Canter & L.J. Alison (Eds.), The social psychology of crime: Teams, groups, networks (Offender Profiling Series, Vol. III, pp. 189–246). Aldershot: Dartmouth.

Wilson, M., & Smith, A. (1999): Rules and roles in terrorist hostage taking. In D.V. Canter & L.J. Alison (Eds.), The social psychology of crime: Teams, groups, networks (Offender Profiling Series, Vol. III, pp. 127–152). Aldershot: Dartmouth.

Serienmord und Polizeiarbeit[*]

Harald Dern

Mythologie des Serienmords aus Sicht der Polizei
«Serienmord» ist eine symbolhafte Plattform für Wahrnehmung, Erleben und Kommunikation geworden. Ängste spielen hier eine Rolle, aber auch Faszination und die geradezu unerschöpfliche Eignung zur Projektionsfläche. Der Gut-Böse-Dualismus kommt zu seinem Recht und die Kulturhegemonie Nordamerikas ebenso.[1]

Die Ikonisierung des Serienmordes hat also durchaus ihren sozialen «Sinn», doch besteht dieser offenbar nicht darin, eine realistische Erklärung oder gar eine effiziente Fahndung nach Serientätern zu erleichtern. Dass der Mythos, der sich um die Figur des *serial killer* gebildet hat, auch in die wissenschaftliche Literatur mit eingeflossen ist, stellt nicht nur ein Problem für deren Empirie und Theorie dar, sondern auch für die polizeiliche Aufklärungsarbeit. Die Polizei steht heute deshalb vor der besonderen (doppelten) Aufgabe, den Aspekt des Mythos[2] als wirksame und insofern *als Vorstellung reale* gesellschaftliche Tatsache in die Überlegungen mit einzubeziehen, ihn aber daran zu hindern, das eigene Vorverständnis und die Entwicklung und Bearbeitung sachlicher Fragestellungen (unbewusst) zu beeinflussen. Zumindest fünf Aspekte «mythologischer» Stilisierung sollten deshalb aus polizeilicher Sichtweise nicht ohne weiteres für bare Münze genommen werden:

Mythos Nr. 1: Es gibt den Serienmörder
Definitionen zu Serienmördern sind unterschiedlich. Nach der des FBI handelte es sich dabei bisher um mindestens drei von einander unabhängige Ereignisse mit einer Periode der «emotionalen Abkühlung» zwischen den jeweiligen Ereignissen (Ressler et al. 1988, 139). Mittlerweile ist man beim National Center for the Analysis of Violent Crime (NCAVC) des FBI von der Zahl «drei» abgerückt und hat sie durch die Zahl «zwei» ersetzt (Beasley 2001). Laut Steven A. Egger (1998, 5f.) soll ein Serienmord dann vorliegen, wenn:

---

[*] Für die gründliche Durchsicht des Manuskriptes danke ich Ursula Staub.
[1] Betrachtet man die mitunter absurden Übertreibungen, die in den USA im Hinblick auf das Serienmörderphänomen praktiziert wurden, aber auch die Wirkungsmacht medialer Darstellungen wie «Das Schweigen der Lämmer», so ist man versucht, über Puritanismus, die Abwehr verbotener Triebregungen und anderes nachzudenken.
[2] In landläufiger Perspektive steht der Mythos für den Übergang des in einer rätselhaften Natur gefangenen Menschen hin zum Wesen, das sich Kraft seines Verstandes die Welt erklären kann. Doch eine entwicklungsgeschichtliche Zäsur, die den Mythos zugunsten des Logos abgeschafft hätte, gab es natürlich in dieser Form nicht – und konnte es womöglich angesichts wechselseitiger Abhängigkeiten auch nicht geben. Ein Autor, der dieser wechselseitigen Abhängigkeit besonders ideenreich nachgeht (vgl. Campbell 1999, 13), führt den Leser interessanterweise am Beispiel des antiken Minotaurus (der zweifellos in Serie für den Tod junger Menschen gestanden hat, wobei der Mythos vergleichsweise ehrlich ist und die Schuld des König Minos nicht ganz außen vor lässt) in das Thema ein, also anhand eines Beispiels, bei dem wir mit Theseus, der den Minotaurus erschlug, gleich auch den Retter (des knossischen Reiches) haben. Einen solchen Retter, der aus tieferen Gründen von außen zu kommen hat, gibt übrigens auch beim Mythos des Serienmörders, und zwar in Gestalt des Profilers (vgl. Baurmann 2002a und Scheerer 2001).

- eine oder mehrere Personen (in vielen Fällen Männer) einen zweiten oder nachfolgenden Mord begehen,
- es grundsätzlich keine vorherige Beziehung zwischen Opfer und Angreifer gibt (und wenn es eine Beziehung gibt, dann eine solche, die das Opfer in einer «unterjochten» Position hält),
- die nachfolgenden Morde sich zu unterschiedlichen Zeitpunkten abspielen und keinen offenkundigen Bezug zur Initialtat aufweisen,
- die Morde sich gewöhnlich in unterschiedlichen geografischen Örtlichkeiten abspielen
- das Motiv nicht in materiellem Gewinn besteht, sondern in dem Wunsch des Mörders, Macht über das Opfer zu haben oder es zu dominieren,
- die Opfer einen symbolischen Wert für den Täter haben können und/oder als minderwertig («prestigeless») wahrgenommen werden und in den meisten Fällen unfähig sind, sich zu verteidigen oder andere im Hinblick auf ihre Notlage zu alarmieren, oder die Opfer werden in Hinblick auf ihre Lage in Raum und Zeit und den Status innerhalb ihrer Umgebung betreffend als machtlos angesehen, z.B. als
- Landstreicher, Wohnsitzlose, Prostituierte, Fremdarbeiter, Homosexuelle, vermisste Kinder, alleinstehende Frauen, ältere Frauen, Studentinnen und Krankenhauspatienten.

Diese Definition, die eine kuriose Mischung aus vernünftigen und spekulativen Elementen darstellt, kann auch als der Versuch des Autors aufgefasst werden, seine persönlichen Vorstellungen dem Begriff überzustülpen. Sie zeigt aber, wie schwierig es ist, die Heterogenität des Phänomens in eine Definition hineinzupressen.[3] Harbort (1999) hat darauf hingewiesen, dass bei vielen Serienmördern Raubmotive zugrunde liegen. Und im Grunde genommen kann man dies schon bei Robert Heindl (1927) nachlesen. Sexuelle Motive, insbesondere sexueller Sadismus, also die Vermutung im Verlaufe einer sexuell gefärbten Tatausführung Macht und Kontrolle über das Opfer auszuüben, werden sehr häufig genannt. Dieses Motiv, das im Wege einer «Oral history» auch im Rahmen von Kriegsgreueln dokumentiert ist (vgl. Duerr 1993), ist im Zusammenhang mit Tötungsdelikten nie auszuschließen, also nicht trennscharf.

Manche Serienmörder «haben» Paraphilien, andere nicht (wenn man die Tatsache der gewaltsamen Sexualität nicht schon als Paraphilie werten will). Es gibt Serienmörder, die an immer unterschiedlichen Orten töten, und solche, die ihre Opfer nur bei sich zu Hause töten. Andere wie die sogenannten «Todesengel» müssen zwangsläufig in Institutionen wie Krankenhäusern oder Altersheimen töten. Manche Serienmörder sind sozial integriert, andere nicht. Geistige Krankheit scheint bei ihnen selten vorzukommen, Psychopathie wird häufig diskutiert, das Konstrukt des «malignen Narzissmus» von Kernberg scheint auch nicht ohne heuristischen Wert.[4] Dorothy Lewis (1986) hat

---

[3] Hickey (1997, 12) stellt sehr zutreffend fest, dass «eine solche Konfusion im Bereich der Definition von Serienmord besteht, dass alle Untersuchungsergebnisse leicht verdreht werden können.» Im Wesentlichen sollten entsprechende Definitionen solche Personen enthalten, die über einen längeren Zeitraum hinweg töten (ebd.).
[4] Vgl. etwa Kernberg (1978 und 1987) sowie Geberth und Turco (1997).

festgestellt, dass Todeszellenkandidaten überraschend häufig in der Kindheit Schädel-Hirn-Traumata erlitten hatten. Eine biologische Komponente mangelnder Empathiefähigkeit (in der manche der vorgenannten Erklärungsversuche zumindest teilweise aufgehen könnten) wird zuletzt verstärkt diskutiert. Man braucht jetzt gar nicht mehr über die Schwächen und die Implikation von Heterogenität von Typologien nachzudenken, um zu erkennen, dass Serienmord – obgleich statistisch selten – im Falle der ausführenden Organe, also der Serienmörder, ein oftmals heterogenes Phänomen ist.[5]

Mythos Nr. 2: Serienmord ist ein gut erforschtes Phänomen
Die Serienmord-Forschung arbeitet mit geringen Fallzahlen und hoher Selektivität, so dass unser Wissen im Wesentlichen auf Studien eher explorativen Charakters beruht. Werden daraus Typologien abgeleitet, verschärfen sich die methodischen Bedenken bezüglich der Trennschärfe von Kategorien, der angenommenen oder stillschweigend unterstellten Kausalitäten usw.[6] Selbst relativ bekannte und relevante Autoren (z.B. Norris 1989, Holmes & Holmes 1998) müssen sich mitunter eine mangelnde empirische Unterfütterung ihrer Theorien vorwerfen lassen (vgl. Egger 1990, Jenkins 1994, Keppel und Walter 1999). Wie sehr ungeprüfte Vorab-Annahmen zur Grundlage von Ableitungen gemacht werden, zeigt der Generalverdacht hinsichtlich der kausalen Wirkung der abweichenden Fantasien von Serienmördern. Hier herrscht eine Diffusion von Begriffen wie «Motiv», «Wunsch», «Anreiz», «Erwartung» oder «Intentionalität». Zusätzlich wird hier in logischer Hinsicht so vorgegangen, als gäbe es feststehende Regeln (»Alle Serienmörder haben progrediente Fantasien, die sie zu ihren Taten treiben»), von denen aus sichere Schlüsse abgeleitet werden könnten. Dabei ist im Bereich des Serienmordes fast alles Hypothese, denn es dreht sich um Dinge, die man nicht beobachtet hat, zu denen es keinen direkten sinnlich-faktischen Zugang gibt.

Mythos Nr. 3: Serienmord ist ein häufiges Phänomen
Die Zahlen zum Auftreten von Serienmorden werden mitunter weit überschätzt. Das hat niemand deutlicher herausgestellt als Philip Jenkins (1994). Auch Steven A. Egger (1998) hat sich mittlerweile der FBI-Schätzung angeschlossen, der zufolge es in den USA derzeit zwischen 35 und höchstens 100 «aktive» Serienmörder gibt. Es gibt bei der Behavioral Analysis Unit (BAU) des FBI, der eigentlichen «Profiling-Einheit», Agenten, die noch nie mit einem Serienmörder-Fall zu tun hatten. Das Phänomen wird dort durchgängig als sehr selten angesehen. Ein beeindruckendes Zahlenbeispiel hat Eric W. Hickey vorgelegt, der im Rahmen seiner umfassenden Studie zu 399 US-amerikanischen Serienmördern zu einer Häufigkeitszahl von 0,02 kommt, was bedeutet, dass statistisch gesehen unter 5.000.000 Einwohnern der USA ein Opfer eines Serienmörders zu erwarten

---

[5] Wenn man sich den Menschenzoo eingehender anschaut (und dabei sich selbst natürlich nicht außer vor lässt), wird man nicht umhinkommen einzugestehen, dass Kontrolle das zentrale menschliche Thema ist. Und hier passt es sich merkwürdig harmonisch ein, dass Steven Egger nach Jahren der Befassung mit dem Thema zu der Einschätzung gelangte, «dass der Versuch des Serienmörders, Kontrolle über das eigene Leben mittels Gewalt und Sex und der über andere ausgeübten Kontrolle zu erlangen, der eigentliche kausale Faktor der Entwicklung hin zum Serienmörder ist» (Egger 1998, 8).

[6] Keppel und Walter (1999) haben zuletzt eine Lösung dieses Problems versucht, in dem sie eine überarbeitete «rape-murder-typology» vorgelegt haben. Auch hier bleibt es weitgehend bei einem heuristischen Rahmen.

ist. Hickey selbst kommentiert den Widerspruch aus Viktimisierungswahrscheinlichkeit und Furcht, indem er sagt: «Umgekehrt proportional zu dem Risiko Serienmordopfer zu werden, sind das Ausmaß von Angst und öffentlicher Aufmerksamkeit gegenüber diesem Phänomen.» (Hickey 1997, 102)

Mythos Nr. 4: Sexualmörder sind Serienmörder
Viele Taten, die als Sexualmord klassifiziert werden, sind Taten, bei denen das Opfer vom Täter nicht in der Absicht angegriffen wurde, es zu töten. Oft hat hier der Täter die Kontrolle über die Tat verloren und aus einem konfliktbehafteten Impuls heraus getötet. Dies lässt sich in einschlägigen Untersuchungen[7], im Rahmen der fallanalytischen Rekonstruktion des Tatherganges oder in Aussagen entsprechend fachkundiger forensischer Psychiater wiederfinden.

Im Bereich des Sexualmordes sind es insbesondere die Fälle der Entführung noch kindlicher oder jugendlicher Opfer mit dem Ziel des sexuellen Missbrauchs und der sich häufig anschließenden Tötung, die in der öffentlichen Wahrnehmung die stärkste Resonanz finden. In Amerika hat sich insbesondere Bob Keppel in verdienstvoller Weise mit dem dort «child abduction murder» genannten Phänomen auseinandergesetzt.[8] Neueste Untersuchungen des FBI (noch nicht abgeschlossen) lassen Tendenzen erkennen, denen zufolge es sich bei den Tätern meistens nicht um Serientäter handelt, sondern eher um krude, von wenig Gewissensbarrieren gehinderte Männer, deren Taten weder ein besonderes Planungsniveau noch eine wie auch immer geartete «Elaboriertheit» in der Ausführung erkennen lassen.

Die überwiegende Mehrzahl der Sexualmorde, die wir fallanalytisch bearbeitet haben, stellen Versuche des Täters dar, im Rahmen eines außer Kontrolle geratenen Sexualdeliktes die Kontrolle im Wege der Gewaltausübung zurückzugewinnen oder den vorangegangenen sexuellen Missbrauch des Opfers zu verdecken. Auch wenn hier in der Regel nicht das Serienmörder-Klischee greift (Planung, raffinierte Kontrollgewinnung, genießerisches Auskosten der Macht über das Opfer), darf das nicht darüber hinwegtäuschen, dass dies häufig die Taten gefühlsarmer und egozentrischer Täter sind.

Mythos Nr. 5: Ohne Serienmord kein «Profiling» und umgekehrt
Die bekannte Untersuchung des FBI an 36 Sexualmördern[9], von denen 25 Serienmörder waren, stand in engem Zusammenhang mit der Entwicklung einer fallanalytischen Methode, die zunächst als «crime scene analysis» und später als «criminal investigative analysis» bezeichnet wurde.[10]

---

[7] Besonders eindrucksvoll in Lempps Studie über jugendliche Mörder, vgl. Lempp (1977 und 1993).
[8] Vgl. Hanfland, Keppel und Weis (1992).
[9] 1986 in der Septemberausgabe des Journal of Interpersonal Violence erschienen (vgl. Burgess et al. 1986 und Ressler et al. 1986 a/b; vgl. auch Ressler et al. 1988 («Sexual Homicide»)).
[10] Die aktuelle Neuauflage dieses Projektes ist von der Erkenntnis geprägt, dass hochselektive Stichproben (sexuelle Sadisten) und geringe Fallzahlen ein Problem sind; dass die Motivfrage viel weiter zu fassen ist und dass Begriffe wie «Fantasie», «geplantes Delikt» oder «Entführung» einerseits große Definitionsprobleme aufwerfen und andererseits kaum zu objektivieren sind. Wir haben auf diese Probleme bei verschiedenen Gelegenheiten aufmerksam gemacht: vgl. etwa Vick (1998) oder Dern (2000a/b). Michael Baurmann hat immer wieder darauf hingewiesen, dass es gerade aus Sicht der Fallanalyse einen erheblichen Nachholbedarf im Bereich der Kriminologie der «normalen» Tötungsdelikte gibt.

Wir sprechen heute in Deutschland von der Anwendung fallanalytischer Verfahren unter dem Dach der Operativen Fallanalyse. Fallanalytische Verfahrenssysteme («Fallanalyse») definieren wir als komplexe, informationsverarbeitende Systeme, die dem Zweck dienen, eine ganzheitliche Sichtweise des Falles zu ermöglichen und die polizeiliche Fallbearbeitung zu unterstützen. Dabei beruhen die fallanalytischen Verfahrenssysteme auf Wissen (Erfahrungswissen und wissenschaftlich abgesichertes Wissen), auf Fallinformationen und Methoden, um Fallinformationen und Wissen zu fallrelevanten Aussagen zu kombinieren. Beispiele für fallanalytische Verfahren sind Gefährdungsanalysen, Gefährlichkeitseinschätzungen, Analysen zum räumlichen Verhalten des Täters (geographic profiling, criminal geographic targeting[11]), Fallanalysen bei Tötungs-, Sexual-, Brand-, Erpressungs- und Entführungsdelikten, Täterprofilerstellungen, vergleichende Serienanalysen. Ausgehend von dem Grundproblem polizeilicher Ermittlungsarbeit, das in Informationsmangel und sich hieraus ergebender Entscheidungsunsicherheit besteht, sollen fallanalytische Verfahren im Ergebnis zu Ermittlungshinweisen und – priorisierungen und damit zu Entscheidungshilfen führen. Und dies umschreibt den – neben der inhaltlichen Arbeit – zweiten großen Bereich der Fallanalyse, der in einer Beratungsleistung besteht, die sich an tatsächlich gegebenen polizeilichen Strukturen zu orientieren hat und erst dann im Ergebnis Informationsmangel reduzieren und Entscheidungssicherheit erhöhen kann.

Im Bereich der Fallanalyse von Tötungsdelikten steht in inhaltlicher Hinsicht die Rekonstruktion des Tathergangs im Mittelpunkt.[12] Dies ist nun ein wichtiger «Knackpunkt», wenn es darum geht, die Frage des Verhältnisses des Serienmörderphänomens auf der einen und der fallanalytischen Verfahren («Profiling») auf der anderen Seite zu prüfen. Denn man darf ja in die Analyse eines Falles nicht mit Vorab-Annahmen hineingehen. Schließlich geht es darum, den Fall in seiner Individualität zu verstehen. Und dies kann nur auf der Basis des tatsächlich erfolgten Verhaltens, das wiederum aus der objektiven Spurenlage abzuleiten ist, geschehen. Wenn man dieses Grundprinzip verletzt und sich dann noch hinsichtlich der Vorab-Annahmen bei Erkenntnissen bedient, die aus hochselektiven Stichproben gewonnen wurden, dann hat man sowohl in erkenntnistheoretischer wie aber auch – und das wiegt schwerer – in faktischer Hinsicht einen schweren methodischen Fehler begangen. Denn objektive Erkenntnisse über den Fall sind nur auf der Basis einer einzelfallorientierten rekonstruktionslogischen Vorgehensweise zu erlangen. Überstrahlungseffekte, wie sie infolge einer Gleichsetzung der Berechtigung des «Profilings» mit der Existenz des Serienmörderphänomens entstehen, sind im Bereich der Fallanalyse grundsätzlich kontraindiziert.

Hierzu ein Beispiel: Gegeben sei ein Fall, bei dem es zunächst zu einem Kontakt zwischen Täter und Opfer kommt, der sehr schnell extrem gewalttätig wird und in dessen Folge der Täter das Opfer schnell und effektiv tötet. Nachdem der Täter die Kleidung und Tasche des Opfers durchsucht hat, zieht er es in einen sichtgeschützten Bereich, wo er massive Verstümmlungen an der Leiche des Opfers vornimmt.

---

[11] Vgl. Rossmo 2000. Bei uns unter der Bezeichnung «GEOFAS» – geografische Fallanalysesysteme.
[12] Dies findet sich auch in einer US-amerikanischen Definition, in der es heißt: «Tatsächlich handelt es sich bei der verhaltensorientierten Tatortanalyse um die Rekonstruktion der Ereignisse, die während des Mordes als Verhalten des Täters austraten und sich nun im Tatort widerspiegeln.» (Bradway 1990, 7)

Hier ist das aufgrund der Verstümmlungen erzeugte Tatortbild so gravierend, dass es schwerfällt, sich nicht von dem Eindruck dieser Verstümmlungshandlungen im Sinne eines Überstrahlungseffektes einfangen zu lassen. Ist dies erst einmal erfolgt, wird man darüber spekulieren, ob der Täter mit diesen Handlungen seine «Fantasie umgesetzt» hat, und nachdem man dieses (kaum objektivierbare) Konstrukt akzeptiert hat, wird die nächste Frage lauten, wie oft dieser Täter denn schon angesetzt hat, seine «Fantasie umzusetzen».

Eine solche Vorgehensweise ist jedoch aus polizeilich-fallanalytischer Hinsicht sehr bedenklich. Denn wir müssen zunächst wissen, was sich wie in welcher Reihenfolge zugetragen hat. Und bei dieser Herstellung der sogenannten Sequenz der Ereignisse ist natürlich die Ausgangssituation am Ort des ersten Täter-Opfer-Kontaktes von ausschlaggebender Bedeutung: Was kann ich über das Milieu am Tatort sagen, welcher Personenkreis hält sich dort auf und wie können hier etwaige typische Konfliktherde aussehen – Fragen, die unbedingt gründlich beantwortet werden müssen und deren Beantwortung vor allem auch ermittlungsrelevant ist. Der sachbearbeitenden Polizeidienststelle irgend etwas über die «Fantasien» des Täters zu erzählen, bringt in der Regel keinen Fortschritt, denn dieses Konstrukt entzieht sich verständlicherweise einer Konkretisierung. Es hört sich allerdings schön grausig an und ist eher Bestandteil des Serienmörder-Mythos. Ein hieraus resultierender Überstrahlungseffekt auf die polizeilichen Ermittlungen sollte jedoch vermieden werden.

Das anspruchsvolle analytische Vorgehen der Fallanalyse, bei dem neben anderem Tathergang und Fallcharakteristik *im Team* rekonstruiert bzw. erarbeitet werden, hat in erster Linie zum Ziel, das Verstehen des Falles zu fördern und darauf aufbauend Ermittlungshinweise im Rahmen einer fallanalytischen Beratung an die sachbearbeitende Polizeidienststelle zu geben.

Die Arbeit im Team ist dabei gerade auf der Ebene der Rekonstruktion des Tathergangs deutlich effektiver als die Vorgehensweise des singulären Profilers aus dem entsprechenden Mythos («Lonesome Rider» nach Michael Baurmann). Hier müssen oft viele Einzelereignisse in Hypothesen eingepasst und diese in unterschiedlichen Versionen geprüft werden.

Kannten sich Täter und Opfer oder trafen sie zufällig aufeinander, hatten sie ein gemeinsames Interesse, erfolgte vor dem Angriff eine Kommunikation, erfolgte der Angriff an den möglichen Örtlichkeiten $l_1 - l_n$, erfolgte die Durchsuchung des Opfers vor oder nach den sexuellen Handlungen – dies sind vergleichsweise einfache Fragen, die jeweils in dem Kontext einer eigenen Version geprüft werden müssen. Oft sind die Fragen- und Hypothesenbündel innerhalb der Tathergangsrekonstruktion noch wesentlich komplexer, und es ist offensichtlich, dass eine Einzelperson hier einerseits schnell die Übersicht verliert und sich andererseits dadurch behilft, dass sie ihre persönlichen Lieblingshypothesen bevorzugt bzw. für anders lautende Erklärungen eher blind sein wird. Dieser Sachverhalt, der auch in der Sozialpsychologie gut dokumentiert ist, zeigt, dass ein «Profiler» mit einer «Serienmörder-Voreinstellung» zwangsläufig den Mythos bedienen wird und dabei gleichzeitig in der Gefahr steht, nicht die Sprache des jeweils individuellen Einzelfalls zu verstehen. Dem Team ist es – platt gesprochen – egal, wer auf die richtigen Ideen kommt. Hauptsache ist, dass die falschen Versionen ausgeschlossen werden können. Der Verzicht auf die Profilierung einzelner geht hier einher mit dem Gewinn, sich der richtigen Version im Rahmen der Wahrscheinlichkeit angenähert zu haben, die letztlich in der objektiven Spurenlage begründet ist.

Auch das Erstellen von Täterprofilen hat eine potentielle Nähe zum Mythos. Vom Täterprofil wird häufig erwartet, dass es den Menschen, der getötet hat, so detailliert beschreibt, dass es eine geradezu erklärende Kraft erhält. Doch ist das Täterprofil eigentlich eine recht nüchterne Angelegenheit, denn es handelt sich dabei um ein Verfahren, bei dem ein unbekannter (!) Täter hinsichtlich seiner Persönlichkeits- und Verhaltensmerkmale beschrieben wird, um ihn von anderen Personen signifikant zu unterscheiden. Das Täterprofil kann erst erstellt werden, nachdem eine gründliche Rekonstruktion des Tatherganges erfolgt ist (auch weitere Analyseschritte vollzogen wurden). Jede Vorgehensweise, die dies übersieht, ist aus der Sicht der polizeilichen Fallanalyse methodisch unseriös. Das Täterprofil tritt in seiner Bedeutung – entgegen der landläufigen Meinung – gegenüber den Ermittlungshinweisen, die auf das Machbare im Rahmen des faktischen polizeilichen Handelns abzielen, zurück. Es soll ja – um die Dinge etwas überspitzt auf den Punkt zu bringen – nicht über den Täter spekuliert werden, sondern er soll ermittelt werden.

Fallanalysen haben nur in Ausnahmen Fälle zum Gegenstand, die sich auf die Taten eines Serienmörders beziehen. Diese Fälle sind schlicht und ergreifend selten. Hingegen gilt gerade für die Fälle, in denen – anders als beim Serienmörder, dem man dies generell unterstellt – weniger erkennbares Täterverhalten vorliegt, dass sie einerseits die Regel und andererseits die kriminalistisch härtesten Nüsse sind. Es wäre geradezu fatal, diese Fälle, die ein mit der Tötung des Opfers endendes erzwungenes sexuelles Geschehen umschreiben, als Fälle minderer Relevanz einzustufen, da ihnen das Elektrisierende fehlt, das man so gerne in die Taten von Serienmördern hineininterpretiert. Auch hier muss man sich also vor Überstrahlungseffekten hüten, die vom ikonisierten und medial geradezu zelebrierten Phänomen des Serienmörders ausgehen.

Schließlich verdient auch Erwähnung, dass die Methode der Fallanalyse nicht an einen Deliktsbereich gebunden ist, wie dies die als solche immer wieder fälschlicherweise konstruierte Verstrickung von Serienmord und «Profiling» scheinbar stillschweigend voraussetzt. Die Methode der Fallanalyse kann an verschiedene Deliktsbereiche angepasst werden.

In Anbetracht der Unsicherheit der Wissensvorräte im Bereich des Serienmordes, der vielen ungeprüften Behauptungen und der Neigung zu Ex-post-facto-Erklärungen wäre eine enge Koppelung der Fallanalyse an das Thema «Serienmörder» geradezu verhängnisvoll.

Denn – wie gezeigt wurde – sollte die fallanalytische Betrachtung immer eine unvoreingenommene Betrachtung des Einzelfalles sein.

Letztlich geht der Begriff «Profiling» auch semantisch in die falsche Richtung (was sich aber zu dem oben ausgeführten logisch einfügt). Eine Person zu profilieren, ein Profil zu erstellen, legt den Fokus auf das «Wer» hinter der Tat. Da Fälle von Serienmord als besonders verwerflich gelten, möchte man gerne wissen, wer das getan hat, wie diese Person aussieht, wie die «Bestie» beschaffen ist. Nun muss innerhalb der fallanalytischen Betrachtung eines Tötungsdeliktes – wie gezeigt wurde – die Frage des «Was» zuerst beantwortet werden. Damit verbunden ist also die Rekonstruktion des Tatherganges (Tathergangsanalyse). Die Ergebnisse der Tathergangsanalyse sind im Allgemeinen weitaus verlässlicher als die Ableitungen zum Täterprofil, dessen Natur immer in erster Linie spekulativ bleiben wird. Deshalb wäre es aus methodischer Sicht auch geradezu verfehlt, die vergleichbar sichere Basis der Tathergangsanalyse gegen den reichlich wackeligen Untergrund des Täterprofils einzutauschen. Gerade dies schwingt jedoch bei dem Begriff des «Profiling» als unausrottbare Konnotation mit.

Phänomenologie

Nach dieser Durchsicht von Serienmord-Mythen könnte man konstatieren: «Nichts Genaues weiß man nicht.» Da es aber bekanntlich keinen Sinn macht, «präzise zu sein, wenn man überhaupt nicht weiß, wovon man spricht» (John von Neumann), ist Resignation nicht fern. Aus der Sicht fallanalytischer polizeilicher Arbeit wäre das jedoch aus naheliegenden Gründen zu wenig.

Einen denkbaren Ausweg könnte die Arbeit mit phänomenologischen Darstellungen, die ja gerade in diesem Bereich der Kriminalität nicht selten sind, bieten. Da dabei die Übergänge zum anekdotenhaften Stil der «True Crime Stories» fließend sind, lesen sich solche Darstellungen in der Regel recht gut. Diesen Darstellungen ist häufig eigen, dass sie Fälle umso intensiver behandeln, je stärker das Element der Serialität verwirklicht ist. Damit tritt dann natürlich das Schauerliche noch stärker in den Vordergrund, was den Nutzen solcher Darstellungen eben auf das Hervorrufen der entsprechenden Gefühlsregungen beschränkt. Manche Autoren schicken dann noch schnell etwas über die Anstrengungen der Polizei zur Klärung der Fälle hinterher, was dann eine neutrale Komponente mit ins Spiel dieser Darstellungen bringen soll. Sicherlich gibt es Autoren, die dies aus einer Haltung des Informierenwollens heraus tun. Wenn man sich allerdings einmal anschaut, wie selten das Phänomen des Serienmordes ist, und dies mit der Flut einschlägiger Veröffentlichungen vergleicht, wird man sich über dieses Missverhältnis seine eigenen Gedanken machen müssen.

Es sei an dieser Stelle auch einmal darauf hingewiesen, dass hinter jeder Tat eines Serienmörders Opfer und Angehörige stehen, deren Beziehungsstrukturen mitunter massiv traumatisiert sind (was aber grundsätzlich für Tötungsdelikte gilt; umso mehr jedoch, wenn Kinder betroffen sind). Ohne die Opfer keine Serie und ohne die Serie keine vermarktbare Phänomenologie. Opfer werden hier zu notwendigen Wegposten hin zur Beschreibung der «Bestie», womit grundsätzlich die Gefahr besteht, dass Opferleid funktionalisiert wird.

Ätiologie
Zur Ätiologie des Serienmordes ist viel gesagt worden. Hier stellt sich in methodischer Hinsicht häufig das Problem geringer Fallzahlen, selektiver Stichproben und der problematischen Abgrenzung zum Sexualmord. Gerade wenn es um ausgefallene Begehungsweisen geht, weisen erfahrene forensische Psychiater mit Recht darauf hin, dass hier selbst in internationaler Perspektive nur von Kasuistiken gesprochen werden kann. Im Rahmen einer Diskussion der Ursachen wird immer wieder auf die Bedeutung schwerwiegender biografischer Einschränkungen und Beschädigungen von Sexual- und Serienmördern hingewiesen. Einige dieser Biografien enthalten tatsächlich Elemente, Phasen oder Anhäufungen großer Qualen. Ohne hier einer Kausalität das Wort zu reden, wird sich kaum ein zur Empathie befähigter Mensch der Wirkung solcher Schilderungen entziehen können. Allerdings muss das Problem der Ex-post-facto-Erklärungen im Auge behalten werden. Die notwendige Frage lautet hier: Was ist mit den anderen Menschen, die Ähnliches durchgemacht haben und die nicht zum Serienmörder geworden sind? Einerseits kann die Offenheit dieser Frage ein Hinweis darauf sein, dass noch nicht alle Bedingungen der Genese des Serienmörderphänomens hinreichend erkannt sind. Es kann jedoch mit gleicher Berechtigung vermutet werden, dass es ein einheitliches Phänomen «Serienmörder» nicht gibt und hier entsprechend auch unterschiedliche Bedingungsgefüge im Hintergrund stehen können. Die damit noch geringeren Fallzahlen von Untergruppen und die grundsätzlichen Probleme bei der Aufhellung biografischer Gegebenheiten, denen eine kausale Wirkung zugeschrieben werden kann, erschweren die Beschreibung einer trennscharfen Ätiologie.

Wir haben allerdings gefunden, dass es doch einen Punkt geben könnte, der im Sinne eines kleinsten gemeinsamen Nenners diskutiert werden kann: Die Ressourcenlage von Serienmördern scheint irgendwann einmal soweit aufgebraucht worden zu sein, dass der Schritt hin zum Mörder vollzogen wurde. Ob hier jetzt biologische, psychologische, soziologische, normative oder kommunikative Faktoren den Ausschlag gegeben haben, kann dahingestellt bleiben. Hier sind individuelle Verteilungen und Gewichtungen überaus unterschiedlich. Auch wird man über Konzepte wie Isolation, Ohnmacht, Selbstwertschwäche, Inkonsistenz- bzw. Unglückserwartung, Ausdünnen des Kontaktes zur Welt, Rachebedürfnis, Entvitalisierung, Nicht-Können, Nicht-Berechtigung sprechen können und hier auf einer Meta-Ebene immer wieder auf die Größen «Mangel» und «Zweifel» stoßen. In der Summe scheinen diese Faktoren bei einigen Personen jedoch ein solches Gewicht zu erlangen, dass die Überschreitung der Schwelle hin zum Mörder möglich wird und das Konsensualprinzip in ultimativer Form missachtet wird. Obwohl dieser Punkt scheinbar alles und nichts erklärt, ist er für die Analyse von Einzeltaten nicht ohne Belang.

Kampf um Ressourcen
Serienmorde wurden in den USA in den 80er Jahren – häufig im Zusammenhang mit Versuchen der statistischen Zählung – als «motiveless murder» bezeichnet. Dieses Fehlen eines erkennbaren Motivs und auch das Fehlen einer erkennbaren Täter-Opfer-Vorbeziehung waren die Merkmale, die man als typisch für Serienmorde ansah.[13]

---

[13] Dass diese Merkmale bei Anwendung auf die amerikanische Kriminalstatistik zu völlig falschen Bildern geführt haben, hat Philip Jenkins anschaulich dargelegt (Jenkins 1994, vgl. auch Dern 2000a), denn ein großer

Da nun eine komplexe Handlungskette wie die Tötung eines Menschen nie «motivlos» sein kann, lohnt es sich, bei der Frage des Motivs ein wenig länger zu verweilen. Ermordungen passieren nicht «aus Versehen», sie sind ganz zweifellos intentionale Akte. Ein Tatentschluss ist auf ein Tatziel gerichtet und auf dem Weg zur Erreichung dieses Tatzieles muss der Täter eine Reihe von Entscheidungen treffen. Diesen Entscheidungen wird im Rahmen der fallanalytischen Rekonstruktion des Tatgeschehens viel Aufmerksamkeit gewidmet, sagen sie doch einiges über die Fähigkeiten und Fertigkeiten sowie die Persönlichkeit des Täters aus.

Doch warum hat man nun von «motivlosen» Taten gesprochen? Es handelte sich um Taten, die sich nicht mit herkömmlichen motivationalen Konstellationen – diese liegen meistens im Bereich einer Täter-Opfer-Vorbeziehung – beschreiben lassen.

Hier hat man nun in den USA einen kriminologisch-methodischen Kunstgriff angewandt. Man führte das Konzept der Täterfantasien ein. Dieses besagte, dass schon potentielle Serienmörder viel Zeit mit tagträumerischen Aktivitäten verbringen, die in etwa den Charakter von Masturbationsritualen hätten und die durch Fantasien über das Demütigen, Beherrschen und Quälen der Opfer sowie den Vollzug sexueller und destruktiver Handlungen an lebenden oder toten Opfern gekennzeichnet seien. Diese Fantasien seien in ihrem Charakter progredient, d.h., es gebe einen Trend zur Verschlimmerung bzw. zur Verstärkung des Dranges, diese Fantasien auch tatsächlich in die Tat umzusetzen.[14] Diese Fantasien würden nun in der Vorstellung der Fantasierenden immer stärker handlungslogisch gegliedert, bis sie den Charakter eines genau ausformulierten Drehbuches angenommen haben. Doch wenn es nun dazu komme, dieses «Drehbuch» im Rahmen der Tatbegehung umzusetzen, stehe der Täter vor einem Dilemma. Er müsse konstatieren, dass Realität und «Reinheit des Drehbuches» nicht deckungsgleich seien. Dies führe dazu, dass der Täter nun noch größere Anstrengungen unternähme, um sich im Rahmen seiner «Fantasieumsetzung» weitergehender seinem «Drehbuch» anzunähern. Damit ist Progredienz in einer weiteren Facette gegeben. In solchen Fällen würde auf der Ebene des Motivs die Einstufung «sexuell» getroffen werden. Wenn es jedoch darum ginge herauszuarbeiten, worauf es dem Täter denn genau angekommen sei, würde die Antwort «Fantasieumsetzung» lauten. An diesem Modell ist jedoch einiges diskussionswürdig:

Fantasien sind Vermutungen über interne Abläufe und als solche nicht zu validieren (trotz Täterinterviews und Interpretation von Täterverhalten). Zudem hat dieses Konstrukt wenige fahndungs- und ermittlungstechnische Implikationen.[15]

Teil der US-amerikanischen Gewaltkriminalität findet ohne erkennbare Vorbeziehung und bei unklarer Motivlage statt (z.B. im Rahmen von Bandenkriminalität). In der aktuellen Crime-Decline-Debatte taucht das Phänomen «Serienmörder» erst gar nicht auf (vgl. Blumenstein und Rosenfeld 1999).

[14] Eberhard Schorsch hat das progrediente Stadium sexueller Fantasien in den Rahmen seiner Beschreibung der Stufen der Perversion als letzte Stufe eingefügt (vgl. Schorsch 1988).

[15] Man kann hier als weiteren «Kunstgriff» Typologien zur Hilfe nehmen, doch sind diese (z.B. Groth u.a. 1977, Hazelwood 1987/1995 oder Prentky 1992a & b bzw. Knight und Prentky 1990) für klinische Zwecke entwickelt worden und in heuristischer Sicht Orientierungspunkt und Unsicherheitsfaktor zugleich. Die mangelnde Praxistauglichkeit einschlägiger Typologien haben Keppel und Walter beklagt, ohne jedoch gleichzeitig dieses Manko überzeugend überwinden zu können.

Auf der semantischen Ebene ist «Fantasie» im «normalen» Sprachgebrauch positiv konnotiert und eng mit «Kreativität» – einem ebenfalls positiv besetzten Begriff – verbunden. Damit ist man im Bereich der schöpferischen Fähigkeiten des menschlichen Geistes angelangt. Dies ist ein grundsätzlich unscharfes Gebiet, denn kreative Prozesse lassen sich nicht in dem Ausmaß standardisieren, wie dies bei logischen Schlüssen der Fall ist.

Von der Kreativität ist es nicht mehr weit bis zum Begriff des Künstlers, den der Ex-FBI-Agent John Douglas in einer sehr pointierten Formulierung in das Thema des «Profiling» eingeführt hat: «Wer den Künstler verstehen will, muss sich mit seinem Kunstwerk auseinandersetzen.»[16] Dieses Prinzip lässt sich allerdings weg von einer persönlichkeitsorientierten Zuschreibung hin auf die Ebene der fallanalytischen Methodik heben und steht dann in engem Zusammenhang mit dem Prinzip der Ganzheitlichkeit.

Hierzu hat Ulrich Oevermann schon frühzeitig (vgl. Oevermann und Simm 1985) ausgefeilte Überlegungen vorgelegt, indem er in diesem Zusammenhang – ähnlich wie Carlo Ginzburg – an die sogenannten Morelli-Methode erinnert.[17] Bei der Morelli-Methode, die auf den italienischen Kunsthistoriker (ursprünglich Mediziner) Giovanni Morelli (1816–1891) zurückgeht, wurde die Echtheit von Kunstwerken geprüft, indem man sich auf scheinbare Nebensächlichkeiten wie «Randbereiche» der dargestellten Personen (z.B. Fingernägel oder Ohren) oder nicht im Zentrum der Bildaussage stehende Dinge und Personen konzentrierte. Hierauf hat der Künstler nicht seine volle Aufmerksamkeit gerichtet und sich daher authentisch und vom Auftrag des Bildes losgelöst präsentiert.[18]

Hiermit kehren wir zum Ausgangspunkt dieser Überlegungen zurück, die unter der Überschrift «Kampf um Ressourcen» geführt wurden. Individuen möchten die Bedingungen ihres Handelns kontrollieren. Dabei können sie auf unterschiedliche Ressourcenlagen zurückgreifen. Hier spielen Herkunft, Begabung, Biografie und Selbst-Repräsentanz eine bedeutende Rolle, indem sie zu Monitoringfaktoren des «Griffs nach Kontrolle» werden. Die Tötung eines anderen Menschen stellt immer – zumindest für den Zeitraum der Tötung – ein Machtgefälle zu Gunsten des Tötenden her. Er lässt ein Leben verlöschen und hebt damit die Kontingenz, die sich aus der Individualität des Opfers ergibt, auf. Es mag sein, dass sich in dem einen oder anderen Fall Vorstellungen des Täters um diesen Akt schon vor der Tötung gedreht haben. Und man wird sich hier auch dem Konzept der Allmachtsfantasien, die Ohnmacht kompensieren, nicht völlig verschließen können[19], doch ist dies zunächst nicht weiter von Belang. Wesentlich ist folgendes: *Indem der Täter sein Opfer tötet, legt er ein Abbild seiner Ressourcenlage*

---

[16] Was natürlich auch eine erhebliche Aufwertung für den – dann kongenialen – Profiler bedeutet.

[17] Vgl. hierzu auch Oevermann (1986, 51): «Deshalb sind nicht nur Kunstwerke als eigenständige, autonome Texte zu untersuchen, sondern die gesamte soziale Alltäglichkeit, so wie sie protokolliert uns vorliegt. Die These von der Textförmigkeit sozialer Wirklichkeit bedeutet methodisch, alle Lebensäußerungen wie ein Werk zu analysieren.»

[18] Zur Thematik instrumenteller und expressiver Tatanteile bei Tötungsdelikten und ihrer Korrelation mit dem persönlichen Hintergrund des Täters, vgl. Salfati (2000).

[19] Diese sind in der einschlägigen tiefenpsychologischen Theoriebildung – wenn auch unter unterschiedlichen Blickwinkeln – in die Entwicklung des Konzeptes des Größenselbst bzw. grandiosen Selbst nach Heinz Kohut und Otto F. Kernberg eingegangen und haben eigene Konzepte des therapeutischen Zugangs nach sich gezogen.

vor! Ob dieser Akt von bewusster oder unbewusster Qualität ist, kann dabei ebenfalls dahingestellt bleiben, intentional ist er allemal. Und damit bietet sich in fallanalytischer Sicht zumindest ein Interpretationsrahmen, der vor dem Hintergrund von Tathergang und Fallcharakteristik bewertet werden kann. So wird ein Täter z.B. seine individuellen Erfahrungen mit dem Einsatz von Gewalt und biografische Erfahrungen wie Gefängnisaufenthalte (oder allgemeiner: Repressionserwartungen oder Erwartungen hinsichtlich sozialer Reaktionen) auf sein Handeln mittels der Tatausführung abbilden. Um dieses auf der fallanalytischen Ebene nachvollziehen zu können, bedarf es eines Teams von Fallanalytikern und der Moderation dieses Teams durch einen erfahrenen Fallanalytiker bzw. eine erfahrene Fallanalytikerin. Das Ziel des fallanalytischen Teamansatzes besteht also zunächst darin, die Ressourcenlage des Täters, wie sie sich in der Tatausführung widerspiegelt, zu verstehen und in der analytischen Beschreibung der individuellen Fallgestalt zu konkretisieren. Dies darf jedoch nicht Selbstzweck bleiben, sondern muss in pragmatischer Konsequenz zu Ergebnissen führen, die der ermittelnden Polizeidienststelle konkret weiterhelfen. Hier spielen Dinge wie die Priorisierung anstehender Ermittlungshandlungen, Angaben zur Eingrenzung des Suchbereiches (z.B. durch Aussagen zu Alter, Vorstrafen oder geografischen Schwerpunkten des Täters), aber auch Vorschläge für weitere erfolgversprechende kriminaltechnische Untersuchungen oder Fahndungsmaßnahmen mit Beteiligung der Öffentlichkeit (z.B. möglicher Personen, die Kontakt zu dem Täter haben oder hatten) eine gewichtige Rolle.

Einige polizeiliche Herausforderungen

Morde und damit auch Serienmorde werden nicht durch Fallanalytiker aufgeklärt, sondern durch die sachbearbeitende Polizeidienststelle. Beratung durch Fallanalytiker kann hierbei eine wichtige Unterstützung sein. Um diese Unterstützung wirkungsvoll leisten zu können, muss man jedoch einiges über die Situation einer polizeilichen Ermittlungseinheit (i.d.R. Sonderkommissionen) wissen, die konkret die Aufklärung einer Serie von Tötungsdelikten zu leisten haben. Hierzu soll im Folgenden einiges schlaglichtartig angemerkt werden.

Die Serie beginnt mit dem ersten Fall und ist in diesem Stadium noch gar keine Serie. Ein Einzelfall liegt also vor, und es ist die Regel, dass mit einem sehr hohen Ermittlungs-, Personal- und Ressourcenaufwand daran gearbeitet wird. Wenn der Fall sexuelle Elemente enthält und insbesondere, wenn diese als gravierend eingestuft werden, wird die Frage, ob es möglich sei, dass dieser Täter erneut auftritt, gestellt. Wird dies im Ergebnis für wahrscheinlich befunden, so werden die Ermittlungen zu noch höherer Intensität angetrieben. Dies gilt zunächst nur für sehr «offensichtliche» Sexualmorde. Jedoch findet sich bei Taten von Serienmördern häufig eine andere Konstellation. Ein klares abgrenzbares Motiv ist oft nicht auszumachen. So wird man auf der motivationalen Ebene vielleicht Elemente sexueller Motive parallel zu Elementen persönlicher Motive, wie sie aus einer Täter-Opfer-Vorbeziehung herrühren können, vorfinden. Mitunter gibt es kaum oder gar keine Anhaltspunkte für ein sexuelles Motiv. Das, was weiter oben mit dem Kampf um Ressourcen beschrieben wurde, ist ein weit verbreitetes menschliches Thema und träfe natürlich auch für den «verschmähten Liebhaber» zu, dem ja gerade durch die Verweigerung der Liebesbeziehung eine bedeutsame Ressource genommen worden wäre. Nun kann noch erschwerend hinzukommen, dass die Statistik zeigt, dass Morde ganz überwiegend im sozialen Nahbereich verübt werden und dass bei Gewaltdelikten Dauer und Intensität der Gewalteinwirkung bzw. des Missbrauchs positiv mit sozialer Nähe korrelieren (Michael Baurmann). Insofern ist es geradezu geboten, den Täter zunächst auch mit Nachdruck unter den Personen zu suchen, die eine soziale Nahbeziehung zum Opfer hatten (diese kann allerdings auch entfernt sein, wie dies bei einem Handwerker der Fall ist, der z.B. Wochen vor der Tat in der Wohnung des Opfers war). Und hier tritt ein weiteres Phänomen hinzu, das die Dinge verkompliziert. In der überwiegenden Zahl der Mordfälle finden sich tatsächlich Personen im Umfeld des Opfers, die zu ihm in konfliktbesetzter Beziehung standen. Hier sind Konstellationen der Eifersucht, der Vergeltung, aber auch ethnische Konflikte denkbar. Konflikte sind allerdings bis zu einem gewissen Grad normal und spielen sich in einer Grauzone zwischenmenschlicher Situationen ab. Ist ein Mord geschehen, findet die rückwärts gewandte Aufhellung dieser Zonen statt. Und da Kriminalisten genauso wie Rechtsmediziner sich im Rahmen der Aufhellung des Kontingenzprinzips[20] an das halten, was wahrscheinlicher ist, wird der Gedanke an einen Serienmörder zunächst schwächer priorisiert werden. Diese Vorgehensweise, die sich mit Blick auf den Großteil der Fälle als erfolgreich herausgestellt hat, wird zwangsläufig in den wenigen Fällen, in denen die Dinge anders liegen – und dazu gehören natürlich insbesondere Serienmorde, einen negativen Effekt auf die Aufklärungswahrscheinlichkeit ausüben.[21]

Folgen der Ausgangstat weitere Taten nach (ein räumlicher Bezug wird in der Regel gegeben sein, vgl. Hickey 1997), so muss die Frage nach einem möglichen seriellen Zusammenhang gestellt werden. Dies ist eine nur scheinbar banale Fragestellung und selten so simpel und auf der Hand liegend, wie es in den Medien dargestellt wird. Ein serieller Kontext muss äußerst penibel, stringent und überzeugend nachgewiesen werden. Aus der Sicht der Operativen Fallanalyse bietet es sich an, zu den Einzelfällen unabhängige Fallanalysen durchzuführen und in einem nächsten Schritt die eigentliche Serienanalyse durchzuführen. Eine Serienanalyse, die im Ergebnis einen nicht vorhandenen seriellen Zusammenhang bestätigen würde, hätte für die weiteren Ermittlungen fatale Folgen: In den Einzelfällen ist mit hohem Aufwand ermittelt worden, es gibt jeweils eine Vielzahl von Spuren. Diese würden – gemeinsam «abgerastert» – erhebliche Ressourcen der ermittelnden Dienststelle in die falsche Richtung lenken.

Bestätigt die Serienanalyse die Annahme einer Tötungsserie oder ist diese vermittels Spuren belegt, können die Ermittlungen zu den Einzelfällen gebündelt werden. Auch wenn dann im Hinblick auf unterschiedliche Fälle gemeinsame Fragen gestellt werden können (z.B. «Wer hält sich nachts im Viertel X in Stadt Y auf?»), so ist dies insbesondere bei ungünstiger Spurenlage nur in Teilbereichen eine Erleichterung. Jede Tat, jeder Tatort, jede Tatortregion muss mit Akribie und der sprichwörtlichen minutiösen Kleinarbeit kriminalistisch abgearbeitet werden. Eine im Fall eines Serienmörders ermittelnde Sonderkommission muss vor dem Hintergrund der Befürchtung, der Täter könnte erneut zuschlagen und bei zunehmendem öffentlichen Druck nach einem häufig un-

---

[20] Zum Kontingenzprinzip bei Mordermittlungen, vgl. Reichertz (1991, 1992 und 1998).
[21] Dieser Zusammenhang hat sich auch empirisch bestätigen lassen. So fanden Danto et al. (1982), dass 66 % der Mörder innerhalb von 14 Stunden in Haft waren und die Aufklärungswahrscheinlichkeit nach 48 Stunden rapide abnahm.

auffälligen Täter suchen, der zudem die ansonsten eher üblichen Anknüpfpunkte einer Vorbeziehung zum Opfer nicht bietet. Auch werden die Ermittlungen mit zunehmender Dauer immer schwieriger, weil z.B. die Mobilität der Bevölkerung das Überprüfen von Personen erschwert oder das Erinnerungsvermögen von Zeugen nachlässt. Auch die zunehmende Erschöpfung der Mitglieder der Sonderkommission, die über Wochen, Monate und manchmal Jahre unter großem Druck und mit hohem Einsatz ermitteln, stellt ein Problem dar. Es ist hierbei immer wieder erstaunlich, wie lange die Motivation der Beamten trotz des mitunter über eine längere Zeit ausbleibenden Erfolges aufrechterhalten werden kann.

Das Potential der Operativen Fallanalyse
Gerade vor diesem Hintergrund stellt sich die Frage, was die Einheiten der Operativen Fallanalyse (OFA) in solchen Fällen leisten können, um die Ermittlungen zu unterstützen. Zunächst können sie im Wege der Durchführung von Einzelfallanalysen das Verstehen des Einzelfalles fördern und Hinweise für die Priorisierung von Ermittlungshandlungen geben.

Liegen bereits mehrere Taten vor, als deren Urheber ein einzelner Täter diskutiert wird, können vergleichende Serienanalysen durchgeführt werden. In der Regel werden einer solchen Serienanalyse Fallanalysen sämtlicher in Frage kommender Einzelfälle vorausgehen.[22] Es handelt sich also um ein sehr aufwendiges Verfahren. Allerdings hängt von der Frage «Zusammenhang ja oder nein?» zuviel ab, als dass man ihre Beantwortung einem analytischen Schnellschuss überlassen dürfte. Das, was an objektiven Daten vorhanden ist und für die Bewertung des Täterverhaltens herangezogen werden kann, muss fallanalytisch minutiös geprüft werden, um Einschätzungen zu Verhaltensbereichen treffen zu können, die für den Serienabgleich geeignet sind. Hier werden z.B. das Kontrollverhalten des Täters, Tatort- und Opfervariablen oder motivationale Einschätzungen eine große Rolle spielen.

Weitere Unterstützungsleistungen der OFA sind im Rahmen der Erarbeitung von Strategien zur Öffentlichkeitsfahndung oder zur Durchführung von Vernehmungen möglich.

Hinterlässt ein Täter mehrere handlungsrelevante Orte oder begeht er mehrere Taten (dies ist bei Serienmördern per se der Fall), können geografische Fallanalysen zur Bewertung des räumlichen Verhaltens des Täters und zur Eingrenzung seiner räumlichen Ankerpunkte (Rossmo 2000) eine überaus bedeutsame Hilfestellung zur Bündelung polizeilicher Maßnahmen sein. Trotz der Tatsache, dass hierbei ein spezielles Softwaresystem zum Einsatz kommen kann, darf nicht übersehen werden, dass zur Bewertung dieser Muster ein ganz spezifischer fallanalytisch-geografischer Sachverstand erforderlich ist und dieser Leistung in aller Regel zunächst eine fallanalytische Betrachtung der handlungsrelevanten Orte bzw. Einzelfallanalysen der einzelnen Taten vor-

---

[22] Zusätzlich wird eine Recherche im ViCLAS-Datenbanksystem zur Verknüpfung von Zusammenhängen bei sexuellen Gewaltdelikten und Tötungsdelikten erfolgen. Entsprechende Recherchen erfordern einen hohen fallanalytischen Sachverstand, was durch eine Integration der ViCLAS-Analyse in den Ansatz der Operativen Fallanalyse gewährleistet ist (zum ViCLAS-Datenbanksystem vgl. Nagel und Horn 1998, Baurmann 1999 und Dewald 2001).

auszugehen haben. Im Fall des Serientäters Ronnie Rieken hat die OFA des Bundeskriminalamtes im Rahmen der Fallanalyse eines der von diesem Serientäter begangenen Morde, der sich eine eingehende geografisch-fallanalytische Betrachtung des Falles anschloss, den Wohnort des Täters recht genau eingrenzen können.

Literaturangaben

Baurmann, M.C. (1999): ViCLAS – ein neues kriminalpolizeiliches Recherchewerkzeug. Datenbank als Hilfsmittel zur Bekämpfung der schweren Gewaltkriminalität im System «Operative Fallanalyse (OFA)». In Kriminalistik 12/99, 824–826.

Beasley, James O. (2001): Presentation on an ongoing research project carried out by the Behavioral Science Unit (BSU) given during official stay of BKA OFA-Unit at the FBI, Behavioral Analysis Unit (BAU).

Blumenstein, A., R. Rosenfeld (1999): Explaining Recent Trends in U.S. Homicide Rates. In The Journal of Criminal Law & Criminology, Vol. 88, No. 4, 1175–1216.

Bradway, W.C. (1990): Crime Scene Behavioral Analysis. In Law and Order, 09/90, 137–138.

Burgess, A.W., Hartman, C.R., Ressler, R.K., Douglas, J.E., McCormack A.(1986): Sexual Homicide. A Motivational Model. In Journal of Interpersonal Violence, Vol. 1, No. 3, September 1986, 251–272.

Campbell, Joseph (1999): Der Heros in tausend Gestalten. Frankfurt am Main und Leipzig (Original stammt aus 1949).

Danto, B.L. et al. (Hg.) (1982): The human side of homicide. New York.

Dern, H. (2000a): Recidivism, Repeated Crimes and Series – Serial Rape, Serial Murder. Presentation given at the European Conference «Methods of Behavioural Analysis within the European Police Forces». (In Vorbereitung)

Dern, H. (2000b): Operative Fallanalyse bei Tötungsdelikten. Kriminalistik 08/00, 53 –541.

Dewald, M. (2001): Die Datenbank ViCLAS. In Kriminalistik (in Vorbereitung).

Duerr, H.P. (1993): Obzönität und Gewalt. Der Mythos vom Zivilisationsprozeß, Bd. 3. Frankfurt/M.

Egger, S.A. (1990): Serial Murder: An elusive phenomenon, New York.

Egger, S. (1998): The Killers Among Us. An Examination of Serial Murder and Its Investigation. New Jersey.

Geberth, Vernon J. u. Ronald N. Turco (1997): Antisocial Personality Disorder, Sexual Sadism, Malignant Narcissim, and Serial Murder. In Journal of Forensic Sciences 42 (1), 49–60.

Groth, A.N.; Burgess, A.W.; Holmstrom, L.L. (1977): Rape, Power, Anger and Sexuality, In American Journal of Psychiatry, Vol. 134, 123–43.

Groth, A.N.; Birnbaum, H.J. (1979): Men who rape: the Psychology of the Offender. New York, Plenum Press.

Hanfland, K.A., R.D. Keppel und J.G. Weis (1992): Case Management: for missing children Homicide Investigation. In C.O. Gregoire, Attorney General of Washington und U.S. Department of Justice of Juvenile Justice and Delinquency Prevention.

Harbort S. (1999): Kriminologie des Serienmörders – Teil 1. In Kriminalistik 10/99, 64–650.

Hazelwood, R.R.; Burgess, A.W. (Hg.) (1987): Practical Aspects of Rape Investigation: A multidisciplinary Approach. New York, Elsevier Science Publishing. 1995 2nd).

Heindl, Robert (1927): Der Berufsverbrecher – ein Beitrag zur Strafrechtsreform. Berlin, 4. Aufl.

Hickey, E.W. (1997): Serial murderers and their victims. Wadsworth Publishing Company, Second Edition.

Holmes, R.M., Holmes S.T. (Hg.) (1998): Contemporary Perspectives on Serial Murder. Thousands Oaks u.a., Sage Publications.

Jenkins, P. (1994): Using Murder: the Social Construction of Serial Homicide. New York, de Gruyter.

Kernberg, O.F. (1978): Borderline-Störungen und pathologischer Narzißmus. Frankfurt am Main, Suhrkamp stw.

Kernberg, O.F. (1987): Pathologischer Narzißmus: Eine Übersicht. U. Rauchfleisch (Hg.): Allmacht und Ohnmacht. Das Konzept des Narzißmus in Theorie und Praxis, 12 – 24, Bern-Stuttgart-Toronto, Huber.

Keppel, Robert D.; Walter, Richard (1999): Profiling killers: A revised classification model for understanding sexual murder. International Journal of Offender Therapy and Comparative Criminology, Vol. 43 (4), 417–437.
Knight, R.A. & R.A. Prentky (1990): Classifying Sexual Offenders: The Development and Corroboration for Taxonomic Models. Marshall, W. L., D. R. Laws & H. E. Barbaree (Hg.): Handbook of Sexual Assault. NY, Plenum Press, 23–52.
Kohut, Heinz (1979): Die Heilung des Selbst. Frankfurt am Main, Suhrkamp stw.
Lempp, R. (1977): Jugendliche Mörder. (Huber) Bern u. a.
Lempp, Reinhart (1993): Mord und Totschlag. Die Motive Jugendlicher und Heranwachsender. N. Leygraf et al.: Die Sprache des Verbrechens. Wege zu einer klinischen Kriminologie. Stuttgart u.a. 7–12.
Lewis, D. u. a. (1986): Psychiatric, Neurological and Psychoeducational Characteristics of 15 Death Row Inmates in the USA. American Journal of Psychiatry, Vol. 143, 83 –845.
Nagel, U., Horn, A. (1998): ViCLAS – Ein Expertensystem als Ermittlungshilfe. Zum Thema Tatortanalyse, Täterprofiling und computerunterstützte kriminalpolizeiliche Auswertung. In Kriminalistik 1/98, 54–58.
Norris, J. (1989): Serial Killers. Doubleday, New York.
Oevermann, U.; A. Simm (1985): Zum Problem der Perseveranz in Delikttyp und Modus operandi. In U. Oevermann; L. Schuster; A. Simm: Zum Problem der Perseveranz in Delikttyp und Modus operandi. (BKA – Forschungsreihe Band 17). Wiesbaden, 129–437.
Oevermann, U. (1986): Kontroverse über sinnverstehende Soziologie. Einige wiederkehrende Probleme und Mißverständnisse in der Rezeption der «objektiven Hermeneutik». In S. Aufenanger, M. Lenssen (Hg.): Handlung und Sinnstruktur. Bedeutung und Anwendung der objektiven Hermeneutik. München, 19–83.
Prentky, R.A.; A.W. Burgess, Rokous, F.; Lee, A.; Hartmann, C.; Ressler R.; Douglas, J. (1989): Serial vs. solo sexual homicide. The role of fantasy (The Persumptive Role of Fantasy in Serial Sexual Homicide). In American Journal of Psychiatry, Vol. 146, No. 7, 887–891.
Prentky, R.A. (1992a): Progress in Classifying Rapists. Part I: The Dimensions. Violence Update, Vol. 2, No. 6, Feb. 92, 7–10.
Prentky, R.A. (1992b): Progress in Classifying Rapists. Part II: Motivational Themes. Violence Update, Vol. 3, No.2, Oct. 1992, 8–11.
Reichertz, Jo (1991): Aufklärungsarbeit – Kriminalpolizisten und Feldforscher bei der Arbeit. Stuttgart.
Reichertz, Jo (1992): Über das Schrottplatzdenken – Zur Systematik kriminalpolizeilichen Arbeitens. In ders. und N. Schröer (Hg.): Polizei vor Ort. Studien zur systematischen Polizeiforschung.
Reichertz, Jo (1998): Kriminalistische Expertensysteme oder Experten für kriminalistisches Denken? In Bundeskriminalamt (Hg.): Neue Freiheiten, neue Risiken, neue Chancen – BKA-Arbeitstagung 1997. BKA-Forschungsreihe, Bd. 48. Wiesbaden, 165–196.
Ressler, R.K.; Burgess, A.W.; Hartmann, C.R.; Douglas, J.E.; McCormack, A. (1986): Murderers who Rape and Multilate. In Journal of Interpersonal Violence, Vol.1, No. 3, 273–287.
Ressler, R.K.; Burgess, A.W, Douglas, J.E.; Hartmann, C.R.; D'Agostino, R.B. (1986): Sexual Killers and their Victims. In Journal of Interpersonal Violence, 1, 3, 288– 08.
Ressler, R.K.; Burgess, A.W.; Douglas, J.E (1988): Sexual Homicide, Patterns and Motives. New York, Lexington Books.
Rossmo, K. (2000): Geographic Profiling. Boca Raton u.a.
Salfati, C. Gabrielle (2000): The Nature of Expressiveness and Instrumentality in Homicide and its Implications for Offender Profiling. Blackman, P.H., Leggett, V.L., Olson, B.L., & Jarvis, J.P. (Eds.). (2000). The varieties of homicide and its research: Proceedings of the 1999 meeting of the Homicide Research Working Group. Washington, DC: Federal Bureau of Investigation.
Scheerer, Sebastian (2001): Mythos und Mythode. Zur sozialen Symbolik von Serienmördern und Profilern. Cornelia Musolff & Jens Hoffmann (Hg.): Täterprofile bei Gewaltverbrechen. Mythos, Theorien und Praxis des Profilings. Berlin u.a., Springer. 71–85.
Schorsch, E. (1988): Affekttaten und sexuelle Perversionstaten im strukturellen und psychodynamischen Vergleich. In Recht & Psychiatrie, Jg. 6, Heft 3, 10–19.
Vick, J. (1998): Vorbemerkung. Bundeskriminalamt (Hg.): Methoden der Fallanalyse. Ein internationales Symposium (BKA – Forschungsreihe Band 38.1). Wiesbaden, 7–14.

‹Die Entwicklung zu einem Serienmörder ist keine einfache Angelegenheit.›

Ein Interview mit zwei Legenden der Serienmord-Forschung:
Ann Wolbert Burgess und Robert Roy Hazelwood

Frank J. Robertz

Was liegt näher, als in einer Anthologie zum Thema «Serienmord» auch einige jener Pioniere zu Wort kommen zu lassen, denen die Serienmordforschung grundlegende Impulse verdankt?

Zum Zeitpunkt ihres Erscheinens boten Veröffentlichungen wie die legendäre FBI-Untersuchung im Standardwerk «Sexual Homicide» (Ressler/Burgess/Douglas 1988) oder Texte wie «The Lust Murderer» (Hazelwood/Douglas 1980) neue Ansätze zur Erforschung extremer Formen zwischenmenschlicher Gewalt. Während John Douglas und Robert Ressler sich danach verstärkt an ein breites Publikum wandten, blieben Ann Burgess und Roy Hazelwood der Forschung treu. Sie entwickelten sich im Gegensatz zu den ‹Stars› Douglas und Ressler zu vergleichsweise unbekannten Experten, deren Bedeutung nur wenigen auffiel, die aber unter Eingeweihten schon «Forscherlegenden» geworden sind. Grund genug, um die beiden zu einem Interview zu bitten, das dem Verfasser auch freundlicherweise gewährt wurde. Dabei zeigte sich, dass das Experiment, die Interviews aufgrund der räumlichen Entfernung per e-mail durchzuführen, durchaus Vorteile hat. So erleichtert dieses Experiment mit dem noch jungen Medium eine inhaltlich genaue Präsentation verschiedener Forschungsperspektiven und Ansichten aus erster Hand.[1]

Vor der Darstellung der eigentlichen Interviews sollen zunächst kurze Porträts stehen, um die jeweiligen Aussagen besser einordnen zu können und die Forschungstätigkeiten transparenter zu machen.

Teil I: Interview mit Ann W. Burgess

Ann Wolbert Burgess begann ihre Forschungsarbeiten in den frühen 70er Jahren am Boston City Hospital im Bereich der Viktimologie und hat seitdem eine erhebliche Menge an Artikeln und Büchern zu Themen wie Vergewaltigung, Sexualmord, Kindesentführung und Jugenddelinquenz veröffentlicht. Seit 1983 arbeitet sie als Professorin für «Psychiatric and Mental Health Nursing» an der University of Pennsylvania – School of Nursing. Dort unterrichtete sie bis zu ihrer kürzlichen Emeritierung Viktimologie, Forensische Wissenschaften sowie Forensische Psychiatrie als Elemente der forensischen

---

[1] Die Interviews wurden im Zeitraum von August bis November 2001 auf Englisch geführt und sind übersetzt und im Einzelfall nicht-sinnentstellend gekürzt worden. Man darf sich die Interviewsituation also nicht so vorstellen, dass die Beteiligten gemeinsam am runden Tisch miteinander diskutiert haben, sondern Fragen und Antworten wanderten abwechselnd auf elektronischem Wege zwischen den Kontinenten hin und her.

Ausbildung von Krankenschwestern. Mit dem «Episteme Award» wurde ihr 1999 die höchste internationale Auszeichnung ihres Fachgebietes zuteil.

Neben ihrer Arbeit in nationalen Gewaltkommissionen und als Sachverständige in Gerichtsverfahren hat sie Pionierstudien zur Reaktion von Frauen auf Vergewaltigungen und andere sexuelle Angriffe durchgeführt und gilt international als Expertin für die Behandlung von Traumata und Missbrauch. Gemeinsam mit Beamten des FBI arbeitete sie an Studien zu Serienmördern, seriellen Straftätern, sowie Verbindungen zwischen Kindesmisshandlung/-missbrauch, Jugenddelinquenz und daraus hervorgehenden Straftaten. Im Rahmen des vom FBI durchgeführten ‹Criminal Personality Research Project› (CPRP) war sie erheblich an der Entwicklung der Profiling-Methoden beteiligt.

FJR: *Dr. Burgess. Wie kam es, dass Sie in das Criminal Personality Research Project (CPRP) involviert wurden, und welchen speziellen Beitrag haben Sie dazu geleistet?*

AWB: Ich wurde zur Mitarbeit an diesem Projekt eingeladen, da ich bereits zum Thema «Vergewaltigungsopfer» gearbeitet hatte. Die Agenten benötigten Hilfe bei der Erstellung von Profilen der verstorbenen Opfer. Ich realisierte, dass es hier eine Menge darüber zu lernen gab, warum Männer vergewaltigen und dann morden oder auch morden und dann vergewaltigen. Ein solches Wissen könnte bei entsprechenden Präventionsanstrengungen sehr hilfreich sein. Das ‹Profiling› verschaffte mir Hinweise darauf, welche Informationen die Polizei benötigt, um Verdächtige festzunehmen, und was Männer dazu motiviert, einen Sexualmord zu begehen.

FJR: *Wo liegen denn die wissenschaftlichen Wurzeln des Motivationsmodells (welches das Kernstück der CPRP Erkenntnisse bildet)?*

AWB: Quellen für die Entwicklung des Motivationsmodells entstammen hauptsächlich der empirischen Arbeit mit den Profilern über Mörder und ihre Opfer. Tiefgehende und lange Interviews mit den Mördern erbrachten dabei die wichtigsten Daten.

Die wissenschaftlichen Wurzeln des Motivationsmodells zu Sexualmorden sind in Verhaltensweisen und psychologischen Dynamiken begründet. Profiler benutzen diese Verhaltensmuster. Die Dynamiken von Ärger und Wut werden nach Art des Angriffs in organisierte und desorganisierte Muster übersetzt, etwa ob eine Leiche an einer Stelle zurückgelassen oder fortbewegt wurde.

Dann fiel uns auf, dass diese Verhaltensmuster sich jeweils mit kognitiven Denkmustern verknüpfen ließen, und die Psychodynamiken wurden uns klarer.

Die Forschung entwickelte den Profiling-Ansatz weiter, denn Psychodynamiken allein waren unzureichend, um einen Verdächtigen zu überführen. Die Profiler gewannen wichtige Erkenntnisse durch das Opfer, den Tatort, Charakteristiken, anhand derer ein Mörder einen bestimmten Ort aussuchte usw.

Wir führten auch eine qualitative Exploration von Serienmördern durch. Wir analysierten die Interviews, welche die Agenten Stunden um Stunden mit den Mördern durchgeführt hatten. Das erlaubte es uns, in die Köpfe der Täter zu blicken und deren Denkmuster anhand ihrer Phantasien zu verstehen.

Die biographische Geschichte der Mörder ergab eine Verbindung zu ihrem kriminellen Verhalten.

FJR: *Könnten Sie bitte kurz darauf eingehen, welche Methoden Sie benutzt haben, um die Interviews durchzuführen und um die Bänder anschließend auszuwerten.*

AWB: Die Interviews beinhalteten zwei Teile. Zum einen gab es einen Leitfaden mit spezifischen Fragen in Bezug auf Kindheit, Sozialisation usw., dem die Agenten folgten. Die Antworten waren ein Teil des Kapitels «Growing Up to Murder». Zum anderen beschäftigten sich unstrukturierte Fragen mit Aspekten der eigentlichen Verbrechen. Die Befragten wurden gebeten, so detailliert zu antworten, wie es ihre Erinnerung zuließ. Diese Fragen vermittelten uns Anhaltspunkte zu Denkmustern, sadistischen Phantasien und Tatdurchführungen.

FJR: *Wie läßt sich der Ursprung und die Entwicklung einer sadistischen Phantasie beschreiben?*

AWB: Eine sadistische Phantasie ist keine unnatürliche Erfahrung in der menschlichen Entwicklung. Wir haben mehrere Wege der Entwicklung zu einer sadistischen Phantasie bei Serienmördern gefunden. Wenn eine sadistische Phantasie intensiver wird und die phantasierende Person in eine Rolle bringt, über ein Subjekt Kontrolle auszuüben, dann beruhigt dies das Gefühl der Hilflosigkeit, welches der Sadist in seiner eigenen Geschichte erfahren hat. Er beginnt dann, diese Phantasie weiterzuentwickeln, um sein Gefühl der eigenen Minderwertigkeit auszugleichen. Dies ist der eine Weg, der kompensatorische Weg.

Der andere Weg ist die Verbindung von Wohlgefühl mit der Zufügung von Schmerz. Der Ursprung liegt hier in einem Missbrauchs-/Misshandlungserleben in der eigenen Kindheit, der Vernachlässigung bzw. unzureichenden Versorgung der erlittenen Verletzungen und Schmerzen sowie einer stellvertretenden Freude am Trauma. Zudem ist Macht in Bezug auf Sadismus sehr relevant – sowohl das Erleben machtvoll zu sein als auch machtlos zu sein. Mörder berichten diesbezüglich sowohl von angenehmen als auch von traumatisierenden Erfahrungen.

FJR: *Warum werden männliche Serienmörder so stark von weiblichen Tätern unterschieden?*

AWB: Frauen können durchaus sadistische Mörderinnen sein, aber die Häufigkeitsverteilung indiziert eher ein männliches Verhalten. Weiblicher Sadismus wird aber bei jungen Kindern beobachtet. Sich aggressiv zu verhalten und aggressiven

Impulsen zu folgen, ist biologisch begründet, wird aber als männliche Verhaltensweise eher verziehen.

FJR: *Ich stimme mit Ihnen überein, dass Aggression (im Sinne einer psychologischen Deutungsweise als ‹absichtliche Schadenszufügung›) zu großen Teilen durch biologische Aspekte und gelerntes Verhalten bestimmt wird und verschiedene Ausprägungen der Aggression bei Männern und Frauen verdeutlichen kann. Aber kann das wirklich erklären, dass weiblicher Sadismus nicht im selben Maße bei erwachsenen Frauen beobachtet wird? Könnte es vielleicht sein, dass einige Frauen andere Wege gefunden haben, ihre sadistischen Bedürfnisse auszuleben? Wege, die unauffälliger und eher sozial akzeptiert sind?*

AWB: Die Aspekte Macht und Kontrolle sind sehr wichtig in Bezug auf Sadismus, und Kinder repräsentieren dies für erwachsene Frauen. Ich habe keine Untersuchungen zu weiblichem Sadismus wahrgenommen und kann leider nicht mehr dazu sagen. Ich vermute, dass uns eine Studie mit Prostituierten hier einige Anhaltspunkte geben könnte.

FJR: *Warum haben einige Menschen Mordphantasien, ohne diese tatsächlich auszuleben?*

AWB: Es geht nicht nur darum, Mordphantasien zu haben. Vielmehr ist die Ausprägung der Phantasien von Serienmördern so stark, dass sie ihr ganzes emotionales Leben dominiert. Die emotionale Verbindung zum Leben verläuft über ihre Phantasie. Serienmörder gehen mit anderen Menschen nicht auf einer wechselseitigen Beziehungsebene um. Ihre Involviertheit in die eigene Phantasie ist für sie extrem intensiv, häufig und wertvoll für den Umgang mit den eigenen Emotionen. Menschen, die Mordphantasien nicht ausagieren, sind gewöhnlich stärker sozialisiert und haben ein besseres Beziehungsgefüge.

FJR: *Einige Menschen scheinen Serienmörder sogar zu verehren (etwa durch das Erwerben persönlicher Gegenstände dieser Mörder oder durch das Tragen von T-Shirts mit deren Konterfei). Worin könnte die Ursache hierfür zu suchen sein?*

AWB: Ja, einige Menschen verehren Serienmörder. Es ist eine Projektion ihrer eigenen Ausrichtung am Bösen oder eine Normalisierungstendenz bezüglich ihrer eigenen Phantasien.

FJR: *Ich verstehe den Aspekt der Normalisierung eigener Phantasien, aber was genau meinen Sie mit der «Projektion ihrer eigenen Ausrichtung am Bösen»? Worin liegen die Ursachen dafür?*

AWB: Ich vermute, dass es die verschiedensten Gründe dafür gibt, dass sich jemand mit einem Serienmörder identifiziert. Ein Grund könnte eben jene Projektion sein. Ich habe allerdings solche Menschen weder studiert, noch mich mit ihnen unterhalten. Das wäre sicherlich ein sehr spannendes Forschungsgebiet.

FJR: *Welche Präventionsstrategien halten Sie für sinnvoll?*

AWB: Die grundlegende Präventionsstrategie ist eine frühzeitige Intervention und Behandlung von Kindesmissbrauch/-misshandlung, insbesondere in Schlüsselphasen der Entwicklung. Die Bindung an positive und beschützende Erwachsene schlägt ansonsten für die betroffenen Kinder fehl. Der Kern einer sadistischen Phantasie entwickelt sich aus den eigenen Erfahrungen dieser kindlichen Opfer und löst die Beschäftigung mit Macht, Kontrolle und Zorn aus, die an Intensität zunimmt und als Jugendlicher oder Erwachsener dann ausgelebt wird.

Die Entwicklung zu einem Serienmörder ist keine einfache Angelegenheit. Es wird dringend eine verstärkte Forschung benötigt – insbesondere um Gehirnschädigungen, hormonelle Veränderungen, genetische Strukturen, Umweltbedingungen und Entwicklungsverläufe in Bezug auf Traumata durch Kindesmissbrauch/-misshandlung zu erfassen.

FJR: *Sind Serienmörder Ihrer Meinung nach heilbar? Wie sollten wir mit überführten Serienmördern umgehen?*

AWB: Serienmörder sind nicht heilbar. Ihre psychologischen Charakteristika variieren von schweren Persönlichkeitsstörungen bis hin zu Psychosen, und wir müssen lernen, diese Variationen zu verstehen. Die Mörder müssen zum Schutz für die Gesellschaft und zu ihrem eigenen Schutz eingesperrt werden. Viele haben erklärt, dass sie sich nicht vom Töten abhalten konnten. Wir könnten versuchen, sie im Gefängnis zu behandeln, um herauszufinden, ‹was falsch gelaufen ist›.

Teil II: Interview mit Robert R. Hazelwood

Robert Roy Hazelwood war, nach seiner Zeit als Major des «United States Military Police Corps», 22 Jahre lang beim FBI beschäftigt und dort u.a. mit dem Schwerpunkt «Sexualdelikte» als Supervisory Special Agent in der Behavioral Science Unit (BSU) und im «Management Aptitude» Programm an der FBI Academy in Quantico tätig.

Er verfügt über einen «Master of Science»-Abschluss, hat an mehreren Universitäten gelehrt und mehr als 200.000 Fachkräfte aus den Bereichen Strafverfolgung, Psychiatrie, Strafvollstreckung, Medizin, Sozialarbeit, Bewährungshilfe, Jura usw. unterrichtet. Dabei erhielt er zahlreiche Auszeichnungen und Zertifikate von Universitäten, justiziellen Vereinigungen und Strafverfolgungsbehörden in den USA. Seine Veröffentlichungsliste umfasst heute mehr als 40 Artikel und 5 Bücher, die sich weitgehend mit seiner Forschungsarbeit befassen. So entstand etwa wegen seines frühen Interesses an autoerotischen Todesfällen eine sehr interessante Studie an über 150 Fällen, und er publizierte die größte bekannte Studie zu Ansichten der Polizei in Bezug auf Vergewaltigungen durch. Gemeinsam mit Park Dietz und Janet Warren interviewte Hazelwood weiterhin Männer, die wegen sexuellen sadistischen Taten inhaftiert waren, und führte eine Studie durch, die sich mit den Frauen und Freundinnen von sexuellen Sadisten beschäftigte. Derzeit arbeitet er mit John Hunter an einer Untersuchung zu jugendlichen Sexualstraftätern.

Er ist Vizepräsident der weltweit tätigen «Academy Group, Inc.», einer forensischen Consulting-Firma, die auch andere ehemalige Mitglieder der BSU umfasst und ihre Klienten überwiegend auf Ebene der Regierung, der Industrie und des Kriminaljustizsystems findet. Als Berater wird er überwiegend in Fällen von Vergewaltigung, Mord, Kindesmissbrauch sowie zweifelhaften oder autoerotischen Todesfällen konsultiert – sowohl als Sachverständiger vor Gericht als auch in Komitees des «House of Representatives», des US Senats und des «Presidential Committees».

Wie aus der kurzen Porträtierung ersichtlich ist, liegt der Fokus von Roy Hazelwoods Arbeit mittlerweile nicht mehr auf dem Kernthema «Serienmord». Obwohl er bereits 1980 die heute vielgenutzte Unterscheidung zwischen ‹organized non-social› und ‹disorganized asocial› Lustmördern schuf (Hazelwood/Douglas 1980), beschäftigte er sich in den letzten beiden Jahrzehnten schwerpunktmäßig mit verschiedenen Untersuchungen zu Themen wie etwa Serienvergewaltigung, autoerotischen Todesfällen oder sexuellem Sadismus.

Demzufolge beziehen sich die im Folgenden dargestellten Fragen vor allem auf einen bedeutenden Randbereich des Serienmordes, den er ausführlich beforscht hat: Hazelwood unterscheidet sexuell gewalttätige Straftäter in ‹ritualistische› und ‹impulsive› Täter.[2] Obwohl nicht alle ritualistischen Sexualstraftäter von Tötungen phantasieren, beinhalten deren spezifische sexuelle Phantasien doch zahlreiche Verbindungen zu den Phantasien von Serienmördern. Dies nicht zuletzt, da sowohl Serienmörder als auch ritualistische Sexualstraftäter offenbar ein Phantasieerleben aufweisen, welches weite Teile ihres Denken und Handelns bestimmt. Es vereint jeweils Vorstellungen, die von ihnen immer wieder durchlebt und ausgeschmückt werden, um schließlich in den Taten ausgelebt zu werden. Zudem gleichen sich die Inhalte der Phantasien in großen Bereichen (Kontrolle, Dominanz, Gewalt, Schmerzzufügung etc.), und rein phänomenologisch betrachtet haben letztlich eine große Anzahl der von Hazelwood untersuchten Fälle ritualistischer Sexualstraftäter ihre Opfer getötet – oder doch zumindest davon phantasiert (Hazelwood/Warren 2001a & 2001b). Ebenso haben viele Serienmörder vor ihren Morden Vergewaltigungen begangen, die den Taten ritualistischer Sexualstraftäter ähneln. Gründe genug, um die Entstehung dieser Phantasien von Hazelwoods Standpunkt aus näher zu betrachten.

FJR: *Von Ann W. Burgess haben wir bereits eine Einschätzung zu Ursprung und Entwicklung einer sadistischen Phantasie[3] gehört. Nicht alle sexuellen Sadisten leben*

---

[2] Hazelwood spezifiziert diesbezüglich: «The Impulsive Offender seems to be situationally motivated and characterized by a character style and erotic predisposition that allows for the opportunistic pairing of sexual and aggressive impulses. The Ritualistic Offender appears to be far more specific in his intent and criminal behavior and largely motivated by the complex re-enactment of specific, sexual fantasies that pair himself and the victim in an erotically repetitious and arousing interaction.» (Hazelwood/Warren 2001b)

[3] Es ist zu berücksichtigen, dass Hazelwood erst dann von sexuell sadistischer Phantasie spricht, wenn dem

diese Vorstellungen aus oder benutzen dazu zumindest nicht unfreiwillige Partner oder gar tödliche Gewaltanwendungen. Was sind Ihrer Ansicht nach Schlüsselfaktoren für die Entwicklung einer solchen sadistischen Phantasie?

RRH: Ich bin überzeugt, dass die Erziehung und die Lebenserfahrung eines Täters die beiden Schlüsselfaktoren für die Entwicklung seiner Phantasien sind.

FJR: *Welche Rolle spielt denn die Erziehung (education) in der Entwicklung einer sadistischen Phantasie?*

RRH: Es gibt eine Reihe verschiedener Arten von Erziehung/Anleitung, derer sich ein sexueller Straftäter bedienen kann:

Zunächst ist da die formale Ausbildung, welche in einem akademischen Setting erreicht werden kann (z.B. das Studium von Kriminologie, Psychologie etc.). Weiterhin das Lernen aus eigener Erfahrung (z.B. das physische oder mentale Ausprobieren eigener Vorstellungen). Ebenso kann man sich durch Publikationen wie etwa «detective magazines», das psychiatrische Diagnosehandbuch DSM IV, fiktionale Romane wie «The Collector» von John Fowles, True-Crime-Bücher und/oder psychologische Bücher anleiten. Dann gibt es da noch Lehrmaterial durch das Fernsehen oder Kino (z.B. «Kiss the Girls», «Friday the 13th» usw.) sowie letztlich die Unterweisungen durch Gleichaltrige und Partner.

Die Anleitung zur Begehung der Straftaten spielt eine sehr wichtige Rolle bei der Entwicklung von Phantasien. Die Täter müssen ihre Vorstellungen aus dem speisen, was sie sehen oder hören, und dazu müssen sie in einem oder mehreren der gerade genannten «Erziehungs»-Bereiche fündig werden.

FJR: *Und wie steht es mit dem anderen Faktor, den Sie erwähnt haben: Wie beeinflussen Lebenserfahrungen die Entstehung einer sadistischen Phantasie?*

RRH: Lebenserfahrungen beinhalten das Erziehungsumfeld, die Interaktion zwischen den Eltern; die Interaktion mit Mutter und Vater; ob jemand sexuell, körperlich oder emotional missbraucht/misshandelt worden ist oder nicht; ob jemand Pornographie ausgesetzt war, oder nicht; die Entwicklung seiner physischen und sexuellen Reife; die Entwicklung seines Selbstvertrauens; die Entwicklung seiner Bewältigungsstrategien usw. usw.

FJR: *Was sind typische Aspekte dieser Phantasien?*

RRH: In Bezug auf einen ritualistischen Sexualstraftäter und abhängig von seiner Motivation (Wut, Macht oder eine Kombination von beidem) wird der Schwerpunkt

---

Opfer in den Vorstellungen unfreiwillig Leid zugefügt wird, wenn dieses Leid bewusst herbeigeführt wird und wenn dies auf den Täter sexuell erregend wirkt (vgl. Hazelwood/Dietz/Warren 2001).

auf einer der fünf Ebenen[4] liegen. Beispielsweise ist der sexuelle Sadist ein ritualistischer Straftäter, bei dem die erkennbaren Paraphilien (z.B. Sadismus, Voyeurismus, Fesselung usw.) die wichtigsten Komponenten seiner Phantasien sind. Ein machtmotivierter ritualistischer Täter mag demgegenüber den Schwerpunkt seiner Phantasien auf die Beziehungsebene zum Opfer legen.

FJR: *Sie haben kürzlich in einem Ihrer Artikel beschrieben, auf welche vielfältigen Weisen sadistische Phantasien in der Realität ausgelebt werden können. Darunter befanden sich beispielsweise Manipulationen an unbelebten Objekten (Zerstörung von weiblicher Kleidung oder von Puppen, Veränderungen an Fotografien) oder Misshandlungen von «freiwilligen» Partnern wie Prostituierten oder Ehefrauen/Freundinnen usw. (Hazelwood/Warren 2001a). Andere sexuelle Sadisten hingegen begehen schwere und menschenverachtende Straftaten an unfreiwilligen Opfern, und einige töten sogar Ihre Opfer. Warum gehen diese Menschen letztlich so weit, die von ihnen gequälten Opfer umzubringen?*

RRH: Ich glaube, dass die Ursache, warum einige Sadisten töten, hauptsächlich in ihrer «Langeweile» zu suchen ist. Wie ein sadistischer Vergewaltiger mir sagte: «I was about to kill when I was caught ... because rape was becoming boring.» Leonard Lake sagte: «Life as I am living it is boring.» Sie sind der Meinung, dass ihre bisherigen Handlungen zu diesem Zeitpunkt die Würze oder den Nervenkitzel verloren haben.

FJR: *Lassen Sie mich diesen Punkt noch einmal etwas breiter fassen. Was ist der Grund für diesen Unterschied im Verhalten von verschiedenen sexuellen Sadisten? Warum belassen es einige dabei, Ihre Phantasie nicht in die Realität umzusetzen, während andere Sadisten «freiwillige» Partner suchen und wieder andere Sadisten Opfer zur Umsetzung ihrer Phantasien in der Realität missbrauchen?*

RRH: Diese Frage (warum einige ihre Phantasien in Straftaten umsetzen und andere nicht) ist die ewige Frage. Sie hat keine Antwort, die für die gesamte Straftäterpopulation generalisierbar wäre. Ich bin nicht sicher, ob jemand diese Frage jemals beantworten kann. Ich kann es sicherlich nicht. Tut mir leid.

FJR: *Gut. Lassen Sie uns über den Einfluss von Massenmedien sprechen: Welche Rolle spielen Massenmedien bei sogenannten «copycat crimes»?*

RRH: Zunächst einmal gibt es meiner Meinung nach gar keine «copycat crimes». Sexualstraftäter begehen Verbrechen dergestalt, dass sie psychosexuell **für sie**

---

[4] Anmerkung des Verfassers: Hazelwood analysiert bei der Strafverfolgung von ritualistischen Sexualstraftätern 5 Ebenen der sexuellen Phantasien. Neben der Beziehungsebene zum Opfer und den aufgrund der Tatbegehung erkennbaren Paraphilien (Arten sexueller Abweichungen), betrachtet Hazelwood zudem demographische Aspekte der Opfer und der Tatsituation sowie die Dimension der Selbstwahrnehmung des Täters, welche u.U. sämtlich Rückschlüsse über die zugrunde liegenden Phantasievorstellungen erlauben können (Hazelwood/Warren 2001b).

selbst erregend sind. Konsequenterweise werden sie nicht ihre Phantasien in einer Art ausleben, die jemand anders psychosexuell erregend findet. Das bedeutet nicht, dass ein Straftäter nicht einen oder mehrere Aspekte der sexuellen Straftaten von anderen Personen in seine eigenen Verbrechen einbauen wird, aber ich glaube nicht, dass jemand so weit gehen würde, die Verbrechen eines Ted Bundy oder John Wayne Gacy wirklich zu kopieren.

FJR: *Werden denn sadistische Phantasien durch Medieneinflüsse angeheizt?*

RRH: Sadistische Phantasien werden auf jeden Fall durch Medieneinflüsse angeheizt. Das berührt auch die Aspekte, welche ich eingangs in Bezug auf die Rolle der Erziehung für die Entstehung einer sadistischen Phantasie ausgeführt habe. Leonard Lake etwa konstruierte eine «Sklavenzelle», die er dazu benutzte, um Frauen gefangen zu halten. Er nannte seinen Plan «Miranda», nach einer gefangengehaltenen Frau in der fiktiven Geschichte «The Collector».

FJR: *Und kann dieser Prozess irgendwie kontrolliert werden?*

RRH: In einer Demokratie die Medien kontrollieren? Nein, ich denke nicht, dass es Mittel und Wege gibt, den Einfluss der Medien auf gewalttätig-sexuelle Straftaten zu kontrollieren.

FJR: *Wenn man berücksichtigt, was Sie kürzlich bezüglich des Narzissmus einiger Täter geschrieben haben (Michaud/Hazelwood 2001, 28/65/73), dann scheint es nicht nur eine einseitige Beeinflussung von Täterphantasien durch Massenmedien zu geben, sondern eher ein komplexes Schema gegenseitiger Beeinflussung zwischen Medien und narzisstischen Sexualstraftätern. Täter, die sich selbst und ihre Straftaten glorifizieren, und auch die Massenmedien mit ihrem Interesse an möglichst sensationellen und somit verkaufsfördernden Geschehnissen, heizen beide die sadistischen Phantasien weiterer Menschen an. Einige dieser Menschen wollen dann wiederum infolge ihres eigenen Narzissmus an derartige Taten anknüpfen. Zudem verändert all das auch die Sicht der Gesellschaft hinsichtlich solcher Straftaten und verschiebt moralische Grenzen, die neue Straftaten umsetzbarer erscheinen lassen (a.a.O., epilogue). Sollte man nicht dringend versuchen, diesen Teufelskreis zu durchbrechen? Haben Sie vielleicht eine Idee, wie man das erreichen kann?*

RRH: Ja, einen solchen Teufelskreis sollte man stoppen, aber leider habe ich keine Vorstellung, wie man das erreichen könnte. Diese Prozesse finden bereits statt, seit es Berichterstattungen über Straftaten gibt.

FJR: *Können wir als Kriminologen denn gar nichts gegen diese Tendenz unternehmen? Oder sind wir eventuell sogar ein Teil des Problems, indem wir Bücher über derartige Themen schreiben?*

RRH: Ich glaube nicht, dass Autoren, die sich seriös in Büchern und Artikeln mit dieser Thematik auseinandersetzen, ein Teil des Problems sind. Ich bin schon seit langem zu der Schlussfolgerung gelangt, dass bestimmte Individuen überall relevante Materialien finden können und dass seriöse Autoren sogar die Verpflichtung haben, die Mitglieder der ‹criminal justice community› und auch die Bevölkerung zu informieren. Was wir jedoch erreichen sollten, ist, den Sensationalismus aus entsprechenden Publikationen zu verbannen.

FJR: *Noch einmal zurück zum Narzissmus. Sie vertreten die Meinung, dass das sogenannte ‹bulletproof syndrome› (wenn Täter beginnen, unnötige Risiken in der Tatdurchführung und -verdeckung einzugehen) ausschließlich auf deren Narzissmus zurückzuführen ist. Warum glauben Sie nicht, dass diese Täter nicht auch durch kleine unbewusste Ausbrüche von Reue – oder durch das erneute Durchleben des reinen Horrors der Tötungssituationen – derart handeln, so wie es einige Psychologen und Psychiater vorschlagen?*

RRH: Sie haben Ihre Antwort gerade selbst vorweggenommen, indem sie die Formulierung ‹glauben› gewählt haben. Es gibt keine Möglichkeit, das Unbewusste zu beweisen oder zu widerlegen. Deshalb müssen wir uns auf die Faktoren oder Einflüsse verlassen, die wir dokumentieren können.

Ich erkläre meinen Zuhörern auf Vorträgen mit Vorliebe, dass ich zu alt bin, um mich auf Hypothesen oder Theorien zu verlassen. Ich brauche Informationen, die praktische Relevanz haben und direkt auf ein bestimmtes Problem angewandt werden können.

FJR: *Welche Strategien könnten sich überhaupt als nützlich erweisen, um die Entstehung von sexuellen Phantasien zu verhindern? Wie könnten solche extremen Phantasien kontrolliert werden?*

RRH: Ich glaube nicht, dass es eine Möglichkeit gibt, die Phantasien anderer Menschen zu kontrollieren.

FJR: *Sind sadistische Phantasien denn behandelbar?*

RRH: In Abhängigkeit von bestimmten Faktoren sind Phantasien durchaus behandelbar. Diese Faktoren beinhalten das Alter der Person (z.B. je jünger, je besser); ob die Person durch ihre Phantasien gepeinigt wird, oder nicht; ob sie behandelt werden will, oder nicht; und ob der behandelnde Arzt sich mit menschlicher Sexualität im Allgemeinen und sexuellem Sadismus im Besonderen gut auskennt.

FJR: *Vielen Dank für Ihre Ausführungen, Herr Hazelwood.*

Themenspezifisch ausgewählte Bibliographie der Interviewten

Burgess, Ann W. (1978): «Sexual Assault of Children and Adolescents», (D.C. Chariot Books Publishing).
Burgess, Ann W./Hazelwood, Robert R. et al (1987): «Serial Rapists and Their Victims: Re-enactment and Repetition», *Current Perspectives in Human Sexual Aggression in Annals, New York Academy of Sciences* 528, 277–295.
Burgess, Ann W./Crowell, Nancy A. (1996): «Understanding Violence Against Women», (National Academy Press).
Burgess, Ann W./Prentky, Robert Alan (2000): «Forensic Management of Sexual Offenders (Perspectives in Sexuality: Behavior, Research and Therapy)» (Plenum Publisher Corp.).
Dietz, Park Elliott/Harry, Bruce/Hazelwood, Robert R. (1986): «Detective Magazines: Pornography for the Sexual Sadist?», *Journal of Forensic Sciences* 31, 197–211.
Dietz, Park Elliott/Hazelwood, Robert R. /Warren, Janet I. (1990): «The Sexually Sadistic Criminal and his Offences», *Bulletin of the American Academy of Psychiatry and Law* 18, 163–178.
Douglas, John E./Burgess, Ann W./Burgess, Allen G./Ressler, Robert (1997): «Crime Classification Manual» (Jossey-Bass Publishing).
Hazelwood, Robert R./Douglas, John E. (1980): «The Lust Murderer», *FBI Law Enforcement Bulletin* 49, 18–22.
Hazelwood, Robert R./Burgess, Ann W./Park Elliott Dietz (1981): «The Investigation of Autoerotic *Journal of Police Science and Administration* 9, 4.
Hazelwood, Robert R./Park Elliott Dietz/Burgess, Ann W. (1982): «Sexual Fatalities: Behavioral Reconstructions in Equivocal Cases», *Journal of Forensic Sciences* 27, 4.
Hazelwood, Robert R. (1983): «The Behavioral-Oriented Interview of Rape Victims: The Key to Profiling», *FBI Law Enforcement Bulletin* (Sept. 83).
Hazelwood, Robert R./Park Elliott Dietz/Burgess, Ann W. (1983): «Autoerotic Fatalities», Lexington, Mass. (Lexington Books).
Hazelwood, Robert R./Burgess, Ann W. (1987): «An Introduction to the Serial Rapist: Research by the FBI», *FBI Law Enforcement Bulletin* (Sept. 87).
Hazelwood, Robert R./Warren, Janet I. (1989): «The Serial Rapist: His Characteristics and Victims» Parts I and II, *FBI Law Enforcement Bulletin* (Jan./Feb. 89).
Hazelwood, Robert R./Burgess, Ann W. (2001): «Practical Aspects of Rape Investigation», (CRC Press).
Hazelwood, Robert R./Dietz, Park Elliott/Warren, Janet I. (2001): «The Criminal Sexual Sadist», Burgess/Hazelwood: ‹Practical Aspects of Rape Investigation›, 3rd edition CRC Press, chapter 22.
Hazelwood, Robert R./Warren, Janet I. (2001a): «The Relevance of Fantasy in Serial Sexual Crimes Investigation», Burgess/Hazelwood: ‹Practical Aspects of Rape Investigation›, 3rd edition CRC Press, chapter 5.
Hazelwood, Robert R./Warren, Janet I. (2001b): «The Sexually Violent Offender: Impulsive or Ritualistic», Burgess/Hazelwood: ‹Practical Aspects of Rape Investigation›, 3rd edition CRC Press, chapter 6.
Michaud, Stephen G./Hazelwood, Roy (1998): «The Evil That Men Do», New York (St. Martin's Press).
Michaud, Stephen G./Hazelwood, Roy (2001): «Dark Dreams», New York (St. Martin's Press).
Prentky, Robert Alan/Burgess, Ann W./Rokous, Frances/Lee, Austin/Hartman, Carol/Ressler, Robert/Douglas, John (1989): «The Presumptive Role of Fantasy in Serial Sexual Homicide», in *American Journal of Psychiatry* 146, 887–891.
Ressler, Robert K./Burgess, Ann W./Douglas, John E. (1983): «Rape and Rape-Murder: One Offender and Twelve Victims» *American Journal of Psychiatry* 140, 36–40.
Ressler, Robert K./Burgess, Ann W./Douglas, John E. (1988): «Sexual Homicide. Patterns and Motives», New York (neuere unveränderte Ausgabe durch The Free Press 1996).
Ressler, Robert K./Burgess, Ann W./Douglas, John E./Hartmann, Carol R./D›Agostino, Ralf B. (1986): «Sexual Killers and Their Victims: Identifying Patterns Through Crime Scene Analysis», *Journal of Interpersonal Violence* 1, 288–308.

Zwischenreflexion

Warum Serienmord fasziniert[1]
Ein kriminologisch-kulturwissenschaftliches Essay

Frank J. Robertz

> *«Und immer wieder bekomme ich von ganz normalen Bürgern zu hören,*
> *dass sie es interessant fänden, bei einer Cocktailparty mit Ted Bundy*
> *oder anderen Serienverbrechern zu plaudern. (...)*
> *Diese Leute sind und bleiben jedoch abstoßende, grausame Mörder.»*
> Ressler/Shachtman 1994, 305

Serienmörder fungieren als «Inkarnation des Bösen, faszinierend und abstoßend zugleich» (Meierding 1993, 9). Während die Abstoßung aufgrund der Ächtung ihrer Handlungen durch unsere kulturellen Normen und Werte leicht zu erklären ist, gibt die Faszination einige Rätsel auf.

Unbestreitbar ist, dass diese Faszination existiert und sich mitunter in merkwürdigen Symptomen äußert. Auch wenn wir uns schon fast daran gewöhnt haben, dass Serienmörder in Filmproduktionen als Publikumsmagneten fungieren, als Protagonisten von Büchern die Bestsellerlisten stürmen und in zahllosen Theaterstücken, Kunstwerken und wissenschaftlichen Seminaren auftauchen, so mutet doch ihre Vermarktung in Form von Fanzines, Comics, Brett- und Rollenspielen, Sammelbildern und T-Shirts mitunter verstörend an. Noch absonderlicher wirkt etwa John Wayne Gacys Verkauf seiner signierten Selbstporträts und die Einrichtung einer gebührenpflichtigen Hotline mit seinen Erzählungen (vgl. Rink 1996, 1/2) oder die Versteigerung von Jeffrey Dahmers Todeswerkzeugen (vgl. Ruge 1995, 37), der im Übrigen, wie einige andere Serienmörder auch, sogar Fanpost und Geld in seine Zelle geschickt bekam (vgl. Krug/Mathes 1996, 20).

Es ist nicht leicht zu erklären, woher es wohl kommen mag, dass so viele Menschen sich von Serienmördern so faszinieren lassen.

I. Vom Ent-Setzen in der ‹gerechten Welt›

Es geht ein Schauder aus von einer alle Grenzen des Menschlichen und des Möglichen sprengenden Gewalt für den es verschiedene Erklärungsansätze gibt: Zum einen lassen er und die aus ihm folgende Schaulust sich auf den Wunsch zurückführen, den eigenen Sadismus durch das Zuschauen und Mit-Erleben zu befriedigen. Zum anderen lassen sie sich als Versuch interpretieren, Antworten zu finden auf existenzielle Fragen von Schmerz und Tod.

Fest steht, dass interpersonelle Gewalt Menschen schon seit jeher beschäftigt hat und heute im Serienmord einen Extrempunkt findet. Von diesem Punkt aus betrachtet, fällt es schwer sich einzugestehen, dass Menschen dazu fähig sind. Es lähmt förmlich, mitzuerleben, wie sich Serienmörder in narzisstischer Selbstbespiegelung über Grundfeste

---

[1] Faszination ist im Rahmen dieses Essays nicht primär als Anziehung, sondern vor allem als Ambivalenz zu verstehen, die das Bedürfnis weckt, gleichzeitig diesem fremden, furchterregenden und verstörenden Thema auszuweichen und es intensiv zu ergründen.

sozialer Normen hinwegsetzen. Somit kann eine Beschäftigung mit diesem Thema auch dazu dienen, die eigenen seelischen Belastbarkeitsgrenzen auszutesten.

Eine weitere Möglichkeit wäre der Versuch, die reale Ebene des Grauens auszublenden, indem Serienmörder in künstliche und berechenbare Fiktionen eingebunden werden. Die Gewissheit eines Happy End oder zumindest die Sicherheit, dass Film oder Buch ein endgültiges Ende finden werden, aus dem der Betrachter oder Leser unbeschadet hervorgeht, bändigt das reale Grauen einer realen Handlungsweise. Zur Not kann man ja immer noch wegsehen oder das Buch zur Seite legen.

Die Darstellung von Serienmorden in medialen Fiktionen fasziniert zudem durch den Charakter des Seriellen an sich. Herkömmliche Schemata, deren Spannungsaufbau davon abhängt, dass Helden die Gauner von ihrem Tun abhalten müssen, werden verschärft. Die Konsequenz eines Versagens ist dann nicht mehr «nur» ein Bankraub oder eine Entführung, sondern das fortgesetzte Auslöschen von Leben auf besonders amoralische Weise. Wie ließe sich einfacher eine solch hohe Spannung erzeugen?

Bei alldem bleibt jedoch auch der Wunsch, diese Taten zu verstehen – sie erklärbar zu machen und in das bestehende Weltbild einzufügen – oder aber, wenn dies nicht gelingt, den Serienmörder als «Bestie» zu entmenschlichen und somit auch auszublenden, dass gesellschaftliche, psychische und neurophysiologische Bedingungen an der Entwicklung eines Serienmörders nicht unschuldig sind. Das eigene Ich wird so vom Abbild eines «absoluten Bösen» abgegrenzt.

Eine Theorie des amerikanischen Psychologen Melvin Lerner erlaubt es, die Faszination an Serienmord noch auf einer tieferen Ebene zu ergründen. Lerner untersuchte 1980 in einem anderen Zusammenhang die Annahme, dass alle Menschen zu einem gewissen Grad die Vorstellung hegen, dass die Welt, in der sie leben, eine ‹gerechte Welt› sei. Dies hat den subjektiven Sinn, mit Vertrauen, Hoffnung und Zuversicht in die eigene Zukunft blicken und den Alltag bewältigen zu können, ohne unablässig an die Gefahren zu denken, denen wir alle ständig ausgesetzt sind. Wenn alle Menschen nur das bekommen, was sie verdienen bzw. was ihnen zusteht, können beim Glauben an die Richtigkeit des eigenen Handelns viele Unwägbarkeiten ausgeschlossen werden.

Ein Fundament findet dieser Glaube in zahlreichen kulturellen Kräften. Religionen stärken die Beziehung zwischen Sünde und Buße, Märchen und Fabeln zeigen auf, dass negatives Verhalten bestraft und positives belohnt wird, und in Filmen und Büchern siegt zumeist das Gute über das Böse. Außerdem stützen bestimmte Techniken diese Sichtweise einer ‹gerechten Welt› und den Glauben daran, selbst gerecht zu handeln. So werden beispielsweise bis zu einem gewissen Grad Hilfsinstitutionen geschaffen und unterstützt, um Leid zu lindern oder zu verhindern. Dies alleine reicht jedoch nicht aus, denn der Glauben an die ‹gerechten Welt› wird immer dann auf die Probe gestellt, wenn im Alltag leidende Menschen wahrgenommen werden. Damit der Glaube angesichts sichtbaren Elends (etwa der Armut in den Städten) aufrechterhalten werden kann, konstruieren Menschen unbewusst Mechanismen, die subjektiv erklären, warum bestimmte zunächst ungerecht erscheinende Ereignisse doch im Kern ‹gerecht› sein müssen. Spezifische psychologische Verteidigungsmechanismen entschärfen das direkte oder indirekte Miterleben von Ungerechtigkeit und ermöglichen es, den Glauben an eine ‹gerechte Welt› aufrechtzuerhalten (vgl. Lerner 1980, 12–19).

Einer dieser Mechanismen lautet ‹Leugnung und Rückzug›. Hierbei werden spezifische unangenehme Informationen ganz einfach vermieden. Indem etwa Bettler ignoriert oder soziale Einrichtungen für Randgruppen aus den Innenstädten verbannt werden, wird die Auseinandersetzung mit Problemen und Leid anderer umgangen. Stellt sich eine akute Erlebenssituation in diesem Sinne dennoch als unangenehm heraus, dann kann sie immer noch schnellstmöglich physisch verlassen und in der Folge möglichst vergessen werden.

Ein anderer Mechanismus, mit ungerechten Ereignissen umzugehen und sich trotzdem den Glauben an die ‹gerechte Welt› zu bewahren, ist ihre ‹*Reinterpretation*›. Sie kann sich auf den Ausgang dieses Ereignisses, seine Ursache oder auf Charakteristika des Opfers beziehen.

- So kann Ungerechtigkeit dann als gerecht-fertigt erscheinen, wenn sich ein Nutzen des Leids in der Zukunft konstruieren lässt. Wenn das Opfer aus dem ihm widerfahrenen Unglück lernt, Schadensersatz einklagen kann, jemanden ansonsten nie kennengelernt hätte, dafür in einer jenseitigen Existenz belohnt werden wird usw., erscheint das Ereignis aufgrund seines Ausgangs gerechter.
- Die Umdeutung der Ursache hingegen geht davon aus, dass das Opfer einen Fehler oder eine Unterlassung begangen haben muss, um überhaupt erst in diese missliche Lage gekommen zu sein. Es wird ihm eine Schuld zugewiesen und die Ursache des Ereignisses mithin rationalisiert. Obdachlose etwa waren möglicherweise zu faul oder zu achtlos, haben Gesetze übertreten oder erscheinen einfach als schlechte Menschen – ansonsten hätten sie, eine ‹gerechte Welt› vorausgesetzt, nicht in diese missliche Lage kommen können.
- Letztlich gibt es noch die Möglichkeit, Charakteristika von Opfern einer Ungerechtigkeit zu reinterpretieren. In diesem Fall wird davon ausgegangen, dass spezifische Bevölkerungsgruppen, Rassen, Schichten usw. ihr Los durch eine persönliche Qualität, Minderwertigkeit oder Gefährlichkeit für die Gesellschaft «verdienen». Auch wenn ihnen kein Fehlverhalten nachgewiesen werden kann, wird davon ausgegangen, dass sie in der Vergangenheit falsch gehandelt haben oder es zumindest in Zukunft tun würden (vgl. Lerner 1980, 20/21).

Trifft Lerners Theorie zu, so wird der Glaube an eine gerechte Welt durch Serienmörder auf eine harte Probe gestellt: Erstens lässt sich der zumeist sehr qualvolle Tod des Opfers als Ergebnis eines Serienmordes kaum positiv umdeuten (dies wäre im Rahmen unserer sozialen Normen allenfalls zynisch zu nennen). Zweitens erweist sich auch eine ‹Reinterpretation› der Ursachen und Opfercharakteristika als höchst prekär, denn die scheinbare Zufälligkeit, Opfer eines Serienmörders zu werden, schließt ein Fehlverhalten nahezu aus und die Brutalität des Verbrechens macht es schwierig zu behaupten, das Opfer habe sein Schicksal durch persönliche Eigenschaften verdient. Somit blieben lediglich ‹Leugnung und Rückzug›. Aber auch diese Strategie erscheint auf Dauer wenig erfolgversprechend, denn die mediale Omnipräsenz des Themas ‹Serienmord› ist derart massiv, dass eine subjektive Bedrohung des Glaubens der Medienkonsumenten durch diese Allgegenwart des ‹Bösen› und somit ‹Ungerechten› nicht ausgeschlossen werden kann.

Ein Teil der Faszination gegenüber Serienmördern entspringt wohl aus genau diesem Zwiespalt. Einerseits wollen Menschen verzweifelt glauben, dass es ‹so etwas doch eigentlich in unserer gerechten Welt nicht geben kann›. Der Versuch zu verstehen, warum es zu einer solchen Ungerechtigkeit kommen kann bzw. einen Anhaltspunkt dafür zu finden, dass diese Welt langfristig gesehen, doch ‹gerecht› sei, führt dabei andererseits zu einer letztlich selbst produzierten Informationsflut, die wiederum Versuche, der ungerechten Realität auszuweichen, nahezu unmöglich machen.

Eine fortdauernde, häppchenweise Auseinandersetzung mit dem verstörenden Thema verschafft Linderung und kann psychisch bewältigt werden. Ob dies nun mit Mitteln der Fiktion, Berichterstattung oder Forschung geschieht, entspricht den individuellen Möglichkeiten und Vorlieben. Entzieht man sich jedoch eines solchen Selbstschutzes und geht tagtäglich mit der schrecklichen Realität unschuldig getöteter Opfer um, wie es etwa einige Kriminalisten oder Rechtsmediziner tun, so wird die Psyche hochgradig belastet (z.B. Alpträume, Magengeschwüre, Angstzustände und rapider Gewichtsverlust; vgl. Ressler/Shachtman 1994, 74 und 302–303).

II. Vom Ent-Setzen in der ‹un-gerechten Welt›
Diese Sichtweise lässt sich zudem von ihrer Gegenseite her begreifen. Wenn weite Teile der Bevölkerung von einem ‹gerechte Welt›-Postulat ausgehen, mit dem Serienmord prinzipiell absolut inkompatibel ist, dann lohnt es sich, darüber nachzudenken, ob umgekehrt vielleicht Serienmörder ein subjektiv wahrgenommenes Postulat vertreten, welches mit den Handlungsweisen weiter Teile der Bevölkerung inkompatibel ist ... nämlich den Glauben an eine ‹un-gerechte Welt›.

Um diese Argumentation verstehen zu können, ist es erforderlich, sich weiter von der Perspektive der Opfer und des moralisierenden Blickwinkels der Gesellschaft zu entfernen und zu versuchen, die Perspektive der Täter einzunehmen. Dies bedeutet natürlich nicht, andere Blickwinkel aus den Augen zu verlieren, sondern sich zu analytischen Zwecken von den moralischen Zwängen zu befreien und das Wagnis einzugehen, die Motivation der Handelnden bestmöglich nachzuvollziehen. Es ist erstaunlich zu beobachten, wie selten die Kriminologie bislang diesen Weg beschreitet.

Jack Katz hat einen ersten Schritt unternommen, um auch extremste Abweichungen von herkömmlichen moralischen Sinnzuschreibungen verstehbar zu machen (Katz 1988, 274ff). Er legt den Betrachtungsschwerpunkt als einer der ersten Kriminologen auf die individuellen Gefühle, Bedeutungen und Wahrnehmungen der Täter. Sein Ziel ist es, den subjektiven sensuellen Gewinn der devianten Handlung zu betrachten und so einen (wenn auch für den externen Betrachter pervertierten) Sinn hinter den zunächst sinnlos erscheinenden Taten zu entdecken.

Speziell für jugendliche Mörder gelingt dies auch Reinhart Lempp (Lempp 1977/1990/1992). Seine Ansichten zur ‹Nebenrealität› verwendet er analog zu den verschiedentlich in diesem Buch wiedergegebenen Annahmen zur Phantasie von Serienmördern. Lassen wir uns auf diesen Blickwinkel ein, anstatt ihn vorschnell als methodisch schlecht zu beweisenden Sachverhalt zu verwerfen, dann können wir uns den subjektiv erschaffenen Wahrheiten spezifischer Serienmörder in ihrer eigenen, selbst hervorgebrachten

Welt annähern. Einer Welt, die so sehr von der «realen» Welt der anderen Menschen abweicht und schnell als «krank», «abartig» oder «sinnlos» beschrieben wird. Was nicht sein kann, das darf nicht sein.

Doch warum «bösen» Handlungen einen subjektiven Sinn absprechen? Roy Baumeister argumentiert, dass viele Täter ihre Handlungen selbst gar nicht als «böse» wahrnehmen und aufgrund ihrer akkumulierten ‹Wertvorstellungen› glauben, «das Richtige» zu tun. Anders als Katz, der die Verlockung beschreibt, das eigene Selbstbild darauf auszurichten, möglichst böse zu handeln, sieht Baumeister die Wurzeln «böser» Handlungen in den fehlenden Möglichkeiten, ihren Verlockungen zu widerstehen (Baumeister 1999, 377). Was fehlt, ist – seiner Ansicht nach – die Selbstkontrolle. An diesem Punkt vermögen dann auch bisherige kriminologische Theorien anzuknüpfen. So ist es hier etwa möglich, mittels Gottfredsons und Hirschis ‹General Theory of Crime› (1990) nach der Ursache dieses Mangels an Selbstkontrolle zu fragen und, wie gehabt, «von außen betrachtet» einen Zugang zu deviantem Verhalten zu suchen.

Es ist erstaunlich, dass selbst innerhalb der Fachdisziplin Kriminologie bislang so wenig Wert darauf gelegt wird, spezifische individuelle Bedeutungen der Beweggründe von Tätern zu betrachten. ‹Abweichung› wird in der Regel aus Sicht der Gesellschaft sozusagen «von außen» erklärt, oder es wird doch zumindest Zuflucht in herkömmlichen psychiatrischen Schemata gesucht. Es wird von «sinnlosen» Verbrechen gesprochen, anstatt den subjektiven Sinn aus Sicht der Täter zu ergründen. Die Erkenntnis von der Bedeutung der Phantasie für Tatdurchführungen steht noch aus.

Folgen wir in Bezug auf Serienmörder und unter Berücksichtigung von Lerners Theorie jedoch dieser Frage, dann bietet sich eine erstaunliche These an:

Eine Betrachtung der typischen Sozialisationsumstände eines Serienmörders lässt die prägenden Erfahrungen von Einsamkeit, Missbrauch, Gewalt usw. mitunter als ebenso erschreckend und schrecklich erscheinen wie dessen spätere Taten. Bei solchen spezifischen Lebenserfahrungen liegt es nahe, dass Serienmörder, anders als große Teile der weniger schädlich sozialisierten Gesamtbevölkerung, gerade diese Ungerechtigkeit der Welt erwarten. Wenn sie aber nicht an eine ‹gerechte Welt›, sondern an eine ‹un-gerechte Welt› glauben, dann ergibt es Sinn, dass sie die von der Außenwelt als Egozentrik und Narzissmus zugeschriebenen Verhaltensweisen und Einstellungen in vollen Zügen und ohne Einschränkungen darin ausleben. Es gibt für sie dann keine Grenzen, da sie sich in einer Welt bewegen, die ungerecht ist, und es gilt, darin einen persönlichen Sinn zu finden ... eben nach den Regeln dieser Welt.

Wird diese Analogie weiterverfolgt, dann müssten (komplementär zu Lerners Theorie der ‹gerechten Welt›) auch Geschehnissen, die mit der Sichtweise einer solchen un-gerechten Welt inkompatibel sind, durch psychologische Verteidigungsmechanismen abgewehrt werden, um den Glauben an diese «un-gerechte» Welt aufrechtzuerhalten. Hier würde ‹Leugnung und Rückzug› ebenso effektiv arbeiten wie die ‹Reinterpretation› von Ereignissen. Der Gedanke an eine inhärente Gerechtigkeit in der Welt muss so abgewehrt und die eigene narzisstische Handlungsweise in der «un-gerechten Welt» rechtfertigt werden.

Denkbar sind diesbezüglich etwa Konstruktionen, dass andere potentielle Opfer ‹sich in Zukunft mehr vor Tätern in Acht nehmen werden›, ‹eben nur die starken (oder vom Täter ausgewählten) Menschen überleben dürfen›, ‹die Tat begangen werden darf, da sie der eigenen Befriedigung dient›, Gerechtigkeit nie wirklich stattfindet, ‹da stets irgendjemand übervorteilt wird›, der Täter ein quasi «natürlicher» Jäger innerhalb einer ungerechten Welt ist usw. usw. Beispiele finden sich in zahlreichen True-Crime- und Falldarstellungen.

Vor diesem Hintergrund wirken vormals «sinnlose» Handlungsweisen fast folgerichtig. Aufgrund der unterschiedlichen subjektiven Konstruktion von Realität bekommt der Horror einen pervertierten Sinn. Eben einen, der mit der Sinnkonstruktion des Hauptteils der Bevölkerung inkompatibel ist.

III. Von der Faszination zwischen den Welten

Aus der Spannung der inkompatiblen Glaubenssysteme nähren sich möglicherweise weitere Teile der eingangs geschilderte Faszination an Serienmördern. Und auch dies ist logisch umkehrbar. Denn es ist durchaus anzunehmen, dass zumindest einige Serienmörder auch eine Faszination in Bezug auf die Symbole einer sozial durchstrukturierten Welt empfinden. So legen ja nicht wenige Serienmörder eine große Leidenschaft für Insignia und Statussymbole der Polizei als deren Wächter zutage. Sie begleiten die Untersuchungen, hinterlassen bewusst Hinweise, spielen mit der Strafverfolgung und auch mit der Presse als weiterem deutlich sichtbaren Stellvertreter einer Welt, deren Sinn sie wohl nicht wirklich verstehen können.

Und ironischerweise finden sie letztlich gerade durch ihre Morde einen Platz darin. Sie überleben dort als Ikonen der Grausamkeit. Menschen mit einer zutiefst unmenschlichen Sozialisation handeln ebenso unmenschlich und werden von Menschen mit einer angepassteren Sozialisation bewundert, geliebt und ikonisiert. Sie verkaufen Bilder und Geschichten, bekommen Fanbriefe, Heiratsangebote und Nacheiferer.

Ob dies bedeutet, dass in uns allen ein ‹monströses› Potential ruht, welches sich gekoppelt mit spezifischen, extremen Lebenserfahrungen und spezifischen, extremen Rahmenbedingungen Luft machen kann, ist fraglich. Ebenso, ob Serienmörder ein Potential beherbergen, dass wir in uns erkennen und zu verstehen versuchen. Ist dies der Fall, dann verleitet diese unbewusste Erkenntnis vielleicht gerade dazu, Serienmörder als unheilbar «krank» oder «böse» abzustempeln, damit wir ihre Taten hart bestrafen und damit auch weit von uns und unseren Motivationen weisen können.

Andererseits ist es auch denkbar, dass wir aufgrund unserer Hoffnung auf eine gerechte Welt nicht wahrhaben wollen, dass bestimmte Menschen ganz einfach rücksichtslos und mit Lustgewinn extremste Gräueltaten begehen. Taten, vor denen wir uns und andere aufgrund ihrer Unberechenbarkeit bzw. Unverstehbarkeit nicht wirksam schützen können. Taten, die dennoch für die Mörder selbst einen Sinn ergeben.

Es gilt noch viel zu erforschen, und es ist ..... faszinierend.

Literaturangaben

Baumeister, Roy F. (1999): «Inside Human Cruelty and Violence», Freeman.
Black, Joel (1991): «The Aesthetics of Murder. A Study in Romantic Literature and Contemporary Culture», Baltimore/London: Johns Hopkins University.
Gottfredson, Michael R./Hirschi, Travis (1990): «A General Theory of Crime», Stanford University Press
Katz, Jack (1988): «Seductions of Crime», Basic Books.
Krug, Christian/Mathes, Werner (1996): «Faszination Serienkiller», Stern 6/96, 14–26.
Lempp, Reinhart (1977): «Jugendliche Mörder», Bern (Verlag Hans Huber).
Lempp, Reinhart (1990): «Zur Psychopathologie scheinbar unverständlicher Tötungsdelikte von Jugendlichen und Heranwachsenden», Kerner/Kaiser (Hg.) ‹Kriminalität. Persönlichkeit, Lebensgeschichte und Verhalten›, Berlin (Springer), 265–273.
Lempp, Reinhart (1992): «Vom Verlust der Fähigkeit, sich selbst zu betrachten. Eine entwicklungspsychologische Erklärung der Schizophrenie und des Autismus», Bern (Huber).
Lerner, Melvin J. (1980): «The Belief in a Just World. A Fundamental Delusion», New York and London (Plenum Press).
Meierding, Gabriele (1993): «Psychokiller. Massenmedien, Massenmörder und alltägliche Gewalt», Reinbek.
Ressler, Robert K./Shachtman, Tom (1994): «Ich jagte Hannibal Lecter», München.
Rink, Andrea (1995): «Bizarrer Fernseh-Kult: Die Serienkiller kommen», TV Today 19/95.
Ruge, Clarissa (1995): «Der Gute ist nur noch Statist im Spiel», *Berliner Zeitung* vom 18. November 1995.

Kulturwissenschaften I

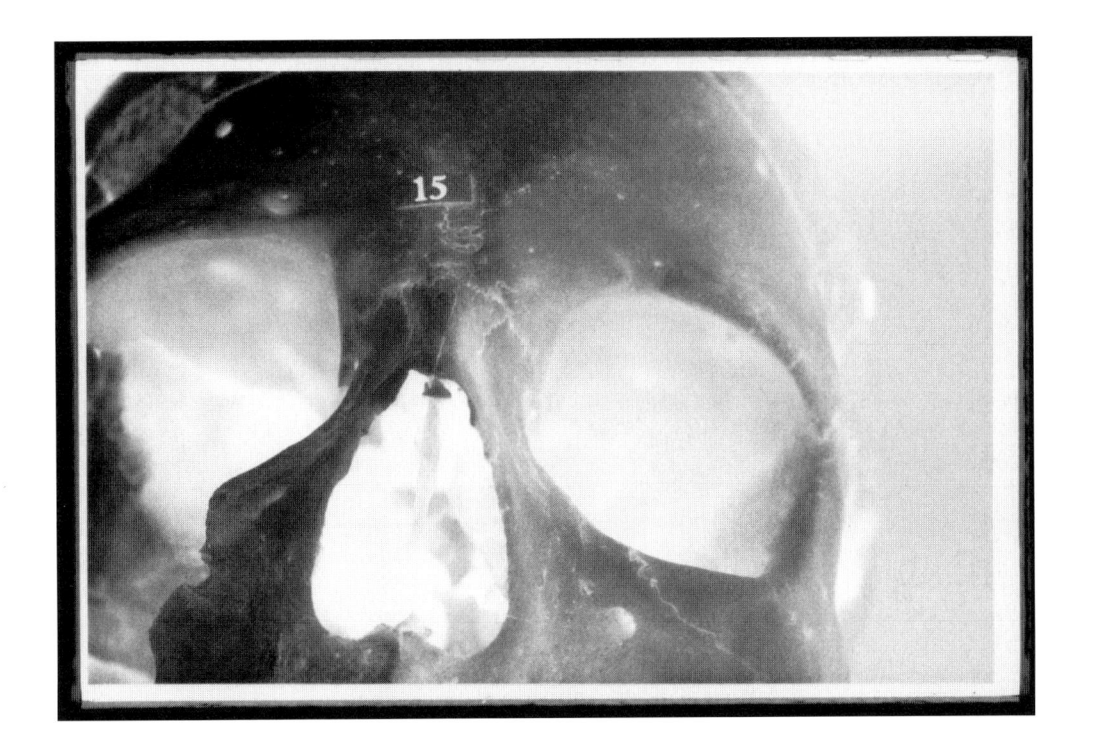

Die kalte Muse:

Serielles Töten als soziokulturelles
Phänomen der Moderne

Serienmord als Gegenstand der Kulturwissenschaften
Ein Streifzug durch das Reich der Zeichen, Mythen und Diskurse

Alexandra Thomas

Ein weißes Blatt ...

Serienmord ist *en vogue*. Auch wenn dieses Phänomen seit dem ersten massenmedialen Boom, der Ende der 1980er Jahre mit Thomas Harris' Roman «Das Schweigen der Lämmer» einsetzte, als literarisches und filmisches Thema immer wieder totgesagt wurde, hat es sich längst als fester Bestandteil der Populärkultur etabliert – sei es im sogenannten fiktionalen (Spielfilme, Romane, PC-Spiele etc.) oder nichtfiktionalen Bereich (Reportagen, Dokumentationen etc.). Entsprechend viel ist schon über den Komplex «Serienmord und Kultur» geschrieben worden: in Form von Rezensionen, Filmographien, Sachbüchern oder kulturwissenschaftlichen Analysen. Thematisiert werden unter anderem die Struktur medialer Serienmorddarstellungen; die Faszination, die sie auf Zuschauer und Leser ausüben sowie die möglichen Ursachen für diese Art der Rezeption (vgl. z.B. Farin/Schmid 1996, Seltzer 1998, Simpson 2000, Tithecott 1997). Was bisher jedoch versäumt wurde, ist die Erstellung einer transparenten Übersicht zu den Reibungspunkten und Vernetzungen, die zwischen dem interdisziplinären Forschungsfeld «Serienmord» und denen der Kulturwissenschaften bestehen und in den Beiträgen der nachfolgenden Autoren und Autorinnen auf unterschiedliche und oft originelle Weise aufgezeigt werden. Bisher erschienen die jeweiligen Fachdiskurse in ihrer *splendid isolation* allzu selbstbezüglich und in ihrer Produktivität eingeschränkt. Diese Defizite zu überbrücken, ist Hauptanliegen der folgenden Einführung – wie der gesamten Anthologie.

Definition und Standortbestimmung

Beim Begriff der Kulturwissenschaften wollen wir uns nicht über Gebühr aufhalten. Uns soll es genügen, auf all die Disziplinen hinzuweisen, die sich mit den Werken, Errungenschaften und Lebensformen von «Gemeinschaften» beschäftigen (was immer darunter im Einzelnen zu verstehen sein mag) – und zwar insbesondere in künstlerischer und geistiger Hinsicht (Literatur, Bildende Künste, Architektur, Mode, Film etc.). Im engeren Sinne zählen hierzu beispielsweise Linguistik, Literatur- und Medienwissenschaft, Kunstgeschichte, Philosophie, aber in einem weitergefassten Rahmen durchdringt Kultur – gemäß der obigen Definition – nahezu alle Bereiche der menschlichen Existenz und berührt auch Fachbereiche wie Psychologie, Medizin oder eben Kriminologie.[1]

Eine mögliche Erklärung bietet hierfür die Semiotik, die Lehre von den Zeichen und Zeichensystemen: Das menschliche Denken und Handeln basiert auf diversen Zeichen-

---

[1] Der Begriff der Kulturwissenschaften ist verwandt, aber nicht identisch mit dem der «Cultural Studies», einem in den 1960er Jahren am «Centre for Contemporary Cultural Studies» (Universität Birmingham) begründeten und bis heute einflussreichen Studiengang, zu dessen Hauptvertretern u.a. Richard Hoggart zählt (vgl. Hawthorn 1992, 42ff.).

kodes (z.B.: Schrift, Gestik etc.), deren Bedeutungsinventare mittels kultureller Konventionen gebildet und modifiziert werden. Die geschriebene Buchstabenfolge «M-e-s-s-e-r» bezeichnet hierzulande nur deshalb das uns bekannte Schneideinstrument, weil sich diese Sprachgemeinschaft irgendwann einmal darauf geeinigt hatte.[2] Soweit irgend eine verbale oder nonverbale Handlung als Mitteilung interpretiert werden kann, lässt sie sich auch als «Zeichen» betrachten. Dass dies auch für die verwerflichsten Handlungen gilt – also etwa für Serienmorde – passt nicht immer in die Kategorien unseres Denkens. Dennoch lässt sich zeigen, dass die scheinbar so weltfremden kulturwissenschaftlichen Aspekte auch im Bereich des Verbotenen und des Verächtlichen, im Bereich des Verbrechens, des Mordes und sogar der Serienmorde von Bedeutung sind. In diesem Zusammenhang sind drei verschiedene, sich gegenseitig bedingende Ebenen voneinander zu unterscheiden:

(1) Täter bedienen sich unmittelbar bei der Tatausführung kultureller Techniken (primär verbaler/nonverbaler Kommunikationsformen) und da sie durch ihre Morde oftmals deutbare Spuren – also Zeichen – hinterlassen, lässt sich diskutieren, inwieweit physische Gewalt selbst ein kulturelles Verfahren darstellt.

(2) Polizei, Judikative, Forensik und Kriminologie definieren und rekonstruieren serielle Tötungen über Sprache und andere Zeichenkodes (z.B. über den genetischen Kode, Fingerabdrücke etc.). Die eigene Methodologie bzw. Profession wird mit Sinnbildern aus den Bereichen der Schrift, der Kunst, der fiktionalen Literatur oder der Kinematographie unterfüttert (siehe u.a. bei Douglas 1996; Ressler 1992), so dass noch vor Eintritt in die Massenmedien eigenständige Mythen begründet werden, die ihrerseits in die wissenschaftlichen Diskurse einmünden.

(3) Diese ‹professionellen› Mythen werden in Printmedien, Literatur, Film, Fernsehen, Theater, Musik, Bildenden Künsten und Internet aufgegriffen und im Rahmen unterschiedlicher Medienformate (fiktional/nichtfiktional) und Genres (bspw. Horror) zu einem populärkulturellen Mythos mit einem eigenen Repertoire an Stereotypen und Handlungsversatzstücken (vgl. etwa die sogenannten Teenie-Slasher-Filme wie «Scream» oder «Ich weiß, was du letzten Sommer getan hast»).

Diese drei Analyseebenen sind sowohl maßgeblich für die bisherigen Veröffentlichungen als auch für die in dieser Anthologie enthaltenen Artikel. Es ist daher nützlich, einen Blick auf das terminologische und theoretische Instrumentarium zu werfen, das dabei eine Rolle spielt.

Bevor wir beginnen, noch einige Anmerkungen, die für eine grobe Orientierung hilfreich sind:

(1) Im Kontext serieller Tötungen verhalten sich Kriminalistik/Kriminologie/Psychologie und Kulturwissenschaften zueinander wie parallele Fremdwelten. Alle diese Disziplinen sind zwar mehr oder minder von kulturellen Lebensäußerungen und -techniken durch-

---

[2] Dieser Ansatz geht auf den Schweizer Sprachwissenschaftler Ferdinand de Saussure (1857–1913) zurück (vgl. u.a. Eagleton 1983, 74; Brunner/Moritz 1997, 309f.)

drungen, aber sie nähern sich dem Forschungsgegenstand gemäß ihres disziplinären Hintergrundes auf völlig unterschiedliche Weise. Während sich die ersten drei Fachdisziplinen im weitesten Sinne damit beschäftigen, was Serienmorde sind, welche Merkmale sie aufweisen, wie sie sich erklären lassen und wie Gesellschaft, Medien und Staat mit ihnen umgehen, analysieren die modern ausgerichteten Kulturwissenschaften primär die Konstruktion und Interpretation eines Sachverhaltes. Wenn etwa ein Psychologe sagt, dass die spezielle Art, in der die Leiche vom Täter abgelegt wurde, als Symbol für X angesehen werden könne, dann wird der Kulturwissenschaftler dem zwar nicht widersprechen, wird aber die Aussage des Psychologen selbst zum Gegenstand seiner Erklärung machen wollen. Er wird sie als ein Interpretat einstufen und herauszufinden versuchen, aufgrund welcher kultureller Besonderheiten der Psychologe zu dieser und nicht zu einer anderen Aussage gekommen ist. Besonders gravierend ist der Unterschied zwischen Kriminalistik und Kulturwissenschaften, denn Ersterer geht es darum, vor Gericht verwertbare Fakten zu finden, Letztere zweifeln die Existenz einer solchen Faktizität zumindest teilweise an. Wir werden noch sehen, welche Probleme aus dieser konträren Konstellation resultieren, wenn eine Disziplin (egal, welche) auf Begriffe der jeweils anderen zurückgreift.

(2) Eine Ursache hierfür liegt mit Sicherheit in der grundsätzlichen Verschiedenartigkeit der Forschungsmaterien: Kriminalistik, Kriminologie und Psychologie bewegen sich direkt oder indirekt auf einer materiellen Ebene. Sie operieren zwar mittels Sprache und Bildern, die das Gegenständliche lediglich repräsentieren, aber ihr Forschungsobjekt ist im Fall von Serienmord materieller Natur, was sich in Gestalt von Spuren, Tatwerkzeugen und den Leichen der Opfer äußert.

Im Mittelpunkt kulturwissenschaftlicher Analysen stehen sprachliche, bildliche und mediale Repräsentierungen von Welt, und diese lassen sich gemäß ihrer zeichenhaften Struktur als Konstrukte definieren.

Beide Ebenen, die gegenständliche und die abstrakte, bedingen einander und lassen sich in ihrer Wahrnehmung und Bewältigung nicht voneinander trennen, aber es ist angesichts realer Konfrontationen mit dem Tod und seinen Urhebern wesentlich schwieriger, eine konstruktivistische[3] Perspektive einzunehmen, als von der vermeintlich sicheren Warte des Lesers und Bildbetrachters aus – und umgekehrt ist es schwieriger, Erkenntnisse zu relativieren und neu zu verorten, wenn ich an eine objektivierbare Wahrheit glaube, als wenn ich um die Wirkungsmechanismen kommunikativer Verfahren weiß (z.B.: Textproduktion).

(3) Eine Einführung zum Thema «Serienmord in den Kulturwissenschaften» zu schreiben, bedeutet, weite Teile einer bisher noch nicht existierenden Landkarte zu umreißen. Es gibt zwar eine Reihe von Veröffentlichungen zu diesem Komplex, aber diese Publikationen thematisieren in gebündelter Form vor allem den massenmedialen Diskurs, was sehr interessant ist, aber zu kurz greift. Unsere Spurensuche ist also gleichzeitig eine Entdeckungsreise, die uns sowohl auf erschlossene als auch auf unbekanntere Pfade führt.

---

[3] Zum Begriff des Konstruktivismus: Siehe Abschnitt zur Semiotik.

(4) Dieser Artikel beinhaltet wie viele Texte ein Paradoxon der Simultaneität: Im gleichen Moment, wo er geschrieben oder rezipiert wird, erfüllt sich das Meiste dessen, was er beschreibt. So schreibe ich im Folgenden über die Konstruktion von Realitäten mittels Zeichen bzw. Erzählungen und schreibe gleichzeitig – wie alle an dieser Anthologie mitwirkenden Autoren – den Diskurs des Serienmords fort. Ich füge dem bisherigen Textkanon einen weiteren Beitrag hinzu und partizipiere auf diese Art an der Ausgestaltung des Themas «Serienmord». Gleiches gilt für Sie, liebe Leser und Leserinnen: Sobald sie diesen Artikel lesen, nehmen Sie die Rolle des Rezipienten ein und konstruieren Ihrerseits eine Vorstellung von «Serienmord in den Kulturwissenschaften», und sei es nur, indem Sie beschließen, dass all dies haarsträubend und aus der Luft gegriffen ist.

Die üblichen Verdachtsmomente:
Semiotik, Systemtheorie, Diskursanalyse und Postmoderne
Es sind bereits zentrale Begriffe, die in das Repertoire eines (primär literaturwissenschaftlich geprägten) Kulturwissenschaftlers gehören, genannt worden. Die Strömungen, Theorien und Disziplinen, für die sie stehen, vereint im Kern eine Grundhaltung, die schon in den Vorbemerkungen mit anklang: Sie stellen die positivistische Annahme einer objektiven Realität und Wahrheit in Frage und entwerfen Vorstellungen einer pluralistisch angelegten Konstruktion und Interpretation von Welt. Wir beginnen mit der Semiotik, die uns auf die Spuren des Schweizer Linguisten Ferdinand de Saussure führt und den Ausgangspunkt aller weiteren Überlegungen markiert.

Die Willkürlichkeit der Zeichen – De Saussure und die Folgen
Über die Kulturwissenschaften kann man nicht sprechen, ohne auf die **Semiotik** einzugehen, d.h. auf die Lehre von den Strukturen und Funktionen der Zeichen und Zeichensysteme, einschließlich der nach bestimmten Regeln zusammengesetzten Zeichensysteme (der sog. Kodes, also etwa des innerhalb einer Sprachgemeinschaft benutzten Inventars an sprachlichen, bedeutungstragenden Laut- und Buchstabeneinheiten). Während der Begriff des Kodes ein abstraktes System als Grundvoraussetzung für das Funktionieren von Zeichen meint (z.B. die Schrift), bezeichnet der Begriff der **Performanz** die Ebene der in der Kommunikationspraxis realisierten Äußerungen von Zeichen (z.B. einen Brief). Ein performativer Akt kann aus Elementen mehrerer Zeichensysteme bestehen (eine Sprechhandlung etwa wird in der Regel durch Gestik und Mimik begleitet). Ein Zeichen wäre nichts wert, wäre es nicht stets an eine **Bedeutung** gekoppelt (die freilich vielfach situativ variieren kann und vom Adressaten nicht immer richtig verstanden wird – verhalten sich Zeichen und Bedeutung doch letztlich **arbiträr** zueinander). Gewiss: Sobald ich ein spezifisches Zeichen gebrauche, **referiere** (verweise) ich auf die Bedeutung(-en), mit der/denen es belegt ist – aber erstens kann ich es im speziellen Kontext auch anders definieren, und zweitens kann es auch für den Adressaten aus seinem Kontext heraus eine völlig andere Bedeutung haben.[4] In der Fachliteratur wird dieses Begriffspaar in der Regel als **Signifikant** (Zeichenträger) und **Signifikat** (Zeicheninhalt) bezeichnet. Dabei wird zwischen **Denotation** und **Konnotation** differenziert: Ersteres

[4] Das Wort «Gewehr» kann etwa auf ‹Gefahr› oder ‹Gewalt› referieren. Gebrauche ich es gegenüber einem Jäger, verbindet er damit u.U. eine entspannende Freizeittätigkeit.

meint die unmittelbare Bedeutung eines Zeichens, Letzteres den indirekten oder impliziten Bedeutungsinhalt. Das Wort «Rose» kann z.B. für die Blume an sich stehen (Denotation) oder als ein Sinnbild für die Liebe gesehen werden (Konnotation). Was die konnotative Ebene betrifft, so lassen sich mehrere Kategorien voneinander unterscheiden. Bei der **Metapher** wird ein Zeichen durch ein anderes ersetzt, dem es in irgendeiner Hinsicht ähnlich ist, wobei beide aus verschiedenen Bedeutungsbereichen stammen («Himmel voller Geigen», «am Fuß des Berges», «Haupt der Familie» etc.). Die Metapher ist nicht zu verwechseln mit dem **ikonischen** Zeichen, das dem bezeichneten Objekt gleichfalls ähnelt. Die Photographie oder das gemalte Porträt eines Menschen ist beispielsweise ein Ikon der realen Person. Popstars wie Madonna und selbst Serienmörder wie Ed Gein werden in den Medien oftmals als Ikonen tituliert, denn sie produzieren fortlaufend Abbilder ihrer selbst in den Massenmedien (Madonna etwa als «Girlie», «Vamp» und «Mutter»), oder sie werden durch andere als solche kreiert (Gein als schweigsamer, freundlich grinsender und geisteskranker Serienkiller). Gleichzeitig knüpfen diese Darstellungen an die Tradition der Ikonen-Malerei an – in dem Sinne, dass sie als formalisierte, stilisierte Kultbilder fungieren. Anders verhält es sich bei der **Metonymie**: Hier wird ein Zeichen verwendet, das mit einem anderen assoziiert ist (z.B.: «unter einem Dach leben» statt «in einem Haus»).[5] Beim **Symbol**, das eine weitere wichtige Zeichenkategorie ist, gibt es eine solche, im kulturellen Kontext bereits verankerte Verbindung nicht mehr. Diese wird wie beim sprachlichen Zeichen einzig durch willkürliche Setzung hergestellt (etwa in der psychoanalytischen Traumanalyse).

Mit dem Aspekt der Wortbedeutung setzt sich speziell die **Semantik** auseinander. Greifen wir das eingangs gewählte Beispiel des Wortes «Messer» wieder auf. Wir können beispielsweise ein semantisches Wortfeld erstellen, indem wir Wörter mit ähnlichen Bedeutungen assoziieren: «Klappmesser», «Taschenmesser», «Küchenmesser», «Skalpell» etc.; oder wir listen seine unterschiedlichen Bedeutungsvarianten auf: «Metallene Schneide mit Holzgriff», «Handwerksutensil», «Bestandteil der Tischkultur», «Mordwaffe» usw.

Beide semantischen Praktiken haben eine wichtige Funktion bei der Herstellung von Mythen und Diskursen. Denn wissenschaftliche und massenmediale Mythen lassen sich vor allem über das in einem Text verwendete Vokabular und die daran gekoppelten Bedeutungen entlarven.

Die Erkenntnis, dass die Setzung zwischen Zeichen und Bedeutung willkürlich ist, geht im Wesentlichen auf Ferdinand de Saussure zurück, der neben Charles S. Peirce zu den Pionieren der Semiotik gehört. Während Peirce Zeichensysteme aus erkenntnistheoretischer Perspektive untersuchte, befasste sich de Saussure mit dem sozialen Kontext des Zeichengebrauchs – also mit der Bewerkstelligung von Kommunikation mittels kultureller – sprachlicher – Zeichen.

---

[5] Die Begriffe «Metapher» und «Metonymie» stehen eigentlich für literarische Stilfiguren, werden aber auch in der Semiotik verwendet (u.a. von Roman Jakobson – siehe weiter unten). Generell gilt für die hier erläuterten Termini, dass sie aufgrund ihrer Willkürlichkeit und Kontextgebundenheit in ihren Definitionen nur bedingt trennscharf sind und eher der Orientierung dienen.

Beiden ist gemeinsam, dass sie Bedeutung als ein Konstrukt begreifen, das erst über Sprache hergestellt wird und nicht als eine Kategorie, die bereits vorsprachlich existiert, über Wahrnehmung gebildet und mittels Sprache nur verbalisiert wird (wie z.B. in Husserls Phänomenologie – vgl. Eagleton 1983, 25).[6] Die semiotischen Ansätze von Peirce und de Saussure implizieren einen Schritt weg vom sicheren Boden der Realität hin zu einer pluralistischen und konstruktivistischen Betrachtung von Kultur[7], die schließlich im Dekonstruktivismus Derridas bzw. im Postmoderne-Diskurs mündet. Worin sich diese Strömungen letztlich unterscheiden, ist der Grad der Annahme, inwieweit das, was wir «Wirklichkeit» nennen, von der kulturellen Produktion und Rezeption von Zeichen und Bedeutungen betroffen ist.[8]

Mörderische Zeichenrätsel: Serienmord und Semiotik

Beim Serienmord verwendet der Täter Zeichen in verschiedener Form: Zum einen im verbalen oder schriftlichen Kontakt mit Opfer, Medien, Polizei oder sozialem Umfeld; zum anderen bei der unmittelbaren – physischen – Tatausführung und hier vor allem durch die Realisierung spezifischer Handlungen und Rituale (Art der Fesselung, Arrangierung der Leiche, Entfernung der Geschlechtsorgane etc.), denen sich ebenfalls Bedeutungen zuweisen lassen. Je weniger diese Zeichen Kodes zugeordnet werden können, die wenigstens in ihren Grundzügen verallgemeinerbaren kulturellen Konventionen unterliegen, desto schwieriger ist ihre Entschlüsselung und Interpretation. Da selbst sozial isolierte Täter nicht außerhalb von Kultur und kulturellen Zeichenkodes und -praktiken aufwachsen, ist es wahrscheinlich, dass sich auch spezielle Tatmerkmale in einem kulturellen Kontext deuten lassen. Im Gegensatz zu sprachlichen Kodes steht aber kein Register an schon existierenden Deutungen zur Verfügung, auf die der Rezipient (z.B. der Kriminalist) bei der Bedeutungszuweisung zurückgreifen kann. Wenn das Verhältnis zwischen Signifikant und Signifikat willkürlich ist und mittels Verhandlung zwischen mindestens zwei Individuen festgelegt wird, was geschieht dann im Falle einer Tötung, bei der allenfalls der Täter weiß, welchen Stellenwert eine Tathandlung für ihn hat und es nicht unbedingt in seinem Interesse liegt, sich mit Außenstehenden wie den Strafverfolgungsbehörden über den Sinn seines Handelns zu verständigen? Möglicherweise haben die Morde eine Ausdrucksfunktion, aber das heißt nicht zwangsläufig, dass der Täter eine solche ‹Dekodierung› auch beabsichtigt.[9] Eine Information kann gesetzt

---

[6] Siehe zur Semiotik: Brunner/Moritz 1997, 309f.; Eagleton 1983, 74–109; Link, Brackert/Stückrath 1992, 15–29; Eco 1976; Hawthorn 1992, 283–287.

[7] Hinter den beiden Begriffen «pluralistisch» und «konstruktivistisch» verbirgt sich im Grunde folgender Gedanke: Wenn Bedeutung ein Konstrukt ist (ähnliche Thesen werden in den Kognitionswissenschaften für Wahrnehmungsprozesse postuliert), dann gibt es nicht nur einen Zugang zur Welt und nicht nur eine Art ihrer kulturellen Bewerkstelligung, sondern eine Vielzahl von nebeneinander existierenden Sichtweisen, Interpretations- und Organisationsmöglichkeiten.

[8] In diesem Kontext wird häufig zwischen «artifiziellen» und «naturalistischen» Zeichen unterschieden. Die Figur der Lara Croft aus dem Computerspiel «Tomb Raider» ist rein artifiziell – also künstlich. Die Bilder Salvador Dalis wären ein anderes Beispiel. Im Gegensatz dazu lässt sich eine Tätowierung als «naturalistisch» klassifizieren, denn die kulturelle Kodierung wird an einem natürlichen Objekt – am menschlichen Körper – vorgenommen. Eine solche automatisierte Kopplung von Kultur und Natur wird als «naturalistisch» bezeichnet.

[9] Eine ähnliche Problematik kann ebenfalls bei der Rezeption eines Textes oder Bildes gegeben sein – mit allen Begleiterscheinungen, die das gemeinhin haben kann: So erheben kulturwissenschaftliche Interpretationen

werden, ohne dass dies vom Urheber intendiert sein muss. Aber Kriminalistik und Psychologie können sich diesem Phänomen nähern, indem sie auf der Basis ermittelter Tötungen ein neues, extra auf Serienmorde zugeschnittenes Zeichen- und Bedeutungsinventar anlegen, das ihnen zumindest als ‹Kompass› dienen kann – mit der erschwerenden Besonderheit, dass der Zeichengebrauch seitens der Täter weniger die Verständigung mit anderen Menschen impliziert, als vielmehr die Transportierung und Sichtbarmachung eines individuell geschaffenen Kodes bzw. eines persönlichen Selbstszenarios (vgl. hierzu auch die Beiträge von Bartels und Thomas in diesem Band).

Kategorien wie «Metapher», «Metonymie» oder «Symbol» lassen sich daher nicht direkt auf serielle Tötungen übertragen, aber es gibt Parallelen: Ein spezifisches Verletzungs- oder Fesselungsmuster kann beispielsweise einen Aspekt im Leben oder in der Persönlichkeit des Täters symbolisieren (Wunsch nach Kontrolle, Macht etc.). Sind die Geschlechtsorgane betroffen, so ist einerseits unmittelbar die organische Ebene involviert; andererseits kann dieser Teilbereich aber auch auf weitergefasste, übergeordnete Konnotationen von «Weiblichkeit» oder «Männlichkeit» verweisen (der weibliche Uterus als Stellvertreter für «Frau», «Mutter», «dominante Weiblichkeit», «kindlich erfahrene Demütigungen» usw.). Gemäß einer solchen Interpretation würde das Organ als eine Art von pars pro toto fungieren – als ein Teil, der für das Ganze steht. Es hätte somit eine metonymische Funktion. Solche Überlegungen mögen spekulativ sein, könnten sich aber im Rahmen einer interdisziplinären Erarbeitung kriminologisch und psychologisch relevanter Bedeutungsinventare als sinnvoll gestalten – zwecks eines besseren Zugangs zu diesem spezifischen Tötungstypus.

Bartels greift in seinem Beitrag einen weiteren interessanten Punkt auf, der aus der Semantik stammt: Er verweist – in Anlehnung an den Linguisten Roman Jakobson – auf eine mögliche Verbindung zwischen Aphasie und Serienmord. Es gibt unterschiedliche Typen dieser neuronalen Erkrankung, aber eines ihrer Hauptcharakteristika besteht in einer gestörten Wortbildung und -findung. Das bedeutet im Falle des obigen Beispiels: Das Objekt «Messer» könnte beim Betrachten nicht als solches bezeichnet werden; die Bedeutung des Begriffs «Messer» könnte nicht mehr rekonstruiert werden, oder es könnten keine dem Wort verwandten Ausdrücke mehr benannt werden.[10]

**

Im nächsten Schritt wenden wir uns einem elementaren Bereich menschlicher Gemeinschaften zu, der schon mehrmals erwähnt wurde und für den wir nun mit der Semiotik auch das hoffentlich geeignete Handwerkszeug zur Verfügung haben. Gemeint ist die Kommunikation. Kommunikationstheorien sind eine mögliche interdisziplinäre Schnitt-

---

entweder nicht den Anspruch auf allgemeine Gültigkeit, oder sie verheddern sich gegenseitig in Widersprüchen.

[10] Jakobson differenziert bei Aphasien zwischen der metaphorischen und der metonymischen Störung. Ersteres würde beispielsweise bedeuten, dass der Patient die Worte «Feigling» und «Hasenfuß» nicht als Synonyme identifizieren kann; Letzteres würde vorliegen, wenn der Patient nicht erkennt, dass «zur Feder greifen» gleichbedeutend ist mit «schreiben».

stelle zur Erschließung von Bedeutungskomponenten serieller Tötungen. Sie lassen sich sowohl zur Untersuchung sprachlicher Täter-Opfer-Kommunikationsmodi als auch zur Analyse physischer Gewaltakte heranziehen.

Zeichen und Kommunikation
– Von Kontexten, Sprachfunktionen, Systemen und anderen Rätseln

Es gibt eine Vielzahl kommunikationstheoretischer Modelle, die hier nicht im Einzelnen erörtert werden können. Stattdessen greife ich das Konzept von Jakobson heraus, das sich als ein grundlegender Beitrag zur Kommunikationstheorie ansehen lässt und von seiner Struktur her relativ einfach und offen gehalten ist.

Jakobson definiert Kommunikation wie folgt:

«Der Sender schickt eine *Nachricht an den Empfänger*. Um wirksam zu werden, bedarf die *Nachricht* eines *Kontextes*, auf den sie bezogen ist [...], der vom Empfänger erfaßt werden kann und der wirklich oder zumindest der Möglichkeit nach in Sprache umsetzbar sein muß; dann bedarf es eines Kodes, der ganz oder zumindest teilweise Sender und Empfänger gemein ist ..., und endlich eines *Kontaktmediums*, eines physischen Kanals oder einer psychologischen Verbindung zwischen Sender und Empfänger, die es beiden ermöglicht, in Kommunikation zu treten und zu bleiben.» [Anm. d. Verf.: «Kontaktmedium» meint z.B. die Anwesenheit im gleichen Raum oder eine wie auch immer geartete soziale, emotionale Beziehung zwischen Sender und Empfänger.]
　　　　　　　　　　Roman Jakobson (1972, 121; zitiert nach Hawthorn 1992, 108).

Jakobson unterscheidet sechs Sprachfunktionen, die er jeweils denen im Zitat genannten Faktoren (Sender, Nachricht, Empfänger, Kontext, Kode, Kontaktmedium) zuordnet: Steht die Bezugnahme auf den Kontext im Vordergrund («Es regnet.»), so liegt eine referentielle Funktion vor. Eine emotive (auch expressiv genannte) Funktion ist dann gegeben, wenn die Nachricht allein auf den Sender ausgerichtet ist («Ich finde Regen schön.»). Fokussiert sie ausschließlich den Empfänger, ist sie konativ («Schließ bitte das Fenster.»). Nachrichten mit phatischer Funktion haben das Ziel, «‹den Kommunikationskanal offen zu halten›» (Hawthorn 1992, 108) («Danke für dein Entgegenkommen.») Und bei der metasprachlichen Funktion wird schließlich abgeglichen, ob Sender und Empfänger sich des gleichen Kodes bedienen («Was meinst du damit?»).[11]

Jakobsons Klassifizierung ist hilfreich, aber nicht unproblematisch, was die Abgrenzbarkeit der einzelnen Kategorien anbelangt. Der Satz «Es regnet.» kann beispielsweise mehrere Funktionen erfüllen: Er kann sich auf das Ereignis an sich beziehen; eine indirekte Aufforderung enthalten, das Fenster zu schließen, damit es nicht ins Zimmer regnet; Ausdruck von Melancholie sein oder der Versuch, eine Gesprächspause zu überbrücken und die Unterhaltung fortzusetzen. Ob Sender und Empfänger eine ungefähre Übereinstimmung hinsichtlich der Bedeutung einer Nachricht erreichen, hängt von vielen Einflüssen ab (u.a. vom situativen Kontext und seiner jeweiligen Wahrnehmung

---

[11] Zu Kommunikationstheorien: Hawthorn 1992, 10–109; Luhmann 1998, Bd. 1; Schulz von Thun 1991.

durch die beiden Gesprächspartner). Allerdings werden die Bedeutungsinventare zweier Individuen aufgrund des willkürlichen Verhältnisses zwischen Signifikant und Signifikat niemals deckungsgleich sein, da sie neben konventionell belegten Zeicheninhalten auch solche enthalten, die auf persönliche Erfahrungen und Eindrücke referieren. Eine Verständigung kann – wenn überhaupt – nur partiell erfolgen.

Aus diesem Grund schlage ich – in Anlehnung an Luhmann (1998) – vor, unter einem kommunikativen Akt ein mittels Zeichen gesetztes Ereignis zu verstehen, das beobachtet und unter Verwendung eines Kodes in einen bestimmten Kontext überstellt werden kann. Das heißt, es wird ihm eine spezifische Bedeutung zugewiesen. Die kommunikative Handlung vollzieht sich unabhängig davon, ob die von Sender und Empfänger zugewiesenen Denotationen/Konnotationen kongruent sind oder ob ein kommunikativer Anschluss seitens des Senders intendiert ist oder nicht.

Luhmann hat einen sehr eigenen Zugang zur menschlichen Kommunikation, der sich in seinem systemtheoretischen Ansatz von «Medium und Form» widerspiegelt (siehe Bartels und Thomas in diesem Band).

Laut Luhmann konstituieren sich soziale Systeme (Gesellschaften) und psychische Systeme (Individuen) über Selbst- und Fremdbeobachtung bzw. Selbst- und Fremdbeschreibung. Wird Sprache für gewöhnlich als Kommunikationssystem definiert, so gilt dies nicht für Luhmanns Theorie: Da Sprache sich nicht selbst beobachten und beschreiben kann und außerhalb des Sprachlichen nicht reflektierbar ist, erfüllt sie nicht die Kriterien eines Systems. Aber sie lässt sich, ähnlich wie andere Zeichenkodes oder physikalische Ereignisse, in Medien und Formen unterteilen – also in lose und feste Kopplungen. Einzelne Laut- und Buchstabeneinheiten sind lose Kopplungen (Medien), die in feste Kopplungen (Formen) – in Wort- und Satzgefüge – unterschieden werden können. An diese Unterscheidungen können andere psychische Systeme wiederum kommunikativ anschließen, indem sie neue Differenzierungen – neue Formen – bilden (Luhmann 1998, Bd. 1, 195ff.). Das Setzen eines solchen kommunizierbaren Ereignisses bezeichnet Luhmann als kommunikative Operation (jemandem die Hand geben, im Halteverbot parken, um eine Zigarette bitten etc.).

Das Begriffspaar «Medium und Form» ist ebenfalls zentral für Luhmanns Theorie der Massenmedien. Ein Massenmedium ist, nach Luhmann, eine lose Kopplung von gesellschaftlichen Selbstbeschreibungen (Luhmann 1998, Bd. 2, 1096ff.). Ein solches Repertoire kann sich beispielsweise aus Beschreibungen wie «Medien-», «Risiko-» und «Spaßgesellschaft» zusammensetzen und über Fernsehen oder Zeitschriften verbreitet werden.[12] Konkretisiere ich eine dieser Beschreibungen (z.B.: «Spaßgesellschaft») in Gestalt eines Lebensszenarios (Partyurlaub auf Ibiza, Tragen bestimmter Markenkleidung etc.) und kommuniziere als psychisches System über diese Selbstinszenierung, so überführe ich sie

---

[12] Luhmanns Begriff der Massenmedien ist nicht identisch mit der allgemein üblichen Definition im Sinne eines technischen, massentauglichen Mittels zur Übertragung bzw. Überlieferung von Bildern und Texten. Fernsehen, Film, Photographie, Video, Internet und Printmedien werden bei Luhmann erst dadurch zu «Massenmedien», dass sie Bedeutungsschemata und Beschreibungen transportieren.

in den festen Zustand einer Form. Luhmann spricht in diesem Zusammenhang auch von einer losen und festen Kopplung von Schemata und Skripten. Das sind formalisierte Konstruktionen von Sinn, die Gesellschaft und Individuen dazu befähigen sollen, ein Gedächtnis – ein standardisiertes Inventar an Bedeutungen und Vorstellungen – auszubilden und darüber zu kommunizieren. Obwohl alle Teilnehmer einer Gesellschaft den Inhalt eines Schemas kennen sollen, ist die Art seiner Verwendung und Rezeption nicht vorgegeben. Es kann verändert und dem jeweiligen Bedarf angepasst werden: Wein lässt sich etwa als «Getränk» oder als «Droge» definieren, und nach Luhmann stünde es mir frei, in welchem Rahmen ich mich welcher dieser beiden Definitionen bediene oder eventuell auf eine dritte, hier noch nicht genannte, zurückgreife (bspw. Wein als «Medizin»). Im Prinzip ist dieser Mechanismus vergleichbar mit der im Abschnitt zur Semiotik dargestellten Konnotation von Zeichen – zumal auch diese einem ständigen Wandel unterworfen ist und Signifikanten trotz der ihnen konventionell zugewiesenen Bedeutungen in ihrer Verwendbarkeit und Interpretation relativ offen angelegt sind (siehe Luhmann 1998, Bd. 1, 110f.).

Mord als kommunikativer Akt
Im vorigen Abschnitt wurden anhand der Konzepte von Jakobson und Luhmann zwei verschiedene Auffassungen von Kommunikation vorgestellt, die im Folgenden wieder aufgegriffen werden. Ich werde erneut mit Jakobson beginnen und dann mit Luhmann fortfahren, um schließlich auf Seltzers Begriff der Wundkultur zu sprechen zu kommen.

Gemäß Jakobsons Definition von Kommunikation beinhaltet eine Tathandlung dann kommunikative Elemente, wenn es mündlich oder schriftlich zur sprachlichen Interaktion kommt – sei es zwischen Täter und Opfer oder Täter und Polizei, Medien, Angehörigen oder anderen Personen. Jakobsons Klassifizierung der Sprachfunktionen ist zwar nicht trennscharf, bietet aber doch brauchbare Anhaltspunkte zur Strukturierung der bei Serienmorden auftretenden verbalen Kommunikationsformen – sofern sich diese von außen rekonstruieren lassen, was bei seriellen Tötungen in der Regel angesichts fehlender Opferperspektive und mangelnder Täter-Opfer-Vorbeziehung sehr schwierig ist. Ich möchte dies kurz an zwei Beispielen illustrieren:

(1) Theoretisch können in einer Täter-Opfer-Kommunikation alle sechs Sprachfunktionen zum Tragen kommen, wobei wichtig ist, dass eine Äußerung eine andere Bedeutung haben kann, als es den Anschein hat.

Der US-amerikanische Serienmörder Albert Fish schrieb etwa 1934 einen Brief an die Mutter seines Opfers Grace Budd, in dem es unter anderem heißt:

«Ich habe sie erwürgt, bevor ich sie in kleine Stücke schnitt, um ihr Fleisch mit nach Hause zu nehmen, es zu kochen und zu essen. Ich kann Ihnen gar nicht sagen, wie zart und köstlich ihr kleiner im Ofen gebackener Arsch schmeckte. Ich brauchte neun Tage, um sie ganz zu verspeisen. Ich habe sie nicht gefickt, obwohl es genügend Gelegenheit dazu gab, wenn ich gewollt hätte. Sie ist jungfräulich gestorben.» (Zitiert nach Bourgoin 1993, 90.)

In diesem Zitat ließe sich ein Wechsel zwischen referentieller (Bezugnahme auf die Tötung), emotiver bzw. expressiver (Bedeutung der Tötung für den Verfasser) und konativer («Sie ist jungfräulich gestorben.» – eine mögliche Bezugnahme auf die Adressatin, die Mutter) Funktion mutmaßen. Im Gesamtkontext betrachtet, ist es jedoch wahrscheinlicher, dass dieser Brief einen rein emotiven bzw. expressiven Zweck erfüllt und ein Instrumentarium der Selbstinszenierung und der Umsetzung sadistischer Fantasien ist. Der Täter referiert auf sich und seine Tat. Das heißt, er setzt mit dem Brief eine kommunizierbare Handlung, ohne seinerseits eine Beziehung zur Adressatin herzustellen, denn er verbleibt im Stadium der Selbstbespiegelung.

(2) Die konative Funktion, die sich im Gebrauch des Imperativs äußern kann, spielt im Tatablauf eine wichtige Rolle, sobald Sprache als Mittel der Kontrolle eingesetzt wird (z.B. in Form von Befehlen, Drohungen etc.). Solche kommunikativen Akte zielen einzig auf die Person des Opfers ab, mit der Intention, das Verhalten des Opfers zu beeinflussen und die Tatsituation zu steuern. Sie sind einseitig kanalisiert – auf das Opfer und seine Reaktion.

Nach der an Luhmann angelehnten Definition von Kommunikation lässt sich auch der physikalische Akt des Tötens als eine kommunikative Handlung interpretieren – in dem Sinne, dass ein beobachtbares Ereignis gesetzt wird, an das soziale oder andere psychische Systeme kommunikativ ankoppeln können (die Polizei etwa durch Ermittlungsarbeit). Diese Problematik bildet den Schwerpunkt in Thomas' Artikel und soll aus diesem Grund hier nicht näher behandelt werden. Gleiches gilt für die Anwendung von Luhmanns Theorie der Massenmedien auf das Phänomen serieller Tötungen, der sich Bartels in seinem Beitrag am Beispiel fiktionaler und nichtfiktionaler Fälle ausführlich widmet. Der Grundgedanke Luhmanns lässt sich jedoch anhand Mark Seltzers Monographie «Serial Killers. Death and Life in America's Wound Culture» verdeutlichen. Seltzer formuliert die These, dass die US-amerikanische postmoderne Kultur geprägt sei durch eine Fokussierung physischer und psychischer Traumata und Wunden. Die Selbstoffenbarungen in den täglichen Talkshows, der permanente körperliche und seelische Ausnahmezustand in TV-Serien wie «Emergency Room» und das Phänomen des Serienmords sowie seine medialen Repräsentationen seien hierfür Indikatoren. Seltzer selbst beruft sich nicht auf Luhmann, aber ziehen wir dessen massenmedialen Ansatz heran, so erhalten wir eine interessante Dopplung: Nach Luhmann handelt es sich bei den medialen Darstellungen der ‹Wundkultur› um gesellschaftliche Selbstbeschreibungen – um Schemata, auf die das einzelne psychische System zurückgreifen kann, um es in Formen – in konkrete Lebensstile – zu überführen. Gleichzeitig münden diese Lebensszenarien wiederum in ein lose gekoppeltes Spektrum an Beschreibungen. Das heißt, Serienmord lässt sich einerseits als ein Medium, als eine lose Kopplung von Beschreibungen und Schemata betrachten (Serienmörder als «Dandy», «Psychopath», «Triebtäter» etc.); und andererseits als eine fest gekoppelte Form, als ein Lebensstil, der aus diesem Medium hervorgeht, um mit ihm wieder zu verschmelzen. Ein Beispiel: Eine über Fernsehen und Printmedien transportierte Selbstbeschreibung lautet «Selbstinszenierung durch Verletzung». Das ist ein Schema, mittels dessen ich als psychisches System kommunizieren kann. Entscheide ich mich dafür, habe ich entsprechend meines persönlichen Hintergrundes mehrere Möglichkeiten, dieses Medium als Form zu binden. Ich kann mich entweder selbst verletzen (lassen) oder andere verletzen (bzw. im Extremfall töten). Ab diesem Moment wird aus der losen Kopplung eine Form. Gehe ich mit meinem ‹Wundkörper› in eine Talkshow, oder lasse ich mich nach den Morden fassen oder schreibe Briefe an Polizei und Medien, so geht diese Selbstinszenierung in ein Medium auf und wird ihrerseits zum Bestandteil sozialer Selbstbeschreibung. Der Kreislauf schließt sich.

Ich habe eingangs drei unterschiedliche Ebenen dargestellt, auf denen kulturwissenschaftliche Aspekte bezüglich Serienmord eine Rolle spielen können. Die Kapitel zur Semiotik und zur Kommunikation berühren die erste Ebene, die unmittelbar die Tathandlung beinhaltet.[13] In den nächsten Kapiteln kommen die anderen beiden Ebenen hinzu, die die fachlichen und massenmedialen (Re-)Konstruktionen serieller Tötungen thematisieren.

* * *

All die verschiedenen Theorien, mit denen wir bisher Bekanntschaft gemacht haben, sind Metaerzählungen über Kultur: Sie befassen sich mit sprachlichen und nicht-sprachlichen Erzählungen (und Interaktionen) – mit deren möglichen Strukturen, Erzählweisen, Regeln und Funktionen sowie mit der Frage, wie «Wirklichkeit» auf bildlicher und sprachlicher Ebene konstruiert wird – und kreieren auf diese Weise selbst neue Erzählungen und «Realitäten». Wohl kaum ein Ansatz konzentriert sich derart auf diese Problematik, wie die Diskursanalyse, die im nächsten Abschnitt vorgestellt werden soll.

Diskurs und Mythos
Menschen bewältigen und organisieren ihre Sicht von Welt über «Wissen». Und zahlreiche Institutionen, Organisationen und Gruppierungen aus den Bereichen Wissenschaft, Wirtschaft, Staat, Religion und Medien konstruieren ganze Bestände an Definitionen, Erklärungen, Informationen und ‹Fakten› und liefern zugleich die Regeln und Normen, nach denen auf diese Wissensinventare zugegriffen werden soll. Auf diese Weise lernen wir, was eine «Krankheit» ist und wie sie behandelt werden kann; welche Auswirkungen Video und PC-Spiele auf die persönliche Entwicklung von Kindern und Jugendlichen haben; wie gefährlich die Strahlenbelastung durch Mobiltelefone ist; dass Rauchen und Trinken schädlich für schwangere Frauen ist, und dass wir uns als Gesellschaft in einem zunehmenden Zustand sozialer Verrohung befinden ... Wir können solche ‹Erkenntnisse› und ‹Tatsachen› zwar im Einzelnen annehmen oder ablehnen, aber nichtsdestotrotz bestimmen und regeln sie das soziale Zusammenleben in einem rechtlich und staatlich verankerten Raum – inklusive möglicher Restriktionen und Sanktionen im Falle eines Normverstoßes (strafrechtliche Ahndung bei Drogenkonsum etc.).

---

[13] Da Zeichen die Grundlage aller menschlicher Lebensäußerungen sind, sind sie natürlich auch elementar für die Wahrnehmung und Verarbeitung der Morde durch Kriminalistik, Forensik, Kriminologie und Medien.

Wir konstruieren Welt also nicht nur über «Wissen», es dient herrschenden Instanzen gleichzeitig zur Legitimierung und Wahrung eigener Interessen und Positionen hinsichtlich sozialer, psychischer, ökonomischer und biologischer Ressourcen. Dadurch entsteht ein Kreislauf, in dem wissenschaftliche und andere Institutionen «Wissen» und somit ‹Wirklichkeiten› produzieren, auf die sie selbst, Staat, Gesellschaft und Individuen, Bezug nehmen können in ihrer Bewerkstelligung und Normierung von Welt. Diese Konstrukte münden ihrerseits wieder in die Wissensproduktion ein. Im Kern wird Wissen über Bedeutungsschemata hergestellt, und diese werden wiederum, wie wir bereits im Zusammenhang mit Semiotik, Semantik und Luhmanns Theorie der Massenmedien gesehen haben, mittels Sprache und Bildern erstellt und transportiert. Letztere zu untersuchen, ist ein Ziel der Diskursanalyse (z.B.: Vokabular, Erzählperspektive, Satzbau, Bildauswahl u. -anordnung etc.).

Aber was ist ein Diskurs?

Im wörtlichen Sinne ist unter dem Ausdruck «Diskurs» ein Gespräch, eine Unterredung oder ein Wortwechsel zu verstehen. In den Kultur- und Sozialwissenschaften kennzeichnet dieser Begriff seit einigen Jahrzehnten einen bestimmten Methoden- und Theorietypus, der massiv von Michel Foucaults Studien beeinflusst wurde und längst zu einem Schlagwort avanciert ist. In diesem Kontext bedeutet «Diskurs» ein themenspezifisches, regelgeleitetes Produzieren von Text – oder wie Foucault es formuliert: eine «große Familie[ ] von Aussagen» (Foucault 1973, 57; zitiert nach Hawthorn 1992, 65). Das heißt, ein Diskurs umfasst die Gesamtheit aller Texte, die innerhalb eines Zeitfensters (Epoche, Jahrhundert usw.) zu einem Thema geschrieben wurden (z.B. zu «Moral», «Krankheit», «Medien», «Erziehung»). Die diskursive Produktion erfolgt im zeitlichen Kontext nach spezifischen Konventionen und Regeln des Schreibens und Vermittelns. Die Herstellung und Verbreitung von «Wissen» ist gebunden an besondere Kriterien, die sich anhand der Texte herausarbeiten lassen. Definitionsgewalt und -kompetenz werden nicht beliebig zugeschrieben – diesem Prozess obliegt eine innere Struktur (die bspw. durch die Unterscheidung in «Experte» und «Laie» gesetzt wird). Die Erstellung von Diskursen und ihre konkrete Nutzung durch Gesellschaft und Staat lassen sich in ihrer Reglementierung und Strukturierung als analoge Vorgänge interpretieren.

Ein Hauptproblem liegt in der Abgrenzung einzelner Diskurse: Zum einen können mehrere Disziplinen an der Entstehung und Fortschreibung eines Diskurses beteiligt sein. An der Definition von «Krankheit» partizipieren neben Medizin unter anderem auch Psychologie, Biologie und Soziologie. Zum anderen gibt es Berührungspunkte und Schnittstellen zu Diskursen, die sich mit Fragestellungen der Ethik, der Normsetzung oder der Institutionalisierung (Krankenhäuser) etc. beschäftigen. Es ist ein dicht verwobenes Netz aus unterschiedlichen Sprachfeldern und Bedeutungsschemata, das sich im Zuge von Textanalysen nur mit Mühe, wenn überhaupt, entwirren lässt, durch die Beantwortung von Fragen wie: In welchem Kontext ist der Text entstanden? In welcher Tradition steht er? Welche Vorstellungen und Sichtweisen enthält er? Welche Verhaltensweisen setzt er als Norm und welche nicht?[14]

[14] Zur Diskursanalyse: Hawthorn 1992, 64–68; Keller, Hitzler/Honer 1997, 309–333.

Ein wichtiger Anhaltspunkt, um sich in diesen Labyrinthen sprachlicher und bildlicher Konstruktionen und Repräsentationen zurecht zu finden, ist der Mythos – ein Begriff, der mittlerweile ebenfalls zum Modewort geworden ist.

Ursprünglich sind Mythen Erzählungen von Göttern, Helden, führenden Familien und hervorragenden Ereignissen aus Frühgeschichte und Antike (vgl. u.a. die Epen Homers). Im neueren Sprachgebrauch steht «Mythos» für eine spezifische Art des Denkens oder der Aussage, die sich weniger über ihren Inhalt, als vielmehr über ihre sprachliche Gestaltung definieren lässt (Brunner/Moritz 1997, 240ff.; Hawthorn 1992, 215f.). Aufgrund seiner originären Bedeutung impliziert Mythos zudem stets ein Moment des Sagenhaften und Fiktionalen. Das heißt, die erzählten Ereignisse sind letztlich nicht in ihrem ‹Wahrheitsgehalt› verifizierbar. Sie sind Fiktion. Diese doppelte Konnotation ist ein zentrales Merkmal des Mythos-Begriffs. Es prädestiniert ihn zur Entlarvung von Diskursen. Ein exzellentes Beispiel ist Andriopoulos' Beitrag, in dem nachgezeichnet wird, wie Erzählstrategien des fiktionalen Horrorgenres in kriminologische Schriften der Jahrhundertwende eingeflossen sind und der Typus des Serienmörders als «Ungeheuer» konstruiert wird. Wie Andriopoulos zeigt, geschieht dies primär über den Sprachmodus: Das Vokabular, mit dem Lombroso den ‹realen› Mörder beschreibt, ist fast deckungsgleich mit dem, das Stoker in seinem Roman «Dracula» benutzt. Wenn ich mir ansehe, mit welchen Worten sich ein Autor einem Thema nähert, es definiert und Erklärungsansätze findet und wie sich diese Formulierungen in den Texten verschiedener Autoren zum gleichen Thema wiederholen, dann habe ich einen möglichen Zugang zu den ideologischen Funktionen dieses Textkanons gefunden. Im obigen Beispiel erfüllt die Charakterisierung des Mörders als «Vampir» und «Monster» den Zweck, ihn als «animalisch» und «böse» zu etikettieren – als eine biologistische Normabweichung.

Die Entzauberung eines Mythos ist im Kern eine Analyse semantischer Wortfelder: Welche Bedeutung kann einem Wort in einem bestimmten Text zugeschrieben werden? Stimmt diese Bedeutung mit den anderen Konnotationen dieses Wortes überein oder weicht sie von diesen ab? Und welche Wertung bzw. Gewichtung wird dem dargestellten Gegenstand durch diese Bedeutungszuweisung verliehen?

Und ein weiteres Mal treffen wir auf Serialität, denn Diskurse und die in ihnen abgebildeten Mythen werden fortlaufend weitergeschrieben, modifiziert und wiederholt. Sie werden ständig reproduziert – in Endlosserien.

Prosperos Labyrinth – Serienmord und Diskurs
Wenn wir von Diskursanalyse sprechen, so müssen wir zwischen diskursiver Theorie und Methode trennen. Nicht alle Untersuchungen, die sich diesem Feld zurechnen lassen, sind methodologisch im diskursanalytischen Bereich verankert. Aber sie gehen theoretisch implizit oder explizit von der Annahme aus, dass fachliche und populäre Begriffe sprachliche Konstrukte sind, die sich hinterfragen und alternativ definieren lassen. Vergleichbares gilt für die Bildenden Künste, in denen sich bezüglich des Motivs «Mord» gleichfalls bestimmte Darstellungsschemata herausarbeiten lassen. Was die Mehrzahl der in dieser Anthologie veröffentlichten kulturwissenschaftlichen Beiträge gemeinsam

hat, ist weniger die Methodik noch der disziplinäre Hintergrund, sondern vielmehr diese spezielle konstruktivistische Perspektive. Nehmen wir also den roten Faden auf und folgen seiner Spur durch ein Labyrinth der Texte.

Das Thema «Serienmord» wird nicht über einen, sondern über mehrere Diskurse bewerkstelligt, die unterschiedlichen fachlichen und historischen Kontexten entspringen. So beginnt der diskursive Kreislauf der seriellen Tötung nicht erst mit den in den 1970er Jahren einsetzenden Untersuchungen des FBI (vgl. auch Wenigs kriminalhistorische Übersicht in Teil II). Er setzt wesentlich früher ein, und wenngleich sich seine Entstehung nicht exakt zurückverfolgen lässt, können wir eine seiner entscheidenden Phasen doch ungefähr auf das Ende des 19. bzw. den Anfang des 20. Jahrhunderts datieren. Zu diesem Zeitpunkt war noch nicht von «Serienmord» die Rede. Stattdessen wurden Termini wie «Mordmonomanie» (Lombroso) und «Lustmord» (Krafft-Ebing, Wulffen) benutzt, die jedoch ähnlich wie «Serienmord» definiert waren: als biologische bzw. seelische «Abartigkeit», motivlose Verbrechen sadistisch-sexueller Prägung, begleitet durch eine Triade von Frühindikatoren (Bettnässerei, Tierquälerei, Brandstiftung). Aber nicht nur die Definitionen weisen Parallelen auf – auch die Texte, in die sie eingebunden sind, gleichen sich massiv in ihrer sprachlichen Organisation. Zumindest in ihren populärwissenschaftlichen Selbstdarstellungen greifen Douglas und Ressler – ebenso wie Lombroso – auf das Vokabular und die Mythen des fiktionalen Horrorgenres zurück (vgl. Ressler/Shachtman (1992): Ich jagte Hannibal Lecter; dort werden Serienmorde u.a. als «grässliche[ ] Morde», «barbarischste[ ] Bluttaten» (152), «abscheuliche[ ] Verbrechen» (12) und «diabolische[s] Vergnügen» (171) bezeichnet). Der einzige Unterschied besteht darin, dass Lombroso die Monstrosität des Mörders biologistisch begründet, während Douglas und Ressler psychologisch argumentieren. Es ist naiv anzunehmen, dass diese sehr populär gehaltenen Darstellungen in ihrer Rezeption keinerlei Einfluss hätten auf die Wahrnehmung der fachlichen Publikationen dieser beiden Serienmord-Pioniere – zumal Erstere im öffentlichen Bewusstsein wesentlich präsenter sein dürften als Letztere. Das bedeutet: Fachliche und populäre Perspektive verschmelzen miteinander zu einem Konglomerat aus Begriffen und Definitionen. Das ‹Ungeheuerliche› hält Einzug in den wissenschaftlichen Diskurs, aus dem die massenmedialen Diskurse des Nichtfiktionalen und Fiktionalen wiederum ihre Mythen und Geschichten speisen. Und umgekehrt. Douglas' und Resslers' Mischung aus fachlichen Anschauungen und fiktionalem Horrorvokabular bildet die Grundlage für Bücher und Filme wie «Das Schweigen der Lämmer». Die hier skizzierte Figur des Profilers mündet ihrerseits wieder ein in die Selbstdarstellungen realer Kriminalisten und Kriminalpsychologen – und sei es nur in Gestalt einer ausdrücklichen Abgrenzung von diesem Stereotyp. Aber im dichten Netz aus Diskursen sind beide untrennbar miteinander verbunden (siehe hierzu Reichertz 2001).

Ich habe im oberen Abschnitt bereits den Beitrag von Andriopoulos angeführt. Bammann verfolgt in seinem Artikel eine ähnliche Richtung und analysiert, wie Werwolf- und Serienmörder-Mythos zur Erklärung von Morden herangezogen werden, deren Grausamkeit von Mensch und Gesellschaft nicht verarbeitet werden können. Lombrosos Ansatz des Physiognomischen, der körperlichen Sichtbarkeit des Mörderischen, begegnet uns bei Müller-Ebeling wieder, die die Bedeutung des «Trieb-» und «Lustmörders» als Metapher des Bösen in der modernen Malerei der Weimarer Republik reflektiert. Hoffmann-Curtius konzentriert sich in ihren Ausführungen auf die gleiche Epoche. Sie hingegen analysiert im Kontext von Frauenmordbildern die strukturellen Parallelen zwischen dem Akt des Tötens und dem des Malens. Auf inhaltlicher Ebene setzen sich Fischer, Kramer und Schetsche mit den Konzepten des Serien- und Lustmords auseinander. Fischer befasst sich anhand des Falls von Fritz Haarmann mit Foucaults Theorie der «no-fault-responsibility» – also mit der Frage, inwieweit ein Bewusstsein über das eigene Handeln gleichzeitig Verantwortlichkeit mit einschließt. Kramer demontiert mittels Max Stirners Ansatz des «autonomen Einzigen» die Vorstellung, dass Serienmord an einen psychopathologischen Befund gekoppelt sei, und definiert diesen als einen frei durch das Individuum gewählten Lebensstil – ganz in der Tradition von de Sade und De Quincey («Mord als eine schöne Kunst betrachtet»). Schetsche schließlich erörtert die Struktur des «Deutungsmusters Lustmord» sowie dessen Verknüpfungen zu den Konzepten «Wille» und «Trieb» in einem sexualgeschichtlichen Kontext. Regener und Linder beschäftigen sich jeweils mit Formen der Synthese aus fachlichem und medialem Diskurs. Erstere fokussiert den Fall des vermeintlichen deutschen Serienmörders Bruno Lüdke, der aus der Zeit des nationalsozialistischen Regimes stammt und in der Nachkriegszeit durch die Medien aufgegriffen und neu konstruiert wurde. Letzterer untersucht anhand ausgewählter Beispiele aus Literatur, Film und Fernsehen, wie sich der wissenschaftliche und der massenmediale Serienmord-Diskurs in den letzten Jahren entwickelt haben.

Kulturwissenschaftliche Analysen zum Thema «Serienmord» greifen ihrerseits auf die fachlichen und massenmedialen Darstellungen zurück und diese auf sie. Ergänzend sollen einige Anmerkungen zur massenmedialen Konstruktion serieller Tötungen angefügt werden – am Beispiel nichtfiktionaler/fiktionaler Fernsehsendungen/Filme. In nichtfiktionalen Sparten wird dieses Thema dazu instrumentalisiert, um sich darüber zu verständigen, was «normal», was «abweichend» und was «gefährlich» ist und welche Gegenmaßnahmen als «berechtigt» und «wirkungsvoll» anzusehen sind (angefangen von Fernsehreportagen in ARD/ZDF bis hin zu TV-Boulevardmagazinen wie «Explosiv» bei RTL). In fiktionalen Genres wie Thriller, Horror und Splatter gab es längst einen ‹Overkill› an Serienmordfilmen: «Sieben», «Kalifornia», «Henry – Portrait of a Serial Killer», «Der Knochenjäger», «Denn zum Küssen sind sie da» – um nur einige wenige zu nennen. Parallel gibt es schon seit den 1970er Jahren das Genre der Teenie-Slasher-Filme, in denen der Mörder stets seriell operiert – in Fortsetzung («Halloween», «Freitag der 13.» etc.). Das Stereotyp des Serienmörders wird entweder reanimiert, indem man einen neuen Aspekt hinzufügt (in «Virtuosity» wird ein virtueller Serienkiller im Cyberspace gejagt) oder die Thematik in satirischer Form aufbereitet (Mary Lamberts Verfilmung von Ellis' Roman «American Psycho»), oder es wird die Authentizität des Mythos explizit mit erzähltechnischen Mitteln wie Selbst- und Metareferenzialität wiederhergestellt (prominentestes Beispiel ist wohl die «Scream-Trilogie», in der Massenmedialität und Gesetzmäßigkeiten des Genres direkt thematisiert werden). Im fiktionalen Film wird die Figur des Serienmörders in doppelter Hinsicht zum Symbol: Zum einen ist sie ein Stellvertreter des Phänomens «Serienmord», zum anderen beinhaltet sie zugleich eine

Interpretation dieses kriminalistischen/kriminologischen wie massenmedialen Konstruktes: Der Serienmörder als Sinnbild einer defizitären, kalten und anonymen Gesellschaft («Sieben»), als Rebell und virtuoser Held der Massenmedien («Natural Born Killers»), als das unfassbare, unheimliche Böse («Halloween») oder als Freudsche Ikone (Hannibal Lecter). Und wie in den anderen Diskursen bedingen diese Darstellungen einander: Die jeweils folgenden referieren auf die vorhergehenden – das Prinzip der Serie, der Fortsetzung, wird auf Makroebene fortgeführt. Mit der Problematik «Serienmord, Massenmedien, Konsum und Ikonizität» beschäftigen sich insbesondere das Essay von Nüsser und der Artikel von Liebl. Kemper untersucht die kulturelle Produktion und Reflexion serieller Morde am Beispiel populärer Musik.

«Will man den Künstler verstehen, muß man sich sein Werk ansehen. [...] Man kann Picasso nicht verstehen oder würdigen, ohne seine Bilder zu betrachten. Die erfolgreichen Serienmörder planen ihr Werk so sorgsam wie ein Maler ein Gemälde. Sie betrachten das, was sie tun, als ihre ‹Kunst› und verfeinern sie im Laufe der Zeit.»
Douglas/Olshaker 1996, 135

«Wenn dieser Mann andererseits Verbrechen in der Form begeht, daß er, sagen wir einen anderen beherrschen oder einen Schmerz zufügen kann, oder das Opfer bitten oder betteln läßt, dann ist das seine ‹Handschrift›. Es drückt die Persönlichkeit des Mörders aus. Es ist etwas, das er tun muß.» Douglas/Olshaker 1996, 295

«Damals liefen jeden Samstag im Kino Abenteuerserien [...]. Jede Woche köderten sie einen schon für die nächste Folge, denn immer, wenn es am aufregendsten wurde, war plötzlich Schluß. Das war alles andere als befriedigend, denn die Spannung wurde nicht etwa aufgelöst, sondern noch gesteigert. Die gleiche Unzufriedenheit stellt sich bei Serienmördern ein. Der Akt des Tötens an sich sorgt beim Mörder für nur noch größere Spannung. Es ist nämlich nie so perfekt, wie er sich das in seiner Fantasie ausmalt. [...] Der Serientäter überlegt sich nach seinem Mord, wie er es hätte besser anstellen können.» Ressler/Shachtman 1992, 45f.

«Evidence speaks it's own language of patterns and sequences.»
Ressler et al. 1995, 135

«Literatur ist organisierte Gewalt, begangen an der einfachen Sprache.»
Jakobson (zitiert nach Eagleton 1983, 2)

Jedes dieser Zitate zeigt, wie massiv die Diskurse «Kultur» und «Mord» bzw. «Gewalt» einander durchdringen. Sowohl Kriminalisten als auch Kulturwissenschaftler nutzen die Deutungsschemata des jeweils anderen Diskurses zur Definition ihrer Tätigkeit, ihrer Methodologie und/oder ihres Arbeitsgegenstandes. Bei den oben zitierten kriminalistischen Verfassern ergibt sich daraus ein doppelter Gebrauch von Sprache und Bildern, denn Serienmorde werden nicht nur mittels kultureller und konventionell festgelegter

Verfahren wie dem Schreiben (re-)konstruiert, sondern auch mit Sinnbildern des Schriftlichen («Handschrift»), Sprachlichen, Bildlichen («Kunst») und Medialen («Abenteuerserie») versehen. Dieser explizite Bezug auf kulturelle Kodes und Praktiken sowie die zuvor genannten Anleihen aus dem Horrorgenre begründen den fachlichen Mythos vom Serienmörder bzw. Profiler. Auf diese Weise werden Mord und Ermittlung in den Kontext kultureller Traditionen gestellt. Die Tötung wird, wie in den Detektivgeschichten Arthur Conan Doyles, dem Erfinder Sherlock Holmes', zu einem *entzifferbaren Rätsel*, dessen Lösung sich dem aufmerksamen *Betrachter* oder ‹Leser› erschließen wird, bzw. die Metapher der Kinoserie erlaubt es dem außenstehenden Beobachter, dem Kriminalisten, sich als Zuschauer in die psychischen Prozesse des Serientäters hineinzuversetzen. Dadurch wird ein schwer erfassbares Phänomen wie das des Serienmords mit allgemein verständlichen Metaphern belegt und der Prozess der kriminalistischen und psychologischen Aufarbeitung und Analyse transparenter gemacht. Gleichzeitig wird, bewusst oder unbewusst, auf die elementare Rolle kultureller Praktiken referiert, die schließlich den primären Zugang zur konkreten Tathandlung darstellen bzw. – wie im Falle der Kinoserie – der persönlichen Sozialisation des Ich-Erzählers zu entspringen scheinen und als Deutungsschema verwendet werden. Diese diskursiven Strategien haben hinsichtlich der von den Autoren proklamierten Faktizität und Moralität eine durchaus legitimierende Funktion, denn sie suggerieren eine gewisse Sicherheit der Erkenntnisse. Ich habe zu Anfang bereits auf einige wesentliche Unterschiede hingewiesen, die zwischen der Kriminalistik und den modernen Kulturwissenschaften vorhanden sind: Im Rahmen einer konstruktivistisch ausgerichteten kulturwissenschaftlichen Analyse würde ein solcher Wahrheits- und Erkenntnisanspruch in Frage gestellt werden. Aus semiotischer Sicht sollte ein Gedanke berücksichtigt werden: Der Akt des Tötens lässt sich zwar nur mittels Sprache bewerkstelligen, wahrnehmen und verarbeiten, aber im Kern ist er nichtsprachlich und rein körperlich. Es ist eine physische Handlung – die Interaktion zweier organischer Körper. Bei der textlichen Konstruktion des Themas «Serienmord» auf traditionelle Kodes zurückzugreifen, beinhaltet die Gefahr, dieses besondere Merkmal zu übersehen. Kulturwissenschaftliche Theorien können hier helfen, differenziertere Zuschreibungen zu treffen. Ein Beispiel: Im Zitat von Ressler/Shachtman schildert der Ich-Erzähler, wie ihn die Erinnerung an die Abenteuerserien im Kino der 1950er Jahre dazu gebracht hat, Mehrfachtötungen als «Serien» zu definieren. In dieser Erzählung wird jedoch ein entscheidendes Moment übersehen. Der Ich-Erzähler nimmt die Perspektive des Zuschauers ein, während der Täter ‹Drehbuchautor›, ‹Regisseur› und selbstreflektierender Beobachter in einer Person ist. Dem außenstehenden Beobachter kommt als reinem Zuschauer eher ein passiver Part zu, dem Serienmörder ein aktiver. Im übertragenen Sinne korrespondiert diese Annahme mit der These, dass Serientäter versuchen, über ihre Morde Macht und Kontrolle auszuüben. Bin ich diejenige, die inszeniert, dominiere ich die Situation. Bin ich nur Zuschauer, konsumiere ich lediglich die Phantasien eines anderen Individuums. Ich kann sie mir zwar zu eigen machen, aber die Vorgabe stammt von einem anderen. Dieses Beispiel verdeutlicht, dass eine medial geprägte Metapher wie die der Kinoserie in einem (kultur-)wissenschaftlichen Rahmen durchaus relevant sein kann.

***

Nun haben wir alle nötigen Grundbausteine für eine moderne kulturwissenschaftliche Sichtweise beisammen: Welt offenbart sich nicht länger unmittelbar in Form einer absoluten, rein materiellen Realität, sondern indirekt über sprachliche und nicht-sprachliche Repräsentationen. Sie ist nicht außerhalb kultureller Zeichen wahrnehmbar und erfassbar und deshalb ein Konstrukt. Und als ob dieser Ausblick nicht schon desolat genug ist, gehen wir noch einen Schritt weiter und wenden uns – wie bereits angekündigt – dem Dekonstruktivismus Derridas zu.

Exkurs:
Ein Zeichen ist ein Zeichen ist ... – Derrida und die Selbstreferenzialität des Zeichens
Der Dekonstruktivismus wird dem Poststrukturalismus zugerechnet. Während Strukturalisten wie Roland Barthes, ausgehend von de Saussures Erkenntnissen, die Strukturen und Funktionen kultureller Zeichenkodes (Literatur, Mode, Photographie etc.) analysiert haben, hinterfragt Derrida die mittels Zeichen bewerkstelligte Konstruktion von (kommunizierbaren) Bedeutungen. Diese Demontage begründet er mit einer unendlichen Verschiebbarkeit von Signifikant und Signifikat. Demnach ist der Signifikant «Messer» lediglich ein Stellvertreter des Objekts. Das Wort repräsentiert den so bezeichneten Gegenstand – auch in dessen Abwesenheit. Ich kann mich mit jemandem über «Messer» unterhalten, ohne dass ein entsprechendes Objekt im gleichen Raum sein muss. Da sich Zeichen und Bedeutung zueinander arbiträr verhalten, verweist jeder Zeichenträger nur auf sich selber bzw. sein Inhalt auf die differenten Inhalte anderer Signifikanten. Das Messer ist ein Messer, weil es als solches definiert ist, aber im Prinzip hat es keine ‹reale› Entsprechung in der materiellen Welt. Es gibt kein Objekt, dem die Bedeutung «Messer» immanent ist und somit kann der Repräsentant – das Wort «Messer» auch nicht wirklich auf ein solches referieren. Das Zeichen erhält seine Bedeutung einzig durch Unterscheidung – indem «Messer» und «Gabel» jeweils divergierende Inhalte zugeordnet werden. Es hat jedoch kein ‹reales› Äquivalent. Der Zeicheninhalt speist sich allein aus dem Netz der Bedeutungsunterschiede eines Zeichensystems (*Dissemination*). Er ist relational und kann sich nicht selbst konstituieren. Diesen Mechanismus bezeichnet Derrida als Differenzialität. Das heißt zugleich, dass das Wort «Messer» niemals die gleiche Bedeutung hat – auch nicht in einem kommunikativen Kontext. Sein Inhalt variiert und verschiebt sich ständig. Mein Gesprächspartner und ich können jeweils völlig verschiedene Vorstellungen mit dem Signifikanten «Messer» verbinden, gebrauchen doch Worte ähnlichen semantischen Gehalts und können vom Sinn her trotzdem aneinander vorbeireden. Bedeutung ist flüchtig und nicht fixierbar. Der Prozess der Bedeutungsbildung und -zuweisung ist im ständigen Fluss, ohne je abgeschlossen zu sein.

Derridas dekonstruktivistischer Ansatz intendiert keineswegs eine Auflösung des Sprachlichen. Vielmehr ist er als ein Versuch zu verstehen, bestehende Denksysteme mit ihren Hierarchien von Bedeutungen zu unterminieren – zu dekonstruieren. Derartige Systeme und «Grundprinzipien» lassen sich nicht außer Kraft setzen, zu sehr sind sie im Denken und in der Geschichte des Menschen verwurzelt, aber sie lassen sich als metaphysische Konstrukte enttarnen, die ihre Legitimation durch willkürlich gesetzte Bedeutungen erhalten und nicht durch eine äußere Realität.[15] In dieser Eigen-

---

[15] Hingegen bleibt der Strukturalismus der ideologischen Tradition dieser hierarchischen Denksysteme ver-

schaft ist Derridas Theorie eine potentielle Antwort auf die Diskursivität menschlichen Lebens.[16]

Für die Serienmord-Diskurse würde dies zweierlei bedeuten:

(1) Serienmord ist ein Konstrukt. Das heißt: Die mit diesem Begriff bezeichneten Ereignisse sind aufgrund der permanenten Bedeutungsverschiebung nicht sprachlich erfassbar. Sie werden lediglich durch differente Sinneinheiten mit einer Schicht sprachlicher Zeichen überlagert (z.B. durch die Unterscheidung «serielle»/«singuläre» Tötung oder «normales»/«abweichendes Verhalten»). Über diese Termini werden gesellschaftliche und rechtliche Normen, Regeln und Anweisungen konstituiert.

(2) Der Akt des Tötens lässt sich im doppelten Sinne als dekonstruktiv bzw. dekonstruktivistisch interpretieren: Zum einen wird ein Leben ausgelöscht, und zum anderen ist die Kernhandlung physischer und nichtsprachlicher Natur. Was immer in und durch den Mord zum Ausdruck kommt bzw. gebracht werden soll, kann scheinbar nicht mittels sprachlicher oder anderer abstrakter Zeichensysteme transportiert werden, sondern nur durch unmittelbares körperliches Agieren. Serienmord lässt sich als eine pervertierte Form, als eine extreme und konsequente Fortführung des dekonstruktivistischen Leitgedankens betrachten – als eine Revolte gegen die sprachliche Bewerkstelligung von Welt.

Weiterhin von Interesse ist eine Veröffentlichung, die sich nicht direkt mit seriellen Tötungen, aber mit dem Motiv des toten, weiblichen Körpers in Literatur, Kunst und Film beschäftigt. Elisabeth Bronfen vertritt in ihrem Buch «Nur über ihre Leiche» (1992) in Anlehnung an die feministische Philosophin Kristeva die These, dass die Frau in der männlich dominierten westlichen Kultur ihrer die männliche Ordnung bedrohenden Körperlichkeit – ihres Somas – entzogen wird, indem sie in sprachliche und bildliche Zeichen transferiert wird. Das Symbolische fungiert hier als der Tod des Realen (Baudrillard 1978). Es ersetzt das Gegenständliche und macht es überflüssig. Es erhält seine Bedeutung durch willkürliche, abstrakte Zuschreibungsprozesse. Sprache ist ‹Mord am Körper›. Sie ersetzt das Soma – wird zu seinem Stellvertreter (siehe Bronfen 1992, 361). Da es sich in den von Bronfen untersuchten Beispielen zudem um Darstellungen weiblicher Leichen handelt, ‹erstirbt› der weibliche Körper in doppelter Hinsicht: Durch die symbolische Repräsentation und durch das Motiv des Todes an sich. Gleichzeitig werden diese Weiblichkeitsbilder mit Zuschreibungen – mit männlichen Vorstellungen und Projektionen – ausgestattet: Die Tote als «Geliebte», als Objekt der Betrachtung und Begierde, ist ihrer «Natürlichkeit» beraubt und gleicht einer künstlichen Statue.

---

haftet, indem er sich auf die Herstellung **binärer Oppositionen** stützt. Eagleton verdeutlicht dies anschaulich am Beispiel des Patriarchats, in dem der Mann das «Basisprinzip» und die Frau die «Antithese» – die binäre Opposition – darstellt. Das patriarchale System bleibt nur auf der Grundlage dieses Gegensatzes – unter Missachtung der zwischen beiden Polen vorhandenen Wechselbeziehungen – bestehen. Ein Ziel des Dekonstruktivismus ist es, solche Strukturen aufzubrechen (Eagleton 1983, 116f.).

[16] Zum Dekonstruktivismus: Eagleton 1983, 110–137; Brunner/Moritz 1992, 68f.; Hawthorn 1992, 47ff.; Engelmann 1999, 18–31, 76–223.

Es ist ein zeichenhafter Prozess der Entkörperlichung und Verdinglichung. Betrachte ich vor diesem Hintergrund nun Serienmorde an Frauen, so lassen sich gewisse Parallelen verzeichnen. Auch hier wird das Weibliche durch den Akt des Tötens gebannt und unmittelbar auf organischer Ebene in Zeichen umgewandelt (z.B. durch Entfernen oder Verstümmeln der Geschlechtsorgane). Die Auflösung der Körperlichkeit vollzieht sich durch die Tötung und durch eine Überstellung in den individuellen Kontext des Täters.

Der Dekonstruktivismus bzw. Poststrukturalismus ist eng verknüpft mit der Postmoderne, die den Endpunkt unseres Parcours darstellt. In diesem Denkschema gehen gewissermaßen alle bisher erörterten Modelle und Theorien auf.

Alice im digitalen Wunderland – Oder: «Was ist die Matrix?»[17]

Niklas Luhmann schreibt in «Die Gesellschaft der Gesellschaft», dass der Begriff der Postmoderne kontrovers sei, da er sich weder eindeutig von dem der Moderne abgrenzen lasse noch mit einer klaren Definition zu belegen sei (vgl. Luhmann 1998, 1143ff.). Eine gesellschaftliche Selbstbeschreibung über Postmoderne ließe sich eventuell damit rechtfertigen, dass das «Ende der Großen Erzählungen» erreicht sei. Mit dieser Aussage bezieht sich Luhmann auf Lyotard, der sich unter anderem mit der Frage beschäftigt hat, inwieweit die «großen Erzählungen» in Philosophie, Geschichte etc. politische und gesellschaftliche «Realität» konstituieren – sprich legitimieren, weshalb er diese Narrationen auch als «legitimierende Erzählungen» bezeichnet (Lyotard in: Engelmann 1999, 49–53).[18] Angesichts heutiger spätkapitalistischer Entwicklungen wie der Globalisierung und einer international zu beobachtenden restriktiven Inneren Sicherheitspolitik scheint Luhmanns Feststellung eines Endes dieser Macht legitimierenden Erzählungen vorschnell gewesen zu sein bzw. zu kurz zu greifen.

Was ist Postmoderne? Diese Frage kann im Rahmen unseres kleinen Streifzuges nicht geklärt werden (andere haben dies auf mehreren Hundert Seiten nicht vermocht), aber wir können einen Augenblick verharren und uns einigen Aspekten widmen, die dem Kern des Postmodernen vielleicht doch sehr nahe kommen.

Der Begriff der Postmoderne lässt sich am ehesten mit einer Matrix vergleichen – mit einem Koordinatennetz, das in verschiedene Figuren und Gestalten transformiert werden kann. Das heißt, wir visualisieren ein mehrdimensionales Projektionsraster, das mit unterschiedlichen Vorstellungen des Postmodernen versehen und gleichzeitig im Raum von diversen Perspektiven aus beobachtet werden kann. Diese Mehrdimensionalität von Raum und Zeit ist möglicherweise das entscheidende Merkmal postmoderner Kultur.

---

[17] In Anlehnung an den Science-Fiction-Film «The Matrix» von den Brüdern Wachowski (1999), in dem es um eine virtuelle Scheinwelt geht, mit Hilfe derer das Bewusstsein der Menschen durch die Maschinen manipuliert wird. Der Film ist angereichert mit zahlreichen Verweisen und Zitaten – u.a. auf die Erzählung «Alice im Wunderland».

[18] Der Begriff «Narration» steht in diesem Beitrag synonym für «Erzählung» und impliziert die mittels sprachlicher oder anderer Zeichen bewerkstelligte Darstellung eines realen oder fiktionalen Handlungsgefüges (Ereignisses) nach bestimmten narrativen Regeln (Perspektivierung, Strukturierung, Verknüpfung und zeitliche Zuordnung einzelner Handlungselemente etc.). Ursprünglich ist der Terminus verknüpft mit der Narrativik, der Erzählforschung, die hier nicht näher berücksichtigt werden soll.

Die Auflösung des Raum-Zeit-Kontinuums ist primär eine Folgeerscheinung der sich seit Mitte des 20. Jahrhunderts rasant entwickelnden Multimedialität. Dies gilt insbesondere für elektronische Bildschirmmedien wie Fernsehen, Video und Computer sowie für die Kinematographie, die eine Allgegenwart an sprachlichen und visuellen Informationen mit sich bringen. Vermittelt werden diese über digitalisierte Zeichen, die nahezu beliebig wiederholt, kombiniert, verändert und in unterschiedliche Kontexte überstellt werden können, ohne dass eine (gleichzeitige) Anwesenheit von Produzent und Rezipient nötig ist. Ein Beispiel hierfür ist die digitale Bearbeitung einzelner Bilder oder Bildsequenzen (wie etwa in dem Film «Forrest Gump», in dem der Schauspieler Tom Hanks in historische Filmaufnahmen eingefügt wurde). Mittlerweile ist es möglich, rein virtuelle – computergenerierte – Erzählungen zu erschaffen, wie die beiden jüngsten Filmbeispiele «Shrek» oder «Final Fantasy» zeigen. Im eingeschränkten Sinne ist auch Literatur reproduzierbar und multireferenziell, da sie ebenfalls mittels eines repräsentativen Zeichenkodes, nämlich dem der Schrift, bewerkstelligt wird. Das Besondere an den elektronischen und digitalen Medien ist jedoch die Geschwindigkeit und das Ausmaß der Informationsverbreitung – zwei Faktoren, die mit einer sich ständig potenzierenden Präsenz medialer Darstellungen einhergehen. Sobald eine fiktionale oder nichtfiktionale Erzählung in die Massenmedien eintritt, hat sie sich aufgrund der Fülle ihrer medialen Präsentationen schon wieder selbst überholt und verblasst.[19] Dieser Bedeutungsverlust ist jeder medialen Erzählung immanent – sei es die Meldung über eine Naturkatastrophe oder ein politisches Ereignis, die Selbstinszenierung einer einzelnen Person oder ein spezifisches Erzählthema wie Serienmord. Ein Kreislauf entsteht: Der Beginn der einen Geschichte markiert zugleich ihr Ende und ist der Anfang einer ähnlichen oder neuen Geschichte. Die Massenmedien bestehen aus einer unübersichtlichen Vielzahl dieser Kreisläufe, denn es werden stets mehrere Geschichten gleichzeitig erzählt – die sowohl aufeinander als auch auf vorhergehende Erzählungen verweisen.[20] Erzähltraditionen – im Sinne von wiederkehrenden Figuren, Motiven und Themen – gibt es zwar seit Jahrhunderten, aber Multimedialität und Digitalität fördern die Vernetzung der Geschichten untereinander sowie ihre Abrufbarkeit im alltäglichen und massenmedialen Gebrauch. All dies hat zur Konsequenz, dass Narrationen einer ständigen Erneuerung bedürfen. Auf dem Sektor individueller Selbstdarstellungen wird dieser Prozess als «Re-Modeling» bezeichnet (vgl. etwa den Imagewandel von Madonna, Metallica oder U2 – Bessing u.a. 1999, 127ff.). Im Bereich fiktionaler Erzählungen hat diese Entwicklung in vielen Genres dazu geführt, dass sich die narrativen Regeln geändert haben, um Authentizität und Sichtbarkeit des Erzählten zu wahren – und sicherzustellen, dass die Narrationen sich nicht im Zuge ihrer permanenten Reproduktion selbst als Konstrukte entlarven. So werden verstärkt Stilmittel wie Fragmentierung, Selbst-/Metareferenzialität (Ironie, Selbstbespiegelung etc.), Brechung der Erzählperspektive oder Aufhebung der chronologischen Handlungsabfolge verwendet (Bsp.: «Pulp Fiction», «Bram Stoker's

---

[19] Im Fall von BSE verlor sich beispielsweise der Nachrichtenwert in der Masse von Meldungen und Berichten über neu erkrankte Tiere, vernichtete Viehbestände und behördliche Inkompetenz. Die mit diesem Phänomen einhergehenden Probleme im landwirtschaftlichen Bereich blieben indes bestehen. Sie entzogen sich lediglich dem Blick der massenmedial orientierten Öffentlichkeit.

[20] Die Nachricht vom Verschwinden eines Kindes ist z.B. oft gekoppelt an das Delikt der Kindstötung, an frühere, ‹vergleichbare› Fälle und an stereotype Konzepte wie das des «Triebtäters» oder «Kinderschänders».

Dracula» u.a.). Diese sind nicht neu, aber sie treten gehäuft auf und sind nicht länger nur der Avantgarde vorbehalten, sondern längst in den Mainstream übergegangen. All dies ist verschiedentlich thematisiert und als «postmodern» deklariert worden, doch die mit der Entgrenzung des Raum-Zeit-Gefüges einhergehenden Verschiebungen in der Konstruktion und Wahrnehmung der durch Medien repräsentierten Welt markieren den eigentlichen Zugang zu einer postmodernen Denkweise.[21] Und dieser Prozess bedeutet in erster Linie eine Überlagerung unzähliger repräsentierender, abstrakter Zeichenebenen – ein Konglomerat aus scheinbar unendlich vielen Rollen-, Kommunikations-, Inszenierungs- und Identifizierungsmustern, die letztlich alles ermöglichen – nur keine Individualität. Sobald ich eines oder mehrere von ihnen auswähle, um mir eine Identität zu schaffen, löse ich mich bereits wieder in der Masse derer auf, die ebenfalls auf sie rekurrieren. Es folgt der sich ständig wiederholende Eintritt des Individuums in das Zeichen (z.B. durch Gebrauch spezifisch kodierter Musik- und Kleidungsstile). Potentielle Folgen sind Desorientierung, das Festhalten an einer schönen Scheinwelt von Pseudoidentitäten, die Kapitulation in der Menge oder die Ausblendung von Zeichenebenen und eine Reduzierung der Kommunikation. Die Postmoderne ist das Ende der Subkultur (Punk u.a.). Ein möglicher Zufluchtsort sind Szenarien extremer Gewalt am eigenen oder fremden Körper.[22]

Im Orbit des Seriellen – Serienmord und Postmoderne

Dass Individuen in zeitlichen Abständen mehrmals töten, ist kein Novum der Postmoderne. Solche Fälle sind seit Jahrhunderten überliefert (z.B. der von Gilles de Rais). Aber mit dem Eintritt in das massenmediale Zeitalter und der Einführung des Begriffs «Serie» hat sich der Deutungsrahmen dieser Mehrfachmorde verschoben. Da der Einfluss elektronischer Medien omnipräsent ist, dürfte diese Aussage sowohl auf Täter als auch auf außenstehende Beobachter zutreffen.

Das Format der Serie ist wesentlich älter als Kino oder Fernsehen. Fortsetzungsromane und -erzählungen wurden bereits vor Einführung dieser beiden Medien in Zeitungen veröffentlicht (zum Begriff der Serie: siehe Hickethier 1991). Und doch ist das Serielle ein wesentliches Kennzeichen postmoderner Kultur. Schließlich werden hier die Prinzipien der Reproduktion und der Vernetzung in einem narrativen Mikrokosmos miteinander vereinigt. Was macht die Struktur des Seriellen aus? Das Konzept der Serie lässt sich im medialen Kontext wie folgt skizzieren: Ein spezifisches Repertoire aus Figuren, Handlungsversatzstücken, Konfliktkonstellationen und Schauplätzen wird von Folge zu Folge variiert, wiederholt, fallengelassen und durch andere, ähnliche Stereotypen ersetzt, wobei unter Verwendung von Rückblenden oder (ironischen) Anspielungen auf vorhergehende Episoden referiert wird sowie Schemata und Motive aus anderen Serien, Filmen und Büchern zitiert oder kopiert werden. Ressler/Shachtman führen in ihrem Kinoserien-Vergleich den sogenannten «Cliff-Hanger» an, der auf Serienmorde

---

[21] Aus diesem Grund ist die Erlangung von «Medienkompetenz» heutzutage ein wichtiger Aspekt der Sozialisation. Dieser Begriff ist dehnbar und diffus, meint aber im Wesentlichen das Erlernen des Umgangs mit massenmedialen Erzählstrategien und Strukturen.
[22] Zur Postmoderne: Luhmann 1998; Engelmann 1999; Rost/Sandbothe 1998; Stratton 1990.

übertragen, ein Auslöser zur Tatwiederholung sein soll (begründet durch die nach der Tat zurückbleibende Unzufriedenheit des Täters – siehe Ressler/Shachtman 1992, 45f.). Bei einem «Cliff-Hanger» endet die Folge offen und abrupt in einem spannenden Moment, ohne Lösung des Handlungsstranges. Er wird beispielsweise in Daily Soaps wie «Marienhof» verwendet, aber auch in wöchentlich ausgestrahlten Serien wie «Die Lindenstraße». Beim Gros der wöchentlichen Serien handelt es sich jedoch um Mischformen, bei denen die Rahmenhandlung über mehrere Staffeln hinweg fortgesetzt wird, während die Binnenhandlung, der ‹aktuelle› Konflikt, jeweils auf eine einzelne Episode begrenzt ist (siehe beispielsweise «Akte X», «Buffy – Im Bann der Dämonen» oder «Emergency Room»), wenngleich auch sie sich aufgrund der Vielzahl der Folgen und des Grundkonzepts der jeweiligen Serie wiederholt. Unabhängig davon, wie offen oder geschlossen der Spannungsbogen einer Serie gehalten ist, fasziniert dieses Format durch den Aspekt der Fortsetzung. Es ist eine beständige Reproduzierung und Fortführung bekannter Charaktere und Situationen innerhalb einer bestimmten Programm- und Senderstruktur. Das Konsumieren von (Fernseh-)Serien ist ein alltägliches, konsensbildendes und festigendes Ritual.[23] Vom kulturwissenschaftlichen Standpunkt aus haben Ressler und Shachtman mit ihrem Vergleich den Blick auf eine zentrale Schnittstelle zwischen Serialität und Mehrfachmord eröffnet, der weitreichender ist, als die beiden erahnen konnten. Das Element des Seriellen geht bei multiplen Morden über den Gedanken einer nicht zur Vollendung gebrachten Tötungsphantasie hinaus. SERIENMORD bedeutet, dass das Töten Bestandteil einer ‹Lebensdramaturgie› des Täters ist. Mord wird zu einem Ritual, das in ein pathologisches Selbst- bzw. Lebensszenario integriert wird. Zum festen Inventar dieses Inszenierungsmusters gehören der Täter mit seiner individuellen Sozialisation, seinen Phantasien, Traumata, psychosozialen Dysfunktionen, Fähigkeiten und Vorlieben – und seine ‹Gegenspieler› (Polizei, Medien, Gesellschaft etc.), die den Rahmen vorgeben, in dem seine Taten zu betrachten sind. Das sind die beiden einzigen relativ festen Größen. Alles andere kann variieren oder modifiziert werden: Typus des Opfers, Mordwaffe, Tathergang oder Kontaktierung des Opfers. Zu glauben, dass sich in einer Serie immer alles auf die gleiche Weise wiederholt, ist eine Fehlannahme. Sich fortgesetzt in einer Reihe von Morden abzubilden, heißt nicht automatisch, dass der Täter seine Handlungen reproduziert – dafür ist die Menge an unbekannten Nennern zu groß: Wird der Tatablauf durch Zeugen gestört? Leistet das Opfer Widerstand? Gibt es Änderungen im sozialen oder beruflichen Umfeld des Täters? Welche Erfahrungen und Konsequenzen zieht er aus den vorangehenden Morden? Das Moment des Identischen oder Ähnlichen liegt oftmals hinter der Oberfläche verborgen: In einzelnen Persönlichkeitsmerkmalen, die den Mörder zu spezifischen Entscheidungen und Handlungsweisen im Tathergang motivieren oder bewegen (z.B. die Einstellung/ Beziehung des Täters zur «Männlichkeit»/«Weiblichkeit» oder das Empfinden eines Machtdefizits). Diese verdeckte Struktur lässt sich nur durch eine differenzierte und systematische Tatortanalyse sichtbar machen.

[23] Eine andere Art der Serie, die ebenfalls an den Wahrnehmungsprozess des Sehens gebunden ist, lässt sich in der Kunst finden. Andy Warhols Bilderserien von Marilyn Monroe oder den Campbell-Suppendosen sind Beispiele hierfür, an denen sich zugleich zwei wichtige Variationen des Seriellen veranschaulichen lassen. Während bei der Monroe-Serie ein und dasselbe Motiv verschiedenfarbig wiederholt abgebildet wird, handelt es sich bei der Campbell-Serie um die identische Reproduktion eines Objekts. «Serie» kann dreierlei sein: Das Wiederholen bzw. Variieren des Identischen, des Komplementären oder des Anderen.

Da ein Mord ein zeitlich limitiertes Ereignis ist, kann der Täter dieses gewalttätige und destruktive Szenario nur fortsetzen, indem er die aktuelle Tat mittels Photos oder Video dokumentiert oder Körperteile bzw. Gegenstände des Opfers mitnimmt, gestaltet, konserviert und sich über diese Symbole, Stellvertreter des Mordes, an das zurückliegende Geschehen erinnert – bis zur nächsten Tötung. Auf diese Weise ist der Täter nicht nur ‹Regisseur› und ‹Akteur› seiner eigenen Serie, sondern auch ‹Zuschauer› seines eigenen Handelns. Im Töten reflektiert er sich selbst und kreiert seinen persönlichen ‹Mythos› (was sich insbesondere in sprachlichen Mitteilungen an die Medien oder einer besonderen Arrangierung des Tatorts zeigen kann). In seiner zeitlichen, räumlichen und materiellen Begrenztheit entlarvt sich Serienmord als ein zutiefst traditionelles Phänomen. Er folgt zwar dem Prinzip der Serialität, setzt Zeichen, hat symbolische Funktion, aber in seinem Mittelpunkt steht der organische Körper in seiner Vergänglichkeit, der nicht als ein beliebig setzbares und manipulierbares Zeichen – als Doppel des Täters – fungieren kann. Im Gegensatz zu elektronischen, digitalisierten Zeichen ist der menschliche Körper eine endliche Zeichenressource. Die serielle Tötung ist ein archaischer kultureller Akt im Mantel postmoderner Praktiken (Aufzeichnung des Tathergangs) und Zuschreibungen. Seltzer hingegen deklariert Serienmord als postmodern aufgrund der numerischen Vorgehensweise des Serientäters und seiner Selbstvervielfältigung sowie Sichtbarmachung über das Töten (Seltzer 1998, 5 u. 9f.). Durch das Morden ‹in Zahlen› sieht er den Serienmörder in die Nähe des Maschinellen gerückt, dessen Hauptgrundlage ebenfalls ein numerischer Kode ist (nämlich der binäre: 1/0). Serienmörder und Opfer als Bio-Maschinen-Komplex – als eine Art von imaginärem Cyborg. Derartige Überlegungen, sei es die Annahme von Seltzer oder die von mir überspitzt formulierte Schlussfolgerung, gehen jedoch im Kern an der durch und durch organischen Substanz serieller Tötungen vorbei. Mit der Verwundbarkeit und Sterblichkeit des menschlichen Körpers erreichen wir die Grenze zwischen der gegenständlichen und der symbolischen Ebene, und dies ist ein Stück weit auch die Grenze zwischen Kriminalistik, Kriminologie und Kulturwissenschaften.

Eine Verbindung zwischen Serienmord und Postmoderne herzustellen, ist also schwieriger, als es den Anschein hat. Ein möglicher Ansatzpunkt soll hier aber näher beleuchtet werden:

Die Akte des Schreibens, Sprechens und Tötens haben eines gemein: Sie lassen sich definieren als zeitlich begrenzte Bewegungen im Raum. Unter Voraussetzung der These, dass sich die Wahrnehmung von Zeit und Raum in der massenmedialen Kultur verändert, wandelt sich auch die Qualität der körperlichen Wahrnehmung. Das Organische wird tagtäglich überlagert durch zahlreiche Schichten kultureller und repräsentierender Zeichen, wodurch wenige körperliche Refugien wie Sexualität, Tanzen, Sport, Körperschmuck oder eben der Bereich physischer Gewalt bleiben, die gleichfalls einhergehen mit kulturellen Zeichenkodes. Allerdings erlauben sie es dem Individuum, sich im Zeit-Raum-Kontinuum zu verorten – über die Einheit von Bewegung, Klang, Rhythmus und Sensualität. Ein direkter und mehrere Sinne taktierender Körpereinsatz ist die einzige Möglichkeit, sich unmittelbar im Raum wahrzunehmen. Ich kann beobachten, Phantasien ersinnen, mit anderen reden, aber ich werde mich nur dann als Organismus in einer zeitlich-räumlichen Einheit erfahren, wenn ich durch ein Zimmer gehe, Dinge oder andere Körper anfasse oder aus Versehen mit dem Knie gegen die Tischkante stoße. Dies ist virtuell bzw. in reinen inneren Vorstellungswelten nicht realisierbar. Je weiter sich das zeitlich-räumliche Empfinden auflöst, desto größer wird vielleicht auch die Faszination gegenüber massiver körperlicher (Inter-)Aktion – entweder als eine Art von Resonanz auf die Wahrnehmungsverschiebung oder als ein Versuch, den Riss im Kontinuum zu schließen durch körperliche Intimität – sei sie konstruktiver oder destruktiver Natur. Hypothesen wie diese würden eventuell einer genaueren Überprüfung durch Kulturwissenschaften, Kriminologie und Psychologie lohnen und wären ein neuer Anknüpfungspunkt, um einem theoretischen Konstrukt wie der Postmoderne Fassbarkeit zu verleihen.

«Happiness is a warm gun»[24] – Fazit und Ausblick

> *Words like violence/Break the silence/*
> *Come crashing in/Into my little world/*
> *Painful to me/Pierce right through me ...*
> *Words are very unnecessary/They can only do harm.*
> Depeche Mode – Enjoy the silence

Die Spur des (Serien-)Mörders zieht sich quer durch die Geschichte kultureller, literarischer und wissenschaftlicher Produktion: de Sade, De Quincey, Black, Jenkins, Tatar, Simpson, Seltzer, Farin/Schmid. All diese Autoren sind Indizien einer kulturellen und kulturwissenschaftlichen Liaison mit dem Thema «Mord».

Black beginnt seine Abhandlung «The Aesthetics of Murder» mit einem Zitat aus Ibsens Theaterstück «Hedda Gabler» (1890): «Do it beautifully.» (Black 1991, 1) – Mit diesen Worten fordert die Titelheldin ihren Geliebten zum Selbstmord auf. Dieser eine Satz umreißt jenen Blickwinkel, der in der kulturellen Betrachtung von Mord und Suizid für Jahrhunderte dominierte. Da Kulturwissenschaftler sich soziokulturellen Realitäten über Literatur, Bilder und Filme nähern und mit diesen in Interaktion treten, sehen sie in der Regel Ausschnitte von Welt, die bereits andere reflektiert haben: Schriftsteller, Künstler, Regisseure, Musiker, Architekten, Modeschöpfer etc. Ein Konstrukt wie Serienmord rückt nicht von alleine ins Sichtfeld kulturwissenschaftlicher Analyse, sondern über entsprechende Tendenzen im Kulturbetrieb. Mord als eine nicht durch den Staat legitimierte Form des Zu-Tode-Bringens hat Kulturschaffende seit je her beschäftigt. Bestes Beispiel ist die biblische Geschichte des tödlichen Bruderzwistes zwischen Kain und Abel. Eine wesentliche Tradition in der Darstellung des Tötens, die sich im 18. Jahrhundert herausgebildet hat, ist mit dem Namen des Marquis de Sade verbunden, der Mord als eine Möglichkeit sah, um die moralische und aufgeklärte Attitüde seiner Zeitgenossen ad absurdum zu führen, indem er ihn als legitim deklarierte und als Lebenskunst präsentierte. Mord als eine ästhetisierte und erhabene Variante menschlicher Abgründigkeit wurde fortan zu einem zentralen Motiv westlicher Kultur, das sich in vielen Epochen und Strömungen wiederfindet: in der Gothic Novel des 18. Jahrhunderts (z.B. Lewis, Radcliffe), in der Romantik (E.T.A. Hoffmann u.a.), im Symbolismus (bspw. Baudelaire) oder im Fin de Siècle um 1900. Oftmals sind schon alle Ingredien-

---
[24] John Lennon/Paul McCartney.

zien enthalten, die auch eine typische Serienmord-Erzählung ausmachen: ein oder mehrere Morde als erotisierte oder sexualisierte Handlungen, ein überaus grausamer Täter, Frauen als schöne, reine Opfer und eine Motivierung, die sich jeder logischen Erklärung entzieht – Mord um seiner selbst willen. Als eine erhabene, todbringende und katalysierende Gewalt (vgl. etwa Baudelaires Gedichtband «Die Blumen des Bösen» (1986)). De Quincey treibt den Gedanken mörderischen Ästhetizismus in seinem satirischen Essay «Mord als eine schöne Kunst betrachtet» (1827/1854) auf die Spitze, indem er den Akt des Tötens als ein Kunstwerk darstellt und Merkmale wie Grausamkeit und Sinnlosigkeit als Kriterien für den in seiner Kunstfertigkeit perfekten Mord anführt.[25] Die Parallelen zwischen der Figur des Lustmörders und der des Vampirs haben ihren Ursprung in dieser Symbiose aus Ästhetik, Blut, Eros, Gewalt und Tod. Ohne bereits als solches bezeichnet zu werden, finden wir das Konzept des Lustmords schon bei de Sade. Regelrechter Gegenstand der Kriminologie und der Literatur sowie Kunst wird es erst zu Beginn des 20. Jahrhunderts, als Verfasser wie Wulffen und Krafft-Ebing ihre kriminalpsychologischen Schriften veröffentlichen. Neben Hoffmann-Curtius hat Tatar (1995) die künstlerische Darstellung des Lustmörders in der Weimarer Republik anhand der Bilder von Grosz und anderen analysiert – ein Thema, das im vorliegenden Band auch von Müller-Ebeling aufgegriffen wird.

Die anderen eingangs genannten Verfasser stehen ganz im Zeichen des massenmedialen Serienmord-Booms in den 1980er und 1990er Jahren: In «Using Murder» belegt Jenkins (1994) eindrücklich die soziale, kulturelle und kriminologische Konstruiertheit serieller Tötungen. Tithecott (1997) führt diesen Gedanken weiter, in dem er sich explizit von biologistischen Erklärungsmodellen abwendet und am Fall von Jeffrey Dahmer veranschaulicht, in welchem Ausmaß Serienmord über Narrationen konstruiert wird. Seltzer habe ich schon verschiedentlich erwähnt: Er versucht, einen postindustriell/-modern orientierten Interpretationsrahmen für serielle Tötungen und das massive Interesse an ihnen zu liefern. Ein kurzer Überblick zu diesen Veröffentlichungen ist in Simpsons Buch «Psycho Paths» (2000) nachzulesen, in dem die bisherige Entwicklung des kriminologischen, kulturwissenschaftlichen und massenmedialen Diskurses aufbereitet wird. Masters schildert in seinem Portrait Jeffrey Dahmers gleichfalls sehr bemerkenswerte und anregende Wechselbeziehungen zwischen Kultur und Serienmord. Unter anderem erörtert er den kulturhistorischen Hintergrund kannibalistischer Praktiken. Im deutschsprachigen Raum ist die von Michael Farin und Hans Schmid herausgegebene Anthologie «Ed Gein. A Quiet Man» (1996) hervorzuheben, in der verschiedene Autoren mit kulturwissenschaftlichem Hintergrund wie Klaus Theweleit und Franz Rodenkirchen den Fall Gein und die auf ihm basierenden fiktionalen Erzählungen («Psycho», «Das Schweigen der Lämmer» und «Texas Chainsaw Massacre» usw.) analysieren.

Hier schließt sich der Kreis, und wir sind am Ende unseres Streifzuges angelangt. Das weiße Blatt Papier ist längst gefüllt – mit Skizzen, Fragmenten und Entwürfen. Sie ver-

---

[25] Zwei literatur- bzw. kulturwissenschaftliche Standardwerke, die sich mit dieser ästhetizistischen Tradition befassen, sind Prazs Klassiker «Liebe, Tod und Teufel. Die schwarze Romantik» (1948) und die bereits genannte Untersuchung von Black.

anschaulichen die unterschiedlichen Perspektiven von Kulturwissenschaftlern und Kriminologen, aber auch die immensen Chancen, die eine gemeinsame Zusammenarbeit dieser verschiedenen Disziplinen bietet und die durch die vorangehenden und die folgenden Beiträge dieser Anthologie vielfältig genutzt werden.

Zeichen und Materie bedingen einander. Der Akt des Tötens mag vielleicht nichtsprachlich sein, aber die Wege, die dorthin führen, wie die Artikel in den beiden ersten kriminologischen Teilen veranschaulichen, bergen zahlreiche seelische Verletzungen, die zu einem Großteil verbal zugefügt werden. Lassen sie einen Menschen verstummen, ist eine Weiche hin zur physischen Gewalt gestellt. An die Stelle der Sprache tritt die körperliche (Inter-)Aktion und transformiert das Unaussprechliche, um seine Betrachter in beredsamer Schweigsamkeit zu hinterlassen.

Literaturangaben

Bartels, Klaus (1997): Serial Killers: Erhabenheit in Fortsetzung. Kriminalhistorische Aspekte der Ästhetik, Kriminologisches Journal, 6. Beiheft 1997, Die Gewalt in der Kriminologie, hrsg. Von Krasmann, Susanne/Scheerer, Sebastian, Weinheim: Juventa, 160–182.
Baudelaire, Charles (1986): Die Blumen des Bösen/Les Fleurs du Mal, München: dtv.
Baudrillard, Jean (1978): Agonie des Realen, Berlin : Merve.
Bessing, Joachim/Kracht, Christian/Nickel, Eckhart/Schönburg, Alexander v./Stuckrad-Barre, Benjamin v. (1999): Tristesse Royale, Berlin: Ullstein.
Black, Joel (1991): The Aesthetics of Murder. A Study in Romantic Literature and Contemporary Culture, Baltimore/London: Johns Hopkins University.
Bourgoin, Stéphane (1993): Serial Killers. Enquête sur les tueurs en série, Paris: Éditions Grasset et Fasquelle (Dt.: Serienmörder. Pathologie und Soziologie einer Tötungsart, Reinbek: Rowohlt 1995).
Brackert, Helmut/Stückrath, Jörn (Hg.) (1992): Literaturwissenschaft. Ein Grundkurs, Reinbek: Rowohlt.
Bronfen, Elisabeth (1992): Over her dead Body. Death, femininity and the aesthetic, Manchester: Manchester University (Dt.: Nur über ihre Leiche. Tod, Weiblichkeit und Ästhetik, München: dtv 1996).
Brunner, Horst/Moritz, Rainer (Hg.) (1997): Literaturwissenschaftliches Lexikon. Grundbegriffe der Germanistik, Berlin: Erich Schmidt.
De Quincey, Thomas (1827/1854): On Murder Considered as one of the Fine Arts (Dt.: Der Mord als eine schöne Kunst betrachtet, Frankfurt/M.: Insel 1977).
Douglas, John/Olshaker, Mark (1996): Mindhunter, New York: Scribner (Dt.: Die Seele des Mörders. 25 Jahre in der FBI-Spezialeinheit für Serienverbrecher, Hamburg: Hoffmann u. Campe 1997).
Eagleton, Terry (1983): Literary Theory. An Introduction, Oxford: Basil Blackwell Publisher Limited (Dt.: Einführung in die Literaturtheorie, 2. A., Stuttgart: Metzler 1992).
Eco, Umberto (1976): A Theory of Semiotics, Bloomington: Indiana University Press (Dt.: Semiotik. Entwurf einer Theorie der Zeichen, 2. A., München: Wilhelm Fink 1991).
Engelmann, Peter (Hg.): Postmoderne und Dekonstruktion. Texte französischer Philosophen der Gegenwart (1999): Stuttgart: Reclam.
Farin, Michael/Schmid, Hans (Hg.) (1996): Ed Gein. A Quiet Man, München: belleville.
Harris, Thomas (1988): The Silence of the Lambs, New York: St. Martin's.
Hawthorn, Jeremy (1992): A Glossary of Contemporary Literary Theory, London u.a.: Edward Arnold (Dt.: Grundbegriffe moderner Literaturtheorie, Tübingen/Basel: Francke 1994).
Hickethier, Knut (1991): Die Fernsehserie und das Serielle des Fernsehens, aus der Reihe: Kultur – Medien – Kommunikation, 2, Lüneburg: Lüneburger Beiträge zur Kulturwissenschaft.
Hitzler, Ronald/Honer, Anne (Hg.) (1997): Sozialwissenschaftliche Hermeneutik, Opladen: Leske + Buderich.
Jenkins, Philip (1994): Using Murder. The Social Construction of Serial Homicide, New York: Aldine de Gruyter.

Luhmann, Niklas (1998): Die Gesellschaft der Gesellschaft, 2 Bde., Frankfurt/M.: Suhrkamp.

Masters, Brian (1993): The Shrine of Jeffrey Dahmer, London: Hodder & Stoughton (Dt.: Todeskult. Der Fall Jeffrey Dahmer, Reinbek: Rowohlt 1995).

Praz, Mario (1948): La carne, la morte e il diavolo nella letteratura romantica, Florenz: Sansoni Editore (Dt.: Liebe, Tod und Teufel. Die schwarze Romantik, München: Hanser 1963).

Ressler, Robert K./Shachtman, Tom (1992): Whoever Fights Monsters, New York: Hardcover (Dt.: Ich jagte Hannibal Lecter, München: Heyne 1998).

Ressler, Robert K./Burgess, Ann W./Douglas, John E. (1995): Sexual Homicide. Patterns and Motives, New York: Lexington Books (Erstausgabe 1988).

Reichertz, Jo (2001): Meine Mutter war eine Holmes, Musolff, Cornelia/Hoffmann, Jens (Hg.), Täterprofile bei Gewaltverbrechen. Mythos, Theorie und Praxis des Profilings, Berlin u.a.: Springer.

Rost, Andreas/Sandbothe, Mike (Hg.) (1998): Filmgespenster der Postmoderne, Frankfurt/M.: Verlag der Autoren.

Schulz von Thun, Friedemann (1991): Miteinander reden, Bd. 1, Reinbek: Rowohlt.

Seltzer, Mark (1998): Serial Killers. Death and Life in America's Wound Culture, New York u.a.: Routledge.

Simpson, Philip L. (2000): Psycho Paths. Tracking the Serial Killer through Contemporary American Film and Fiction, Carbondale/Edwardsville: Southern Illinois University.

Stratton, John (1990): writing sites. A Genealogy of the Postmodern World, Michigan: University of Michigan Press.

Tatar, Maria (1995): Lustmord. Sexual Murder in Weimar Germany, Princeton: Princeton University.

Tithecott, Richard (1997): Of Men and Monsters. Jeffrey Dahmer and the Construction of the Serial Killer, Madison: University of Wisconsin.

Frauenmord als künstlerisches Thema der Moderne

Kathrin Hoffmann-Curtius

In der Bilderproduktion der deutschen so genannten Avantgardekunst zu Beginn des 20. Jahrhunderts fallen die Darstellungen des Mordes an anonym bleibenden Frauen auf. Viele dieser Ölbilder, Aquarelle, Zeichnungen und Graphiken von George Grosz, Otto Dix, Heinrich Maria Davringhausen, Rudolf Schlichter, Erich Wegner, Gert Wollheim, Ernst Voll oder Leo Putz sind kurz vor oder kurz nach dem Ende des Ersten Weltkrieges in Deutschland hergestellt worden. Ich vertrete die These, dass ein Teil der Bilder die Selbstdarstellung der Künstler und ihr Handwerk repräsentiert (Hoffmann-Curtius 1989, 1993; 1997, 71–74; 1999). Ihre Darstellungen veranschaulichen, so verkürzt zusammengefasst, die strukturelle Gewalt, die in der Umsetzung eines lebenden Modells in Kunst liegt. Die Künstler setzen die Aktionen ins Bild, die der Entstehung des Bildes vorausgehen, das Ausschneiden von Anblicken, das Aussortieren von Körperteilen und ihr neues Zusammensetzen, aber sie thematisieren auch das Bearbeiten des Bildes von Weiblichkeit, die Verbindung des weiblichen Körpers mit dem Bildgrund, sein Stillstellen, sein Festlegen, die Transponierung des lebendigen Körpers in tote Materie, das Auskratzen, Ausschneiden, Ausstreichen, die Pinselschläge und vieles mehr.

Speziell an Grosz' Ölbildern des Frauenmörders habe ich seine Thematisierung des künstlerischen Schaffensprozesses aufgezeigt. In der Ölmalerei, als dem Kennzeichen der sogenannten Hohen Kunst, setzte sich Grosz mit den neuen Massenmedien der Comics, Zeitungs-Illustrationen und dem Film auseinander. Unter Zuhilfenahme kubo-futuristischer Darstellungsweisen experimentierte er auch auf dem Tafelbild mit szenischen Schnitten, Überblendungen und Erzählfolgen, die die Malaktion des weiblichen Aktes mit dem Verbrechen eines Lustmörders verbanden. Faszination und Schrecken bei diesem Stückelungsvorgang sind im Bild als künstlerische Umsetzung und kriminelle Tat ineinandergefügt. Der Malermörder stückelt den ganzen Körper der allegorischen Weiblichkeit zum Rumpf der Lust. Ein Vorgang, den seinerseits Otto Dix explizit in einem Selbstbildnis (1920) illustrierte. (Abb. 5)

Die Rede über das «Malträtieren» des menschlichen Körpers hat eine Tradition, die zumindest seit der Tizianrezeption durch Boschini im 17. Jahrhundert besteht. Dieser vergleicht den Maler mit einem Chirurgen: «Sein Bild behandelte er wie ein guter Chirurg seinen Patienten, der, wenn nötig, Schwellungen oder hervorstehende Fleischpartien beseitigte, einen Arm begradigte, wenn die Form der Knochen nicht richtig war und wenn ein Fuß nicht die richtige Stellung hatte, diese korrigierte, ohne an die Schmerzen zu denken, die sie verursachen könnten und so weiter. In dieser Weise an den Figuren arbeitend und sie umformend (riformando) brachte er sie zu der perfektesten Symmetrie, die die Schönheit der Kunst und der Natur enthüllen kann.» (Hoffmann-Curtius 1993, 21)

Die hier aufscheinende Differenz zwischen der Rede über die Maltätigkeit und dem fertig gemalten Bild, das sowohl die Stückelung als auch die Kombinatorik verschiedener Körperansichten verdeckte, sollte sich mit dem Ende der akademischen Regeln und der Autonomisierung des Künstlers ändern. – Laut Alexandre Dumas setzte sich im 19. Jahrhundert Géricault mit der Künstlerrolle als Anatom am Beispiel seiner Hand auseinander, und wir kennen aus seinem *Oeuvre* Ölbilder, die einzelne abgeschlagene, menschliche Gliedmaßen zum Thema haben. Seit mit Baudelaire und Nietzsche in der Literatur Künstler und Verbrecher als genieverdächtige Außenseiter der Gesellschaft betrachtet wurden, wird auch das Malen einer Frau mit dem Mord an ihr verglichen. So schreibt Emile Zola in seinem Roman «L'œuvre» (1886) über den Maler Claude, mit dem Cézanne gemeint war: «Mit der ganzen Hand hatte er sein breites Palettenmesser ergriffen; und mit einem einzigen Zug kratzte er langsam und tief den Kopf und den Busen der Frau ab. Das war ein richtiges Morden, ein Zermalmen: alles verschwand in einem schlammigen Brei.» (Hoffmann-Curtius 1993, 14f.)

Unter den Schilderungen des Lustmordes in der deutschen Literatur zu Beginn des 20. Jahrhunderts ist die Textstelle in Carl Sternheims Artikel über den von ihm verehrten van Gogh bezeichnend für die Vorstellung von der Malerei als Mord. 1910 wird dort van Goghs Malen vor der Natur als ein Lustmord an einer (allegorischen) weiblichen Figur beschrieben:

»Ein entzückter Aufschrei der Natur schallt aus den Bildern, sich schrankenlos und nackt dem Schrankenlosen endlich hingeben zu dürfen, nachdem ihr in Jahrhunderten Maler Tuch und Taille knapp gelöst und an den Schleiern nur gezogen hatten. Bei sengender Glut finden unter dem Himmel von Arles und Auvers in Busch und Kornfeldern Mysterien eines Liebestaumels statt zwischen aufgespreizter Natur und einem Mann, der ihr Inneres durchwühlend die Trophäen ihrer Eingeweide als Überwinder aufzeigend zum Himmel hebt.«[1]

Warum aber häufen sich diese gewalttätigen Schilderungen künstlerischer Aktdarstellung in Deutschland ausgerechnet um 1918? Lässt sich ein Zusammenhang vorstellen zwischen den sensationellen Bildern zum Frauenmord von Davringhausen, Grosz, Dix und dem 1. Weltkrieg? Ganz allgemein ist diese Problematik in der kunsthistorischen und literaturwissenschaftlichen Forschung zur Weimarer Republik schon gestreift worden.

In der feministischen Literatur wurde bisher der Hauptgrund recht kursorisch in der Angst der Männer vor den bedrohlich sich emanzipierenden Frauen in der Weimarer Republik gesehen.[2] Eine so prinzipielle Behauptung findet schnell Zustimmung, sie ist indes schwer zu beweisen. Ich werde versuchen, folgender eingeschränkter Frage nach-

---

[1] Sternheim, Vincent van Gogh, Hyperion, 1910, Nr. 11/12, S. 110–113, zitiert nach Sternheim 1964, 489. Neuerdings beschäftigte sich Martin Lindner 1999 mit dem Lustmord-Thema: Sternheim wird hier jedoch nicht berücksichtigt.
[2] So die Historikerin und verdienstvolle Groszforscherin Beth Irwin Lewis (1991, 47–102); ähnlich, wenn auch arg kompilatorisch: Tatar 1995.

zugehen: Lassen sich Reaktionen auf die Kriegserfahrungen in den bildnerischen Strategien der oben genannten Künstler zeigen?

Bei der Frage nach der Entstehung der Morddarstellungen ist zu berücksichtigen, dass für keines der charakteristischen Fallbeispiele ein konkreter Auftrag bekannt wurde. Sicher jedoch ist, dass Davringhausen seit 1917 und Grosz seit August 1918 bei dem Kunsthändler Hans Goltz in München unter Vertrag standen. Ich nähere mich der Problemstellung deshalb über den Versuch, Antworten aus den Kontexten der Bilder zu ermitteln. Aus dieser Analyse der Rezeption verspreche ich mir Aufschlüsse über die Auswahl der zur Verfügung stehenden künstlerischen Mittel um 1918, die die damals vorgeblich links orientierte Avantgarde zu dieser spezifischen Bilderproduktion führte. Obwohl die Begründung von Einfluss und Abhängigkeit in der (kunst-)historischen Forschung immer wieder vorgeführt wird, scheint mir dennoch nur erreichbar, verschiedene Faktoren aus einer gegebenen historischen Situation zu benennen, von denen sich sagen lässt, dass sie nach der hier zu explizierenden Argumentation zur Entstehung beitrugen. Im Besonderen stehen hier das Thema «Männlichkeit» und die künstlerische Darstellung von Gewalt zur Diskussion.

Die Bilder sollen von verschiedenen Gesichtspunkten aus in einen Kontext verflochten werden, der Hinweise auf die Gründe ihrer Anfertigung geben kann. Zuerst werde ich die Entstehungsgeschichte der Bilder zum Frauenmord umreißen, dann nach der Situierung der Künstler im 1. Weltkrieg fragen, auf den Diskurs des Zerstückelns eingehen und einen ergänzenden Vergleich mit einer surrealistischen Arbeit von René Magritte anstellen.

1. Mordbilder

Schon in der angesehenen Hochkunst der Ölmalerei des 19. Jahrhunderts, wie bei Goya, Delacroix und Cézanne, finden sich Bilder des Mordes an anonymen Frauen. Erinnert sei an Cézannes «la femme étranglée» von 1870/72 im Musée d'Orsay in Paris (vgl. Rosenblum 1989, 245), und an das Bild der Theaterszene «La mort de Desdémone», welches Delacroix nach Shakespeares Othello circa 1858 malte (Ausstellungskatalog zu Eugène Delacroix, Kunsthaus Zürich, 1987/88, 258f.). Cézanne hat denselben Akt mörderischer Gewalt, wenn auch seitenverkehrt, in einen historisch nicht mehr lokalisierbaren Ort verlegt und das Geschehen auf diese Weise verallgemeinert.

Das Ermorden namenloser Frauen thematisieren auch einige Bilder deutscher Künstler aus der Zeit um den Ersten Weltkrieg, die zugleich die Kunstproduktion problematisieren. Das Ölgemälde mit dem Titel «Der Lustmörder» (Abb.1) wurde von Heinrich Maria Davringhausen 1917 in Berlin angefertigt – einem vom Militärdienst befreiten Dandy und Malerfreund von George Grosz, der sich dem Kreis um Heartfield und den Malik-Verlag zurechnen lässt. Davringhausen malte ein Aktbild, das die europäische Aktmalerei von Tizian bis hin zu Manets «Olympia» mit der Katze zitiert und bedrohlich ironisiert, mit anderen Worten: seine unmittelbar bevorstehende Zerstörung anzeigt. Zwei Faktoren stören den lustvollen Blick auf den ganzfigurigen, liegenden weiblichen

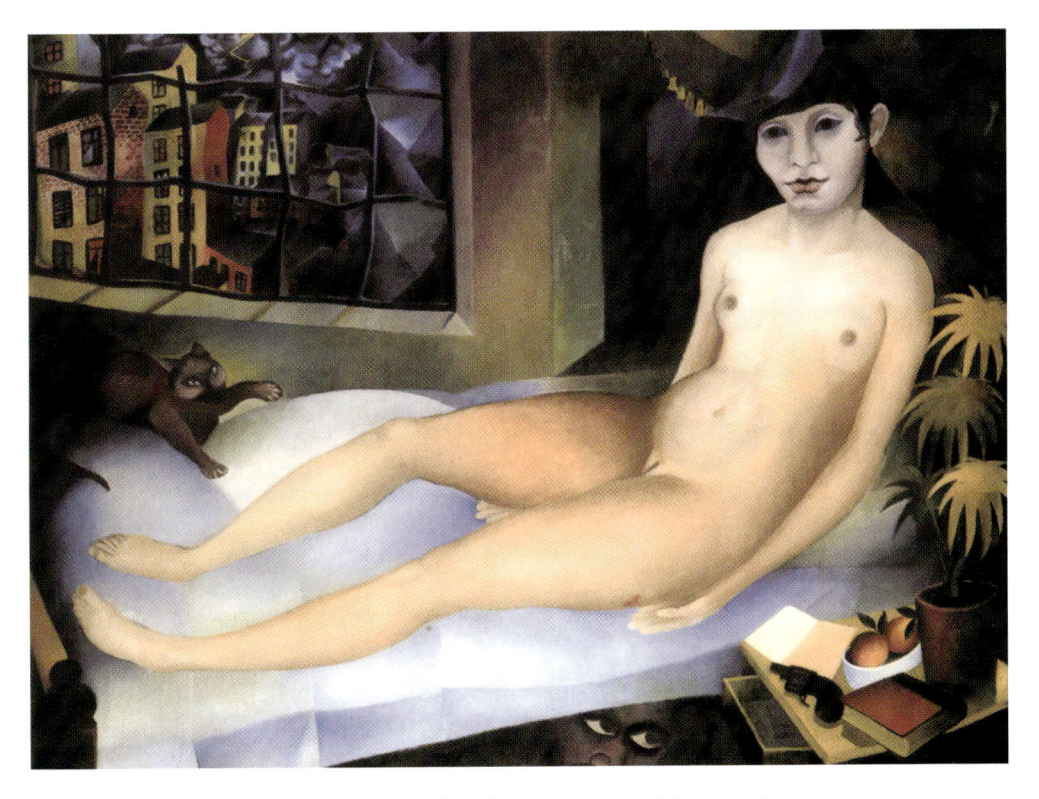

Abb. 1. Der Lustmörder, 1917, Öl auf Leinwand, Heinrich Maria Davringhausen, Bayerische Staatsgemäldesammlung, München

Akt: der Ausblick durch das Fenstergitter auf eine apokalyptische Stadtszenerie mit Blitz links oben im Bild und rechts unten der Einblick unter das Bett mit dem Kopf des Mörders. Er hat seine Augen auf den Nachttisch gerichtet, auf dem ein Revolver neben einem roten Buch liegt – angespielt ist hier vermutlich auf den gleichfarbigen Einband von Erich Wulffens kriminologischem Handbuch «Der Sexualverbrecher» von 1910. Der Betrachter des Bildes erhält mit dem Blick durch das zerbrechende Fenstergitter hindurch auf das Unwetter und unter das Bett der Schönen deutliche Hinweise auf eine alles zerberstende Explosion, die sowohl außen stattfindet als auch im privaten Innenraum bevorsteht.

George Grosz' Ölbild «der kleine Frauenmörder» (Abb. 2), jetzt in einer Schweizer Privatsammlung, zeigt eine andere Konstellation. Der Mörder erscheint in ganzer Figur, er ist in höchster Erregung dargestellt; die weibliche Figur ein Torso. In kubofuturistischer Manier werden einzelne Versatzstücke der Innenansicht eines Ateliers mit denen der Außenansicht einer nächtlich dunklen Straße kombiniert. Das Bild entstand im November 1918 in Berlin, ein Jahr später als Davringhausens Gemälde und genau zu der Zeit, als dort unmittelbar nach dem verlorenen Krieg Kaiser Wilhelm II. zum Rücktritt gezwungen wurde. Die SPD rief die Republik aus. Arbeiter- und Soldatenräte jedoch kämpften für die Revolution. Die Nationalversammlung musste aus Sicherheitsgründen nach Weimar ausweichen, um eine Verfassung zu erarbeiten, in welcher das Frauenwahlrecht durchgesetzt wurde. Und Bayern war im April 1919 sogar kurzzeitig eine Räterepublik.

Unsere heutige Vorstellung von George Grosz ist die eines Politkünstlers. Aus unterschiedlichen Gründen verkannte diese ziemlich einseitige Rezeption die Darstellungsweise der Groteske als Bürgerschreck, die dem Dadaisten Grosz jener Jahre ein besonders geeignetes Mittel schien, um auf sich als progressiven Künstler aufmerksam zu machen, was wiederum den Absatz fördern konnte. Ich greife aus den zahlreichen

Abb. 2. Der kleine Frauenmörder, 1918, Öl auf Leinwand, George Grosz, Privatsammlung

Abb. 3. Apachen, 1916, Graphik, George Grosz, Ecce Homo, S. 58

Mordbildern Grosz' Zeichnung «Die Apachen» von 1916 heraus, publiziert im «Ecce homo» Band von 1923. (Abb. 3) «Die Apachen» war eine damals desavouierende Bezeichnung für Asoziale in der Großstadt, für «Gesindel», «Banditen» oder Zuhälter. Grosz, der sie hier beim Kartenspiel und auf Körperteilen einer zerstückelten Frauenleiche sitzend darstellte, ließ sie in einem seiner Briefe auch in «Futuristenkellern» tanzen und spielte hiermit auf nächtliche Orgien der Dadaistengruppe an (vgl. Grosz' Brief an Otto Schmalhausen vom 29.4.1918, in: Grosz 1979, 65f.; Bergius 1989, 30). Die beißende Karikatur auf großstädtisches Proletariat ist ebenso wie die anderen Mordbilder von Grosz auch als zynische Gruselgeschichte für den Spießbürger inszeniert. Die Zeichnung der «Apachen» variiert die scharfe Gesellschaftskritik der von Grosz geschätzten englischen Karikaturen, hier speziell Gillrays Satire auf den Pariser Dritten Stand (1792), der aus Gillrays ablehnender Haltung gegenüber der Französischen Revolution heraus entstand. (Abb. 4) Die Sansculotten sind als gierige Kannibalen dargestellt, die auf Leichen sitzen und Leichenteile verschlingen. Die Unterschrift lautet: «Un pctit Souper à la Parisiènne: ---or ---A family of Sans-Culotts refreshing after the fatigues of the day.» (Hofmann 1989, Abb. S. 312)

Grosz, mit Freuds Forschungen vertraut, verstärkte die Charakteristik des Mörders als Triebtäter und verlegte in einigen Studien eindeutig den Tatort weg von der angedeute-

Abb. 4. «Un petit Soupèr», 1792, Nachdruck 1851, Radierung, James Gillray

ten Bühne in eine offene Straße der damaligen Zeit. Die Federzeichnung einer Straßenszene mit Zeichner von 1916/17 aus der Stuttgarter Staatsgalerie (vgl. Schuster 1994/95, Abb. S. 396) gibt deutlich die Selbstreflexion des teilnehmenden Beobachters bei der aggressiven Auseinandersetzung zwischen Voyeur und weiblichem Akt zu erkennen. Die Zeichnung lässt sich als Vorstufe zu den beiden experimentellen Ölbildern «John, der Frauenmörder» (1918) (Hoffmann-Curtius 1993, Abb. 2) und «Der kleine Frauenmörder» (Abb. 2) ansehen, die beide im November 1918 entstanden und in denen die aggressiven Blicke des großstädtischen Flaneurs mit denen des modernen Künstlers im Bild des Frauenmörders verschmelzen.

Otto Dix, Mitbegründer der Dresdner Secession und Teilnehmer an der Dadamesse in Berlin, malte schließlich 1920 in Dresden das heute verschollene Selbstportrait als «Lustmörder» (siehe Löffler 1981, Wvz. 1920/12). (Abb.5) Es ist das unverhohlenste Selbstportrait eines Künstlers als Lustmörder. In triumphierender Siegergeste – über einem Frauenkorsett – wirbelt er in seinem Zimmer lauter abgeschnittene Glieder vom Rumpf eines Frauenkörpers durch die Luft. Im Spiegel des Waschtisches am linken Bildrand deutet er den Lustmord im Bett an, den er auch nicht unterlässt, in einem speziellen, heute verschollenen Ölbild auszumalen (Löffler 1981: «Lustmord 1922», heute verschollen, Wvz. 1922/6, Abb. S.100). In seinem Selbstportrait markiert Dix durch grotesk abgewinkelte Gliedmaßen eine Verwandtschaft mit den wie mechanisch laufenden Trickfilmfiguren in Grosz' Bildern, die die triebgesteuerte Motorik der Maler als Mörder verdeutlichen sollen. Aber im Unterschied zu diesen stellt Dix sich in einer Triumphatorpose martialisch und vital dar, die die Faszination der Künstler von der Rolle des jenseits jeder bürgerlichen Moral agierenden Verbrechers zu erkennen gibt. Seine «Lust und Gier nach dem Glück des Messers», wie Nietzsche 1883 in «Zarathustra» schrieb, wird mit dem Sezieren und Neu-Zusammensetzen verbunden – einem Topos künstlerischer Bilderproduktion menschlicher Körper, der sich spätestens seit dem Lobpreis Tizians etabliert hat. Zweifelsohne nähert sich Dix' wildes Gemälde[3] wie das des George Grosz dem Genre der Karikatur.

Jedoch thematisieren nicht alle Mordszenarien der Dadaisten und ihres Umfeldes primär die Kunstproduktion. Bei Grosz' Aquarell mit Rohrfeder von 1917 z.B. ist das Studium des sozialen Konfliktes deutlich zu registrieren (siehe in: Sabarsky 1987, Nr. 54: Mann mit Messer, der eine Frau verfolgt). Die rechte Männerfigur stellt einen Arbeiter mit Mütze dar, der die simultan wie im Zeichentrickfilm auf ihn einschlagenden Bürger – diese nur in schwarzen Umrissen, hinter der in Blau aquarellierten Frau angedeutet – tätlich anzugreifen sucht, besonders aber deren Frau fixiert. Sie wiederum, wird – wie für Frauen in der Öffentlichkeit damals typisch – changierend zwischen bürgerlicher Eleganz und zur Schau gestellter Lüsternheit einer Prostituierten geschildert und erscheint als die karikierende Allegorie des Bürgertums.

Dix versucht sich wie Grosz mit Darstellungen des Frauenmordes auch in zynischen Bildern der bürgerlichen Nachkriegsgesellschaft. In seinem «Altar für Kavaliere» von 1920 (Löffler 1981, Wvz. 1920/5), um ein wenig bekanntes Gemälde von ihm herauszugreifen, werden mit Klapptürchen sowohl die Gedanken des deutschnationalen Corps-Studenten mit Hakenkreuz um den Hals aufgedeckt – «Der deutsche Mann kann keinen Juden leiden, doch ihre ... (zu ergänzen sind Frauen) nimmt er gerne» – als auch das obszöne, kriminelle ‹Privatleben› in den Bürgerhäusern. Wie auf einem Adventskalender kann man die Schlagläden der Fenster öffnen und die diversen Begehrlichkeiten verschiedenen Männer unterschiedlicher Herkunft gegenüber Frauen bis zu deren Mord im linken äußeren Fenster aufklappen. Der Mord wird einem Moslem in die Schuhe geschoben.

2. Die Situierung der Künstler
Zu Beginn des Ersten Weltkrieges lässt sich bei Schriftstellern wie bei bildenden Künstlern in Deutschland eine Kriegseuphorie beobachten, die sich auch in den Verschiebungen der Konstruktionen des Selbst bemerkbar macht. Sahen die Künstler um die Jahrhundertwende in ihrer gesellschaftlichen Marginalisierung einen Ausdruck ihrer Avantgardeposition, so wird zum heraufziehenden Weltkrieg hin an der Repräsentation des Künstlersubjektes als geistigem Führer und Krieger der Nation gearbeitet. Ihre

---

[3] Auf einer dadaistischen Soiree in Dresden 1920 trugen Richard Huelsenbeck und Raoul Hausmann das Gedicht «Das Messer» (!) unter lautem Missfallen des Publikums vor (Ausst.-Kat. zu Otto Dix, 1991, 16).

Abb. 5. Der Lustmörder (Selbstportrait), 1920, Öl auf Leinwand, Otto Dix, Verbleib unbekannt

neu angestrebte Anführerposition in der Gesellschaft wird vergleichbar mit derjenigen deutscher Professoren, die kontinuierlich seit dem 19. Jahrhundert eine hervorgehobene soziale Stellung in Deutschland errungen hatten. Für die künstlerische Elite charakteristisch ist z. B. Franz Marcs Anspruch, der Träger neuer Ideen für ein Geistzeitalter zu sein, dem der Krieg den Boden bereite, und Lovis Corinth malte sich 1914 als gerüsteten Kämpfer im Harnisch (Uhr 1990, S. 216 Figure 130). Die deutschen Schriftsteller

Thomas Mann und Gerhard Hauptmann, die selbst nie Soldat gewesen waren, setzten sogar Kunstschaffen und Kriegsdienst in eins (Bischoff 1997, 64).

Die beiden Maler Marc und Corinth analysierten den heraufziehenden Krieg analog zur Kunstproduktion als ein rein männliches Projekt. Trotz unterschiedlicher politischer und künstlerischer Verortung stimmten sie in ihrer Auffassung der soldatischen Männerrolle, die als exemplarisch gelten kann, überein. Marc plädierte für den Kampf des Europäers gegen die Hysterie und die alternden verkalkenden Elemente seines Leibes. Corinth verband seinen nationalen Patriotismus mit einem künstlerischen Plädoyer für die Ausrichtung an den alten Vorbildern wie dem angeblich deutschen Rembrandt, für eine angebliche Besiegung des Selbst, des «selfconquest», wie Uhr es nennt, gegen eine «frivole Freizügigkeit» und die «Franco-Slavische internationale Kunst» (Uhr 1990, 215f.). So sprach er in einer Rede «Über Deutsche Malerei» für die freie Studentenschaft in Berlin 1914, und er portraitierte sich in Ritterrüstung. Er malte sich jedoch mit leicht skeptisch nachdenklichem Blick und zusammengezogenen Brauen; er zeigte einen nervös sinnierenden Gesichtsausdruck, welchem besonders im Vergleich zu seinem Selbstportrait in Rüstung im Nationalmuseum in Posen («Selbstportrait als Fahnenträger» von 1911, siehe Ausstellungskatalog zu Corinth 1996, Abb. S. 199) die statisch militärische Haltung seines gepanzerten Körpers widerspricht.

Der Kampf gegen das gespaltene Selbst, gegen die «weiblich» konnotierte Hysterie[4] oder die «frivole, französische Freizügigkeit» sollte in dem Krieg Mann gegen Mann ausgetragen und beendet werden. Beide Künstler kämpften für eine Anführerrolle in einer männlich bestimmten Kultur des Geistes, die die als weiblich angesprochene Kultur des Fin de Siècle abzulösen trachtete.

Gleiche Forderungen lassen sich übrigens schon in Richard Hamanns berühmten Ausführungen zu «Impressionismus in Leben und Kunst» von 1907 lesen.[5] Marc wollte den Dualismus von Außenwelt und Ich im reinigenden Krieg überwinden, Corinth die frivole Zügellosigkeit der Franco-Slavischen Kultur gerüstet mit sich selbst besiegen.

Dieses Projekt scheiterte gründlich, nicht zuletzt deshalb, weil der Krieg den Männern nicht die in einem damals bekannten deutschen Soldatenlied beschriebene Erfahrung vermitteln konnte, im ‹Krieg als Mann noch etwas wert zu sein›.[6] Die Technik in Form von Panzern, Kanonen, Bomben und Granaten überwältigte sie. Aber die verlustreiche Niederlage wurde keineswegs allgemein anerkannt, sondern sofort von den Konservativen in der sogenannten Dolchstoßlegende, der angeblichen Sabotage durch die Heimat,

---

[4] Wie schwer die Ärzte mit der durch den Krieg verursachten Hysterie dann bei den Männern zu kämpfen hatten: s. Kaufmann 1998, 123–142.
[5] Für die «Ethik und Form des Lebens im Impressionismus» ... «drängt sich die Bezeichnung Feminismus auf», Hamann 1923, 150ff.
[6] Friedrich Schiller: «Wohlauf Kameraden, aufs Pferd, aufs Pferd, / im Feld, in die Freiheit gezogen! / Im Felde, da ist der Mann noch was wert, / da wird das Herz noch gewogen ...» In: Wer will unter die Soldaten, deutsche Soldatenlieder, o.J., 5f.

geleugnet.[7] Marc starb als Soldat «auf dem Feld der Ehre», wie es damals hieß. Viele der jungen Künstler, die freiwillig in den Krieg gezogen waren, unter ihnen auch Grosz und Kirchner, kamen schon 1915/16 mit einem Nervenzusammenbruch aus dem Krieg zurück. Nun profilierten sie sich wieder in ihrer Situierung als revoltierende Außenseiter der Gesellschaft. Grosz malte sich als Abenteurer, signierte mit Verbrechernamen und wies sich selbst die Rollen zu, die Hamann für die modernen Künstler schon 1907 aufgezeigt hatte.[8]

Im Unterschied dazu schilderte Corinth, der Vertreter der älteren Generation, das Scheitern seiner militärischen, ritterlich-heroischen Selbstzucht ganz exzeptionell (siehe Abb. 6). Die Ritterrüstung liegt in Teilen dahingestreckt wie ein toter Krieger am Boden seines Ateliers. Eine Lanze scheint auf die linke Beinschiene einzustechen. Der Maler gibt sie mit dem Visier am unteren Bildrand in einer dramatischen Perspektive. Das Bild der Rüstungsteile auf dem Boden (1918) verdeutlicht das Ende seiner kulturpolitischen Mission für den Krieg. Nach 1918 hat er keine Ritterrüstung mehr dargestellt. Während der Revolution im November 1918 zeigte Corinth sich mit düsterem, verhängtem Gesichtsausdruck wieder in Zivil ohne weitere Kampfgelüste und seinen Körper seitlich beschützt von seiner Staffelei (Uhr 1990, Abb. S. 242).

Die Jüngeren, wie Dix, Davringhausen und Grosz, verfolgten die Repräsentation schöpferischer männlicher Autorschaft in spezifischer Verschiebung «ex negativo» weiter. 1917, kurz nach der Rückkehr aus der Nervenheilanstalt, tragen die Bilder von Grosz autoaggressive Züge. Grosz malte Bilder von Selbstmördern, wie zum Beispiel den Mann auf dem Ölgemälde «Selbstmord» der Tate Gallery in London (1916), der sich vor der sich zur Schau stellenden Prostituierten umgebracht hat (Hoffmann-Curtius 1989, Abb. 3 S. 372). Die Repräsentation des «kleinen Frauenmörders» bei seiner Arbeit im Atelier oder auf der Straße markiert eine Alternative zu dieser Form der Autoaggression.

In der erneuten Annahme der Verbrecherrolle durch den Künstler wird es jetzt möglich, den anvisierten Kampf gegen die unbeherrschbaren Triebe in sich selbst nach Außen auf das Andere, das imaginierte Bild von Weiblichkeit, zu projizieren, um es in seiner Darstellung zu besiegen. Inwieweit hier Blätter der französischen Kriegspropaganda oder auch eigene Erlebnisse enthemmend oder sogar stimulierend wirkten, wäre noch zu untersuchen. Auffallend bleiben jedoch häufigere Morddarstellungen an Bildern von Weiblichkeit. Seien es nun Darstellungen kriminalistischer Narrationen wie die des Frauenmörders in der Großstadt oder Illustrationen zu Petrarca von Kirchner um 1918 (vgl. Noser-Vatsella, 1983, 3–12). Die Figur des Künstler-Mörders konnte dazu dienen, sich nach dem Kriege wieder eine männliche Subjektposition als Täter-Autor zuzulegen. Zugleich repräsentieren die Bilder in der Zerstückelung die Dekonstruktion des traditionsreichen Bildthemas «Maler und Modell».

---

[7] Zur revanchistischen Wendung dieser Niederlage in der Gestaltung von Kriegerdenkmälern s. Hoffmann-Curtius 2002.
[8] Hamann 1923, 125: «Der Menschheitstyp der Zeit ist der Abenteurer ...»; 135: «Ja, der Verbrecher wird eine Erscheinung ersten Ranges, da Verbrechen und Sünde ihrem Kontemplationswerte nach, als aufregende Ereignisse gefeiert werden.»

Abb. 6. Rüstungsteile im Atelier, 1918, Öl auf Leinwand, Lovis Corinth, Nationalgalerie Berlin

Sie sind auch ästhetische Dokumente des auto(r)erotischen Machtdiskurses der Moderne, der dadurch gekennzeichnet ist, dass die «Vernichtung der weiblichen (Lust)objekte letztes und gleichzeitig wirksamstes Mittel ist, deren Subjektwerdung zu verhindern» (Keck 1994, Einleitung). Grosz formulierte diese Absicht in einem Brief an seinen Freund Otto Schmalhausen am 3.3.1918 auf vulgäre Weise: «Unter uns: ich scheiße auf die Tiefe bei Frauen, meist verbinden sie damit ein hässliches Überwiegen männlicher Eigenarten, Eckigkeit und Schenkellosigkeit; ich denke wie der Kritiker Kerr «‹Jeist hab ick aleene.›» (Grosz 1979, 58)

3. Die Zerstückelung

In den verschiedenen künstlerischen Medien wird die Abtötung des weiblich dargestellten Anderen unterschiedlich vorgetragen. In Grosz' Malerei konzentriert sich die Darstellung auf die Zerstückelung der Repräsentation sogenannter «klassischer Schönheit» (Schade 1987, 239–260), der die Darstellung des ganzen weiblichen Körpers als Signifikant diente.

Im Gemälde des «kleinen Frauenmörders» (vgl. Abb. 2) sind in der kubofuturistischen Darstellung der Zerstückelung verschiedene diskursive Formationen gebündelt. Die Thematik des malenden und sezierenden Künstlers scheint auf, die mit dem Phantasma nach Lacan, des «corps morcelé», des zerstückelten Körpers, eng verknüpft ist. Die Kunstproduktion funktioniert in der Fabrikation der schönen Leiche. Im Unterschied zum 19. Jahrhundert und Elisabeth Bronfens Analysen (1994) wird sie jedoch nicht als ein edles Dahinsterben inszeniert, sondern als mörderische und triebhafte Tötung des Weiblichen. Das Zerschneiden zu einem lebendig wirkenden Rumpf verrät die Faszination an der neuen kriminologischen Analyse des zerstückelnden Sexualverbrechers. Grosz konnte sich sicher sein, ein sensationelles Phänomen großstädtischer Anonymität aufgegriffen zu haben (Walkowitz 1997, 107–135). Stilistisch wird hier mit dem Zersplittern und Zertrümmern sogenannter naturalistischer Ansichten im Sinne der Futuristen gearbeitet – eine künstlerische Methode, die in Italien schon der Feier des Kriegsbeginns diente.[9] Das Bildthema wird veranschaulicht in der Repräsentation eines weiblichen Torsos, der seit Rodin die Avantgardekünstler besonders beschäftigte, so dass diese Darstellungsmethode schon 1913 die Brutalitäten im Balkankrieg als Werke Rodins karikieren konnte.[10] (Abb. 7)

Ferner fungieren die Groszschen Ölbilder des Frauenmordes auch als Dispositive im Diskurs über den folgenden, anarchistischen Leitspruch: «Die Lust der Zerstörung ist eine schaffende Lust.» (Hoffmann-Curtius 1989, 383; Scholz 1999, 288–322) Der Krieg wird als ein vitalistisches Prinzip aufgefasst, das in unterschiedlichen Beschreibungen die Vorstellungen vieler Künstler bestimmte. Beckmann z.B. schrieb am 24.5.1915 in sein Kriegstagebuch: «Es handelt sich ja nicht darum, dass ich als Historiker diese Angelegenheit (den Krieg) mitmache, sondern, dass ich mich selbst in dieser Sache einlebe, die an sich eine Erscheinungsform des Lebens ist, wie Krankheit, Liebe oder Wollust. Und genauso, wie ich ungewollt und gewollt der Angst der Krankheit und der Wollust, Liebe und Hass bis zu ihren äußersten Grenzen nachgehe – nun, so versuche ich es eben jetzt mit dem Kriege. Alles ist Leben, wunderbar abwechslungsvoll und überreich an Einfällen.» (Lenz 1996, 175f.) Und Ernst Jünger naturalisierte den Krieg: «Der Krieg ist ebenso wenig eine menschliche Einrichtung wie der Geschlechtstrieb; er ist Naturgesetz, deshalb werden wir uns niemals seinem Banne entwinden ... Leben heißt töten.» – und

---

[9] Vgl. Carlo Carrà, Manifestazione interventista (ursprünglich: «Patriotisches Fest»), 1914, Abb. Deckblatt von Apollonio 1972.
[10] Karikatur J. Jacques Roussau, The Balkan Atrocities. Commission of Enquiry: «O! What fine models for Rodin«, le Charivari 30.10.1913; abgedruckt in: Melly George J.R. Glaves Smith, A child of six could do it. Cartoons about modern art, Tate Gallery London 1973, Abb. 12.

The Balkan Atrocities
Commission of Enquiry: Oh! What fine models for Rodin!'

Abb. 7. The Balkan Atrocities, Le Charivari 30.11.1913, Graphik, Jacques Roussau

parallelisierte die Ekstase des Kämpfers mit der des Künstlers auch nach dem Ersten Weltkrieg (Jünger 1922: Der Krieg als inneres Erlebnis, zitiert nach Müller 1986, 240f.).

Nicht nur Grosz und Dix thematisierten nach 1918 das Zerstückeln des weiblichen Aktes als ein blutiges Handwerk, auch Davringhausen spielte höchst ironisch mit der Sensationslust und Erwartung der Zuschauer. Er setzte den aufregendsten Moment vor der Zerstörung des noch unversehrten weiblichen Aktes als intakte Allegorie bürgerlicher Schönheit ins Bild und malte 1919 einen abgeschnittenen Frauenkopf, als ob es eine Konsequenz seines Lustmordbildes von 1917 sei (Eimert 1995, Abb. 37, S. 142, Wvz. 126). Sogar sein Ölbild des Träumers von 1919 mit dem schwarz-weißen Bild im Bild, das Feldkreuze über dem Kopf der mit dem Rasiermesser getöteten Frau erkennen lässt, kann als traumatische Konfrontation der Niederlage des Mannes im Krieg mit seinem blutigen Sieg im Geschlechterkampf gelesen werden (ebd., Abb. 38, S. 143, Wvz. 117).[11] Jedoch haben wir kein Dokument der Angst vor Frauen oder des Hasses gegen sie vor uns, als die Tatar die meisten Arbeiten von Grosz z.B. ansieht (Tatar 1995), sondern eine künstlerische Darstellung dieser vermuteten Mentalität. Daher muss hier eine historische Analyse ansetzen, die nicht einer Fixierung auf das Bildthema und folglich auf Misogynie verhaftet bleibt, sondern dessen spezifische Inszenierung in den jeweiligen Medien und deren geschichtliche Kontextualisierung berücksichtigt.

In den besprochenen Bildern werden Darstellungen aufgegriffen, die nach dem Krieg wieder die singuläre Autorposition, und sei es die des Mörders, zu stabilisieren suchten. Bei dem Kunsthändler Hans Goltz in München standen diese Ölgemälde mortifizierender Blicke des Künstlersubjektes auf den weiblichen Körper als moderne Kunst zum Verkauf und trafen auf eine zahlungswillige Klientel. Schließlich sind die Gemälde des Frauenmordes ja auch so etwas wie vertraute, wenn auch innovative, unheimliche Ereignis- oder Historienbilder aus dem Atelier der Gegenwart. Das Medium der Ölmalerei kam den traditionellen Sehgewohnheiten des Bürgertums entgegen.

4. Der bedrohte Mörder

Von dem deutschen Nachkriegskontext relativ weit entfernt ist ein Bild des Surrealisten René Magritte aus Belgien, «Der bedrohte Mörder» (1926) im Museum of Modern Art in New York (1984, Nr. 188, Abb. S. 144). (Abb. 9) Obwohl Magritte sich von der Art deutscher sozialkritischer Fallschilderung durch seine betont unpersönlich, glatte Malweise deutlich unterscheidet, bezieht er sich auf Grosz' Darstellung eines Athletenbildes aus dem damals bekannten «Ecce homo» Band.[12] (Abb. 8) Bildbestimmend ist die Konstruktion eines Kasteninnenraumes, sowohl mit zentralem Fensterausblick auf ein vereistes Gebirge als auch mit einem Vorraum, an dessen Wänden zu beiden Seiten je ein Mann in dunklem, seriösen Zivil und mit Melone auf dem Kopf steht. Die Dreiteilung erstreckt sich auf den Raum, die Fläche und die Aufteilung der männlichen

---

[11] Tatar (1995) erwähnt dieses Bild nicht in ihrem Buch, vertritt aber an manchen Stellen des Buches diese These (siehe z.B.: 90).
[12] Grosz 1923 (in: Grosz 1979), Nr. 82, wieder abgedruckt in: Der Spiesser Spiegel Dresden 1925, Marcel Ray, Georges Grosz, 1927; siehe deutsche Ausgabe: Berlin: Das Arsenal 1991, S.61. Grosz hatte 1924 eine Ausstellung in Paris (siehe Schuster 1995, 542).

Abb. 8. Athlet, 1922, Graphik, George Grosz, Ecce Homo, S. 82

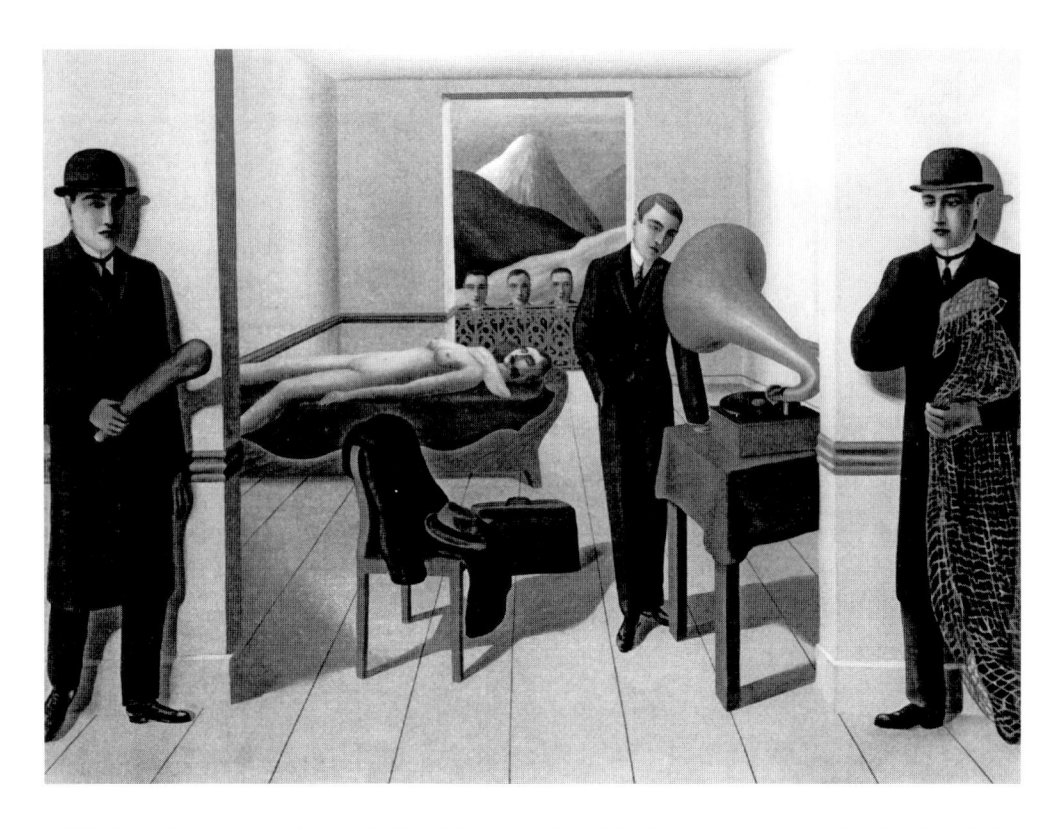

Abb. 9. Der bedrohte Mörder, 1926, Öl auf Leinwand, René Magritte, Museum of Modern Art New York

Akteure. Im Bildmittelgrund wird der Mord an einer auf einem roten Sofa liegenden weibichen Figur mit blutendem Mund und einem sauberen weißen Tuch über dem abgeschnittenen Hals angedeutet. Der vermutliche Täter steht ohne Mantel makellos elegant und versunken vor dem Schalltrichter eines Grammophons, das ihn anzuziehen scheint. – Man vergleiche die Gegenüberstellung von Schalltrichter und Unterleib der gelagerten Frau hinter dem Athleten von Grosz. (Abb. 8)

Die beiden Männer im *bowler hat*, in zeitgenössischem Anzug und mit altertümlichsten Waffen, Keule und Netz, können als Wächter wie die Heiligen eines Altarbildes für das zentrale Geschehen im Mittelbild angesehen werden: Sie sind Häscher und Täter, welche sowohl die moderne Zivilisation als auch archaische Gewalttätigkeit repräsentieren. In der vereisten Natur der Schneeberge im Bildhintergrund – und damit dem perspektivischen Mittelpunkt – tauchen drei Männerköpfe auf. Ob es die Köpfe derselben oder ähnlicher Männer sind, bleibt unentschieden. Gleich sind sie in ihrem Blick, der sowohl auf den Bildbetrachter als auch auf die schöne Leiche gerichtet ist. Magritte bietet den Betrachtern ein aufregendes Wechselspiel von Innen- und Außenansichten eines Mordes, eines Mörders und der ihn einschließenden Gesellschaft, sei es nun die Polizei, die Justiz oder seien es die Schaulustigen um den Mörder herum. Die weibliche Leiche ist nur noch Requisit für das kriminelle Szenario, das die Frage nach dem «verzückten» Täter und dem Opfer allein in die männliche Gesellschaft verlagert. Es sollte eine der ersten Stellungnahmen des «Fantomas»-Lesers und begeisterten Kinogängers Magritte zu der intensiven Beschäftigung der Surrealisten mit Mord und Justiz sein. So grundlegend neu Magritte sich in der Auseinandersetzung mit Grosz der gesellschaftlichen Dimension der Mordtat annimmt – aggressiv sind nur die Häscher und die Blicke der Schaulustigen – so traditionell sind die Geschlechterrollen in seinem Bild verteilt.

Schauen wir von dieser gemalten Repräsentation des von der Gesellschaft bedrohten Mörders zurück auf die deutsche Situation gegen Ende des Wilhelminischen Reiches und des verlorenen Ersten Weltkriegs, dann verstärkt sich der Eindruck, bei den Bildern der deutschen Avantgarde einer äußerst aggressiven männlichen ‹Täterschaft› gegenüberzustehen. Dennoch sind die in diesem Kontext entstandenen Bilder des Frauenmordes im Unterschied zu Jüngers Schriften als Aufgabe des soldatischen, gegenüber dem Weiblichen autarken Männlichkeitsideals von 1914 zu lesen. Bewahrt wurde die männliche Autorität des schöpferischen Künstlers, nun wiederum in – siegreicher – Auseinandersetzung mit dem Anderen, dem Weiblichen.

Literaturangaben

Apollonio, Umbro (1972): Der Futurismus, Manifeste und Dokumente einer künstlerischen Revolution 1909–1918, Köln: DuMont Schauberg.
Ausstellungskatalog (1996): Lovis Corinth, München, Haus der Kunst, Berlin Nationalgalerie.
Ausstellungskatalog (1987/88): Eugène Delacroix, Kunsthaus Zürich, Frankfurt a.M.
Ausstellungskatalog (1991): Otto Dix, Stuttgart, Berlin.
Bischoff, Doerte (1997): «Dieses auf die Spitze getriebene Mannestum». Kriegsrhetorik und Autorschaft um 1914, Hoffmann-Curtius, Kathrin/Wenk, Silke (Hrsg.), Mythen von Autorschaft und Weiblichkeit im 20. Jahrhundert, Marburg: Jonas.
Bergius, Hanne (1989): Das Lachen Dadas. Die Berliner Dadaisten und ihre Aktionen, Giessen: anabas.
Bronfen, Elisabeth (1994): Nur über ihre Leiche. Tod, Weiblichkeit und Ästhetik, München: Antje Kunstmann.
Der Spiesser Spiegel Dresden 1925 (1927): Marcel Ray, Georges Grosz, Paris: Crès. Deutsche Ausgabe: Berlin: Das Arsenal, 1991.
Eimert, Dorothea (1995): Heinrich Maria Davringhausen, Eine Monographie, Köln: Wienand.
George J.R., Melly/Smith, Glaves (1973): A child of six could do it. Cartoons about modern art, Tate Gallery London.
Grosz, George (1923): Ecce Homo, Berlin: Malik, Reprint, Reinbek bei Hamburg: Rowohlt 1980.
Grosz, George (1979): Briefe 1913–1959, Herbert Knust (Hrsg.), Reinbek bei Hamburg: Rowohlt.
Hamann, Richard (1923): Impressionismus in Leben und Kunst, Marburg: Kunstgeschichtliches Seminar.
Hoffmann-Curtius, Kathrin (1989): «Wenn Blicke töten könnten» Oder: Der Künstler als Lustmörder, Lindner, Ines et al. (Hrsg.), Blick-Wechsel. Konstruktionen von Männlichkeit und Weiblichkeit in Kunst und Kunstgeschichte, Berlin: Reimer, 369–393.
Hoffmann-Curtius, Kathrin (1993): John, der Frauenmörder von George Grosz, Hamburger Kunsthalle, Stuttgart: Hatje.
Hoffmann-Curtius, Kathrin (1997): Orientalisierung von Gewalt: Delacroix' «Tod des Sardanapal», Friedrich, Annegret et al. (Hrsg.), Projektionen. Rassismus und Sexismus in der Visuellen Kultur, Marburg: Jonas, 61–78.
Hoffmann-Curtius, Kathrin (1999): Mord-Kunst oder der Künstler als (Lust)mörder, Glasmeier, Michael (Hrsg.), Private Eye. Crimes and Cases, Berlin: Haus am Waldsee, 85–89.
Hoffmann-Curtius, Kathrin (2002): Das Kriegerdenkmal der Berliner Friedrich-Wilhelms-Universität 1919–1926: Siegexegese einer Niederlage, Jahrbuch für Universitätsgeschichte, 5, S. 87–116.

Hofmann, Werner (Hrsg.) (1989): Europa 1789. Aufklärung, Verklärung, Verfall, Hamburg (Ausstellungskatalog).
Kaufmann, Doris (1998): Science as Cultural Practice: Psychiatry in the First World War and Weimar Germany, Journal of Contemporary History, vol. 34, 123–142.
Keck, Annette (Hrsg.) (1994): «Autor(r)erotik». Gegenstandslose Liebe als literarisches Projekt, Berlin: Schmidt.
Lenz, Christian (1996): Kirchner. Meidner. Beckmann. Drei deutsche Künstler im Ersten Weltkrieg, Mommsen, Wolfgang (Hrsg.), Kultur und Krieg. Die Rolle der Intellektuellen, Künstler und Schriftsteller im Ersten Weltkrieg, München: Oldenbourg.
Lewis, Beth Irwin (1991): Lustmord. Inside the Windows of Metropolis, Haxthausen, Charles W./Suhr, Heidrun (Hrsg.), Berlin. Culture and Metropolis, Minneapolis, Oxford: University of Minnesota Press, 47–102.
Lindner, Martin (1999): Der Mythos «Lustmord». Serienmörder in der deutschen Literatur, dem Film und der bildenden Kunst zwischen 1892 und 1932, Linder, Joachim/Ort, Claus Michael, (Hrsg.), Verbrechen Justiz Medien. Konstellationen in Deutschland von 1900 bis zur Gegenwart, Tübingen: Niemeyer, 273–305.
Löffler, Fritz (1981): Otto Dix, Oeuvre der Gemälde, Recklinghausen: Aurel Bongers.
Müller, Hans Harald (1986): Der Krieg und die Schriftsteller, Stuttgart.
Noser-Vatsella, Katherina (1983): «Die Besiegung des Weibes durch den Mann». Zum Holzschnittzyklus «Triumpf der Liebe» von E.L. Kirchner, kritische berichte 11. Jg., H. 4, 3–12.
Rosenblum, Robert (1989): Paintings in the Musée d'Orsay, New York: Stewart, Tabori, Chang.
Sabarsky, Serge (1987): George Grosz, Die Berliner Jahre, Staatliche Kunsthalle Berlin.
Schade, Sigrid (1987): Der Mythos des «Ganzen Körpers». Das Fragmentarische in der Kunst des 20. Jahrhunderts als Dekonstruktion bürgerlicher Totalitätskonzepte, Barta, Ilsebill et al. (Hrsg.), Frauen. Bilder. Männer. Mythen. Berlin: Reimer.
Scholz, Dieter (1999): Pinsel und Dolch. Anarchistische Ideen in Kunst und Kunsttheorie 1840–1920, Berlin: Reimer.
Schuster, Klaus (Hrsg.) (1994/95): George Grosz, Berlin New York, Berlin.
Sternheim, Carl (1964): Gesamtwerk, Emrich, Wilhelm, (Hrsg.), Neuwied: Luchterhand, Band 5.
Tatar, Maria (1995): Lustmord, Sexual Murder in Weimar Germany, Princeton University Press.
The Museum of Modern Art, The History and the Collection, New York: Abrams (1984).
Uhr, Horst (1990): Lovis Corinth, Berkeley, Los Angeles, Oxford: University of California Press.
Walkowitz, Judith R. (1997): Jack the Ripper und der Mythos von der männlichen Gewalt, Corbin, Alain (Hrsg.), Die sexuelle Gewalt in der Geschichte, Frankfurt a.M.: Fischer 107–135.
Wer will unter die Soldaten, deutsche Soldatenlieder, Leipzig: Insel, o.J.

Das Böse in der Kunst – oder der Serienmörder im Dienste der Kunst

Claudia Müller-Ebeling

Die Physiognomie des Bösen

Aus «normaler» Perspektive betrachtet, ist ein Serienmord etwas Ungeheuerliches. Er ist eine geplante Wiederkehr des unfaßbaren Mordes an Unschuldigen, die sich in der Person des Täters manifestiert. Der Serienmörder ist der fleischgewordene Inbegriff der skrupellosen Grausamkeit; die triebgesteuerte Bestie. Genau diesen Aspekt macht sich die Sensationspresse zunutze, denn sie lebt nicht nur von den Dokumentationen des Grauens, sondern auch von seinen Klischees.

Doch gibt es die typische Physiognomie eines Serientäters?

Blickt man auf die physiognomischen Merkmale des Bösen, so erkennt man, daß seine Ursprünge weit in die Menschheitsgeschichte zurückreichen, bis hin zu den phylogenetischen Wurzeln des Menschen. Das Böse ist das, wovor wir erschrecken: das Angriffslustige, Fremde, Andere, Unberechenbare. Um sich vor bösen Kräften zu schützen, schmückten Menschen vom Zweistromland bis Griechenland, von Afrika bis Ozeanien, ihre Hausgiebel, Tempel und Stadttore mit abschreckenden Bildnissen von Dämonen. Ihr wutverzerrter Anblick sollte das Böse abwehren. Das Erschreckende als Verteidigung gegen den Schrecken. Wie die Tiere verteidigt sich der Mensch durch Drohgebärden, die ihn größer und schrecklicher erscheinen lassen. Ein phylogenetisches Verhalten, das uns in die Glieder fährt, wenn wir vor Angst den Mund aufreißen und die Pupillen groß im Augapfel hervortreten. In der Physiognomie von Mensch und Tier ähneln sich der Ausdruck der Angst, des Zorns und des Schreckens. Mit dem hübschen Titel «... zur Beförderung der Menschenkenntnis und Menschenliebe» brachte Johann Caspar Lavater (1741–1801) Ende des 18. Jahrhunderts (1775) den ersten seiner vier Bände der «Physiognomischen Fragmente ...» heraus. In seiner methodischen Erfassung der Gemütszustände und der daraus abgeleiteten Typenlehre ähneln sich der ängstlich und traurig gestimmte Melancholiker und der aufbrausende, wütende Choleriker mit dem düster oder aggressiv nach vorne geschobenen Kinn. Diese rationalistische Methode, den Ausdruck der Seele zu erklären, beeinflußte viele Gelehrte und Künstler nach Lavater. Doch schon vor ihm hatten sich Leonardo da Vinci oder Rembrandt künstlerisch in physiognomischen Skizzen und Giambattista Della Porta (1586, De Humana Physignomica) oder Charles Le Brun (1687, Conférence sur l'expression générale et particulière des passions) in wissenschaftlichen Tafelwerken mit dem Ausdruck der Seele im menschlichen Gesicht (und in den Ähnlichkeiten zu Tieren) beschäftigt.

Aber hat das Böse eine bestimmte Physiognomie? Ist es zugleich auch das Häßliche? Ein Blick auf die anthropologisch-medizinische Erforschung der Schönheit beweist das Gegenteil. Nancy Etcoff präsentierte in ihrer Untersuchung «Nur der Schönste überlebt» (2000) verblüffende Ergebnisse. So fertigte der US-Amerikaner Galton Fotos von Mördern, Totschlägern und Räubern an. Als er die Physiognomien übereinanderlegte, um ein Kompositum anzufertigen, stieß er erstaunlicherweise auf ein durchaus attraktives Gesicht. Zwar wird seit jeher Häßlichkeit als Zeichen des Bösen, Verrückten und Gefährlichen verstanden und somit als Zeichen des Zorns Gottes gewertet, doch schon

Tolstoi erkannte klagend: «Es ist erstaunlich, wie vollkommen die Täuschung ist, daß Schönheit gleich Anstand sei.»

Die Tradition des Bösen in der Kunst

Mörder tauchen lange vor dem 20. Jahrhundert in der abendländischen Kunst auf. Verblüffenderweise steht ihre Darstellung im Dienste der christlichen Religion und ebenso erstaunlicherweise handelt es sich oft um Mörderinnen, wie Judith, mit dem abgeschlagenen Haupt des Holofernes; oder Salome, mit dem Haupt von Johannes dem Täufer. Die beiden Frauen – gesehen während oder nach der Tat – fesselten über Jahrhunderte die Aufmerksamkeit von Künstlern.

Die im Alten Testament verzeichnete Tat der Witwe Judith, die Israel vor der Vernichtung durch den assyrischen Feldherrn Holofernes bewahrte, indem sie ihn lüstern und trunken machte, um dann sein Haupt mit dessen eigenem Schwert abzuschlagen, wurde vom 12. bis Ende des 19. Jahrhunderts immer wieder in Szene gesetzt. Salomes Tanz vor Herodes entzückte den Herrscher (der den Bethlehemitischen Kindermord befehligen sollte) so sehr, daß er ihr einen Wunsch gewährte. Den Einflüsterungen ihrer Mutter Herodias folgend, forderte Salome das Haupt von Johannes dem Täufer. Diese grausige Szene wurde seit dem späten 15. Jahrhundert zum Bildthema.

Salome, die eine Schüssel mit dem abgetrennten Kopf des Verkünders Jesu trägt, inspirierte vor allem die Künstler des Symbolismus und Jugendstils als Prototyp der verhängnisvollen und männerverzehrenden Femme fatale.

Im einzelnen auf Beispiele der langen Bildtraditionen einzugehen, ist in diesem Rahmen nicht sinnvoll. Interessant aber ist, festzuhalten, daß es sich bei den Mörderinnen – im Gegensatz zu den oben fokussierten, gemeinen Serienmördern – um selbstbewußte, mutige und schöne Frauen handelt ...

Wo aber gibt es Vorbilder für den bösen, brutalen Mörder in der älteren abendländischen Kunst?

Der Kreuzestod des Religionsgründers Jesus Christus – seine Tötung – nimmt im christlichen Glauben einen zentralen Platz ein. Daher hinterließ die christlich geprägte Kunst unzählige Bilder der Verspottung, Kreuztragung und Kreuzigung Christi. Auf all diesen Bildern steht Christus in einem dualistischen Kontext. Der gütige, verzeihende, gläubige Christ wird konfrontiert mit der Welt der ungläubigen Feinde.

Greifen wir aus der Vielzahl von Beispielen, die die Schächer vor allem in der nordischen Kunst des 15. und 16. Jahrhunderts als Ausdruck des Bösen karikieren, exemplarisch die Kreuztragung von Hieronymus Bosch (Abb. A) heraus, die um 1515/16 datiert wird und sich in Gent, im Musée des Beaux-Arts, befindet.

Die nahezu quadratische (76,5 x 83,5), Öl auf Holz gemalte, Komposition wird diagonal durchschnitten vom Querbalken des Kreuzes, welches ein ruhig in sich hineinleidender, blasser Christus auf seinen Schultern trägt. Den anderen Balken kann man nicht sehen. Ein blutrotes Schild und ein Schweißtuch mit dem Antlitz Jesu, das Veronika an der unteren Bildecke links ausbreitet, verdecken ihn. Der gesamte Raum um Christus herum ist verstellt durch grimassenverzerrte Köpfe, die in vier Gruppen um sein zentrales Antlitz geordnet sind. Mit aufgerissenen Augen und hämischem Grinsen überwuchern sie das Bild und drängen Jesus und zwei treue Anhänger, Veronika und Simon von Cyrene, die einzigen mit ruhigen Gesichtszügen und geschlossenen Augen, an den Rand des Geschehens.

Abb. A Hieronymus Bosch, Kreuztragung und Verspottung Christi, um 1515/16, Öl auf Holz, 76,5 x 83,5, Gent, Musée des Beaux-Arts

Bosch stellt hier nicht den Mord selbst dar, sondern konzentriert sich auf das, was ihn in (nicht dargestellter) Kürze ermöglichen wird: die Geisteshaltung der ungläubigen Masse, geprägt von Gleichgültigkeit und blinder Befehlsausführung, von Sensationslust und Rohheit. Der Blick auf die Bildkomposition Boschs und die Gesichtszüge, die er den Schächern gab, offenbart eine verblüffende Ähnlichkeit zu George Grosz' Darstellungen von Frauenmördern.

Vergleicht man die Komposition mit dem Frauenmörder von George Grosz, so stellt man dieselbe, sich um eine Mittelachse drehende Anordnung der Farbakzente und Motive fest, welche alle Elemente kreisförmig in den unerbittlichen Ablauf der Zeit einbindet.

Die Physiognomien scheinen sich Beckmann und Grosz, die großen Satiriker und Moralisten, direkt bei Bosch, dem Ahnvater des Phantastischen, abgeguckt zu haben! Mit wulstigen Lippen, knolligen oder scharfen Nasen, markanten, vorgeschobenen

Kinnen und maliziösen Blicken charakterisiert Bosch das Brutale, Rohe und Böse. Wenn auch mit anderen bildnerischen Mitteln sind dies identisch dieselben physiognomischen Merkmale, die die Mörder von Grosz, Dix und Beckmann auszeichnen.

Kehren wir zurück ins 20. Jahrhundert und vergleichen wir die Schächer von Bosch mit einem Phänomen der städtischen Moderne: dem Lustmörder.

Der Serienmörder (der in der Regel ein Lustmörder ist) tritt in der Kunst erst in der ersten Hälfte des 20. Jahrhunderts auf.[1] Katharina Koop konstatiert 1993 in ihrer Dissertation eine auffallende Häufung von Morddarstellungen zwischen 1890 und 1933 in Deutschland. In erster Linie befaßten sich ab 1912 bis in die 20er Jahre George Grosz (1893–1959), Max Beckmann (1884–1950), Otto Dix (1891–1969) und Rudolf Schlichter (1890–1955) mit dieser gruseligen Thematik der Moderne. Die Auseinandersetzung damit wurde begünstigt durch soziale Spannungen und die wachsende Isolation und Anonymität des großstädtischen Lebens. Es ist kein Zufall, daß Darstellungen von Gemetzel, Totschlag, Lustmord und Gemordeten in der Großstadt Berlin entstanden. In einer Zeit, die von politischer Unstabilität, wirtschaftlichem Aufschwung und gleichzeitigem sozialen Elend der Massen geprägt war. All das kulminierte in Berlin, als die wilhelminische Zeit zu Ende ging und die sozialen und politischen Kämpfe zwischen Links und Rechts, die unaufbringbaren Reparationen und psychisch wie physisch unverarbeiteten Traumata des 1. Weltkrieges unaufhaltsam einem neuerlichen Führer Platz machen sollten: Adolf Hitler und der nationalsozialistischen Diktatur, die Berlin zu ihrer Hauptstadt wählte – mehr als ein Jahrzehnt nach den grausigen Visionen von Grosz, Dix und Co.

Sehen wir uns zwei Lustmord-Darstellungen von George Grosz an, die beide im November 1918 in Berlin entstanden sind: zunächst *John, der Frauenmörder* und folgend den sogenannten *Kleinen Frauenmörder*.

1) *John, der Frauenmörder*, 1918, Öl auf Leinwand, 86,5 x 81 cm, Hamburger Kunsthalle. (Abb. B)

Ein trotzig die Fäuste nach vorne reckender und hinter sich blickender Mann, mit steifem Hut und schwarzem Anzug, läuft hastig und gebückt nach links aus dem Bild. Er läßt eine entblößte und niedergemetzelte Frau zurück. Der gepflegten Kleidung nach kam er offensichtlich als gutsituierter Kavalier oder Freier. Davon zeugt sein mitgebrachter Blumenstrauß, der kopfüber zu Boden fällt. Die Tat muß soeben geschehen sein. Noch ist die Haut des Opfers, das auf einem dunkelblauen Bettrechteck liegt, rosig. Noch fließt frisches, rotes Blut aus dem abgeschlagenen Kopf und den Wunden der abgehackten Arme. Das schmerzverzerrte Gesicht der Frau zwängte Grosz in die äußerste Ecke des Bildes, oben rechts.

Die Szene spielt sich zugleich im Innenraum und auf der Straße ab. Die drei Flächen, die die Komposition gliedern, könnten Fußboden und Innenwände, wie auch Straße und Hausmauern sein; den rechteckigen Gullydeckel in der Mitte, unten, könnte man auch als karierten Bettvorleger erkennen. Ein Fensterkreuz, ein weiteres Fenster. Glutrotes Lampenlicht fällt durch den offengebliebenen Spalt der Jalousie. – Sparsame Zeichen, die eine städtische Straßenflucht charakterisieren. Schräg gegenüber vom

---

[1] Die Unterscheidung zwischen «Lust-» und «Serienmord» ist deshalb wichtig, weil Lustmorde schon früher Gegenstand der Kunst waren; etwa bei Eugène Delacroix oder Honoré Daumier.

Abb. B John, der Frauenmörder, 1918, Öl auf Leinwand, 86,5 x 81 cm, Hamburger Kunsthalle

Gullydeckel hängt ein Lichtkörper, der vom oberen Bildrand geteilt wird: Ein Lampenschirm? Eine Straßenlaterne? Das fade Licht eines verdunkelten Mondes?

Die nahezu quadratische Komposition suggeriert vehemente Dynamik. Sie kreist um den Punkt, in welchem sich die drei Hauptflächen von Boden und Wänden treffen und verschränkt Täter und Opfer so miteinander, daß ihre Körper wie Zeiger auf einem Ziffernblatt in den Ablauf des Geschehens, in die Tatzeit, eingebunden sind. Der Mann stiebt nach links davon, sein Opfer im Nacken. Am Hut berührt ihn einer der Absätze der Stiefeletten, in welchen die abgeknickten Füße der Frau stecken, während ihr Körper rechts nach hinten sinkt; eine Bewegung, die das in der Luft hängende Bouquet verstärkt. Folgt man der Ausrichtung beider Gestalten im Bilde, könnte man (etwas gewagt) daran ablesen, daß das Gemetzel um zehn nach Zwölf begann und der Täter zwanzig vor Eins in die Nacht entfloh.

Den Bezug zwischen Täter und Opfer unterstreicht der Maler auch mit Hilfe der Farbakzente und der wiederholten formalen Merkmale: Kippt man den Körper der Frau nach links, nimmt er nahezu die gleiche Haltung ein wie der fliehende Täter. Ihr erstarrter, geöffneter Unterkiefer hat Ähnlichkeiten mit dem brutal nach vorne geschobenen Kinn des Mannes. Ihre blaugeschlagenen Augen wiederholen sich im dunklen Blau seines ovalen Augapfels. Blutrot ist die Ecke, auf die sein linkes Bein im Laufschritt trifft. Blutrot hängt seine Krawatte aus dem Kragen.

Dieselbe Farbe haben die Fensteröffnungen, welche wiederum auf die eckig geschlagenen Wunden der Gemordeten weisen und sich in den zu Boden stürzenden Blüten wiederholen. Ebenso kreisförmig wandern die gelben Akzente vom Boden, zu den Fäusten, zum quittengelben Gesicht von John, dem Frauenmörder, bis zum Lichtschein in der Mitte oben. Durch den schrillen Kontrast zwischen Gelb, Blau und Grün wird die Aufmerksamkeit des Betrachters auf das Profil des Täters mit der großen Nase und den groben Zügen gelenkt, und man folgt seinem Blick auf die grausam zugerichtete Frau, deren Vulva und Brüste Grosz durch pralle Formen und intensives Rot betont. Alle Winkel der, in geometrische Grundformen zerlegten, Bildmotive, weisen auf die Leiche. Das Bett, nur in Aufsicht gezeigt, und der nach rechts oben gerichtete dreieckige Raum, in welchem sie sich befindet, spießen das Opfer phallisch auf.

2) *Der kleine Frauenmörder*, 1918, Öl auf Leinwand, 66 x 66 cm, Mailand, Privatsammlung. (Abb. C)

In der zur selben Zeit entstandenen Variante widmete sich George Grosz denselben vertrauten Motiven mit größerem Einsatz von realistischem Vokabular und Details.

Hier befinden sich der Mörder – mit hochrotem Kopf, blutverschmiertem Kragen, zerfetzter roter Krawatte und dem Messer in der Hand – mit der Ermordeten in derselben Achse, welche die Komposition in einer Diagonalen von links oben nach rechts unten trennt. Der Glatzkopf ist den prallen Hinterbacken seines Opfers zugewandt, die diesmal wie an einen Stuhl gefesselt erscheint (lediglich eine blaue Lehne ist angedeutet). Der Körper der Frau, deren Kopf nach hinten gekippt ist, wiederholt sich in einem Spiegel. Er verdoppelt ihren zerstückelten Körper und trennt Kopf und Gliedmaßen vom Rumpf. Er reflektiert ein Fensterkreuz, welches zum Symbol des Todes wird. Unterhalb der beiden Personen suggerieren scharfe Kanten umgeworfenes Mobiliar. Hinter den Vorhängen eines blutroten Fensters, im Hintergrund über ihnen, erscheint eine verdunkelte

Abb. C Der kleine Frauenmörder, 1918, Öl auf Leinwand, 66 x 66 cm, Mailand, Privatsammlung

Mondsichel. Rechts daneben blickt man in die Scheinwerfer eines Autos. Auf dem Tischdreieck, abgeschnitten vom unteren Bildrand rechts, kommen eine Flasche und ein gefülltes Glas ins Kippen.

Auch dieser Lustmörder hat eine dicke Nase und ein grobschlächtiges, schlecht rasiertes Kinn. Auch hier lenkt die Blickrichtung des Mörders den Betrachter auf die Leiche. Allerdings wählte Grosz einen anderen Moment des Geschehens. Der Täter befindet sich in der Rage der Tat, die soeben ihren entsetzlichen Abschluß fand. Die Handlung ist ins Innere eines Raumes verlegt, in welchen ein schwacher Schein der Außenwelt dringt.

Die Dynamik der Aktion, die zur Unterstützung aufgewandten formalen Mittel und die Verschränkung von Täter, Tat und Opfer ähneln dem zuvor beschriebenen Bild.
In mehr als 26 Federzeichnungen, Aquarellen und Ölgemälden widmete sich George Grosz den Themen «Mord» und «Totschlag»; Straßenkrawalle und Schlägereien inbegriffen. Immer wieder begegnen dem Betrachter die vertrauten Motive: Großstadtszenerien – fragmentierte Frauenkörper – ein wutverzerrter Mörder mit ausgeprägtem Unterkiefer – und eine Verzahnung zwischen Täter und Opfer.

Nicht nur bei Grosz, auch bei den anderen Avantgarde-Künstlern im Grenzbereich zwischen Satire, neuer Sachlichkeit und Dada, finden diese Motive Verwendung.

Bei Otto Dix zum Beispiel sehen wir uns in der Ätzradierung *Lustmörder* von 1920 (30,0 x 25,7 cm) mit einem rasenden Wüterich konfrontiert, der, mit stilisiert abgehackten Bewegungen – wie der Suppenkaspar aus dem Struwwelpeter – in kariertem Anzug, angetan mit Hemd, Krawatte und polierten Schuhen, von den Leichenteilen einer zerstückelten Frau umgeben ist.
Auch Max Beckmann thematisiert in seinem Ölgemälde *Die Nacht* von 1918–19, (133 x 154 cm, Düsseldorf, Kunstsammlung Nordrhein-Westfalen) einen Mord; vielmehr einen Überfall von drei Tätern auf eine Familie, die sich in ihrer Dachkammer um das Abendessen versammelt hatte.
Verrenkte Gliedmaßen, scharfe Linien und kantige Formen prägen formal die Komposition. Menschen werden erdrosselt, vergewaltigt und aus dem Fenster geworfen, von Tätern, deren Brutalität sich in hervorquellenden Augen, brutal vorgeschobenem Kinn, starkem Hals und geballten Fäusten niederschlägt.
Was veranlaßt Künstler, wiederholt das schaurige Thema «Mord» in den Mittelpunkt ihrer bildnerischen Aktivitäten zu stellen? Diese Frage soll im nächsten Abschnitt erörtert werden.

Der Künstler als Triebtäter
Vordergründig scheint die künstlerische Faszination am Sexualmord aus einer ästhetischen Lust am Schaurigen zu resultieren: «... über einen eigentümlichen Schauer vor solch dramatischen Mord- und Titelbildern bin ich nie ganz hinweggekommen» bekennt Grosz (1986, 12), der als Jugendlicher Kolportageheftchen verschlungen hatte. Hintergründiger aber deckt sich die Darstellung eines Mordes inhaltlich mit formal-

künstlerischen Absichten. Die Zerstückelung eines Körpers entspricht einer Zerschlagung überkommener formaler Prinzipien. In der kubistisch geprägten und neu sachlich intendierten Kunstauffassung von Grosz, Dix und Beckmann werden Körper fragmentiert und in dynamischen Kompositionen zusammengefügt. Das Kunstschaffen stellt sich als ein gewaltsamer Prozeß dar, der in der Zerstörung des Dagewesenen Neues zu bilden vermag. Kathrin Hoffmann-Curtius (1993, 11) sieht in den Frauenmörder-Bildern von George Grosz einen «Beitrag des Malers und ‹radikalen Machos Grosz› zu dem Diskurs (künstlerischer) Zerstörung und Neuanfang um 1918», wobei sie zugleich auf die bildnerische Verarbeitung historischer Gegebenheiten abzielt. Die fragmentierende und kubistische Stilelemente satirisch überhöhende Malweise der genannten Künstler wurde immer wieder politisch und sozialkritisch begründet. Nicht nur von Kunsthistorikern, sondern auch von den Malern selbst. So war es Max Beckmann 1912 ein Anliegen, «aus unserer Zeit heraus mit all ihren Unklarheiten und Zerrissenheiten Typen zu bilden» (zit. nach Schulz-Hoffmann/Weiss 1984, 204), und 1917 hält George Grosz fest, daß er «gegen diese Welt gegenseitiger Zerstörung protestieren» wollte (zit. nach Hess 1974, 63).

«Ein Gemälde ist eine Sache, die so viel List, Malice und Laster erfordert, wie die Ausführung eines Verbrechens», gestand bereits der französische Impressionist Edgar Degas (zit. nach Schulz-Hoffmann/Weiss 1984, 7 u. 48).

In der Tat gehen wiederholt portraithafte Züge der Künstler in die Darstellungen der Mörder ein. So existiert von George Grosz ein 1918 entstandenes Atelierfoto, in welchem eine (ausnahmsweise bekleidete) Dame vor einem Spiegel steht und sich selbst in einem Handspiegel betrachtet (Abb. 1 in Hoffmann-Curtius 1993). Am Fuße der Staffelei sitzt eine Puppe. Dahinter taucht der gebückte Maler auf und hält die scharfe Klinge eines Messers vor den Rahmen. Das Puppenhafte, das Motiv des Spiegels und die in der Spiegelung abgetrennten Glieder einer Frau; der gebückte Mörder mit Messer, sowie die gesamte Raumanordnung begegneten uns bereits im zuerst beschriebenen Bild, das im selben Jahr entstand.

Auch in der 1919 entstandenen Federlithographie *Selbstportrait für Charlie Chaplin* (68,1 x 49,2, Graphische Sammlung der Universität Tübingen, Kunsthistorisches Institut (Abb. D)) gibt sich der Künstler exakt dasselbe Profil wie den beiden Frauenmördern: große Nase, markantes Kinn und denselben kantigen Schädel. Hier ist er kein Mörder, sondern ein Maler. Doch führt er mit dem Pinsel einen ähnlich fragmentierenden Akt durch, wie sein Hauptdarsteller «John, der Frauenmörder» und wie dieser wird er zur Tat getrieben. Dieses vom (männlichen) Trieb gesteuerte Moment betont Grosz mit einer Erektion, die sich unter seiner Hose abzeichnet.

Der Künstler als Lustmörder, als Serienmörder – zur wiederholten Tat getrieben!

Bleibt zu fragen, was es mit der Verflechtung zwischen Täter und Opfer auf sich hat, die in den Mordkompositionen von Grosz, Beckmann und Dix auffielen. Die beobachtete Identifikation zwischen den Künstlern und «ihren Tätern» impliziert auf psychologischer Ebene, daß sie böse und brutale Anteile nicht nur im Anderen sehen, sondern auch in der eigenen Psyche – in ihrer künstlerischen Getriebenheit. Der Täter produziert sein eigenes Opfer; der Künstler sein eigenes Frauenbild. Die großstädtische Gesellschaft bringt den Mörder hervor, und dieser prägt wiederum die Umgebung mit dem Schrecken,

Abb. D Selbstportrait für Charlie Chaplin, 1919, Federlithographie, 68,1 x 49,2 cm, Graphische Sammlung der Universität Tübingen

der von ihm ausgeht. Die Mordtat wird als Metapher der Gesellschaft verstanden, in welche die Maler politisch und sozial eingebunden waren.

Mord in der Kunst und im Leben
In der Kunst ist der Mord kein individuelles, anekdotisches Ereignis aus der Kriminalstatistik, sondern er wird in einen universalen, metaphysischen Rahmen gestellt.

Von Bosch bis Beckmann appellieren Mord- und Täterdarstellungen emphatisch an die Menschlichkeit, indem sie Unmenschlichkeit thematisieren. Beckmann hatte mit seinen Darstellungen von Mord und Totschlag folgendes im Sinn: «Wir müssen teilnehmen, an dem ganzen Elend, das kommen wird. Unser Herz und unsere Nerven müssen wir preisgeben dem schaurigen Schmerzensgeschrei der armen, getäuschten Menschen.» Auch künstlerisch war es ihm ein Anliegen: «Daß wir den Menschen ein Bild ihres Schicksals geben.» (zit. nach Schulz-Hoffmann/Weiss 1984, 205)

Indem Beckmann die Komposition seines oben beschriebenen Gemäldes *Die Nacht* in Blatt 6 seiner Mappe *Die Hölle* von 1914/15 wiederholt, bindet er den Mordakt in einen moraltheologisch-religiösen Kontext ein. Vereint mit den beklemmenden Darstellungen von Krieg und Kriegsversehrten, von Armut, Krankheit und Straßenkrawallen, ist die Mordtat eine «Metapher für den Widersinn des Lebens». Ebenso als Protest «gegen die verrückt gewordene Menschheit» (zit. nach Hess 1974, 63) verstand George Grosz eines seiner Hauptwerke, das in der Staatsgalerie Stuttgart hängende Ölbild *Dedicated to Oskar Panizza* 1917/18, in welchem uns das vertraute Arsenal von Mord und Mördern begegnet.

Der «verkehrten Welt» einen Spiegel vorzuhalten, war auch das Anliegen von Hieronymus Bosch.

Die Schächer Jesu Christi sind als Projektionen des Triebhaften, Fremden und Ungläubigen – kurz, des Anderen, zu verstehen und stehen in einem religiös begründeten dualistischen Kontext. Gleiches gilt für die Morddarstellungen von Judith und Salome: Im Neuen Testament verglich man Judiths Befreiungstat mit der Erlösertat Christi. Salomes grausige Forderung hingegen war Metapher der Bedrohung des Christentums durch ungezügelte Weiblichkeit. Die «schöne Mörderin» als Allegorie der Erlösung oder Bedrohung (– schon seit jeher machten Frauen in Allegorien eine bessere Figur als Männer).

Hinter jedem Bild steht eine Moral, und diese kann verschieden interpretiert werden. Bosch und diejenigen, die sich durch seine eindrücklichen Physiognomien und Metaphern des Bösen nachhaltig künstlerisch inspiriert fühlten, mögen die Absicht verfolgt haben, dem Betrachter zu helfen, sich mit dem «Guten Christen» zu identifizieren und die verkehrte Welt im eigenen Wesen zu erkennen. Doch muß sich die mögliche moralische Intention der Künstler nicht unbedingt «mit dem Bild im Kopf des Betrachters» decken. Statt das verbrecherische Andere, wie Beckmann, Grosz und Co. in sich selbst zu erkennen, kann man das, was einem an sich selbst unheimlich und fremd ist, auch auf die Anderen projizieren!

Gerade die griffige und publikumswirksame Karikatur des Bösen – die wir aus kunsthistorischer Perspektive hier nur schlaglichtartig in den Polen Bosch und Beckmann beleuchteten – wurde in Propaganda-Plakaten aller kriegsführenden Parteien des 1. und 2. Weltkrieges genutzt, um zur Vernichtung des Feindes aufzurufen (siehe Abb. E): Der

Abb. E Deutschland, 2. Weltkrieg, Propagandaplakat gegen kommunistische Gefahr

Feind als Serienmörder, der auszurotten ist; der Mensch als «Homo hostilis – als Feind-Erfinder» (Keen 1987, 9). Auch vor der «Kunst im Zeitalter seiner technischen Reproduzierbarkeit» (Walter Benjamin) wurden Morddarstellungen als Propaganda-Bilder eingesetzt für den «wahren Glauben» und gegen dessen Feinde; man denke in diesem Zusammenhang nur an die unzähligen Märtyrertode, die mit drastischen Mordarten abendländische Kirchen zieren.

Es gibt das «Böse» in der Kunst: Eindeutig charakterisiert und sichtbar gemacht, folgt es einer langen Bildtradition. Nicht so im Leben. Mörder sehen nicht wie Mörder aus, sondern wie brave Beamte oder Familienväter. Allerdings ist unsere Vorstellung geschult an Bildern. Und diese Bilder im Kopf können mitunter aus Unschuldigen Mörder machen und den Blick auf wirkliche Mörder verstellen. Im eifrigen (und eifernden) Einsatz für das Gute verfolgen wir das (vermeintlich) Böse und können unversehens selbst zum Mörder werden ...

«In jeder Propaganda ist das Bild des Feindes dazu bestimmt, einen Konzentrationspunkt für unseren Haß zu liefern. Er ist der Andere. Der Außenseiter. Der Fremde. Er ist nicht menschlich. Wenn wir ihn töten können, werden wir von allem Bösen in uns und um uns erlöst.» (Keen 1987, 14)

Literaturangaben

Etcoff, Nancy (1999): The Survival of the Prettiest. The Science of Beauty, New York: Doubleday (Random House) (Dt.: Nur der Schönste überlebt, München: Diederichs.)

Grosz, George (1986): Ein kleines Ja und ein großes Nein, Reinbek: Rowohlt.

Hess, Hans (1974): George Grosz, New Haven u.a: Yale University Press.

Hoffmann-Curtius, Kathrin (1993): George Grosz «John, der Frauenmörder», Reihe: Im Blickfeld, hrsg. von Uwe M. Schneede, Ausst.-Kat. Hamburger Kunsthalle, Stuttgart: Gerd Hatje.

Keen, Sam (1987): Bilder des Bösen: Wie man sich Feinde macht, Weinheim u.a.: Beltz (Orig.: Faces of the Enemy. Reflections of the Hostile Imagination, San Francisco: Harper & Row 1986).

Koop, Katharina (1993): Morddarstellungen in Graphik und Malerei im späten 19. und frühen 20. Jahrhundert, Diss.

Schulz-Hoffmann, Carla/Weiss, Judith C. (Hg.) (1984): Max Beckmann-Retrospektive, Ausst.-Kat. München: Haus der Kunst u.a., München: Prestel.

Ungeheuer, Vampire, Werwölfe: Fiktionale Strategien der Horrorliteratur in kriminologischen Darstellungen von Serienmördern

Stefan Andriopoulos

Zwei Jahre nach dem außerordentlichen Erfolg von Robert Louis Stevensons *The Strange Case of Dr. Jekyll and Mr. Hyde* (1886) tritt im Herbst 1888 der erste moderne Serienmörder ins Rampenlicht einer sensationsgierigen Öffentlichkeit. Am 31. August entdeckt der Droschkenkutscher Robert Paul gegen vier Uhr morgens die Leiche der Prostituierten Polly Nichols in Buck's Row, einer kleinen Straße im Osten Londons. Die Polizei geht zunächst von einem Raubmord aus. Bei der Obduktion stellt sich jedoch heraus, daß der Toten nicht nur die Kehle durchschnitten wurde. Auch innere Organe, wie die Gebärmutter und Teile des Magens, wurden aus dem Körper des Opfers entfernt – eine Verstümmelung, die nach Ansicht des Gerichtsarztes Dr. Phillips auf anatomische Kenntnisse des Täters schließen läßt, und die auch der Körper Annie Chapmans aufweist, die am 8. September in einem Hinterhof der Hanbury Street tot aufgefunden wird. In einem Brief an die Central News Agency, der wahrscheinlich von einem geschäftstüchtigen Journalisten verfaßt wurde und dessen Faksimile von allen Tageszeitungen Londons veröffentlicht wird, kündigt der unterzeichnende *Jack the Ripper* weitere Morde an: «I am down on whores and I shan't quit ripping them till I'm buckled.» (zitiert nach Gilman 1993, 263) Bis zum 9. November ereignen sich drei weitere Verbrechen, ohne daß der seriell verfahrende Täter jemals gefaßt würde.

Die Monstrosität dieser Morde, deren Opfer auf ungewöhnlich grausame Art und Weise verstümmelt und zerstückelt werden, läßt die Phantasien und Theorien über den unbekannten ‹Schlitzer› Amok laufen. Während Hunderte von Polizisten und Amateurdetektiven nachts durch Whitechapel patrouillieren, ergehen sich Journalisten und Anwohner in Vermutungen, der Täter sei ein aus Osteuropa eingewanderter Jude (vgl. hierzu Gilman 1993), ein religiöser Fanatiker, ein wahnsinniger Arzt oder gar der bekannte Schauspieler Richard Mansfield, der die Rolle des Edward Hyde in einer populären Bühnenversion von Stevensons Erzählung allzu überzeugend verkörpert (vgl. Walkowitz 1992, 207). Wissenschaftler wie Journalisten greifen auf Analogien aus der phantastischen Literatur zurück, um die ungeheuren Taten der ‹Bestie› zu erklären. So vergleicht ein Kommentator des *Lloyd's Weekly* den Serienmörder mit «den finsteren und arglistigen Schattengestalten in Poes und Stevensons Romanen» oder den «gerissenen, im Verborgenen agierenden Mördern bei Gaboriau und du Boiscobey» (Lloyd's Weekly Newspaper, 7. Oktober 1888). Der *East London Advertiser* stellt gar fest: «Es ist derart unmöglich, diese abstoßenden Bluttaten auf irgendeine gewöhnliche Ursache zurückzuführen, daß sich der Verstand beinah instinktiv Theorien über okkulte Kräfte zuwendet und Mythen der Vorzeit vor dem geistigen Auge erscheinen. Gespenster, Vampire, [und] Blutsauger [...] nehmen Gestalt an und bemächtigen sich der erregten Phantasie.» (East London Advertiser, 13. Oktober 1888)

Dieser Rekurs auf die «Vorzeit», der Bram Stokers Roman *Dracula* (1897) zu antizipieren scheint, findet sich auch in W.T. Steads Aufsatz «Murder, and More to Follow» (1888). Stead beschreibt hier den Serienmörder als Rückfall auf eine eigentlich überwundene Stufe der Evolution, wobei er sich ebenso auf Stevensons *Jekyll and Hyde* bezieht wie auf die Theorien des italienischen Kriminalanthropologen Lombroso. Wie im folgenden gezeigt werden soll, umgreift diese Literarisierung allerdings nicht nur journalistische Texte. Vielmehr beruht auch die anthropologische Kriminologie auf fiktionalen Strategien der Horrorliteratur, die in den wissenschaftlichen Darstellungen von Serienmördern aufgenommen werden.

1. Lombrosos Theorie des ‹geborenen Verbrechers›

Nach Cesare Lombroso, neben Enrico Ferri und Raffaele Garofalo die Leitfigur der sogenannten ‹Italienischen Schule›, stellt der ‹Uomo Delinquente› oder ‹Verbrechermensch› einen atavistischen Rückschlag auf ein überwundenes phylogenetisches Stadium dar, was sich in anatomischen und psychischen ‹Abnormitäten› manifestiert.[1] So gibt es bestimmte körperliche Merkmale, insbesondere die Schädelform, die den ‹geborenen Verbrecher› auszeichnen und determinieren: eine fliehende Stirn; ein ‹prognathischer› [i.e. vorspringender] Wolfskiefer; buschige Augenbrauen; verlängerte, affenartige Oberarme sowie eine herabgesetzte Schmerzempfindlichkeit, die nach Lombroso die Ursache für die Gefühl- und Mitleidlosigkeit des Verbrechers darstellt: «Im Allgemeinen kann man annehmen, dass die Gemüthlosigkeit des Verbrechers seiner Unempfindlichkeit für leibliche Schmerzen gleichkommt; die eine ist zweifellos von der andern bedingt.» (Lombroso 1887a, 301).

Doch nicht nur das Gefühlsleben des Verbrechers ist von solchen biologischen Faktoren determiniert. Auch seine Intelligenz erweist sich als Rückschlag auf ein früheres, ‹primitives› Entwicklungsstadium, da der ‹geborene Verbrecher› ein affenartiges Kinderhirn besitzt:

«Die Stupidität des Verbrechers und seine Schlauheit hängen eng zusammen und weisen ihm seine Stellung neben dem Wilden und den niederen Thieren an. [...] Fachkenner behaupten, der Verbrecher wäre mehr schlau als intelligent. Aber was ist Schlauheit? Es ist eine instinctive, angeborene Fähigkeit, die von eigentlicher Intelligenz unabhängig ist und sich oft schon früh bei *Kindern*, bei *Wilden*, bei *Frauen*, ja auch bei *Imbecillen* vollständig entwickelt findet.» (Ellis 1895, 145ff. – meine Hervorhebungen.)

Der Vergleich, den Havelock Ellis, ein englischer Anhänger der Theorien Lombrosos, hier zwischen «Wilden» und «Verbrechern» zieht, deutet schon an, daß die ‹criminelle Anthropologie› den Verbrecher als «mongolischen und bisweilen negerähnlichen Typus» (Lombroso 1887a, 229) betrachtet, der den «normalen Individuen» dieser «niederen Rassen» entspreche: «So kommt es, dass unsere Verbrecher in physischer und psychischer Hinsicht so oft den *normalen* Individuen einer *niederen* Rasse gleichen. Es ist dies

---

[1] Der Atavismusbegriff Lombrosos unterscheidet sich jedoch deutlich von dem Darwins. Während bei Darwin ‹Atavismus› nur als ‹Rückschlag› auf ein Stadium früherer menschlicher Generationen verstanden wird (vgl. Darwin 1875, 179), umfasst Lombrosos Begriff des ‹Atavismus› auch das Auftauchen tierischer Reversionsphänomene und erstreckt sich nicht nur auf physiologische, sondern auch auf psychische Merkmale.

der ‹Atavismus›, den man so oft beim Verbrecher beobachtet hat, und der zu so zahlreichen Discussionen Anlass gegeben hat» (Ellis 1895, 225 – meine Hervorhebungen).[2]

Neben diesem klaren Rassismus, der eine Hierarchie und Teleologie vom ‹wilden Tier› über ‹den Wilden› zum ‹zivilisierten Europäer› an der Spitze dieser Hierarchie impliziert – ein Rassismus, der mehr oder weniger ausgeprägt alle phylogenetischen Theorien des 19. Jahrhunderts durchzieht[3] –, findet sich bei Lombroso wie bei dem deutschen Biologen Haeckel die Annahme, «die Ontogenie» stelle eine «Recapitulation der Phylogenie» (Haeckel 1898, 308) dar, so daß jedes Kind Merkmale des ‹geborenen Verbrechers› aufweist:

«Eine Thatsache [...] ist die, dass die Keime des moralischen Irreseins und der Verbrechernatur sich nicht ausnahmsweise, sondern als *Norm* im ersten Lebensjahr des Menschen vorfinden, gerade so wie sich beim Embryo regelmässig gewisse Formen finden, die beim Erwachsenen Missbildungen darstellen, so dass das Kind als ein des moralischen Sinnes entbehrender Mensch das darstellen würde, was die Irrenärzte einen moralisch Irrsinnigen, wir aber einen geborenen Verbrecher nennen.» (Lombroso 1887a, 97 – meine Hervorhebungen.)[4]

Doch nicht nur das ‹Kind› und die ‹primitiven Völker›, auch die ‹Frau› nimmt in Lombrosos kriminalanthropologischer Ontologie einen Status ein, der sie in prekäre Nähe zum ‹geborenen Verbrecher› rückt. Den Widerspruch zur im späten 19. Jahrhundert statistisch etablierten Tatsache, daß Frauen deutlich weniger Verbrechen begehen als Männer, umgeht Lombroso, indem er die Prostitution zum weiblichen Äquivalent des ‹männlichen Verbrechertums› erklärt[5] – eine Analogiebildung, durch die die Opfer Jack the Rippers in eine eigentümliche Austauschbarkeit mit ihrem Mörder geraten. Anders als bei den männlichen ‹geborenen Verbrechern›, die aufgrund ihrer ‹hereditären [i.e. erblichen] Belastung› zwangsläufig zum Verbrecher werden, gibt es jedoch für ‹die Frau› einen Ausweg aus ihrem Status als ‹Verbrecherin und Prostituierte› – die Mutterschaft.[6]

Neben der Physiognomie, der Schädel- und Körperform sowie der ‹Dummschlauheit› des ‹geborenen Verbrechers› entdeckt beziehungsweise erfindet Lombroso noch eine

---

[2] Solche Äußerungen sind im Diskurs der anthropologischen Kriminologie omnipräsent – vgl. auch Ellis 1895, 90 u. 117; Lombroso 1881, 111 sowie Lombroso 1887a, 325.
[3] Diese Analogie zum Affen und damit auch zum ‹Neger›, der zwischen Affen und Europäer angesiedelt sei, wird in der gesamten Anthropologie der Jahrhundertwende hergestellt. Als Francis Galton 1892 den Fingerabdruck als die neue Identifikationstechnologie ‹erfindet› (vgl. Galton 1892), die die Bertillonage ablöst, wird diese Analogie noch negativ bestätigt: Galton ist erstaunt, dass die von ihm untersuchten Fingerabdrücke von Verbrechern nicht ein ‹affenartigeres Muster› aufweisen, wie er es erwartet hätte (vgl. auch Ginzburg 1985, 164).
[4] Vgl. ebenso Ellis 1895, 231: «Das Kind steht naturgemäß, seiner Organisation zufolge, dem Thiere, dem Wilden, dem Verbrecher näher als der Erwachsene».
[5] Vgl. Lombroso/Ferrero 1894 mit dem aussagekräftigen Titel: Das Weib als Verbrecherin und Prostituierte. Anthropologische Studien. Gegründet auf eine Darstellung der Biologie und der Psychologie des normalen Weibes. In diesem Buch stellt Lombroso unter anderem die Behauptung auf, Prostituierte hätten häufig anatomisch verformte Füße, die den ‹Greiffüßen› von Affen nahekämen (vgl. hierzu auch Gilman 1986).
[6] Vgl. Ellis 1895, 238: «Die kräftigste Scheidewand, welche das Weib vom Verbrechen trennt, ist die Mutterschaft.»

Reihe weiterer Merkmale des *homo delinquens*: Bartlosigkeit (vgl. Ellis 1895, 30), die Neigung, seinen Körper mit obszönen oder gewalttätigen Tätowierungen zu ‹beschriften› (vgl. Ellis 1895, 111 – 116), sowie eine distinkte Handschrift, die je nach Verbrecherart variiert.[7] Alle diese ‹empirischen› Befunde, die der angesehene Kriminologe bei der Untersuchung von Gefängnisinsassen erzielt, bestätigen Lombroso zufolge die Annahme, es handele sich beim ‹geborenen Verbrecher› um einen genau definierbaren Typus. Im Gegensatz zum ‹Leidenschafts-› und zum ‹Gelegenheitsverbrecher› werde dieser Typus ‹instinktiv›, also nicht aufgrund moralischer Defizite, sondern aufgrund seiner spezifischen ‹Verbrechernatur› zwangsläufig zum Verbrecher – eine Zwangsläufigkeit, die den *delinquente nato* zum Serientäter macht und die Emile Zola in seiner Darstellung des «erblich belasteten» (Zola 1890, 61) Jacques Lantier eindringlich hervorhebt: «Ein Mord hatte nicht genügt, er war nicht gesättigt vom Blut Séverines, wie er noch am Morgen glaubte. Nun fing er wieder an. *Noch eine, und dann noch eine, und immer weiter so!* Sobald er sich gesättigt hatte, würde sein entsetzlicher Hunger nach ein paar Wochen der Betäubung wiedererwachen, er würde *unaufhörlich* Frauenfleisch nötig haben, um ihn zu befriedigen.» (Zola 1890, 294 – meine Hervorhebungen)

Lombroso, auf den sich Zolas Roman *La Bête Humaine* (1890) in dieser Darstellung des Serienmörders bezieht, schließt denn auch den ersten Band seiner wissenschaftlichen Studie mit den Worten: «Das Verbrechen tritt [...] wie eine *Naturerscheinung* [...] auf, gleich denen der Geburt, des Todes, der Geisteskrankheit, von welcher es oft eine traurige Abart bildet. Demnach stehen die *instinktiven*, grausamen Handlungen der Thiere – und sogar die der Pflanzen – denen des Verbrechers und seiner brutalen Bosheit nicht so fern, wie man anzunehmen pflegt.» (Lombroso 1887a, 538 – meine Hervorhebungen)

Dieser Abschluß des ersten Bandes von Lombrosos anthropologischer Studie wird jedoch durch einen literarischen «Anhang» (Lombroso 1887a, 539) supplementiert: Unter dem Titel *Verbrechen oder Wahnsinn?* erzählt der Schriftsteller Paul Lindau die Geschichte eines «Ungeheuers» in der Gestalt eines zwölfjährigen Mädchens, das ein dreieinhalb Jahre altes Kind getötet hat, um sich von dessen goldenen Ohrringen Naschzeug zu kaufen (Lindau 1887 in: Lombroso 1887a, 539–553). Lindaus Erzählung wird von denselben Figuren und Begriffen durchzogen, die in Zolas *La Bête Humaine* auftauchen und die auch die journalistischen Darstellungen Jack the Rippers strukturieren: «Ein solches Wesen ist [...] ein *Thier*, eine menschliche *Missbildung der grausigsten Art.*» (Lindau 1887, 550 – meine Hervorhebungen)

Obwohl Lindaus *Verbrechen oder Wahnsinn* ein literarischer Text ist – die Fallgeschichte wird nicht nur in Lombrosos Buch als «Anhang» veröffentlicht, sondern auch an einem literarischen Publikationsort (vgl. Lindau 1888) – wird ihr Anspruch auf ‹Authentizität› vom kriminologischen Diskurs anerkannt. Lombrosos Übersetzer Fraenkel betrachtet Lindaus Kriminalerzählung als eine ‹empirische› Bestätigung der Theorien Lombrosos: «Schärfer als in diesem Fall kann die ‹Moralkrankheit› kaum gezeichnet werden. [...] Wenn [...] etwas dazu angethan ist, die Uebertragung des vorliegenden Werkes über

---

[7] Betrüger haben eine andere Handschrift als Mörder – vgl. Lombroso 1887a, 403–408 sowie Lombroso 1893.

das angeborene Verbrecherthum in's Deutsche zu entschuldigen, so ist es dieser Fall.» (Fraenkel 1887, 553) Lindaus Kriminalerzählung wird vom kriminologischen Diskurs also nicht als literarische Darstellung, sondern als wissenschaftliche ‹Empirie› oder ‹pure Präsenz› behandelt.

Solche Fallgeschichten stellen jedoch nicht nur eine Illustration kriminologischer ‹Begriffe› dar, wie man zunächst vermuten könnte. Sie bilden vielmehr deren Grundlage. So dient Lindaus Erzählung in Havelock Ellis' *Verbrecher und Verbrechen* (1895) nicht mehr als supplementierender ‹Anhang›, sondern ist an den grundlegenden Anfang der kriminologischen Studie gerückt. Die Grenze zwischen kriminologischem und literarischem Text, die in Lombrosos *Der Verbrecher* noch recht deutlich ist, ist bei Ellis kaum noch sichtbar: Ellis übernimmt Lindaus Erzählung mit Kürzungen im fortlaufenden Text (vgl. Ellis 1895, 9–13) und verwendet sie im Verbund mit zwei andern Fallgeschichten, um den Begriff des «instinctiven Verbrechers» zu «definieren» (Ellis 1895, 13). Lediglich in einer Fußnote wird noch die Herkunft der ‹authentischen› Fallgeschichte erwähnt: «Mitgetheilt nach einem von Paul Lindau gegebenen Nachtrag zu der dt. Ausgabe von Lombrosos ‹Verbrechern›.» (Ellis 1895, 13 Anm.) An die Stelle der postulierten wissenschaftlichen Definition von ‹Begriffen› tritt das narrative Mittel der Kriminalerzählung. Wie schon Jörg Schönert gezeigt hat (vgl. Schönert 1991), verwendet die anthropologische Kriminologie zahlreiche solcher literarischen Texte als ‹empirische› Bestätigung und ‹Grundlage›, wobei die herangezogenen literarischen Texte sich ihrerseits wiederum auf die Kriminologie beziehen.

2. Kriminologie als Horrorliteratur

Diese Zirkulation von Figuren und Repräsentationen findet jedoch nicht nur dort statt, wo dies von den Kriminologen ‹offen› eingestanden wird – bei Texten kanonisierter Literatur oder bei sich ‹authentisch› gerierenden Fallgeschichten –, sondern auch ‹verdeckt›, gleichsam hinter dem Rücken der Kriminologen, zwischen Kriminologie und «Gespenstersagen und Schauermärchen» (Dehmel 1907, 141). In der Detektiv- wie in der Horrorliteratur der Jahrhundertwende werden ‹Verbrecher› auf eine Art und Weise dargestellt, die mit Lombrosos Repräsentation des *delinquente nato* in eins fällt.[8] In Stevensons *Dr. Jekyll and Mr. Hyde* hat Edward Hyde nicht nur ein «bestialisches Lachen [savage laugh]» (Stevenson 1886, 40) und «etwas Höhlenmenschartiges» (ebd.). Auch sein «affenhafter Zorn» (ebd., 47), seine affenhaften Bewegungen (ebd., 68) sowie seine exzessive Grausamkeit weisen ihn als evolutionären Rückschlag aus – als einen Fall von

---

[8] Arthur Conan Doyles Detektivliteratur hat allerdings eine ambivalente Beziehung zur anthropologischen Kriminologie, die in *The Hound of the Baskervilles* (1902) am deutlichsten wird: Einerseits übernimmt Doyle Lombrosos Tätertyp: Der Verbrecher Selden wird als «half animal and half demon» (Doyle 1902, 153) mit «beetling forehead» (Doyle 1902, 148; vgl. auch 110 u. 113) beschrieben, und auch der Verbrecher Vandeleur alias Stapleton stellt einen Atavismus dar: «an interesting instance of a throwback, which appears to be both physical and spiritual» (Doyle 1902, 156). Andererseits wird die Phrenologie und Kraniologie, die in der Gestalt Dr. Mortimers dargestellt wird, ironisiert, da sie die «Spurensicherung» (Ginzburg 1985), die zur Identifikation des Verbrechers führen soll, auf der falschen Zeichenebene vornimmt. Sherlock Holmes liest nicht Schädelformen, sondern Schrifttypen anonymer Briefe, Fußspuren, Aschenreste usw., um den Täter zu identifizieren (vgl. bes. Doyle 1902, 45f.).

‹angeborenem Verbrecherthum›: «I declare [...] no man morally sane could have been guilty of that crime so pitiful a provocation» (ebd., 90).

Der Protagonist des erfolgreichsten Romans dieser Gattung, Bram Stokers *Dracula* (1897), ist ebenfalls ein ‹geborener Verbrecher›, der wie Jack the Ripper eine Serie weiblicher Opfer produziert: Dracula hat nicht nur die buschigen Augenbrauen[9], die Physiognomie und das «Kinderhirn»[10] des ‹Verbrechermenschen›. Er wird sogar explizit als «Verbrechertyp» im Sinne Lombrosos klassifiziert: «The Count is a criminal and of criminal type. Nordau and Lombroso would so classify him.» (Stoker 1897, 406)

Diese Beziehung zwischen Stokers *Dracula* und Lombrosos *Der Verbrecher* erleichtert es – Stoker ist ein sehr genauer Leser Lombrosos[11] –, die verdeckten Bezüge zwischen Kriminologie und Horrorliteratur in der Konstruktion des ‹Verbrechermenschen› sichtbar zu machen. In welchem Ausmaß Lombrosos Theorie des ‹geborenen Verbrechers› auf Tropen und Figuren der Horrorliteratur beruht, zeigt sich schon in seiner rückblickenden Beschreibung der ‹Entdeckung› des ‹Atavismus›:

«Beim Anblick dieser Hirnschale glaubte ich [...], das Problem der Natur des Verbrechers zu schauen – ein atavistisches Wesen, das in seiner Person die wilden Instinkte der primitiven Menschheit und der niederen Tiere wieder hervorbringt. So wurden anatomisch verständlich: die enormen Kiefer, die hohen Backenknochen, die hervorstehenden Augenwülste, die einzelstehenden Handlinien, die extreme Größe der Augenhöhlen, die handförmigen oder anliegenden Ohren, die bei Verbrechern, Wilden und Affen gefunden werden, die Gefühllosigkeit gegen Schmerzen, die extrem hohe Sehschärfe, die Tätowierungen, die übermäßige Trägheit, die Vorliebe für Orgien und die unwiderstehliche Begierde nach dem Bösen um seiner selbst willen, das Verlangen, nicht nur das Leben in dem Opfer auszulöschen, sondern den Körper zu verstümmeln, sein Fleisch zu zerreißen und *sein Blut zu trinken*.» (Lombroso 1911, zitiert nach Strasser 1984, 41 – meine Hervorhebungen)

Während Stoker Dracula als Verbrechertyp im Sinne Lombrosos darstellt, beschreibt Lombroso den ‹geborenen Verbrecher› als blutsaugenden Vampir. Die Übernahme von Tropen der Horrorliteratur, die den kriminologischen ‹Begriff› des ‹Atavismus› produzieren, rückt jedoch gleichzeitig den wissenschaftlichen Diskurs der Kriminologie in eine prekäre Nähe zum Schauerroman. So wird die konstitutive Kraft der Horrorliteratur in Lombrosos wissenschaftlicher Darstellung des Serienmörders nicht nur auf der tropologischen Ebene der Figuren ‹Vampir›, ‹Monster› oder ‹Ungeheuer› sichtbar. Auch im Aufbau seiner kriminologischen Studie folgt Lombroso der narrativen Strategie des Horrorromans, die nach Christopher Craft durch eine Dreiteilung markiert ist: «In *Dracula*

---

[9] Vgl. Stoker 1897, 28: «His [Draculas; S.A.] eyebrows were very massive, almost meeting over the nose, and with bushy hair that seemed to curl in its profusion.»

[10] «The criminal always work at one crime – that is the true criminal who seems predestinate to crime, and who will of none other. This criminal has not full man-brain. He is clever and cunning and resourceful; but he be not of manstature as to brain. He be of child-brain in much. Now this criminal of ours [Dracula; S.A.] is predestinate to crime also; he too have child-brain, and it is of the child what he have done.» (Stoker 1897, 405f.) So äußert sich der holländische Arzt Van Helsing in seinem gebrochenen Englisch über Dracula.

[11] Zum genauen Nachweis, welche Übersetzungen der Werke Nordaus und Lombrosos Bram Stoker gelesen hat, vgl. Fontana 1984.

Stoker borrows from Mary Shelley's *Frankenstein* and Robert Louis Stevenson's *Dr. Jekyll and Mr. Hyde* a narrative strategy characterized by a predictable, if variable triple rhythm. Each of these texts first invites or admits a monster, then entertains and is entertained by monstrosity for some extended duration, until in its closing pages it expels or repudiates the monster and all the disruption that he/she/it brings.» (Craft 1984, 107)[12]

Der erste Schritt dieser narrativen Strategie läßt sich auch in der Einleitung von Garofalos Criminologia (1885) zeigen, in der «die Notwendigkeit, das Monster zu produzieren» (Craft 1984, 107), besonders deutlich wird. Während in Mary Shelleys *Frankenstein* (1818) das Monster zu Beginn des Romans buchstäblich Stück für Stück zusammengesetzt wird, bezieht sich Garofalo in seinem Vorwort auf die Kriminalstatistik, um aus der Summe ihrer Ergebnisse auf einen bisher nicht erkannten «Feind» der Gesellschaft zu schließen:

«But here statistical science steps in. Adding the figures, combining the scattered sums of human misery produced by human wickedness, it unrolls to us the scenes of a world-appaling tragedy. It shows us a field of battle littered with the remains of frightful carnage, it joins in a single heartrending cry the groans of the wounded, the lamentations of their kindred; it causes to file before us legions of the maimed, of orphans, and of paupers; it blinds us with the light of a vast incendiary conflagration devouring forests and homes; it deafens us with the yells of an army of pirates. And in sinister climax, it reveals to us the author of these scenes of desolation – an enemy mysterious, unrecognised by history; – we call him the CRIMINAL.» (Garofalo 1885, xxvii)

In Lombrosos Narration entspricht diesem «generativen Moment» (Craft 1984, 107), in dem das Monster konstruiert wird, die Schilderung des «Uranfangs des Verbrechens [...] in der Natur» (Lombroso 1887a, 1). Lombroso eröffnet seine wissenschaftliche Darstellung des ‹Verbrechers› mit der Beschreibung jener «Thatsachen, in denen [er] das erste Aufdämmern verbrecherischen Wesens erblickt» (ebd., 4) – «insectenfressende Pflanzen» (ebd., 2) und blutsaugende Ameisen:

«Wenn z.B. das kleinste Insect [...] auf ein Droserablatt fällt, so wird es sofort durch dessen Secrete festgeklebt und durch die zahlreichen Tentakeln zusammengedrückt, deren es etwa 192 an jedem Blatte gibt. Diese letzeren beugen sich über dem Insect binnen 10 Secunden und erreichen nach anderthalb Stunden das Centrum des Blattes, worauf sie sich nicht eher wieder erheben, bis das Thier todt und zum Teil verdaut ist.» (Ebd., 2f.)

«Die Ameisen, welche für die Leichen ihrer im Kampfe gefallenen Genossen Sorge tragen, zerreissen die der Feinde und saugen deren Blut aus.» (Ebd., 9)[13]

---

[12] Mit ‹Schauerroman› ist hier nicht jene Tradition der Gothic Novel angesprochen, die auf Horace Walpoles *The Castle of Otranto* (1764) oder Ann Radcliffes *The Mysteries of Udolpho* (1794) zurückgeht und in der andere narrative Muster vorherrschen, sondern die Tradition des Horrorromans, die von Mary Shelleys *Frankenstein* (1818) begründet wird und ihre Forsetzung in Stevensons *Jekyll and Hyde* und Stokers *Dracula* findet.

[13] Strasser hat dies schon als «Dämonologie der Natur» beschrieben (vgl. Strasser 1984, 44f.). Er spricht jedoch etwas unscharf von «mythopoetischen Elementen» (vgl. Strasser 1984, 71; ebenso S. 52) der Kriminologie, wo ich von Tropen und Figuren der gleichzeitig zur ‹criminellen Anthropologie› entstehenden Horrorliteratur spreche.

Diese Erzeugung von Monstrosität zu Beginn von Lombrosos ‹Schauerroman› findet ihr direktes Äquivalent in Friedrich Murnaus *Nosferatu* (1922), der ersten Verfilmung von Stokers *Dracula*. Hier wird zweimal von dem Schiff, das Nosferatu und das «große Sterben» (Murnau 1922, Zwischentitel) nach Wisborg bringen wird, auf den Arzt Bulwer geschnitten, der eine Vorlesung über «das geheimnißvolle Wesen der Natur» (ebd., Zwischentitel) hält – am Beispiel eines «Polypen mit Fangarmen» (ebd., Zwischentitel) und einer fleischfressenden Pflanze, die «wie ein Vampyr» (ebd., Zwischentitel) eine Fliege verschlingt.

Das ‹lustvolle Grauen› des mittleren Teils der Gothic Novel wird in Lombrosos kriminologischer Studie durch die Darstellung des ‹Monsters Verbrecher› innerhalb der «menschlichen Gattung» (Lombroso 1887a, 64) erzeugt. So schildert Lombroso detailfreudig und ausführlich den «Cannibalismus» unter den «Wilden», die «ein geeignetes Object [darstellen], um daran die ganze natürliche Entwicklung dieser grässlichen Form des Mordes [zu] studieren» (ebd.). Wie sehr Lombrosos wissenschaftliche Darstellung des ‹Verbrechers› von Monstrosität unterhalten wird und diese unterhält, zeigt auch die folgende Beschreibung menschlicher «Ungeheuer»:

«Soufflard, Menesclou, Lesage, La Pommerais [...] alle diese *Ungeheuer* schliefen während der ganzen Nacht, der letztere sogar während zweier Nächte, in demselben Raum mit ihren Opfern.

Corvoisier, der den Leichnam seines Bruders zerstückelt hatte, unterbrach seine Mahlzeit nicht, als man ihm die Glieder seines Opfers zeigte. ‹Besser da als in meinem Magen›, sagte er.» (Lombroso 1887a, 303 – meine Hervorhebung)

Die Darstellung solcher ‹abnormer Monstrositäten›, die die ‹normale Ordnung› erschüttern und bedrohen, muß jedoch durch einen beruhigenden Abschluß gerahmt werden. In der Gothic Novel wird dieser ‹Abschluß› (*closure*) durch die Zerstörung des Monsters hergestellt: Während in Stevensons *Jekyll and Hyde* das Monster sich, in Dr. Jekylls Labor in die Enge getrieben, selbst tötet, wird Dracula am Ende von Stokers Roman von seinen Widersachern nicht nur geköpft und gepfählt. Van Helsing nimmt auch die «Metzgerarbeit» (Stoker 1897, 441) auf sich, alle anderen Vampire in Draculas Schloß zu zerstören, so daß der Gesellschaft keine Gefahr mehr droht: «There were no more of active Un-Dead existent.» (Stoker 1897, 440)[14]

Da Lombrosos wissenschaftliche ‹Studie› den diskursiven Ort der Kriminologie nicht verlassen kann, obwohl sie der narrativen Strategie des Horrorromans folgt, ist hier eine

---

[14] Diese Zerstörung des Monsters als ‹Abschluß› des Horrorromans wird allerdings vom zeitgenössischen Horrorfilm verweigert, in dem das Monster immer wieder zurückkehrt – vgl. hierzu Modleski 1986, 160: «[T]he films [...] often delight in thwarting the audiences' expectations of closure. The most famous examples of this tendency are the surprise codas of Brian de Palma's films – for instance, the hand reaching out from the grave in *Carrie*. [...] At the end of The Evil Dead, the monsters, after defying myriad attempts to destroy them, appear finally to be annihilated as they are burned to death in an amazing lengthy sequence. But in the last shot of the film, when the hero steps outside into the light of the day, the camera rushes toward him, and he turns and faces it with an expression of horror.» Auch bei Stoker gibt es jedoch schon – allerdings weitaus weniger offensichtlich – Tendenzen, die eine Unabgeschlossenheit des Romans bewirken – vgl. Stoker 1897, 228: «Truly there is no such thing as finality. Not a week since I said ‹Finis› and yet here I am starting fresh again, or rather going on with the same record.»

direkte Darstellung der ‹Ausmerzung› des ‹Ungeheuers› unmöglich. Dennoch muß auch Lombrosos Narration die Monstrosität, die sie produziert hat, wieder austreiben, um zu einem beruhigenden Abschluß zu gelangen, der die durch die Darstellung ‹abnormer› Monstrositäten erschütterte Ordnung wiederherstellt. Die Repräsentation der Zerstörung des Monsters wird deshalb ersetzt durch den Ruf nach einer Strafrechtsreform, die eine effektivere Bekämpfung des Verbrechens ermöglichen soll:

«Die mutigen Juristen der neuen Schule, Ferri und besonders Garofalo waren es, die von Anfang an erkannten, dass gewisse gefährliche Geisteskranke wie Verbrecher anzusehen seien; sie waren es, welche den für die bisherigen Anschauungen unbequemen Satz von der Nothwendigkeit der *Vertheidigung der Gesellschaft* aufstellten und ihm die nicht mehr fehlende Anerkennung in der gewöhnlichen Praxis verschafften. [...] Wer ohne Rücksicht auf die interessirten Deklamationen gesetzgeberischer Kreise die öffentliche Meinung erforscht, die zwar oft, aber fast nie in grossen praktischen Fragen irrt, wo das direkte Interesse alle Vorurtheile verschwinden macht, der wird uns zustimmen. Wenn *Jack, der Aufschlitzer Londons*, festgemacht und als epileptischer Leichenschänder erkannt würde (was höchst wahrscheinlich ist), so würde die öffentliche Meinung sich nicht dabei beruhigen, dass er einige Monate in einem Gefängnis oder Irrenhaus verwahrt, sondern dass er *für immer beseitigt werde.*» (Lombroso 1890, 259f. – meine Hervorhebung)[15]

Es ist nicht erstaunlich, daß Lombrosos ‹Therapie› der ‹Krankheit› Verbrechen in einen Konflikt mit dem juristischen Diskurs gerät, da monströse Ungeheuer wie Jack the Ripper «für immer beseitigt» werden müssen, auch wenn es strafrechtlich nicht möglich ist, ihnen eine ‹Schuld› oder ‹subjektive Verantwortlichkeit› zuzurechnen.

Die anthropologische Kriminologie geht bei ihrer Definition des ‹Verbrechers› nicht von juristischen, sondern von – vermeintlich – naturwissenschaftlichen Begriffen aus. So betrachtet Lombroso die Taten des «Leidenschaftsverbrechers», der «niemals rückfällig» (Ellis 1895, 2) werde, als «Pseudo-Verbrechen», die lediglich aus juristischer, aber nicht aus kriminologischer Sicht diese Bezeichnung verdienten: «Genau betrachtet, sind derartige Handlungen [...] mehr juristische als wirkliche Verbrechen. [...] Sie lassen keine Befürchtung für die Zukunft aufkommen. [...] Darum also wollte ich sie Scheinverbrechen (Pseudo-crimini) genannt wissen.» (Lombroso 1890, 287) Der ‹geborene Verbrecher› hingegen ist kein Rechtssubjekt mit freiem Willen, das eine strafbare Handlung ausgeführt hat, sondern ein Serientäter, der aufgrund seiner ‹erblichen Belastung› zwangsläufig rückfällig wird – ein ‹gefährliches Monster› mit bestimmten anatomischen Stigmata, das ‹ausgemerzt› werden muß, unabhängig davon, ob es zurechnungsfähig ist oder nicht.

Es ergibt sich ein Konflikt zwischen dem kriminologischen, aus der Horrorliteratur übernommenen Begriff der *Gefährlichkeit* und dem strafrechtlichen Begriff der *Schuld*. Die ‹Italienische Schule› fordert nichts anderes als die Ersetzung des Begriffs der ‹Schuld› durch den Begriff der ‹Gefährlichkeit› (vgl. hierzu auch Foucault 1981). Dies würde

---

[15] Auch dieser ‹Abschluß› des zweiten Bandes wird allerdings wieder durchbrochen. Lombroso fügt noch Ausführungen über den ‹Gelegenheitsverbrecher› hinzu, die noch einmal durch fünfzehn Nachträge anderer Autoren ergänzt werden.

jedoch zu dem seltsamen Ergebnis führen, daß schuldig derjenige ist, der einen Verbrecherschädel besitzt, wie der französische Jurist Raymond Saleilles in seiner scharfsichtigen Kritik der anthropologischen Kriminologie formuliert:

«Granted the pathological criminal type, all is simple and easy; given such a cranial contour, such a facial angle, and related characteristics, and the classification follows. [...] Penal justice in the future would be free from the possibility of judicial error: Even if there were an error in the evidence [...] and an innocent man were to be condemned, it would not matter. [...] The chief consideration would be to have spotted an individual of a well-defined criminal type. *It would be his skull that would make him guilty and not his crime.*» (Saleilles 1898, 128 – meine Hervorhebungen)

Obwohl diese Konzeption von Schuld für den juristischen Diskurs nicht akzeptabel ist, dringen die Forderungen der Kriminologie in den strafrechtlichen Diskurs ein. Saleilles kritisiert Lombroso nicht, weil er einen ‹Schutz› der Gesellschaft vor ‹gefährlichen Individuen› fordert, sondern weil seine radikalen Forderungen das Strafrecht, das auf den Begriff der Verantwortlichkeit nicht verzichten kann, in seiner Grundlage bedrohen: «The way to assure public safety and social protection is not to overthrow the conception of responsibility. [...] The conception of responsibility is a principle to be preserved at all costs.» (Saleilles 1898, 154)

Die ‹rechtsfremde›, kriminologische Forderung nach einem Schutz der Gesellschaft dringt also tatsächlich in den strafrechtlichen Diskurs ein. Statt der Abschaffung des Begriffs der Zurechnungsfähigkeit, die der ‹moderne› Strafrechtler Franz v. Liszt in seinem Aufsatz «Die strafrechtliche Zurechnungsfähigkeit» (1896) noch vehement fordert[16], wird jedoch mit der Sicherungsverwahrung eine neue administrative Maßregel geschaffen, die keine Zuschreibung von ‹Schuld› voraussetzt. Die «Verwahrung gemeingefährlicher Geisteskranker» (Liszt 1904), die keine strafende, sondern eine schützende Funktion ausüben soll, erlaubt es, am juristischen Begriff der Zurechnungsfähigkeit festzuhalten und gleichzeitig eine ‹Verteidigung der Gesellschaft› gegen ‹gefährliche Monster› zu gewährleisten. Damit entspricht die Sicherungsverwahrung für Serienmörder der gleichzeitig entstehenden Unfallversicherung, die ohne Zurechnung von ‹Schuld› jene Serie von Unfällen reguliert, die durch das den menschlichen Körper zerstückelnde «Monster» (Zola 1890, 251) Eisenbahn ausgelöst werden. Unfallversicherung wie Sicherungsverwahrung orientieren sich am Begriff der ‹Norm› und fungieren als administrative Technologien zur Regulation sozialer Risiken.[17]

3. Theodor Lessings *Haarmann. Die Geschichte eines Werwolfs*

Die Interrelation von Kriminologie und Horrorliteratur, die diese Sicherungsverwahrung für gefährliche ‹Ungeheuer› hervorbringt, bleibt bis in die zwanziger Jahre stabil und umfaßt sogar jene Texte, die von der Literaturgeschichtsschreibung gemeinhin als

---

[16] Für eine detaillierte Analyse der dogmatischen und kriminalpolitischen Schriften Liszts, der ebenfalls auf literarische Darstellungen des ‹Verbrechers› zurückgreift, vgl. Andriopoulos 1996, 71ff.

[17] Für eine detaillierte Analyse der metonymischen Beziehung zwischen Eisenbahnunfall und Serienmord in Emile Zolas *La Bête Humaine* wie für eine ausführliche Darstellung der Parallele zwischen Sicherungsverwahrung und Unfallversicherung vgl. Andriopoulos 1996.

«fortschrittliche Justizkritik» (Thöming 1981, 149) apostrophiert werden. So fordert Theodor Lessing in einem unveröffentlichen Manuskript «Zum Fall Haarmann» die Einführung von «Detentionsanstalten» für solche Serienmörder, die zwangsläufig rückfällig werden:

«Im Falle des Haarmann nun vermöchte ich leicht zu zeigen, dass aus Vererbung, Anlage, Gewöhnung, verdrehter Erziehung, unsinnigen Strafvollzügen, Mitschuld und Heuchelei der Gesellschaft gewisse Triebmächte so unhemmbar sich verfestigten [...], dass falls man heute den [...] Verbrecher [...] wieder in Freiheit setzte, er alsbald seine ganze raffinierte Intelligenz und Verlogenheit wieder zusammenraffen und neuerdings in den Dienst seines allesverschlingenden Blut- und Rauschtriebes stellen müsste. Dies ist mir so sicher wie die Unerziehbarkeit und Unheilbarkeit gewisser Fälle von Morphinismus, Kokainismus, Onanismus, Quartalstrinkertum. Man kann in solchen Fällen eben nur *Detentionsanstalten* auftun. Das Wort *Strafe* verliert seinen ethischen Sinn.» (Lessing 1929, 4 – meine Hervorhebungen)

Auch in seiner Studie *Haarmann. Die Geschichte eines Werwolfs* (1925), die in Rudolf Leonhards Reihe «Außenseiter der Gesellschaft. Die Verbrechen der Gegenwart» erscheint, greift Theodor Lessing auf jene Tropen und Figuren zurück, die schon Lombrosos Theorie des ‹geborenen Verbrechers› produziert haben: «Daß der *Wolfsmensch* unschädlich zu machen sei, stand für jeden von vornherein fest.» (Lessing 1925, 175 – meine Hervorhebung) In Lessings ‹kritischer› Studie wird die Notwendigkeit der ‹Verteidigung der Gesellschaft› gegen ‹monströse Ungeheuer› an keiner Stelle bezweifelt. So bedauert Lessing, daß durch das Versäumnis einer präventiven Kastration (vgl. ebd., 64) oder einer Sicherungsverwahrung wegen Gemeingefährlichkeit der ‹Werwolf› Haarmann überhaupt «auf die menschliche Gesellschaft *losgelassen*» (ebd., 68 – meine Hervorhebung) wurde.

Interessanter als diese Überzeugung, die Gesellschaft müsse vor Serienkillern geschützt werden, erscheint mir jedoch zu zeigen, wie Lessings Versuch scheitert, Justiz- und Kulturkritik zu verbinden[18] und «zum flammenden Ankläger von Polizei und Sittlichkeit der Stadt Hannover, ja, zum *Richter* einer ganzen Kultur» (Lessing 1925, 113 – meine Hervorhebung) zu werden. Obwohl die ‹kritische› Darstellung des ‹Falles Haarmann› erregte Reaktionen hervorruft – Lessing wird nicht nur als ‹Nestbeschmutzer› beschimpft, sogar die Universität Hannover leitet wegen ‹Verletzung der akademischen Ehre› ein Disziplinarverfahren gegen ihn ein –, findet im «Gericht über das Gericht» (ebd., 190) eine affirmative Wiederholung kriminologischer und juristischer Figuren statt. Lessing betont zwar die Mitschuld eines «schadhafte[n] Rechtssystem[s] und eine[r] schadhafte[n] Psychiatrie» (ebd., 172) an den Morden und weist darauf hin, daß Haarmann jahrelang von der Polizei als Spitzel eingesetzt und gedeckt wurde. Er versucht weiterhin zu zeigen, daß der ‹Fall Haarmann› nur den Serienmord der «abendländischen Wolfsmenschheit» im Ersten Weltkrieg wiederhole.[19] Beim Versuch, den ‹Fall Haar-

---

18 Vgl. Lessing 1925, 49: «Darüber hinaus sehe man in dieser Schrift ein Stück Zeitkritik.»
19 Vgl. Lessing 1925, 180: «Dieses Wolfstum bei Radio und Elektrizität, der Kannibalismus in feiner Wäsche und eleganter Kleidung, dürfte somit ein Merkmal sein für die Seele der abendländischen Wolfsmenschheit überhaupt; im Kleinen noch einmal das Selbe wiederholend, was im Großen darlebten fünf Heldenkriegsjahre, in denen jegliches Werktum des Mordens und jeder Wohlstand seelischen Todes im Dienste des Wolf-

mann› auf eine andere und bessere Weise als die anthropologische Kriminologie darzustellen, dringt jedoch die Figur des ‹Atavismus› gegen Lessings Intention in die Repräsentation des ‹Wolfsmenschen› ein. Um den Begriffen der Kriminologie und der Sexualpathologie zu entgehen, bezieht sich Lessing paradoxerweise auf genau jene Tropen und Figuren der Horrorliteratur, die schon Lombrosos Theorie des ‹geborenen Verbrechers› als ‹Atavismus› produziert haben, so daß Lessings «fortschrittliche Justizkritik» die anthropologische Kriminologie der Jahrhundertwende reproduziert:

«Dazu [um den Fall Haarmann ‹wirklich zu verstehen›; S.A.] aber ist auch dies erforderlich, daß wir keine ‹Analogien› und ‹Parallelen› zu dem merkwürdigsten Kriminalfalle unserer Tage aufsuchen. Vor allem meide man das unerträgliche ‹sexualpathologische› Geschwätz über ‹Sadismus›, ‹Masochismus› und dergl. [...] Will man [...] durchaus für das auf den folgenden Blättern Niedergelegte eine vorläufige Formel, so erinnere man sich an die uralten germanischen Mythen von dem in Wolfsgestalt menschgewordenen ‹Urbösen›; an die Sagen vom Werwolf [...], der verflucht ist, Kindern die Kehle durchbeißen und sie zerfleischen zu müssen. [...] Man denke an den geilen Blutschink, der noch heute haust im Paznaunertal, allnächtlich dem See entsteigend und nach Opfern suchend, denen er das Blut aussaugt. [...] Lykanthropen nennt die antike Welt solche Mordwesen. Mit einem solchen Fall von Lykanthropie haben wir im folgenden uns zu befassen.» (Lessing 1925, 81f.)

So wie sich der *East London Advertiser* in der Beschreibung Jack the Rippers auf jene «Mythen der Vorzeit» bezieht, die Bram Stokers Dracula wiederaufnimmt – «Gespenster, Vampire [und] Blutsauger [...] nehmen Gestalt an und bemächtigen sich der erregten Phantasie» –, greift Theodor Lessing auf «uralte [...] Sagen vom Werwolf» zurück, um den ‹Totmacher› Fritz Haarmann darzustellen.

Lessing unternimmt dieselbe Anthropomorphisierung der ‹Verbrecher in der Natur›, die sich in Lombrosos Beschreibung fleischfressender Pflanzen und blutsaugender Ameisen beobachten läßt und die gleichzeitig zu einer ‹Naturalisierung› des ‹Verbrechers› führt: Wie Stevensons Romanfigur Edward Hyde wird der Serienmörder Haarmann der «Höhlenmenschheit» (Lessing 1925, 49) zugeordnet und erscheint als «ein Stück *Natur*» (ebd., 61 – meine Hervorhebung).[20] Damit wird auch die scheinbar «vorläufige Formel» des «Wolfsmenschentums» zum endgültigen «Ergebnis»:

«Mären von Wolfsmenschentum und Vampirismus reichen zurück in die fernste Vorzeit der heute lebenden Völker. Sie sind überall mit Sexualmythen verknüpft gewesen. Um das *Wiederauftauchen* der ‹Lypandrie› inmitten der abendländischen Zivilisationsmenschheit zu klären, muß man wohl ausgehen von solchen *Naturspielen*, in denen [...] *Mördertum und Zärtlichkeit* wunderbar ineinanderspielen wie bei den schönsten Geschöpfen der *Natur*: Schmetterlingen und Insekten. [...] Gerade daß die ursprünglich überstarke Geschlechtlichkeit dieses Androgynen und Androlyken völlig erschöpft und verausgabt wurde, macht es begreiflich, daß er gleichsam nur aus dem untersten Bodensatz hervorzuholen vermochte die *Urerbschaften* einer versunkenen Gattung.»

-herzens und der Wolfsmoral stand.» Vgl. ebenso Lessing 1925, 73, 75, 77. Dieselbe Analogie zwischen den Serienmorden Haarmanns und des Ersten Weltkriegs wird auch in Hyans *Massenmörder Haarmann* (1924) hergestellt – vgl. Hyan 1924, 36.
[20] Vgl. auch Lessing 1925, 118, 120.

Diese Verschränkung von «Mördertum» und «Zärtlichkeit» in der «Natur», aus der Theodor Lessing den Serienmord Haarmanns ableitet, hebt auch Cesare Lombroso bei der Konstruktion des Monsters zu Beginn seiner Gothic Novel[21] hervor: «[U]nter den Hündinnen, welche doch sonst Gefühle von Zärtlichkeit äussern, gibt es einige, die ihre Jungen auffressen.» (Lombroso 1887a, 10 – meine Hervorhebung)

In den «Anmerkungen», die Lessings Buch supplementieren, räumt Lessing denn auch ein, es sei möglich, den «Regiefehler», durch den ein solches «Naturspiel» in der Moderne «wiederauftauche»[22], als «Atavismus» zu bezeichnen: «Wir haben [...] an Wesen wie diesem Haarmann Gelegenheit, uns selber in primitivster Rohnatur zu studieren; *man mag dafür den Begriff ‹Atavismus› gebrauchen*, wenn man nur festhält, daß nicht etwa nur das Verbrechen, sondern auch das Genie [...] auf genau den gleichen Atavismus hinweisen.» (Lessing 1925, 201 – meine Hervorhebungen)

Lessings Unbehagen am fremden Begriff des «Atavismus», den er kaum «gebrauchen» mag, da dieser Begriff sich einer umfassenden Aneignung für eine ‹kritische› Darstellung des Falles Haarmann entzieht,[23] wird in seinem unveröffentlichten Manuskript «Zum Fall Haarmann» am deutlichsten. Hier fordert Lessing nicht nur die Einrichtung von ‹Detentionsanstalten› für ‹unheilbare Fälle›. Er weist auch jede Verbindung zwischen seiner Theorie des Serienmörders und der anthropologischen Kriminologie Lombrosos energisch zurück. Da Lessing auf jene Vampir- und Werwolfmetaphern zurückgreift, die schon Lombrosos Kriminologie produziert haben, schreibt sich jedoch die kriminologische Figur des ‹Atavismus› gleichsam von selbst in die ‹kritische› Darstellung des ‹Wolfsmenschen› ein. Wie Lessing selbst feststellt, *wird* er von der Horrorliteratur zum ‹Begriff› des ‹Atavismus› «geführt»: «Man muss fernerhin zurückgreifen auf die alte Sagenliteratur von Werwolf, Blutschenk, Vampir. [...] Alle diese Ueberlegungen *führten* mich auf das Studium der Androlykie als auf das [...] Wiederauftauchen atavistischer Triebregionen inmitten einer auf Logik und Ethik aufgebauten geistigen Zivilisation.» (Lessing 1929, 10 – meine Hervorhebung) Die Horrorliteratur produziert die Figur des ‹Atavismus›, ohne daß es Lessing gelingt, «seinen» Begriff des ‹Atavismus› von dem Lombrosos zu unterscheiden, wie er das für sich in Anspruch nimmt:

«Man würde nun freilich *meine* Lehre vom Atavismus vollkommen missverstehen, wenn man sie in Zusammenhang bringt mit jenen aelteren Theorien zumal der italienischen Kriminalpsychologen (Lombroso), welche das Verbrechen erläutern als Rückfall in die Tierheit. [...] Es dürfte genügen anzunehmen, dass Systeme von Hemmungen, dass ein verwickelter, logisch-ethischer Oberbau, dass ein nur im wachen Bewusstsein und urteilendem Wollen verankerter sekundärer Charakter der Menschheit plötzlich dahin-

---

[21] Auch Lessings detailfreudige Darstellung von Haarmanns Zerstückelung und Verarbeitung der Leichen sowie des «lebhaften Fleischhandels» läßt sich als «entertainment of and by monstrosity» (Craft) auffassen.

[22] Vgl. Lessing 1925, 180: «Nun kommt noch einmal durch eine Art Regiefehler ein Naturspiel wie dieser Triebmonomane in eine Schicht von Lebewesen, wo nur mittlere Temperaturen des Eros die Bürger-Rechte haben.»

[23] Zur Problematik der Aneignung fremder Worte vgl. auch Bachtin 1934, 185: «Bis zu diesem Punkt der Aneignung befindet sich das Wort [...] in fremden Kontexten, im Dienst fremder Intentionen. [...] [M]anche Worte [...] setzen sich gleichsam von sich aus, ohne Rücksicht auf den Willen des Sprechers in Anführungszeichen.»

schwindet [...], wenn gewisse Elementarmächte und Naturdämonen hüllenlos zu Tage treten. Das kann im Verbrechen der Fall sein. Aber es kann auch der Fall sein im Enthusiasmus, in der Ekstase, in der Intuition, in der *Genialität*. Und somit deckt sich *mein* Begriff des Atavismus keineswegs mit *jenem* Begriff, der im Verbrechen einen Rückfall in überwundene Vorstufen sieht.» (Lessing 1929, 10f. – meine Hervorhebungen)

Trotz der Emphase, mit der sich Lessing hier dagegen wehrt, eine Beziehung zwischen «seinem» Begriff des «Atavismus» und dem «fremden» Lombrosos herzustellen, entgeht Lessing mit der Berufung darauf, daß er auch Genialität als atavistisches Phänomen betrachte, Lombrosos anthropologischer Kriminologie keineswegs, da auch für Lombroso das Genie einen Atavismus darstellt (vgl. Lombroso 1887b, Lombroso 1894 sowie Lombroso 1910). Lessing wiederholt zwangsläufig die Figuren der anthropologischen Kriminologie, da er sich auf jene Vampir- und Werwolferzählungen bezieht, die sowohl Lessings als auch Lombrosos ‹Lehre vom Atavismus› produzieren.

Die Verschränkung von Horrorliteratur und Kriminologie in der Darstellung von Serienmördern bleibt damit bis in die zwanziger Jahre stabil. Ob dies auch auf die ‹modernen› Täterprofile des FBI zutrifft, wäre in einer eigenen Untersuchung zu überprüfen. Diese hätte ihr Augenmerk jedoch nicht nur auf die Frage zu richten, ob diese wissenschaftlichen Darstellungen in Romanen und Filmen aufgenommen und ‹fiktionalisiert› werden. Vielmehr wäre ebenso zu fragen, ob Resslers oder Douglas' Theorien zu Filmen wie Jonathan Demmes *Das Schweigen der Lämmer* (1991) nicht in einem *wechselseitigen* Austauschverhältnis stehen – wie Cesare Lombrosos *Der Verbrecher* und Bram Stokers *Dracula*.

Literaturangaben
Andriopoulos, Stefan (1996): Unfall und Verbrechen. Konfigurationen zwischen juristischem und literarischem Diskurs um 1900, Pfaffenweiler: Centaurus.
Bachtin, Michail (1979) (1934): Das Wort im Roman, Bachtin, Michail M.: Die Ästhetik des Wortes, herausgegeben und übersetzt von R. Grübel, Frankfurt a.M.: Suhrkamp, 154–300.
Craft, Christopher (1984): «Kiss Me with Those Red Lips». Gender and Inversion in Bram Stoker's Dracula, Representations 8, 107–133.
Darwin, Charles (1875) (1859): Die Abstammung des Menschen und die geschlechtliche Zuchtwahl, aus dem Englischen von J. V. Carus in zwei Bänden, dritte gänzlich umgearbeitete Auflage, Erster Band, Stuttgart: Schweizerbart'sche Verlagsbuchhandlung.
Dehmel, Richard (1978) (1907): Der Werwolf, Greiner-Mai, Herbert/Kruse, Hans-Joachim (Hg.): Die Ursache. Die deutsche Kriminalerzählung von Schiller bis zur Gegenwart, Band 2, Berlin: Das Neue Berlin, 139–147.
Doyle, Sir Arthur Conan (1974) (1902): The Hound of the Baskervilles, London: Murray.
Ellis, Havelock (1895): Verbrecher und Verbrechen, autorisierte, vielfach verbesserte deutsche Ausgabe von Hans Kurella, Leipzig: Spohr.
Fontana, Ernest (1984): Lombroso's Criminal Man and Stoker's Dracula, Victorian Newsletter 66, 25–27.
Foucault, Michel (1981): L'Évolution de la notion d'«individu dangerereux» dans la psychiatrie légale, Déviance et Société 5, 403–422.
Fraenkel, M.O. (1887): Nachwort des Uebersetzers, Lombroso, Cesare: Der Verbrecher, Hamburg: J.F. Richter, 553.
Galton, Francis (1965) (1892): Fingerprints, New York: Da Capo Press.
Garofalo, Raffaele (1914) (1885): Criminology. Translated by R. W. Millar, London: William Heinemann.

Gilman, Sander L. (1986): Black Bodies, White Bodies. Toward an Iconography of Female Sexuality in Late Nineteenth-Century Art, Medicine and Literature, Gates, Henry Louis Jr. (Hg.): «Race», Writing, and Difference, Chicago u.a.: The University of Chicago Press, 223–261.

Gilman, Sander L. (1993): «Who Kills Whores?» «I do», Says Jack. Race and Gender in Victorian London, Godwin, Sarah Webster/Bronfen, Elisabeth (Hg.): Death and Representation, Baltimore u.a.: Johns Hopkins University Press, 263–284.

Ginzburg, Carlo (1985): Indizien. Morelli, Freud und Sherlock Holmes, Eco, Umberto/Sebeok, Thomas A. (Hg.): Der Zirkel oder im Zeichen der Drei. Dupin, Holmes, Peirce. München: Fink, 12 –179.

Haeckel, Ernst (1898): Natürliche Schöpfungs-Geschichte. Gemeinverständliche wissenschaftliche Vorträge über die Entwicklungslehre, neunte umgearbeitete und vermehrte Auflage, Berlin: Georg Reimer.

Hyan, Hans (1924): Massenmörder Haarmann. Eine kriminalistische Studie, Berlin: Verlag Es werde Licht.

Lessing, Theodor (1989) (1925): Haarmann. Die Geschichte eines Werwolfs, Frankfurt a.M.: Luchterhand.

Lessing, Theodor (1929): Zum Fall Haarmann, Stadtarchiv Hannover, Theodor-Lessing-Nachlaß (ThLN) 2557, unveröffentlichtes Typoskript, 17 Seiten.

Lindau, Paul (1887): Verbrechen oder Wahnsinn, Lombroso, Cesare: Der Verbrecher, Hamburg: J.F. Richter, 539–553.

Lindau, Paul (1888): Verbrechen oder Wahnsinn, Lindau, Paul: Interessante Fälle. Criminalprozesse aus neuester Zeit, Breslau: Schottlaender, 201–224.

Liszt, Franz v. (1905) (1896): Die strafrechtliche Zurechnungsfähigkeit, Liszt, Franz v.: Strafrechtliche Aufsätze und Vorträge, Zweiter Band, Berlin: Guttentag, 214–229.

Liszt, Franz v. (1905) (1904): Entwurf eines Gesetzes betreffend die Verwahrung gemeingefährlicher Geisteskranker und vermindert Zurechnungsfähiger, Liszt, Franz v.: Strafrechtliche Aufsätze und Vorträge, Zweiter Band, Berlin: Guttentag, 499–519.

Lombroso, Cesare (1881): Über den Ursprung, das Wesen und die Bestrebungen der neuen anthropologisch-kriminalistischen Schule in Italien, Zeitschrift für die gesamte Strafrechtswissenschaft 1, 108–130.

Lombroso, Cesare (1887a): Der Verbrecher in anthropologischer, ärztlicher und juristischer Beziehung, in dt. Bearbeitung von M. O. Fraenkel, Erster Band, Hamburg: J.F. Richter.

Lombroso, Cesare (1887b): Genie und Irrsinn in ihren Beziehungen zum Gesetz, zur Kritik und zur Geschichte, Leipzig: Reclam.

Lombroso, Cesare (1890): Der Verbrecher (homo delinquens) in anthropologischer, ärztlicher und juristischer Beziehung, in dt. Bearbeitung von M.O. Fraenkel, Zweiter Band, Hamburg: Verlagsanstalt und Druckerei AG (vormals J.F. Richter).

Lombroso, Cesare (1893): Handbuch der Graphologie, Leipzig: Reclam.

Lombroso, Cesare (1894): Entartung und Genie. Neue Studien, Leipzig: G.H. Wigand.

Lombroso, Cesare, und Ferrero, Gina (1894): Das Weib als Verbrecherin und Prostituierte. Anthropologische Studien. Gegründet auf eine Darstellung der Biologie und Psychologie des normalen Weibes, übersetzt von Hans Kurella, Hamburg: Verlagsanstalt und Druckerei AG.

Lombroso, Cesare (1910): Studien über Genie und Entartung, autorisierte Übersetzung von E. Jentsch, Leipzig: Reclam.

Lombroso, Cesare (1911): Introduction. Lombroso-Ferrero, Gina: Criminal Man According to the Classification of Cesare Lombroso, New York: Macmillan.

Murnau, Friedrich Wilhelm (1922): Nosferatu. Eine Symphonie des Grauens, Regie: F.W. Murnau; Drehbuch: Henrik Galeen; Kostüme und Bauten: Albin Grau; Photographie: F.A. Wagner; Darsteller: Max Schreck, Gustav v. Wangenheim, Greta Schroeder, G.H. Schnell, Ruth Landshoff, Gustav Botz; Filmkopie: rekonstruierte Farbfassung des Filmmuseums München.

Modleski, Tania (1986): The Terror of Pleasure. The Contemporary Horror Film and Postmodern Theory, Modleski, Tania (Hg.): Studies in Entertainment. Critical Approaches to ‹Mass Culture›, Bloomington: Indiana University Press, 155–167.

Saleilles, Raymond (1968) (1898): The Individualization of Punishment, Montclair u.a.: Patterson Smith.

Schönert, Jörg (1991): Bilder vom ‹Verbrechermenschen› in den rechtskulturellen Diskursen um 1900. Zum Erzählen über Kriminalität und zum Status kriminologischen Wissens, Schönert, Jörg (Hg.): Erzählte Kriminalität. Zur Typologie und Funktion von narrativen Darstellungen in Strafrechtspflege, Publizistik und Literatur zwischen 1770 und 1920, Tübingen: Niemeyer, 497–531.

Stead, W.T. (1888): Murder, and More to Follow, Pall Mall Gazette, 8. September 1888.

Stevenson, Robert L. (1979) (1886): The Strange Case of Dr Jekyll and Mr Hyde, London u.a.: Penguin.
Stoker, Bram (1979) (1897): Dracula, London u.a.: Penguin.
Strasser, Peter (1984): Verbrechermenschen. Zur kriminalwissenschaftlichen Erzeugung des Bösen, Frankfurt u.a.: Campus.
Thöming, Jürgen (1981): Literatur zwischen sozial-revolutionärem Engagement, «Neuer Sachlichkeit» und bürgerlichem Konservativismus, Berg, Jan (Hg.): Sozialgeschichte der deutschen Literatur von 1918 bis zur Gegenwart, Frankfurt a.M.: Fischer, 87–257.
Walkowitz, Judith R. (1992): City of Dreadful Delight. Narratives of Sexual Danger in Late-Victorian London, Chicago: The University of Chicago Press.
Zola, Emile (1967) (1890): La Bête Humaine, Paris: Fasquell.

Vom Werwolf zum Serienmörder:
Über den Versuch, das Unfassbare zu verstehen

Kai Bammann

Einleitung

Wenn heute in Presse und Medien von Serienmördern die Rede ist, behandeln solche Berichte überwiegend tagesaktuelle oder sonstige spektakuläre Fälle aus der Gegenwart, die allenfalls einige wenige Jahre zurückreichen.

Hingegen setzen historische Untersuchungen über Serienmörder in der Regel gegen Ende des 19. Jahrhunderts mit dem Fall «Jack the Ripper» ein (so auch der Literaturüberblick bei Bourgoin 1995, 237ff.). Mag es heute auch gerechtfertigt sein, sich für Gegenwartsstudien aus der wachsenden Zahl bekannt werdender Serienmörder jeweils einen aktuellen Fall herauszugreifen, so ist es doch sachlich falsch, bei einer Geschichte der Serienmörder erst im vorigen Jahrhundert zu beginnen.

Tatsächlich haben Serienmörder – vielleicht ist im historischen Kontext die Bezeichnung Mordserien zur Unterscheidung eine bessere Wahl – zumindest in den Gerichtsakten und Verfahrensberichten eine lange Tradition, die mindestens in das 15. Jahrhundert, möglicherweise sogar sehr viel weiter zurückreicht. Mordserien hatten und haben ein Element des Irrealen. Sie sind nicht erklärlich, nicht vorhersagbar und verlangen doch – schon aufgrund der scheinbaren Wahllosigkeit der Opfer, aber auch der Brutalität der Tatbegehung – eine Erklärung, die sie für den menschlichen Verstand fassbar machen.

In früheren Zeiten, um die es hier zunächst gehen soll, griffen die Menschen zur Erklärung von Mordserien auf den Glauben an den Teufel und an die schwarze Magie zurück. Das Unbegreifliche wurde dem menschlichen Handlungsbereich entzogen. Der Täter wurde zu einem vom Teufel Besessenen, der die Taten in dessen Namen und in Gestalt eines wilden Tieres ausführte. Dadurch wurde frühen Serienmördern die Menschlichkeit genommen, die schon in ihren Taten fehlte. Durch diese Verlagerung ins Unbegreifliche gelang es, die Tat begreifbar zu machen.

Der Mörder wurde – in Anlehnung an die noch ältere Rechtsfigur der Friedlosigkeit – zum Werwolf, d.h. zum Mann-Wolf (vgl. Schild 1993, 119).

Der friedlose Verbrecher

Der Werwolfglauben reicht bis in die Anfänge menschlicher Gemeinschaften zurück. Der früheste bis heute dokumentierte Beleg für den Glauben an die Verwandlung eines Menschen in einen Wolf findet sich im mesopotamischen Gilgamesch-Epos, entstanden um 2400 v. Chr. (vgl. Biedermann 1993a, 217). Ein weiterer, späterer Hinweis findet sich in Ovids Erzählung «*Metamorphosen*» und der dieser Geschichte zugrunde liegenden alten griechischen Sage. Einer Version der Sage zufolge servierte der Arkaderkönig Lykaon bei einem Gastmahl den griechischen Göttern Menschenfleisch. Als diese Tat entdeckt wurde, wurde er von Göttervater Zeus zur Strafe in einen wilden Wolf verwandelt (vgl. Biedermann ebd.; Hertz 1862, 35f.).

Dieser Lykaon ist im übrigen der Namensgeber für die wissenschaftliche Bezeichnung der Werwolfsverwandlung, die Lykanthropie. Darüber hinaus berichtete Herodot im 5. Jahrhundert v. Chr. von einer Gruppe von Menschen, den Neuren, die sich einmal im Jahr für mehrere Tage in Wölfe verwandeln konnten (s. Ginzburg 1993, 164 u. 169 ff; Di Nola 1997, 94).

Der Glaube, dass Menschen sich in Tiere verwandeln können, ist in fast allen Kulturen verbreitet (vgl. die umfangreichen Nachweise bei Hertz 1862) und spiegelt sich in den ältesten Sagen der Menschheit wider, von der Frühgeschichte bis in das Kino der Gegenwart. Ab etwa dem 17. Jahrhundert nahmen die Menschen an, daß der Teufel selbst sich in Tiere – und hier insbesondere in einen Wolf – verwandeln konnte und in dieser Gestalt die Menschen heimsuchte (vgl. Hertz 1862, 17f.).

Zwischen diesen mythischen Verwandlungen und der im weltlichen Recht angesiedelten Strafe der Friedlosigkeit bestehen enge Zusammenhänge. Lykaon war in einem gewissen Sinn der erste Mensch, der mit einem Leben als Wolf *bestraft* wurde. Wenig anders erging es den zur Friedlosigkeit verurteilten Verbrechern (in der Regel waren dies ausschließlich Mörder), die zu einem Leben gleich dem eines Wolfes verurteilt wurden (vgl. Schild 1993, 118f.).

Mord ist in allen Kulturen das schwerste Verbrechen (Reik 1983, 247). In frühen Gesellschaften galt die Tötung[1] oftmals als die einzige Tat, die überhaupt als Verbrechen angesehen wurde. Auf andere Taten konnte anders, in der Regel mit Ausgleichszahlungen u.ä. reagiert werden, und so wurden viele nach heutigen Vorstellungen strafwürdige Taten weder von dem Opfer noch von der Gesellschaft überhaupt als solche begriffen (vgl. Bammann 2002 m.w.N.).

Die Tötung bildete insofern eine Ausnahme, als es unmöglich schien, ein Menschenleben anders als durch das Leben des Täters auszugleichen. Mord wurde – und wird, blickt man z.B. auf den Tatbestand des § 211 StGB und die Elemente eines «Gesinnungsstrafrechts» (namentlich seien hier genannt: Mordlust, Habgier oder sonstige niedere Beweggründe), die dieser seit dem Nationalsozialismus bewahrt hat – als Verbrechen von anderen Taten nicht *dem Grade* nach, sondern *dem Wesen* nach unterschieden (vgl. Reik ebd.).

Der frühgeschichtliche Mörder (er sei hier und im folgenden so genannt, ohne die Tat damit nach dem heute geltenden Strafrecht zu bewerten) stellte sich durch seine Tat außerhalb der Gesellschaft. Diese hatte in der Regel zwei Möglichkeiten, zu reagieren:

---

[1] Hierbei wurde zunächst nicht zwischen vorsätzlicher und fahrlässiger Tötung eines Menschen unterschieden. Derjenige, der einen anderen – auf welche Art auch immer – getötet hatte, setzte sich der Blutrache der Sippe des Getöteten aus. Erst innerhalb eines langwierigen Entwicklungsprozesses begannen frühe Gesellschaften, zwischen Mord und Unfall (also der heutigen fahrlässigen Tötung) zu unterscheiden und später auch zu lernen, die Blutrache zu vermeiden und andere Bewältigungsstrategien auszubilden (vgl. hierzu ausführlich Bammann 2002).

1. konnte die Gemeinschaft dem weiteren Geschehen freien Lauf lassen und die Ahndung der Tat den Hinterbliebenen des Opfers überlassen. Dies führte zur Blutrache durch die Sippe des Getöteten, die im weiteren Verlauf durchaus eskalieren und zu einer Blutfehde werden konnte, die ganze Landstriche in einen Krieg stürzte.

Oder die Gemeinschaft konnte

2. selbst urteilen und über den Mörder den Bann aussprechen. Dies war historisch eine notwendige Entwicklung zur Überwindung von Blutrache und Blutfehden. Der Täter wurde durch Bann bzw. Acht friedlos gestellt. Er war von nun an frei wie ein Vogel (oder ein Wolf) und konnte, ja musste zuweilen sogar von jedem getötet werden, der ihm begegnete.

Hinter der Friedlosigkeit verbirgt sich demnach eine doppelte Symbolik:

1. Der Verbrecher verhielt sich durch seine Tat wie ein Tier (Wolf)

und wurde deshalb

2. von der Gesellschaft zum Wolf erklärt.

Er stellte sich außerhalb der Gemeinschaft und wurde infolge dieser Handlung von der Gesellschaft (zumeist endgültig) ausgestoßen (vgl. auch Schild 1993, 118f.). Der Tötung des Opfers folgte mit der Friedlosigkeit, die ihn aus der Gesellschaft verbannte der «soziale Tod» des Täters[2], bis hin zu einem Verlust seiner Besitztümer, was eine spätere Rückkehr in der Regel unmöglich machte.

In diesem Zusammenhang schreibt Grimm 1899 (zitiert nach v. Unruh 1957, 8), daß «*Wargus*» (eine alte Bezeichnung für den Werwolf) zweierlei bedeutet: «*wolf und räuber, weil der verbannte gleich dem raubtier ein bewohner des waldes ist und gleich dem wolf erlegt werden darf.*»

Die Friedlosstellung war noch bis in das Mittelalter hinein als Strafe bekannt, und auch die Verbindung zu den alten Rechtsvorstellungen blieb erhalten. Der friedlose Verbrecher wurde zum Wolf und der Wolf zum Symbol für das Verbrechen (vgl. Hertz 1862, 18).

Der «*Hexenhammer*» von Sprenger/Institor (erstmals im Jahre 1487 offiziell veröffentlicht und bis ins 18. Jahrhundert hinein Hauptwerk der Dämonologie geblieben, vgl. Di Nola 1997, 267) erwähnte lediglich am Rande die Verwandlung von Hexen in Wölfe[3], leistete durch diese beiläufige Feststellung jedoch einen deutlichen Schritt in Richtung einer Etablierung des Werwolfsglaubens.

So steht im «*Hexenhammer*», Hexen könnten «*durch die Macht der Dämonen öfters in Wölfe und andere Bestien verwandt werden*» (zitiert nach Biedermann 1993a, 217).

[2] Vgl. zum «sozialen Tod» am Beispiel von Verbannung und Deportation Bammann 2001b m.w.N.
[3] Erst um diese Zeit herum, Mitte des 15. Jahrhunderts, wurden die mythischen Werwölfe zu grausamen, vom Teufel getriebenen Mördern. Zuvor galten sie teilweise als unschuldige Opfer, die versuchten, Gutes zu tun,

Insbesondere in Frankreich wurde im 16. und 17. Jahrhundert von seiten der Hexenjäger viel über Werwölfe geschrieben, und es wurden sehr viele Hexen und Hexer unter anderem wegen Kannibalismus angeklagt und verurteilt (vgl. Delumeau 1989, 94).

Die Wahl des Wolfes als Symbol für den Mörder geschah dabei keinesfalls zufällig. Wölfe wurden zu allen Zeiten gejagt, auch und gerade weil sie eines der wenigen in Europa heimischen Tiere waren, die Menschen zur Gefahr werden konnten. Es wird angenommen, dass reale Bedrohungen durch umherstreunende Wolfsrudel der Furcht vor dem Werwolf den Weg geebnet haben. Insbesondere in Zeiten von Hungersnöten kamen Wölfe – selbst vom Hunger getrieben – aus den Wäldern und griffen Menschen an (vgl. insges. Delumeau 1989, 92ff.; Di Nola 1997, 94).

Über solche konkreten Bedrohungen hinaus war der Wolf ein geheimnisumwittertes Wesen, das in den Wäldern lebte und – erkennbar intelligent – im Rudel jagte (s. Delumeau ebd.), also in der aufkommenden Legendenbildung des Mittelalters um Hexen, Dämonen und Teufel die ideale Verkörperung des realen Mörders bildete.

Der Kindermörder Gilles de Rais

Im sechzehnten Jahrhundert wurden überall in Europa – nahezu parallel zur einsetzenden systematischen Hexenverfolgung – zahlreiche Werwolfsprozesse geführt und in den Akten dokumentiert (Hertz 1862, 97ff. mit weiteren Fallschilderungen).

Hingegen war noch im fünfzehnten Jahrhundert diese Anklage weitgehend unbekannt. Für eine derartige Einschätzung spricht neben fehlenden dokumentierten Fällen insbesondere ein Indiz, ein Fall, der alle Elemente späterer Werwolfs-Anklagen in sich vereint, vom Teufelspakt bis hin zur Tötung von Kindern und Kannibalismus, bei dem jedoch vom Werwolfsglaube noch keine Rede ist.

Es handelt sich um den Fall des Kindermörders Gilles de Rais, der in späteren Geschichten zur historischen Figur des «Blaubarts» verklärt wurde. Blaubart blieb auch in den Legenden ein Serienmörder, der im Vergleich zu den Taten seines historischen Vorbildes jedoch denkbar harmlos erscheint. Von Blaubart heißt es, er habe nacheinander seine sieben Ehefrauen ermordet. Gilles de Rais hingegen hat in Wirklichkeit mehr als hundert Jungen auf grausamste Weise getötet.

Gilles de Rais war ein Ritter und Feldherr, der als Hauptmann des Königs Karl VII. von Frankreich an der Seite von Jeanne d'Arc[4] im 15. Jahrhundert in Frankreich gegen die Engländer kämpfte und wesentlich daran beteiligt war, dass die schon geschlagene französische Armee einen einzelnen, wenngleich *den* entscheidenden Sieg erringen konnte. Aus sehr unterschiedlichen Gründen teilte er letztlich mit Jeanne d'Arc ein sehr ähnliches Schicksal. Und im Gegensatz zu Jeanne d'Arc, die jeder schon bald für ein un-

---

indem sie z.B. Feldfrüchte und Viehherden beschützten (Ginzburg 1993, 164f. m.w.N.). Genau in diese Zeit fiel im übrigen – dies sei am Rande erwähnt, ohne es hier näher ausführen zu können – auch die Entwicklung des Feindbildes der Hexe (s. Ginzburg ebd.).

[4] Vgl. zu Jeanne d'Arc und zur Rolle des Marschalls Gilles de Rais am Ende des Hundertjährigen Krieges statt vieler: Linder 1998.

schuldiges, politisches Opfer hielt und die nur wenige Jahre nach ihrer öffentlichen Hinrichtung von dem damaligen Tatvorwurf freigesprochen wurde, zweifelt bis heute kaum jemand an der Schuld de Rais'.[5]

Im übrigen weist die Geschichte Gilles de Rais' deutliche Elemente des kurze Zeit später entstehenden Werwolfsglaubens auf. Sie beinhaltet aber ebenso Parallelen zu den Taten moderner Serienkiller.

Gilles des Rais wurde vorgeworfen, mit dem Teufel im Bunde gewesen zu sein oder dieses Bündnis zumindest gesucht zu haben. Um seine Macht zu erhalten und sein Vermögen zu vermehren, soll er schwarze Messen abgehalten und junge Knaben getötet und geopfert haben. Während bei Levi die Opferung als religiöse Zeremonie hervorgehoben wird, gehen andere Autoren, so Obermeier und Bataille deutlicher auf die homosexuellen und nekrophilen Aspekte der Morde ein.

Levi berichtet, man habe in der Umgebung von de Rais' Schloss die Überreste von mindestens 200 getöteten Kindern gefunden, andere seien vollständig verbrannt und vernichtet worden (Levi 1997, 287). Obermeier weist darauf hin, dass in den bis heute erhaltenen Prozessakten die Namen von 140 Opfern belegt sind (1996, 533; s. auch Lea 1997, 531), räumt jedoch ein, dass es mehr gewesen sein müssen. Die Zahl der Opfer wird mit bis zu 800 (Lea 1997, 531) angegeben, was Gilles de Rais zu einem der größten, vielleicht dem größten Serienmörder aller Zeiten machen würde.[6]

Das Mordgeschehen, die Knabenmorde, die man Gilles de Rais vorwarf, weisen typische Merkmale des modernen Serienmordes auf. Während Homosexualität in den mittelalterlichen Werwolfsverfolgungen keine offensichtliche Rolle spielte, ist sie relevant für eine Vielzahl moderner Serienkiller (Fritz Haarmann, Jeffrey Dahmer usw.). Nicht zuletzt hat der Biograph Philippe Reliquet die Morde de Rais in deutliche Beziehung zu den Morden Haarmanns gesetzt, sowohl, was die Wahl, als auch, was die Persönlichkeit der Opfer betrifft (Reliquet 1984, 334).

Ein Jahrhundert später wäre Gilles de Rais vermutlich zum Werwolf erklärt worden, um das Unfassbare seiner Taten verstehen zu können.

---

[5] Vgl. zur Geschichte de Rais' und des Prozesses gegen ihn neben den umfangreichen Darstellungen von Reliquet (1984) und Bataille (2000) auch Sofsky, 45ff.; E. Levi, dessen «Geschichte der Magie» (erstmals um 1840 erschienen) eines der maßgeblichen Werke über Magie, Zauberei u.ä. darstellt, erwähnt beispielhaft Gilles de Rais, jedoch bleibt seine knappe Darstellung sehr vorurteilsbehaftet. Während er Jeanne d'Arc nahezu prophetisch «fast eine Heilige» nennt (281; sie wurde tatsächlich erst 80 Jahre, nachdem das Buch geschrieben wurde, und fünfzig Jahre nach Levis Tod heilig gesprochen), schildert er in fast romanhafter Form die Entdeckung und Verurteilung de Rais und hat dadurch nachfolgende Berichte (u.a. Grandt/Grandt 1995, die sich ausdrücklich auf ihn beziehen) entscheidend beeinflußt.

[6] Die meisten anderen – allen voran Hitler – haben ja bekanntermaßen nicht selbst getötet, sondern anderen die «schmutzige Arbeit» überlassen, während de Rais die Rituale selbst durchgeführt und seine Opfer getötet haben soll.

Zum Vergleich: Ted Bundy soll in den USA mindestens 23 Morde und in Kanada weitere 28 Morde begangen haben. Verurteilt und hingerichtet wurde er wegen lediglich 3 bewiesenen Fällen; John Wayne Gacy tötete 33 Jugendliche; (Zahlen u.a. bei Bourgoin); Henry Lee Lucas soll 360 Morde gestanden haben (Meierding 1993, 69), allerdings hat er seine Geständnisse später widerrufen.

So jedoch wurde er im Oktober 1440 als Teufelsanbeter – aber gleichwohl als Mensch – auf dem Scheiterhaufen verbrannt.[7] Nach Levi bekam er die Erlaubnis, «mit seinem ganzen Prunk in den Tod zu gehen» (Levi 1997, 289). Gilles de Rais wurde niemals rehabilitiert, wohl aber wurden die grausamsten Aspekte seiner Taten vergessen und er selbst als Blaubart zum Gattinnenmörder verklärt. Darüber hinaus gilt er heute als eine Schlüsselfigur des Satanismus.

Der Fall des Werwolfs Peter Stump

Anders verhält sich die Reaktion der Gesellschaft und der Gerichtsbarkeit rund hundert Jahre später. Gegen Ende des 16. Jahrhunderts ereignete sich in der Umgebung von Köln eine spektakuläre Mordserie, die insgesamt fast ein viertel Jahrhundert andauerte. Letzten Endes wurden die Morde auf einen einzigen Menschen, einen Mann namens Peter Stump zurückgeführt (vgl. u.a. Lorey 1998, 208ff.).[8]

Männer mit Hunden entdeckten eines Tages, nachdem immer wieder Menschen verschwunden waren und Leichenteile in der Umgebung gefunden wurden, «einen großen Wolf» und trieben ihn in die Enge. Als sie näher herankamen, erkannten sie, dass es ein Mensch war: Peter Stump, dem daraufhin der Prozess gemacht wurde. Bei diesem Fall handelt es sich um den am häufigsten in der Literatur erwähnten Werwolfsprozeß.

Stump gestand unter der Folter, ein Werwolf zu sein und die Morde begangen zu haben. Unklar bleibt aus der heutige Perspektive, ob Stump aus Angst vor weiterer Folter die Morde fälschlich gestanden hat oder wirklich der Täter war. Die dokumentierten Inhalte seines Geständnisses passen sehr genau in die damaligen Vorstellungen des Werwolfsglaubens. Aus Darstellungen von Hexenprozessen ist jedoch bekannt, dass die Angeklagten in der Regel in ihren Geständnissen reproduzierten, was sie glaubten, über Hexen zu wissen, oder was die Ankläger erwarteten. Ähnlich mag es auch im Fall Stump gewesen sein, der möglicherweise tatsächlich die Morde begangen hatte, nun aber auf die Erklärung zurückgriff, die ihm seine Ankläger anboten.

Wahr ist, dass dieser Stump wie viele der Hexerei oder Teufelsbünden Angeklagte, ein gesellschaftlicher Außenseiter war. So weiß man, dass er in einem Nachbardorf eine Geliebte hatte. Des Weiteren wurden ihm zahlreiche weitere Beziehungen zu anderen Frauen nachgesagt. Im Übrigen hatte er wenigstens zwei nichteheliche Kinder, einen Sohn und eine Tochter. Ob er verheiratet war, ist nicht bekannt.

---

[7] Über die Art der Hinrichtung besteht kein klares Bild bei den unterschiedlichen Autoren. Während bspw. Levi, aber auch Bataille von einer Hinrichtung auf dem Scheiterhaufen (Verbrennen bei lebendigem Leib) sprechen, gibt u.a. Obermeier an, de Rais sei zunächst gehängt und seine Leiche anschließend auf dem Scheiterhaufen verbrannt worden.

[8] Der Fall wird bspw. auch von Hertz 1862 (m.w.N.) referiert. Während Hertz (77) darauf hinweist, es habe nur wenige Fälle gegeben, in denen ein Mensch gerichtlich als Werwolf angeklagt und bestraft wurde (wobei er vermutlich allein die deutschsprachigen Länder meint), verweist Helman (1991, 104 m.w.N.) darauf, es seien in Europa zwischen 1520 und 1630 30.000 Werwölfe (vergleichbar mit dem Fall Stump) gezählt worden.

Seine Geliebte aus dem Nachbardorf und seine uneheliche Tochter[9] wurden beide gemeinsam mit ihm angeklagt und hingerichtet.[10]

Auch wenn gemeinsame Hinrichtungen von Haupt- und Mittätern gerade in Hexenprozessen nicht ungewöhnlich waren, scheint dies im Fall eines Werwolfs zunächst ein Widerspruch zu sein, entpuppt sich bei näherer Hinsicht jedoch als Untermauerung und Festigung der Anklage.

Werwölfe waren Besessene und als solche Einzeltäter. Jedoch fand man für die Beteiligung der Geliebten und auch für die Gründe der Taten eine für damalige Verhältnisse einleuchtende Erklärung: Hertz schreibt hierzu, Stump habe gestanden, über 20 Jahre eine Succube[11] als Geliebte gehabt zu haben, von der er einen magischen Gürtel erhalten habe, «durch den er, sobald er ihn umgebunden, zum Wolf geworden sei.» (Hertz 1862, 77).

Laut den damaligen Anklägern war diese «teuflische» Verführerin jene Geliebte, mit der er am Ende zusammen hingerichtet wurde.

Was macht einen Werwolf aus?

Es traf in der Regel – wie in den meisten Hexenprozessen auch – Außenseiter der Gesellschaft, Menschen, die sich von der mittelalterlichen Gemeinschaft abgrenzten.

Zum Werwolf wurde, wer den Teufel anbetete. Mit dem Einzug christlicher Lehren in das Recht, insbesondere das Strafrecht, verfestigte sich die Ansicht, dass in jedem Verbrecher der Teufel wohnt (s. Fehr 1950, 62f.). Zum Verbrecher wurde demnach nur, wer vom Teufel besessen war. In der Regel verwandelten sich aus diesem Grunde auch keine Unschuldigen in einen Werwolf, sondern es gehörten Rituale hinzu, die der Betroffene bewusst (wenn auch nach allgemeiner Annahme unter dem Einfluss des Bösen) als seinen Weg gewählt haben musste.

Die Verwandlungen geschahen immer in der Nacht. Hierbei spielt auch der aus Hollywood-Filmen und modernen Geschichten bekannte Vollmond eine wichtige Rolle. Nach den Legenden legte der Betroffene sich einen Gürtel um, den er vom Teufel erhalten

---

[9] In die Berichte über Stump und seine Untaten spielt in diesem Zusammenhang eine andere «Urangst» hinein: die des Inzests. So wird berichtet, er habe zu seiner Tochter, als diese herangewachsen war, eine inzestuöse Beziehung unterhalten. Neben dem «Teufelsbund», der im Werwolfsglauben eine wichtige Rolle spielt, ist auch der Inzest-Vorwurf häufig Teil mittelalterlicher Anklagen gegen Ketzer, Hexer und andere Teufelsbünder gewesen (vgl. Time Life 1990, 70ff. – dort ohne Quellenangabe).

[10] Bei Lorey 1998, 208 u. 209 sind zwei «Flugblätter» abgedruckt, die beide 1589 erschienen sind und in einer Art mittelalterlichem «Comic» die Hinrichtung Stumps in verschiedenen Stadien zeigen.
Durch diese Flugblätter verbreitete sich die Geschichte von Stump sehr schnell auch über die nähere Umgebung hinaus, und sie ermöglichen auch heute noch einen vergleichsweise detaillierten und gut dokumentierten Blick auf die Ereignisse.

[11] Ein Succubus (= Drunterlieger) ist ein Dämon in Gestalt einer schönen Frau, der nachts schlafende Männer verführt und sie zu Samenergüssen veranlasst, welche dann wiederum dazu dienen, dämonische Mischwesen zu erzeugen (vgl. allgemein Biedermann 1993b; sowie aus der Literatur die Geschichte «Der Succubus» von Balzac).

hatte (so auch Peter Stump; vgl. im Übrigen den Überblick über Werwolfsagen in verschiedenen Ländern Europas bei Hertz 1862 sowie Ginzburg 1993, 163ff.). In den wenigsten Verwandlungsmythen wird davon ausgegangen, dass sich der Betroffene plötzlich (aus eigener Kraft) in einen Werwolf verwandeln konnte (s. aber Di Nola 1997, 94 m.w.N.).

Des Weiteren wird immer wieder beschrieben, dass sich die Betroffenen mit einer Salbe einrieben und sie hierdurch in ekstatische Zustände gerieten, die dann zur Verwandlung (oder dem subjektiven Eindruck einer Verwandlung) führten.[12]
Manch einem Menschen glaubte man ansehen zu können, dass er nachts zum Werwolf wurde. Gesichtszüge, die an die eines Wolfes erinnerten, waren verdächtig und wirkten in einem Prozess als deutliches Indiz; ebenso galten zusammengewachsene Augenbrauen und ausgeprägte Körperbehaarung als klare Hinweise für einen «Mann-Wolf» (Hertz 1862, 86 m.w.N.).

Die moderne Wissenschaft und das Ende des Werwolfsmythos
Die aufgeklärte Wissenschaft von heute hat es da wesentlich schwerer, zu erklären, warum ein Mensch zum Serienmörder wird. Gerade in den ersten Jahrzehnten des 20. Jahrhunderts stellten Serienmörder in Deutschland, aber auch in den USA moderne Wissenschaftsdisziplinen wie Psychiatrie und die aufkommende Psychoanalyse vor unlösbare Aufgaben (vgl. die Aufzählung bei Marwedel 1995, 13f.), konnten und können sie das Verhalten von Serienmördern doch nur schwer erklären und noch schwerer voraussagen.

Mit der Aufklärung wurde nicht nur das Ende der Hexenverfolgungen eingeleitet[13], sondern sie führte letztlich auch zur *«Abschaffung des Teufels»* (vgl. Kittsteiner 1993) und damit zur Abschaffung des Wolfsglaubens. Für die Dämonologie, die theologische Lehre vom Bösen, blieb spätestens mit Beginn des 19. Jahrhunderts kein Raum mehr (vgl. v. Rahden 1993, 44).
Während die magischen Vorstellungen und Rituale der frühen Neuzeit es den Menschen ermöglichten, zu verstehen, warum ein Mensch zu einem Serienmörder wurde, stehen die Menschen diesem Phänomen heute hilflos gegenüber. In einer Welt, in der Phänomene wie Hexerei, unerklärliche Krankheiten wie die Pest u.ä. das Leben der

---

[12] Zu den Kräutern und Drogen, die für Halluzinationen im Zusammenhang mit Werwolf-Riten verantwortlich gemacht werden, zählen die Tollkirsche (Belladonna), die im Mittelalter als Zutat in vielen Heilsalben, Tränken u.ä. auch außerhalb schwarzer Magie Verwendung fand (Time Life 1990, 94, vgl. auch Golowin 1995, 179) sowie das Mutterkorn, das LSD-ähnliche Alkaloide enthält (Time Life ebd.). Die Verbindung zwischen diesen Beeren und Kräutern mit dem Wolfsmythos ist bis heute in einigen Namen erhalten geblieben: die Tollkirsche wird auch Wolfsbeere genannt, das Bilsenkraut, das ebenfalls mit einschlägigen Rauscherlebnissen in Verbindung gebracht wird, heißt auch Wolfskraut (vgl. hierzu insges. Golowin 1995, 179f.). Golowin berichtet (ebd.) davon, er habe (in unseren Tagen) in 11 von insgesamt 39 Gesprächen über LSD-Erfahrungen gehört, daß die Befragten sich «in einen Wolfsmenschen verwandelt gefühlt» hätten.
[13] Wobei Gehm anführt, dass es in erster Linie die sich ändernde Einstellung der Oberschicht zu magischen Vorstellungen war, die die Hexenverfolgungen zurückdrängten, während die Volksmeinung noch lange Zeit dem Hexenglauben nachhing (Gehm 1998, 567f.).

Menschen bestimmten, war es einfach, grausame Mordserien auf die gleiche Weise, nämlich mit dunkler Magie zu erklären. So ist es zutreffend, mit Schild davon auszugehen, dass «der böse Missetäter oder gar der Un-Mensch im modernen Staats- und Rechtsverständnis seinen Stellenwert verlieren musste» (Schild 1993, 130). Das eigentliche Problem besteht jedoch darin, dass er in Gestalt des Serienmörders auch weiterhin existiert.

Die Erkenntnisse moderner Kriminalistik, Kriminologie und Kriminalpsychologie führen heute zu dem Schluss, dass Serienmörder nicht auffallen, äußerlich nicht als Bestien erkennbar sind, sondern zumeist hochintelligent, freundlich, unauffällig, durchschnittlich alt usw. sind (vgl. Füllgrabe 1997, 290). Fast immer ist es ein Mensch, von dem Nachbarn, (die wenigen) Freunde und Verwandte hinterher sagen, sie hätten ihm dies niemals zugetraut.

An diesem Punkt stößt die moderne Wissenschaft an ihre Grenzen. Ohne Motiv, ohne Vorgeschichte, ohne Verbindung zum Opfer bleiben die Taten eines Serienkillers rätselhaft. Wie erschreckend muss es erst für die Menschen der frühen Neuzeit gewesen sein, wenn sich in ihrer Umgebung eine Mordserie ereignete? Die Kriminaltechnik hat erst in diesem Jahrhundert dazu geführt, die Aufklärungsrate von Verbrechen massiv zu erhöhen. Im Mittelalter waren die Menschen auf die Denunziation durch Nachbarn angewiesen (was, wie u.a. Arthur Miller in «Hexenjagd» zeigt, wenig zuverlässig war) oder darauf, dass – wie im Fall Stump – der Täter auf frischer Tat entdeckt und überwältigt werden konnte. Bei Stump hat es sehr lange gedauert, den «Werwolf» zu fangen, bei Jack the Ripper ist es nie gelungen, und auch heute noch sind die Ermittler häufig auf den Zufall angewiesen. Umso einleuchtender erscheint Marwedels These, dass mit Blick auf moderne Serientäter *«die Wiederkehr von Werwölfen inmitten einer technologisch hochgezüchteten Gesellschaftsform nie ganz ausgeschlossen sein wird.»* (Marwedel 1995, 13)

Der Serienmord provoziert – in Anlehnung an Reik – Vergleiche mit dem Glauben an die Möglichkeit des fiktiven Mordes. Beides sind Morde durch einen unbekannten Täter, ohne Spuren. Der gedachte Mord *«hat fast etwas Unwirkliches in unserer modernen Zeit»* (vgl. Reik 1983, 247ff.). Hinzu tritt beim Serienmörder die Brutalität, die erschreckende Gleichgültigkeit gegenüber dem Opfer, die aus seinen Taten spricht. Vergessen geglaubte Urängste werden geweckt.

Der unaufgeklärte Mord, den Reik beschreibt, und der Serienmord in unserer Zeit bringen den Glauben an die Magie, an Zauberkraft in unser Denken zurück, nur dass wir uns nicht auf die Vorstellung von übernatürlichen Mächte zurückziehen können.

Um wieviel tröstlicher war es doch, dem Teufel die Taten zuschreiben und zeigen zu können, dass der «Teufelsanbeter» sich selbst in diese Lage gebracht hat und dies auch selbst verantworten muss.

So ist es zu verstehen, dass auch heute noch Serienmörder Beinamen bekommen, die an Figuren der klassischen Horrormythologie erinnern (vgl. zu dieser Symbolik auch Schild 1993, 119): Peter Kürten (1883–1931) erhielt den Namen *«Vampir von Düsseldorf»*,

Richard Chase wurde der «*Vampir von Sacramento*», Fritz Haarmann «*der Werwolf von Hannover*»[14], Jeffrey Dahmer etwas unspezifischer zum «*Kannibalen [oder Monster] von Milwaukee*» usw. Allgemeiner werden Hooligans zu Tieren oder Kinderschänder zu Bestien (Schild ebd.).

Derartige «*sprachliche Feindmarkierungen*» (v. Rahden 1993, 48) führen zur Ausgrenzung des so Bezeichneten. Über die Sprache wird der Serienmörder – wie mit unzähligen anderen Feindbildern erprobt – ausgegrenzt, aus der menschlichen Gemeinschaft ausgeschlossen, und es wird zugleich eine gesellschaftliche Reaktion eingefordert. Die «*böse Sprache*», wie von Rahden dies nennt (ebd.), stellt einen direkten Bezug zum gesellschaftlichen Handeln her und rechtfertigt den Ausschluss des auf diese Weise Benannten (vgl. v. Rahden ebd.).

Zugleich wird die Tat begreifbarer, wenn der Täter seine eigene Menschlichkeit verliert.[15] Über die Zuschreibung «Vampir» u.ä. wird – wenn auch letztlich vergeblich – versucht, den Täter aus der Gesellschaft auszuschließen, in die er so offensichtlich nicht hineingehört. Konnte man sich in einer von magischen Vorgängen bestimmten Welt noch darauf zurückziehen, dass hier tatsächlich böse Magie den Täter zu seinen Taten angetrieben hat, er wirklich ein Werwolf und eben kein Mensch mehr ist (vgl. Schild 1993, 118f.), so kann die Gesellschaft einer aufgeklärten Moderne dies nicht mehr. Für magische Vorstellungen ist in unserer Zeit, insbesondere in unserer Rechtsprechung kein Raum mehr, während die Verbindung von Magie und Recht in frühen Kulturen bis hinein ins Mittelalter selbstverständlich war (vgl. hierzu Haarmann 1992, 102ff.).

Früher Werwolfsglaube und moderne Serienkiller verbindet noch ein weiteres Merkmal: die (praktisch nicht vorhandene) Rolle der Frauen als Täterinnen. Moderne Serienkiller sind zu einem überwiegenden Teil, wenn auch nicht ausschließlich, Männer. Serienmordende Frauen werden in der Fachliteratur weitgehend vernachlässigt.[16] Ähnliches gilt für den frühen Werwolfsglauben. Frauen konnten in der Frühzeit, hatten sie entsprechende Verbrechen begangen, recht- und schutzlos, also friedlos werden. Sie wurden dadurch jedoch nicht zum «*wargus*», zum Werwolf (v. Unruh 1957, 36). Der Wolf, so von Unruh, sei ein Tier voller Kraft und Wildheit, mit hervorragenden männlichen Eigenschaften (ebd.). Frauen blieb dieses Schicksal – mit Blick auf den mit dämonischer Besessenheit erklärten Ursprung der Wolfsverwandlung – erspart (ebd.). Im Mittelalter wurden Frauen der Hexerei bezichtigt. Zwar wurde auch Hexen nachgesagt, sie könnten sich in Tiere – gemäß dem Hexenhammer auch in Wölfe – verwandeln, jedoch fehlte der letzte «mörderische» Antrieb, der einen Mann zu einem Werwolf werden ließ.[17]

---

[14] Vgl. hierzu die umfangreiche, zeitgenössische Studie von Lessing. Die Bezeichnung Haarmanns als «Werwolf» geht vermutlich – basierend auf der Tatbegehung – auf Lessings Bericht zurück. Haarmann tötete – das erinnert tatsächlich an einen mythischen Wolfsangriff – seine etwa 30 Opfer in der Regel durch einen Biß in den Kehlkopf (vgl. auch die Einleitung von Marwedel 1995, dort insbesondere 8ff.).
[15] So zitiert Möller eine von ihr interviewte Frau, die ihr Kind getötet hat mit den Worten: «Seitdem ich das gemacht hab, bezeichne ich mich selbst nicht mehr als Mensch, sondern als irgend 'nen Untier, als irgend 'nen schreckliches Wesen.» (Möller 1996, 218)
[16] Siehe zu dieser Problematik: Jenkins (1994, 151ff.) sowie Bammann in diesem Band (unter Kriminologie II).
[17] Vgl. hierzu Piats Beispiel der Wolfsfrau Yolande d'Aphton (1998, 97).

Sag mir, wer Du bist ...
In diesem Sinne spielt es zur Beruhigung der Bevölkerung auch keine Rolle, ob Stump seinerzeit schuldig war oder ein falsches Geständnis abgelegt hat. Wichtig war, dass das Unbekannte – der Werwolf – ein Gesicht bekam[18] und auf diese Weise bekämpft werden konnte.[19]

Die Tatsache, daß die Identität Jack the Rippers nach wie vor ungeklärt ist, hat wesentlich dazu beigetragen, ihn zu einer «unsterblichen» Legende zu machen. Vergleicht man die Taten des Rippers mit den Taten «moderner» Serienmörder oder auch den Taten, die Stump oder de Rais vorgeworfen wurden, so war Jack the Ripper als Serienmörder – man möge den Ausdruck verzeihen – lediglich «guter Durchschnitt».

Die Tatbegehung und die anschließende Verstümmelung war brutal, wenn auch – im Vergleich z.B. zu Haarmann, Kürten oder Dahmer – nicht übermäßig. Auch andere haben ihre Opfer verstümmelt, ausgeweidet und Kannibalismus begangen. Jack the Ripper war jedoch nur in einem sehr kurzen Zeitabschnitt aktiv und die fünf bzw. sieben Opfer[20], die er fand, sind im Vergleich zu anderen Tätern in der Zahl ausgesprochen wenige.

Es ist allein das Unbekannte, das die Faszination am Mythos Jack the Ripper aufrecht erhält. *Er wurde niemals gefasst.* Die Spekulationen über seine wahre Identität reichten bis in die Ränge des britischen Königshauses.[21] Hier konnte wirklich jeder der Täter sein, sofern er die wenigen bekannten Voraussetzungen, zu denen u.a. anatomi-

---

[18] Ebenso wie (das böse) Rumpelstilzchen im klassischen Märchen nur dadurch besiegt werden kann, dass man es beim Namen nennt.
In Sagen und Märchen ist dies ein häufiges – mitunter das einzige – Mittel, das Böse wirksam zu bekämpfen. Das Böse verliert seine Kraft, wenn man es «kennt». Der Schrecken verliert sich, sobald das Unbekannte nicht länger unbekannt ist.

[19] Symptomatisch ist in diesem Zusammenhang eine fiktionale Werwolf-Geschichte: «Das Jahr des Werwolfs» von Stephen King (1985/88). Die Geschichte ist in 12 Kapitel unterteilt, in denen zunächst die Mordserie aufgebaut wird (Kapitel 1 – 7) und sich dann der Protagonist auf die Suche nach dem Werwolf macht (Kapitel 8–10), um festzustellen, welcher Mensch hinter den Taten der Bestie steckt. Als er dies schließlich herausgefunden hat, ist das Buch fast zu Ende. Nach der «Enttarnung» im 10. Kapitel folgt nur noch ein weiterer Mord. Im letzten Kapitel kommt es dann zum Show-down, nachdem der Protagonist dem Täter offenbart hat, daß er weiß, wer er ist.
Auch hier kann die Bestie nur besiegt werden, wenn sie ein Gesicht bekommt, wenn der Schrecken hinter der Mordserie Gestalt annimmt. Und auch hier ist es der nette Nachbar (es handelt sich um den Reverend der Baptisten-Kirche), der unscheinbare Mensch, dem niemand diese Taten zugetraut hätte. Die Taten selbst unterscheiden sich in nichts von denen moderner Serienkiller, lediglich in der Erklärung greift King, dem Genre Rechnung schuldend, auf historische Begründungen von Besessenheit zurück.

[20] Heute gehen selbst die Zahlen der Opfer auseinander: Bourgoin, der die Mordserie zeitlich auf den 31.8.1888 bis 9.11.1888 festlegt, kommt z.B. auf fünf Opfer. Cameron/Frazer (1990) haben das Problem abweichender Zahlenangaben und Daten erkannt und legen sich nicht fest. Dort heißt es schlicht über Jack the Ripper: «Er beging zwischen August und November 1888 etwa ein halbes Dutzend Morde [...]» (1990, 159). Zweifelsfrei zugeschrieben werden können Jack the Ripper lediglich die fünf Morde, auf welche sich Bourgoin bezieht.

[21] So wurde vermutet, er sei ein Arzt aus der Umgebung der Königin Victoria gewesen, aber auch Albert Victor, Sohn Edwards VII., stand und steht unter Verdacht. Es sind Spekulationen wie diese, die einen Mythos begründen und unterstellen, daß wirklich jeder ein Killer sein könnte (vgl. hierzu: Douglas/Olshaker (1997, 430ff.).

sche Grundkenntnisse gehörten, erfüllte. Aber niemand hätte sagen können, ob nicht der nette Junge von nebenan solche Kenntnisse hatte.

Dieser Umstand hat für lange Zeit Stoff für immer neue Sagenbildungen zurückgelassen:

Die klassische Star Trek Serie entdeckte den Mythos für sich: Jack the Ripper wurde hier zu einem außerirdischen Geistwesen, das menschliche und andere Körper besetzte und hierdurch grauenhafte Mordtaten beging (für die der «Besessene» selbstverständlich nicht verantwortlich war).[22]

Die Fernsehserie Babylon 5 erklärte das Ende der Mordserie und das Verschwinden des Rippers damit, dass dieser von Außerirdischen entführt und in deren Dienste gestellt wurde.[23] Jack the Ripper übernimmt – mittlerweile unsterblich geworden – für die Außerirdischen die Rolle eines «Inquisitors», eines Spezialisten für grausame und schmerzhafte Verhörtechniken.

Ja selbst Batman kämpfte in *Gotham by gaslight*, einer Comic-Geschichte, die im vorigen Jahrhundert spielt, gegen einen aus London in die fiktive Stadt Gotham City gereisten Jack the Ripper (Bloch 1990), der dort seine Mordserie fortsetzt.

Die verschiedenen Adaptionen haben eines gemeinsam: Jack the Ripper bekommt eine Gestalt, die Mordserie eine Erklärung. Selbst das Unglaubhafte, das außerirdische Geistwesen, das von Schrecken und Furcht lebt, ist als Erklärung immer noch besser als die Wirklichkeit, die keine Aufklärung zu bieten vermochte.

Die meisten anderen Serienkiller erlangten ihre Faszination durch die Brutalität ihrer Taten. Ihre Entzauberung erfolgte in dem Augenblick, in dem sie von der Polizei gefasst wurden. In diesem Sinne wird der Ausschluss aus der Gesellschaft in dem Augenblick vollständig, in dem man dem Bösen einen Namen geben kann (vgl. Schild 1993, 120).

Die Morde Ted Bundys verloren ihren Schrecken, als er inhaftiert wurde und klar war, daß die Serie ein Ende gefunden hatte. Manch einer, wie Jeffrey Dahmer, wurde erst durch seine Entdeckung zu einem Schrecken, weil zunächst kein Serienmörder hinter den verschiedenen Einzeltaten vermutet wurde. Und auch die «Bestie» Dahmer verlor schnell ihre grauenhafte Gestalt, als er verurteilt, eingesperrt und schließlich kläglich von Mitgefangenen unter der Dusche getötet wurde.

Hier gibt es die nächste Parallele zwischen dem Werwolf und dem modernen Serienkiller. Außer dem Tod gab es nur wenige Möglichkeiten, die Rückverwandlung eines Wolfes in seine menschliche Gestalt zu beschleunigen oder zu veranlassen. Eines der wenigen sicheren Mittel bestand nach vielen in Europa verbreiteten Sagen darin, den Wolf bei seinem Taufnamen zu nennen (Hertz 1862, 82ff. M.w.N.). Dies führte dazu, dass er sich unvermittelt zurückverwandelte und wieder zum (ungefährlichen) Menschen wurde. Mitunter reichte es sogar schon aus, wenn ein Angegriffener den Wolf erkannte, ohne dass es der Namensnennung bedurfte (Hertz ebd., 85).

[22] Star Trek (Classic), Episode 42: «Wolf [!] in the fold», USA 1967; (dt. «Der Wolf im Schafspelz»).
[23] Babylon 5, Episode 44: «Comes the Inquisitor»; USA 1994/95 (dt.: «Das Verhör des Inquisitors»).

Das Böse war für die Menschen nur in Gestalt des Wolfes gefährlich, der Mensch hinter dieser Symbolik des Bösen war verwundbar und als solcher keine Bedrohung. Man kann es auch anders wenden: Die Taten des Menschen waren «unmenschlich» und als solche unverständlich. Erst der vom Teufel getriebene Wolf machte diese fassbarer.

Das Spiel mit Fantasie und Wahrheit: Sieben Monde
Die ganze Metaphorik von Werwolfsglaube und Serienkiller wird besonders deutlich in dem im Jahre 1997 entstandenen deutschen Spielfilm «Sieben Monde».

Die Handlung: In einer deutschen Großstadt geht ein Serienkiller um. Seine Opfer werden regelrecht in Stücke gerissen und als einzige verwertbare Spur bleiben am Tatort immer einige Wolfshaare zurück. Der Protagonist glaubt, nachdem er nachts auf dunkler Straße von einem unbekannt bleibenden Tier gebissen wurde, sei er nicht nur der Killer, der sich an nichts mehr erinnern kann, sondern vielmehr ein Werwolf. Auch die ermittelnden Polizeibeamten sind mehr und mehr von einem übernatürlichen Killer überzeugt und finden im Protagonisten den passenden Verdächtigen, als dessen Großmutter dem Mörder zum Opfer fällt. Der Zuschauer wird in den Strudel dieser Ereignisse hineingezogen und beginnt mehr und mehr daran zu glauben, dass kein Mensch diese Taten begangen haben kann. Dabei fällt diese Entscheidung denjenigen vor dem Bildschirm noch leichter: Sie können glauben, dass es im Film auch mordende Werwölfe gibt.

Die Auflösung der Geschichte fällt dann fast erschreckend, in jedem Fall aber sehr überraschend aus. Der Killer ist kein Werwolf, es ist auch nicht der mittlerweile von der Polizei gejagte Protagonist. Es ist einfach nur ein «geistig verwirrter Mensch». Der Protagonist kann im letzten Augenblick verhindern, dass der wahre Mörder in seiner Geliebten ein neues Opfer findet. Das bis dahin unerkannt gebliebene Muster hinter den Taten wird nunmehr entdeckt: der Täter tötete nach Motiven aus den Märchen der Gebrüder Grimm. Der Wolf (!) und die sieben Geißlein, Rotkäppchen und andere. Und der Spuk findet ein Ende, als der Killer die entscheidende Frage stellt: «Wer bin ich?» Die Antwort lautet, wieder nach den Gebrüdern Grimm: «Rumpelstilzchen». Als er diesen Namen hört, nimmt er eine kleine Sprengladung in den Mund und tötet sich damit getreu der Märchenvorlage selbst.

Als der Mörder entdeckt, beim Namen (wenn auch nicht mit seinem Taufnamen) genannt wird, nimmt der Schrecken auch hier ein Ende, ohne dass es einen Unterschied macht, ob er nun Mensch oder doch Werwolf ist.

Vom Werwolf zu den Erbanlagen
«Moderne» biologische Kriminalitätserklärungen, insbesondere solche, die sich auf bestimmte Chromosomenabweichungen beziehen, stehen in einer sehr engen Verbindung mit der Symbolik des frühen Werwolfsglauben.
 Versuchten die Menschen früher, anhand äußerer Merkmale Hexen oder Werwölfe im Menschen zu erkennen, so versuchten Wissenschaften wie die Anthropologie oder

Physiognomie ihrerseits den Verbrecher im Menschen erkennbar zu machen (v. Rahden 1993, 44f., m.w.N.). Aus einer *«dämonologischen Erzeugung des Bösen»* entwickelte sich eine *«kriminalwissenschaftliche Erzeugung des Bösen»* (v. Rahden ebd., 45), und wie die frühe Lehre zur Hexenverfolgung führte, führte der wissenschaftliche Erkenntnisglaube zur kriminalbiologischen Rassenlehre und in seiner grauenhaftesten Konsequenz zu den Verfolgungen des Nationalsozialismus.

In der Tradition dieser Lehren sind Versuche zu werten, über Erbanlagen, insbesondere Chromosomenabnormitäten, Verbrechen – und hier gerade Taten in Verbindung mit extremer Gewalt – zu erklären. So hat jüngst in Deutschland insbesondere Mergen die These des *«geborenen Verbrechers»* wieder aufgegriffen und versucht, nachzuweisen, dass Männer mit einer YYX-Chromosomen-Anomalie deutlich stärker zu Gewalttaten und Mord neigen.[24] Hierzu stellt er fest: *«Der Teufel hat mit seinem überzähligen Y-Geschlechtschromosom der Kriminologie neue Forschungsansätze gegeben.»* (Mergen 1995, 174)

Da ist er wieder, der Teufel; und wohl nicht zufällig hat Mergen sein Buch *«Das Teufelschromosom»* betitelt. Anders als im finsteren Mittelalter, in dem irrationale magische Vorstellungen das Denken beherrschten, Dämonen die Menschen heimsuchten und sie in mordgierige Werwölfe verwandelten (vgl. auch Fehr 1950, 64), sind es nunmehr vom Teufel gesandte Gene, die den Mörder ausmachen.[25] Nachdem die frühe Wissenschaft den Teufel aus dem Alltagsleben ausgetrieben hat, hat die moderne Wissenschaft ihn wieder eingeführt. In diesem Sinne hieß es über die Taten von Jürgen Bartsch in der Presse – damals noch ohne Rückgriff auf die Gene – *«Die Krankheit, die vom Teufel kam»* (Meierding 1993, 22).

Im Ergebnis geht es jedoch weniger darum, dem Betroffenen die Schuld für seine Taten abzusprechen, indem man die Verantwortung z.B. auf die genetische Determiniertheit schieben könnte. Auch Mergens Folgerungen entlassen den Täter nicht aus seiner Verantwortlichkeit. Entscheidend ist vielmehr, dass man den Werwolf (den Mörder) im Menschen wieder entdecken kann. Die Forschung und die Wirklichkeit haben bewiesen, dass Serienkiller in der Regel unauffällige Durchschnittsmenschen sind. Gerade dieser Umstand ist so erschreckend: Der Serienmörder kann jeder sein, insbesondere derjenige, von dem dies seine Umgebung am wenigsten erwarten würde. Nicht das «Durchschnittliche» an sich ist erschreckend, sondern der Gedanke, dass sich hinter dieser Fassade die Grausamkeit verbergen könnte. Nun lernt die Wissenschaft zu beweisen, dass man sie dennoch erkennen kann. Es ist nichts anderes als der Versuch, den Werwolf an seinen Gesichtszügen, an seiner menschlichen Körperbehaarung usw. zu erkennen. Wenn es ein Gen gibt, das einen Menschen zum Verbrecher macht, dann

---

[24] Kritisch zur Beweiskraft der einschlägigen Untersuchungen über die Zusammenhänge von YYX-Chromosomen-Abweichungen und Verbrechen siehe Füllgrabe 1997, 250ff. sowie Cameron/Frazer 1990, 110f.; beide m.w.N.

[25] Dies geschieht in Übereinstimmung mit der überholt geglaubten Idee, dass der Teufel die Menschen auf Schritt und Tritt verfolgt und in Versuchung führen will. Die «Teufelschromosomen» sind ständiger Begleiter des Menschen, immer gegenwärtig, wie dies einst nur der Teufel vermochte.

kann man ihn aufspüren und absondern, bevor er zur Gefahr wird. Dann ist er gerade nicht mehr der Durchschnittsmensch. Er verliert seinen Schrecken.

Als Fazit lässt sich festhalten, dass die vergessen geglaubte Magie im Recht durch den Serienmörder wieder entdeckt wird. Letztlich unterscheiden sich die Vorstellungen vom Serienmörder und Werwolf nicht einmal in den Taten, die ihnen jeweils zugeschrieben werden. Und auch das Element der Hexenjagd ist immer noch gegenwärtig, sieht man sich die Aufarbeitung von Mordgeschichten in den Fernseh-Boulevardmagazinen an. Inquisition und Vorverurteilung geschehen auf dem Bildschirm, ja selbst die Geständnisse der Täter werden in Fernsehinterviews aufbereitet.

Der Täter und seine Taten werden zum Allgemeingut (s. Meierding 1993, 54ff. und 112ff.) und dadurch in ihrer erschreckenden Konsequenz zur Realität.

Wie tröstlich ist es bei dem auf diese Weise nahegebrachten Grauen, die Taten auf die Gene schieben zu können, auf eine Krankheit oder auf die Besessenheit durch den Teufel, die auch heute helfen können, das Unfassbare begreifbar zu machen.

Literaturangaben

Bammann, Kai (2001): Deportationsstrafe und Ausweisung. Vergangenheit und Gegenwart der Landesverweisung, Kriminologisches Journal, Heft 1/2001, 28–42.
Bammann, Kai (2002): Im Bannkreis des Heiligen. Freistätten und kirchliches Asyl in der Geschichte des Strafrechts, Münster und Hamburg: LIT.
Balzac, Honoré de (1987): Der Succubus, Ders., Tolldreiste Geschichten. Zweites Zehent, 9. Geschichte, Frankfurt a. Main: Insel.
Bataille, Georges (2000): Gilles de Rais. Leben und Prozess eines Kindermörders, 7. Auflage, Gifkendorf: Merlin.
Biedermann, Hans (1993a): Artikel: «Werwolf», Ders., Dämonen, Geister, dunkle Götter, Bindlach: Gondrom, 216–219.
Biedermann, Hans (1993b): Artikel: «Incubus und Succubus», Ders., Dämonen, Geister, dunkle Götter, Bindlach: Gondrom, 114–115.
Bloch, Robert (1990): Batman. Schatten über Gothams Vergangenheit, Hamburg: Carlsen.
Bourgoin, Stéphane (1995): Serienmörder, Reinbek bei Hamburg: Rowohlt.
Cameron, Deborah/Frazer, Elisabeth (1990): Lust am Töten. Eine feministische Analyse von Sexualmorden, Berlin: Orlanda.
Delumeau, Jean (1989): Angst im Abendland. Die Geschichte der kollektiven Ängste im Europa des 14. bis 18. Jahrhunderts, Reinbek bei Hamburg: Rowohlt.
Di Nola, Alfonso (1997): Der Teufel. Wesen, Wirkung, Geschichte, 3. Aufl., München: dtv.
Douglas, John/Olshaker, Mark (1997): Die Seele des Mörders. 25 Jahre in der FBI-Spezialeinheit für Serienverbrechen, Hamburg: Hoffmann u. Campe.
Fehr, H. (1950): Tod und Teufel im alten Recht, Zeitschrift der Savigny-Stiftung für Rechtsgeschichte, Germanistische Abteilung, 50–75.
Füllgrabe, Uwe (1997): Kriminalpsychologie – Täter und Opfer im Spiel des Lebens, 2. Auflage, Frankfurt a.M.: Edition Wötzel.
Gehm, B. (1998): Das Ende der Hexenverfolgung am Beispiel des letzten Speyerer Hexenprozesses, Zeitschrift der Savigny-Stiftung für Rechtsgeschichte, Germanistische Abteilung, 566–571.
Ginzburg, Carlo (1993): Hexensabbat. Entzifferung einer nächtlichen Geschichte, Frankfurt a.M.: Fischer.
Golowin, Sergius (1995): Die Magie der verbotenen Märchen. Von Hexendrogen und Feenkräutern, 7. Aufl., Gifkendorf: Merlin.

Grandt, Guido/Grandt, Michael (1995): Schwarzbuch Satanismus. Innenansichten eines religiösen Wahnsystems, München: Pattloch.
Haarmann, Harald (1992): Die Gegenwart der Magie. Kulturgeschichtliche und zeitkritische Betrachtungen, Frankfurt a.M. u.a.: Campus.
Helman, Cecil (1991): KörperMythen. Werwolf, Medusa und das radiologische Auge, München: Knesebeck & Schuler.
Hertz, W. (1862): Der Werwolf. Beitrag zur Sagengeschichte, Stuttgart (unveränderter Neudruck, Walluf bei Wiesbaden 1973).
Jenkins, Philip (1994): Using Murder. The Social Construction of Serial Homicide, New York: Aldine de Gruyter.
King, Stephen (1985/1988): Das Jahr des Werwolfs, Bergisch-Gladbach: Bastei.
Kittsteiner, Heinz Dieter (1993): Die Abschaffung des Teufels im 18. Jahrhundert. Ein kulturhistorisches Ereignis und seine Folgen, Schuller/von Rahden, 55–92.
Lea, Henry Charles (1997): Geschichte der Inquisition im Mittelalter. Band 3. Die Tätigkeit der Inquisition auf besonderen Gebieten, zitiert nach der Ausgabe: Frankfurt a.M.: Eichborn.
Lessing, Theodor (1995): Haarmann. Die Geschichte eines Werwolfs, München: dtv (zuerst 1924–1926).
Lévi, Eliphas (1997): Geschichte der Magie. Neuausgabe der Auflage von 1926, Bern u.a.: Ansala.
Linder, Leo (1998): Jeanne d'Arc. «Ah, mein kleiner Herzog, du hast Angst?» München u.a.: Econ & List.
Lorey, Elmar M. (1998): Henrich der Werwolf. Eine Geschichte aus der Zeit der Hexenprozesse mit Dokumenten und Analysen, Frankfurt a.M.: anabas.
Marwedel, Rainer (1995): Von Schlachthöfen und Schlachtfeldern. Einleitung, Lessing (1995), 7–27.
Meierding, Gabriele (1993): Psychokiller. Massenmedien, Massenmörder und alltägliche Gewalt, Reinbek: Rowohlt.
Mergen, Armand (1995): Das Teufelschromosom. Zum Täter programmiert, Essen u.a.: bettendorf.
Möller, Heidi (1996): «Ick bin keen Mensch, ick bin 'n Ungeheuer.», Dies., Frauen legen Hand an. Untersuchungen zu Frauen und Kriminalität, Tübingen: dgvs, 201–227.
Obermeier, Siegfried (1996): Im Zeichen der Lilie. Der Roman über Leben und Zeit des dämonischen Ritters Gilles de Rais, Kampfgefährte der Johanna von Orleans, Reinbek bei Hamburg: Rowohlt.
Piat, Colette (1998): Als man die Hexen verbrannte. Geschichten ihrer Verfolgung durch sieben Jahrhunderte, Freiburg i. Brs.: Eulen Verlag.
von Rahden, Wolfert (1993): Orte des Bösen. Aufstieg und Fall des dämonologischen Dispositivs, Schuller/von Rahden (1993), 26–54.
Reik, Theodor (1983): Der unbekannte Mörder. Von der Tat zum Täter, Ders., Der unbekannte Mörder. Psychoanalytische Studien, Frankfurt a.M.: Fischer, 7 – 260.
Reliquet, Philippe (1984): Ritter, Tod und Teufel. Gilles de Rais oder Die Magie des Bösen, München: Artemis.
Schild, Wolfgang (1993): Vom Un-Menschen zur Unrechts-Tat. Der notwendige Abschied vom Bösen im Recht, Schuller/von Rahden (1993), 116–133.
Schuller, Alexander/von Rahden, Wolfert (Hrsg.) (1993): Die andere Kraft. Zur Renaissance des Bösen, Berlin: Akademie Verlag.
Sofsky, Wolfgang (1996): Traktat über die Gewalt, Frankfurt a.M.: S. Fischer.
Time Life (Red.) (1990): Geheimnisse des Unbekannten: Wesensverwandlungen, o.O.: Time Life Verlag.
von Unruh, G.C. (1957): Wargus. Friedlosigkeit und magisch-kultische Vorstellungen bei den Germanen, Zeitschrift für Rechtsgeschichte, Germanische Abteilung, 74. Band, 1–40.

Der Wille, der Trieb und das Deutungsmuster vom Lustmord[1]

Michael Schetsche

Ich habe mich gewehrt, aber
«Es war stärker»!
Jürgen Bartsch im Brief an seine Eltern
(an die Wand seiner Zelle geritzt – Moor 1991, 72)

I. Das Denken über den ‹Lustmord›

Seit dem letzten Drittel des 19. und das ganze 20. Jahrhundert hindurch befinden sich die Geschlechterbeziehungen und die Geschlechtlichkeit des Menschen im Fokus gesellschaftlicher Aufmerksamkeit. Die Humanwissenschaften, die Rechtspolitik und viele Facetten der Lebenswelt sind mit jenen Fragen immer wieder neu beschäftigt. Überlegungen zur Nähe von Leidenschaft und Gewalt, von Eros und Thanatos, bewegen den Strom des Denkens und Handelns. Die Figur der sexuell motivierten Tötung übt – so meine Ausgangsthese – in der gedachten Ordnung von Geschlechtlichkeit eine Scharnierfunktion aus: In ihr profilieren sich Realitätsbilder vom *Mann* und zur *Sexualität*. Die in ‹Lustmord› massenwirksam verkörperte Strömung entfaltet in vielerlei Hinsicht verhaltensprägende Kraft.

Was wir heute vermeintlich wertneutral ‹sexuell motivierte Mehrfachtötungen› nennen, wurde nicht nur in der Öffentlichkeit, sondern auch in Wissenschaft und Jurisprudenz über weite Strecken des 20. Jahrhunderts als ‹Lustmord› bezeichnet. So heißt es 1905 bei Ilberg (597), dass man in der gerichtlichen Medizin von ‹Lustmord› spricht, wenn «das Motiv der Tötung Betätigung entarteten Geschlechtstriebes» ist. Wie zahlreiche Arbeiten zeigen, war der Begriff bis zum Beginn der sechziger Jahre in verschiedenen Fachwissenschaften gebräuchlich. Nur ein Beispiel. Für Eigenbrodt ist Lustmord «die Tötung eines Menschen zur Befriedigung des Geschlechtstriebes ... Als *Prototyp des Lustmordes* aber betrachten wir den Fall, in dem der Täter ohne erregungsfördernde Nebenhandlungen tötet und mit dem Tötungsakt selbst zum Orgasmus gelangt.» (Eigenbrodt 1959, 409 – Hervorh. von M. Sch.)

Mit Zunahme des Einflusses der sog. kritischen Kriminologie auf der einen und der tiefenpsychologisch orientierten Forensik auf der anderen Seite gerät der Begriff am Ende der sechziger Jahre in den Fachwissenschaften jedoch ‹außer Mode›. So kann Pfäfflin die Begriffsbildung 1982 einer scheinbar abschließenden Kritik unterziehen: Tatsächlich sei ‹Lust› nicht – wie der Begriff suggeriert – das Motiv, sondern das Objekt der Tat. «Mir scheint, beim Lustmord gilt eben dies: gemordet wird die Lust.» (Pfäfflin 1982, 549) Und Eberhard Schorsch, der zahllose Prozesse als Gerichtsgutachter begleitet hat, erklärt das Motiv der Triebbefriedigung 1987 zu einem rationalen Konstrukt, dessen Kriterien «in der psychischen Realität keine Entsprechung haben» (Schorsch 1993, 123). Diese Feststellungen sind ebenso Folge davon wie Ursache dafür, dass der Begriff

---

[1] Der Beitrag basiert auf theoretischen Vorüberlegungen zum DFG-Projekt «Wille und Trieb», das seit 1997 am Institut für empirische und angewandte Soziologie (EMPAS) der Universität Bremen durchgeführt wurde.

«Lustmord» in den siebziger und achtziger Jahren in Forensik wie Jurisprudenz weitgehend durch Bezeichnungen wie ‹Sexualmord› oder ‹sexuell motivierte Tötung› verdrängt wird. Was – nebenbei berichtet – von der psychodynamischen Schule um Schorsch (zu der Pfäfflin damals gehörte) ebenso mißbilligt wird, da ihres Erachtens ein Großteil der so bezeichneten Taten primär gerade nicht sexuell motiviert ist. In den Massenmedien und in der künstlerischen Bearbeitung hält er sich jedoch weiterhin. Wie die aktuelle Untersuchung von Krieg (1996) zeigt, erfährt der Lustmord in der neuesten juristischen Diskussion – synonym gebraucht mit ‹Triebmord› – eine Renaissance. Und bis heute gehört er zum massenmedialen Sprachkreis des ‹Sittenstrolches›, ‹Triebtäters› und des – eine unerwartete Reminiszenz – ‹Schänders›.

Interessant ist, dass die US-amerikanische Kategorie des ‹serial killers› – im Gegensatz zu ‹Lustmord› – nicht auf das Motiv der Taten abhebt, sondern auf die Zahl der Opfer, den zeitlichen Verlauf und den fehlenden Sozialbezug zwischen Täter und Opfer. Gleichwohl sind in der Literatur unter diese Kategorie offenbar überwiegend Fälle subsumiert, die in Deutschland als ‹Lustmorde› gelten würden. So berichten Ressler und Shachtman (1992, 92 u. 111), wie auch Jenkins (1994, 44), dass ein Großteil der Taten der Serienmörder sexuell motiviert sei.

Das Deutungsmuster[2], nachdem es erfunden war, hat sich nicht nur auf zahlreiche Kommunikationsebenen begeben und hier Bilder zur Geschlechtlichkeit des Menschen hervorgebracht oder zumindest mitgeprägt. Über die Figur des Lustmordes wandert auch die Idee vom Kampf zwischen Wille und Trieb in die Sinnprovinzen ein, in denen die Mythen des Alltags hervorgebracht und verbreitet werden: Romane und Bühnenstücke, Filme und Fernsehspiele. Kein ästhetisches Schema, kein soziales Milieu bleibt ausgenommen. Der Lustmord findet sich ebenso im Hochkultur-, wie im Trivial- und Spannungsschema.[3] So stellt Frank Wedekind an das Ende seiner ‹Monstretragödie› «Erdgeist/Die Büchse der Pandora» (1895ff.) einen Lustmord: Die freie Frau, das Naturwesen Lulu, wird von dem gewissenlosen «Glückspilz» Jack the Ripper umgebracht. Vergleichbar mag der Roman «Querelle de Brest» (frz. 1953, mehrere dtsch. Übersetzungen 1958ff.) von Jean Genet sein, aus dem eine erotische Faszination am Töten herausgelesen worden ist. Derartige Texte werden nacheinander für mehrere Genres adaptiert, sie erscheinen auf dem Theater, als Oper, im Film. Dies demonstriert die Breitenwirkung des Themas.

Die unser Jahrhundert dominierende Muse Film (und dessen Ableger Fernsehen) fand im Lustmord eine überaus bildkräftige Denkfigur vor, kongenial zu den sich nun einbürgernden Rezeptionsgewohnheiten.[4] Die spartenübergreifende Erfolgsgeschichte des Lustmordes reicht von «Berlin Alexanderplatz» (Döblin) über «Das Versprechen»

---

[2] Als Deutungsmuster bezeichnet die Wissenssoziologie spezifische Wissensbestände, durch die Situationsdefinitionen und die zu ihnen ‹passenden› Handlungsweisen kollektiv geregelt werden. Deutungsmuster stellen die Eindeutigkeit sozialer Situationen her, beschleunigen Entscheidungsprozesse und konstituieren verläßliche Verhaltensregelmäßigkeiten (vgl. Meuser/Sackmann 1992 sowie Schetsche 1992).
[3] Nach der kultursoziologischen Klassifikation von Schulze (1992, 142–156).
[4] Man vergegenwärtige sich nur, was der Publizist und Sexualwissenschaftler Ernest Borneman als «vier immer wiederkehrende Typen» des Lustmordes auflistete: 1. die Aufschlitzer, 2. die Pfähler, 3. die Blutliebhaber, 4. die Zerstückler (Borneman 1990: 460–461).

(Dürrenmatt) bis zum «Schweigen der Lämmer» (Harris). Was die visuellen Massenmedien aus dem Denkmuster zu machen vermocht haben, ist noch längst nicht systematisiert.

II. Zur Geschichte des Triebkonzepts der Sexualität[5]

Im Deutungsmuster ‹Lustmord› nimmt eine zentrale Idee des Denkens der Moderne über die Sexualität Gestalt an – und entfaltet zahlreiche Wirkungen. Die Idee einer Triebhaftigkeit der Sexualität, die permanent im Widerspruch zur freien Willensbestimmung des Menschen steht und deshalb als etwas Gefährliches betrachtet wird.

Im Alltag gilt es uns heute als geradezu selbstverständlich, dass Sexualität von einem Trieb beherrscht wird, den wir uns meist – so hieß es in den sechziger Jahren – als «Dunklen Drang aus dem Leibe» vorstellen (Ell 1964). Bei wissenssoziologischer Betrachtung handelt es sich hier jedoch weniger um eine naturgegebene Tatsache, als um ein ursprünglich religiöses, später eher wissenschaftliches Konzept, dessen Entstehung und Verbreitung sehr genau rekonstruiert werden kann.

Getan hat dies z.B. Thomas Laqueur in seinem Buch «Auf den Leib geschrieben». Er kann berichten, dass – ebenso wie die ausschließende Gegenüberstellung der Geschlechtskörper – auch die dranghaft-gefährliche Sexualität des Mannes eine Erfindung der Moderne ist. Bis zum Ende des 18. Jahrhunderts galt der Mann als freundschaftsbezogen, die Frau als sinnlich und gefährlich. Danach wird die Frau empfindungsarm, der Mann triebhaft. Nach heutiger Alltagspsychologie wollen die Männer Sex, Frauen aber Beziehungen – «die exakte Umkehrung der voraufklärerischen Vorstellungen», wie Laqueur (1992, 16) feststellt.

Am Beginn der Triebhaftigkeit der männlichen Sexualität steht der Kampf gegen die kindliche Onanie (vgl. Schetsche/Schmidt 1996). Er konstituierte die lustvolle Selbststimulation bei Kindern und Jugendlichen seit dem 18. Jahrhundert diskursiv als riskante Sexualform. In der Praxis erzeugte die sog. Antimasturbationspädagogik eine «Dialektik der Produktion und Frustration von Bedürfnissen» (Treusch-Dieter 1995): Erst durch das Verbot lernen die Subjekte, den Wunsch nach der Berührung des eigenen Körpers als dranghaft zu empfinden. Jetzt plötzlich müssen sie tun, was sie tun. Die Lust wird triebhaft. Das Gefühl der Dranghaftigkeit und das Leiden an der Versagung wiederum machen es überhaupt erst zu einer erwähnenswerten Willensleistung, dem Verlangen zu widerstehen. Die Botschaft der triebgeleiteten Onanie lautet: Selbstgefährdung wird nur durch Selbstkontrolle gebannt. Die Subjekte lernen, sich zu beherrschen, wenn sie gesund bleiben wollen (und das wollen sie alle). Die Selbstbekämpfung der Onanie wird zum zentralen Mechanismus bei der Einführung der innengeleiteten Sozialkontrolle. Diese Selbstdisziplin wird auf der sozialen Ebene zentrales Strukturmerkmal der modernen Gesellschaft, auf der individuellen Ebene wesentliche Charaktereigenschaft des bürgerlichen Subjekts.

---

[5] Das folgende Kapitel beruht auf Ausführungen bei Lautmann und Schetsche 1996.

Außerhalb der anti-onanistischen Theorie und Praxis spielte die Kategorie des Geschlechtstriebes bis zum Ende des 19. Jahrhunderts nur eine marginale Rolle. Sexualität wurde im Rahmen von somatischen Gleichgewichtskonzepten und der sog. Säftelehre – nach der die Funktionen des menschlichen Körpers von vier Flüssigkeiten (Blut, Schleim sowie schwarze und gelbe Galle) reguliert werden – erklärt (vgl. Laqueur 1992, 60; Wernz 1994, 188–221). Dies änderte sich mit dem Aufstieg der modernen *Sexualforschung*. In der zweiten Hälfte des 19. Jahrhunderts wird unter der Führung der Medizin das Wissen über den Bereich menschlichen Handelns und Denkens, in dem die genitale Lust im Mittelpunkt steht, unter dem Begriff ‹Sexualität› vereinheitlicht. Medizin und die entstehende Psychiatrie beschäftigen sich dabei zunächst fast ausschließlich mit der – als krankhaft angesehenen – abweichenden Sexualität (vgl. Reiche 1991, 10). Von zentraler Bedeutung für die Entwicklung des Denkens über Sexualität erweist sich dabei das Konzept eines biologisch fundierten *Sexualtriebes*, der die sexuellen Wünsche und Verhaltensweisen des Individuums motiviert. Wir finden dieses Konzept gegen Ende des 19. Jahrhunderts bei allen namhaften Sexualwissenschaftlern.

So erklärt Albert Moll 1898 in seinen «Untersuchungen über die Libido sexualis» Sexualität durch das Zusammenwirken zweier Triebe. Der Kontrektationstrieb bewirkt, dass der Mensch sich mit einer Person geistig beschäftigt und sich ihr – auch sexuell – zu nähern wünscht, der Detumescenztrieb dagegen ist der Drang, psychische und physische Befriedigung durch sexuelle Handlungen zu erlangen. Beide Triebe werden ausgelöst durch Außenreize, die zu einem gleichermaßen ererbten wie erworbenen «Reaktionsfähigkeitskomplex» passen. Abweichendes, sexuelles Verhalten entsteht durch ererbte Variation dieses Komplexes oder durch dessen Zusammenspiel mit erworbenen Assoziationen. Die Suche nach kausalen Ursachen des Verhaltens in einem naturwissenschaftlichen Sinne bleibt jedoch erfolglos: «Inwiefern diese Abweichungen durch Ererbung und inwiefern durch Erwerbung herbeigeführt werden, was durch assoziation intra vitam zu ererbten Komplexen hinzukommt, wird sich in vielen Fällen nicht feststellen lassen.» (Moll 1898, 192)

Auch bei Auguste Forel wird Sexualität (als «die leidenschaftliche rein sinnliche sexuelle Begierde» – Forel 1904, 48) auf einen aus zwei Komponenten bestehenden Trieb zurückgeführt: der aktuellen Libido sexualis und den «stammesgeschichtlich aus der Urlibido ... hervorgegangenen Sympathiegefühlen» (Forel 1904, 101). Nicht nur die Sexualität im engeren Sinne, sondern auch partnerbezogenes Verhalten (wie Eifersuchtshandlungen oder eheliche Treue) resultieren bei ihm aus der biologischen Konstitution des Menschen. Problematisch ist die Sexualität für die Gesellschaft, weil die Libido sexualis beim Menschen «unendlich viel stärker» ist «als zur Fortpflanzung nötig» (Forel 1906, 19). «Ein mächtiges Sehnen und Treiben durchströmt das Nerven-System des geschlechtsreif gewordenen Individuums» (Forel 1904, 63) und läßt – so ist hinzuzufügen – alle anderen Interessen und Aufgaben vergessen.

Ebenso ist für Iwan Bloch Sexualität die «Summe der aus dem Geschlechtstrieb hervorgehenden und mit ihm verknüpften Erscheinungen der geschlechtlichen Liebe» (Bloch 1906, 3). Der Sexualtrieb ist bei ihm durch drei Faktoren bestimmt: «... erstens durch die Tätigkeit der Keimdrüsen, zweitens durch die peripherische Erregung von den sogenannten ‹erogenen› Stellen aus, und drittens durch zentrale psychische Einflüsse.»

(Bloch 1906, 50). Aber auch Bloch muss letztlich feststellen, dass die sexuelle Erregung für die Wissenschaft ungelöst bleibt: «Der eigentliche Ursprung der zur schließlichen Entladung führenden Sexualspannung ist noch dunkel.» (Bloch 1906, 51)

Seit den Arbeiten von Moll, Forel und Bloch um die Jahrhundertwende dominiert in der Sexualwissenschaft die Vorstellung, sexuelles Begehren und sexuelle Aktivitäten seien primär durch ein biologisch fundiertes Agens motiviert, das Sexualtrieb genannt wird. Aus der Beobachtung von Erregung aufgrund direkter körperlicher Stimulans (quasi einem ‹bedingten sexuellen Reflex›) wird – ohne weitere empirische Überprüfung – geschlossen, dass alles sexuelle Begehren endogen motiviert sei und Vorstellungen und Erfahrungen des Individuums bestenfalls die Art der Verwirklichung des Begehrens mitbestimmen könnten (vgl. Schmidt 1983, 72).

Wesentlichen Anteil an der Durchsetzung der Vorstellung vom triebgelenkten und damit unberechenbar-gefährlichen Individuum *außerhalb* der Sexualwissenschaften hatte das erweiterte Sexualitätskonzept von Sigmund Freud. Er übernimmt zunächst die Auffassung der gerade entstandenen Sexualwissenschaft, dass menschliches Sexualverhalten in einem biologisch fundierten, angeborenen Agens wurzelt. Dieser Trieb ist «die psychische Repräsentanz einer kontinuierlich fließenden, innersomatischen Reizquelle ... die Quelle des Triebes ist ein erregender Vorgang in einem Organ, und das nächste Ziel des Triebes liegt in der Aufhebung dieses Organreizes» (Freud 1991, 70). Die Quantität des sexuellen Antriebs (genannt Libido – 117) ist zwar somatisch bedingt, die Sexualität selbst im Sinne von Verhalten aber ein ganzheitliches Geschehen, in dem Körper und Seele verbunden sind (vgl. Person 1987, 385 – 407; Reiche 1991, 20). Die Triebanlage ist plastisch (polymorph-pervers) und damit offen für gesellschaftliche Einflüsse, die psychosexuelle Entwicklung des Individuums erfolgt jedoch nach einem biologisch vorgegebenen Plan (vgl. Giddens 1993, 42; Person 1987, 396).

Erweitert ist das Sexualitätskonzept von Freud gegenüber früheren Ansätzen insbesondere, weil in ihm alle sinnlichen Bedürfnisse nach Lust eingeschlossen sind. «Der Begriff des Sexuellen umfasst in der Psychoanalyse weit mehr; ... wir rechnen zum ‹Sexualleben› auch alle Betätigungen zärtlicher Gefühle, die aus der Quelle der primitiven sexuellen Regungen hervorgegangen sind.» (Freud 1943, 120) Damit wurzelt nicht nur die Sexualität im engeren Sinne, sondern auch das Verhalten des Menschen in vielen anderen Bereichen letztlich im Sexualtrieb. Freud formuliert dabei nur die letzte Stufe in der Entwicklung der gefährlichen und triebhaften Sexualität: Das verdrängte Sexuelle, das aus dem mythischen Raum des ‹Es› auf geradezu magisch anmutende Weise seine Wirkungen entfaltet und (fast) alle Äußerungen des Subjekts prägt. Die (scheinbare) Verbannung aus dem Bewusstsein der Individuen führt zu einem Begehren, das nicht mehr im Selbst oder Ich zu Hause ist, sondern in einer abgespaltenen Provinz, die den Namen ‹das Unbewusste› erhält.

Dabei wird die Möglichkeit der wissenschaftlichen Erforschung des Sexualtriebes von Freud selbst als überaus begrenzt angesehen: «Die Trieblehre ist sozusagen unsere Mythologie. Die Triebe sind mythische Wesen, großartig in ihrer Unbestimmtheit. Wir können in unserer Arbeit keinen Augenblick von ihnen absehen und sind dabei nie sicher, sie scharf zu sehen.» Dieses Resümee zieht Freud (1940, 101) fast am Ende seines Lebens.

Aus der von ihm ermittelten psychischen Ontogenese des Individuums schließt Freud auf eine analog verlaufende phylogenetische Entwicklung der Menschheit; ontogenetische Phasen sind damit gleichzeitig Stadien der Kulturentwicklung. In jeder Kultur steht das «egoistische» Lustprinzip jedoch im Gegensatz zum sozialen Verhalten des Menschen und bedarf eines Regulativs: des von der Gesellschaft gesetzten Realitätsprinzips (Freud 1977, 87). «Die Gesellschaft muss es nämlich unter ihre wichtigsten Erziehungsaufgaben aufnehmen, den Sexualtrieb, wenn er als Fortpflanzungsdrang hervorbricht, zu bändigen, einzuschränken, einem individuellen Willen zu unterwerfen, der mit dem sozialen Geheiß identisch ist ... Der Trieb würde sonst über alle Dämme brechen und das mühsam errichtete Werk der Kultur hinwegschwemmen.» (Freud 1969, 308)

Freud beschreibt das Leben des Menschen bis heute als permanenten Konflikt zwischen den – unbewussten – Begehrlichkeiten des Individuums und den Anforderungen der Gesellschaft, die ihren Ausdruck im Individuum finden oder besser: finden sollen, in dem, was Wille genannt wird. Seither zieht sich die Idee des Antagonismus zwischen Triebhaftigkeit und Willenskraft als *Ausdruck gesellschaftlicher Anforderungen* durch fast alle Sexualitätskonzepte des 20. Jahrhunderts. Ich will das an einigen wenigen Theorien zeigen, die eigentlich nicht zum psychoanalytischen Theorienkreis gehören. (Die Beispiele ließen sich fortsetzen.)

Norbert Elias z.B. geht in seiner «Theorie der Zivilisation» davon aus, dass die Kontrolle des Triebes zum Wesen jeder menschlichen Gemeinschaft gehört (Elias 1980, 429). Dabei wird der Beherrschung des Sexualtriebs durch den Willen die zentrale Bedeutung für die ‹Zivilisierung› des bürgerlichen Individuums zugesprochen. Als gleichermaßen starker wie formbarer Trieb übt er eine Vorreiterrolle aus: Was im Bereich des Sexuellen an Selbstbeherrschung gelernt wurde, kann auch bezüglich anderer Triebe und Affekte eingesetzt werden.

Für Bronislaw Malinowsk, den Begründer der kulturvergleichenden Anthropologie, gilt der Sexualtrieb ebenfalls als zerstörerische Kraft: Wenn er nicht permanent von der Gesellschaft reprimiert würde, wäre der Mensch (insbesondere aufgrund der fehlenden Periodizität des Verlangens) ständig mit seiner Sexualität beschäftigt – und könnte keine Kulturleistungen erbringen (Malinowsk 1977, 188–190). An die Ergebnisse der empirischen Anthropologie schließt das Sexualitätskonzept der philosophischen Anthropologie an. Nach Arnold Gehlen (1983) ist der Mensch ein «instinktentbundenes» Wesen, dessen sexuelle Antriebskraft weit über die Naturnotwendigkeiten der Fortpflanzung hinausgeht. Dieser «Reizüberschuss» hatte zur Folge, dass das individuelle Lustbedürfnis im Laufe der Menschheitsgeschichte immer mehr vom Gattungszweck der Fortpflanzung abgelöst wurde. Aus der zunehmenden «Plastizität» des Sexualtriebes resultiert eine «Ausartungsbereitschaft des Antriebslebens», weswegen die Sexualität in jeder Gesellschaft notwendig der Kontrolle durch Institutionen bedarf.

In der – in Anlehnung an die Anthropologie Gehlens formulierten – Sexualsoziologie Helmut Schelskys führt der sexuelle Antriebsüberschuss zu einer Gefährdung des Menschen durch Pansexualität und Promiskuität. Um dieser Gefahr zu entgehen, die jede Gesellschaft destabilisieren würde, ist eine «kulturelle Überformung der sexuellen Antriebe» notwendig. Sexualität bedarf «der Formung und Führung durch soziale Normierung und durch Stabilisierung zu konkreten Dauerinteressen in einem kulturellen Überbau von Institutionen» (Schelsky 1955, 11).

In der sozio-biologischen Verhaltensforschung gehen sowohl Konrad Lorenz als auch Irenäus Eibl-Eibesfeldt davon aus, dass der Mensch seinen Trieb nicht uneingeschränkt ausleben darf, sondern ihn beherrschen muss (Lorenz 1965, 195; Eibl-Eibesfeldt 1970, 44). Weil der Mensch darin immer wieder versagt, ist es z.B. Aufgabe der Rechtsordnung, hier soziale Grenzen abzustecken.

Während die Vertreter affirmativer Philosophie und Gesellschaftstheorie aus dem Konflikt zwischen Sexualtrieb und sozialer Ordnung die Notwendigkeit einer starken Normierung des Sexuellen ableiten, sehen Kritiker der bestehenden Gesellschaftsordnung diesen Widerspruch umgekehrt als Chance für revolutionäre Umwälzungen an. Nach der in den dreißiger Jahren von Wilhelm Reich entwickelten sog. SexPol-Theorie kommt der Unterdrückung der triebhaften Sexualität eine wesentliche Bedeutung bei der Reproduktion der kollektiven Charakterstrukturen der bürgerlichen Gesellschaft zu: «Die Veränderungen im psychischen Organismus, die der Verankerung der Sexualmoral zuzuschreiben sind, schaffen erst diejenige seelische Struktur, die die massenpsychologische Basis jeder autoritären Gesellschaft bildet.» (Reich 1982, 95) Die körperliche Energie der Libido wird dadurch zum politischen Unterdrückungsmittel – aber auch zur revolutionären Sprengpotenz.

Der sexualpolitische Ansatz von Reich wird in den fünfziger und sechziger Jahren von dem deutsch-amerikanischen Philosophen Herbert Marcuse modifiziert. Er nimmt die Auffassung Freuds wieder auf, dass die Triebstruktur des Menschen von der Kultur mit Recht unterjocht wird: Der ungezügelte Eros wäre «verderbenbringend» (Marcuse 1979, 19). Marcuse führt jedoch eine Unterscheidung zwischen grundsätzlich notwendiger und «zusätzlicher Triebeinschränkung» zur Absicherung politischer und ökonomischer Herrschaft im Kapitalismus ein. Das Freudsche Realitätsprinzip, das sich dem Ausleben des Triebes entgegenstellt, verwandelt sich bei Marcuse in das Leistungsprinzip, das «eine immer vollständigere repressive Organisation der Sexualität» erzwingt (Marcuse 1979, 116). In einer Theorie der «repressiven Entsublimierung» (vgl. Reiche 1971, 47–49) wird begründet, warum die neue sexuelle Freiheit nach der sog. sexuellen Revolution in den westlichen Industriestaaten genauso herrschaftsstabilisierend ist wie die sexuelle Unterdrückung zur Zeit Reichs.

Diese Dimension der Kontrolle durch Integration und Neutralisierung wird auch von Theodor W. Adorno, dem Mitbegründer der kritischen Theorie, unterstrichen: «…der an- und abgestellt, gesteuerte und in ungezählten Formen von der materiellen und kulturellen Industrie ausgebeutete Sexus wird, im Einklang mit seiner Manipulation, von der Gesellschaft geschluckt, institutionalisiert, verwaltet.» (Adorno 1963, 300) Sexualität ist bei ihm die «Form des genitalen Sexus, in der dieser selber zur tabuisierenden Macht wird und die Partialtriebe verscheucht oder ausrottet» (ebd., 303).

Im Ergebnis bedeuten diese Erklärungen von Philosophie und Wissenschaft, dass sich das sexuelle Begehren des Individuums einerseits und die Interessen der Gesellschaft – verkörpert im rationalen Willen des Einzelnen – anderseits in einem fast unauflösbaren Konflikt befinden. Diese Spannung kommt in einer ganzen Reihe von Gegensatzpaaren zum Ausdruck: Primär- vs. Sekundärvorgang, Unbewusstes vs. Bewusstes, Affekt vs. Vernunft, Es vs. Ich, Traum vs. Wachleben, infantile Sexualität vs. reife Psychosexualität des Erwachsenen. Wie Niklas Luhmann sagen würde: Sexualität ist binär codiert.

III. Wille und Trieb im deutschen Recht

Die ‹Entscheidung› der Sexualwissenschaft und ihrer Nachbardisziplinen für ein triebbasiertes Konzept, das Sexualität nicht als sinnhaftes Handeln (im Sinne Max Webers) *versteht*, sondern als affektives Verhalten *erklärt*, prägte die im 20. Jahrhundert dominierenden Vorstellungen über die Aufgaben der gesellschaftlichen, insbesondere aber der staatlichen Ordnungsmächte. Seit dem Ende des 19. Jahrhunderts beschäftigen sich Justiz und Politik *ausgedehnt und fortlaufend* mit dem Verhältnis zwischen (Sexual-)Trieb und Wille, Norm und Sanktion. Entsprechend der wissenschaftlichen Ideen versucht der Staat, das als triebhaft verstandene Sexuelle in Bahnen zu lenken, die als akzeptabel angesehen werden. «Nicht nur im offiziellen *Sexualstrafrecht* (also den Bestimmungen des 13. Abschnitts des StGB) – wo es keiner besonderen Hervorhebung bedarf – wird ein Spannungsverhältnis zwischen den sexuellen Trieben des Individuums und staatlichen Normen angenommen. Die Konfliktfelder sind vielfältig und kaum abschließend aufzählbar, sie finden sich in verschiedenen Teilen des Strafgesetzbuches ebenso wie in den anderen beiden ‹klassischen› Bereichen des Rechts: im Zivilrecht und im öffentlichen Recht.» (Lautmann 1998, 2)

Zivilrecht: Beispiel ‹Eheliche Pflichten›

Mit einem – seit 1900 gleichgebliebenen – Wortlaut regelt § 1353 BGB die Befriedigung sexuellen Verlangens in der Ehe. Aus dieser «zentralen Vorschrift des Eherechts» (AK-BGB 1987, §1352, Rz 2) leitet die Familienrechtswissenschaft sowohl ein Verbot außerehelicher Sexualbeziehungen als auch die Pflicht zum ehelichen Geschlechtsverkehr (unabhängig von den Bedürfnissen eines der Beteiligten) ab. Gerichtsurteile und Kommentare gaben und geben den Eheleuten vor, wie ihr sexuelles Verlangen auszuleben sei, damit es nicht «ehewidrig» wird: «Rücksichtslosigkeit beim Verkehr ist ebenso pflichtwidrig wie das Verlangen nach anormalem Verkehr. Das gleiche gilt von einer Verweigerung des Verkehrs ohne hinreichenden Grund.» (Lange 1987, §1352, Rz 10)

In einer viel kommentierten Entscheidung (über die Schuldfrage im Scheidungsrecht) stellte der Bundesgerichtshof 1966 (siehe NJW 1967, 1078) fest, dass die Frau ihren ehelichen Pflichten nicht nachkommt, wenn sie den Verkehr «teilnahmslos geschehen lässt». Das Institut der Ehe fordert vielmehr «eine Gewährung in ehelicher Zuneigung und Opferbereitschaft und verbietet es, Gleichgültigkeit oder Widerwillen zur Schau zu tragen». Diese ‹Pflicht zum freudvollen GV› hat erst durch die Abschaffung des Schuldprinzips bei der Scheidung ihre rechtliche Relevanz verloren (vgl. Heinsohn/Knieper 1976, 58–59; Lüke 1978, 6). Was die Rechtsordnung bis dahin bei der Frau als möglich unterstellte, war: *der Wille zum Trieb*.

Das dies beim Mann ganz anderes aussah, macht das Institut der ‹Verzeihung› deutlich: Es wurde zur ‹Rettung› der Ehe bei «grob ehewidrigem Verhalten» (neben Ehebruch z.B. das Verlangen nach ‹sexuell perversen Akten›) im § 1570 BGB – später im § 49 EheG – eingerichtet. Mit der Verzeihung erlosch das Recht, die Scheidung zu verlangen. Auch in den Fällen, in denen das ehewidrige Verhalten außerhalb der sexuellen Sphäre lag, wurde als (unausgesprochene Verzeihung) regelmäßig der eheliche Geschlechtsverkehr angenommen. Ein- oder zweimaliger Verkehr musste jedoch nicht als Beleg dafür angesehen werden, dass der Mann seiner Frau verziehen hatte. Er konnte sich nämlich darauf berufen, er sei von seiner Ehefrau verführt oder vom Trieb ‹übermannt› worden (vgl. Hallamik 1935, 289; Gernhuber 1964, 238). Dass Männer vom Trieb übermannt werden, ist übrigens nicht mein Sprachspiel, sondern stammt aus der juristischen Literatur selbst.

Öffentliches Recht: Beispiel ‹Fürsorgeerziehung›

Das sexuelle Verhalten Jugendlicher kann nach den Bestimmungen des BGB (und später: des Jugendwohlfahrtsgesetzes[6]) ein Grund zum Sorgerechtsentzug und zur Heimeinweisung sein. Tatsächlich war seit der Weimarer Republik bis in die siebziger Jahre hinein bei Mädchen die «sexuelle Verwahrlosung» der wichtigste Grund für ihre Einweisung in ein «Heim für schwer Erziehbare». Als sexuelle Verwahrlosung eines Mädchens galt den Gerichten die «frühzeitige Aufnahme des Geschlechtsverkehrs» (das heißt: der Geschlechtsverkehr bei Minderjährigen überhaupt) und «häufig wechselnde Sexualpartner» (dies heißt: Sexualkontakte zu mehr als einer Person). Als Ursache einer sexuellen Verwahrlosung, die staatliche Eingriffe in das elterliche Erziehungsrecht notwendig machte, galt entweder ein zu starker Trieb oder eine Schwäche im Willen, ihn zu beherrschen (Sommer 1966, 137–138; Aich 1973, 306; Rönnau-Kleinschmidt 1977, 23).

Wenn der Trieb auch im Heim nicht ruhen wollte und sich z.B. in der Onanie zeigte, wurden die Zöglinge in den fünfziger und sechziger Jahren mit triebdämpfenden Mitteln (z.B. Epiphysan oder Haloperidol) ‹behandelt›. Alternativkonzepte zur Willensstärkung galten als zu aufwendig und wenig erfolgversprechend. Also wurde der Trieb gedämpft, in der Hoffnung, dass auch ein schwacher weiblicher Wille ihn dann würde beherrschen können (vgl. Schetsche 1993, 68–69). Interessant sind die Geschlechterklischees in den *fachwissenschaftlichen* Texten der fünfziger und sechziger Jahre: Gesunde Jungen sind trieb-, aber glücklicherweise auch willensstark, gesunde Mädchen sind willens-, glücklicherweise aber auch triebschwach.

---

[6] Heute: KJHG im SGB VIII.

Strafrecht: Beispiel: ‹Schuld(un)fähigkeit›
Nach den Prinzipien des in Deutschland schon seit langer Zeit geltenden Schuldstrafrechts darf nur bestraft werden, «wer schuldig geworden ist, wem sein Handeln zum Vorwurf gemacht werden kann, mögen seine Taten noch so scheußlich sein.» (BGHSt 23, 192) Zu klären war und ist in dem uns interessierenden Zusammenhang dabei die Frage, ob der Sexualtrieb Normverstöße entschuldigt.

Bis zum 2. Strafrechtsreformgesetz war «sexuelle Abartigkeit» zwar im § 51 StGB nicht ausdrücklich als schuldmindernd oder schuldausschließend erwähnt, die Rechtsprechung hatte allerdings einen speziellen juristischen Krankheitsbegriff entwickelt, in dem solche – als pathologisch begriffenen – Formen berücksichtigt waren (Lange 1963, 17; Schmidt 1980, 347f.). Die Reform brachte 1969 mit der ausdrücklichen Festlegung der Entschuldigung wegen «schwerer anderer seelischer Abartigkeit» im § 21 StGB eine Anpassung an die Rechtsprechung. Die Voraussetzungen für die Exkulpierung des Angeklagten aufgrund seines sexuellen Triebes sind in einer Vielzahl höchstrichterlicher Urteile näher bestimmt worden. Dabei werden zwei Fälle unterschieden: (1) der Trieb war von so großer Stärke, dass der Täter ihm auch bei Aufbietung aller Willenskräfte nicht hatte widerstehen können; (2) der Trieb war zwar von normaler Stärke, aber so ‹abseitig› ausgerichtet, dass die damit einhergehenden Veränderungen im Wesen der Persönlichkeit die normative Hemmung verhinderte (Dreher/Tröndle 1991, §20, Rz 15). Exkulpiert werden kann wegen «schwerer anderer seelischer Abartigkeit» bei einer Vielzahl von Taten, die – außerhalb des Sexualstrafrechts – von Vermögensdelikten über Brandstiftung bis hin zum Mord reichen.

Zum Thema: ‹Mord›
Bis 1941 stellte die Unterscheidung zwischen Totschlag und Mord ausschließlich auf die Frage der «Überlegung» ab. In jenem Jahr wurde – gemeinsam mit anderen spezifischen Qualifikationstatbeständen – das Tatbestandsmerkmal «zur Befriedigung des Geschlechtstriebes» in den § 211 StGB eingefügt. Es handelt sich um einen der drei ‹Spezialfälle› der «niedrigen Beweggründe»; gleichgestellt mit «aus Mordlust» und «aus Habgier» (vgl. Jakobs 1969, 490). Das Merkmal wird – so die großen Strafrechtskommentare – angenommen bei sog. Lustmördern (also solchen, die im Tötungsakt sexuelle Befriedigung finden), nekrophilen Tätern, die das Opfer töten, um sich anschließend am Leichnam sexuell zu befriedigen, bei Notzuchttätern, die das Opfer bei der Brechung von dessen Widerstand töten, und schließlich bei solchen, die mit der Tötung eine vorhergehende Vergewaltigung verdecken wollen (Horn 1980, Lackner, § 211, Rz 4; Maurach/Schroeder § 2, III, Rz 32).

Interessant ist, dass es in der Literatur kaum tiefergehende Auseinandersetzungen um dieses Tatbestandsmerkmal gibt. Nicht einmal der Ursprung der Formulierung ist bislang geklärt (Thomas 1985, 242). Bis heute wird das Merkmal in der Literatur als unproblematisch angesehen – sowohl im Hinblick auf die Verwendung, die Begründung und die geringe Anzahl der Fälle (Arzt 1980, 139; Maurach/Schroeder § 2, III, Rz 22; Rüping 1979, 620 sowie Horn 1980, 67). Die besondere moralische Verurteilung der

Tat wird damit begründet, dass der Täter «um eines flüchtigen Lustgewinns willen menschliches Leben vernichtet» (Woesner 1980, 1139). Entscheidend ist hier aber, dass – als Umkehr der Entschuldigung nach § 20 StGB – die Getriebenheit durch den Trieb als *moralisch besonders verwerflich* angesehen wird.

Diese letzten beiden Beispiele machen noch mal deutlich, wie schwer staatliche Instanzen sich bis heute mit dem Sexualtrieb und seinem Verhältnis zur Freien Willensbestimmung tun: Einmal entschuldigt der Trieb den Täter, entlastet ihn von Verantwortlichkeit, ein andermal wirkt er sanktionsverschärfend, macht aus einem Totschläger einen Mörder.

IV. Die soziale Konstruktion des Lustmordes
Vor diesem ideengeschichtlichen und normativen Hintergrund werde ich im folgenden versuchen, die Kategorie des Lustmordes soziologisch neu zu bestimmen. Meine vier Thesen stellen dabei nicht nur die Auffassungen der Öffentlichkeit, sondern auch die verschiedener Fachdisziplinen – zumindest aus soziologischer Sicht – geradezu auf den Kopf.

1. Morden und Verstümmeln sind keine außergewöhnlichen Taten außergewöhnlicher Täter – erst das Deutungsmuster ‹Lustmord› macht sie dazu.
Wenn man sich Bilder von den medizinischen Experimenten der Nazizeit ansieht, die Berichte von Kriegsschauplätzen und Folterkellern überall auf der Welt hört, kommt man unweigerlich zu dem folgenden Ergebnis: Verstümmeln und Töten, Zerstückeln und Ausweiden ist in unserer Zivilisation keineswegs die seltene Ausnahme, sondern ein durchaus weit verbreitetes Handeln. Wenn vielleicht nicht wir alle, aber doch viele von uns, in der Lage wären, ähnliches zu tun, so ergäbe sich aus dieser Beobachtung eine neue Forschungsperspektive: Statt zu fragen: «Welches sind die Motive, so etwas zu tun?», müßten wir fragen: «Welches sind die Motive, es nicht zu tun?»

Ich will damit sagen, dass wir uns erstens möglicherweise irren, wenn wir solche Handlungen als Taten außergewöhnlicher Individuen ansehen. Und dass wir uns zweitens mit Sicherheit irren, wenn wir annehmen, solches Handeln würde immer und überall (das heißt: in jeder Gesellschaft und unter allen Umständen) als moralisch verwerflich angesehen.

Fragen wir allgemeiner nach den *sozialen Bedingungen*, unter denen Menschen andere Menschen erst töten und dann verstümmeln oder auch erst verstümmeln und dann töten, kommen wir u.a. zu dem Ergebnis, dass es Täter gibt, die dies mit Billigung ihres sozialen Umfeldes oder gar weiter Teile der Gesellschaft tun, andere Täter dagegen Mißbilligung und Abscheu auf sich ziehen. Das Besondere an den sog. Lustmördern ist auf dieser Ebene der Betrachtung lediglich, dass sie unter Umständen, zu Zeitpunkten und mit unterstellten Motiven verstümmeln und töten, die der Gesellschaft nicht genehm sind. Folgerichtig lautete die nächste Frage dann, unter *welchen* Umständen und bei *welchen* Motiven Gesellschaften ein solches Handeln bestrafen, wann sie es tolerieren und wann sie die Täter dafür mit Orden auszeichnen. Und dies gilt nicht nur für die uns hier interessierenden Handlungen, sondern für das Rauben, Vergewaltigen, Töten überhaupt.

Dies ist der Kontext, in dem meines Erachtens die Änderung des Mordparagraphen im Jahre 1941 verständlich wird. Ich hatte bereits erwähnt, dass damals zur Qualifikation des Mordes die niederen Beweggründe eingeführt wurden: Mordlust, Habgier, die Befriedigung des Geschlechtstriebes. Es war damals offensichtlich nötig, die Grenzen zwischen staatlich erwünschtem und unerwünschtem Verstümmeln, Töten und Ausweiden neu zu bestimmen. Im Interesse und Auftrag des Staates wurde mit klarem Bewußtsein und mit Wissen von der weltgeschichtlichen Größe ihrer Mission von SA, SS und Wehrmacht gefoltert und gemordet. Gegen diese ‹hochstehenden› Beweggründe mußten die niederen der *unerwünschten* Taten abgesetzt werden. Wenn man schon die Taten selbst nicht mehr unterscheiden konnte, so mußten zumindest die zugeschriebenen Motive die Differenz markieren.

In Teilen unserer Zivilisation scheint weniger die Handlung des Verstümmelns und Tötens selbst als verwerflich zu gelten, sondern eher der Zeitpunkt, die Umstände, und das Motiv, unter denen sie vorgenommen wird. Was man den sog. Lustmördern aus dieser Sicht moralisch vorwerfen kann, ist eigentlich nur, dass sie sich hinsichtlich dieser Handlungsfaktoren getäuscht haben. Und wir als Gesellschaft müssen uns fragen, warum ein unterstelltes sexuelles Motiv die Tat besonders verwerflich erscheinen läßt, aus Helden Verbrecher und aus Totschlag Mord macht.

2. *Der Lustmord beweist nicht die Gefährlichkeit der (männlichen) Sexualität, sondern mit seiner Hilfe wird sie im Gegenteil erst hergestellt.*
Meine kurze Darstellung der Ideengeschichte der triebhaften Sexualität hat sicherlich schon eine der Grundannahmen meiner Sichtweise des Lustmordes erahnen lassen: Die Triebhaftigkeit der menschlichen Sexualität ist nichts Naturgegebenes, sondern ein Fakt im Sinne der ursprünglichen Wortbedeutung: Das heißt, sie wird von Menschen geschaffen bzw. erdacht.

Ein solches Verständnis von Sexualität findet sich am prägnantesten wahrscheinlich bei Michel Foucault. Im ersten Band von «Sexualität und Wahrheit» untersucht er das, was gemeinhin ‹Sexualität› genannt wird, als System gesellschaftlich produzierter Symbolisierungen. Für Foucault ist Sexualität keine Realkategorie mit einem biologischen Referenten, sondern eine historisch entstandene Diskurs- und Praxisform (vgl. Dreyfus/Rabinow 1987, 201). Nach seiner Auffassung bringt nicht – wie in der Psychoanalyse[7] – das Sexuelle die Sexualität als das Sekundärprozeßhafte hervor, sondern umgekehrt definiert und bestimmt die Sexualität als «Erkenntnisbereich» den ‹Sex› – also unsere Einstellungen, Gefühle und Handlungsweisen.[8]

---

[7] Nach Auffassung Morgenthalers (1987, 143) ist die Sexualität die sekundärprozeßhafte, im Ich verankerte gesellschaftliche Organisation, in der das Sexuelle (als Primäres) in «bestimmte kontrollierbare Bahnen» gelenkt wird.
[8] Auf diese zweite Quelle sei hier nur kurz hingewiesen: die Begründung der neueren Wissenssoziologie durch Berger und Luckmann (1965). Die beiden Autoren gehen in ihrer (inzwischen klassischen) Arbeit immer wieder auch auf die gesellschaftliche Konstruiertheit des sexuellen Begehrens ein.

Verweilen wir zunächst kurz auf der Ebene des Sexualwissens. Kein menschliches Handeln ist per se sexuell. Es muß sexuell gemeint und/oder so verstanden werden. Erst durch Zuschreibung erhalten Ereignisse einen sozialen Sinn und werden Bestandteil der sozialen Wirklichkeit. Die entsprechenden Interpretationen sind dabei jedoch nicht individuell bestimmt, sondern kollektiv. Sie basieren auf Deutungsmustern, die für die ganze Gesellschaft oder bestimmte Subkulturen vorgeben, welche Situationen als sexuell zu verstehen sind (vgl. Simon/Gagnon 1986 u. Gagnon 1990). Zu ihnen gehören spezifische Skripte[9], die uns sagen, wie solche Interaktionen regelmäßig verlaufen und wie wir uns in ihnen zu verhalten haben.

Gehen wir von den materiellen Beweisen der Taten aus, den Opfern, sehen wir zunächst nichts anderes als tote Körper, abgetrennte Glieder und ausgeschlachtete Leiber. Ausschließlich aus der Existenz und der Beschaffenheit der Leichen läßt sich nur wenig auf die Motivation[10] des Täters schließen. Stellte er einen Unfall nach, führte er medizinische Experimente durch, bestrafte er einen Feind oder Ungläubigen, von mir aus auch: hatte er sexuelle Motive? ‹Lustmord› ist eine Erklärung für ein Handeln, das diese toten, vielleicht noch in auffälliger Weise zugerichteten Körper hervorbringt. Durch das Deutungsmuster wird sowohl das Handeln selbst[11] als auch das ihm zugeordnete Motiv als sexuell definiert. (Das Deutungsmuster folgt damit exakt dem psychoanalytischen Paradigma, das uns ja nicht nur sagt, dass menschliches Handeln meistens sexuelle Motive hat, sondern dass auch sexuelles Handeln immer sexuelle Motive hat.)

Nur aufgrund dieser doppelten Definition werden die grauenerregenden Taten zu Beweisen für die gefährliche Natur des Menschen, sprich des Mannes. Seine Triebhaftigkeit beweisen sie jedoch nur, solange wir den Prämissen des Deutungsmusters folgen. (Ich hatte schon darauf hingewiesen, dass z.B. Eberhard Schorsch dessen Axiome vehe-

---

[9] Diese Skripte sollen erklären, wie auf Basis kollektiver Deutungsmuster (Simon und Gagnon nennen sie «kulturelle Szenarien») Intimkontakte zustande kommen. Die Szenarien (wie: «One-Night-Stand», «Das erste Mal», «Die große Liebe») stecken dabei kulturell die Grenzen ab, in denen sich Intimität entfalten kann und darf. Innerhalb der Szenarien werden die Situationsdeutungen, das Handeln der Beteiligten und die Ordnung der Interaktion von Skripten bestimmt, die kulturell zur Verfügung gestellt und interaktiv gelernt werden (vgl. von Sydow 1993, 30–31). Der sexuelle Bereich ist bezüglich seiner Deutungsmuster jedoch insofern untypisch, als wir den Subjekten aufgrund unserer expliziten sozialen Normen lange Zeit (nämlich in der sog. Kindheit) nicht nur systematisch Aufklärung über die hier verbreiteten Deutungsmuster vorenthalten, sondern sie auch (ob aus guten Gründen will ich hier gar nicht entscheiden) daran hindern, diese durch Beobachtung und Ausprobieren zu erlernen. Selbst wenn wir ihnen (wie wir es seit einigen Jahrzehnten mit den älteren Kindern tun) theoretisch einige ‹Standardmodelle› vermitteln – z.B. die Benutzung von Kondomen als Schutz vor Aids –, dürfen sie diese doch erst zu einem späteren Zeitpunkt validieren. Hieraus resultiert meines Erachtens zumindest ein Teil des großen, scheinbar nie enden wollenden Kommunikationsbedarfs der Erwachsenen über Sexualität: aus der Unsicherheit, ob die gedachten Modelle überhaupt praxistauglich sind. «Isolierte Akteure können sich die Fraglosigkeit ihrer Einstellungen nicht erzeugen. Deshalb geht es dem modernen Menschen ja in dieser Hinsicht – der Stabilisierung des Sinns – so vergleichsweise schlecht.» (Esser 1996, 29)

[10] Motivation ist hier «als Selbstinterpretation des Antriebes zu verstehen, als das, was dem Akteur selbst als sinnhafter Grund seines Handelns erscheint» (Hess/Scheerer 1997, 106).

[11] «Ein Handeln findet erst statt, wenn der Akteur aufgrund der gegebenen externen wie der internen Bedingungen der Situation zu einer eigenen, selektiven und systematisierenden, dann subjektiv das Geschehen vollkommen beherrschenden Definition der Situation kommt.» – schreibt Hartmut Esser (1996, 4–5).

ment in Frage gestellt hatte.) Andere Deutungen der Taten würden zu ‹Beweisen› für andere Sachverhalte führen. Zum Beispiel einfach für die begrenzte Berechenbarkeit menschlichen Verhaltens, für die verheerende Wirkung bestimmter Erziehungspraktiken auf die Seele des Menschen oder auch für das Wirken teuflischer Mächte auf Erden. Was solche Handlungen alles in Abhängigkeit von ihrer jeweiligen Interpretation ‹beweisen›, hat Philip Jenkins (1994) für das Deutungsmuster ‹Serienmord› untersucht.

3. Das Deutungsmuster ‹Lustmord› verbreitet nicht nur die Annahme der gefährlichen Triebhaftigkeit des Sexuellen, sondern schreibt diese auch in kollektiven Körperpraxen ein.
Im Gegensatz zur Kategorie des Serienmordes, die – wie bereits erwähnt – nur auf äußerliche Merkmale abstellt, stehen im Zentrum des Deutungsmusters ‹Lustmord› Behauptungen über die Motivation des Handelns, also die innere Verfaßtheit des Subjekts.

Die Einschreibung von Sexualdiskursen in Körperpraxen ist in den letzten Jahren – insbesondere unter dem Blickwinkel des Geschlechterverhältnisses – ausgiebig theoretisch durchdacht und empirisch untersucht worden. Bis in die achtziger Jahre hinein wurde das Sexuelle in der soziologischen Theoriebildung oftmals der körperlichen Seite des Geschlechts zugewiesen und deshalb als – mehr oder weniger – biologisch determiniert betrachtet. Diese theoretische Differenzierung in biologisches und soziales Geschlecht (‹sex› und ‹gender›) ist inzwischen überholt (vgl. Lindemann 1993 u. Maihofer 1995, jeweils passim). Auch ein ‹weiblicher› oder ‹männlicher› Körper ist, wie Andrea Maihofer schreibt, «das (mehr oder weniger bewußte) Ergebnis eines fortwährenden, disziplinierenden und formierenden Körpertrainings/-stylings, eines langwierigen Einübens spezifisch ‹weiblich› oder ‹männlich› geltender Gesten (...), eines körperlichen Habitus (...) und vieler scheinbarer Kleinigkeiten an körperlichen Modellierungen, Akzentuierungen und Stilisierungen.» (Maihofer 1995, 97)

Da das Geschlecht *insgesamt* (also: ‹sex› und ‹gender›) eine «historisch bestimmte Denk-, Gefühls- und Körperpraxis» (Maihofer) ist, sind auch Geschlechtsdifferenzen in emotionalen Bereichen sozial bedingt. Entsprechend stellt sexuelles Verhalten in erster Linie «hegemoniale *Zuschreibungen* dar, insbesondere von ‹männlichen› oder ‹weiblichen› Eigenschaften und Fähigkeiten intellektueller, emotionaler oder habitueller Art: Männer sind danach (u.a.) aktiv, autonom, Frauen hingegen sind passiv, beziehungsorientiert und irrational ...» (Maihofer 1995, 100 – Hervorh. Von M. Sch.) Geschlechtsspezifische Gefühlszuschreibungen stehen also nicht nur im Zentrum alltagsweltlicher Klischees, sondern sie bringen gleichzeitig in der Praxis auch geschlechtstypische Handlungsorientierungen hervor (vgl. Bilden 1991, 285). Wir werden nicht nur zu Männern und Frauen *gemacht*, sondern wir selbst *werden* sie (vgl. Maihofer 1995, 16; Bilden 1991, 284).

Für den uns interessierenden Handlungsbereich heißt dies: Unsere Sexualität wird nicht nur von der Gesellschaft als triebhaft angesehen, sondern von uns – den Männern – auch genauso empfunden. Und weil wir Sexualität nicht anders als triebhaft denken und empfinden können, handeln wir auch so. Weil wir triebhaft gemacht werden, sind wir es auch. «Ich konnte mich nicht beherrschen» kennzeichnet deshalb im alltäglichen Sexualverhalten nicht Entschuldigungsrhetorik, sondern das, was subjektiv empfunden wird.

Und Lustmord – hier ist der Mann nicht nur per Definition der Täter, sondern dieser Sachverhalt muß auch immer aufs neue beschworen werden – ist eines der Deutungsmuster, mit dessen Hilfe geschlechts*typisches* sexuelles Begehren und Handeln hervorgebracht wird. Und dies gilt nicht obwohl, sondern gerade, weil die meisten von uns Männern nur potentielle Lustmörder sind. *Gerade, weil* wir uns immer wieder fragen müssen, ob wir nicht auch zu solchen Taten fähig sind, erscheint uns das Sexuelle als besonders gefährlich. Es ist das In-sich-hinein-Horchen – das auf gefährliche Anzeichen achten müssen –, welches das Gefühl der Triebhaftigkeit sexuellen Begehrens im Alltag erst hervorbringt.

4. Die in einem interaktiven Definitionsprozeß erzeugte Identität des ‹Lustmörders› erklärt die Handlungen der Täter ebenso, wie sie sie bestimmt.
Wie die obigen Ausführungen zeigen, ist Lustmord als Deutungsmuster nicht diskursiver, sondern konstituierender Natur. Dies gilt nicht nur für *alle Männer* als *potentielle Lustmörder*, sondern auch für den tatsächlichen Täter. Das Deutungsmuster Lustmord bestimmt seine Identität.

Die Mörder, können sie denn zu ihren Taten befragt werden, bringen als Erklärung genau hervor, was sie selbst an gesellschaftlichem Deutungsmuster zu ihrem Tun vorgefunden haben. Der Artikel von Jürgen Bartsch «Wie schütze ich mein Kind?» (in: Moor 1991, 124–133) legt davon beredtes Zeugnis ab. Es ist fast die ideale Gesamtdarstellung aller Warnungen und Mahnungen des Diskurses[12], mit dem Kinder von den fünfziger bis in die siebziger Jahre vor dem «Sittenstrolch» geschützt werden sollten.

Viele Täter wissen schon, was ein Lustmörder denkt und tut, *bevor* sie es selbst gedacht und getan haben. Dem Handeln geht «eine Definition der Situation voraus, von der her sich erst die spezielle Logik des Handelns ergibt. Indem der Akteur sich auf die Situation einstellt, wählt er aus einem immensen Vorrat an kulturell präformierten Bildern prototypischer Situationen eines aus (hier das des ‹Lustmordes› – M.Sch.) ... Da zu einem solchen *mental model* bestimmte typisierte Einstellungen sowie Vorstellungen über typische weitere Abläufe, emotionale Zustände und – nicht zuletzt – über das eigene Image und die Identität des Selbst in dieser Situation gehören, verfügt der Akteur sehr schnell über den Ansatz zu einer Handlungsstrategie in der Situation.» (Hess/Scheerer 1997, 114)

Und wenn nicht, geben die von Polizei und Staatsanwaltschaft, insbesondere aber die von psychiatrischen Gutachtern durchgeführten Befragungen die Gelegenheit, die passende Identität zu erwerben. Verhöre und Explorationen werden zu einem gemeinsamen Definitionsprozeß, in dem ausgehandelt wird, ob der Betreffende unter die Kategorie

[12] Eine ausführliche Darstellung dieses Diskurses findet sich bei Schetsche 1993, 144–169.

fällt oder nicht. Durch Interaktion wird *der Lustmörder* (als Selbst- und Fremdkonzept) immer wieder aufs Neue hervorgebracht. Die Vielzahl von Berichten der FBI-Agenten über ihre Verhöre lassen sich so lesen: Die Deutungen des Serienmordes wie des Lustmordes sind in gewisser Weise immer schon zirkulär – die Fallbeschreibungen setzen das voraus, was sie eigentlich belegen sollen. Oder andersherum: Es finden sich immer genau die Motive, die man erwartet.

Dies gilt auch für das Selbstbild der Täter. Sie ordnen sich nicht nur kognitiv so ein, sondern sie empfinden es auch genau so: Wie schreibt Bartsch im Brief an seine Eltern an die Zellenwand: «Ich habe mich gewehrt, aber ‹Es war stärker.›» (zitiert nach Moor 1991, 72) Das Handeln der Täter *ist* also triebhaft, sie *können* sich nicht beherrschen, ihre Willenskraft *hat* versagt. Dies alles nicht, weil es ihre Natur ist, *sondern weil Lustmörder so und nicht anders in unserer Gesellschaft bestimmt sind*. Diese Selbstbeschreibungen müßten, wenn dieses theoretische Konzept richtig ist, im Laufe der Verbreitung des Deutungsmusters ‹Lustmord› zugenommen haben, und sie müßten primär dann auftreten, wenn der Betreffende sich selbst in die Kategorie des Lustmörders einordnet. Einige Täter scheinen das Deutungsmuster bereits vor ihrer Verhaftung lust- und stilvoll in der Kommunikation mit Medien und Polizei zu inszenieren (z.B. nach einer begangenen Tat).[13]

Allgemein gesprochen: Menschen haben für unerlaubtes Handeln immer nur die Motive zur Auswahl, die in ihrer Zeit denkbar sind. Was wir explorieren, sind demnach keine natürlichen, zeitlosen, sondern soziale, zeitbedingte Motive. Wie es *Zeitgestalten des Sexuellen* (Schmidt 1983, 101) gibt, so gibt es auch *Zeitgestalten des Tötens* – und der Lustmord ist eine ihrer aktuellsten.

Die moralische Dimension des Prozesses, in dem Lustmörder als Bestien interaktiv hervorgebracht werden, beschreibt Peter Strasser auf eindringliche Weise in seinem Buch über den «Verbrechermenschen»: «In dem Maße, in dem wir eine Handlung als verabscheuungswürdig empfinden, infiziert deren äußerster Teil – das Verhalten, das die böse Tat in Raum und Zeit vollendet und das uns als das augenfällig gewordene Böse schockiert – immer größere Bereiche der handelnden Person, bis zu dem Punkt, an dem diese sich in ein mythisches Wesen verwandelt: aus einer empirischen wird eine symbolische Gestalt, die als ganze das Böse repräsentiert. Die Person verdichtet sich zur *Totalität der Bestie*.» (Strasser 1984, 10)

Und diese Totalität der Bestie bestimmt, so ist hinzuzufügen, nicht nur den Blick der Gesellschaft, sondern auch die Eigenwahrnehmungen der Betroffenen. Und so ist der Lustmörder in seinem scheinbar völlig dissozialen Handeln ein durch und durch soziales Wesen.

---

[13] Diese Tatsache könnte – obwohl die vorgeschlagene Interpretation des Lustmordes sich polizeilicher Praxis gegenüber insgesamt eher sperrig verhält – auch Ansatzpunkte für ein «social profiling» liefern, das aus den Taten und der tatbegleitenden Kommunikation das spezifische Deutungsmuster rekonstruiert, dem der Täter folgt. Dieses Deutungsmuster würde u.a. Rückschlüsse auf die sozio-kulturelle Herkunft und die kulturellen Vorlieben des Täters ermöglichen.

Literaturangaben

Adorno, Theodor W. (1963): Sexualtabus und Recht heute, Bauer, Fritz u.a. (Hg.): Sexualität und Verbrechen, Frankfurt a.M.: Fischer 299–317.

Aich, Prodosh (1973): Nachwort des Herausgebers, Ders. (Hg.): Da weitere Verwahrlosung droht. Fürsorgeerziehung und Verwaltung, Reinbek: Rowohlt, 300–319.

AK-BGB (1987): Kommentar zum Bürgerlichen Gesetzbuch (Reihe Alternativkommentare), Bd. 1, Allgemeiner Teil + Bd. 5, Familienrecht, Neuwied: Luchterhand.

Arzt, Gunther (1980): Aktuelle Problematik der Tatbestandsmerkmale nach deutschem Recht, Göppinger, Hans/Bresser, Paul H. (Hg.): Tötungsdelikte. Stuttgart: Enke, 49–65.

Berger, Peter L./Luckmann, Thomas (1966): The Social Construction of Reality, New York: Doubleday.

BGHSt 23: Bundesgerichtshof (Hrsg.): Entscheidungen des Bundesgerichtshofes in Strafsachen, Band 23, Detmold: Heymann.

Bilden, Helga (1991): Geschlechtsspezifische Sozialisation, Hurrelmann, Klaus/Ulich, Dieter (Hg.): Neues Handbuch der Sozialisationsforschung. Weinheim: Beltz, 279–301.

Bloch, Iwan (1906): Das Sexualleben unserer Zeit in seinen Beziehungen zur modernen Kultur, Berlin: Marcus.

Borneman, Ernest (1990): Enzyklopädie der Sexualität, Frankfurt a.M.: Ullstein.

Dreher, Eduard/Tröndle, Herbert (1991): Strafgesetzbuch und Nebengesetze, Erläutert von Eduard Dreher, fortgeführt von Herbert Tröndle, 45. Auflage, München: Beck.

Dreyfus, Hubert L./Rabinow, Paul (1987): Michel Foucault: Jenseits von Strukturalismus und Hermeneutik, Frankfurt a. M.: Athenäum.

Eigenbrodt, Otto (1959): Die Notzuchtdelikte (einschl. Lustmord), Kriminalistik 13, 409–413.

Eibl-Eibesfeldt, Irenäus (1970): Liebe und Haß, München: Piper.

Elias, Norbert (1980): Über den Prozeß der Zivilisation, Zweiter Band: Wandlungen der Gesellschaft. Entwurf zu einer Theorie der Zivilisation, Frankfurt a.M.: Suhrkamp.

Ell, Ernst (1964): Zur Wertung und Pädagogik der Selbstbefriedigung, Jugendwohl 45, 67–74.

Esser, Hartmut (1996): Die Definition der Situation, Kölner Zeitschrift für Soziologie und Sozialpsychologie 48, 1–34.

Forel, Auguste (1904): Die sexuelle Frage, München: Reinhardt.

Forel, Auguste (1906): Sexuelle Ethik, München: o.V.

Freud, Sigmund (1940): Neue Folge der Vorlesungen zur Einführung in die Psychoanalyse, 1–197, in: Gesammelte Werke, Band 15, Frankfurt a.M.: S. Fischer.

Freud, Sigmund (1943): Über wilde Psychoanalyse, Gesammelte Werke, Band 8, Frankfurt am Main, S. Fischer, 118–129.

Freud, Sigmund (1969): Vorlesungen zur Einführung in die Psychoanalyse (= Studienausgabe, Band 1), Frankfurt a.M.: Fischer.

Freud, Sigmund (1977): Die Zukunft einer Illusion, Frankfurt a.M.: Fischer-Taschenbuch-Verlag.

Freud, Sigmund (1991): Drei Abhandlungen zur Sexualtheorie, Frankfurt a.M.: Fischer-Taschenbuch-Verlag.

Gagnon, John H. (1990): The Explicit and Implicit Use of the Scripting Perspective in Sex Research, Annual Review of Sex Research 1, 1–43.

Gehlen, Arnold (1983): Das Bild des Menschen im Lichte der modernen Anthropologie, Gesamtausgabe, Band 4: Philosophische Anthropologie und Handlungslehre, Frankfurt a.M.: Klostermann. 127–142.

Gernhuber, Joachim (1964): Lehrbuch des Familienrechts, München: Beck'sche Verlagsbuchhandlung.

Giddens, Anthony (1993): Wandel der Intimität: Sexualität, Liebe und Erotik in modernen Gesellschaften, Frankfurt a.M.: Fischer-Taschenbuch-Verlag.

Hallamik (1935): Das Bürgerliche Gesetzbuch mit besonderer Berücksichtigung der Rechtsprechung des Reichsgerichts, IV. Band: Familienrecht, 8. Auflage, Berlin: Aldine de Gruyter.

Heinsohn, Gunnar/Knieper, Rolf (1976): Theorie des Familienrechts, Frankfurt a.M.: Suhrkamp.

Hess, Henner/Scheerer, Sebastian (1997): Was ist Kriminalität? Skizze einer konstruktivistischen Kriminalitätstheorie, Kriminologisches Journal 29, 83–155.

Horn, Hans-Jürgen (1980): Motivationspsychologische Gesichtspunkte bei (sexuellen) Tötungsdelikten als Beitrag zur Tatbestandsfrage, Göppinger, Hans/Bresser, Paul H. (Hg.): Tötungsdelikte, Stuttgart: Enke 67–79.

Jakobs, Günther (1969): Niedrige Beweggründe beim Mord und die besonderen persönlichen Merkmale in § 50Bas 2 und 3 StGB, Neue Juristische Wochenschrift 22, 489–493.
Jenkins, Philip (1994): Using Murder. The Social Construction of Serial Homicide, New York: Aldine de Gruyter.
Krieg, Berthold (1996): Kriminologie des Triebmörders, Frankfurt a.M.: Peter Lang.
Lackner, Karl (1991): Strafgesetzbuch. Mit Erläuterungen, 19. Auflage, München: Beck.
Lange, Hermann (1987): Nichteheliche Lebensgemeinschaft, Soergel, Hans T. (Hg.): Kommentar zum Bürgerlichen Gesetzbuch, Band 7. Familienrecht Allgemeiner, Stuttgart: Kohlhammer.
Lange, Richard (1963): Der juristische Krankheitsbegriff, Die Zurechnungsfähigkeit bei Sittlichkeitsstraftätern, Stuttgart: Enke, 1–20.
Laqueur, Thomas (1992): Auf den Leib geschrieben. Die Inszenierung der Geschlechter von der Antike bis Freud, Frankfurt: Campus.
Lautmann, Rüdiger (1998): Norm versus Trieb versus Norm, Soziologie des Rechts. Festschrift für Erhard Blankenburg, Baden-Baden: Nomos, 89–102.
Lautmann, Rüdiger/Schetsche, Michael (1996): Sexualität im Denken der Moderne, Historisches Wörterbuch der Philosophie, Band 9, Basel: Schwabe & Co, Sp. 730–743.
Lindemann, Gesa (1993): Das paradoxe Geschlecht: Transsexualität im Spannungsfeld von Körper, Liebe und Gefühl, Frankfurt a.M.: Fischer-Taschenbuch-Verlag.
Lorenz, Konrad (1965): Über tierisches und menschliches Verhalten, Band II, München: Piper.
Lüke, Gerhard (1978): Grundsätzliche Veränderungen im Familienrecht durch das 1. EheRG, Archiv für die civilistische Praxis 178, 1–33.
Maihofer, Andrea (1995): Geschlecht als Existenzweise: Macht, Moral, Recht und Geschlechterdifferenz, Frankfurt a.M.: Helmer.
Malinowski, Bronislaw (1977): Geschlecht und Verdrängung in primitiven Gesellschaften, Frankfurt a.M.: Fachbuchhandlung für Psychologie.
Marcuse, Herbert (1979): Triebstruktur und Gesellschaft: ein philosophischer Beitrag zu Sigmund Freud, Frankfurt a.M.: Suhrkamp.
Maurach, Reinhart/Schroeder, Friedrich-Christian (1988): Strafrecht. Besonderer Teil: ein Lehrbuch, Heidelberg: Müller.
Meuser, Michael/Sackmann, Reinhold (1992): Zur Einführung: Deutungsmusteransatz und empirische Wissenssoziologie, Meuser, Michael/Sackmann, Reinhold (Hg.): Analysen sozialer Deutungsmuster. Beiträge zur empirischen Wissenssoziologie, Pfaffenweiler: Centaurus, 9–38.
Moll, Albert (1898): Untersuchungen über die Libido sexualis, Band I, Berlin: Kornfeld.
Moor, Paul (1991): Jürgen Bartsch: Täter und Opfer. Das Selbstbildnis eines Kindermörders in Briefen, Reinbek: Rowohlt.
Morgenthaler, Fritz (1987): Homosexualität, Heterosexualität, Perversion, Frankfurt a.M.: Fischer-Taschenbuch-Verlag.
Person, Ehel Spector (1987): A Psychoanalytic Approach, Geer, James H./O'Donohue, William (Hg.): Theories of Human Sexuality, New York: Plenum, 385–407.
Pfäfflin, Friedemann (1982): Zur Lust am Lustmord, Der Nervenarzt 53, 547–550.
Reich, Wilhelm (1982): Die sexuelle Revolution, Frankfurt a.M.: Fischer-Taschenbuch-Verlag.
Reiche, Reimut (1991): Einleitung, Sigmund Freud: Drei Abhandlungen zur Sexualtheorie, Frankfurt a.M.: Fischer-Taschenbuch-Verlag, 7–28.
Reiche, Reimut (1971): Sexualität und Klassenkampf: zur Abwehr repressiver Entsublimierung, Frankfurt a.M.: Fischer-Taschenbuch-Verlag.
Ressler, Robert K./Shachtman, Tom (1992): Ich jagte Hannibal Lecter. München: Heyne.
Rönnau-Kleinschmidt, Heidi (1977): Versuch der empirischen Bestätigung einer Taxonomie der Verwahrlosung bei weiblichen Jugendlichen, Dissertation: Universität Kiel.
Rüping, Heinrich (1979): Zur Problematik des Mordtatbestandes, Juristenzeitung 34, 617–621.
Schelsky, Helmut (1955): Soziologie der Sexualität, Reinbek: Rowohlt.
Schetsche, Michael (1992): Sexuelle Selbstgefährdung des Kindes durch Onanie, Meuser, Michael/Sackmann, Reinhold (Hg.): Analysen sozialer Deutungsmuster. Beiträge zur empirischen Wissenssoziologie, Pfaffenweiler: Centaurus, 49–69.

Schetsche, Michael (1993): Das ‹sexuell gefährdete Kind›. Kontinuität und Wandel eines sozialen Problems, Paffenweiler: Centaurus.
Schetsche, Michael/Schmidt, Renate-Berenike (1996): Ein ‹dunkler Drang aus dem Leibe›. Deutungen kindlicher Onanie seit dem 18. Jahrhundert, Zeitschrift für Sexualforschung 9, 1–22.
Schmidt, Gunter (1983): Motivationale Grundlage sexuellen Verhaltens, Thomae, Hans (Hg.): Psychologie der Motive, Göttingen: Verlag für Psychologie, 70–109.
Schmidt, Gunter (1986): Das große DerDieDas, Reinbek: Rowohlt.
Schmidt, Rudolf (1980): Die ‹schwere andere seelische Abartigkeit› in §§ 20 und 21 StGB, Zeitschrift für die gesamte Strafrechtswissenschaft 92, 346–350.
Schorsch, Eberhard (1993): Die juristische Bewertung sexueller Tötungen, Schorsch, Eberhard: Perversion, Liebe Gewalt. Aufsätze zur Psychopathologie und Sozialpsychologie der Sexualität 1967–1991, 114–123.
Schulze, Gerhard (1992): Die Erlebnisgesellschaft. Kultursoziologie der Gegenwart, Frankfurt a.M.: Campus.
Simon, William/Gagnon, John H. (1986): Sexual script: Permanence and Change, Archives of Sexual Behavior 15, 97–120.
Sommer, Ingeborg (1966): Untersuchung zum Problem der Antriebsstruktur bei verwahrlosten jugendlichen Mädchen, Dissertation: Universität Göttingen.
Strasser, Peter (1984): Verbrechermenschen. Zur kriminalwissenschaftlichen Erzeugung des Bösen, Frankfurt a.M.: Campus.
Sydow, Kirsten von (1993): Lebenslust: weibliche Sexualtiät von der frühen Kindheit bis ins hohe Alter, Bern: Huber.
Thomas, Sven (1985): Die Geschichte des Mordparagraphen, Bochum: Brockmeyer.
Treusch-Dieter, Gerburg (1995): Vortrag (Mitschrift des Autors) an der Universität Bremen zur Eröffnung der Studieneinheit «Schwullesbische Studien» am 3. Juli 1995.
Wernz, Corinna (1994): Sexualität als Krankheit. Der medizinische Diskurs zur Sexualität um 1800, Stuttgart: Enke.
Woesner, Horst, 1980: Neuregelung der Tötungstatbestände, Neue Juristische Wochenschrift 33, 1136–1140.

Haarmann: *no-fault-responsibility* als Selbstkonzept[*]

Michael Fischer

Ich bin der beste Mensch von Hannover
Fritz Haarmann

I.

Menschen entscheiden sich zuweilen für die Anwendung von Gewalt. Gewalttätigkeit erscheint dann als Resultat oder Symptom von Freiheit, als etwas spezifisch Menschliches. Menschen können sich «dazu entscheiden, Gewalt anzuwenden. Sie können sich auch dazu entscheiden, es nicht zu tun. Soll heißen: Gewalttätigkeit gehört wie das Musizieren und das Mitleidhaben zu den Fähigkeiten des Menschen. Mal macht er Gebrauch davon, mal nicht.» (Reemtsma 1997, 35) Der Gebrauch exzessiver Gewalt kann, so etwa bei de Sade, als Ausdruck individueller Souveränität thematisiert und propagiert werden (vgl. Black 1991, 196). Aufgrund der menschlichen Phantasie und Erfindungskraft, so Sofsky, stellt menschliche Gewalt andere Grausamkeiten oft in den Schatten: «Weil der Mensch sich nahezu alles vorstellen kann, ist er zu fast allem fähig. Die Destruktivität ist nicht das Produkt blindwütiger Triebe, sondern einer spezifisch humanen Kreativität. Deshalb können sich Menschen zuweilen schlimmer verhalten als die ärgste Bestie.» (Sofsky 1994, 61)

Mancher Gewalttäter erscheint jedoch alles andere als souverän. Der von seinen Trieben überwältigte «Lustmörder» ist Sinnbild des Zusammenbruchs von Selbstkontrolle und freier Entscheidung. Manche Gewalttat wirkt eher krank als kreativ. Manche Tötung wird nicht als Zeichen menschlicher Freiheit, sondern als «Symptom einer Perversionsbildung» wahrgenommen (Pozsár 1995, 629). Und mancher Täter wirkt nicht wie eine Verkörperung von Souveränität – eher wie «ein Stück Natur; ohne Logik und ohne Moral.» (Lessing 1925, 61) Die Rede ist von Fritz Haarmann, den der zeitgenössische Beobachter Lessing (1925) mit dem Bild des «Werwolfs» zu fassen sucht und dessen Tötungen für Pozsár (1995, 629) «Durchbrüche seiner sexualisierten Destruktivität» darstellen. Marwedel (1995, 12) bemüht ein ganzes Arsenal einschlägiger, pathologisierender Konzepte: Haarmann sei ein «kranker Triebtäter» aus einem «pathogene(n) familiäre(n) Milieu», das Töten sei ihm zur «Zwangshandlung» geworden, zum «Nebenergebnis» einer aggressiven, oral orientierten Sexualität. Er habe ein «unkontrolliertes Triebleben» gehabt und unter einem «übermächtigen Triebdruck» gelebt. Haarmann war, so Marwedel, ein «Epileptiker, der sich nach vollbrachter Tat nicht mehr genau erinnern konnte, wie es dazu hatte kommen können, ein psychotischer Krimineller, dessen epileptische Anfälle ihn zu einem unbegrenzt mordenden Kranken machten».

Fritz Haarmann (Friedrich Heinrich Karl Haarmann) wurde am 15. April 1925 im Gerichtsgefängnis von Hannover durch das Fallbeil hingerichtet (vgl. Giesemann 1985, 51). Er war vom Schwurgericht in Hannover wegen 24-fachen Mordes 24 mal zum

---

[*] Ich danke Iris Menke, Karsten Wilutzki und Susanne Krasmann für die Lektüre des Manuskripts, Anregungen und Kritik.

Tode verurteilt worden (Landgericht Hannover 1924, 482). Haarmann hatte junge Männer in der homosexuellen Straßenstricherszene getroffen, mit nach Hause genommen und sie dort im Zuge sexueller Aktivitäten offenbar durch das Zerbeißen des Kehlkopfes getötet. Die in Stücke geschnittenen Leichen entsorgte er nach seinen eigenen Angaben größtenteils in der Leine oder im Klosett seines Wohnhauses. Immer wieder tauchte aber auch das Gerücht auf, Haarmann habe mit den Leichenteilen einen regelrechten Fleischhandel betrieben.

Zur psychiatrischen Begutachtung führte Ernst Schultze, der Leiter der Provinzial-Heil- und Pflegeanstalt in Göttingen, Gespräche mit Haarmann; zunächst im Hannoverschen Gerichtsgefängnis, in das Haarmann am 23. Juni 1924 überführt worden war und nach seiner Verlegung am 16. August 1924 im «Verwahrungshaus» der Göttinger Anstalt. Die Gutachtergespräche (Psychiatrische Gespräche 1924, im folgenden: PG) wurden von einem Stenographen protokolliert und sind in der Göttinger Krankenakte dokumentiert (vgl. Pozsár 1995, 579f.).[1] Schultzes Aufgabe war es, die Zurechnungsfähigkeit Haarmanns zu beurteilen. Der relevante, damals gültige § 51 des Reichsstrafgesetzbuches von 1871 lautet:

> Eine strafbare Handlung ist nicht vorhanden, wenn der Täter zur Zeit der Begehung der Handlung sich in einem Zustande von Bewußtlosigkeit oder krankhafter Störung der Geistestätigkeit befand, durch welchen seine freie Willensbestimmung ausgeschlossen war. (zit. nach Poszár 1995, 575)

Daß Haarmann getötet und die Leichen zerstückelt hat, ist unbestritten. Die Frage ist, ob seine Taten Ausdruck von Freiheit oder von Krankheit waren. Ob er, um neueres Vokabular zu gebrauchen, einsichts- und steuerungsfähig war, ob er anders hätte handeln können, als er es faktisch getan hat. Schultze überprüft also das mögliche Vorliegen von Zuständen der «Bewusstlosigkeit» oder einer «krankhafte[n] Störung der Geistestätigkeit». Er stellt Rechenaufgaben, testet das Allgemeinwissen, thematisiert Haarmanns Beziehung zu seinen Eltern, seine Sexualgeschichte, frühere Gerichtskontakte, frühere Gutachten, fragt nach dem Vorgang des Tötens, bespricht das Zerstückeln der Opfer. Seinem moralischen Abscheu gibt er offen Ausdruck und verschweigt auch nicht, welches richterliche Urteil ihm angemessen erschiene: «Für jeden Mord müßten Sie geköpft werden. (...) Dann wird Ihnen das Lachen vergehen.» (PG, 226)

1924 war das Konzept der Zurechnungsfähigkeit gesetzlich noch nicht als Kontinuum kodiert. Schultze muß sich, 10 Jahre vor Einführung der Idee der verminderten Zurechnungsfähigkeit, zwischen Verantwortlichkeit und Unverantwortlichkeit entscheiden und entschließt sich letztlich für die Diagnose der Zurechnungsfähigkeit – wenn auch auf höchst ambivalente Weise, die an die von Strasser (1984) scharf kritisierte Tradition der Konstruktion des Bös-Kranken anschließt:

---

[1] Haarmanns Aussagen liegen weitgehend wörtlich vor, während Schultzes Beiträge oft syntaktisch gekürzt sind, z.B.: «Warum verschwiegen?», «Wie oft Jungen totgemacht?»

1) Haarmann ist zwar eine pathologische Persönlichkeit.
2) Die Voraussetzungen des § 51 St.G.B. treffen auf ihn aber nach dem mir vorliegenden Material nicht zu. (Schultze 1924, 477)

In seinem Gutachten (Schultze 1924, 466ff.) bestreitet er einen entscheidenden Einfluß der möglicherweise vorliegenden Epilepsie. Ebenso verwirft er die Diagnose der «Hebephrenie» sowie die eines (die freie Willensbestimmung ausschließenden) «Schwachsinns». Beobachtet Schultze einen «infantilen Charakter», so vermutet er Simulation, oder er vertritt die These, dieser sei erst nach Haarmanns Verhaftung aufgetreten.

Pozsár (1995) geht rückblickend von einer «erheblich eingeschränkten Steuerungsfähigkeit» Haarmanns zum Zeitpunkt der Straftaten aus, die auf einer schwerwiegenden Pathologie beruhe. Aufgrund von berechtigten Zweifeln an der Zurechnungsfähigkeit wäre daher von der Todesstrafe abzusehen gewesen. «Gutachter, Justiz und Öffentlichkeit – und Haarmann selbst – kamen jedoch zu einem anderen gemeinsamen Schluß.» (ebd., 631) In der Tat lehnt Haarmann, wie Schultze, eine grundsätzliche, die Zurechnungsfähigkeit ausschließende Pathologisierung ab und fordert wie dieser seine Hinrichtung. Er gebraucht zwar kaum einmal selbst den Begriff der Zurechnungsfähigkeit, verwahrt sich aber wiederholt gegen das Etikett der «Verrücktheit» (z.B. PG, 386). Haarmann hat offenbar abschreckende Erfahrungen in der Provinzial-Heil- und Pflegeanstalt Hildesheim gemacht und möchte sowohl die Erwähnung früherer psychiatrischer Aufenthalte wie auch die erneute Einlieferung vermeiden: Das «macht einen schlechten Eindruck, da will ich nichts von hören – von Hildesheim – dann köppen sie mich nicht.» (PG, 451) Er zieht die Hinrichtung vor und erklärt vielfach, daß es sein Ziel sei, geköpft zu werden und im Himmel seine Mutter wiederzutreffen.

Wenn Schultze und Haarmann in der Ablehnung der Pathologisierung sowie in der Forderung der Hinrichtung übereinstimmen, liegt zunächst die Vermutung nahe, Schultze nutze erfolgreich seine Machtposition als Gutachter, um seine vorgefertigten Deutungsmuster durchzusetzen und Haarmann zu einer passenden Rekonstruktion der Ereignisse zu bewegen. Nun ist es aber keineswegs der Fall, daß Schultze den Prozeß der interaktiven Definition des Täterbildes (vgl. Schetsche in diesem Band) beliebig lenken und Haarmann auf die Anwendung des Deutungsmusters des verantwortlichen Mörders verpflichten kann. Vielmehr konzipiert Haarmann ein Bild seiner selbst, welches nicht nur im Widerspruch zu Schultzes beabsichtigter Zuschreibung von Verantwortung und Zurechnungsfähigkeit steht und statt dessen Unzurechnungsfähigkeit zum Tatzeitpunkt behauptet, sondern überdies Schultzes Begriff der Verantwortung fundamental negiert. Haarmanns Konzept der Verantwortung und dessen Konflikt mit Schultzes Kategorien kommen in der folgenden, zentralen Textpassage komprimiert zum Ausdruck:

Es ist doch furchtbar, daß Sie Jungens wegen des Zeuges umgebracht haben.
Das wollte ich doch nicht. Das glauben Sie doch selbst nicht, wegen so Lumpen, die die Jungens anhatten. – Wollen mal sagen, ich hätte einen Raubmord begangen, ich hätte Jungens umgebracht, die vermögend waren, dann wäre ich ein Schwein, dann könnte ich gar nicht ruhig schlafen. Meine ganze Beruhigung liegt da drin, wenn

ich beim lieben Gott bin, dann muß der sagen, das hast du nicht wollen. Wenn ich vor Mutter stehe und vor Christus, dann kann ich sagen, daß ich rein bin, daß ich das nicht habe wollen. Man mordet doch keinen, wenn er Lumpen hat.
Sie glauben also, nicht verantwortlich zu sein.
Doch, gemordet habe ich, ich will auch geköpft sein. (...) – Die kommen doch nachher und wollen mich begnadigen, das gibt es nicht – (...) die schmeiße ich raus. Ich will hingerichtet werden. Ich brauche keinen Rechtsanwalt, ist doch alles klar. (PG, 350f.)

Haarmann verläßt die von Schultze verwendete (und dem Gesetzestext zugrundeliegende) Konzeption der Verantwortung, welche die Zurechnungsfähigkeit sowohl zur Voraussetzung der moralischen Missbilligung macht als auch zur Grundbedingung einer strafrechtlichen Sanktionierbarkeit. (1) Haarmann rechnet sich seine Taten nicht zu; er behauptet, die Tötungen nicht gewollt zu haben. (2) Gemäß den Konventionen der moralischen Beurteilung lehnt er eine moralische Mißbilligung seiner selbst daher ab. (3) Schließlich gebraucht er die Konstruktionen (1) und (2) aber nicht dazu, den Verzicht auf strafrechtliche Sanktionierung zu fordern. Er bestätigt den Gebrauch des Begriffs der Verantwortung und hält die Hinrichtung seiner selbst für legitim und geboten.

Hier geht es nicht um eine retrospektive psychiatrische Beurteilung des Falles. Weder soll nachträglich Haarmanns Zurechnungsfähigkeit bewertet noch Schultzes Vorgehen aus der Perspektive der forensischen Psychiatrie kritisiert werden. Die Gespräche zwischen Haarmann und Schultze sind im folgenden die Basis einer wissenssoziologischen, interaktionsanalytischen Fallstudie über die Verhandlung der Konzepte von Täter und Opfern in einem Fall mehrfachen Tötens und Zerstückelns. Besonderes Augenmerk soll dabei auf die Konstruktion des Zusammenhangs von Verantwortung, moralischer Mißbilligung und strafrechtlicher Sanktionierung gerichtet werden. Jedwede Pathologisierung ist dabei ein methodisches Tabu. Das Nichtverstandene kann nur als Herausforderung für verbesserte Deutung dienen und darf nicht durch das Konzept der Krankheit erklärt werden. Wie alle menschlichen Gespräche, so basieren auch die zwischen Haarmann und Schultze auf einem bestimmten sinnhaften Verständnis des Aufbaus der Welt (vgl. Schütz 1991) und sind ein Teil von größeren diskursiven Zusammenhängen. Ich werde versuchen, durch die Rekonstruktion von Haarmanns Deutungsmustern zu zeigen, daß seine skurril anmutenden Konzeptionen von Verantwortung, Moral und Sanktion, und deren Konflikte mit Schultzes Begriffen, als Widerspiegelung wesentlicher Elemente des kriminologischen Diskurses der Moderne verstanden werden können. Meine Thesen lauten, (1) daß wir bei Haarmann die Anwendung der von Foucault (1978) beschriebenen Idee der «no-fault-responsibility» als Selbstkonzept und deren Konflikt mit den von Schultze gebrauchten Verantwortungskonzeptionen beobachten können. Die Gespräche lassen sich (2) als implizite Auseinandersetzung mit dem Wesen menschlicher Subjektivität im Angesicht von Erfahrungen des Unkontrollierbaren lesen. Mit der Anwendung von *no-fault-responsibility* als Selbstkonzept verletzt Haarmann die moralische Person als gesellschaftliches Organisationsprinzip in doppelter Hinsicht: durch die physische Zerstückelung der Opfer und durch die begriffliche des Täters.

II

Von der «klassischen» Schule bis in das heutige Strafrecht ist ein idealtypischer Täter der verantwortliche Autor eines Verbrechens – einer Tat, die sowohl Kriminalisierung als auch moralischer Mißbilligung unterliegt. Der Täter markiert nicht ein nur physisch als Kausalfaktor in eine Kette unglücklicher Ereignisse verwickeltes Element, sondern ein verantwortliches Subjekt freier Willensentscheidungen: Er hätte anders handeln können – «Vorwerfbarkeit bzw. Schuld ist (...) eines der wichtigsten Kriterien, die die Sinnprovinz der Kriminalität bestimmen» (Hess/Scheerer 1997, 92).

Die Konstruktion von Zurechnung und die Bestimmung von Elementen der Welt, die im Prinzip für zurechnungsfähig gehalten werden und daher überhaupt sinnvoll als Täter in Frage kommen, ist historisch und kulturell kontingent. So hat das moderne westliche Denken neben unbelebten Gegenständen auch bestimmte Gruppen von Lebewesen, wie etwa Pflanzen und Tiere, als moralische Akteure ausgeschlossen und hält in diesen Fällen eine Zuschreibung von Zurechnungsfähigkeit für unzulässig. Die Grenzziehung ist aber ebenso problematisch wie bedeutsam, wie etwa die Diskussion um die Strafmündigkeitsgrenze bei Jugendlichen oder die Probleme der psychiatrischen Beurteilung von Zurechnungsfähigkeit zeigen. Verantwortlichkeit ist außerordentlich schwierig zu beobachten, und nicht nur von Seiten psychiatriekritischer Autoren, sondern auch innerhalb des Fachdiskurses der forensischen Psychiatrie wird zuweilen die Ansicht vertreten, daß es prinzipiell unmöglich ist, zu bestimmen, ob eine Person anders hätte handeln können, als sie es faktisch getan hat (vgl. Baer 1988, 175).

Nicht mehr neu ist auch der Gedanke, daß moralische Zurechnungsfähigkeit nicht nur im Einzelfall nicht nachweisbar, sondern grundsätzlich unvorstellbar sei. So sagt Ferri (1896), ein Vertreter der sogenannten positiven Schule der Kriminologie, über die «menschliche Willensthätigkeit», diese sei «nur die letzte und verwickeltste Form jeder animalischen Thätigkeit überhaupt; von einem niedersten Anfange, der einfachen Irritabilität der niedersten Organismen, der Amöben, bis zu der höchsten Entwickelungsstufe, der einer planmäßigen Überlegung entspringenden menschlichen Willenshandlung, führt eine zusammenhängende Reihe von Stufen und Graden, die einer freien sittlichen Willenskraft nirgends, auch nicht in der Menschenwelt, Raum läßt.» (zit. nach Strasser 1984, 46) Im Determinismus der Kriminalanthropologen ist die «freie Willensbestimmung», die der § 51 des Reichsstrafgesetzbuches von 1871 für die Zurechnungsfähigkeit fordert, a priori ausgeschlossen.

Foucault (1978) hat betont, daß die positive Kriminologie dem traditionellen Rechtssystem im Grunde als eine gänzlich inkompatible Konzeption gegenübersteht, da sie mit der Idee der «legal responsibility» die «key notion of penal institution since the Middle Ages» verwirft (Foucault 1978, 13), sich von einer Beschäftigung mit Verantwortung und Schuld ab- und statt dessen dem Thema der «Gefährlichkeit» zuwendet. Auf der Ebene der Behandlung des Delinquenten korrespondiert diesem Gedanken die Abwendung von der Idee der Strafe als Sühne. Der Umgang mit dem Täter hat jenseits der moralischen Dimension ganz pragmatisch den Schutz der Gesellschaft zum Ziel. Der Täter muß mehr oder weniger dauerhaft eliminiert oder verändert werden, und gerade der Unzurechnungsfähige, dem das konventionelle Rechtsverständnis mit Nachsicht begegnet, kann besonders gefährlich sein. Als Ende der 1960er Jahre der «Tod des Täters» in der kritischen Labelingperspektive zu verzeichnen ist und der Betrachtung des Täters jedwede Relevanz für die Analyse der (sogenannten) Kriminalität abgesprochen wird (vgl. Scheerer 1996), wird ein Konzept nach langem Leidensweg zu Grabe getragen. Denn in einer zentralen Hinsicht ist der Täter schon inmitten der radikalen Täterfixiertheit der positiven Schule gestorben. Mit der biologistischen Naturalisierung/Objektivierung des Täters verschwindet der für den idealtypischen Sinngehalt des Täterbegriffs so wichtige Bereich der Zurechnung und Vorwerfbarkeit. Lombrosos *homo delinquente* kann nichts dafür, daß er als Verbrecher geboren ist – der moralisch verantwortliche Täter kann den rigiden Determinismus der Kriminalanthropologen nicht überleben.

Die Verantwortlichkeitskonzeptionen der Kriminalanthropologie des 19. Jahrhunderts sind nicht nur als skurrile Fußnote zur Geschichte der Kriminologie von Bedeutung. Sie sind vielmehr eingebettet in eine fortlaufende Auseinandersetzung mit dem Antagonismus zwischen einer ‹Moralisierung› und einer ‹Naturalisierung› des Täters, die bereits vor den italienischen Kriminalanthropologen einsetzt und sowohl im wissenschaftlichen wie im außerwissenschaftlichen Diskurs in zahlreichen Kriminalitäts- und Straftheorien bis heute evident ist. Auch in der Sanktionierungspraxis ist dieser Konflikt im Gegensatz zwischen schuldabhängiger Strafe und gefährlichkeitsbezogenen «Maßnahmen zur Besserung und Sicherung» nach wie vor präsent. Weder konnte bislang auf die Idee des moralisch verantwortlichen Täters des klassischen Rechts verzichtet noch die Idee des prinzipiell unzurechnungsfähigen Täterobjekts gänzlich verbannt werden. Der Verdacht auf universelle Unzurechnungsfähigkeit hat sich in den Rechtsdiskurs eingeschlichen und führt zu vielfältigen diskursiven Spannungen, Überlappungen und überraschenden Synthesen zwischen technischer Manipulation und moralischem Anspruch.[2]

Das von Foucault (1978) und im Anschluß ausführlich von Andriopoulos (1996) beschriebene Konzept der «no-fault-responsibility» ist ein besonderer unter den Wegen des Umgangs mit dem Konflikt zwischen naturalistisch-objektivierender und moralisierender Betrachtung: Die moralische Dimension wird inklusive Schuldfrage schlicht ausgeblendet, die Idee der Haftung aber dennoch nicht aufgegeben. Diese wird vielmehr direkt an die kausale Verursachung geknüpft – Schuld und Verantwortung werden getrennt. Diese, insbesondere von deutschen Juristen entwickelte, Idee der «Causalhaftung» entstand im Bereich des Zivilen und Öffentlichen Rechts und ist vor dem Hintergrund der Frage des angemessenen juristischen Umgangs mit Industrialisierungsrisiken zu sehen. Mit zunehmender Technisierung konnten schwerwiegende Unfälle durch «technisches Versagen» oder aufgrund kleinster menschlicher Fehler geschehen, oft ausgelöst durch Menschen, die für den Betrieb bestimmter Anlagen nicht verantwortlich gemacht werden konnten und auch finanziell nicht in der Lage waren, den Schaden zu begleichen. Der Eisenbahnunfall ist der klassische Fall, welcher auch heute noch die Frage der schuldunabhängigen Haftung im Angesicht von verstreuten Körperteilen

---

[2] Zum oft widersprüchlichen Umgang kriminologischer Theorien mit den Problemen von Autonomie und Moral: siehe Strasser 1984.

aufkommen läßt. Andriopoulos (1996) hat aufgezeigt, daß die rechtliche Unterscheidung von Zufall und Unfall zuerst im zivilrechtlichen Umgang mit dem Eisenbahnunfall entsteht. Dieser wird im preußischen Eisenbahngesetz von 1838 der Eisenbahngesellschaft verschuldensunabhängig zugerechnet, wobei explizit darauf hingewiesen wird, daß die «gefährliche Natur der Unternehmung» nicht als vom Schadensersatz befreiender Zufall zu betrachten ist. Die Kategorie des Unfalls zwischen Zufall und Schuld untergräbt das herkömmliche Schulddenken mit der Idee der Gefährlichkeit (vgl. Andriopoulos 1996, 57ff.).

Nach Foucault wurde die zivilrechtliche Idee der Verantwortlichkeit für Unfälle zu einem Modell für das Strafrecht, das den kriminalanthropologischen Thesen angemessen war – «It was civil law which made it possible to graft onto criminal law the essential elements of the criminological theses of the period.» (Foucault 1978, 15) Bei der Übertragung der Prinzipien der *Causalhaftung* vom Bereich des Zivilrechts in das Strafrecht «bietet die zivilrechtliche Darstellung des Monsters Eisenbahn ein Modell für die strafrechtliche Darstellung des Monsters Verbrechermensch. Die neue zivilrechtliche Figur einer «Verantwortlichkeit ohne Schuld» wird als Metapher ins Strafrecht übertragen.» (Andriopoulos 1996, 56) Für den Eisenbahnunfall wie für den biologisch determinierten *homo delinquente* als «kriminelles Risiko» scheint als Mittel des Risikomanagements die Idee der *no-fault-responsibility* angemessen, da sie sich nicht auf Fehler oder Schuld, sondern nur auf die Kausalkette bezieht; «one can render an individual responsible under law without having to determine whether he was acting freely and therefore whether there was fault, but rather by linking the act committed to the risk of criminality which his very personality constitutes. He is responsible since by his very existence he is a creator of risk, even if he is not at fault, since he has not of his own free will chosen evil rather than good.» (Foucault 1978, 16)

III
Kulturell vorgefertigte und erlernte Deutungsmuster prägen das Erleben eigenen Tuns und die Interpretation eigener Identität (vgl. etwa Cameron/Frazer 1993, 21). Das Muster, das Haarmann zur Konstruktion seines Selbstbildes als Täter gebraucht, ist das der Verantwortlichkeit ohne Schuld. Was ihn, gemessen an den Maßstäben konventionellen Rechtsdenkens so obskur erscheinen läßt, ist der Gebrauch von *no-fault-responsibility* als Selbstkonzept. Die Gespräche zwischen Haarmann und Schultze bieten uns die Gelegenheit zu untersuchen, was dies auf der Mikroebene konkreter Interaktion bedeutet und wie ein Selbstkonzept funktionieren kann, das Unfreiheit und strafrechtliche Verantwortungsübernahme bei Ausklammerung der moralischen Zurechnung integrieren soll.

Das wollte ich doch nicht: No fault
Haarmann konstruiert die Tötungen als Ereignisse, die restlos der Kontrolle des erzählenden Ichs entzogen sind, mit ihm eigentlich nur die körperliche Basis gemein haben und ihm jedenfalls nicht zugerechnet werden können.

> (...) – wenn so was mal passiert war.
> *Was meinen Sie damit?*
> Wenn einer mal tot gegangen war.
> *Vom Küssen doch nicht möglich?*
> Die waren dann tot den andern Tag. (PG, 181)

Hier taucht in der passiven Beschreibung der Resultate die 1. Person Singular überhaupt nicht auf. Ein Unfall ist «passiert», die Opfer «waren tot» oder sind «tot gegangen». Eine einem Entwurf folgende Handlung im Schützschen Sinne hat seitens des Täters nicht stattgefunden. «Das wollte ich doch nicht», Haarmanns oben zitierte Reaktion auf Schultzes Mordvorwurf ist eine Aussage, die sich unzählige Male in den Gesprächen findet. Schultze hingegen ist bemüht, einen handelnden Haarmann zu zeichnen und Um-zu-Motive zu etablieren (vgl. Schütz 1991). Neben dem Vorwurf, Ziel sei der Verkauf der Kleidungsstücke der Opfer gewesen (welcher auch tatsächlich stattgefunden hat), wird der Verdacht des profitorientierten Menschenfleischhandels als weiteres, mögliches ökonomisch-rationales Motiv immer wieder thematisiert.

Schultze interessiert sich auch für Haarmanns Erregungszustände während der Taten: Außer Geldgewinn vermutet er sexuellen Spaß als erklärendes Motiv. Beide Motivstränge tauchen auch in der Urteilsbegründung des Landgerichts auf, in der davon die Rede ist, daß «Haarmann die jungen Leute tötete, um sich geschlechtlich zu erregen und nach der Tötung sich in den Besitz der Sachen zu setzen.» (Landgericht Hannover 1924, 557) Alle diese möglichen Motive werden von Haarmann jedoch vehement bestritten. Er negiert jedwede Intention und untergräbt das Bild des motivisch orientierten, Mittel setzenden Menschen.

Da wir ein Handeln oft nach seinem Entwurf benennen, zur Beschreibung also auf die Ebene des Bewußtseins zurückgreifen, wird mit der Negation von Motiven nun auch der äußere Sachverhalt fragwürdig:

> *Wie umgebracht?*
> Umgebracht??
> *Ja!*
> Die wollt ich doch nicht umbringen.
> *Aber Sie haben ---*
> Ach was.
> *Von selber doch nicht gestorben?*
> Ach was – sie waren dann tot.
> *Wodurch gekommen?*
> Ich hatte sie dann wohl gebissen – (...). (PG, 190f.)

Haarmann scheint hier zu bestreiten, daß die Behauptung, er habe seine Opfer «umgebracht», angemessen ist. Er begründet dies mit der fehlenden Intention. Es ist charakteristisch für die Gespräche von Haarmann und Schultze, daß oft keine Einigkeit über die Ebene hergestellt werden kann, auf der jeweils gesprochen wird. Hier bewegt sich Schultze auf der Ebene des physischen Geschehens, Haarmann hingegen auf der der motivischen Sinnzusammenhänge, von wo aus er, diese leugnend auch jene untergräbt. Schultze versucht, Fakten zu präsentieren, die zu diesem Zeitpunkt nicht mehr diskutabel sind. «Ob Sie es wollten oder nicht», scheint er zu sagen, «Sie haben». Die Richtigkeit dieser Aussage läßt sich trivialerweise daran belegen, daß die Opfer doch offensichtlich nicht «von selber» gestorben sind. Haarmann hingegen will, auf der Basis einer intentionalistischen Handlungsbeschreibung, von etwas, das er nicht gewollt hat, auch nicht sagen, daß er es getan habe. Schließlich aber kann die völlige Ausblendung des tätigen Subjekts («sie waren dann tot») nicht durchgehalten werden. Irgendetwas hat sie getötet, und Haarmann kann nicht umhin, die Aktionen seines Körpers als eigene Taten zu beschreiben.

Als mit dem Erzähler zu identifizierende Person tritt Haarmann erst am Morgen nach den Taten wieder in die Szene ein und bemerkt, was geschehen ist. «Die wollte ich doch nicht beißen – das habe ich erst den andern Tag gesehen.» (PG, 191) «Das wollt ich nicht, die waren doch tot, wenn ich den andern Morgen aufwachte.» (PG, 200) Jetzt erst erleben wir einen zweckrational agierenden Haarmann, der zum Zwecke der Spurenbeseitigung in oft tagelanger Arbeit in seinem Zimmer die Leichen in kleine Teile schneidet und entsorgt. Auffällig im Sprechen über die Akte der Tötung ist der fehlende Modus der Erinnerung: Haarmann spricht nicht über erlebte Entscheidungen und Handlungen, vielmehr rekonstruiert er seine eigenen Taten wie ein außenstehender Beobachter anhand der nachträglich beobachteten Spuren und Berichte.

> Ich nehme an, daß ich sie totgebissen habe, weil ich die Zähne sah – von allein können sie doch nicht tot sein. – Vielleicht ist es auch möglich, daß ich sie gewürgt (...) habe, und daher ist zu erklären, daß ich keine Fingernägel gesehen habe. (PG, 440)

Erinnern ist wesentlich ein aktives Rekonstruieren auf der Basis der jeweils gegenwärtigen Relevanzstrukturen und verfügbaren Deutungsmuster (vgl. Halbwachs 1985). Haarmann aber vollzieht nicht den Schritt von der distanzierten Rekonstruktion zum identifizierenden Nacherleben vergangener Bewußtseinsphänomene. Sein Wissen über das Geschehene negiert die personale Identität des Erzählenden und des ehemals Tötenden. Haarmann weiß von seinen Tötungen in einer Form, die die Beschreibung zu rechtfertigen scheint, daß er nicht weiß, was geschehen ist. Er verweigert den spezifischen, privilegierten Modus des Wissens, in dem Subjekte sich selbst kennen. Von Schultze wird dieser wieder und wieder eingefordert:

> *Sie müssen wissen, wie das passiert ist.*
> Gott, dann schreibt das doch zu.
> *Ich will das von Ihnen wissen.*
> (...)
> *Geben Sie mal Acht, wir wollen mal offen sein, ich glaube nicht, daß sie krank sind.*
> Ganz gewiß nicht.
> *Deshalb müssen Sie wissen, wie das passiert ist.* (PG, 425)

Die Fakten sind längst klar. Der verantwortliche Täter fehlt. Anstatt seine Rolle zu übernehmen, beginnt Haarmann, selbst zu ermitteln. Der «Kriminal», der als mehr oder weniger offizieller Informant für die Hannover Polizei tätig war und in seiner Szene zuweilen eine «Polizeifunktion» hatte (vgl. Lessing 1925, 76ff.), agiert nun als Detektiv, der sich selbst als Täter findet. Zeugenberichte müssen berücksichtigt werden. «Das muß ich wohl gemacht haben, da sagten sie alle, Fritz, du mußt die gewürgt haben.» (PG, 322) Junge Männer, die Nächte mit Haarmann verbrachten, können ihm Aufschluß über seine Verhaltensmuster geben. «Die sagen auch, ich hatte sie so gedrückt – das haben sie alle gesagt – das stimmt dann auch – ich hätte sie hier so –» (PG, 191). Jeder könnte es getan haben, aber die Türe war verschlossen, alle Indizien deuten auf ihn selbst.

Vom Beißen wissen Sie nichts, das glaube ich nicht!
Ich wollte sie nicht tot beißen – die waren den andern Tag hier – *(zeigt auf Hals)* – gebissen – das konnte auch ein anderer gewesen sein – nee – ich hatte zugeschlossen – muss ich wissen. – Schreiben wir: muß ich wissen. (PG, 192)

Haarmanns versöhnliche Schlussfolgerung liest sich hier wie eine Antwort auf Schultzes Vorwurf, der sich übersetzen läßt als: «Das müssen sie doch wissen.» Haarmann konzediert, daß er es wissen muß – aber nicht aufgrund der von Schultze geforderten Erinnerung. Nicht als ein in einer sinnhaften Welt handelndes und in der Zeit stabiles Subjekt, das sich durch die erinnernde Rekonstruktion ehemaliger Motive mit vergangenen Taten identifizieren und sozial verantwortlich verknüpfen läßt.

Gemäß der mangelnden Verantwortung als Person und Handelnder weist Haarmann auch moralische Zurechnung von sich, ohne dabei die allgemeinen und von Schultze vorgetragenen Tötungsnormen in Frage zu stellen. Schultze initiiert Gespräche über legitime und illegitime Formen des Tötens: Der Soldat, der Metzger, der Henker – sie dürfen töten, und ihr Handeln muß von dem des Mörders abgegrenzt werden. Das wird von Haarmann nicht bestritten. Wer einen vorsätzlichen Mord begeht, ist ein «Schwein» (PG, 350). Aber der «liebe Gott» muß sagen: «das hast du nicht wollen. Wenn ich vor Mutter stehe und vor Christus, dann kann ich sagen, daß ich rein bin, daß ich das nicht habe wollen.» So kann Haarmann sich als moralisch unbefleckt inszenieren, ohne dabei konventionelle Werte abzulehnen oder sich jenseits der Bezüge sozialer Anerkennung zu stellen. Diese ist ihm sogar außerordentlich wichtig. Er will berühmt werden, will bei seiner Hinrichtung «militärischen Mut» demonstrieren und nicht als Verrückter etikettiert werden. Und seine Mutter, die er im Himmel zu treffen gedenkt, soll nichts von seinen Taten erfahren. Die fehlende Intention begründet die Unmöglichkeit moralischer Zurechnung. «Richtiger Mord ist das nicht.» (PG, 169) Die Distanzierung der eigentlichen Person von den Tötungen ermöglicht die Inszenierung moralischer Reinheit: «Ich bin doch nicht schlecht, bloß daß ich das gemacht habe (...) – und das wollte ich nicht...» (PG, 455).

Ich will geköppt werden: Responsibility

Schultze und Haarmann sind sich einig in der Forderung der Hinrichtung. Für Schultze ist dies ein Ausdruck seiner mit der Behauptung von Haarmanns Zurechnungsfähigkeit konsistenten moralischen Empörung. Er spricht davon, daß jemand wie Haarmann aus der Gesellschaft entfernt werden müsse (PG, 245). Sein Vergeltungsbedürfnis wird deutlich, wenn er für jeden Mord eine gesonderte Hinrichtung andenkt (PG, 226). Wie aber verträgt sich Haarmanns Wunsch, enthauptet zu werden, mit der Konzeption seiner selbst als prinzipiell unbeteiligter und moralisch keineswegs zu belangender Beobachter? Wie ist *no-fault-responsibility* als Selbstkonzept möglich?

In einer bemerkenswerten Passage diskutiert Schultze das Thema der Legitimation der Todesstrafe. Über die 10 Gebote sprechend, sagt Schultze:

> *Nennen Sie doch mal eins!*
> Du sollst Deinen Vater und Mutter ehren – Ende. – Du sollst nicht töten.
> *Warum?*
> Das steht doch da geschrieben.
> *Was passiert dann?*
> Der wird – hingerichtet. Der wird auch wieder geköpft – hähähä. (...)
> *Ist das richtig?*
> Ja, das ist ganz sicher.
> *Hat der Strafe verdient?*
> Ja, das ist doch so. Wenn man einen tot macht, wird man auch wieder tot gemacht.
> *Gehört sich das?*
> Jaaah! Das ist ganz richtig so. (PG, 160)

Bereits hinsichtlich der Begründung der Normgeltung antwortet Haarmann auf einer bloßen Faktebene, die die von Schultze intendierte Reflexion über den Sinn der Regel ignoriert. Der von Schultze wohl erwarteten rationalen Rekonstruktion der Verhaltensregel wird die Beschreibung empirischer Fakten entgegengesetzt: «Das steht doch da geschrieben.» Wenn Schultze nun fragt: «Was passiert dann», und damit möglicherweise bereits die Todesstrafe meint (was er zumindest im Anschluß nicht dementiert), so bewegt er sich in Einklang mit Haarmanns Sprachgebrauch, der ja in Bezug auf seine eigenen Tötungen auch davon spricht, daß «es passiert». Die Hinrichtung als Strafe ist in Schultzes Wahrnehmung eine Tötung, die jenseits einer dem Tötenden (Henker) exklusiven individuellen Zurechnung «geschieht», wie in Haarmanns Wahrnehmung diejenige, die seine «Veranlagung» exekutiert. Die *faits sociaux* als eigenständige Gewalt sind dem Individuum so entzogen wie die Welt der unbeherrschbaren Triebe. Dreimal fragt Schultze nun nach der Richtigkeit der Todesstrafe, bis Haarmann auf der beabsichtigten Ebene zustimmt. Zweimal zuvor aber antwortet Haarmann auf der Ebene faktischer Beschreibung und statistischer Prognose. Es ist so, und es ist sicher. Daß es sich auch so gehört, erscheint schließlich als Ableitung aus der hohen Wahrscheinlichkeit des faktischen Eintretens. Auf dem Weg von der faktischen Tötung zur strafrechtlichen Sanktion wird der verbindende Bereich der Moral schlicht übersprungen.

Hat Haarmann in Gesprächspassagen, die sich um die Konstruktion des moralisch verantwortlichen Täters drehen, beständig auf die Bewußtseinsebene gewechselt und das Fehlen der Intention betont, erscheint die Frage des Vorsatzes nun unwichtig, wenn die Hinrichtung begründet werden soll:

> *Was ist schlimmer, Mord oder Totschlag?*
> Das ist doch egal, wenn man tot ist, ist man tot. (...)
> *Beispiel: Unterschied zwischen Mord und Totschlag.*
> Das ist alles egal, tot ist tot, ich will hingerichtet werden. (PG, 226)

Stellte Haarmann einerseits Schultzes Präsentation scheinbar unhinterfragbarer Tatsachen durch das Leugnen einer Absicht in Frage, so verweist er nun auf die reine Faktizität der Leichenteile, wenn es um die Frage der Hinrichtung geht:

> *Leute sagen, ein gesunder Mensch könne nicht so viel umgebracht haben.*
> Das wollte ich doch auch nicht.
> *Sie wollten sich doch darüber mal besinnen.*
> Ich habe sie – ich will geköpt werden – ich habe sie doch umgebracht – Donnerwetter – die Knochen sind doch da – das müsste ja komisch zugehen. Wenn man einen tot gemacht hat, muß man doch hingerichtet werden. (PG, 424)

Bemerkenswert ist hierbei auch, daß Haarmann sich zu dem Satz «ich habe sie doch umgebracht» erst durchringt, nachdem er wieder seinen Wunsch nach Enthauptung kundgetan hat. Nicht die von Schultze erwartete erinnernde «Besinnung» ist es, die Haarmanns Verantwortungsübernahme begründet, sondern seine Erwartung der strafrechtlichen Sanktion. Eine weitere Stelle, die besonders drastisch Haarmanns Ausklammern der moralischen Dimension verdeutlicht, ist die folgende:

> ....ich kann es vor Gott verantworten, daß ich das nicht wollte. Deshalb kann ich ruhig schlafen.
> *Ich glaube nicht recht, daß Sie nichts davon wissen.*
> Geköpt werden will ich.
> *Ob Sie das verdient haben?*
> Ich will geköpt werden.
> *Ob Sie das verdient haben, ja oder nein?*
> Was soll das heißen, die sind doch tot, und wenn einer einen totmacht, dann hat er verdient, daß er hingerichtet wird, da ist doch nichts dran zu machen. (...) (PG, 364)

Haarmann hebt erneut seine moralische Reinheit angesichts fehlender Tötungsabsicht hervor. Daraufhin opponiert Schultze mit Simulationsverdacht hinsichtlich Haarmanns Erinnerung. Könnte die Verknüpfung des anwesenden Haarmann mit dem tötenden Haarmann via Erinnerung gelingen, so wäre nach Schultzes Ansicht offenbar das Argument der fehlenden Intention und damit der moralischen Reinheit widerlegt. Der Modus des Wissens des Individuums über sich selbst entscheidet über moralische Mißbilligung bis hin zur Legitimation der Todesstrafe. Haarmann, der gerade noch seine moralische

Unschuld darlegte, antwortet überraschenderweise, indem er seinem Wunsch nach Enthauptung Ausdruck gibt. Er widersteht Schultzes Versuch, ein moralisch zuständiges Subjekt zu konstruieren, und springt an einer Stelle der Auseinandersetzung, an der wir ein Beharren auf dem Mangel an Erinnerung erwarten würden, direkt zur Forderung der Hinrichtung. Schultzes anschließende Frage («Ob sie das verdient haben?») unterstellt eine vorangegangene Beschäftigung mit der Frage der moralischen Legitimation der Tötung Haarmanns – die jedoch in dieser Gesprächspassage nicht vorhanden war. Anscheinend war für Schultze die Beschäftigung mit der Erinnerung selbst schon die Frage nach der Gerechtigkeit der Vergeltung: Nur wer sich an seine Taten erinnert, kann auch dafür zur Verantwortung gezogen werden, denn damit konstituiert er überhaupt erst die Identität seiner aktuellen Person mit dem Täter. Haarmann weigert sich, über die moralische Legitimation zu sprechen, und insistiert: «Ich will geköpft werden.» Auf Schultzes nochmaliges Drängen, gibt Haarmann schließlich sein Unverständnis über Schultzes Problem kund: Der Weg vom Totmachen zur Hinrichtung ist indiskutabel – subjektive Schuld und Moral spielen dafür keine Rolle.

Wie ein wildes Tier: Kontrollverlust und Identitätsverlust

Moralische Zurechnung und Schuldzuschreibung sind so zentrale Elemente menschlicher Interaktion und moralische Vorwürfe ein so wichtiges Element der Legitimation strafrechtlicher Sanktionsforderungen, daß es nicht verwundert, wenn sich der Versuch ihrer Ausblendung kompliziert und widersprüchlich gestaltet. Dies betrifft vor allem die Konstitution und Bedeutung der persönlichen Identität des Täters. Mit der Verlagerung der Aufmerksamkeit von der Schuld auf die Gefährlichkeit, so kritisierte Foucault, geht auch eine Änderung der Betrachtung des Täters einher – weg vom Prinzip der Autorschaft hin zu dem der Kausalität. Die Behandlung des Delinquenten wird dabei zusehends nicht von der Frage geleitet, was er getan hat, sondern, was er möglicherweise tun wird. Es entsteht ein modernes Sanktionensystem, welches die persönliche Identität des Angeklagten fokussiert und zur Basis der Reaktion macht: «A form of justice which tends to be applied to what one is.» (Foucault 1978, 17)

In Haarmanns Fall läßt sich nun beobachten, wie mit der Ausblendung des Schuldproblems auch die radikale Infragestellung von Personalität einhergeht. Die Anwendung von *no-fault-responsibility* als Selbstkonzept korrespondiert mit der drohenden Auflösung von Identität. Der Grund ist wohl, daß Zurechnung eine Bedingung der sozialen Konstruktion personaler Identität ist, die aus der sozialen Welt nicht hinweggedacht werden kann: «Mit den Akten, welche die Gruppe einem Menschen zurechnet, indem sie ihn und sich der Urheberschaft seiner Taten versichert, ermöglicht sie es, daß der einzelne sich als das Identisch-Bestehende im Strom der verschiedenen Akte begreifen und erleben kann.» (Hahn 1987, 9) Zurechnung ist der Klebstoff, mit dem biographische Elemente in der Identität konstituierenden Rekonstruktion der eigenen Geschichte an das Selbst gebunden werden. Alle menschlichen Gesellschaften setzen daher nach Schütz und Luckmann (1991, 17) irgendeine Form der Zurechnungsfähigkeit voraus, basieren also auf der Annahme, «daß Menschen manches tun und anderes lassen können; mehr noch, daß sie manches *entweder* tun *oder* lassen können.» (Ebd., 16)

Ganz besonders die Idee des modernen Subjekts ist durch Autonomie, Verantwortungsfähigkeit, Disziplin und Rationalität gekennzeichnet (vgl. Kreissl 1997, 190). Das «heilige» Individuum, das nach Durkheim von der modernen Gesellschaft zu einem zentralen Wert gemacht wurde, ist ein verantwortliches. Es definiert sich nachgerade durch die Fähigkeit zur Selbstkontrolle. Haarmann untergräbt die Idee und den Wert des modernen Subjekts nicht nur in der offensichtlichen Hinsicht, daß er seine Opfer tötet, sondern zudem durch die Art seiner Selbstinszenierung. An die Stelle der Handlung tritt ein unkontrollierbares Geschehen jenseits von Intentionalität, an die Stelle von Autonomie die Unvorhersehbarkeit des eigenen Tuns und die Unbeherrschbarkeit des eigenen Wollens, und an die Stelle des rekonstruktiven Aufbaus einer (Täter-)Biographie tritt der vollständige Mangel an Erinnerung. Haarmann ist kein moderner Virtuose der Selbstthematisierung, der «seine Geschichte» erzählt (vgl. Soeffner 1992, 20). Längere, thematisch zusammenhängende Passagen biographischer Berichte sind kaum zu finden. Jede Seite der Protokolle ist vielfach unterbrochen von Fragen und Nachfragen Schultzes. Ein Lebenslauf, der die Tötungen erklärt oder zumindest nachvollziehbar erscheinen läßt, wird nicht konstruiert.

Aufschlußreich für die Art und Weise der Ausschaltung der Selbstkontrolle in der Selbstinszenierung Haarmanns ist eine philosophische Analyse der Willensfreiheit von Frankfurt (1971). Nach Frankfurt zeichnet es Personen aus, daß sie nicht nur Wünsche (*desires*) erster, sondern auch zweiter Ordnung haben. Sie wollen nicht nur bestimmte Dinge (eine Möglichkeit, die wir etwa auch Tieren zugestehen würden), sondern sind in der Lage, Wünsche hinsichtlich ihrer Wünsche auszubilden. Sie können anders sein wollen, können ihre eigenen Wünsche erster Ordnung (*first-order desires*) ablehnen oder befürworten.[3] Personen können ihren eigenen Wünschen gegenüber die Haltungen von Identifizierung (*identification*) oder Distanzierung (*withdrawal*) einnehmen, können ihre Entwürfe als ihre eigenen annehmen oder sich von einer fremden Kraft gelenkt fühlen. Ein typisches Beispiel ist die Figur des Drogenabhängigen, der abstinent sein will: Sein *first-order* Wille in einem gegebenen Augenblick (Abstinenz oder Konsum) entspricht entweder seinem *second-order* Willen (durch den Wunsch zur Abstinenz gelenkt sein zu wollen) oder wird als zwanghafter Ausdruck einer anderen Macht als der eigenen Person empfunden (vgl. auch Baumgärtner 1996).

In Frankfurts Begrifflichkeit läßt sich ein prägnanter Unterschied zwischen der *no-fault*-Haltung Haarmannns und der eines klassischen Triebtäters wie Jürgen Bartsch ausmachen. Beide, Bartsch und Haarmann erleben Taten, denen gegenüber sie nicht die Haltung der Identifikation einnehmen, die sie nicht als Ausdruck ihrer Person akzeptieren können. Wenn Bartsch in seine Zellenwand ritzt: «Ich habe mich gewehrt, aber ‹Es war stärker›», so wird ganz deutlich, daß er sich von einer fremden, seine Person überwältigenden Kraft getrieben sieht (vgl. Moor 1991, 72). Er erlebt den typischen Konflikt von Wille und Trieb (vgl. Schetsche in diesem Band), einen Konflikt von Wünschen erster Ordnung, und schildert seine Unfreiheit, die darin besteht, daß nicht dasjenige Motiv

---

253 Genauer: Frankfurt fordert second-order «volitions» für Personen: Sie wollen nicht nur bestimmte Wünsche haben, sondern wollen auch, daß diese Wünsche effektiv, handlungsleitend sind.

obsiegt, mit dem er sich identifiziert hat. Seine (angebliche) *second-order-volition*: nicht töten wollen zu wollen, ist nicht konform mit seinen Absichten in den Augenblicken der Morde. Bartsch ist zwar unfrei, aber zum Zeitpunkt seiner Taten als Person in Frankfurts Sinne vorhanden. Zu seinen Tötungssitzungen mit den entführten Kindern bringt er einen Reisewecker mit (Moor 1991, 60), der ihn in den konventionellen zeitlichen Rahmen einbindet und so die zeitliche Identität des Bartsch vor, während und nach seinen Taten symbolisiert. Entsprechend schildert sich Bartsch trotz des Ausgeliefertseins an eine unkontrollierbare «Neigung» als moralisch zuständige Person: «Wer mir verzeihen kann, tue es. Ich selbst kann mir nicht verzeihen!» (Ebd., 72) Haarmann hingegen entgeht dem Problem der moralischen Verurteilung seiner selbst durch die strikte Abspaltung der gegenwärtigen Person vom Täter. Er schildert keinen Konflikt von *first-order-desires*, beschreibt weder den Wunsch, die Opfer zu beißen noch den gegenteiligen. Entsprechend fehlt auch eine *second-order*-Auseinandersetzung mit Wünschen erster Ordnung. Sein beständiges: «Das habe ich nicht gewollt», bedeutet also nicht: «Ich habe gewollt, es nicht zu wollen.» Haarmann schildert keine Auseinandersetzung von und mit konfligierenden Wünschen, sondern die restlose Abwesenheit von Intentionen jeder Art. Im Gegensatz zum klassischen Triebtäter Bartsch ist Haarmann zum Zeitpunkt der Tat als Person – weder als freie noch als unfreie – nicht präsent.

Haarmanns Selbstkonzept führt an die Grenzen menschlicher Subjektivität und induziert Mensch-Tier-Grenzüberlegungen, die für den Versuch der Bestimmung des wesentlich Menschlichen charakteristisch sind. «Das muß wohl so in dem Stadium sein, wo das ins Tierische übergeht», vermutet Haarmann (PG, 427), – «ein Hund beißt – oder ein Wolf, – der beißt auch – oder ein Löwe» (PG, 437). Vom Haustier zur Wildkatze: Schritt für Schritt wird eine weitere Entfernung von menschlicher Zivilisation angedacht. «Es muß dann so über mich gekommen sein, ich war dann wie ein wildes Tier.» (PG, 448) Dieser restlosen Auflösung der Person wird von Haarmann allerdings andererseits eine in einem äußeren Sinne verantwortliche Person gegenübergestellt. Denn in Hinsicht auf das Geständnis der äußeren Abläufe und die Forderung der Hinrichtung spricht Haarmann von den Tötungen ja durchaus als von seinen Taten. Und auch sein Wunsch nach Ruhm, seine Absicht, einen Roman zu schreiben, seine groteske Vorstellung, über den Gräbern seiner Opfer solle ein Denkmal seiner selbst errichtet werden, zeigt, daß er *als Massenmörder* in die Geschichte eingehen und beachtet werden will. Wie seine eigene Hinrichtung, so fordert er auch ehrfürchtige Anerkennung jenseits moralischer Zurechnung.

Die Ambivalenz in der Zurechnungsfrage korreliert mit Merkwürdigkeiten in der Verwendung der Ideen von Selbst, Selbstbeobachtung und Selbstkontrolle. Wenn es für die Konstitution von Identität nach Mead (1934) essentiell ist, sich selbst zum Objekt zu werden, sich aus der Perspektive der Anderen wahrzunehmen, so erscheint Haarmanns Weise der Selbstbeobachtung als ein Mißverständnis von Meads «Anleitung»: Haarmann sieht sich (als Täter) exklusiv aus der detektivischen Perspektive des Anderen, ohne jedoch die Identität des aus der Fremdperspektive Beobachtenden und des Beobachteten herzustellen. Haarmann konstituiert sich «selbstreflexiv» als Objekt und bleibt sich Objekt. Aufgrund der völligen Trennung der beobachtenden und der beobachteten

Ebene kann folglich auch Selbstkontrolle nicht im Sinne asketischer Einwirkung der zweiten Ebene auf die Wünsche erster Ordnung, sondern nur im Sinne externer Selbstkontrolle auf dem Weg über dritte Personen oder Instanzen funktionieren. Wenn die Möglichkeit einer Verhinderung der Taten überhaupt angedacht wird, so nicht im Sinne willentlicher Selbstbeherrschung, sondern im Sinne selbstinduzierter sozialer Kontrolle. So behauptet Haarmann etwa, die Polizei eingeschaltet zu haben, um sein nächstes potentielles Opfer vor dem Tod zu bewahren.

> Ich habe ihn jeden Tag rausgeschmissen. Er kam jeden Tag wieder. Er war auf dem Bahnhof und wollte wieder mit Gewalt mit. Da habe ich der Polizei Bescheid gesagt.
> *Warum?*
> Dann hätte ich ihn doch auch totgebissen, der war ja so geil, der hat mich selbst auch gebissen. (PG, 312)

Haarmann schaltet hier (angeblich) Dritte ein, um ein Geschehen zu verhindern, das voraussichtlich seinem Wollen entspringen wird. Das zu kontrollierende Wollen ist ein Element in der Person, welches nicht unmittelbar gesteuert und nicht in das Selbstbild integriert werden kann. Insofern es in seiner Wirkung aber durch geeignete externe Maßnahmen gebremst werden kann, tritt hier nun doch die konventionelle Verbindung von Zurechnung und Verantwortung zutage. Haarmann, der sein Sexualleben als eine Abfolge wesentlich unkontrollierbarer Risikosituationen und die Tötungen als Unfälle schildert, rechnet sich das Versagen des Arrangements situativer Kontrolle zu.

> *Malheur?*
> Och, Malheur, nein – ach nein – ich brauchte doch nicht mit ihnen poussieren. (PG, 281)

Während Haarmann in der Regel unter Ausblendung der Schuldfrage direkt vom äußeren Ablauf zur strafrechtlichen Haftung übergeht (s.o.), wird hier deutlich, daß die vermeintliche Umgehung des Schuldprinzips mit seiner faktischen Ausdehnung einhergehen kann: Was der Person wie ein Unfall geschieht, läßt sich hinsichtlich des Managements der Prämissen des Unfalls persönlich zurechnen.

Das ist nicht viel – son Mensch: Zur Personalität der Opfer

Es lohnt sich, abschließend einen Blick auf Haarmanns Angriff auf die Individualität der Opfer zu werfen. Auch hier wird Personalität untergraben – und nicht nur in der offensichtlichen Hinsicht des Tötens an sich. Schon durch den Aspekt der Serientat verliert jedes einzelne Glied der Reihe an individueller Bedeutung.

> *Alle Welt hält sie für schuldig, Koch umgebracht zu haben.*
> Das habe ich dem Vater schon gesagt, dann schreiben wir ihn dazu, das habe ich schon immer gesagt. Mir liegt es an einem doch nicht. (PG, 390)

Wird Haarmann von Schultze mit den individuellen Schicksalen konfrontiert, so versucht er, die Missbilligung zu neutralisieren (vgl. Jäger 1989), indem er die Opfer als «Puppenjungs» devaluiert (PG, 224). Einen besonderen Angriff auf die Opfer als Personen stellt aber Haarmanns Art des Umgangs mit den Leichen dar. Hatte sich im Zuge der gesellschaftlichen Modernisierung eine zunehmende Ausblendung des Körperlichen aus der öffentlichen Wahrnehmung durchgesetzt (vgl. Elias 1991), wird durch die ausführlichen sachlichen Schilderungen des Zerlegens der Opfer in kleine Stücke die Aufmerksamkeit auf die pure Körperlichkeit des Menschen konzentriert. Zwischen Knochen- und Fleischteilen verflüchtigt sich die persönliche Identität der Opfer ins Bedeutungslose.

> Ich ging wohl so 6 – 7 mal, bis alles heraus war – das ist nicht viel – son Mensch – nee – hier sone Tasche unterm Arm, da habe ich es hineingepackt – hier so eine Tasche – *(zeigt auf meine Amtsmappe)* – nur die ganz großen Knochen gingen nicht hinein. (PG, 196)

Der Umgang mit dem Körper des Anderen wird zu einem logistischen Problem der heimlichen Entsorgung, zur anstrengenden Arbeit, die mehr zu einer Beschäftigung mit der eigenen Mühsal als dem Leiden des Opfers Anlaß gibt.

So ist denn auch der Kannibalismusverdacht besonders prägend für die öffentliche Wahrnehmung des Falles Haarmann. Schultze thematisiert wiederholt die Vermutung, Haarmann habe einen Menschenfleischhandel betrieben. Gerade dieser Verdacht ist auch das Fundament der Angst in dem Volksliedchen: «Warte, warte nur ein Weilchen/ dann kommt Haarmann auch zu dir/mit dem kleinen Hackebeilchen/Und macht Hackefleisch aus dir.» (Marwedel 1995, 7) Die Serientat wird hier als ein unkontrollierbares Ereignis wahrgenommen, von dem jeder und jede betroffen sein kann. Wie Haarmann als Täter, so erleben die vermeintlichen potentiellen Opfer einen Kontrollverlust angesichts eines nicht zu steuernden Risikos. Dabei wird die Zerstückelung des Körpers jenseits des eigenen Todes als besonderes Problem gesehen. Wie im Fall des Jack the Ripper (vgl. Walkowitz 1997, 116) ist ein tabubrechender Umgang mit den toten Körpern fast mehr als die Morde selbst Anlaß zu öffentlicher Erregung. Bei Haarmann erschreckt nicht sexuelle Verstümmelung, sondern das Infragestellen der Grenzlinie zwischen Mensch und Tier durch den vermeintlichen Bruch des Kannibalismustabus. Wie Haarmann sich als zum Tatzeitpunkt wildes Tier interpretiert, so werden die Opfer im Bild von «Haarmanns Würstchen» (vgl. PG, 292) grundsätzlich in ihrer Menschlichkeit angegriffen erlebt.

Manche Äußerungen Haarmanns über seinen Umgang mit den Leichen zeigen jedoch, daß ihm die Ausschaltung der Opfer als moralische Instanzen nicht wirklich gelingt. Wie mit seinem eigenen, so ist Haarmann mit den Köpfen der Opfer ganz besonders beschäftigt. Wieder und wieder verlangt er, daß er seinen Kopf mit in den Himmel nehmen könne – eine Obsession, die vielleicht ein Stück ihrer Merkwürdigkeit verliert, wenn wir wissen, daß Haarmanns Kopf zu Forschungszwecken tatsächlich bis heute aufbewahrt wird. Haarmann überlegt nun, ob seine Opfer im Himmel zu einer Bedrohung für ihn werden könnten. Aber:

> Die werden doch schon nichts sagen – die Köpfe sind doch nicht da, die sind kaputt und abgemacht – die können mich gar nicht wiedersehen, die haben keine Augen,

keinen Kopf (...) – Die können doch nicht sehen ohne Augen – die habe ich alle kaputt gemacht – hab ich Taschentuch übergelegt und dann habe ich sie kaputt gemacht – (PG, 169)

Noch während der Zerstückelung der Leichen versucht Haarmann, den für seine Identität konstitutiven Blicken der Opfer auszuweichen, indem er ihnen ein Tuch über die Augen legt und ihre Köpfe «kaputt macht». Gerade dieser besonders bestialisch erscheinende Akt ist nicht von der erfolgreichen Objektivierung der Opfer, sondern im Gegenteil von ihrer Bedrohung qua Personen motiviert.

IV

Das Problem der moralischen Zurechnung scheint von weitgehender Beliebigkeit und letztlicher Unentscheidbarkeit gekennzeichnet. Menschen können ebenso Verantwortung für weitreichende Kausalketten übernehmen, wie Verantwortung für unmittelbares körperliches Wirken negieren. Im Einzelfall ist es ein Leichtes, jeden Täter als Opfer seiner Umstände zu rekonstruieren. Im Allgemeinen erscheint die Option für die Idee der Willensfreiheit antiquiert und metaphysisch, während die Option dagegen in einem naturalisierend-objektivierenden Menschenbild resultiert, welches der menschlichen Erfahrung eigenen und fremden Handelns nicht gerecht wird.

Frankfurts Analyse zeigt, wie der phänomenologisch ja sinnvolle Begriff der Willensfreiheit metaphysikfrei gebraucht werden kann. Willensfreiheit bezeichnet nicht den Zustand, in dem eine Person tun kann, was sie will, sondern «the statement, that a person enjoys freedom of the will means (...) that he is free to want what he wants to want.» (Frankfurt 1971, 15) Dieser Zustand ist dann gegeben, wenn die jeweiligen Absichten (volitions) zweiter Ordnung und der handlungsleitende Wille erster Ordnung übereinstimmen. «It is in securing the conformity of his will to his second-order volitions, then, that a person exercises freedom of the will.» (Ebd.) Es ist damit nun nicht mehr notwendig, die Abwesenheit kausaler Bestimmtheit für das Vorliegen einer freien Willensentscheidung zu fordern. Die Konformität von Absichten erster und zweiter Ordnung ist auch in einer kausal determinierten Welt denkbar – die Willensfreiheit selbst kann kausal determiniert sein (ebd., 20). Das bedeutet weiter, daß der Begriff der Zurechnung im Sinne des Tun-oder-lassen-könnens von dem der Willensfreiheit unabhängig zu denken ist. Personen können frei sein, ohne daß dies ein Anders-handeln-können impliziert. Analysen von Handlungen und Handelnden (z.B. Tätern) können also auf die mögliche Freiheit des Handelnden rekurrieren, ohne eine moralische Bewertung (z.B. Verurteilung) gleich mitzuliefern. Frankfurts Darstellung macht auch deutlich, daß sich die Rede von der Willensfreiheit als Eigenschaft der Relation zwischen zwei Ebenen von Absichten immer nur auf konkrete Ebenen des Wollens anwenden läßt. Wenn Freiheit auf der ersten Ebene durch Übereinstimmung des jeweiligen Willens mit den Absichten der zweiten Ebene gegeben ist, so ist damit über die Freiheit des Wollens auf der zweiten Ebene noch nichts ausgesagt. Die *second-order*-Freiheit (wie auch die *second-order*-Unfreiheit) läßt sich selbst wiederum nur in Relation zu einer dritten Ebene bestimmen. Tatsächlich kommt dieser theoretisch *ad infinitum* denkbare Reflexionsprozeß in der

Regel sehr früh an einen Endpunkt, und «decisiveness of the commitment» zu einer Absicht ersetzt die in der Praxis unmögliche unendliche Reflexion. Der Versuch, letztliche Freiheit zu begründen, könnte nur in einer *Selbst*-zerstörerischen Kettenreaktion resultieren: «The tendency to generate such a series of acts of forming desires, which would be a case of humanization run wild, also leads toward the destruction of a person.» (Ebd., 16) Wie eine Person jenseits von Zurechnung überhaupt (vgl. Hahn 1987), so ist auch eine völlig freie Person undenkbar. Jede Konstitution von Personalität stößt an ein Ende der Reflexion und damit an einen Bereich jenseits von Freiheit und Unfreiheit.

Eine analoge Entwicklung läßt sich anhand von Schütz' (1991) Handlungstheorie in der Struktur der Handlung selbst aufzeigen. Mit Schütz können wir *Um-zu-* und *Weil-*Motive von Handlungen unterscheiden. Handeln hat für den Handelnden einen aktuellen Sinn, welchen es prospektiv in Relation zum Entwurf (an welchem es in seinem Ablauf orientiert ist) gewinnt – der Sinn des Handelns ist die vorher entworfene Handlung (Schütz 1991, 79). Die als abgelaufen entworfene Handlung, an welcher das Handeln orientiert ist, nennt Schütz das *Um-zu-Motiv* des Handelns. Von diesem zu unterscheiden ist das echte *Weil-Motiv*: «Indessen das *Um-zu-Motiv*, ausgehend vom Entwurf, die Konstituierung der Handlung erklärt, begründet das echte *Weil-Motiv* aus vorvergangenen Erlebnissen die Konstituierung des Entwurfes selbst.» (Ebd., 123) Mit anderen Worten: Die Frage nach dem *Weil-Motiv* ist die Frage nach den Ursachen der Konstitution des Handlungszieles und der Wahl der Mittel, welche in vorangegangenen Erlebnissen zu suchen sind. Während in der *Um-zu-Relation* der Entwurf das Handeln motiviert, welches sich aufgrund des Entwurfes vollzieht, «motiviert» in der echten *Weil-Relation* ein dem Entwurf vorangegangenes Erlebnis den Entwurf selbst.

Auch eine idealtypisch rationale Handlung ist nicht ohne weiteres dem jeweils aktuell Wählenden und Handelnden zurechenbar. Zum einen deshalb, weil die für die *Weil-Relation* bedeutsamen früheren Erlebnisse, Erfahrungen und daraus resultierenden Einstellungen üblicherweise nicht selbst rational geplant sind: «Man entwirft ja seine Einstellungen nicht: man plant sein Handeln, aber nicht seine Neigungen zum Handeln.» (Schütz/Luckman 1990, 35) Die seinen Handlungen zugrundeliegenden Einstellungen sind dem Handelnden zumeist nicht klar bewußt und auch für ihn selbst nicht oder nur schwerlich rekonstruier- und verstehbar (ebd., 36). Zum anderen kann keine rationale Handlung alle Mittel und Ziele zum Gegenstand eines vernünftigen Um-zu-Kalküls machen. Auch wenn Ziele wiederum als Mittel zum Zwecke der Erreichung weiterer Ziele interpretiert werden können, muß auch diese Reihe in der Praxis ein Ende finden. Gewisse Ziele sind als «letzte» durch Weil-Motive bedingt schlicht gegeben und nicht selbst rational gewählt. Von der (instrumentellen) Rationalität des Handelns kann also immer nur in Relation zu bestimmten Zielen gesprochen werden, deren Existenz selbst nicht mehr rational zu begründen ist. Auch in Bezug auf den Vorgang des Entwerfens tritt das Problem des unendlichen Regresses auf: Handlungsentwürfe, die selbst entworfen sind, sind zwar denkbar (ich kann mir als Frankfurt'sche Person eine Zielsetzung zum Ziel setzen oder das Planen eines komplexen Handelns planen), aber der Entwurf des Entwurfs (des Entwurfs etc.) ist mit Sicherheit nicht selbst wiederum entworfen. Die Konstruktion eines verantwortlich Handelnden stößt somit auch unter dem Vorbehalt völliger Rationalität auf Grenzen der Zurechenbarkeit. Der Zwiespalt von Kontrolle und Kontrollverlust, im Deutungsmuster des irrationalen Verbrechens, besonders des «Lustmordes», als Gegensatz von Wille und Trieb, von Zivilisation und Wildheit, von Autonomie und Animalität konstruiert, ist in der Struktur der rationalen Handlung selbst angelegt.

Was an Haarmanns Fall auf besondere Weise verwundert, ist in vielen harmloseren Beispielen Alltag: Menschen sind zuweilen von ihren eigenen Handlungen überrascht, können sie nur mit einer gewissen Wahrscheinlichkeit vorhersagen (vgl. Strauss 1968). Und sie versuchen, ihr Wollen unter Einsatz externer Mittel zu lenken, weil sich das Wollen einer Ebene nicht immer ohne weiteres durch ein darauf bezogenes Wollen einer höheren Ebene beeindrucken läßt. In diesem Sinn ist *no-fault-responsibility* ein allgemeines Prinzip der Konstitution von Identität: Personen entstehen mit der Zurechnung von Handlungen, die dem Menschen auf weiteren Ebenen der Selbst-Reflexion immer auch nicht zurechenbar sind. Was an Haarmann besonders verstört, ist also nicht die Mischung von Unschuld und Verantwortungsübernahme per se, sondern ihre Anwendung auf der gleichen Ebene des Wollens. Damit erzeugt er eine fundamentale Ambivalenz im Gebrauch der Begriffe von Zurechnung und Identität. Entscheidend ist dabei nicht eine Mischung von ein bißchen Zurechnungs- und ein bißchen Unzurechnungsfähigkeit (die ja heute im Begriff der verminderten Zurechnung anerkannt ist), sondern der gleichzeitige Einsatz von völliger Unzurechnungsfähigkeit auf der moralischen Ebene und völliger Zurechnung auf der Ebene gesellschaftlicher Reaktionen: der unbedingten Erwartung der Hinrichtung wie der ruhmreichen Anerkennung. Damit wird der Zurechnungsbegriff als Bindeglied zwischen subjektiver und gesellschaftlicher Verantwortung erodiert, der Einklang von Selbstkontrolle und Kontrollierbarkeit gestört und die moralische wie die medizinische Legitimation des sozialen Ausschlusses des Unkontrollierbaren unterwandert.

Literaturangaben

Andriopoulos, Stefan (1996): Unfall und Verbrechen: Konfigurationen zwischen juristischem und literarischem Diskurs um 1900, Hamburger Studien zur Kriminologie, Bd. 21., Pfaffenweiler: Centaurus.
Baer, Rolf (1988): Psychiatrie für Juristen, München u.a.: Enke.
Baumgärtner, Theo (1996): Drogengebrauch und Ethik, neue praxis 1/96, 33–47.
Black, Joel (1991): The Aesthetics of Murder. A Study in Romantic Literature and Contemporary Culture, Baltimore u.a.: The Johns Hopkins University Press.
Cameron, Deborah/Elizabeth Frazer (1993): Lust am Töten. Eine feministische Analyse von Sexualmorden, Frankfurt a.M.: Fischer.
Elias, Norbert (1991): Über den Prozeß der Zivilisation. Soziogenetische und psychogenetische Untersuchungen, 2 Bde, Frankfurt a.M.: Suhrkamp.
Foucault, Michel (1978): About the Concept of the «Dangerous Individual» in 19th-Century Legal Psychiatry, International Journal of Law and Psychiatry, Vol. 1, 1–18.
Frankfurt, Harry G. (1971): Freedom of the will and the concept of a person, The Journal of Philosophy, Volume LXVIII, Number 1, January 14, 5–20.
Giesemann, Horst (1985): Friedrich Heinrich Karl Haarmann: Zur Genealogie, Pozsár, Christine/Farin, Michael (Hg.), Die Haarmann-Protokolle, Reinbek bei Hamburg: Rowohlt 1995, 51–54.

Hahn, Alois (1987): Identität und Selbstthematisierung, Hahn, Alois/Kapp, Volker (Hg.), Selbstthematisierung und Selbstzeugnis: Bekenntnis und Geständnis, Frankfurt a.M.: Suhrkamp, 9–24.

Halbwachs, Maurice (1985): Das Gedächtnis und seine sozialen Bedingungen, Frankfurt a.M.: Suhrkamp.

Hess, Henner/Sebastian Scheerer (1997): Was ist Kriminalität? Skizze einer konstruktivistischen Kriminalitätstheorie, Kriminologisches Journal 2/1997, 83–155.

Jäger, Herbert (1989): Bedingungen und Mechanismen der Neutralisation, Ders., Makrokriminalität. Studien zur Kriminologie kollektiver Gewalt, Frankfurt a.M.: Suhrkamp, 187–215.

Kreissl, Reinhard (1997): Überlegungen zur Kritik des kriminologischen Gewaltdiskurses, Krasmann, Susanne/Scheerer, Sebastian (Hg.), Die Gewalt in der Kriminologie, Kriminologisches Journal, 6. Beiheft 1997, 183–198.

Landgericht Hannover (1924): Im Namen des Volkes, Pozsár, Christine/Farin, Michael (Hg.), Die Haarmann-Protokolle, Reinbek bei Hamburg: Rowohlt 1995, 481–561.

Lessing, Theodor (1925): Haarmann: Die Geschichte eines Werwolfs, hrsg. von Rainer Marwedel, 2. Aufl. München: DTV 1996.

Marwedel, Rainer (1995): Von Schlachthöfen und Schlachtfeldern, Einleitung, Lessing, Theodor, Haarmann. Die Geschichte eines Werwolfs. Und andere Gerichtsreportagen, hrsg. von Rainer Marwedel, München: DTV, 7–27.

Mead, George H. (1934): Mind, Self, & Society from the Standpoint of a Social Behaviorist, edited and with an Introduction by Charles W. Morris, Chicago u.a.: The University of Chicago Press.

Moor, Paul (1991): Jürgen Bartsch: Opfer und Täter. Das Selbstbildnis eines Kindermörders in Briefen, Reinbek bei Hamburg: Rowohlt.

Pozsár, Christine (1995): Psychiatrischer Kommentar zu den «Haarmann-Protokollen», Christine Pozsár/Michael Farin (Hg.), Die Haarmann-Protokolle. Reinbek bei Hamburg: Rowohlt 1995, 565–634.

Psychiatrische Gespräche (1924), Christine Pozsár/Michael Farin (Hg.), Die Haarmann-Protokolle. Reinbek bei Hamburg: Rowohlt 1995, 121–461.

Reemtsma, Jan Philipp (1997): Freiheit, Macht, Gewalt, Krasmann, Susanne/Scheerer, Sebastian (Hg.), Die Gewalt in der Kriminologie. Kriminologisches Journal, 6. Beiheft 1997, 31–44.

Scheerer, Sebastian (1996): Vorwort, Stefan Andriopoulos, Unfall und Verbrechen: Konfigurationen zwischen juristischem und literarischem Diskurs um 1900, Hamburger Studien zur Kriminologie, Bd. 21, hrsg. v. Liselotte Pongratz u.a., Pfaffenweiler: Centaurus.

Schultze, Ernst (1924): Aerztliches Gutachten über den am 25. Oktober 1879 geborenen ledigen Fritz Haarmann, erstattet auf Ersuchen des Untersuchungsrichters III zu Hannover, Pozsár, Christine/Farin, Michael (Hg.), Die Haarmann-Protokolle, Reinbek bei Hamburg: Rowohlt 1995, 463–477.

Schütz, Alfred (1991): Der sinnhafte Aufbau der sozialen Welt: Eine Einleitung in die verstehende Soziologie, 5. Aufl., Frankfurt a.M.: Suhrkamp.

Schütz, Alfred/Thomas Luckmann (1990): Strukturen der Lebenswelt, Band 2., 2. Aufl., Frankfurt a.M.: Suhrkamp.

Soeffner, Hans-Georg (1992): Luther – Der Weg von der Kollektivität des Glaubens zu einem lutherisch-protestantischen Individualitätstypus, Ders. Die Ordnung der Rituale: Die Auslegung des Alltags, 2. Aufl., Frankfurt a.M.: Suhrkamp, 20–75.

Sofsky, Wolfgang (1994): Zivilisation, Organisation, Gewalt, Mittelweg 36, 2/1994, 57–67.

Strasser, Peter (1984): Verbrechermenschen. Zur kriminalwissenschaftlichen Erzeugung des Bösen, Frankfurt u.a.: Campus.

Strauss, Anselm (1968): Spiegel und Masken. Die Suche nach Identität, Frankfurt a.M.: Suhrkamp.

Walkowitz, Judith R. (1997): Jack the Ripper und der Mythos von der männlichen Gewalt, Corbin, Alain (Hg.), Die sexuelle Gewalt in der Geschichte, Frankfurt a.M.: Fischer.

Serienmörder als autonome Einzige

Beate Kramer

> «Nicht ein außerhalb meiner Gewalt liegendes Recht
> legitimiert Mich, sondern lediglich meine Gewalt; habe ich
> die nicht mehr, so entschwindet mir die Sache.»
>
> Max Stirner, Der Einzige und sein Eigentum

1. Das Phänomen

Serienmörder sind habituelle Täter, die in Fortsetzung töten. Was ihre geistige Zurechnungsfähigkeit betrifft, so sind die Meinungen in der Fachwelt und in der interessierten Öffentlichkeit gespalten. Es gibt bislang keinen schlüssigen Nachweis über Gesundheit oder Krankheit der Täter. Häufig werden bereits beide Begriffe unterschiedlich interpretiert. Warum diese Täter das Morden nicht lassen, ist immer noch eine offene Frage. Fahndungstechnische Klassifikationen, wie das vom FBI entwickelte VICAP, helfen zwar zuweilen, Serienmörder zu fassen, vermögen deren Motivation aber nicht hinreichend zu erklären. Geschweige denn, daß anhand ihrer beantwortet werden kann, warum ein mit krimineller Phantasie begabter Mensch Kriminalschriftsteller wird, ein anderer aber seine Phantasie verwirklicht und ein dritter seine Phantasie einsetzt, um den Serienmörder dingfest zu machen.

Die Philosophen haben sich dieser Thematik bislang entzogen. An dieser Stelle soll nun eine Betrachtungsweise dieses Phänomens vorgestellt werden, die auf dem philosophischen Konzept des individuellen Anarchismus von Max Stirner (1806 – 1856) basiert.

Ohne damit die Täter und ihre Taten aufwerten oder Stirners Autonomiebegriff denunzieren zu wollen, bietet dieser Ansatz eine elegante, einfache Erklärung. Dabei muss nicht auf metaphysische Begriffe wie das «Böse» oder auf Modelle zurückgegriffen werden, deren Grundlage in einer Theorie der Devianz von einem wie auch immer gearteten affektiven Normalen besteht. Max Stirners individueller Anarchismus, ausgeführt in seiner 1844 erschienenen größeren Schrift «Der Einzige und sein Eigentum», ist kein politischer Anarchismus im Sinne eines tages- oder weltpolitisch relevanten Eingreifens. Er ist aber insofern politisch, als dass das Individuum staatliche oder gesellschaftliche Verkehrsformen als dem Konzept des Einzigen widersinnig begreift.

Stirner selbst gehörte als «Dissident unter Dissidenten» (Laska 1994, 11) zum Umkreis des linken Hegelianismus in der Mitte des 19. Jahrhunderts in Deutschland. Anders als seine Kollegen, deren philosophisches Ziel darin bestand, auf der Grundlage der Hegelschen Geschichtsphilosophie Religionskritik und Aufklärung zu betreiben (wie Feuerbach, die Brüder Bauer) oder die Hegelsche Geschichtsphilosophie in einer ökonomischen Basis zu verankern (wie Marx und Engels), entwarf er ein philosophisches Konzept, das auf jedes Postulat historischen oder menschlichen Fortschritts verzichtete. Sein Entwurf des Autonomiebegriffs wendet sich direkt gegen Hegels Vernunftbegriff, der bestimmt wird als «Freiheit ist Einsicht in die Notwendigkeit historischer Evolution und persönlicher Perfektibilität».

Religionskritik wurde bei Stirner zur Philosophie- und Staatskritik überhaupt, und die ökonomische Basis seiner Theorie war eine alternative, anarchisch organisierte Wirtschaft. Stirner versuchte, seine Theorie der Autonomie anarchische Praxis werden zu lassen. Wenn dies auch von seinen Zeitgenossen belächelt wurde, so haben seine theoretischen Überlegungen nichts an Aktualität eingebüßt. Die Wirkung seines Buches dauert untergründig seit seinem Erscheinen im Oktober 1844 an. Seine Thesen haben in der deutschen Zeit- und Philosophiegeschichte oder der Geschichte des internationalen Anarchismus ihre Spuren hinterlassen. Bis auf den heutigen Tag vermögen Veröffentlichungen nicht, Stirners Aussagen kritisch distanziert zu bewerten. Er wird entweder geliebt oder verabscheut.

Eine Betrachtung des Phänomens des Serienmordes vermag Stirners Autononomiebegriff gleichzeitig zu illustrieren und ihm mehr Schärfe zu verleihen. Umgekehrt wird deutlich, daß der Stirnersche Autonomiebegriff, unter Einbeziehung von Yochelsons und Samenows Charakterisierung der Täterpersönlichkeit, für eine Beschreibung der Täter ausreicht. Auf andere psychologische oder anthropologische Erklärungsmuster wird in diesem Beitrag verzichtet.

Die Umsetzung mörderischer Phantasien in fiktionalen Werken unterscheidet sich von deren Umsetzung in die Realität. Fiktionale Realisierungen bleiben sowohl für die phantasierenden Individuen als auch ihre Umgebung folgenlos. Was die Gemüter einer Gesellschaft hingegen zu bedrohen scheint und wofür Begründungen gesucht werden, ist die Tatsache, daß mörderische Phantasien von Individuen im Rahmen von realen Tötungshandlungen ausgeführt werden, für die gesellschaftliche Regeln sowie moralische und rechtliche Normen offensichtlich keine Gültigkeit zu besitzen scheinen. Diese Individuen zu resozialisieren, i.e. ihr Tun in die Gesellschaft zu integrieren, heißt, um des Funktionierens einer vernunftgläubigen, moralisch orientierten Gesellschaft willen, dass ihre Taten mit allen verfügbaren Argumenten erklärbar gemacht werden müssen. Nicht so sehr das Töten selbst, das in Kriegszeiten politisch in der Regel positiv sanktioniert wird, schafft die Unruhe. Beunruhigend ist das Autokratische dieses Tötens. Serienmord ist so alt wie die Welt, seine Beurteilung sowie Strafverfolgung richtet sich seitdem nach moralpolitischen Gegebenheiten. Allerdings wird sich kein erfolgreicher Täter durch gutes Zureden von seinen autokratischen Tötungsvorhaben abbringen lassen.

2. Zur Struktur bisheriger Erklärungsversuche
Die Deutungsversuche, die bereits zum Aspekt des wiederholten Tötens existieren, stellen sich in ihrer Gesamtheit sehr komplex dar und unterscheiden sich radikal von dem hier vorliegenden Ansatz. Sie können im Wesentlichen auf drei Deutungsvarianten reduziert werden, die hier holzschnittartig skizziert werden sollen, ohne auf deren Stärken oder Schwächen im Einzelnen näher eingehen zu können.

Die erste lässt sich im weitesten Sinne als sozialwissenschaftlich bezeichnen. Sozialpsychologische und psychiatrische, medizinisch-psychologische Erklärungsmodelle sind in diesem Ansatz inbegriffen. Letztere gehen zurück auf das Konstrukt einer Unterscheidung zwischen somatisch verursachter Mord-Monomanie und Mord-Melancholie, definiert als «eine Störung des Geistes ohne Störung des Verstandes».[1] Die inzwischen vorhandenen, verschiedenen psychologischen Schulen argumentieren heute immer noch entlang der Differenzlinie zwischen physisch hervorgerufener Geisteskrankheit der Täter und einer Persönlichkeitsstörung ohne Krankheitswert. Der mit der Isolation des Täters argumentierende (vgl. Rasch 1964) sozialpsychologische Ansatz kann mit der Formel «Individualisierung durch Exklusion» (Luhmann 1989, 158ff.) knapp auf den Punkt gebracht werden. In einer differenzierten Gesellschaft wird Individualität nicht mehr durch den Einschluß eines Individuums in ein Subsystem der Gesellschaft, sondern durch freiwillige oder unfreiwillige Randständigkeit der Individuen herausgebildet. Der sogenannte Psycho- oder Soziopath, ausgegrenzt und sich selbst aus der Gesellschaft und ihren funktionalen Normen ausgrenzend, wird auf der Folie dieser Formel als *ultima ratio* zur Definition des reuelosen Gewalttäters herangezogen.

Bei der zweiten Variante handelt es sich im weitesten Sinne um eine sozio-mythologische. Das «Böse» erscheint hier nicht mehr als religiös notwendige, satanische Kraft. Reduziert wird das moderne «Böse» «auf einen freigelassenen Aggressionstrieb, auf eine ungerechte Sozialstruktur, auf eine urbane Ökologie der Gewalt» (Leggewie 1995, 118). Von einem «freigelassenen Aggressionstrieb» zu reden, verweist auf die dahinterliegende, anthropologische Prämisse von der Triebhaftigkeit der menschlichen Natur, in der die Option, «Böses» tun zu können, schon angelegt ist. Eine «ungerechte Sozialstruktur» als in sich selbst «böse» aufzufassen oder als Emanation des «Bösen», ist die reine Phantasmagorie eines abstrakten Gerechtigkeitsbegriffes. Die Metapher «urbane Ökologie der Gewalt» ist übersetzungsbedürftig. Ein Versuch soll hier gewagt werden. Urbanität wird eventuell gedacht als eine Art postmodernen Gewaltbiotopes, in dem sich kriminelle Gewalt und exekutive Gewalt – einander bedingend – zu einem equilibren Ganzen zusammenfügen, das mit dem Terminus des «Bösen» charakterisiert wird. Für den Begriff des «Bösen» bedeutet dies eine Inflationierung über seine rein theologische Bedeutung hinaus.

Zum Dritten begründen anthropologische Theorien die Phänomene «Mord» und «Serienmord» mit der allgemeinen menschlichen Verfasstheit, die es dem Menschen ermöglicht, aufgrund fehlender instinktiver Tötungshemmungen auch Artgenossen umzubringen.[2] Aggressivität gilt in dieser Theoriekonstruktion als anthropologische Grundkonstante, die nur mit zivilisatorischen Zwangs- und Regelmaßnahmen einigermaßen unter Kontrolle gehalten werden kann. Eine theologische bzw. mythologische Erweiterung erhält diese Konzeption, wenn von einem Trieb zum «Bösen» die Rede ist.

---

[1] Esquirol 1831, 1–55; Zusätze des Hrsg.: 56–105; Mord-Monomanie begründet eine Unfreiheit des Urteils: 101.
[2] Stammvater dieser Variante ist Konrad Lorenz mit seinem Buch über die menschliche Aggressivität (Das sogenannte Böse: Zur Naturgeschichte der Aggression, Wien 1972).

Hinsichtlich der sozialwissenschaftlich-individualpsychologischen und anthropologischen Erklärungen nimmt die psychologische Hermeneutik der Persönlichkeitsstruktur des Täters eine Zwischenstellung ein (vgl. Ghysbrecht 1967). Gegen Sartres Formel «l'enfer c'est les autres»[3] wird als anthropologische Grundkonstante angenommen, daß der Sinn des individuellen Lebens in der Gemeinschaft mit anderen Individuen liegt und nicht im Konflikt mit diesen. Das Motiv dafür, aus dieser Gemeinschaft durch Mord auszuscheren, wird in die individuelle Persönlichkeit verlegt, wobei auf standardisierte Persönlichkeitsmuster zurückgegriffen wird.

Aber weder die Prämisse von der triebgesteuerten, menschlichen Aggressivität, die mit einem theologisch-mythologischen – moralischen – Verständnis des «Bösen» einhergeht, noch ihr Gegenteil, ein ursprünglicher Trieb des Menschen zum Guten, – seine unbedingte Soziabilität, können als zureichend bewiesen gelten. Eine Argumentation, die sich auf eine dieser beiden Annahmen stützt, bleibt zwangsläufig spekulativ.

Die Differenzen zwischen den einzelnen Erklärungsansätzen sind folgende: Soziologisch-psychologisch orientierte operieren mit einer Theorie des gesellschaftlichen Determinismus. Anthropologische Theorien ziehen eine allgemeine Triebtheorie heran. Theologisch-mythologische unterscheiden sich von beiden durch ihren letztlich metaphysischen Gehalt, der aus Gewalttaten etwas Geheimnisvolles macht. Diese drei Erklärungsversuche sowie die aus ihnen abgeleiteten Maßnahmen (Therapie etc.) erweisen sich dem Phänomen «Serienmord» gegenüber letztlich als hilflos.[4] Es gelingt weder, eine allgemeine Beschreibung und Begründung multipler Tötungen zu geben, noch plausibel zu zeigen, warum ein Individuum zum Serientäter wird, ein anderes aber nicht.

Soll von einem dieser Ansätze her ein Straftäter und seine Tat beurteilt werden, kommt eine weitere Schwierigkeit hinzu:

«Die Verbrecher wissen, wie sie die Psychiater täuschen können. Was macht der Psychiater denn? Er verbringt einige Stunden mit dem Verbrecher, und dann schreibt er sein Gutachten. Der Verbrecher hingegen hatte sein ganzes Leben Zeit zu lernen, wie er die Leute an der Nase herumführen, wie er ihre schwachen Punkte treffen kann, oder zu begreifen, wonach sie suchen, um ihnen genau das zu erzählen, was sie hören wollen. In dem Moment, in dem ein Psychiater auf einen Serienmörder trifft, hat dieser längst Zeit gehabt, sich zu überlegen, was er ihm auftischt.» (Samenow in: Bourgoin 1995, 228)

---

3 Vgl. Sartre 1976. – Bedeutet frei übersetzt: ‹Die Hölle – das sind die anderen.›
4 Gerhard Mauz in: Der Spiegel 12, 1996, 97ff.; vgl. auch Ghysbrecht 1967, 178. «Es ist für den Psychiater schwierig, die tatsächliche Gefahr zu beurteilen, die ein Geisteskranker für seine Umgebung bedeutet.» Vgl. auch Schilds Resümee aus seiner Diskussion verschiedener Theorien der menschlichen Psyche. Schild 1990, 130/759. «Warum aber dieser individuelle Mensch schizophren geworden ist, kann nicht mehr durch diese Theorien erklärt werden, außer durch den Hinweis auf Zufall, Pech, Schicksal, Bestimmung; oder auf die Einmaligkeit (und daher Unerklärbarkeit) der Persönlichkeit.»
  Ebenso Samenow in: Bourgoin 1995, 232–233. «Niemand weiß wirklich, warum sie so sind. Unsere Aufgabe ist es herauszufinden, wer sie sind, um sie wiederzuerkennen und sie aufzuhalten, bevor sie zur nächsten Tat schreiten.»

3. Probleme der Rechtssprechung und Beurteilung von Serienmördern

Aus den theoretischen Divergenzen der skizzierten Deutungsansätze und ihrem jeweils ungebrochenen Anspruch auf Wahrheit ergeben sich Probleme für die Strafverfolgung und die Beurteilung von Serienmördern. Eine angenommene Pathologie führt zur psychologisch-psychiatrischen Begutachtung der Zurechnungsfähigkeit des einzelnen Täters. Pathologie aber setzt immer einen Begriff des Normalen voraus, von dem aus deduziert wird; insofern empirisch die vollständige Induktion unmöglich ist. Es kann nicht von einer Ansammlung von Daten auf eine allgemeine Gesetzmäßigkeit geschlossen werden. Konkret bezogen auf Tatbeurteilung, Strafverfolgung und Begutachtung des Täters, ist ein Begriff der «normalen» Freiheit Norm für Deviation.

Der Aspekt der Zurechungsfähigkeit von Straftätern wird diskutiert als Problem vom freien oder unfreien Handeln des Täters. Freiheit wird verstanden als Bedingung der Möglichkeit der Selbstbestimmung des Menschen, nämlich der, sich zu verwirklichen, «in der von ihm angeeigneten und denkend konstituierten und handelnd veränderten Welt, auch sich als RECHTliches Verhältnis zu anderen zu bestimmen.» (Schild 1990, 92/729) Der erste Teil der Definition fällt zusammen mit einem Autonomiebegriff, dessen Grenze der zweite Teil der Definition angibt. Autonom zu sein, bedeutet hier eben nicht wie bei Max Stirner ‹Freiheit als Selbstbestimmung›, sondern ‹Freiheit als Einsicht in die Notwendigkeit positiven Rechts›. Wird Autonomie als Selbstbestimmung definiert, so erfordert dies einen umfassenden, subjektiven Freiheitsbegriff, der mit positivem Recht konfligiert.

Schwieriger noch ist die Definition des unfreien Handelns als Krankheit:

«Die Krankheit kann begriffen werden als der Selbst-Widerspruch des Geistes, als das Andere der Vernunft, das – negative – Moment der Endlichkeit des menschlichen Geistes (der menschlichen Vernunft), das sich verselbständigt und zu Un-Vernunft (Un-Sinn, Wahn-Sinn) erstarrt, wodurch das Verhältnis von Vernunft und Unvernunft, von Geist/Seele/Leib – das der Mensch in seiner Endlichkeit ist – aus der Vermittlung gerissen, als spannungsreiche Einheit zerschlagen und gegenständlich gespalten wird; wodurch der Mensch als Geist (eben als dieses Verhältnis) erkrankt.» (Schild 1990, 113/764)

Diese Definition von Unfreiheit gleich Krankheit als das Andere der Vernunft ist angelehnt an Hegels Konstrukt von der Selbstentzweiung des sittlichen Subjekts (vgl. Hegel (1819/20) 1983). Wobei anzumerken ist, daß in der Hegelschen Konstruktion der Sittlichkeit das «Andere der Vernunft» nur die Konnotation des Vernunftlosen hat, nicht aber Krankheitsbegriff ist.

Implizit setzt das obige Zitat als oppositonellen Zustand des Krankhaften eine freiheitliche Vernunfttätigkeit voraus. Das heißt aber, daß Vernunft als anthropologische Grundkonstante einer *volonté générale* (Rousseau) die Normalität menschlichen Lebens und menschlicher Beziehungen garantiert, was aber keineswegs bewiesen ist. Das Andere – die aus einem *krankhaften* Wollensakt resultierende Nichtanerkennntis positiven Rechts – wäre demnach das pathologisch Unfreie. Genau das ist die Grundlage, auf der

Serienmörder in der Regel im juristischen wie gesellschaftlichen Kontext beurteilt und bewertet werden.

Ein «Selbstwiderspruch des Geistes» kann aber nur auf der Folie einer Auffassung von Freiheit als Einsicht in historische Notwendigkeit verstanden werden, die dem genannten Konstrukt der Selbstentzweiung des sittlichen Subjekts zugrunde liegt. Das setzt immer ein prinzipiell vernünftiges Subjekt voraus. Unvernunft gehört nicht zu Hegels Geistbegriff und soll im vorliegenden Beitrag auch nicht auf serielle Tötungen angewendet werden.

Im Kern läßt sich die obige Problematik auf die folgende Frage reduzieren: Wann handelt ein Mensch aus freiem Willen? Das Dilemma einer auf Handlungsfreiheit gegründeten Strafrechtstheorie bleibt, daß sie auf eine Sollensethik als Folie angewiesen ist. Fielen Wollen und Sollen in eins, wäre eine Sollensethik hinfällig. Damit aber auch das Strafrecht, denn niemand würde mehr aus freiem Willen gegen eine mit seinem freien Willen identische Norm verstoßen. Einen Begriff rechtlicher Unfreiheit aus Freiheitstheorien abzuleiten, stellt den Ableitenden vor das Problem, sich eine allgemeine Freiheitstheorie als Grundlage suchen zu müssen, die ihrerseits im Begriff der absoluten Freiheit zu unlösbaren Problemen führt. In Stirners Theorie des *Einzigen* ist der Freiheitsbegriff obsolet. Soweit seine Gewalt reicht, sich das zu nehmen, was sein Eigen ist, reichen seine Macht und Freiheit. Freiheit ist kein Grenzbegriff, Gewalt dagegen sehr wohl. Die Freiheit des Anderen ist abhängig von seiner eigenen Macht, nicht von Recht oder Moral. Solange das positive Recht auch die Macht der Sanktionierung besitzt, ist es Recht, ansonsten hat es seinen Rechtscharakter aufgegeben.

Eine rechtlich eindeutige Lösung der Zurechungsunfähigkeit kann nur aus positivem Recht gewonnen werden. Wenn sich aber Rechtsnormen an moralisch kondensierten Kodifizierungen orientieren, sind sie für Kritik so offen, daß ihnen keine konstruktive Basis bleibt, sei sie soziologisch, psychologisch, anthropologisch oder theologisch-mythologisch begründet. Im Gegenteil, positives Recht kritisierende Ungerechtigkeitsbehauptungen werden eher mit Argumenten aus diesen drei Bereichen unterfüttert, als mit naturrechtlich begründeter Argumentation. Von einem ganz anderen Hintergrund her wird der radikale Autonomiebegriff argumentativ vertreten.

4. Autonomie und Freiheit des Tuns
Mir geht nichts über mich! (Stirner 1972, 5) Mit diesen Worten schließt Max Stirner die Einleitung zu seiner Theorie eines individuellen Anarchismus. Die Leistung Stirners ist die konsequente theoretische Umsetzung der antihegelianischen autokratischen Selbstbestimmung. «Man sagt von Gott: ‹Namen nennen Dich nicht›. Das gilt von Mir: kein Begriff drückt Mich aus, nichts, was man als mein Wesen angibt, erschöpft Mich; es sind nur Namen.» (Ebd., 412) Der Einzige setzt sich selbst als autopoietischen Nukleus gegen das stoische, in der systematischen Philosophie ausformulierte: nihil ex nihilo fit. Ding und Begriff haben hinsichtlich des Ichs kein Vorzeitigkeits-Nachzeitigkeitsverhältnis zueinander. Das vorsprachliche, imperialistische Ich bringt beide nicht

in Beziehung zueinander, sondern verzichtet auf Begriffe, die seine Distanz zur reinen Vernutzbarkeit der Dinge so vergrößern würden, daß die Dinge selbst aus seinem Zugriffsbereich verschwänden. Mit dem Verschwinden des Begriffs wird nicht nur der den Begriff verschwinden lassende *Einzige* frei, sondern auch das Ding frei zur Bemächtigung. Nicht Intellektualität führt zur Erkenntnis der Obsoletheit von Begriffen, sondern die unmittelbare Imagination schaltet die Benennbarkeit von Dingen und Sachverhalten aus. Sie haben ihre Wirklichkeit nur in Bezug auf die Gesamtheit des über sie affektiv und intellektuell Verfügenden.

Der *Einzige* gewinnt seine Autonomie in der Transformation vom Wissen zum Willen. Zwischengeschaltet ist nur die Erfahrung der Einzigartigkeit, die gleichzeitig eine Art Bewußtsein von Unvergänglichkeit vermittelt. Definitorisch ist die Stirnersche Variante des Autonomiebegriffs problemlos zu fassen. Autonom handelt derjenige, der sich nicht durch seine eigene Intellektualität beschränken lässt und seine Handlungsnormen nicht von allgemeinen Begriffen ableitet. Wenn Unvergänglichkeit nur auf dem Bewußtsein der Einzigartigkeit beruht, hat sie den Vorteil, daß sie nicht weiter begründet zu werden braucht – da außerhalb des autarken Ich-Konstrukts, in dem sie verortet ist, nichts existiert.

Angelehnt an den autopoietischen Autonomiebegriff ist Mord nur die letzte konsequente Tat des sich verwirklichenden Individuums. Der Einzige versteht sich selbst und seine Handlungen als autonom. Weder ist mit diesem Autonomiebegriff politische Gewissens- oder Denkfreiheit noch die Charakterwahl eines Individuums im Sinne Kants gemeint. Eine aus ethischen Prinzipien abgeleitete Charakterbildung macht den Einzigen zum Resultat des von Stirner skizzierten «Spukes im veritablen Tollhaus» (Stirner 1972, 46), unter dem eine sich selbst zu ethischem Handeln verpflichtete Menschheit zu verstehen ist. Zum *Spuk* gehören bei Stirner alle gesellschaftlichen Normen und Begriffe sogenannten rationalen Ursprungs, wie Vernunft, Geist, Mensch und Menschlichkeit.

Um dem autonomen *Einzigen* seine Handlungen zurechnen zu können, müßte er in die begreifbare Struktur der bürgerlichen Persönlichkeit, dem fiktiven Resultat gesellschaftlicher Bildung, eingepaßt werden. Da sich allerdings die Struktur des autonomen Ichs jeder begrifflichen Zuschreibung entzieht, widersteht sie diesen Zurechnungen. In Stirners Autonomiebegriff vollendet sich das genaue Gegenteil der Konvergenz zu staatlicher oder gesellschaftlicher Rechtsproduktion – im Sinne einer auf Vernunft basierenden Moral. «Im Staate vermag nämlich das zügellose Ich, Ich, wie Ich Mir allein angehöre, nicht zu meiner Erfüllung und Verwirklichung kommen. Jedes Ich ist von Geburt schon ein Verbrecher gegen das Volk, den Staat.» (Stirner 1972, 219) Der autonome *Einzige* handelt nicht im Einklang mit der Normativität, sondern ausdrücklich gegen sie. Er agiert nur aus sich selbst heraus. Gegen staatliches positives Recht oder gesellschaftliche Willkür setzt er den eigenen Imperativ. «Eigner bin ich meiner Gewalt, und Ich bin es dann, wenn Ich Mich als Einzigen weiß.» (Stirner 1972, 412) Sofern es sich hierbei um einen allgemeingültigen Imperativ handelt, ist das Individuum durch ihn nicht mehr an die Gesetzgebung gebunden. Handlung und Grundsatz, nach denen agiert wird, fallen in eins, denn der Handlungsgrundsatz ist so veränderbar wie die Handlung selbst. Es zählt einzig ihre Unabhängigkeit gegen andere, und diese richtet sich nach dem Grad der jeweils vorhandenen Macht.

Die von Samenow und Yochelson aufgefundenen Handlungs- und Denkprinzipen von Serienmördern stimmen mit den Stirnerschen anarchischen Prinzipien weitgehend überein. Die Stirnersche reflektierte Begrifflichkeit bietet gegenüber dieser Methode jedoch den Vorteil, daß sie Erklärungswert für das «Warum» bietet. Weit davon entfernt, psychisch krank zu sein, nicht einmal nach der genannten Definition der Unfreiheit als Krankheit, verwirklichen sich Serienmörder individuell in ihrer Welt, insofern am positiven Recht orientiert, als sie möglichst versuchen, nicht erwischt zu werden. Sie pflegen einen extremen Lebensstil, den sie nicht aufgeben wünschen.

Mord als τέλος des Mordes anzusehen, wird von Samenows und Yochelsons Ergebnissen gestützt. Sie konstatieren jedem Delinquenten einen *criminal way of life*, den er von frühester Kindheit an beschreitet. Sie interessieren sich nicht so sehr für das Seelenleben eines Täters oder «Verbrechers», sondern für die Denkmuster, die seine Handlungsstrategien bestimmen. Sie führen Delinquenz nicht auf frühkindliche Traumata zurück, sondern auf die Entscheidung des Täters für eine Karriere außerhalb gesellschaftlich-ethischer Normativität. Die Kategorie der Wahl oder Entscheidung setzt jedoch implizit eine existentiell gedachte Freiheit voraus. Auch ohne die theoretische Überfrachtung aus dem Existentialismus oder der Kantschen Theorie der Charakterbildung entsprechen die herausgearbeiteten Resultate den Validitätskriterien. Erstens ist der Ansatz rein phänomenologisch orientiert. Das heißt, ein Phänomen wird beschrieben, ohne ein psychotheoretisches Konstrukt explizit oder implizit vorauszusetzen. Im Gegenteil, er wird gerade in Differenz zu Konstrukten formuliert, die kriminellen Tätern eine Psychopathologie unterstellen. Zweitens kann auf den Entscheidungs- oder Wahlbegriff mit seiner Präsupposition von Freiheit zugunsten des Habitusbegriffes verzichtet werden. Der Serientäter habitualisiert seine Phantasien und deren Personifizierungen, setzt sie aber im Unterschied zu seiner nicht-kriminellen Umgebung absolut und löst sich von gesellschaftlichen Regeln und zu erwartenden Sanktionen, um deren Existenz er jedoch sehr wohl weiß.

«Most criminals are cognizant of society's current way of thinking; even those who are untutored quickly pick up the prevailing views. They use life's adversities, sociologic or psychologic, to justify their criminal activity.»[5]

---

[5] Yochelson/Samenow 1985, 117. Vgl. auch hierzu Douglas/Olshaker 1996. In der Tat sind einige spätere Serienmörder bereits auffällig grausame Kinder. Dafür soziologische oder parentelle Ursachen zu suchen, ist müßig. Seltsamerweise werden Geschwister von Serienmördern, die ähnliche biographische Voraussetzungen mitbringen, keine Täter. Ebensowenig scheint es genetisch bedingt zu sein, dass ein paar Menschen regelmäßig morden. Traumatisierte Kinder werden vielleicht depressiv und im schlimmsten Falle psychotisch, aber keine Serientäter. Yochelson/Samenow beschreiben den Einfluss von Kindern auf das Verhalten der Eltern und die Sichtweise von Psychologen:
«The therapist or counsellor usually subscribes to the child's version without focusing on what the child has done to the parents to lead them to act as they did. The criminal youngster gains another forum to use the tactics he has used at home and everywhere else. He may say that he wants treatment, but it eventually becomes clear that all he wants is to find in the therapist an ally against his parents. The youngster ‹uses›

Gerade indem sie mit ihrem Denken und Handeln ihre Autonomie verstärken, offenbaren sie ihre Kenntnis positiver Rechtsgesetze, denken sich selbst aber ihnen überhoben und erkennen sie für ihre eigenen Taten nicht an. Sie täuschen ihre Umgebung nicht, die häufig von ihrem Tun nicht viel bemerkt, sondern nehmen sich das, von dem sie denken, daß es ist ihr Eigentum und Besitz sei. Kriminelles Handeln basiert auf der Annahme des Täters, völlig losgelöst von ethischen Konventionen oder gesellschaftlichen Regeln handeln zu können und Phantasien unbedingt umsetzen zu wollen.

Das Denken von Serienmördern wird bestimmt durch die Möglichkeit zur Machtausübung, ihre potenzielle Einzigartigkeit und innere Vorfreude auf weitere Taten sowie – daraus resultierend – durch einen Superoptimismus. All diese Faktoren werden zu ihrem speziellen Habitus (Bourdieu 1979, 139 – 202) kondensiert. Statt Leidensdruck empfinden Serienmörder in der Regel Vergnügen an ihrem Tun.

«Some criminals take pleasure in knowing that they can make people suffer, be paralyzed by fear, or even die. In fantasy and in behaviour, it is exciting to induce fear in others.» (Yochelson/Samenow 1985, 284)

Ist die Erwartbarkeit von Sanktionen die primäre Basis eines Staates, gleichgültig aufgrund welcher Gesetzgebung, so verleiht autonome Selbstgesetzgebung dem Serienmörder den Status eines heimlichen Diktators gegenüber seiner Mitwelt, der sich weder an Regelhaftigkeit hält noch sich durch angedrohte Sanktionen von seinen Taten abhalten lässt. Er setzt seine eigenen Regeln und Normen absolut, die ihre Grenzen allein an der Macht und Gewalt seiner Umgebung haben.

Es ist die Tat selbst, nicht die Tatsache, mit der Tat identifiziert zu werden, die ein lustvolles Machtgefühl verschafft.

«People who get a kick out of being ‹operators› do not advertise their acts. For them, the inner triumph is sufficient; they do not need the outward show. In fact, they gain a tremendous sense of power through secrecy.» (Yochelson/Samenow 1985, 277)

Gerade sein Inkognito bietet dem Täter die Basis für seine Operationen. Er übt mit seinen Taten einen unheilvollen Einfluß über ganze Landstriche aus. Die Selbstdarstellung als Herr über Leben und Tod ist die andere Möglichkeit, sich diese Lust an der Macht zu verschaffen. Sämtliche Energie wird darauf konzentriert, von einem kick zum nächst stärkeren zu gelangen. Die geistige Vor- und Nachbereitung der Tat vermag dem Serienmörder nur für eine Zeitlang Erregung zu verschaffen.

«The criminal's mental and physical energy is channeled in the direction of excitements that are necessary to the homeostasis that he desires ... However, no matter what he

the therapist to change his parents, so that they will be «fairer» – which means less restrictive. A frequent outcome of such proceedings is that the parents are raked over the coals and the criminal youngster convinces the therapist that his parents are mentally disturbed. This in part exonerates him and gives him greater license for crime.» (Yochelson/Samenow 1989, 133)

undertakes, his enthusiasm wanes as he has ideas of new and different excitements. He soon shelves the current enterprise and goes on to something else.» (Yochelson/Samenow 1985, 257)

Imagination und Verwirklichung des Imaginierten sind der Motor einer schier unerschöpflichen Quelle krimineller Energie zum Zwecke der Demonstration von Macht und Erleben der Vorfreude. «The reserves of energy for excitement appear almost limitless.» (Ebd., 258) Die Gewissheit der Einzigartigkeit ist die Selbstgewissheit von Stirners *Einzigem*.

«We have said many times that the criminal wants to be number one in everything. It goes beyond that: he wants to be a unique number one.» (Ebd., 317)

Machtanspruch und excitement, sowie das Wissen, etwas zu tun, was sich kaum ein anderer zutraut, verführen dazu, das Bewusstsein von sich selbst als einem einzigartigen Wesen zu steigern. Individualität erkennt der Serienmörder im Gegensatz zur soziologischen Auffassung von Individuation nicht als ihm Zugeschriebenes an, sondern als von ihm selbst Geschaffenes.

«Nun ich halte mich nicht für etwas Besonderes, sondern für einzig. Ich habe wohl Ähnlichkeit mit Andern; das gilt jedoch nur für die Vergleichung oder Reflexion; in der Tat bin ich unvergleichlich, einzig. Mein Fleisch ist nicht ihr Fleisch, mein Geist ist nicht ihr Geist. Bringt Ihr sie unter die Allgemeinheiten ‹Fleisch, Geist›, so sind das eure Gedanken, die mit meinem Fleische, meinem Geiste nichts zu schaffen haben, und am wenigsten an das Meinige einen ‹Beruf› ergehen lassen können.» (Stirner 1972, 153)

Autonomie heißt nichts anderes als Selbstsetzung im Vollzug seiner selbst gestellten, rituellen *Aufgabe*.[6] Das folgende, längere Zitat beschreibt prägnant das Bewusstsein der Einzigartigkeit, das seitens des Täters präsent ist:

«This aspect, die *Einzigartigkeit*, of the criminal has broader implications. The importance of being number one leads the criminal to refuse to submit to any person, program, or system. To do so is to lose his identity. When he is dispirited, he believes that no one else can experience or understand what he is going through. Thus, even in a ‹zero state›,[7] he is unique – no one is as unfortunate as he. Furthermore, he believes that he does not deserve to suffer, so there is angry, righteous indignation. The most serious consequence of the sense of uniqueness is that the criminal believes that he is not bound by the restraints of society. There is nothing ‹wrong› with doing the irresponsible or violating, inasmuch as the rules that apply to others do not apply to him. In short, the unapprehended criminal never has to justify a crime. That he fears being caught does not imply that he thinks that his act requires justification. The impropriety is not in the act itself,

---

[6] Vgl. die Selbstaussage Ed Kempers, des «Riesen von Santa Cruz», einem mehrfachen Frauenmörder, in: Bourgoin 1995, 161. Kemper mordete gezielt Studentinnen, die einem bestimmten Typ der Kalifornierin entsprachen, der zukünftigen Elite der USA. Er sah dies als seine *Aufgabe*.
[7] Yochelson/Samenow 1985, 265–268. Mit *zero state* bezeichnen Yochelson und Samenow den transitorischen Zustand des Selbstekels und der Antriebslosigkeit eines Kriminellen.

but in the getting caught. When he is held accountable, the criminal believes that he has been wronged, that he has been obstructed in the exercise of his rights and privileges. He is offended by the idea that he has to defend himself.» (Yochelson/Samenow 1985, 317–318 u. 487–488)

Der Serientäter erlebt Erregung und Freude aus einem Zusammenspiel von Vergangenem und Zukünftigem. Das Zukünftige ist in der Imagination bereits getan, das Gegenwärtige kann die vergangene Imagination nicht einholen. Von daher gibt es noch eine andere Möglichkeit, den *zero state* zu erklären. In diesem Zustand hängt die Imagination zwischen Vergangenheit und Zukunft fest. Insofern denkt er sich auch in diesem Zustand als einzigartig. Das Dilemma des Täters besteht darin, dass die tatsächlich verübten Morde niemals den vorangehenden Phantasien entsprechen. Die Tathandlungen haben nicht den Vollkommenheitsgrad des imaginierten Tatablaufs, der als Vergangenes in die Zukunft projiziert wird. Solange diese Projektion nicht verwirklicht wird, ist der Serienmörder in der Tat der Unglücklichste.

«Des Unglücklichsten Leben kennt keine Ruhe und hat keinen Inhalt, er ist sich nicht gegenwärtig im Augenblick, nicht gegenwärtig in der Zukunft, denn das Zukünftige ist erlebt; nicht in der Vergangenheit, denn das Vergangene ist noch nicht gekommen.» (Kierkegaard 1969, 240–241)

Der Aspekt der Selbstgesetzgebung folgt konsequent aus der eigenen Machtvollkommenheit, verbunden mit einem hedonistisch orientierten Lebensziel und dem Wissen um die Einzigartigkeit des eigenen Lebens und Handelns. Der Serienmörder tut Dinge, die ihn nicht nur in seiner Perspektive, sondern auch in der Perspektive seiner Umgebung von allen anderen unterscheiden.

Superoptimismus ist das Resultat der Denkfigur der Einzigartigkeit. Ebenso ist er Resultat der Imagination der Tat, als Vorwegnahme der eigentlichen Handlung. Das Gelingen der Handlung – in der Phantasie – vorweggenommen, induziert optimistisches Denken. Einige Serienmörder werden entweder gar nicht oder erst nach jahrelangem Töten ermittelt und gefasst.[8]

«Clearly, superoptimism is mandatory for a criminal enterprise. The criminal is fully cognizant of the hazards of his ‹work›. He knows that his ‹luck may run out› some day. He is aware that a simple miscalculation could prove costly, if not fatal. With success in prior enterprises and the scheming of new ones, deterrents corrode and are cut off, giving rise to the superoptimism that permits him to get on with the ‹job›.» (Yochelson/Samenow 1985, 424)

Superoptimismus bezeichnet also keine Gefühlslage oder emotionale Einstellung, sondern die zur Tatwiederholung notwendige Denkweise, die sich sowohl durch Kalkül als auch durch Entgrenzung auszeichnet. Diese Strategie beinhaltet das Moment der Risikoabwägung wie die Gefahr der Selbstüberschätzung.

[8] Vgl. Bourgoin 1995, 249.

Die *Modi operandorum* von Serienmördern sind in den Grundzügen gleich und tragen die Züge eines Opferrituals. Da Triebabfuhr kein primäres Ziel ist, wird die Tat rituell inszeniert. Der rituelle Tötungsvorgang, der mit manipulativer Macht- und Gewaltausübung einhergeht, verleiht nicht nur unmittelbar während der Tat ein diskretes Bewußtsein der eigenen Machtvollkommenheit bzw. des eigenen Machtanspruchs.

Es werden zum Ersten Vorbereitungen getroffen, wie z.B. Auswahl und Mitnahme von Waffen und anderen tatrelevanten Gegenständen (Werkzeug etc.). Das Opfer wird vorab spezifiziert, nach bestimmten Kriterien ausgesucht, verfolgt und zu einem vom Täter vorher festgelegten Ort gebracht. Brutalität und Grausamkeit gehören ebenso zum Ritual wie die Beherrschung des Opfers. Über seine gewalttätigen Handlungen macht der Täter dem Opfer seine Absichten deutlich. Blutvergießen ist ein zentrales Element des Rituals. Zum Zweiten spielt das Katz- und Maussspiel mit Polizei und Presse eine wesentliche Rolle. Der Täter schreibt Briefe an die Ermittler oder die Presse, er bemüht sich scheinbar, bei der Aufklärung der Taten behilflich zu sein, ohne Verdacht zu erregen. Ein Serienmörder ist fähig, mehrere dieser komplexen Handlungen zielgerichtet zu steuern und rechnet seine Handlungen sich selbst zu. Er verfügt also über ein hohes organisatorisches Talent, das er für seine Zwecke erfolgreich einsetzen kann. Den ersten Teil, die Interaktion zwischen Täter und Opfer, die mit der Tötung endet, als Ritual zu charakterisieren, findet seine Berechtigung in einer pseudoreligiösen Zielsetzung, in der das opfernde und das geopferte Individuum miteinander verschmelzen. Das Opfer geht auf einer überpersonalen Ebene im Individuum des Täters auf. Der zweite Teil des Rituals ist eine Inszenierung zur Selbstdarstellung der eigenen Machtvollkommenheit. Der Umstand, dass sich Serientäter mit Gottheiten gleichsetzen, bedeutet also nicht zwangsläufig, dass sie unter Wahnvorstellungen leiden.[9] Er kann genauso ein Indiz für autokratisches Denken sein.

Thomas De Quincey liefert einen ersten Ansatz zur Motivanalyse des Serientäters, wobei er eine innere Perspektive einnimmt (De Quincey 1890, 9–123 u. 108). Er versucht, sich in die Gedankengänge des mutmaßlichen Ratcliffe-Highway-Mörders Williams hineinzuversetzen – in jene, die dieser während der Ausführung seiner Taten gehabt haben könnte. («And the reason which governed him is striking; because at once it records that murder was not pursued by him simply as a means to an end, but also as an end for itself ...»)

Damit scheiden die üblicherweise besten Gründe für Mord aus, die bereits in der *lex cornelia*[10] genannt werden: *zelotypia* (Eifersucht), *avaritia* (Habgier), *vindicta* (Rache) und die Verdeckung anderer Straftaten. De Quincey äußert eine weitere wesentliche Vermutung über die Vorgänge auf der inneren Bühne des mutmaßlichen Verursachers der Ratcliffe-Highway-Morde.

---

[9] Es ist auch nicht zwangsläufig ein Widerspruch, daß viele Mörder zu Gläubigen werden. Ist für sie Gott doch nichts anderes als sie selbst, nämlich Herr über Leben und Tod.
[10] Vgl. Thomas 1985. Sulla erließ die lex cornelia zunächst gegen die Profikiller des antiken Rom, die *sicarii*, die von den römischen Bürgern zur Beseitigung ihnen unliebsamer Zeitgenossen angeheuert werden konnten.

«A murderer who is such by passion and by a wolfish craving for bloodshed as a mode of unnatural luxury cannot relapse into inertia.» (De Quincey 1890, 96)

Zu De Quinceys Beobachtung des Mordes als *Selbst*zweck passen die folgenden Tatsachen: Einige Serienmörder machen Videos oder Polaroids vom Tathergang und ihren Opfern. Sie bewahren sie oder auch Teile ihrer Opfer als Trophäen auf. Sie wiederholen imaginativ die Szenarien. Sie perfektionieren ihren *Modus operandi* anhand des Erfolges oder Mißerfolges der vorhergehenden Taten. Sie verhalten sich als Künstler des Blutrausches. Die hochgradige Schematisierung des mörderischen Vorgehens, des gezielten Sammelns oder Verzehrens von Überbleibseln oder Kleidung der Opfer, legt die Vermutung eines säkularisierten Menschenopfers nahe, das pseudoreligiös durch autokratische Gesetzgebung legitimiert wird. Damit wird das Opferritual extrem individualisiert. Das Opfer dient nicht mehr dem Zusammenhalt einer Gesellschaft durch eine mächtige Hohepriesterkaste sondern der Exponierung der Autonomie des Täters und seiner individuellen Macht gegen eben diese Gesellschaft und ihre Hohepriesterkaste.

5. Zum Persönlichkeitsbegriff

Problematische Aspekte wie die Beurteilung der Zurechnungsfähigkeit und die Bestimmung devianter Verhaltensweisen könnten hinsichtlich serieller Tötungen von einer allgemeinen Affektenlehre gelöst werden. Einem Mörder braucht kein affektiver Sonderstatus zugeschrieben zu werden. Er unterliegt denselben Affektgesetzen wie jeder andere auch. Wenn jemand es vorzieht, zu seinem eigenen Vergnügen Morde zu begehen, so unterliegt er positiv rechtlichen Sanktionen. Seine Taten sind in den Augen der Umwelt dysfunktional und gehören Restriktionen unterworfen. Das ist alles. Es bedarf keiner weitergehenden Theorie der Persönlichkeit. Als möglicher Ausweg aus dem aus der menschlichen Verfaßtheit herrührenden *bellum omnium contra omnes*[11] bleibt immer die Konzeption des das Gewaltmonopol besitzenden Staates, dessen positives Recht Gewalttaten einzelner sanktioniert. Positives Recht ist unabhängig von der Beurteilung der Affektlage eines Serientäters und urteilt nur über seine Taten, nicht aber über seine Affekte oder seine «Persönlichkeit». Weil Machtanspruch und Omnipräsenz des Ichs keine Affekte, sondern Denkmuster sind, lassen sie sich auch nicht als Devianz von einer Triebnorm interpretieren. Die Taten eines Serienmörders als unfreies, von vernünftiger Autonomie abweichendes und damit als krankhaftes Verhalten zu interpretieren, verfehlt das Ziel, die einzelnen Denkweisen zu erkennen, die sein Handeln leiten.

Die Denkmuster habitueller Täter werden durch einen Persönlichkeitsbegriff nicht faßbar: Die der autonomen Persönlichkeit emphatisch zugeschriebenen Eigenschaften haben ihren Ursprung im Persönlichkeitsbegriff der Weimarer Klassik.

Im Unterschied zu der dem einzelnen Individuum zugeschriebenen Normalperson im Rechts- und Wirtschaftssystem wird die emphatische Persönlichkeit als eine Art genia-

---

[11] Siehe Hobbes (1651) 1994. Hobbes charakterisiert mit dieser Formel den Naturzustand des Menschen und ist damit Vorbild sowohl für de Sade als auch für Stirner.

ler *black box* verstanden, die ausgestattet ist mit Vernunft als Bedingung der Möglichkeit für Einsicht und Entscheidung, sowie Empathie und Empfindsamkeit. Ihre Triebhaftigkeit wird interpretiert als eine Art Normaltrieb zur Produktion «vernünftiger Lust». Vernünftige Autonomie wird hier definiert als Natur, was aber nur besagt, daß das Individuum gesellschaftliche Regeln in einer Weise internalisiert hat, dass es diese nicht mehr als solche wahrnimmt und seine Urteilsfindung und sein Verhalten automatisch nach ihnen ausrichtet. Dieser Autonomiebegriff deckt sich genauso wenig mit der Stirnerschen Selbstbestimmtheit wie der Begriff der Freiheit als Einsicht in die Notwendigkeit.

Deutlich wird der aporetische Charakter des Begriffs «Persönlichkeit», insofern er abhängig ist von dem Postulat der Perfektibilität der Menschheit. Die autonome Persönlichkeit wird in der Weimarer Klassik gedacht als eine historisch werdende, nicht als reales Individuum (vgl. Schiller 1964, 67–149). Abweichungen von der mit historisch-sozialen Zuschreibungen bereits ausgestatteten «Persönlichkeit» galten und gelten als pathologisch, ohne daß die Fiktionalität eines solchen Persönlichkeitsbegriffes mitgedacht wird. Das bedeutet aber, daß Abweichungen von etwas als Störungen oder Defizite gedacht werden, was keiner genau kennt, wovon es nur eine unklare Vorstellung, aber keinen Begriff gibt. Wird aber der Persönlichkeitsbegriff nominalistisch als ein Modus der Zuschreibung betrachtet, liegt die Differenz woanders, so dass nicht mehr von Norm und Pathologie gesprochen werden kann, sondern nur von Selbstgesetzgebung aufgrund natürlicher Freiheit, die sich der allgemeinen Gesetzgebung, sprich dem positiven Recht, gegenüber stellen läßt.

Mord in Serie wäre dann nur eine mögliche Art der Gesetzgebung unter vielen, die sich allerdings für die (potenziellen) Opfer besonders gefährlich gestalten kann; zumal es höchst unwahrscheinlich ist, dass ein habitueller Mörder eine erfolgreiche Strategie zur Durchsetzung der eigenen affektiven und intellektuellen Autonomiebestrebungen langfristig aufgeben wird.[12]

«We are as we think.» (Samenow 1984, 257) / «Human nature does not change.» (Ebd., 175) Diese beiden anthropologischen Prämissen Samenows markieren die Differenzlinie zwischen Stirners radikalem Autonomiebegriff und der Theorie einer aus der allgemeinen Verfasstheit der menschlichen Natur herrührenden Verhaltensdisposition. Wenn auch Yochelsons und Samenows Überlegungen zum Phänomen des habituellen Straftäters in wesentlichen Zügen mit Stirners Autonomiebegriff übereinstimmen, lassen sich aber beide Theorien genau hier voneinander abgrenzen. Yochelson und Samenow verallgemeinern im Interesse einer dauerhaften Veränderung des Denkens von Straftätern, Stirners Ansatz führt weiter: Handelt das einzelne Individuum radikal autonom, sind allgemeine Prämissen über menschliches Denken und Handeln überflüssig.

Unter rechtsstaatlichen Gesichtspunkten dürften dann einige Denkweisen und Handlungen als nützlich andere als schädlich qualifiziert werden. Wenn die Beurteilung der

---

[12] Vgl. Douglas/Olshaker 1996, 393–411; Douglas beruft sich in seiner Beurteilung der Vergeblichkeit von Therapieversuchen an gewalttätigen Kriminellen auf Samenow.

zu diesen Handlungen gehörenden Denkweisen wiederum in Verhaltensnormen überführt wird, verschwindet zwar das Problem, ob der Mensch von Natur aus gut oder böse ist, da er sowohl nützliche als auch schädliche Handlungen produzieren kann, aber das Problem der Neutralisierung unveränderbarer und destruktiver Affekte bleibt – es sei denn, nützliche Handlungen würden als schädlich neuinterpretiert werden und umgekehrt.

6. Zur natürlichen Freiheit

Zur freiheitstheoretischen Grundlegung des Stirnerschen Autonomiebegriffs und damit zur Vervollständigung der Beschreibung und Erklärung des Phänomens «Serienmord» kann die Verabsolutierung des Freiheitsbegriffes durch de Sade fruchtbar gemacht werden, die zwar auch eine Triebtheorie ist, jedoch nicht von der Präsupposition eines Normaltriebes und einer Pathologie ausgeht. De Sades Freiheitsbegriff konterkariert einen natürlichen Trieb zur Vernunft mit einer Theorie der natürlichen Selbsterhaltung durch Destruktion. (de Sade 1970, 195–274) De Sades These lautet, daß der Mensch von Natur aus das Bestreben habe, «seine eigene Existenz zu erhalten, ganz gleich auf wessen Kosten.» (Ebd., 229)

De Sades Überlegungen zum Mord sind wie folgt aufgebaut: Menschen sind Teil der Natur, Tiere zu töten und Menschen zu töten ist im Hinblick auf ihre Zugehörigkeit zum selben System von derselben Qualität. Die Natur selbst ist zerstörerisch. «Wenn aber in der Natur ewiges Leben der Individuen unmöglich ist, wird Zerstörung zum Naturgesetz.» (Ebd., 258) Die Natur schöpft aus den Rohstoffen ihrer zerstörenden Tätigkeit, «es wird keine endgültige Vernichtung, die wir mit dem Tod verbinden» (ebd.), geben können. Daher ist der Tod nichts anderes als eine Transmutation und keine substantielle Veränderung.

«Der Tod ist also nichts als eine Änderung der Form, nichts als ein unmerklicher Übergang von einer Existenzform in eine andere, und das ist genau das, was Pythagoras Metempsychose nannte.» (Ebd., 259)

Der Natur ist des Menschen Leben völlig gleichgültig. Daher übersteigt es «die menschlichen Kräfte, zu beweisen, die sogenannte Zerstörung eines Geschöpfes, welchen Alters, welchen Geschlechts, welcher Art auch immer, könne ein Verbrechen sein.» (de Sade 1970, 260) Insofern der Mensch als Teil der Natur an ihrem zerstörenden und schaffenden Werk teil hat, ist der «Mensch, der seinesgleichen tötet, für die Natur das gleiche wie eine Pest oder eine Hungersnot, alles kommt aus ihrer Hand, die sich aller möglichen Mittel bedient, um den Rohstoff der Zerstörung früher zu bekommen.» (Ebd., 260–261)

In dieser Begründung geht es nicht um einen Dualismus von Trieb und Vernunft. Im Gegenteil, der Gedanke des von Natur aus vernünftigen Menschen mündet mittels der Übersteigerung menschlicher Freiheit in eine Aporie. Wenn der Mensch von Natur aus nicht nur triebhaft, sondern auch frei ist, frei in seiner Person, so haben weder positives Recht noch metaphysische Sittengesetze Geltung für ihn. Die «heilige Stimme der Natur» führt eben nicht zum *Guten* (ebd., 278). Freiheit wird aus dem historisch-gesellschaftlichen Feld herausgelöst und im Konzept der natürlichen Freiheit verabsolutiert. Für Mord kann es dann schlechterdings kein naturrechtlich begründetes Urteil geben. Beurteilt und verurteilt werden können der Täter und seine Tat nur rechtspositivistisch, sofern das staatliche Gewaltmonopol und die autokratische Gesetzgebung des Serientäters konfligieren. Der Serientäter und der Staat befinden sich im Kriegszustand, der Stirnerschen Variante des *bellum omnium contra omnes*. Das bedeutet, das autonome Individuum versteht sich als dem Staat rechtlich gleichgestellt, da es sein Recht selbst verwirklicht.

Und schließlich ein rechts- und staatsphilosophischer Perspektivenwechsel: Ein autonomer Staat kann sich nur in einer Art permanenter Revolution erhalten, «im ständigen Aufruhr»[13], vorausgesetzt, er wird als naturgeschichtliches τέλος gedacht. Der Geist des Aufruhrs, der einen autonomen Staat in der für seinen Erhalt notwendigen ständigen Kampfbereitschaft hält, kann nicht von friedlichen moralischen Bürgern erzeugt und erhalten werden. Eine unter den Aspekten der innerstaatlichen Friedenssicherung und der Rechtssprechung schädliche Denk- und Handlungsweise wird in eine nützliche uminterpretiert. «Je mehr ein Volk frei ist, desto mehr schätzt es den Mord» (de Sade, 1970, 264), der sein Überleben garantiert. Rom gilt de Sade in diesem Zusammenhang als bestes Beispiel.

«Überall also glaubte man mit Recht, der Mörder, das heißt ein Mensch, der seine Empfindsamkeit so sehr eindämmte, daß er seinesgleichen tötete und der allgemeinen oder besonderen Rache trotzte, überall, sage ich, glaubte man, ein solcher Mensch müsse besonders mutig und infolgedessen sehr wertvoll für einen kriegerischen oder republikanischen Staat sein.» (de Sade 1970, 265–269)

Unter dieser Prämisse wird ein Urteil über einen Serienmörder sicherlich anders ausfallen als unter ethisch-moralischen Prämissen, die die eigentliche Norm für die psychiatrische Beurteilung eines Straftäters bilden. Es gilt schlicht ein anderes positives Recht. Samenows Urteil, «we are as we think», knüpft an eine positive Rechtsauffassung an, nicht aber an eine naturrechtliche, die ein für alle geltendes natürliches Recht einfordert. Rechtliches und gesellschaftliches Denken ändert sich ununterbrochen. Serienmörder werden bleiben.

In letzter Konsequenz ist der systematisch rituell vorgehende Serienmörder die Personifikation von Stirners anarchistischem Autonomiebegriff und de Sades absoluter Freiheit. Er ist derjenige, der seine Sache am weitesten treibt. Stirners eigenes Verständnis des Mordes als legitimes Machtmittel der Autokratie des Einzigen ist abgeschwächt auf den Mord aus gerechter Rache, der römischen *vindicta*, den er am Beispiel des Gedichts von Chamisso (Chamisso 1967, 39 – 43; vgl. Stirner 1972, 208) über den alten Creek-

---

[13] De Sade (1795) 1970, 231; Vgl. hierzu auch Hegel: Die absolute Freiheit und der Schrecken (1807) 1973, 438–439.

Indianer erläutert. Aber aus seiner Konstruktion des *Einzigen* als Gesetzgeber seiner selbst folgt in letzter Konsequenz der Mörder, wie ihn De Quincey portraitiert, jemand der sein «Handwerk» wie eine schöne Kunst betreibt.

Literaturangaben

Bourdieu, Pierre (1979): Entwurf einer Theorie der Praxis, Frankfurt a.M.: Suhrkamp.
Bourgoin, Stephane (1995): Serienmord. Zur Pathologie und Soziologie einer Tötungsart, Hamburg: Rowohlt.
Chamisso, Adelbert von (1975) (1836): Rede des alten Kriegers Bunte Schlange im Rate der Creek Indianer, Sämtliche Werke in 2 Bänden, hrsg. von Volker Hoffmann und Jost Perfahl, München: Hanser.
De Quincey, Thomas (1890) (1854): On Murder Considered as one of the Fine Arts, The Collected Writings of Thomas de Quincey, Vol.XIII, Tales and Prose Phantasies, David Masson (Hg.), Edinburgh.
Douglas, John/Olshaker, Mark (1996): Die Seele des Mörders, Hamburg: Goldmann (Spiegel Buch).
Esquirol (1831): Esquirol's Bemerkungen über die Mord-Monomanie, Mathias Joseph Bluff (Hg.): Nürnberg.
Ghysbrecht, Paul (1967): Psychologische Dynamik des Mordes. Analyse einer existentiellen Grenzsituation, Frankfurt a.M.: EVA.
Hegel, G.F.W. (1973) (1807): Die Phänomenologie des Geistes, Frankfurt a.M.: Suhrkamp.
Hegel, G.F.W. (1983) (1819/20): Vorlesungen zur Philosophie des Rechts. Die Vorlesungen von 1819/20 in einer Nachschrift, Dieter Henrich (Hg.), Frankfurt a.M.: Suhrkamp.
Hobbes, Thomas (1994) (1651): Leviathan, Richard Tuck (Hg.), Cambridge: Cambridge University Press.
Kierkegaard, Sören (1960) (1843): Entweder-Oder. Erster Teil, Düsseldorf: Diederichs.
Laska, Bernd A. (1994): Ein heimlicher Hit. 150 Jahre Stirners «Einziger», Stirner Studien 1, 5–46.
Leggewie, Claus (1995): «Das Böse hat sich als radikaler erwiesen als vorgesehen» – und was Sozialwissenschaftler damit anfangen, Das Böse. Jenseits von Absichten und Tätern oder: Ist der Teufel ins System ausgewandert?, Schriftenreihe Forum, Bd. 3, Kunst- und Ausstellungshalle der Bundesrepublik Deutschland GmbH (Hg.), Göttingen: Steidl, 116–131.
Lorenz, Konrad (1972): Das sogenannte Böse. Zur Naturgeschichte der Aggression, Wien: Borotha-Schoeler.
Luhmann, Niklas (1989): Individuum, Individualität, Individualismus, Gesellschaftsstruktur und Semantik 3, Frankfurt a.M.: Suhrkamp, 158ff.
Mauz, Gerhard (1996): «Er blickte verschlagen», Der Spiegel 12, 97–98.
Rasch, Wilfried, 1964: Tötung des Intimpartners, Stuttgart: Enke (Beiträge zur Sexualforschung; 31).
Sade, Marquis de (1970) (1795): Franzosen, noch eine Anstrengung, wenn Ihr Republikaner sein wollt, Die Philosophie im Boudoir, Vastorf: Merlin, 195–274.
Samenow, Stanton E. (1984): Inside the Criminal Mind, New York: Times Books.
Sartre, Jean Paul (1976) (1944): Huis clos, Paris: Gallimard.
Schild, Wolfgang (1990): Schuldfähigkeit (§§ 20,21 StGb), Sonderdruck aus Alternativ-Kommentar StGB, Bd.1.
Schiller, Friedrich (1964) (1795): Über die ästhetische Erziehung des Menschen in einer Reihe von Briefen, Schriften zur Philosophie und Kunst, München: Goldmann, 67–149.
Stirner, Max, (1972) (1844): Der Einzige und sein Eigentum, Stuttgart: Reclam.
Thomas, Sven, (1985): Die Geschichte des Mordparagraphen. Eine normgenetische Untersuchung bis in die Gegenwart, Bochum: Diss. jur.
Yochelson, Samuel und Samenow, Stanton E. (1985): The Criminal Personality, Vol. I., A Profile for Change, Northvale: Aronson.

Kulturwissenschaften II

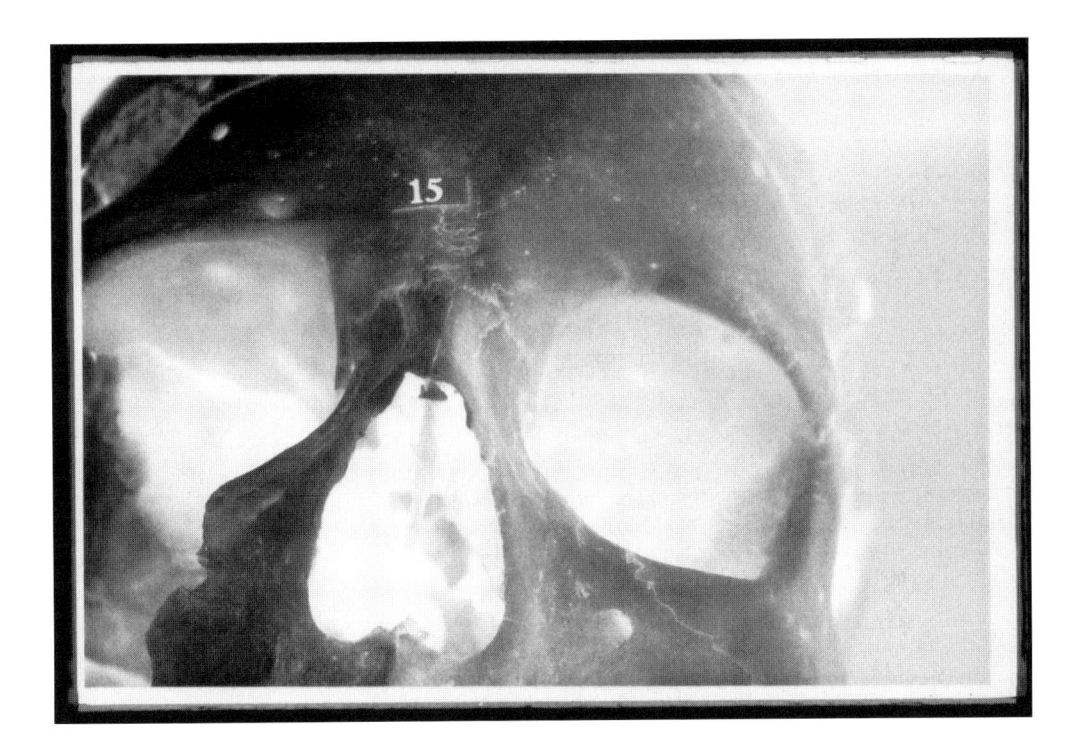

Der schaurige Schein:
Serienmord als massenmediales Ereignis

Vorwort zum Beitrag von Manuel Nüsser:
Wer sich den kulturellen Werten der heutigen Gesellschaft zuwendet, darf nicht vor den digitalisierten, virtuellen Angeboten die Augen verschließen. Für die einen ist das gemalte Kunstwerk bemerkenswert, für andere die annähernd real wirkende Darstellung von elektronisch designten Welten und Erlebnisprogrammen. Der Personal Computer ist zu einem Spiel- und Lebensplatz der neuen Generationen geworden, die wie selbstverständlich ihre Zeit sowohl in den realen wie in den virtuellen Welten verbringen. Was wäre naheliegender, als einen Vertreter jener Generationen zu Wort kommen zu lassen, wenn es um Themen wie Cyber-Mord und Internet-Serial-Killing geht?

(Wolf-R. Kemper)

... und das Gute ist zu langweilig.
Über die Wahrnehmung der Gewalt in den Medien

Manuel Nüsser

> «*Movies don't create psychos, they make the psychos more creative.*»
> Scream!, USA 1997

Die Medien sind Boten. Sie bieten uns, was wir brauchen, auf was wir nicht mehr verzichten können. Es ist wie der Kaffee am Morgen, gehört einfach dazu. Die Medien führen einen Krieg gegen den Langeweile-Overkill, halten uns wach, am Leben. Sie provozieren, müssen provozieren, weil uns die Kopien der Kopien der Flugzeugabstürze, der Erdbeben-Katastrophen, der Kindesmisshandlungen nicht mehr interessieren.

Wir wissen, wie es ausgeht. Wir haben es schon gesehen. Immer und immer wieder. Mir ist langweilig. Ich spreche für meine Generation.

Es ist in unseren Köpfen. Was wir zu glauben haben, zu lesen haben, zu tragen haben. Es ist eine Droge. Wir werden beeinflusst. Auf die Medienflut folgt die Ebbe in unseren Köpfen, und wir suchen nach Antworten auf Fragen, die wir nicht formulieren können. Ein Kind stirbt, ein zweites Kind stirbt, keine Namen mehr.

Die Gewalt hat uns eingenommen, verführt. Jemand stirbt. Normal.

Die Faszination einer Tragödie, sagte Aristoteles, sei die Identifizierung mit dem Täter und die daraus resultierende Erkenntnis,

ich hätte es genauso machen können, ich würde es genauso machen, ich werde es genauso machen, werde die Grenzen überschreiten.

Warum lesen Sie diese Zeilen? Wonach suchen Sie? Warum haben Sie sich dieses Buch gekauft? Hat es sich gelohnt? Fühlen Sie sich beobachtet? Beobachten Sie sich selbst beim Lesen? Was denken Sie über Gewalt? Was denken Sie über Liebe? War das Buch ein Geschenk von einem Freund? Lesen Sie immer noch mit? Wie gut kennen Sie Ihre Freunde? Fragen Sie sich, wie man, wie ein Mensch, dazu fähig sein kann, mehrere Morde zu begehen, die Leichen zu verstümmeln, sich an ihnen zu vergehen, sie zu essen? Wären Sie dazu fähig? Möchten Sie sich in einen solchen Menschen hineinversetzen? Oder ihn nur so weit studieren, wie es die Distanz erlaubt? Oder so weit, wie ER es zulässt? Suchen Sie Perspektiven? Vorbilder? Suchen Sie Anerkennung, Popularität, Einzigartigkeit? Sind Sie neidisch? Was sehen Sie in Ihrem Spiegelbild? An was denken Sie? Möchten Sie es auch ausleben können? Sie können und Sie dürfen! Es spielt keine Rolle, egal, wie grausam, egal, wie viele Regeln Sie brechen.

Egal, wie sehr man sich gegen die ständige Berieselung durch Gewalttaten wehrt, sich davor zu verstecken versucht, man entkommt ihr nicht. Sie umgibt uns tagtäglich, begleitet uns. Eine Konstante, die es immer geben wird.

Sie ist die Normalität. Sie ist das Leben.

«The news that truly shocks, is the empty, empty page.» (Peter Gabriel, «I grieve»)

Was wäre, wenn es plötzlich keine Medien mehr geben würde? Wenn es plötzlich keinen morgendlichen Kaffee mehr geben würde? Stillstand.

Wir wollen die Extreme. Was anderes interessiert uns nicht mehr. Was anderes kann uns nicht mehr interessieren.

Nur ein Mord?

Die Opfer? Egal, zeigt uns den Tatort, zeigt uns die Fotos von den Leichen, zeigt uns das Säure-Fass, die Handschellen, die Verhandlung. Wir wollen dabei sein, alles hören, nichts verpassen. Wir wollen Bücher, Filme, Poster, Autogramme auf Sammelkarten, Fanclubs, und wir wollen Andenken – die Bibel, die ER gelesen hat, das Auto, das ER gefahren hat. Details, Details, Details, wir brauchen sie. Alles.

Wir sehen sie selbst als Opfer. Fühlen mit ihnen. Sie haben für sich einen Ausweg gefunden. Sie haben einen Sinn für ihr Leben gefunden. Serienmörder kontrollieren, manipulieren, bestimmen über Leben und Tod, entscheiden, zwingen. Dinge, die wir suchen.

Das Internet, Bücher, Filme – wir erfahren, wie Serienmörder ihre Opfer aufspüren, foltern, vergewaltigen, töten, in Stücke schneiden und in Säure auflösen. Sie sind in unseren Köpfen und wir in ihren. Das Einzigartige, sie kommen mit ihren Taten davon, immer und immer wieder, lachen über die Ermittlungen der Polizei, lachen über Gesetze,

präsentieren uns Lösungen aus einer verkorksten Kindheit, aus Problemen, mit denen wir nicht umgehen können, weil wir nicht gelernt haben, damit umzugehen, weil unsere Eltern für unsere Probleme keine Lösungen haben, weil sie unsere Probleme nicht verstehen.

Dahmer, Bundy, Manson – Ikonen, bekannter, in vielen Augen bedeutender als die wichtigsten Staatsoberhäupter. Eric Harris, Dylan Klebold – Helden einer Generation, die sich versteckt hält, auf Personen wartet, die den Weg zeigen. Es geht um verlorene Hoffnungen, vergessene Talente, nicht geführte Gespräche.

Ich bin 20 Jahre alt. Wir sind 20 Jahre alt. Wir sind müde, warten auf den Sturm.

Und alles ist frei zugänglich ...

... kein «Nein», keine Barrieren, keine Bedenken. Niemand sagt, dass wir zu weit gehen.

Wir können Atombomben bauen, Napalm, Rohrbomben, Splittergranaten, Tränengas und Tretminen herstellen, können Drogendealer, Waffenhändler oder Geiselnehmer werden, Universitäten sprengen, Lebensmittel vergiften, vergewaltigen, töten. Kein Problem. Und wir würden damit davonkommen. Steht alles im Internet.

Den letzten Schritt gehe ich nicht, aber ich spüre den Druck, den Trieb.

Aus den Augen verloren habt ihr uns, unser Leben, unsere Interessen. Aufgegeben habt ihr den Versuch, mit der Technikflut der Informationsgesellschaft mitzuhalten.

Der «nette Junge von nebenan» ist weit über das Gefühl hinaus, vernachlässigt, alleingelassen worden zu sein, lebt in seiner eigenen Welt, mit eigenen Büchern, eigenen Sendungen, seinem eigenen Computer, eigenen Freunden und seinem virtuellen Ich, das er nach seinen Vorstellungen formen kann, das die Arbeit bekommt, die er sich wünscht, und das Mädchen, das er liebt.

Ihr habt den Anschluss verloren.

Wir erziehen uns selbst, mit Hilfe der Medien. Wir sind das Projekt der Medien. Wir werden für Schlagzeilen sorgen. Es ist einfach, kriminell zu werden.

Gebt uns die Möglichkeit auszubrechen. Gebt uns Perspektiven. Sonst bleiben wir in unserer Welt stecken, verloren. Klicken uns aus Langeweile durch Seiten mit Kinderpornos, Snuff-Filmen und Selbstmordanleitungen.

Wir haben Angst. Angst vor der Ohnmacht. Der Markt ist da. Die Medien haben uns gegeben, was wir wollten. Unser Blutdurst hat uns krank gemacht. Wir können «American Psycho» rezitieren, kennen «Natural Born Killers» auswendig. Doch was ist, wenn die wenige Faszination, die wir beim Lesen unserer Bücher, beim Sehen unserer Filme noch spüren können, verfliegt. Wenn die Strohhalme, an denen wir uns festhalten, brechen?

«Ich wollte nur wissen, was es für ein Gefühl ist, jemanden zu töten.»

Ich wollte nur wissen, was es für ein Gefühl ist, darüber zu schreiben.

Discographie des Grauens
Über Popmusik & Serienmörder

Wolf-R. Kemper

> «A friend of mine was this Japanese, he had a girlfriend in Paris.
> He tried to date her, in six months and eventually she said yes. You know he
> took her to his apartment, cut off her head. Put the rest of her body in the
> refrigerator, ate her piece by piece. And when he ate her and took her bones to
> the Bois de Boulogne. By chance, a taxi driver noticed him burying the bones.
> You don't believe me? Truth is stranger than fiction.»
> Mick Jagger (1983): Too Much Blood

Mörder und Morde inspirierten und inspirieren nicht nur Schriftsteller, Maler und Filmemacher; auch die Phantasie von Musikern wurde angeregt, so dass diese oft unfassbaren Geschehnisse zum Sujet von Liedern wurden. Schon in den Moritaten und Küchenliedern des 19. und 20. Jahrhunderts fanden «Gräueltaten» Erwähnung, ein Beispiel dafür ist der Gassenhauer «Warte, warte nur ein Weilchen, dann kommt Haarmann auch zu dir». Dass dieses Thema seit damals nicht an Faszination und Aktualität verloren hat, möchte ich an Beispielen aus der internationalen und deutschen Rock- und Popmusik aufzeigen und mich im Rahmen dieser selektiven Reise durch die Populärmusik auch einer Antwort auf die Frage nach dem «Warum» annähern.

Zu einfach wäre es, die Ursache hierfür in der Vermutung zu suchen, dass die Inhalte der heutigen Songs ständig neue effektvolle Themen brauchen, um als Produkt für den Käufer attraktiv zu bleiben. Liegt der Reiz dieser Lieder und ihrer Präsentation eher in dem, was sie vielleicht in Musiker und Hörer auslösen können? Geht es uns so gut, dass wir als Gegenwert zu unserem mehr oder weniger sorgenfreien Leben das Unbehagen und den Horror suchen? Das Kompensieren von emotionalen Defiziten wird zum Erlebniskick. Ein Kick, der auf dem Unbegreiflichen der Tat basiert, welches die Realität braucht, um als unbegreiflich definiert zu werden. Des Öfteren wird als Erklärung für diese Erlebnissuche angegeben, dass dieser Schockeffekt von simulierten, spannenden und unbehaglichen Situationen, die im realen Leben gefürchtet werden, darauf vorbereitet, für Gefährdungssituationen gerüstet zu sein. Klassische Ängste werden durchlebt und mit dem Gefühl, «ich bin froh, dass so etwas nicht mir passiert ist», abgeschlossen. Diese empfundene Bedrohung basiert auf einer grundlegenden Fähigkeit unseres Gehirns, die dazu dient, gefährliche Situationen zu vermeiden (vgl. dazu Grimm 2000).

Das Thematisieren von Morden mit sexueller Komponente z.B. erreicht sexuelle Ängste des Hörers oder Betrachters, die mit weiteren existentiellen Ängsten kombiniert werden. Täter berichteten, dass sie das Gefühl von Macht brauchen. Sie wollen, dass man Angst vor ihnen und ihrer Gewalt hat. Die angewandte und angstschaffende Gewalt wird anhand des Leids der Opfer erkennbar, was als Folge haben kann, dass das Sehen oder Empfinden der Leiden anderer die eigene Frustration freisetzt. Der

Betrachter solcher Fiktionen (und auch realer Konfrontationen) durchlebt so eigene Defizite und Ängste.

Doch erfährt der Hörer oder Betrachter die Bedrohung nur als imaginäres Opfer, oder vollzieht er bewusst oder unbewusst auch eine Annäherung an die Täterrolle, die ihm in der Regel durch Sozialisation und Wissen um die Sanktionierungsfolgen verwehrt bleiben soll? Flender und Rauhe sprechen Künstlern, insbesondere Musikern, und deren Publikum in ihrer Subkultur die Thematisierung verdrängter Bedürfnisse zu. «Die Funktion dieser Subkultur ist es, ein Ventil für die Verdrängungen zu schaffen, die infolge der von der offiziellen Kultur verordneten Tabus und Regelkanons zwangsläufig auftreten. Diese ‹Anti-Institutionen› entsprechen dem menschlichen Grundbedürfnis nach Diskontinuität.» (Flender/Rauhe 1989, 33) Dieses Zusammenspiel im gemeinsamen Erleben beschreibt Jimmy Page, Sänger der Band LED ZEPPELIN, als «Fähigkeit, Energie auszusenden, Energie vom Publikum zu empfangen und sie wieder zurückzusenden. (...) Um das zu erlangen, muß man die Quellen magischer Kraft anzapfen, so gefährlich das auch sein mag.» (Page 1977, 10)

Schon Baudelaire machte 1857 in seinem Werk «Les Fleurs du Mal» deutlich, dass zwischen Künstlern und dem von der Gesellschaft definierten «Bösen» eine Affinität besteht. Bolz, der Baudelaires Interpretation von der gegenseitigen Anziehung von Kunst und Grauen in seinem Aufsatz «Das Böse jenseits von Gut und Böse» hinterfragte, kommentiert dessen Sichtweise mit folgenden Aussagen: «Der Artist inszeniert sich als der Held, der die Kraft hat, sich an den Reizen des Horrors zu berauschen; planmäßig sucht er nach dem perfekten Monster, gewillt, nur die Crème des Bösen zu genießen» und «die Blumen des Bösen wachsen in den künstlichen Paradiesen, die von den ästhetischen Produktivkräften der Natur», nämlich Traum und Rausch, gegen diese Natur selbst geschaffen werden» (Bolz 1993, 261–262).

Der Raum ist dunkel, nur zwei Scheinwerfer erhellen mit fahlem, diffusem Licht einen Teil der Bühne. Er steht etwa 20 Meter entfernt. Das Messer in seiner rechten Hand kann man nur erahnen. Musik erklingt, und mit ruhiger Stimme beschreibt er singend, welche Anziehung der gebrochene Blick aus den Augen eines Toten auf ihn hat und mit welcher Zuneigung er sich dem noch warmen Körper widmet, an dessen Ableben er nicht unbeteiligt war:

> «I love the dead before they're cold
> They're bluing flesh for me to hold.
> Cadaver eyes upon me – see nothing
> I love the dead before they rise.
> No farewells, no goodbyes I never even know your rotting face.
> While friends and lover mourn your silly grave.
> I have other uses for you, Darling
> We love the dead ...»

Er, das ist der Sänger Alice Cooper; die Bühne befindet sich in einem Hamburger Veranstaltungszentrum; der Song, den er singt, heißt «I Love The Dead». Cooper nutzt die Stilmittel der Verwandlung, um seinem Publikum eine «Show» zu bieten. Auch die Simulation des Serienmörders gehört zu seiner Präsentation, denn Cooper weiß, in welcher Rolle er das Grauen und die Angst der Zuschauer aktivieren kann. Wie schon erwähnt, ist der biochemische Prozess, der mit dem Begriff «Angst» umschrieben wird, Auslöser von Schutzmechanismen, die zu nutzen wir sozialisiert worden sind. Doch die Angst vor Serienmördern ist die Angst vor dem Nichtvorhersehbaren und der Ohnmacht; der Schauder vor der Hilflosigkeit. Schon wenige Fragmente oder Accessoires unserer Serienmörderphantasien reichen aus, um ein Gefühl von Angst zu aktivieren. Inszenierungen wie die des Alice Cooper erlangen vorübergehend Macht über Emotionen, obwohl rational bewußt sein sollte, dass sich ca. 800 augenscheinlich friedliche Cooper-Fans mit im Raum befinden.

Die Rockmusik entdeckte schon in den 60er Jahren den Schockeffekt, der durch Mörder-Simulationen der Künstler möglich war. Screaming Lord Sutch, Rockmusiker und englischer Lord, wurde durch den Song «Jack The Ripper» und seine filmwürdige Verkleidung zum «Vater» der Serienmörder-Rocksongs. Der Londoner Serienmörder ‹Jack The Ripper› wurde im Laufe der Zeit noch von weiteren Musikern thematisiert. Die in Birmingham gegründete Rockband JUDAS PRIEST veröffentlichte 1976 ihre Komposition «The Ripper» mit folgendem Text:

> «In for surprise
> You're in for a shock
> In Londontown streets
> When there's darkness and fog
> When you least expect me
> And you turn your back
> I'll attack.
>
> I smile when I'm sneaking
> Through shadows by the wall
> I laugh when I'm creeping
> Although you won't hear me at all
>
> Oh hear my warning
> Never turn your back
> On the Ripper
>
> You'll soon shake with fear
> They're never knowing if I'm near
> I'm sly and I'm nameless
> Except for THE RIPPER
> Or if you like JACK THE KNIFE

Any back alley street
Is where we'll probably meet
Underneath a gas lamp
Where the air is cold and damp
I'm a nasty surprise
I'm a devil in disguise
I'm a footstep at night
I'm a scream out with fright.»

In einem weiteren ‹Jack The Ripper›-Song nutzen NICK CAVE & THE BAD SEEDS den Namen des Serienmörders als Ausdruck der Mißbilligung einer Frau gegenüber den Annäherungsversuchen ihres Mannes (Textauszug):

«I got a woman
She rules my house with an iron fist
I got a woman
She rules my house with an iron fist
She screams out Jack the Ripper
Every time I try to give that girl a kiss.»

Ein weiterer Serienmörder fand in dem 1969 eingespielten Song «Midnight Rambler» der ROLLING STONES Erwähnung: der «Boston Strangler» Albert DeSalvo. Mick Jagger, Urheber des Textes, vergleicht sich mit der Person. Jagger bringt durch die fiktive Darstellung eines Mörders seine Verachtung gegenüber den Normen (z.B. nicht töten) und Werten (z.B. das Leben) der Gesellschaft zum Ausdruck, die er anklagt, dass diese ihre eigenen Normen und Werte nicht beachtet.

Die Dunkelheit, wie sie auch in Jaggers «Midnight» Ausdruck findet, wird häufiger in Liedtexten aufgegriffen. Die Angst vor der Dunkelheit ist uns Menschen gegeben, da wir Lebewesen sind, die am Tag aktiv sind und in der Nacht unsere «Schutzräume» aufsuchen. In der Nacht wird nur der aktiv, der dazu gezwungen wird oder dessen Aktivitäten am Tage nicht geduldet werden.

Auch David Byrne, Sänger der New Yorker Band TALKING HEADS, berichtet in seinem 1977 geschriebenen Song «Psycho Killer» von einem Menschen, der in der Nacht tötet, um sie für sich erträglich zu machen (Textauszug):

«I can't seem to face up to the facts
I'm tense and nervous and I can relax
I can't sleep 'cause my bed's on fire
Don't touch me I'm a real live wire
Psycho killer, quest-ce que cést?
Better run away!
Ce que jái fais, ce soir la

Ce quélle a dit, ce soir la Realisant mon espoir,
Je me lance, vers la gloire ... O.K.»

David Byrne über das Motiv und die Entstehung des Songs:

«When I started writing this, I imagined Alice Cooper doing a Randy Newman-type ballad. Both the Joker and Hannibal Lecter were much more fascinating than the good guys. Everybody sort of roots for the bad guys in movies.» (Byrne 1992, 6)

Mit Verachtung und schockierender Wortwahl widmete sich das Hamburger Musikprojekt STALIN den Taten Holger Reinströms, der als «Kürschner von Rahlstedt» in die Kriminalgeschichte einging. Reinström hatte seine Opfer in mit Säure gefüllten Fässern aufgelöst. Mt dem gleichnamigen Song schuf das Projekt der Habgier und der destruktiven und verächtlichen Gewalt ein musikalisches Denkmal, in Form einer angstmachenden Moritat:

«Der Kürschner von Rahlstedt hatte es gern, wenn das Gold zugegen war!
Der Kürschner von Rahlstedt hatte es gern, wenn der Schmerz zugegen war!
Der Kürschner von Rahlstedt, der kannte kein Pardon! Der Kürschner
von Rahlstedt, der bringt dich jetzt um!
Der Kürschner von Rahlstedt packt dich und zerhackt dich
und stopft dich dann in Fässer!
Der Kürschner von Rahlstedt, der pisst dir ins Auge!
Der Kürschner von Rahlstedt ...

Nimm dich acht vor dem Kürschner von Rahlstedt.
Er packt dich, zerhackt dich und uriniert über deinen blutigen Körper.

Er reißt, dir den Kopf ab, stopft ihn in den Kochtopf, kocht ihn und der Rest
landet auf dem Müll.
Oh der Kürschner von Rahlstedt ...»

Die Musik bietet auch die Möglichkeit, sich dem Thema «Serienmord» humorvoll zuzuwenden. Drei Lieder sollen hier genannt werden, die sich musikalisch und im Text der Stilmittel der Moritat und des Scherzliedes bedienen.

Der Österreicher Georg Danzer arbeitet in seinem Lied «Der Frauenmörder Wurm» effektvoll mit einem emotionalen Spannungsbogen. Aus einem Szenario der Bedrohung wird die letzte Strophe dazu genutzt, der Geschichte eine Wendung zu geben, welche die Spannung durch eine ungewöhnlich heiter präsentierte Auflösung beendet. Der «Frauenmörder Wurm» ist eine Frau, von deren Frauenmörder-Ängsten in den ersten Strophen des Liedes erzählt wird.

In Hamburg erschien die Schallplatte «Gern hab ich die Frauen gesägt». Als Interpret wird HARRY HORROR angegeben, ein Pseudonym, hinter dem sich Musiker aus der

Hamburger Szene verbargen. Der Text hat die Morde des Fritz Honka zum Thema, die dieser in den 70er Jahren im Hamburger Stadtteil Altona begangen hatte (Textauszug):

«Nachdem ein Jahr vergangen ist, schlägt der Schlitzer wieder zu.
Er bringt St. Paulis Damenwelt des Nachts um ihre Ruh'.
Da geht er wieder durch die Stadt mit Hammer, Beil und Säge.
Und spricht ein altes Mädel an, ob es ihn denn wohl möge?
Und wenn sie dann zu Hause sind zu zweit und ganz allein,
Dann packt er seinen Hammer aus, und sie fängt an zu schreien.

Bumm, bumm, bumm mit dem Hammer auf den Kopf.
Eins, zwei, drei mit dem Beil den Rest zerkloppt.
Dann ruck-zuck noch die Knochen durchgesägt.
Und das zerteilte Fräulein in den Pappkarton gelegt.
Ist die Arbeit dann getan, so ist man es gewöhnt,
Fängt der Kerl zu singen an, daß es im Hause dröhnt:

Gern' hab ich die Frauen gesägt, in Altona bei Nacht.
Erst hab ich sie ins Bett gelegt und sie dann umgebracht.
Ich hab' sie untern Schrank gepackt und später weggebracht.
Dann hab ich mir ein' eingeschenkt und mich kaputtgelacht.»

Die BEATLES widmeten sich 1969 musikalisch dem Thema «Mord» in dem Song «Maxwell's Silver Hammer». Es wird die Mordserie des jungen Maxwell besungen, der mit seinem silbernen Hammer auf die gleiche Weise gerichtet wurde, wie er tötete. Eine Moritat von John Lennon und Paul McCartney, die zum Mitsingen verführte (Textauszug):

«Joan was quizzical; Studied pataphysical sciences in the home; late nights all alone with a test tube oh, oh, oh, oh.
Maxwell Edison, Majoring in medicine, calls her on the phone; Can I take you out to the pictures, Joan?
But, as she's getting ready to go, a knock comes on the door.
Bang! Bang!
Maxwell's silver hammer came down upon her head.
Clang! Clang!
Maxwell's silver hammer made sure that she was dead.»

Musiker versuchen, mit der Macht des Klangs und der Worte in das Bewusstsein der Zuhörer visuelle und akustische Informationen zu projizieren, die deren Phantasien aktivieren. Und welche Phantasien werden in uns geweckt, wenn das Phänomen «Serienmord» thematisiert wird? Sind es die psychotischen Mörder, deren Verlangen nach Befriedigung von Macht und sexueller Begierde sie immer wieder zu Mördern werden lässt? Sind es die hinlänglich bekannten Täterprofile, die durch Radio, Fernsehen und Tonträger in unsere Wohnzimmer transportiert werden? Sind das die Bilder und die Fragmente unseres Angstspektrums, die in uns aktiviert werden, wenn der Interpret versucht, die Rolle des Mörders zu verkörpern, indem er mittels Text und Musik ein Szenario der Angst erstellt?

Wenn dem «Geängstigten» rational bewusst ist, dass keine Bedrohung besteht, kann er seinem emotionalen Empfinden und seiner Phantasie «freien Lauf» lassen. Spannung und Angst können zum Genuss werden. Liegt die Faszination an den fiktiven Killern darin, dass sie die Spiegelbilder unseres Realitätsverständnisses sind? Welche Spannung und Konfrontation geht von der Rolle des Täters aus, die von Hörern und Betrachtern empfunden wird, die sich dabei ertappen, wie sie sich mit dieser identifizieren oder gar sympathisieren? Wie könnte sonst ein Song wie «Jeanny», in dem der österreichische Sänger Falco sich in die Rolle des Täters hineinversetzt, so großen Erfolg haben? Ist es vielleicht doch nur die Melodie, die zum Tanzen verführt?

Gewaltphantasien sind vielen Menschen nicht unbekannt. Wer hatte nicht schon den Wunsch, zwecks Rache, Strafe, Selbstschutz oder Selbstjustiz einen anderen Menschen zu verletzen oder vielleicht sogar zu töten? Es stellt sich die Frage, ob die in der Phantasie erfahrenen Lösungsvarianten Einfluss auf das weitere Sozialverhalten nehmen können. Der Ursprung fiktiver und realer Handlungen beruht wahrscheinlich auf real erfahrenen Ängsten, Verletzungen und oft schon chronisch manifestierten Schmerzen. Gewalt in der Phantasie auszuleben, dient der Bewältigung und der Arrangierung mit der Realität. Ein Ausdrucksmittel dieser Gefühle ist die Kunst. Gerade die Stilmittel des Schreibens, der Malerei und der Musik bieten sich dafür an.

Basierend auf den folgenden Überlegungen haben die Künstler von STALIN ein musikalisches Szenario erstellt, das den Titel «Nudistenmassaker» erhalten hat. Das Verlangen nach Gewalthandlungen kann z.B. auf emotionalen Empfindungen beruhen, die seitens des Agierenden eine ausführliche und hinterfragbare Begründung der Handlungen überflüssig machen. Weil Menschen sich nicht nach den Regeln des Täters verhalten, haben sie aus dessen Sicht das Recht, in seinem Blickfeld zu existieren, verwirkt. Sie werden zwangsläufig zu Opfern, wenn der Täter seine Vorstellung von Ordnung in die Tat umsetzt.

> «Das ganze Jahr habe ich im Käfig gesessen und gewartet, bis die Sonne scheint. Ich hab so lang auf diesen Tag gehofft, endlich wieder an den Strand zu gehen. Denn dort sind nackte Leiber entblösst für mein gieriges Auge. Sie sehen aus wie geschlachtete Schweine und hier ist mein Geschenk: Nudistenmassaker!
>
> Ein ganzes Jahr habe ich mich vorbereitet auf den Tag des grossen Feuerwerkes. Drei Präzisionsgewehre sind dabei und auch eine Panzerfaust. Denn diese nackten Leiber, so rosa und schwammig wie geschlachtete Schweine. Ja, ich werde sie verwöhnen und hier ist mein Geschenk.
> Nudistenmassaker!
>
> Ich ziele auf einen älteren Herren, der eine Bockwurst isst, während seine Frau mit einem bunten Ball spielt. Ich erwische sie beide! Die Bockwurst landet in seinem

dampfenden Hirn, während seine Frau ungläubig ihre herausquellenden Gedärme betrachtet. Ihr hättet angezogen bleiben sollen, ihr Pisser, dann wäre das nicht passiert ...»

Musiker werden sich mit dem auseinandersetzen, was sie zu präsentieren versuchen. Vielleicht ist der Aktionsraum, der den Künstlern zugebilligt wird, auch ein Experimentierfeld, auf dem sich so mancher Musiker der emotionalen Welt des realen Killers sanktionslos nähern kann und mit Erkenntnissen zurückkehrt, die vielleicht dem Begreifen von außergewöhnlichen Vorfällen dienen könnten. Doch dieses Begreifen bleibt relativ. Die Diskrepanz liegt zwischen Gewaltphantasien und deren Umsetzung in reales Handeln. Phantasien bleiben steril und folgenlos, die Realität hingegen birgt viele Faktoren in sich, die in den Phantasien unberücksichtigt bleiben.

Auch folgende Aussagen des Songs «The Reflecting God» der US-amerikanischen Band MARILYN MANSON sind ein Produkt aus diesen Experimentierfeldern (Textauszug):

«I went to God just to see
And I was looking – at me!
Saw heaven and hell were lies
When I am God everyone dies.»

1998 wurde den musikalischen Projekten der Band eine Mitverantwortung für Vorfälle wie zum Beispiel dem Amoklauf zweier Schüler in der Columbine-Highschool von Seiten der amerikanischen Presse unterstellt, gegen die sich Manson, der Sänger der Gruppe, wehrt: «Ich analysiere mein Land und habe stets zu zeigen versucht, daß wir selbst der Teufel sind, dem wir die Schuld für unsere Greuel anlasten.» (Manson 1999, 9)

Ein Text, der von einem Täter geschrieben wurde und Einblick in dessen Verlangen gibt, ist «Jody Is My Bloody Love» von John W. Hinckley jr.:

«Jody is my bloody love
A virgin till she dies
I am still her favourite fan
The one with bloody eyes

Jody stands in front of me
Making all my dreams
Suddenly she sees my face
I smile as Jody screams

Bloody thoughts go through my mind
As Jody cries in vain
She knows her bloody boyfriend
Is hopelessly insane

I reach out to take her hand
But Jody backs away
Shivering and still in tears
Jody starts to pray

‹Lord› she says I need your help
Please don't let me die
Hinckley wants to kill me now
And I didn't quite know why

Jody ends her bloody prayer
And wonders what's in store
What it is I plan to do
With such a bloody whore

Forget about the sacrifice
I tell her in rage
Forget about your future life
On silver screen and stage

I have come to shoot you down
With my bloody gun
You should die and I shall die
God's will must be done

Look here at my bloody knife
I think I'll stab you first
Deep into your bloody heart
It shall quench my thirst

Jody falls into my arms
As I plunge my sword
I've decided she must die
As of now I'm the Lord

Jody falls in virgin blood
Innocent and dead
The gun I fondle in my hands
Is aimed now at my head

I pull the trigger and I fall
Beside the girl I love
It's the perfect way to die
I call it bloody love

I don't know why
I'm doing this
I just don't know why
There's only one thing I know
And that's that she must die

Jody is my bloody love
A virgin till she dies
I am still her favourite fan
The one with bloody eyes.»

John Hinckley lebte in der Rolle des von Robert de Niro verkörperten Travis Bickle, dem Helden des Films «Taxidriver». Hinckleys Verlangen galt der Schauspielerin Jody Foster, die in diesem Film die minderjährige Prostituierte Iris spielte. Er nahm telefonisch Kontakt zu ihr auf, aber sie war nicht an einem Treffen mit ihm interessiert. Seine vermeintliche Zuneigung wandelte sich in Mordphantasien, die in dem oben genannten Text Ausdruck fanden. Im Film schlägt Bickles Attentatsversuch auf einen Politiker fehl. Er flieht und erschießt Iris' Zuhälter und drei weitere Männer. Das Motiv des Attentats griff Hinckley auf: Im Zuge seiner Selbstinszenierung als «Travis Bickle» wurde er 1981 nach einem missglückten Attentat auf den damaligen US-amerikanischen Präsidenten Ronald Reagan festgenommen, bei dem der Präsident, ein Polizist und ein Leibwächter angeschossen wurden.

Der Text wurde 1983 von der amerikanischen Punk-Band CAPITOL PUNISHMENT in Fresno/Calif.(USA) vertont.

An dieser Stelle meiner fragmentalen «Führung» durch die Welt der mordinvolvierten Musik möchte ich auf zwei Songs verweisen, in denen zwar nicht von Serienmorden die Rede ist, die aber trotzdem mit solchen Tötungen in Verbindung zu bringen sind. Es handelt sich um einen weiteren Song der BEATLES und um eine Komposition der Band AC/DC.

* Charles Manson behauptete, den Befehl für die Morde an Sharon Tate und drei weiteren Personen, die er und Mitglieder seiner Kommune «The Family» begingen, aus dem BEATLES-Song «Helter Skelter» erhalten zu haben.

* Der Song «Nightprowler» der australischen Band AC/DC wurde 1985 mit vierzehn Morden im Raum Los Angeles in Verbindung gebracht. Die Identifikation mit dem «Nightprowler» veranlasste nach eigener Aussage Richard Ramirez, der sich «Night Stalker» nannte, dazu, diese Taten zu begehen.

Zum Abschluss möchte ich auf ein Lied zurückkommen, das schon eingangs Erwähnung fand. 1996 bearbeitete das Produktionsteam Plasa/Höfler/Hoffmann das Haarmann-Lied «Warte, warte nur ein Weilchen ...». Doch WARNER-Music zog den Song kurz vor dem Erscheinungsdatum zurück, da die aktuellen Ereignisse um die Riecken-

Morde in der Öffentlichkeit bekannt wurden. Es wurde seitens der Produzenten vermutet, dass eine Veröffentlichung des Songs durch die gegenwärtige bundesweite Betroffenheit Unverständnis und Ablehnung in der Bevölkerung zur Folge haben könnte.

Musiker sind Mitglieder der Gesellschaft, die diese brauchen, um ihr Können zu demonstrieren. Sie versuchen, durch die Präsentation ihrer Person und ihrer Musik Einfluss auf die Zuhörer/Zuschauer zu nehmen, um so Macht über das Publikum zu gewinnen und Anerkennung zu erhalten. Dieses Verlangen nach Macht und die Inszenierung ihres Könnens lässt Parallelen zu den Interessen mancher Mörder erkennen. Einzelne Musiker bedienen sich sogar der Rolle des Mörders oder dessen Taten und den Symbolen des «Bösen», um dem Publikum visuell und/oder akkustisch ihr Verständnis von Macht als «Show» zu präsentieren.

«Das Böse» ist ein nicht exakt zu benennender Begriff, der von jedem individuell mit Inhalt gefüllt wird und so der individuellen moralischen Bewertung dient. In der westlichen Welt sind Sexualtäter und Serienkiller zu den Symbolen des «wirklich Bösen» geworden. Sie sind existent und somit auch Bestandteil, wenn auch ein seltener, der jeweiligen Kulturen. Eine Gesellschaft braucht sie, um «das Böse» sichtbar zu machen. Umgekehrt brauchen auch einige Mörder, ähnlich wie die Musiker, die Gesellschaft als «Zuschauer», der sie durch ihr Handeln ihre Macht demonstrieren wollen.

Die moralische Entrüstung rechtfertigt dann die hysterisch-emotional geprägten Forderungen nach Folter, Lynchjustiz und Todesstrafe, also die Aufhebung unserer demokratischen Grundwerte. Es wird selten berücksichtigt, dass Mitbürger, die zu Tätern geworden sind, wie alle anderen Individuen durch ihre Gesellschaft geprägt wurden und dass erst die Gesellschaft ihr Handeln ermöglicht. Durch die Fokussierung in Presseberichten, in Spielfilmen und in Liedern, die diese Personen und ihr Handeln thematisieren, wird die Angst vor diesen Menschen kontinuierlich aufrecht erhalten.

Ausgewählte Discographie zum Thema «Serienmörder & ungewöhnliche Morde»

«Adios, Motherfucker» – Henry, Serialkiller
«I Love The Dead» – Alice Cooper
«Jeanny» – Falco
«The Reflecting God» – Marilyn Manson
«Jack The Ripper» – Screaming Lord Sutch
«Midnight Rambler» – Rolling Stones
«Psycho Killer» – Talking Heads
«Der Frauenmörder Wurm» – Georg Danzer
«Maxwell's Silver Hammer» – The Beatles
«Nightprowler» – AC/DC
«I Don't Like Mondays» – The Boomtown Rats
«Jody Is My Bloody Love» – Capitol Punishment
«Man With The Razorblades» – New Wave Hookers
«Murder In The Graveyard» – Screaming Lord Sutch
«The First Female Serial Killer» – Miss World
«The Ripper» – Judas Priest
«Too Much Blood» – Rolling Stones
«Deeply Deeply» – Christian Death
«Jack The Ripper» – Nick Cave & The Bad Seeds
«Gern' hab' ich die Frauen gesägt» – Harry Horror
«Nudistenmassaker» – Stalin
«Der Kürschner von Rahlstedt» – Stalin.

Literaturangaben

Bolz, Norbert (1993): Das Böse jenseits von Gut und Böse; Colpe, Carsten/Schmidt-Biggemann, Wilhelm, Das Böse. Eine historische Phänomenologie des Unerklärlichen, Frankfurt a.M., Suhrkamp.

Byrne, David (1992): Psycho Killer; Talkingheads. The Best of – Once in a Lifetime (Booklet), EMI – New York.

Flender, Reinhard/Rauhe, Hermann (1989): Popmusik. Geschichte – Funktion – Wirkung, Darmstadt, WB-Forum.

Grimm, Jürgen (2000): Fernsehinterview; Alquen, Susanne d' (2000): Lust am Gruseln, Fernsehproduktion des WDR.

Jagger, Mick (1983): Too much Blood; in: Rolling Stones (1983): Undercover (LP), Paris/France.

Manson, Marilyn (1999): Die Saat des Bösen?; Rolling Stone (Deutschland), Juli 1999, Hamburg.

Page, Jimmy (1975): Interview; Schmidt-Joos, Siegfried (1977): Sympathy for the Devil.

Aleister Crowley, Kenneth Anger und die Folgen, Rocksession N. 1. Magazin der populären Musik, Reinbek bei Hamburg, Rowohlt.

Semiotik des Serienmords

Klaus Bartels

Medium und Form in Serienmördertheorien des FBI

Die Funktion der Massenmedien – Presse, Rundfunk, TV, Film – besteht nach Niklas Luhmann in der Problematisierung gesellschaftlicher Prozesse, der Simplifizierung dieser Probleme und ihrer unaufhörlichen Reproduktion zum Zwecke der Gedächtnisbildung, wozu, nach einiger Zeit, auch die Löschung gehört, die Einstellung der Reproduktion. Ich gehe nachfolgend von dieser memorialen Funktion der Massenmedien aus und versuche, am Beispiel des Films *Das Schweigen der Lämmer* die Frage zu beantworten, welches Problem im Zusammenhang mit Serienmorden öffentlich formuliert, simplifiziert und zur Gedächtnisbildung reproduziert wird. Es handelt sich – diese Hypothese nehme ich vorweg – um die Thematisierung einer «naturalistischen» Semiotechnik. In einem zweiten Schritt werde ich diese Semiotechnik im Kontext fiktiver und wirklicher Tötungshandlungen diskutieren.

Ausgangspunkt sind zwei signifikante Statements zum Serienmord von Robert K. Ressler, Ex-Abteilungsleiter der FBI-Akademie in Quantico, und von John Douglas, ehemals Chef der FBI-Spezialeinheit für Serienverbrechen. Die Statements kennzeichnen die Pole, zwischen denen sich die Ermittler bewegen und die sich im Fall Jeffrey Dahmer zu scheinbar unüberwindlichen Gegensätzen zuspitzten. Während Ressler, als Gutachter der Verteidigung, auf Unzurechnungsfähigkeit Dahmers plädierte, stellte Douglas sich mit der gegenteiligen Ansicht auf die Seite der Anklage (Douglas/Olshaker 1996, 300). Zunächst die Position von Ressler, und zwar seine Beschreibung, wie er auf den Begriff des *serial killers* kam. Die Passage lautet folgendermaßen:

«Damals liefen jeden Samstag im Kino Abenteuerserien (‹Das Phantom› mochte ich am liebsten). Jede Woche köderten sie einen schon für die nächste Folge, denn immer, wenn es am aufregendsten wurde, war plötzlich Schluss. Das war alles andere als befriedigend, denn die Spannung wurde nicht etwa aufgelöst, sondern noch gesteigert. Die gleiche Unzufriedenheit stellt sich bei den Serienmördern ein. Der Akt des Tötens an sich sorgt beim Mörder für noch größere Spannung. Es ist nämlich nie so perfekt, wie er sich das in seiner Fantasie ausmalt. Wenn das Phantom im Treibsand versinkt, muss der Zuschauer in der nächsten Woche wiederkommen und erfahren, ob der Held es doch noch schafft. Der Serientäter überlegt sich nach seinem Mord, wie er es hätte besser anstellen können. ‹O Gott, ich habe sie viel zu schnell umgebracht. Ich hätte mir Zeit lassen und sie richtig foltern sollen, dann hätte es auch mehr Spaß gemacht. Ich hätte sie anders ansprechen und mir was Neues für die Vergewaltigung einfallen lassen müssen.› Wenn seine Gedanken in diese Richtung gehen, dann plant er eigentlich schon den nächsten Mord. Der soll perfekter sein. Es handelt sich um einen kontinuierlichen Prozess der ‹Verbesserung›.» (Ressler/Shachtman 1994, 45f.)

Ressler stellt eine Analogie her zwischen dem Zuschauer einer kinematographischen Serie und einem Serientäter, der nun keineswegs nur symbolisch repräsentierten Handlungen zuschaut, sondern selber semiotisch aufgeladene Handlungen begeht.[1] Der Resslersche «Serienmörder» ist paradoxerweise sowohl Zuschauer als auch Täter, er ist gleichzeitig «draußen» und «drinnen». Im Oszillieren zwischen Zuschauen und Agieren, zwischen «draußen» und «drinnen», sieht Luhmann einen charakteristischen Grundzug der Mediengesellschaft. Die durch Medien sozialisierten «Individuen»[2] sind «draußen», Zuschauer, wenn sie Medien als Text oder als Bild betrachten, aber «drinnen», Akteure, wenn sie in sich deren Resultate erleben:

«Sie müssen zwischen draußen und drinnen oszillieren, und dies so wie in einer paradoxen Situation: schnell, fast ohne Zeitverlust und unentscheidbar. Denn die eine Position ist nur dank der anderen möglich – und umgekehrt.» (Luhmann 1996, 204)

«Draußen» und «drinnen» kennzeichnen die Differenz von Medium und Form in den Massenmedien. Als Medium übernehmen die Massenmedien die Aufgabe, «Schemata» auszubilden, «Abkürzungen» und Regeln für aufwendige Selbst- und Fremdinszenierungen, die von allen gekannt und verwendet werden (ebd., 203). Schemata sind Instrumente des Vergessens und Lernens. Das Wiederholen des Schemas führt zum Vergessen, die Abweichung zum Lernen. Der Serienmörder muss die Regeln seines Handelns ständig befolgen, aber er muss, um dieses Handeln fortsetzen zu können und nicht zu vergessen, stets vom Schema abweichen, es «verbessern». Neben den Schemata kennt die Systemtheorie «Skripts», die Stereotypisierung zeitlicher Sukzessionen (Handlungen) in Form kleiner Erzählungen und die standardisierte Kopplung der Sukzessionen in Form von «Bühnen»anweisungen für gesellschaftliche Rollenspiele, wie man sich beispielsweise im Restaurant, auf einem Kindergeburtstag oder beim Sport verhält. Schemata und Skripts werden vermittelt durch die Massenmedien. Sie bilden das «draußen», den locker gekoppelten Vorrat für Identifikationen und Inszenierungen der «Individuen», ihre semiotische Umwelt.

«Drinnen» ist das «Individuum» durch strikte Kopplung derselben Schemata und Skripts zu einer Handlung, zum Beispiel dadurch, dass es bestimmte Kleidungsstücke trägt, Kultobjekte erwirbt oder Einstellungen und Werte übernimmt und auf diese Weise die Resultate der Medien in sich erlebt. Strikte Kopplung kennzeichnet die <u>Form</u>bildung im <u>Medium</u> Massenmedien. Resslers «Serienmörder» etwa verwandelt das Medium in Form, wenn er kriminelle Schemahandlungen, wie sie die massenmediale Sensationsberichterstattung tagtäglich reproduziert, jeweils zu verbessern sucht und ein neues individuelleres Skript entwirft: «O Gott, ich habe sie viel zu schnell umgebracht. Ich

---

[1] Seltzer (1993, 93f.) kritisiert Resslers Verknüpfung der semiotischen Systeme «Serie» und «Tötungshandlung» als «semi»-zirkulär. Außerdem verwirft er die Analogie von Darstellungszwang und Tötungszwang.
[2] Normalerweise verwendet Luhmann anstelle des Begriffs «Individuum» den des «psychischen Systems». Ich benutze daher Anführungszeichen, um der Verwechslung mit dem «Individuum» in emphatischer Bedeutung vorzubeugen.

hätte mir Zeit lassen und sie richtig foltern sollen, dann hätte es auch mehr Spaß gemacht. Ich hätte sie anders ansprechen und mir was Neues für die Vergewaltigung einfallen lassen müssen.»

Massenmedien lassen sich also in Medium und Form differenzieren. Als Medium bieten sie einen lose gekoppelten Zeichenvorrat (Schemata und Skripts), der durch die «Individuen» zu Formen eigener Identität strikt gekoppelt und zirkulär in das Medium zurückgespeist wird: «Das Medium wird gebunden – und wieder freigegeben. Ohne Medium keine Form und ohne Form kein Medium [...]». (Luhmann 1997, 199) Jedes «Individuum» muss bei dem Versuch, seine Identität oder sein «Selbst» zu konstruieren, die Paradoxie, zugleich «drinnen» und «draußen» zu sein, auflösen, ohne den Horizont der Massenmedien überschreiten zu können; denn alles, was «wir über unsere Gesellschaft, ja über die Welt, in der wir leben, wissen, wissen wir durch die Massenmedien». (Ebd., 9) Im Unterschied zu den massenmedial vermittelten Schemata und Skripts bietet der Körper eine leichter verfügbare und scheinbar authentische Bezugsgröße, so dass immer häufiger Vorstellungen von biologischer Einheit an die Stelle aufwendiger symbolischer Selbstkonstruktionen treten:

«Wenn Individuen immer weniger in der Lage sind, eine sinnvolle Einheitsformel für ihr Dasein zu finden, leuchtet es ein, wenn eine Instanz verstärkt in den Blickwinkel gerät, die nicht erst symbolisch als Einheit hergestellt und stabilisiert werden muss, wie die Identität, sondern als eine kompakte, in sich geschlossene biologische Ganzheit bereits vorhanden ist.» (Bette 1989, 31)

Sport, Body-Building und Piercing gehören zu den harmlosen Varianten der körperbezogenen Identitätsbildung, aber auch Gewaltakte ersetzen zunehmend symbolische Semiotechniken bei der «Bewerkstelligung» von «Männlichkeit» und «Weiblichkeit» (Kersten 1997). Infolge dieser Entwicklung werden kriminelle Handlungen von einem bestimmten Zweig der Kriminalwissenschaft bereits als semiotische Surrogate, als Texte aufgefasst (vgl. die Ausführungen von Dern 1994). Den Extremfall bildet zweifellos der stressbedingte partielle Ausfall symbolischer Semiotechniken beim Serienmörder und die «naturalistische» Artikulation der Körper seiner Opfer. In der einschlägigen Literatur wurde die Synchronie von Verstummen und Weiterreden durch Tötung verschiedentlich beobachtet, so wertet Coleman die Verbrechen des Serienmörders Richard Speck als die Durchsetzung verweigerter Kommunikation mit anderen Mitteln (vgl. Bartels 1997, 167), aber sie wurde noch nie zum Thema gemacht, was vorliegende Untersuchung nachholen wird.

Resslers Serienmörderparadox unterscheidet sich deutlich vom Konzept seines Antipoden John Douglas. Douglas interpretiert Tötungshandlungen von Serienmördern nicht im Kontext medialer, sondern literaler Sozialisation. Sein «Serienmörder» zeigt eher Ähnlichkeit mit einem Schriftsteller oder einem Künstler, der eine eigene Handschrift entwickelt und es im Laufe der Zeit zu hoher Kunstfertigkeit bringt. «Serie» heißt für Douglas Verfeinerung des Werks durch «Iteration», hat aber nichts mit Kino- oder Fernsehserien zu tun. Die wenigen und daher substantiellen theoretischen Äußerungen in seinen 1995 erschienenen Erinnerungen bevorzugen die formalen Aspekte des Serienmords. Douglas unterscheidet den Modus operandi, den dynamischen, veränderlichen Anteil der Tat, und die statischen, festgefrorenen Anteile, die Handschrift, *«was der Täter tun muss, um sich zu verwirklichen»*. (Douglas/Olshaker 1996, 295 – Hervorhebungen im Original) Die Handschrift trägt künstlerische Züge:

«Vorerst gilt: *Will man den Künstler verstehen, muss man sich sein Werk ansehen.* Das sage ich meinen Leuten immer. Man kann Picasso nicht verstehen oder würdigen, ohne seine Bilder zu betrachten. Die erfolgreichen Serienmörder planen ihr Werk so sorgsam wie ein Maler ein Gemälde. Sie betrachten das, was sie tun, als ihre ‹Kunst› und verfeinern sie im Laufe der Zeit.» (Ebd., 135 – Hervorhebungen im Original)

Wenn aber der Täter auf die formale Vollendung des Mordes zielt, dann ist er auch – diese Auffassung klingt bei Douglas immer wieder durch – für seine Taten verantwortlich, er begeht sie mit dem Vorsatz, ein «Werk» zu schaffen, das sein Begehren nach «Dominanz, Manipulation und Kontrolle»[3] vollständig befriedigt. Resslers Fokussierung auf die Medien hingegen entlastet den Täter mit der impliziten Annahme, dass er, ferngesteuert durch die Sozialisation in der Mediengesellschaft, gezwungen wird, die unbegriffenen massenmedial vermittelten Schemata und Skripts durch physische Surrogate zu ersetzen und seine Identität durch Gewaltakte zu kommunizieren. Daher plädierte er im Fall Dahmer, der in jeder Beziehung ein Medienfall war, sehr zum Ärger von John Douglas auf Unzurechnungsfähigkeit. Beide verabsolutierten jeweils einen Pol des von Ressler intuitiv entdeckten Serienmörderparadoxes, Douglas den formalen, Ressler den medialen. Aus dieser Einseitigkeit resultierten die unterschiedlichen Plädoyers. Sie teilten aber – bei allen Differenzen – die Überzeugung, daß Tötungen eine semiotische Komponente haben, dass der Mörder in seiner Tat weiterredet. Sie unterschieden stillschweigend eine physikalische von einer semiotischen Ebene der kriminellen Handlung.

Kriminelle Primärhandlung und semiotische Parallelhandlung

Tötungsdelikte, die weder der Bereicherung noch der Beseitigung eines Nebenbuhlers oder der Affektentladung dienen, die mithin keinen erkennbaren Zweck haben, gelten im Volksmund als «sinnlos». Die Redewendung «sinnloser Mord» unterstellt ein Defizit der Zweck-Mittel-Relation von raumzeitlicher, physikalischer Aktion und außerhalb der Tötungshandlung liegender Zielsetzungen. Schon relativ «einfache» kriminelle Straftaten freilich lassen sich nicht auf eine physikalische Aktion zur Erreichung von Zielen reduzieren, sie haben semiotische Dimensionen. So unterscheidet Oevermann zwei Handlungsebenen, die beim Begehen einer Straftat parallel ablaufen, und zwar die kriminelle Primärhandlung und die Tarnhandlung. Die Tarnhandlung dient dem Versuch, die Autorschaft der Straftat vor den Ermittlungsbeamten als Vertretern der Gesellschaft und/oder dem eigenen Rechtsbewußtsein zu verbergen (Dern 1994, 47f.). Die kriminelle Primärhandlung verschanzt sich hinter ihrer schwer durchschaubaren semiotischen

---

[3] Douglas/Olshaker 1996, 129. Dominanz, Manipulation und Kontrolle sind nach Douglas die drei entscheidenden Merkmale der «Handschrift» von Serienmördern.

Parallelhandlung. Die Ermittler haben es mit einem textförmigen Tatort zu tun, mit einem Täter-Autor und mit einem von ihm verfassten «Spurentext» (ebd., 50ff.). Sie müssen die richtige Geschichte herausfinden. Fabulieren ist nach John Douglas die Schlüsseltechnik, um die Erzählung der Straftat aus der Perspektive des Opfers zu verstehen (Douglas/Olshaker 1996, 42). Je komplexer die Straftat, desto komplexer die Erzählung.

Das Legen einer fiktiven Spur kann durchaus Selbstzweck sein und Anlass für eine Tötungshandlung werden, wie im Falle des deutschen Serienmörders Horst David, dessen Tötungshandlungen dem Ziel gewidmet waren, «natürliche Unfalltode» zu inszenieren. Für David hatte der Mord in sich selbst einen hohen semiotischen Wert. Seine Taten lassen sich allerdings nicht mehr nur als Texte interpretieren. Bei ihnen ging es um die Inszenierung, um einen Theaterdiskurs. David hat etwas «über die Rampe» bringen wollen.

Der Fall David[4] ist ein Beleg dafür, dass es auch bei anderen, weniger perfekten multiplen Morden um kommunikative Akte geht. Den Zusammenhang von Kommunikation und Tötungshandlung behandelt Jonathan Demmes Film *Das Schweigen der Lämmer*, bekanntlich eine Auseinandersetzung mit den von Ressler und vor allem von Douglas entwickelten Fahndungsmethoden – Douglas' filmisches alter ego heißt Jack Crawford. Am Beispiel der Protagonisten Dr. Hannibal Lecter und Jame Gumb thematisiert Demme zwei Extreme kommunikativer Inkompetenz, die auf die beiden, von Douglas und Ressler repräsentierten Pole des Serienmörderparadoxes bezogen sind. Hannibal Lecter, wie der Name schon sagt, ein Leser, repräsentiert den eher formalen, Jame Gumb den eher medialen Aspekt der Tat. Die Unterschiede zeigen sich beim Gebrauch der Sprache, der ebenfalls durch die Differenz von Medium und Form bestimmt wird.

Medium und Form im *Schweigen der Lämmer*

Sprache (langue) ist im Sinne der Unterscheidung von Ferdinand de Saussure allgemeines Medium der Kommunikation. Langue stellt einen locker gekoppelten Vorrat an Worten und Sätzen dar. Das Sprechen (parole), die strikte Kopplung von Worten und Sätzen, bildet den Formaspekt im Medium Sprache. Lecters virtuoser Umgang mit der Sprache, er gibt Informationen lediglich anagrammatisch verschlüsselt preis[5], verweist auf eine ungewöhnliche formale Kompetenz. Der sprachlichen Virtuosität korrespondiert ein auffälliges Empfinden für Umgangsformen und Körperstile. Die Agentin Star-

---

[4] Auf diesen Fall werde ich noch zurückkommen. Die Informationen über Horst David entnehme ich einem Vortrag, den Thomas Müller vom Kriminalpsychologischen Dienst bei INTERPOL Wien am 10. und 11. Juni 1997 anlässlich einer Kriminologischen Studienwoche über «Serienmörder» in Hamburg gehalten hat. Da es keine schriftliche Fassung dieses bemerkenswerten, workshopartigen Vortrags gibt, zitiere ich aus meinen Unterlagen.

[5] Das Anagramm ist eine sehr alte, mindestens bis in die griechische Antike zurückreichende Ver- und Entschlüsselungstechnik, ursprünglich für die Dekodierung göttlicher Botschaften (Orakel etc.) entwickelt. Unter einem Anagramm versteht man die Umstellung der Buchstaben eines Wortes, eines Namens oder größerer Wortgruppen bzw. ganzer Texte zu einer neuen sinnvollen Buchstabenfolge. Am häufigsten wurde das Anagramm von «Orakeln», Kabbalisten, Wissenschaftlern und Dichtern bei der Verschlüsselung von Namen und geheimen Botschaften verwendet.

ling wird von ihm sofort als zweitklassig eingestuft; es sind vor allem die billigen Schuhe, die ihr das Prädikat «Bauerntrampel» einbringen. Lecters hypertropher Formalismus gehört – so ist gelegentlich bemerkt worden – in die Tradition der spätromantischen Dekadenz (Theweleit 1994, 64). Die von Lecter verkörperte Sozialfigur läßt sich genauer als die des Dandy bezeichnen, nach Domna C. Stanton[6] ein semiotisches System, ein Zeichenkonstrukt. Mit Perücke, Sonnenbrille und weißem Leinenanzug zur Realfiktion verkleidet, entkommt Hannibal Lecter am Ende des Films als wieder freie Person. Sein Gebrauch der Sprache ermöglicht ihm den Anschluß an gesellschaftliche Kommunikation: Telefonisch informiert er Agentin Starling über seine Flucht.

Jame Gumb ist ein solcher Anschluß verwehrt. Im Dialog mit Catherine Martin, seinem Opfer, zeigt sich ein signifikanter Ausfall der zweiten Person des Personalpronomens. Er kann sie nicht duzen oder siezen, er spricht sie als «es» an.[7] Dialoge, in denen «du» vorkommt, führt er lediglich mit seinem Spiegelbild. Während er sich schminkt, fragt er es: «Willst Du mich ficken?» Und er selbst bejaht diese Frage mit wachsender Intensität («Ich würd' mich ficken. Ich würd' mich durchficken. Ich würd' mich durchficken.») Erst als sich das Opfer in den Besitz eines intimen Täter-Accessoires, seines Hundes, gebracht hat, erscheint es ihm als Person, die er duzen kann. Ansonsten repetiert Gumb im Gegensatz zu Lecter stets dasselbe Artikulationsmuster. Sein Sprechen wiederholt die Mechanik der Sprache; Gumb befindet sich auf ihrem medialen Pol. Der Film unterstreicht dies auf außerordentlich subtile Weise in jener Sequenz, da Agentin Starling im Zimmer des ersten Opfers, Fredrica Bimmels, den entscheidenden Hinweis auf den Täter findet, nachdem sie schon mit Leichtigkeit den anagrammatischen Kode Lecters geknackt hat.

Im Geheimfach von Fredrica Bimmels Spieluhr entdeckt Starling eine Fotoserie, die einen Striptease der Spieluhrbesitzerin dokumentiert. Den Anblick auf das Fotomodell Bimmel im Zustand vollständiger Enthäutung von textiler Oberfläche erspart die Kamera dem Betrachter. Statt dessen präsentiert sie ein anderes Modell, eine Schneiderpuppe (ohne Kopf), anschließend eine Kleiderkollektion in einem Schrank, darunter ein Schnittmuster. Und schon hören wir Starling mit Crawford telefonieren, der sich wieder auf der falschen Fährte befindet (weil er wie John Douglas den medialen Tataspekt ignoriert). Was hat sie

---

[6] Stanton 1980. Auf Hannibal Lecter passen alle Eigenschaften des Dandys, wie sie Gruenter 1952 an den Texten Ernst Jüngers entwickelt. <u>Macht</u>: Lecter manipuliert seine Umwelt, auch die Mitgefangenen (einer stirbt, weil er ihn zwingt, seine Zunge zu verschlucken) nach Belieben, weswegen er – ohne Erfolg – gefesselt in einem Käfig gehalten wird. <u>Désinvolture</u>: Insbesondere der Mutter des Opfers Catherine Martin, der republikanischen Senatorin, begegnet er unverschämt, was zugleich Ausdruck seiner Macht ist. <u>Aristokratismus</u>: Er verhöhnt Clarice Starling als zweitklassigen Bauerntrampel. <u>Kälte</u>: Nachdem er einen Polizisten gekreuzigt, einen zweiten enthäutet hat und als dessen Double in einem Krankenwagen entkommt, diagnostiziert der mitfahrende Sanitäter Blutdruck und Puls als normal. <u>Welt als Schauspiel</u>: Lecter taucht am Ende des Films verkleidet wie ein Schauspieler in der Menge unter. Seine Zelle ist eine Bühne für Auftritte vor den (elektronischen) Augen des Gefängnisdirektors. <u>Maske und Maskierung</u>: Um kannibalistische Attacken auf seine Umwelt zu unterbinden, muss Lecter eine Maske tragen. <u>Provokation</u>: Der geschmäcklerische Kannibalismus ist eine Provokation. <u>Manierismus</u>: Lecters Auftreten ist insgesamt manieriert, seine Kleidung, sein Gehabe, seine künstlerischen Aktivitäten. Er bevorzugt das Aparte, hört Bachs Goldberg-Variationen, gespielt von Glenn Gould, und liest Gourmet-Journale. Trotz seiner Gefangenschaft strotzt er vor Selbstbewusstsein.

[7] Es handelt sich hierbei um eine Anspielung auf Ted Bundy, der seine Opfer, indem er sie mit «es» ansprach, herabwürdigte und sich selbst die Tötung als die Beseitigung einer Sache erlaubte.

entdeckt? Daß die textile in reale Enthäutung übergegangen ist, daß Jame Gumb sich ein Kleid aus, so wörtlich, «echten» Frauen näht. Starling ist über die Fotoserie auf eine strikt naturalistische Technik der Repräsentation gestoßen, auf Taxidermie.[8] Das ausgestopfte Tier ist das Zeichen für das lebendige Tier. Unter Umgehung der literalen Schrift, der symbolischen Repräsentation von Wirklichkeit, stellt die naturalistische Semiotechnik eine Eins-zu-Eins-Beziehung zwischen Zeichen und Bezeichnetem her. Starling entdeckt, das Schnittmusterkleid ist für sie gewissermaßen der «Schalter», daß Jame Gumb vom vestimentären Kode auf einen naturalistischen Hautkode umgeschaltet hat.[9]

Das Umschalten von der Fotoserie «Fredrica Bimmel» auf eine naturalistische Semiotechnik hat einen mediengeschichtlichen Hintergrund. In seinem berühmten, Mitte des 19. Jahrhunderts (1844 – 1846) erschienenen Buch *The Pencil of Nature* formulierte einer der Erfinder und frühen Theoretiker der Fotografie, William Henry Fox Talbot, bündig die Vorstellung, die Natur selbst bilde sich in der Fotografie ab, in einer der Wahrnehmungskraft des menschlichen Auges überlegenen Form. 1851 wurden die ersten gelungenen Momentaufnahmen von Kennern mit Vergrößerungsgläsern begutachtet und bewundert, weil sie «die Wahrnehmung erweiterten und bisher Unsichtbares sichtbar machten» (Buddemeier 1970, 118). Oliver Wendell Holmes verglich 1859 das Fotografieren mit der Jagd nach Häuten:

«Es gibt nur ein Kolosseum oder Pantheon, aber wie viele Millionen möglicher Negative haben sie abgesondert, seitdem sie erbaut wurden – die Grundlage für Billionen von Bildern. [...] Jeder denkbare natürliche und künstliche Gegenstand wird in Bälde seine Oberfläche für uns abschälen. Die Menschen werden auf alle merkwürdigen, schönen und großartigen Gegenstände Jagd machen, so wie man in Südamerika die Rinder jagt, um ihre Haut zu gewinnen, und den Kadaver als wertlosen Rest liegen lässt.» (Holmes 1980, 119f.)

Das Schweigen der Lämmer spielt mit solchen medienarchäologisch begründeten Vorstellungen über den Naturalismus der Fotografie: Bei der Sektion eines Opfers entdecken die Fahnder per Polaroid den für menschliche Augen unsichtbaren Kokon einer Motte im Rachen der Leiche. Aus dem Kokon wird das Bild der Motte, ein Totenschädel, von einem Insektenforscher buchstäblich entwickelt, aus dem Kokon herausgewickelt.

Auch Jame Gumb entwickelt in seiner Dunkelkammer[10] einen Totenkopf. Gumbs Faszination durch naturalistische Repräsentationstechniken schlägt sich in der Gestaltung

---

[8] «Taxidermy is the naturalist form of representation par excellence.» (Seltzer 1993, 117)
[9] Es ist im übrigen eine Frau, die sowohl den Anagramm- als auch den Hautkode knackt. Crawford zapft Quellen an, über die er persönlich nicht verfügt. Denn es gibt vermutlich keine Dichterschule am FBI, wo die Anfertigung von Anagrammen geübt wird. Die Dechiffrierkompetenz bringt die Agentin als geübte Leserin mit.
[10] In der Romanvorlage wird dieser Vorgang wesentlich ausführlicher dargestellt als im Film; vor allem wird die Konnotation fotografischer und biologischer Entwicklung sehr viel deutlicher. Wir befinden uns in einer Dunkelkammer und werden Zeugen der Entwicklung eines natürlichen Bildes: «Der Raum enthält keine der Wellenlängen von Licht, derer das menschliche Auge sich bedienen kann, doch Mr. Gumb ist hier, und er kann

der eigenen Haut nieder. Sie ist geschminkt, tätowiert, schmuckbehangen, gepierct. Gumb kommuniziert im körperlichen Nahbereich statt über ein symbolisches Stellvertretersystem. Diese Art der Kommunikation hat den sprachlichen Diskurs, die parole, gewissermaßen durchlöchert. Durch die Löcher hindurch stößt Gumb immer nur auf die Mechanismen des Mediums Sprache, auf sein naturalistisches Substrat, die Markierung der Körper und der Räume. Aber auch Lecters hypertrophe Sprechkunst, die Basis seiner virtuosen anagrammatischen Verschlüsselungstechnik, ist in der Nähe naturalistischer Repräsentation angesiedelt. Nach der Theorie des Surrealisten Hans Bellmer nämlich ist das Anagramm eine Körperzergliederungs- und Körperzusammensetzungstechnik:

«Der Körper gleicht einem Satz –, der uns aufzufordern scheint, ihn bis in seine Buchstaben zu zergliedern, damit sich in einer endlosen Reihe von Anagrammen aufs neue fügt, was er in Wahrheit enthält.» (Bellmer 1976, 95)

Bellmer hat diese Theorie unablässig an deformierten, zergliederten, amputierten und enthäuteten Puppen im Rahmen seines Projekts *Die Puppe* und *Die Spiele der Puppe* aus den dreißiger Jahren demonstriert, später auch am lebenden Objekt, an der Schriftstellerin Unica Zürn, die seinem Idealbild der Puppe vollkommen entsprach. Die 1958 veröffentlichte Fotoserie *Unica*[11] zeigt seine Lebensgefährtin als gewaltsam verschnürtes Bündel Fleisch, der gesamte Körper ist durch Bänder in unförmige Wülste und Einschnitte verwandelt.[12] Solche seriellen Einschnitte erzeugen nach Bellmers Auffassung virtuelle Erregungszentren, welche die realen überlagern. Im Klartext: Sie vervielfältigen die Vagina.

Bellmer konnte seine Phantasie durch eine raffinierte semiotische Struktur, die fiktive Puppe, kommunizieren. Jame Gumb genügt die Schneiderpuppe letztlich nicht. Auch Jeffrey Dahmer stellte vergeblich Experimente mit einer gestohlenen Schaufensterpuppe an. Bei Serienmördern scheint – so jedenfalls stellt es *Das Schweigen der Lämmer* dar – die Fähigkeit, Zeichensysteme als Mittel der symbolischen Interaktion zu verwenden, gestört durch die Verschiebung des Sprechakts in Richtung eines hypertroph-formalen Diskurses wie bei Hannibal Lecter oder eines medialen Diskurses wie bei Jame Gumb. Aus dieser doppelten Verschiebung zu den Polen entweder des Mediums oder der Form ergibt sich eine ziemlich umfangreiche Palette von Tätertypen. Die Bevorzugung lediglich eines Pols verfehlt diese Typenvielfalt, nicht zufällig entweicht Hannibal Lecter dem grobkörnigen Fahndungsraster des FBI. Nachfolgend werde ich an drei fiktiven Beispie-

---

sehr gut sehen, obwohl er alles in Grünschattierungen und -stärken erkennt. Er trägt eine hervorragende Infrarotschutzbrille [...] Die junge imago ist gerade aus einer gespaltenen Chrysalis in der feuchten Ecke des Käfigbodens ausgeschlüpft. [...] Die großen Flügel des Insekts werden über dem Rücken gehalten, verbergen und verzerren seine Markierungen. Nun klappt es die Flügel nach unten, um seinen Körper zu umhüllen, und das berühmte Muster ist deutlich zu erkennen. Ein menschlicher Schädel, herrlich ausgeführt in den pelzartigen Schuppen, starrt vom Rücken der Motte her.» (Harris 1997, 205f.)
11 Zwei Beispiele aus dieser Serie sind dokumentiert in Edizioni La Biennale di Venezia 1995, 341.
12 Bellmers *Unica* ist ein frühes Beispiel für Verpackungskunst. Ein ähnliches Objekt schuf Christo mit dem *Wedding Dress* von 1967. Die Installation besteht aus einer gut verschnürten Puppe, die ein riesiges paketähnliches Gebilde hinter sich herschleppt.

len mediale und formale Verschiebungen als Hintergrund von Tötungen thematisieren bis hin zu naturalistisch-repräsentationistischen Stilübungen in den Romanen *The Atrocity Exhibition* und *Crash* von J.G. Ballard. Bei den anderen Beispielen handelt es sich um Robert Musils fiktiven Sexualmörder Christian Moosbrugger aus dem Roman *Der Mann ohne Eigenschaften* und um den Leutnant Sturm aus Ernst Jüngers gleichnamiger Kriegserzählung.

Moosbrugger und Sturm
Ich beginne mit der Verschiebung der Gewichte zugunsten des medialen Pols am Beispiel Moosbruggers. Christian Moosbrugger ist einem realen Serienmörder nachgebildet, dem Zimmermann Christian Voigt aus Tettau in Oberfranken. Nachdem dieser Jahre zuvor einen Kollegen niedergestochen und ein Mädchen ermordet hatte, tötete er in der Nacht vom 13. auf den 14. August 1910 eine Prostituierte. Über den Prozeß, der im Oktober 1911 stattfand, informierte Musil sich durch die detaillierten Presseberichte. Möglicherweise sind auch Elemente aus dem Sensationsprozeß gegen Fritz Haarmann von 1924 und aus dem Fall Kürten 1930/31 zu einem Gesamtporträt «Moosbrugger» zusammengeflossen (vgl. Corino 1988, 358).

Musils besonderes Augenmerk gilt den Artikulationsproblemen Moosbruggers, in denen er die bis zur Unkenntlichkeit verzerrten Sprachgewohnheiten des Normalbürgers wiederentdeckte:

«Das war deutlich Irrsinn, und ebenso deutlich bloß ein verzerrter Zusammenhang unsrer eigenen Elemente des Seins. Zerstückt und durchdunkelt war es; aber Ulrich fiel irgendwie ein: wenn die Menschheit als Ganzes träumen könnte, müsste Moosbrugger entstehen.» (Musil 1978, Bd. 1, 76)

Moosbruggers Verstand glimme wie ein kleines Licht in einem riesigen Leuchtturm, «der voller zerstampfter Regenwürmer oder Heuschrecken ist, aber alles Persönliche ist darin zerquetscht, und es wandelt nur die gärende organische Substanz». (Ebd., 70) Wie bei Jame Gumb – man denke an die Motte – kennzeichnen im System Moosbrugger wirbellose, zudem zerstampfte Insekten und Würmer die Verschiebung der Gewichte zugunsten des medialen Pols. Von der gärenden organischen Substanz namens Moosbrugger reißen sich nur langsam die Worte los, die zäh wie Gummi am Gaumen kleben, bis die Sprachlosigkeit eine Grenze erreicht, die Grenze zu Irrsinn und Mord, hinter der alles Sinn wird:

«Das Bewusstsein, daß seine Zunge oder etwas, das noch weiter drinnen in ihm sich befand, wie mit Leim gefesselt sei, bereitete ihm eine klägliche Unsicherheit, die zu verbergen er sich tagelang Mühe geben mußte. Aber dann kam plötzlich eine scharfe, man könnte fast auch sagen lautlose Grenze. Mit einemmal war ein kalter Hauch da. Oder in der Luft tauchte ganz nah vor ihm eine große Kugel auf und flog in seine Brust. Und im gleichen Augenblick fühlte er etwas an sich, in seinen Augen, auf den Lippen oder in den Gesichtsmuskeln; in die ganze Umgebung kam ein Schwinden, ein Schwärzen, und während sich die Häuser auf die Bäume legten, huschten aus dem Gebüsch vielleicht ein paar rasch davonspringende Katzen hervor. Es dauerte nur eine Sekunde, und dann war dieser Zustand vorbei.

Und damit begann eigentlich erst die Zeit, von der sie alle etwas erfahren wollten und immerzu redeten. [...] Denn diese Zeiten waren ganz Sinn! Sie dauerten manchmal Minuten, manchmal hielten sie aber auch tagelang an, und manchmal gingen sie in andere, ähnliche über, die monatelang dauern konnten.» (Ebd., 238/9)

Musil akzentuiert Moosbruggers Unfähigkeit, die Worte in ihrer metaphorischen Bedeutung zu erfassen. Worte wie Eichhörnchen, Eichkatze, Baumfuchs versteht er buchstäblich als einzelne Tiere, als Hörnchen, Fuchs und Katze, aber nicht als unterschiedliche Begriffe aus einem Paradigma «Eichhörnchen»:

«Und da taten die Psychiater wunder wie neugierig, wenn sie Moosbrugger das gemalte Bild eines Eichhörnchens zeigten, und er darauf antwortete: ‹Das ist halt ein Fuchs oder vielleicht ist es ein Hase; es kann auch eine Katz sein oder so.› [...] Und wenn ein Eichkatzl keine Katze ist und kein Fuchs und statt eines Horns Zähne hat wie der Hase, den der Fuchs frisst, so braucht man die Sache nicht so genau zu nehmen, aber sie ist in irgendeiner Weise aus alledem zusammengenäht und läuft über die Bäume. Nach Moosbruggers Erfahrung und Überzeugung konnte man kein Ding für sich herausgreifen, weil eins am andern hing. Und es war in seinem Leben auch schon vorgekommen, dass er zu einem Mädchen sagte: ‹Ihr lieber Rosenmund!›, aber plötzlich ließ das Wort in den Nähten nach, und es entstand etwas sehr Peinliches; das Gesicht wurde grau, ähnlich wie Erde, über der Nebel liegt, und auf einem langen Stamm stand eine Rose hervor; dann war die Versuchung, ein Messer zu nehmen und sie abzuschneiden oder ihr einen Schlag zu versetzen, damit sie sich wieder ins Gesicht zurückziehe, ungeheuer groß. Gewiss, Moosbrugger nahm nicht immer gleich das Messer; er tat das nur, wenn er nicht mehr anders fertig wurde. Gewöhnlich wendete er eben seine ganze Riesenkraft an, um die Welt zusammenzuhalten.» (Ebd., 240)

Die Bemerkung, man könne kein Ding herausnehmen, weil alles aneinanderhänge, verweist auf die Kontextabhängigkeit der Wortwahl Moosbruggers. Den Begriff «Eichhörnchen» kann er nur im Kontext seiner unterschiedlichen regionalen Namen nennen bzw. im Kontext von Handlungen. Daher ist das Eichhörnchen für ihn etwas Zusammengenähtes, das über die Bäume läuft. Aus dem Kontext des Handelns kann er ein Wort bilden, zum Beispiel definiert er Recht als Nichtunrechttun. Zu einer Identitätsaussage aber, die die Substitution der Worte unter ein Paradigma erfordert wie im Falle des Eichhörnchens und seiner Namen, ist er nicht in der Lage. Recht und Jus sind in seinen Augen unterschiedliche Dinge:

«‹Recht›, dachte er außerordentlich langsam, um diesen Begriff zu bestimmen, und dachte so, als ob er mit jemandem spräche, ‹das ist, wenn man nicht unrecht tut oder so, nicht wahr?› – und plötzlich fiel ihm ein: ‹Recht ist Jus.› So war es; sein Recht war sein Jus! [...] Sein Jus hatte man ihm vorenthalten! [...] So hatte man sein Jus verhöhnt und geschlagen, und er begann wieder zu wandern.» (Ebd., 236/7)

Moosbrugger leidet an einer Sprachstörung, die der Sprachwissenschaftler Roman Jakobson in einer Arbeit über Aphasie als «Similaritätsstörung» bezeichnet hat (Jakobson 1979). Nach Jakobsons Auffassung gibt es zwei Grundoperationen der Sprache, die Metapher und die Metonymie. Die Metapher steht für die Substitution bzw. Selektion der Begriffe unter bzw. aus einem Paradigma, die Metonymie für die Kombination der Begriffe zu einem Satz (Syntagma). Charakteristisch für die Metapher ist die Ähnlichkeit oder Similarität der Begriffe, auch die paradigmatische «Ähnlichkeit» zum Beispiel von Eichhörnchen, Eichkatze und Baumfuchs, für die Metonymie deren Nachbarschaft (Kontext oder Kontiguität). Eine metonymische Störung ist zu erkennen an der Blockade der Verknüpfung und dem Exzess der Ähnlichkeit, zwei Beispiele hierfür werde ich später noch anführen. Eine metaphorische Störung (Similaritätsstörung) liegt vor, wenn die Bildung von Ähnlichkeiten, Substitution oder Selektion blockiert sind und der Patient nur noch das Skelett der Syntax verwendet. Dies ist bei Moosbrugger der Fall.

Er nutzt die Sprache nahezu ausschließlich medial, wie abgegriffene Münzen. Er sucht ein «Zauberwort», um die von ihm so empfundene Verschwörung der Gesellschaft gegen sein Jus zu unterbinden:

«Solche Worte hatte er in den Irrenhäusern und Gefängnissen eifrig gelernt; französische und lateinische Scherben, die er an den unpassendsten Stellen in seine Reden steckte, seit er herausbekommen hatte, daß es der Besitz dieser Sprachen war, was den Herrschenden das Recht gab, über sein Schicksal zu ‹befinden›.» (Musil 1978, Bd. 1, 72)

Seine öffentliche Rede besteht aus der losen Kopplung der aufgeschnappten Zauberworte. Von deren Besitz erhofft er sich Statuszuwachs, nicht von sprachlicher Performanz. Vor Gericht mißlingt es ihm, die Zauberworte zu Identitätsaussagen strikt zu koppeln. Er verfehlt unablässig die metaphorische Achse der Sprache in nachgerade dekonstruktiver, den Richter und das Publikum erheiternder Weise, mit dem diabolischen Effekt, dass die Defekte seiner Rede der abgefeimten, spitzfindigen Vernunft und dem Humor des Sprechenden zugerechnet werden. Wenn er über sich selbst sprechen, die Worte und Sätze strikt koppeln soll, fallen die Zauberworte aus: «Die Worte, die er hatte, waren: – Hmhm, soso». (Ebd., Bd. 2, 395) Moosbrugger kann weder sich noch andere als Form Person kommunizieren: Er produziert lediglich Syntaxruinen. Wie seine öffentliche Rede so versetzt er auch das von ihm zerstückelte Opfer in den Zustand loser Kopplung[13], macht es zum Medium unaussprechlicher Botschaften.

Im Großschriftsteller, Finanzier und Formmenschen Dr. Paul Arnheim schuf Musil den Gegentyp zu Moosbrugger. Arnheim, Idol der rein geistigen Kreise (Musil 1978, Bd. 1, 108), kann sich hervorragend mitteilen: «‹Ein großer Teil der wirklichen Bedeutung eines Mannes liegt darin, sich seinen Zeitgenossen verständlich machen zu können›, pflegte er zu sagen». (Ebd., 327) Als Erbe eines reichen Vaters «schon als Ereignis geboren» (ebd.) fliegen dem Profi massenmedialer Biographie-Verwurstung[14] in den Zeitungen die gewichtigen Attribute einer bedeutenden Persönlichkeit von selbst zu.

---

[13] Wagner 1994, 286. Zum Auseinanderfallen von Medium und Form in der Sprache Moosbruggers vgl. auch 286/7.

Arnheim ist das nur wenig verschlüsselte Porträt des 1922 von Rechtsradikalen ermordeten Walter Rathenau, auch in diesem Punkt, als Opfer einer Tötungshandlung, das Gegenteil der historischen Vorbilder Moosbruggers (Voigt, Haarmann und Kürten). Rathenau gehörte zu der im damaligen Deutschland seltenen Spezies der Dandys; er war ein Experte der strikten Kopplung in linguistischer und in vestimentärer Hinsicht. Er schrieb viel und konterkarierte die Prachtuniformen des deutschen Kaisers mit raffiniert-schlichten Anzügen (Wieland 1997, 50). Das widersprach dem zeitgenössischen, auf Uniformträger fokussierten heroischen Männlichkeitsideal der Deutschen, auch Musil betrachtete diesen eleganten Politiker mit gemischten Gefühlen. Andererseits schlossen Dandysmus und Heroismus einander nicht aus, das belegt Ernst Jüngers 1923 in einer hannoverschen Tageszeitung erschienene Erzählung *Sturm*. Der Held dieser Erzählung ist eloquent und Schriftsteller im Nebenamt wie Arnheim. In den Schützengräben des Ersten Weltkriegs schreibt er dandystische Novellen, um sie anschließend seinen Offizierskameraden während der Gefechtspausen vorzulesen und mit ihnen zu diskutieren. Und er ist tatkräftig wie Moosbrugger, allerdings sind seine Tötungshandlungen durch den Krieg legalisiert. Sturm, so heißt er, ist Arnheim und Moosbrugger in einer Person.

Die Erzählung behandelt ein «Doppelspiel der Leidenschaft» (Jünger 1979b, 31) im Innern Sturms zwischen den Polen der reinen Tat und der kontemplativen Beobachtung. Der Pol der reinen Tat ist bezogen auf das Medium der Kompanie, die mit einem Tier, in späteren Variationen desselben Themas mit einer Maschine verglichen wird. Der einzelne Soldat bildet eine biologisch kodierte Untereinheit dieses Mediums als Molluske, Nervengeflecht oder Zelle, er dient dem System als Auge, Ohr und gespannter Muskel. Die alte bürgerliche Persönlichkeit ist völlig reduziert auf die mediale Funktion der Organe des Soldatenkörpers im System der Kompanie. So liegt Sturm eine Stunde lang, das Gewehr im Anschlag, den Blick unverwandt auf die gegnerische Stellung gerichtet, um während eines Postenwechsels, als für einen kurzen Augenblick Helm, Kopf und Schulter eines feindlichen Soldaten sichtbar werden, zu schießen.

Kaltblütige Kontemplation und Selbstbeobachtung, den anderen Pol seiner Leidenschaft, beweist Sturm nach dem Schuß. Von seinen Offizierskameraden wird er geschätzt, weil er «in ganz ungewöhnlichem Maße vom Geschehen der Zeit abstrahieren konnte» (ebd., 17), und diese Abstraktionsfähigkeit veranlaßt ihn, die Elemente eines lose gekoppelten Zeitverlaufs, die Chronologie des Postenstehens, der Schußbereitschaft und des finalen Schusses, durch strikte Kopplung zur Form einer Handlung zu fügen, die er kommunizieren kann. Jedem Kameraden, der ihm begegnet, ruft er zu: «Ich habe eben wieder einen umgelegt». (Ebd., 26) Er tötet nicht einfach nur. Das «wieder» signalisiert, daß es sich bei diesem Akt um eine ständig zu wiederholende Reproduktion der Differenz von Medium und Form handelt:

---

[14] Ebd., 288: «Während Moosbrugger es angesichts der unstrukturierten Flut von Vorfällen in der Welt nicht einmal zu einer eigenen, persönlichen Persönlichkeit bringt, schwimmt Arnheim von Geburt an in einer ganz anderen Flut, nämlich in der durch die massenmediale Subjekt- und Biographiemaschine medialisierten Form – Menschen – Suppe, und statt zu ertrinken, ersteht er aus ihr nicht nur als persönliche, sondern sogar als nationale Persönlichkeit.»

«Das Medium wird gebunden – und wieder freigegeben. Ohne Medium keine Form und ohne Form kein Medium, und in der Zeit ist es möglich, diese Differenz ständig zu reproduzieren.» (Luhmann 1997, 199)

Sturms Tötungshandlung realisiert den Formaspekt der Kompanie, die ihrerseits den Formaspekt der nächsthöheren militärischen Gliederung bildet usf. Für diese komplexe rekursive Reproduktion von Medium und Form in allen Verbänden der Streitkräfte verwendet Jüngers nach *Sturm* veröffentlichte Erzählung *Feuer und Blut* den Begriff der Kampfmaschine (Jünger 1926, 68), eine Art Kommunikationssystem zur Umsetzung von Befehlen (Inputs) in Tötungshandlungen (Outputs). In *Sturm* kollidiert dieses Verständnis von Kommunikation noch mit der von den Offizieren zelebrierten Unterhaltungskultur und mit deren Formwillen. Sturm empfindet tiefe Entfremdungsgefühle:

«War er noch derselbe wie vor einem Jahr? Der Mann, der noch kürzlich an einer Doktorarbeit ‹Über die Vermehrung der Amoeba proteus durch künstliche Teilung› geschrieben hatte? War ein größerer Gegensatz denkbar als zwischen einem Menschen, der sich liebevoll in Zustände versenkte, in denen das noch flüssige Leben sich um winzige Kerne ballte, und einem, der kaltblütig auf höchstentwickelte Wesen schoss?» (Jünger 1979b, 25)

Gegen das Absinken «des Menschen von der Form zum Medium» (Wagner 1994, 273) in modernen Massenheeren protestieren Sturms Novellen mit ihrem Versuch, «die letzte Form des Menschen in ihren feinsten Ausstrahlungen auf lichtempfindliches Papier zu bringen». (Ebd., 31) Der Kontext und einige Leseproben aus den Novellenfragmenten bezeugen, dass es sich bei der intendierten letzten Form des Menschen um den alten antibürgerlichen Formenkanon des Dandysmus handelt. Sturms Novellen kreisen unentwegt um den Dandy in Uniform, um den aggressiven Dandy (Bohrer 1978, 31ff.).

Die Tradition des aggressiven Dandys kennt spektakuläre Gentleman-Verbrecher wie den Dandy und Schriftsteller Thomas Griffith Wainewright, der in der ersten Hälfte des 19. Jahrhunderts eine Reihe von Verwandten vergiftete, um nur einen, im übrigen von einem anderen Dandy, Oscar Wilde, berühmt gemachten Fall zu erwähnen. 1903 erschien im *Archiv für Kriminalanthropologie und Kriminalistik* ein Aufsatz von Max Bruns über *Genie, Dandysm und Verbrecherthum*. Der Autor charakterisierte darin den hypertrophen Formalismus der Dandys als kriminogene antisoziale Selbstisolierung. Albert Camus nannte die Nationalsozialisten «rasende Dandys», mit Verweis auf Jünger (Camus 1996, 146). In den frühen fünfziger Jahren posierten in London jugendliche Kriminelle, die «Edwardians» aus der Gegenkultur der Teddy Boys, als Imitate englischer Fin-de-siècle-Dandys. Sie arrangierten ihre Körper zu «nihilistischen Manifesten». (Marcus 1993, 394) Von diesen coolen Typen führt ein ziemlich gerader Weg zu Patrick Bateman, dem fiktiven Serienmörderdandy aus Bret Easton Ellis' mittlerweile zum Kultbuch aufgestiegenen Roman *American Psycho* (1991).[15] Der Dandy Dr. Hannibal Lecter hat also eine Reihe realer und fiktiver Vorfahren, Brüder und Vettern.

[15] In Hamburg hat Bateman den Sprung auf die Rampe geschafft. Das Deutsche Schauspielhaus bot in der Spielzeit 1997/98 eine Bühnenversion des Romans an. Auf der Ausstellung «De Dandy – mode, kunst en literatuur», 7. Juni bis 31. August 1997 in Den Haag, war in der Abteilung «Moderne Dandys» eine Aus-

Die Erotik der Materialschlacht

Das Ende des Ersten Weltkriegs leitete mit der Erklärung des Rechts auf Selbstbestimmung der Nationen gleichzeitig das Ende dieser Idee ein (Luhmann 1997, 1054). In *Sturm* sind es schon nicht mehr Mitglieder selbstbestimmter Nationen, die sich feindlich gegenüberstehen, sondern eher Verliebte, «von denen jeder auf eine einzige schwört und die nicht wissen, dass sie alle von *einer* Liebe besessen sind» (Jünger 1979b, 24 – Hervorhebung von Jünger). Falk, bürgerliche Null und ehemaliger Krieger, ein Protagonist in Sturms dandystischem Novellenkranz, phantasiert Liebe als Krieg:

«Er wusste, dass Auge Blitz nicht Spiegel, Auftreten Angriff, Sprache Vergewaltigung sein musste, um Menschen zu beeindrucken.» (Ebd., 67f.)

Fähnrich Kiel, ebenfalls eine fiktive Spielfigur Sturms, erobert als Sex-Krieger die Rotlichtbezirke seiner Garnisonsstadt. Jünger gewinnt dem Krieg, der Materialschlacht, der Massenvernichtung erotische Aspekte ab, die offenbar übertragbar sind auf inszenierte technische Großkatastrophen. Am 13. September 1931, kurz nach Mitternacht, stürzte der Orientexpreß von einem Viadukt in die Tiefe. 22 Menschen kamen ums Leben, 120 wurden verletzt. Einen Monat nach dem Unglück wurde Sylvester Matuschka als Attentäter verhaftet; in der Zelle rühmte er sich, weitere Zuganschläge durchgeführt zu haben, wahrscheinlich zum Zweck der sexuellen Stimulation.[16] Wiederum Ernst Jünger: Am 27. Mai 1944 beschreibt er Paris als einen Kelch, «der zu tödlicher Befruchtung überflogen wird».[17]

Seit den Atombombenabwürfen auf Hiroshima und Nagasaki sowie dem Attentat auf Kennedy ist nach Auffassung des englischen Schriftstellers J.G. Ballard Liebe zu einer Materialschlacht gegen den Körper geworden. Sein 1970 erschienener Roman *The Atrocity Exhibition* handelt von dieser Schlacht. Der Körper wird zerfetzt, zerschossen, zerstückelt, allen möglichen Haltbarkeitstests unterzogen gemäß der Devise, dass der unmarkierte intakte Leib die eigentliche obszöne Scheußlichkeit darstelle. Einschnitte, Verwundungen, Amputationen multiplizieren die realen Erregungszentren – Ballard beruft sich ausdrücklich auf Hans Bellmer – und überziehen die Haut mit neuen narbenförmigen Genitalorganen. In der von Cronenberg verfilmten, 1973 erschienenen Fortsetzung *Crash* geht es darum, die noch unmarkierten Körper der Protagonisten mittels inszenierter Verkehrsunfälle zu signifizieren und zu sexualisieren.[18] *The Atrocity*

---

gabe des Romans zu finden. Mittlerweile hat der Entertainer Harald Schmidt den Roman für sich entdeckt und pflegt, mit großem Erfolg, aus ihm vorzulesen. Vgl. u.a. Gala 6 (4. Februar 1999), 7.
16 Nach Seltzer 1995, 122ff., ist es die Statistik, die große Zahl der Opfer und die Überkreuzung von privater Fantasie und öffentlichem Raum, die erotisierend auf Täter wie Matuschka wirkt.
17 Jünger 1979a, 271. «Die Stadt mit ihren roten Türmen und Kuppeln lag in gewaltiger Schönheit, gleich einem Kelche, der zu tödlicher Befruchtung überflogen wird. Alles war Schauspiel, war reine, von Schmerz bejahte und erhöhte Macht.» Während Jünger dieses Schauspiel betrachtete, hatte er selbst einen Kelch in der Hand, «ein Glas Burgunder, in dem Erdbeeren schwammen».
18 «... eine Keilschrift auf seinem Fleisch, die von zerschellenden Armaturen, zerbrochenen Zahnradaufhängungen und Standlichtschaltern eingegraben worden war.» (Ballard 1996, 108.) «... all das waren Ansätze neuer Genitalorgane, die Mulden und Vertiefungen sexueller Möglichkeiten, die noch bei Hunderten experimenteller Autounfälle zu erschaffen waren.» (Ebd., 201.) In der Nacht vom 13. auf den 14. Oktober 1997

Exhibition beschreibt die Moderne als universellen Markierungsvorgang von Räumen und Menschen, als ständigen Übergang der Formen in Medien und der Medien in Formen. Das Bild der Menschen explodiert förmlich in eine Medienlandschaft: Sanddünen entpuppen sich als riesenhaft vergrößerte Aufnahme von Hautporen, eine Wüste als der gigantische Körper Marilyn Monroes. Dem Furor der Markierung ist die Renaturalisierung der Repräsentation implizit, wie wir sie bei Jame Gumb und Hannibal Lecter kennengelernt haben. Nach Ballard ist dieser Prozess unumkehrbar. Auch wenn man dieser Ansicht nicht zustimmen mag, ist doch einzuräumen, dass es immer schwieriger wird, den Furor significationis mit diskursiven Mitteln zu kommunizieren. Ein Ausweg ist hier, das gilt nicht nur, aber besonders für Serienmörder, die Kommunikation im Nahbereich des Körpers. Diese Hypothese werde ich nun an den «realen» Verhältnissen überprüfen.

«Wirkliche» Serienmörder

Die Analyse fiktionaler Tötungshandlungen hatte ergeben, dass finale Gewalttaten gekoppelt sind an eine Verschiebung der Gewichte entweder zum medialen oder zum formalen Pol innerhalb psychischer Systeme. Am Beispiel des Leutnant Sturm war zu beobachten, wie stabile Systeme auch unter größtem Tötungsstress darauf konditioniert sind, das innere Gleichgewicht wiederherzustellen, den persönlichen Formanspruch gegen das Kompanie«tier» durchzusetzen. Serienmörder indes zeigen eine ausgeprägte Tendenz, auf diesen Formanspruch zugunsten massenmedial vermittelter Schemata und Skripts zu verzichten und wie ein Chamäleon die Farben des jeweiligen sozialen Hintergrundes anzunehmen, vor dem sie gerade agieren. Unauffälliges Verhalten ist selbstverständlich die natürlichste Art der Täter, sich vor Verfolgung zu schützen. Gleichwohl scheint die Anpassung dieser Personen an gesellschaftliche Durchschnittswerte abnormal normal. Sie sind das, was man statistische Personen nennen könnte; sie verkörpern in allen Wertfragen den statistischen Durchschnitt, in der Forschung spricht man von «hypertypicality» (Seltzer 1995, 128). Das Verschwinden im sozialen Hintergrund kennzeichnet eine enorm kontextorientierte Persönlichkeitsstruktur. Es gibt daher den Vorschlag, den Begriff der um das autonome Subjekt zentrierten primären Identifikation durch den der primären Mediation zu ersetzen (ebd., 139), womit eher kontextabhängige Identitätskonzepte erklärt wären. Serienmörder haben «no internal structure to their lives, the killers amalgamate the rules system of institution as a form of external skeleton» (Norris 1988, 37). Mit anderen Worten: Ihr einziges Bestreben ist die Verschmelzung mit den massenmedialen Schemata und Skripts, die vollständige soziale Mimikry.[19]

---

strahlte Sat.1 einen semidokumentarischen Film über die kalifornische Stricherszene aus. Der Film, der auch auf der Berlinale gezeigt worden war, trug den Titel *Hustler White*. Er dokumentierte in einer Szene, wie aus einem infolge eines Verkehrsunfalls amputierten Unterschenkel ein neues Genitalorgan wurde. Der Sender pixelte dieses Organ wegen Pornographieverdachts.

[19] Seltzer 1995, 147. Seltzer bezieht sich auf eine Arbeit von Roger Caillois aus dem Jahr 1938 (Mimétisme et psychasténie légendaire, S. 101ff., in: Le Mythe et L'homme. Paris). In seinem 1958 erschienenen Buch «Les jeux et les hommes» distanziert Caillois sich von der in dem älteren Aufsatz ausgeführten «phantastischen» Theorie des Mimetismus (vgl. Caillois 1982, 29).

Kontextualität freilich ist keine dem Serienmörder vorbehaltene, sondern eine unter dem Begriff der Anpassung als normal bekannte Verhaltensweise (vgl. Luhmann 1991, 173). Abweichend ist lediglich die Gewichtung des medialen Pols und das Durchstoßen zu naturalistischen Repräsentationssystemen. Merkmal dieser Gewichtung scheinen, wie im Fall des fiktiven Jame Gumb erörtert, Störungen der sprachlichen Performanz. John Douglas erwähnt, die Serienmörder David Carpenter und Robert Hansen seien Stotterer gewesen. Dem mehrfachen Mörder Carmine Calabro bescheinigt er völlige formale Inkompetenz, die er aus grammatikalischen und orthographischen Regelverstößen eines von Carmine ans FBI geschriebenen Briefes herauslas.[20]

Aber auch hypertrophe Sprachkompetenz, die Gewichtung des formalen Pols im psychischen System, führt in den tiefen Keller naturalistischer Repräsentation. Beispiele hierfür sind Charles Mansons einzigartiger apokalyptischer manipulativer Stil, Ted Bundys Eloquenz und John Wayne Gacys künstlerische Fähigkeiten. Gacy ist ein Beispiel dafür, dass Serienmörder nicht immer im Hintergrund verschwinden. Er gehörte zu den Honoratioren von Chicago, ehe er als 33-facher Killer entlarvt wurde. Über Jeffrey Dahmers nonverbale manipulative Kompetenz, die wohl auch hierher gehört, oder Jack Unterwegers geschliffene Sprache bestehen keine Zweifel.[21]

Die Chicagoer Psychiaterin Helen L. Morrison verbrachte mit Gacy 800 Interview-Stunden und sie sagte in seinem Prozess aus. Sie hat sich außerdem mit 45 Serienmördern in der gesamten Welt befasst und über 8.000 Stunden Interviews geführt. Sie kam auf dieser Basis zu der Überzeugung, dass die psychische Entwicklung von Serienmördern im ungefähr sechsten Lebensmonat aufgehört hat. Als Kind könne der zukünftige Serienmörder die Fähigkeit nicht entwickeln, «to differentiate himself into a separate, distinct personality. He cannot distinguish himself from others; he cannot distinguish a human being from, say, a chair, or any other inanimate object». (Zitiert nach Methvin 1995, 42)

Vor allem aber, dies hat Morrison übersehen, hätte er nicht ausreichend gelernt, in die symbolische Ordnung einzutauchen, da er das Spiegelstadium nicht erreicht, das im sechsten Lebensmonat beginnt und im achtzehnten abgeschlossen ist. Nach Auffassung des französischen Psychoanalytikers Jacques Lacan ist dieses Stadium zentral für die Bildung der Ich-Funktion. Hier lernt das Baby spielerisch die Technik der symbolischen Repräsentation (Lacan 1975). Serienmörder, die Richtigkeit der spekulativen Annahme Morrisons vorausgesetzt, erleben dieses Stadium nur rudimentär und verwenden daher möglicherweise in Streßsituationen naturalistische Repräsentationstechniken.

Morrison gibt keine Gründe an, warum die psychische Entwicklung bei Serienmördern im sechsten Lebensmonat stoppt. Vielleicht ist dies auf äußere Einwirkungen zurückzuführen. Nach Auffassung der Neurologen Jonathan Pincus und Dorothy Lewis jedenfalls können äußere Einwirkungen auf das Gehirn, speziell auf die für die Organisation des Alltagslebens wichtigen Vorderlappen, aber auch indirekte, durch äußere Gewalt-

---

[20] Douglas/Olshaker 1996, 186 (über Carpenter), 285 (über Hansen), 197 (über Calabro).
[21] Diese Einschätzung Dahmers und Unterwegers nach Thomas Müller (vgl. Anm. 4 dieses Essays).

einwirkung ausgelöste chemische Intoxikationen des Gehirns dramatische Traumata mit Langzeitwirkung erzeugen (Gladwell 1997). Aufgrund dieser Hypothese ergibt sich ein zweiphasiger Analyseprozeß bei der Untersuchung von Patienten. Die erste Phase, betreut von Pincus, befasst sich mit der Suche nach Läsionen in den Vorderlappen, die zweite, betreut von Lewis, mit inneren Prozessen. Für unseren Zusammenhang aufschlussreich ist der von Pincus durchgeführte «word-fluency test», der Störungen der Vorderlappen anzeigen soll (ebd., 137).

Patienten mit Vorderlappen-Schädigung haben nach Pincus Schwierigkeiten bei der nicht regelgeleiteten freien Assoziation von Worten, sie bleiben oft stecken, sie assoziieren zum Beispiel ‹four›, ‹fourteen›, ‹forty-four›; oder sie assoziieren ‹farm› und ‹farming› oder ‹fuck›, ‹fucker›, ‹fucking›. Die Regel, der diese Patienten folgen, ist die Regel der Ähnlichkeit. Diese Art der Assoziation heißt bei dem schon erwähnten Roman Jakobson metonymische Störung (Kontiguitätsstörung). Während Musils Moosbrugger an der metaphorischen Achse der Sprache scheitert, an der Unfähigkeit, infolge einer Similaritätsstörung Ähnlichkeiten herzustellen bzw. Begriffe auszuwählen oder einem Paradigma zu substituieren, haben die von Pincus untersuchten Patienten mit der syntagmatischen Achse der Sprache Probleme. Sie können keine Kontexte und Wortnachbarschaften (Kontiguitäten) bilden. Die metonymische Störung, von der sie betroffen sind, ist zu erkennen an der Blockade der syntagmatischen Verknüpfung und dem zwanghaften Exzess der paradigmatischen Ähnlichkeitsassoziationen.

Im Zentrum der zweiten Analysephase stehen u.a. Untersuchungen zur Selbstvergiftung des Gehirns. Traumatische Ereignisse setzen Wellen von Hormonausschüttungen frei, deren letzte, das Cortisol, giftig sein kann; denn es beginnt, am Hippocampus zu «essen», dem Organisationszentrum des Gedächtnisses. Vermutlich frisst Cortisol auch am corpus callosum, dem Verbindungsstück zwischen der linken Gehirnhälfte, dem Sitz von Sprache und Logik, und der rechten Gehirnhälfte, dem Sitz von Kreativität. Die Attacken des Cortisol behindern den Informationsfluss zwischen den beiden Hemisphären. Die Schädigung des Hippocampus und des corpus callosum erodieren nach Pincus und Lewis das Selbst. Persönliche Erinnerungen verschwinden ebenso wie das Bewusstsein der Identität (ebd., 140). Dieses Krankheitsbild ähnelt dem Syndrom einer amnestischen Aphasie, die im allgemeinen als Folge eines Schlaganfalls entsteht.[22]

Die Verschiebung der Gewichte entweder zum medialen oder formalen Pol innerhalb psychischer Systeme ist nun keineswegs kausal an neurologische Läsionen oder biochemische Prozesse geknüpft. Schon Jakobson versuchte, Aphasie auf Kommunikationsverläufe zwischen kybernetischen Systemen zu beziehen und die Frage der (gesundheit-

---

[22] Poeck 1997, 38. Die Frage, ob durch Cortisolausschüttungen ein entsprechendes Aphasiesyndrom entstehen kann, behandelt Poeck nicht. Erwähnenswert scheint, dass die in Poecks Artikel aufgezählten vier Aphasieformen sich entweder als metonymische oder metaphorische Störung beschreiben lassen. Bei der schon genannten amnestischen Aphasie und der Broca-Aphasie handelt es sich um eine metonymische Störung; die Patienten artikulieren sich hauptsächlich über Ähnlichkeitsbildungen. Bei der globalen Aphasie und der Wernicke-Aphasie ist die Metaphernbildung gestört. Die Patienten formulieren inhaltsarme syntaktische Kontexte bzw., im Falle der globalen Aphasie, Syntax-Ruinen.

lichen, persönlichen, sprachlichen) Identität als eine Frage der Kommunikation zu behandeln.[23] Metonymische oder metaphorische Störungen beruhen entsprechend nicht auf Ausfällen innerhalb des Systems, sondern bezeichnen lediglich Über- oder Unterkodierungen des Kommunikationsverhaltens eines Systems, die möglicherweise mit neurologischen Läsionen und biochemischen Prozessen rückgekoppelt sind. Insofern trifft auch auf eloquente Serienmörder wie Jack Unterweger das Merkmal der Störung zu: Der Aspekt der Form ist überkodiert. Der ehemalige Kellner, Tankwart und ORF-Mitarbeiter trug dandystische weiße Anzüge, fuhr weiße Luxuslimousinen mit auffälligen Kennzeichen und schrieb einen Roman über einen Prostituiertenmord, in dem er sein literarisches alter ego auftreten ließ. Diese Selbstinszenierungen machten aus Unterweger eine Plaudertasche wider Willen. Eine Prostituierte konnte ihn aufgrund seines auffälligen Designs identifizieren.

Jonathan Pincus und Dorothy Lewis haben Schwierigkeiten, sich mit ihren neurologischen und biochemischen Argumenten bei Richtern, Kriminologen oder Psychologen Gehör zu verschaffen, da in der vorherrschenden Meinung Milieu und Umwelt Delinquenz verursachen. Es bedarf wahrscheinlich einer grundsätzlichen Revision kultureller Faktoren, um die Gewaltfrage auch nach Art von Pincus und Lewis sinnvoll zu diskutieren. Heiner Mühlmanns Entwurf einer kulturgenetischen Theorie versucht eine solche Revision. Nach Mühlmann basieren aggressive Ghetto- und Bandenkulturen auf fehlorientierten Cortisolausschüttungen durch falsche Stressoren, womit das Jahrtausende alte Schema des Feindstresses gemeint ist.

Der Siegeszug der westlichen Kultur nämlich verdanke sich dynamischen Kooperationen im Angesicht der äußersten denkbaren Stress-Situation, des Krieges. In solchen Momenten, Mühlmann nennt sie «Maximal-Stress-Cooperation» (MSC), komme es zu leistungssteigernden, kollektiven, geordneten und synergetischen Ausschüttungen von Neurotransmittern (Cortisol, Noradrenalin, Adrenalin) in den Körpern der Soldaten. Den Erfolg der westlichen Kriegstaktiken habe die Abschaffung der Wahl zwischen Flucht oder Kampf begründet. Die griechische Schlachtordnung der Phalanx, das Ursprungsereignis der Maximal-Stress-Cooperation, sei erfunden worden, um die Flucht vor dem Feind zu verhindern und MSC zu verstärken. In Erholungsphasen nach Kriegen habe sich eine Regeleinstellung der Gesellschaft durch MSC-gesättigtes «decorum» vollzogen. Unter decorum versteht Mühlmann rituelle Feiern wie etwa den römischen Triumphzug. MSC sedimentierte sich aber auch im Stil der Architekturornamente, in der Rhetorik der Sprache, der Malerei und der Musik: Die Stile waren um so angesehener, je näher sie dem Krieg standen; das höchste Ansehen genoss dementsprechend die Rhetorik des Erhabenen. Das System sei bis zum Beginn der Moderne voll funktionstüchtig gewesen, habe aber zunehmend an Wirkkraft verloren, da Wirtschaftskriege allmählich die realen Kriege ersetzt hätten. MSC verlagere sich fortan dorthin, «wo die bindenden bzw. kongregierenden Kräfte der Kultur im Zustand des Weltwirtschaftskriegs und der ästhe-

---

[23] Jakobson führt seine Unterscheidung von Metonymie und Metapher mit einem kurzen Referat über Kommunikations-Ingenieurskunst und zwei kommunizierende Karteikästen ein. Dem Referat liegt eine Untersuchung kybernetischer Probleme von D.M. MacKay zugrunde. Jakobson 1979, 119 u. 139.

tischen Beliebigkeit nicht mehr greifen», zur verarmten Bevölkerung im Innern der westlichen Kultur und in Zweit- und Drittweltländern (Mühlmann 1996, 148).

Ein solcher Befund läßt sich nur schwer auf Serienmörder übertragen, da sie als Einzeltäter handeln und keiner spezifischen «Serienmörderkultur» zuzurechnen sind. Es gibt allerdings Gründe zu der Annahme, dass durch die Fahndungsmethoden des FBI, insbesondere durch das «profiling», das Anfertigen eines psychologischen Täterprofils aus Merkmalen des Tatorts, der Durchführung der Tat und der Präsentation der Leiche («staging»), ein kohärentes soziales Milieu erzeugt wird:

«This kind of profiling assumes that serial killers as a group are as quantifiable as any other normative grouping within the social. It either discounts the individual serial killer's anomic relation to the social or assumes that anomic people themselves form a normative, quantifiable grouping within the social.» (Stratton 1996, 87)

Zukünftigen gesellschaftlichen Entwicklungen vorauseilend, ist *Das Schweigen der Lämmer* dem Mythos des Profiling bereits verfallen. Der Film konzipiert eine ausgebildete Störkultur mit eigenen Regeln und Gesetzen wie jede andere soziale Gruppe auch, sonst müsste Agentin Starling ihren Gewährsmann Dr. Lecter nicht befragen. Das Soziotop der Serienmörder wird von der Wirtskultur nicht nur beobachtet, sondern auch geduldet, um die eigenen Riskanzen zu erkennen und zu analysieren. Der Nichtverfolgungspakt mit Agentin Starling am Ende des Films enttarnt Dr. Hannibal Lecter als Geheimagenten des Wirtssystems.

Die auffälligen rhetorischen Defekte bei vielen Serienmördern, Stottern, formale Inkompetenz, hypertrophe Sprachartistik, blockierte Symbolbildung, metaphorische und metonymische Störung, deuten im Sinne von Mühlmann auf den Zerfall des decorums. Es fehlt die streßkoordinierende und -dämpfende Funktion der Rhetorik. Die meisten Serienstraftäter handeln unter Stress, oft ausgelöst durch ein einziges «falsches» Wort. Jeffrey Dahmer tötete seine Opfer unter Verluststress, wenn sie ihn verlassen wollten. Den Gewalttaten des deutschen Serienmörders Horst David gingen heftige stressauslösende Streitereien mit seiner Ehefrau voraus. Edmund Kemper stand unter dem ständigen Stress der Stimme seiner Mutter.[24] Er musste nach eigenem Bekenntnis die Menschen «aus ihrem Körper herausnehmen» (Ressler/Shachtman 1994, 119), um sein Begehren artikulieren zu können. Diesen Tätern gelang es nicht, in Stress-Situationen Schemata und Skripts strikt zu koppeln und symbolisch zu kommunizieren. Sie gerieten in einen aphatischen Zustand, verstummten, aber handelten. An dieser Grenze half Jack Unterweger auch die in den Knastjahren erworbene, überkodierte Beredsamkeit nicht weiter. Der Stress entkoppelte die Eloquenz, die vermutlich nichts anderes war als rhetorisch aufgepeppte Redseligkeit.

Mit Mühlmann könnte man den Vorgang der Entkopplung als «Umschalten von der Symbolkommunikation in die Affektkommunikation» (Mühlmann 1996, 68) beschrei-

---

[24] Kemper «erkannte» sein Problem erst in dem Moment, als er seine Mutter getötet und ihren Kehlkopf herausgelöst hatte. Er stellte sich sofort der Polizei.

ben, wobei Affektkommunikation rhetorisch durch die Aposiopese dargestellt wäre, durch das Verstummen. Das Verstummen ist das höchste Ornament der antiken Rede, es steht für das Erhabene und ist dem Krieg verbunden. Im 18. Jahrhundert kommt es zu einer Neubewertung des Erhabenen. Bei Kant taucht das Kriegserhabene nur noch am Rande auf, Hegel verwirft es, Edmund Burke «exorziert» es aus dem historischen Prozess (vgl. White 1982, 125) und legt mit seiner *Philosophischen Untersuchung über den Ursprung unserer Ideen vom Erhabenen und Schönen* (1757) den Grundstein zu einer Horrorästhetik, die von anderen Autoren im Gleichtakt mit den Mutationen des Krieges zu Massenvernichtungsereignissen und Wirtschaftsfeldzügen ausgefeilt wird.[25] In Thomas De Quinceys einflußreichem Essay *On Murder Considered as One of the Fine Arts* (1827) steht der multiple Mörder im Zentrum der Theorie des Erhabenen.[26] Seit De Quincey ist das Interesse an dem gewachsen, was man als Semiotik der Tötungshandlung bezeichnen könnte, was der Täter, trotz seines Verstummens, in dem von ihm verfassten Spurentext dennoch sagt. Es ist die Kunst der Ermittler, das Nichtkommunizierbare zu kommunizieren und die Tötungshandlung zu narrativieren.

Im Laufe seiner Vernehmungen berichtete Jeffrey Dahmer über einen «Schrein des Todes», den er sich habe bauen wollen, und verfertigte eine Skizze seines nie vollständig ausgeführten Plans.[27] Diese Skizze ist Ideen aus dem Film *Die Rückkehr der Jedi Ritter* nachempfunden. Unfähig, durch strikte Kopplung seine Handlungen zu kommunizieren, übernahm Dahmer ein fremdes Skript, die Narration eines für seine Biographie zentralen Films. Er befand sich vollständig auf dem medialen Pol. Bei ihm klappte das Oszillieren zwischen draußen und drinnen nicht mehr. Er versuchte, die ihn umgebende Wirklichkeit nach dem Filmskript einzurichten, trug gelbe Kontaktlinsen wie die Jedi Ritter, phantasierte den imperatorischen magischen Schrein und führte seinen Opfern das Jedi-Video vor, wenn er sie erfolgreich in seine Wohnung gelockt hatte. Aber er war nicht wirklich in dem Film. Er reproduzierte lediglich Ähnlichkeiten.

Der deutsche Serienmörder Horst David hat demgegenüber den physikalischen Tötungsakt zu einem medialen Ereignis strikt gekoppelt. Wie andere zu Filmregisseuren oder Dirigenten, so wurde er zum Regisseur, Akteur, Bühnenbildner, zum Intendanten eines naturalistisch-repräsentationistischen Welttheaters, in dem die Umwelt Kulisse, die Opfer und die Polizei Komparsen waren. Gegeben wurde das Stück des perfekten Ver-

---

[25] Jüngers Leutnant Sturm steht inmitten dieses Prozesses. Sein Versuch, militärischen Dandysmus, wie es ihn in den Kriegen zuvor als eine heroische Haltung durchaus noch gegeben hat (Natta 1993), in den Schützengräben des Ersten Weltkriegs zu verwirklichen, scheitert vor dem Hintergrund, dass aus heroisch-erhabenen Aktionen Rechenexempel geworden waren: «Die Entscheidung lief auf ein Rechenexempel hinaus: Wer eine bestimmte Anzahl von Quadratmetern mit der größten Geschossmenge überschütten konnte, hielt den Sieg in der Faust. Eine brutale Begegnung von Massen war die Schlacht, ein blutiger Ringkampf der Produktion und des Materials.» (Jünger 1979b, 12)
[26] Über den Zusammenhang von Serienmord und Erhabenheit vgl. ausführlich Bartels 1997.
[27] Dahmer hatte sich lediglich einen schwarzen Tisch gekauft. Auf diesem Tisch wollte er beiderseits der mittleren Achse, die von einer großen, mehrarmigen bogenförmigen Stehlampe mit blauem Licht gebildet wurde, symmetrisch je fünf Totenschädel dekorieren. Die Schädeldekoration schloss Dahmer mit je einem Weihrauchspender ab. Den Tisch sollten zwei vollständig rekonstruierte Skelette flankieren. Vor den schwarzen Tisch zeichnete Dahmer einen schwarzen Stuhl.

brechens: David inszenierte seine Tötungen als natürliche Tode durch Unfall. Die Inszenierung natürlicher Unfalltode war der Zweck der Tötungshandlungen. Die Morde dauerten quälend lange. David hatte eine Todesart perfektioniert, die keine Spuren hinterließ, das sukzessive Erdrosseln des Opfers. Nach den Tötungshandlungen hielt er sich stundenlang am Tatort auf, beschäftigt mit dem «staging» der Leiche, der theatralischen Zurschaustellung eines natürlichen Todes. Wer aber die Ursache «natürlicher» Tode ist, der mag in seinen eigenen Augen der Tod selber sein.

Literaturangaben

Ballard, J[ames] G[raham] (1993): The Atrocity Exhibition. Special New Expanded and Annotated Edition, London: Flamingo.
Ballard, J[ames] G[raham] (1996): Crash, München: Goldmann.
Bartels, Klaus (1997): Serial Killers: Erhabenheit in Fortsetzung. Kriminalhistorische Aspekte der Ästhetik, Kriminologisches Journal, Beiheft 6, 160–182.
Bellmer, Hans (1976): Die Puppe. Vollst., neu eingerichtete Ausg., Frankfurt a.M. u.a.: Ullstein.
Bette, Karl-Heinrich (1989): Körperspuren. Zur Semantik und Paradoxie moderner Körperlichkeit, Berlin u.a.: de Gruyter.
Bohrer, Karl Heinz (1978): Die Ästhetik des Schreckens. Die pessimistische Romantik und Ernst Jüngers Frühwerk, München u.a.: Hanser.
Bruns, Max (1903): Genie, Dandysm und Verbrecherthum. Einige psychologische Anregungen, Archiv für Kriminalanthropologie und Kriminalistik 12, 322–338.
Buddemeier, Heinz (1970): Panorama, Diorama, Photographie. Entstehung und Wirkung neuer Medien im 19. Jahrhundert, München: Fink.
Caillois, Roger (1982): Die Spiele und die Menschen. Maske und Rausch, Frankfurt a.M. u.a.: Ullstein.
Camus, Albert (1996): Der Mensch in der Revolte, Reinbek bei Hamburg: Rowohlt.
Corino, Karl (1988): Robert Musil. Leben und Werk in Bildern und Texten, Reinbek bei Hamburg: Rowohlt.
Dern, Harald (1994): Perseveranzhypothese und kriminalistisches Handlungsfeld. Zur Diskussion kriminalistischer Schlußprozesse in der Perspektive der objektiven Hermeneutik. Eine Einführung, 9–119, Oevermann et al.: Kriminalistische Datenerschließung. Zur Reform des Kriminalpolizeilichen Meldedienstes. Mit einem Beitrag von Harald Dern und dem Abschlußbericht der Fachkommission Kriminalpolizeilicher Meldedienst, Wiesbaden: BKA-Forschungsreihe.
Douglas, John/Olshaker, Mark (1996): Die Seele des Mörders. 25 Jahre in der FBI-Spezialeinheit für Serienverbrechen, 3. Aufl., Hamburg: Spiegel-Buchverlag.
Edizioni La Biennale di Venezia (1995): Identity and Alterity. Figures of the Body 1895/1995, 46. Esposizione Internazionale d'Arte, Venice: Marsilio.
Gladwell, Malcom (1997): Damaged. Why Do Some People Turn into Violent Criminals? New Evidence Suggests That it May all Be in the Brain, The New Yorker, February 24 & March 3, 132–147.
Gruenter, Rainer (1952): Formen des Dandysmus. Eine problemgeschichtliche Studie über Ernst Jünger, Euphorion 46, 170–201.
Harris, Thomas (1997): Das Schweigen der Lämmer, 38. Aufl., München: Heyne.
Holmes, Oliver Wendell (1980): Das Stereoskop und der Stereograph, Kemp, Wolfgang (Hg.): Theorie der Fotografie I. 1839–1912. München: Schirmer/Mosel, 114–121.
Jakobson, Roman (1979): Zwei Seiten der Sprache und zwei Typen aphatischer Störungen, Ders.: Aufsätze zur Linguistik und Poetik, Frankfurt a.M. u.a.: Ullstein, 117–141.
Jünger, Ernst (1926): Feuer und Blut. Ein kleiner Ausschnitt aus einer großen Schlacht, 2. Auflage, Magdeburg: Frundsberg-Verlag.
Jünger, Ernst (1979 a): Sämtliche Werke. Band 3. Tagebücher III. Strahlungen II, Stuttgart: Klett-Cotta.
Jünger, Ernst (1979 b): Sturm, Stuttgart: Klett-Cotta.

Kersten, Joachim (1997): Risiken und Nebenwirkungen: Gewaltorientierungen und die Bewerkstelligung von «Männlichkeit» und «Weiblichkeit» bei Jugendlichen der underclass, Kriminologisches Journal, Beiheft 6, 103–114.

Lacan, Jacques (1975): Das Spiegelstadium als Bildner der Ichfunktion, Ders.: Schriften 1, Frankfurt a.M.: Suhrkamp, 63–70.

Luhmann, Niklas (1991): Die Form «Person», Soziale Welt 42, 166–175.

Luhmann, Niklas (1994): Die Tücke des Subjekts und die Frage nach dem Menschen, Fuchs, Peter/Göbel, Andreas (Hg.): Der Mensch – das Medium der Gesellschaft? Frankfurt a.M.: Suhrkamp, 40–56.

Luhmann, Niklas (1996): Die Realität der Massenmedien, 2., erw. Aufl., Opladen: Westdeutscher Verlag.

Luhmann, Niklas (1997): Die Gesellschaft der Gesellschaft, Frankfurt a.M.: Suhrkamp.

Marcus, Greil (1993): Lipstick Traces. Von Dada bis Punk – Kulturelle Avantgarden und ihre Wege aus dem 20. Jahrhundert, 2. Aufl.: Rogner & Bernhard.

Methvin, Eugene H. (1995): The Face of Evil, National Review, January 23, 34–44.

Musil, Robert (1978): Gesammelte Werke in neun Bänden, hrsg. v. Adolf Frisé, Reinbek bei Hamburg: Rowohlt.

Mühlmann, Heiner (1996): Die Natur der Kulturen. Entwurf einer kulturgenetischen Theorie, Wien u.a.: Springer.

Natta, Marie-Christine (1993): Le dandy militaire ou la singularité de l'uniforme, Alain Montandon (Ed.): L'honnête homme et le dandy, Tübingen: Gunter Narr, 179–193.

Norris, Joel (1988): Serial Killers: The Growing Menace, New York: Doubleday.

Poeck, Klaus (1997): Sprache im Gehirn: eng lokalisierbar? Spektrum der Wissenschaft, Dossier 4/97, 34–40.

Ressler, Robert K./Shachtman, Tom (1993): Ich jagte Hannibal Lecter. Die Geschichte des Agenten, der 20 Jahre lang Serienmörder zur Strecke brachte, 3. Aufl., München: Heyne.

Seltzer, Mark (1993): Serial Killers (1), differences 5.1, 92–128.

Seltzer, Mark (1995): Serial Killers (II): The Pathological Public Sphere, Critical Inquiry 22, 122–149.

Stanton, Domna C. (1980): The Aristocrat as Art. A Study of the Honnête Homme and the Dandy in Seventeenth- and Nineteenth-Century French Literature, New York: Columbia University Press.

Stratton, Jon (1996): Serial Killing and the Transformation of the Social, Theory, Culture & Society 13 77–98.

Theweleit, Klaus (1994): Sirenenschweigen, Polizistengesänge. Zu Jonathan Demmes «Das Schweigen der Lämmer», 35–68, Fischer, Robert/Sloterdijk, Peter/Theweleit, Klaus: Bilder der Gewalt. Mit einer Kontroverse zwischen Hans Günther Pflaum und Klaus Schreyer, herausgegeben und eingeleitet von Andreas Rost, Frankfurt a.M.: Verlag der Autoren, 35–68.

Wagner, Benno (1994): Von Massen und Menschen. Zum Verhältnis von Medium und Form in Musils Mann ohne Eigenschaften, Fuchs, Peter/Göbel, Andreas (Hg.): Der Mensch – das Medium der Gesellschaft? Frankfurt am Main: Suhrkamp, 264–296.

Wieland, Karin (1997): Deutsche Dandys, Kursbuch 127, 45–58.

White, Hayden (1982): The politics of Historical Interpretation: Discipline and De-Sublimation, Critical Inquiry 9, 113–137.

Mediale Codierung: Die Figur des Serienmörders Bruno Lüdke[1]

Susanne Regener

Serienmörder

Niemals wird endgültig geklärt werden, ob Bruno Lüdke völlig unschuldig oder ein Serienmörder war, der angeblich zwischen 51 und 84 Menschen umgebracht hat. Was aber an diesem deutschen Fall aus den 1940er Jahren studiert werden kann, ist die Bildwerdung einer Serienmörder*figur* durch Medien. Über die politische Zäsur des Endes des Zweiten Weltkrieges hinweg gelangte in den 50er Jahren Text- und Bildmaterial aus polizeilich-kriminalistischen Zusammenhängen in die Hände von Journalisten, die die Interpretation einer Interpretation des Falles Lüdke lieferten.

Was unter dem NS-Regime nicht mehr gelang, nämlich Lüdke als «Bestie» zu präsentieren, wurde in der Nachkriegszeit realisiert. Vordergründig ist es eine Auseinandersetzung mit den Machenschaften der nationalsozialistischen Polizei und dem Reichssicherheitshauptamt, zugleich bildet sich in der Serienmördergeschichte «eine Art nach innen gerichtete Kompensation eines nach außen verlorenen Krieges» (QRT 1999, 97) ab.

Der Fall Bruno Lüdke ist als ein Vorläufer für jene Pathologisierung von Kommunikationsformen zu verstehen, die der US-Amerikaner Mark Seltzer unter «wound culture» faßt (Seltzer 1998, 21; 253–292). Gemeint ist eine Kultur, in der Gewalt und Tod zum Theater für die Lebenden werden und die spektakuläre öffentliche Exposition des Privaten, des Intimen, zunimmt. Die Lust an persönlicher Entblößung und die Schaulust sind auch in Europa als Formen öffentlicher Gewalt zu sehen: Verwundete Körper und verwundete Geister kursieren in den Medien. Die Figur des Serienkillers bedient die Funktion eines Fetischs in der öffentlichen Kultur, weil Gewalt singularisiert und ihre allgemeine Existenz im Sinne psychischer oder körperlicher Gewaltausübung durch Institutionen oder Gemeinschaften verschwiegen wird (Freccero 1997, 48).

Wie etwa zeitgleich der spektakuläre Fall des Ed Gein in den USA (Farin/Schmid 1996, 381–389) ist vergleichbar auch der *Fall Bruno Lüdke* einer, der in den 1950er Jahren verschiedene Stadien medialer Repräsentationen erlebte. Visualisierungen, Zuschreibungen und Erklärungsmuster sollen bei diesem deutschen Beispiel als Teil der sozialen, politischen und kulturellen Ordnung begriffen werden. Der folgende Beitrag handelt von der *Diskursfigur Verbrecher*. Ich interessiere mich für die Konstruktion einer besonderen Anschauungsweise vom gesellschaftlichen Außenseiter wie sie in wissenschaftlichen, literarischen, dokumentarischen, publizistischen und fiktionalen Zusammenhängen zum Ausdruck kommt, sowohl in Gestalt von Texten als auch von fotografischen und anderen ikonographischen Artefakten. Der *Fall Bruno Lüdke* ist aus kulturwissenschaftlicher Sicht auch deshalb interessant, weil er, ungeachtet des Endes des Nationalsozialismus, Kontinuitäten stereotyper Verbrecherbilder aufweist. Insbe-

---
[1] Überarbeitete Version des Beitrages «Mediale Transformationen eines (vermeintlichen) Serienmörders: Der Fall Bruno Lüdke», in: *Kriminologisches Journal*, 33 (2001).

sondere werden Fragen nach dem Verhältnis von Wissenschaft und Sensationsjournalismus angesprochen, die die Verwobenheit von institutioneller Prägung des Verbrecherbildes und populärer Rezeption verdeutlichen sollen.[2]

Die Überlieferung

Obwohl Lüdke bereits 1943 von der Berliner Polizei verhaftet wurde, erfuhr die Öffentlichkeit erst nach dem Krieg von diesem «Monster in Menschengestalt» (Blaauw 1994a, 284), wie die *Neue Zeit* 1946 titelte. Zuerst wurde der Lüdke-Fall 1950 in einem Artikel in *Der Spiegel* über Kriminalfälle der NS-Zeit aufgerollt, aber sehr viel ausführlicher verarbeitete 1956/57 die Zeitschrift *Münchner Illustrierte*[3] die historische Kriminalgeschichte mit vielen Illustrationen zu einem «Dokumentarbericht» in Fortsetzungen. Der Journalist Will Berthold hatte die Story *Nachts, wenn der Teufel kam* nach Original-Polizeiakten verfaßt. Der Stoff wurde noch 1957 von dem Remigranten Robert Siodmak unter demselben Titel verfilmt und 1958 mit dem Bundesfilmpreis ausgezeichnet (Blaauw 1994a, 296; Jacobsen 1998, 41f.).

Wir haben es bei diesem Fall mit einer Art historischen *Phantomatisierung* eines Serienmörders zu tun. Was wir wissen, ist: Im Deutschen Reich gab es viele unaufgeklärte Mordfälle; man vermutete einen Serientäter dahinter; Lüdke wurde verdächtigt; in geheimer Mission sollte der Fall Lüdke zum Paradebeispiel der NS-Kriminologie und Entartungstheorie ausgebaut werden. Das Vorgehen blieb aber ohne Erfolg, weil an entscheidenden Stellen an der «Wahrheit» gezweifelt wurde und der fortschreitende Krieg das Projekt verhinderte. Die Zweifel von kriminalistischen Fachleuten zum Zeitpunkt der Inhaftierung Lüdkes wurden erst spät, nämlich in den vergangenen Jahren weitgehend bestätigt: Eine umfangreiche Aktenuntersuchung ergab, daß die Geständnisse von dem geistig Behinderten erpreßt worden waren und ihnen keine einzige reale Tat zugrunde lag (Blaauw 1994a).

Wir haben es im Fall Lüdke mit einem Fundus von verschiedenen Quellen wissenschaftlich-kriminologischer Provenienz (aus den 1940er Jahren) und medialen Aufbereitungen (aus den 1950er Jahren) zu tun, die nicht nur zeigen, wie wissenschaftliche Stereotype in die Medien transformiert werden, sondern auch deren ungebrochene Wirkmächtigkeit über das Ende des deutschen Faschismus hinaus belegen.

Mein diskursanalytisches Verfahren zielt nicht darauf, die Richtigkeit von Straftatbeständen zu untersuchen oder gar die Wahrheiten des Falles oder seine phantasmatische Struktur nachzuvollziehen.[4] Ich will hingegen zeigen, welche Bilder vom sogenannten

---

[2] Siehe auch dazu die stärker allgemeiner und übergreifender vorgehende Untersuchung von Cremer-Schäfer/Stehr 1990; die Ebene der Strafrechtsproblematik und deren normierende Funktion werde ich nur streifen.
[3] Nr. 41 (1956) bis Nr. 3 (1957), im folgenden MI abgekürzt. Die MI ist eine großformatige (DIN A 3) Wochenzeitschrift mit vielen schwarz/weiß-Fotos. Mit zahlreichen Abbildungen und wenig Text wurde zu politischen Ereignissen (z.B. Suez-Krise, Ungarn-Aufstand) und Filmgeschäft, Wiederaufbau, Naturkatastrophen etc. Stellung genommen; feste Rubriken waren Fortsetzungsromane und Tatsachenberichte in Fortsetzungen; die Seitenzahl schwankte zwischen 34 und 50.
[4] Allerdings erwähnenswert ist die Hartnäckigkeit mit der sich die spektakuläre Legende hält: In dem kürzlich erschienenen Lexikon der Serienmörder (Murakami 2000, 118–120) wird zwar die Glaubwürdigkeit

grausamen Serienmörder existieren, in Bewegung geraten, tradiert werden und Tatsachen schaffen, die von der Moralisierung des Verhaltens in den 50er Jahren erzählen.

Bruno Lüdke war schon zum Zeitpunkt seiner Verhaftung ein Außenseiter der Gesellschaft, der sich zur propagandistischen Medialisierung eignete. Im Alter von 35 Jahren wurde er im März 1943 unter dringendem Tatverdacht des Mordes an einer Witwe in Köpenick von dem Berliner Kriminalkommissar Heinrich Franz festgenommen. Während des Verhörs soll Lüdke 20 weitere Morde und im Verlauf der viermonatigen Untersuchungen durch eine Berliner Sonderkommission nochmals 31 Morde (überwiegend an Frauen) im Zeitraum zwischen 1924 und 1943 an etwa 40 verschiedenen Tatorten gestanden haben. Lüdke war wegen kleinerer Diebstähle vorbestraft und vom Erbgesundheitsgericht in Berlin 1939 als unzurechnungsfähig erklärt und zur Unfruchtbarmachung verurteilt worden.[5] Bereits 1943 hatte die Hamburger Kriminalpolizei eine Reihe von diesen Geständnissen, die den Norddeutschen Raum betrafen, eindeutig widerlegt. Nachdem diese Erkenntnisse an die Kriminalleitstelle Berlin übermittelt worden waren, stoppte man die, für die Rekonstruktion der Taten eingerichtete Sonderkommission sofort. Ein Problem war entstanden, das der seinerzeit in diesem Fall in Hamburg ermittelnde Kriminalrat Faulhaber 1958 (S. 72) so beschrieb: «Nach den Hamburger Feststellungen mußte bei Lüdke mit einem gänzlichen Geständniswiderruf gerechnet werden, sofern er der Justiz zugeführt oder auch nur einem andern Kriminalbeamten gegenüber – wie in Hamburg geschehen und den Berlinern vorgeschlagen – sich hätte frei aussprechen und sich einen Verteidiger nehmen dürfen. Ein offizieller Geständniswiderruf mußte aber auf alle Fälle verhindert werden, nachdem man bereits den Nazigewaltigen Himmler und Goebbels unter Lichtbild- und Filmdemonstrationen von dem großen Erfolg berichtet hatte. Goebbels hatte die ‹Vierteilung der Bestie› angedroht.» Bruno Lüdke wurde auf Grund der Hamburger Expertise isoliert, alsbald nach Wien überführt, wo er kriminalmedizinischen und kriminalanthropologischen Untersuchungen unterzogen wurde. Überliefert ist die Stellungnahme des leitenden Arztes, der die geforderte Liquidation ablehnte, weil er den Nachweis eines «kriminellen Typus» als gescheitert ansah. Auf ungeklärte Weise ist Lüdke im April 1944 im Polizeigefängnis in Wien gestorben (Blaauw 1994a, 273–279).

Der *Fall Bruno Lüdke* ist gekennzeichnet (a) von dem kriminalistischen wie kriminalanthropologischen Versuch, Lüdke 1943/44 als Mörder und «Bestie» zu identifizieren, und (b) von der eigentlichen «Verurteilung» durch Zeitschriften (*Der Spiegel*, *Münchner Illustrierte*) und Spielfilm in den 1950er Jahren.

Ein Verbrecher, wie man ihn in Bruno Lüdke sehen wollte, war im Nationalsozialismus Inbegriff eines nicht-zivilisierten Wesens. Kriminelle gehörten in rassehygienischer Hin-

des Lüdke-Falles aufgrund der neuen Erkenntnisse in Frage gestellt, aber trotzdem noch einmal vorgestellt und lexikalisch eingereiht. QRT (1999, 99) spricht irrtümlich von Lüdke als dem «erfolgreichste[n] Serienkiller Deutschlands».

[5] Blaauw 1994a, 9–22. Blaauw (1994b) kann nachweisen, daß in Bezug auf Verhörstrategie (Lüdke sagte angeblich nur dann die Wahrheit, wenn er mit Kriminalkommissar Franz allein war), Zeugenbefragung, Protokollanfertigung, Rekonstruktion von Tatgeschehen etc. nicht nur unseriös, sondern auch manipulativ und suggestiv vorgegangen wurde. Zur Kritik aus den 50er Jahren siehe auch Kosyra 1956.

sicht zur Kategorie der «Minderwertigen»(Weingart u.a. 1988, 154f.). Ich werde im Folgenden versuchen, zwei Stränge der Repräsentation nachzuzeichnen, die auf bedeutsame Weise eine Verquickung eingehen: wissenschaftliche Erfassung des Delinquenten und mediale Mythenbildung. Ein bestimmter kriminologischer Diskurs ist offenbar dazu disponiert, in Form von *evil kitsch* (Seltzer 1998) an die Öffentlichkeit zu treten. Die Thematisierung des Falles Lüdke durch einen Spielfilm beeinflußte die Öffentlichkeit nicht nur auf der Ebene der ‹Wahrheit-der-Ereignisse›, sondern gerade auch in der Frage: Wie sieht ein Serienmörder aus.

Der Film
Siodmaks Film *Nachts, wenn der Teufel kam*[6], beruht auf der gleichnamigen Artikelserie der *Münchner Illustrierten* und inszeniert den vermeintlichen Mörder als Bestie, die überführt wird. Nicht nur der Mörder, auch die SS verkörpert hier das Böse – so die plakative Botschaft –, während in die Kriminalpolizei ein naiver Glaube gesetzt wird, daß sie von politischen und ideologischen Einflüssen unabhängig sei.

Im Film *Nachts, wenn der Teufel kam* geht es nicht um die Psychologie eines Serienmörders, um Tatumstände, Motive oder Hintergründe. Statt dessen wird der Mörder gezeichnet: Der Schauspieler Mario Adorf verkörpert in kongenialer Weise den geisteskranken, dumpfen Hilfsarbeiter und Frauenmörder.[7] Die Anklage des Films (wie des Zeitungsartikels) *Nachts, wenn der Teufel kam* ist, daß die SS den angeblich «größten Mordfall der Kriminalgeschichte» (MI, Nr. 41, 16) vertuscht hätte. Die Gewalttätigkeit des Regimes, die kriegerischen Handlungen und die Menschentötungen, werden individualisiert: Bruno Lüdke erscheint als Stellvertreter für die Gewalt des Nazi-Regimes und die Geschichte um den Serienmörder als eine Projektionsfläche für Verschiebungen möglicher kollektiver Verantwortung. Bei diesem Anti-Nazi-Film wollte Siodmak die «Verbrechensgeschichte zu einer ‹Parabel› des ‹Dritten Reiches› machen» (Prümm 1998, 61).

Wenn wir in Betracht nehmen, daß die Tatvorwürfe Resultat einer Fiktion sind, dann wird die Idee der politisch-medialen Inszenierung noch plausibler. Die beiden Schwestern Lüdkes hatten aufgrund der Erkenntnisse der Kriminologen 1958 beim Zivilgericht in Hamburg dagegen geklagt, daß der Name ihres Bruders in dem Spielfilm verwendet wurde. Die Gegenseite, Gloria Filmverleih, hielt daran fest, daß Lüdke aufgrund seiner eigenen Geständnisse arretiert worden sei und der Film außerdem ein authentisches Bild der damaligen Zeit wiedergebe. Das Gericht schließlich rehabilitiert die populären Darstellungen von Lüdke als Instinktmensch und Serienmörder primitiver Art in Presse und Film und gibt damit auch einer Geschichtsklitterung statt (Blaauw 1994a, 290–296).[8]

[6] *Nachts, wenn der Teufel kam*, R: Robert Siodmak, BRD 1957. Im Vorspann des Films heißt es: «Nach dem Tatsachenbericht von Will Berthold». Ausführliche Filmbeschreibung siehe Fuchs 1998.
[7] Oder wie zeitgenössische Presseberichte hervorhoben: «einen Darsteller von beklemmender Echtheit» (Jacobsen 1998, 41).
[8] In der DDR protestierte Günter Prodöhl in *Zeit im Bild* 1958 gegen Artikelserie und Film *Nachts, wenn der Teufel kam* und diagnostizierte eine «wohlausgeklügelte faschistische Propaganda»; siehe Herrmann 1994, 136.

Das Archiv
Die Nachkriegsmedien halten an der Authentizität des Falles fest und – was für diesen Zusammenhang entscheidender ist – sie übernehmen auch wissenschaftlich-kriminalistische Muster. Das Archiv-Material aus den 1940er Jahren gelangt in die Hände von Journalisten, die wissen, was sich gut verkauft.

Unter dem Titel «Geheime Reichssache Bruno Lüdke» war 1943/44 von der Kriminalpolizei eine umfangreiche Beweisapparatur angelegt worden, denn schließlich sollte eine Mörderfigur präsentiert werden, die für Zweidrittel aller unaufgeklärten Kapitalverbrechen im Deutschen Reich verantwortlich gemacht wurde. Man glaubte an einen sensationellen polizeilichen Erfolg. Das gesamte historische Archivmaterial umfaßt annähernd 400 Akten (Blaauw 1994a, 12; Herrmann 1994, 239), die die Grundlage für das geplante Propagandadossier abgeben sollten. Aufgrund des frühzeitigen Abbruchs der Sonderkommission war auch die nationalsozialistische Medialisierungsstrategie nicht zur Gänze entfaltet worden. Eine dreibändige Dokumentation zum Fall Lüdke kann als Ansatz für eine solche Öffentlichkeitsarbeit angesehen werden. Das *Album der Morde* war nach dem Krieg im Berliner Kriminalmuseum ausgestellt. Darin sind 51 Morde dokumentiert, illustriert mit Fotografien der Opfer, der Tatorte, der Verletzungen sowie Fotos von Lüdke an ehemaligen Tatorten. Diese umfangreiche, bebilderte Dokumentation sollte dazu dienen – so meine These –, das Bild von der «Bestie» zu kreieren, jene Figur, die erst in der 1950er Jahren ein Publikum fand. Als museales Objekt ist es von Dauer, ist Zeugnis und Trophäe.

Einem kriminalpolizeilichen Standard entsprechend wird der Täter in dem musealen Dokument zunächst mit erkennungsdienstlichen Fotografien vorgestellt (Abb. 1): Kopf und Körper sind in eine Apparatur eingespannt, die ihn nötigen, in einer bestimmten, vorgegebenen Pose zu verharren. Zu sehen sind Brustporträts von Lüdke im Profil, von vorn und im Halbprofil mit Kopfbedeckung. Das ist das übliche Porträt der Polizei-Kartei, daran hat sich bis heute nichts geändert. Die mittlere Ansicht von vorn wird für Ermittlungen und Zeugenbefragungen benutzt, während das Profilbild wissenschaftlichen Vergleichungs- und Deutungszwecken dient. Fotografien dieser Art wurden seit den 1920er Jahren auch in der Rassenforschung verwendet und waren zur Zeit des Nationalsozialismus als Ansichten der guten und der schlechten Rasse sehr verbreitet (Regener 1999, 253–263). Nach dem Krieg wurde in den Artikeln zu Lüdke in *Der Spiegel* und der *Münchner Illustrierten* eine andere Ästhetik eingeführt, die die Dramatik der Erfassung des Mörders inszeniert: Die erste Abbildung für Bertholds Bericht *Nachts, wenn der Teufel kam* ist ein Profilfoto, das zum Schattenriß geschwärzt wurde (Abb. 2).

Die Verfremdung hatte eine symbolische Funktion, wie die Bildlegende dazu zu erkennen gibt: «Der Schatten des Massenmörders geisterte durch ganz Deutschland. Dieses Bild – bei einer Vernehmung aufgenommen – wurde geheimgehalten wie alles über Bruno Lüdke.» (MI, Nr. 41, 16) Die plakative Bildunterschrift sollte sagen: Ein Geheimnis ist aufzudecken, wir beleuchten, wir enthüllen, wir demaskieren dieses Gesicht. Der Chefredakteur der *Münchner Illustrierten* schrieb im Vorspann zur Artikelserie: «Die Machthaber des Dritten Reiches unterdrückten die Wahrheit. Ein Massenmörder wie Lüdke

Abb. 1 Anonym. «Bruno Lüdke – Album der Morde», 1944 (Polizeihistorische Sammlung Berlin)

wäre der These von der ‹Herrenrasse› abträglich gewesen und hätte das Vertrauen in die polizeistaatliche Sicherheit erschüttert. Also durften die Zeitungen über diesen Fall nicht berichten, so beispiellos er auch war.» (MI, Nr. 41, 17) Die Zeitung der Nachkriegszeit stilisierte sich zum Aufklärungsorgan: «Der Fall Lüdke [...] ist ein Beispiel dafür, daß auch jenseits der Politik alles möglich ist, wenn die Presse unterdrückt, wenn sie gelenkt wird.» (Ebd.) Doch mit welchen ästhetischen Mitteln wurde hier versucht, die *Wahrheit* herauszuarbeiten? Die Silhouette steht in der Tradition von Physiognomik und Charakterkunde, mit denen gerade im Nationalsozialismus die rassische Analyse vorangetrieben wurde. Eine solche ästhetische Kontinuität verweist auf mangelnde Reflexion und das Phantasma, man könne an der Oberfläche oder im Profilaufriß Charakterdeutungen vornehmen.

Das polizeiliche Archiv verzeichnet Lüdkes Rassenzugehörigkeit: «161 cm groß, Rasse – fälisch, allgemeiner Zustand gut, Körperbau kräftig, Gesichtsausdruck stumpf und etwas blöde [...]» (Herrmann 1994, 139). In einem medizinischen Gutachten, das 1940 zur Zwangssterilisation von Lüdke führte, hieß es: «Lüdke zeigt äußerlich schon einen blöden Gesichtsausdruck, stottert. Der Hinterkopf ist stark abgeflacht, der Gesichtsausdruck ist direkt tierisch, ähnlich wie bei einem Orang-Utan.» (Ebd.) Hier wird an eine Atavismus-Theorie angeknüpft, wie sie zum Beispiel von dem italienischen Kriminal-

Abb. 2 Anonym. Aus: *Münchner Illustrierte* Nr. 41 (1956)

anthropologen Cesare Lombroso im letzten Drittel des 19. Jahrhunderts vertreten wurde, und ein Bild entworfen, wonach ein Krimineller in irgendeiner Form unmenschlich, eben tierisch sei. Diese Muster werden von der Presse zu einem späteren Zeitpunkt übernommen.

Das *Album der Morde* enthält auch Ganzkörper-Nacktaufnahmen von Lüdke, die beim Erkennungsdienst in dieser Zeit für wissenschaftliche Auswertungen sogenannter degenerativer Merkmale angefertigt wurden.[9] Für die Nachkriegspresse stellten sie wahrscheinlich ein Tabu dar, denn diese Fotografien wanderten nicht aus dem Archiv heraus, wohl aber andere, ähnlich erniedrigende Bilder, auf denen Lüdke nur mit einer Unterhose bekleidet ist.

Die aktenkundig gewordenen Vorstrafen, die Sterilisation und erste kriminalbiologische Untersuchungen sind die Bestandteile des Archivs, die in den Fiktionalisierungen das Muster vom «doofen Bruno» entstehen lassen: Im Film hänseln ihn Kinder und infanti-

[9] Die Vorbilder dazu stammten aus der Anthropologie/Ethnologie des 19. Jahrhunderts; Angehörige fremder Ethnien wurden nackt an einer Meßlatte vorgeführt – Abbildungen, die in den Heimatländern der Forscher *Museen der Menschenrassen* bestücken sollten. Zu diesen Zusammenhängen siehe Regener 1999a, 145–160. Nacktaufnahmen von Kriminellen wurden in den sogenannten Kriminalbiologischen Sammelstellen archiviert.

lisieren ihn Erwachsene, er erscheint als einsilbige, plumpe Figur, man nennt ihn «doof», «dösig», «irre», «schwachsinnig». In Bertholds sogenanntem Tatsachenbericht wird Lüdke als «nach außen scheinbar nur [...] harmloser Halbidiot» (MI, Nr. 45, 17) bezeichnet. Diagnosen werden hier übernommen, die im Nationalsozialismus die Konnotationen medizinischer Unheilbarkeit und Minderwertigkeit hatten (Weingart u.a. 1988, 465). Ganz im Sinne einer historischen Ausgrenzungspolitik des sogenannten gesellschaftlich Anormalen argumentierte die *Münchner Illustrierte* in der Nachkriegszeit, wenn empört beschrieben wurde, daß der «rabiate, ungehobelte Bursche [...] Narrenfreiheit genoß» (MI, Nr. 45, 17).

Im *Spiegel*-Artikel wurde aus dem «primitiven Burschen» ein gefährlicher «Tiermensch», der sich beim Verhör folgendermaßen verhalten haben sollte: «Luedke blieb tierhaft ungerührt. Zusammengeduckt saß er auf seinem Stuhl, den Kopf unmittelbar über dem Rumpf, das Gesicht auf den Boden gerichtet. Nur seine kleinen Augen sahen auf den Beamten, wie ein riesiges, sprungbereites Tier, das überlegt, ob es seinem Dompteur gehorchen oder ihn angehen soll.» (*Der Spiegel* 1950, 25) Wieder wird mit dem Tiervergleich auf einen angeblich angeborenen Makel verwiesen. Festzustellen ist eine diskursive Kontinuität der Atavismuslehre des 19. Jahrhunderts: Die atavistische Minderwertigkeit ist geistiger und körperlicher Art; das verbrecherische Wesen ist äußerlich, an seiner Anatomie, sichtbar; Anatomie ist Schicksal.

1944 hatte man aber, wie bereits erwähnt, Bruno Lüdke in Wien im *Kriminalmedizinischen Zentralinstitut der Sicherheitspolizei* auf den angenomenen kriminell disponierten Typus hin untersucht und diese Annahme verworfen (Blaauw 1994a, 267–283). Neben der Anwendung psychiatrischer Fragebogen-Tests ging es bei einer solchen Untersuchung auch um das Körperbild-Lesen: Man glaubte, die äußere Form entspräche einem charakterlichen Zustand und sage etwas über eine mögliche kriminelle Disposition aus.[10] Dieser Weg der Erkenntnisbildung scheint in den Medien der Nachkriegszeit noch sehr lebendig gewesen zu sein. In der *Münchner Illustrierten* wird Lüdke immer wieder als von nicht normalem Äußeren beschrieben: «Dieses brutale, verschlagene Gesicht, diese kleinen, tückischen Augen, dieses dumme, stupide Grinsen ...» (MI, Nr. 1/1957), an anderer Stelle: «ein Mensch von abschreckender Häßlichkeit» (MI, Nr. 2/1957), eben «eine Bestie in Menschengestalt» (MI, Nr. 43/1956).

Das polizeiliche Archiv bekam in zweifacher Hinsicht Bedeutung: um Lüdke ausfindig zu machen und ihm dann ein Profil zu geben. Zunächst führte das Aktenstudium des 1943 ermittelnden Kriminalkommissars Franz dazu, Lüdke zu verdächtigen, da er genau in die Erbtheorie der Rassenhygieniker eingepaßt werden konnte: Lüdke war vorbestraft, schwachsinnig, häßlich, tierähnlich. Ein «geborener Verbrecher»? Dieser Ausdruck für einen anlagebedingten Schwerkriminellen stammt von Lombroso und ist sprachlich vielfach modifiziert worden: Gewohnheitsverbrecher, Zustandsverbrecher, Berufsverbrecher. Grundgedanke für die Kennzeichnung war, daß Erbanlage und Disposition zur Kriminalität aufeinander bezogen seien. Aber nicht nur Anlage, sondern

---

[10] Wichtigstes Paradigma war die Konstitutionstypologie von Ernst Kretschmer, siehe Regener 1999b, 305f.

auch die Umwelt als Kriminalität auslösender Faktor spielte im kriminologischen Diskurs der rassenbiologischen und nationalsozialistischen Bewegung eine Rolle. Die so modifizierte Lombrososche Formel lautete nun: «Man kann somit wohl in etwas geändertem Sinne von geborenen Verbrechern reden, indem Menschen mit angeborenen ererbten Mängeln, die eine verminderte soziale Anpassungsfähigkeit bedingen, in Verbindung mit bestimmten Umweltwirkungen immer wieder sich vergehen.» (Riedl 1932, 145) Vor diesem Hintergrund entfaltet sich das Archiv als Bildgeber für öffentlich wirksame Vorurteile. Es gibt weitere Anlässe, von einer Kontinuität des Denkens über Verbrecher von den 1940er zu den 1950er Jahren zu sprechen.

Die Illustrierte
In Siodmaks Film *Nachts, wenn der Teufel kam* wird die Lebensumwelt Bruno Lüdkes auf eine Scheune reduziert und damit das Klischee vom schlechten Milieu reproduziert, in dem Verbrecher zu finden seien. Hier wird gezeigt, wie sich die Filmfigur Lüdke im Halbdunkel einer eigentlichen Tierbehausung geborgen fühlt, ein paar Habseligkeiten sind in einer großen Kiste verstaut. Der Film visualisiert die kurzen Bemerkungen in Bertholds Artikel: Brunos Familie wird dort als ärmlich, aber rechtschaffen beschrieben, die den Sohn jedoch nicht unter Kontrolle hat. Als Kind sei er auf den Hinterkopf gefallen. Dadurch geistig zurückgeblieben, habe er nur die Hilfsschule abschließen können.

Ein weiteres Muster von Anormalität war das Unterwegssein, das Reisen von einem Ort zum anderen, die Unstetigkeit im Lebenswandel. Im Artikel der *Münchner Illustrierten* wurden die angeblichen Reisen Lüdkes strukturbildend eingesetzt, indem man in jedem Serienabschnitt neue Orte seiner angeblichen Taten vorstellte. Jede Woche aufs neue wurde der Empörung Ausdruck verliehen: «Bruno Lüdke aus Köpenick, der Massenmörder ohnegleichen, trampte in diesen zwanzig Jahren kreuz und quer durch Deutschland und suchte sich seine Opfer – meist Frauen.» (MI, Nr. 44, 21) In den Akten stand, Bruno sei ein Einzelgänger gewesen und hätte schon als Schüler ziellos in der Gegend herumgestreunt, später «entwickelte er einen regelrechten Wandertrieb, blieb oft mehrere Tage hintereinander von zu Hause fort» (Herrmann 1994, 141). Herumschleichen, wandern, sich bewegen ohne Ziel, das waren Verdachtsmomente – Assoziationen zu Landstreichern und wandernden sogenannten Zigeunern wurden hier bewußt evoziert. Denn das waren Bevölkerungsgruppen, die im Nationalsozialismus besonders stigmatisiert und verfolgt wurden. «Asoziales Landstreichen» war per se als deviant definiert (Wagner 1996, 344–374). Die Annahme eines Wandertriebes Lüdkes war geradezu notwendig, waren doch die ihm zugeschriebenen Mordfälle in ganz Deutschland verteilt. Unterstellungen wurden protokolliert, was in dieser Zeit zur Routine der Kriminalpolizei gehörte (ebd.).

Fest steht, daß Bruno Lüdke (außer einer Ferienreise im Kindesalter) niemals Berlin verlassen hat. Außerdem konnte er weder lesen noch schreiben noch rechnen und wußte nicht, wie man in den Besitz einer Fahrkarte kam. Die Überprüfung von Tatzeiten,

---

In Siodmaks Film wird Lüdke den Ärzten auf einer Bühne vorgeführt; eine Szene, die das ganze Ausmaß seiner geistigen Beschränktheit zeigen soll.

Reichsbahnfahrplänen, Tatortbeschreibungen etc. hat so viele Unstimmigkeiten ergeben, daß man von «dubiosen Ermittlungsmethoden» sprechen muß und von regelrechten Inszenierungen des Kriminalkommissars Franz an den Tatorten (Blaauw 1994b).

Das Motiv Wandern/Umhertreiben hat im Nachkriegsdeutschland wiederum besondere Konnotationen negativer Art. Mitte der 50er Jahre waren endlich die Kriegsflüchtlinge und Vertriebenen seßhaft geworden. Begriffe wie Heimat und Heimatliebe wurden zu identitätsstiftenden Mustern der sich im Wiederaufbau befindenden deutschen Gesellschaft.[11] Wie vor dem Krieg wurde auch jetzt ein unstetes, heimatloses Leben mit (Klein-)Kriminalität in Verbindung gebracht: «Bei seinem Umhertreiben pflegte Lüdke von Lebensmitteln zu leben, die er sich durch Bettelei verschaffte. Durch sein unterwürfiges Wesen und seine offensichtlich übertrieben dargestellte Beschränktheit gelang es ihm in den meisten Fällen, besonders bei Frauen Mitleid zu erregen [...]» (MI, Nr. 2/1957, 25) Die Dramaturgie der Zeitungsgeschichte ist eine der Reaktivierung bedrohlicher Muster, die auf eine zum Außenseiter etikettierte Person projiziert werden. Die Medien der 50er Jahre schreiben das Bild anormaler Männlichkeit bei Lüdke fort. Er wird in seinem Äußeren als tierähnlich, in seinem Charakter als ungehobelt, unstetig, in seinem Wesen berechnend und Frauen gegenüber als kindlich dargestellt.

Die Aufklärungsreisen zu mutmaßlichen Tatorten im Sommer 1943 wurden von einer Sondermordkommission durchgeführt. Bruno Lüdke wurde dabei vielfach fotografiert. Man kann das Fotomaterial grob in zwei Kategorien einteilen: in Porträts, die Schnappschüssen ähneln, und Tatortaufnahmen mit Modell, die die Täterschaft Lüdkes beweisen sollten. Die *Münchner Illustrierte* übernimmt ohne jede Bezugnahme Bildmaterial aus den Unterlagen und versieht es mit neuen Bildlegenden. Aus den kriminalpolizeilichen Unterlagen geht hervor, daß Kriminalkommissar Franz Lüdke immer direkt an die Tatorte herangebracht und durch Suggestivfragen und «Nachhelfen» ihn zu Geständnissen bewegt hatte (Blaauw 1994a, 312–317). Die Sonderkommission scheint die Inszenierung beherrscht zu haben, denn durch die Dokumentation der Reisen Lüdkes mit der Mordkommission und die Rekonstruktionen der Tathergänge wurde überhaupt erst ein Serientäter aus Lüdke gemacht. Zum «Beweis» wurde er an den Tatorten fotografiert, zumeist allein. Mal ist er in einem Kornfeld zu sehen, mal von hinten und von der Seite an einer Straße (Abb. 3) oder in einem Innenraum (Abb. 4). Im *Album der Morde* werden die Fotos mit nüchternen Erklärungen versehen: «Lüdke zeigt im Kornfeld den Tatort»; «Lüdke zeigt von der Reichsautobahn aus den Weg» oder «Lüdke beim Tatorttermin im Gastzimmer». Das heißt, die Fotografien werden als Beweise für eine Wirklichkeit abgelegt und sollen die einzelnen Fallbeschreibungen in ihrer Glaubwürdigkeit unterstreichen.

Einmal wird Bruno Lüdke als Hauptperson inmitten der Polizeigruppe an einem Tatort fotografiert. Das Bild trägt in der Illustrierten die Unterschrift: «Der Teufel denkt nach.» (MI, Nr. 41/1956) Oder man hatte ihn veranlaßt, den *modus operandi* an Modellen zu

---

11 In dieser Zeit war der deutsche Heimatfilm sehr populär; ein Genre, das das Sich-Niederlassen und Familiengründung emotionalisierte. Siehe Seidl 1987.

L ü d k e auf der Reichsautobahn.

L ü d k e zeigt von der Reichsautobahn aus den Weg

Abb. 3 Anonym. «Bruno Lüdke – Album der Morde» (Polizeihistorische Sammlung Berlin)

veranschaulichen, wobei er die mit Handschellen versehenen Hände bei einem Polizisten zum Würgegriff ansetzt (MI, Nr. 41/1956) und sogar mit eigenem Körper die Stellung von Leichen rekonstruiert (MI, Nr.46/1956). Diese vom Redakteur Will Berthold benutzten Bildmaterialien wurden in der populären Wochenzeitschrift zu einer Art moderner Moritat neu zusammengesetzt. Dabei stehen Bilder plus Legenden für sich, sie sind vom Text unabhängig und erzählen die ganze Geschichte in Kurzfassung. Das Beweisfoto von Abb. 3 wird folgendermaßen kolportiert: «**Mord an der Autobahn.** Zwei Jahre, nachdem Lüdke die Buchhändlerin Berta Berger nahe der Autobahn Berlin-Magdeburg ermordet hatte, hielt die ‹Sonderkommission Lüdke› einen Lokaltermin ab. Freimütig erzählte der Massenmörder – wie gewöhnlich im blauen Anzug, die Schirmmütze auf dem Kopf – daß er an dieser Stelle die Frau in den Wald gelockt und nach hundert Metern ermordet hatte.»[12] Abb. 4 wird als exemplarisches Dokument reproduziert: «SO WAR ES DAMALS: Mit teuflischer Genauigkeit führte Bruno Lüdke an den verschiedenen Tatorten vor, wie er gemordet hatte.» (MI, Nr. 43/1956, 18) Der Text soll die Wahrnehmung lenken und den Leser über die Bildinhalte hinaus in eine phantastische, schaurige Geschichte einbeziehen. Dabei werden immer wieder charakterliche Deformationen und anormale Verhaltensweisen plakativ hervorgehoben: der naive Massenmörder, hinterhältig, teuflisch, kaltschnäuzig, gewalttätig usw. Ein Vorfall, der auch in Siodmaks Film besonders dramatisch umgesetzt wurde, sollte das Tierhafte und Triebhafte Lüdkes verdeutlichen. Es wird erzählt, wie er während eines Verhörs ohne Vorwarnung die einzige Frau in der Gruppe, die Protokollführerin, überfällt: «Bruno Lüdke springt auf. Ein, zwei Sätze. Er stürzt sich auf Trude S. und reißt sie zu Boden. Bevor noch jemand eingreifen kann, schnüren ihr seine brutalen Pranken den Hals zusammen.» (MI, Nr. 50/1956, 25)

Die Sichtbarkeit

Die Figur Lüdkes wurde durch die Medialisierung in den 50er Jahren nicht nur zur Projektionsfläche für das Böse, das Unberechenbare, das Grausame, also für Extreme menschlichen Verhaltens, sondern an ihr wurden auch gesellschaftliche Normen der Nachkriegszeit deutlich. Drei Porträts, die die *Münchner Illustrierte* halbseitig reproduzierte, zeigen Lüdke nur mit einer Badehose bekleidet. Die Entblößung (Abb. 5) und der kahlgeschorene Kopf sollten als Zeichen der Verrohung gelesen werden. In diesem Sinne wurde geschrieben: «LIEBER FRESSEN ALS ESSEN war Bruno Lüdkes Devise. Quantität ging ihm vor Qualität. In der Untersuchungshaft sagte der Massenmörder nur aus, wenn er sich vorher den Wanst vollgeschlagen hatte.» (MI, Nr. 44/1956, 21)

Maßlos zu essen war sowohl in der Kriegs- wie Nachkriegszeit ein Tabu (Wildt 1994, 20–31); daß ein Krimineller nur mit Speisen, Rauchwaren und Alkohol geständig gemacht werden konnte, wertete man in den Medien nicht als Indiz für einen Zweifel an den Aussagen, sondern als Zeichen seiner Verschlagenheit. Als anormal wurde auch Lüdkes Männlichkeit bezeichnet: «Die bei einem normalen Menschen angeborene Vor-

---

[12] MI, Nr. 47/1956, 22. Hier wird benannt, was Lüdke überhaupt erst identifizierbar macht in der Fotoserie: der uniforme Anzug und die Schirmmütze. In diesem Aufzug unterscheidet er sich nicht nur von den ihn begleitenden Kriminalbeamten, es wird auch seine Herkunft aus dem Arbeitermilieu konnotiert.

> L ü d k e beim Tatorttermin im Gastzimmer.
> Er zeigt den Tisch, an welchem Frau U m a n n zusammenbrach.

Abb. 4 Anonym. «Bruno Lüdke – Album der Morde» (Polizeihistorische Sammlung Berlin)

sorge war bei ihm überhaupt nicht entwickelt. Sein ganzes Streben war, recht gut zu essen, wenig zu arbeiten und hinter den Frauen herzulaufen.» (MI, Nr. 2/1957, 27) Lüdke hatte – so die *Münchner Illustrierte* – ein Problem im Umgang mit Frauen, weil er «ein Mensch von abschreckender Häßlichkeit» (ebd.) war. Die Verbindung von Kriminalität und ihrer Sichtbarkeit am Körper – der überkommene Kurzschluß positivistischer Kriminalanthropologie – geht in die Medialisierung des «Normen- und Werte-Verbundes» der 50er Jahre ein.[13]

Das Sichtbarkeitsparadigma findet in der Abformung von Lüdkes Kopf, aus der dann eine Büste modelliert wurde (Abb. 6), eine besondere trophäenartige Ausdrucksform. Dieses Objekt ist während der kriminalbiologischen Untersuchungen in Wien entstan-

[13] Siehe Cremer-Schäfer/Stehr 1990, die von der «Phase der Anwendung des traditionellen Kriminalitätskonzeptes» (S. 91) bis Ende der 50er Jahre sprechen. Keine Beachtung findet allerdings in diesem Ansatz das Sichtbarkeitsparadigma, dessen Langlebigkeit und Modifikationen für das Image vom Mörder erst noch untersucht werden müßten.

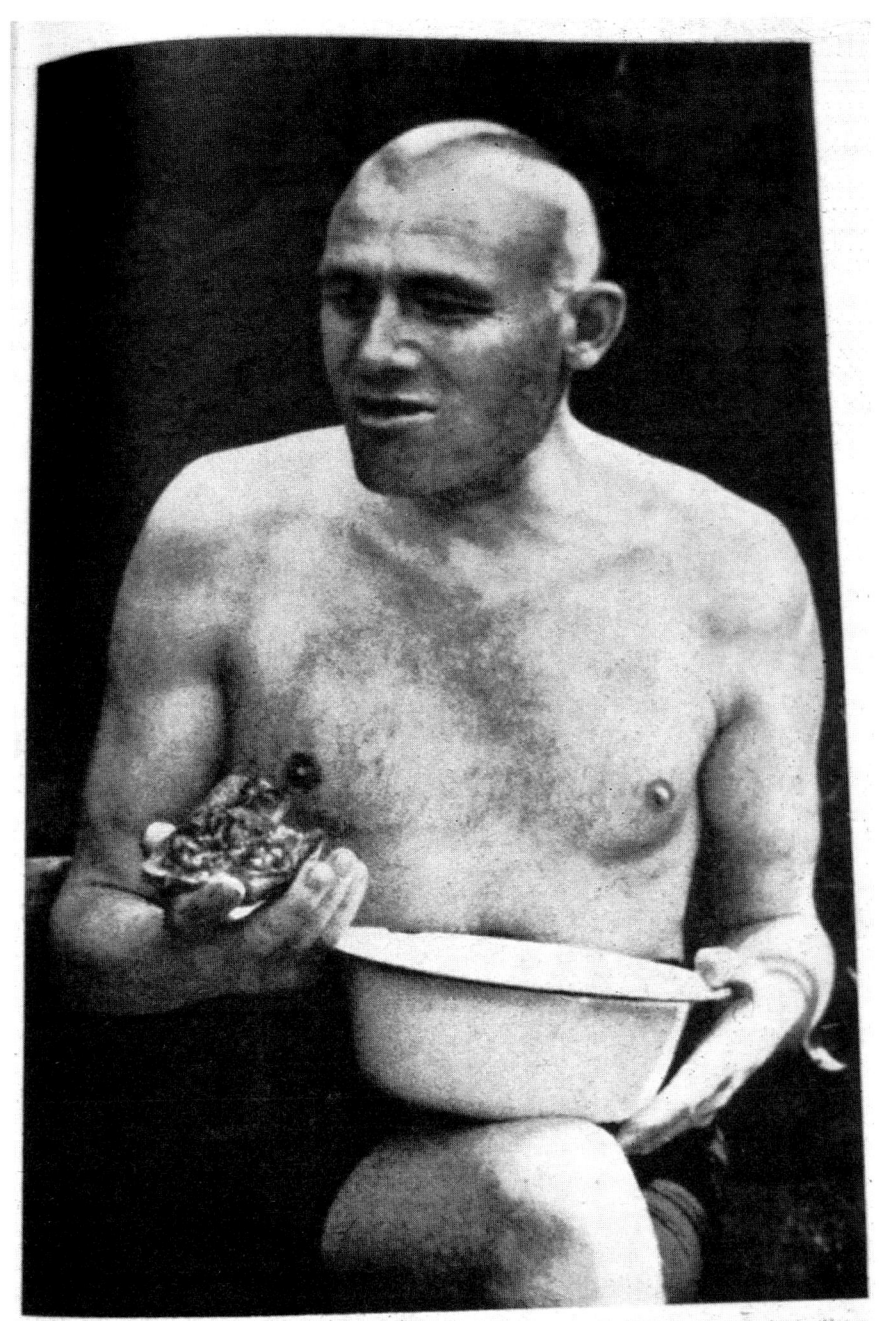

LIEBER FRESSEN ALS ESSEN war Bruno Lüdkes Devise. Quantität ging ihm vor Qualität. In der Untersuchungshaft sagte der Massenmörder nur aus, wenn er sich vorher den Wanst vollgeschlagen hatte.

Abb. 5 Anonym. Aus: *Münchner Illustrierte* Nr. 44 (1956)

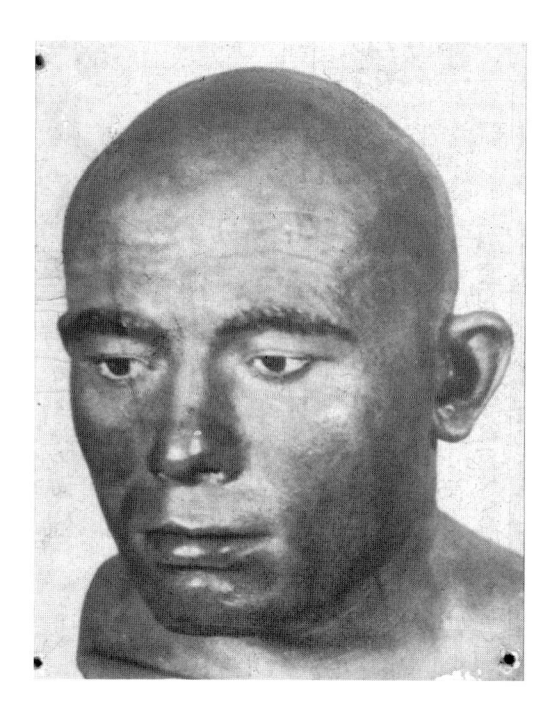

Abb. 6 Anonym. Fotografie der Büste Bruno Lüdkes (Polizeihistorische Sammlung Berlin)

den und wird dort noch heute im Institut für Gerichtsmedizin aufbewahrt. Die Lebendbüste ist im Grunde eine Vorverurteilung. Man kannte die Praxis, von Mördern nach ihrer Hinrichtung Masken anzufertigen für eine Ausstellung im Kriminalmuseum (Regener 1993). Bei Bruno Lüdke hatte man aber gar nicht erst das Ende der Ermittlungen, die Verurteilung und den Henkertod abgewartet. Für die Berliner Polizei stand schon nach kurzer Zeit fest: Lüdke ist schuldig, ein Massenmörder, ein Degenerierter, ein ‹großer Fisch›, ein Ermittlungserfolg. Es ging aber nicht nur darum, mit der Lebendbüste diesen Erfolg in eine sichtbare Trophäe zu verwandeln und damit der Öffentlichkeit Effizienz zu demonstrieren. Lüdkes Kopfabguß sollte, ebenso wie eine Totenmaske, Beweis und Studienobjekt für charakteristische körperliche Merkmale (das hieß atavistische und sonstige Degenerationsmerkmale bei Verbrechern) sein (Poller 1925, 122–124). Solche Objekte sollten im Kriminalmuseum auf wundersame Weise für sich sprechen; sie waren bedeutungsvolle Zeichen oder Abdrücke des Bösen (Regener 1999b).

Die *Münchner Illustrierte* druckt nicht das fertige Produkt, sondern drei Aufnahmen, die den Moulagisten bei der Eingipsung zeigen (Abb. 7). Unter der Überschrift: «So wurde der Teufel für die Nachwelt konserviert» demonstrierte man polizeiliche Verfügungsgewalt. Auf der Bilderfolge wird Lüdke bei lebendigem Leibe stillgestellt und mundtot gemacht.[14] Die Büste selbst ist mit eingesetzten Glasaugen, modellierten Ohren und Augenbrauen so bearbeitet, als sollte dem Abguß nachträglich Lebensechtheit verliehen werden.

[14] In ähnlicher Weise wird mit Hannibal Lecter in Jonathan Demmes Film *Silence of the Lambs* verfahren, als dem Gefangenen für einen Transport eine Maskenapparatur angelegt wird.

Abb. 7 Anonym. Aus: *Münchner Illustrierte* Nr. 43 (1956)

Ein Gipsabdruck von Lüdkes rechter Hand war jahrzehntelang Ausstellungsstück im Berliner Kriminalmuseum. Die Vorstellung, die Hand sei ein Wesenszeichen des Menschen, reicht weit in die Geschichte der Physiognomik zurück. Als *pars pro toto* sollte die Handbildung auf das Innere des Menschen verweisen, die Hand sei «Gleichnis oder Symbol der nämlichen Wesenheit [...], die auch alle übrigen Glieder des Leibes schaffend bewohnt und nach ihrem Bilde gestaltet» (Koelsch 1929, 10f.). Daß solche Vorstellungen und pseudo-wissenschaftlichen Mythen auch in der Nachkriegszeit populär waren, kann man dem Kommentar zur Fotografie der Gipshand in der *Münchner Illustrierten* (Abb. 8) entnehmen: «EINE PRATZE, AN DER BLUT KLEBT. [...] Ein Experte, der von dem Massenmörder nichts wußte, sagte dazu: ‹Diese Hand weist auf schwere Störungen im Kopf hin. Der Mann ist gewalttätig...›» (MI, Nr.46/1956, 26)

Die Bestie

Während man in der Boulevardzeitung in stereotyper Weise von der «Bestie in Menschengestalt» spricht, exemplifiziert das Nachrichtenmagazin *Der Spiegel* die Atavismustheorie des 19. Jahrhunderts: «Bruno präsentierte sich dem Kriminalkommissar als etwas zurückgebliebener Neandertaler. Das fliehende Gesicht mit vortretendem Unterkiefer, starken Backenknochen und der breit aufgesetzten Nase, die niedrige, weit nach hinten fliehende Stirn mit dem anschließenden Flachschädel, die überlangen, stets nach unten hängenden Arme an dem gedrungenen, leicht nach vorn gebeugten Rumpf erinnerten mit den kleinen, merkwürdig bald stumpfen, bald lebhaften tiefliegenden Augen an einen großen, starken Menschenaffen.» (*Der Spiegel* 1950, 24) Und auch der Bildent-

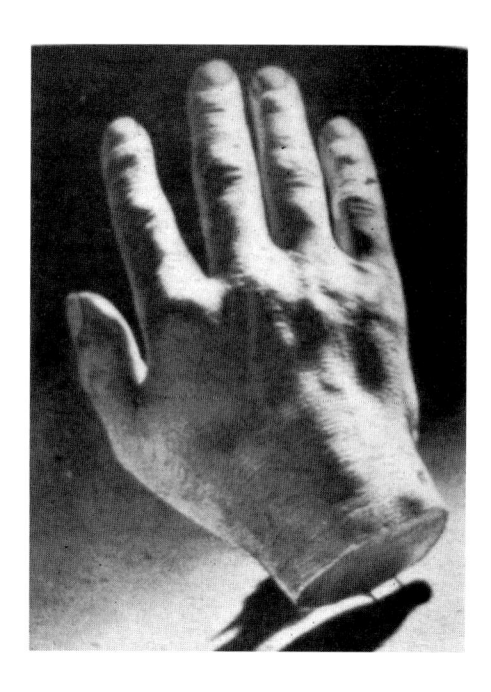

Abb. 8 Fotografie des Gipsabdruckes von Bruno Lüdkes rechter Hand. Anonym. Aus: *Münchner Illustrierte* Nr. 46 (1956)

wurf eines im Faschismus als abnorm/asozial kategorisierten Menschen wird unbefragt übernommen: Lüdke sei Hilfsschüler, geistig zurückgeblieben, schwachsinnig, rauchte, trank, ein gefräßiger Faulpelz, Dieb, herumstreunend, in den Reaktionen tierhaft, im Körperbau «gleich einem riesenhaften Gorilla», schreibt *Der Spiegel*.

Unter dem Mantel der NS-Kritik wird in den Medien der 50er Jahre NS-Ideologie weitertransportiert, die auf Konzepten positivistischen kriminalanthropologischen Denkens des 19. Jahrhunderts aufbaut. Sensationspresse und Film überliefern uns eine Fiktion der Fiktion, der nachträglich (sogar gerichtlich) dokumentarischer Wert zugesprochen wurde.

Die Gründe dafür, daß in den 50er Jahren die öffentliche Phantasie an solche Fiktionen gebunden wird, haben sicherlich etwas damit zu tun, wie sich die Überlebenden zu Krieg und Gewalt aber auch der Kultur des Nationalsozialismus positionierten. Mit dem *Fall Lüdke* schienen Probleme der deutschen Nachkriegsgesellschaft individualisiert und an den Rand der Gesellschaft (ver-)geschoben: Ein großer Teil der deutschen Soldaten war direkt oder indirekt im Krieg an Verwüstungen und Morden beteiligt, und die Bevölkerung war wissend, duldend oder apathisch gegenüber dem Terror des Nazi-Regimes gewesen. Da ist eine Verletzung auf die mit einer besonderen Form der Verdrängung reagiert wird: Ausdruck der *wound culture* ist die Konzentration des Bösen und Unvorstellbaren auf eine Person. Die mediale Aufbereitung der Serienmördergeschichte ist Teil der «Vergangenheitspolitik», die im Nachkriegsdeutschland einen bestimmten Umgang mit Kriegsverbrechern, heimkehrenden Soldaten und Mitläufern pflegte (Frei 1999). *Nachts, wenn der Teufel kam* – Spielfilm und Zeitungsbericht haben die Singularisierung von Gewalt inszeniert und Verbrechen und Täterschaft (am *Fall Bruno Lüdke*) als besonders exzentrisch und individualistisch gezeichnet. Dieser Trophäen- und Fetischkult verbindet die beiden Dekaden miteinander, denn auch die Propagandisten der NS-Zeit wollten Bruno Lüdke zu einem bösen Abbild machen.

Der *Fall Lüdke* ist ein Mythos des 50er-Jahre-Journalismus – er funktioniert als Alibi (Barthes), und noch dazu wird das Publikum durch den Abdruck von Leserzuschriften einbezogen und selbst zum «Mythenbastler» (Stehr 1999, 4). Man glaubte, Wahrheit entstehe durch Redundanz von Aussagen. Daß dabei auch ein traditioneller täterfixierter und biologistischer wissenschaftlicher Diskurs popularisiert und fortgeschrieben wurde, ist im Grunde nicht verwunderlich. Denn erst in den 1960er Jahren wird bekanntlich durch die Kritische Kriminologie radikal mit vergangenen Konzepten gebrochen (Sack 1978). Ob moderne kriminologische Ansätze Auswirkungen auf sowohl die kriminalistische Praxis als auch auf populäre Vorstellungen von Serienkillern haben, ist erst noch zu untersuchen. Die beim FBI entwickelte Methode des *profiling* mit der computergestützten Klassifizierung von Serientätern ist auf den ersten Blick eine Fortsetzung stigmatisierenden Vorgehens. Die theoretischen Implikationen sind stark täterzentriert. Das Image des Serienmörders in den Medien scheint sich ebenso wenig verändert zu haben: «Die Bestie» – so wurde mit rotem Schriftzug das en-face-Foto von Luis Alfredo Garavito aus dem Polizeiarchiv Bogotá in der Boulevardpresse betitelt wurde (Hamburger Morgenpost, 1.11.1999): Die Mythologisierung des Serienmörders wird weitergetrieben.

Literaturangaben

Berthold, W. (1957): Nachts, wenn der Teufel kam, *Münchner Illustrierte*, Nr. 41–Nr. 52, 1956 und Nr. 1–Nr. 3.

Blaauw, J.A. (1994a): Bruno Lüdke: Seriemoordenaar: De werkelijkheid achter de bekentenissen van ‹de grootste seriemoordenaar› uit de Duitse criminele geschiedenis, Baarn.

Blaauw, J.A. (1994b): Kriminalistische Scharlatanerien: Bruno Lüdke – Deutschlands größter Massenmörder?, Kriminalistik 11, 1994b, 705–712.

Bruno Lüdke – Album der Morde, Der Polizeipräsident, Polizeihistorische Sammlung Berlin. (Ich danke Dr. Barbara Schönefeld für die freundliche Unterstützung meiner Recherche.)

Cremer-Schäfer, H./Stehr, J. (1990): Der Normen- & Werte-Verbund. Strafrecht, Medien und herrschende Moral, Kriminologisches Journal 22, 82–104.

Der Spiegel, 2. 3.1950, Das Spiel ist aus – Arthur Nebe: Glanz und Elend der deutschen Kriminalpolizei. Der Fall Bruno Lüdke, 22. Fortsetzung.

Farin, M./Schmid, H. (Hg.) (1996): Ed Gein – A Quiet Man, München.

Faulhaber, G. (1958): Nachts, wenn der Teufel kam. Eine Stellungnahme zu der Filmbesprechung in Heft 12/1957, Deutsche Polizei, 72.

Freccero, C. (1997): Historical Violence, Censorship and the Serial Killer: The Case of American Psycho, diacritics 27, 44–58.

Frei, N. (1999): Vergangenheitspolitik: Die Anfänge der Bundesrepublik und die NS-Vergangenheit, München.

Fuchs, Ch. (1998): Nachts, wenn der Teufel kam, Wacker, H. (Hg.), Enzyklopädie des Kriminalfilms,10. Erg.-Lfg., Meitingen, 1–9.

Herrmann, K. (1994): «non liquet? Massenmörder Bruno Lüdke?», Herrmann, K. u.a. (Hg.), Neuköllner Pitaval: Wahre Kriminalgeschichten aus Berlin, Berlin, 112–161.

Jacobsen, W. (1998): Kann ich mal das Salz haben?, Jacobsen/Prinzler (Hg.), Siodmak Bros. Berlin – Paris – London – Hollywood, Berlin, 9–48.

Koelsch, A. (1929): Hände und was sie sagen, Zürich.
Kosyra, H. (1956): Ein Mörder stellt sich nach 23 Jahren ..., Kriminalistik 1956, 87f.
Murakami, P./Murakami, J. (2000): Lexikon der Serienmörder: 450 Fallstudien einer pathologischen Tötungsart, München.
Poller (1925): «Moulageverfahren im Dienste der Polizei», Gundlach, W., Die Polizei der Gegenwart in Wort und Bild, Berlin u.a., 122–124.
Prümm, K. (1998): Universeller Erzähler. Realist des Unmittelbaren, Jakobsen, W./Prinzler, H. H. (Hg.), Siodmak Bros. Berlin – Paris – London – Hollywood, Berlin, 61–182.
QRT [i.e. LEINER, M.K.] (1999): Tekknologic Tekknoknowledge Tekgnosis. Ein Theoremix, hg. v. Lamberty, T./Wulf, F., Berlin.
Regener, S. (1993): Totenmasken, Ethnologia Europaea 23, 153–170.
Regener, S. (19939a): Fotografische Erfassung: Zur Geschichte medialer Konstruktionen des Kriminellen, München
Regener, S. (1999b): Metaphysik des Bösen: Zur Anschauungspraxis von Kriminalmuseen: Kaupen-Haas, H./Saller, Ch. (Hg.), Wissenschaftlicher Rassismus: Analysen einer Kontinuität in den Human- und Naturwissenschaften, Frankfurt a.M. u.a., 304–304.
Riedl, M. (1932): Kriminalbiologie: Volk und Rasse 7, 145–149.
Sack, F. (1978): Probleme der Kriminalsoziologie: König, R. (Hg.), Handbuch der empirischen Sozialforschung, Bd. 12, Stuttgart, 192–492.
Seltzer, M. (1998): Serial Killers: Death and Life in America's Wound Culture, New York u.a.
Seidl, C. (1987): Der deutsche Film der fünfziger Jahre, München.
Stehr, J. (1999): Die alltägliche Erfindung von Kriminalgeschichten: Kriminologisches Journal 31, 2–20.
Wagber, P. (1996): Volksgemeinschaft ohne Verbrecher. Konzeptionen und Praxis der Kriminalpolizei in der Zeit der Weimarer Republik und des Nationalsozialismus, Hamburg.
Weingart, P./Kroll, J./Bayertz, K. (1988): Rasse, Blut und Gene: Geschichte der Eugenik und Rassenhygiene in Deutschland, Frankfurt a.M.
Wildt, M. (1994): Am Beginn der ‹Konsumgesellschaft›: Mangelerfahrung, Lebenshaltung, Wohlstandshoffnung in Westdeutschland in den fünfziger Jahren, Hamburg.
Willke, J. (1956): Nachts, wenn der Teufel kam, Münchner Illustrierte, Nr. 41.

Der Serienkiller als Kunstproduzent.
Zu den populären Repräsentationen multipler Tötungen[1]

Joachim Linder

Der Serienmörder repräsentiert eine Kriminalität, die un- bzw. untermotiviert und deshalb unverständlich erscheint. Er ist auf dem Markt der populären Darstellungen von Strafverfolgung zu einer Ikone geworden, die anzeigt, dass die Grenzen zwischen Innen und Außen, zwischen Phantasie und Handlung, zwischen Repräsentant und Repräsentiertem, zwischen Privatem und Öffentlichem, zwischen Körper und Maschine, zwischen Fachwissen und populärem Wissen ihre Bedeutungen verlieren (vgl. Seltzer 1998, 113). Der Serienmörder ist das Medium der Diskurse, die ihn konstituieren, indem sie sich gegenseitig anregen, bestätigen, kreuzen und überlagern.[2] Der Mörder, der bewusst zwischen seinen Taten einen Abbildungszusammenhang herzustellen scheint, ist in den seriellen Verfolgungs-Inszenierungen der Massenmedien ständig präsent als derjenige, der mit allen Mitteln gesucht werden muss. Abbildungstaten generieren Abbildungstäter und rufen außerdem spezialisierte Verfolger, die *Profiler*, auf den Plan, die aus den Zeichen, die der Täter (an Leichen, Tatorten und *dump sites*) hinterlassen hat, auf seine Person und Persönlichkeit schließen.[3]

Mein Beitrag untersucht exemplarisch Publikationen, die kriminalistische bzw. polizeiliche Konzeptionen des Serienmordes und der Serienmörder-Fahndung in die populären Medien übertragen wollen. Der ‹Übergang› von den Spezialdiskursen zu den populären Darstellungen wird stets durch Verweise auf Kunst, vor allem auf Literatur und Film, angezeigt, mit denen der jeweiligen Argumentation Anschaulichkeit, Dignität und Kohärenz verliehen werden sollen. Nicht zuletzt deshalb liegt es nahe, auch auf die Reflexionen der populären Schemata der Darstellung von Verbrechern und Polizisten in der ‹schönen Literatur› einzugehen.[4]

---

[1] Überarbeitete Fassung meines Beitrags vom 2.4.2000 zu der von Franziska Lamott und Friedemann Pfäfflin organisierten Tagung «Gewalt, Sexualität und Delinquenz. Interdisziplinäre Perspektiven» (31.3.– 2.4.2000, Universität Ulm, Sektion Forensische Psychotherapie in Zusammenarbeit mit der Gesellschaft für interdisziplinäre wissenschaftliche Kriminologie). Ich danke den Herausgebern für die Mühen, die sie sich mit der Kürzung meiner Vorlage gemacht haben.
[2] Insofern vergleichbar mit der Figur der Hysterika, vgl. Lamott 2001; vgl. allgemein Linder und Ort 1999.
[3] Das Böse, das von der Phantasie geleitet ist, nimmt sich Vorbilder und schafft Abbilder: Hollywood reflektiert diese Zusammenhänge in zahlreichen Produktionen; *Copykilling* wird unter ästhetischen Gesichtspunkten und als Kunstproduktion inszeniert, Mörder stellen sich als Urheber dar, deren Werke und Œuvres ‹interpretiert› werden müssen: David Finchers *Se7en* (1995), John Amiels *Copykill* (1995) oder Philipp Noyces *The Bone Collector* (1999) sind insofern nur Beispiele.
[4] Wichtige Anregungen für meine Überlegungen finden sich bei Philip Jenkins (1994, 1998, 1999), Mark Seltzer (1996, 1998), Robert Tithecott (1997) und Michael Schetsche (in diesem Band), die auf unterschiedliche Weise über diskursgeschichtliche Aspekte handeln. Literarhistorisch informieren z.B. Black 1991, Bartels 1997 (Ästhetik des Mordens), Lindner 1999 (vor allem zu diachronen Aspekten zwischen Lust- und Serienmord) sowie Büsser 2000 und Simpson 2000.

1. *True Crime*: Der Glaube an den Serienkiller

Joyce Carol Oates stellte 1994 explizit die Verbindung zwischen dem *Serial Killing* und der Kunstproduktion her: In einem Rezensionsartikel unter dem Titel «‹I Had No Other Thrill Nor Happiness›» (Oates 1994[5]) berichtet sie im *New York Review of Books* von einem Mörder, der in den siebziger Jahren ein ‹gutes› Viertel von Detroit in Angst und Schrecken versetzt habe, indem er die Leichen der von ihm getöteten Kinder als «nightmare artwork» am Straßenrand auszulegen pflegte. Bezeichnenderweise wurde der Täter nie gefasst, die ‹Mordserie› habe einfach aufgehört. Oates entging der allgemeinen Betroffenheit nicht: Sie sei im Auto durch die Straßen gefahren, um wenigstens Blicke auf die Häuser der Opferfamilien werfen zu können. Die Autorin verhält sich zum Objekt ihrer Faszination wie das Gros ihrer Landsleute: Sie betrachtet die sekundären Opfer aus sicherer und geschützter Entfernung und produziert nach einiger Zeit eine ‹Theorie›, die den Schrecken in den Horizont der eigenen Bildung integriert und domestiziert. Der Killer wird zum Medium, in dem die Autorin die Amalgamierung ‹abendländischer› Tradition mit dem *Frontier*-Bewusstsein der ‹Neuen Welt› wahrnimmt. Eine besonders destruktive Variante des ‹edlen Wilden› verbinde sich mit der Figur des ‹Don Juan›; in der Glorifizierung drücke sich Begehren nach uneingeschränkter Freiheit und Sympathie für die unbekümmerte Ablehnung gängiger Moral- und Normkonzepte aus. Oates bestätigt den Prunk und die Panik um den Serienkiller, aber sie stellt die gängigen strafjuristisch-moralischen und medizinischen Beurteilungen in Frage; sie erkennt in den Taten des Serienkillers ‹grausame Parodien der romantischen Liebe› und ebenso ‹grausame Parodien von Kunst›[6], für deren Deutung sie die besondere – selbstreflexive – Kompetenz der Kunst bzw. des Künstlers reklamiert.

Oates rechtfertigt keineswegs Morde und Mörder, doch sie legitimiert den Diskurs, der den Serienkiller hervorbringt. Dies gilt vor allem für das *True-Crime*-Genre, in dessen Darstellungen stets die Urheber-Eigenschaften des Serienkillers betont werden, und zwar sowohl im Hinblick auf die Produktion von Leichen und Tatorten als auch im Hinblick auf die Herstellung der eigenen öffentlichen Person. Das Reden über Serienkiller, in dem sich Bewunderung und Überhöhung mit aggressiven Ausmerzungsphantasien verbinden[7], erscheint als lässliche Blasphemie wider den Geist der amerikanischen *Civil Religion*, zu deren Kernbestand neben der rigiden Durchsetzung strafrechtlicher Normen auch der Respekt vor den strafprozessualen Prozeduren und den Rechten des Beschuldigten gehört.[8] Die kleine Sünde entlastet den Gläubigen und bestätigt doch seinen Glauben, der auch das Ausmerzungsritual der Todesstrafe zulässt – auch dafür liefert der Serienkiller Legitimationsmaterial, und zwar nicht, weil er das ‹Böse› schlecht-

---

[5] Insgesamt werden zehn True-Crime-Bücher rezensiert.
 S. URL: http://www.nybooks.com/nyrev/WWWarchdisplay.cig?19940324052F (23.5.99). Ich zitiere nach dem unpaginierten Ausdruck. – Ich verwende den Ausdruck *True-Crime* als Bezeichnung für Darstellungen von Kriminalfällen, die sich selbst als ‹authentisch› verstehen und sich von der ‹fiktionalen› Kriminalliteratur abgrenzen; vgl. zur Diskussion in den USA Durham, Elrod and Kinkade 1995.
[6] «[Serial Killers] suggest a kinship, however distorted, with the artist. It is as if the novelist, playwright, visual artist were incapable of translating his fantasy into words or images but was compelled, by powerful unconscious urges, to locate living individuals to perform for him, at his bequest.» (Oates 1994, o. p.)
[7] Vgl. die zahlreichen Serienkiller-Diskussionslisten im Internet.
[8] Vgl. dazu Porsdam 1999; der Zusammenhang wird immer dort sinnfällig, wo in den populären Darstellungen jede Festnahme vom ‹Absingen› der *Miranda*-Formel begleitet wird.

hin repräsentiert, sondern weil er in einem Diskurs entsteht, in dem er immer gleichzeitig überhöht und verurteilt wird.[9]

Auch als Selbstdarsteller zeigt sich der Serienkiller als Medium der Abbildung gängiger Vorstellungen (vgl. allgemein Schetsche in diesem Band). Die Folklore um den Serienmörder Ted Bundy[10] liefert dafür aufschlussreiche Beispiele; Bundys letzte Tage sind Teil seines Mythos' geworden: Der Todeskandidat legte gegenüber Journalisten und Polizisten Teilgeständnisse ab, die nicht mehr nachprüfbar waren, aber zahlreiche Anwälte, Autoren und Beamte in Atem hielten. Alle Interviewer thematisieren in ihren Veröffentlichungen den Verdacht, Objekte einer – vergeblichen – Manipulation gewesen zu sein, da Bundy mit seinen Geständnissen die Hinrichtung aufschieben wollte. Unisono wird dieser Verdacht zurückgewiesen, der doch nur verdeckt, dass es nicht um Manipulation, sondern um Teilhabe an der ‹Apotheose› des Mörders[11] ging: «Oh well», so Bundy im letzten Satz der Interview-Serie von Michaud und Aynesworth, «who'll remember either one of us in a hundred years.»[12] (Michaud and Aynesworth 2000, 298) In diesem Zusammenwirken wird der Serienmord als eigenständige und vom jeweiligen Täter in den seriellen Einzelheiten intendierte Form der multiplen Tötung verstanden; Serienmord existiert «most clearly in the mind of the serial killer himself» (Robert Keppel im Vorwort zu Michaud and Aynesworth 2000, V). Im Wollen und Handeln des Killers entsteht der Serienmord, und in diesem Sinne repräsentiert Bundy für die Autoren und Interviewer einen spezifischen Menschentypus, der sich in seinen Selbstdarstellungen ‹authentisch› profiliert: «Ted was resourceful, intelligent, and relentless; he was forever hunting, always perfecting his approach to his victims.» (Ebd.) Erst diese Aufwertung macht ihn zum Inbegriff des Bösen, über den es auch heißt: «Bundy wasn't just a savage killer; he was a degenerate, too» (Michaud and Aynesworth 2000, 15), denn: «as a boy he was already roaming his neighborhood and picking through trash barrels in search of pictures of naked women» (22). Der Anschluss an die lombrosianische Degenerationsvorstellung legitimiert die (symbolische) ‹Kannibalisierung des Kannibalen›, auch wenn ihr der unmittelbare und im Verlagsvertrag festgelegte Erfolg – das verwertbare Geständnis – versagt blieb.[13]

---

[9] Vgl. McFeely 2000; der ‹diskursive Prunk› (Foucault 1976, 370), der sich um den Serienkiller entwickelt bildet sich im Ritual seiner Tötung ab. Seltsamerweise macht erst Beckman 2001 in ihrer Rezension zu Simpson 2000 auf den rituell-seriellen Charakter der legalen Tötungen in Exekutionen aufmerksam.
[10] Zu den populären Biographien von Serienkillern im Allgemeinen und Ted Bundy im Besonderen vgl. z.B. Schechter und Everitt 1996, Wilson and Seaman 1983, Jenkins 1994, 53–55; außerdem führt jede Suchanfrage im Internet zu zahlreichen Treffern.
[11] «The pariah who had come to feed on publicity found a way to manipulate the media into staging his apotheosis on one of the three major networks during prime time.» (Shattuck 1997, 262) In seinem Kapitel über «Ted Bundy's Sermon» (259–268) instrumentalisiert der Literaturwissenschaftler Shattuck die Suada Bundys für seine Warnung vor den künstlerischen Repräsentationen einer unkontrollierten Phantasie (etwa in den Werken Sades). – Zur Situation im Todestrakt vgl. Keppel and Birnes 1995, 406–448.
[12] Vgl. URL http://www.stephenmichaud.com/ (11. Februar 2001). – An der andauernden Präsenz Bundys kann nicht gezweifelt werden; um ihn haben sich Darstellungs- und Zitatkartelle gebildet, die der Marktpositionierung von Texten und der Ruffestigung ihrer Autorinnen und Autoren dienen, und die bei jeder Neuauflage wiederbelebt werden. Die Publikationen von Stephen Michaud und Hugh Aynesworth, von Ann Rule und Robert Keppel sind insofern exemplarisch.
[13] Keppel hebt übrigens die Leistung der journalistischen Interview-Taktik hervor: «They did not claim that what they had was a confession or anything that a prosecutor could take to court; Bundy had secrets that

Robert Keppels Vorwort zeigt, wie journalistisches Interview und polizeiliches Verhör konvergieren. Der Polizist gibt zu erkennen, dass die Aufklärung der Straftat nur ein Teil seiner umfassenderen Aufgabe ist, den Verbrechermenschen post festum zu ‹profilieren›, er erhebt sich zur allgemeinen Sinninstanz, doch gibt er zugleich die Beschreibungsmacht über die Person und ihre Biographie an den Killer ab.[14] Das Interview inszeniert zunächst die Nähe zum Täter und behauptet damit eine spezifische Authentizität, die schließlich Bundy zum Muster macht, an dem jeder neue Killer gemessen wird.[15]

In der persönlichen Begegnung hat die Teilhabe an der ‹Apotheose› des Killers ihre Basis, das zeigt auch Ann Rules Buch über Ted Bundy (*The Stranger Beside Me*, 1980, zitiert nach Rule 1989[16]). Rule erzählt die Geschichte einer langsamen und schwierigen Ablösung von Bundy, mit dem sie durch eine (sexuell unmarkierte) Freundschaft verbunden war. Am Ende – zum Zeitpunkt des Hinrichtungsspektakels – ist er für die Erzählerin zum Inbegriff des Bösen geworden, gerade weil sie sich in ihm getäuscht hatte (bzw. er sie täuschen konnte) – und die Erzählerin selbst ist zur Starautorin auf-

he was not then going to divulge. But what I listened to was shocking: Ted Bundy talking about himself in the third person, telling Michaud and Aynesworth, in considerable detail, what it was like to be a serial killer./This interview technique, allowing subjects to speak in the third person, gives them the chance to talk directly about themselves without the stigma of confession.» (Xf.)

[14] Genau dies wird im Ergebnis der gut zweihundert gedruckten Interview-Seiten sichtbar: Bundys Suada wird in Gang gehalten durch Fragen wie: «Okay, let's dig in a bit more, mixing some fact, logic, and a bit of amateur psychology» (Michaud and Aynesworth 2000, 158) und produziert Versatzstücke über Persönlichkeitsspaltungen und den allgemeinen Werteverfall, über die Emanzipation und die zunehmende Bewegungsfreiheit von Frauen, über Individualismus usw. Der Zerfall der Gesellschaft wird durch die Massenmedien – «licentious, sexually stimulating material on TV and the sexual literature shops» – gefördert. «I suppose in an all-out war of some kind or even a strategic war would calm society down and tighten it up. Increase traditional forms of control or authority. Decrease anonymity, decrease mobility.» (122) Dabei konzipiert auch Bundy – die Situation, die ihm dies erlaubt, verdoppelnd – den Serienkiller als Kunstproduzenten: «It became almost like acting in a role. [...] The more an actor acts in a role, the better he becomes at it.» (113) Hier entsteht kein ‹Persönlichkeitsprofil›, die Rede bleibt ohne Einsichten in die ‹Rituale sexualisierter Machtausübung›, in die Zeichen einer allgemein gefährdeten Männlichkeit (vgl. 125–127), es bleiben Wiederholungen, Bespiegelungen und Verdoppelungen des Serienkiller-Diskurses. Die Fragen produzieren genau jene Antworten, die zu erwarten sind; der Interviewte legt kein Geständnis ab, aber er ist zur gelegentlichen Ironie fähig, in der die Absurdität der Situation aufblitzt: «I mean, how can a ‹personality type› be responsible for murder.» (198) – Und auf die Frage, ob es überhaupt das Recht geben kann, menschliches Leben zu nehmen, verweist er auf die ganze Bandbreite staatlich-legaler Tötungen, vom Krieg bis zur Todesstrafe, und provoziert den Interviewer damit zu einer Antwort, die er alsbald zurücknehmen muss: «But I defy you to show me one case in the U.S. – no matter how long ago – where a man charged and convicted of several murders was *really* innocent.» (213, kursiv i. O.)

[15] Vgl. z.B. Keppel and Birnes 1995, 393: «George Russell was a lot like Ted Bundy. [...] But George's murders were ultimately flawed by his passion, his need to display his hatred, and his need to display his bodies in hopes that they would be found quickly to preserve the element of shock and surprise.»

[16] Ihr Buch über Bundy ist 2000 als ‹Jubiläumsausgabe› zum 20. Jahrestag der Erstausgabe erschienen; vgl. URL http://www.annrules.com/(24. April 2001). Ann Rule hat mit diesem Buch eine bemerkenswerte Karriere begründet (vgl. Jenkins 1994, Egger 1998, Seltzer 1998). Aus einer Polizistenfamilie stammend, arbeitete sie für kurze Zeit bei der Polizei von Seattle, dann als Polizeireporterin für Lokalzeitungen. Gemeinsam mit Ted Bundy war sie in der Telefonzentrale eines Krisenzinterventionszentrums tätig. Den Auftrag, das *True-Crime*-Buch über Bundy zu schreiben, übernahm sie, als die Fahndung nach dem noch unbekannten Täter in Seattle in vollem Gange war. Durch Bundy ist sie zur ‹Expertin› geworden, die mit ihren politischen Auftritten ganz wesentlichen Anteil an der ‹Serienkiller-Panik› und ihren kriminalpolitischen Folgen in den USA hatte (vgl. O'Reilly-Fleming 1996).

gestiegen.[17] Im autobiographischen Text identifiziert die Erzählerin den Freund schließlich als Psychopathen; so bildet sich in der persönlichen die gesellschaftliche Distanzierung vom Monster ab. Der Text produziert die Distanz, doch die Distanzierung ermöglicht umgekehrt den Text: Der psychopathische Serienkiller wird als erfolgreiches, weil anschlussfähiges Kommunikationsmuster gleichsam in die Gesellschaft re-integriert und zum Repräsentanten eines ubiquitären Typus (vgl. dazu exemplarisch Rule 1996). In der Distanzierungsbewegung bleiben beide – Erzählerin und Gesellschaft – dem Bösen, das sie unaufhörlich beschreiben und bekämpfen, verbunden. Nirgends wird offenkundiger, dass zwischen dem Serienkiller und den Autoren, die ihn schreibend erschaffen, eben keine eindeutigen Schöpfer-Geschöpf- bzw. Urheber-Werk-Verhältnisse bestehen. Indem Rule die Geschichte des Serienkillers ‹authentisch› erzählt (ohne je andere Quellen als die eigenen Erlebnisse anzugeben), indem ‹Authentizität› durch nichts anderes als die Verknüpfung der Biographien des Killers und der Erzählerin behauptet und verbürgt wird, wird auch die Erzählerin zum Medium, in dem und durch das der Serienkiller konstituiert wird.

Doch zunächst präsentiert Rule in Bundy den Freund und Gesprächspartner, sie zitiert aus den Briefen, die er ihr geschrieben hat, und durch die Publikation seiner Gelegenheitsgedichte aus dem Gefängnis wird seine Charakterisierung als Urheber[18] noch verstärkt – wobei es an einer Stelle zur Karikatur der Konstitutions- und Abbildungsverhältnisse im *True-Crime*-Text kommt: «[...] And as for dessert/The cook, that old flirt/Surprised us with mellow/Peach jello.» (150) ‹Jello› ist das Surrogat, das den Namen der Frucht trägt, das aber vollsynthetisch und ganz und gar ohne Bestandteile der Frucht hergestellt wird.[19] Nicht anders produziert der *True-Crime*-Text seinen eigenen Killer aus dem Fundus vorhandener Stereotypen und aus Anleihen bei literarischen, populären Mythen, die selbst da, wo sie abgewiesen werden, als ‹Wirklichkeiten› erscheinen: «In my opinion, Ted is not a Jekyll-Hyde. I have no doubt that he remembers the murders.» (404) Offenkundig geht es hier nicht darum, tatsächlich das literarische Konzept (vom hybriden Wissenschaftler) auf eine konkrete Situation anzuwenden; ‹Jekyll-Hyde› markiert die Vorstellung von der gespaltenen Persönlichkeit (vgl. dazu auch Michaud und Aynesworth), vom unabhängigen Nebeneinander-Existieren des Guten und des Bösen in einer desintegrierten Person (bis hin zur ‹Multiple Personality Disorder›, vgl. Lewis and Putnam 1996). Dies freilich würde die persönliche Verantwortung des Täters (strafrechtlich und moralisch) in Frage stellen. So wird der Serienkiller als selbstprogrammierter Roboter ohne Emotionen konzipiert, der sich am Ende selbst zerstören muss.[20] Bei aller Orientierung an behavioristisch-kognitiver Wissen-

---

[17] Sie selbst thematisiert diesen Zusammenhang: «The time between my first call from Gene Miller in December 1988, and the eve of Ted's electrocution went so swiftly. I spent Monday, January 23rd, racing from one talk show to another. [...] For good or bad, Ted Bundy had been some part of my life for eighteen years. Indeed, he had changed my life radically. Now, I wrote books instead of magazine articles. This book – which turned out to be about him – started it all.» (Rule 1989, 488, kursiv i. O.)
[18] Eine breitere Auswahl von Kunstwerken, die von Serienkillern herrühren, publiziert King 1997.
[19] Don DeLillo hat in *Underworld* die Bedeutung von Jell-O für die US-amerikanische Kultur ausführlich gewürdigt – in der Nachbarschaft der ‹Surrogat-Praxis› Masturbation. (DeLillo 1997, 513–521)
[20] «He is, in essence, an emotional robot, programmed by himself to reflect the responses that he has found society demands. [...] There is, within all imperfect mechanisms, a tendency to self-destruct, as if the machine itself realizes that it is not functioning correctly. When the mechanism is a human being, those destructive

schaftlichkeit wird in den Psychopathen- und Soziopathen-Vorstellungen ein gehöriges Maß an literarisch-kulturellen Bildern aus dem ganzen 20. Jahrhundert verarbeitet. Für Rule ist der Psycho- oder Soziopath ein gesundes, meist männliches Individuum, das (aus welchen Gründen auch immer) in seiner emotionalen Entwicklung in früher Kindheit gestört wurde und prinzipiell unfähig ist, Emotionen zu haben und zu verstehen. In der Regel intelligent, entwickelt er sich zu einem perfekten Rollenspieler, um Verhaltensanforderungen scheinbar zu erfüllen, ohne sich je mit ihnen zu identifizieren. Das dauerhafte Rollenspiel frustriert einerseits, ist aber andererseits eine Schule der Phantasie, für die ständig neue Anregungen gesucht werden müssen. Rollenspiel und Phantasie, die nicht sozial adäquat ausgelebt werden können, lassen Aggressionen im ‹Inneren› wachsen (so, zusammengefasst, 395–406).

Nicht umsonst sind bei Rule Distanzierung und moralische Verurteilung besonders mitleidlos, auch wenn stets vom ‹ehemaligen Freund› die Rede ist, dessen Hinrichtung sie mit einer wahren Kaskade an öffentlichen Auftritten feiert: Die Erzählerin ist in der Gewissheit ihrer moralisch-menschlichen Überlegenheit an seine Stelle als das schaffende Ich, als das sie auch den Killer darstellte, getreten. In diesen zirkulären Abbildungs- und Repräsentationsverhältnissen müssen sich nicht zuletzt alle diejenigen Vorstellungen verflüchtigen, die im äußeren Erscheinungsbild des Täters Zeichen seiner inneren Verkommenheit erkennen woll(t)en. Die alte Physiognomik und die Übereinstimmung von Moralität und ‹schöner› Erscheinung müssen zurücktreten, an ihre Stelle tritt das Konzept des Psychopathen, der ein alltägliches, nicht selten attraktives Erscheinungsbild hat, dessen moralische Minderwertigkeit sich allein in seinen Taten abbildet: Insofern wechselt der Blick, der die Zeichen, die Signifikanten des Bösen sucht, zunächst vom Täter zu den Taten und schließlich – das wird am *Signature*-Konzept Robert Keppels zu zeigen sein – zu den Tatorten.

Der Sieg des ‹Guten› über das ‹Böse› stellt sich als Übertragung der Glorifizierung vom Killer auf den Autor dar. So entsteht im Rahmen des *True-Crime*-Genres das Schema der autobiographischen Erzählung, die Nähe zum und Distanzierung vom Killer inszeniert. Diese Verallgemeinerung wäre an einem größeren Korpus zu überprüfen, erweist sich jedoch mit Blick auf einen Extremfall als tragfähig. Mit Jason Moss' und Jeffrey Kottlers *The Last Victim. A True-Life Journey into the Mind of the Serial Killer* (1999, zitiert nach Moss 2000) macht sich eine Mystifikation das Schema zunutze und reflektiert dabei insgeheim die ständige Bedienung des ‹Authentizitätswahns› beim Publikum. Jason Moss figuriert in der Titelei des Bestsellers als primärer, Jeffrey Kottler, Ph. D., als sekundärer Autor und Verfasser von «Prologue» und «Afterword». Tatsächlich aber hat Jeffrey Kottler, seinerseits erfolgreicher Autor von Sach- und Fachtexten, den Text allein verfasst.[21] Die ‹authentische Darstellung› von – brieflichen und persönlichen – Begegnungen, die der neunzehnjährige Ich-Erzähler mit verschiedenen inhaftierten Serienkillern hatte, erweist sich als fiktionaler Erziehungsroman, in dem vor allem die Ablösung eines jungen Mannes vom Elternhaus thematisiert wird. Die ödipale Situation des Ich-Erzählers wird in der Begegnung mit John Wayne Gacy aufgelöst, die als ‹Höllenfahrt› auf der Suche nach einem Ersatzvater inszeniert ist. ‹Letzte Opfer› dieser

---

forces writhe their way to the surface from time to time. Somewhere, hidden deeply in the recesses of Ted's brain, there is a synapse of cells that is trying to destroy him.» (403f.)

[21] So ausdrücklich in einer Email am 16.5.2001 an J. L.; s. ausführlicher Linder 2001.

Konstruktion sind die reale Person Jason Moss, dem mehr als die üblichen Pubertätsprobleme unterstellt werden, die Familie, die für diese Abweichung verantwortlich gemacht wird – und schließlich die Leser, deren Marktorientierung von einem Autor ausgenutzt wird, der am Serienkiller-Boom teilhat, ohne auf den Ruf der Seriosität zu verzichten.

Die Übertragung der Glorifizierung des Serienkillers auf den Autor dient dessen Profil und generiert bestimmte Darstellungs- und Deutungsschemata. Unter dieser Doppelperspektive sind auch die Bücher von Fahndern zu betrachten: Die Texte entstehen vor dem Hintergrund von Selbstprofilierungsabsichten, von Wünschen nach dem Ausbau institutioneller Definitionsmacht und nicht zuletzt im Hinblick auf die Allokation von materiellen und ideellen Ressourcen.[22]

Der Polizist Robert Keppel pointiert Polizeiarbeit und implizit die gleichsam wesensmäßige Zusammengehörigkeit von Polizisten und Verbrechern folgendermaßen: «In my experience, the hunt for the killer is as exhilarating for the detective as the hunt for victims seems to be for the killer, especially when you feel that you're making headway on a case».[23] Freilich interessiert sich Keppel nicht für banale Beziehungstaten, sondern für die wenigen Täter, die nicht nur eine Mehr- oder Vielzahl von Mordtaten begehen, sondern ihre Leichen und Leichenfundorte absichtlich in einer bestimmten Ordnung hinterlassen: «posing» und «staging» sind die entsprechenden Stichworte, die Serienkiller als bewusste Werkurheber ausweisen (Keppel and Birnes 1997, 224f.). Mit ihnen wird der Männerbund geschlossen, den Keppel im Titel von *The Riverman: Ted Bundy and I Hunt For the Green River Killer* (Keppel and Birnes 1995) andeutet. An den Fahndungen nach Bundy und nach dem bis heute unbekannten ‹Green River Killer› war Keppel führend und weitgehend erfolglos beteiligt. (Mittlerweile wurde der ‹Green River Killer› doch noch gefasst. Anm. der Hrsg.) Er zeigt mit Bundy das Mitglied eines biologisch organisierten Männerbundes,[24] der mit dem anderen Männerbund, dem der Polizisten, besondere Verbindungen pflegt.[25] Doch auch bei Keppel steht am Ende der Annäherung an Bundy dessen Entzauberung und Abwertung: «Bundy did all his convincing from the business end of a crowbar while his victim's back was turned. He was not the phantom prince that crime writers and reporters had portrayed him to be for over 10 years, but a creep, a spineless, chicken-shit killer.» (Keppel and Birnes 1995, 416)

Der ganze Aufwand des Buches über die Zusammenarbeit mit Bundy, die angeblich so viel Wissen über Serienkiller allgemein vermittelte, führt zur Erkenntnis, dass ein Gewalttäter seine Verbrechen unter Gewaltanwendung begeht, dass seine Macht letzt-

---

[22] Vgl. zum folgenden auch Tithecott 1997, 111–119. Durch die Verbindung zwischen dem Polizisten und dem «internationally notorious, headline-grabbing serial killer» sollte öffentlicher Druck auf die Politik zur Einführung eines neuen Computersystems gemacht werden, das wiederum die Fahndung nach Serientätern, also auch deren Status in der öffentlichen Wahrnehmung, verbessern sollte (Bundy «would assist in convincing the politicians in charge», Keppel and Birnes 1995, 135).
[23] Keppel and Birnes 1995, 241, vgl. ganz ähnlich der FBI-Profiler John Douglas in Douglas and Olshaker 1998, 111–113.
[24] «He» – Bundy – «crept inside the killer's mind», und: «From what Ted said, we discerned that each serial killer recognized the ‹other› on sight, either by description or by perception.» (Keppel und Birnes 1995, 209)
[25] «As Ted entered the interview area, he recognized FBI Agent Bill Hagmaier standing behind me. Their right hands met one another at the same place on both sides of the glass windows, oddly looking like lovers greeting each other in visitation areas.» (408)

lich auf Gewalt beruht und nicht auf seinen speziellen Fähigkeiten der Verstellung, der Anpassung, des Rollenspiels usw. Bundy, der es fast zum Rechtsanwalt und zum republikanischen Politiker gebracht hätte und der in der Argumentation Keppels die Funktion des Paradigmas ausfüllt und als gleichwertiger Gesprächspartner betrachtet wird, der am Ende nur gefasst und verurteilt wurde, weil er mit seinen letzten Morden in Florida gleichsam den gewohnten Pfad verlassen hatte – er wird in den wenigen Worten Keppels entzaubert. Im Kontext der ganzen Folklore, für die Keppel einmal mehr den Stoff liefert, kommt dies einem ‹Göttersturz› gleich, den der Initiierte inszeniert, um anzuzeigen, dass er die Initiation überstanden hat. Jetzt erst kann er die banale Wirklichkeit erkennen; die Anstrengung hat sich gelohnt, die Distanzierung ist geglückt, der Polizist selbst nobilitiert. So, wie sich die Kraft der Opfer auf den Täter überträgt («All their mental power is transferred to the killer», Keppel and Birnes 1997, 218), so hat sich nun die Macht des Killers auf seinen Verfolger übertragen.

Der Polizist Keppel stilisiert die Begegnung mit Bundy als Initiation in die (ganz besondere) Welt der Serienkiller, an deren Ende der Killer so entzaubert ist, dass sich der Polizist seinen Werken zuwenden kann, nicht ohne zunächst den Opfern seine Reverenz zu erweisen: «I believe that death scenes tell stories. It's the only way victims can relate to the investigator what happened to them, who assaulted them.» (Keppel and Birnes 1995, 127) Doch selbst als Leichen sind die Opfer am Tatort nur insoweit von Bedeutung, als sie auf den abwesenden Täter und auf die Phantasien verweisen, die ihn antreiben.

Am Tatort werden die Zeichen für den *Modus operandi* und – wichtiger noch – für die *Signature* gesucht, zunächst gewiss ganz im Sinne der Detektive des klassischen Detektivromans (vgl. Simpson 2000), aber doch weit über deren Interesse an der bloßen Tätersuche und einer ‹plausiblen› Tatgeschichte hinausgehend: Die klassischen Indizien werden zu Zeichen, die den Menschen, der sie produziert hat, insgesamt repräsentieren sollen. Der *Modus operandi* wird vom Täter gesteuert, er ist situationsabhängig, er produziert unterschiedliche Tatorte und dokumentiert die ‹Lernfortschritte› des weiterhin unbekannten Täters. In der *Signature* dagegen verwirklicht er sich unbewusst, entäußert sich sein ‹Phantasiehandeln› zur Realität. Die Vorstellung, dass sich die Tatortzeichen eins zu eins auf die Täterpersönlichkeit zurechnen ließen, muss zu einer Unterscheidung von Tiefen- und Oberflächenstrukturen führen, zur Unterscheidung von Zufälligkeiten und Wandel an der Oberfläche, von Unveränderlichem in der Tiefe.

Über das *Signature*-Konzept möchte die Vorstellung des *Modus operandi* von einer polizeilich-kriminalistischen Fahndungsheuristik zu einer ‹allgemeinen Theorie des Verbrechermenschen› werden (nicht umsonst im Hinblick auf den Serienkiller, der als ‹wesensmäßiger Verbrecher› definiert ist)[26], in der die Zufälligkeiten der Tatbegehungen mit dem unveränderlichen verbrecherischen Wesen verknüpft werden. Bei Keppel (und Rule) gibt sich diese Vorstellung in den Anleihen bei der Maschinensprache zu erkennen: Die *Signature* ist fest im Gehirn des Täters ‹verdrahtet›. Ungewollt und unbewusst drücken,

---

[26] Es kann nicht überraschen, dass an dieser Stelle die Verbindung zu Lombroso hergestellt wird, hat dieser doch festgestellt, dass auch die einander unähnlichsten Verbrecher bei genauerer Untersuchung gemeinsame Gesichtszüge preisgäben, welche ihre niedrigen Gefühle zeigten und sie letztlich als Angehörige eines einzigen Typus ausweisen: «[...] these are what brands them with a common stamp.» (Leps 1992, 50f., Zitat aus Lombroso 1907)

so Keppel, die Massenmedien diesen Sachverhalt aus, wenn sie (im Übrigen häufig der Polizei folgend) dem noch unbekannten Täter charakterisierende Namen verpassen wie ‹Torso Killer›, ‹Butcher›, ‹Slasher› oder ‹Stalker›, die ihn mit seiner *Signature* identifizieren. Im *Naming* werden die Wechselwirkungen zwischen den polizeilichen und den populär-medialen Konzeptionen offenbar.

In Keppels Konzept der Fahndung wird vor allem auf den ‹Überschuss› von Zeichen am Tatort geachtet, in denen sich die Persönlichkeit jenseits der Zufälligkeiten der Tatbegehung ausdrücke. Dafür ist die Rede vom ‹Overkill› beispielhaft: «the crime plays itself out» in einer Gewaltanwendung, die über das Ziel hinausschießt, so dass ihr spezifischer Zeichenwert zugeschrieben werden kann (Keppel and Birnes 1997, 24). ‹Overkill› ist dem bewussten Handlungswillen des Täters entzogen, genau deshalb repräsentiert sich darin sein eigentliches verbrecherisches Wesen. Das Opfer selbst erhält in diesem Vorgang auch symbolischen Charakter – es substituiert eine eigentliche Person (in der Regel die Mutter des Täters, 89, 105). In diesem Kontext wird männliche Sexualität als Fetisch-Sexualität konzipiert: Sie ist Phantasie-Sexualität, die mediale Darstellungen braucht, um in Gang zu kommen, sie produziert Tatorte und Leichen, die wiederum gespeichert werden – entweder in der Phantasie oder in technischen Speichermedien, um den Kreislauf aufrecht zu erhalten (vgl. 37). In diesem Kreislauf entsteht die *Signature*, die den Täter repräsentiert, der sich zwanghaft immer von neuem imitiert und variiert (35–41): «It's not the actual wording of the notes or the writing medium, but his compulsion to leave notes that was the signature.» (41) In der *Signature* verwirklicht sich der Täter, sie steht für die Kohärenz der distinkten Vorgänge, in ihr entäußert sich die Phantasie – sie drückt dem aktuellen Werk sozusagen den Stempel auf, jenseits aller Zufälligkeiten und intendierten (ablenkenden) Inszenierungen.

Die Zerstörung des Opfers wird überhöht: So gewinnt die Vorstellung von Vervollkommnung, Verbesserung Sinn, denn im neuen Opfer wird das alte re-inszeniert: «In this process of translating sophisticated fantasies into reality, the killer acquired a sense of mastery and control over his victim and himself.» (146)

Keppel konzipiert den Killer, den Produzenten von Leichen, Tatorten und *dump sites*, als Urheber von Werken, in denen sich der Kern der Persönlichkeit offenbart. Nicht das Äußere des Serienkillers (sein Aussehen, seine Verhaltensweisen) trägt die Zeichen für die Abweichung, sondern die sorgfältig arrangierten Leichen und die inszenierten Tatorte. Solange der Killer abwesend ist (und dies ist er, solange er Killer ist), fesseln seine Hinterlassenschaften sowie die Orte, an denen er tätig war, den Blick des Polizisten, der hier die Zeichen entdeckt, die den Abwesenden repräsentieren. Der Polizist ordnet diese Zeichen und ‹entdeckt› den Typus des ‹organisierten› Killers, und wenn er die Zeichen nicht zu ordnen vermag, hat er dessen Gegenteil – den ‹desorganisierten› Killer.[27] Immer schreibt er die Spuren, die er entdeckt, einer Ent-Äußerung, dem Manifest-Werden von Persönlichkeit und Phantasie im Handeln und seinen Ergebnissen zu. Der *Signature*-Killer ist ein Künstler, dessen Werke nur der Polizist (mit seinen Erfahrungen und Initiations-Erlebnisse) als ‹Wahrheit› (86) entschlüsseln kann.

---

[27] Die Unterscheidung ‹organized›/‹disorganized› findet sich in fast allen Traktaten über Serienkiller; sie projiziert Tatortarrangement und -verhalten auf die Persönlichkeit und appliziert dabei die Ordnungsvorstellungen der Beobachter.

2. Literarische Reflexionen: ‹The Killer inside› als erzählendes Ich

Das *Signature*-Konzept kann auf den sprechenden Täter nicht verzichten; es benötigt von ihm zur Bestätigung und Fortentwicklung der ‹Kunst der Tatortinterpretation› Auskünfte, die weit über gerichtsverwertbare Geständnisse hinausgehen. Das *Signature*-Konzept beruht darauf, dass der Täter sich in der eigenen Rede als Urheber und Interpret konstituiert. Bei Keppel wird der ‹Muster-Killer› Bundy zum Medium des Serienkiller-Diskurses; alle Reflexionen dieser Funktion werden durch die authentizitätssuggerierende Inszenierungen von Annäherung und Distanzierung abgewiesen. Statt dessen werden Textproduktionen in Gang gesetzt, die sich alle auf die ursprüngliche Rede des Killer-Ichs beziehen.

Joyce Carol Oates' Roman *Zombie* (1995, zitiert nach Oates 1996, die deutsche Übersetzung ist erst 2000 erschienen) scheint hochliterarisch und im Sinne ihrer Genrelegitimation die Deutungs- und Authentizitätsansprüche des *True-Crime*-Genres und seines Publikums zu bedienen. Oates Text wurde dementsprechend als ‹Fall› (oder ‹Fallgeschichte›) rezipiert, so dass der Protagonist einen Verbrecher-Typus repräsentiert und medizinische, psychologische und bzw. oder strafjuristisch-kriminalitätsgeschichtliche Wissenskomponenten angeschlossen werden konnten. Der Fall Jeffrey Dahmer wurde als ‹Vorbild› erkannt, der im Zentrum der ‹akribischen Recherchen› der Autorin gestanden habe.[28] Das Fazit der Rezeption bildet ab, was schon auf dem Umschlagtext der amerikanischen Taschenbuchausgabe zu lesen ist – «Joyce Carol Oates puts us in the mind of a serial killer»: «Was beim Lesen dieses Buches erstarren lässt, ist die Erzählperspektive. Wir sitzen im Kopf des Serienkillers, und wir erkennen, dass keiner seiner Gedanken und Gedankenschritte für sich gesehen absurd ist. Quentin ist das Rumpelstilzchen unserer Zeit. Eine Karikatur des mitleidslosen Egoisten ohne Moral.» (M. Winter 2000)

Die Killerkarriere des Ich-Erzählers Quentin P. ist von kurzer Dauer[29], doch er bleibt unentdeckt, so dass er die eigene Geschichte erzählen und sich als Abbild Jeffrey Dahmers in den Serienkiller-Diskurs einschreiben kann. Damit eröffnet der Text eine diachrone Perspektive, denn schon Dahmers öffentliche Person führte in die kulturelle Tradition der Herstellung von künstlichen Menschen. Von dieser Perspektive wird auch der Vater Quentins erfasst, der als honoriger und gut honorierter Wissenschafter an Menschenversuchen beteiligt ist. Die Unterscheidung von Legalität und Illegalität wird fragwürdig, und die Bezeichnung Quentins als ‹eiskalter Killer› erscheint als arbiträre Zuschreibung, die sich von den Angeboten des Textes zur individual-ätiologischen Deutung verführen lässt. Doch Mitteilungen über eine kommunikationsunfähige Familie und über die Touren Quentins in die ‹Untergrund›- und Drogen-Viertel der nächsten

---

[28] *Zombie* wurde in einer *Aspekte*-Sendung des ZDF am 21. Januar 2000 vorgestellt, wobei die Versatzstücke der Authentizitätskonstruktion allesamt zur Anwendung kamen: Während die Autorin zu ihren Recherchen befragt wurde, liefen im Hintergrund Einspielungen mit dem Super-8-Material der *Homevideos* von Dahmers Vater. Dazu hieß es, dass Oates ‹literarisch› über das beunruhigende Phänomen des *Serial Killing* informiere, aber insgeheim wurde die Ich-Perspektive des Romans kritisiert: Das ‹Rätsel Serienkiller› bleibe auch nach dem Roman offen.

[29] Nach einer Missbrauchstat, die ihm Sitzungen bei einem Bewährungshelfer und einem Psychotherapeuten eingebracht haben, beschäftigt sich Quentin P. mit der Herstellung von ‹Zombies›. Aus jungen Männern möchte er willenlose Wesen machen, die seinen Vorstellungen von Nähe und sexuellen Kontakten entsprechen.

Großstadt sind als Appelle ans Alltagswissen aufgepfropft, das allemal schon zu wissen glaubt, dass die bürgerliche Gesellschaft kriminelle Individuen hervorbringt, deren innere Leere, Indolenz und Handlungsunfähigkeit so groß ist, dass sie, aufgefüllt mit den Bildern der Medien und einer pervers-hellsichtigen Wahrnehmung ihrer Umgebung, in den Handlungszwang einer destruktiven Aggression umschlägt. Die Lektüre des Romans, die am Authentizitätsversprechen des *True-Crime*-Genres einerseits festhält, die andererseits von den spezifischen Fähigkeiten der Hochliteratur, Einblicke in den *Criminal Mind* zu gewähren, überzeugt bleibt, verpasst seine Pointe. Quentin P. erweist sich als Produkt des Diskurses, in den er sich als Killer-Ich einschreibt und dabei doch ständig nur Abbilder und Verdoppelungen produziert, ob als ‹verminderter› Dahmer oder als pseudo-wissenschaftlicher Experimentator. So, wie er in seiner kümmerlichen Existenz im Kellerloch von den Zuwendungen des Vaters und der Großmutter abhängig bleibt, so verarbeitet seine Ich-Konstitution als Erzähler das, was er im Fundus der Diskursgeschichte vorfindet. Eine Lektüre, die in Oates' Roman bloß die Deutung des einzelnen ‹Falles› erkennt, übersieht, dass die Einschreibung in den Diskurs die kulturellen Mythen, die er transportiert, verdoppelt. So scheint mir das Lob der akribischen Recherchen auf einem charakteristischen Missverständnis zu beruhen; Oates' Roman reproduziert die Medienkonjunktur und zeigt – intendiert oder nicht – deren Unhintergehbarkeit.

Der Alarmismus, der den Serienkiller-Diskurs seit den siebziger Jahren bestimmt, beruht vor allem auf der Vorstellung einer unkontrollierten und unkontrollierbaren Phantasie der Täter, die sich nach außen den Einflüssen der Medien und damit dem Serienkiller-Diskurs öffnet, so dass mit der Pathologie des Killers immer auch eine Pathologie der Gesellschaft verbunden ist, die sich in ihren Medienprodukten ausdrückt (und die erneut die Polizei bestätigt und beschäftigt, vgl. dazu Linder und Ort 1999, 44–64 unter dem Stichwort ‹Zeichen als Verbrechen›). Dass diese Phantasietätigkeit eines Tages in Handlung umschlagen muss, bildet das Basis-Theorem der kriminalpolitischen, polizeilichen und populären Konzeptionen des Serienkillers. In deren Hintergrund steht wiederum das Vertrauen in die Rede des Täters und die Abbildungs- und Speicherqualitäten der Texte. Genau dies wird kontinuierlich in der ‹schönen Literatur› kommentiert und als naiv zurückgewiesen. Eine ganz kurze Gesprächssequenz in Bret Easton Ellis' Roman *American Psycho* (Ellis 1991) ist in diesem Zusammenhang bezeichnend, auch weil der Roman sich in die Tradition der Kritik am bildungsbürgerlichen Vertrauen in den ‹privilegierten Blick› der Literatur stellt:

Gefragt, womit er sich beschäftige, antwortet Patrick Bateman, Ellis' Ich-Erzähler: «I'm into murders and executions mostly.» Von seiner Gesprächspartnerin erhält er zur Antwort: «Well most guys I know who work in mergers and acquisitions don't really like it.» (206) Angesichts dessen, was der Leser über Patrick Bateman weiß oder zu wissen glaubt, erscheint der Hörfehler grotesk; doch er ist nicht bloß phonologisch plausibel: Das Gespräch findet in einem Kreis von *Brokers* statt, die Firmenaufkäufe als ‹feindliche Übernahmen› mit dem Ziel des ‹Ausschlachtens› und ‹Verwertens› inszenieren. Eigentum und Produktion, Produktionsmittel und Produzenten verlieren ihren Wirklichkeitsstatus, wenn sie allein zur Veränderung von Börsenkursen hin- und hergeschoben werden: Virtualität und Realität werden austauschbar. Die Vorstellungen über die ‹Kannibalisierung› von Firmen gehören wie der Serienkiller zum Deutungsfundus der populären Kultur – und, wie man an Oliver Stones Film *Wall Street* (1986) und Tom Wolfes Roman *The Bonfire of the Vanities* (1987) gleichermaßen sehen kann, dienen auch sie den symbolischen Vergegenwärtigungen guter und schlechter Ordnungen. ‹Murder› und ‹Merger› klingen (im amerikanischen Englisch) nicht nur ähnlich, sie sind in einem bestimmten ‹Sprachspiel› Synonyme. Der Schluss, dass Patrick Batemans Gesprächspartnerin einem Hörfehler aufsitzt, ist also keineswegs zwingend; man kann ihr im Gegenteil auch unterstellen, dass sie mit der Sprechweise der *Brokers* vertraut ist (die, wie die Sprache des Mordens, nichts anderes wäre als eine populäre Sprechweise mit eigenen Stereotypen). Ihre Antwort ließe dann erkennen, dass sie in der zynischen Sprache moralische Vorstellungen und Reflexionen auf das eigene Handeln der *Sprecher* erkennt und die Kritik von Stone und Wolfe sozusagen angekommen ist.

Auch Patrick Bateman ist ein Ich-Erzähler ohne eine Sprache, in der sich ein Ich konstituieren könnte. Seine Erzählung kann über weite Strecken in zwei ‹Sprachspiele› integriert werden, in ein ökonomisches und in das der multiplen Tötung. Und genau darin scheint mir die beunruhigende Qualität des Romans zu liegen. Ich schlage keineswegs seine ‹allegorische› Lektüre vor (die durchgängig die Welt der *Brokers* und *Bankers*, die Gesellschaft der *Yuppies* hinter der Sprache des Serienkiller-Diskurses entdecken möchte), sie wäre wohl möglich, aber genauso ‹falsch› wie die ‹realistische› Lesart, die lediglich die ‹eiskalten› Ent-Äußerungen des Killer-Ichs zur Kenntnis nimmt. Patrick Bateman konstruiert ein Killer-Ich aus den Versatzstücken des Serienkiller-Diskurses (die er aus Talkshows und von Videos bezieht), daneben steht ihm nur ein restringierter Code von Markennamen, *Wellness*formeln und Bekleidungsregeln zur Verfügung: Nichts von alledem kann es ihm ermöglichen, ‹authentisch› über sich selbst zu reden. Hier spricht kein junger Erfolgreicher[30]; Bateman findet keine Gelegenheit, aus den sprachlichen und sozialen Abhängigkeiten herauszutreten, um sie zu reflektieren.

Wo es für den ‹realen› (Serien-)Killer wenigstens den Ausweg der Festnahme geben kann (die er angeblich ersehnt und die ihm die Möglichkeit gibt, über sich selbst zu sprechen und als Killer-Ich in Erscheinung zu treten), ist für den Phantasiekiller der Ausgang aus der Medien- und Phantasiewelt der Mörder und Morde versperrt, er bleibt – wie Bundy: durch das Reden – dem Serienkiller-Diskurs verhaftet, der dauerhafte Präsenz garantiert[31]: «THIS IS NOT AN EXIT» lauten die letzten Worte des Romans (399, Gross-

---

[30] So aber im Ergebnis Simpson 2000 und Büsser 2000. Bateman redet zwar gelegentlich über *Accounts*, Kontakte und Konkurrenten, aber man sieht ihn niemals bei der Arbeit. Sein luxuriöses Büro und seine hingebungsvolle Assistentin sind – wie seine Sprache – Teil einer parasitären Existenz. Die Ich-Erzählung führt aus dieser ‹Realität der Abhängigkeit› nicht heraus; das erzählende Ich entzieht sich nirgends dem Fluss der Ereignisse, der Gespräche und der Medienangebote – und bringt so die vollständige Durchlässigkeit der Grenzen zwischen Ich und Umwelt zum Ausdruck (vgl. Seltzer 1998, 188). Wie das Büro nur als Simulation einer Arbeitswelt zu verstehen ist, so erweist sich die ganze erzählte Welt der Marken, Medien und Morde als Abbildung einer Welt der Fiktionen und Simulakren. In dieser Welt richten sich Batemans Aggressionen gegen alle diejenigen, die er als Abhängige wahrnehmen muss; lediglich ein Mal wird ein männlicher Konkurrent (214–221) zur Zielscheibe – und genau in diesem Fall häufen sich die Zeichen dafür, dass sich die Handlung lediglich in der Phantasie des Erzählers abspielt und dass sie kein ‹reales Korrelat› in der (natürlich fiktionalen) Wirklichkeit des Romans hat. In dieser Welt, die zwischen Medienabbildung und ‹Realität› keinen Unterschied kennt (und die Killer-Realität damit auflöst), kann Bateman in der Tat «unerkannt und unbestraft weiterleben und -morden» (Büsser 2000, 99): und er taucht als Randfigur in Ellis' Roman *Glamorama* (1998) wieder auf, als schrulliger Typ mit merkwürdig braunen Flecken auf den Ärmeln seines teuren Anzugs.
[31] Die ‹Unsterblichkeit› des Phantasie-Killers gewinnt märchenhafte Züge in der (film-orientierten) Insze-

buchst. i.O.), die sich ganz unmittelbar auf die Phantasietätigkeit des Umbringen-Wollens, auf eine Aggression beziehen lassen, die, eben weil sie sich nicht in Aktion entlädt, ohne Ende ist (anders: Winnberg 1999). Die Phantasie ist gefährlich, weil sie zum Suchtmittel wird und zur Ent-Äußerung, zum Handeln drängt: Dies ist das Credo der gängigen Serienkiller-Konzeptionen von Polizisten und Pop-Psychologen. Phantasie garantiert aber, so ließe sich mit Ellis' Roman sagen, die Fortexistenz der Serienkiller als *Commodity* der Diskurse. Problematisch ist dieser Aspekt lediglich für eine Kritik, die – ganz traditionell – vom Roman bzw. seiner obersten Erzählinstanz ein moralisches Urteil über den Protagonisten und seine Welt erwartet. Ellis' Bateman macht das Spielerische, Unernste und gleichzeitig das Unendliche an der Serienkiller-Diskussion sichtbar – und er könnte mit dieser Erkenntnis die Serie der Serienkiller-Texte beenden, weil er die Langeweile des Ewig-Gleichen zum Ausdruck bringt (zusammenfassend Simpson 2000, 147–151). ‹Inside the mind of Patrick Bateman› sind nur Abbilder dessen, was er außerhalb vorfindet.[32]

Für das Konstruktionskonzept des sich selbst darstellenden Gewalttäters und Mehrfachmörders hat Jim Thompsons Roman *The Killer Inside Me* (1952, zitiert nach Thompson 1991) Vorbildfunktion als Experiment einer Ich-Erzählung, die das ‹wahre Ich› des Killers enthüllen soll, das hinter seiner ‹öffentlichen› Erscheinung steckt. Thompsons Täter-Ich weiß von sich selbst nur zu sagen, was alle sagen und damit schon vorher wissen können und ermöglicht im Scheitern die Reflexion des literarischen Anspruchs. Lou Ford ist so wenig wie Patrick Bateman ein ‹Serienkiller› im Sinne der späteren Lehrbücher des FBI. Zwar erlebt er seine Gewaltausbrüche lustvoll, doch erschöpft sich ihr Zweck darin nicht; er ist insofern kein ‹untermotivierter› Killer. Ford möchte seine Rolle als beliebter *Deputy* der texanischen Kleinstadt «Central City» retten, die durch seine Beziehung zu einer Prostituierten gefährdet erscheint, der er sich, Rollengrenzen überschreitend, als Polizist und Freier genähert hatte. Ford gilt als zuverlässig, einsatzfreudig, gleichzeitig als nicht sehr intelligent; doch er weiß, dass er seine Gesprächspartner immer wieder mit den banalen Alltagsweisheiten irritiert, die er absondert. Der Leser muss schnell zur Kenntnis nehmen, dass dieser Polizist als die öffentliche Person des Lou Ford eine Kunstfigur ist, ein Rollenkonstrukt der Normalität, hinter dem sich der ‹eigentliche› Lou Ford versteckt und gleichsam als Strippenzieher der

---

nierung von Polizeiverfolgungen. Dabei scheint Bateman einmal in der Gefahr, ‹erwischt› zu werden. Hier findet auch ein Bruch der Erzählperspektive statt. Aus der Perspektive eines anonymen Erzählers wird gezeigt, wie «Patrick» von der Polizei verfolgt wird und ihr – unter Hinterlassung einiger Leichen, zerstörter Autos und Fassaden – in sein Büro entkommen kann: Ellis 1991, 347–352; bezeichnenderweise ist dieses Kapitel mit «Chase, Manhattan» überschrieben.

[32] An dieser Stelle wäre ergänzend auf Dennis Coopers Roman *Frisk* (1991) einzugehen, der auf seine Weise Phantasiebildungen und ihre Verknüpfung mit der Kriminalisierung repräsentiert und reflektiert. Der Text thematisiert vor allem das Medium Photographie (das Medium der Repräsentation von Körpern, damit der Gewalt, der Pornographie und der Polizei, vgl. Regener 1999). Die Stricher-Protagonisten des Textes, allen voran der Ich-Erzähler, erfahren sich zunächst als Objekte einer Kultur der Sexualität und der Gewalt, die ihre Körper ge- und verbraucht. Sie werden zu Artefakten gemacht und vereinnahmt (vgl. Seltzer 1998, 186f.), sie werden begehrt, dürfen aber selbst kein Begehren zeigen. Der Text, der das Ausagieren von Gewaltphantasien zum Inhalt hat, erweist sich als Ausdruck von Autonomie-Gewinn: Der Ich-Erzähler setzt sich als Autor, als Produzent, als Ich mit Begehren, als Gewaltpornograph, nicht als Gegenstand fremder Phantasien. Die Kultur der ‹schönen Körper› erweist sich als eine Kultur, der die Opfer nur in eine neue Kultur des Hässlichen, Blutigen und Zerstörten entkommen.

öffentlichen Figur agiert. Dieser ‹eigentliche› Lou Ford denkt strategisch, er reflektiert das Rollenspiel und verachtet hochmütig die Alltagsrealität. Er ist es, der die Werke von Autoren wie Kraepelin, Krafft-Ebing und Freud in der Originalsprache liest und versteht, ohne Deutsch zu können.[33] Als Polizist muss der Ich-Erzähler verheimlichen, was er seiner Erzählung anvertrauen kann: Sein Text scheint zum Geständnis zu werden, in dem nicht nur die Taten (die am Ende ohnehin von der Polizei aufgeklärt werden), sondern auch ihr Ursprung in der Lebensgeschichte offengelegt werden können. Doch das Erzähler-Ich produziert, wo es sich selbst darstellt, Lügen, Märchen, Fiktionen, Kunst. Der ‹Authentizitätsanspruch› verflüchtigt sich im ‹Kunstmärchen›.[34] Die üblichen Deutungsverhältnisse kehren sich um: Wo das Ich sich als Kunstfigur präsentiert, als Schauspieler-Polizist und Selbstdarsteller, da wird eine Wirklichkeit beschrieben, in der das Rollenspiel alltägliche Pflicht ist. Wo es dagegen den ‹Killer inside› darzustellen sucht und Erklärungen und Deutungen für die Abweichung anbietet, reproduziert es die Alltagsstereotypen; und wo die sexual- und kriminalpsychologischen Kirchenväter herbeizitiert werden, wird nicht ‹Aufklärung›, sondern zusätzliche Verrätselung erreicht.

Die Romane von Ellis und Thompson reflektieren exemplarisch den Geständniszwang der *True-Crime*-Literatur; sie unterlaufen das Bedürfnis nach ‹Authentizität› und Einblick in das ‹Innere des Täters›. Damit gerät das individual-ätiologische Darstellungskonzept (dessen Paradigma für die ‹schöne Literatur› seit langem Dostojewskijs Roman *Schuld und Sühne* ist), an seine Grenzen; der ‹Blick in den Kopf des Killers› erweist sich immer wieder als Projektion. Dies ist keineswegs überraschend, denn wie kaum eine andere Verbrecherfigur ist der Serien- und Mehrfachkiller in all seinen Facetten Medienprodukt. Er hat keine ‹individuellen Züge›, keine ‹Originalität›, er ist immer eingespannt in die synchronen und diachronen Abbildungsverhältnisse, die mit jedem Wort, das über ihn oder von ihm gesagt wird, aufgerufen werden. Der Serienkiller-Diskurs stellt Deutungsmuster bereit, die in der amerikanischen Gesellschaft kohärenz- und ordnungsstiftend wirken. Diese Funktion der Serienkiller-Figur wird in Steven Wrights Roman *going native* (1994, zitiert nach Wright 1996, vgl. dazu Griem 1997) thematisiert und postuliert. Wrights Killer bleibt nahezu gesichtslos, er bewegt sich von Nordosten nach Südwesten quer durch das Land[35] und berührt dabei die unterschiedlichsten Milieus und deren Repräsentanten, ohne deren ‹Opfereigenschaften› explizit zum Thema zu machen. Auf Täter- oder Opfer-Psychologie wird völlig verzichtet, an ihre Stelle treten die zahlreichen Hinweise auf die einschlägigen Produkte der Unterhaltungs-, vor allem der Filmindustrie. Die Populärkultur genügt sich selbst (vgl. Seltzer 1996).

3. Neue Fahnder: Zur Konzeption und Reflexion des *Profiling*

Die Rekonstruktion der populären Vermittlung von *Profiling* kommt an Robert K. Ressler[36] nicht vorbei.[37] Keine Dokumentation über die neue Fahndungsmethode ver-

---

[33] «All the answers were here, out in the open where you could look at them. And no one was terrified or horrified. I came out of the place I was hiding in – that I always had to hide in – and began to breathe.» (27)
[34] «And the room exploded with shots and yells, and I seemed to explode with it [...]. And they all lived happily ever after, I guess, and I guess – that's – all.» (244)
[35] Vgl. Ted Bundys Weg vom Staat Washington im Nordwesten nach Florida im Südosten der USA.
[36] Zu Ressler vgl. Linder und Ort 1999, 46–59. Internet URL: http://www.robertkressler.com/ (30. Mai 2001).
[37] Die unterschiedlichen Positionen zum *Profiling* sind weniger wissenschaftlich als vielmehr ökonomisch

zichtet darauf, ihn als Ahnherrn einer Initiierungsreihe zu nennen. Die folgende Pressemeldung des WDR zur Sendung «B. trifft – Thomas Müller» vom 27. April 2001 ist charakteristisch, und zwar auch da, wo das Lehrer-Schüler-Verhältnis hervorgehoben wird:

«Zehn Jahre lang arbeitete Thomas Müller als Streifenpolizist. Als er zur Weihnachtszeit alarmiert wurde, weil in einer Familie wieder mal der Vater seine Kinder unter dem Tannenbaum verprügelte, weckte dies seine Neugier. Er wollte mehr über die Gründe menschlicher Gewalt wissen und begann mit dem Studium der Psychologie. Robert K. Ressler, der zwanzig Jahre lang die FBI-Spezialabteilung zur Aufklärung von Serienmorden und Sexualstraftaten leitete, führte ihn später in das ‹Profiling› ein.»[38]

Der ‹Verbrechensanalytiker› Müller wurde zu seiner Karriere, seinen Fällen, seinen Erfolgen und seinen Zielen befragt; der zweite Teil der Sendung dokumentierte ein Gespräch zwischen Böttinger, Müller und Michael Osterheider, dem Leiter des Zentrums für Forensische Psychiatrie in Lippstadt-Eickelborn. Für die Moderatorin Bettina Böttinger stand fest, dass ‹das Böse› immer öfter in Erscheinung trete und nach neuen Formen der ‹Bekämpfung› verlange – so habe sich das *Profiling* seit den neunziger Jahren auch in Mitteleuropa durchgesetzt.[39]

Robert Resslers Buch *Whoever Fights Monsters. My Twenty Years Tracking Serial Killers for the FBI* (Ressler/Shachtman 1992) führt ein Zitat Friedrich Nietzsches *Jenseits von Gut und Böse* (1886) im Titel, das in seiner Übersetzung ins Englische mittlerweile einer der effizientesten Such-Strings für Serienkiller-Sites im Internet ist. Inwieweit Resslers Text tatsächlich an Nietzsches Vorstellungen vom Verbrechen anknüpft (vgl. dazu Stingelin 1999), soll offen bleiben. Die Titelformulierung verweist jedenfalls auf die Tradition der Selbststilisierung von Kriminalitätsforschern, die sich stellvertretend für die Gemeinschaft den Gefahren der *Terra Incognita* des Verbrechens aussetzen. Der Titel der deutschen Übersetzung spricht ganz andere Bildungserlebnisse an und ist nicht weniger erhellend: *Ich jagte Hannibal Lecter. Die Geschichte des Agenten, der 20 Jahre lang Serienmörder zur Strecke brachte* (Ressler/Shachtman 1993). Auf Thomas Harris' *Profiler*-Figuren wird noch einzugehen sein; sein Killer Hannibal Lecter ist jedenfalls so schnell zum ‹Markenzeichen› für Serienkiller geworden, dass auf seine fiktionale Biographie bei der Titelfindung für den populären Markt keine Rücksicht genommen werden muss.[40]

---

motivierte Konkurrenzen um den Marktzugang – um den Buch-, den Ausbildungs- und Beratungsmarkt (auf dem als Kunden Polizei, Staatsanwaltschaften und Verteidiger genauso in Frage kommen wie Film- und Fernsehproduktionen); vgl. u. a. Godwin 2000, Petherick 1999, Godwin 1999, Turvey 1999, Jackson/Bekerian 1997, Korem 1997, Rossmo 1995, Holmes 1990.
[38] Zitiert nach URL http://www.b-trifft.de/gaeste/mmueller.html (12. Mai 2001).
[39] Das Gespräch wurde durch eine MAZ-Einspielung unterbrochen und dramatisch aufgeladen, die *Profiler* und *Profiling* in einem ‹Bilder- und Bildungspanorama› inszenierte: Man sah Müller beim FBI, bei Vorträgen, mit Kollegen, zumal mit Ressler. Das ‹Böse› war stets präsent in Photos, die schrecklich zugerichtete Leichen zeigen.
[40] In *Red Dragon* (1981, zitiert nach Harris 1998a) sitzt Lecter in einer Hochsicherheitszelle, aus der er in *The Silence of the Lambs* (1988, zitiert nach Harris 1998b) ausbrechen kann; noch am Ende von *Hannibal* (1999, zitiert nach Harris 2000) erfreut er sich einer komfortablen Freiheit und repräsentiert allenfalls das vergebliche Jagen der Polizei. – Vgl. im Übrigen Harbort 2001 für die anhaltende Neigung, mit Hannibal Lecter Interessenten- und Käufersegmente zu definieren.

John Douglas[41] ist der zweite Polizist neben Ressler, der auf dem populären Markt das FBI vertritt und den Eindruck erweckt, als wäre die US-amerikanische Bundespolizei bei allen Serienkillerfahndungen vertreten. Sein gemeinsam mit Mark Ohlshaker[42] verfasstes Buch *Mindhunter: Inside the FBI's Elite Serial Crime Unit* (1995, zitiert nach Douglas/Olshaker 1996) ist als ‹Spiegel-Buch› unter dem Titel *Die Seele des Mörders* erschienen und nimmt das Copyright für die Unterscheidung von *Modus operandi* und *Signature* (hier: «Handschrift») für sich in Anspruch. Bei Douglas findet sich nicht nur die Definition des *Profiling* als ‹Lektüre des Tatorts› (Douglas/Olshaker 1998, 294–300), sondern auch eine prinzipielle Selbsteinschätzung des Verbrechensbekämpfers der neuen Art:

«Oft genug habe ich meinen Leuten gesagt, wir sollten uns wie einsame Cowboys verhalten, die in die Stadt geritten kommen, der Gerechtigkeit auf die Sprünge helfen und dann in aller Stille weiterreiten. Dann würde es heißen: *Wer waren diese maskierten Männer? Sie haben uns eine Silberkugel dagelassen./Die? Ach, die waren aus Quantico.*» (328, kursiv i.O.)

Wer den Serienkiller im Bereich einer *New Frontier* als ultimative Herausforderung der Polizei positioniert, kann mit den gängigen ‹Kriminalwissenschaften› nur noch wenig anfangen, zumal die Universitätspsychologie zugunsten einer spezifisch-innovatorischen FBI-Psychologie als weltfremd verworfen wird (117f.). Die Darstellung ihrer Entwicklung basiert wieder auf dem Schema Annäherung und Distanzierung; die Aussagen von verurteilten Mördern werden benötigt, doch als Ergebnis steht die diskursive Abwertung (*Loner* und *Loser* aus der Unterschicht) schnell fest (vgl. Douglas and Olshaker 2000, 29). Schließlich wird zur Selbststilisierung des *Profilers* auf exemplarische Weise die Kunst bemüht, indem William Shakespeare gleichsam als ‹Urvater› des *Profiling* identifiziert wird (370 – 375). Zwei Vertreter der fortgeschrittenen Populär-Kultur stimmen darin überein, nämlich John Douglas und Patrick Stewart, der zwar als Kapitän der USS *Enterprise* berühmt ist, doch bei Douglas als Darsteller einer *Othello*-Produktion vorgestellt wird. Shakespeare sei ein erstaunlich moderner *Profiler* gewesen, zeige er doch den durch Rasse und Herkunft bestimmten Außenseiter. *Profiling* ist demnach die Kunst des Re-Enactments als Vergegenwärtigung einer vergangenen Tat und ihrer Vertextung, also Überführung in symbolische Repräsentation. Wenn der *Profiler* sagt: «*Will man den Künstler verstehen, muß man sich sein Werk ansehen*» (Douglas and Olshaker 1998, 135, Kursiv. i.O.), dann definiert er sich als ‹Interpret›, als Inhaber einer ‹nachschaffenden›, nicht einer ‹originalen› Phantasie, die es ihm ermöglicht, sich in den ursprünglichen Urheber hineinzudenken, seine Intentionen zu rekonstruieren. In der impliziten Betonung von Empathie liegt eine Schutzlogik: Durch sie unterscheidet sich der *Profiler* vom psychopathischen Killer, dem die Fähigkeit zur Empathie stets abgesprochen wird. Dann macht am Ende auch der Tatort Sinn, der den Täter ausdrückt und die Einfühlung gleichsam als Partitur in Gang setzt:

---

[41] Zum biographischen Hintergrund s. URL http://www.apbnews.com/crimesolvers/douglas/bio.html (30. Mai 2001).
[42] In der Regel werden die Bücher der Polizisten im Team verfasst, der professionelle Autor steht in der Titelei an zweiter Stelle: das ‹Ich› des Polizisten ist jeweils textinterne ‹Erzähl-Instanz› und eher Fiktionalitäts- als Authentizitätssignal, auch das lehrt Moss 2000, s. dazu oben.

«Etwas in der Psyche des Kriminellen – untrennbar mit seinem Verstand verbunden – zwingt ihn, Dinge auf eine bestimmte Art und Weise zu tun. Später, als ich begann, der Gedankenwelt und den Motivationen von Serienmördern nachzuforschen, als ich begann, Tatorte auf Verhaltensmuster hin zu analysieren, suchte ich stets nach einem oder mehreren Elementen, die dieses Verbrechen heraushoben, *die repräsentierten, was er war.*» (78f., Kursiv. i.O.)

Polizisten wie Ressler, Douglas und Keppel definieren den Serienkiller als den Risikomenschen schlechthin. Ihm wird, nicht zuletzt in den zahlreichen Fallgeschichten ihrer Bücher, ein Gefährlichkeitspotential verliehen, das jedes Maß verliert. Serienkiller repräsentieren die Psychopathen-Population, die ihrerseits die Fehlentwicklungen der Gesellschaft gleichzeitig anzeigen und in Gang halten (vgl. dazu ausführlich Hare 1999). Deshalb wird es Aufgabe der Gesellschaft, die Polizei als Institution zu stärken, um sie auf allen Ebenen (‹repressiv›, ‹präventiv› und ‹proaktiv›) wirksam werden zu lassen. So ist auch der Ruf nach ‹Interdisziplinarität› zu verstehen: Psychologie, Soziologie, Medizin usw. werden (wieder) als Hilfswissenschaften definiert, die sich dem polizeilichen Diskurs ein- und unterordnen.[43]

Über die ‹eigentliche› Arbeit der Elite-Polizisten ist in den Selbstdarstellungen wenig zu erfahren. Man kann den Eindruck gewinnen, dass hier Leerstellen bleiben, die vom Publikum mit den Bildern aus den fiktionalen Darstellungen der Romanproduktion und nicht zuletzt der allenthalben üppig ins Kraut schießenden Film- und Fernsehproduktionen gefüllt werden sollen. Dies ermöglicht freilich auch die Reflexion des gängigen Polizeibildes; deshalb soll hier ein Exkurs zu den Darstellungen von Fahndung und *Profiling* in der ‹schönen Literatur› folgen.

Michael Connellys Roman *The Poet* (1996, zitiert nach Connelly 1997) erscheint zunächst als Kritik an der medialen Verarbeitung von Kriminalität. Zwischen den ersten («Death is my beat. I make a living from it. I forge my professional reputation on it», 1) und den letzten Sätzen («Death is my beat. I have made my living from it and forged a professional reputation on it. I have profited by it», 501) entfaltet sich die Geschichte einer Serienkiller-Fahndung, die von der spezialisierten *Profiler*-Einheit des FBI durchgeführt und von einem Zeitungs-Reporter, dem Ich-Erzähler, aktiv begleitet wird.[44] Die vielfach verschachtelte Plotkonstruktion (mit zwei Serienkillern, die aufeinander bezogen arbeiten)[45] weist Connellys Roman als Teil einer Entwicklung des Genres aus, das

---

[43] Kaum ein neuerer deutscher Polizeifilm kommt ohne den Psychologen, die Psychologin oder Psychiaterin aus, der oder die das Fahndungsteam vervollständigt, aber der ‹eigentlichen› Arbeit der Fahnder im Wege steht und so die Unterordnung des psychologischen (medizinischen) Diskurses unter den polizeilichen repräsentiert.

[44] Die Ich-Perspektive wird an den Stellen durchbrochen, an denen innere Vorgänge beim pädophilen Mörder geschildert werden (der im Übrigen ‹Gladden› heißt). Auch dieser Text dementiert allein schon durch die erzählerische Organisation den Authentizitätsanspruch: Man erfährt nichts über die ‹Wirklichkeit› von Serienkillern, sondern über die Konstruktion von Texten.

[45] Der eine ist ein pädophiler Photograph, der seine Opfer vor der eigenen Entwicklung vom Missbrauchten zum Missbraucher retten will, während er mit den Slasher-Photos, die seine Taten speichern und vervielfältigen, Geschäfte im Internet macht. Der andere ist der Chef-Profiler, der sich an die erste Serie gleichsam anhängt und diejenigen Polizisten ermordet, die an der Aufklärung der Einzeltaten der ersten Serie scheitern: Die Taten und die Zeichen vervielfältigen sich verwirrend, so dass Ordnung nur noch im Abbruch vorstellbar wird.

vom ‹Serienkiller-Roman› immer kompliziertere Konstruktionen verlangt, um noch interessant zu sein. Der Serienkiller-Roman positioniert sich so als Teil einer Serie – aus der Sicht des Romans: als einer Medienserie von Medienprofis, die sich als Ordnungskräfte darstellen. Beide Ordnungsmächte – die Bundespolizei und die Massenmedien – werden beim Versuch gezeigt, von der selbsterzeugten Panik zu profitieren. Am Ende hat der Ich-Erzähler zwar den Sprung vom Polizeireporter zum *True-Crime*-Autor mit Angeboten von Verlagen, Agenten und Filmproduzenten gemacht, muss aber zugeben, dass er damit den Tod seines Bruders ausgebeutet hat. Das Polizeiteam muss es dagegen verkraften, dass der eigene Chef als Serienkiller tätig war. Schon der Titel des Romans ist auffallend überdeterminiert: «The Poet» verweist einerseits auf den Killer, der den Serienzusammenhang seiner Taten dadurch herstellt, dass er bei seinen Leichen jeweils Zitate aus den Werken E.A. Poes hinterlässt: Während John Douglas' *Profiler* noch Shakespeare für die Statur bemüht, irritiert Connellys Mörder seine Verfolger mit dem Erfinder der *Tales of Ratiocination*. Allenthalben sind Poeten am Werk: Der Ich-Erzähler und sein Gegenspieler, der Killer-Polizist, dem es lange Zeit gelingt, eine konkurrierende, im Textzusammenhang ‹fiktive› Version des Serien-‹Textes› zu behaupten. Aber auch die Fahndungsgruppe stellt Abbildungstexte her: Sie produziert ein Fahndungsprofil, das auf Interviews mit inhaftierten Mördern und Vergewaltigern zurückgeht und exemplarisch fehlerhaft ist; die Tätersuche scheitert, weil das gängig-misogyne Profil den pädophilen Killer als weißen Mann bezeichnet, der unbewältigte Aggressionen gegen die als dominant erfahrene Mutter und den abwesenden Vater ausagiere und sich dafür Kind-Frauen aussuche (42f.). ‹Tatsächlich› kann dieser Täter Missbrauchserfahrungen mit Männern (Polizisten) nicht verarbeiten, während der mörderische Polizist seinen dominanten Vater im Amt beerbt hat: So wird der ‹Vater des Serienkiller-Profilings› zum Vater eines Serienkillers – der engagierte Polizist bringt einmal mehr das Verbrechen erst hervor.

An den Tatorten, die der Polizistenmörder produziert, sind die hinterlassenen Poe-Texte wichtigste Zeichen, die aber nicht unmittelbar auf den Täter verweisen, sondern, als literarische Texte, erst gelesen und interpretiert werden müssen, um zwischen den Taten den Serienzusammenhang herzustellen. Die Fahnder werden im eigentlichen Sinne zu Lesern, zu Kunstinterpreten; der Sonderfall beleuchtet den ‹Alltag› der Tatort-Interpretation. Die ‹schöne Literatur› signifiziert im Polizei-Verständnis unmittelbar die Emotionen des Autors – so wie die Tatortzeichen das Phantasieleben des Täters repräsentieren sollen. Da sie erst als Texte verstanden werden müssen, wird Dekodierung als Problem formulierbar und das ‹intentionalistische› Verständnis von Kunst erweist sich für die Fahndung als Falle (164f., 215), Misserfolg schmälert freilich das Selbstbewusstsein der Polizisten nicht. Connellys Roman spannt die Ordnungsinstanzen – Polizei und populäre Medien – zusammen und macht sie zu Geschichten-Produzenten, denen nur noch Inszenierungen von Ordnung gelingen, und auch das noch um den Preis der Selbstbeschädigung und der moralischen Delegitimierung.[46]

---

[46] Die riesigen Apparate der Ordnungsinstanzen ‹Polizei› und ‹Presse› erweisen sich als Spiele der Erwachsenen, die in der ‹Realität draußen› zerstörerische Wirkungen entfalten und keinen Beitrag zur Ordnungserhaltung leisten. – In Gardner McKays Roman *Toyer* werden die Strafverfolgungsbehörden endgültig marginalisiert durch einen Serienkiller, der sich nicht mehr die Mühe macht, Leichen zu produzieren: Er nimmt der

«Behavioral Science, the FBI section that deals with serial murder, is on the bottom floor of the Academy building at Quantico, half-buried in the earth» (Harris 1989, zitiert nach Harris 1998b, 1): Vor allem John Douglas verweist immer wieder mit Stolz darauf, dass Thomas Harris für seine Romane und Jonathan Demme für seine Verfilmung von *The Silence of the Lambs* Beratung bei der *Behavioral Science Unit* des FBI gesucht und gefunden hätten. Umgekehrt: Wo immer von *Profiling* und Serienkiller-Fahndung die Rede ist, wird auch auf die fiktiven Charaktere Will Graham und Clarice Starling verwiesen. Hannibal Lecter gilt im populären Diskurs ohnehin als der prototypische Serienkiller. Die Fragwürdigkeit dieser Lesart scheint ihrer Haltbarkeit nichts anhaben zu können.[47] Thomas Harris hat seine Killer und seine *Profiler* als ironische kunst- und literaturgeschichtliche Agglomerationen angelegt, als ‹Kannibalisierungen der Kunstgeschichte›. So setzt Harris der Selbststilisierung der *Profiler* ein Licht auf: Während diese sich unaufhörlich im Raum bewegen, um die Hinterlassenschaften einzelner Serienmörder zu verorten und aus ihnen Profile, Akten und Geschichten zu produzieren, wäre Harris' idealer Fahnder derjenige, der sich bewusst in der Zeit, in der Geschichte (ihren Texten und Artefakten) zu bewegen vermöchte. Nur so würde Francis Dolarhyde, der Künstler-Mörder aus *Red Dragon* (1981, zitiert nach Harris 1998a) zum plastischen Fahndungsziel: Als Angestellter eines Labors für Filmentwicklung strebt er die eigene Transformation zum ‹Gesamtkunstwerk› an, William Blakes Aquarell *The Great Red Dragon Clothed with the Sun* (um 1805) ist stets vor seinen Augen. Vor seinem endgültigen Scheitern verschlingt er das Originalblatt, er wird zum veritablen Kannibalen der Kunst, er zerstört den Signifikanten, macht die ursprüngliche Signifikation unmöglich; Zeichen und Zeichenträger verschmelzen und mit ihnen die historische Distanz zwischen Werk und Rezipienten. Er stellt die faktische Identität zwischen Vorbild und Abbild her, die Differenz (die nach wie vor besteht) wird unsichtbar, dadurch wird der Verweisungszusammenhang zerstört, über den Signifikationsprozess ist nur mehr mittelbar zu sprechen, und Dolarhyde macht sich zum unmittelbaren Repräsentanten der Apokalypse.[48] Harris' Serienkiller- und *Profiler*-Darstellungen führen eben

Polizei die Möglichkeit, Fahndungsgeschichten zu produzieren, in denen sie zur zentralen Ordnungsmacht wird, vgl. ausführlicher Linder 2001.
[47] Vgl. Blank 1994 und Simpson 2000, 70–112, in dem Kapitel «The Psycho Profilers and the Influence of Thomas Harris»: «The FBI profilers draw on nineteenth-century fiction to create a database of ‹fact› that Harris incorporates into his ‹reality›-based twentieth-century detective fiction.» (71)
[48] Schon der Name kann als Mythen-Speicher betrachtet werden: Die Abweichung vom ‹Dollar› in ‹Dolarhyde› verweist zunächst auf ‹to dole out› – austeilen, zuteilen, mit zahlreichen positiven und negativen Konnotationen, dann aber auch auf den lat. Stamm ‹dolor›, Schmerz, Trauer (bei *Hamlet*: «In equal scale weighing delight and dole»), zu denken wäre auch noch an lat. ‹dolus› und seine rechtssprachliche Bedeutung als ‹intent›/‹Vorsatz›. Im zweiten Teil des Namens steckt darüber hinaus der Verweis auf Robert Louis Stevensons 1886 erschienene Erzählung *The Strange Case of Dr. Jekyll and Mr. Hyde*, deren Titel selbst schon auffällige Phonem-Kombinationen enthält, durch die Innen und Außen, Handlung und Repräsentation austauschbar erscheinen (‹Je kill and hide›). Der Anschluß an den literarischen Mythos, der im Namen steckt, macht diesen kenntlich und löst ihn zugleich auf in ein weiteres Bedeutungsspiel; wo sich der Serienkiller-Diskurs parasitär zur Literatur- und Mythengeschichte verhält, stellt er die gewohnten Bedeutungen in Frage. Mit ‹Dolarhyde› (und wohl ähnlich mit ‹Hannibal Lecter› und ‹Buffalo Bill›) inszeniert Harris ein Spiel der versteckten Deutungen und Bedeutungen – bezogen auf die Geschichte der literarischen Darstellungen von unverständlichen Morden und Mördern, die auch noch den zeitgenössischen Diskurs bestimmen; Beispiele für die Instrumentalisierung des Jekyll-and-Hyde-Motivs vgl. (außer bei Rule, s.o.) etwa auch bei Brussel 1968, 177, Keppel and Birnes 1997, 81, R. Winter 2000; kritisch Egger 1998, 85–88.

entgegen mancher anderer Ansicht nicht zur ‹Realität der Serienkillerfahndung›, sondern zu ihren medialen Repräsentationen und zur Mediengeschichte. Dolarhyde muss am Ende getötet werden: Mit ihm gehen die letzten materialen Schnipsel des Blakeschen Kunstwerks unter – so die Fiktion des Kunstwerks, das den Untergang gleichzeitig konstituiert und speichert. Also geht nichts unter, Dolarhyde bleibt (wie Quentin P. und Joyce Carol Oates) eingeschrieben in den Serienkiller-Diskurs; den vorhandenen Geschichten wird eine weitere hinzugefügt. Der Diskurs schreibt sich fort und nimmt alle in sein Spiel mit Bedeutungen auf, die unreflektiert an ihm teilhaben wollen und Polizeiwidrigkeit als Polizeipropaganda selbst dort missverstehen, wo die Interventionen der Ordnungsmacht als erfolglos gezeigt werden und lediglich Blutspuren und Verwüstungen hinterlassen. Es ist nur folgerichtig, dass die Agentin Clarice Starling in *Hannibal* (1999, zitiert nach Harris 2000) die Fronten wechselt. In *The Silence of the Lambs* (1988, zitiert nach 1998b) wird sie von Hannibal Lecter in die Welt der Serienkiller initiiert, doch ihre Karriere ‹versandet› in der Männerwelt des FBI, in der Aktion und Selbstdarstellung, nicht Effizienz gefragt sind. In Hannibal erhält Lecter eine Biographie, und mit der Figur des pädophilen Millionärs bekommt er auch ein Ziel für seine Aggressivität, mit dem er auf die Spur einer neueren Panik gesetzt wird (vgl. Jenkins 1998, 2001). Das ‹Gut-Böse›-Schema löst sich mit dem FBI-Mythos auf, und Lecter wird selbst zum Rächer und Kämpfer gegen das Übel.[49]

4. Der *Profiler* im deutschen Fernsehen

Am 9.1.2000 strahlte der deutsch-französischen Kulturkanal ARTE einen Themenabend unter dem Titel «Der Zwang zu töten – Serienmörder /Serial Killers – Profils de Tueurs» aus: Romuald Karmakars Film *Der Totmacher* wurde ergänzt um die Dokumentationen *Serienmörder. Der Zwang zum Töten* von Jürgen Bevers und *Die Mörder des Herrn Müller* von Ernst August Zurborn.[50]

Herr Müller, so die Ankündigung der ARTE-Redaktion, gelte als der «erfolgreichste Kriminalpsychologe in Europa». Darüber ist hier nicht zu diskutieren; statt dessen sollen Überlegungen zur Präsentation und Selbstinszenierung eines *Profilers* der ‹zweiten Generation› am Ende meiner Ausführungen stehen:

Zurborns Dokumentation (ca. 1 Std. 15 Min. lang) collagiert mehrere Erzähl-, Darstellungs- und Argumentationsstränge, die sich in ihrer Anordnung gegenseitig kommentieren und bestätigen. Ausschnitte aus einem längeren Vortrag von Herrn Müller nehmen den größten Raum ein; sie werden ergänzt durch Sequenzen, die den *Profiler* in Beratungs- und Instruktionssituationen bei der Weitergabe des Wissens zeigen, das er während der eigenen Ausbildung beim FBI und durch prominente *Profiler* gewonnen hat. Der Ablauf der Dokumentation wird durch Sequenzen gegliedert, in denen die

---

[49] Ridley Scotts Verfilmung von *Hannibal* hat nicht umsonst einen ihrer seltenen Höhepunkte in der Sequenz, in der Lecter den intriganten Gegenspieler Starlings dazu zwingt, sein eigenes Gehirn zu essen und so die ganzen Vorstellungen von männlicher und männerbündischer Polizei inkorporierend zu vernichten.

[50] Ich danke ARTE für den Pressetext, in dem sich die ganze Ratlosigkeit angesichts des populären Serienkiller-Themas in einem Satz zu Karmakars Film ausdrückt: «Ein Spielfilm über einen Serienkiller, der ohne Mord und Totschlag auskommt.» – Wenn ich im Folgenden von ‹Herrn Müller› spreche, dann ist stets der Protagonist der in Rede stehenden Dokumentation, nie die reale Person gemeint.

Abb. 1: Herr Müller über den im Bild präsenten Verbrecher ...

Abb. 2: ... und das Publikum

(Quelle für Abb. 1–2: Ernst August Zurborn: *Die Mörder der Herrn Müller*, ARTE, 9.1.2000)

subjektive Kameraführung (lediglich mit Musik unterlegt) Positionen eines potentiellen Mörders vermittelt, der sich im öffentlichen Raum auf die Suche nach einem Opfer macht. (Auf die Dauer wird klar, dass es sich um künstlerische Umsetzungen bestimmter Phasenvorstellungen hinsichtlich des *Serial Killing* handelt, etwa die Auswahl eines Opfers in einem Fahrzeug des öffentlichen Nahverkehrs, das als *Stalking* bezeichnete Verfolgen und Beobachten eines Opfers, repräsentiert durch den voyeuristischen Blick in eine erleuchtete Wohnung, in der sich eine Frau bewegt, die sich offenkundig unbeobachtet glaubt, die *Frottage*-Praxis, die ebenfalls in einem Wagen eines öffentlichen Verkehrsmittels angedeutet wird.)

Das Video-Protokoll einer Tatrekonstruktion durch die Polizei (in Österreich) wird in einem weiteren Strang ausführlich zitiert. An der Produktion hat Herr Müller mitgewirkt, und er kommentiert sie auch. Der Täter stellt sich und seine Tat selbst dar, während eine Polizeibeamtin in der Opferrolle agiert. Angeleitet und in Gang gehalten wird diese Produktion durch Fragen und Nachfragen einer männlichen Stimme, deren Träger nie ins Bild kommt. Während Herr Müller normalerweise die gezeigten Vorgänge aus der Sicht der Verbrechensanalyse kommentiert (also im Hinblick darauf, was sie über Tat und Täter aussagen), nimmt er einmal die Metaposition ein und spricht über die Video-Rekonstruktion selbst: Der Täter nehme an ihr teil, weil er sich davon bestimmte Vorteile verspreche. Möglich sei einerseits, dass er vom Nacherleben und Nachstellen der ursprünglichen Tat Lustgewinn erwarte (dass er also seiner Phantasie wiederum Nahrung gebe). Möglich sei andererseits auch, dass er sich im Hinblick auf das kommende Verfahren in ein günstiges Licht rücken möchte. Der in den Bildsequenzen agierende Täter wird von Müller als «Regisseur» bezeichnet, der seinen eigenen Film kreiere. Die Bild- und Tonaufnahmen legen jedoch eine andere Deutung der Urheber-Verhältnisse nahe: Zwar ist der Täter an der Produktion doppelt beteiligt, nämlich als ‹Hauptdarsteller› in einem ‹Plot› der Folterung und Tötung einer Frau, dessen ‹Urheber› er ist. Bleibt man in der Sprache der Filmproduktion, kann man ihn aber nicht einmal als Autor des Drehbuchs bezeichnen, denn schließlich folgt die Rekonstruktion dem Aktentext. Die zitierten Videosequenzen zeigen einen jungen Mann, dessen Gesicht durch die Kapuze seines Sweatshirts über weite Strecken im Dunkeln bleibt und der von zwei Polizisten an Leinen gehalten wird, die an seinen Handgelenken befestigt sind. Als Täterdarsteller antwortet er auf Fragen und führt wenige kurze Handlungssequenzen vor, die zeigen, wie das Opfer gezwungen wurde, in ein Schlauchboot zu steigen und selbst zum Tatort zu paddeln. Die Machtverhältnisse, die man sieht, sind so einfach, wie es der Kommentar haben möchte, nicht: Die Macht, die der männliche Täter über das weibliche Opfer ausübt, ist in den ‹Spielszenen› eine virtuelle (Re-) Konstruktion von Vergangenheit. Aktuell dagegen setzt sich die Macht, deren Objekt nun der Täter ist, überdeutlich in Szene: Voraussetzung für die Videoproduktion ist die Verhaftung des Täters; die erfolgreiche Ordnungsmacht inszeniert sich selbst. So wird auch die Regiefunktion nicht vor, sondern hinter der Kamera ausgeübt. Letztlich erreicht die vervielfachte Authentizitäts- bzw. Abbildungsbehauptung genau ihr Gegenteil: Das Polizeivideo verliert im Rahmen der Dokumentation alle Informationsfunktionen (die es für die ‹eigentlichen› Rezipienten durchaus haben mag) an das Infotainment (im Sinne von Liebl – s. in diesem Band). Es wird zum Teil der Inszenierung des Serienkillerfahnders, der seinerseits ein Produkt des Mediums ist.

Ausschnitte von Interviews mit ‹Gründervätern› und Vertretern des *Profiling* bilden einen weiteren ‹Strang› der Dokumentation; sie kommentieren und bestätigen indirekt die Inszenierung der Selbstdarstellung Müllers: Robert Ressler äußert sich zu den Zusammenhängen von Sexualität, Macht und Phantasie, Robert Keppel zu Ted Bundy und zur ‹Wolfsphantasie› eines Serienkillers, Richard Walter (ein weniger prominenter Gefängnispsychologe, der mit Keppel zusammengearbeitet hat) zur Phantasie von Serienkillern, deren Gefährlichkeit er mit Zeichnungen – Kunstprodukten – von Gefangenen illustriert. Außerdem erläutert ein kanadischer Polizeioffizier die Vorteile großer Datenbanken. Der Inhalt des Vortrags von Herrn Müller muss nicht ausführlich paraphrasiert werden: Alle Themen, die bislang skizziert wurden, kommen zur Sprache, die polizeilich-populäre Konzeption des Serienkillers wird im Schnelldurchgang rekapituliert. Die Rolle der Phantasie wird erläutert, die graduelle Entwicklung von ‹inneren Vorstellungen› zu destruktiven Handlungen wird exemplifiziert an prominenten Tätern wie Gein, Bundy und Dahmer, dabei kommen Frauen-Figuren zur Sprache, die Handlungen auslösen (*Triggering*-Funktion). Substitutions- und Abbildungsverhältnisse zwischen sexuellen und nicht-sexuellen Bedürfnissen bzw. Handlungen werden mit Tafelbildern anschaulich gemacht. Hitchcocks *Psycho* dient als Beispiel für die Rolle der Mutter in der Entwicklung eines Serienkillers, aber auch Harris' und Demmes *The Silence of the Lambs* wird erwähnt. Die Gefährdung des Forschers wird ausführlich beleuchtet. Einer der Höhepunkte des Vortrags ist die Schilderung eines Interviews, in dem der Gewalttäter über seine Machtgefühle gesprochen und dabei ausgeführt habe, dass er sich am mächtigsten fühle, wenn er durch einen Bezirk mit potentiellen Opfern fahre und sich dafür entscheide, nicht zu töten: Dann zerstöre er nicht Leben, sondern schaffe es – und er fühle sich dabei wie Gott.

Abb. 3: Prof. Baum über ...

Abb. 4: ... den im Bild präsenten Verbrecher ...

Abb. 5: ... und das Publikum
(Quelle für Abb. 3–5: Fritz Lang: *Das Testament des Dr. Mabuse*, 1993)

Der Vortrag ist mitreißend, die Fähigkeit des Vortragenden, Situationen und Personen zu vergegenwärtigen, bewundernswert. Die asymmetrische Kommunikation zwischen dem Experten und seinem Publikum kommt exemplarisch zum Ausdruck. Die Kamera zeigt abwechselnd Herrn Müller, sein gebanntes Publikum sowie die stillgestellten Repräsentationen des ‹Bösen›: Dias von berühmten Tätern sowie von ihren Opfern als schrecklich zugerichtete Frauenleichname. Als Inszenierungen des immerwährenden Kampfes gegen das ‹Böse› sind diese Sequenzen nicht ohne Vorbild in der Filmgeschichte, sondern erinnern in Einstellungen und Schnittfolgen unmittelbar an die Sequenzen in Fritz Langs Film *Das Testament des Dr. Mabuse* (1932), in denen Professor Baum seinen Studenten die Entwicklung des internierten Dr. Mabuse erläutert (s. Abb. 3–5). Die Inszenierung des *Profilers* wird Teil der Geschichte des Unterhaltungsmediums, noch dort, wo die Unterschiede am auffälligsten scheinen, drängen sich die Verweisungszusammenhänge energisch auf.[51] In Langs Film fühlt sich Baum so in das Objekt seiner Untersuchungen ein, dass Mabuse schließlich ganz von ihm Besitz ergreifen kann. Der große Arzt setzt dazu an, als großer Verbrecher und Repräsentant Mabuses die ganze Welt zu unterjochen.

Für mich hat Zurborns Dokumentation ihre Pointe in dieser indirekten Ironisierung: In den synchronen und diachronen Verweisungszusammenhängen, also in der immerwährenden Selbstbezüglichkeit des populären Verbrechensdiskurses, lösen sich das Pathos der Selbstinszenierung und die dramatische Stilisierung des Verbrechens auf. Während der europäische *Profiler* als würdiger Nachfolger der Gründungsfiguren der Zunft gezeigt wird, der auf seine eigene Initiierung durch ebenfalls europäische Verbrecherfiguren verweisen kann, wird Herr Müller im Geflecht der filmhistorischen Verweise zum *Remake* (s. Abb. 1 u. 2) eines Verbrechers und Verbrechensexperten der Literatur- und Filmgeschichte.

---

[51] Das wäre exemplarisch an den unterschiedlichen Sprechweisen: Prof. Baum bevorzugt eine getragene, das Unheimliche betonende Vortragsweise, während Herr Müller frei und fast flapsig-kolloquial spricht und damit die gleiche Wirkung erzielt. Wir haben es offenkundig gelernt, das ‹Böse› ironisch zu markieren, ohne daß wir ihm deshalb seine Präsenz absprechen wollen, und ohne Verminderung des diskursiven Prunks.

Literaturangaben

Bartels, Klaus (1997): Serial Killers: Erhabenheit in Fortsetzung. Kriminalhistorische Aspekte der Ästhetik, Kriminologisches Journal, Beiheft 6, Weinheim: Juventa, 160–181.

Beckman, Karen (2001): Review of «Psycho Paths: Tracking the Serial Killer through Contemporary American Film and Fiction», Journal of Criminal Justice and Popular Culture 8, 61–65.

Black, Joel (1991): The Aesthetics of Murder. A Study in Romantic Literature and Contemporary Culture, Baltimore: The Johns Hopkins University Press.

Blank, Gunter (1994): Elvis Lecter, BUBIZIN/MAEDIZIN URL: http://www.maasmedia.net/bubizin/blank.htm (17.01.2001).

Brussel, James A. (1968): Casebook of a Crime Psychiatrist, New York: Bernard Geis Associates.

Büsser, Martin (2000): Lustmord – Mordlust. Das Sexualverbrechen als ästhetisches Sujet im 20. Jahrhundert, Mainz: Ventil.

Connelly, Michael (1997): The Poet, (1996), New York: Warner Books.

Cooper, Dennis (1991): Frisk. A Novel, New York, NY: Grove Press.

DeLillo, Don (1997): Underworld, New York, NY: Scribner.

Douglas, John/Olshaker, Mark (1996): Mindhunter: Inside the FBI's Elite Serial Crime Unit, (1995), New York u. a.: Simon and Schuster.
Douglas, John/Olshaker, Mark (1998): Die Seele des Mörders. 25 Jahre in der FBI-Spezialeinheit für Serienverbrechen, (1996), Spiegel-Buch, München: Goldmann.
Douglas, John/Olshaker, Mark (2000): The Anatomy of Motive. (1999). New York u. a.: Pocket Books.
Durham, Alexis M. III/Elrod, Preston H./Kinkade, Patrick T. (1995): Images of Crime and Justice: Murder and the «True Crime» Genre, Journal of Criminal Justice 23, 143–152.
Egger, Steven A. (1998): The Killers Among Us: An Examination of Serial Murder and Its Investigation, Upper Saddle River, NJ: Prentice Hall.
Ellis, Bret Easton (1991): American Psycho. A Novel, London: Macmillan.
Foucault, Michel (1976): Überwachen und Strafen. Die Geburt des Gefängnisses, (1975), Frankfurt a.M.: Suhrkamp.
Godwin, Maurice (ed.) (1999): Hunting Serial Predators: A Multivariate Classification Approach to Profiling Violent Behavior, Boca Raton, FL: CRC Press.
Godwin, Maurice (ed.) (2000): Criminal Psychology and Forensic Technology: A Collaborative Approach to Effective Profiling, Boca Raton, FL: CRC Press.
Griem, Julika (1997): Das weiße Rauschen im Herz der Finsternis. Stephen Wrights Reise durch die Wildnis der Medienkultur, Rowohlt LiteraturMagazin 39, 34–51.
Harbort, Stephan (2001): Das Hannibal-Syndrom. Phänomen Serienmord, Leipzig: Militzke.
Hare, Robert D. (1999): Without Conscience. The Disturbing World of the Psychopaths Among Us, (1993), New York u.a.: The Guilford Press.
Harris, Thomas (1998a): Red Dragon, (1981), New York: Dell Publishing.
Harris, Thomas (1998b): The Silence of the Lambs, (1988), New York: St. Martin's Griffin.
Harris, Thomas (2000): Hannibal, (1999), New York: Dell Publishing.
Holmes, Ronald M. (1990): Profiling Violent Crimes. An Investigative Tool, Newbury Park, CA, u.a.: Sage.
Jackson, Janet L./Debra A. Bekerian (eds.) (1997): Offender Profiling: Theory, Research and Practice, (Wiley Series in Psychology of Crime, Policing, and Law), Chichester u. a.: John Wiley.
Jenkins, Philip (1994): Using Murder: The Social Construction of Serial Homicide, New York: A. de Gruyter.
Jenkins, Philip (1998): Moral Panic: Changing Concepts of the Child Molester in Modern America, New Haven u.a.: Yale University Press.
Jenkins, Philip (1999): Synthetic Panics: The Symbolic Politics of Designer Drugs, New York u.a.: New York University Press.
Jenkins, Philip (2001): Pedophiles and Priests: Anatomy of a Contemporary Crisis, New York u.a.: Oxford University Press.
Keppel, Robert D./Birnes, William J. (1995): The Riverman: Ted Bundy and I Hunt for the Green River Killer, Foreword by Ann Rule, New York u. a.: Pocket Books.
Keppel, Robert D./Birnes, William J. (1997): Signature Killers. Interpreting the Calling Card of the Serial Murderer, Foreword by Ann Rule, New York u. a.: Pocket Books.
King, Brian (ed.) (1997): Lustmord. The Writing and Artifacts of Murderers, Burbank: Bloat.
Korem, Dan (1997): The Art of Profiling. Reading People Right the First Time, Richardson, TX: International Focus Press.
Lamott, Franziska (2001): Die vermessene Frau. Hysterien um 1900, München: Fink.
Leps, Marie-Christine (1992): Apprehending the Criminal: The Production of Deviance in Nineteenth-Century Discourse, (Post-Contemporary Interventions), Durham u.a.: Duke University Press.
Lewis, Dorothy Otnow/Putnam, Frank W. (Guest-eds.) (1996): Dissociative Identity Disorder/Multiple Personality Disorder, (Child and Adolescent Psychiatric Clinics of North America), Philadelphia, Pa.: W. B. Saunders Co., Vol. 5.
Linder, Joachim (2001): Serienkiller: Untote in den Massenmedien. Anmerkungen zu Texten von Jason Moss, Joyce Carol Oates und Gardner McKay, LITERATURKRITIK.DE 3 (6), URL: http://www.literaturkritik.de/txt/2001-06/2001-06-0065.html (3. Juni 2001).
Linder, Joachim/Ort, Claus-Michael (1999): Zur sozialen Konstruktion der Übertretung und zu ihrer Repräsentation im 20. Jahrhundert, Verbrechen – Justiz – Medien. Konstellationen in Deutschland

von 1900 bis zur Gegenwart, hrsg. von Joachim Linder und Claus-Michael Ort in Zusammenarbeit mit Jörg Schönert und Marianne Wünsch, (Studien und Texte zur Sozialgeschichte der Literatur, Bd. 70), Tübingen: Niemeyer, 3–80.

Lindner, Martin (1999): Der Mythos ‹Lustmord›. Serienmörder in der deutschen Literatur, dem Film und der bildenden Kunst zwischen 1892 und 1932, Verbrechen – Justiz – Medien. Konstellationen in Deutschland von 1900 bis zur Gegenwart (s.o.), 273– 305.

Lombroso, Cesare (1907): Neue Verbrecherstudien. Autorisierte Übersetzung aus dem Italienischen von Dr. Ernst Jentsch, Halle a. S.: Marhold.

McFeely, William S. (2000): Proximity to Death, New York u.a.: Norton.

Michaud, Stephen G./Aynesworth, Hugh (2000): Ted Bundy: Conversations with a Killer. The Death Row Interviews, Irving, TX: Authorlink Press.

Moss, Jason (with Jeffrey Kottler) (2000): The Last Victim. A True-Life Journey into the Mind of the Serial Killer, (1999), New York: Warner Books.

Oates, Joyce Carol (1994): ‹I Had No Other Thrill or Happiness› (Review Essay). New York Review of Books, March 24, 1994 (URL derzeit nicht verfügbar).

Oates, Joyce Carol (1996): Zombie. A Novel, (1995), New York: Plume/Penguin.

O'Reilly-Fleming, Thomas (1996): The Evolution of Multiple Mass Murder in Historical Perspective, Serial and Mass Murder: Theory, Research and Policy, ed. by Thomas O'Reilly-Fleming, Toronto: Canadian's Scholar Press, 1–38.

Petherick, Wayne (1999): Criminal Profiling: Fact, Fictions, Fantasy and Fallacy. URL: http://http://www.crimelibrary.com/serial4/criminalprofiling (12.01.2000).

Porsdam, Helle (1999): Legally Speaking. Contemporary American Culture and the Law, Amherst, MA: University of Massachusetts Press.

Regener, Susanne (1999): Fotografische Erfassung. Zur Geschichte medialer Konstruktionen des Kriminellen, München: Fink.

Ressler, Robert K./Shachtman, Tom (1992): Whoever Fights Monsters. My Twenty Years Tracking Serial Killers for the FBI, New York: St. Martin's Press.

Ressler, Robert K./Shachtman, Tom (1993): Ich jagte Hannibal Lecter. Die Geschichte des Agenten, der 20 Jahre lang Serienmörder zur Strecke brachte, (1992), München: Heyne.

Rossmo, D. Kim (1995): Geographic Profiling: Target Patterns of Serial Murderers, Diss. Simon Frasier University.

Rule, Ann (1989): The Stranger Beside Me, Revised and Updated Edition, New York u.a.: Penguin.

Rule, Ann (1996): Dead by Sunset. Perfect Husband, Perfect Killer?, (1995), New York u. a.: Pocket Books.

Schechter, Harold/Everitt, David (1996): The A–Z Encyclopedia of Serial Killers, New York u. a.: Pocket Books.

Seltzer, Mark (1996): Murder By Numbers. M. S. On the Culture of Serial Killing, Feed Magazine. URL: http://www.feedmag.com/96.08selzter/96.08seltzer.html (2.2.2001).

Seltzer, Mark (1998): Serial Killers. Death and Life in America's Wound Culture, New York u.a.: Routledge.

Shattuck, Roger (1997): Forbidden Knowledge. From Prometheus to Pornography, (1996), San Diego u.a.: Harcourt Brace.

Simpson, Philip L. (2000): Psycho Paths: Tracking the Serial Killer Through Contemporary American Film and Fiction, Carbondale u.a.: Southern Illinois University Press.

Stingelin, Martin (1999): Verbrechen als Lebenskunst. Das Problem der Identität, die Identifizierung von Verbrechern und die Identifikation mit Verbrechern bei Friedrich Nietzsche, Verbrechen – Justiz – Medien. Konstellationen in Deutschland von 1900 bis zur Gegenwart, hrsg. von Linder/Ort (s.o.), 135–154.

Thompson, Jim (1991): The Killer Inside Me, (1952), New York: Vintage.

Tithecott, Richard (1997): Of Men and Monsters: Jeffrey Dahmer and the Construction of the Serial Killer, Madison: University of Wisconsin Press.

Turvey, Brent E. (1999): Criminal Profiling. An Introduction to Behavioral Evidence Analysis, San Diego: Academic Press.

Wilson, Colin/Seaman, Donald (1983): The Encyclopedia of Modern Murder 1962–1982, New York: Putnam.

Winnberg, Jakob (1999): «This is not an exit»: The Portrayal and Criticism of Existentialism in Bret Easton Ellis' *American Psycho*, (1995), URL: Http://www.dweworldcom.com/brian/psycho/opinion/forums/thread.cfm?threadID=107&thread_groupID=4 (1. Mai 2001).
Winter, Michael (2000): Einen Menschen ganz für sich zu haben/Der Killer in uns: Joyce Carol Oates' Roman ‹Zombie›, Süddeutsche Zeitung (Literaturbeilage), 22.3.2000, L7.
Winter, Rainer (2000): Faszination Serienkiller. Zur sozialen Konstruktion einer populären Figur, Medien praktisch, Jg. 24, H. 94, Thema: Gewalt und Medien 2, April 2000, 18–23.
Wright, Stephen (1996): going native, (1994), London: Abacus.

Gunholder Value: Serienmord als Baustein des wertorientierten Managements

Franz Liebl

> «*Du spinnst. Gianni Versace mußte sterben, weil Andrew Cunanan es wollte.
> Und er wollte es, um sein Verschwinden zu verhindern.
> Was wäre geschehen, wenn er ihn nicht getötet hätte?
> Die Medien hätten bald aufgehört, über ihn zu berichten,
> und wenn man ihn am Ende doch gefaßt hätte,
> wäre das womöglich nur noch einen Zweizeiler im Vermischten wert gewesen.
> Cunanan hat begriffen, daß er in erster Linie ein Medienereignis,
> ein Popstar ist – ein Party Boy eben.
> Und eine gute Party braucht einen Höhepunkt.*»
> Georg M. Oswald – «Party Boy»

Der Philosoph und Trendforscher Norbert Bolz (1995) sprach vor einigen Jahren von einem «Megatrend zum Bösen». Er meinte dies wertfrei und beschrieb damit einen Trend zur «Entübelung der Negativwerte» und zum «Spiel mit dem Tabu». Solche Tendenzen treten nicht zum ersten Mal auf. Bereits die Dadaisten praktizierten virtuos den Tabubruch und riefen die Losung aus «Zerstört, damit Ihr bauen könnt.» Auch die ökonomische Theorie Schumpeters fußt auf der Idee der «schöpferischen Zerstörung»; und der Theater-Regisseur Reza Abdoh (1993), berühmt geworden mit einem Stück über den Serienmörder Jeffrey Dahmer, betonte in einem Interview kurz vor seinem Tod, daß der ganze Fortschritt unserer Kultur auf Gewalt und Zerstörung basiere. Im vorliegenden Beitrag, der dem Phänomen des Serienmords gewidmet ist, soll der Zusammenhang zwischen letaler Gewalt und dem Shareholder-Value, der zentralen Erfolgsgröße des sogenannten «wertorientierten Managements», untersucht werden; grundlegende theoretische Überlegungen und zahlreiche Praxisbeispiele sollen eine «Vermessung des Bösen» (Seidl 1997) leisten.

Branded to Kill: Der Serienmöder als Identitäter

Was ist für den Trendforscher, der sich ja vor allem mit dem Neuen und Neuartigen auseinandersetzt, so interessant am Bösen? Bolz (1995) führt hierzu in Anlehnung an Nietzsche aus: «*Der Kern des Bösen ist das Unberechenbare – also das schlechthin Neue. ... Was bisher Abscheu und Angst erregt hat, bildet nun das Medium raffinierter Lüste: der Zufall, das Ungewisse, das Plötzliche. Das Neue war also ursprünglich das Böse und trägt auch heute noch dessen Spur.*» Nirgendwo wird der Zufall, das Ungewisse, das Plötzliche deutlicher als beim Serienmord.

Allgemein herrscht einige Unklarheit über den Begriff des Serienmords bzw. des Serienmörders. In seinem Standardwerk «Serienmörder: Pathologie und Soziologie einer Tötungsart» plädiert Stéphane Bourgoin (1995) zu Recht für eine präzisere Terminologie, die von der undifferenzierten Sammelkategorie «Massenmörder» Abschied nimmt. Er verweist auf die beträchtlichen Unterschiede zwischen Serienmördern und Massenmördern und gibt exakt quantifizierte Abgrenzungen vor: «*Der Massenmörder tötet vier oder mehr Opfer am selben Ort und im Laufe ein und desselben Geschehens. ... Der Serienmörder mordet dreimal oder öfter an unterschiedlichen Orten und mit zeitlichen Abständen, die jeden der Morde zum Einzelfall machen. Der Serienmörder kann aber auch durchaus mehrere Opfer auf einmal umbringen.»* Daraus folgt, daß der Serienmörder in der Regel auch nicht mit einem Amokläufer gleichgesetzt werden kann.

Wichtigkeit besitzen diese Unterscheidungen vor allem deshalb, weil der Typus des Serienmörders in Bezug auf das kommerzielle Potential als der weitaus interessanteste gelten muß. Massenmord und Amoklauf als heftige, aber singuläre Aggressionen stellen meist nur Themen von recht kurzer Lebensdauer dar, die bald wieder aus der öffentlichen Diskussion und den Medien verschwunden sind. Ebensowenig wie die Menge der Opfer bleiben die Täter dem Publikum längere Zeit im Gedächtnis haften. Der Aufmerksamkeitswert beim Publikum kann nur durch eine ganze Kampagne von Taten langfristig hoch gehalten werden. Serienmörder sind demnach in der Lage, die für das Infotainment so wichtige Kontinuität des Nachrichtenstroms sicherzustellen. Mit anderen Worten, das für soziale Systeme so zentrale Prinzip der Anschlußfähigkeit wird in vorbildlicher Weise gewahrt, die Kommunikation reißt nicht ab, sondern es werden beim Publikum gezielt Erwartungen produziert und in randomisierten Abständen sowie auf immer neue und überraschende Weise eingelöst. Insofern wirkt Anschlußfähigkeit für Serienmörder nicht nur aktualitätsfördernd, sondern auch identitätsstiftend.

Niklas Luhmann (1970) wies bereits in den 70er Jahren darauf hin, daß ein Thema just dann seinen Durchbruch erreicht hat, wenn ein zugkräftiges Schlagwort mit ihm verbunden wird. Während Massenmörder nur selten mit einprägsamen Etiketten versehen werden, gibt es für Serienmörder solche Titel zuhauf: Fritz Haarmann war der «Metzger von Hannover», Peter Kürten der «Vampir von Düsseldorf» (Lenk/Kaever 1997) – nur um die beiden bekanntesten deutschen Beispiele zu nennen. In anderen Ländern ist das ganz ähnlich. In Belgien kursierte das «Monster von Mons» (Seidl 1997), die Italiener kennen das «Monster von Florenz», in Frankreich spricht man von der «Menschenfresserin aus Goutte-d'Or» und vom «Mörder des Rotlicht-Minitels» (Bourgoin 1995). Für Robert K. Ressler (1997), der als einer der bedeutendsten Experten in diesem Bereich gilt, ist denn auch klar, daß viele Serienmörder den Status eines Popstars genießen. Bereits der «Totmacher» Fritz Haarmann war sich seiner Popularität bewußt. Die Vernehmungsprotokolle lesen sich etwa so: *«Wenn ich so gestorben wäre, dann wäre ich beerdigt worden, und keiner hätte mich gekannt, so aber – das Kino – dann sehen alle, daß ich tot bin – in Amerika, Japan, China und der Türkei – da bin ich auch im Kino – ich bin doch jetzt berühmt. Später kommen auch noch Romane.»* (Farin 1995; Pozsár/Farin 1995; Höpfner 1996)

Zur Sicherung ihrer Popularität müssen Serienmörder also eine schwierige Gratwanderung bewältigen. Denn einerseits zeitigt ein hohes Maß an Anschlußfähigkeit in den Taten zwar die gewünschten Wirkungen im Rahmen der Identitätspolitik, andererseits gebietet es der Wettbewerb mit den Verfolgern, das Vorgehen von einer Tat zur nächsten zu ändern. Unternehmen bzw. Marken befinden sich letzten Endes in einer dem Serienmörder vergleichbaren Situation. Während ein Unternehmen bzw. eine Marke dem Kunden gegenüber immer wieder plausible Beweise ihrer Identität liefern muß, sichert nur ein permanentes Verändern der Spielregeln der Branche und Anpassen an Trends ein Überleben am Markt (Herrmann 1999). Das Magazin Fortune widmete dem

Thema vor einigen Jahren eine Titelgeschichte namens *«Killer Strategies That Make Shareholders Rich»*. Im Zentrum stand ein Befragung von 550 CEOs, welche zeigte: Newcomer sind in der Mehrzahl der Fälle mit Strategiekonzepten erfolgreich, die sich mit *«changed the rules of the game»* umschreiben lassen. Die Alternative *«better execution»* (sic!) wurde dagegen weit weniger häufig genannt (Hamel 1997).

Serienmord als Produktionsfaktor im quartären Sektor
Insbesondere die Popkultur stellt heute auf das Spiel mit dem Tabubruch ab. Damit werden Serienmörder zu einem zentralen Faktor in der Produktion kultureller Güter. Und da die Kulturindustrie, wie Scott Lash und John Urry (1994) zeigen, in ihrer Entwicklung eine Vorreiterfunktion gegenüber allen anderen Branchen einnimmt, darf Gewalt als zukünftiges und gleichzeitig zukunftsfähiges Paradigma jeglicher Ökonomie gelten. Schwache Signale dafür, daß das *«Managing for Value»* ein *«Killing for Value»* miteinschließt, gibt es schon seit Jahren. *«Strike hard, cut deep»* empfahlen die Bestseller-Autoren Hammer/Champy (1994) zur erfolgreichen Umsetzung des Business Process Reengineering; und José Ignacio Lopez, berüchtigt bei den Zulieferern von VW, wurde von der Wirtschaftspresse erfurchtsvoll-ironisch als «Würger von Wolfsburg» (Wiedemann 1997) apostrophiert. Doch soll an dieser Stelle nicht die Erhöhung des Shareholder-Value durch brutale Maßnahmen der Kostensenkung behandelt werden; vielmehr interessiert die Steigerung des Unternehmenswerts durch die Wachstumseffekte, die von tatsächlichen Serienmorden ausgehen.

Einige Vorüberlegungen sollen dem empirischen Teil vorangestellt werden. Die Recherchen von Trendforschern (z. B. Popcorn 1991) haben ergeben, daß sich praktisch alle wesentlichen Trends quer durch sämtliche Subsysteme der Gesellschaft ziehen. Daß sie im Zeitalter des Bösen, in dem es einen ökonomisch begründbaren Trend zum Serienmord gibt, zwangsweise zur «Risikogesellschaft» (Beck 1986) wird, überrascht folglich nicht. Doch die Verkoppelung einer Tat und ihrer ökonomischen Verwertung ist im Regelfall keine unmittelbare. Mit Hilfe einer Systembetrachtung läßt sich nun sehr einleuchtend beschreiben, wie sich vermittels struktureller Kopplung autopoietischer Systeme ein Wachstumseffekt diffusionsartig entwickeln kann: Im psychischen System entsteht zunächst der Affekt als wesentliche Antriebskraft für die Tat, die vermittels des organischen Systems schließlich im physischen System als Ereignis stattfindet. Auf Opferseite greift dieses Ereignis der physischen Sphäre natürlich in das organische System ein. Eine weitergehende Fortpflanzung auf das psychische System kann allenfalls Gegenstand von Spekulationen sein und besitzt für unsere Betrachtung auch gar keine besondere Relevanz. Wesentlich wichtiger ist dagegen die Ereignishaftigkeit der Tat selbst und der daraus resultierende «news value». Denn es sind Ereignisse, die als Gegenstand von Beobachtungen und Kommunikationen schließlich Faszinationen und Stimulationen bei Dritten bewirken können – und damit einen Effekt im ökonomischen System insgesamt (siehe hierzu auch Hutter 1991).

Geht eine solch abstrakte und hochaggregierte Betrachtungsweise nun über gängiges Alltagswissen tatsächlich hinaus? Und welche Handlungshinweise könnten sich für ein wertorientiertes Management ergeben? Ein detaillierter Blick auf die Zusammenhänge führt uns schließlich einen wichtigen Schritt weiter. Denn die strukturelle Koppelung findet nicht zum ökonomischen System als Ganzem statt, sondern in der Regel nur zu einem bestimmten Teilbereich. Es handelt sich bei diesem Teilbereich um einen kulturell-ökonomischen Komplex, der in der Literatur in neuerer Zeit mit dem Begriff «quartärer Sektor» belegt wird. Mit Ronneberger (1996) verstehen wir unter dem quartären Sektor den Bereich, der sich durch die Verknüpfung von Dienstleistungen, neuen Kommunikations- und Informationstechnologien und der Kulturproduktion konstituiert. Jener Teilsektor hat sich in der post-fordistischen «Ökonomie der Zeichen» (Lash/Urry 1994) aus dem tertiären Dienstleistungssektor abgespalten und führt mittlerweile ein Eigenleben von erheblicher Expansionskraft. Ebenjener Verbindungsstelle zwischen Gewalttat und Cash-Flow gilt das vorrangige Augenmerk.

Zur Analyse der wachstumssteigernden Effekte eines Serienmords brauchen wir nun noch einen systematisierenden Bezugsrahmen. So hat es sich bei der Gewinnung der empirischen Daten als zweckmäßig erwiesen, zu unterscheiden zwischen den Wertsteigerungseffekten durch die Täterschaft auf der einen Seite und der Erhöhung des Marktwerts durch den Opferstatus auf der anderen. Dabei lassen sich, wie später noch gezeigt werden wird, beide Sphären durch spieltheoretische Überlegungen miteinander verbinden.

Werterzeugung durch Täterschaft: Vom Serienmörder zum Serienhelden
Beginnen wir bei den Tätern und betrachten eine Fallstudie, die besonders eindrucksvoll die Potentiale aufzeigt. Es handelt sich um Ed Gein, den angesichts seines bizarr nekrophilen Vorgehens von der Kulturindustrie am häufigsten vereinnahmten Serienmörder. Eine Auflistung der Publikationen zu Ed Gein füllt zahlreiche Seiten, wie das Standardwerk «A Quiet Man» (Farin/Schmid 1996) dokumentiert. Wirklich einzigartig ist jedoch die Menge der vom Fall Gein inspirierten Filme: Erstens Alfred Hitchcocks «Psycho», von dem lange Zeit nicht bekannt war, daß er auf diesen Fall zurückgeht. Dann William Girdlers «Drei am Fleischerhaken», Tobe Hoopers «Texas Chain Saw Massacre» und nicht zuletzt Jonathan Demmes Thriller «Das Schweigen der Lämmer», welcher mit fünf Oscars ausgezeichnet wurde. Doch das sind nur die bekanntesten Kassenschlager. Hinzu kommen noch sechzehn weitere Streifen, darunter einige, die deutsche Autorenfilmgeschichte geschrieben haben, so z.B. «Nekromatik» von Jörg Buttgereit und «Das deutsche Kettensägen-Massaker» des Regisseurs Christof Schlingensief. Auch im Bereich der populären Musik wurde das Thema Ed Gein weiterverarbeitet, unter anderem von einer Punk-Band namens «Ed Gein's Car». Ungezählt ist darüber hinaus die Menge von Formationen aus der Industrial-Music-Szene der 80er Jahre, die Serienmörder-Motive im Allgemeinen und den Fall Ed Gein im Speziellen verarbeiteten (Haufen 1996; Toth 1997). Doch damit nicht genug. Auch die Umsätze im Merchandising-Bereich spielen eine wichtige Rolle. Der Ed-Gein-Fanclub verkauft neben diversen Kleinartikeln wie Spielkarten-Sets seit vielen Jahren T-Shirts, wobei der Erfolg von «Das Schweigen der Lämmer» für einen besonderen Umsatzschub sorgte (Rodenkirchen 1996).

Bei anderen Serienmördern liegen die Verhältnisse ähnlich, so etwa bei Jeffrey Dahmer, dem Rezah Abdoh sein Theaterstück «The Law of the Remains» gewidmet hat (Liebl 1993). Zu einem «Klassiker» im wörtlichen Sinne wurde gar Charles Manson, der nicht nur der Titelheld besonders zahlreicher Schallplatten, sondern auch einer Oper des zeitgenössischen Komponisten John Moran («The Manson Family: An Opera», 1992) sowie eines Musicals namens «Charly» wurde. Überhaupt ist die Geschichte der populären Musik voll von Hits, die sich des Serienmörder-Motivs bedienen. Bekannte, aber oft verdrängte Beispiele sind «Psycho-Killer» (Talking Heads), «Maxwell's Silver Hammer» (Beatles), «Nebraska» (Bruce Springsteen), «Murder by the Numbers» (Police) oder «Look at Your Game, Girl» (Guns'n'Roses) – und nicht zu vergessen der Folk-Song «Tom Dooley» (Kingston Trio), einer der größten Verkaufserfolge der 50er Jahre (Schechter/Everitt 1996).

Massenmedien, ja überhaupt alle Bereiche der Kulturindustrie, können mittlerweile in Realzeit auf neue Fälle reagieren, so daß die Zeitspanne vom Serientäter zum Serienhelden immer kürzer wird. Der Fall des im Sommer 1997 zu Berühmtheit gelangten Serienmörders Andrew Cunanan zeigt dies deutlich. Bereits wenige Tage nach der Ermordung von Gianni Versace waren insgesamt drei Biographien über den mutmaßlichen Täter Cunanan veröffentlichungsbereit. Und bis zum Drehbeginn des ersten Spielfilms auf Basis der Cunanan-Geschichte vergingen nur wenige Wochen. Georg M. Oswald, seines Zeichens Rechtsanwalt und – mit halbjährigem Abstand auf die amerikanische Konkurrenz – Autor des ersten deutschsprachigen Romans über Cunanan, beschreibt die Strategie der Medien wie folgt: *«In Amerika hat die Presse von Anfang an über die Morde berichtet, obwohl damals über Cunanan als Person gar nichts bekannt war. In den Artikeln wurde zu 99 Prozent nur wild rumspekuliert. Genau das hat mich interessiert, als ich das Buch «Party Boy» schrieb: wie so ein Fall in den Medien eine Eigendynamik entwickelt und allmählich zu einem Spiel wird, das sich verselbständigt – bis die Berichterstattung den Fall selbst irgendwann gar nicht mehr braucht.»* (Oswald 1998b)

Der moralische Konsum des postmodernen Kitsch-Menschen
Die hohe Reaktionsgeschwindigkeit der Kulturindustrie erklärt sich nicht zuletzt aus den Charakteristika des Produkts. Es ist global kommunizierbar, weltweit von einer ähnlichen Attraktivität und bedarf so gut wie keines Aufwandes an kultureller Lokalisierung. Doch das Erfolgsgeheimnis des Serienmörder-Motivs geht über Aspekte der Globalisierung und Markenführung hinaus. Dies soll im Folgenden anhand der filmischen Verarbeitung exemplarisch gezeigt werden.

Was macht die Erfolgsträchtigkeit des Serienmords aus? Höpfner (1996) argumentiert, daß die verwöhnte Industriegesellschaft ein moralisch nichtselektives Unterhaltungsbedürfnis habe, das seiner Meinung nach dazu führt, *«Jeffrey Dahmer spannender als Mutter Theresa»* zu finden. Diese Polemik greift jedoch analytisch entschieden zu kurz. Im Gegenteil, der Schlüssel zum Verständnis des kommerziellen Potentials liegt gerade in der Kategorie des «moralischen Konsums»; ein Konstrukt übrigens, das in der ökonomischen Theorie seit einiger Zeit verstärkt diskutiert wird (Priddat 1996, 2000; Becchimanzi/Rohde 1997; Liebl 2000, 2002). Moralischer Konsum bedeutet dabei folgendes: Neben dem eigentlichen (Grund-)Nutzen, der bei der Konsumtion eines Gutes oder einer Dienstleistung anfällt, wird uno actu ein moralischer Zusatznutzen für den Verbraucher generiert. Umgekehrt kann auch aus dem Nichtkonsum bestimmter

Waren ein moralischer Nutzen abgeleitet werden, was man in dieser Theorie die Boykott-Komponente des moralischen Konsums nennt.

Der Denkansatz des moralischen Konsums steht im Einklang mit der Diagnose, daß sich in der Postmoderne die Grenzen zwischen Marketing und Ethik zunehmend auflösen (Siemons 1993). Im Hollywood-Film, so zeigt die Empirie, ist dieser Mechanismus schon seit jeher gut verstanden und insbesondere bei Filmen über Serienmord perfektioniert worden. Meierding (1993) beschreibt diese postmoderne Produktions- und Konsumtionsweise an der Schnittstelle zwischen realer und virtueller Wirklichkeit wie folgt: «*Das Grauen hat höchsten Unterhaltungswert. Geschichten über Serienkiller … werden mit wohligem Schauer verschlungen. Man genießt den Schrecken an monströsen Taten aus sicherem Abstand, indem man mit wirklichen Geschichten so umgeht, als seien auch sie erfunden. Denn solange man sich im Bereich der Fiktion bewegt, kann man sich darauf verlassen: Das Gute siegt, das Böse wird bestraft, und wenn es sein muß, vernichtet. … So gehört die Vernichtung des Bösen zu den ungeschriebenen Gesetzen des Hollywood-Kinos. Für die Filmindustrie ist das ein Maßstab, der schon bei der Herstellung eines Filmes berücksichtigt wird. Das obligatorische ‹moral ending› bedeutet die Bestrafung des Unholds, der die Gewalt personifiziert. Zwar werden Gewalt und Horror in allergrößter Detailgenauigkeit und unter Ausschöpfung aller technischen Effekte illustriert – der Schrecken darf zwar in konkreten Bildern eskalieren, aber er muß ein Ende haben.*»

Aus dieser Analyse der archaischen Mechanik von Rache und gerechter Strafe lassen sich einige wichtige Schlußfolgerungen für die Messung von Kundenzufriedenheit ableiten. An der Wharton Business School in Pittsburgh wurden in den letzten Jahren quantitative Modelle entwickelt, um die komplexe Größe «movie enjoyment» aus der Dramaturgie eines Films zu prognostizieren (Eliashberg/Sawhney 1994). Interessanterweise benutzte man dabei einen Enjoyment-Index mit zwei Dimensionen namens «arousal» und «pleasure», die sich mit guter Näherung als das Gute und das Böse interpretieren lassen. Nur wenn beide Dimensionen befriedigt werden, so die Erkenntnis der Forscher, ist die Kundenzufriedenheit mit dem Unterhaltungsangebot entsprechend hoch.

Dieses empirisch validierte Ergebnis läßt tief blicken. Das quantitative Modell und die These vom moralischen Konsum attestieren letzten Endes dem Publikum in wenig schmeichelhafter Weise einen Hang zum Kitsch. Aus dem existenziellen Gefühl des Grauens und der Todesangst wird, um mit Nietzsche zu sprechen, ein «Gefühlchen». Ludwig Giesz (1971) führt dies in seinem Standardwerk «Phänomenologie des Kitsches» wie folgt aus: «*ein ‹Gefühlchen› wird nicht nur gefühlt, sondern, auf ästhetisch kokette Weise, noch genossen. … Der Niederschlag solchen primären Erlebens ist Kitsch…*» Mit anderen Worten, moralischer Konsum entpuppt sich in vielen Fällen als Kitsch-Konsum. Damit wendet sich der Trend zur Entübelung des Bösen, den Bolz eingangs feststellte, auf eigentümliche Weise zum Trend, das Böse zu verkitschen – ähnlich wie der Kitsch die Kunst entübelte und als Surrogat weiten Bevölkerungskreisen genießbar machte; ähnlich wie der Trash sein subversives Potential verloren hat und zum Mainstream geworden ist (Waters 1997).

Die komplexe Dialektik der Verhältnisse stellt demnach in Bezug auf Analytik hohe Ansprüche, die isolierte Trendbeschreibungen nicht einzulösen vermögen. Dagegen besteht die Denkfigur des moralischen Konsums auch den Test des Umkehrschlusses.

Sprich, wo das Grauen *kein* Ende hat und die Verkitschung unterbleibt, dürfte sich auch kein ökonomischer Erfolg einstellen, weil die Boykott-Komponente moralischen Konsums zum Zuge kommen müßte. Nachdrückliche Evidenz hierfür liefert John McNaughtons Film «Henry – Portrait of a Serial Killer». McNaughtons semi-dokumentarische Arbeit bezieht sich auf die Geschichte des Henry Lee Lukas, dem insgesamt 360 Mordtaten zwischen 1983 und 1987 zur Last gelegt werden. Der Film, aus einer teilnahmslosen Beobachter-Perspektive gefilmt (Black 1991), verweigert dem Publikum den wohligen Schauer der Erlösung. Statt dessen hält er, anders als im verlogenen Genre-Kino, den beiläufig etablierten Normalzustand des Schreckens bis zum offenen Ende konsequent durch. Dies führte nicht nur dazu, daß das Publikum dem Film weitgehend fernblieb, sondern rief auch die Zensurbehörden in den USA und der Bundesrepublik auf den Plan. Ähnliches hätte womöglich auch Wim Wenders gedroht, dessen 1997er Festivalbeitrag in Cannes floppte. Folgerichtig wurde der Film kurzerhand zur weiteren Überarbeitung zurückgezogen. Er erhielt nicht nur einen neuen Schnitt, sondern auch einen neuen Schluß.

Wertsteigerungen auf Opferseite: Die Strategie der Co-opetition

Kommen wir nun zu den Opfern. Wer glaubt, daß sie ausschließlich zu den Verlierern gehören, wird von der ökonomischen Theorie eines Besseren belehrt. Insbesondere die Spieltheorie beschäftigt sich mit der Frage, wie man aus vermeintlichen Nullsummenspielen, also den typischen win/lose-Dilemmata, zu echten win/win-Konstellationen gelangen kann, von denen beide Parteien profitieren. *«Co-opetition»* nennen die Spieltheoretiker Brandenburger/Nalebuff (1995; s. a. Nalebuff/Brandenburger 1996) diese symbiotische Verquickung aus Jäger-Beute-Beziehung und Kooperation. Das heißt: Auch für die Opferseite ergibt sich, wenn auch nur posthum, die Möglichkeit, den eigenen Barwert zu steigern. Dies hängt nicht nur damit zusammen, daß Erträge, die sonst viel später anfallen würden, sofort realisiert werden und sich dadurch der Abdiskontierung entziehen. Bemerkenswert ist vor allem, daß wir es mit einem echten Expansionseffekt in Bezug auf den nominalen Cash-Flow zu tun haben. Beispielsweise setzte unmittelbar nach dem Tod des Modemachers Gianni Versace ein veritabler Run auf die Produkte seiner Firma ein. «Wir verkaufen derzeit alles, was wir von Versace haben», so ein Sprecher des New Yorker Bergdorf-Goodman-Kaufhauses in der ersten Woche nach Versaces Tod. In München seien vor allem Accessoires als Memorabilien gefragt, vermeldeten die lokalen Versace-Shops dem Lokalblatt *Abendzeitung*. Die Planungen, das Modehaus Versace an die Börse zu bringen, wurden also von den Vorkommnissen in optimierter Weise unterstützt. Überdies hätte der tumorkranke Versace bereits mittelfristig zu einer schweren Image-Bürde für das prosperierende Lifestyle-Unternehmen werden können. Versace ist beileibe keine Einzelfall. So erlebte das vor Jahren noch darniederliegende Modehaus Gucci einen grandiosen Aufschwung, nachdem ihr Inhaber durch ein Attentat ums Leben gekommen und dann ein Börsengang erfolgt war.

Auch andere Geschäftszweige des quartären Sektors gedeihen auf unnatürlichen Todesfällen, wie man bei der Vielzahl der in den 90er Jahren ermordeten Rap- und Hip-Hop-Musiker feststellen kann. Nach dem kommerziell folgenreichen Tod des Gangster-Rappers (De Genova 1995; anon. 1996; Bruckmaier 1996; Kreye 1996) 2Pac Shakur, der kurz nach dem Drehschluß zu seinem Erfolgsfilm «Gridlock'd» erschossen wurde, traf das gleiche Schicksal ein halbes Jahr später seinen Kontrahenten The Notorious B.I.G.. Nachdem jener 1995 mit seinem ersten Album namens «Ready to Die», das Platin erhielt, erfolgreich war, wurde er kurz vor der Veröffentlichung seiner zweiten Platte mit dem Titel «Life After Death» in Los Angeles durch ein Drive-by-Shooting getötet (Wimmer 1998). Der International Herald Tribune berichtete am 27. März 1997 aus New York: «*Fans reißen sich um die Exemplare des posthumen Albums von The Notorious B.I.G., der als 24-jähriger gerade zwei Wochen vorher umgebracht worden war. ‹Death is a commodity, you know?› meinte Ramsey Jones, ein Verkäufer bei Tower Records im Greenwich Village, wo er der Nachfrage nach CDs kaum begegnen konnte und die Regale alle 5 Minuten auffüllen mußte.*» (Übers. d. Verf.)

»Life After Death» erklomm über Nacht Platz 1 der amerikanischen Charts. Der letzte Titel auf dieser Doppel-CD lautet prophetisch: «You're Nobody Till Somebody Kills You». Für Plattenkonzerne mit wertorientiertem Management – d.h., die anhand des Shareholder-Value geführt werden – scheint also die Strategie der Co-opetition eine effiziente Form der Bewältigung von Unsicherheit zu sein. Zumindest, was den Umgang mit Lieferanten betrifft. Denn bei der gegenwärtigen Fragmentierung des Musikmarktes sinkt die Wahrscheinlichkeit für eine erfolgreiche Nachfolgerplatte kontinuierlich, während auf der anderen Seite die Vorschüsse für einstmals erfolgreiche Musiker unaufhörlich in die Höhe gehen.

Neue Perspektiven für Business und Forschung

Überhaupt eröffnet der Tod von bekannten Persönlichkeiten ein weiteres reizvolles, hochexpansives Geschäftsfeld für die Musikindustrie und die überlebenden Künstler, nämlich die Hommage in Form sogenannter Tribute-Alben. Bei der Plattenfirma des ermordeten Notorious B.I.G. erschien beispielsweise Puff Daddys B.I.G.-Nachruf «I'll Be Missing You», das erfolgreichste Rap-Stück aller Zeiten und einer der größten Hits des Jahres '97 – überflügelt wohl nur noch durch Elton Johns Nachruf auf Prinzessin Diana. An diesem Beispiel zeigt sich auch, wie schnell Trend und Gegentrend aufeinanderfolgen und gar zum Koppelgeschäft verschmelzen können. Vergegenwärtigt man sich Puff Daddys «*windelweiche Hymne*» (Fischer 1998), lautet der Gegen- bzw. Komplementärtrend zum Bösen in der Rap-Musik nicht etwa Rückkehr zum Guten, sondern analog zum filmischen Kitsch-Konsum schlicht Eskapismus. Eine ganze Reihe neuerer Retorten-Stars der Szene und die Verschiebung der in den Songtexten behandelten Themen untermauern diesen Eindruck (Fischer 1998).

Die skizzierten Fallstudien beschränkten sich bewußt auf solche Produkte des quartären Sektors, die reale Fälle als Hintergrund hatten. Eine Bestandsaufnahme aller auf Serienmord anspielenden Fiktionsprodukte zu leisten, würde empirische Forschungsarbeit enormen Ausmaßes erfordern. Ein eigenes Forschungsprojekt wäre auch die Frage wert, welche anderen betriebswirtschaftlich relevanten Fragestellungen durch solche Produkte virulent werden. Oliver Stones Mainstream-Film «Natural Born Killers» hat massive Probleme in Bezug auf die Produkthaftung im quartären Sektor aufgeworfen (Wefing 1996). Und in Bret Easton Ellis' (1991) Bestseller «American Psycho» werden in selten zu findender Stringenz die Grundfragen des strategischen Marketing in der Postmoderne thematisiert. Dies betrifft insbesondere die Befindlichkeit des Konsumenten in einer zunehmend unübersichtlichen Warenwelt sowie die daraus resultierenden Probleme der Markenführung. Von der Literaturkritik (Young 1992) – doch noch nicht von der Managementlehre – wird «American Psycho» denn auch als einer der postmodernen Schlüsselromane betrachtet.

Der Protagonist von «American Psycho», der sadistische Serienmörder Patrick Bateman, ist ein junger erfolgreicher Finanzmakler mit exklusivem Yuppie-Lifestyle. Meierding (1993) charakterisiert den Ich-Erzähler wie folgt: *«Geldgier verwandelt sich bei ihm in Blutgier. Legt man jedoch die Kriterien von Robert K. Resslers FBI-Bericht über die Profile von Serienmördern zugrunde, so trifft man auch in der sozialen Umgebung von Patrick Bateman auf ein geballtes Serienkiller-Potential. Die anderen jungen Finanzhaie vollziehen symbolisch, was Bateman in grausamen Massakern in die Realität umsetzt. Er tut also, was alle tun. Er zerfleischt seine Opfer.»* In «American Psycho» wird demnach der Serienmord als paradigmatisch für sämtliche Organisationen des aufstrebenden quartären Sektors postuliert, also insbesondere für die Bereiche Finance, Bildung, Unterhaltung und Medien. Zwar bemühte sich der Verband Deutscher Zeitschriftenverleger angesichts sadistischer Mordtaten unter Zeitschriftenwerbern zeitweise um eine Begrenzung des Imageschadens: *«Die Direktwerbung ist doch kein Boden für perverse Mordgelüste.»* (Klaffke, zitiert nach Ramelsberger 1998) Doch unweigerlich schreiben Serienkiller sowohl ein Kapitel Kulturgeschichte als auch ein Kapitel der Geschichte des Shareholder-Kapitalismus. *«Es ist keine erbauliche und keine leichte Lektüre. Aber es steht darin ziemlich viel über uns selbst.»* (Seidl 1997)

Literaturangaben

anon. (1996): La Gangsta Rap, Süddeutsche Zeitung, #266, 18. November, 11.
Abdoh, R. (1993): Gewalt – Tod – Theater: Ein Gespräch mit Reza Abdoh, Theaterschrift, #3, 48–65.
Becchimanzi, M./Rohde, C.C. (1997): Moral Plus: Kommunikationsstrategien für soziale Verantwortung, gdi impuls, Vol. 15, #1, 32–40.
Beck, U. (1986): Risikogesellschaft. Frankfurt a.M.
Black, J. (1991): The Aesthetics of Murder – A Study in Romantic Literature and Contemporary Culture. Baltimore, MD.
Bolz, N. (1995): Der Megatrend zum Bösen. Becker, U. (Hg.): TopTrends: Die wichtigsten Trends für die nächsten Jahre, Düsseldorf, 75–96.
Bourgoin, S. (1995): Serienmörder: Pathologie und Soziologie einer Tötungsart, Reinbek 1995.
Brandenburger, A. M./Nalebuff, B. J. (1995): The Right Game: Use Game Theory to Shape Strategy, Harvard Business Review, Vol. 73, #4, 57–71.
Bruckmaier, K. (1996): Killer, Treffer, Fehlschüsse – Das Reich der Weißen und der Schwarzen: Von den Siegern und Verlierern im amerikanischen Bürgerkrieg, Süddeutsche Zeitung, #258, 8. November, 13
De Genova, N. (1995): Gangster Rap and Nihilism in Black America, Social Text, #43, Fall, 89–132.
Eliashberg, J./Sawhney, M.S. (1994): Modeling Goes to Hollywood: Predicting Individual Difference in Movie Enjoyment, Management Science, Vol. 40, #9, 1151–1173.
Ellis, B.E. (1991): American Psycho, London.
Farin, M. (1995): Das Geschäft mit dem Grauen. Aus dem Leben des Totmachers Fritz Haarmann, Süddeutsche Zeitung, 18./19. November, o.S.
Farin, M./Schmid, H. (Hg.) (1996): Ed Gein: A Quiet Man, München.
Fischer, J. (1998): Der aufrechte Gang – «Rest in Pieces»: Die Verkaufsstrategien des Hip-Hop ändern sich, die Situation im Ghetto bleibt, Süddeutsche Zeitung, #9, 13. Januar, 13.
Giesz, L. (1971): Phänomenologie des Kitsches, 2. Auflage, München.

Hamel, G. (1997): Killer Strategies That Make Shareholders Rich, Fortune, Vol. 135, #12, 23. Juni, 22–34.
Hammer, M./Champy, J. (1994): Business Reengineering – A Manifesto for Business Revolution, New York.
Haufen, G. (1996): Industrial Music for Backwoods People: Experimentelles Musikdesign in Texas Chainsaw Massacre und seine Folgen, Farin, M./Schmid, H. (Hg.): Ed Gein: A Quiet Man. München, 159–174.
Herrmann, C. (1999): Die Zukunft der Marke: Mit effizienten Führungsentscheidungen zum Markterfolg, Frankfurt a.M.
Höpfner, M. (1996): Im Herzen der Finsternis, Pl@net, Vol. 1, #10, Oktober, 56–59.
Hutter, M. (1991): Literatur als Quelle wirtschaftlichen Wachstums, Internationales Archiv für Sozialgeschichte der deutschen Literatur, Vol. 16, #2, 1–50.
Kreye, A. (1996): Die Hölle der Gangsta: Von einer kleinen Geste und der Gewalt im Mainstream, Süddeutsche Zeitung, #223, 26. September, 13.
Lash, S./Urry, J. (1994): Economies of Signs and Space, London.
Lenk, E./Kaever, K. (Hg.) (1997): Peter Kürten, genannt der Vampir von Düsseldorf, Frankfurt a.M.
Liebl, F. (1993): «Dance '93 – Ordnung und Zerstörung»: Tanztheater zwischen Industrial und Kannibalismus, SIAM•letter, Vol. 6, #1, Sonderheft «Körper in der Postmoderne», 23–29.
Liebl, F. (2000): Moral als Markt, brand eins, Vol. 2, #05, Juni, 110–111.
Liebl, F. (2002): Wie verkauft man mit Gemeinwohl?, Münkler, H./Fischer, K. (Hg.): Gemeinwohl und Gemeinsinn: Rhetoriken und Perspektiven sozial-moralischer Orientierung, Berlin, 207–225.
Luhmann, N. (1970): Öffentliche Meinung, Politische Vierteljahresschrift, Vol. 11, 2–28.
Moran, J. (1992): The Manson Family: An Opera. Point Music 432 967-2.
Meierding, G. (1993): Psychokiller – Massenmedien, Massenmörder und alltägliche Gewalt, Reinbek.
Nalebuff, B./Brandenburger, A. (1996): Coopetition – kooperativ konkurrieren: Mit der Spieltheorie zum Unternehmenserfolg, Frankfurt a.M.
Oswald, G.M. (1998a): Party Boy – Eine Karriere, München.
Oswald, G.M. (1998b): Was fasziniert Sie am Versace-Mörder, Georg Oswald? Protokoll: Christine Dössel, ZEIT Magazin, #8, 12. Februar, 6.
Popcorn, F. (1991): The Popcorn Report – Faith Popcorn on the Future of Your Company, Your World, Your Life, New York.
Pozsár, C./Farin, M. (Hg.) (1995): Die Haarmann-Protokolle, Reinbek.
Priddat, B.P. (1996): Moralischer Konsum, Universitas, Vol. 51, #605, 1071–1077.
Priddat, B.P. (2000): moral hybrids – Skizze zu einer Theorie moralischen Konsums, Zeitschrift für Wirtschafts- und Unternehmensethik, Vol. 1, #2, 128–151.
Ramelsberger, A. (1998): Niemand will die Drücker, alle wollen ihre Abos – Auch nach den Morden im Milieu der Zeitschriftenwerber halten die Verlage an den Haustür-Geschäften fest, Süddeutsche Zeitung, #12, 16. Januar, 17.
Ressler, R.K. (1997): «Einem Serienkiller geht es immer um zweierlei: Sex und Macht», Interview: Susanne Schneider, Süddeutsche Zeitung Magazin, #15, 11. April, 10–20.
Rodenkirchen, F. (1996): Die Leere und die Fülle, Farin, M./Schmid, H. (Hg.): Ed Gein: A Quiet Man, München, 49–68.
Ronneberger, K. (1996): Themenparks: Funktion »Freizeit«, Spex, #7, Juli, 50–52.
Schechter, H./Everitt, D. (1996): The A to Z Encyclopedia of Serial Killers, New York.
Seidl, C. (1997): Zeitgemäße Physiologien: Serienkiller, Süddeutsche Zeitung, #164, 19./20. Juli, 13.
Siemons, M. (1993): Schöne neue Gegenwelt – Über Kultur, Moral und andere Marketingstrategien, Frankfurt a.M.
Toth, C. (1997): «Like Cancer in the System» – Industrial Gothic, Nine Inch Nails, and Videotape, Grunenberg, C. (Hg.): Gothic: Transmutations of Horror in Late Twentieth Century Art, Cambridge, MA, 90–80.
Waters, J. (1997): Zukunft … des Tabus, Süddeutsche Zeitung Magazin, #32, 8. August, 9.
Wefing, H. (1996): Serienmord und Seitensprung – Regisseur und Moral: Gleicht Oliver Stones Film «Natural Born Killers» einem Toaster mit Kurzschluß?, Frankfurter Allgemeine Zeitung, #179, 3. August, 33.
Wiedemann, E. (1997): Für dich, Herr Arbeiter, Der Spiegel, #32, 4. August, 88–92.
Wimmer, S. (1998): Der moralische Bankrott des Rap: Nach einem Jahr Ermittlungen geben die Mordfälle

von Tupac Shakur und The Notorious B.I.G. immer neue Rätsel auf – und doch verdient die Musikindustrie kräftig am Tod der beiden Rapper, Süddeutsche Zeitung, #112, 16./17. Mai, VII.

Young, E. *(1992)*: The Beast in the Jungle, the Figure in the Carpet: Bret Easton Ellis, American Psycho, Young, E./Caveney, G. (Hg.): Shopping Space: Essays on American »Blank Generation« Fiction, London.

Memento mori – Serienmord als Akt der «Selbstbewerkstelligung» und Kommunikation

Alexandra Thomas

1. Einleitung

In seinem «Traktat über die Gewalt» schreibt Wolfgang Sofsky, dass die Verletzbarkeit des menschlichen Körpers ein zentraler Aspekt sozialen Handelns sei (Sofsky 1996, 11). Gesellschaft konstituiert sich in der Regel über die Ausschließung dieses Faktors. Das heißt, sie versucht, die physische Versehrtheit über die Definition von sozialen, kulturellen und rechtlichen Normen auszuklammern (z.B.: Tabuisierung des sterbenden, kranken oder alternden Individuums; Sanktionierung von Gewalt- und Tötungsakten).[1] Innerhalb dieses normativ gesetzten Rahmens greifen jedoch zahlreiche soziokulturelle Praktiken implizit auf die körperliche Verletzbarkeit zurück. Der Organismus wird mittels Sport, Essverhalten, Plastischer Chirurgie, Tätowierungen oder Piercings manipuliert (vgl. u.a. Stockinger 2000, 298/300). Wie ist dieses scheinbare Paradoxon zu erklären? Der Körper lässt sich als ein elementares Medium interpretieren, über das Menschen kommunizieren, sich als «Selbst» voneinander abgrenzen oder innerhalb einer Gruppierung Konformität anzeigen können (vgl. Jugendkulturen wie Punks, Skinheads etc.).[2] Dies geschieht primär über Mimik, Gestik oder Kleidung, aber die zuvor genannten Verfahren sind ebenfalls geläufig. Der menschliche Organismus ist eine frei verfügbare Ressource, die unabhängig von Faktoren wie Einkommen, Bildung usw. genutzt werden kann (vgl. Kersten 1997a, 103). Allerdings ist diese Ressource nicht unbegrenzt verwendbar. Ihr Einsatz unterliegt verschiedenen Restriktionen: Zum einen der Sterblichkeit und zum anderen den bereits erwähnten Sanktionen, die in Kraft treten, sobald die physische Manipulation als ein Norm- bzw. Rechtsverstoß deklariert wird. Letzteres gilt in erster Linie für gewalttätige Handlungen gegenüber dem eigenen oder fremden Körper (u.a. Autoaggression, Essstörungen, Suizid, Sexual- und Tötungsdelikte). Was als «normativ» oder «abweichend» definiert wird, ist eine Frage der jeweils gewählten Perspektive. Aber gleichgültig, wie die am Organismus vollzogenen Handlungen bewertet werden, sie basieren alle auf dem Prinzip der Verletzbarkeit.

Serielle Tötungen lassen sich ebenfalls in diesem Kontext betrachten. Deshalb soll im Folgenden erörtert werden, inwieweit sich Serienmörder über ihre Taten bzw. über die Körper ihrer Opfer inszenieren und über diese kommunizieren.[3]

[1] Mit der Tabuisierung von Krankheit und Tod beschäftigt sich u.a. Philippe Ariès in seiner «Geschichte des Todes» (Ariès 1978).
[2] Unterscheidet sich ein Individuum im sozialen System, so markiert das «Selbst» die Innenseite – jene Aspekte, die das psychische System als Merkmale seiner selbst benennt und anerkennt. Allerdings kann eine solche Differenzierung auch von außen erfolgen. An dieser Stelle verweise ich auf den folgenden Abschnitt zu Luhmann. Hinsichtlich der Inszenierungsmodi von Jugendkulturen sei das Buch «Der Kick und die Ehre» von Findeisen und Kersten erwähnt, das sich im Kontext jugendlicher Gruppierungen mit der geschlechtlichen Bewerkstelligung über Gewalt befasst (Findeisen/Kersten 1999).
[3] Im weiteren Verlauf werden die folgenden Begriffe synonym gesetzt, wenngleich sie in ihren Definitionen variieren: «Serienmord», «serielle Tötung» und «multiple Tötung». Der Einfachheit halber wird in dieser

2. Körperreigen: Über Zeichen, («Selbst-»)Konstrukte und Auflösungsprozesse

Grundlage für die Analyse ist Niklas Luhmanns systemtheoretischer Ansatz von «Medium und Form», der eine Einbeziehung verschiedener Beobachtungs- und Konstruktionsebenen erlaubt (siehe Luhmann 1998; Fuchs/Göbel 1994, 15–39). Auf die Problematik von multiplen Tötungen übertragen, lässt sich diese Theorie wie folgt veranschaulichen: Der Täter setzt mit seinen Tötungsakten zeitgebundene, konkrete Ereignisse, durch die er sich innerhalb des **sozialen Systems** «Gesellschaft» von anderen **psychischen Systemen** unterscheidet oder von diesen als Individuum unterschieden wird. Dieser Mechanismus firmiert in diesem Beitrag unter dem Begriff der Selbstinszenierung. Im Sinne der Luhmannschen Terminologie sind die Tathandlungen **kommunikative Operationen**, an die **externe Beobachter** wie Kriminalisten, Psychologen, Kriminologen oder Journalisten jeweils anschließen können, indem sie die Tötungen als solche wahrnehmen, ihnen spezifische Bedeutungen zuweisen und auf sie reagieren (bspw. mittels spezieller Fahndungsmethoden), woran der Täter seinerseits wieder anknüpfen kann (Luhmann 1998, 70f.).[4] Das heißt, Luhmanns Konzept basiert auf dem Prinzip der **Beobachtung** und **Unterscheidung**. Dabei ist zu berücksichtigen, dass eine solche Unterscheidung immer zwei Seiten enthält, nämlich eine, die benannt wird, und eine, die latent präsent ist. Es gibt demnach immer mehrere Möglichkeiten der Tatinterpretation. Die Differenzierung kann innerhalb des Systems getroffen werden (**selbstreferentiell**) oder außerhalb (**fremdreferentiell**). Distinguiert sich der Täter durch seine Tötungen, so existiert stets eine Seite, die von ihm oder von außen nicht bezeichnet wird – auf die ein anderer Beobachter aber jederzeit rekurrieren kann, um sie seinerseits mit einer Konnotation zu belegen (siehe Luhmann 1998, 16–35; 59–66; 70–78; 81; 97). (Selbst-)Konstruktion und Kommunikation sind nicht zwangsläufig als reflektierte Prozesse zu interpretieren. Sie können vom Täter intendiert sein, müssen es aber nicht. Beide Aspekte sind dem Tötungsakt immanent und werden automatisch über dessen Vollzug mit installiert. Unmittelbare Relevanz erlangen sie, sobald ein Beobachter durch seine Handlungen an die Tat **ankoppelt**. Um dieses Wechselspiel zwischen bewussten und unbewussten Handlungsabläufen hervorzuheben, wird der Akt der Selbstinszenierung im Weiteren auch als «Selbstbewerkstelligung» bezeichnet. Dieser Begriff, der ursprünglich auf Joachim Kerstens Konzept der geschlechtlichen Bewerkstelligung zurückgeht, ist bezüglich der Intentionalität neutraler konnotiert als der der Inszenierung. Gleichzeitig soll hier Kerstens Grundthese aufgegriffen und auf die Problematik serieller Tötungen angewendet werden (Kersten 1997a/b). Demnach lassen sich die Tathandlungen als eine soziokulturelle Konstruktion von Geschlecht verstehen. Aber wie ein Täter «Männlichkeit» und «Weiblichkeit» im Einzelnen definiert, ist oftmals schwer zu rekonstruieren. Die Involvierung primärer und sekundärer Geschlechtsmerkmale bietet einen möglichen Anhaltspunkt für eine gezielte Unterscheidung des Täters über das Geschlecht des Opfers.[5]

Arbeit der Singular gebraucht. Die Termini «Tat» und «Tathandlung» stehen jedoch, sofern nicht anders kenntlich gemacht, immer im Kontext serieller Tötungen.

[4] Eine solche Ankopplung des Täters kann etwa über eine Änderung des Handlungsmodus oder über eine Kontaktaufnahme mit Medien und Polizei erfolgen (siehe z.B. Ressler/Shachtman 1992, 92–100 – zum Fall von David Berkowitz).

[5] Im Übrigen sei angemerkt, dass der Verständlichkeit halber auf die gleichzeitige Verwendung der männlichen und weiblichen Form verzichtet wird. Die Begriffe «Täter» und «Opfer» implizieren i.d.R. beide Geschlechter, wenngleich nicht in Abrede gestellt werden kann, dass serielle Tötungen häufig als eine Kon-

Die Termini **Medium** und **Form** nehmen in Luhmanns kommunikationstheoretischem Ansatz eine Schlüsselfunktion ein. Sie beinhalten ebenfalls eine Unterscheidung in zwei Seiten. Ein Medium ist eine **lose Kopplung** von Elementen, die in eine **strikte Kopplung** – in Form – transferiert werden kann. Bei seriellen Tötungen fungiert der Körper des Opfers als Medium, über das sich der Täter als psychisches System konstituiert, indem er im Organismus unterscheidbare Formen hinterlässt: Verletzungen, Verstümmelungen, biologische Spuren etc. Schließt ein externer Beobachter (Kriminalist, Rechtsmediziner usw.) kommunikativ an die Tathandlung an, werden diese Formen wiederum in Medien überführt, aus denen Rückschlüsse gezogen werden auf die Art der Gewalteinwirkung, die Identität des Täters (etwa bei der DNA-Analyse) oder die mögliche Gegenwehr des Opfers. So kann beispielsweise eine Wunde als Medium fungieren, wenn in ihr gewebliche Veränderungen als Formen unterschieden werden. In diesem Fall ist sie ein Indikator für das Verletzungsmuster und die biologischen Verfallserscheinungen des Körpers (bspw. Verwesungs- und Fäulnismerkmale). Dieser Prozess, das Wiedereintreten einer Form in die Form, lässt sich bis zur vollständigen materiellen Aufsplitterung durchführen; zum Beispiel in der Forensik, wo das verfügbare Material in mikroskopische Einheiten aufgeteilt wird. Luhmann hat für diese Vernetzung von Unterscheidungen den Begriff des re-entrys geprägt (Luhmann 1991, 167). Im Kern ist die Konstruktion von Medium und Form ein semiotischer Mechanismus, denn die Beobachtung und Differenzierung von Formen ist an Zeichenträger (Signifikanten) und -inhalte (Signifikate) gebunden. Die am Körper des Opfers unterschiedenen Verletzungen und Spuren lassen sich als Zeichen interpretieren, die mit bestimmten Konnotationen belegt und als Tatmerkmale deklariert werden. Obwohl Medium und Form im gegebenen Kontext materieller Natur sind, werden sie durch die fortgesetzte Unterscheidung in Mitteilungen (bzw. Bedeutungsinhalte) mehrfach mit abstrakten und repräsentierenden Zeichenebenen überlagert (z.B. durch sprachliche und bildliche Zeichen). Diese semiotische Duplikation firmiert im Folgenden unter dem Terminus der semiotischen Verdopplung. Das heißt, der Körper des Opfers wird mittels verbaler, literaler oder bildlicher Bedeutungszuweisungen semiotisch reproduziert und somit auch jene Differenzierungen, die als täterspezifisch eruiert werden. Die menschliche Leiche wird in ‹Zeichen-Körper› überstellt. Gemäß Elisabeth Bronfen, die in ihrem Buch «Nur über ihre Leiche» (1992) konstatiert, dass der menschliche Körper (Soma) durch die ihn repräsentierenden sprachlichen und bildlichen Zeichen (Sema) ersetzt wird, lässt sich dieser Prozess als eine «semiotische Entkörperlichung» begreifen: Durch die seitens des Täters und der externen Beobachter vorgenommenen Unterscheidungen wird das Opfer materiell wie semiotisch entkörperlicht und in den Bedeutungskontext des Täters und seiner Handlungen transferiert. Indem sich dieser über Zeichen im lebenden und toten Organismus ‹abbildet›, wird das Soma des Opfers zum semiotischen Doppel des Täters.

Eine multiple Tötung impliziert demnach mehrere Auflösungsprozesse: Zum einen ist sie biologisch determiniert. Durch die Tat werden die organischen Lebensfunktionen beendet; die Zersetzung des Körpers beginnt und endet mit dessen Verschwinden (Prinzip der Autolyse). Das ist die materielle Ebene der Verwesung. Die andere ist die der semiotischen Verdopplung, bei der der Organismus in nahezu unendlich viele Unterscidun-

struktion von «Männlichkeit» erachtet werden – eine Problematik, die bisher noch nicht adäquat gelöst werden konnte.

gen aufgespalten werden kann, was quasi seiner semiotischen Auslöschung gleichkommt. Hingegen ist der unmittelbare Handlungsspielraum des Täters während der Tötung begrenzt. Er kann sich nicht beliebig über den Körper des Opfers bewerkstelligen und reproduzieren, denn das Medium «Organismus» lässt sich materiell und zeitlich nur limitiert nutzen (vor allem im postmortalen Zustand). Der Täter kann mittels physischer Gewalteinwirkung nicht unendlich viele Manipulationen am lebenden oder toten Opfer vornehmen. Bedingt durch den biologischen Verfallsprozess erlischt sein Selbstkonstrukt in der Regel. Das semiotische Doppel des Täters zerfällt und somit die Zeichen, über die er sich im sozialen System unterscheidet bzw. von anderen unterschieden wird. Das Moment der Auflösung ist ebenso untrennbar im Tötungsakt verankert wie das der Kommunikation und (Selbst-)Distinktion. Das gilt auch für den Aspekt des Geschlechts. Da der Tötungsakt biologisch determiniert ist, unterscheidet sich der Täter automatisch mit über das körperliche Geschlecht des Opfers. Obwohl sich Individuen geschlechtlich vor allem über die soziale, kulturelle und psychische Ebene konstituieren, ist das biologische Geschlecht bei kommunikativen Akten, die am Körper vollzogen werden, evident. Lediglich die Bedeutungen, mit denen es belegt wird, divergieren. Das bedeutet, dass der Sexus des Opfers in die semiotischen und biologischen Auflösungsprozesse involviert ist. Mit dem organischen Verfall des Körpers dekompostiert sich auch das ‹materielle› Geschlecht des Opfers. Jede Handlung am Soma des Opfers impliziert eine Unterscheidung in seinem körperlichen Geschlecht. Werden zudem die Genitalien verstümmelt, die inneren Geschlechtsorgane entfernt (z.B. der weibliche Uterus) oder Wundöffnungen penetriert, wird das betreffende Individuum explizit aus seinem körperlichen Geschlecht desintegriert bzw. in eine neue, durch den Täter geschaffene, Geschlechtlichkeit bzw. Sexualität überführt.[6]

Das Element des Seriellen liegt in der biologischen Determiniertheit des Tötungsakts begründet. Ist diese kommunikative Operation ein kontinuierlicher Bestandteil des Lebensszenarios des Täters, über das er sich in der Gesellschaft als «Selbst» orientiert und verortet, so lässt sie sich nur reintegrieren, indem sie erneut vollzogen wird. Um sich als psychisches System zu reproduzieren, benötigt er einen weiteren Körper. Auf diese Art entsteht ein Kreislauf des «Sich»-Wiederholens, der mit jeder Tötung fortgesetzt wird. Tathergang/-merkmale können von Tat zu Tat variieren. Sie markieren nur bedingt eine «Serie». Die Serialität resultiert vielmehr aus dem Aspekt der täterspezifischen Selbstbewerkstelligung. Einerseits bildet er sich über die Tötungen wiederholt ab, andererseits lassen sich die Taten selbst als Ereignisse interpretieren, die aneinander anschließen, aufeinander aufbauen oder in sich geschlossene Lebensepisoden sind. Das Selbstszenario des Täters verändert sich mit jeder Tathandlung bzw. mit jeder «Folge». Es ist eine variable Größe, wobei Klaus Theweleit konstatiert, dass es sich bei diesem Wandel nicht um einen Wachstumsprozess handelt, sondern um eine «unmerkliche Verschiebung in der Wiederholung» (Theweleit 1993, 341).[7] Reflektiert der Täter seine Selbstinszenierung, die er am Körper des Opfers vorgenommen hat (sei es während

---

[6] Eine ähnliche geschlechtliche Desintegration lässt sich auch bei einer Vergewaltigung beobachten, die, wie im Fall von Ted Bundy (Douglas/Olshaker 1999, 475–491), eine Teilhandlung serieller Tötungen sein kann.
[7] Ein vergleichbarer Prozess lässt sich auch bei «Auftragsmorden» und «politischen Attentaten» feststellen, die ebenfalls zu einem konstanten Bestandteil im Leben der Täter werden können.

der Tat oder mittels visueller Medien), wird er zum Zuschauer seiner eigenen «Serie», die er als «Regisseur», «Autor» und «Akteur» zugleich fortführen und gestalten kann. Die Selbstbeobachtung versetzt ihn in die Lage, mehrere Aspekte seiner selbst zu unterscheiden, zu benennen und untereinander in Beziehung zu setzen. Das kann sich beispielsweise in einer besonderen Arrangierung des Tatablaufs widerspiegeln. Dadurch wird die serielle Tötung zu einem metareferenziellen Ereignis, das innerhalb einer individuell konstruierten «Lebensdramaturgie» anzusiedeln ist (vgl. Thomas 1999, 110). Ein Serienmörder bewerkstelligt sich nicht nur wiederholt über seine Taten, die Serialität wird auch zu einem festen Element seines Operationsmodus. Es lässt sich zum Beispiel nicht ausschließen, dass (einzelne) Tatmerkmale durch den Akt des Wiederholens eine gesteigerte Intensität in der Wahrnehmung des Täters erlangen. Gekoppelt an die semiotischen und biologischen Verfallsprozesse, die multiplen Tötungen immanent sind, mündet die Serialität in eine sich fortlaufend reproduzierende Auflösung von Organismen und Zeichen. Abschließend lässt sich ergänzen, dass der Täter nicht der Einzige ist, der sich über das Moment des Seriellen bewerkstelligt. Externe Beobachter wie Kriminalisten konstituieren sich gleichfalls über Serialität, indem sie versuchen, die an den Leichen hinterlassenen Zeichen (Spuren, Verletzungen etc.) in ihrer Bedeutung zu erschließen und sprachlich an die visuell wahrnehmbare Serie des Täters anzuschließen, um ihr weitere «Episoden» hinzuzufügen. An diese serielle Selbstinszenierung der Ermittler kann der Täter wiederum mit seinen folgenden Tötungen anknüpfen.

Ein weiterer zentraler Aspekt ist die potenzielle Interaktion zwischen Täter und Opfer, die verbal, nonverbal (mimisch, gestisch) und körperlich (durch Einsatz physischer Gewalt) erfolgen kann. Sie bildet den Kern des unmittelbaren Tathergangs und kann durch außenstehende Beobachter oftmals nur rudimentär rekonstruiert werden – auf der Basis von Tatmerkmalen, Zeugenaussagen und Täterbefragungen. Insbesondere sprachliche und nicht-sprachliche Handlungen, die sich weder am Tatort noch am Körper des Opfers manifestieren, lassen sich im Nachhinein kaum nachvollziehen. Für eine solche Analyse fehlt die Perspektive des Opfers. Die Intentionalität sowie der Kommunikations- und Bewerkstelligungsmodus beider Beteiligter bleiben fragmentarisch. Lediglich die physische Interaktion prägt sich in Form von Unterscheidungen in den Körper des Opfers ein und kann anhand dieser partiell konstruiert werden – vorausgesetzt die Leiche wird entdeckt und in den Kontext eines Tötungsakts überstellt. So gibt das Verletzungsmuster mitunter Aufschluss über die mögliche Handlungsfähigkeit des Opfers oder den physischen Widerstand, den es gegenüber dem Täter geleistet hat (Bsp.: Abwehrverletzungen an den Fingerkuppen).

Auf dieser Grundlage soll im nächsten Abschnitt die semiotische Struktur verschiedener Tatmerkmale fokussiert werden, um exemplarisch zu untersuchen, wie Serientäter körperlich über und mit ihren Opfern kommunizieren bzw. sich über diese inszenieren.

3. In medias res: Zur (De-)Komposition und (Des-)Integration des menschlichen Körpers bei multiplen Tötungen

Kommunikation und Selbstbewerkstelligung können bei seriellen Tötungen sowohl am lebenden als auch am toten Organismus vollzogen werden. Der Stellenwert dieser Handlungen korreliert mit Faktoren wie Tatdynamik, Waffentypus (z.B.: Stich-, Hieb- oder Schusswaffe) und Körperdistanz. Physische Nähe zwischen Täter und Opfer legt den Schluss nahe, dass die körperliche Kommunikation und Selbstinszenierung ein wichtiger Tataspekt ist. Unterscheidet sich ein Täter überwiegend über die Leiche des Opfers, so ist die interpersonale Interaktion zwischen Täter und Opfer eher von sekundärer Bedeutung. Werden die kommunikativen Operationen hauptsächlich am lebenden Opfer realisiert, kommt der Täter-Opfer-Interaktion eine primäre Rolle zu. Diese in ihrer Intensität und Wechselseitigkeit variierenden Tathandlungen spiegeln sich in bestimmten Merkmalen wider, die im Kontext multipler Tötungen thematisiert werden (Bsp.: Nekrophilie, Kannibalismus, Zerstückelung, Sammeln von «Erinnerungsstücken», Sadismus, sexuelle Gewalt etc.). Allerdings sind diese Tatmerkmale nicht klar voneinander abgrenzbar, die Übergänge zwischen ihnen sind fließend. So lassen sich alle Merkmale, bis auf die Nekrophilie, am lebenden und toten Opfer unterscheiden (Bsp.: Skalpierung, Herausschneiden von organischem Gewebe), wobei schwer abzuschätzen ist, ob und wann ein Täter den körperlichen Zustand des Opfers als vital, agonal oder postmortal wahrnimmt. Wie im Folgenden zu sehen sein wird, weisen die genannten Tatmerkmale aber eine graduell divergierende semiotische Struktur auf.

a) Nekrophilie: Die Leiche des Opfers als semiotisches Doppel des Täters

«Nekrophilie» ist ein Überbegriff für Tatmerkmale, die über den toten Körper bewerkstelligt werden.[8] Anders als bei einer Kommunikation mit dem lebenden Organismus, ist es nicht mehr das menschliche Individuum, das neuronal an die physischen Gewaltakte des Täters ankoppelt, sondern allein sein organischer Körper (Soma). In ihm unterscheidet sich der Täter mittels seiner Handlungen. Das Spektrum an kommunikativen Operationen, die an der menschlichen Leiche vorgenommen werden können, ist vielfältig: Penetration von Vagina, Anus oder Wundöffnungen; Verstümmelung oder Entfernung der primären und sekundären Geschlechtsmerkmale; Skalpierung; teilweise Zergliederung; Entnahme von Organen; Häutung; öffentliche Zurschaustellung der Leiche; Platzierung von Gegenständen in Vagina und Anus etc. (Rajs et al. 1998; Ressler/Shachtman 1992, 297). Die Verletzungsmuster entsprechen jeweils dem verwendeten Tatwerkzeug (z.B.: Messer, Schere, Axt u.ä.). Viele dieser Tatmerkmale rekurrieren auf sexuell konnotierte Körperregionen bzw. auf den Geschlechtsakt. Inwiefern sie seitens des Täters geschlechtlich oder sexuell belegt sind, lässt sich aus dieser Beobachtung jedoch nicht ersehen. Es lässt sich lediglich sagen, dass der Serienmörder das tote Opfer mit unterscheidbaren Merkmalen ausstattet, wodurch es seiner ursprünglichen Körperlichkeit enthoben und diese von einer semiotischen Zeichenebene überlagert wird. Durch die Manipulationen wird der tote Organismus in seinen körperlichen Zuschreibungen neu definiert und ansatzweise in einen «künstlichen Körper» überführt (bspw. durch das Einführen von fremden, anorganischen Gegenständen wie Ästen etc.). – Die Leiche wird

---
[8] «Nekrophilie» meint im eigentlichen Sinne eine sexuelle Fixierung auf Leichen (vgl. Marneros 1997, 47). Hier wird sie in einer erweiterten Definition gebraucht.

zu einer «organischen Skulptur» ‹ummodelliert› (siehe Thomas 1999, 82). Im Gegensatz zu rein artifiziellen Produkten ist dieses Körperkonstrukt allerdings durch die biologischen Verfallsprozesse zeitlich limitiert. Es endet mit seiner materiellen Auflösung.

Das lässt sich am Beispiel von Jeffrey Dahmer verdeutlichen, der einigen seiner männlichen Opfer die Bauchhöhle öffnete und «zwischen die Organe ejakulierte» (Masters 1993,179). In diesem Fall wird eine originär nicht sexuell konnotierte Körperregion in ein geschlechtliches Merkmal überführt. Indem er seine eigene Körperlichkeit in den nekrophilen Akt mit einbezieht, differenziert er sich physisch – über «Intimität» – in dem sich auflösenden Organismus, der bereits unterscheidbare Formen enthält (Wunden, Totenflecke usw.). Die postmortal herbeigeführten Manipulationen und Verstümmelungen lassen sich demnach als eine Kette von Operationen begreifen, bei der eine nekrophile Handlung immer wieder in einer anderen unterschieden wird. In diesem Mechanismus zeigt sich das Prinzip der Auflösung in seiner ganzen Konsequenz: Der Täter initiiert durch seine Handlungen nicht nur die organische und semiotische Dekomposition des Opfers, er bewerkstelligt sich semiotisch gezielt über dessen verfallenden Körper. Je fortgeschrittener der Verwesungszustand ist, desto interessanter ist die Frage, inwieweit die biologische Auflösung für den Täter von Relevanz ist und er sich bewusst in deren Formen unterscheidet.

Nekrophile Akte lassen sich als «morphologische Manipulationen» interpretieren, als eine «organische bzw. künstliche ‹Gestaltung› des toten, menschlichen Körpers», die sich in optisch wahrnehmbaren Tatmerkmalen widerspiegelt (Thomas 1999, 84). Über diese Operationen differenziert sich der Täter von der Umwelt. Die Leiche des Opfers wird zum semiotischen Doppel des Täters.

b) Kannibalismus: Inkorporierte Zeichen
Kannibalismus wird in der Regel am toten, menschlichen Organismus praktiziert. Aus diesem Grund wird er oftmals der Nekrophilie zugerechnet und als «Nekrophagie» bezeichnet (Marneros 1997, 45–47). Ähnlich wie bei den obigen Merkmalen, operiert der Täter primär auf einer rein körperlichen bzw. materiellen Ebene. Allerdings können kannibalische Akte auch am lebenden Opfer vollzogen werden, etwa durch Beibringung massiver Bisswunden oder durch Entfernung und Verzehr von organischem Gewebe (vgl. den Fall von Ted Bundy: Douglas/Olshaker 1999, 475–491). Eine weitere Variante besteht darin, das Blut des Opfers zu trinken. Diese Handlung kann, wie bei Fritz Haarmann, während des Tötungsakts erfolgen, muss es aber nicht (Lessing 1996).

Kannibalismus ist bei multiplen Tötungen häufig Bestandteil eines kulturell angelegten Tatszenarios. Das gilt zum Beispiel für Albert Fish oder Jeffrey Dahmer, die Körperpartien ihrer Opfer gebraten und gekocht haben (Bourgoin 1993, 85–108; Masters 1997, 215). Auf diese Art wird ein Ereignis, das im sozialen System als «abnorm» konnotiert ist, in den soziokulturellen Kontext des Essens überführt. – Es wird zu einem sinnlich erfahrbaren Erlebnis, über das sich der Täter von seiner Umwelt distinguieren kann. Anders als beim nekrophilen Geschlechtsakt, wo er sich in dem verwesenden Körper des Opfers differenziert, integriert er beim Kannibalismus Teile der Leiche in seinen eigenen

Organismus. Kommunikation und Selbstinszenierung werden über die ‹Einverleibung› des toten Opfers bewerkstelligt. Körperlichkeit konstituiert sich hier über das Essen des menschlichen Fleisches, wodurch die Leiche organisch wie semiotisch aufgelöst wird – im Körper des Täters. Der tote Organismus wird seiner physischen Einheit enthoben und in Formen unterschieden (z.B. in einzelne Gliedmaßen), die ihrerseits zum Indikator für die kannibalische Handlung werden (Art der Zubereitung etc.), um schließlich im Medium «Täterkörper» aufzugehen. Die kommunikative Operation des Kannibalismus lässt sich als ein Akt von absoluter körperlicher Intimität interpretieren, der aufgrund seiner destruktiven Intensität ein einmaliges Ereignis ist. Im Gegensatz zu anderen nekrophilen Praktiken handelt es sich beim Kannibalismus um eine «nach innen gerichtete, ‹introvertierte› semiotische Verdopplung» des Täters, die von außen nicht unmittelbar sichtbar ist (Thomas 1999, 86). In Anlehnung an das christliche Ritual des Abendmahls lässt sich dieser semiotische Prozess der Entkörperlichung und Dopplung auch als «Kommunion» verstehen (Bartels 1997, 167; Masters 1993, 315). Inwieweit der Körper des Opfers einen symbolischen Stellenwert für den Täter hat, ist jedoch nicht rekonstruierbar. Im Gegensatz zum kirchlichen Sakrament, bei dem der kannibalische Akt durch Wein und Hostie repräsentiert wird, ist das Essen von Menschenfleisch in Fällen von multipler Tötung nicht fest definiert. Derartige Tathandlungen sind individuelle Unterscheidungen psychischer Systeme, die zwar kulturell und religiös beeinflusst sein können, aber ebenso über eine andere Bedeutung verfügen können.

c) Sadismus: Der im Schmerz gefangene Körper
Die in diesem Abschnitt skizzierten Prozesse firmieren in der Regel unter dem Begriff des Sadismus und implizieren kommunikative Operationen, die am lebenden Körper realisiert werden – über Folter (Sofsky 1997, 85–102). Die Möglichkeiten, über die der Täter mit dem Opfer auf physischer und psychischer Ebene interagieren kann, sind nahezu unbegrenzt und lassen sich graduell variieren: Anwendung von Elektroschocks, Injizierung von Säuren, Verletzung und Verstümmelung mittels scharfer oder stumpfer Gegenstände (Bsp.: Schere, Zange, Hammer etc.), Dehydratisierung, Zufügung von Bisswunden, Einführung von scharfen, metallenen Gegenständen in den Genitalbereich (bspw. Messer oder Rohre), Zerstückelung, Verbrennung von Gliedmaßen usw. Der Phantasie sind in dieser Hinsicht keine Grenzen gesetzt. Wie Wolfgang Sofsky anmerkt, lässt sich «jede Stelle des Körpers, jede seiner Haltungen, Bewegungen und Regungen [...] als Angriffspunkt der Quälerei» verwenden (Sofsky 1997, 94).

Bei kommunikativen Akten am lebenden Körper sind die morphologische und die neuronale Ebene involviert. Das zentrale Kommunikationsmedium ist der Schmerz, der im ursprünglichen Sinne als körperlicher Schutzmechanismus fungiert (Sofsky 1997, 74ff.). Über ihn kann sich der Organismus materiell von der Umwelt unterscheiden und sich in ihr orientieren. Im Kontext serieller Tötungen dient er dem Täter als Medium, um mit dem Opfer zu kommunizieren und sich ihm gegenüber zu inszenieren. Durch die Ausübung physischer Gewalt werden im Körper Schmerzimpulse ausgelöst, die sich in der jeweils betroffenen Körperregion lokalisieren. Diese Stellen markieren die Formen im Medium «Schmerz». Durch seine gewalttätigen Handlungen setzt der Täter im Organismus des Opfers einen physiologischen Prozess in Gang, der sich nach außen in optisch oder auditiv wahrnehmbaren Operationen widerspiegelt (z.B. in der Äußerung von sprachlichen Lauten, Reflexbewegungen etc.). Schließt der Täter kommunikativ an diese neuronalen Reaktionen oder an die sich morphologisch bildenden Wunden an, werden sie zu Signifikanten, die mit verschiedenen Bedeutungen belegt werden können (Bsp.: Grad des Schmerzes, Emotionen etc.). So lange das Opfer bei Bewusstsein ist, handelt es sich um eine Interaktion beider Teilnehmer. Das verletzte Individuum kann seinerseits als psychisches System an die Handlungen des Täters ankoppeln, wobei sein Operationsradius durch die physische Gewalt und die daraus resultierenden Schmerzempfindungen massiv eingeschränkt ist. Ein solcher kommunikativer Akt kann beispielsweise darin bestehen, die Situation verbal zu entschärfen oder physisch Gegenwehr zu leisten. Auf diese Art kann sich das Opfer vom Täter unterscheiden und ein «Selbst» konstituieren. Um dies zu vermeiden oder zu steuern, greifen viele Täter auf sprachliche und körperliche Kontrollmechanismen zurück (z.B. auf Drohungen, Einschüchterungen, Mittel zur Fixierung des Opfers etc.).

Folter ist limitiert anwendbar. Ihre Häufigkeit und Intensität ist abhängig von unterschiedlichen Rahmenbedingungen wie der Temperatur, der Luftzufuhr und der physischen Konstitution des Opfers. Jeder Gewaltakt am lebenden Organismus impliziert zugleich einen Vorgriff auf ein mögliches Versagen der Lebensfunktionen (Sofsky 1997, 102). Mit jeder zugefügten Verletzung steigt die Wahrscheinlichkeit, dass das Opfer stirbt. Sadismus lässt sich mehrfach interpretieren: Entweder als ein Tötungsakt, der in Sequenzen erfolgt, oder als eine Kette von Handlungen, an die die eigentliche Tötung anschließt. Es können beide Varianten auftreten.

Der Prozess der semiotischen Auflösung wird bereits durch die im vitalen Zustand zugefügten Verletzungen initiiert, die sich als Formen im Medium «Körper» unterscheiden und ausdifferenzieren lassen. Mit Eintritt des Todes kommen die Zeichen der biologischen Dekomposition hinzu. Beide Zeichenebenen vermischen sich miteinander, so dass sich das am lebenden Organismus bewerkstelligte Selbstkonstrukt des Täters letztlich in der Leiche des Opfers manifestiert. Ob die körperlichen Manipulationen vital oder postmortal entstanden sind, lässt sich später nur noch anhand der rechtsmedizinischen Befunde eruieren.

d) Artefakte: Die Leiche als Kunstprodukt
Ein Tatmerkmal, das multiplen Tötungen häufig zugeschrieben wird, ist das Sammeln von Objekten, die mit der Tat im Zusammenhang stehen. Dabei lassen sich drei Varianten unterscheiden: (1) Mitnahme und Verarbeitung von Körperteilen des Opfers; (2) Entwendung von Besitzgegenständen und (3) Dokumentation der Tathandlung (Bsp.: Tonbandaufnahmen, Videoaufzeichnungen oder Photographien). Diese Varianten lassen sich nicht bestimmten Tätergruppen zuordnen. Jeffrey Dahmer zum Beispiel, der sich eines nekrophilen Operationsmodus bediente, zerstückelte die Leichen seiner Opfer, bewahrte Teile von ihnen auf und photographierte sie in arrangierten Positionen (Masters 1993, 178f.). Dem externen Beobachter erschließen sich derartige Verhaltensweisen erst nach Ermittlung des Täters oder durch Feststellung fehlender Gegenstände und Körperpartien (bei gleichzeitigem Ausschluss anderer Faktoren wie Tierfraß etc.).

Das Sammeln und Präparieren von Erinnerungsstücken erlaubt dem Täter eine tatbezogene Selbstbewerkstelligung, die über den räumlich, zeitlich und materiell limitierten Tötungsakt hinausgeht. Er kann kommunikativ an seine eigene Tathandlung anknüpfen und sich fortgesetzt über sie reproduzieren, auch wenn sich sein semiotisches Doppel, die Leiche des Opfers, biologisch längst aufgelöst hat. Die Tatrelikte werden zu Zeichenträgern, die der Täter individuell konnotiert. Zum einen unterscheidet er sich in ihnen, zum anderen können sie mit einem symbolischen Gehalt belegt werden, der von außen nicht nachvollzogen werden kann. So kann das Relikt für einen bestimmten Aspekt des Opfers oder für ein spezielles Ereignis innerhalb des Tathergangs stehen. Bei Dahmer etwa liegt die Vermutung nahe, dass die von ihm gesammelten Schädel und Skelette in einem religiösen Zusammenhang zu sehen sind. Seine Idee war es, aus den Knochen einen «Schrein» zu errichten – einen Altar. Die körperlichen Relikte lassen sich in diesem Fall als «Reliquien» interpretieren, wobei unbeantwortet bleibt, wen oder was sie symbolisieren oder «verewigen» sollen: Den Täter, seine Tat, das Opfer oder eine unbekannte, abstrakte Größe (siehe hierzu Masters 1993, 318–321).

Der Täter kann sich auf verschiedene Weise über ‹Andenken› bewerkstelligen: Er kann sie in seine alltägliche Lebenspraxis integrieren (z.B. durch den Gebrauch der Gegenstände) oder sie in ein künstliches Szenario einbetten (bspw. durch Arrangierung oder Ritualisierung). Handelt es sich um organisches Material, muss dieses erst gestaltet und konserviert werden, bevor es in den alltäglichen Gebrauch überführt werden kann. Das heißt, der Täter umgibt sich mit körperlichen Artefakten und schafft über sie ein beständiges Lebenskonstrukt. Ein Beispiel hierfür ist der Fall von Ed Gein, der in den 50er Jahren in den USA mindestens zwei Frauen getötet haben soll. Bei der polizeilichen Hausdurchsuchung wurden unter anderem Kostüme, Lampenschirme, Masken und Sitzkissen gefunden, die aus Menschenhaut bestanden, sowie Hirnschalen, die als Schüsseln verwendet wurden (Douglas/Olshaker 1999, 466–475). Gein hat die Leichen ausgeweidet, gehäutet, zergliedert und sie in seine Lebenssphäre eingebunden, indem er sie in einen kulturell kodierten Kontext transferiert hat (Kleidung, Mobiliar etc.). Semiotisch werden die organischen Objekte erneut in Formen unterschieden und aufgelöst (z.B. durch farbliche Gestaltung, Verwendungszweck etc.), aber der biologische Verfall lässt sich partiell überwinden. Durch diesen Prozess konstituiert sich das Moment des Seriellen bereits in der singulären Tötung. Gestatten die Artefakte und Erinnerungsstücke dem Täter auch eine kontinuierliche Selbstinszenierung, ersetzen sie doch nicht die unmittelbar während der Tat erfolgende Kommunikation und Distinktion. Diese kann nur über weitere Morde (re-)produziert werden.

Eine gesonderte Konstellation lässt sich verzeichnen, wenn der Täter seine Tathandlungen mittels visueller Medien dokumentiert. In diesem Fall wird der Tötungsakt selbst zum Bestandteil eines künstlichen Szenarios: Der als Medium und Projektionsfläche fungierende Organismus wird im Medium «Video» oder «Photographie» abgebildet und in einen das Gegenständliche repräsentierenden, visuellen Zeichenkode überstellt. Dieses artifizielle Zeichenprodukt lässt sich nahezu beliebig oft kopieren, rezipieren und referenzieren. Dabei ist zu beachten, dass das Aufzeichnen der Tat eine Inszenierung im doppelten Sinne beinhaltet: Zum einen inszeniert sich der Täter direkt über den Körper des Opfers, und zum anderen wird beim Filmen und Photographieren eine selektive Auswahl von Einstellungen und Motiven getroffen. Das in seiner Materialität dekonstruierte Soma wird in eine visuell wahrnehmbare Komposition von Bildern überführt. – Der Organismus des Opfers wird in dem vom Täter installierten Szenario zum Schauobjekt degradiert bzw. zum Akteur, der in dem dramaturgischen Gefüge des Täters agiert. Betrachtet dieser wiederum die visuelle Inszenierung, so wird er zum Zuschauer seiner eigenen Tathandlung, wodurch eine weitere Unterscheidung gesetzt wird. Wird zudem, wie im Fall von Dahmer oder Lake/Ng die zerstückelte Leiche dokumentiert, so verdoppelt sich ebenfalls die Operation des Zergliederns, die sowohl über die körperliche Manipulation als auch über die Motivauswahl vollzogen wird (Bartels 1997, 166).[9] Die fokussierten Körperteile stehen als *pars pro toto* für den Organismus als Ganzes. Insgesamt lässt sich eine komplexe Schichtung und Struktur konstatieren, bei der verschiedene Ebenen der semiotischen (Selbst-) Konstruktion ineinander greifen. Die multiple Tötung wird zum «metareferenziellen Ereignis – zum ‹Medienhappening›» (Thomas 1999, 95).

Die visuelle Aufzeichnung des Tatgeschehens ist vom technischen und kognitiven Aspekt her die Variante, die wohl am Besten geeignet ist, um die Intensität und Dynamik des Tötungsakts umfassend zu transportieren und in Erinnerung zu bringen. Die Erstellung organischer Artefakte erlaubt dem Täter jedoch eine sensorische und sensitive Erfassung der zurückliegenden Tathandlung, die unmittelbar an die körperliche Kommunikation mit dem Opfer anschließt.

4. Leibhaftige Geschichten – Die Tat als Erzählung

Eine literarische oder filmische Narration zeichnet sich dadurch aus, dass sprachliche oder bildliche Segmente ausgewählt, miteinander verknüpft und perspektiviert werden, um eine Handlung bzw. eine Abfolge von Ereignissen in einen sinnhaften Kontext zu bringen (Schönert et al., 1991, 12).

In Anlehnung an diese Definition lassen sich Tathandlungen ebenfalls als vom Täter konstruierte Narrationen interpretieren, die jedoch nicht über sprachliche oder visuelle Zeichen bewerkstelligt werden, sondern über den menschlichen Körper. Diese Unterscheidung ist essenziell. Ist eine Tötung der Rezeption durch Kriminalisten, Rechtsmediziner und Juristen unterworfen, so wird sie zwar in sprachliche und visuelle Narrationen überführt, aber die Tathandlung an sich wird über den Organismus des Opfers produziert. Sprachliche Kommunikation kann ein wesentliches Element der Täter-Opfer-Interaktion sein, doch die Operationen am Soma lassen sich nicht mittels kultureller Zeichenkodes wie der menschlichen Sprache erfassen. Die Anwendung physischer Gewalt ist ein kommunikativer Akt, der in seinen Auswirkungen für die Psyche und das Soma des Opfers unmittelbar und absolut ist. Die gewalttätigen Handlungen prägen sich direkt in Form von Schmerzen und Verletzungen ein, ohne dass eine das Körperliche

---

[9] Zum Fall Lake/Ng: Leonard Lake und Charles Ng sollen ca. 25 bis 30 Menschen gefoltert, getötet und mit einer Kettensäge zerstückelt haben. Ihre Taten haben sie mittels einer Videokamera festgehalten (Newton 2000, 134ff.).

repräsentierende Zeichenebene zwischengeschaltet ist. Auf diese destruktiven und desintegrativen Akte kann das Opfer nur ebenso unvermittelt reagieren. Je massiver der Grad der Verwundung ist, desto stärker wird es seiner sprachlichen Fähigkeiten beraubt. Im Angesicht physischer Gewalt tritt die Sprache als Medium zurück (Bartels 1997, 166f.; Sofsky 1997, 95). Dem körperlichen Akt vermag sie sich beschreibend anzunähern, aber seine Intensität und Direktheit kann sie im Kern nicht erfassen. Es sind die im Körper unterschiedenen Formen, die mit verschiedenen Bedeutungen belegt werden können und über die externe Beobachter ihre sprachlichen Erzählungen figurieren. Allerdings sei an dieser Stelle auf Susanne Krasmann verwiesen, die Deleuze mit den Worten zitiert: «*Was man sieht, liegt nie in dem, was man sagt.*» (Krasmann 1995, 252) Diese Aussage unterstreicht die These, dass die sprachliche Aufarbeitung von seriellen Tötungen allenfalls eine Annäherung an die körperliche Kommunikation und (Selbst-)Inszenierung von Täter und Opfer darstellt.

Dennoch narrativiert sich der Täter über seine Tathandlungen. Durch seine Operationen hinterlässt er am Tatort und an der Leiche unterscheidbare Formen, über die sich die Ereignisstruktur in etwa rekonstruieren lässt. Ein Ziel des Täters kann es daher sein, die «Tatnarration» mit einer anderen «Erzählung» zu überlagern (bspw. durch Vortäuschen eines natürlichen Todes oder «Sexualmords»); sie in ihrer Einheit aufzuheben (durch Zerstückelung des Körpers und getrennter Entsorgung der einzelnen Gliedmaßen) oder ihre Rezeption zu verhindern (durch Verstecken bzw. Vernichten der Leiche). Dabei ist zu beachten, dass diese nachträglichen Manipulationen durch ihre serielle Reproduktion zu einem konstanten Element des täterspezifischen Handlungsmodus werden, über das er ebenfalls kommuniziert und sich bewerkstelligt. Die «Tarnhandlung» verschmilzt mit den übrigen Komponenten der «Tatnarration»[10]: Durch die Tötung wird die Manipulation des Tatorts bzw. der Leiche ausgelöst, und umgekehrt wird die Tat über das Merkmal des Verdeckens realisiert. Beide semiotischen Ebenen markieren zwei Seiten im «Selbst» des Täters. – Sie sind untrennbar miteinander verbunden. Solche Überlegungen können auch bezüglich singulärer Tathandlungen relevant sein. Wird beispielsweise eine Beziehungstat als «vorgetäuschter Sexualmord» deklariert, so lässt sich nicht ausschließen, dass sich der Täter nicht tatsächlich über die Sexualität des Opfers inszeniert hat.

Wird ein Täter ermittelt, kann er in den Befragungen verbal an seine eigenen «Tatnarrationen» ankoppeln, sie variieren oder eine neue «Erzählung» lancieren. Er kann sein durch die Tat initiiertes Selbstkonstrukt ausdifferenzieren oder verändern. Die ermittelnden Kriminalisten versuchen ihrerseits, die sprachliche Narration des Täters mit ihren eigenen abzugleichen und sie anhand der bisherigen Indizien zu falsifizieren oder zu verifizieren. Was fehlt, ist die Geschichte des Opfers. Diese erschließt sich nur implizit über die Spuren und Verletzungen, wobei sie immer das Interpretat des externen Beobachters (z.B. des Rechtsmediziners) bleibt.

Die obigen Ausführungen verdeutlichen, dass das Selbstszenario des Täters in mehrfacher Hinsicht konstruiert ist. Es lässt sich nicht nur als eine psychosoziale Selbstdis-

---

[10] Siehe zur Klassifizierung in «Tat-» und «Tarnhandlung»: Dern 1994, 47 ff; sowie zur Einteilung in «Inszenieren» und «Arrangieren»: Douglas/Olshaker 1996, 299.

tinktion eruieren, sondern es enthält darüber hinaus auch ein fiktionales Moment. Indem der Täter «falsche Fährten» legt bzw. seine «Tatnarrationen» bewusst manipuliert, findet sein über die Tat produziertes «Selbst» in der als «Realität» unterschiedenen Umwelt kaum oder keine Entsprechung. Das kann sich darin äußern, dass die Tötung erst gar nicht als solche erkannt wird bzw. der Täter anhand der von ihm zurückgelassenen Tatmerkmale nicht ermittelt werden kann (Rückert 1999).

5. Der Tunnel am Ende des Lichts – Fazit und Ausblick

> «Wer möchte bezweifeln ..., daß Mord eines der wichtigsten Naturgesetze ist?»
> Marquis de Sade[11]

Physische Gewalt- und Tötungsakte sind ein integrierter Bestandteil menschlicher Gesellschaften. Diese Handlungen erlauben einen unvermittelten und direkten Zugriff auf das Individuum in seiner psychischen und somatischen Gesamtheit. Ein Bereich, in dem sich das manifestiert, sind serielle Tötungen, die von einzelnen oder mehreren Tätern begangen werden. In diesem Kontext wurde ein Erklärungsansatz skizziert, der sowohl systemtheoretisch als auch semiotisch und kommunikationswissenschaftlich ausgerichtet ist. Demnach lassen sich die Tathandlungen von Serienmördern als kommunikative Operationen interpretieren, über die sich die Täter fortgesetzt in den Körpern ihrer Opfer unterscheiden bzw. mit diesen auf physischer Ebene interagieren. Der Tötungsakt, das Kommunizieren und Bewerkstelligen über den Organismus, wird zu einem sich fortlaufend reproduzierenden Lebensszenario, in dem sich die Täter als «Selbst» situieren und innerhalb des sozialen Systems abgrenzen. Die in diesem Zusammenhang beobachteten Korrelationen zwischen organischer/semiotischer Auflösung, Geschlechtlichkeit und Reproduktion lassen sich auf die biologische Determiniertheit gewalttätiger Handlungen zurückführen. Mit der Leiche des Opfers verschwindet auch das semiotische Doppel des Täters. Dieses kann er variiert nur über erneutes Töten – über einen weiteren Körper – reinstallieren. In der Einleitung wurde bereits darauf hingewiesen, dass Verfahren körperlicher Kommunikation und Selbstinszenierung im sozialen System «Gesellschaft» omnipräsent sind. Je nach Gruppierung und Grad der körperlichen Manipulation werden diese Praktiken als «Norm» oder «Normverstoß» klassifiziert. Serienmorde werden aufgrund der ihnen zugeschriebenen Tatmerkmale in populären und fachlichen Darstellungen häufig in eine Sphäre des Irrationalen und Monströsen verlagert und somit in ein Extrem überführt, das außerhalb des soziokulturellen Verhaltensrepertoires angesiedelt ist.[12] Im gegebenen Kontext lassen sich multiple Tötungen aber als konsequente Fortführung eines Operationsmodus verstehen, der ein normatives bzw. alltägliches Element menschlicher Kommunikation ist. Allerdings in ihrer Intensität und Absolutheit, in der fortgesetzten Auflösung des organischen Körpers, bilden serielle Tötungen ein Extrem. Ein Verständnis solcher Taten setzt voraus, dass Tathandlungen und -merkmale darauf untersucht werden, ob Wechselbeziehungen zu Verhal-

[11] Aus: Marquis de Sade, *Justine* (Bd. II); zitiert nach: Praz 1948, 83.
[12] Ein Beispiel hierfür wäre der Fall eines Serienvergewaltigers, der in den Massenmedien als «Balkon-Monster» attribuiert wird (vgl. z.B. *Hamburger Abendblatt* vom Dienstag, 31. Oktober 2000, 1 u. 11).

tensweisen vorliegen, über die sich eine Gruppe von Individuen als gesellschaftlicher Verband konstruiert bzw. Handlungsparameter setzt, um sich bewusst oder unbewusst von anderen Gemeinschaften oder einzelnen Menschen zu unterscheiden.[13] Diese These bietet einen Ansatzpunkt zur Erschließung verschiedener Fragestellungen, die im Zusammenhang multipler Tötungen erörtert werden. Das betrifft zum Beispiel die Problematik, ob und warum es weniger weibliche als männliche Serienmörder gibt. Möglicherweise lassen sich die Ursachen hierfür in alltäglichen und soziokulturell normierten Bewerkstelligungen von «Männlichkeit» und «Weiblichkeit» finden. Serienmord ist kein Konstrukt, das sich außerhalb des sozialen Systems vollzieht. Es markiert vielmehr ein Spiegelbild der Gesellschaft, in dem sich radikal überspitzt deren körperliche Inszenierungsmechanismen abbilden.

[13] Es gibt mittlerweile einige interessante Veröffentlichungen, die sich von einer rein sexual- und psychopathologischen Perspektive distanzieren und primär soziokulturelle Faktoren analysieren: Bartels 1997; Jenkins 1994; Kersten 1997a/b; Stratton 1996 etc. Zu erwähnen ist auch Canters Aufsatz zur differenziellen Täteranalyse, der ebenfalls in dieser Anthologie enthalten ist. Basierend auf persönlichkeits- und individualpsychologischen Untersuchungen kommt er unter anderem zu dem Schluss, dass es Korrespondenzen zwischen alltäglichen und tatspezifischen Handlungen gibt (siehe Canter in diesem Band).

Literaturangaben

Ariès, Philippe (1978): L'homme devant la mort, Paris: Editions du Seuil (Dt.: Geschichte des Todes, München: dtv 1995.)

Bartels, Klaus (1997): Serial Killers: Erhabenheit in Fortsetzung. Kriminalhistorische Aspekte der Ästhetik, Kriminologisches Journal, 6. Beiheft 1997, Die Gewalt in der Kriminologie, hrsg. von Susanne Krasmann/Sebastian Scheerer, Weinheim: Juventa, 160–182.

Bourgoin, Stéphane (1993): Serial Killers. Enquête sur les tueurs en série, Paris: Éditions Grasset et Fasquelle (Dt.: Serienmörder. Pathologie und Soziologie einer Tötungsart, Reinbek: Rowohlt 1995).

Bronfen, Elisabeth (1992): Over her dead Body. Death, femininity and the aesthetic, Manchester: Manchester University Press (Dt.: Nur über ihre Leiche. Tod, Weiblichkeit und Ästhetik, München: dtv 1996.)

Dern, Harald (1994): Perseveranzhypothese und kriminalistisches Handlungsfeld. Zur Diskussion kriminalistischer Schlußprozesse in der Perspektive der objektiven Hermeneutik – Eine Einführung, Oevermann, Ulrich et al., Kriminalistische Datenerschließung. Zur Reform des Kriminalpolizeilichen Meldedienstes, Wiesbaden, 15–119.

Douglas, John/Olshaker, Mark (1996): Mindhunter, New York: Scribner (Dt.: Die Seele des Mörders. 25 Jahre in der FBI-Spezialeinheit für Serienverbrecher, Hamburg: Hoffmann u. Campe 1997.)

Douglas, John/Olshaker, Mark (1999): Obsession, New York: Scribner (Dt.: Mörder aus Besessenheit. Der Top-Agent des FBI jagt Sexualverbrecher, Hamburg: Hoffmann u. Campe 1999.)

Findeisen, Hans-Volkmar/Kersten, Joachim (1999): Der Kick und die Ehre. Vom Sinn jugendlicher Gewalt, München: Verlag Antje Kunstmann.

Fuchs, Peter/Göbel, Andreas (Hg.) (1994): Der Mensch – das Medium der Gesellschaft?, Frankfurt/M.: Suhrkamp.

Jenkins, Philip (1994): Using Murder. The Social Construction of Serial Homicide, New York: Aldine de Gruyter.

Kersten, Joachim (1997a): Risiken und Nebenwirkungen: Gewaltorientierung und die Bewerkstelligung von «Männlichkeit» und «Weiblichkeit» bei Jugendlichen der underclass, Kriminologisches Journal, 6. Beiheft 1997, Die Gewalt in der Kriminologie, hrsg. von Susanne Krasmann/Sebastian Scheerer, Weinheim: Juventa, 103–114.

Kersten, Joachim (1997b): Gut und (Ge)schlecht. Männlichkeit, Kultur und Kriminalität, Berlin/New York: Walter de Gruyter.

Krasmann, Susanne (1995): Simultaneität von Körper und Sprache bei Michel Foucault, Leviathan 23, 240–262.
Lessing, Theodor (1996): Haarmann. Die Geschichte eines Werwolfs und andere Gerichtsreportagen, hrsg. u. eingeleitet von Rainer Marwedel, München: dtv.
Luhmann, Niklas (1991): Die Form «Person», Soziale Welt, 42, 166–175.
Luhmann, Niklas (1998): Die Gesellschaft der Gesellschaft, 2 Bde., Frankfurt/M.: Suhrkamp.
Marneros, Andreas (1997): Sexualmörder. Eine erklärende Erzählung, Bonn: Edition Das Narrenschiff.
Masters, Brian (1993): The Shrine of Jeffrey Dahmer, London: Hodder & Stoughton (Dt.: Todeskult. Der Fall Jeffrey Dahmer, Reinbek: Rowohlt 1995.)
Newton, Michael (2000): The Encyclopedia of Serial Killers, New York: Checkmark Books.
Praz, Mario (1948): La carne, la morte e il diavolo nella letteratura romantica, Florenz: Sansoni Editore (Dt.: Liebe, Tod und Teufel. Die schwarze Romantik, München: Hanser.)
Rajs, Jovan et al. (1998): Criminal Mutilation of the Human Body in Sweden – A Thirty-Year Medico-Legal and Forensic Psychiatric Study, Journal of Forensic Sciences 43/3, 563–580.
Ressler, Robert K./Shachtman, Tom (1992): Whoever Fights Monsters, New York: Hardcover (Dt.: Ich jagte Hannibal Lecter, München: Heyne 1998.)
Rückert, Sabine (1999): Bitte wegschauen!, Die Zeit, 7. Januar 1999, 9–12.
Schönert, Jörg et al. (1991): Erzählte Kriminalität. Zur Typologie und Funktion von narrativen Darstellungen in Strafrechtspflege, Publizistik und Literatur zwischen 1770 und 1920. Vorträge zu einem interdisziplinären Kolloquium, Hamburg, 10.–12. April 1985, Studien und Texte zur Sozialgeschichte der Literatur 27, Tübingen: Niemeyer.
Sofsky, Wolfgang (1997): Traktat über die Gewalt, Frankfurt/M.: Büchergilde Gutenberg.
Stockinger, Günther (2000): Freiwillig ins Folterstudio, Der Spiegel 13, 298 u. 300.
Stratton, Jon (1996): Serial Killing and the Transformation of the Social, Theory, Culture & Society 13, 77–98.
Theweleit, Klaus (1993): Männerphantasien 1: Frauen, Fluten, Körper, Geschichte, Reinbek: Rowohlt.
Thomas, Alexandra (1999): Serienmord als semiotisches Konstrukt – Serielle Tötungen in kriminologisch-kriminalistischen und rechtsmedizinischen Narrationen, Hamburg (unveröffentlichte Magisterarbeit).

Ausblick & Anhang

Haben Serienkiller eine Zukunft?

Sebastian Scheerer

Ob Buchdrucker oder Realschullehrer eine Zukunft haben, ist eine Frage, die wir normal finden. Die Frage, ob Serienkiller eine Zukunft haben, wirkt hingegen eher irritierend, und das gerade wegen des Widerspruchs zwischen der emotionslosen Sachlichkeit der Fragestellung und der unaussprechlichen Grausamkeit der Taten derer, die als Serienkiller bezeichnet werden. Normal erschiene da allenfalls die Frage nach den Chancen von Vorbeugung, Bestrafung und Behandlung.

Doch wo die Frage nach diesen Chancen von vornherein dominiert, da kann es durchaus sein, dass man gar nicht erst versucht, die Handlungsweisen der Verbrecher aus ihrer Biographie, ihrer Situation und ihren emotionalen und kognitiven Reaktionen auf die Handlungen anderer heraus zu verstehen – und sich die Chance einer differenzierenden Erfassung des Gegenstandes verbaut.

Serienkiller-Karrieren

Nicht nur wahre Genies, auch wahre Verbrecher sind schon von Geburt an und ihrem Wesen nach zu dem bestimmt, was sie später werden. Das war ein weit verbreiteter Glaube in der zweiten Hälfte des 19. Jahrhunderts – und zwar gerade unter Natur-, Sozial- und Humanwissenschaftlern, die reine empirische Wissenschaft betreiben und im Sinne eines Charles Darwin die Irrlehren der Religion und des Aberglaubens überwinden wollten. So war denn die sogenannte *positive Schule* der Kriminologie mit ihrer Lehre vom geborenen Verbrecher, der einen Atavismus darstelle und schon aufgrund seiner Körperbehaarung näher am Menschenaffen als am Entwicklungsstand des *homo sapiens sapiens* sich befinde, für die Zeitgenossen durchaus plausibel.

Nachdem die katastrophalen Implikationen (und die wissenschaftlichen Defizite) des Biologismus offenbar geworden waren, sollten als Reaktion darauf lerntheoretische Ansätze an Boden gewinnen. Kriminelles Verhalten, so Edwin H. Sutherlands Theorie der differentiellen Kontakte *(dt. 1974), sei (wie alles andere Verhalten auch)* erlerntes Verhalten, das aus dem jeweiligen Milieu und dessen Haltung zu kriminellen Werten, Normen, Einstellungen und Techniken resultiere. Die *Anomietheorie* Robert K. Mertons (dt. 1974) ergänzte diese mikrosoziale Sicht durch den Hinweis darauf, dass es «normal» sei, dass manche Menschen sich «innovativer» Mittel bedienten, wenn eine Gesellschaft alle ihre Mitglieder auf das Ziel materiellen Wohlstands einschwöre, andererseits aber aus strukturellen Gründen nicht allen auch die Möglichkeiten der Erreichung dieses Ziels anbieten könne. Das *Modell der kriminellen Karriere*, wie es Howard S. Becker (1973) entwickelte, zog daraus nur die Konsequenz: Wenn es «normal» und «erwartbar» ist, dass manche Menschen eben legale und andere illegale Wege des sozialen Aufstiegs und Wohlstands einschlagen, warum sollten die Lebensläufe von Kriminellen dann nicht erfolgreich mit denselben Kategorien untersucht und beschrieben werden können wie die Karrieren von Ärzten oder Rechtsanwälten?

Das Modell der kriminellen Karriere beruht auf den drei Grundannahmen, dass kriminelles Verhalten gelerntes Verhalten ist, sich in der sozialen *Interaktion* entwickle und insofern *normal* sei, als es einfach eine Art der Anpassung eines Menschen an seine Chancenstruktur in der Gesellschafts darstelle. Ob all dies auch in gleichem Maße für Serienkiller Geltung beanspruchen kann wie für die Lieblingsbeispiele der Karrieretheoretiker – jugendliche Slumbewohner, die von ihrer *peer-group* bestimmte Statusmerkmale, Verhaltensvorschriften und Einstellungen übernehmen und durch ungünstige Reaktionen im privaten Raum und seitens der Polizei und Justiz immer weiter ins Abseits und in die Delinquenz gedrängt werden – ist leider bis heute noch nicht gründlich untersucht worden. Täte man dies, würden sich womöglich gerade dadurch neue Erkenntnisse ergeben, dass die Schwerpunkte der Serienkiller innerhalb des Modells auf andere Bereiche und Phasen konzentriert wären als bei den «üblichen Fällen» der Delinquenz.

Erstens lernen auch Serienkiller Einstellungen, Werte und Techniken. Die entscheidenden Weichenstellungen erfolgen jedoch bei Serienmördern besonders früh und unbewusster, individualisierter, traumatisierter und unterworfener. Abweichende und traumatisch bedingte Lernprozesse prägen früher, tiefer und affektiver. *Zweitens* kann das Karrieremodell die vielfach ignorierte Bedeutung der sozialen Interaktion für den Werdegang von Serienmördern ins rechte Licht setzen. Zwar ist das Ignorieren seltener und besonders grausamer Handlungen eines heranwachsenden Menschen – also etwa des Kreuzigens von Katzen bei lebendigem Leibe – in erster Linie ein Nicht-Agieren und eine Unterlassung. Ein solches ungewöhnliches Nicht-Agieren ist aber durchaus Teil eines längeren sozialen Interaktions- und Verstärkungsprozesses. *Drittens* kann es durchaus weiterführen, die scheinbar sinn- und motivlosen Taten eines Serienkillers unter dem Gesichtspunkt individueller Anpassung an gesellschaftliche Chancenstrukturen und einer nachvollziehbaren, wenn auch idiosynkratischen Zweck-Mittel-Relation zu betrachten. Hier zeigt sich erneut der Nutzen einer a-moralischen Analyse, lässt sie doch erkennen, dass manche kriminellen Verhaltensweisen mit anderen kriminellen sehr viel weniger gemeinsam haben als mit bestimmten legalen Verhaltensweisen. So ist zum Beispiel die Gemeinsamkeit zwischen Bankräubern und Serienkillern sehr viel geringer als die zwischen Bankangestellten und Bankräubern einerseits und Serienkillern und Zwangskranken andererseits. Die allgemein als selbstverständlich vorausgesetzte und gar nicht reflektierte, letztlich aber einer moralischen Bewertung und nicht einer unvoreingenommenen Betrachtung geschuldete Annahme, dass die Erklärungen krimineller Verhaltensweisen einen hohen Grad der Gemeinsamkeit und eine ebenso hohe Trennschärfe zu den Erklärungen legaler Verhaltensweisen aufweisen müssten, erweist sich dadurch als moralischer Fehlschluss.

Beide, der Bankräuber und der Bankangestellte, nutzen die Bank, um ihren Lebensunterhalt zu sichern, materielle Wohlfahrt zu erreichen und Karriere zu machen, sei es auch im einen Fall legal und im anderen illegal. Ihre Karrieren lassen sich unter Bezug auf ihre Chancenstrukturen, Lernmilieus, Präferenzen und Zweck-Mittel-Überlegungen weitgehend parallel verstehen und erklären. Die Frage der Legalität oder Kriminalität ist nicht entscheidend, wenn es um Gemeinsamkeiten in der Motivierung und Strukturierung sozialen Handelns geht.

Nicht was ihre Bewertung, wohl aber, was ihre Erklärung angeht, sind sich als weiteres Beispiel die Karrieren von Aufsichtsratsvorsitzenden und Auftragskillern ähnlicher als die von Auftragskillern und Serienkillern. Wer seinen Weg bis in den Aufsichtsrat machen will, bedarf ganz ähnlichen Rüstzeugs wie derjenige, der als Auftragskiller Karriere machen will: Ehrgeiz, einen kühlen Kopf, eine starke Motivation zu materiellem Erfolg, bestimmte Kenntnisse und Fähigkeiten, eine gewisse Härte und vor allem eine psychische Konstitution, die es erlaubt, auf der Basis einer einigermaßen sozial funktionierenden Persönlichkeitsstruktur alles auf die Karte technisch-zweckrationalen Handelns zu setzen.

Dem Auftragskiller ist die Tötung ein Job, der erledigt werden muss. Richtschnur seines Handelns sind die Vorgaben des Auftraggebers. Dem Serienkiller ist die Tötung Erfüllung innerster Wunschträume und gleichsam ein Akt lange ersehnter Selbst-Befriedigung. Ist die Tötung für den Autragskiller ein Mittel zum Erwerb des Lebensunterhalts, so ist sie für den Serienkiller nicht Mittel, sondern Ziel, nicht Lebensunterhalt, sondern Lebenssinn; was sie treibt, ist die Suche nach einem bestimmten und momentanen Gefühl tiefer und umfassender sinnlicher Befriedigung und allgemeiner Entspannung. Es ist nicht die Suche nach Geld und Status, die den Serienkiller antreibt, sondern die nach sinnlicher Satisfaktion durch die Hauptrolle in einem von ihm selbst erdachten und realisierten Vorgang der Folter und Ermordung einer Person im Dienste der eigenen Sinne.

Bedarf, Nutzen, Funktionen
Ob Buchdrucker und Realschullehrer eine Zukunft haben, hängt von der Entwicklung der Nachfrage nach ihren Leistungen ab. Insofern bestehen zwischen ihnen und vielen Kriminellen durchaus Ähnlichkeiten. Denn ob Hehler und Autodiebe eine Zukunft haben, hängt ebenfalls von der Nachfrage nach ihren Leistungen ab.

Es gibt aber auch sowohl legale wie illegale Aktivitäten, deren Zukunft nicht von der Nachfrage nach den Leistungen derer abhängt, die sie ausüben: Es gibt keine verhaltenslenkende Nachfrage nach den Leistungen des Hobby-Philatelisten, der nur Blöcke mit Ersttagsstempel sammelt. Und es gibt auch keine Nachfrage nach den Leistungen desjenigen, der nur Jungen einer bestimmten Altersgruppe in eine Höhle lockt und grausam ermordet. In gewisser Weise ähnelt der Serienmord als Mittel zu einem ganz privaten und auf höchstpersönliche Präferenzen und Bedürfnisse zurückgehenden Glücksentwurf eher einem zur Leidenschaft und bis zur Zwanghaftigkeit übersteigerten Hobby: eher dem sich für seine Passion ruinierenden Briefmarkensammler als dem Briefträger; dem monomanen Lederfetischisten als dem Betreiber eines Sex-Shops; dem Alkoholiker im Endstadium als dem Getränkehändler.

Einer moralisch dominierten Sichtweise, die auch in der Wissenschaft durchaus noch eine beachtliche Rolle spielt, wird der Gewinn einer solchen Kategorisierung quer zu Kategorien der Moral und des Rechts nur schwerlich einleuchten. Um den Alkoholiker zu erklären, wird sie fragen, warum er überhaupt jemals zum Alkohol gegriffen hatte; um den Crack-Süchtigen zu erklären, wird sie nach der Motivation zum Crack-Konsum fragen – und um den Serienmörder zu erklären, wird sie nach dem Beginn der gewalttätigen Handlungen fragen.

Es greifen jedoch Millionen Menschen zu Alkohol – und nur wenige werden zu Alkoholikern im Endstadium der Krankheit. Es haben auch Millionen sexuelle Gewaltphantasien und leben einen mit Gewalt versetzten Sex in ihrem Alltag aus – und nur eine mikroskopisch kleine Gruppe wird je zu Mördern oder gar Serienmördern.

Die hier verfolgte Methode geht anders vor. Als erklärungsbedürftig gelten ihr nicht die milden Formen der Grundaktivität, sondern die Extremformen, von denen die Akteure selbst den Eindruck gewinnen, dass sie nicht mehr sie beherrschen, sondern dass sie von ihnen beherrscht werden. Mit einem normalen Briefmarkensammler hat der fanatische Briefmarkensammler weniger gemeinsam als mit einem fanatischen Neonazi oder Glücksspieler. Mit einem normalen Sadomasochisten in einem Freizeitclub hat der sadistische Serienmörder weniger gemein als mit dem fanatischen Briefmarkensammler, der Haus und Hof, Freunde und Familie, Beruf und Karriere opfert, um weiter nach der *Blauen Mauritius* zu suchen.

Ob Serienkiller eine Zukunft haben, hängt weniger von der Zukunft des Verbrechens, der Tötungskriminalität und/oder der Sexualität und des Geschlechterverhältnisses ab als von der Zukunft der Zwangskrankheiten, der fixen Ideen, der Sucht und der Monomanie – und damit von der Entwicklung innerhalb jenes schwer zu entwirrenden Geflechts interner und externer Bedingungen und Wechselwirkungen zwischen der *gesellschaftlichen Produktion eines durch malignen Narzissmus gekennzeichneten Persönlichkeitstyps und den sozialen Interaktionen mit solchen Menschen* im Vorfeld der Verfestigung ihrer Phantasien und Handlungsmuster.

Deshalb wäre es ebenso verfehlt, einen monokausalen Determinismus zwischen frühem Ohnmachts-/Einsamkeits-/Traumatisierungs-Komplex und späterem Serienmord als ausagierter und speziell auf Sex/Gewalt fixierter Umkehr der Machtverhältnisse zu postulieren, wie es unsinnig wäre zu behaupten, dass derlei keine Rolle für die Wahrscheinlichkeit und Häufigkeit selbst- und fremdzerstörerischer Obsessionen im späteren Leben solcher Menschen spiele. Ob und wie die Umwelt auf Indizien für einen malignen Narzissmus reagiert – wie etwa empathielose und ungewöhnliche Grausamkeit gegenüber Tieren, kann heilend, lenkend, mildernd oder aber verstärkend und beschleunigend wirken. Es geht eben nicht um Ursache und Wirkung, sondern um Bedingungen, Prozesse und Wahrscheinlichkeiten.

Dass sich das Phänomen des Serienmordes ein für alle Mal verbannen ließe, steht allerdings aus vielerlei Gründen sozialstruktureller und sogar anthropologischer Art nicht zu erwarten.
  Viele glauben sogar, dass Serienkiller als Kassenschlager der Kulturindustrie so unverzichtbar geworden sind – und dass sie die Anonymität der Risiken in der postmodernen Einsamkeit so einzigartig auf den Punkt bringen – dass sie schon deshalb auf lange Zeit unverzichtbar bleiben werden. Daran sind allerdings Zweifel erlaubt. Denn erstens ist noch lange nicht gesagt, dass die Unverzichtbarkeit eines Themas auch die Weiterexistenz realer Personen und Handlungen bedeutet, und zweitens ist (wie der Untergang der Sowjetunion belegt) auch die Funktionalität eines Feindbildes oder einer Inkarnation des Bösen noch lange keine Garantie dafür, dass das materielle Substrat, das dieser Symbolik zugrunde liegt, nicht trotz seiner Funktionalität und seines

ideologischen Nutzens von einem Tag auf den anderen verschwindet und durch andere Symbole und Ikonen ersetzt werden muss.

Die Gründe, warum das völlige Verschwinden des Phänomens der Serienkiller nicht zu erwarten ist, liegen sehr viel tiefer: in der Instinktreduzierung des Menschen, in der Unmöglichkeit einer vollkommenen Beherrschung des Individuums durch die Gesellschaft, in der Unmöglichkeit einer vollkommenen Organisation menschlichen Zusammenlebens und in psycho-physischen Entwicklungsbedingungen.

Soweit wir in einer Zeit leben, in der der Grad der Rohheit und Grausamkeit global gesehen eher zu- als abnimmt, und falls es stimmt, dass dadurch auch die Wahrscheinlichkeit der Verbreitung eines besonders malignen Sozialisationstypus zunimmt, ist mit der Zunahme auch der besonderen Konstellation vom Typus *Serienkiller* zu rechnen. Ob und inwiefern sich diese «positiven» Zukunftsaussichten realisieren werden, ist dann eine Frage nach der Effizienz der Fahndung. Je weniger man die Produktion entsprechender Schädigungen und biographischer Verläufe in Richtung auf Serienmorde strukturell unter Kontrolle bekommt, desto mehr hängt von der erfolgreichen Bekämpfung der Resultate dieser fehlgehenden Sozialisationsprozesse und kriminellen Karrieren ab.

Strukturwandel der Fahndung
Im Bereich der Fahndung sind durchaus Fortschritte zu verzeichnen. Vielfach wurden Tötungsserien in vergangenen Zeiten gar nicht als solche erkannt, weil nicht alle drei Voraussetzungen erfüllt werden konnten, die eine solche Erkenntnis erst hervorbringen:
1. Die Todesfälle müssen entdeckt werden.
2. Die Todesfälle müssen als Folgen von Straftaten erkannt werden.
3. Die Todesfälle müssen auf einen identischen Urheber zurückgeführt werden.

Immer noch dürfte es einer unbekannten Anzahl von Tätern gelingen, sich entweder ihrer Opfer restlos und unauffindbar zu entledigen oder aber den Tod ihrer Opfer erfolgreich als Folge eines Herzschlags oder Unfalls ohne Fremdverschulden zu tarnen («Tod beim Hausputz») – von jenen Kulturen ganz zu schweigen, die schon aufgrund ihres magischen Weltbildes dazu tendieren dürften, die Auffindung grausig zerfetzter Leichenteile eher auf das Wirken von Raubtieren oder Dämonen als auf das von Menschen zurückzuführen. In jedem dieser Fälle wäre die Erkenntnis des Serienmordes vereitelt. Doch selbst dann, wenn man Leichen entdeckt und auf Straftaten zurückführt, bedeutet das noch lange nicht, dass jemals die Hypothese eines gemeinsamen Urhebers dieser Taten auch nur entwickelt, geschweige denn erfolgreich getestet und mit der Verhaftung des Serienmörders umgesetzt wird. Zwar gibt es mit VICAP und ViCLAS seit einiger Zeit mancherorts den ersten Ansatz zu entsprechenden Dateien und zu Methoden der Hypothesengenerierung, doch selbst unter heutigen Bedingungen dürfte es eher die Ausnahme als die Regel sein, dass man Morde in Wien und L.A. als Teile der Deliktserie eines einzigen Täters erkennt («Jack Unterweger»).

Wenn also zu befürchten steht, dass der Persönlichkeitstypus des bösartigen Narziss als eines der Fundamente für die gesellschaftliche Produktion von Serienmördern sehr wohl eine Zukunft hat, dann ist zu hoffen, dass zumindest die Fahndungsmethoden verbessert werden, ohne dass die Freiheit der Bürger und die rechtsstaatliche Organisation einer offenen Gesellschaft dafür geopfert werden müssen.

Von Außen nach Innen

Fahndung setzt traditionell an Äußerlichkeiten an: Blutspuren, Waffen, Zeugenberichte über das Erscheinungsbild verdächtiger Personen. Moderne Fahndung begann mit der Methode des Abgleichs von Informationen über den Einzelfall mit Dateien über eine Vielzahl von Personen, die als polizeibekannte Störenfriede oder Vorbestrafte gleichsam die «üblichen Verdächtigen» waren und in denen sich nach allgemeiner Lebenserfahrung womöglich auch der konkrete Täter aufspüren lassen würde. Die Idee war die der Identität: Stimmte die Zeugenbeschreibung mit der Beschreibung eines Individuums in der Datei überein, sprach *prima facie* alles für dessen Täterschaft.

Die ersten Verfahren der Abgleichung litten auf beiden Seiten der Operation unter erheblichen Schwächen. Von Zeugen abgegebene Beschreibungen waren hochgradig ungenau, wenn nicht irreführend, und was man in den Büros der Polizei im Hinblick auf Merkmale möglicher Verdächtiger (Strafentlassener etc.) gesammelt hatte, pflegte den Namen «Datei» kaum zu verdienen.

Letzteres sollte sich ändern, nachdem Alphonse Bertillon, einem einfachen Schreibgehilfen bei der Pariser Polizei, anhand seiner 589 Personen umfassenden selbstgemachten Verbrecherkartei die Identifizierung von gleich 49 Wiederholungstätern gelungen war. Nun durfte er ein offizielles Karteisystem aufbauen, das neben anthropometrischen Daten auch jeweils zwei Fotografien enthielt, die immer aus der selben Distanz zwischen Kamera und Person und immer nach derselben Methode (einmal im Profil, einmal *en face*) erstellt wurden. Wurden der Name des Fotografen und die Dateinummer zunächst per Hand auf die fertigen Abzüge geschrieben, so sollte die Namensangabe bald verschwinden und die Karteinummer bald mitfotografiert werden – und in dieser Weise hat sich das System weltweit durchgesetzt und bis in die Gegenwart gehalten. Auf der anderen Seite wurde die Abhängigkeit von Zeugenaussagen und Gedächtnisleistungen der ermittelnden Beamten durch eine systematische und standardisierte Tatortfotografie verringert (Weitwinkelobjektiv, Magnesiumblitz, immer dieselbe Einstellung zur Dokumentation der Lage des Opfers und der Umstände am Tatort; vgl. Parry 2000). Weitere Fortschritte der Verbrecherkarteien und der Verringerung der Gefahr von Identifizierungsfehlern knüpften ebenfalls an äußeren visuellen Merkmalen an, erhöhten aber die Präzision gerade durch die Abstraktion vom natürlichen Erscheinungsbild und die Konzentration auf mikroskopische Analysen des scheinbar Unbedeutenden (Fingerabdrücke). Mit der Personenidentifizierung durch Phonetische Verfahren (Stimmanalyse) wird im BKA schon gearbeitet; Identifizierungssysteme auf der Basis elektronischer Augen-(genauer: Iris-)Erkennung und anderer biometrischer Verfahren (Gesichts-Erkennung) stehen in der Endphase der Erprobung und dürften bald zum Alltag gehören. Weitere und immer perfektere Methoden werden folgen.

Neben der Tendenz von den großen, mit bloßem Augen zu erkennenden, zu den kleinen, nur per Mikroskop, chemischer Analyse etc. zugänglichen Identifizierungsmerkmalen gibt es noch eine zweite, die von den äußeren zu den inneren Merkmalen geht.

Vom (äußerlichen) Fingerabdruck zum (inneren) genetischen Fingerabdruck war es schon ein großer Schritt. Von der (äußeren) Beobachtung der Verfärbung der Gesichtsfarbe des womöglich lügenden Verdächtigen zur Analyse der (inneren) Reaktionen des vegetativen Nervensystems mittels des Polygraphen (Lügendetektors) war es – im Prinzip, d.h. wenn man einmal von der doch enormen Fehleranfälligkeit dieser Methode absieht – noch einmal ein großer Schritt. Doch während der Polygraph noch vor dem Innern des Zentralen Nervensystems Halt macht, werden an amerikanischen Universitäten und bei der CIA die Lügen schon dort – und mit verblüffender Zuverlässigkeit – entdeckt, wo sie entstehen. Wie beim Lügendetektor spielen Kontrollfragen und Fragen nach Tatwissen eine Rolle – aber analysiert werden anders als beim Elektroenzephalogramm die unmittelbaren Prozesse der Wahrnehmung und Einordnung von Ereignissen im Gehirn (ereignisbezogene Potentiale). Entstanden aus der Neurokognitionsforschung und dem Versuch, sich jenseits des Einzugsbereichs von Polygraphen der sogenannten P300-Komponente zu bedienen (in der Regel lassen sich Reaktionen des Gehirns auf Reize nach einer Reaktionszeit von 300 Millisekunden nachweisen), ist man inzwischen bei einer Art «Hirnwellen-Fingerabdruck» angelangt, über dessen Anwendungsreife gerade gestritten wird (Farwell und Donchin 1989, 1991; Farwell 1992; Farwell/Richardson 1993). Aus historischer Perspektive betrachtet, hat sich der Trend also nicht umgekehrt, sondern konsequent verlängert: von Außen nach Innen.

Die Frage, ob neue Methoden der Fahndung alte Trends fortsetzen oder umkehren, ist freilich damit noch nicht für alle Aspekte und Innovationen beantwortet. Das System der computerunterstützten Rasterfahndung, wie es vom BKA in den 1970er Jahren gegen terroristische Gruppen zum Einsatz kam, spielt seiner Struktur nach bei den neuen Fahndungsmethoden im Allgemeinen und bei der Fahndung nach Serienkillern im Besonderen eine eher zu- als abnehmende Rolle. Damit folgt es nicht dem herkömmlichen Programm, zunächst einmal über Zeugenaussagen und Befragungen im sozialen Nahraum des Opfers die «üblichen» und «nahen» Verdächtigen unter die Lupe zu nehmen und nur im Misserfolgsfall die Kreise der Ermittlung weiter zu ziehen (= von Innen nach Außen vorzugehen), sondern geht erneut von Außen nach Innen vor. Dabei ergeben sich durch Rasterfahndungen[1] gewisse Reibungen, wenn nicht Verletzungen, hinsichtlich der strafprozessualen Unschuldsvermutung. Ob dieser Bereich aber wirklich durch die Unschuldsvermutung abgedeckt wird oder werden sollte, ist nicht evident.

Dass die Entwicklung in Richtung auf eine signifikante Erhöhung der Effizienz der Fahndung nach Serienkillern strebt, scheint bei all dem außer Frage. Insofern steht es zwar nicht im Hinblick auf die gesellschaftlichen Bedingungen des Serienmords, wohl aber im Hinblick auf die Chancen der Strafverfolgung glücklicherweise nicht gut um die Zukunft der Serienkiller.

---

[1] Im Falle der Terrorismusfahndung könnte eine Rasterfahndung z.B. wie folgt aussehen: Erst werden unter allen Kunden der Elektrizitätswerke die Barzahler ermittelt, dann die Barzahler in der Region der Tat, aus diesen wird wiederum eine Gruppe von Verdächtigen herausgefiltert, innerhalb der schließlich der Täter identifiziert wird.

Profiling: Mythos oder Methode?
Viele verbinden Hoffnungen auf Fahndungserfolge ganz speziell mit dem sogenannten Profiling, während andere darin einen Schabernack oder eine bloße Medien-Inszenierung sehen. Das legt einige abschließende Überlegungen nahe.

Die Erstellung eines Täterprofils ist in der bundesdeutschen kriminalpolizeilichen Theorie und Praxis, anders als vielleicht in manchen Mediendarstellungen, nicht die ausschließliche und kontextfreie Beschäftigung einzelner Superhirne mit Serienmorden. Vielmehr ist die Profilerstellung eingebettet in eine weiter ausgreifende, methodisch freilich keineswegs weniger interessante, Denk-Tätigkeit, die im deutschsprachigen Raum seit einiger Zeit als *Operative Fallanalyse* (OFA) bezeichnet und betrieben wird.

Die klassische Fahndung wird dadurch nicht gegenstandslos, aber sie wird um eine nach anderen Prinzipien vorgehende und innovative Methode ergänzt. Wer auf diesem Weg zum Täter gelangen will, ist gerade nicht in erster Linie an Zeugenaussagen und Aussagen von Bekannten und Verwandten des Opfers interessiert. Von Informationen solcher Art erwartet man für den Erfolg der Methode keine Hilfe. Eher befürchtet man Ablenkung und Desaster. Also tut man zunächst einmal alles, um sich von solchen unerwünschten Informationen fern zu halten.

Auch der Spezialist für genetische Analysen wird sich ja auf das beschränken, was er kann und was ihn weiterbringt. So konzentrieren sich die Spezialisten für die Operative Fallanalyse auf den Tatort. Was die Sehnsucht nach einer objektiven Bestandsaufnahme und Analyse des Tatorts angeht, was die Betrachtung des Tatorts auf der Suche nach der Entschlüsselung der letzten Motive des Täters und seiner «Handschrift» angeht, sind sie allerdings keine Revolutionäre. Sie sind ja im Grunde keineswegs an einer Revolution gegen Bertillon interessiert, sondern allenfalls an der Perfektionierung seiner Methode.

Sie verfügen über besseres Handwerkszeug für die Voraussetzungen der Verdachtsgewinnung («Ausreißer in statistischen Zeitreihen») und über ein in letzter Zeit erheblich vertieftes Wissen. Interessant ist dabei vor allem die Rehabilitierung «unwissenschaftlicher» Vorgehensweisen und ihre Kombination mit strenger Mathematik, Logik und «Wissenschaftlichkeit». So werden mitten im Computer-Zeitalter längst veraltet und geradezu skurril erscheinende Methoden vom Stile eines *Sherlock Holmes* reaktiviert – und andererseits werden zusätzlich Computer benutzt. Hier liegt eine Schnittstelle und eine Situation symbiotischer Erkenntnisproduktion von Mythos, Intuition, formaler Logik und computerisierter Datenverarbeitung auf höchstem Niveau vor.

Schon die *objektive Hermeneutik* Ulrich Oevermanns hatte sich an die Ränder des methodologischen Mainstreams begeben, als sie mitten im Prozess der polizeilichen Computerisierung eine Lanze für die eher als etwas obskur gehandelte Methode der logischen Abduktion und der nachträglichen Prophezeiung à la Sherlock Holmes brach. Nach herkömmlichen Standards hatte sie damit die Arena rationaler Wissenschaft und falsifizierbarer Hypothesen verlassen und die Züge einer Kunstlehre, wenn nicht einer mehr am Mythos als an der Methodologie orientierten Magie angenommen.

So denken freilich nur die Dogmatiker moderner Wissenschaftslehre. Mit der Idee, dass vielleicht gerade die Modifikation und Ergänzung der modernen Methodenlehre den beeindruckenden Erfolgen der Profiler und der Operativen Fallanalyse zugrunde liegen könnten, vermögen sie sich nicht auseinanderzusetzen. Für sie ist Abweichung von der formalen Logik und der Methodenlehre der Sozial- und Humanwissenschaften gleichbedeutend mit Aberglaube, wenn nicht Sünde. In der Entwicklung der Fahndungsmethoden, wenn es um Serienkiller geht, zeigt sich für unvoreingenommene Beobachter aber nicht die Sünde der Ketzer, sondern gerade die Kraft der undogmatischen Innovation. Vielleicht, so denken sie, ist ja die heute herrschende Vernunft noch nicht die letzte Gestalt der Erkenntnis.

Die Vervielfachung der Fahndungsanstrengungen angesichts serieller Tötungen ist nicht nur ein quantitatives, sondern vor allem ein qualitatives Phänomen. Und dies auch dann, wenn es sich vielleicht weniger um eine ganz neue Methode, als vielmehr um eine transgressive Kombinatorik aus Mythos und Methode handelt, die man als *Mythode* (Shepherd 1985; Scheerer 2001) bezeichnen kann. Denn wie die Psychoanalyse, so bedient sich auch die neue Fahndung gerne der Denkweise der *retrospektiven Prophezeiung* – eines Vorgehens, das auch als *Zadigs Methode* bekannt ist und das überall dort von Nutzen sein kann, wo unwiederbringlich Vergangenes einzig und allein durch die Imagination – und ausgehend von seinen Folgen – rekonstruiert werden kann. Derlei aber ist das Terrain der Kreativität und der Intuition, der entspannten Assoziation und der «objektiven Hermeneutik» als einer auf der Grenze zwischen Methodologie und Mythologie angesiedelten Form der Erkenntnis. Worum es in der Operativen Fallanalyse, dem Profiling und verwandten Vorgehensweisen, die heute aus gutem Grund und wegen ihrer nicht abstreitbaren Erfolge an Boden gewinnen, geht, ist allerdings (dessen sollte man sich ruhig bewusst sein, bleiben oder werden) nicht einfach die Fortsetzung der üblichen Rationalität mit anderen Mitteln, sondern etwas Neues, das aus der Synthese von strenger Rationalität und freier Assoziation entsteht. Vielleicht sogar, wer kann das heute wissen, der Beginn einer allen Vorgängern überlegenen *Mythodenlehre*.

OFA und *Profiling* stehen nicht allein. Die moderne Wissenschaft trifft nicht nur überall auf ihre Grenzen, sondern gebiert auch überall – teilweise unter dem Etikett einer «postmodernen» Erkenntnistheorie und Methodenlehre – Innovation, die freilich interessanterweise in aller Regel auch Dagewesenes und Vergessenes wieder an die Oberfläche holt, poliert und neu bewertet. Dem Projekt der Aufklärung kann die Relativierung des kalten Verstandes durch die Anerkennung anderer Quellen gültiger Erkenntnis sowohl schaden als auch nutzen. Gefahr drohte, wo remythologisierend das Projekt der ratio selbst bekämpft und etwa durch manichäische Weltbilder ersetzt werden sollte. Auf Nutzen dürften wir hoffen, wenn die neuen Entwicklungen den Verstand nicht bekämpfen, sondern ihm lediglich als Partner bei der Arbeit des Verstehens und Erklärens den Respekt auch vor der Erfahrung und der Phantasie, der Intuition und der Abduktion zur Seite stellen. So könnte dann, im besten Falle, der Verstand zur Vernunft gebracht werden und zu einem segensreich effektiven Instrument der Verbesserung von Welt- und Selbsterkenntnis reifen.

Pythia

Serienkiller haben gewiss eine Zukunft. Als Thema allemal, als materielle Realität von Morden und Ermordet-Werden werden sie ebenfalls nicht ganz verschwinden. Vergänglichkeit kommt ihnen vielleicht noch am Nächsten.

Die Welt befindet sich in einer Krise des Gewaltmonopols und der Parteigewalt. Zumindest auf absehbare Zeit trägt das nicht zur Verbesserung, sondern in erster Linie zur Brutalisierung der allgemeinen Lebensverhältnisse und Sozialisationsbedingungen bei. Die Chancen, dass dem Sozialcharakter des malignen Narzissmus mehr als allen seinen Alternativen die Zukunft gehört, stehen leider gut. Die Wahrscheinlichkeit, dass Kinder mit diesen speziellen Belastungen auf eine Umwelt treffen, die mehr mit dem eigenen Überleben als mit der sensiblen Fürsorge für den Nachwuchs befasst ist, die deshalb überfordert, ignorant und passiv bleibt, wo es um kundige Hilfe, Stützung, Lenkung und Heilung ginge, nimmt zu.

Es ist nicht gut, wenn alle Hoffnung auf der Fahndung ruht, indiziert derlei doch eine desaströse Tendenz der allgemeinen Verhältnisse. Die an sich erfreulichen Fortschritte im Fahndungswesen und ihre möglichen Beiträge zu einer Neudefinition von Wissenschaft und Erkenntnis müssen deshalb gerade dann nachdenklich stimmen, wenn sie heute als wichtigstes und effektivstes Mittel angesehen werden müssen, um uns und unseren Nachfahren eine allzu leuchtende Zukunft für Serienkiller und andere Barbaren zu ersparen.

Literaturangaben

Becker, H.S. (1973): Außenseiter. Frankfurt: Fischer.
Farwell, L.A. und Donchin, E. (1989): Detection of Guilty Knowledge with ERPs. Psychophysiology, 26: 58 (Abstract)
Farwell, L.A. und Donchin, E. (1991): The Truth Will Out: Interrogative Polygraphy (»Lie Detection«) With Event-Related Brain Potentials. Psychophysiology, 28: 531–547.
Farwell, L.A. (1992): The Farwell System for Event-Related Brain Potential Information Detection: A New Paradigm in Psychophysiological Detection of Concealed Information. Technical Report prepared for the Office of Research and Development of the Central Intelligence Agency, 1992.
Farwell, L.A. und Richardson, D.A. (1993): Detection of FBI Agents with the Farwell MERA System: A New Paradigm for Psychophysiological Detection of Concealed Information. Technical Report, Human Brain Research Laboratory, Inc.
Merton, R.K. (1974): Sozialstruktur und Anomie, F. Sack/R. König, Hg., Kriminalsoziologie, 2. Aufl. Frankfurt: Akad. Verlagsanstalt: 283–313.
Parry, E. (2000): «Crime Album Stories». Paris 1886–1902. Zürich: Scalo Publishers.
Scheerer, S. (2001): Mythos und Mythode. Zur sozialen Symbolik von Serienkillern und Profilern, C. Musolff/J. Hoffmann, Hg., Täterprofile bei Gewaltverbrechen. Berlin: Springer.
Shepherd, M. (1985): Sherlock Holmes and the Case of Dr. Freud. London, New York: Tavistock.
Sutherland, E.M. (1974): Die Theorie der differentiellen Kontakte, F. Sack/R. König, Hg., Kriminalsoziologie. 2. Aufl. Frankfurt: Akad. Verlagsanstalt.: 395–399 (orig. 1939).

Zehn Mythen über Serienmord

Alexandra Thomas

1. Serienmord ist sexuell motiviert.
... sexuellen Handlungen am Opfer können nichtsexuelle Motivationen zugrunde liegen.

2. Serienmörder sind abartig veranlagt und unzurechnungsfähig.
... wenngleich serielle Tötungen Abweichungen von sozialen Normen darstellen, folgen die Täter in ihren Tathandlungen sozialen und psychischen Mustern, die innerhalb der Gesellschaft verankert sind und in der Interaktion mit Familie und Umwelt erworben und entwickelt wurden, wobei das eigene Tun – das Töten – durchaus reflektiert wird (z.B. in Gestalt von Phantasien und Tatplanung).

3. Serienmord ist ein männliches Delikt.
... diese Behauptung ist eher Ausdruck patriarchalen wie feministischen Wunschdenkens, als dass sie wirklich bewiesen ist. Vermutlich bilden Serienmörderinnen die Minderheit, aber um eine repräsentative Aussage treffen zu können, müssten erst einmal Untersuchungskriterien gefunden werden, die weibliche Lebenswelten berücksichtigen.

4. Täterprofile spiegeln die Innenansichten von Tätern wider.
... primär handelt es sich hierbei um Rekonstruktionen externer Beobachter – um Vorstellungen und Phantasien, die Psychologen und Ermittler von Tat und Täter haben. Sie können Anhaltspunkte hinsichtlich der Persönlichkeit des Täters beinhalten, aber sie sind nicht deren Abbild.

5. Serienmord ist ein modernes Phänomen.
... multiple Tötungen einzelner Täter lassen sich bis zu den Anfängen der Menschheitsgeschichte zurückverfolgen. Lediglich die Zuschreibungen, Definitionen und Erklärungen variieren von Epoche zu Epoche.

6. Alle Serienmörder sind so faszinierend wie Hannibal Lecter.
... mitnichten. Die wenigsten Täter verfügen über eine solche schillernde Persönlichkeit wie ihr fiktives Alter Ego. Sich ausschließlich auf Kosten Anderer ausdrücken und vermitteln zu können, ist traurig – aber nicht unbedingt ‹filmreif›.

7. Die Lebenswelten von Serienmördern haben nichts mit denen anderer Menschen gemein.
... siehe Punkt 2: Diese Aussage lässt sich als ein gesellschaftlicher Schutzmechanismus interpretieren, der die Illusion der eigenen Normalität und Integrität wahrt und davon ablenkt, dass Serienmörder in extremer Form psychosoziale Konflikte und Störungen ausagieren, die im sozialen System omnipräsent sind.

8. Ressler ist der Erfinder des Begriffs «Serienmord»./Das FBI hat das Konzept des Profilings erfunden.
... obwohl es für beide Annahmen keine stichhaltigen Beweise gibt bzw. zahlreiche Gegenbelege existieren (u.a. von Canter, Leyton), halten sie sich seit Bildung der Triade «Douglas – Ressler – Harris» hartnäckig in populären und wissenschaftlichen Publikationen (letzterer ist der Autor des Thrillers «Das Schweigen der Lämmer», der den Mythos des Serienmords nicht minder beeinflusst hat wie die beiden anderen).

9. Für alles gibt es eine Erklärung – auch für Serienmord.
... keine der bisherigen Theorien vermag es, die Ursachen für serielles Töten umfassend und plausibel zu erklären. Jede für sich genommen, enthält i.d.R. ein wahres Moment, aber sie scheitern alle an der Frage, warum innerhalb einer bestimmten Kategorie (z.B. kindliche Traumatisierung) einige Individuen zu (Serien-)Mördern werden und andere nicht. Dieser Punkt konnte bislang nicht geklärt werden, und es ist fraglich, inwieweit das erstrebenswert ist, was der eigentliche Kern dieser ‹Gralssuche› ist und ob sie überhaupt zu einer Lösung führt. Möglicherweise sind all diese Erklärungsversuche nur eine Projektion unserer eigenen Wahrnehmung von Welt, während das destruktive Handeln der Täter lediglich dem Prinzip des Selbstzwecks folgt.

10. Wissenschaftler und Kriminalisten beschäftigen sich nur mit diesem Thema, um einen Beitrag für die Gesellschaft zu leisten ...
    ... glaubt ihnen nicht ...!!!

Frequently Asked Questions (FAQ)
Dreizehn Fragen zu Serienmord ... und einige Antworten

1. Was bringt Menschen dazu, Serienmorde zu begehen?

F.R.
Um diese Frage zu beantworten, sollte vorab geklärt werden, was einen Serienmord überhaupt zu einem solchen macht. Obwohl es hierüber durchaus sehr unterschiedliche Ansichten gibt, werden staatlich befehligte oder politisch intendierte Formen der Massentötung in der Regel nicht dazu gezählt (wie etwa kollektive Genozide, politische Attentate, Kriege, Vollstreckungen der Todesstrafe usw.). Gleiches gilt für einzelne eruptive Gewaltausbrüche (Amoklauf) oder streng gewinnorientierte Auftragsmorde. Vielmehr wird gewöhnlich dann von Serienmorden gesprochen, wenn mehrere Tötungen durch eine einzelne Person in zeitlichem Abstand voneinander verübt worden sind und eine sexuell lustorientierte Bedeutung in diese Tötungen hineininterpretiert werden kann. Es handelt sich dabei oft um in sadistischer Weise verübte Taten, die eine für den jeweiligen Täter spezifische Signatur aufweisen.

Geht man von dieser in der Literatur weitverbreiteten Sichtweise aus, muss die Eingangsfrage richtigerweise lauten, was Menschen dazu bringt, sexuell motivierte und in Serie begangene sadistische Morde zu begehen.

Eine Antwort hierauf ist nur mit Mühe zu konstruieren und zahlreiche der in diesem Band vertretenen Autoren geben ihr Bestes, um erste Anhaltspunkte für eine Erklärung zu finden oder das Phänomen in Bezug auf andere Aspekte zu erhellen. Nach dem gegenwärtigen Stand der Forschung kann man wohl davon ausgehen, dass die Begehung derartig gravierender Taten erst durch sehr spezifische, bereits frühkindlich manifestierte, Verletzungen in Verbindung mit einem ineffektiven sozialen Umfeld und subjektiven Denkprozessen (welche sexuelle Erregung und Gewalt/Tod miteinander verknüpfen) ermöglicht wird. Auch bestimmte neurologische Hirnschädigungen werden vielfach als wesentliche Faktoren benannt.

S.Sch.
Was Serienkiller wie Haarmann oder Honka zu ihren Taten bringt, ist auf der Oberfläche schwer zu sagen. Daher ihre Bezeichnung als «motivlose Verbrechen». Für die Täter liegt das Motiv allerdings in einer (wie auch immer realisierten) Sexualität. Warum das sexuelle Verlangen diesen Weg nimmt, führt zur Frage nach den sexuellen Perversionen und der Rolle von Herrschaft, Kontrolle, Gewalt, Folter und Tötung in diesem Kontext. Wer sich fragt, was diese Menschen zu Serienmorden treibt, wird sich mit derlei «fixen Ideen», ihren Trieb- und Herrschaftskomponenten, ihrer Fremd- und Autodestruktivität und vielerlei mehr in ihrer Erscheinungsform und in ihrer biographischen Genese wie ihrer gesellschaftlichen Bedingtheit befassen müssen. An einer überzeugenden Erklärung wird gegenwärtig vielerorts gearbeitet.

2. Wie verbreitet ist das Phänomen «Serienmord»?

F.R.
Serienmorde sind kein räumlich eingeschränktes Phänomen. Während man in den 80er Jahren insbesondere im US-amerikanischen Raum begann, Serienmorde vehement zu thematisieren – was wohl in erster Linie mit der Definitionsgewalt der staatlichen Behörden (insb. FBI) und deren Erfolgen in der Identifikation und Verfolgung eines neuen Verbrechertypus als Abbild des absoluten Bösen zusammenhängt – finden sich mittlerweile durch die Anwendung von veränderten Fahndungsmethoden und neu geschaffenen Sondereinheiten mit spezialisiertem Wissen auf allen Kontinenten Täter und Taten, die sich unter dem Begriff ‹Serienmord› subsumieren lassen. Diese wären im Vorfeld nicht als solche benannt (vgl. für Deutschland etwa Jürgen Bartsch) oder identifiziert (vgl. für Österreich etwa Jack Unterweger) worden; dennoch existierten sie bereits zuvor.

So gelang es bspw. der südafrikanischen Profilerin Micki Pistorius seit Gründung ihrer eigenen Spezialeinheit auf Ebene des South African Police Service plötzlich innerhalb von 6 Jahren in mehr als 30 Fällen von «Serienmord» zu ermitteln.

Trotz seines weltweiten Auftretens ist die Häufigkeit des Phänomens, gemessen an der Gesamtbevölkerung und auch an «normalen» Morden, jedoch sehr gering. Was Serienmorde so außergewöhnlich macht, ist ihre qualitative Ausprägung – nicht die Häufigkeit ihres Auftretens.

S.Sch.
Serienmorde sind einerseits weder auf die USA noch auf die westliche Welt beschränkt, sondern womöglich ein globales Phänomen. Andererseits tendieren viele Menschen dazu – nicht zuletzt auf Grund des Raumes, den solche Taten in den Massenmedien einnehmen – sowohl die Zahl der Morde als auch die der Sexualmorde zu überschätzen. Während manche Menschen deshalb auch übertriebene Vorstellungen über die Verbreitung von Serienmorden haben dürften, bemühen sich andere, mit dem Zauberstab der Statistik praktisch jeden Grund zur Beunruhigung verschwinden zu lassen. Anhand der Verurteiltenziffer (= Verurteilungen pro 100.000 Einwohner), die in Deutschland für Tötungsdelikte im Allgemeinen weit unter 1,0 und für Sexualmorde weit unter 0,1 liegt, kommen sie zu einer Berechnung, aus der sich für Sexualmorde und Sexualstraftaten mit Todesfolge zusammen genommen «eine gemeinsame Verurteiltenziffer von 0,018 pro Jahr (ergibt), d.h. pro 100.000 Einwohner wäre alle 56 Jahre mit einer Verurteilung wegen vollendeter Tötung mit sexuellem Bezug oder einer Sexualstraftat mit Todesfolge zu rechnen. Soweit zum Risiko solcher Tötungen für die Allgemeinheit» (Hartmut-Michael Weber, Wolf-Dieter Narr). Die Leichtigkeit, mit der man auf diese Weise auch die Risiken der Atomenergie, des Ozonlochs und des islamistischen Terrorismus herunterrechnen und zum Verschwinden bringen könnte, sollte freilich zu denken geben.

3. Sind nicht eigentlich Diktatoren (Hitler u.a.) die größten Serienmörder der Geschichte?

S.Sch.
Nur selten kommt es dazu, dass ein Mensch im Laufe seines Lebens einen anderen Menschen direkt tötet. Noch seltener ist es, dass ein Mensch mehrere Menschen tötet. Mehrere Tötungen sind in der Regel Erscheinungen des Krieges und anderer bewaffneter kollektiver Aktionen. Täter sind meist Befehlshaber politischer und/oder militärischer, meist staatlicher, oft aber auch sub-, para- oder antistaatlicher Art. Über die Legalität dieser Serien- und Massentötungen gibt es normalerweise lange Diskussionen. Anders ist das im Fall der gleichsam privaten Mehrfachmorde, bei denen man Amokläufer und/ oder spree killers von gewinnorientierten und von sexuell lustorientierten Tätern unterscheiden könnte.

Serienmörder im Sinne des FBI oder von der Art des Hannibal Lecter im «Schweigen der Lämmer» bringen mindestens drei oder vier, aber höchstens einige Hundert Menschen um. Ihre Motivation ist eine andere als die Motivation eines Hitler, Stalin oder Pol Pot. Auch die Gründe und Ursachen, die diese größten Massenmörder in der Geschichte zu ihren Taten brachten, sind anders gelagert.

Sie sind keine Serienmörder im Sinne des FBI oder von der Art des «Schweigens der Lämmer».

Adolf Hitler und Fritz Haarmann haben mehrere Menschen ermordet. Auch sonst mögen sie manches gemeinsam haben. Dennoch unterscheiden sie sich auch in so vielem, dass es gerechtfertigt erscheint, die Erklärung für einen Hitler anders anzulegen als die für einen Haarmann. Sollte sich am Ende zeigen, dass beide im Wesentlichen gleich sind, könnte man auf die heute noch herrschende Unterscheidung zwischen Massenmördern und Serienmördern vielleicht mit Gewinn verzichten. Noch sieht es so aus, als sei es vernünftiger, Hitler den politischen Massenmördern und Haarmann den Serienmördern zuzurechnen.

Soweit aber diejenigen, die darauf insistieren, dass Hitler und Stalin «die eigentlichen serial killers» gewesen seien, hauptsächlich darauf aus sind, die ethische Verwerflichkeit der Taten von Serienmördern auf die genannten Diktatoren zu übertragen, möchte ich der Hoffnung Ausdruck verleihen, dass man bei aller Aufregung über die Serienkiller die Proportionen nicht aus den Augen verlieren möge. Als Maßstab für das absolut Böse eignen sich die Serienmörder vielleicht weniger als die Hitlers.

A.Th.
Nein. Die von Diktatoren (Hitler, Stalin etc.) befehligten Tötungen entspringen einem anderen Kontext und sind anders dimensionalisiert und strukturiert als Mehrfachmorde, die von einzelnen Individuen begangen werden. Die Tötungen totalitärer Regime entstammen primär einem politischen Hintergrund und lassen sich als Massenmorde klassifizieren. Diese wiederholen sich zwar im Laufe der Herrschaftsperiode, aber im Mittelpunkt steht i.d.R. die bürokratisch und strategisch organisierte, auf Effektivität angelegte Auslöschung möglichst vieler Menschenleben. Dies gilt in zweifacher Hinsicht: Das einzelne Opfer wird nicht nur getötet, sondern es löst sich auch in seiner Individualität in der Masse der Opfer auf. Anders verhält es sich bei multiplen Tötungen

einzelner Täter, die eher in einen individual- und persönlichkeitspsychologischen Kontext eingebettet werden. Bei diesen Serienmorden geht es nicht darum, als Täter-Masse in einer Opfer-Masse aufzugehen. Serienmörder wie Jeffrey Dahmer oder Ted Bundy lassen sich eher als «xerox men» (Seltzer 1998) charakterisieren, die ihre scheinbare Normalität bzw. Nicht-Existenz durch ihre Morde zu durchbrechen versuchen, um anschließend wieder in der Unsichtbarkeit zu verschwinden – bis zum nächsten Mord.

4. Welche Rolle spielen Phantasien bei der Tatgestaltung/-motivation?

F.R.
Phantasien spielen gerade bei sadistischen Mehrfachmördern offenbar eine herausragende Rolle – sowohl für die Tatmotivation als auch für die konkrete Ausgestaltung der Tat.

Obwohl es aus wissenschaftlicher Sicht problematisch ist, Phantasien von Serienmördern zu erfassen und zu analysieren, kann aufgrund der in der Literatur weitgehend vertretenen Meinung wohl angenommen werden, dass die meisten sadistisch agierenden Serienmörder ihre Taten im Vorfeld der Morde detailliert in ihrer Vorstellung planen. Sie versuchen dann während der eigentlichen Tat diesem, in ihrer Phantasie entwickelten, eigenen Handlungsfaden zu folgen. Weiterhin schmücken sie nach einem Mord ihre Phantasien durch das gerade Erlebte aus und können die Tat auf diese Art im Nachhinein mehrfach neu durchleben, was ihnen zumindest vorübergehend Befriedigung verschafft.

Ihre «Motivation» zielt somit auf Lustgewinn ab, den sie erlangen, indem sie versuchen, ihre Phantasien (eben durch die Ausgestaltung der Tat) bestmöglich in die Realität umzusetzen. Genährt werden können die Phantasien durch vielfältige interne und externe Einflüsse. Ihre Entstehung schreibt man weitgehend dem sehr frühen Erleben einer Amalgamierung von Sexualität mit Gewalt/Tod und einer gleichzeitigen andauernden sozialen Isolation durch ein dysfunktionales soziales Umfeld zu.

W.-R.K.
Phantasie ist ein Ursprung von Handeln. Die mögliche Macht der Phantasien wird erkennbar, wenn sie dem menschlichen Verlangen Raum gibt und die soziale Verantwortung, zu der der Mensch von der Gesellschaft verpflichtet wurde, ausblenden oder verdrängen kann. Phantasien ermöglichen, in der Fiktion das zu erleben, was an Verlangen bisher von der Realität verweigert wurde. Doch beinhaltet nicht jede Phantasie die Frage, ob sie sich nicht in reale Handlung umsetzen lässt? Liegt der Reiz der Phantasie nicht auch in ihrer Verwirklichung?

Handlungen, die emotional als Erfolg erfahren werden, schaffen das Verlangen nach Wiederholung. Schon die mehrfach in der Phantasie simulierte, Befriedigung versprechende Vorstellung vom Tun beinhaltet Serielles. Sollte auf der Basis der Phantasie reales Handeln erfolgen und den emotional erwarteten Erfolg bestätigen, ist das Verlangen nach Wiederholung eine logische Reaktion.

5. Sind die Mütter schuld?

A.Th.
Die Frage sollte anders gestellt werden: Kann eine Mutter bei der Kindererziehung etwas richtig machen? Denn, egal, wie sie ihr Kind erzieht, ihre Handlungen können ihr immer als Fehler ausgelegt werden. Dabei kann es ihr nicht zum Vorwurf gemacht werden, dass sie unbewusst und bewusst erlernte und antrainierte Verhaltensmuster in die Mutter-Kind-Beziehung einbringt (z.B. Vorhandensein/Fehlen von Empathie, kommunikative Fähigkeiten etc.) und die kindliche Sozialisation stets unsichere, unkalkulierbare Momente birgt, die von außen nur bedingt oder gar nicht beeinflussbar sind (innere Prozesse wie die Ausgestaltung von Phantasien usw.). Die Mutter befindet sich daher in einer denkbar ungünstigen Ausgangsposition, in der sie fast zwangsläufig ‹scheitern› muss, so dass die Frage berechtigt ist, inwieweit sich überhaupt von «Schuld» sprechen lässt und ob dieser Begriff nicht vielmehr eine moralische Kategorie ist, mit der Frauen restriktiv auf die traditionelle Weiblichkeitsrolle festgeschrieben werden. Die alleinige Verantwortung der Mutter zuzuweisen, lenkt von der Verantwortlichkeit und dem Einfluss des Vaters ab, der gleichfalls zur psychischen, sozialen und geschlechtlichen Entwicklung des Kindes beiträgt und sei es durch Abwesenheit und/oder Passivität. Die einseitige Schuldzuweisung an die Adresse der Mutter bekräftigt nicht nur traditionelle Vorstellungen von Weiblichkeit; die Konstruktion destruktiver Mütterlichkeit erlaubt zugleich die Wahrung männlicher Hegemonialität. Die Mutter als Projektionsfläche des ‹Bösen› schützt vor Einsicht und Machtverlust.

W.-R.K.
Die Entwicklung zum Serienmörder wird von vielen Menschen und gesellschaftlichen Faktoren beeinflusst, doch es ist signifikant, dass männliche Serienmörder immer wieder die Rolle der Mutter (Pflegemutter) in ihren Angaben über emotional prägende Erlebnisse mit einbeziehen. Welche Bedeutung das erlebte Mutterbild auch für einen Serienmörder haben könnte, wird aus dem folgenden Aufsatz eines Sadisten (der nicht in Verbindung mit Straftaten steht) deutlich:

«In alten Märchen werden Königskinder zu abscheulichen Ungeheuern. Das muß gewesen sein, als sie das Gesicht ihrer Mutter sahen. Da kroch ihnen das Grauen in jedes Glied, jedes Organ ihres Körpers und verwandelte sie.

Viele erstarrten wie Lots Frau, als sie sich umdrehte. Sodom und Gomorrha war das Gesicht der Mutter. Die brennende Stadt, einer der Mythen, die Wirklichkeit zu umschreiben, um sie erträglicher zu machen.

Den Horrortrip, wenn das Gehirn klirrend zerspringt, weil es den Kälteschock nicht aushält. Wenn man abstürzt ins Bodenlose, fällte und fällt, und weiß, man wird nie wieder kommen. Spürt, wie man sich auflöst in eine Vielzahl irrer Figuren und Erscheinungen.

Und da ist wieder die Mutter; ein furchtbares Rieseninsekt mit totgrauen Spinnenblick und giftigen Stachel. Sie kommt näher. Ich nehme eine Lanze und versuche, sie zu erstechen. Doch die Lanze verbiegt sich nur an ihrer Panzerung. Jetzt ist die Mutter unerträglich nah; berührt mich. Ich kann kein Glied mehr bewegen. Sie beißt zu; und ihr

Spinnengift lähmt mich endgültig. Überall spinnt sie Fäden um mich herum; hängt mich irgendwo auf; soll ihr dankbar sein, daß sie mich nicht gleich frisst, sondern aufhebt für ihre alten Tage. Bis dahin kontrolliert sie alles. Stopft mich voll mit ihrem Spinnenfraß, damit ich groß und stark werde – für sie.

Deshalb muß ich auch immer beten: ‹Ich bin klein, mein Herz ist rein. Soll niemand drin wohnen, als Jesus allein.› Sie selbst ist am besten und reinsten und vom vielen Beten schon ein Kreuz auf dem Rücken. Ich will schreien; aber sie hat mir den Hals zugeschnürt. Niemand wird mir helfen. Alle verehren die Kreuzspinne als gutes und frommes Tier; sind gelähmt durch das Gift ihrer eigenen Mütter. Würgen an dem gleichen Wortknebel wie ich: Mutter ist die Beste. Das Mutterauge, ... die Hand, die die Mutter schlägt, wächst aus dem Grabe. Kein Vogel beschmutzt das eigene Nest.» (Anonymus; unveröffentlicht)

6. Hilfe, mein Kind verhält sich auffällig. Wird es jetzt zum Serienmörder?

S.Sch.

Auffälligkeit kann positiv oder negativ sein. Auch ein späterer Mozart verhält sich in seiner Kindheit auffällig. Und viele Durchschnittsbürger auch. Beim gegenwärtigen Stand des Wissens kann man sich vorstellen, dass die Wahrscheinlichkeit, später zum Serienmörder zu werden, in einer bestimmten Art von Kindheit besonders groß ist. Dazu gehören die Entfremdung von den Eltern, frühkindliche Verknüpfungen von Gewalt und Sexualität, die Reversion von Ohnmachtserfahrungen durch (extreme) Tierquälerei wie z.B. die Tortur lebendiger Katzen (Kreuzigung) oder ähnliches, und eine Entfaltung früher Allmachtsphantasien ohne Relativierung durch die Umwelt. Während es wohl wenige Serienmörder gibt, in deren Biographie sich derlei nicht findet, wird andererseits nicht jeder, der derlei erlebt und erlitten hat, später auch zum Serienmörder. Völlig andere, auch legale, Karrieren sind denkbar. Starke Probleme für die Betroffenen und/oder deren Umwelt dürften allerdings allemal auf der Tagesordnung stehen.

F.R.

Es ist keineswegs angebracht, aufgrund geringer Auffälligkeiten panisch zu reagieren und das Schlimmste zu befürchten, da es extrem unwahrscheinlich ist, dass sich ein auffälliger Jugendlicher tatsächlich dahingehend entwickelt, dass er seine psychosozialen und/oder neurologisch-psychiatrischen Probleme durch Serienmorde ausagieren wird.

Dennoch sollte man Warnsignale wie eskalierende Tierquälerei, völlige Empathielosigkeit oder auch Phantasien, die sich um Tod und Folter ranken etc., nicht ignorieren und in solchen Fällen durchaus die professionelle Beratung eines Psychologen/Psychiaters oder einer Erziehungsberatungsstelle aufsuchen, um dem Problem entgegenzuwirken, das diesen Verhaltensweisen zugrunde liegt.

Es ist im Übrigen gerade bemerkenswert, dass Serienmördern in ihrer Kindheit eben keine erwachsenen Bezugspersonen zur Verfügung standen, die eine der oben genannten Verhaltensweisen bemerkt, hinterfragt oder in anderer Art und Weise kritisiert und somit als sozial unerwünscht definiert hätten.

7. Gibt es auch Serienmörderinnen, oder töten nur Männer in Serie?

A.Th.
Nach bisherigen Erkenntnissen kann davon ausgegangen werden, dass es sowohl männliche als auch weibliche Serienmörder gibt, wobei erstere überwiegen. Die bekannten Fälle bestätigen die Beobachtungen zur unterschiedlichen geschlechtlichen Sozialisation von Männern und Frauen: Täterinnen wie Aileen Wuornos, die «*stranger to stranger*» tötete, indem sie Männer als Freier anlockte und erschoss, oder Judith Neelley, die zusammen mit ihrem Mann Alvin mehrere Menschen vergewaltigte, folterte und ermordete, scheinen eher die Ausnahme zu sein. Wesentlich häufiger ist überliefert, dass Frauen in ihrem sozialen und beruflichen Nahbereich töten – sei es in der Familie, in Krankenhäusern oder Pflegeheimen. Entsprechend dieses Settings werden die Opfer primär durch Verabreichung von Giften und Medikamenten oder durch Erstickung getötet, was eine Entdeckung der Morde erschwert. Das Töten wird zum beständigen Lebensszenario, das nahtlos in den Alltag und das soziale Leben der Täterin einfließt, was ein beträchtliches Maß an sozialer Kompetenz und Anpassungsfähigkeit erfordert, während männliche Serienmörder oftmals außerhalb ihres alltäglichen Lebensbereichs töten und somit in zwei parallelen Welten agieren.

S.Sch.
Manche AutorInnen folgern daraus, dass Serienmord kein Monopol für Männer sei und zu unrecht als solches dargestellt werde. Andere hingegen insistieren darauf, dass der «eigentliche» Serienmord typisch und/oder sogar ausschließlich «Männersache» sei.

Das für serial killers typische, zur fixen Idee in Gestalt bestimmter privater «Drehbücher» gewordene Motivbündel aus absolutistischen Herrschafts- und Sexualphantasien, ist gegenwärtig allerdings so gut wie ausschließlich bei Männern zu finden. Das allerdings ist eine empirische Grenze und keine prinzipielle. Weibliche Serienkiller sind möglich. Vielleicht gab es sie schon, und wir wissen es nicht. Vielleicht ist Aileen Wuornos eine (gewesen). Vielleicht wird es in Zukunft mehr geben.

8. Woher kommt das überproportionale Interesse für das Thema «Serienmord»?

A.Th.
Als «Serienmorde» klassifizierte Fälle gehen oftmals einher mit extremen Formen physischer Gewalt (Kannibalismus, Sadismus, Nekrophilie etc.). Diese Tötungen sind von derart absoluter Zerstörungskraft, dass sie gesellschaftliche Normen sprengen. Sie berühren zwei Punkte, die die menschliche Existenz in ihren Fundamenten erschüttern: (gewaltsamer) Tod und (physische) Versehrtheit. Dieser Riss lässt sich mittels verschiedener psychischer Mechanismen überlagern. So verwandelt sich die Angst bzw. Verunsicherung in Faszination – in Lust und Staunen am Schrecklichen und Morbiden. Der Serienmörder wird zu einer ästhetischen Kunstfigur stilisiert und dadurch gezähmt. Die immer wiederkehrende Konfrontation mit den schauerlichen Geschichten soll das Unfassbare erklärbar und greifbar machen. Der Konsum nichtfiktionaler und fiktionaler Bücher und Filme erlaubt eine Immunisierung, ein simuliertes Austesten der eigenen psychischen

Grenzen durch das fortgesetzte und kontrollierte Erleben von Angst. Darüber hinaus erfüllt das Thema «Serienmord» eine weitere wichtige Funktion, die gerne unerwähnt bleibt: Es befriedigt den eigenen Sadismus – die eigene Schaulust an der Verwundbarkeit und am Schmerz anderer. Letztlich reiht sich dieses Thema in seinen verschiedenen Ausprägungen nahtlos in die Populärkultur ein, die durch die Zurschaustellung psychischer und physischer Wunden (Seltzer 1998) geprägt ist – sei es in Gestalt von Talkshows, Ausstellungen wie «Körperwelten» oder Berichten über Unfälle und Operationen.

F.R.
Neben der (in der Zwischen-Reflexion dieses Buches ausführlicher dargestellten) Verursachung von Faszination durch die völlige Inkompatibilität des Auftretens von Serienmördern mit einem Glauben an die ‹gerechte Welt›, mögen weitere Aspekte die völlige Tabulosigkeit der Vorgehensweise und die korrespondierende Frage nach deren Ursache sein. Ebenso wie Furcht und Spannung, die sich aus der seriellen Vorgehensweise ergibt oder die in den Medien forcierte Mystifizierung von Tätigkeit und Person der Profiler. Letztlich fungieren Serienmörder auch oft als Abbildung des absoluten Bösen in unserer Welt und stehen damit für eine Urfrage der Menschheit: «Warum existiert das Böse?»

9. Warum verlieben sich Frauen reihenweise in Serienmörder?

F.R.
Diesbezüglich sind wir auf Vermutungen angewiesen. Ein Blick in die antike Geschichte enthüllt, dass eine ähnliche (oft sexuelle) Anziehungskraft auf bestimmte Frauen auch von einer anderen Randgruppe ausgegangen ist, deren alltägliches Geschäft das Töten war: den Gladiatoren des alten Roms um Christi Geburt. Die Überlegung, was denn gerade Gladiatoren und Serienmörder gemeinsam haben, bringt hauptsächlich drei Aspekte zutage.

Erstens geht offenbar von der Nähe zum Tod eine eigentümliche Anziehungskraft aus, die sich aus dem beruflichen Handeln (wie etwa bei Soldaten, Ärzten oder Beamten der Mordkommission) oder der eigenen Gefährdung (wie etwa bei Rennfahrern, Astronauten oder Feuerwehrmännern) ergeben kann. Bei Gladiatoren und Serienmördern ist zusätzlich noch an eine möglicherweise assoziierte Eigenschaft als potentiell machtvoller männlicher Beschützer zu denken, der sich nicht scheut, zum äußersten Mittel zu greifen.

Zweitens waren Gladiatoren und sind Serienmörder in der Regel inhaftiert, wenn Frauen sich in diese verlieben. Sie können einerseits nicht fortgehen/die Frauen verlassen und andererseits stellen sie in Haft keine direkte Gefährdung (etwa im Gegensatz zu misshandelnden Ehemännern) für die Frauen dar, da sie «unter Kontrolle» sind.

Drittens gelten bzw. galten beide Gruppen als potentiell gefährliche gesellschaftliche Randgruppen. Der Umgang mit ihnen kann Respekt in Form von Bewunderung des sozialen Umfelds oder Selbstachtung der jeweiligen Frau mit sich bringen. Sie sieht sich möglicherweise als mutig, unkonventionell sowie stark an und partizipiert somit vom negativen Ruf des sozialen Außenseiters.

Verlässt man diese Analogie, lässt sich weiterhin an eine Art Helfersyndrom oder Mutterinstinkt denken («den ‹armen› Serienmördern hilft ja sonst niemand», «er braucht meinen Schutz», «ich tue es für ihn»...). Serienmörder sind mitunter Meister der Manipulation und Täuschung anderer Menschen (man denke an Bundy, Schäfer, Kemper, Gacy, Dahmer ...) und benutzen diese Instinkte, um eigene Ziele zu erreichen.

Letztlich aber ist es auch nicht auszuschließen, dass es sich in einigen Fällen ganz einfach um Liebe handeln könnte, die der Person des Serienmörders gilt – oder aber aus der Faszination entspringt, die Serienmörder ausüben.

A.Th.
Wie Franks Antwort zeigt, sind die Ursachen für das bizarre Phänomen der «Serienmörder-Groupies» vielfältig. Ergänzend lassen sich zwei Aspekte hinzufügen: Zum einen ist denkbar, dass sich Frauen zu Serienmördern hingezogen fühlen und ihre Nähe suchen, um ihre eigenen – eventuell sexuell besetzten – Gewalt- und Tötungsphantasien ausagieren zu können. Sie können sie auf die Serienmörder übertragen und in der Interaktion mit den Tätern weiter ausgestalten – ein Prozess, der möglicherweise gar nicht bewusst, sondern unbewusst abläuft. Zum anderen besteht die Möglichkeit, dass Frauen Serienmörder idealisieren und somit zu Idolen stilisieren – der ‹Killer› als ‹Popstar› und Ikone. Die realen Ebenen ihrer Morde werden ausgeblendet. Es ist eine Schwärmerei aus sicherer Ferne. Die hier genannten Aspekte sind nicht trennungsscharf. Sie können einander bedingen und sich überschneiden. Ihnen gemeinsam ist, dass es sich bei ihnen um ausgeprägte Formen der Wahrnehmungsverschiebung handelt.

10. Haben Medienberichte Einfluss auf die Taten von Serienmördern – und umgekehrt?

S.Sch.
«Umgekehrt» ist mit Ja zu beantworten, denn Taten von Serienmörder haben sicherlich Einfluss auf die Medienberichte (Nachrichten, Dokumentarfilme) und auf die Medien-Fiktionen (Krimis etc.).

Ob oder wie Serienmorde durch Medien(berichte) hervorgerufen oder sonst wie beeinflusst werden, ist zwar im Einzelfall nicht vorauszusagen, ex post aber durchaus zu bejahen. Es gibt immer wieder Fälle, in denen Kinder oder Jugendliche in der Realität das nachvollziehen, was sie in Medien gesehen haben, und es ist wenig wahrscheinlich, dass sie (diese) Tötungen vollzogen hätten, ohne (diesen) Modellen ausgesetzt gewesen zu sein.

Warum sind gerade diejenigen, die von Medienvorbildern beeinflusst wurden, zu diesen Tötungen motiviert worden – und warum war es ihnen möglich, diese Motivation in die Realität umzusetzen? Was unterscheidet diejenigen, die über die Medien zu Tätern wurden, von der überwältigende Mehrheit der (ebenfalls jungen, emotional geschädigten usw.) Menschen, die andere (und welche!?) Richtungen einschlagen? – Das sind die Fragen, die heute für die Forschung auf der Tagesordnung stehen: oder stehen sollten.

F.R.
Generell gibt es zahlreiche Belege, dass einige Serienmörder mehr oder weniger direkt mit den Massenmedien interagiert haben. So verdankt wohl auch ‹Jack The Ripper›,

als frühes Beispiel eines Serienmörders, seine Berühmtheit nicht zuletzt der erstmals sehr weitläufig und kurzfristig möglichen Streuung von Informationen durch Printmedien, denn seine Schmähbriefe fanden in den damaligen Tageszeitungen eine rasche Verbreitung.

Es ist bekannt, dass Serienmörder mitunter auf die Berichterstattung über ihre Taten reagieren bzw. die dort vermittelten Informationen über den Stand der polizeilichen Ermittlungen verfolgen und manchmal sogar Hinweise am Tatort zurücklassen, um sie Polizei bzw. Presse zuzuspielen. Einige benutzen die Medien zielgerichtet, um eine gewisse Popularität zu erreichen (indem etwa verbreitet wird, dass sie «mehr Morde verüben als Ted Bundy»).

Umgekehrt werden in einigen Fällen auch bewusst (Falsch-)Informationen durch Strafverfolgungsorgane massenmedial verbreitet, um bestimmte taktische Fahndungserfolge hervorzurufen bzw. spezifische Serienmörder zu Fehlern zu veranlassen, die ihre Ergreifung ermöglichen.

Das Verhältnis zwischen Massenmedien und Serienmördern ist letztlich in jedem Einzelfall so verschieden, wie sich auch die Persönlichkeiten einzelner Mehrfachmörder und die Veröffentlichungspolitik einzelner Massenmedien unterscheiden. Dennoch verdienen diesbezügliche Fragestellungen, wie sie Sebastian gerade aufgeworfen hat, eine hohe Aufmerksamkeit – nicht zuletzt, um die Verantwortlichkeit der Massenmedien aufzuzeigen und sie zu einem ethisch reflektierten, statt rein verkaufstechnisch orientierten Verhalten aufzurufen.

11. Beruht eine Figur wie «Hannibal Lecter» auf einem realen Vorbild?

A.Th.
Wenngleich sich soziale Realitäten und Fiktion gegenseitig bedingen, ist Hannibal Lecter in erster Linie eine mythische Figur. Er verkörpert den Archetypus des absoluten und erhabenen Bösen: Grausam, unberechenbar, gewissenlos, verführerisch, hochintelligent und nahezu unbesiegbar. Dieses Arsenal von Eigenschaften verleiht ihm geradezu übermenschliche – heroische – Züge. Eine solche Typisierung deckt sich zwar mit der populärkulturellen Tendenz zur Ikonisierung des Serienmörders, aber nicht unbedingt mit den Biographien realer Täter. Der dort zu beobachtende Kreislauf aus Trauma, Isolation, Sprachlosigkeit, Tötungsphantasien und Mord erinnert höchstens rudimentär an das Bild des schillernden Killers und mutet eher unspektakulär und trist an.

W.-R.K.
Thomas Harris' Romanvorlage für «Hannibal Lecter» ist ein Konglomerat aus Fragmenten und Mythen mehrerer amerikanischer Serienmörder und ihrer Taten, das durch die Verfilmung mit Anthony Hopkins eine scheinbar reale Gestalt annimmt.

12. Wie soll man mit Serienmördern umgehen: Therapie? Verwahrung? Gefängnis? Exekution?

S.Sch.
Serienmörder im engeren Sinne (wie Fritz Haarmann oder Jeffrey Dahmer) gelten heute als (normalerweise) zurechnungsfähig, aber andererseits auch als (nahezu) unheilbar. Wenn man ihnen die Schwere ihrer Tat als persönliche Verantwortung zurechnet, andererseits aber keinen Weg weiß, sie zu heilen, dann liegt es für die Befürworter der Todesstrafe allemal besonders nahe, solche Täter (eher als andere) mit dem Tode zu bestrafen. – Wer die Todesstrafe ablehnt, wird für irgendeine (zeitlich begrenzte oder unbegrenzte) Einschließung plädieren müssen, um nicht weitere Opfer zu riskieren. Je höher eine Gesellschaft den Eigenwert eines jeden Individuums ansetzt, desto stärker wird sie auf die Sicherung der Allgemeinheit vor weiteren Taten des Serienmörders achten, desto stärker wird sie aber auch andererseits die existenziellen Eingriffe in das Leben des Täters durch Lebensstandard und -qualität (Wohnung, Ausstattung, Informations- und Kommunikationsmöglichkeiten, soziale Kontakte, Ausbildung, Weiterbildung, Berufstätigkeit usw.) ausgleichen wollen.

W.-R.K.
Die Exekution und die damit verbundene radikale Umsetzung von Bedürfnissen nach Vergeltung und Rache zeigen auch das Verlangen nach dem Auslöschen des Geschehenen. Unberücksichtigt bleibt bei dieser Forderung die Tatsache, dass auf Grund des immer wieder auftretenden Tatbestands, auch die Gesellschaft ihrer, durch die Exekution gewonnene, Befriedigung seriellen Charakter verleiht. Die Gesellschaft wird aus den selben unkontrollierten emotionalen Beweggründen zum Serienmörder, die sie bei den exekutierten Tätern verurteilt.

Und abschließend: Steckt in jedem von uns ein potentieller Serienmörder?

S.Sch.
Jeder Mensch ist prinzipiell zu allem fähig. Das unterscheidet ihn von (anderen) Tieren. Diese All-Fähigkeit besteht zum Zeitpunkt der Geburt und wird dann stetig und rapide reduziert. Schon im Alter von sechs Jahren kann wohl nicht mehr jeder zu einem Einstein und nicht mehr jede zu einer Mutter Theresa werden. Wer 20 ist, hat noch weniger Auswahl. Um noch (in Gefahr zu geraten) ein Serienmörder von der Art eines Fritz Haarmann oder Jeffrey Dahmer zu werden, muss man wohl bis zum Alter von (etwa) sechs Jahren bestimmte (negative) Voraussetzungen erfüllt haben. Wem das erspart blieb, der oder die kann zwar immer noch zu einem Diktator und einem Massenmörder werden, aber das Risiko, zum Serienmörder im engeren Sinne zu werden, dürfte spätestens dann schon ganz nahe an Null liegen.

F.R.
Es steckt wohl weniger «in uns», als vielmehr in extrem traumatischen Sozialisationen und (zumeist erworbenen) neurobiologisch-psychopathologisch-psychosozialen Schädigungen. Nur wer solche extremen und in ihrer spezifischen Ausprägung glücklicherweise *relativ* seltenen Erfahrungen durchlebt (und weder Hilfe eines sozialen Umfeldes noch sozial angemessene Ausdrucksformen findet, um mit diesen Erfahrungen umzugehen), wird überhaupt erst die Fähigkeit besitzen, Menschen auf solch bestialische Weise zu quälen, zu töten, zu zerstückeln und selbst nach ihrem Tod zu missbrauchen, wie Serienmörder dies mitunter praktizieren.

Auch wenn also ‹in jedem von uns› ein potentieller Serienmörder stecken sollte, dann könnte dieser nur unter ungünstigsten und sehr spezifischen Bedingungen zum Vorschein kommen. Es besteht somit für Sie, lieber Leser, wenig Grund zur introspektiven Sorge am morgigen Tage nicht-kontrollierbaren Trieben zu sexuell-sadistischen Mehrfachmorden nachzugehen, wenn sie bis heute noch nie darüber nachgedacht haben. Ganz so fragil ist die menschliche Psyche dann doch nicht.

A.Th.
Jeder Mensch birgt ein Moment in sich, das mit den Persönlichkeitsmerkmalen von Serienmördern korrespondiert. Schließlich erwachsen diese Täter aus den bestehenden gesellschaftlichen und kulturellen Strukturen und werden durch diese ebenso geprägt wie andere Menschen auch. Sadismus, Gewalt, physische Kommunikation und Selbstinszenierung sowie Todessehnsucht und Zerstörungslust sind Aspekte, die keineswegs nur Bestandteil serieller Tötungsszenarien sind, sondern menschliche Phantasien und menschliches Verhalten im Allgemeinen kennzeichnen. Der einzige Unterschied besteht darin, dass diese Aspekte bei den meisten Menschen entweder nicht dominant sind, verdrängt werden oder innerhalb der sozialen Normen in der Fiktion oder am eigenen Körper gelebt werden. Wem das zu abwegig erscheint, der sei nur an das vermeintlich liebevolle Bekenntnis «Ich habe dich zum Fressen gern» erinnert. Zumindest in symbolisierter Form stecken in jedem von uns Spuren von Kannibalismus ...

W.-R.K.
Bezieht man sich auf die Psychoanalyse, so ist in jedem die Prädisposition für Identitätsstörungen vorhanden. Diese haben ihren Ursprung in den Schädigungen der frühkindlichen Lebensphasen und können sich in infantilen Befriedigungsweisen manifestieren. Als Folge kann z.B. der Koitus als aggressiver Angriff erlebt werden, dessen Verachtung darin gipfeln kann, dass der sowohl geliebte, als auch verachtete Körper anschließend durch einen kannibalischen Impuls, der auf eine gravierende Störung der analen Phase schließen lässt, verzehrt wird.

Egal, ob etwas von Außen oder von Innen in uns Macht gewinnt, das uns zu unvorstellbaren Taten bewegt, die physischen Voraussetzungen zu diesen Gewaltakten besitzt jeder, und eine psychische Bereitschaft und Motivation kann wohl auch in jedem von uns geweckt werden.

Zwei Motivationsgründe lassen sich in den Taten von Serienmördern erkennen: die Lust – mit ihren kreativen Aspekten und das Leid – mit seiner Destruktivität. Dass Lust und Leid vereint auftreten können, zeigt sich in der kreativen Befriedigung im

Rahmen destruktiven Verlangens. Diese Erfahrung hat bestimmt schon der eine oder andere Leser dieser Zeilen bei sich selbst gemacht. Kreativität und Verlangen sind in jedem von uns verankert und stehen oft im Widerspruch zur destruktiven und einschränkenden Rolle (mit all ihren unerfüllten Wünschen), die so manchem von der Gesellschaft zugeteilt wird.

Zu den Autoren:

Andriopoulos, Stefan (Dr.), ist Assistenzprofessor am Department of Germanic Languages der Columbia Universität, New York, und studierte Germanistik, Amerikanistik und Philosophie an den Universitäten Regensburg, Irvine, Hamburg und Berkeley. 1998 promovierte er an der Universität Hamburg und war anschließend Wissenschaftlicher Mitarbeiter am Forschungskolleg «Medien und kulturelle Kommunikation» an der Universität zu Köln. Veröffentlichungen: «Unfall und Verbrechen. Konfigurationen zwischen juristischem und literarischem Diskurs um 1900» (1996), «Besessene Körper. Hypnose, Körperschaften und die Erfindung des Kinos» (2000) sowie Aufsätze zur Geschichte von Literatur, Film, Recht, Medizin, Kriminologie und politischer Ökonomie.

Bammann, Kai (Dr.), ist Diplom-Kriminologe und Jurist. Er arbeitet zur Zeit an einer Forschungsarbeit über «Soziale Ausschließung und soziale Kontrolle am Beispiel der Darstellung von Strafvollzug in amerikanischen Science-Fiction-Filmen». Daneben bereitet er eine Monografie zum Thema «Tötungsdelikte» vor. Zahlreiche Publikationen u.a. zu Themen der Strafrechts- und Asylrechtsgeschichte, des Strafvollstreckungs- und Strafvollzugsrechts. Er ist Mitautor des «Alternativkommentar zum Strafvollzugsgesetz» und hat dort u.a. die Exkurse zur Situation von Ausländern in Haft sowie zur Abschiebungshaft mitbearbeitet. Jurastudium an der Universität Bremen 1991 bis 1996, danach Aufbaustudium Kriminologie an der Universität Hamburg bis 1998; Promotion zum Dr. jur. an der Universität Bremen im Juli 1998; Mitarbeiter am Strafvollzugsarchiv von März 1999 bis März 2001; zur Zeit Lehrbeauftragter am Fachbereich Rechtswissenschaft an der Universität Bremen.

Bartels, Klaus (Prof.), forscht und lehrt am Institut für Germanistik II der Universität Hamburg – u.a. in den Themengebieten Multimedia, Internetkultur und Schnittstellendesign. In der achtziger Jahren Mitbegründer, Gesellschafter und Berater eines Hamburger Multimedia-Unternehmens. Veröffentlichungen zu Theorie und Geschichte historischer und ‹neuer› Medien. In diesem Zusammenhang auch Beiträge zu Gewalt, Zensur und Medien. Letzte Veröffentlichung: «Die Erhabenheit des Krieges, der Technik und des Mordes. Eine neue Ordnung der Dinge bei Heinrich von Kleist». In: Gutjahr/Segeberg (Hg.): Klassik und Antiklassik, Würzburg 2001.

Canter, David (Prof.), etablierte an der Universität Surrey einen Lehrgang «Ermittlungspsychologie» mit dem Abschluss «Master of Science» (M.Sc.) und ist jetzt an der Universität Liverpool tätig. Er ist u.a. Mitglied der British Psychological Society, der American Psychological Association sowie der Forensic Science Society. Unter seinen 20 Buchpublikationen wurde «Criminal Shadows» mehrfach ausgezeichnet (u.a. mit dem Golden Dagger Award). Er ist als Sachverständiger bei Regierungsuntersuchungen und weltweit beratend bei mehr als einhundertfünfzig Kriminalfällen hinzugezogen worden. Sein Forschungsschwerpunkt ist die systematische Analyse menschlichen Verhaltens.

Carlisle, Al (Dr.), klinischer Psychologe aus Utah. Studierte an der Brigham Young University. War Leiter des Psychologischen Instituts im Utah State Prison, wo Ted Bundy und andere Serien- und Auftragsmörder zu seiner Klientel gehörten. Er ist als Berater für das U.S. Army Medical Department in Dugway Proving Grounds und für das Salt Lake City Rape Crisis Center tätig gewesen und unterrichtete u.a. an der Brigham Young University sowie in Montana und Kalifornien. Sein Spezialgebiet ist die (z.T. mit Hilfe von Hypnosetechniken erfolgende) Erforschung der Psyche gewalttätiger Delinquenten, wobei er insbesondere die Zusammenhänge zwischen kriminellem Verhalten und Bewusstseinsspaltung (multiple Persönlichkeit) untersucht – auch unter dem Gesichtspunkt der Verantwortlichkeit. Zu seinen weiteren Tätigkeiten gehört auch die Beratung der Kriminalpolizei bei konkreten Ermittlungen.

Dern, Harald, ist Kriminalhauptkommissar beim Bundeskriminalamt. Studien in Psychologie und Soziologie und Ausbildung in Transaktionsanalyse. Mitglied der Einheit «Operative Fallanalyse» (OFA), wo er in den Bereichen der Sexual-, Tötungs- und Seriendelikte sowie Erpressung und Entführung tätig ist. Hat als Fallanalytiker und Moderator viele spektakuläre Tötungsverbrechen der letzten Jahre fallanalytisch bearbeitet, zu Serienmördern Täterprofile erstellt und die jeweiligen sachbearbeitenden Polizeidienststellen beraten. Lehr-Fallanalytiker der OFA des Bundeskriminalamtes und Dozent im Rahmen der Ausbildung zum Polizeilichen Fallanalytiker. Veröffentlichungen zu Menschenhandel, kriminalistischen Schlussprozessen, operativer Fallanalyse und Serientaten.

Fischer, Michael, studierte Soziologie, Philosophie und Psychologie in Konstanz und Bristol (M.Sc.) und arbeitet, während er das Aufbaustudium Kriminologie der Universität Hamburg abschließt, als wissenschaftlicher Mitarbeiter am dortigen Institut für Sicherheits- und Präventionsforschung. Veröffentlichungen zu Kriminalität als sozialer Konstruktion, Exklusion und Gewalt in modernen Gesellschaften.

Gerst, Hans-Joachim (Dr.), absolvierte nach dem Jurastudium in Hamburg ein Praktikum in einer renommierten Kanzlei in San Francisco und promovierte zu juristischen Aspekten der Täterprofilerstellung («Profiler – Vom Täterprofilersteller in den USA und der Implementierbarkeit einzelner Aspekte seiner Tätigkeit in das deutsche Rechtssystem»). Interessensschwerpunkte: Kriminologie und Strafrecht im Kontext von Psychologie und Psychiatrie.

Harbort, Stephan, Diplom-Verwaltungswirt; ist stellvertretender Leiter eines Kriminalkommissariats beim Polizeipräsidium Düsseldorf. Er unterrichtete an der Fachhochschule Düsseldorf und am Polizeifortbildungsinstitut Neuss. Des Weiteren ist er Autor zweier Monographien («Der Beweiswert der Blutprobe», Boorberg 1994; «Rauschmitteleinnahme und Fahrsicherheit», Boorberg 1996), des populärwissenschaftlichen Buches «Das Hannibal-Syndrom. Phänomen Serienmord» (Militzke, 2001) und zahlreicher weiterer Veröffentlichungen. Im September 2002 erschien sein Buch «Mörderisches Profil» (Militzke).

Hodgskiss, Brin, Psychologiestudium an der Rhodes University, Südafrika (mit dem Schwerpunkt Investigative Psychologie). Seine Dissertation «A multivariate model of the offences of South African serial killers» untersuchte die Beziehung zwischen Tat und Täter von Serienmördern in Südafrika. Gegenwärtig erstellt er eine Datenbank über südafrikanische Serienmörder und ist Forscher am MTN Centre for Crime Prevention Studies.

Hoffmann-Curtius, Kathrin (Dr.), freiberufliche Kunsthistorikerin in Tübingen und Berlin, hauptberufliche Familienarbeit bis 1980, Lehraufträge an verschiedenen Universitäten, Vertretungsprofessuren in Hamburg und Wien. Landeslehrpreis Baden-Württemberg 1997, Forschungsstipendium des Landes Baden-Württemberg zum Frauenmord in der Kunst von Delacroix und George Grosz, Gastkuratorin für Ausstellungen in Tübingen, Trier und Hamburg. Schwerpunkte: Kunst in der Weimarer Republik und im Nationalsozialismus; KünstlerInnenmythen und Denkmalpolitik (u.a. Mitglied in den Colloquien zu dem Denkmal für die ermordeten Juden Europas, Berlin 1997 und 2001). Publikationen für das Forschungsprojekt zur Medialität des Erinnerns: Trophäen und Amulette, die Fotografien von Wehrmachts- und SS-Verbrechen in den Brieftaschen der Soldaten, Fotogeschichte, Jg. 20, H.78, 2000, 63–76. Feminisierte Trauer und wieder aufgerichtete Helden, in: Eschebach, Jacobeit, Wenk (Hg.), Gedächtnis und Geschlecht, Campus 2002.

Holmes, Ronald M. (Prof.), studierte Psychologie und Soziologie an der Indiana University. Seit seiner Promotion unterrichtet er Rechtspflege an der Universität Louisville, Kentucky. Zu seinen zahlreichen Buchpublikationen zählen u.a. «Murder in America», «Serial Murder in America» und «Sex crimes». Er erstellt Täterprofile, hat mehr als 500 (Sexual-)Morde ausgewertet und verschiedene Serienmörder wie Ted Bundy und Douglas Clark interviewt. Er ist Vizepräsident des National Center for the Study of Unresolved Homicides, Inc. sowie Präsident des American Institute of Criminal Justice und u.a. Mitglied der American Society of Criminology. Er war außerdem als Bewährungshelfer und Sozialarbeiter in einer Jugendstrafanstalt tätig und ist Berater der Kriminalpolizei bei der Erstellung von Täterprofilen und Sachverständiger in Strafprozessen.

Holmes, Stephen T. (Dr.), studierte an den Universitäten von Cincinnati und Louisville und ist gegenwärtig – nach einer Tätigkeit für das National Institute of Justice – Assistenzprofessor für Criminal Justice an der University of Central Florida. Er ist Ko-Autor mehrerer Bücher, darunter: «Murder in America», «Serial Murder», «Mass Murder in the United States» und «Profiling Violent Crimes».

Kemper, Wolf-R. (Dr.), Dipl.-Krim., Dipl.-Soz.päd., studierte Sozialwesen (FH Nordostniedersachsen), Kriminologie (Universität Hamburg) und promovierte 2000 im Bereich Sozialwissenschaften an der Universität Bremen. Seit 1996 tätig als Lehrbeauftragter an der FH Nordostniedersachsen und temporär an der Universität Hamburg. Derzeitige Forschungsschwerpunkte sind Individuen und deren Drogengebrauch (aktuelle Veröff. «Kokain in der Musik. Bestandsaufnahme und Analyse aus kriminologischer Perspektive»).

Kirchhoff, Gerd F. (Prof.), lehrt Strafrecht, Kriminologie und Viktimologie am Fachbereich Sozialwesen der Hochschule Niederrhein in Mönchengladbach, Dissertation zur «Unbekannten Selbstberichteten Delinquenz» 1975 bei Anne Eva Brauneck, Studium der Kriminologie in Philadelphia, 1975/76, Visiting Professor of Sociology an der Western Michigan University in Kalamazoo, Michigan, USA, Gründungs-Vorsitzender der INTEG Gesellschaft für Integrative Maßnahmen e.V. (u.a. Durchführung des ersten deutschen Diversionsprogramms im Jugendstrafrecht sowie eines Täter-Opfer-Ausgleichs-Programms für Erwachsene). Weltweite Vorträge und Seminare, zahlreiche Veröffentlichungen zu Jugendkriminologie und Viktimologie, Mit-Gründer und Präsident des Institute of Victimology, Sarajevo. Langjähriger Generalsekretär und jetziger Präsident der World Society of Victimology, einer NGO im Konsultativstatus mit UN und Europarat.

Kramer, Beate, Studium der Philosophie, Anglistik und Germanistik in Bielefeld und London (UCL), Abschluss 1979. Anschließend redaktionelle Tätigkeit für feministisch-philosophische Verlage und Projekte in München. 2. Staatsprüfung 1988. Mehrere Forschungsaufenthalte in den USA im Rahmen einer Arbeit über den Begriff der Subjektivität. In diesem Rahmen genauere Beschäftigung mit Soziopathologie und Psychopathologie. Interessensschwerpunkte sind heute politische Philosophie und philosophische Staats- und Strafrechtstheorie. Beate Kramer lebt in Berlin.

Liebl, Franz (Prof.), Diplom-Kaufmann, Dr. oec. publ., Dr. rer. pol. habil.; von 1986–1994 Mitarbeiter am Institut für Systemforschung der Ludwig-Maximilians-Universität München, von 1990–1994 dort stellvertretender Institutsleiter; seit 1994 Professor für Betriebswirtschaftslehre an der Universität Witten/Herdecke; von 1994–1998 Inhaber des Lehrstuhls für Allgemeine und Quantitative Betriebswirtschaftslehre, seither Inhaber des Aral Stiftungslehrstuhls für Strategisches Marketing. Seit 1985 Beratung von Industrie- und Dienstleistungsunternehmen. Zahlreiche Veröffentlichungen in den Bereichen strategisches Management, Information/Kommunikation sowie Marketing unter Bedingungen der Individualisierung; zuletzt: «Der Schock des Neuen: Entstehung und Management von Issues und Trends» (2000).

Linder, Joachim (Dr.), lebt in München. Publikationen zu den Beziehungen zwischen Kriminalität, Justiz und Medien im 19. und 20. Jahrhundert, darunter (Hg. mit Claus-Michael Ort): «Verbrechen – Justiz – Medien. Konstellationen in Deutschland von 1900 bis zur Gegenwart», Tübingen 1999; «Mobilisierung und Diabolisierung der Zeichen. Zu Heinrich von Kleists Erzählung ‹Michael Kohlhaas›. Ein literaturwissenschaftlicher Kommentar». In: H. v. K. : Michael Kohlhaas (1810). Mit Kommentaren von Wolfgang Naucke und J.L., Baden-Baden 2000.

Müller-Ebeling, Claudia (Dr.), studierte in Freiburg, Hamburg, Paris und Florenz Kunstgeschichte, Ethnologie und Literaturwissenschaft. Sie promovierte über dämonische Konzepte an einem bestimmten Beispiel visionärer Malerei im Symbolismus und arbeitete im Museum für Kunst und Gewerbe, Hamburg. Ethnologische Feldforschungen in der Karibik, auf den Seychellen und in Nepal, mit den Interessensschwerpunkten Schamanismus,

Heil- und Kräuterwissen und visionäre Thankamalerei. Sie ist Co-Autorin von «Hexenmedizin» (Aarau: AT 1998) und «Schamanismus und Tantra in Nepal» (Aarau: AT 2000). Lebt als freischaffende Kunsthistorikerin, Autorin, Übersetzerin und Lektorin in Hamburg.

Nüsser, Manuel, studiert nach Abitur und Zivildienst (2000/01) Philosophie an der Humboldt-Universität Berlin, will Schriftsteller werden und arbeitet zur Zeit an seinem ersten Buch.

Pistorius, Micki (Dr.), promovierte 1996 nach Arbeit als Journalistin und Psychologie-Studium in Pretoria, Südafrika, über «A Psychoanalytic Explanation of Serial Killers». 1994 trat sie den South African Police Services (SAPS) bei und begründete im dortigen Institut für Verhaltensforschung die Einheit für Investigative Psychologie, die sie bis 1999 leitete. In dieser Zeit bearbeitete sie mehr als 30 Fälle von Serienmord und erstellte die entsprechenden Täterprofile. Derzeit arbeitet sie als forensische Psychologin für das Associated Intelligence Network in Johannesburg, beschäftigt sich mit dem Phänomen der «Stalker» und hilft bei der Erstellung einer Datenbank südafrikanischer Mörder. Außerdem hat sie mit «Catch me a killer ...» eine autobiographische Publikation vorgelegt, hält weltweit Vorträge und ist Ehrenmitglied des Centre International des Sciences Criminelles et Pénales in Paris.

Regener, Susanne (Dr.), Privatdozentin für Kulturwissenschaft an der Universität Bremen. Vertretungsprofessuren an den Universitäten Aarhus (Media, Gender and Cultural Studies), Essen (Geschichte und Theorie der Fotografie), Kopenhagen (part time lecturer/Department of Folklore). Forschungsprojekt zu *Menschenbildentwürfen in der europäischen Psychiatrie* an der Universität Hamburg und zur Zeit: Vertretungsprofessur an der Universität Tübingen (Empirische Kulturwissenschaft). Veröffentlichungen u.a. zu Objekt- und Medienkultur der Kindheit, Stereotypisierungen des Weiblichen, visuelle Kultur, Archive des Bösen, Kulturgeschichte des Todes, Fotografien von psychiatrischen Patienten, Bild- und Gesichterproduktion in Online-Medien; Habilitationsschrift: «Fotografische Erfassung: Zur Geschichte medialer Konstruktionen des Kriminellen», München 1999.

Robertz, Frank J. (Dr.), Dipl.-Krim., Dipl.-Soz.Päd., Studium der Sozialpädagogik an der FH Niederrhein in Mönchengladbach. Arbeit mit auffälligen und straffällig gewordenen Kindern und Jugendlichen sowie Konzeption und Durchführung eines präventiv ausgerichteten Konflikt-Trainings für aggressive Jugendliche, Publikation eines Buches zu diesem Thema. Mehrjährige Co-Leitung von Seminaren zu Opferwahrnehmung und Empathie mit Gruppen Inhaftierter in einer Sozialtherapeutischen Anstalt. Studium der Kriminologie an der Universität Hamburg. Schwerpunktbildung im Bereich der Tötungsdelikte. Veröffentlichung einer Monographie zu jugendlichen Mördern und langjährige Beschäftigung mit dem Thema «Serienmord» sowie den Aspekten «Kontrolle» und «Phantasie» bei Tötungsdelikten. Derzeit wissenschaftlicher Mitarbeiter am Fachbereich Rechtswissenschaften der Universität Hamburg – im Rahmen eines Forschungsprojektes, das zwei Einrichtungen im Spannungsfeld zwischen Jugendhilfe und Justiz begleitet und evaluiert. Lehrbeauftragter am Institut für Kriminologische Sozialforschung.

Scheerer, Sebastian (Prof.), ist Dipl.-Päd., Dr. iur. und habilitierter Soziologe, leitet das Institut für Kriminologische Sozialforschung an der Universität Hamburg (Aufbaustudium Kriminologie und wissenschaftliche Weiterbildung in Kriminologie). Veröffentlichungen zu: Kriminalsoziologie, Kriminalitätstheorie, Drogengesetzgebung, Drogenpolitik, Sucht, Terrorismus, Tendenzen sozialer Kontrolle; jüngst: «Kritik der strafenden Vernunft» (in: Ethik und Sozialwissenschaften, 2001).

Schetsche, Michael (Dr.), Privatdozent. Studium der Politikwissenschaft an der FU Berlin, seit 1988 zunächst wissenschaftlicher Mitarbeiter, dann wissenschaftlicher Assistent am Institut für empirische und angewandte Soziologie (EMPAS) der Universität Bremen. 1992 Promotion, 2000 Habilitation für «Soziologie». Nach der Mitwirkung an verschiedenen sexual- und rechtssoziologischen Forschungsprojekten gilt sein Interesse heute primär der Wissens- und Mediensoziologie, insbesondere der Entwicklung einer ‹Soziologie des Cyberspace›. Arbeitsgebiete: Wissens- und Mediensoziologie, Soziologie sozialer Probleme, Sexualsoziologie, Kriminalsoziologie. Aktuelle Monographie: «Wissenssoziologie sozialer Probleme. Begründung einer relativistischen Problemtheorie» (Westdeutscher Verlag 2000).

Simon-Peters, Dipl.-Psychologin, studierte Neuropsychologie, klinische Psychologie, Sexualwissenschaften, Kommunikationspsychologie. Aufbaustudium Kriminologie am Institut für Kriminologische Sozialforschung an der Universität Hamburg. Ferner Ausbildung bei Thomas Müller und Robert Ressler in Tatortanalyse, Gewaltprognose, Risk-Management. Mehrjährige forensische Gutachterausbildung. Berufliche Tätigkeiten als forensische Gutachterin (Schwerpunkt: Prognosegutachten). Berufsfelder in Strafvollzug und Maßregelvollzug (Arbeitsschwerpunkte: Forschung, Lehre, Gutachten). Empirische Forschungsprojekte: u.a. über «Probleme der Traumatisierung in der Lebens- und Familiengeschichte von Sexualstraftätern».

Thomas, Alexandra, Dipl.-Krim., Ausbildung zur Buchhändlerin. Studierte Deutsche Sprache und Literatur, Medienkultur sowie Mittlere und Neuere Geschichte in Marburg und Hamburg. Während des Studiums hospitierte sie am Institut für Rechtsmedizin der Universität Hamburg. In ihrer Magisterarbeit beschäftigte sie sich mit der narrativen und semiotischen Konstruktion von seriellen Tötungen. Thematische Schwerpunkte: Körper als Medium der Kommunikation und Selbstinszenierung bei Tötungs- und Sexualdelikten; Kriminalität und Gewalt als fiktionale Konstrukte in der Popkultur und den Massenmedien. Abschluss des Aufbaustudiums der Kriminologie in Hamburg, Publikation ihrer ersten Monographie mit dem Titel «Der Täter als Erzähler» (2003).

Welman, Mark (Dr.), leitete nach Studium (Universität Cape Town) und Promotion (Rhodes University) in Psychologie zunächst das Center for Investigative Psychology und dann das MTN Center for Crime Prevention Studies. Gegenwärtig ist er als Executive Director für das MTN Center tätig. Er begründete das Forum for Investigative Psychology zur Anwendung psychologischer und humanwissenschaftlicher Erkenntnisse für die Ermittlungsarbeit bei Verbrechen und publiziert sowie lehrt seit sechs Jahren weltweit mit dem Schwerpunkt Investigative Psychologie und Profiling. Zudem arbeitet er als Beistand der Polizeidienste und Strafverfolgungsbehörden in Südafrika und wurde kürzlich zum Mitglied des Centre International des Sciences Criminelles et Pénales (Paris) ernannt.

Wenig, Alexandra, studierte in Kiel und Jena Politische Wissenschaften und Soziologie und ist derzeit Studentin der Sozialwissenschaften an der Universität Mannheim. Interessenschwerpunkte liegen in der internationalen Geschichte und Entwicklung des Phänomens Serienmord und dessen wissenschaftlicher und gesellschaftlicher Rezeption. Ihre Abschlussarbeit wird sich mit einer Analyse verschiedener Fälle im Deutschland der Weimarer Republik befassen.

West, Angela (Dr.), studierte Psychologie am Tusculum College in Greeneville, Tennessee; Strafrecht und Kriminologie an der East Tennessee State University und promovierte an der University von Pennsylvania, wo sie u.a. als Herausgeberin für die Criminal Justice Policy Review tätig war. In ihrer Dissertation evaluierte sie die Effektivität von HIV-/Aids-Aufklärungsprogrammen. Derzeit ist sie Assistenzprofessorin an der University of Louisville. Publikationen über Kriminalität und Jugenddelinquenz sowie über Frauen, Kriminalität und Kontrolle und über Frauen, Kriminalität und Kontrolle, Bewährungshilfe und Quantitative Methoden.

Themenverwandtes bei belleville

Lothar Adler: AMOK – Eine Studie
125 S. € 17.- ISBN 3-923646-86-0
Die vorliegende Untersuchung befaßt sich mit 196 in Zeitungen als Amok bezeichneten Gewalttaten.

Karl Berg: Der Sadist – Der Fall Peter Kürten
Mit einem Nachwort und einer Bibliographie
168 S., 24 Abb. € 17.- ISBN 3-923646-12-7
Ein Kriminalfall ohne Beispiel – aus der Sicht des zuständigen Gerichtsmediziners! Erstausgabe der 1931 in der *Deutschen Zeitschrift für die Gesamte Gerichtliche Medizin* erschienenen Studie.

Will Berthold: Nachts wenn der Teufel kam
Roman und Dokumentation
240 S., 24 Abb. € 24.- ISBN 3-936298-49-1
Dokumente und Phantasiespiele zum Fall Bruno Lüdke.

Michael Farin/Hans Schmid (Hg.):
Ed Gein – A Quiet Man
Psycho – The Texas Chain Saw Massacre
– Deranged – Das Schweigen der Lämmer
392 Seiten, 70 Abb. € 19,90 ISBN 3-923646-52-6
Das ultimative Buch zum bizarrsten Kriminalfall Amerikas und zu den davon inspirierten Büchern, Filmen und Merchandising-Produkten.

Joris-Karl Huysmans: Magie im Poitou Gilles de Rais
Mit einer Tagebuchnotiz von Gustave Flanbert und Zeichnungen von Ralf Meyer-Ohlendorf
54 S., 7 Abb. € 7.- ISBN 3-923646-04-6

belleville Verlag Michael Farin – Hormayrstr. 15 – 80997 München
email: belleville@t-online.de

Themenverwandtes bei belleville

Karl Jaspers: Heimweh und Verbrechen
Mit Beiträgen von Elisabeth Bronfen und Christine Pozsár
184 S. € 17.- ISBN 3-923646-61-5
Karl Jaspers Publikation aus dem Jahre 1909 – eine Studie zur Psychopathologie junger Frauen, die, getrieben vom Heimweh, schlimmste Verbrechen begehen.

Emil Kraepelin: Kriminologische und forensische Schriften
Herausgegeben von Wolfgang Burgmair, Eric J. Engstrom, Paul Hoff und Matthias M. Weber.
426 S., 11 Abb. € 24.90 ISBN 3-933510-91-0 (= Werke 2)
Verbrechen als soziale Krankheit – diese Sammlung stellt einen wesentlichen Beitrag zur Debatte um die Strafrechtsreform seit dem Ende des 19. Jahrhunderts dar.

Christine Pozsár/Michael Farin (Hg.): Die Haarmann-Protokolle
640 S., 34 Abb. € 29.- ISBN 3-936298-00-9
Neuauflage des Rowohlt Taschenbuchs (1995)
In der deutschen Kriminalgeschichte ohne Beispiel: Zwischen September 1918 und Juni 1924 – in den Wirren der Nachkriegszeit und der Inflation – tötete Fritz Haarmann (1879–1925) in Hannover mindestens 24 junge Männer.

Albrecht Wetzel: Über Massenmörder
Herausgegeben von Michael Farin und Florian Mildenberger
180 S. € 22.- ISBN 3-936298-50-5
Aufregende Dokumentation über 153 Fälle von «Massenmord»!
Ein Standardwerk aus dem Jahre 1918! Mit ausführlicher Bibliographie!

belleville Verlag Michael Farin – Hormayrstr. 15 – 80997 München
email: belleville@t-online.de